艾瑞深校友会中国大学评价丛书

2024
校友会中国大学排名
高考志愿填报指南

挑大学　选专业　权威参考

赵德国　著

科学出版社
北京

内 容 简 介

本书由全国第三方大学评价咨询机构艾瑞深校友会网（Cuaa.Net）独家编撰完成，由“艾瑞深中国双一流建设评价课题组”组织撰写完成。本书是以2024校友会中国大学排名、中国大学一流专业排名为主题的高考志愿填报参考工具书，对海峡两岸暨香港、澳门的2300多所本科高校、高职（专科）院校的综合实力、本科专业等方面的实力和水平进行了系统、全面、客观的评价。

主要内容包括2024校友会中国大学排名、中国“双一流”大学排名、中国非“双一流”大学排名、中国民办大学排名（含独立学院）、中国合作办学大学排名、中国高职院校排名、中国职业技术大学排名、中国大学一流专业排名、中国31个省区市大学综合实力与本科专业排名、中国港澳台大学排名等系列榜单。

本书的评价指标科学、数据权威、方法公正、公开透明、可参考性强，既是2024—2025年度全国高考考生、外国来华留学生填报志愿挑选大学、选择专业和制定职业规划的权威参考指南，也是中国高等院校管理、高等教育评价研究人员研究大学评价的重要文献，更是全国各地政府部门、企事业单位、民间教育投资和教育慈善捐赠决策的权威参考依据。

图书在版编目（CIP）数据

2024校友会中国大学排名：高考志愿填报指南 / 赵德国著. —北京：科学出版社，2024.5
（艾瑞深校友会中国大学评价丛书）
ISBN 978-7-03-078541-1

Ⅰ. ①2… Ⅱ. ①赵… Ⅲ. ①高等学校-招生-介绍-中国 Ⅳ. ①G647.32

中国国家版本馆CIP数据核字（2024）第099014号

责任编辑：孙文影 / 责任校对：郭瑞芝
责任印制：徐晓晨 / 封面设计：润一文化

科学出版社 出版
北京东黄城根北街16号
邮政编码：100717
http://www.sciencep.com
天津市新科印刷有限公司印刷
科学出版社发行 各地新华书店经销
*
2024年5月第 一 版 开本：880×1230 1/16
2024年5月第一次印刷 印张：41 3/4
字数：1 750 000
定价：79.80元
（如有印装质量问题，我社负责调换）

挑大学选专业——高考志愿填报导引

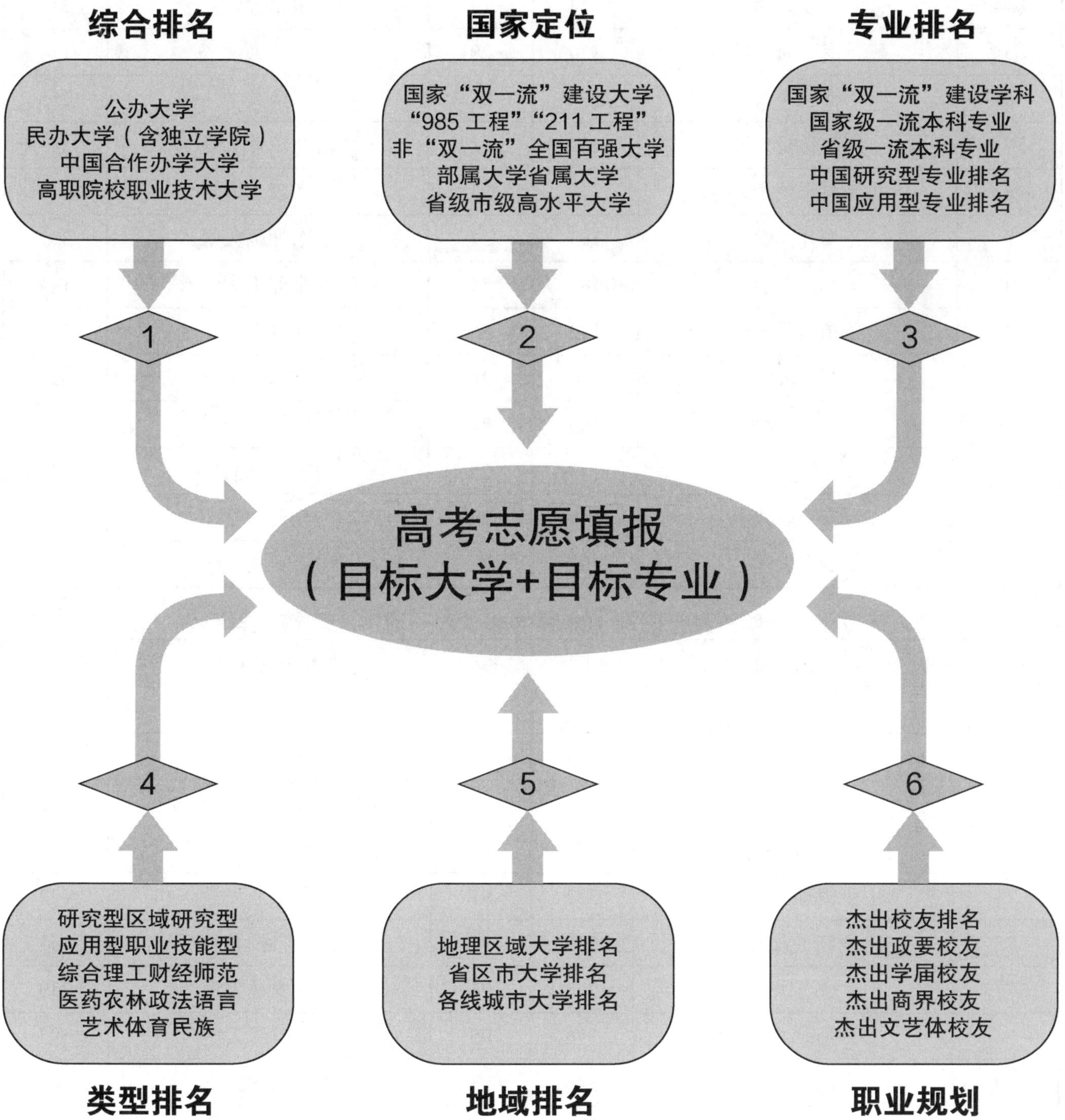

图 0-1　高考志愿填报思路图

表 0-1　2024 中国大学排名 30 强填报导引表

名次	学校名称	页码	名次	学校名称	页码
1	北京大学	141	16	同济大学	330
2	清华大学	142	17	北京航空航天大学	143
3	复旦大学	329	18	四川大学	587
4	浙江大学	344	19	厦门大学	237
5	上海交通大学	330	20	天津大学	164
6	南京大学	254	21	东南大学	255
7	华中科技大学	487	22	西北工业大学	549
8	中国科学技术大学	218	23	华南理工大学	418
9	南开大学	163	24	华东师范大学	331
10	武汉大学	487	24	北京理工大学	144
11	中国人民大学	142	25	吉林大学	379
12	中山大学	418	26	大连理工大学	394
13	哈尔滨工业大学	365	27	中南大学	513
14	北京师范大学	143	28	中国农业大学	144
14	西安交通大学	549	29	东北大学	395
15	山东大学	303	29	电子科技大学	588

表 0-2　20 所跻身全国前 100 强的非“双一流”大学填报导引表

名次	学校名称	页码	名次	学校名称	页码
62	燕山大学	176	83	南京工业大学	261
66	扬州大学	259	84	武汉科技大学	490
69	首都医科大学	147	86	深圳大学	421
70	福建师范大学	238	90	齐鲁工业大学	304
73	上海理工大学	332	91	广东工业大学	422
75	浙江工业大学	345	91	河南科技大学	463
77	江苏大学	260	94	福建农林大学	239
78	河北大学	176	95	东北财经大学	395
80	浙江师范大学	346	99	山东农业大学	305
83	南方医科大学	421	100	黑龙江大学	367

表 0-3　2024 中国民办大学排名 20 强填报导引表

名次	学校名称（Ⅰ类）	页码	学校名称（Ⅱ类）	页码	学校名称（Ⅲ类）	页码
1	武昌首义学院	501	三亚学院	457	西安欧亚学院	561
2	文华学院	501	广州南方学院	433	昆明城市学院	618
3	上海建桥学院	339	四川大学锦江学院	601	福州外语外贸学院	246
4	齐鲁理工学院	321	西安培华学院	562	山东协和学院	321
5	南昌理工学院	295	天津仁爱学院	170	武汉工商学院	502
6	武汉城市学院	502	沈阳城市学院	408	长春财经学院	388
7	广州城市理工学院	433	商丘学院	477	黑龙江外国语学院	374
8	南京理工大学泰州科技学院	274	广东科技学院	433	兰州工商学院	540
9	武汉华夏理工学院	502	湖南信息学院	525	广州商学院	433
10	吉利学院	601	长春光华学院	388	云南工商学院	618
10	电子科技大学成都学院	602	西安外事学院	562	南京传媒学院	275
12	吉林建筑科技学院	389	北京城市学院	160	河北传媒学院	189
13	哈尔滨华德学院	375	宁波大学科学技术学院	356	湖北商贸学院	502
14	郑州工商学院	478	武汉学院	503	西安翻译学院	562
15	长春建筑学院	389	昆明文理学院	619	海口经济学院	458
16	长春电子科技学院	389	武汉东湖学院	503	西南财经大学天府学院	602
17	大连东软信息学院	409	安阳学院	478	长沙医学院	526
18	江西科技学院	295	湖北师范大学文理学院	503	上海视觉艺术学院	340
19	北京理工大学珠海学院	434	厦门大学嘉庚学院	246	北京中医药大学东方学院	190
19	荆州学院	503	湖南涉外经济学院	526	吉林外国语大学	390

说明：Ⅰ类院校为以工学门类学科专业为优势的院校，Ⅱ类院校为以理学及人文社科门类学科专业为优势的院校，Ⅲ类院校为以艺术、体育、经济、管理、农学、教育学、医学等门类学科专业为优势的院校。

表 0-4　2024 中国合作办学大学排名 10 强填报导引表

名次	学校名称	页码	名次	学校名称	页码
1	北京师范大学-香港浸会大学联合国际学院	439	6	昆山杜克大学	282
2	宁波诺丁汉大学	362	7	广东以色列理工学院	440
3	西交利物浦大学	282	8	上海纽约大学	341
4	香港中文大学（深圳）	440	9	温州肯恩大学	362
5	深圳北理莫斯科大学	440	10	香港科技大学（广州）	440

表 0-5　2024 中国高职院校排名 20 强填报导引表

名次	学校名称Ⅰ类	学校名称Ⅱ类	学校名称Ⅲ类
1	深圳信息职业技术学院	武汉职业技术学院	浙江金融职业学院
2	黄河水利职业技术学院	九江职业技术学院	江苏农林职业技术学院
3	无锡职业技术学院	商丘职业技术学院	江苏经贸职业技术学院
4	长沙民政职业技术学院	襄阳职业技术学院	江苏农牧科技职业学院
5	江西应用技术职业学院	宁波职业技术学院	山东医学高等专科学校
6	陕西工业职业技术学院	合肥职业技术学院	山东商业职业技术学院
7	南京信息职业技术学院	日照职业技术学院	江西财经职业学院
8	芜湖职业技术学院	广州番禺职业技术学院	天津医学高等专科学校
9	常州信息职业技术学院	天津市职业大学	江西环境工程职业学院
10	北京电子科技职业学院	天津轻工职业技术学院	广东科贸职业学院
11	陕西铁路工程职业技术学院	金华职业技术学院	厦门海洋职业技术学院
12	四川工程职业技术学院	烟台职业学院	江西旅游商贸职业学院
13	重庆电子工程职业学院	滨州职业学院	上海工艺美术职业学院
14	浙江机电职业技术学院	潍坊职业学院	广西职业技术学院
15	北京工业职业技术学院	威海职业学院	南阳医学高等专科学校
16	广东轻工职业技术学院	陕西职业技术学院	河南农业职业学院
17	常州机电职业技术学院	沈阳职业技术学院	湖南环境生物职业技术学院
18	山东职业学院	重庆工商职业学院	重庆三峡医药高等专科学校
19	唐山工业职业技术学院	贵州城市职业学院	海南经贸职业技术学院
20	平顶山工业职业技术学院	铜仁职业技术学院	苏州经贸职业技术学院

说明：Ⅰ类院校为以工学门类学科专业为优势的院校，Ⅱ类院校为以理学及人文社科门类学科专业为优势的院校，Ⅲ类院校为以艺术、体育、经济、管理、农学、教育学、医学等门类学科专业为优势的院校。

表 0-6　2024 中国职业技术大学排名 10 强填报导引表

名次	学校名称	名次	学校名称
1	深圳职业技术大学	6	辽宁理工职业大学
2	海南科技职业大学	7	兰州石化职业技术大学
3	河北科技工程职业技术大学	8	西安汽车职业大学
4	广东工商职业技术大学	9	河北工业职业技术大学
5	兰州资源环境职业技术大学	10	山东外事职业大学

表 0-7　2024 中国大学一流专业排名30强（研究型）填报导引表

名次	学校名称	页码	名次	学校名称	页码
1	北京大学	141	16	西安交通大学	549
2	清华大学	142	17	北京航空航天大学	143
3	复旦大学	329	18	北京理工大学	144
4	中国人民大学	142	19	山东大学	303
5	浙江大学	344	20	厦门大学	237
6	上海交通大学	330	21	同济大学	330
7	南京大学	254	22	东南大学	255
8	中国科学技术大学	218	23	中国农业大学	144
9	南开大学	163	24	西北工业大学	549
10	华中科技大学	487	25	中南大学	513
11	武汉大学	487	26	大连理工大学	394
12	哈尔滨工业大学	365	27	东北大学	395
13	北京师范大学	143	28	华南理工大学	418
14	四川大学	587	29	天津大学	164
15	中山大学	418	30	中国传媒大学	149

表 0-8　2024校友会中国大学一流专业排名30强（应用型）填报导引表

名次	学校名称	页码	名次	学校名称	页码
1	深圳技术大学	429	16	云南警官学院	615
2	合肥大学	221	17	湖南理工学院	520
3	重庆科技大学	627	18	武昌首义学院	501
4	南京工程学院	267	18	西安欧亚学院	561
5	山东交通学院	313	20	湖北工程学院	498
6	福建理工大学	240	20	湖南文理学院	520
7	浙江万里学院	352	22	江苏理工学院	268
8	广西财经学院	447	23	三亚学院	457
9	南京晓庄学院	269	24	文华学院	501
10	南昌工程学院	291	25	广州南方学院	433
11	上海立信会计金融学院	336	26	福州外语外贸学院	246
12	淮阴工学院	271	27	洛阳师范学院	469
13	广东金融学院	429	28	齐鲁理工学院	321
14	中国民用航空飞行学院	598	29	南昌理工学院	295
15	上海海关学院	339	30	昆明城市学院	618

表 0-9　2024 中国各地区排名第 1 大学填报导引表

区域	地区	页码	公办大学	民办大学（含独立学院）	高职院校
华北地区	北京	139	北京大学	北京城市学院	北京电子科技职业学院
	天津	162	南开大学	天津仁爱学院	天津医学高等专科学校
	河北	173	燕山大学	河北传媒学院	唐山工业职业技术学院
	山西	195	山西大学	山西工商学院	山西省财政税务专科学校
	内蒙古	208	内蒙古大学	内蒙古大学创业学院	包头轻工职业技术学院
华东地区	上海	327	复旦大学	上海建桥学院	上海工艺美术职业学院
	山东	299	山东大学	齐鲁理工学院、山东协和学院	山东医学高等专科学校
	福建	235	厦门大学	福州外语外贸学院	厦门海洋职业技术学院
	江西	283	南昌大学	南昌理工学院	九江职业技术学院
	江苏	250	南京大学	南京理工大学泰州科技学院	江苏农林职业技术学院
	安徽	216	中国科学技术大学	安徽三联学院	合肥职业技术学院
	浙江	341	浙江大学	宁波大学科学技术学院	浙江金融职业学院
东北地区	黑龙江	363	哈尔滨工业大学	黑龙江外国语学院	黑龙江职业学院
	吉林	377	吉林大学	长春财经学院	长春职业技术学院
	辽宁	392	大连理工大学	沈阳城市学院	沈阳职业技术学院
华南地区	广东	414	中山大学	广州南方学院	深圳信息职业技术学院
	海南	455	海南大学	三亚学院	海南经贸职业技术学院
	广西	441	广西大学	桂林信息科技学院	广西职业技术学院
华中地区	湖北	483	华中科技大学	武昌首义学院	武汉职业技术学院
	河南	459	郑州大学	商丘学院	黄河水利职业技术学院
	湖南	510	中南大学	湖南信息学院	长沙民政职业技术学院
西北地区	陕西	546	西安交通大学	西安欧亚学院	陕西工业职业技术学院
	甘肃	532	兰州大学	兰州工商学院	陇南师范高等专科学校
	宁夏	541	宁夏大学	宁夏理工学院	宁夏职业技术学院
	青海	544	青海大学	青海大学昆仑学院	青海畜牧兽医职业技术学院
	新疆	567	新疆大学		新疆轻工职业技术学院
西南地区	云南	608	云南大学	昆明城市学院	昆明冶金高等专科学校
	四川	585	四川大学	四川大学锦江学院	四川工程职业技术学院
	贵州	574	贵州大学	贵州黔南经济学院	贵州城市职业学院、铜仁职业技术学院
	西藏	606	西藏大学		西藏职业技术学院
	重庆	621	重庆大学	重庆外语外事学院	重庆电子工程职业学院
港澳台地区	香港	633	香港大学		
	澳门	633	澳门大学		
	台湾	633	台湾大学		

前　言

万众瞩目的2024年全国高考即将来临，又到了全国高考考生及家长填报高考志愿的关键时期。由全国第三方大学评价研究机构艾瑞深校友会网（Cuaa.Net）独家撰写完成的《2024校友会中国大学排名：高考志愿填报指南》正式由科学出版社出版发行，旨在为2024年全国高考考生及外国来华留学生在填报志愿、挑选大学、选择专业和制定职业规划等方面提供权威的报考指南。

“艾瑞深中国双一流建设评价课题组”作为中国著名的第三方大学评价研究团队，自2003年起，以“校友、质量、影响与贡献”为主题特色，连续22年发布校友会中国大学排名、中国大学一流学科排名、中国大学一流专业排名和中国大学教学质量排名等榜单。校友会中国大学排名备受中国高校和社会各界的广泛关注与高度认可，被《人民日报》、《光明日报》、中央电视台（CCTV）和《中国科学报》等国内外上百家权威媒体广泛转载、报道和引用，已成为全国上千万高考、考研考生与外国来华留学生填报志愿、挑选大学及学科专业、制定职业规划的权威参考指南。

校友会中国大学排名已成为中国具有社会影响力、公信力、参考价值和创新力的中国大学排名领先品牌。在目前中国大学评价体系中，校友会中国大学排名系统全面，客观独立透明，评价思想及方法与世界接轨，符合国家发展政策要求与价值导向，评价指标与参评高校数量多，评价体系的独立性、创新性、前瞻性和引领性遥遥领先，已成为全国第三方大学评价的领跑者。校友会中国大学排名以推动中国高校实现可持续发展为已任，紧跟国家“双一流”发展战略，评价思想始终与国家高等教育发展的要求保持高度一致，并结合当今世界高等教育的发展趋势和国际大学评价的潮流，推动中国高校落实国家“一带一路”倡议，提升世界影响力和核心竞争力，增强服务国家和地方经济社会发展的能力，促进中国高校争创中国特色、世界一流大学。

校友会中国大学排名评价指标涵盖中国大学五大核心办学职能评价，体现中国大学的社会影响力和国际影响力，适合不同地区、类型和层次的院校；评价从中国高校的人才培养、科学研究、社会服务和文化传承与创新等核心职能入手，以衡量中国高校科学与人才的贡献能力为评价目标，是目前国内系统全面、特色鲜明和有着广泛影响力的大学评价体系，确保了评价结果是对高校办学的历史成就和现时水平的综合选优排序。

本书对2024年海峡两岸暨香港、澳门的2300多所本科院校、高职（专科）院校的综合实力、办学水平和本科专业进行了系统、全面、客观的评价。本书独具匠心，内容全面，资料翔实，数据准确，编排合理，方便阅读，具有很强的权威性和实用性，是目前中国较为详尽、系统的大学评价报告，对中国不同类型高校、全国高考考生和考研考生而言，具有较强的参考价值，将为“十四五”期间国家推进世界一流大学和世界一流学科建设提供真实可靠的大数据支持。

本书特点主要体现在以下几个方面。

第一，覆盖了海峡两岸暨香港、澳门的2300多所本科院校和高职（专科）院校。2024中国大学排名评价高校为教育部公布的2023年普通高等学历教育招生资格的普通本科高校和高职（专科）院校，以及中国香港、澳门和台湾的本科高校。本书提供了2024校友会中国大学排名、中国“双一流”大学排名、中国非“双一流”大学排名、中国民办大学排名（含独立学院）、中国高职院校排名、中国合作办学大学排名、中国职业技术大学排名、中国各类型大学排名、中国研究型大学排名、中国区域研究型大学排名、中国应用型大学排名、中国各区域大学排名、中国各线城市大学排名、中国香港澳门台湾大学排名等榜单。

第二，覆盖了12个学科门类、92个专业类的500多个本科专业，按照“研究型专业”和“应用型专业”两个类型对中国大学本科专业进行分类评价。本书主要依据的是教育部颁布的《普通高等学校本科专业目录（2020年版）》，该文件公布了中国高校的本科专业划分、名称及所属门类，公布的本科专业有500多种，共92个专业类，划分为哲学、经济学、法学、教育学、文学、历史学、理学、工学、农学、医学、管理学和艺术学12个学科门类。本书提供了2024中国大学一流专业排名（研究型）、2024中国大学一流专业排名（应用型）等榜单。

第三，发布了2024校友会中国各省区市（含港澳台地区）本科大学、高职（专科）院校综合实力排名和本科专业排名。为了方便高考考生全面了解2024年全国大学、民办大学（含独立学院）和高职（专科）院校等院校的综合实力及本科专业排名等情况，本书大篇幅提供了分布在中国华北地区、东北地区、华东地区、华中地区、华南地区、西南地区、西北地区、港澳台等的本科大学排名、高职（专科）院校排名和本科专业排名。

为了方便读者查阅，便于全国高考考生报考参考，本书详细列出了每所高校的主管部门、国家定位（国家“双一流”建设高校、“985工程”大学和“211工程”大学）、所在城市、全国排名、星级排名等，并详细列出每所大学本科专业的世界一流专业（8★）、世界知名高水平专业（7★）、世界高水平专业、中国顶尖专业（6★）、世界知名、中国一流专业（5★）、中国高水平专业（4★）、中国知名、区域一流专业（3★）、中国区域高水平专业（2★）、中国区域知名专业（1★）名单及其全国排名和专业档次（A++、A+、A、B++、B+、B、C和D档）。

第四，全部采用政府部门和第三方权威机构最新公开的数据。2024校友会中国大学排名评价指标数据来自艾瑞深大学360度全景数据平台，数据主要通过国务院、教育部、科技部、人力资源和社会保障部、国家发展和改革委员会、工业和信息化部、民政部等部委和各地方政府部门对外公开的权威数据，以及全国高校对外公布并主动提交反馈、经过复核的统计数据，国内外第三方权威机构对外公布的权威数据，国内外新闻媒体公开报道和企事业单位对外公开的资料等渠道获得。本书采集的评价数据基本上是截至2023年12月的数据，客观反映了中国大学的最新发展状况，对中国高考考生填报志愿而言更具参考意义。

本书由“艾瑞深中国双一流建设评价课题组”编制，由校友会中国大学排名主持人赵德国主持撰写完成，在本书的编写过程中，我们得到了诸多国内资深教育专家、高校领导、新闻媒体和企业高管的指导与帮助。科学出版社有关领导和孙文影等编辑对本书的出版给予了大力支持和指导，郭瑞芝等编校人员为本书的编辑出版付出了大量的辛勤劳动。在此，我们一并表示衷心感谢！

值得说明的是，在2024校友会中国大学排名评价指标数据的统计过程中，由于受到客观条件的限制，本书所采用的个别指标数据可能存在疏漏之处。笔者恳切希望广大读者批评指正，我们将会在下一年度及时修正、完善，确保评价结果能更准确地反映高校的最新发展情况。

感谢读者阅读前言和本研究报告。由于篇幅的限制，本书仅提供了2024校友会中国大学排名的部分核心排名，如需了解更为详细的榜单内容，请直接访问艾瑞深校友会网（www.cuaa.net或www.chinaxy.com），或访问微信公众号“艾瑞深校友会网”（ID：cuaa-net）。

联系电话：0755-83923745，0755-81330839。

联系邮箱：pingweihui@126.com，cuaa2011@126.com。

目　录

第一章　2024校友会中国大学排名总述

第二章　2024校友会中国大学综合实力排名

第三章　2024 校友会中国大学一流专业排名

第四章　2024 校友会华北地区大学综合实力、本科专业排名

第五章　2024校友会华东地区大学综合实力、本科专业排名

第六章　2024 校友会东北地区大学综合实力、本科专业排名

第七章　2024 校友会华南地区大学综合实力、本科专业排名

第八章 2024 校友会华中地区大学综合实力、本科专业排名

第九章　2024 校友会西北地区大学综合实力、本科专业排名

第十章　2024 校友会西南地区大学综合实力、本科专业排名

第十一章　2024 校友会中国港澳台大学排名

第一章　2024 校友会中国大学排名总述

第一节　2024 校友会中国大学排名总述

2024 年全国高考即将来临，2024 年 1 月 16 日，全国第三方大学评价研究机构艾瑞深校友会网（Cuaa.Net）正式发布《2024 校友会中国大学排名》，连续第 22 年发布校友会中国大学排名，旨在为 2024 年海峡两岸暨香港、澳门的高考考生和外国来华留学生填报志愿挑选大学专业提供权威报考指南。

榜单发布了 2024 校友会中国大学排名、2024 中国民办大学排名（含独立学院）、2024 中国高职院校排名、2024 中国合作办学大学排名、2024 中国职业技术大学排名、2024 中国大学一流专业排名、2024 中国各类型大学排名、2024 中国各区域大学排名、2024 中国各线城市大学排名、2024 中国各省市区及港澳台大学排名及专业排名等榜单。

校友会中国大学排名首发于 2003 年，至今已有 22 年的历史，已成为具有广泛社会影响力、公信力、参考价值和创新力的中国大学排名领先品牌。校友会中国大学排名是国内目前评价体系系统全面、客观独立，评价体系与评价方法稳定，评价指标与参评高校数量最多，符合国家政策和价值导向的大学排名。

榜单显示，北京大学综合实力最强与办学水平最高，问鼎 2024 校友会中国大学排名（主榜）冠军，成功实现“十七连冠”。清华大学居第 2，复旦大学居第 3，浙江大学居第 4，上海交通大学居第 5，南开大学挺进全国 10 强，位居第 9。燕山大学、扬州大学、首都医科大学、福建师范大学、上海理工大学位列 2024 校友会中国非“双一流”大学排名前 5 强。值得关注的是，中国人民大学、南京大学、华中科技大学、中国科学技术大学、武汉大学等 10 所高校荣膺 2024 中国八星级（8★）大学美誉，跻身世界一流大学行列。

在 2024 校友会中国民办大学排名中，武昌首义学院、文华学院、上海建桥学院位居 2024 中国民办大学排名Ⅰ类前 3 强；三亚学院、广州南方学院、四川大学锦江学院位列 2024 中国民办大学排名Ⅱ类前 3 强；西安欧亚学院、昆明城市学院、福州外语外贸学院位列 2024 中国民办大学排名Ⅲ类前 3 名。其中，四川大学锦江学院、南京理工大学泰州科技学院、电子科技大学成都学院位居 2024 中国独立学院排名前 3 强。

在 2024 校友会中国高职院校排名中，深圳信息职业技术学院、黄河水利职业技术学院、无锡职业技术学院雄居 2024 中国高职院校排名Ⅰ类前 3 强。武汉职业技术学院、九江职业技术学院、商丘职业技术学院位列 2024 中国高职院校排名Ⅱ类前 3 强。浙江金融职业学院、江苏农林职业技术学院、江苏经贸职业技术学院名列 2024 中国高职院校排名Ⅲ类前 3 名。其中，贵州城市职业学院、江西新能源科技职业学院、广西理工职业技术学院、洛阳科技职业学院、德州科技职业学院雄居 2024 中国民办高职院校排名前五强。

北京师范大学-香港浸会大学联合国际学院、宁波诺丁汉大学、西交利物浦大学位列 2024 中国合作办学大学排名前 3 强。深圳职业技术大学、海南科技职业大学、河北科技工程职业技术大学位居 2024 校友会中国职业技术大学排名前 3 甲。

在 2024 校友会中国港澳台大学排名中，香港大学、香港中文大学和香港科技大学位列 2024 校友会中国香港大学排名前 3 强；台湾大学、台湾清华大学和台湾成功大学位列 2024 校友会中国台湾大学排名前 3 强；澳门大学、澳门理工学院和澳门科技大学位列 2024 校友会中国澳门大学排名前 3 强。

校友会中国大学一流专业排名首发于 2015 年，至今已有 10 年的历史，是目前中国参评高校数多和参评专业规模大的中国大学本科专业排名。校友会中国大学一流专业排名坚持实施分类评价，按照“研究型专业”和“应用型专业”等两个类型进行评价。中国大学专业分档评价将中国大学本科专业分为 A++、A+、A、B++、B+、B、C 和 D 等 8 个档次。

在 2024 校友会中国大学一流专业排名中，北京大学、清华大学和复旦大学问鼎校友会 2024 中国大学一流专业排名（研究型）前 3 甲，中国人民大学第 4，浙江大学第 5。燕山大学、武汉科技大学、河北大学位列 2024 中国双非大学一流专业排名前 3 强。深圳技术大学、合肥大学和重庆科技大学名列 2024 中国大学一流专业排名（应用型）前 3 强，南京工程学院第 4，山东交通学院第 5。其中，武昌首义学院、西安欧亚学院、三亚学院位列 2024 中国民办大学一流专业排名前 3 甲。宁波诺丁汉大学、北京师范大学-香港浸会大学联合国际学院、西交利物浦大学位居 2024 中国合作办学大学一流专业排名（研究型）前 3 强。

一、北京大学问鼎 2024 中国大学排名冠军，成功实现“十七连冠”

在 2024 校友会中国大学排名（总榜）中，北京大学综合实力最强、办学水平最高，雄居 2024 校友会中国大学排名（总榜）榜首（表 1-1），成功实现十七连冠。清华大学居第 2，复旦大学居第 3，浙江大学居第 4，上海交通大学居第 5，南京大学居第 6，华中科技大学居第 7，中国科学技术大学居第 8，南开大学居第 9，武汉大学居第 10。

其中，在 2024 校友会中国大学综合评价中，综合类、理工类、农林类、民族类、财经类等综合性较强的高校被纳入主榜进行全国综合实力评价和呈现。对艺术类、体育类、语言类、政法类、师范类、医药类等人才培养和学科专业相对单一的高校分别进行评价，依据其综合实力得分给出各高校的“全国参考排名”，纳入副榜进行呈现。其中，中国科学院大学、上海科技大学、国防科技大学等办学情况较为特殊的高校未被纳入 2024 年中国大学评价。

表 1-1　2024 校友会中国大学排名（总榜）30 强

全国排名	学校名称	综合得分	办学类型	星级排名	办学层次
1	北京大学	100.00	研究型	8★	世界一流大学
2	清华大学	99.37	研究型	8★	世界一流大学
3	复旦大学	79.63	研究型	8★	世界一流大学
4	浙江大学	79.59	研究型	8★	世界一流大学
5	上海交通大学	79.10	研究型	8★	世界一流大学
6	南京大学	76.05	研究型	8★	世界一流大学
7	华中科技大学	75.85	研究型	8★	世界一流大学
8	中国科学技术大学	75.50	研究型	8★	世界一流大学
9	南开大学	74.42	研究型	7★	世界知名高水平大学
10	武汉大学	74.41	研究型	8★	世界一流大学
11	中国人民大学	73.97	研究型	8★	世界一流大学
12	中山大学	73.63	研究型	7★	世界知名高水平大学
13	哈尔滨工业大学	73.51	研究型	7★	世界知名高水平大学
14	西安交通大学	72.84	研究型	7★	世界知名高水平大学
15	山东大学	71.33	研究型	7★	世界知名高水平大学
16	同济大学	70.46	研究型	7★	世界知名高水平大学
17	北京航空航天大学	69.44	研究型	7★	世界知名高水平大学
18	四川大学	69.26	研究型	7★	世界知名高水平大学
19	厦门大学	69.19	研究型	7★	世界知名高水平大学
20	天津大学	69.13	研究型	7★	世界知名高水平大学
21	东南大学	68.39	研究型	7★	世界知名高水平大学
22	西北工业大学	67.48	研究型	7★	世界知名高水平大学
23	华南理工大学	67.41	研究型	6★	世界高水平大学
24	北京理工大学	67.32	研究型	7★	世界知名高水平大学
25	吉林大学	67.25	研究型	7★	世界知名高水平大学
26	大连理工大学	66.62	研究型	6★	世界高水平大学
27	中南大学	66.61	研究型	7★	世界知名高水平大学
28	中国农业大学	66.39	特色研究型	7★	世界知名高水平大学
29	东北大学	66.38	研究型	6★	世界高水平大学
29	电子科技大学	66.38	特色研究型	6★	世界高水平大学

二、清华大学等 10 所高校荣膺中国八星级大学（8★），晋升世界一流大学行列

在 2024 校友会中国大学星级排名中，全国共有北京大学、清华大学、复旦大学等 119 所高校荣膺 2024 中国八星级大学

（8★）、中国七星级大学（7★）、中国六星级大学（6★）、中国五星级大学（5★）美誉，跻身 2024 世界一流大学、世界知名高水平大学、世界高水平大学和中国一流大学行列。

其中，北京大学、清华大学、复旦大学、浙江大学、上海交通大学、南京大学、华中科技大学、中国科学技术大学、武汉大学、中国人民大学等 10 所高校荣膺 2024 中国八星级大学（8★）美誉（表 1-2），整体水平已达到世界一流大学水平，成为中国大学“双一流”建设的领跑者，晋升世界一流大学前列是这些高校未来的重点发展目标。

表 1-2　2024 校友会世界一流大学排名

全国排名	学校名称	综合得分	星级排名	办学层次
1	北京大学	100.00	8★	世界一流大学
2	清华大学	99.37	8★	世界一流大学
3	复旦大学	79.63	8★	世界一流大学
4	浙江大学	79.59	8★	世界一流大学
5	上海交通大学	79.10	8★	世界一流大学
6	南京大学	76.05	8★	世界一流大学
7	华中科技大学	75.85	8★	世界一流大学
8	中国科学技术大学	75.50	8★	世界一流大学
10	武汉大学	74.41	8★	世界一流大学
11	中国人民大学	73.97	8★	世界一流大学

三、复旦大学、南开大学等挺进 2024 中国“双一流”大学排名前 10 强

2022 年 2 月 14 日，教育部正式公布第二轮“双一流”建设高校及建设学科名单。全国共有北京大学、清华大学、复旦大学、浙江大学、上海交通大学和南开大学等 147 所高校跻身第二轮“双一流”建设高校行列。最引人关注的是，华南农业大学、上海科技大学、山西大学、南方科技大学、湘潭大学、南京医科大学和广州医科大学等 7 所高校晋升国家“双一流”建设行列。

在 2024 校友会中国大学排名中，北京大学、清华大学、复旦大学、浙江大学、上海交通大学位居世界一流大学建设高校排名前 5 强（表 1-3）。

表 1-3　2024 校友会中国“双一流”大学排名 30 强

全国排名	学校名称	全国排名	学校名称	全国排名	学校名称
1	北京大学	12	中山大学	22	西北工业大学
2	清华大学	13	哈尔滨工业大学	23	华南理工大学
3	复旦大学	14	北京师范大学	24	华东师范大学
4	浙江大学	14	西安交通大学	24	北京理工大学
5	上海交通大学	15	山东大学	25	吉林大学
6	南京大学	16	同济大学	26	大连理工大学
7	华中科技大学	17	北京航空航天大学	27	中南大学
8	中国科学技术大学	18	四川大学	28	中国农业大学
9	南开大学	19	厦门大学	29	东北大学
10	武汉大学	20	天津大学	29	电子科技大学
11	中国人民大学	21	东南大学		

四、燕山大学、扬州大学雄居 2024 中国非“双一流”大学排名冠亚军

在 2024 校友会中国大学排名中，全国共有 20 所非“双一流”大学跻身 100 强。燕山大学、扬州大学、首都医科大学、福建师范大学、上海理工大学雄居 2024 校友会中国非“双一流”大学排名前 5 强（表 1-4）。

表 1-4　2024 校友会中国非“双一流”大学排名 30 强

全国排名	学校名称	全国排名	学校名称	全国排名	学校名称
62	燕山大学	83	南京工业大学	101	中国医科大学
66	扬州大学	84	武汉科技大学	102	哈尔滨医科大学
69	首都医科大学	86	深圳大学	102	昆明理工大学
70	福建师范大学	90	齐鲁工业大学	106	湖南农业大学
73	上海理工大学	91	广东工业大学	107	西安理工大学
75	浙江工业大学	91	河南科技大学	108	北京语言大学
77	江苏大学	94	福建农林大学	109	西北师范大学
78	河北大学	95	东北财经大学	109	浙江理工大学
80	浙江师范大学	99	山东农业大学	111	江西财经大学
83	南方医科大学	100	黑龙江大学	112	重庆医科大学

五、武昌首义学院、三亚学院、西安欧亚学院分列 2024 中国民办大学排名第 1

在 2024 校友会中国民办大学排名（含独立学院）中，武昌首义学院、文华学院、上海建桥学院雄居 2024 中国民办大学排名（Ⅰ类）前 3 强（表 1-5）；三亚学院、广州南方学院、四川大学锦江学院高居 2024 中国民办大学排名（Ⅱ类）前 5 强（表 1-6）；西安欧亚学院、昆明城市学院、福州外语外贸学院位列 2024 中国民办大学排名（Ⅲ类）前 3 名（表 1-7）。

在 2024 校友会中国民办高校评价中，依据民办高校优势学科专业所属门类，将中国民办高校（含独立学院）分为Ⅰ类、Ⅱ类和Ⅲ类等 3 个类型进行分类评价。其中，Ⅰ类院校为以工学门类学科专业为优势的院校，Ⅱ类院校为以理学及人文社科门类学科专业为优势的院校，Ⅲ类院校为以艺术、体育、经济、管理、农学、教育学、医学等门类学科专业为优势的院校。

表 1-5　2024 校友会中国民办大学排名（Ⅰ类）30 强

名次	学校名称	综合得分	办学类型	星级排名	办学层次
1	武昌首义学院	100.00	应用型	6★	中国顶尖应用型大学
2	文华学院	99.94	应用型	6★	中国顶尖应用型大学
3	上海建桥学院	99.86	应用型	6★	中国顶尖应用型大学
4	齐鲁理工学院	99.84	应用型	6★	中国顶尖应用型大学
5	南昌理工学院	99.82	应用型	6★	中国顶尖应用型大学
6	武汉城市学院	98.91	应用型	6★	中国顶尖应用型大学
7	广州城市理工学院	98.8	应用型	6★	中国顶尖应用型大学
8	南京理工大学泰州科技学院	98.69	应用型	6★	中国顶尖应用型大学
9	武汉华夏理工学院	98.62	应用型	6★	中国顶尖应用型大学
10	吉利学院	98.58	应用型	6★	中国顶尖应用型大学
10	电子科技大学成都学院	98.58	应用型	6★	中国顶尖应用型大学
12	吉林建筑科技学院	97.95	应用型	6★	中国顶尖应用型大学
13	哈尔滨华德学院	97.75	应用型	6★	中国顶尖应用型大学
14	郑州工商学院	97.7	应用型	6★	中国顶尖应用型大学
15	长春建筑学院	97.67	应用型	5★	中国一流应用型大学
16	长春电子科技学院	97.17	应用型	5★	中国一流应用型大学
17	大连东软信息学院	96.63	应用型	5★	中国一流应用型大学
18	江西科技学院	96.62	应用型	6★	中国顶尖应用型大学
19	北京理工大学珠海学院	96.58	应用型	5★	中国一流应用型大学
19	荆州学院	96.58	应用型	5★	中国一流应用型大学
21	黄河科技学院	96.57	应用型	6★	中国顶尖应用型大学
22	广东白云学院	96.56	应用型	5★	中国一流应用型大学

续表

名次	学校名称	综合得分	办学类型	星级排名	办学层次
23	安徽三联学院	96.46	应用型	5★	中国一流应用型大学
23	泉州信息工程学院	96.46	应用型	5★	中国一流应用型大学
25	武汉工程科技学院	96.45	应用型	5★	中国一流应用型大学
26	武昌理工学院	96.44	应用型	5★	中国一流应用型大学
27	兰州信息科技学院	96.43	应用型	5★	中国一流应用型大学
28	广州理工学院	96.41	应用型	5★	中国一流应用型大学
28	哈尔滨石油学院	96.41	应用型	5★	中国一流应用型大学
30	青岛工学院	96.38	应用型	4★	中国高水平应用型大学

表 1-6　2024 校友会中国民办大学排名（Ⅱ类）30 强

名次	学校名称	综合得分	办学类型	星级排名	办学层次
1	三亚学院	100.00	应用型	6★	中国顶尖应用型大学
2	广州南方学院	99.85	应用型	6★	中国顶尖应用型大学
3	四川大学锦江学院	99.64	应用型	6★	中国顶尖应用型大学
4	西安培华学院	99.31	应用型	6★	中国顶尖应用型大学
5	天津仁爱学院	98.87	应用型	6★	中国顶尖应用型大学
6	沈阳城市学院	98.77	应用型	6★	中国顶尖应用型大学
7	商丘学院	98.62	应用型	6★	中国顶尖应用型大学
8	广东科技学院	98.42	应用型	6★	中国顶尖应用型大学
9	湖南信息学院	98.4	应用型	6★	中国顶尖应用型大学
10	长春光华学院	98.39	应用型	6★	中国顶尖应用型大学
11	西安外事学院	98.35	应用型	6★	中国顶尖应用型大学
12	北京城市学院	98.22	应用型	6★	中国顶尖应用型大学
13	宁波大学科学技术学院	98.2	应用型	6★	中国顶尖应用型大学
14	武汉学院	97.99	应用型	6★	中国顶尖应用型大学
15	昆明文理学院	97.93	应用型	5★	中国一流应用型大学
16	武汉东湖学院	97.9	应用型	6★	中国顶尖应用型大学
16	安阳学院	97.9	应用型	5★	中国一流应用型大学
18	湖北师范大学文理学院	97.75	应用型	5★	中国一流应用型大学
19	厦门大学嘉庚学院	97.69	应用型	5★	中国一流应用型大学
20	湖南涉外经济学院	97.61	应用型	5★	中国一流应用型大学
21	珠海科技学院	97.6	应用型	5★	中国一流应用型大学
22	南开大学滨海学院	97.41	应用型	5★	中国一流应用型大学
23	西京学院	97.34	应用型	5★	中国一流应用型大学
24	延安大学西安创新学院	97.33	应用型	5★	中国一流应用型大学
25	山东英才学院	97.32	应用型	5★	中国一流应用型大学
26	汉口学院	97.31	应用型	5★	中国一流应用型大学
27	东南大学成贤学院	97.03	应用型	5★	中国一流应用型大学
28	三江学院	96.65	应用型	5★	中国一流应用型大学
29	哈尔滨广厦学院	96.64	应用型	5★	中国一流应用型大学
30	武汉晴川学院	96.61	应用型	5★	中国一流应用型大学

表 1-7　2024 校友会中国民办大学排名（Ⅲ类）30 强

名次	学校名称	综合得分	办学类型	星级排名	办学层次
1	西安欧亚学院	100.00	应用型	6★	中国顶尖应用型大学
2	昆明城市学院	99.96	应用型	6★	中国顶尖应用型大学
3	福州外语外贸学院	99.89	应用型	6★	中国顶尖应用型大学
4	山东协和学院	99.81	应用型	6★	中国顶尖应用型大学
5	武汉工商学院	99.5	应用型	6★	中国顶尖应用型大学
6	长春财经学院	99.1	应用型	6★	中国顶尖应用型大学
7	黑龙江外国语学院	99.08	应用型	6★	中国顶尖应用型大学
8	兰州工商学院	98.46	应用型	6★	中国顶尖应用型大学
9	广州商学院	98.3	应用型	6★	中国顶尖应用型大学
10	云南工商学院	98.26	应用型	6★	中国顶尖应用型大学
11	南京传媒学院	97.99	应用型	6★	中国顶尖应用型大学
12	河北传媒学院	97.79	应用型	6★	中国顶尖应用型大学
13	湖北商贸学院	97.74	应用型	6★	中国顶尖应用型大学
14	西安翻译学院	97.66	应用型	6★	中国顶尖应用型大学
15	海口经济学院	97.64	应用型	5★	中国一流应用型大学
16	西南财经大学天府学院	97.6	应用型	5★	中国一流应用型大学
17	长沙医学院	97.58	应用型	5★	中国一流应用型大学
18	上海视觉艺术学院	96.95	应用型	5★	中国一流应用型大学
19	北京中医药大学东方学院	96.93	应用型	5★	中国一流应用型大学
20	吉林外国语大学	96.91	应用型	6★	中国顶尖应用型大学
21	湖北经济学院法商学院	96.89	应用型	5★	中国一流应用型大学
22	武汉传媒学院	96.82	应用型	5★	中国一流应用型大学
23	吉林动画学院	96.78	应用型	5★	中国一流应用型大学
24	辽宁传媒学院	96.22	应用型	5★	中国一流应用型大学
25	大连艺术学院	96.15	应用型	5★	中国一流应用型大学
26	青岛电影学院	96.14	应用型	5★	中国一流应用型大学
27	贵州黔南经济学院	96.12	应用型	5★	中国一流应用型大学
28	四川传媒学院	96.07	应用型	5★	中国一流应用型大学
29	辽宁对外经贸学院	95.42	应用型	4★	中国高水平应用型大学
30	南京师范大学泰州学院	95.41	应用型	4★	中国高水平应用型大学

六、北京师范大学-香港浸会大学联合国际学院居 2024 中国合作办学大学排名第 1

在中国合作办学大学中，北京师范大学-香港浸会大学联合国际学院、宁波诺丁汉大学、西交利物浦大学雄居 2024 校友会中国合作办学大学排名前 3 强（表 1-8）。

表 1-8　2024 校友会中国合作办学大学排名 10 强

名次	学校名称	综合得分	办学类型	星级排名	办学层次
1	北京师范大学-香港浸会大学联合国际学院	100.00	应用型	6★	中国顶尖合作办学大学
2	宁波诺丁汉大学	99.35	应用型	6★	中国顶尖合作办学大学
3	西交利物浦大学	98.91	应用型	6★	中国顶尖合作办学大学
4	香港中文大学（深圳）	97.77	应用型	6★	中国顶尖合作办学大学
5	深圳北理莫斯科大学	97.57	应用型	6★	中国顶尖合作办学大学
6	昆山杜克大学	93.86	应用型	5★	中国一流合作办学大学

续表

名次	学校名称	综合得分	办学类型	星级排名	办学层次
7	广东以色列理工学院	92.94	应用型	5★	中国一流合作办学大学
8	上海纽约大学	92.9	应用型	5★	中国一流合作办学大学
9	温州肯恩大学	90.87	应用型	4★	中国高水平合作办学大学
10	香港科技大学（广州）	86.91	应用型	4★	中国高水平合作办学大学

七、深圳职业技术大学、海南科技职业大学雄居 2024 中国职业技术大学排名冠亚军

在 2024 校友会中国职业技术大学排名中，深圳职业技术大学、海南科技职业大学、河北科技工程职业技术大学雄居前 3 强（表 1-9）。

表 1-9　2024 校友会中国职业技术大学排名 30 强

名次	学校名称	综合得分	办学类型	星级排名	办学层次
1	深圳职业技术大学	100.00	职业技能型	6★	中国顶尖职业技术大学
2	海南科技职业大学	96.23	职业技能型	6★	中国顶尖职业技术大学
3	河北科技工程职业技术大学	95.63	职业技能型	6★	中国顶尖职业技术大学
4	广东工商职业技术大学	95.11	职业技能型	6★	中国顶尖职业技术大学
5	兰州资源环境职业技术大学	94.06	职业技能型	6★	中国顶尖职业技术大学
6	辽宁理工职业大学	93.16	职业技能型	6★	中国顶尖职业技术大学
7	兰州石化职业技术大学	92.59	职业技能型	6★	中国顶尖职业技术大学
8	西安汽车职业大学	92.58	职业技能型	6★	中国顶尖职业技术大学
9	河北工业职业技术大学	91.53	职业技能型	5★	中国一流职业技术大学
10	山东外事职业大学	90.54	职业技能型	5★	中国一流职业技术大学
11	广西城市职业大学	90.52	职业技能型	5★	中国一流职业技术大学
12	山东外国语职业技术大学	90.17	职业技能型	5★	中国一流职业技术大学
13	南京工业职业技术大学	90.03	职业技能型	5★	中国一流职业技术大学
14	山西工程科技职业大学	89.69	职业技能型	5★	中国一流职业技术大学
15	河北石油职业技术大学	89.41	职业技能型	4★	中国高水平职业技术大学
16	上海中侨职业技术大学	88.80	职业技能型	4★	中国高水平职业技术大学
17	湖南软件职业技术大学	86.26	职业技能型	4★	中国高水平职业技术大学
18	广州科技职业技术大学	85.44	职业技能型	4★	中国高水平职业技术大学
19	河南科技职业大学	84.83	职业技能型	4★	中国高水平职业技术大学
20	浙江药科职业大学	82.28	职业技能型	4★	中国高水平职业技术大学
21	浙江广厦建设职业技术大学	81.90	职业技能型	4★	中国高水平职业技术大学
22	贵阳康养职业大学	81.82	职业技能型	4★	中国高水平职业技术大学
23	西安信息职业大学	81.43	职业技能型	4★	中国高水平职业技术大学
24	南昌职业大学	80.88	职业技能型	4★	中国高水平职业技术大学
25	广西农业职业技术大学	80.68	职业技能型	4★	中国高水平职业技术大学
26	江西软件职业技术大学	79.30	职业技能型	3★	区域一流职业技术大学
27	运城职业技术大学	79.26	职业技能型	3★	区域一流职业技术大学
28	山东工程职业技术大学	78.92	职业技能型	3★	区域一流职业技术大学
29	新疆天山职业技术大学	78.34	职业技能型	3★	区域一流职业技术大学
30	重庆机电职业技术大学	76.50	职业技能型	3★	区域一流职业技术大学

八、深圳信息职业技术学院、武汉职业技术学院、浙江金融职业学院列 2024 中国高职院校排名第 1

在 2024 校友会中国高职院校排名中，深圳信息职业技术学院、黄河水利职业技术学院、无锡职业技术学院雄居 2024 校友会中国高职院校排名（Ⅰ类）前 3 强（表 1-10）；武汉职业技术学院、九江职业技术学院、商丘职业技术学院位列 2024 校友会中国高职院校排名（Ⅱ类）前 3 强（表 1-11）；浙江金融职业学院、江苏农林职业技术学院、江苏经贸职业技术学院名列 2024 校友会中国高职院校排名（Ⅲ类）前 3 强（表 1-12）。

2024 校友会中国高职院校评价依据高职院校优势学科专业所属门类，将中国高职（专科）院校分为Ⅰ类、Ⅱ类和Ⅲ类等 3 个类型进行分类评价。其中，Ⅰ类院校为以工学门类学科专业为优势的院校，Ⅱ类院校为以理学及人文社科门类学科专业为优势的院校，Ⅲ类院校为以艺术、体育、经济、管理、农学、教育学、医学等门类学科专业为优势的院校。

表 1-10　2024 校友会中国高职院校排名（Ⅰ类）30 强

名次	学校名称	综合得分	办学类型	星级排名	办学层次
1	深圳信息职业技术学院	100.00	职业技能型	6★	中国顶尖高职院校
2	黄河水利职业技术学院	99.65	职业技能型	6★	中国顶尖高职院校
3	无锡职业技术学院	99.45	职业技能型	6★	中国顶尖高职院校
4	长沙民政职业技术学院	99.31	职业技能型	6★	中国顶尖高职院校
5	江西应用技术职业学院	97.77	职业技能型	6★	中国顶尖高职院校
6	陕西工业职业技术学院	97.61	职业技能型	6★	中国顶尖高职院校
7	南京信息职业技术学院	97.24	职业技能型	6★	中国顶尖高职院校
8	芜湖职业技术学院	97.02	职业技能型	6★	中国顶尖高职院校
9	常州信息职业技术学院	96.92	职业技能型	6★	中国顶尖高职院校
10	北京电子科技职业学院	96.84	职业技能型	6★	中国顶尖高职院校
11	陕西铁路工程职业技术学院	95.21	职业技能型	6★	中国顶尖高职院校
12	四川工程职业技术学院	95.17	职业技能型	6★	中国顶尖高职院校
13	重庆电子工程职业学院	95.08	职业技能型	6★	中国顶尖高职院校
14	浙江机电职业技术学院	95.00	职业技能型	6★	中国顶尖高职院校
15	北京工业职业技术学院	94.92	职业技能型	6★	中国顶尖高职院校
16	广东轻工职业技术学院	94.89	职业技能型	6★	中国顶尖高职院校
17	常州机电职业技术学院	94.77	职业技能型	6★	中国顶尖高职院校
18	山东职业学院	94.68	职业技能型	6★	中国顶尖高职院校
19	唐山工业职业技术学院	94.53	职业技能型	6★	中国顶尖高职院校
20	平顶山工业职业技术学院	94.43	职业技能型	6★	中国顶尖高职院校
21	昆明冶金高等专科学校	94.11	职业技能型	6★	中国顶尖高职院校
22	黄冈职业技术学院	94.04	职业技能型	5★	中国一流高职院校
23	四川交通职业技术学院	93.78	职业技能型	5★	中国一流高职院校
24	江西新能源科技职业学院	93.77	职业技能型	5★	中国一流高职院校
25	包头轻工职业技术学院	93.68	职业技能型	5★	中国一流高职院校
26	广西理工职业技术学院	93.60	职业技能型	5★	中国一流高职院校
26	河南职业技术学院	93.60	职业技能型	5★	中国一流高职院校
28	山东科技职业学院	93.56	职业技能型	5★	中国一流高职院校
29	三门峡职业技术学院	93.52	职业技能型	5★	中国一流高职院校
30	河南工业职业技术学院	93.44	职业技能型	5★	中国一流高职院校

表 1-11　2024 校友会中国高职院校排名（Ⅱ类）30 强

名次	学校名称	综合得分	办学类型	星级排名	办学层次
1	武汉职业技术学院	100.00	职业技能型	6★	中国顶尖高职院校
2	九江职业技术学院	99.66	职业技能型	6★	中国顶尖高职院校
3	商丘职业技术学院	97.33	职业技能型	6★	中国顶尖高职院校
4	襄阳职业技术学院	96.71	职业技能型	6★	中国顶尖高职院校
5	宁波职业技术学院	96.10	职业技能型	6★	中国顶尖高职院校
6	合肥职业技术学院	94.03	职业技能型	6★	中国顶尖高职院校
7	日照职业技术学院	93.55	职业技能型	6★	中国顶尖高职院校
8	广州番禺职业技术学院	93.39	职业技能型	6★	中国顶尖高职院校
9	天津市职业大学	93.33	职业技能型	6★	中国顶尖高职院校
10	天津轻工职业技术学院	93.28	职业技能型	6★	中国顶尖高职院校
11	金华职业技术学院	93.27	职业技能型	6★	中国顶尖高职院校
12	烟台职业学院	92.64	职业技能型	6★	中国顶尖高职院校
13	滨州职业学院	92.53	职业技能型	6★	中国顶尖高职院校
14	潍坊职业学院	92.03	职业技能型	6★	中国顶尖高职院校
15	威海职业学院	91.75	职业技能型	6★	中国顶尖高职院校
16	陕西职业技术学院	91.40	职业技能型	6★	中国顶尖高职院校
17	沈阳职业技术学院	91.34	职业技能型	6★	中国顶尖高职院校
18	重庆工商职业学院	91.33	职业技能型	6★	中国顶尖高职院校
19	贵州城市职业学院	91.08	职业技能型	6★	中国顶尖高职院校
19	铜仁职业技术学院	91.08	职业技能型	6★	中国顶尖高职院校
21	杭州职业技术学院	91.07	职业技能型	5★	中国一流高职院校
22	湖北职业技术学院	91.02	职业技能型	5★	中国一流高职院校
23	宝鸡职业技术学院	90.97	职业技能型	5★	中国一流高职院校
24	娄底职业技术学院	90.91	职业技能型	5★	中国一流高职院校
25	宜春职业技术学院	90.82	职业技能型	5★	中国一流高职院校
26	大连职业技术学院	90.62	职业技能型	5★	中国一流高职院校
27	洛阳科技职业学院	90.61	职业技能型	5★	中国一流高职院校
28	广东岭南职业技术学院	90.60	职业技能型	5★	中国一流高职院校
28	德州科技职业学院	90.60	职业技能型	5★	中国一流高职院校
30	长春职业技术学院	90.57	职业技能型	5★	中国一流高职院校

表 1-12　2024 校友会中国高职院校排名（Ⅲ类）30 强

名次	学校名称	综合得分	办学类型	星级排名	办学层次
1	浙江金融职业学院	100.00	职业技能型	6★	中国顶尖高职院校
2	江苏农林职业技术学院	98.51	职业技能型	6★	中国顶尖高职院校
3	江苏经贸职业技术学院	97.48	职业技能型	6★	中国顶尖高职院校
4	江苏农牧科技职业学院	97.29	职业技能型	6★	中国顶尖高职院校
5	山东医学高等专科学校	96.40	职业技能型	6★	中国顶尖高职院校
6	山东商业职业技术学院	96.32	职业技能型	6★	中国顶尖高职院校
7	江西财经职业学院	95.23	职业技能型	6★	中国顶尖高职院校
8	天津医学高等专科学校	94.37	职业技能型	6★	中国顶尖高职院校
9	江西环境工程职业学院	94.31	职业技能型	6★	中国顶尖高职院校
10	广东科贸职业学院	93.10	职业技能型	6★	中国顶尖高职院校

续表

名次	学校名称	综合得分	办学类型	星级排名	办学层次
11	厦门海洋职业技术学院	91.58	职业技能型	6★	中国顶尖高职院校
12	江西旅游商贸职业学院	91.51	职业技能型	6★	中国顶尖高职院校
13	上海工艺美术职业学院	90.68	职业技能型	6★	中国顶尖高职院校
14	广西职业技术学院	90.16	职业技能型	6★	中国顶尖高职院校
15	南阳医学高等专科学校	90.15	职业技能型	6★	中国顶尖高职院校
16	河南农业职业学院	90.09	职业技能型	6★	中国顶尖高职院校
17	湖南环境生物职业技术学院	90.03	职业技能型	6★	中国顶尖高职院校
18	重庆三峡医药高等专科学校	90.02	职业技能型	6★	中国顶尖高职院校
19	海南经贸职业技术学院	89.92	职业技能型	6★	中国顶尖高职院校
20	苏州经贸职业技术学院	89.86	职业技能型	5★	中国一流高职院校
21	沧州医学高等专科学校	89.83	职业技能型	5★	中国一流高职院校
22	辽宁医药职业学院	89.82	职业技能型	5★	中国一流高职院校
23	湖南民族职业学院	89.81	职业技能型	5★	中国一流高职院校
24	浙江旅游职业学院	89.74	职业技能型	5★	中国一流高职院校
25	漯河医学高等专科学校	89.57	职业技能型	5★	中国一流高职院校
26	成都农业科技职业学院	89.44	职业技能型	5★	中国一流高职院校
27	湖北生态工程职业技术学院	89.39	职业技能型	5★	中国一流高职院校
28	郑州旅游职业学院	89.25	职业技能型	5★	中国一流高职院校
29	浙江经贸职业技术学院	89.24	职业技能型	5★	中国一流高职院校
30	河南医学高等专科学校	89.23	职业技能型	5★	中国一流高职院校

九、北京大学、深圳技术大学分列 2024 中国大学一流专业排名第 1

校友会中国大学一流专业排名首发于 2015 年，至今已有近 10 年的历史，是目前中国参评大学数量多、参评专业规模大的中国大学本科专业排名。2024 校友会中国大学一流专业排名评价指标由学科水平、培养质量、师资水平、专业水平与专业影响等 5 大指标构成，以艾瑞深大学 360°全景数据平台为数据支持，涵盖了教育部“双一流”建设学科、教育部学科评估结果、国家级一流本科专业建设点、杰出校友和杰出师资等 100 多项核心评价指标。

2024 校友会中国大学一流专业排名坚持实施分类分级分档评价，依据中国大学办学定位、学科专业建设水平和本科专业发展定位，按研究型和应用型 2 个类型进行评价。自 2022 年起，在中国大学本科专业星级评价基础上，开展中国大学专业分档评价，依据中国大学专业排名位次、位次百分比与星级排名，将中国大学本科专业分为 A++、A+、A、B++、B+、B、C、D 等 8 个档次。

榜单显示，在 2024 校友会中国大学一流专业排名中，全国共有 1226 所高校的近 6 万个本科专业上榜，覆盖 12 大学科门类 92 个专业类的 730 多个本科专业。在 2024 中国大学一流专业排名（研究型）中，北京大学、清华大学、复旦大学、中国人民大学、宁波诺丁汉大学、香港中文大学（深圳）和北京师范大学-香港浸会大学联合国际学院等 445 所大学的 4004 个本科专业跻身 2024 中国五星级（5★）以上研究型专业名单。其中，北京大学、清华大学雄居 2024 校友会中国大学一流专业排名（研究型）冠亚军（表 1-13），是 2024 年中国大学本科专业办学实力最强、办学水准最高、办学特色最为鲜明的世界一流大学。位居前 10 强的其他大学是复旦大学、中国人民大学、浙江大学、上海交通大学、南京大学、中国科学技术大学、南开大学、华中科技大学。

在 2024 校友会中国大学一流专业排名（应用型）中，深圳技术大学、合肥大学、重庆科技大学、南京工程学院、武昌首义学院、三亚学院、西安欧亚学院等 595 所高校的 5746 个本科专业跻身 2024 年中国五星级（5★）以上应用型专业名单。其中，深圳技术大学、合肥大学雄居 2024 校友会中国大学一流专业排名（应用型）冠亚军（表 1-14），是 2024 年中国应用型专业建设水平最高、办学特色最为鲜明的中国应用型大学。位居前 10 强的其他应用型大学是重庆科技大学、南京工程学院、山东交通学院、福建理工大学、浙江万里学院、广西财经学院、南京晓庄学院、南昌工程学院。

其中，武昌首义学院、西安欧亚学院、三亚学院、文华学院、广州南方学院、福州外语外贸学院、齐鲁理工学院、南昌理工学院、昆明城市学院、四川大学锦江学院等民办高校本科专业水平较高，实力突出，挺进 2024 中国民办大学一流专业排名

10 强。

排序方法为依据中国高校的星级专业数（按七八星、五六星、三四星和一二星分组），采用奥运会奖牌榜的排序方法对中国高校的本科专业进行排序。

表 1-13　2024 中国大学一流专业排名（研究型）30 强

名次	学校名称	所在地区	世界一流专业（8★）	世界知名高水平专业（7★）	世界高水平、中国顶尖专业（6★）	中国一流专业（5★）	中国高水平专业（4★）	区域一流专业（3★）	区域高水平专业（2★）	区域知名专业（1★）
1	北京大学	北京	13	43	35	33	6	0	0	0
2	清华大学	北京	12	41	19	17	4	0	0	0
3	复旦大学	上海	1	20	18	24	19	0	0	0
4	中国人民大学	北京	3	18	12	22	29	2	0	0
5	浙江大学	浙江	1	15	25	29	58	8	0	0
6	上海交通大学	上海	1	14	19	25	26	0	0	0
7	南京大学	江苏	1	13	17	31	25	4	0	0
8	中国科学技术大学	安徽	1	10	11	10	7	6	0	0
9	南开大学	天津	1	8	16	34	31	6	0	0
10	华中科技大学	湖北	1	7	14	36	40	13	0	0
11	武汉大学	湖北	1	7	15	32	53	13	0	0
12	哈尔滨工业大学	黑龙江	1	7	16	26	35	33	0	0
13	北京师范大学	北京	1	7	12	14	26	15	0	0
14	四川大学	四川	0	7	15	34	78	14	0	0
15	中山大学	广东	0	7	16	31	48	25	0	0
16	西安交通大学	陕西	0	7	10	24	31	19	0	0
17	北京航空航天大学	北京	0	7	11	17	33	7	0	0
18	北京理工大学	北京	0	6	6	14	34	17	0	0
19	山东大学	山东	0	5	13	29	49	35	0	0
20	厦门大学	福建	0	4	8	25	44	24	1	0
21	同济大学	上海	0	4	9	21	43	24	0	0
22	东南大学	江苏	0	4	12	16	40	16	0	0
23	中国农业大学	北京	0	4	6	15	23	26	2	0
24	西北工业大学	陕西	0	4	8	11	31	9	8	0
25	中南大学	湖南	1	2	13	21	49	14	0	0
26	大连理工大学	辽宁	0	3	13	21	37	17	4	0
27	东北大学	辽宁	0	3	12	22	22	21	0	0
28	华南理工大学	广东	0	3	7	24	46	14	15	0
29	天津大学	天津	0	3	10	17	24	20	0	0
30	中国传媒大学	北京	0	3	5	12	20	25	19	0

表 1-14　2024 中国大学一流专业排名（应用型）30 强

名次	学校名称	所在地区	世界一流应用型专业（8★）	世界知名、中国顶尖应用型专业（7★）	中国顶尖应用型专业（6★）	中国一流应用型专业（5★）	中国高水平应用型专业（4★）	区域一流应用型专业（3★）	区域高水平应用型专业（2★）	区域知名应用型专业（1★）
1	深圳技术大学	广东	0	2	19	5	0	0	0	0
2	合肥大学	安徽	0	1	24	16	11	12	2	0
3	重庆科技大学	重庆	0	1	23	16	15	12	0	0

续表

名次	学校名称	所在地区	世界一流应用型专业（8★）	世界知名、中国顶尖应用型专业（7★）	中国顶尖应用型专业（6★）	中国一流应用型专业（5★）	中国高水平应用型专业（4★）	区域一流应用型专业（3★）	区域高水平应用型专业（2★）	区域知名应用型专业（1★）
4	南京工程学院	江苏	0	1	22	16	14	12	5	0
5	山东交通学院	山东	0	1	20	18	12	11	0	0
6	福建理工大学	福建	0	1	19	11	11	13	11	0
7	浙江万里学院	浙江	0	1	17	11	12	9	5	0
8	广西财经学院	广西	0	1	13	13	12	9	7	0
9	南京晓庄学院	江苏	0	1	14	10	7	11	14	0
10	南昌工程学院	江西	0	1	13	8	11	9	8	0
11	上海立信会计金融学院	上海	0	1	12	9	7	3	0	0
12	淮阴工学院	江苏	0	1	13	7	13	13	22	0
13	广东金融学院	广东	0	1	7	11	14	10	6	0
14	中国民用航空飞行学院	四川	0	1	8	8	5	4	0	0
15	上海海关学院	上海	0	1	3	6	1	0	0	0
16	云南警官学院	云南	0	1	3	5	6	4	0	0
17	湖南理工学院	湖南	0	0	21	15	8	7	0	0
18	武昌首义学院	湖北	0	0	23	12	1	0	0	0
18	西安欧亚学院	陕西	0	0	22	13	1	0	0	0
20	湖北工程学院	湖北	0	0	19	15	12	17	0	0
20	湖南文理学院	湖南	0	0	14	20	12	17	0	0
22	江苏理工学院	江苏	0	0	18	16	16	9	0	0
23	三亚学院	海南	0	0	22	12	14	9	0	0
24	文华学院	湖北	0	0	19	15	12	1	0	0
25	广州南方学院	广东	0	0	21	13	10	0	0	0
26	福州外语外贸学院	福建	0	0	19	15	2	0	0	0
27	洛阳师范学院	河南	0	0	17	16	16	19	7	0
28	齐鲁理工学院	山东	0	0	22	11	23	0	0	0
29	南昌理工学院	江西	0	0	20	13	20	0	0	0
30	昆明城市学院	云南	0	0	21	12	18	0	0	0

十、中国科学技术大学、黑龙江外国语学院等勇夺 2024 校友会中国各类型大学排名第 1

为了给 2024 年全国高考考生填报志愿提供参考，艾瑞森校友会网发布了 2024 校友会中国各类型大学排名（表 1-15～表 1-25）。

在 2024 校友会中国各类型大学排名中，北京大学、中国科学技术大学、北京师范大学、中国农业大学、北京协和医学院、中南财经政法大学、中国政法大学、中国传媒大学、中央民族大学、北京体育大学、中央戏剧学院分列综合类、理工类、师范类、农林类、医药类、财经类、政法类、语言类、民族类、体育类、艺术类大学排名第 1。

在 2024 校友会中国各类型民办大学排名中（含独立学院），武昌首义学院、三亚学院、西安欧亚学院、山东协和学院、黑龙江外国语学院、南京传媒学院、南京师范大学泰州学院、华南农业大学珠江学院、武汉体育学院体育科技学院分列理工类、综合类、财经类、医药类、语言类、艺术类、师范类、农林类、体育类民办大学排名第 1。

在 2024 校友会中国各类型合作办学大学排名中，北京师范大学-香港浸会大学联合国际学院、深圳北理莫斯科大学位列综合类、理工类合作办学大学排名第 1。

在 2024 校友会中国各类型职业技术大学排名中，深圳职业技术大学、广东工商职业技术大学、广西农业职业技术大学、海南科技职业大学、山东外国语职业技术大学、成都艺术职业大学、浙江药科职业大学等位列综合类、财经类、农林类、理工类、语言类、艺术类、医药类职业技术大学排名第 1。

在 2024 校友会中国各类型高职院校排名中，深圳信息职业技术学院、铜仁幼儿师范高等专科学校、河北政法职业学院、郑州体育职业学院、武汉职业技术学院、湖南民族职业学院、湖南外国语职业学院、江苏农林职业技术学院、山东医学高等专科学校、上海工艺美术职业学院、浙江金融职业学院名列理工类、师范类、政法类、体育类、综合类、民族类、语言类、农林类、医药类、艺术类、财经类高职院校排名第 1。

表 1-15　2024 校友会中国综合类大学、民办大学和高职院校排名 20 强

全国排名	公办大学	全国排名	民办大学（含独立学院）	全国排名	高职院校
1	北京大学	1	三亚学院	1	武汉职业技术学院
2	清华大学	2	广州南方学院	2	九江职业技术学院
3	复旦大学	2	昆明城市学院	3	商丘职业技术学院
4	浙江大学	3	四川大学锦江学院	4	襄阳职业技术学院
5	上海交通大学	4	西安培华学院	5	宁波职业技术学院
6	南京大学	5	天津仁爱学院	6	合肥职业技术学院
7	华中科技大学	6	沈阳城市学院	7	日照职业技术学院
9	南开大学	7	商丘学院	8	广州番禺职业技术学院
10	武汉大学	8	广东科技学院	9	天津市职业大学
11	中国人民大学	9	湖南信息学院	10	天津轻工职业技术学院
12	中山大学	10	长春光华学院	11	金华职业技术学院
14	西安交通大学	11	西安外事学院	12	烟台职业学院
15	山东大学	12	北京城市学院	13	滨州职业学院
16	同济大学	13	宁波大学科学技术学院	14	潍坊职业学院
18	四川大学	14	武汉学院	15	威海职业学院
19	厦门大学	15	昆明文理学院	16	陕西职业技术学院
21	东南大学	16	安阳学院	17	沈阳职业技术学院
25	吉林大学	16	武汉东湖学院	18	重庆工商职业学院
27	中南大学	18	湖北师范大学文理学院	19	铜仁职业技术学院
31	湖南大学	19	厦门大学嘉庚学院	19	贵州城市职业学院

表 1-16　2024 校友会中国理工类大学、民办大学和高职院校排名 20 强

全国排名	公办大学	全国排名	民办大学（含独立学院）	全国排名	高职院校
8	中国科学技术大学	1	武昌首义学院	1	深圳信息职业技术学院
13	哈尔滨工业大学	2	文华学院	2	黄河水利职业技术学院
17	北京航空航天大学	3	上海建桥学院	3	无锡职业技术学院
20	天津大学	4	齐鲁理工学院	4	长沙民政职业技术学院
22	西北工业大学	5	南昌理工学院	5	江西应用技术职业学院
23	华南理工大学	6	武汉城市学院	6	陕西工业职业技术学院
24	北京理工大学	7	广州城市理工学院	7	南京信息职业技术学院
26	大连理工大学	8	南京理工大学泰州科技学院	8	芜湖职业技术学院
29	东北大学	9	武汉华夏理工学院	9	常州信息职业技术学院
29	电子科技大学	10	吉利学院	10	北京电子科技职业学院
34	北京科技大学	10	电子科技大学成都学院	11	陕西铁路工程职业技术学院
35	武汉理工大学	12	吉林建筑科技学院	12	四川工程职业技术学院
37	南京理工大学	13	哈尔滨华德学院	13	重庆电子工程职业学院
40	北京交通大学	14	郑州工商学院	14	浙江机电职业技术学院
41	华东理工大学	15	长春建筑学院	15	北京工业职业技术学院

续表

全国排名	公办大学	全国排名	民办大学（含独立学院）	全国排名	高职院校
43	西安电子科技大学	16	长春电子科技学院	16	广东轻工职业技术学院
46	北京邮电大学	17	大连东软信息学院	17	常州机电职业技术学院
49	南京航空航天大学	18	江西科技学院	18	山东职业学院
54	合肥工业大学	19	荆州学院	19	唐山工业职业技术学院
55	北京化工大学	19	北京理工大学珠海学院	20	平顶山工业职业技术学院

表 1-17　2024 校友会中国财经类大学、民办大学和高职院校排名 10 强

全国排名	公办大学	全国排名	民办大学（含独立学院）	全国排名	高职院校
51	中南财经政法大学	1	西安欧亚学院	1	浙江金融职业学院
53	上海财经大学	3	福州外语外贸学院	3	江苏经贸职业技术学院
59	对外经济贸易大学	5	武汉工商学院	6	山东商业职业技术学院
73	西南财经大学	6	长春财经学院	7	江西财经职业学院
93	中央财经大学	8	兰州工商学院	10	广东科贸职业学院
95	东北财经大学	9	广州商学院	12	江西旅游商贸职业学院
111	江西财经大学	10	云南工商学院	19	海南经贸职业技术学院
116	浙江工商大学	13	湖北商贸学院	20	苏州经贸职业技术学院
121	山东财经大学	15	海口经济学院	24	浙江旅游职业学院
122	首都经济贸易大学	16	西南财经大学天府学院	28	郑州旅游职业学院

表 1-18　2024 校友会中国医药类大学、民办大学和高职院校排名 10 强

全国排名	公办大学	全国排名	民办大学（含独立学院）	全国排名	高职院校
32	北京协和医学院	4	山东协和学院	5	山东医学高等专科学校
69	首都医科大学	17	长沙医学院	8	天津医学高等专科学校
83	南方医科大学	19	北京中医药大学东方学院	15	南阳医学高等专科学校
99	天津医科大学	41	河北医科大学临床学院	18	重庆三峡医药高等专科学校
101	中国医科大学	43	齐鲁医药学院	21	沧州医学高等专科学校
102	哈尔滨医科大学	44	辽宁何氏医学院	22	辽宁医药职业学院
104	南京医科大学	63	湖北医药学院药护学院	25	漯河医学高等专科学校
105	北京中医药大学	80	大连医科大学中山学院	30	河南医学高等专科学校
106	中国药科大学	88	辽宁中医药大学杏林学院	33	石家庄医学高等专科学校
107	上海中医药大学	96	昆明医科大学海源学院	34	重庆医药高等专科学校

表 1-19　2024 校友会中国语言类大学、民办大学和高职院校排名 10 强

全国排名	公办大学	全国排名	民办大学（含独立学院）	全国排名	高职院校
79	中国传媒大学	7	黑龙江外国语学院	39	湖南外国语职业学院
80	北京外国语大学	14	西安翻译学院	50	北京青年政治学院
108	北京语言大学	20	吉林外国语大学	99	河北对外经贸职业学院
112	上海外国语大学	31	浙江越秀外国语学院	122	河北女子职业技术学院
114	外交学院	38	四川外国语大学成都学院	165	云南外事外语职业学院
132	广东外语外贸大学	38	重庆外语外事学院	175	上海工商外国语职业学院
179	北京第二外国语学院	45	北京第二外国语学院中瑞酒店管理学院	204	海南外国语职业学院
211	大连外国语大学	46	天津传媒学院	251	武汉外语外事职业学院
214	天津外国语大学	48	安徽外国语学院	281	重庆传媒职业学院
231	西安外国语大学	56	首都师范大学科德学院	282	兰州外语职业学院

表 1-20　2024 校友会中国师范类大学、民办大学和高职院校排名 10 强

全国排名	公办大学	全国排名	民办大学（含独立学院）	全国排名	高职院校
14	北京师范大学	30	南京师范大学泰州学院	35	铜仁幼儿师范高等专科学校
24	华东师范大学	62	吉林师范大学博达学院	52	桂林师范高等专科学校
47	华中师范大学	81	杭州师范大学钱江学院	73	陇南师范高等专科学校
51	南京师范大学	89	河北师范大学汇华学院	75	湛江幼儿师范专科学校
55	湖南师范大学	90	江西师范大学科学技术学院	83	广东茂名幼儿师范专科学校
58	东北师范大学	92	安徽师范大学皖江学院	96	兴安职业技术学院
59	华南师范大学	99	辽宁师范大学海华学院	105	江西师范高等专科学校
70	福建师范大学	108	湖南师范大学树达学院	107	四川幼儿师范高等专科学校
75	首都师范大学	123	山西师范大学现代文理学院	123	营口职业技术学院
79	陕西师范大学	126	赣南师范大学科技学院	126	赣州师范高等专科学校

表 1-21　2024 校友会中国农林类大学、民办大学和高职院校排名 10 强

全国排名	公办大学	全国排名	民办大学（含独立学院）	全国排名	高职院校
28	中国农业大学	52	华南农业大学珠江学院	2	江苏农林职业技术学院
42	华中农业大学	92	福建农林大学金山学院	4	江苏农牧科技职业学院
44	南京农业大学	103	中南林业科技大学涉外学院	9	江西环境工程职业学院
48	华南农业大学	106	河北农业大学现代科技学院	11	厦门海洋职业技术学院
52	西北农林科技大学	111	湖南农业大学东方科技学院	14	广西职业技术学院
70	北京林业大学			16	河南农业职业学院
72	南京林业大学			17	湖南环境生物职业技术学院
94	福建农林大学			26	成都农业科技职业学院
96	东北林业大学			27	湖北生态工程职业技术学院
97	东北农业大学			31	南阳农业职业学院

表 1-22　2024 校友会中国民族类大学和高职院校大学排名 10 强

全国排名	公办大学	全国排名	高职院校
80	中央民族大学	23	湖南民族职业学院
128	云南民族大学	37	湘西民族职业技术学院
132	中南民族大学	130	黔西南民族职业技术学院
166	西南民族大学	276	宁夏民族职业技术学院
194	北方民族大学		
211	西北民族大学		
214	内蒙古民族大学		
221	青海民族大学		
227	广西民族大学		
251	西藏民族大学		

表 1-23　2024 校友会中国体育类大学、民办大学和高职院校排名 10 强

全国排名	公办大学	全国排名	民办大学（含独立学院）	全国排名	高职院校
111	北京体育大学	87	武汉体育学院体育科技学院	178	郑州体育职业学院
203	上海体育学院			222	嵩山少林武术职业学院
291	沈阳体育学院				
294	武汉体育学院				
311	首都体育学院				

续表

全国排名	公办大学	全国排名	民办大学（含独立学院）	全国排名	高职院校
328	南京体育学院				
339	成都体育学院				
339	天津体育学院				
377	吉林体育学院				
387	广州体育学院				

表 1-24　2024 校友会中国艺术类大学、民办大学和高职院校排名 10 强

全国排名	公办大学	全国排名	民办大学（含独立学院）	全国排名	高职院校
127	中央戏剧学院	11	南京传媒学院	13	上海工艺美术职业学院
128	北京电影学院	12	河北传媒学院	36	广东亚视演艺职业学院
175	上海音乐学院	18	上海视觉艺术学院	55	浙江艺术职业学院
175	中央美术学院	22	武汉传媒学院	56	湖南工艺美术职业学院
175	中央音乐学院	23	吉林动画学院	88	苏州工艺美术职业技术学院
185	南京艺术学院	24	辽宁传媒学院	89	河南艺术职业学院
185	上海戏剧学院	25	大连艺术学院	97	广东省外语艺术职业学院
185	中国美术学院	26	青岛电影学院	108	广西演艺职业学院
231	中国音乐学院	28	四川传媒学院	117	四川国际标榜职业学院
249	四川美术学院	58	江西服装学院	129	四川文化传媒职业学院

表 1-25　2024 校友会中国政法类大学、高职院校排名 10 强

全国排名	公办大学	全国排名	高职院校
71	中国政法大学	72	河北政法职业学院
126	华东政法大学	103	浙江警官职业学院
137	西南政法大学	128	安徽警官职业学院
206	西北政法大学	232	河南检察职业学院
231	中国人民公安大学	233	甘肃警察职业学院
298	中国青年政治学院	248	河南司法警官职业学院
320	中国刑事警察学院	257	湖南司法警官职业学院
328	甘肃政法大学	265	陕西警官职业学院
364	中国劳动关系学院	267	武汉警官职业学院
377	中央司法警官学院	285	海南政法职业学院

十一、北京大学、东莞理工学院雄居 2024 中国研究型和应用型大学排名第 1

按照 2024 校友会中国大学分类体系标准，本书将中国高校划分为研究型（中国研究型和特色研究型）、区域研究型（区域研究型和区域特色研究型）、应用型和职业技能型等 4 种类型。

北京大学、清华大学、复旦大学位居 2024 校友会中国研究型大学排名前 3 强（表 1-26）；南昌大学、华南农业大学、湖南师范大学位居 2024 校友会中国区域研究型大学排名前 3 甲。东莞理工学院、武汉轻工大学、南通大学问鼎 2024 校友会中国应用型大学排名前 3 甲。

表 1-26　2024 校友会中国研究型大学排名前 20 强

全国排名	研究型大学	全国排名	区域研究型大学	全国排名	应用型大学
1	北京大学	47	南昌大学	139	东莞理工学院
2	清华大学	48	华南农业大学	148	武汉轻工大学
3	复旦大学	55	湖南师范大学	159	南通大学

续表

全国排名	研究型大学	全国排名	区域研究型大学	全国排名	应用型大学
4	浙江大学	58	郑州大学	175	沈阳大学
5	上海交通大学	59	华南师范大学	182	青岛农业大学
6	南京大学	62	北京工业大学	183	中国计量大学
7	华中科技大学	62	燕山大学	185	台州学院
8	中国科学技术大学	64	西北大学	190	湖北医药学院
9	南开大学	65	宁波大学	191	沈阳师范大学
10	武汉大学	66	福州大学	194	北方民族大学
11	中国人民大学	66	扬州大学	194	北京联合大学
12	中山大学	69	首都医科大学	194	河北科技大学
13	哈尔滨工业大学	70	福建师范大学	198	湖北经济学院
14	北京师范大学	71	上海大学	198	内蒙古工业大学
14	西安交通大学	72	南京林业大学	206	河北经贸大学
15	山东大学	73	上海理工大学	207	湖州师范学院
16	同济大学	75	首都师范大学	209	内蒙古科技大学
17	北京航空航天大学	75	浙江工业大学	211	北京信息科技大学
18	四川大学	77	江苏大学	211	大连外国语大学
19	厦门大学	78	河北大学	214	合肥大学
20	天津大学	80	浙江师范大学	214	华北水利水电大学

十二、西安交通大学、沈阳城市学院等勇夺 2024 中国各区域大学排名第 1

为了给全国高考考生通过地理区域选大学提供参考，艾瑞深校友会网发布了 2024 校友会中国各区域大学排名（表 1-27～表 1-33）。

北京大学、天津仁爱学院、河北科技工程职业技术大学、天津医学高等专科学校雄居 2024 校友会华北地区大学、民办大学、职业技术大学和高职院校排名第 1。

复旦大学、上海建桥学院、福州外语外贸学院、宁波诺丁汉大学、山东外事职业大学、浙江金融职业学院名列 2024 校友会华东地区大学、民办大学、合作办学大学、职业技术大学和高职院校排名第 1。

华中科技大学、武昌首义学院、湖南软件职业技术大学、武汉职业技术学院位居 2024 校友会华中地区大学、民办大学、职业技术大学和高职院校排名第 1。

中山大学、三亚学院、北京师范大学-香港浸会大学联合国际学院、深圳职业技术大学、深圳信息职业技术学院位列 2024 校友会华南地区大学、民办大学、合作办学大学、职业技术大学和高职院校排名第 1。

哈尔滨工业大学、沈阳城市学院、长春财经学院、辽宁理工职业大学、沈阳职业技术学院分居 2024 校友会东北地区大学、民办大学、职业技术大学排名和高职院校排名第 1。

西安交通大学、西安欧亚学院、兰州资源环境职业技术大学、陕西工业职业技术学院名列 2024 校友会西北地区大学、民办大学、职业技术大学和高职院校排名第 1。

四川大学、昆明城市学院、贵阳康养职业大学、四川工程职业技术学院位居 2024 校友会西南地区大学、民办大学、职业技术大学和高职院校排名第 1。

表 1-27　2024 校友会中国华北地区大学、民办大学和高职院校排名 10 强

全国排名	公办大学	全国排名	民办大学（含独立学院）	全国排名	高职院校
1	北京大学	5	天津仁爱学院	8	天津医学高等专科学校
2	清华大学	12	北京城市学院	9	天津市职业大学
9	南开大学	12	河北传媒学院	10	北京电子科技职业学院
11	中国人民大学	19	北京中医药大学东方学院	10	天津轻工职业技术学院
14	北京师范大学	22	南开大学滨海学院	15	北京工业职业技术学院

续表

全国排名	公办大学	全国排名	民办大学（含独立学院）	全国排名	高职院校
17	北京航空航天大学	31	北京邮电大学世纪学院	19	唐山工业职业技术学院
20	天津大学	34	燕山大学里仁学院	21	沧州医学高等专科学校
24	北京理工大学	36	华北理工大学轻工学院	25	包头轻工职业技术学院
28	中国农业大学	41	河北医科大学临床学院	33	石家庄医学高等专科学校
32	北京协和医学院	42	沧州交通学院	42	北京财贸职业学院

表 1-28　2024 校友会中国华东地区城市大学、民办大学和高职院校排名 10 强

全国排名	公办大学	全国排名	民办大学（含独立学院）	全国排名	高职院校
3	复旦大学	3	上海建桥学院	1	浙江金融职业学院
4	浙江大学	3	福州外语外贸学院	2	九江职业技术学院
5	上海交通大学	4	齐鲁理工学院	2	江苏农林职业技术学院
6	南京大学	4	山东协和学院	3	无锡职业技术学院
8	中国科学技术大学	5	南昌理工学院	3	江苏经贸职业技术学院
15	山东大学	8	南京理工大学泰州科技学院	4	江苏农牧科技职业学院
16	同济大学	11	南京传媒学院	5	江西应用技术职业学院
19	厦门大学	13	宁波大学科学技术学院	5	宁波职业技术学院
21	东南大学	18	上海视觉艺术学院	5	山东医学高等专科学校
24	华东师范大学	18	江西科技学院	6	合肥职业技术学院

表 1-29　2024 校友会中国东北地区大学、民办大学和高职院校排名 10 强

全国排名	公办大学	全国排名	民办大学（含独立学院）	全国排名	高职院校
13	哈尔滨工业大学	6	沈阳城市学院	17	沈阳职业技术学院
25	吉林大学	6	长春财经学院	22	辽宁医药职业学院
26	大连理工大学	7	黑龙江外国语学院	26	大连职业技术学院
29	东北大学	10	长春光华学院	30	长春职业技术学院
58	东北师范大学	12	吉林建筑科技学院	36	辽宁省交通高等专科学校
60	哈尔滨工程大学	13	哈尔滨华德学院	39	长春汽车工业高等专科学校
95	东北财经大学	15	长春建筑学院	44	黑龙江职业学院
96	东北林业大学	16	长春电子科技学院	45	哈尔滨职业技术学院
97	东北农业大学	17	大连东软信息学院	69	黑龙江农业经济职业学院
98	辽宁大学	20	吉林外国语大学	71	辽宁农业职业技术学院

表 1-30　2024 校友会中国华中地区大学、民办大学和高职院校排名 10 强

全国排名	公办大学	全国排名	民办大学（含独立学院）	全国排名	高职院校
7	华中科技大学	1	武昌首义学院	1	武汉职业技术学院
10	武汉大学	2	文华学院	2	黄河水利职业技术学院
27	中南大学	5	武汉工商学院	3	商丘职业技术学院
31	湖南大学	6	武汉城市学院	4	长沙民政职业技术学院
35	武汉理工大学	7	商丘学院	4	襄阳职业技术学院
42	华中农业大学	9	武汉华夏理工学院	15	南阳医学高等专科学校
47	华中师范大学	9	湖南信息学院	16	河南农业职业学院
51	中南财经政法大学	13	湖北商贸学院	17	湖南环境生物职业技术学院
55	湖南师范大学	14	郑州工商学院	20	平顶山工业职业技术学院
58	郑州大学	14	武汉学院	22	黄冈职业技术学院

表 1-31　2024 校友会中国华南地区大学、民办大学和高职院校排名 10 强

全国排名	公办大学	全国排名	民办大学（含独立学院）	全国排名	高职院校
12	中山大学	1	三亚学院	1	深圳信息职业技术学院
23	华南理工大学	2	广州南方学院	8	广州番禺职业技术学院
38	暨南大学	7	广州城市理工学院	10	广东科贸职业学院
48	华南农业大学	8	广东科技学院	14	广西职业技术学院
56	南方科技大学	9	广州商学院	16	广东轻工职业技术学院
59	华南师范大学	15	海口经济学院	19	海南经贸职业技术学院
83	南方医科大学	19	北京理工大学珠海学院	26	广西理工职业技术学院
86	深圳大学	21	珠海科技学院	28	广东岭南职业技术学院
91	广东工业大学	22	广东白云学院	35	广东科学技术职业学院
117	广西大学	28	广州理工学院	36	广东亚视演艺职业学院

表 1-32　2024 校友会中国西北地区大学、民办大学和高职院校排名 10 强

全国排名	公办大学	全国排名	民办大学（含独立学院）	全国排名	高职院校
14	西安交通大学	1	西安欧亚学院	6	陕西工业职业技术学院
22	西北工业大学	4	西安培华学院	11	陕西铁路工程职业技术学院
33	兰州大学	8	兰州工商学院	16	陕西职业技术学院
43	西安电子科技大学	11	西安外事学院	23	宝鸡职业技术学院
52	西北农林科技大学	14	西安翻译学院	37	新疆轻工职业技术学院
64	西北大学	23	西京学院	41	新疆农业职业技术学院
79	陕西师范大学	24	延安大学西安创新学院	51	宁夏职业技术学院
101	长安大学	27	兰州信息科技学院	54	宁夏工商职业技术学院
107	西安理工大学	33	陕西国际商贸学院	55	延安职业技术学院
109	西北师范大学	38	西安思源学院	56	杨凌职业技术学院

表 1-33　2024 校友会中国西南地区大学、民办大学和高职院校排名 10 强

全国排名	公办大学	全国排名	民办大学（含独立学院）	全国排名	高职院校
18	四川大学	2	昆明城市学院	12	四川工程职业技术学院
29	电子科技大学	3	四川大学锦江学院	13	重庆电子工程职业学院
32	重庆大学	10	吉利学院	18	重庆工商职业学院
36	西南大学	10	电子科技大学成都学院	18	重庆三峡医药高等专科学校
56	西南交通大学	10	云南工商学院	19	铜仁职业技术学院
73	西南财经大学	15	昆明文理学院	19	贵州城市职业学院
84	贵州大学	16	西南财经大学天府学院	21	昆明冶金高等专科学校
88	云南大学	27	贵州黔南经济学院	23	四川交通职业技术学院
102	昆明理工大学	28	四川传媒学院	26	成都农业科技职业学院
112	四川农业大学	34	贵阳信息科技学院	31	重庆交通职业学院

十三、浙江大学、昆明城市学院等勇夺 2024 中国各线城市大学排名第 1

为了给全国高考考生通过城市选大学提供参考，艾瑞深校友会网发布了 2024 校友会中国各线城市大学排名（表 1-34～表 1-39）。

2024 校友会中国各线城市大学排名依据的是《第 1 财经周刊》最新发布的 2023 中国城市商业魅力排行榜的中国城市分级排名结果，该榜将中国地级以上城市划分为五个等级，评出 4 个一线城市、15 个新一线城市、30 个二线城市、70 个三线城

市、90 个四线城市和 128 个五线城市。

榜单显示，在 2024 校友会中国一线城市大学排名中，北京大学、广州南方学院、深圳信息职业技术学院、香港中文大学（深圳）、深圳职业技术大学分列 2024 校友会中国一线城市大学、民办大学、高职院校、合作办学大学、职业技术大学排名第 1。

在 2024 校友会中国新一线城市大学排名中，浙江大学、武昌首义学院、西安欧亚学院、浙江金融职业学院、武汉职业技术学院、西交利物浦大学、西安汽车职业大学分列 2024 校友会中国新一线城市大学、民办大学、高职院校、合作办学大学、职业技术大学排名第 1。

在 2024 校友会中国二线城市大学排名中，哈尔滨工业大学、昆明城市学院、无锡职业技术学院、北京师范大学-香港浸会大学联合国际学院、河北科技工程职业技术大学分列 2024 校友会中国二线城市大学、民办大学、高职院校、合作办学大学、职业技术大学排名第 1。

在 2024 校友会中国三线城市大学排名中，西北农林科技大学、三亚学院、九江职业技术学院、江苏农林职业技术学院、广东以色列理工学院、海南科技职业大学分列 2024 校友会中国三线城市大学、民办大学、高职院校、合作办学大学、职业技术大学排名第 1。

在 2024 校友会中国四线城市大学排名中，燕山大学、四川大学锦江学院、黄河水利职业技术学院、辽宁理工职业大学分列 2024 校友会中国四线城市大学、民办大学、高职院校、合作办学大学、职业技术大学排名第 1。

在 2024 校友会中国五线城市大学排名中，四川农业大学、丽江文化旅游学院、江西新能源科技职业学院、广西城市职业大学分列 2024 校友会中国五线城市大学、民办大学、高职院校、职业技术大学排名第 1。

表 1-34　2024 校友会中国一线城市大学、民办大学和高职院校排名 20 强

全国排名	公办大学	全国排名	民办大学（含独立学院）	全国排名	高职院校
1	北京大学	2	广州南方学院	1	深圳信息职业技术学院
2	清华大学	3	上海建桥学院	8	广州番禺职业技术学院
3	复旦大学	7	广州城市理工学院	10	北京电子科技职业学院
5	上海交通大学	9	广州商学院	10	广东科贸职业学院
11	中国人民大学	12	北京城市学院	13	上海工艺美术职业学院
12	中山大学	18	上海视觉艺术学院	15	北京工业职业技术学院
14	北京师范大学	22	广东白云学院	16	广东轻工职业技术学院
16	同济大学	28	广州理工学院	28	广东岭南职业技术学院
17	北京航空航天大学	31	北京邮电大学世纪学院	33	上海城建职业学院
23	华南理工大学	37	广东培正学院	35	广东科学技术职业学院
24	北京理工大学	43	广州华立学院	42	北京财贸职业学院
24	华东师范大学	45	北京第二外国语学院中瑞酒店管理学院	50	北京青年政治学院
28	中国农业大学	52	华南农业大学珠江学院	53	广东南华工商职业学院
32	北京协和医学院	56	首都师范大学科德学院	60	北京农业职业学院
34	北京科技大学	57	北京工业大学耿丹学院	66	广东工贸职业技术学院
38	暨南大学	60	广州华商学院	68	广东机电职业技术学院
40	北京交通大学	62	广州新华学院	75	广东农工商职业技术学院
41	华东理工大学	63	上海杉达学院	77	上海电子信息职业技术学院
46	北京邮电大学	64	上海立达学院	83	广州南洋理工职业学院
48	华南农业大学	65	广东外语外贸大学南国商学院	86	上海行健职业学院

表 1-35　2024 校友会中国新一线城市大学、民办大学和高职院校排名 20 强

全国排名	公办大学	全国排名	民办大学（含独立学院）	全国排名	高职院校
4	浙江大学	1	武昌首义学院	1	武汉职业技术学院
6	南京大学	1	西安欧亚学院	1	浙江金融职业学院
7	华中科技大学	2	文华学院	3	江苏经贸职业技术学院

续表

全国排名	公办大学	全国排名	民办大学（含独立学院）	全国排名	高职院校
8	中国科学技术大学	4	西安培华学院	4	长沙民政职业技术学院
9	南开大学	5	天津仁爱学院	6	合肥职业技术学院
10	武汉大学	5	武汉工商学院	7	南京信息职业技术学院
14	西安交通大学	6	沈阳城市学院	8	天津医学高等专科学校
18	四川大学	6	武汉城市学院	9	天津市职业大学
20	天津大学	8	广东科技学院	10	天津轻工职业技术学院
21	东南大学	9	湖南信息学院	13	重庆电子工程职业学院
22	西北工业大学	9	武汉华夏理工学院	14	浙江机电职业技术学院
27	中南大学	10	电子科技大学成都学院	16	河南农业职业学院
29	电子科技大学	10	吉利学院	16	陕西职业技术学院
31	湖南大学	11	南京传媒学院	17	沈阳职业技术学院
32	重庆大学	11	西安外事学院	18	重庆工商职业学院
35	武汉理工大学	13	湖北商贸学院	18	重庆三峡医药高等专科学校
36	西南大学	14	武汉学院	20	苏州经贸职业技术学院
37	南京理工大学	14	西安翻译学院	21	杭州职业技术学院
39	苏州大学	14	郑州工商学院	22	辽宁医药职业学院
42	华中农业大学	16	武汉东湖学院	23	四川交通职业技术学院

表 1-36　2024 校友会中国二线城市大学、民办大学和高职院校排名 20 强

全国排名	公办大学	全国排名	民办大学（含独立学院）	全国排名	高职院校
13	哈尔滨工业大学	2	昆明城市学院	3	无锡职业技术学院
15	山东大学	3	福州外语外贸学院	5	宁波职业技术学院
19	厦门大学	4	齐鲁理工学院	6	山东商业职业技术学院
25	吉林大学	4	山东协和学院	9	常州信息职业技术学院
26	大连理工大学	5	南昌理工学院	11	金华职业技术学院
29	东北大学	6	长春财经学院	11	厦门海洋职业技术学院
33	兰州大学	7	黑龙江外国语学院	12	江西旅游商贸职业学院
47	南昌大学	8	兰州工商学院	12	烟台职业学院
50	江南大学	10	长春光华学院	14	广西职业技术学院
58	东北师范大学	10	云南工商学院	17	常州机电职业技术学院
60	哈尔滨工程大学	12	河北传媒学院	18	山东职业学院
66	福州大学	12	吉林建筑科技学院	19	贵州城市职业学院
68	中国矿业大学	13	哈尔滨华德学院	21	昆明冶金高等专科学校
70	福建师范大学	13	宁波大学科学技术学院	26	大连职业技术学院
78	河北大学	15	长春建筑学院	30	长春职业技术学院
80	浙江师范大学	15	昆明文理学院	33	石家庄医学高等专科学校
84	贵州大学	16	长春电子科技学院	34	山东劳动职业技术学院
86	山西大学	17	大连东软信息学院	39	长春汽车工业高等专科学校
88	云南大学	18	江西科技学院	40	广西机电职业技术学院
90	齐鲁工业大学	19	北京理工大学珠海学院	40	南宁职业技术学院

表 1-37　2024 校友会中国三线城市大学、民办大学和高职院校排名 10 强

全国排名	公办大学	全国排名	民办大学（含独立学院）	全国排名	高职院校
52	西北农林科技大学	1	三亚学院	2	江苏农林职业技术学院
66	扬州大学	7	商丘学院	2	九江职业技术学院
77	江苏大学	8	南京理工大学泰州科技学院	3	商丘职业技术学院
89	河南大学	15	海口经济学院	4	江苏农牧科技职业学院
91	河南科技大学	16	西南财经大学天府学院	4	襄阳职业技术学院
99	山东农业大学	19	荆州学院	5	江西应用技术职业学院
114	河南师范大学	19	厦门大学嘉庚学院	5	山东医学高等专科学校
117	安徽师范大学	30	南京师范大学泰州学院	6	陕西工业职业技术学院
117	内蒙古大学	33	陕西国际商贸学院	7	江西财经职业学院
117	山东第 1 医科大学	34	燕山大学里仁学院	8	芜湖职业技术学院

表 1-38　2024 校友会中国四线城市大学、民办大学和高职院校排名 10 强

全国排名	公办大学	全国排名	民办大学（含独立学院）	全国排名	高职院校
62	燕山大学	3	四川大学锦江学院	2	黄河水利职业技术学院
104	湘潭大学	16	安阳学院	7	日照职业技术学院
140	东北电力大学	18	湖北师范大学文理学院	11	陕西铁路工程职业技术学院
150	河南理工大学	32	辽宁财贸学院	12	四川工程职业技术学院
190	湖北医药学院	36	湖北恩施学院	13	滨州职业学院
203	景德镇陶瓷大学	62	齐齐哈尔工程学院	19	铜仁职业技术学院
204	安徽工业大学	63	湖北医药学院药护学院	20	平顶山工业职业技术学院
209	内蒙古科技大学	65	辽宁理工学院	22	湖北职业技术学院
209	青海大学	70	山东华宇工学院	23	宝鸡职业技术学院
218	黄冈师范学院	81	聊城大学东昌学院	24	娄底职业技术学院

表 1-39　2024 校友会中国五线城市大学、民办大学和高职院校排名 10 强

全国排名	公办大学	全国排名	民办大学（含独立学院）	全国排名	高职院校
112	四川农业大学	45	丽江文化旅游学院	24	江西新能源科技职业学院
159	辽宁工程技术大学	62	吉林师范大学博达学院	26	广西理工职业技术学院
211	延边大学	82	宁夏理工学院	29	三门峡职业技术学院
214	内蒙古民族大学	114	吉首大学张家界学院	37	湘西民族职业技术学院
231	吉首大学	131	江西工程学院	41	新疆农业职业技术学院
251	吉林师范大学			50	四川职业技术学院
262	佳木斯大学			56	鹤壁职业技术学院
269	齐齐哈尔大学			58	梧州医学高等专科学校
278	延安大学			69	广西英华国际职业学院
300	辽宁石油化工大学			69	黑龙江农业经济职业学院

十四、香港大学、台湾大学、澳门大学位列 2024 中国香港、台湾和澳门大学排名第 1

在 2024 校友会中国大学排名中，香港大学、台湾大学、澳门大学分居 2024 校友会中国香港、台湾和澳门大学排名第 1。（表 1-40）。

表 1-40　2024 校友会中国香港、台湾和澳门大学排名 10 强

全国排名	学校名称	全国排名	学校名称	全国排名	学校名称
1	香港大学	1	台湾大学	1	澳门大学
2	香港中文大学	2	台湾清华大学	2	澳门理工学院
3	香港科技大学	3	台湾成功大学	2	澳门科技大学
4	香港城市大学	3	台湾交通大学	4	澳门旅游学院
4	香港理工大学	5	台湾艺术大学		
6	香港演艺学院	6	台湾政治大学		
6	香港影视传媒学院	6	台湾长庚大学		
8	香港浸会大学	6	台湾辅仁大学		
8	香港树仁大学	6	“台湾中央大学”		
8	香港教育学院	10	台北艺术大学		

第二节　2024 校友会中国大学排名评价指标体系

一、校友会中国大学排名评价指标体系

1. 2024 校友会中国大学排名评价方法

校友会中国大学排名首发于 2003 年，至今已有 22 年的历史，已成为具有广泛社会影响力、公信力、参考价值和创新力的中国大学排名领先品牌。校友会中国大学排名是国内目前评价体系系统全面、客观独立，评价体系和评价方法稳定，评价指标和参评高校数量多，符合国家政策和价值导向的中国大学排名。

20 多年来，校友会中国大学排名评价理念与国家方针政策始终保持高度一致，严格遵循教育部清理“五唯”专项行动要求，评价标准与国家“双一流”建设监测体系及成效评价标准、教育部学科评估指标体系吻合度最高，其独立性、创新性和前瞻性领先于国内其他大学排名，已成为第三方大学评价的引领者。

2024 校友会中国大学排名的评估对象为海峡两岸暨香港、澳门的 2000 多所本科高校、高职（专科）院校和港澳台高校等。中国科学院大学、上海科技大学、国防科技大学、中国社会科学院大学、西湖大学等部分高校因办学情况特殊未被纳入 2024 校友会中国大学排名。

2024 校友会中国大学排名评价指标体系由办学层次、思政教育、教学质量、杰出校友、高层次人才、学科专业、科研项目、科研基地、科研成果、社会服务、社会声誉和国际影响力等 12 大一级指标组成，以艾瑞深“大学 360 度全景数据平台”为数据支持，围绕着“大平台、大团队、大项目、大成果、大校友”体系框架展开系统评价，涵盖的评价指标高达 900 多项。

为了推动中国大学内涵发展和提升办学水平，我们于 2024 年对评价体系进行优化调整，与 2023 年排名相比，新增国家卓越工程师学院、国家卓越工程师、国家卓越工程师团队、中国科协科技智库青年人才计划入选者、新基石研究员项目入选者、战略性新兴领域教材体系建设团队、宝钢教育奖、科睿唯安高被引科学家、爱思唯尔中国高被引学者、国家社科基金高校思想政治理论课研究专项、中国仪器仪表学会科学技术奖、中国粮油学会科学技术奖、中国抗癌协会科技奖、中华护理学会科技奖、世界互联网大会领先科技奖、亚太眼科学会最高学术成就奖、美国纤维学会杰出成就奖、国家自然资源科普基地、全国科普教育基地、国家交通运输科普基地、文化和旅游部文化和旅游研究基地、中国文艺评论基地等近 40 项评价指标。2024 年评价指标总数多达 900 多项，评价结果更符合国家教育评估导向、对高校与广大考生、家长更具参考价值和指导意义。

艾瑞深“大学 360 度全景数据平台”是呈现中国大学发展状况的数据统计展示平台，致力于中国高等教育发展大数据的深度挖掘、前瞻性研究与科学评价分析，旨在对中国高校的发展状况进行动态监测和系统评估，为中国高校内涵发展和“双一流”建设提供系统全面、专业化的办学质量评价与发展咨询服务。

校友会中国大学排名是国内最早实施中国大学分类评价的大学排名。1989 年，艾瑞深中国大学评价研究团队首席专家、中南大学蔡言厚教授公开发表论文，发布中国第一个综合大学排名；在国内率先将中国大学划分为综合、理工、医科和农林等类型进行分类评价，并公布 4 个单科性大学排名，正式拉开了“中国大学排名分类评价 1.0”的序幕。

经过三十多年的探索和创新，艾瑞深中国大学评价研究团队坚持实施中国大学分类评价，已经构建形成了独具特色的校友会中国大学排名分类体系标准和分类评价方法，引领中国大学排名分类评价发展。2013 年，首次公开发表“校友会中国大学分类体系标准”；2020 年，率先提出“中国大学排名分类评价 2.0”方案，便于广大读者科学客观对比分析不同排行中高校的

全国排名情况，引导中国高校科学定位与办出特色。

2024 校友会中国大学排名评价结果按照总榜、主榜和副榜进行评价和呈现。在 2024 中国大学综合排名评价中，我们将综合类、理工类、农林类、民族类和财经类等类型高校纳入主榜进行全国综合实力评价和呈现。艺术类、体育类、语言类、政法类、师范类和医药类等人才培养和学科专业相对单一的高校分别进行评价，依据其综合实力得分给出各高校的“全国参考排名”，纳入副榜进行呈现。

在 2024 校友会中国民办高校和高职院校评价中，我们依据参评高校优势学科专业所属门类，将中国民办高校（含独立学院）、高职（专科）院校分为Ⅰ类、Ⅱ类和Ⅲ类等 3 个类型进行分类评价。其中，Ⅰ类院校为以工学门类学科专业为优势的院校，Ⅱ类院校为以理学及人文社科门类学科专业为优势的院校，Ⅲ类院校为以艺术、体育、经济、管理、农学、教育学、医学等门类学科专业为优势的院校。

2. 2024校友会中国大学排名评价指标及权重

2024 校友会中国大学排名评价指标及权重见表 1-41。数据来源中涉及的机构名称以最近颁发的颁奖主体为准。

表 1-41　2024 校友会中国大学排名评价指标及权重

一级指标	二级指标	三级指标	统计时间	数据来源
思政教育（8%）	先进学生典型	最美大学生	2000—2023 年	教育部
		中国大学生年度人物	2000—2023 年	教育部
		全国优秀共青团员	2000—2023 年	共青团中央
		教育部“百名研究生党员标兵”	2000—2023 年	教育部
		中国大学生自强之星	2000—2023 年	共青团中央
		学雷锋志愿服务“四个100”先进典型	2000—2023 年	中央文明办
		全国向上向善好青年	2015—2023 年	共青团中央
		中国青年志愿者	2000—2023 年	共青团中央
		知行计划榜样 100 全国大学生社团	2014—2023 年	共青团中央
		全国大中专学生志愿者暑期“三下乡”社会实践活动优秀个人与团队	2016—2023 年	共青团中央
		全国高校百强学生社团	2017—2023 年	中国青年报社
		KAB 高校大学生创业社团	2016—2023 年	中国青年报社
		全国大学生百强暑期实践团队	2015—2023 年	中国青年报社
	先进模范教师	全国优秀共产党员	2000—2023 年	中组部
		全国优秀党务工作者	2000—2023 年	中组部
		中国青年五四奖章	2000—2023 年	共青团中央
		全国优秀共青团干部	2000—2023 年	共青团中央
		全国岗位学雷锋标兵	2000—2023 年	中宣部
		全国抗击新冠肺炎疫情先进个人和先进集体	2000—2023 年	国务院
		全国科技系统抗击新冠肺炎疫情先进集体和先进个人	2000—2023 年	科技部
		全国最美教师	2000—2023 年	中宣部
		最美高校辅导员	2000—2023 年	中宣部
		全国高校辅导员年度人物	2000—2023 年	教育部
		教育部“思想政治教育中青年杰出人才支持计划”入选者	2000—2023 年	教育部
		教育部“高校思想政治工作中青年骨干队伍建设项目”入选者	2000—2023 年	教育部
		教育部大中小学思政课一体化建设指导委员会委员	2000—2023 年	教育部
		教育部高等学校思想政治理论课教学指导委员会委员	2016—2023 年	教育部
		高校思想政治理论课教师影响力人物	2013—2017 年	教育部
		中宣部“宣传思想文化青年英才”	2000—2023 年	中宣部
		全国师德师风建设专家委员会委员	2000—2023 年	教育部

续表

一级指标	二级指标	三级指标	统计时间	数据来源
思政教育（8%）	思政教育项目	教育部“高校思想政治工作精品项目”	2000—2023 年	教育部
		高校思想政治工作研究文库	2000—2023 年	教育部
		高校辅导员工作精品项目	2000—2023 年	教育部
		国家社科基金高校思政课研究专项	2019—2023 年	全国哲社办
		国家社科基金高校思想政治理论课研究专项	2019—2023 年	全国哲社办
		教育部高校思想政治理论课教师研究专项	2020—2023 年	教育部
		“高校原创文化精品推广行动计划”入选项目	2000—2023 年	教育部
		教育部高校思想政治工作中青年骨干队伍建设项目	2000—2023 年	教育部
		全国高校“礼敬中华优秀传统文化”项目	2000—2023 年	教育部
	思政教育奖励	全国高校校园文化建设优秀成果	2000—2023 年	教育部
		全国高校思想政治理论课教学展示活动奖	2000—2023 年	教育部
		全国高校思想政治理论课教学展示暨优秀课程观摩活动	2019—2023 年	教育部
		全国高校廉政文化作品	2000—2023 年	教育部
		全国高校“两学一做”支部风采展示活动成果	2000—2023 年	教育部
		全国高校大学生讲思政课公开课展示活动获奖成果	2017—2023 年	教育部
		全国大学生网络文化节入选作品	2000—2023 年	教育部
		全国高校网络教育优秀作品	2000—2023 年	教育部
		中国青年志愿服务公益创业赛	2015—2023 年	共青团中央
	思政教育荣誉	全国文明单位	2000—2023 年	中央文明委
		全国文明校园	2000—2023 年	教育部
		全国先进基层党组织	2000—2023 年	国家表彰奖励办公室
		全国五四红旗团委（团工委）	2000—2023 年	共青团中央
		全国先进社会组织	2000—2023 年	民政部
	思政教育基地	大思政课实践教学基地	历年	教育部
		“三全育人”综合改革试点单位	2000—2023 年	教育部
		新时代高校党建示范创建和质量创优工作	2000—2023 年	教育部
		高校“双带头人”教师党支部书记工作室	2000—2023 年	教育部
		“高校百个研究生样板党支部”	2000—2023 年	教育部
		全国学雷锋活动示范点	2000—2023 年	中宣部
		高校思想政治理论课建设项目	2020—2023 年	教育部
		高校思政类重点建设公众号	历年	教育部
		全国高校思想政治理论课教师研修基地	2000—2023 年	教育部
		全国重点马克思主义学院	2000—2023 年	中宣部
		高校思想政治工作创新发展中心	2000—2023 年	教育部
		教育部师德师风建设基地	2000—2023 年	教育部
杰出校友（10%）	杰出学界校友	国务院学位委员会委员	历届	国务院学位委员会
		中国科学院院士	1952—2023 年	中国科学院
		中国工程院院士	1952—2023 年	中国工程院
		中国社会科学院学部委员	历年	中国社会科学院
		教育部社会科学委员会委员	历年	教育部
		国家教育咨询委员会委员	历年	教育部
		中国医学科学院学部委员	历年	中国医学科学院
		中国中医科学院学部委员	历年	中国中医科学院

续表

一级指标	二级指标	三级指标	统计时间	数据来源
杰出校友（10%）	杰出学界校友	中国科学院院士增选有效候选人	1999—2023 年	中国科学院
		中国工程院院士增选有效候选人	1999—2023 年	中国工程院
		国家“万人计划”入选学者	历年	人社部
		“长江学者”特聘教授、讲座教授	历年	教育部
		“长江学者”创新团队带头人	历年	教育部
		国家科学技术奖励第一完成人	2000—2020 年	国家科技奖励办
		教育部“高等学校科学研究优秀成果奖（人文社会科学）”第一完成人	2000—2020 年	教育部
		国家哲学社会科学成果文库入选成果第一完成人	历年	全国哲社办
		教育部高等教育、职业教育和基础教育国家级教学成果奖获得者	2000—2020 年	教育部
		国家杰出青年科学基金获得者	历年	国家自科基金委
		国家自然科学基金创新研究群体负责人	历年	国家自科基金委
		国家社会科学基金项目重大招标项目首席科学家	历年	全国哲社办
		教育部哲学社会科学研究重大课题攻关项目首席科学家	历年	教育部
		何梁何利基金科技成就奖、科技进步奖获得者	历年	何梁何利基金会
		光华工程科技奖成就奖获得者	历年	中国工程院
		全国中医药杰出贡献奖获得者	历年	国家卫健委
		国医大师	历年	国家卫健委
		全国名中医	历年	国家卫健委
		孙冶方经济科学奖获得者	历年	中国社会科学院
		全国十大杰出青年法学家入选者	历年	中国法学会
		吴玉章人文社科基金优秀奖获得者	历年	中国人民大学
		王力语言学奖获得者	历年	北京大学
		钱端升法学研究成果奖获得者	历年	中国政法大学
		中国法学优秀成果奖获得者	历年	中国法学会
		中国伦理学学术成果奖获得者	历年	中国伦理学会
		蒋一苇企业改革与发展学术基金奖获得者	历年	中国社会科学院
		金岳霖学术奖获得者	历年	中国社会科学院哲学研究所
		郭沫若中国历史学奖获得者	历年	中国社会科学院
		夏鼐考古学研究成果奖获得者	历年	中国社会科学院考古研究所
		复旦管理学杰出贡献奖获得者	历年	复旦管理学奖励基金会
		思勉原创奖获得者	历年	华东师范大学
		张培刚发展经济学优秀成果奖获得者	历年	张培刚发展经济学研究基金会
		管理科学奖获得者	历年	中国管理科学学会
		全国教育科学研究优秀成果奖获得者	历年	全国教育科学规划领导小组
		全国普通本科高校书记、校长	2020 年	高校网站
		全国三级甲等医院院长	2020 年	医院网站
		中华医学会会长、副会长	2020 年	中华医学会
		中华中医药学会会长、副会长	2020 年	中华中医药学会
		中国药学会会长、副会长	2020 年	中国药学会
		中华预防医学会会长、副会长	2020 年	中华预防医学会
		中华护理学会会长、副会长	2020 年	中华护理学会
		中华口腔医学会会长、副会长	2020 年	中华口腔医学会
		中国医院协会会长、副会长	2020 年	中国医院协会

续表

一级指标	二级指标	三级指标	统计时间	数据来源
杰出校友（10%）	杰出学界校友	中国医师协会会长、副会长	2020 年	中国医师协会
		美国科学院、工程院院士	历年	公开资料
		美国医学科学院院士	历年	公开资料
		美国艺术与科学院院士	历年	公开资料
		欧洲科学院院士	历年	公开资料
		俄罗斯科学院、工程院院士	历年	公开资料
		俄罗斯自然科学院院士	历年	公开资料
		国际欧亚科学院院士	历年	公开资料
		德国科学院院士	历年	公开资料
		英国皇家科学院、皇家工程院院士	历年	公开资料
		法国科学院院士	历年	公开资料
		发展中国家科学院院士	历年	公开资料
		加拿大皇家科学院、皇家工程院院士	历年	公开资料
		瑞典皇家科学院、皇家工程科学院院士	历年	公开资料
		国际电子电气工程师学会会士（IEEE Fellow）	历年	国际电子电气工程师学会
		美国科学促进会会士（AAAS Fellow）	历年	美国科学促进会
		国际计算机学会会士（ACM Fellow）	历年	国际计算机学会
		美国人工智能协会会士（AAAI Fellow）	历年	美国人工智能协会
	杰出政界校友	中央委员、候补委员和纪律检查委员会委员	历届	公开信息
		国家级正副职领导	历届	公开信息
		全国人大常委会委员	1993—2020 年	公开信息
		全国政协常委会委员	1993—2020 年	公开信息
		中国民主党派国家级正副职领导	历届	公开信息
		国务院各部委、直属机构等正副职领导	2014—2020 年	公开信息
		全国各省区市党委政府人大政协正副职领导、常委委员等	2014—2020 年	公开信息
		全国各省区地级市（州）书记、市长，各直辖市区书记、区长等	2014—2020 年	公开信息
		全国各县委书记、县长	2018—2020 年	公开信息
		全国首席大法官、一级大法官和二级大法官	历届	公开信息
		中国驻外大使、驻外总领事	历届	公开信息
		外交部新闻发言人	历届	公开信息
	杰出商界校友	改革开放杰出贡献人员获奖企业家	历年	国务院
		改革开放40年百名杰出民营企业家	历年	全国工商联
		全国优秀企业家奖获奖者	历年	中国企业联合会
		中央直管企业、国有重点企业董事长/首席执行官（CEO）/总裁/总经理	2020 年 12 月时任	公开信息
		《财富》世界500强企业董事长/首席执行官（CEO）/总裁/总经理	历年	《财富》
		国内上市公司董事长/首席执行官（CEO）/总裁/总经理/财务总监	2020 年 12 月时任	公开信息
		国有商业银行、股份制商业银行董事长、行长	2020 年 12 月时任	公开信息
		福布斯全球亿万富豪榜上榜企业家	历年	福布斯中文网
		胡润全球富豪榜上榜企业家	历年	胡润百富网
		胡润中国富豪榜上榜企业家	历年	胡润百富网
		福布斯中国富豪榜上榜企业家	历年	福布斯中文网
		新财富500富人榜上榜企业家	历年	新财富网

续表

一级指标	二级指标	三级指标	统计时间	数据来源
杰出校友（10%）	杰出商界校友	中华慈善奖上榜企业家	历年	民政部
		福布斯中国慈善榜上榜企业家	历年	福布斯中文网
		胡润慈善榜上榜企业家	历年	胡润百富网
	杰出文学艺术家校友	茅盾文学奖获得者	历届	中国作家协会
		鲁迅文学奖获得者	历届	中国作家协会
		老舍文学奖获得者	历届	老舍文艺基金会
		诺贝尔文学奖获得者	历届	瑞典文学院
		中国戏剧奖・曹禺剧本奖获得者	历届	中国戏剧家协会
		庄重文文学奖获得者	历届	中国作家协会
	杰出文学艺术家校友	全国优秀儿童文学奖获得者	历届	中国作家协会
		全国少数民族文学创作骏马奖获得者	历届	中国作家协会
		华语文学传媒大奖获得者	历届	南方都市报
		红楼梦奖获得者	历届	香港浸会大学文学院
		施耐庵文学奖获得者	历届	施耐庵文学奖评委会
		冯牧文学奖获得者	历届	中国作家协会
		姚雪垠长篇历史小说奖获得者	历届	中国作家协会
		中国金话筒奖获得者	历届	中国广播电视协会
		中央广播电视总台“十佳播音员主持人”	历届	中央广播电视总台
		中央电视台十佳主持人	历届	中央广播电视总台
		CCTV 电视节目主持人大赛获得者	历届	中央广播电视总台
		中国电视金鹰奖优秀主持人奖获得者	历届	中国文联
		中国电视主持人 60 年 60 人	历届	中国电视艺术家协会
		中国工艺美术大师	历届	中国轻工业联合会
		中国陶瓷艺术大师	历届	中国轻工业联合会
		国家级非物质文化遗产代表性项目代表性传承人	历届	文化和旅游部
		CCTV 青年歌手电视大奖赛获得者	历届	中央广播电视总台
		中国电影金鸡奖导演、演员奖获得者	历届	中国电影家协会
		大众电影百花奖导演、演员奖获得者	历届	中国电影家协会
		中国戏剧奖・梅花表演奖导演、演员奖获得者	历届	中国戏剧家协会
		中国电视剧飞天奖导演、演员奖获得者	历届	国家广播电视总局
		中国电视金鹰奖导演、演员奖获得者	历届	中国文学艺术界联合会
		上海电视节白玉兰奖导演、演员奖获得者	历届	国家广播电视总局
		奥斯卡金像奖导演、演员奖获得者	历届	美国电影艺术与科学学院
		柏林国际电影节导演、演员奖获得者	历届	柏林艺术展出有限公司
		戛纳国际电影节导演、演员奖获得者	历届	法国艺术行动协会
		威尼斯国际电影节导演、演员奖获得者	历届	威尼斯艺术节
		长春电影节导演、演员奖获得者	历届	国家广播电视总局
		上海国际电影节导演、演员奖获得者	历届	中央广播电视总台
		俄罗斯莫斯科国际电影节导演、演员奖获得者	历届	公开资料
		多伦多国际电影节导演、演员奖获得者	历届	公开资料
		卡罗维发利电影节导演、演员奖获得者	历届	公开资料
		西班牙圣塞巴斯蒂安国际电影节导演、演员奖获得者	历届	公开资料
		埃及开罗国际电影节导演、演员奖获得者	历届	埃及电影作家和评论家协会

续表

一级指标	二级指标	三级指标	统计时间	数据来源
杰出校友（10%）		中国香港电影金像奖导演、演员奖获得者	历届	香港电影金像奖协会
		中国台湾电影金马奖导演、演员奖获得者	历届	中国台湾电影事业发展基金会
	杰出运动员校友	“全国十佳运动员”	历届	国家体育总局等
		新华社“中国十佳运动员”	历届	新华社
		CCTV体坛风云人物	历届	中央广播电视总台
		中国十佳劳伦斯冠军奖获得者	历届	公开资料
		劳伦斯世界体育奖获得者	历届	劳伦斯世界体育学会
		夏季奥运会金牌获得者	历届	国际奥林匹克委员会
		冬季奥运会金牌获得者	历届	国际奥林匹克委员会
	杰出青年创业精英校友	中国大学生创业英雄获奖校友	历届	中国青年报
		胡润80后白手起家富豪榜上榜校友	历届	胡润百富网
		福布斯中国30岁以下精英榜上榜校友	历届	福布斯中文网
	杰出公益慈善人物校友	全国道德模范	历届	中宣部
		感动中国年度人物	历届	中央广播电视总台
		100位为新中国成立作出突出贡献的英雄模范人物	历届	中宣部
		100位新中国成立以来感动中国人物	历届	中宣部
		新中国最美奋斗者	历届	中宣部
教学质量（12%）	教学成果	高等教育国家级教学成果奖	2000—2020年	教育部
		职业教育国家级教学成果奖	2000—2020年	教育部
		基础教育国家级教学成果奖	2000—2020年	教育部
		中国学位与研究生教育学会研究生教育成果奖	2000—2020年	中国学位与研究生教育学会
		国家民委教学成果奖	2000—2023年	国家民委
		中国科学院教育教学成果奖	2000—2023年	中国科学院
		全国各省区市高等教育教学成果奖	2000—2023年	全国各省区市教育主管部门
		全国计划单列市高等教育教学成果奖	2000—2023年	计划单列市教育主管部门
		全国高校教师教学创新大赛	历年	中国高等教育学会
	一流教材	教育部组织编写的已出版马工程重点教材目录	历年	教育部
		中宣部组织编写的已出版马工程重点教材目录	历年	中宣部
		全国教材建设奖	历年	教育部
		马克思、恩格斯、列宁关于哲学社会科学及各学科重要论述摘编	历年	教育部
		中国经济学教材	历年	国家教材委员会办公室
		教育部普通高等教育本科国家级规划教材	2006—2015年	教育部
		教育部全国普通高等学校优秀教材	历年	教育部
		教育部推荐研究生教学用书	历年	教育部
		教育部高等教育百门精品课程教材	历年	教育部
	一流课程	国家级一流本科课程	历年	教育部
		国家精品课程	历年	教育部
		国家级精品视频公开课	历年	教育部
		国家级精品资源共享课	历年	教育部
		教育部双语教学示范课程	历年	教育部
		教育部来华留学英语授课品牌课	历年	教育部
	教学工程项目	教育部新工科研究与实践项目	2000—2023年	教育部
		教育部新文科研究与改革实践项目	2000—2023年	教育部

续表

一级指标	二级指标	三级指标	统计时间	数据来源
教学质量（12%）	教学工程项目	教育部新农科研究与改革实践项目	2000—2023 年	教育部
		教育部产学合作协同育人项目	历年	教育部
	教学基地资质	基础学科拔尖学生培养计划 2.0 基地	2000—2023 年	教育部
		基础学科拔尖学生培养试验计划（珠峰计划）	2000—2023 年	教育部
		教育部双创学院	历年	教育部
		教育部虚拟教研室	历年	教育部
		教育部重点领域虚拟教研室	历年	教育部
		科技小院	历年	教育部
		科学家精神教育基地	历年	教育部
		国家级实验教学示范中心	2000—2023 年	教育部
		国家级虚拟仿真实验教学中心	2000—2023 年	教育部
		国家级工程实践教育中心	2000—2023 年	教育部
		国家级人才培养模式创新实验区	2000—2023 年	教育部
		国家级大学生校外实践教育基地	2000—2023 年	教育部
		国家级众创空间	2000—2023 年	科技部
		国家双创示范基地	2000—2023 年	国务院
		国家卓越工程师学院	历年	教育部
		全国创业孵化示范基地	2000—2023 年	工业和信息化部
		现代远程教育试点高校	历年	教育部
		全国高校实践育人创新创业基地	2000—2023 年	教育部
		国家示范性软件学院	2000—2023 年	教育部
		国家语言文字推广基地	2019—2023 年	教育部
		国家区块链创新应用试点	历年	中央网信办
		网络学习空间应用普及活动优秀区域和优秀学校	2018—2020 年	教育部
		全国急救教育试点学校	历年	教育部
		全国普通高校毕业生就业创业工作典型案例	2020 年	教育部
		教育部特色化示范性软件学院	历年	教育部
		教育部现代产业学院	历年	教育部
		国家自然科学基金青年学生基础研究项目试点高校	历年	国家自然科学基金委员会
		未来技术学院	历年	教育部
		国家临床教学培训示范中心	2000—2023 年	教育部
		国家教材建设重点研究基地	2000—2023 年	教育部
		国家级专业技术人员继续教育基地	2000—2023 年	教育部
		全国中小学生研学实践教育基地	2000—2023 年	教育部
		国家人权教育与培训基地	2000—2023 年	教育部
		具有招收高水平艺术团资格	2000—2023 年	教育部
		可举办高水平运动队的高等学校及运动项目	2000—2023 年	教育部
	创新创业教育	“挑战杯”全国大学生课外学术科技作品大赛获奖作品	2000—2023 年	教育部
		全国大学生数学建模竞赛获奖作品	2000—2023 年	教育部
		全国大学生电子设计竞赛获奖作品	2000—2023 年	教育部
		中国青少年科技创新奖获奖者	2000—2023 年	共青团
		全国英语演讲、写作、阅读大赛获奖者	2000—2023 年	外语教学与研究出版社
		全国大学生机械创新设计大赛获奖作品	2000—2023 年	教育部

续表

一级指标	二级指标	三级指标	统计时间	数据来源
教学质量（12%）	创新创业教育	全国大学生结构设计竞赛获奖作品	2000—2023 年	教育部
		全国研究生数学建模竞赛获奖作品	2000—2023 年	教育部
		全国优秀博士学位论文（含提名奖）获得者	2000—2023 年	教育部
		教育部博士研究生学术新人奖获得者	2000—2023 年	教育部
		中国数学会三大数学奖（华罗庚奖、陈省身奖和钟家庆奖）获得者	2000—2023 年	中国数学会
		微软学者奖学金获得者	2000—2023 年	美国微软公司
		百度奖学金获得者	2000—2023 年	百度公司
		阿里巴巴全球数学竞赛	历年	阿里巴巴公司
		丘成桐大学生数学竞赛	历年	清华大学
		宝钢教育奖学生奖	2016—2023 年	宝钢教育基金会
		字节跳动奖学金	历年	字节跳动公司
		中国教师发展基金会创新创业英才奖	历年	中国教师发展基金会
		人民网奖学金	历年	人民网
		全国各省区市优秀博士与优秀硕士学位论文获得者	历年	全国各地区教育主管部门
		“创青春”全国大学生创业大赛获奖者	2000—2023 年	教育部
		“挑战杯”中国大学生创业计划竞赛获奖项目	2000—2023 年	教育部
		中国“互联网+”大学生创新创业大赛获奖者	2000—2023 年	教育部
高层次人才（15%）	立德树人典型类	国家勋章获得者	2000—2023 年	国务院
		国家荣誉称号获得者	2000—2023 年	国务院
		新中国最美奋斗者	2000—2023 年	中宣部
		最美科技工作者	2000—2023 年	中宣部
		全国教书育人楷模	2000—2023 年	教育部
		全国道德模范	2000—2023 年	中宣部
		感动中国年度人物	2000—2023 年	中央广播电视总台
		100 位新中国成立以来感动中国人物	2000—2023 年	中宣部
		时代楷模	2000—2023 年	中宣部
		改革开放杰出贡献人员“改革先锋”	2000—2023 年	国务院
		全国高校黄大年式教师团队	2000—2023 年	教育部
		全国优秀教师	2000—2023 年	教育部
		全国优秀教育工作者	2000—2023 年	教育部
		全国模范教师	2000—2023 年	教育部
		全国教育系统先进工作者	2000—2023 年	教育部
		全国教育系统先进集体	2000—2023 年	教育部
		全国五一劳动奖章	2000—2023 年	中华全国总工会
		全国工人先锋号	2000—2023 年	中华全国总工会
		全国劳动模范	2000—2023 年	国务院
		全国先进工作者	2000—2023 年	国务院
	荣誉称号类	【中国高贡献学者】国家最高科技奖获得者	2000—2023 年	科技部
		两弹一星功勋奖章获得者	历年	公开资料
		中国科学院院士	历年	中国科学院
		中国工程院院士	历年	中国工程院
		国家卓越工程师和国家卓越工程师团队	历年	党和国家功勋荣誉表彰工作委员会办公室

续表

一级指标	二级指标	三级指标	统计时间	数据来源
高层次人才（15%）	荣誉称号类	国务院学位委员会委员	2000—2023年	国务院
		国务院学位委员会学科评议组成员	2000—2023年	国务院
		教育部社会科学委员会委员	2000—2023年	教育部
		国家教育咨询委员会委员	2000—2023年	国务院
		国家教材委员会委员	2018年	国务院
		教育部科学技术委员会委员	2000—2023年	教育部
		中国医学科学院学部委员	2000—2023年	中国医学科学院
		中国中医科学院学部委员	2000—2023年	中国中医科学院
		国际电子电气工程师学会会士（IEEE Fellow）	历年	公开资料
		美国科学促进会会士（AAAS Fellow）	历年	公开资料
		国际计算机学会会士（ACM Fellow）	历年	公开资料
		美国人工智能协会会士（AAAI Fellow）	历年	公开资料
		中国科学院院士增选初步候选人	1999—2019年	中国科学院
		中国工程院院士增选有效候选人	1999—2019年	中国工程院
		“长江学者”特聘教授、讲座教授和青年学者	历年	教育部
		“长江学者”创新团队带头人	历年	教育部
		国家“万人计划”入选学者	2000—2023年	人社部
		全国杰出专业技术人才	2000—2023年	中组部
		全国创新争先奖获得者	2000—2023年	人社部
		教育部新世纪优秀人才支持计划入选者	2000—2023年	教育部
		高校青年教师奖获得者	2000—2023年	教育部
		创新人才推进计划入选者	2000—2023年	科技部
		文化名家暨“四个一批”人才	2000—2023年	中宣部
		何梁何利基金奖获得者	2000—2023年	何梁何利基金
		中国青年科学家奖获得者	2000—2023年	共青团中央
		中国青年女科学家奖获得者	2000—2023年	中中国科协
		中国青年女科学家奖团队奖获得者	2000—2023年	中国科协
		未来女科学家计划入选者	2000—2023年	联合国教科文组织
		中国青年科技奖获得者	2000—2023年	中国科协
		钟南山青年科技创新奖获得者	历年	中国青年科技工作者协会
		博士后创新人才支持计划入选者	历年	人社部
		中国科协科技智库青年人才计划入选者	历年	中国科协
		中国科协青年人才托举工程入选者	历年	中国科协
		中国科协优秀中外青年交流计划入选者	历年	中国科协
		光华工程科技奖获得者	历年	中国工程院
		中华国际科学交流基金会杰出工程师奖获得者	历年	中华国际科学交流基金会
		新基石研究员项目入选者	历年	腾讯
		岐黄学者	历年	国家中医药管理局
		科学探索奖获得者	2000—2023年	腾讯基金会
		林业和草原科技创新人才和团队	历年	国家林草局
		中国翻译协会资深翻译家	2000—2023年	中国翻译协会
		中国翻译协会翻译文化终身成就奖获得者	2000—2023年	中国翻译协会
		国家级非物质文化遗产代表性项目代表性传承人	2000—2023年	文化和旅游部

续表

一级指标	二级指标	三级指标	统计时间	数据来源
高层次人才（15%）	荣誉称号类	全国中青年德艺双馨文艺工作者	2000—2023 年	中国文联
		全民科学素质工作先进集体和先进个人	历年	中国科协
		《麻省理工科技评论》35 岁以下科技创新 35 人	历年	麻省理工科技评论
		福布斯中国 30 岁以下精英榜上榜学者	历年	福布斯中文网
	教育教学类	国家级教学名师	2000—2023 年	教育部
		国家级教学团队项目负责人	2000—2023 年	教育部
		“万人计划”教学名师	2000—2023 年	人社部
		教育部高等学校教学指导委员会委员	2000—2023 年	教育部
		教育部基础教育教学指导专业委员会委员	2000—2023 年	教育部
		中国教师发展基金会教学大师奖、杰出教学奖获得者	2000—2023 年	中国教师发展基金会
		【中国高贡献学者】国家级教学成果奖主持人	2000—2023 年	教育部
		【中国高贡献学者】中国科学院教学成果奖主持人	2000—2023 年	中国科学院
		【中国高贡献学者】中国研究生教育成果奖主持人	2000—2023 年	中国学位与研究生教育学会
		全国优秀博士学位论文指导教师（含提名奖）	2000—2023 年	教育部
		国家级一流课程主讲教师	2000—2023 年	教育部
		国家级规划教材主编	2000—2023 年	教育部
		全国教材建设奖主编	2000—2023 年	教育部
		马克思、恩格斯、列宁关于哲学社会科学及各学科重要论述摘编主编	2000—2023 年	教育部
		战略性新兴领域教材体系建设团队	2000—2023 年	教育部
		中国经济学教材主编	2000—2023 年	教育部
		【中国高贡献学者】中宣部、教育部组织编写的已出版马工程重点教材主编	2000—2023 年	中宣部、教育部
	科研奖励类	【中国高贡献学者】国家科学技术奖励第一完成人	2000—2023 年	科技部
		【中国高贡献学者】中国十大科技进展奖第一完成人	2000—2023 年	中国科学院、中国工程院
		【中国高贡献学者】中国科学十大进展第一完成人	2000—2023 年	科技部
		【中国高贡献学者】中国高校十大科技进展奖第一完成人	2000—2023 年	教育部
		侯德榜化工科学技术奖获得者	2000—2023 年	中国化工学会
		茅以升科学技术奖获得者	2000—2023 年	茅以升科技教育基金会
		中国机械工程学会科技奖获得者	2000—2023 年	中国机械工程学会
		中国兵工学会科学技术奖获得者	2000—2023 年	中国兵工学会
		王大珩光学奖获得者	2000—2023 年	中国科学技术发展基金会
		中创软件人才奖获得者	2000—2023 年	中创软件公司
		中国物理学会物理奖获得者	2000—2023 年	中国物理学会
		中国数学会三大数学奖获得者（华罗庚奖、陈省身奖和钟家庆奖）	2000—2023 年	中国数学会
		李四光地质科学奖获得者	2000—2023 年	李四光地质科学奖委员会
		周培源物理奖获得者	2000—2023 年	周培源基金会
		周培源力学奖获得者	2000—2023 年	周培源基金会
	科研奖励类	蔡诗东等离子体物理奖获得者	2000—2023 年	蔡诗东奖励基金委员会
		周培源水动力学奖获得者	2000—2023 年	周培源国际科技交流基金
		求是杰出科学家奖获得者	2000—2023 年	香港求是基金会
		达摩院青橙奖获得者	2000—2023 年	阿里巴巴达摩院
		可持续发展青年科学家奖	2000—2023 年	世界青年科学家峰会
		宝钢教育奖教师奖	2016—2023 年	宝钢教育基金会
		中国医师奖获得者	2000—2023 年	中国医师协会

续表

一级指标	二级指标	三级指标	统计时间	数据来源
高层次人才（15%）	科研奖励类	国医大师	2000—2023 年	国家卫健委
		全国名中医	2000—2023 年	国家中医药管理局
		全国中医药杰出贡献奖获得者	2000—2023 年	国家卫健委
		白求恩奖章获得者	2000—2023 年	人社部、国家卫计委
		吴阶平医学奖获得者	2000—2023 年	吴阶平医学基金会
		中国化学会青年化学奖获得者	2000—2023 年	中国化学会
		中央电视台科技创新人物入选者	2000—2023 年	中央广播电视总台
		全国工程勘察设计大师获得者	2000—2023 年	住建部
		梁思成建筑奖获得者	2000—2023 年	中国建筑学会
		涂长望青年气象科技奖获得者	2000—2023 年	中国气象学会
		邹竞蒙气象科技人才奖获得者	2000—2023 年	中国气象学会
		发明创业奖・人物奖获得者	2000—2023 年	中国发明协会
		中国抗癌协会青年科学家奖	2000—2023 年	中国抗癌协会
		中国建筑设计奖・建筑教育奖获得者	2000—2023 年	中国建筑学会
		中国软科学奖获得者	2000—2023 年	深圳市综研软科学发展基金会
		【中国高贡献学者】高等学校科学研究优秀成果奖（人文社会科学）二等奖以上奖励第一完成人	2000—2023 年	教育部
		【中国高贡献学者】国家哲学社会科学成果文库入选成果第一完成人	2000—2023 年	全国哲社办
		【中国高贡献学者】孙冶方经济科学奖一等奖以上奖励第一完成人	2000—2023 年	中国社会科学院
		【中国高贡献学者】全国教育科学研究优秀成果奖一等奖以上奖励第一完成人	2000—2023 年	教育部
		民族问题研究优秀成果奖一等奖以上奖励第一完成人	2000—2023 年	国家民委
		全国十大杰出青年法学家入选者	2000—2023 年	中国法学会
		王力语言学奖一等奖以上奖励第一完成人	2000—2023 年	北京大学
		复旦管理学杰出贡献奖一等奖以上奖励第一完成人	2000—2023 年	复旦大学
		张培刚发展经济学优秀成果奖一等奖以上奖励第一完成人	2000—2023 年	华中科技大学
		管理科学奖一等奖以上奖励第一完成人	2000—2023 年	中国管理科学学会
		国家社会科学基金项目优秀成果奖一等奖以上奖励第一完成人	2000—2023 年	全国哲社办
		【中国高贡献学者】吴玉章人文社会科学奖一等奖以上奖励第一完成人	2000—2023 年	中国人民大学
		【中国高贡献学者】钱端升法学研究成果奖一等奖以上奖励第一完成人	2000—2023 年	中国政法大学
		中国法学优秀成果奖一等奖以上奖励第一完成人	2000—2023 年	中国法学会
		中国伦理学学术成果奖一等奖以上奖励第一完成人	2000—2023 年	中国伦理学会
		蒋一苇企业改革与发展学术基金奖一等奖以上奖励第一完成人	2000—2023 年	中国社会科学院
		金岳霖学术奖一等奖以上奖励第一完成人	2000—2023 年	中国社会科学院
		郭沫若中国历史学奖一等奖以上奖励第一完成人	2000—2023 年	中国社会科学院
		夏鼐考古学研究成果奖一等奖以上奖励第一完成人	2000—2023 年	中国社会科学院
		思勉原创奖一等奖以上奖励第一完成人	2000—2023 年	华东师范大学
		【中国高贡献学者】安子介国际贸易研究奖一等奖以上奖励第一完成人	2000—2023 年	对外经济贸易大学
		国家民委人文社会科学优秀成果奖一等奖以上奖励第一完成人	2000—2023 年	国家民委
		中国人口科学优秀成果奖一等奖以上奖励第一完成人	2000—2023 年	中国人口学会
	科研奖励类	【中国高贡献学者】中国政府出版奖（含国家图书奖）第一完成人	2000—2023 年	国家新闻出版署
		【中国高贡献学者】中宣部“五个一工程”奖・图书奖	2000—2023 年	中宣部
		【中国高贡献学者】中华优秀出版物奖图书奖第一完成人	2000—2023 年	中国出版工作者协会

续表

一级指标	二级指标	三级指标	统计时间	数据来源
高层次人才（15%）		国际科研奖励（诺贝尔奖、菲尔兹奖等）（详见科研成果—国际奖励清单）第一完成人	2000—2023 年	公开资料
	基金项目类	国家重点研发计划项目首席科学家	历年	科技部
		国家重点基础研究发展计划（973 计划）项目首席科学家	历年	科技部
		国家社会科学基金项目重大招标项目首席科学家	历年	全国哲社办
		教育部哲学社会科学研究重大课题攻关项目首席科学家	历年	教育部
		国家杰出青年科学基金获得者	历年	国家自科基金委
		国家自然科学基金创新研究群体负责人	历年	国家自科基金委
		中国博士后科学基金面上资助人员	历年	中国博士后科学基金会
		中国博士后科学基金特别资助人员	历年	中国博士后科学基金会
	论文影响类	科睿唯安中国高被引科学家	历年	科睿唯安
		爱思唯尔中国高被引学者	历年	爱思唯尔
	社会服务、文化传承创新类	【中国高贡献学者】中国专利奖（发明专利奖）第一完成人	2000—2023 年	国家知识产权局
		中国发明创业奖·成果奖第一完成人	2000—2023 年	中国发明协会
		【中国高贡献学者】中国标准创新贡献奖第一完成人	2000—2023 年	国家市场监督管理总局
		中国科协求是杰出青年成果转化奖获得者	2000—2023 年	中国科协
		CCTV 百家讲坛主讲嘉宾	历年	中央广播电视总台
		中南海讲师	历年	公开资料
学科专业（5%）	学科优秀率	全国第四轮学科评估学科优秀率	2017 年	教育部
	优势学科	国家“双一流”建设学科	历年	教育部
		国家重点学科	历年	教育部
		校友会中国大学一流学科排名（星级学科）	2023 年	艾瑞深
	优势专业	国家级一流本科专业	历年	教育部
		国家级特色专业	历年	教育部
		第二学士学位专业	历年	教育部
		国家级认证专业	历年	教育部等
		校友会中国大学一流专业排名（星级专业）	历年	艾瑞深
科研成果（22%）	国家级科研奖励	国家自然科学奖	2000—2023 年	科技部
		国家技术发明奖	2000—2023 年	科技部
		国家科技进步奖	2000—2023 年	科技部
		教育部高等学校科学研究优秀成果奖（人文社会科学）	2000—2023 年	教育部
		国家哲学社会科学成果文库	2000—2023 年	全国哲社办
		国家社科基金中华学术外译项目	2000—2023 年	全国哲社办
	部省级科研奖励	中国十大科技进展奖	2000—2023 年	中国科学院、中国工程院
		中国科学十大进展	2000—2023 年	科技部
		中国高校十大科技进展奖	2000—2023 年	教育部
		教育部高等学校科学研究优秀成果奖（科学技术）	2000—2023 年	教育部
		全国各省区市科学技术奖	2000—2023 年	全国各省区市
		新疆生产建设兵团科学技术奖	2000—2023 年	新疆生产建设兵团
		全国计划单列市科学技术奖	2000—2023 年	计划单列市科技主管部门
		全国各省区市哲学社会科学奖	2000—2023 年	全国各省区市主管部门
		全国计划单列市哲学社会科学奖	2000—2023 年	计划单列市社科奖励主管部门
		全国民族研究优秀成果奖（原国家民委民族问题研究优秀成果奖）	2000—2023 年	国家民委

续表

一级指标	二级指标	三级指标	统计时间	数据来源
科研成果（22%）	部省级科研奖励	孙冶方经济科学奖	2000—2023年	中国社会科学院
		安子介国际贸易研究奖	2000—2023年	安子介国际贸易研究奖励金委员会
		钱端升法学成果奖	2000—2023年	中国政法大学
		全国教育科学研究优秀成果奖	2000—2023年	教育部
		吴玉章人文社会科学奖	2000—2023年	中国人民大学
		环境保护科学技术奖	2000—2023年	中国环境科学学会
		国土资源科学技术奖	2000—2023年	自然资源部
		中华医学科技奖	2000—2023年	中华医学会
		中华中医药学会科学技术奖	2000—2023年	中华中医药学会
		华夏建设科学技术奖	2000—2023年	中国建筑设计研究院
		梁希林业科学技术奖	2000—2023年	中国林学会
		中华农业科技奖	2000—2023年	中国农业技术推广协会
		安全生产科技成果奖	2000—2023年	国家安全监管总局
		中国产学研合作创新成果奖	2000—2023年	中国产学研合作促进会
		中国机械工业科学技术奖	2000—2023年	中国机械工业联合会
		中国有色金属工业科学技术奖	2000—2023年	中国有色金属学会
		中国铁道学会科学技术奖	2000—2023年	中国铁道学会
		中国汽车工业科学技术进步奖	2000—2023年	中国汽车工程学会
		大禹水利科学技术奖	2000—2023年	中国水利学会
		中国钢铁工业协会、中国金属学会冶金科学技术奖	2000—2023年	中国钢铁工业协会等
		中国电子学会科学技术奖	2000—2023年	中国电子学会
		中国航海学会科学技术奖	2000—2023年	中国航海学会
		卫星导航定位科学技术奖	2000—2023年	中国全球定位系统技术应用协会
		中国通信学会科学技术奖	2000—2023年	中国通信学会
		中国药学会科学技术奖	2000—2023年	中国药学会
		中华预防医学会科技学术奖	2000—2023年	中华预防医学会
		中国公路学会科学技术奖	2000—2023年	中国公路学会
		中国土木工程詹天佑奖	2000—2023年	中国土木工程学会
		吴文俊人工智能科技奖	2000—2023年	中国人工智能学会
		中国航空学会科学技术奖	2000—2023年	中国航空学会
		中国气象学会大气科学基础研究成果奖	2000—2023年	中国气象学会
		中国气象学会气象科学技术进步成果奖	2000—2023年	中国气象学会
		中国电力科学技术奖	2000—2023年	中国电机工程学会
		测绘科学技术奖	2000—2023年	中国测绘学会
		中国自动化学会科学技术奖	2000—2023年	中国自动化学会
		中国体育科学学会科学技术奖	2000—2023年	中国体育科学学会
		中国土壤学会科学技术奖	2000—2023年	中国土壤学会
		中国建筑设计奖建筑创作奖	2000—2023年	中国建筑学会
		中国计算机学会 CCF 科技成果奖	2000—2023年	中国计算机学会
		中国纺织工业联合会科学技术奖	2000—2023年	中国纺织工业联合会
		中国民族医药学会科学技术奖	2000—2023年	中国民族医药学会
		中国中西医结合学会科学技术奖	2000—2023年	中国中西医结合学会

续表

一级指标	二级指标	三级指标	统计时间	数据来源
科研成果（22%）	部省级科研奖励	国家民委人文社会科学优秀成果奖	2000—2023 年	国家民委
		中国人口科学优秀成果奖	2000—2023 年	中国人口学会
		中国软科学奖	2000—2023 年	深圳市综研软科学发展基金会
		中国建筑学会建筑设计奖、建筑创作奖（金奖、优秀奖）	2000—2023 年	中国建筑学会
		全国绿色建筑创新奖	2000—2023 年	住建部
		全国优秀城乡规划设计奖	2000—2023 年	中国城市规划协会
		中国仪器仪表学会科学技术奖	2000—2023 年	中国仪器仪表学会
		中国粮油学会科学技术奖	2000—2023 年	中国粮油学会
		中国抗癌协会科技奖	2000—2023 年	中国抗癌协会
		安全科技进步奖	2000—2023 年	中国安全生产协会
		中华护理学会科技奖	2000—2023 年	中华护理学会
		世界互联网大会领先科技奖	2000—2023 年	世界互联网大会国际组织
	专利标准奖	中国专利奖（发明专利奖）	2000—2023 年	国家知识产权局
		中国发明创业奖·成果奖	2000—2023 年	中国发明协会
		PCT 国际专利申请量	2000—2023 年	世界知识产权组织
		中国标准创新贡献奖	2000—2023 年	国家市场监督管理总局
	图书著作奖	中国政府出版奖（含国家图书奖）	2000—2023 年	新闻出版总署
		国家社科基金中华学术外译项目入选著作	2000—2023 年	全国哲社办
		中华优秀出版物奖图书奖、优秀出版科研论文奖	2000—2023 年	中国出版工作者协会
		中宣部“五个一工程”奖·图书奖	2000—2023 年	中宣部
	高水平论文	中国科协优秀科技论文	历年	中国科协
		中国精品科技期刊顶尖学术论文	历年	中国科学技术信息研究所
		中信所中国最具影响力国内百篇学术论文	2000—2023 年	中国科学技术信息研究所
		中信所中国百篇最具影响国内学术论文	2000—2023 年	中国科学技术信息研究所
		Nature 学术论文	2000—2023 年	英国 *Nature*（《自然》）杂志
		Science 学术论文	2000—2023 年	美国 *Science*（《科学》）杂志
		CELL 学术论文	2000—2023 年	美国 *CELL*（《细胞》）杂志
	国际科研奖励	诺贝尔奖	2000—2023 年	公开资料
		邵逸夫奖	2000—2023 年	公开资料
		沃尔夫奖	2000—2023 年	公开资料
		唐奖	2000—2023 年	公开资料
		科学突破奖	2000—2023 年	公开资料
		阿贝尔奖	2000—2023 年	公开资料
		菲尔兹奖	2000—2023 年	公开资料
		图灵奖	2000—2023 年	公开资料
		世界粮食奖	2000—2023 年	公开资料
		未来科学大奖	2000—2023 年	公开资料
		一丹奖	2000—2023 年	公开资料
		戴维逊奖	2000—2023 年	公开资料
		保罗·马克斯癌症研究奖	2000—2023 年	公开资料
		乔治·理查德森奖	2000—2023 年	公开资料
		亚洲杰出科研工作者和工程师奖	2000—2023 年	公开资料
		美国工业与应用数学学会杰出贡献奖	2000—2023 年	公开资料

续表

一级指标	二级指标	三级指标	统计时间	数据来源
科研成果（22%）	国际科研奖励	墨子量子奖	2000—2023 年	公开资料
		国际气象组织（IMO）奖	2000—2023 年	公开资料
		澳大利亚总理科学奖	2000—2023 年	公开资料
		马蒂亚斯奖	2000—2023 年	公开资料
		吕志和奖—持续发展奖	2000—2023 年	公开资料
		美国机械工程师协会 Koiter 奖	2000—2023 年	公开资料
		国际水文科学奖	2000—2023 年	公开资料
		迈因策尔奖	2000—2023 年	公开资料
		哈伯特（M. King Hubbert）奖	2000—2023 年	公开资料
		国际水资源管理杰出贡献奖	2000—2023 年	公开资料
		库尔特・哥德尔学会终生成就奖	2000—2023 年	公开资料
		国际焊接学会学术奖	2000—2023 年	公开资料
		内万林纳奖	2000—2023 年	公开资料
		高斯奖	2000—2023 年	公开资料
		陈省身奖	2000—2023 年	公开资料
		葛德・阿尔伯斯奖	2000—2023 年	公开资料
		欧尼斯特・博特勒奖	2000—2023 年	公开资料
		日本传热学会学术奖	2000—2023 年	公开资料
		美国医学研究联盟（AFMR）亨利・克里斯坦（Henry Christian）奖	2000—2023 年	公开资料
		AAN 国家学术奖（International Scholarship Award）	2000—2023 年	公开资料
		国际水利与环境工程学会（IAHR）A.T.伊本奖	2000—2023 年	公开资料
		国际学术会议终身贡献奖	2000—2023 年	公开资料
		科学-品驰神经调控奖	2000—2023 年	公开资料
		Thieme 化学期刊奖（Chemistry Journal Award）	2000—2023 年	公开资料
		亚洲核心计划讲座奖（Asian Core Program Lectureship Award）	2000—2023 年	公开资料
		顾氏和平奖	2000—2023 年	公开资料
		拉斯克医学奖	2000—2023 年	公开资料
		晨兴数学奖	2000—2023 年	公开资料
		泰勒环境成就奖	2000—2023 年	公开资料
		沃伦・阿尔珀特奖	2000—2023 年	公开资料
		泰国玛希顿皇家医学贡献奖	2000—2023 年	公开资料
		普利兹克奖	2000—2023 年	公开资料
		盖尔德纳国际奖	2000—2023 年	公开资料
		齐格勒奖	2000—2023 年	公开资料
		亚太眼科学会（APAO）最高学术成就奖	2000—2023 年	公开资料
		美国放射肿瘤年会国际优秀论文奖	2000—2023 年	公开资料
		美国纤维学会杰出成就奖	2000—2023 年	公开资料
		香港桑麻基金会杰出学者	2000—2023 年	公开资料
		维特勒森奖	2000—2023 年	公开资料
		路易莎・格罗斯・霍维茨奖	2000—2023 年	公开资料
		世界杰出女科学家奖	2000—2023 年	公开资料
		博雅・科学干细胞与再生医学杰出贡献奖	2000—2023 年	公开资料
		复旦-中植科学奖	2000—2023 年	公开资料

续表

一级指标	二级指标	三级指标	统计时间	数据来源
科研成果（22%）	国际科研奖励	华人榜	2000—2023 年	公开资料
		国际杰出青年科学家奖	2000—2023 年	公开资料
		国际量子通信奖	2000—2023 年	公开资料
		安塞姆・佩恩奖	2000—2023 年	公开资料
		赛克勒国际生物物理学奖	2000—2023 年	公开资料
		国际矿物加工大会终身成就奖	2000—2023 年	公开资料
		国际选煤大会终身成就奖	2000—2023 年	公开资料
		国际冻土协会终身成就奖	2000—2023 年	公开资料
		国际建模仿真学会终身成就奖	2000—2023 年	公开资料
		国际鱼类内分泌学学术大会终身成就奖	2000—2023 年	公开资料
		国际行为医学会终身成就奖	2000—2023 年	公开资料
		国际高血压终身成就奖	2000—2023 年	公开资料
		国际工程与食品协会终身成就奖	2000—2023 年	公开资料
		阿尔伯特・萨金特（Albert M. Sargent）奖	2000—2023 年	公开资料
		菲涅尔奖	2000—2023 年	公开资料
		维加奖	2000—2023 年	公开资料
		布鲁诺・庞蒂科夫奖	2000—2023 年	公开资料
		卡尔・萨根奖	2000—2023 年	公开资料
		威廉・科利奖	2000—2023 年	公开资料
		爱明诺夫奖	2000—2023 年	公开资料
		国际亚稳及纳米材料年会（ISMANAM）金质奖章	2000—2023 年	公开资料
		纳米科学和纳米技术发展贡献奖	2000—2023 年	公开资料
		国际杰出青年科学家奖	2000—2023 年	公开资料
		美国介入放射学会金奖	2000—2023 年	公开资料
		阿尔伯特・爱因斯坦世界科学奖	2000—2023 年	公开资料
		斯德哥尔摩公约多氯联苯消除网络（PEN）信息奖	2000—2023 年	公开资料
		Jr. Wator Scott 奖	2000—2023 年	公开资料
		Green Group 奖	2000—2023 年	公开资料
		国际信息系统审计与控制协会（ISACA）特别贡献奖	2000—2023 年	公开资料
		联合国艾滋病防治特殊贡献奖	2000—2023 年	公开资料
		威廉・伯格奖	2000—2023 年	公开资料
		巴顿（K.J.BUTTON）奖	2000—2023 年	公开资料
		国际科学技术数据委员会奖	2000—2023 年	公开资料
		国际纯粹与应用物理学联合会青年科学家奖	2000—2023 年	公开资料
		国际材料科学奖	2000—2023 年	公开资料
		赵九章优秀中青年科学奖	2000—2023 年	公开资料
		亚太地球太阳物理青年成就奖	2000—2023 年	公开资料
		IUFoST 杰出青年科学家奖	2000—2023 年	公开资料
		国际电动车锂电池协会（IALB）杰出研究奖	2000—2023 年	公开资料
		国际移动测量技术大会杰出成就奖	2000—2023 年	公开资料
		ICID 国际节水技术奖	2000—2023 年	公开资料
		约翰・卡特岩土青年奖（JOHN CARTER AWARD）	2000—2023 年	公开资料
		国际恢复生态学学会（SER）科技传播奖	2000—2023 年	公开资料

续表

一级指标	二级指标	三级指标	统计时间	数据来源
科研成果（22%）	国际科研奖励	国际土工合成材料会议青年学者奖	2000—2023 年	公开资料
		昂里·拉贝博士夫妇奖	2000—2023 年	公开资料
		《自然》改变世界的十大科学人物	2000—2023 年	公开资料
		埃尼奖（正式奖）	2000—2023 年	公开资料
		格拉夫奖	2000—2023 年	公开资料
		引文桂冠奖	2000—2023 年	公开资料
		克伦宾奖	2000—2023 年	公开资料
		弗洛伊登瑟尔奖	2000—2023 年	公开资料
		规划卓越奖	2000—2023 年	公开资料
		约瑟夫·布拉马奖章	2000—2023 年	公开资料
		光谱化学分析奖	2000—2023 年	公开资料
		约翰·罗布林终身成就奖	2000—2023 年	公开资料
		全球华人交通运输学科终身成就奖	2000—2023 年	公开资料
		世界杰出女科学家成就奖	2000—2023 年	公开资料
		世界杰出女科学家奖	2000—2023 年	公开资料
		罗伊·约翰（Roy John）奖	2000—2023 年	公开资料
		IEEE 交通技术奖	2000—2023 年	公开资料
		生物医学卢里奖	2000—2023 年	公开资料
		舍贝里奖	2000—2023 年	公开资料
		欧洲空间天气奖	2000—2023 年	公开资料
		洪堡教席奖	2000—2023 年	公开资料
		戈登·贝尔奖	2000—2023 年	公开资料
		约翰·莱因哈特奖（John Rinehart Award）	2000—2023 年	公开资料
		德国古生物学会特殊贡献奖	2000—2023 年	公开资料
		安芸敬一青年科学家奖	2000—2023 年	公开资料
		亚洲制冷学术奖	2000—2023 年	公开资料
		国际系统工程学会“奠基人”奖	2000—2023 年	公开资料
		兰姆奖	2000—2023 年	公开资料
		亨里齐（Peter Henrici）奖	2000—2023 年	公开资料
		世界十大科技进展	2000—2023 年	公开资料
		华人榜（华奖）	2000—2023 年	公开资料
		国际公共管理杰出贡献奖	2000—2023 年	公开资料
		儒莲奖	2000—2023 年	公开资料
		美国法律社会学协会国际学术奖	2000—2023 年	公开资料
		国际历史学会-积家历史学奖	2000—2023 年	公开资料
		罗兹学术奖	2000—2023 年	公开资料
		国际佛教学术奖	2000—2023 年	公开资料
		世界佛教杰出领袖奖	2000—2023 年	公开资料
		洪堡奖	2000—2023 年	公开资料
		歌德金质奖章	2000—2023 年	公开资料
		国际文化学术奖	2000—2023 年	公开资料
		全球儿童科学教育国际奖—PuRkwa 奖	2000—2023 年	公开资料
		学术奖国际学术奖	2000—2023 年	公开资料

续表

一级指标	二级指标	三级指标	统计时间	数据来源
科研成果（22%）	国际科研奖励	德国神学界青年学术奖	2000—2023年	公开资料
		迈泽尔·拉蓬斯奖（Meisel-Laponce）奖	2000—2023年	公开资料
		科普利奖	2000—2023年	公开资料
		国际合唱联盟终身成就奖	2000—2023年	公开资料
		弗吉尼亚·汉密尔顿散文奖（Virginia Hamilton Essay Award）	2000—2023年	公开资料
		阿尔伯特·爱因斯坦奖	2000—2023年	公开资料
		法国最高农业成就勋章	2000—2023年	公开资料
		泰国国王金镰奖	2000—2023年	公开资料
		拉蒙·麦格赛赛奖	2000—2023年	公开资料
		生态与社会科学实践国际奖	2000—2023年	公开资料
		美国金属学会热喷涂名人堂奖	2000—2023年	公开资料
		全球卡尔·普弗里奇（Carl Pulfrich）奖	2000—2023年	公开资料
		法兰西学院汪德迈中国学奖	2000—2023年	公开资料
		施普林格·自然“中国新发展奖”	2000—2023年	公开资料
		利玛窦奖	2000—2023年	公开资料
		最佳墙报奖（Best Overall Poster Award）	2000—2023年	公开资料
		IEEE信号处理学会SPL年度最佳论文奖	2000—2023年	公开资料
		IEEE国际计算机通信会议最佳论文奖	2000—2023年	公开资料
		伍德奖	2000—2023年	公开资料
		世界经济论坛青年科学家	2000—2023年	公开资料
		全球加速器大会Hogil Kim奖	2000—2023年	公开资料
		国际纯粹与应用物理学联合会青年科学家奖	2000—2023年	公开资料
		西蒙斯学者奖	2000—2023年	公开资料
		国际脑研究组织-凯默理（IBRO-Kemali）国际奖	2000—2023年	公开资料
		亚洲及大洋洲生物化学家与分子生物学家联盟教育奖	2000—2023年	公开资料
		ISDS国际设计教育成就奖	2000—2023年	公开资料
		ASABE亨利·吉斯建筑与环境奖	2000—2023年	公开资料
		佛罗伦萨国际缪斯艺术奖	2000—2023年	公开资料
		中法血液学交流卓越贡献	2000—2023年	公开资料
		中菲亚洲国际和平奖	2000—2023年	公开资料
		C3国际健康峰会全球杰出女性奖	2000—2023年	公开资料
		IPA老年精神医学服务杰出贡献奖	2000—2023年	公开资料
		爱思唯尔Atlas奖（擎天神奖）	2000—2023年	公开资料
		ICCES埃里克·瑞斯纳奖（Eric Reissner Award）	2000—2023年	公开资料
		多孔介质宝洁公司奖（Interpore Procter & Gamble Award）	2000—2023年	公开资料
		国际Obada奖	2000—2023年	公开资料
		国际建筑设计奖	2000—2023年	公开资料
		IEEE计算机学会技术成就奖	2000—2023年	公开资料
		IFToMM杰出服务贡献奖	2000—2023年	公开资料
		詹姆斯·摩根（James J. Morgan）ES&T早期成就奖	2000—2023年	公开资料
		国际标准化组织卓越奖	2000—2023年	公开资料
		国际产业生态学会终身成就奖	2000—2023年	公开资料
		国际固态离子学会青年科学家奖	2000—2023年	公开资料

续表

一级指标	二级指标	三级指标	统计时间	数据来源
科研成果（22%）	国际科研奖励	Gianni Astarita 青年学者奖	2000—2023 年	公开资料
		国际化学化工杰出女性奖	2000—2023 年	公开资料
		纳米研究奖	2000—2023 年	公开资料
		国际生物无机化学会早期职业奖	2000—2023 年	公开资料
		日本国际奖	2000—2023 年	公开资料
		IUPAC 江教授新材料青年奖	2000—2023 年	公开资料
		国际先进材料学会年度奖（IAAM Medal）	2000—2023 年	公开资料
		拉夫·亚当斯（Ralph N. Adams）奖	2000—2023 年	公开资料
		匹兹堡分析化学奖	2000—2023 年	公开资料
		纳米研究青年创新奖	2000—2023 年	公开资料
		日本化学会杰出讲座奖	2000—2023 年	公开资料
		赫维西奖	2000—2023 年	公开资料
		亚瑟·科普学者奖	2000—2023 年	公开资料
		大使（Ambassador）奖	2000—2023 年	公开资料
		哈奈特·欧文（Hartnett-Irvine）奖	2000—2023 年	公开资料
		IEEE 地球科学与遥感学会青年成就奖	2000—2023 年	公开资料
		顾毓琇电机工程奖	2000—2023 年	公开资料
		惠特克杰出生态学家奖	2000—2023 年	公开资料
		亚太工程组织联合会年度工程师奖	2000—2023 年	公开资料
		爱德华-泰勒奖	2000—2023 年	公开资料
		美国腐蚀工程师协会（NACE）科技成就奖	2000—2023 年	公开资料
		URSI 青年科学家奖	2000—2023 年	公开资料
		诺曼 H.福斯特杰出勘探家奖	2000—2023 年	公开资料
		Thieme 化学期刊奖（Chemistry Journals Award）	2000—2023 年	公开资料
		地层学国际最高金奖（ICS Medal）	2000—2023 年	公开资料
		拉夫·格雷（Ralph Gray）奖	2000—2023 年	公开资料
		世界各领域最佳学术论文奖等	2000—2023 年	公开资料
社会服务（5%）	社会服务效益	以转让、许可、作价投资方式转化科技成果的合同金额	历年	科技部
		科技成果转化奖励个人现金和股份总金额	历年	科技部
		以技术转让、技术开发、技术咨询、技术服务方式转移转化科技成果合同金额	历年	科技部
	社会服务典型	全国科普工作先进集体	2000—2023 年	中国科协
		全国科普工作先进工作者	2000—2023 年	中国科协
		全国脱贫攻坚楷模	2000—2023 年	国务院
		全国脱贫攻坚先进个人	2000—2023 年	国务院
		全国脱贫攻坚先进集体	2000—2023 年	国务院
		全国脱贫攻坚奖（奋进奖、贡献奖、奉献奖、创新奖）	2000—2023 年	国务院扶贫开发领导小组
		国家健康科普专家库成员	2000—2023 年	健康中国行动推进委员会
	社会服务基地	国家高端智库建设试点单位	2023 年	中宣部
		文旅部文化和旅游行业智库建设试点单位	2023 年	文化和旅游部
		南京大学中国智库索引（CTTI）来源智库	2023 年	南京大学
		国家科技资源共享服务平台	2023 年	科技部
		高等学校新农村发展研究院	2023 年	教育部

续表

一级指标	二级指标	三级指标	统计时间	数据来源
社会服务（5%）	社会服务基地	赋予科研人员职务科技成果所有权或长期使用权试点单位	2020 年	科技部
		国家知识产权信息服务中心	2023 年	国家知识产权局
		国家自然资源科普基地	历年	自然资源部与科技部
		全国科普教育基地	2023 年	中国科协
		国家交通运输科普基地	2023 年	交通运输部
科研基地（5%）	科研平台	全国重点实验室	2023 年	科技部
		国家重点实验室	2023 年	科技部
		国防科技重点实验室	2023 年	国家国防科技工业局
		国家重点实验室培育基地	2023 年	科技部
		教育部（含省部共建）重点实验室	2023 年	教育部
		国防重点学科实验室	2023 年	国家国防科技工业局
		国家应用数学中心	2023 年	科技部
		教育部哲学社会科学实验室	2023 年	教育部
		教育部（含省部共建）人文社会科学重点研究基地	2023 年	教育部
		文化和旅游部重点实验室	2023 年	文化和旅游部
		文化和旅游部文化和旅游研究基地	2023 年	文化和旅游部
		国家民委人文社会科学重点研究基地	2023 年	国家民委
		国家民委重点实验室	2023 年	国家民委
		中国文艺评论基地	历年	中国文联
		中华优秀传统文化传承基地	2023 年	教育部
		铸牢中华民族共同体意识研究基地	2023 年	统战部
	技术转化基地	国家工程研究中心	2023 年	国家发展改革委
		国家工程实验室	2023 年	国家发展改革委
		新序列国家工程研究中心	2023 年	国家发展改革委
		国家工程技术研究中心	2023 年	科技部
		国家级产教融合创新平台	2023 年	科技部
		国家地方联合工程研究中心（工程实验室）	2023 年	国家发展改革委
		国家 2011 计划协同创新中心	2023 年	教育部
		国家重大科技基础设施	2023 年	国家发展改革委
		国家野外科学观测研究站	2023 年	科技部
		国家临床医学研究中心	2023 年	国家卫健委
		国家中医临床研究基地	2023 年	国家中医药管理局
		国家自然科学基金委基础科学中心	2016—2023 年	国家自科基金委
	技术转化基地	国家医学中心	2000—2023 年	国家卫健委
		教育部工程研究中心（含省部共建）	2023 年	教育部
		教育部前沿科学中心	2023 年	教育部
		国家技术转移示范机构	2023 年	科技部
		高校专业化国家技术转移机构建设试点	2023 年	科技部等
		国家知识产权示范高校	2023 年	国家知识产权局
		国家大学科技园	2023 年	科技部
		教育部教育信息化战略研究基地	2023 年	教育部
		科技部职务科技成果赋权试点建设单位	2023 年	科技部
		国际合作联合实验室	2023 年	教育部

续表

一级指标	二级指标	三级指标	统计时间	数据来源
科研基地（5%）	技术转化基地	国际科技合作基地	2023 年	科技部
		国际技术转移中心	2023 年	科技部
		国际联合研究中心	2023 年	科技部
	期刊出版社	大学出版社	2023 年	公开资料
		中国科技期刊卓越行动计划入选期刊	2023 年	中国科协
科研项目（5%）	基金项目	国家重点研发计划项目	历年	科技部
		国家重点基础研究发展计划项目	历年	科技部
		国家重大科学研究计划项目	历年	科技部
		国家社科基金重大项目	历年	全国哲社办
		教育部哲学社会科学研究重大课题攻关项目	历年	教育部
		国家自然科学基金项目	近三年	国家自然科学基金委员会
		国家社会科学基金项目（含后期项目、艺术项目、教育科学项目等）	近三年	全国哲社办
		国家社科基金中华学术外译项目	历年	全国哲社办
		教育部人文社会科学研究项目	近三年	教育部
办学层次（5%）	国家定位	国家“双一流”建设高校	2023 年	教育部
		省级高水平大学建设高校	2023 年	公开资料
		市级高水平大学建设高校	2023 年	公开资料
	办学经费	办学预算经费	2023 年	公开资料
	办学荣誉资质	国家学位授权自主审核单位	2023 年	教育部
		国家批准设立的研究院	2023 年	教育部
		教授、副教授评审权	2023 年	教育部
		卓越人才培养计划高校	2023 年	教育部
		免试研究生推荐资格	2023 年	教育部
		全国创新创业典型经验高校	2023 年	教育部
		全国毕业生就业典型经验高校	2023 年	教育部
		全国深化创新创业教育改革示范高校	2023 年	教育部
		基础学科招生改革试点（强基计划）	2023 年	教育部
		国家创新人才培养示范基地	2023 年	科技部
		教育融媒体建设试点单位	2023 年	教育部
		国家智能社会治理实验基地	2023 年	中央网信办
		国防教育特色学校	2023 年	教育部
社会声誉（5%）	慈善捐赠	高校接收的各类社会捐赠总额（协议）	最近三年	公开资料
		高校接收的校友捐赠总额（协议）	最近三年	公开资料
		校友慈善捐赠总额（个人）	历年	公开资料
	生源竞争力	高考录取提档线	2023 年	公开资料
国际影响力（3%）	国际化办学	国际留学生人数	2018 年	教育部
		教育部来华留学示范基地建设高校	2023 年	教育部
		中国政府奖学金来华留学生招生院校	2023 年	教育部
		华侨及港澳台地区学生招生资格	2023 年	教育部
		教育部和地方审批的中外合作办学（含内地与港台地区合作办学）机构及项目	2023 年	教育部
		“亚洲校园”项目	历年	教育部
		教育部中外人文交流全媒体产教融合等项目合作院校	2023 年	教育部

续表

一级指标	二级指标	三级指标	统计时间	数据来源
国际影响力（3%）	国际化办学	高校国际化示范学院推进计划试点学院	2023年	教育部
		孔子学院	2023年	中国国际中文教育基金会
		华文教育基地	2023年	公开资料
	国际声誉	到访的时任外国元首、政府首脑和联合国秘书长等人次	历年	公开资料
		授予国外有关人士名誉博士学位人数	历年	教育部
	国际排名	美国US NEWS世界最佳大学排名	2023年	公开资料
		英国QS世界大学排名	2023年	公开资料
		英国泰晤士报（THE）世界大学排名	2023年	公开资料
		西班牙WRWU世界大学网络排名	2023年	公开资料
		俄罗斯莫斯科国际大学排名（MosIUR）	2023年	公开资料
		荷兰莱顿（CWTS）世界大学排名	2023年	公开资料
		沙特CWUR世界大学排名	2023年	公开资料
		美国Scimago世界大学排名	2023年	公开资料
		中国NTU世界大学排名（NTU Ranking）	2023年	公开资料
		土耳其METU世界大学学术排名（URAP）	2023年	公开资料
		英国自然指数排名（Nature Index）	2023年	公开资料
		美国科睿唯安全球大学ESI综合排名	2023年	公开资料

3. 计算方法

2024校友会中国大学排名最终综合评价结果均经过归一化处理，以百分制分数形式呈现。

（1）一级评价指标得分的计算

上榜高校一级指标得分=Σ（各三级评价指标参数×三级指标权重）。

（2）综合排名得分的计算

上榜高校综合得分=60+40×Σ（一级评价指标得分×权重）/MAX［Σ（一级评价指标得分×权重）］。

4. 数据来源

2024校友会中国大学排名评价指标数据来自艾瑞深“大学360度全景数据平台”，数据全部来源于国务院、教育部、科技部、人力资源和社会保障部、国家发展和改革委员会、工业和信息化部、民政部、国家自然科学基金委员会、全国哲学社会科学工作办公室等对外公开数据、全国高校对外公布并主动提交反馈的经过复核的统计数据、国内外第三方权威机构对外公布数据、国内外新闻媒体公开报道和企事业单位对外公开的资料等。

2024校友会中国大学排名评价指标数据统计截止时间为2023年12月，在指标数据的调查整理过程中，由于受客观条件的限制，个别指标数据可能存在疏漏之处。为了保证评价结果的准确性和评价公正性，如发现实际情况与我们所掌握的情况有出入，请及时与我们取得联系，并提供更为准确的最新评价指标数据，以便我们及时修正，确保评价结果更准确地反映中国高校的办学成就和办学质量。

二、校友会中国大学一流专业排名评价指标体系

2015年11月，国务院印发《统筹推进世界一流大学和一流学科建设总体方案》，正式启动高校“双一流”战略，遴选一批高校建设世界一流大学和世界一流学科。一流学科是一流大学的核心，也是一流专业建设的有利条件，一流本科教育是一流大学的基本特征，一流本科专业建设是一流学科建设的重要内容。本科专业建设已成为中国高校“双一流”建设的核心任务和重要内容。

本科专业评价是中国大学评价的重要组成部分，本科专业是一所大学培育人才的核心平台，是国家高等教育目标和大学核心职能得以实现的重要载体。本科专业建设和学科建设是密切相关、相辅相成的，专业以学科为依托和后盾，学科发展以专业为基础。本科专业建设是中国大学本科教育教学建设中的重要工作，也是衡量一所大学办学实力、本科教学水平、办学水平、办学层次和办学特色的重要指标。中国大学专业建设必须以满足国家和地方经济建设对人才的需求为导向，大学必须紧密围绕国家和地方经济社会发展需要，以提高质量和促进内涵式发展为核心，优化本科专业布局，强化专业办学特色，不断提高本科

专业建设整体水平。

校友会中国大学一流专业排名首发于2015年，至今已有10年的历史，是目前中国参评高校数量多和参评专业规模大的中国大学本科专业排名，以艾瑞深“大学360度全景数据平台”为数据支持，已成为每年全国考生高考填报志愿挑大学选专业的权威参考指南。“2024校友会中国大学一流专业排名”完全按照教育部《普通高等学校本科专业目录（2020年版）》进行评价，覆盖了哲学、经济学、法学、教育学、文学、历史学、理学、工学、农学、医学、管理学和艺术学等12大门类92个专业类的730多种本科专业。

2024校友会中国大学一流专业排名坚持实施分类分级分档评价，依据中国高校的办学定位、学科专业建设水平和本科专业发展定位，按照“研究型”和“应用型”等两个类型对中国高校本科专业进行分级分档评价。全国共有1200多所本科高校近6万个本科专业上榜，参与2024中国大学一流专业排名（研究型）评价的高校有507所，参与2024中国大学一流专业排名（应用型）评价的高校有720所。其中，中外合作办学大学被纳入研究型专业排名评价，民办大学和独立学院被纳入应用型专业排名评价。

2024校友会中国大学一流专业排名评价指标由学科水平、培养质量、师资水平、专业水平和专业影响等五大指标构成（表1-42），涵盖了国家“双一流”建设学科、教育部学科评估结果、校友会中国大学一流学科排名、国家级一流专业、省级重点专业、杰出校友、杰出师资和国家专业认证等100多项指标。

表1-42　2024校友会中国大学一流专业排名评价指标体系

一级指标	二级指标	三级评价指标
学科水平	优势学科	国家“双一流”建设学科，教育部第四轮学科排名，省级重点建设学科，校友会中国大学一流学科排名（星级学科）
培养质量	杰出校友	政界、学界、商界、公益慈善和文化艺术体育等领域杰出校友等
师资水平	杰出师资	杰出科学家、中国高贡献学者、教学名师和教学团队等
专业水平	优势专业	国家级一流专业、国家特色专业、教育部改革试点专业、教育部卓越人才教育培养计划专业等。省级一流专业，工业和信息化部、省级重点建设专业、特色专业、重点专业、品牌专业、优势专业和改革试点专业等
	专业资源	国家级教学基地、教学示范中心、教学成果奖、建材建设奖、马工程教材和一流精品课程等
专业影响	专业评价	国家专业认证、国际专业认证、部省级专业评价结果等

2024校友会中国大学一流专业排名依据中国高校本科专业的综合实力和办学水平将专业分为8个星级（表1-43），最低为一星级（1★），最高为八星级（8★）。星级越高，表示该本科专业的办学实力越强、办学水平越高、教学质量越强、办学特色越鲜明，取得同一星级的本科专业处于同一办学水平和办学层次上。

表1-43　2024校友会中国大学本科专业星级排名划分

专业星级	办学层次	
	研究型专业	应用型专业
8★	世界一流专业	世界一流应用型专业
7★	世界知名高水平、中国顶尖专业	世界知名、中国顶尖应用型专业
6★	世界高水平、中国顶尖专业	中国顶尖应用型专业
5★	世界知名、中国一流专业	中国一流应用型专业
4★	中国高水平专业	中国高水平应用型专业
3★	中国区域一流专业	中国区域一流应用型专业
2★	中国区域高水平专业	中国区域高水平应用型专业
1★	中国区域知名专业	中国区域知名应用型专业

为了体现中国大学本科专业的办学档次和相对实力，便于广大读者科学客观对比分析不同专业排名中高校的排名情况，2024年校友会中国大学一流专业排名开展中国大学专业分档评价，依据校友会中国大学专业综合排名位次、位次百分比和星级排名，将中国大学本科专业分为8个档次：A++、A+、A、B++、B+、B、C、D（表1-44）。最高档次为A++，最低档次为D。

表 1-44　2024 校友会中国大学本科专业档次划分标准

专业档次	专业档次评价方法
A++	全国第 1 名或全国前 1%或中国八星级专业（8★）、中国七星级专业（7★）
A+	全国第 2～3 名或全国 1%～5%或中国六星级专业（6★）
A	全国第 4～5 名或全国 5%～10%或中国五星级专业（5★）
B++	全国 10%～20%或中国四星级专业（4★）
B+	全国 20%～30%或中国三星级专业（3★）
B	全国 30%～50%
C	全国 50%～70%
D	全国 70%～100%

第二章　2024 校友会中国大学综合实力排名

第一节　2024 中国大学排名

2024 校友会中国大学排名（总榜）见表 2-1。

表 2-1　2024 校友会中国大学排名（总榜）

名次	学校名称	地区及排名		类型及排名		综合得分	办学类型、星级排名和办学层次			国家定位
		地区	排名	类型	排名		办学类型	星级排名	办学层次	
1	北京大学	北京	1	综合	1	100.00	研究型	8★	世界一流大学	国家“双一流”建设高校
2	清华大学	北京	2	综合	2	99.37	研究型	8★	世界一流大学	国家“双一流”建设高校
3	复旦大学	上海	1	综合	3	79.63	研究型	8★	世界一流大学	国家“双一流”建设高校
4	浙江大学	浙江	1	综合	4	79.59	研究型	8★	世界一流大学	国家“双一流”建设高校
5	上海交通大学	上海	2	综合	5	79.10	研究型	8★	世界一流大学	国家“双一流”建设高校
6	南京大学	江苏	1	综合	6	76.05	研究型	8★	世界一流大学	国家“双一流”建设高校
7	华中科技大学	湖北	1	综合	7	75.85	研究型	8★	世界一流大学	国家“双一流”建设高校
8	中国科学技术大学	安徽	1	理工	1	75.50	研究型	8★	世界一流大学	国家“双一流”建设高校
9	南开大学	天津	1	综合	8	74.42	研究型	7★	世界知名高水平大学	国家“双一流”建设高校
10	武汉大学	湖北	2	综合	9	74.41	研究型	8★	世界一流大学	国家“双一流”建设高校
11	中国人民大学	北京	3	综合	10	73.97	研究型	8★	世界一流大学	国家“双一流”建设高校
12	中山大学	广东	1	综合	11	73.63	研究型	7★	世界知名高水平大学	国家“双一流”建设高校
13	哈尔滨工业大学	黑龙江	1	理工	2	73.51	研究型	7★	世界知名高水平大学	国家“双一流”建设高校
14	北京师范大学	北京	4	师范	1	72.84	研究型	7★	世界知名高水平大学	国家“双一流”建设高校
14	西安交通大学	陕西	1	综合	12	72.84	研究型	7★	世界知名高水平大学	国家“双一流”建设高校
15	山东大学	山东	1	综合	13	71.33	研究型	7★	世界知名高水平大学	国家“双一流”建设高校
16	同济大学	上海	3	综合	14	70.46	研究型	7★	世界知名高水平大学	国家“双一流”建设高校
17	北京航空航天大学	北京	5	理工	3	69.44	研究型	7★	世界知名高水平大学	国家“双一流”建设高校
18	四川大学	四川	1	综合	15	69.26	研究型	7★	世界知名高水平大学	国家“双一流”建设高校
19	厦门大学	福建	1	综合	16	69.19	研究型	7★	世界知名高水平大学	国家“双一流”建设高校
20	天津大学	天津	2	理工	4	69.13	研究型	7★	世界知名高水平大学	国家“双一流”建设高校
21	东南大学	江苏	2	综合	17	68.39	研究型	7★	世界知名高水平大学	国家“双一流”建设高校
22	西北工业大学	陕西	2	理工	5	67.48	研究型	7★	世界知名高水平大学	国家“双一流”建设高校
23	华南理工大学	广东	2	理工	6	67.41	研究型	6★	世界高水平大学	国家“双一流”建设高校
24	华东师范大学	上海	4	师范	2	67.32	研究型	6★	世界高水平大学	国家“双一流”建设高校
24	北京理工大学	北京	6	理工	7	67.32	研究型	7★	世界知名高水平大学	国家“双一流”建设高校
25	吉林大学	吉林	1	综合	18	67.25	研究型	7★	世界知名高水平大学	国家“双一流”建设高校
26	大连理工大学	辽宁	1	理工	8	66.62	研究型	6★	世界高水平大学	国家“双一流”建设高校
27	中南大学	湖南	1	综合	19	66.61	研究型	7★	世界知名高水平大学	国家“双一流”建设高校
28	中国农业大学	北京	7	农林	1	66.39	特色研究型	7★	世界知名高水平大学	国家“双一流”建设高校
29	东北大学	辽宁	2	理工	9	66.38	研究型	6★	世界高水平大学	国家“双一流”建设高校
29	电子科技大学	四川	2	理工	9	66.38	特色研究型	6★	世界高水平大学	国家“双一流”建设高校

续表

名次	学校名称	地区及排名		类型及排名		综合得分	办学类型、星级排名和办学层次			国家定位
		地区	排名	类型	排名		办学类型	星级排名	办学层次	
31	湖南大学	湖南	2	综合	20	66.31	研究型	6★	世界高水平大学	国家“双一流”建设高校
32	北京协和医学院	北京	8	医药	1	66.21	特色研究型	7★	世界知名高水平大学	国家“双一流”建设高校
32	重庆大学	重庆	1	综合	21	66.21	研究型	6★	世界高水平大学	国家“双一流”建设高校
33	兰州大学	甘肃	1	综合	22	66.20	研究型	6★	世界高水平大学	国家“双一流”建设高校
34	北京科技大学	北京	9	理工	11	65.15	特色研究型	6★	世界高水平大学	国家“双一流”建设高校
35	武汉理工大学	湖北	3	理工	12	64.86	特色研究型	6★	世界高水平大学	国家“双一流”建设高校
36	西南大学	重庆	2	综合	23	64.82	研究型	6★	世界高水平大学	国家“双一流”建设高校
37	南京理工大学	江苏	3	理工	13	64.76	特色研究型	6★	世界高水平大学	国家“双一流”建设高校
38	暨南大学	广东	3	综合	24	64.67	特色研究型	5★	中国一流大学	国家“双一流”建设高校
39	苏州大学	江苏	4	综合	25	64.58	研究型	5★	中国一流大学	国家“双一流”建设高校
40	北京交通大学	北京	10	理工	14	64.55	特色研究型	5★	中国一流大学	国家“双一流”建设高校
41	华东理工大学	上海	5	理工	15	64.52	特色研究型	5★	中国一流大学	国家“双一流”建设高校
42	华中农业大学	湖北	4	农林	2	64.44	特色研究型	5★	中国一流大学	国家“双一流”建设高校
43	西安电子科技大学	陕西	3	理工	16	64.29	特色研究型	5★	中国一流大学	国家“双一流”建设高校
44	南京农业大学	江苏	5	农林	3	64.26	特色研究型	5★	中国一流大学	国家“双一流”建设高校
45	中国海洋大学	山东	2	综合	26	64.03	特色研究型	6★	世界高水平大学	国家“双一流”建设高校
46	北京邮电大学	北京	11	理工	17	63.93	特色研究型	6★	世界高水平大学	国家“双一流”建设高校
47	华中师范大学	湖北	5	师范	3	63.92	特色研究型	5★	中国一流大学	国家“双一流”建设高校
47	南昌大学	江西	1	综合	27	63.92	区域研究型	5★	中国一流大学	国家“双一流”建设高校
48	华南农业大学	广东	4	农林	4	63.87	区域特色研究型	5★	中国一流大学	国家“双一流”建设高校
49	南京航空航天大学	江苏	6	理工	18	63.85	特色研究型	5★	中国一流大学	国家“双一流”建设高校
50	江南大学	江苏	7	综合	28	63.64	特色研究型	5★	中国一流大学	国家“双一流”建设高校
51	南京师范大学	江苏	8	师范	4	63.59	特色研究型	5★	中国一流大学	国家“双一流”建设高校
51	中南财经政法大学	湖北	6	财经	1	63.59	特色研究型	6★	世界高水平大学	国家“双一流”建设高校
52	西北农林科技大学	陕西	4	农林	5	63.55	特色研究型	5★	中国一流大学	国家“双一流”建设高校
53	上海财经大学	上海	6	财经	2	63.45	特色研究型	6★	世界高水平大学	国家“双一流”建设高校
54	合肥工业大学	安徽	2	理工	19	63.36	特色研究型	5★	中国一流大学	国家“双一流”建设高校
55	湖南师范大学	湖南	3	师范	5	63.23	区域特色研究型	5★	中国一流大学	国家“双一流”建设高校
55	北京化工大学	北京	12	理工	20	63.23	特色研究型	5★	中国一流大学	国家“双一流”建设高校
56	南方科技大学	广东	5	理工	21	63.21	特色研究型	5★	中国一流大学	国家“双一流”建设高校
56	西南交通大学	四川	3	理工	21	63.21	特色研究型	5★	中国一流大学	国家“双一流”建设高校
58	东北师范大学	吉林	2	师范	6	63.20	特色研究型	5★	中国一流大学	国家“双一流”建设高校
58	郑州大学	河南	1	综合	29	63.20	区域研究型	5★	中国一流大学	国家“双一流”建设高校
59	华南师范大学	广东	6	师范	7	63.01	区域特色研究型	5★	中国一流大学	国家“双一流”建设高校
59	对外经济贸易大学	北京	13	财经	3	63.01	特色研究型	5★	中国一流大学	国家“双一流”建设高校
60	哈尔滨工程大学	黑龙江	2	理工	23	62.99	特色研究型	5★	中国一流大学	国家“双一流”建设高校
61	河海大学	江苏	9	理工	24	62.98	特色研究型	6★	世界高水平大学	国家“双一流”建设高校
62	北京工业大学	北京	14	理工	25	62.96	区域研究型	4★	中国高水平大学	国家“双一流”建设高校
62	燕山大学	河北	1	理工	25	62.96	区域研究型	5★	中国一流大学	
64	西北大学	陕西	5	综合	30	62.93	区域研究型	5★	中国一流大学	国家“双一流”建设高校
65	宁波大学	浙江	2	综合	31	62.92	区域研究型	5★	中国一流大学	国家“双一流”建设高校
66	福州大学	福建	2	理工	27	62.91	区域研究型	4★	中国高水平大学	国家“双一流”建设高校

续表

名次	学校名称	地区及排名		类型及排名		综合得分	办学类型、星级排名和办学层次			国家定位
		地区	排名	类型	排名		办学类型	星级排名	办学层次	
66	扬州大学	江苏	10	综合	32	62.91	区域研究型	5★	中国一流大学	
68	中国矿业大学	江苏	11	理工	28	62.90	特色研究型	6★	世界高水平大学	国家“双一流”建设高校
69	首都医科大学	北京	15	医药	2	62.89	区域特色研究型	5★	中国一流大学	
69	中国石油大学（北京）	北京	15	理工	29	62.89	特色研究型	6★	世界高水平大学	国家“双一流”建设高校
70	福建师范大学	福建	3	师范	8	62.84	区域特色研究型	4★	中国高水平大学	
70	北京林业大学	北京	17	农林	6	62.84	特色研究型	6★	世界高水平大学	国家“双一流”建设高校
71	中国政法大学	北京	18	政法	1	62.81	特色研究型	6★	世界高水平大学	国家“双一流”建设高校
71	上海大学	上海	7	综合	33	62.81	区域研究型	5★	中国一流大学	国家“双一流”建设高校
72	南京林业大学	江苏	12	农林	7	62.80	区域特色研究型	5★	中国一流大学	国家“双一流”建设高校
73	西南财经大学	四川	4	财经	4	62.79	特色研究型	5★	中国一流大学	国家“双一流”建设高校
73	上海理工大学	上海	8	理工	30	62.79	区域特色研究型	4★	中国高水平大学	
75	首都师范大学	北京	19	师范	9	62.74	区域特色研究型	4★	中国高水平大学	国家“双一流”建设高校
75	中国地质大学（武汉）	湖北	7	理工	31	62.74	特色研究型	6★	世界高水平大学	国家“双一流”建设高校
75	浙江工业大学	浙江	3	理工	31	62.74	区域研究型	4★	中国高水平大学	
77	江苏大学	江苏	13	综合	34	62.72	区域研究型	4★	中国高水平大学	
78	河北大学	河北	2	综合	35	62.71	区域研究型	4★	中国高水平大学	
79	中国传媒大学	北京	20	语言	1	62.63	特色研究型	6★	世界高水平大学	国家“双一流”建设高校
79	陕西师范大学	陕西	6	师范	10	62.63	特色研究型	4★	中国高水平大学	国家“双一流”建设高校
79	中国石油大学（华东）	山东	3	理工	33	62.63	特色研究型	5★	中国一流大学	国家“双一流”建设高校
80	浙江师范大学	浙江	4	师范	11	62.46	区域特色研究型	4★	中国高水平大学	
80	北京外国语大学	北京	21	语言	2	62.46	特色研究型	6★	世界高水平大学	国家“双一流”建设高校
80	中央民族大学	北京	21	民族	1	62.46	特色研究型	6★	世界高水平大学	国家“双一流”建设高校
81	东华大学	上海	9	理工	34	62.44	特色研究型	5★	中国一流大学	国家“双一流”建设高校
82	安徽大学	安徽	3	综合	36	62.38	区域研究型	4★	中国高水平大学	国家“双一流”建设高校
83	南方医科大学	广东	7	医药	3	62.36	区域特色研究型	4★	中国高水平大学	
83	南京工业大学	江苏	14	理工	35	62.36	区域特色研究型	4★	中国高水平大学	
84	贵州大学	贵州	1	综合	37	62.34	区域研究型	4★	中国高水平大学	国家“双一流”建设高校
84	武汉科技大学	湖北	8	理工	36	62.34	区域特色研究型	4★	中国高水平大学	
86	山西大学	山西	1	综合	38	62.26	区域研究型	4★	中国高水平大学	国家“双一流”建设高校
86	深圳大学	广东	8	综合	38	62.26	区域研究型	4★	中国高水平大学	
88	云南大学	云南	1	综合	40	62.25	区域研究型	5★	中国一流大学	国家“双一流”建设高校
89	河南大学	河南	2	综合	41	62.24	区域研究型	4★	中国高水平大学	国家“双一流”建设高校
90	齐鲁工业大学	山东	4	理工	37	62.12	区域特色研究型	4★	中国高水平大学	
91	广东工业大学	广东	9	理工	38	62.11	区域研究型	4★	中国高水平大学	
91	河南科技大学	河南	3	综合	42	62.11	区域研究型	4★	中国高水平大学	
93	中央财经大学	北京	23	财经	5	62.10	特色研究型	5★	中国一流大学	国家“双一流”建设高校
94	福建农林大学	福建	4	农林	8	62.07	区域特色研究型	4★	中国高水平大学	
95	东北财经大学	辽宁	3	财经	6	62.03	特色研究型	5★	中国一流大学	
96	东北林业大学	黑龙江	3	农林	9	62.02	特色研究型	4★	中国高水平大学	国家“双一流”建设高校
97	东北农业大学	黑龙江	4	农林	10	62.01	区域特色研究型	4★	中国高水平大学	国家“双一流”建设高校
98	辽宁大学	辽宁	4	综合	43	61.92	区域研究型	4★	中国高水平大学	国家“双一流”建设高校
99	天津医科大学	天津	3	医药	4	61.91	区域特色研究型	4★	中国高水平大学	国家“双一流”建设高校

续表

名次	学校名称	地区及排名		类型及排名		综合得分	办学类型、星级排名和办学层次			国家定位
		地区	排名	类型	排名		办学类型	星级排名	办学层次	
99	山东农业大学	山东	5	农林	11	61.91	区域特色研究型	4★	中国高水平大学	
100	黑龙江大学	黑龙江	5	综合	44	61.89	区域研究型	4★	中国高水平大学	
101	中国医科大学	辽宁	5	医药	5	61.85	区域特色研究型	4★	中国高水平大学	
101	长安大学	陕西	7	理工	39	61.85	特色研究型	4★	中国高水平大学	国家“双一流”建设高校
102	哈尔滨医科大学	黑龙江	6	医药	6	61.82	区域特色研究型	5★	中国一流大学	
102	中国矿业大学（北京）	北京	24	理工	40	61.82	特色研究型	4★	中国高水平大学	国家“双一流”建设高校
102	昆明理工大学	云南	2	理工	40	61.82	区域研究型	4★	中国高水平大学	
104	南京医科大学	江苏	15	医药	7	61.81	区域特色研究型	4★	中国高水平大学	国家“双一流”建设高校
104	湘潭大学	湖南	4	综合	45	61.81	区域研究型	4★	中国高水平大学	国家“双一流”建设高校
105	北京中医药大学	北京	25	医药	8	61.77	特色研究型	6★	世界高水平大学	国家“双一流”建设高校
105	中国地质大学（北京）	北京	25	理工	42	61.77	特色研究型	4★	中国高水平大学	国家“双一流”建设高校
106	中国药科大学	江苏	16	医药	9	61.68	特色研究型	5★	中国一流大学	国家“双一流”建设高校
106	湖南农业大学	湖南	5	农林	12	61.68	区域特色研究型	4★	中国高水平大学	
107	上海中医药大学	上海	10	医药	10	61.65	特色研究型	6★	世界高水平大学	国家“双一流”建设高校
107	西安理工大学	陕西	8	理工	43	61.65	区域特色研究型	4★	中国高水平大学	
108	北京语言大学	北京	27	语言	3	61.64	特色研究型	5★	中国一流大学	
108	华北电力大学	北京	27	理工	44	61.64	特色研究型	4★	中国高水平大学	国家“双一流”建设高校
109	西北师范大学	甘肃	2	师范	12	61.58	区域特色研究型	4★	中国高水平大学	
109	浙江理工大学	浙江	5	理工	45	61.58	区域特色研究型	4★	中国高水平大学	
110	太原理工大学	山西	2	理工	46	61.57	区域研究型	4★	中国高水平大学	国家“双一流”建设高校
111	北京体育大学	北京	29	体育	1	61.56	特色研究型	6★	世界高水平大学	国家“双一流”建设高校
111	江西财经大学	江西	2	财经	7	61.56	区域特色研究型	5★	中国一流大学	
112	重庆医科大学	重庆	3	医药	11	61.53	区域特色研究型	4★	中国高水平大学	
112	上海外国语大学	上海	11	语言	4	61.53	特色研究型	5★	中国一流大学	国家“双一流”建设高校
112	四川农业大学	四川	5	农林	13	61.53	区域特色研究型	4★	中国高水平大学	国家“双一流”建设高校
113	天津中医药大学	天津	4	医药	12	61.48	区域特色研究型	5★	中国一流大学	国家“双一流”建设高校
113	华侨大学	福建	5	综合	46	61.48	区域特色研究型	4★	中国高水平大学	
114	河北医科大学	河北	3	医药	13	61.47	区域特色研究型	4★	中国高水平大学	
114	河南师范大学	河南	4	师范	13	61.47	区域特色研究型	4★	中国高水平大学	
114	外交学院	北京	30	语言	5	61.47	特色研究型	6★	世界高水平大学	国家“双一流”建设高校
114	河北工业大学	河北	3	理工	47	61.47	区域特色研究型	4★	中国高水平大学	国家“双一流”建设高校
115	西南石油大学	四川	6	理工	48	61.46	区域特色研究型	4★	中国高水平大学	国家“双一流”建设高校
116	山东师范大学	山东	6	师范	14	61.45	区域特色研究型	4★	中国高水平大学	
116	浙江工商大学	浙江	6	财经	8	61.45	区域特色研究型	4★	中国高水平大学	
117	安徽师范大学	安徽	4	师范	15	61.44	区域特色研究型	4★	中国高水平大学	
117	山东第一医科大学	山东	7	医药	14	61.44	区域特色研究型	4★	中国高水平大学	
117	天津师范大学	天津	5	师范	15	61.44	区域特色研究型	4★	中国高水平大学	
117	广西大学	广西	1	综合	47	61.44	区域研究型	4★	中国高水平大学	国家“双一流”建设高校
117	内蒙古大学	内蒙古	1	综合	47	61.44	区域研究型	4★	中国高水平大学	国家“双一流”建设高校
117	广州大学	广东	10	综合	47	61.44	区域研究型	4★	中国高水平大学	
120	长沙理工大学	湖南	6	理工	49	61.43	区域特色研究型	4★	中国高水平大学	
121	江西师范大学	江西	3	师范	17	61.41	区域特色研究型	4★	中国高水平大学	

续表

名次	学校名称	地区及排名		类型及排名		综合得分	办学类型、星级排名和办学层次			国家定位
		地区	排名	类型	排名		办学类型	星级排名	办学层次	
121	山西医科大学	山西	3	医药	15	61.41	区域特色研究型	4★	中国高水平大学	
121	广州医科大学	广东	11	医药	15	61.41	区域特色研究型	4★	中国高水平大学	国家“双一流”建设高校
121	山东财经大学	山东	8	财经	9	61.41	区域特色研究型	4★	中国高水平大学	
122	南京邮电大学	江苏	17	理工	50	61.40	区域特色研究型	4★	中国高水平大学	国家“双一流”建设高校
122	首都经济贸易大学	北京	31	财经	10	61.40	区域特色研究型	4★	中国高水平大学	
124	山东科技大学	山东	9	理工	51	61.39	区域特色研究型	4★	中国高水平大学	
125	南京信息工程大学	江苏	18	理工	52	61.38	区域特色研究型	4★	中国高水平大学	国家“双一流”建设高校
126	华东政法大学	上海	12	政法	2	61.37	区域特色研究型	4★	中国高水平大学	
126	西安建筑科技大学	陕西	9	理工	53	61.37	区域特色研究型	4★	中国高水平大学	
127	中央戏剧学院	北京	32	艺术	1	61.36	特色研究型	6★	世界高水平大学	国家“双一流”建设高校
127	长江大学	湖北	9	综合	50	61.36	区域研究型	4★	中国高水平大学	
128	北京电影学院	北京	33	艺术	2	61.35	特色研究型	6★	世界高水平大学	
128	南京中医药大学	江苏	19	医药	17	61.35	特色研究型	5★	中国一流大学	国家“双一流”建设高校
128	大连海事大学	辽宁	6	理工	54	61.35	特色研究型	4★	中国高水平大学	国家“双一流”建设高校
128	云南民族大学	云南	3	民族	2	61.35	区域特色研究型	5★	中国一流大学	
128	湖北工业大学	湖北	10	理工	54	61.35	区域特色研究型	4★	中国高水平大学	
128	三峡大学	湖北	10	综合	51	61.35	区域特色研究型	4★	中国高水平大学	
132	广东外语外贸大学	广东	12	语言	6	61.27	区域特色研究型	4★	中国高水平大学	
132	上海师范大学	上海	13	师范	18	61.27	区域特色研究型	4★	中国高水平大学	
132	广州中医药大学	广东	12	医药	18	61.27	特色研究型	5★	中国一流大学	国家“双一流”建设高校
132	天津工业大学	天津	6	理工	56	61.27	区域特色研究型	4★	中国高水平大学	国家“双一流”建设高校
132	中南民族大学	湖北	12	民族	3	61.27	区域特色研究型	5★	中国一流大学	
134	杭州电子科技大学	浙江	7	理工	57	61.26	区域特色研究型	4★	中国高水平大学	
135	青岛大学	山东	10	综合	52	61.25	区域研究型	4★	中国高水平大学	
136	汕头大学	广东	14	综合	53	61.24	区域研究型	3★	区域一流大学	
137	西南政法大学	重庆	4	政法	3	61.23	特色研究型	5★	中国一流大学	
137	河北师范大学	河北	5	师范	19	61.23	区域特色研究型	4★	中国高水平大学	
137	武汉纺织大学	湖北	13	理工	58	61.23	区域特色研究型	4★	中国高水平大学	
138	哈尔滨师范大学	黑龙江	7	师范	20	61.19	区域特色研究型	4★	中国高水平大学	
138	江西理工大学	江西	4	理工	59	61.19	区域特色研究型	4★	中国高水平大学	
139	四川师范大学	四川	7	师范	21	61.18	区域特色研究型	4★	中国高水平大学	
139	杭州师范大学	浙江	8	师范	21	61.18	区域特色研究型	3★	区域一流大学	
139	东莞理工学院	广东	15	理工	60	61.18	应用型	3★	区域一流大学	
140	江苏师范大学	江苏	20	师范	23	61.17	区域特色研究型	3★	区域一流大学	
140	湖北大学	湖北	14	综合	54	61.17	区域研究型	4★	中国高水平大学	
140	东北电力大学	吉林	3	理工	61	61.17	区域特色研究型	4★	中国高水平大学	
140	陕西科技大学	陕西	10	理工	61	61.17	区域特色研究型	4★	中国高水平大学	
140	沈阳农业大学	辽宁	7	农林	14	61.17	区域特色研究型	3★	区域一流大学	
144	安徽农业大学	安徽	5	农林	15	61.14	区域特色研究型	4★	中国高水平大学	
145	济南大学	山东	11	综合	55	61.13	区域特色研究型	3★	区域一流大学	
146	重庆邮电大学	重庆	5	理工	63	61.11	区域特色研究型	4★	中国高水平大学	
147	天津科技大学	天津	7	理工	64	61.10	区域特色研究型	3★	区域一流大学	

续表

名次	学校名称	地区及排名		类型及排名		综合得分	办学类型、星级排名和办学层次			国家定位
		地区	排名	类型	排名		办学类型	星级排名	办学层次	
148	温州医科大学	浙江	9	医药	19	61.09	区域特色研究型	4★	中国高水平大学	
148	海南大学	海南	1	综合	56	61.09	区域研究型	3★	区域一流大学	国家“双一流”建设高校
148	武汉轻工大学	湖北	15	理工	65	61.09	应用型	3★	区域一流大学	
150	兰州交通大学	甘肃	3	理工	66	61.08	区域特色研究型	3★	区域一流大学	
150	河南理工大学	河南	5	理工	66	61.08	区域特色研究型	3★	区域一流大学	
152	青岛科技大学	山东	12	理工	68	61.07	区域特色研究型	3★	区域一流大学	
153	安徽医科大学	安徽	6	医药	20	61.06	区域特色研究型	3★	区域一流大学	
153	北京工商大学	北京	34	财经	11	61.06	区域特色研究型	4★	中国高水平大学	
154	天津财经大学	天津	8	财经	12	61.03	区域特色研究型	4★	中国高水平大学	
155	广西师范大学	广西	2	师范	24	61.02	区域特色研究型	4★	中国高水平大学	
155	成都理工大学	四川	8	理工	69	61.02	区域特色研究型	4★	中国高水平大学	国家“双一流”建设高校
155	中南林业科技大学	湖南	7	农林	16	61.02	区域特色研究型	3★	区域一流大学	
157	温州大学	浙江	10	综合	57	61.01	区域特色研究型	3★	区域一流大学	
158	河南农业大学	河南	6	农林	17	61.00	区域特色研究型	4★	中国高水平大学	
159	辽宁工程技术大学	辽宁	8	理工	70	60.99	区域特色研究型	4★	中国高水平大学	
159	兰州理工大学	甘肃	4	理工	70	60.99	区域特色研究型	3★	区域一流大学	
159	南通大学	江苏	21	综合	58	60.99	应用型	3★	区域一流大学	
162	甘肃农业大学	甘肃	5	农林	18	60.98	区域特色研究型	3★	区域一流大学	
162	桂林理工大学	广西	3	理工	72	60.98	区域特色研究型	3★	区域一流大学	
164	哈尔滨理工大学	黑龙江	8	理工	73	60.97	区域特色研究型	3★	区域一流大学	
165	西安科技大学	陕西	11	理工	74	60.96	区域特色研究型	3★	区域一流大学	
166	西南民族大学	四川	9	民族	4	60.94	区域特色研究型	4★	中国高水平大学	
167	内蒙古农业大学	内蒙古	2	农林	19	60.93	区域特色研究型	3★	区域一流大学	
168	黑龙江中医药大学	黑龙江	9	医药	21	60.92	区域特色研究型	4★	中国高水平大学	
168	浙江农林大学	浙江	11	农林	20	60.92	区域特色研究型	3★	区域一流大学	
169	宁夏大学	宁夏	1	综合	59	60.91	区域研究型	3★	区域一流大学	国家“双一流”建设高校
169	石家庄铁道大学	河北	6	理工	75	60.91	区域特色研究型	3★	区域一流大学	
169	沈阳工业大学	辽宁	9	理工	75	60.91	区域特色研究型	3★	区域一流大学	
172	河北农业大学	河北	7	农林	21	60.90	区域特色研究型	4★	中国高水平大学	
173	中北大学	山西	4	理工	77	60.89	区域特色研究型	4★	中国高水平大学	
174	内蒙古师范大学	内蒙古	3	师范	25	60.88	区域特色研究型	3★	区域一流大学	
174	云南师范大学	云南	4	师范	25	60.88	区域特色研究型	3★	区域一流大学	
174	新疆大学	新疆	1	综合	60	60.88	区域研究型	4★	中国高水平大学	国家“双一流”建设高校
175	重庆师范大学	重庆	6	师范	27	60.87	区域特色研究型	3★	区域一流大学	
175	中央美术学院	北京	35	艺术	3	60.87	特色研究型	6★	世界高水平大学	国家“双一流”建设高校
175	中央音乐学院	北京	35	艺术	3	60.87	特色研究型	6★	世界高水平大学	国家“双一流”建设高校
175	上海音乐学院	上海	14	艺术	3	60.87	特色研究型	5★	中国一流大学	国家“双一流”建设高校
175	沈阳大学	辽宁	10	综合	61	60.87	应用型	3★	区域一流大学	
175	天津理工大学	天津	9	理工	78	60.87	区域特色研究型	3★	区域一流大学	
177	吉林农业大学	吉林	4	农林	22	60.86	区域特色研究型	4★	中国高水平大学	
177	江西农业大学	江西	5	农林	22	60.86	区域特色研究型	3★	区域一流大学	
179	北京第二外国语学院	北京	37	语言	7	60.85	区域特色研究型	3★	区域一流大学	

续表

名次	学校名称	地区及排名		类型及排名		综合得分	办学类型、星级排名和办学层次			国家定位
		地区	排名	类型	排名		办学类型	星级排名	办学层次	
179	南华大学	湖南	8	综合	62	60.85	区域特色研究型	3★	区域一流大学	
180	常州大学	江苏	22	理工	79	60.81	区域特色研究型	3★	区域一流大学	
181	沈阳药科大学	辽宁	11	医药	22	60.80	区域特色研究型	4★	中国高水平大学	
181	广西医科大学	广西	4	医药	22	60.80	区域特色研究型	3★	区域一流大学	
181	辽宁师范大学	辽宁	11	师范	28	60.80	区域特色研究型	3★	区域一流大学	
181	浙江财经大学	浙江	12	财经	13	60.80	区域特色研究型	4★	中国高水平大学	
182	青岛农业大学	山东	13	农林	24	60.79	应用型	3★	区域一流大学	
183	北京建筑大学	北京	38	理工	80	60.78	区域特色研究型	3★	区域一流大学	
183	中国计量大学	浙江	13	理工	80	60.78	应用型	3★	区域一流大学	
185	南京艺术学院	江苏	23	艺术	6	60.77	区域特色研究型	5★	中国一流大学	
185	上海戏剧学院	上海	15	艺术	6	60.77	特色研究型	5★	中国一流大学	
185	大连医科大学	辽宁	13	医药	24	60.77	区域特色研究型	3★	区域一流大学	
185	中国美术学院	浙江	14	艺术	6	60.77	特色研究型	5★	中国一流大学	国家“双一流”建设高校
185	河南工业大学	河南	7	理工	82	60.77	区域特色研究型	3★	区域一流大学	
185	武汉工程大学	湖北	16	理工	82	60.77	区域特色研究型	3★	区域一流大学	
185	沈阳建筑大学	辽宁	13	理工	82	60.77	区域特色研究型	3★	区域一流大学	
185	台州学院	浙江	14	综合	63	60.77	应用型	3★	区域一流大学	
189	福建医科大学	福建	6	医药	25	60.76	区域特色研究型	3★	区域一流大学	
189	南京财经大学	江苏	24	财经	14	60.76	区域特色研究型	3★	区域一流大学	
190	湖北医药学院	湖北	17	医药	26	60.74	应用型	3★	区域一流大学	
190	烟台大学	山东	14	综合	64	60.74	区域特色研究型	3★	区域一流大学	
191	海南师范大学	海南	2	师范	29	60.73	区域特色研究型	3★	区域一流大学	
191	沈阳师范大学	辽宁	15	师范	29	60.73	应用型	3★	区域一流大学	
191	华东交通大学	江西	6	理工	85	60.73	区域特色研究型	3★	区域一流大学	
191	南昌航空大学	江西	6	理工	85	60.73	区域特色研究型	3★	区域一流大学	
191	大连工业大学	辽宁	15	理工	85	60.73	区域特色研究型	3★	区域一流大学	
194	北京联合大学	北京	39	综合	65	60.72	应用型	3★	区域一流大学	
194	河北科技大学	河北	8	理工	88	60.72	应用型	3★	区域一流大学	
194	北方民族大学	宁夏	2	民族	5	60.72	应用型	3★	区域一流大学	
194	重庆工商大学	重庆	7	财经	15	60.72	区域特色研究型	3★	区域一流大学	
198	湖北经济学院	湖北	18	财经	16	60.71	应用型	3★	区域一流大学	
198	内蒙古工业大学	内蒙古	4	理工	89	60.71	应用型	3★	区域一流大学	
198	重庆交通大学	重庆	8	理工	89	60.71	区域特色研究型	3★	区域一流大学	
201	青岛理工大学	山东	15	理工	91	60.70	区域特色研究型	3★	区域一流大学	
201	西南科技大学	四川	10	理工	91	60.70	区域特色研究型	3★	区域一流大学	
203	河南中医药大学	河南	8	医药	27	60.69	区域特色研究型	3★	区域一流大学	
203	山东中医药大学	山东	16	医药	27	60.69	区域特色研究型	3★	区域一流大学	
203	上海体育学院	上海	16	体育	2	60.69	特色研究型	5★	中国一流大学	国家“双一流”建设高校
203	景德镇陶瓷大学	江西	8	理工	93	60.69	区域特色研究型	3★	区域一流大学	
204	上海海洋大学	上海	17	农林	25	60.67	区域特色研究型	4★	中国高水平大学	国家“双一流”建设高校
204	安徽工业大学	安徽	7	理工	94	60.67	区域特色研究型	3★	区域一流大学	
206	西北政法大学	陕西	12	政法	4	60.66	区域特色研究型	4★	中国高水平大学	

续表

名次	学校名称	地区及排名		类型及排名		综合得分	办学类型、星级排名和办学层次			国家定位
		地区	排名	类型	排名		办学类型	星级排名	办学层次	
206	河北经贸大学	河北	9	财经	17	60.66	应用型	3★	区域一流大学	
207	湖州师范学院	浙江	16	师范	31	60.65	应用型	3★	区域一流大学	
207	山西财经大学	山西	5	财经	18	60.65	区域特色研究型	4★	中国高水平大学	
207	长春理工大学	吉林	5	理工	95	60.65	区域特色研究型	3★	区域一流大学	
209	曲阜师范大学	山东	17	师范	32	60.64	区域特色研究型	3★	区域一流大学	
209	青海大学	青海	1	综合	66	60.64	区域研究型	3★	区域一流大学	国家“双一流”建设高校
209	内蒙古科技大学	内蒙古	5	综合	66	60.64	应用型	3★	区域一流大学	
211	大连外国语大学	辽宁	17	语言	8	60.63	应用型	3★	区域一流大学	
211	延边大学	吉林	6	综合	68	60.63	区域研究型	3★	区域一流大学	国家“双一流”建设高校
211	北京信息科技大学	北京	40	理工	96	60.63	应用型	3★	区域一流大学	
211	西北民族大学	甘肃	6	民族	6	60.63	区域特色研究型	3★	区域一流大学	
214	天津外国语大学	天津	10	语言	9	60.61	区域特色研究型	4★	中国高水平大学	
214	贵州师范大学	贵州	2	师范	33	60.61	区域特色研究型	3★	区域一流大学	
214	华北水利水电大学	河南	9	理工	97	60.61	应用型	3★	区域一流大学	
214	哈尔滨商业大学	黑龙江	10	财经	19	60.61	区域特色研究型	3★	区域一流大学	
214	内蒙古民族大学	内蒙古	6	民族	7	60.61	应用型	3★	区域一流大学	
214	合肥大学	安徽	8	理工	97	60.61	应用型	2★	区域高水平大学	
218	黄冈师范学院	湖北	19	师范	34	60.60	应用型	3★	区域一流大学	
218	山西师范大学	山西	6	师范	34	60.60	区域特色研究型	3★	区域一流大学	
218	上海海事大学	上海	18	理工	99	60.60	区域特色研究型	4★	中国高水平大学	
218	安徽财经大学	安徽	9	财经	20	60.60	应用型	3★	区域一流大学	
218	沈阳航空航天大学	辽宁	18	理工	99	60.60	应用型	3★	区域一流大学	
221	石河子大学	新疆	2	综合	69	60.59	区域研究型	3★	区域一流大学	国家“双一流”建设高校
221	桂林电子科技大学	广西	5	理工	101	60.59	区域特色研究型	3★	区域一流大学	
221	青海民族大学	青海	2	民族	8	60.59	应用型	3★	区域一流大学	
221	重庆理工大学	重庆	9	理工	101	60.59	应用型	3★	区域一流大学	
225	山东建筑大学	山东	18	理工	103	60.58	区域特色研究型	3★	区域一流大学	
225	江汉大学	湖北	20	综合	70	60.58	应用型	2★	区域高水平大学	
227	新疆医科大学	新疆	3	医药	29	60.56	区域特色研究型	3★	区域一流大学	
227	西藏大学	西藏	1	综合	71	60.56	区域研究型	3★	区域一流大学	国家“双一流”建设高校
227	广西民族大学	广西	6	民族	9	60.56	区域特色研究型	3★	区域一流大学	
229	成都中医药大学	四川	11	医药	30	60.55	区域特色研究型	4★	中国高水平大学	国家“双一流”建设高校
229	江苏科技大学	江苏	25	理工	104	60.55	应用型	3★	区域一流大学	
229	北方工业大学	北京	41	理工	104	60.55	应用型	2★	区域高水平大学	
231	西安外国语大学	陕西	13	语言	10	60.54	应用型	4★	中国高水平大学	
231	青海师范大学	青海	3	师范	36	60.54	应用型	3★	区域一流大学	
231	贵州医科大学	贵州	3	医药	31	60.54	应用型	2★	区域高水平大学	
231	中国人民公安大学	北京	42	政法	5	60.54	特色研究型	6★	世界高水平大学	国家“双一流”建设高校
231	中国音乐学院	北京	42	艺术	9	60.54	特色研究型	6★	世界高水平大学	国家“双一流”建设高校
231	湖南工商大学	湖南	9	财经	21	60.54	应用型	3★	区域一流大学	
231	吉首大学	湖南	9	综合	72	60.54	应用型	3★	区域一流大学	
231	东华理工大学	江西	9	理工	106	60.54	应用型	3★	区域一流大学	

续表

名次	学校名称	地区及排名		类型及排名		综合得分	办学类型、星级排名和办学层次			国家定位
		地区	排名	类型	排名		办学类型	星级排名	办学层次	
231	天津商业大学	天津	11	财经	21	60.54	应用型	3★	区域一流大学	
235	郑州轻工业大学	河南	10	理工	107	60.53	应用型	3★	区域一流大学	
236	广东财经大学	广东	16	财经	23	60.52	应用型	3★	区域一流大学	
236	湖南科技大学	湖南	11	综合	73	60.52	区域特色研究型	3★	区域一流大学	
236	南京审计大学	江苏	26	财经	23	60.52	应用型	3★	区域一流大学	
236	新疆农业大学	新疆	4	农林	26	60.52	区域特色研究型	3★	区域一流大学	
240	昆明医科大学	云南	5	医药	32	60.51	区域特色研究型	3★	区域一流大学	
240	宁夏医科大学	宁夏	3	医药	32	60.51	区域特色研究型	2★	区域高水平大学	
240	贵州财经大学	贵州	4	财经	25	60.51	应用型	3★	区域一流大学	
240	河南财经政法大学	河南	11	财经	25	60.51	应用型	3★	区域一流大学	
240	东北石油大学	黑龙江	11	理工	108	60.51	区域特色研究型	3★	区域一流大学	
240	大连交通大学	辽宁	19	理工	108	60.51	区域特色研究型	3★	区域一流大学	
240	吉林化工学院	吉林	7	理工	108	60.51	应用型	2★	区域高水平大学	
240	聊城大学	山东	19	综合	74	60.51	应用型	2★	区域高水平大学	
240	山东理工大学	山东	19	理工	108	60.51	应用型	2★	区域高水平大学	
247	徐州医科大学	江苏	27	医药	34	60.50	应用型	2★	区域高水平大学	
247	北华大学	吉林	8	综合	75	60.50	应用型	3★	区域一流大学	
247	云南农业大学	云南	6	农林	27	60.50	区域特色研究型	3★	区域一流大学	
249	四川美术学院	重庆	10	艺术	10	60.47	应用型	4★	中国高水平大学	
249	辽宁中医药大学	辽宁	20	医药	35	60.47	区域特色研究型	3★	区域一流大学	
249	新疆师范大学	新疆	5	师范	37	60.47	区域特色研究型	3★	区域一流大学	
249	南宁师范大学	广西	7	师范	37	60.47	应用型	2★	区域高水平大学	
249	集美大学	福建	7	综合	76	60.47	应用型	2★	区域高水平大学	
249	西华大学	四川	12	综合	76	60.47	应用型	2★	区域高水平大学	
251	广西中医药大学	广西	8	医药	36	60.46	应用型	3★	区域一流大学	
251	海南医学院	海南	3	医药	36	60.46	应用型	2★	区域高水平大学	
251	吉林师范大学	吉林	9	师范	39	60.46	应用型	2★	区域高水平大学	
251	西华师范大学	四川	13	师范	39	60.46	应用型	2★	区域高水平大学	
251	吉林财经大学	吉林	9	财经	27	60.46	应用型	3★	区域一流大学	
251	辽宁科技大学	辽宁	21	理工	112	60.46	应用型	3★	区域一流大学	
251	西安工程大学	陕西	14	理工	112	60.46	应用型	3★	区域一流大学	
251	西藏民族大学	西藏	2	民族	10	60.46	应用型	3★	区域一流大学	
251	河南科技学院	河南	12	理工	112	60.46	应用型	2★	区域高水平大学	
256	遵义医科大学	贵州	5	医药	38	60.45	应用型	2★	区域高水平大学	
256	黑龙江八一农垦大学	黑龙江	12	农林	28	60.45	区域特色研究型	3★	区域一流大学	
256	大连大学	辽宁	22	综合	78	60.45	区域特色研究型	3★	区域一流大学	
256	湖南工业大学	湖南	12	理工	115	60.45	应用型	2★	区域高水平大学	
259	浙江中医药大学	浙江	17	医药	39	60.44	区域特色研究型	3★	区域一流大学	
259	北京服装学院	北京	44	理工	116	60.44	应用型	3★	区域一流大学	
259	太原科技大学	山西	7	理工	116	60.44	应用型	3★	区域一流大学	
259	上海工程技术大学	上海	19	理工	116	60.44	应用型	3★	区域一流大学	
262	广州美术学院	广东	17	艺术	11	60.43	区域特色研究型	4★	中国高水平大学	

续表

名次	学校名称	地区及排名		类型及排名		综合得分	办学类型、星级排名和办学层次			国家定位
		地区	排名	类型	排名		办学类型	星级排名	办学层次	
262	锦州医科大学	辽宁	23	医药	40	60.43	应用型	2★	区域高水平大学	
262	天津职业技术师范大学	天津	12	师范	41	60.43	应用型	2★	区域高水平大学	
262	大连海洋大学	辽宁	23	农林	29	60.43	应用型	3★	区域一流大学	
262	内蒙古财经大学	内蒙古	7	财经	28	60.43	应用型	3★	区域一流大学	
262	佳木斯大学	黑龙江	13	综合	79	60.43	应用型	2★	区域高水平大学	
265	大连民族大学	辽宁	25	民族	11	60.42	应用型	3★	区域一流大学	
265	云南财经大学	云南	7	财经	29	60.42	区域特色研究型	3★	区域一流大学	
265	福建理工大学	福建	8	理工	119	60.42	应用型	2★	区域高水平大学	
265	河北工程大学	河北	10	理工	119	60.42	应用型	2★	区域高水平大学	
269	中国戏曲学院	北京	45	艺术	12	60.41	特色研究型	5★	中国一流大学	
269	浙江传媒学院	浙江	18	语言	11	60.41	应用型	3★	区域一流大学	
269	安徽理工大学	安徽	10	理工	121	60.41	区域特色研究型	3★	区域一流大学	
269	郑州航空工业管理学院	河南	13	财经	30	60.41	应用型	3★	区域一流大学	
269	华北理工大学	河北	11	理工	121	60.41	应用型	2★	区域高水平大学	
269	齐齐哈尔大学	黑龙江	14	综合	80	60.41	应用型	2★	区域高水平大学	
273	赣南师范大学	江西	10	师范	42	60.40	应用型	2★	区域高水平大学	
273	沈阳化工大学	辽宁	26	理工	123	60.40	应用型	3★	区域一流大学	
273	西安工业大学	陕西	15	理工	123	60.40	应用型	3★	区域一流大学	
273	西安石油大学	陕西	15	理工	123	60.40	应用型	3★	区域一流大学	
273	成都信息工程大学	四川	14	理工	123	60.40	应用型	3★	区域一流大学	
273	重庆科技大学	重庆	11	理工	123	60.40	应用型	3★	区域一流大学	
278	湖北文理学院	湖北	21	综合	81	60.39	应用型	3★	区域一流大学	
278	延安大学	陕西	17	综合	81	60.39	应用型	3★	区域一流大学	
278	安徽工程大学	安徽	11	理工	128	60.39	应用型	2★	区域高水平大学	
281	福建中医药大学	福建	9	医药	41	60.38	区域特色研究型	3★	区域一流大学	
281	北京农学院	北京	46	农林	30	60.38	应用型	2★	区域高水平大学	
281	闽江学院	福建	9	理工	129	60.38	应用型	2★	区域高水平大学	
281	渤海大学	辽宁	27	综合	83	60.38	应用型	2★	区域高水平大学	
281	临沂大学	山东	21	综合	83	60.38	应用型	2★	区域高水平大学	
281	鲁东大学	山东	21	综合	83	60.38	应用型	2★	区域高水平大学	
286	上海立信会计金融学院	上海	20	财经	31	60.37	应用型	3★	区域一流大学	
286	中原工学院	河南	14	理工	130	60.37	应用型	2★	区域高水平大学	
286	苏州科技大学	江苏	28	理工	130	60.37	应用型	2★	区域高水平大学	
289	广西艺术学院	广西	9	艺术	13	60.36	应用型	3★	区域一流大学	
289	绍兴文理学院	浙江	19	综合	86	60.36	应用型	3★	区域一流大学	
289	重庆文理学院	重庆	12	综合	86	60.36	应用型	2★	区域高水平大学	
291	沈阳体育学院	辽宁	28	体育	3	60.35	应用型	4★	中国高水平大学	
291	贵州中医药大学	贵州	6	医药	42	60.35	应用型	3★	区域一流大学	
291	长春中医药大学	吉林	11	医药	42	60.35	区域特色研究型	3★	区域一流大学	
291	天津城建大学	天津	13	理工	132	60.35	应用型	3★	区域一流大学	
291	上海应用技术大学	上海	21	理工	132	60.35	应用型	2★	区域高水平大学	
291	浙江科技大学	浙江	20	理工	132	60.35	应用型	2★	区域高水平大学	

续表

名次	学校名称	地区及排名		类型及排名		综合得分	办学类型、星级排名和办学层次			国家定位
		地区	排名	类型	排名		办学类型	星级排名	办学层次	
294	武汉体育学院	湖北	22	体育	4	60.34	应用型	4★	中国高水平大学	
294	西南林业大学	云南	8	农林	31	60.34	区域特色研究型	3★	区域一流大学	
294	井冈山大学	江西	11	综合	88	60.34	应用型	2★	区域高水平大学	
296	西安美术学院	陕西	18	艺术	14	60.32	区域特色研究型	4★	中国高水平大学	
296	安庆师范大学	安徽	12	师范	43	60.32	应用型	2★	区域高水平大学	
296	淮北师范大学	安徽	12	师范	43	60.32	应用型	2★	区域高水平大学	
296	信阳师范大学	河南	15	师范	43	60.32	应用型	2★	区域高水平大学	
296	江西科技师范大学	江西	12	师范	43	60.32	应用型	2★	区域高水平大学	
296	黑龙江科技大学	黑龙江	15	理工	135	60.32	应用型	2★	区域高水平大学	
296	南京工程学院	江苏	29	理工	135	60.32	应用型	2★	区域高水平大学	
298	中国青年政治学院	北京	47	政法	6	60.31	应用型	4★	中国高水平大学	
298	新乡医学院	河南	16	医药	44	60.31	应用型	2★	区域高水平大学	
298	西安邮电大学	陕西	19	理工	137	60.31	应用型	3★	区域一流大学	
298	辽宁工业大学	辽宁	29	理工	137	60.31	应用型	2★	区域高水平大学	
300	皖南医学院	安徽	14	医药	45	60.30	应用型	2★	区域高水平大学	
300	湖北师范大学	湖北	23	师范	47	60.30	应用型	2★	区域高水平大学	
300	长春师范大学	吉林	12	师范	47	60.30	应用型	2★	区域高水平大学	
300	山东第二医科大学	山东	23	医药	45	60.30	应用型	2★	区域高水平大学	
300	辽宁石油化工大学	辽宁	30	理工	139	60.30	应用型	3★	区域一流大学	
300	湖南理工学院	湖南	13	理工	139	60.30	应用型	2★	区域高水平大学	
300	湖南文理学院	湖南	13	综合	89	60.30	应用型	2★	区域高水平大学	
300	长沙学院	湖南	13	综合	89	60.30	应用型	2★	区域高水平大学	
300	浙江海洋大学	浙江	21	农林	32	60.30	应用型	2★	区域高水平大学	
300	浙江万里学院	浙江	21	理工	139	60.30	应用型	2★	区域高水平大学	
306	浙江外国语学院	浙江	23	语言	12	60.29	应用型	3★	区域一流大学	
306	淮阴师范学院	江苏	30	师范	49	60.29	应用型	2★	区域高水平大学	
306	兰州财经大学	甘肃	7	财经	32	60.29	应用型	3★	区域一流大学	
306	北京石油化工学院	北京	48	理工	142	60.29	应用型	2★	区域高水平大学	
306	天津农学院	天津	14	农林	33	60.29	应用型	2★	区域高水平大学	
306	塔里木大学	新疆	6	综合	91	60.29	应用型	2★	区域高水平大学	
306	河北北方学院	河北	12	综合	91	60.29	应用型	1★	区域知名大学	
311	首都体育学院	北京	49	体育	5	60.28	应用型	4★	中国高水平大学	
311	广东技术师范大学	广东	18	师范	50	60.28	应用型	2★	区域高水平大学	
311	北京印刷学院	北京	49	理工	143	60.28	应用型	3★	区域一流大学	
311	长春工业大学	吉林	13	理工	143	60.28	应用型	3★	区域一流大学	
311	西安财经大学	陕西	20	财经	33	60.28	应用型	2★	区域高水平大学	
311	嘉兴大学	浙江	24	综合	93	60.28	应用型	2★	区域高水平大学	
315	云南艺术学院	云南	9	艺术	15	60.27	应用型	3★	区域一流大学	
315	盐城师范学院	江苏	31	师范	51	60.27	应用型	2★	区域高水平大学	
315	湖南第一师范学院	湖南	16	师范	51	60.27	应用型	1★	区域知名大学	
315	广西科技大学	广西	10	理工	145	60.27	应用型	2★	区域高水平大学	
315	山东交通学院	山东	24	理工	145	60.27	应用型	2★	区域高水平大学	

续表

名次	学校名称	地区及排名		类型及排名		综合得分	办学类型、星级排名和办学层次			国家定位
		地区	排名	类型	排名		办学类型	星级排名	办学层次	
315	山西农业大学	山西	8	农林	34	60.27	区域特色研究型	2★	区域高水平大学	
315	四川轻化工大学	四川	15	理工	145	60.27	应用型	2★	区域高水平大学	
315	大理大学	云南	9	综合	94	60.27	应用型	2★	区域高水平大学	
320	中国刑事警察学院	辽宁	31	政法	7	60.26	特色研究型	5★	中国一流大学	
320	安徽中医药大学	安徽	15	医药	47	60.26	区域特色研究型	3★	区域一流大学	
320	蚌埠医科大学	安徽	15	医药	47	60.26	应用型	2★	区域高水平大学	
320	湖南中医药大学	湖南	17	医药	47	60.26	区域特色研究型	2★	区域高水平大学	
320	闽南师范大学	福建	11	师范	53	60.26	应用型	1★	区域知名大学	
320	泉州师范学院	福建	11	师范	53	60.26	应用型	1★	区域知名大学	
320	洛阳师范学院	河南	17	师范	53	60.26	应用型	1★	区域知名大学	
320	江苏理工学院	江苏	32	理工	148	60.26	应用型	2★	区域高水平大学	
320	湖南工程学院	湖南	17	理工	148	60.26	应用型	1★	区域知名大学	
322	甘肃中医药大学	甘肃	8	医药	50	60.25	应用型	3★	区域一流大学	
322	衡阳师范学院	湖南	19	师范	56	60.25	应用型	2★	区域高水平大学	
322	阜阳师范大学	安徽	17	师范	56	60.25	应用型	1★	区域知名大学	
322	贵州师范学院	贵州	7	师范	56	60.25	应用型	1★	区域知名大学	
322	南阳师范学院	河南	18	师范	56	60.25	应用型	1★	区域知名大学	
322	安徽科技学院	安徽	17	理工	150	60.25	应用型	2★	区域高水平大学	
322	成都大学	四川	16	综合	95	60.25	应用型	2★	区域高水平大学	
324	湖北中医药大学	湖北	24	医药	51	60.24	应用型	3★	区域一流大学	
324	山东艺术学院	山东	25	艺术	16	60.24	应用型	3★	区域一流大学	
324	云南中医药大学	云南	11	医药	51	60.24	应用型	3★	区域一流大学	
324	长江师范学院	重庆	13	师范	60	60.24	应用型	2★	区域高水平大学	
324	南京晓庄学院	江苏	33	师范	60	60.24	应用型	1★	区域知名大学	
324	沈阳医学院	辽宁	32	医药	51	60.24	应用型	1★	区域知名大学	
324	济宁医学院	山东	25	医药	51	60.24	应用型	1★	区域知名大学	
324	安徽建筑大学	安徽	19	理工	151	60.24	应用型	3★	区域一流大学	
324	西藏农牧学院	西藏	3	农林	35	60.24	应用型	3★	区域一流大学	
324	湖北民族大学	湖北	24	民族	12	60.24	应用型	2★	区域高水平大学	
324	常州工学院	江苏	33	理工	151	60.24	应用型	1★	区域知名大学	
328	甘肃政法大学	甘肃	9	政法	8	60.23	应用型	4★	中国高水平大学	
328	南京体育学院	江苏	35	体育	6	60.23	应用型	4★	中国高水平大学	
328	鲁迅美术学院	辽宁	33	艺术	17	60.23	应用型	4★	中国高水平大学	
328	江西中医药大学	江西	13	医药	55	60.23	区域特色研究型	3★	区域一流大学	
328	四川外国语大学	重庆	14	语言	13	60.23	应用型	3★	区域一流大学	
328	内蒙古医科大学	内蒙古	8	医药	55	60.23	应用型	2★	区域高水平大学	
328	山东工艺美术学院	山东	27	艺术	17	60.23	应用型	2★	区域高水平大学	
328	岭南师范学院	广东	19	师范	62	60.23	应用型	1★	区域知名大学	
328	宁夏师范学院	宁夏	4	师范	62	60.23	应用型	1★	区域知名大学	
328	新疆财经大学	新疆	7	财经	34	60.23	应用型	3★	区域一流大学	
328	佛山科学技术学院	广东	19	理工	153	60.23	应用型	2★	区域高水平大学	
328	贵州民族大学	贵州	8	民族	13	60.23	应用型	2★	区域高水平大学	

续表

名次	学校名称	地区及排名		类型及排名		综合得分	办学类型、星级排名和办学层次			国家定位
		地区	排名	类型	排名		办学类型	星级排名	办学层次	
328	华北科技学院	河北	13	理工	153	60.23	应用型	2★	区域高水平大学	
328	河南牧业经济学院	河南	19	财经	34	60.23	应用型	2★	区域高水平大学	
328	湖北汽车工业学院	湖北	26	理工	153	60.23	应用型	2★	区域高水平大学	
328	盐城工学院	江苏	35	理工	153	60.23	应用型	2★	区域高水平大学	
328	陕西理工大学	陕西	21	理工	153	60.23	应用型	2★	区域高水平大学	
328	成都工业学院	四川	17	理工	153	60.23	应用型	2★	区域高水平大学	
328	金陵科技学院	江苏	35	理工	153	60.23	应用型	1★	区域知名大学	
328	南昌工程学院	江西	13	理工	153	60.23	应用型	1★	区域知名大学	
339	北京舞蹈学院	北京	51	艺术	19	60.22	特色研究型	5★	中国一流大学	
339	成都体育学院	四川	18	体育	7	60.22	应用型	4★	中国高水平大学	
339	天津体育学院	天津	15	体育	7	60.22	应用型	4★	中国高水平大学	
339	西南医科大学	四川	18	医药	57	60.22	应用型	3★	区域一流大学	
339	西藏藏医药大学	西藏	4	医药	57	60.22	应用型	3★	区域一流大学	
339	桂林医学院	广西	11	医药	57	60.22	应用型	1★	区域知名大学	
339	承德医学院	河北	14	医药	57	60.22	应用型	1★	区域知名大学	
339	安阳师范学院	河南	20	师范	64	60.22	应用型	1★	区域知名大学	
339	太原师范学院	山西	9	师范	64	60.22	应用型	1★	区域知名大学	
339	黑龙江工程学院	黑龙江	16	理工	161	60.22	应用型	2★	区域高水平大学	
339	淮阴工学院	江苏	38	理工	161	60.22	应用型	2★	区域高水平大学	
339	江苏海洋大学	江苏	38	理工	161	60.22	应用型	2★	区域高水平大学	
339	沈阳理工大学	辽宁	34	理工	161	60.22	应用型	2★	区域高水平大学	
339	山西大同大学	山西	9	综合	96	60.22	应用型	2★	区域高水平大学	
339	怀化学院	湖南	20	综合	96	60.22	应用型	1★	区域知名大学	
339	邵阳学院	湖南	20	综合	96	60.22	应用型	1★	区域知名大学	
339	常熟理工学院	江苏	38	理工	161	60.22	应用型	1★	区域知名大学	
347	合肥师范学院	安徽	20	师范	66	60.21	应用型	1★	区域知名大学	
347	淮南师范学院	安徽	20	师范	66	60.21	应用型	1★	区域知名大学	
347	天水师范学院	甘肃	10	师范	66	60.21	应用型	1★	区域知名大学	
347	长治医学院	山西	11	医药	61	60.21	应用型	1★	区域知名大学	
347	广西财经学院	广西	12	财经	36	60.21	应用型	2★	区域高水平大学	
347	上海对外经贸大学	上海	22	财经	36	60.21	应用型	2★	区域高水平大学	
347	三明学院	福建	13	综合	99	60.21	应用型	1★	区域知名大学	
347	湖南城市学院	湖南	22	综合	99	60.21	应用型	1★	区域知名大学	
351	星海音乐学院	广东	21	艺术	20	60.20	应用型	4★	中国高水平大学	
351	武汉音乐学院	湖北	27	艺术	20	60.20	应用型	4★	中国高水平大学	
351	沈阳音乐学院	辽宁	35	艺术	20	60.20	应用型	4★	中国高水平大学	
351	广东医科大学	广东	21	医药	62	60.20	应用型	2★	区域高水平大学	
351	右江民族医学院	广西	13	医药	62	60.20	应用型	1★	区域知名大学	
351	商丘师范学院	河南	21	师范	69	60.20	应用型	1★	区域知名大学	
351	伊犁师范大学	新疆	8	师范	69	60.20	应用型	1★	区域知名大学	
351	河北地质大学	河北	15	理工	166	60.20	应用型	3★	区域一流大学	
351	中国民航大学	天津	16	理工	166	60.20	应用型	3★	区域一流大学	

续表

名次	学校名称	地区及排名		类型及排名		综合得分	办学类型、星级排名和办学层次			国家定位
		地区	排名	类型	排名		办学类型	星级排名	办学层次	
351	北京电子科技学院	北京	52	理工	166	60.20	应用型	2★	区域高水平大学	
351	惠州学院	广东	21	综合	101	60.20	应用型	2★	区域高水平大学	
351	五邑大学	广东	21	综合	101	60.20	应用型	2★	区域高水平大学	
351	长春大学	吉林	14	综合	101	60.20	应用型	2★	区域高水平大学	
351	宁波工程学院	浙江	25	理工	166	60.20	应用型	2★	区域高水平大学	
351	黄山学院	安徽	22	综合	101	60.20	应用型	1★	区域知名大学	
351	贵州理工学院	贵州	9	理工	166	60.20	应用型	1★	区域知名大学	
351	洛阳理工学院	河南	21	理工	166	60.20	应用型	1★	区域知名大学	
351	徐州工程学院	江苏	41	理工	166	60.20	应用型	1★	区域知名大学	
351	潍坊学院	山东	28	综合	101	60.20	应用型	1★	区域知名大学	
351	丽水学院	浙江	25	综合	101	60.20	应用型	1★	区域知名大学	
364	中国劳动关系学院	北京	53	政法	9	60.19	应用型	3★	区域一流大学	
364	吉林艺术学院	吉林	15	艺术	23	60.19	应用型	3★	区域一流大学	
364	广东海洋大学	广东	25	农林	36	60.19	区域特色研究型	3★	区域一流大学	
364	海南热带海洋学院	海南	4	综合	107	60.19	应用型	2★	区域高水平大学	
364	上海电机学院	上海	23	理工	173	60.19	应用型	2★	区域高水平大学	
364	上海电力大学	上海	23	理工	173	60.19	应用型	2★	区域高水平大学	
364	滁州学院	安徽	23	综合	107	60.19	应用型	1★	区域知名大学	
364	皖西学院	安徽	23	综合	107	60.19	应用型	1★	区域知名大学	
364	武夷学院	福建	14	综合	107	60.19	应用型	1★	区域知名大学	
364	韶关学院	广东	25	综合	107	60.19	应用型	1★	区域知名大学	
364	北部湾大学	广西	14	综合	107	60.19	应用型	1★	区域知名大学	
364	湖南科技学院	湖南	23	理工	173	60.19	应用型	1★	区域知名大学	
364	德州学院	山东	29	综合	107	60.19	应用型	1★	区域知名大学	
364	西昌学院	四川	20	综合	107	60.19	应用型	1★	区域知名大学	
364	重庆三峡学院	重庆	15	综合	107	60.19	应用型	1★	区域知名大学	
377	中央司法警官学院	河北	16	政法	10	60.18	特色研究型	4★	中国高水平大学	
377	吉林体育学院	吉林	16	体育	9	60.18	应用型	4★	中国高水平大学	
377	河北中医药大学	河北	16	医药	64	60.18	应用型	3★	区域一流大学	
377	天津美术学院	天津	17	艺术	24	60.18	应用型	3★	区域一流大学	
377	周口师范学院	河南	23	师范	71	60.18	应用型	1★	区域知名大学	
377	牡丹江师范学院	黑龙江	17	师范	71	60.18	应用型	1★	区域知名大学	
377	吉林工程技术师范学院	吉林	16	师范	71	60.18	应用型	1★	区域知名大学	
377	乐山师范学院	四川	21	师范	71	60.18	应用型	1★	区域知名大学	
377	厦门理工学院	福建	15	理工	176	60.18	应用型	2★	区域高水平大学	
377	广东金融学院	广东	27	财经	38	60.18	应用型	2★	区域高水平大学	
377	深圳技术大学	广东	27	理工	176	60.18	应用型	2★	区域高水平大学	
377	长春工程学院	吉林	16	理工	176	60.18	应用型	2★	区域高水平大学	
377	莆田学院	福建	15	综合	116	60.18	应用型	1★	区域知名大学	
377	河西学院	甘肃	11	综合	116	60.18	应用型	1★	区域知名大学	
377	河北金融学院	河北	16	财经	38	60.18	应用型	1★	区域知名大学	
377	黄淮学院	河南	23	综合	116	60.18	应用型	1★	区域知名大学	

续表

名次	学校名称	地区及排名		类型及排名		综合得分	办学类型、星级排名和办学层次			国家定位
		地区	排名	类型	排名		办学类型	星级排名	办学层次	
377	许昌学院	河南	23	理工	176	60.18	应用型	1★	区域知名大学	
377	宜春学院	江西	15	综合	116	60.18	应用型	1★	区域知名大学	
387	中国人民警察大学	河北	19	政法	11	60.17	特色研究型	4★	中国高水平大学	
387	广州体育学院	广东	29	体育	10	60.17	应用型	3★	区域一流大学	
387	四川警察学院	四川	22	政法	11	60.17	应用型	3★	区域一流大学	
387	遵义师范学院	贵州	10	师范	75	60.17	应用型	1★	区域知名大学	
387	河北科技师范学院	河北	19	师范	75	60.17	应用型	1★	区域知名大学	
387	郑州师范学院	河南	26	师范	75	60.17	应用型	1★	区域知名大学	
387	成都师范学院	四川	22	师范	75	60.17	应用型	1★	区域知名大学	
387	绵阳师范学院	四川	22	师范	75	60.17	应用型	1★	区域知名大学	
387	北京物资学院	北京	54	财经	40	60.17	应用型	3★	区域一流大学	
387	吉林建筑大学	吉林	19	理工	180	60.17	应用型	2★	区域高水平大学	
387	铜陵学院	安徽	25	财经	40	60.17	应用型	1★	区域知名大学	
387	福建江夏学院	福建	17	财经	40	60.17	应用型	1★	区域知名大学	
387	贵阳学院	贵州	10	综合	120	60.17	应用型	1★	区域知名大学	
387	铜仁学院	贵州	10	综合	120	60.17	应用型	1★	区域知名大学	
393	国际关系学院	北京	55	政法	13	60.16	特色研究型	4★	中国高水平大学	
393	天津音乐学院	天津	18	艺术	25	60.16	应用型	4★	中国高水平大学	
393	哈尔滨体育学院	黑龙江	18	体育	11	60.16	应用型	3★	区域一流大学	
393	齐齐哈尔医学院	黑龙江	18	医药	65	60.16	应用型	1★	区域知名大学	
393	赣南医科大学	江西	16	医药	65	60.16	应用型	1★	区域知名大学	
393	渭南师范学院	陕西	22	师范	80	60.16	应用型	1★	区域知名大学	
393	陇东学院	甘肃	12	综合	122	60.16	应用型	1★	区域知名大学	
393	贵州工程应用技术学院	贵州	13	理工	181	60.16	应用型	1★	区域知名大学	
393	北华航天工业学院	河北	21	理工	181	60.16	应用型	1★	区域知名大学	
393	防灾科技学院	河北	21	理工	181	60.16	应用型	1★	区域知名大学	
393	南阳理工学院	河南	27	理工	181	60.16	应用型	1★	区域知名大学	
393	湖北工程学院	湖北	28	理工	181	60.16	应用型	1★	区域知名大学	
393	湖北科技学院	湖北	28	理工	181	60.16	应用型	1★	区域知名大学	
393	沈阳工程学院	辽宁	36	理工	181	60.16	应用型	1★	区域知名大学	
393	赤峰学院	内蒙古	9	综合	122	60.16	应用型	1★	区域知名大学	
393	山东航空学院	山东	30	综合	122	60.16	应用型	1★	区域知名大学	
393	山东青年政治学院	山东	30	综合	122	60.16	应用型	1★	区域知名大学	
393	宝鸡文理学院	陕西	22	综合	122	60.16	应用型	1★	区域知名大学	
393	榆林学院	陕西	22	综合	122	60.16	应用型	1★	区域知名大学	
393	昭通学院	云南	12	综合	122	60.16	应用型	1★	区域知名大学	
407	河北体育学院	河北	23	体育	12	60.15	应用型	3★	区域一流大学	
407	江苏警官学院	江苏	42	政法	14	60.15	应用型	3★	区域一流大学	
407	陕西中医药大学	陕西	25	医药	67	60.15	应用型	3★	区域一流大学	
407	云南警官学院	云南	13	政法	14	60.15	应用型	3★	区域一流大学	
407	上海政法学院	上海	25	政法	14	60.15	应用型	2★	区域高水平大学	
407	广东第二师范学院	广东	30	师范	81	60.15	应用型	1★	区域知名大学	

续表

名次	学校名称	地区及排名		类型及排名		综合得分	办学类型、星级排名和办学层次			国家定位
		地区	排名	类型	排名		办学类型	星级排名	办学层次	
407	通化师范学院	吉林	20	师范	81	60.15	应用型	1★	区域知名大学	
407	上饶师范学院	江西	17	师范	81	60.15	应用型	1★	区域知名大学	
407	西安医学院	陕西	25	医药	67	60.15	应用型	1★	区域知名大学	
407	咸阳师范学院	陕西	25	师范	81	60.15	应用型	1★	区域知名大学	
407	成都医学院	四川	25	医药	67	60.15	应用型	1★	区域知名大学	
407	川北医学院	四川	25	医药	67	60.15	应用型	1★	区域知名大学	
407	玉溪师范学院	云南	13	师范	81	60.15	应用型	1★	区域知名大学	
407	中国民用航空飞行学院	四川	25	理工	188	60.15	应用型	3★	区域一流大学	
407	吉林农业科技学院	吉林	20	农林	37	60.15	应用型	2★	区域高水平大学	
407	上海第二工业大学	上海	25	理工	188	60.15	应用型	2★	区域高水平大学	
407	上海商学院	上海	25	财经	43	60.15	应用型	2★	区域高水平大学	
407	广东石油化工学院	广东	30	理工	188	60.15	应用型	1★	区域知名大学	
407	嘉应学院	广东	30	综合	129	60.15	应用型	1★	区域知名大学	
407	百色学院	广西	15	综合	129	60.15	应用型	1★	区域知名大学	
407	贺州学院	广西	15	综合	129	60.15	应用型	1★	区域知名大学	
407	凯里学院	贵州	14	综合	129	60.15	应用型	1★	区域知名大学	
407	河北建筑工程学院	河北	23	理工	188	60.15	应用型	1★	区域知名大学	
407	湖南财政经济学院	湖南	24	财经	43	60.15	应用型	1★	区域知名大学	
407	湖南人文科技学院	湖南	24	综合	129	60.15	应用型	1★	区域知名大学	
407	呼伦贝尔学院	内蒙古	10	综合	129	60.15	应用型	1★	区域知名大学	
407	喀什大学	新疆	9	综合	129	60.15	应用型	1★	区域知名大学	
407	浙江水利水电学院	浙江	27	理工	188	60.15	应用型	1★	区域知名大学	
422	四川音乐学院	四川	28	艺术	26	60.14	应用型	4★	中国高水平大学	
422	西安体育学院	陕西	28	体育	13	60.14	应用型	3★	区域一流大学	
422	广东药科大学	广东	33	医药	71	60.14	应用型	2★	区域高水平大学	
422	玉林师范学院	广西	17	师范	86	60.14	应用型	1★	区域知名大学	
422	黔南民族师范学院	贵州	15	师范	86	60.14	应用型	1★	区域知名大学	
422	唐山师范学院	河北	25	师范	86	60.14	应用型	1★	区域知名大学	
422	滨州医学院	山东	32	医药	71	60.14	应用型	1★	区域知名大学	
422	内江师范学院	四川	28	师范	86	60.14	应用型	1★	区域知名大学	
422	楚雄师范学院	云南	15	师范	86	60.14	应用型	1★	区域知名大学	
422	曲靖师范学院	云南	15	师范	86	60.14	应用型	1★	区域知名大学	
422	仲恺农业工程学院	广东	33	农林	38	60.14	应用型	2★	区域高水平大学	
422	天津中德应用技术大学	天津	19	理工	193	60.14	应用型	2★	区域高水平大学	
422	兰州文理学院	甘肃	13	综合	136	60.14	应用型	1★	区域知名大学	
422	桂林航天工业学院	广西	17	理工	193	60.14	应用型	1★	区域知名大学	
422	河南工程学院	河南	28	理工	193	60.14	应用型	1★	区域知名大学	
422	新乡学院	河南	28	综合	136	60.14	应用型	1★	区域知名大学	
422	黑河学院	黑龙江	20	综合	136	60.14	应用型	1★	区域知名大学	
422	湖北理工学院	湖北	30	理工	193	60.14	应用型	1★	区域知名大学	
422	湖南工学院	湖南	26	理工	193	60.14	应用型	1★	区域知名大学	
422	辽东学院	辽宁	37	综合	136	60.14	应用型	1★	区域知名大学	

续表

名次	学校名称	地区及排名		类型及排名		综合得分	办学类型、星级排名和办学层次			国家定位
		地区	排名	类型	排名		办学类型	星级排名	办学层次	
422	山东女子学院	山东	32	综合	136	60.14	应用型	1★	区域知名大学	
422	太原工业学院	山西	12	理工	193	60.14	应用型	1★	区域知名大学	
422	攀枝花学院	四川	28	综合	136	60.14	应用型	1★	区域知名大学	
422	宜宾学院	四川	28	综合	136	60.14	应用型	1★	区域知名大学	
436	湖北美术学院	湖北	31	艺术	27	60.13	应用型	3★	区域一流大学	
436	山西传媒学院	山西	13	语言	14	60.13	应用型	3★	区域一流大学	
436	宁德师范学院	福建	18	师范	92	60.13	应用型	1★	区域知名大学	
436	甘肃民族师范学院	甘肃	14	师范	92	60.13	应用型	1★	区域知名大学	
436	韩山师范学院	广东	35	师范	92	60.13	应用型	1★	区域知名大学	
436	广西民族师范学院	广西	19	师范	92	60.13	应用型	1★	区域知名大学	
436	大庆师范学院	黑龙江	21	师范	92	60.13	应用型	1★	区域知名大学	
436	湖北第二师范学院	湖北	31	师范	92	60.13	应用型	1★	区域知名大学	
436	吉林医药学院	吉林	22	医药	73	60.13	应用型	1★	区域知名大学	
436	江苏第二师范学院	江苏	43	师范	92	60.13	应用型	1★	区域知名大学	
436	南昌师范学院	江西	18	师范	92	60.13	应用型	1★	区域知名大学	
436	鞍山师范学院	辽宁	38	师范	92	60.13	应用型	1★	区域知名大学	
436	昌吉学院	新疆	10	师范	92	60.13	应用型	1★	区域知名大学	
436	重庆第二师范学院	重庆	16	师范	92	60.13	应用型	1★	区域知名大学	
436	宿州学院	安徽	26	综合	143	60.13	应用型	1★	区域知名大学	
436	龙岩学院	福建	18	综合	143	60.13	应用型	1★	区域知名大学	
436	兰州城市学院	甘肃	14	综合	143	60.13	应用型	1★	区域知名大学	
436	兰州工业学院	甘肃	14	理工	199	60.13	应用型	1★	区域知名大学	
436	河池学院	广西	19	综合	143	60.13	应用型	1★	区域知名大学	
436	梧州学院	广西	19	综合	143	60.13	应用型	1★	区域知名大学	
436	安顺学院	贵州	16	综合	143	60.13	应用型	1★	区域知名大学	
436	安阳工学院	河南	30	理工	199	60.13	应用型	1★	区域知名大学	
436	平顶山学院	河南	30	综合	143	60.13	应用型	1★	区域知名大学	
436	湘南学院	湖南	27	综合	143	60.13	应用型	1★	区域知名大学	
436	吉林工商学院	吉林	22	财经	45	60.13	应用型	1★	区域知名大学	
436	泰山学院	山东	34	综合	143	60.13	应用型	1★	区域知名大学	
436	运城学院	山西	13	综合	143	60.13	应用型	1★	区域知名大学	
436	长治学院	山西	13	综合	143	60.13	应用型	1★	区域知名大学	
436	西安航空学院	陕西	29	理工	199	60.13	应用型	1★	区域知名大学	
436	红河学院	云南	17	综合	143	60.13	应用型	1★	区域知名大学	
436	衢州学院	浙江	28	理工	199	60.13	应用型	1★	区域知名大学	
453	广东警官学院	广东	36	政法	17	60.12	应用型	3★	区域一流大学	
453	湖南女子学院	湖南	28	语言	15	60.12	应用型	3★	区域一流大学	
453	山东体育学院	山东	35	体育	14	60.12	应用型	3★	区域一流大学	
453	山西中医药大学	山西	16	医药	74	60.12	应用型	3★	区域一流大学	
453	西安音乐学院	陕西	30	艺术	28	60.12	应用型	3★	区域一流大学	
453	保定学院	河北	26	师范	103	60.12	应用型	1★	区域知名大学	
453	河北民族师范学院	河北	26	师范	103	60.12	应用型	1★	区域知名大学	

续表

名次	学校名称	地区及排名		类型及排名		综合得分	办学类型、星级排名和办学层次			国家定位
		地区	排名	类型	排名		办学类型	星级排名	办学层次	
453	廊坊师范学院	河北	26	师范	103	60.12	应用型	1★	区域知名大学	
453	牡丹江医学院	黑龙江	22	医药	74	60.12	应用型	1★	区域知名大学	
453	长沙师范学院	湖南	28	师范	103	60.12	应用型	1★	区域知名大学	
453	白城师范学院	吉林	24	师范	103	60.12	应用型	1★	区域知名大学	
453	上海健康医学院	上海	28	医药	74	60.12	应用型	1★	区域知名大学	
453	中华女子学院	北京	56	综合	155	60.12	应用型	3★	区域一流大学	
453	山东工商学院	山东	35	财经	46	60.12	应用型	2★	区域高水平大学	
453	巢湖学院	安徽	27	综合	155	60.12	应用型	1★	区域知名大学	
453	广州航海学院	广东	36	理工	203	60.12	应用型	1★	区域知名大学	
453	肇庆学院	广东	36	综合	155	60.12	应用型	1★	区域知名大学	
453	哈尔滨学院	黑龙江	22	综合	155	60.12	应用型	1★	区域知名大学	
453	荆楚理工学院	湖北	33	理工	203	60.12	应用型	1★	区域知名大学	
453	景德镇学院	江西	19	综合	155	60.12	应用型	1★	区域知名大学	
453	辽宁科技学院	辽宁	39	理工	203	60.12	应用型	1★	区域知名大学	
453	安康学院	陕西	30	综合	155	60.12	应用型	1★	区域知名大学	
453	西安文理学院	陕西	30	综合	155	60.12	应用型	1★	区域知名大学	
453	新疆工程学院	新疆	11	理工	203	60.12	应用型	1★	区域知名大学	
465	湖南警察学院	湖南	30	政法	18	60.11	应用型	3★	区域一流大学	
465	吉林警察学院	吉林	25	政法	18	60.11	应用型	3★	区域一流大学	
465	内蒙古艺术学院	内蒙古	11	艺术	29	60.11	应用型	3★	区域一流大学	
465	山东政法学院	山东	37	政法	18	60.11	应用型	3★	区域一流大学	
465	湖南医药学院	湖南	30	医药	77	60.11	应用型	1★	区域知名大学	
465	集宁师范学院	内蒙古	11	师范	108	60.11	应用型	1★	区域知名大学	
465	齐鲁师范学院	山东	37	师范	108	60.11	应用型	1★	区域知名大学	
465	忻州师范学院	山西	17	师范	108	60.11	应用型	1★	区域知名大学	
465	池州学院	安徽	28	综合	162	60.11	应用型	1★	区域知名大学	
465	邯郸学院	河北	29	综合	162	60.11	应用型	1★	区域知名大学	
465	九江学院	江西	20	综合	162	60.11	应用型	1★	区域知名大学	
465	菏泽学院	山东	37	综合	162	60.11	应用型	1★	区域知名大学	
465	枣庄学院	山东	37	综合	162	60.11	应用型	1★	区域知名大学	
465	山西工程技术学院	山西	17	理工	207	60.11	应用型	1★	区域知名大学	
465	商洛学院	陕西	33	综合	162	60.11	应用型	1★	区域知名大学	
472	福建警察学院	福建	20	政法	21	60.10	应用型	3★	区域一流大学	
472	河南警察学院	河南	32	政法	21	60.10	应用型	3★	区域一流大学	
472	新疆艺术学院	新疆	12	艺术	30	60.10	应用型	3★	区域一流大学	
472	浙江音乐学院	浙江	29	艺术	30	60.10	应用型	2★	区域高水平大学	
472	六盘水师范学院	贵州	17	师范	111	60.10	应用型	1★	区域知名大学	
472	石家庄学院	河北	30	师范	111	60.10	应用型	1★	区域知名大学	
472	陕西学前师范学院	陕西	34	师范	111	60.10	应用型	1★	区域知名大学	
472	蚌埠学院	安徽	29	理工	208	60.10	应用型	1★	区域知名大学	
472	桂林旅游学院	广西	22	财经	47	60.10	应用型	1★	区域知名大学	
472	邢台学院	河北	30	综合	168	60.10	应用型	1★	区域知名大学	

续表

名次	学校名称	地区及排名		类型及排名		综合得分	办学类型、星级排名和办学层次			国家定位
		地区	排名	类型	排名		办学类型	星级排名	办学层次	
472	河南城建学院	河南	32	理工	208	60.10	应用型	1★	区域知名大学	
472	信阳农林学院	河南	32	农林	39	60.10	应用型	1★	区域知名大学	
472	哈尔滨金融学院	黑龙江	24	财经	47	60.10	应用型	1★	区域知名大学	
472	绥化学院	黑龙江	24	综合	168	60.10	应用型	1★	区域知名大学	
472	武汉商学院	湖北	34	财经	47	60.10	应用型	1★	区域知名大学	
472	新余学院	江西	21	综合	168	60.10	应用型	1★	区域知名大学	
472	晋中学院	山西	19	综合	168	60.10	应用型	1★	区域知名大学	
472	上海海关学院	上海	29	财经	47	60.10	应用型	1★	区域知名大学	
472	文山学院	云南	18	综合	168	60.10	应用型	1★	区域知名大学	
484	湖北警官学院	湖北	35	政法	23	60.09	应用型	3★	区域一流大学	
484	南京警察学院	江苏	44	政法	23	60.09	应用型	3★	区域一流大学	
484	江西警察学院	江西	22	政法	23	60.09	应用型	3★	区域一流大学	
484	沧州师范学院	河北	32	师范	114	60.09	应用型	1★	区域知名大学	
484	呼和浩特民族学院	内蒙古	13	民族	14	60.09	应用型	2★	区域高水平大学	
484	衡水学院	河北	32	综合	173	60.09	应用型	1★	区域知名大学	
484	唐山学院	河北	32	理工	210	60.09	应用型	1★	区域知名大学	
484	济宁学院	山东	41	综合	173	60.09	应用型	1★	区域知名大学	
484	山东管理学院	山东	41	财经	51	60.09	应用型	1★	区域知名大学	
484	吕梁学院	山西	20	综合	173	60.09	应用型	1★	区域知名大学	
484	太原学院	山西	20	综合	173	60.09	应用型	1★	区域知名大学	
484	四川旅游学院	四川	32	综合	173	60.09	应用型	1★	区域知名大学	
484	四川文理学院	四川	32	综合	173	60.09	应用型	1★	区域知名大学	
493	兴义民族师范学院	贵州	18	师范	115	60.08	应用型	1★	区域知名大学	
493	杭州医学院	浙江	30	医药	78	60.08	应用型	1★	区域知名大学	
493	四川民族学院	四川	34	民族	15	60.08	应用型	2★	区域高水平大学	
493	黑龙江工业学院	黑龙江	26	理工	211	60.08	应用型	1★	区域知名大学	
493	泰州学院	江苏	45	综合	179	60.08	应用型	1★	区域知名大学	
493	萍乡学院	江西	23	综合	179	60.08	应用型	1★	区域知名大学	
493	山东农业工程学院	山东	43	农林	40	60.08	应用型	1★	区域知名大学	
493	昆明学院	云南	19	综合	179	60.08	应用型	1★	区域知名大学	
499	郑州警察学院	河南	35	政法	26	60.07	应用型	2★	区域高水平大学	
499	浙江警察学院	浙江	31	政法	26	60.07	应用型	2★	区域高水平大学	
499	重庆警察学院	重庆	17	政法	26	60.07	应用型	2★	区域高水平大学	
499	张家口学院	河北	35	综合	182	60.07	应用型	1★	区域知名大学	
499	营口理工学院	辽宁	40	理工	212	60.07	应用型	1★	区域知名大学	
501	上海公安学院	上海	30	政法	29	60.06	应用型	2★	区域高水平大学	
501	新疆警察学院	新疆	13	政法	29	60.06	应用型	2★	区域高水平大学	
501	琼台师范学院	海南	5	师范	116	60.06	应用型	1★	区域知名大学	
501	南京特殊教育师范学院	江苏	46	师范	116	60.06	应用型	1★	区域知名大学	
501	阿坝师范学院	四川	35	师范	116	60.06	应用型	1★	区域知名大学	
501	河南工学院	河南	36	理工	213	60.06	应用型	1★	区域知名大学	
501	郑州工程技术学院	河南	36	理工	213	60.06	应用型	1★	区域知名大学	

续表

名次	学校名称	地区及排名		类型及排名		综合得分	办学类型、星级排名和办学层次			国家定位
		地区	排名	类型	排名		办学类型	星级排名	办学层次	
503	北京警察学院	北京	57	政法	31	60.05	应用型	3★	区域一流大学	
503	山东警察学院	山东	44	政法	31	60.05	应用型	2★	区域高水平大学	
503	福建技术师范学院	福建	21	师范	119	60.05	应用型	1★	区域知名大学	
503	滇西科技师范学院	云南	20	师范	119	60.05	应用型	1★	区域知名大学	
503	贵州商学院	贵州	19	财经	52	60.05	应用型	1★	区域知名大学	
503	河南财政金融学院	河南	38	财经	52	60.05	应用型	1★	区域知名大学	
503	河套学院	内蒙古	14	综合	183	60.05	应用型	1★	区域知名大学	
503	保山学院	云南	20	综合	183	60.05	应用型	1★	区域知名大学	
503	普洱学院	云南	20	综合	183	60.05	应用型	1★	区域知名大学	
503	浙大宁波理工学院	浙江	32	理工	215	60.05	应用型	1★	区域知名大学	
509	哈尔滨音乐学院	黑龙江	27	艺术	32	60.04	应用型	2★	区域高水平大学	
509	辽宁警察学院	辽宁	41	政法	33	60.04	应用型	2★	区域高水平大学	
509	甘肃医学院	甘肃	17	医药	79	60.04	应用型	1★	区域知名大学	
509	广西科技师范学院	广西	23	师范	121	60.04	应用型	1★	区域知名大学	
509	广西职业师范学院	广西	23	师范	121	60.04	应用型	1★	区域知名大学	
509	汉江师范学院	湖北	36	师范	121	60.04	应用型	1★	区域知名大学	
509	浙大城市学院	浙江	33	综合	186	60.04	应用型	1★	区域知名大学	
510	中国消防救援学院	北京	58	政法	34	60.02	应用型	2★	区域高水平大学	
510	广西警察学院	广西	25	政法	34	60.02	应用型	2★	区域高水平大学	
510	贵州警察学院	贵州	20	政法	34	60.02	应用型	2★	区域高水平大学	
510	山西警察学院	山西	22	政法	34	60.02	应用型	2★	区域高水平大学	
510	厦门医学院	福建	22	医药	80	60.02	应用型	1★	区域知名大学	
510	豫章师范学院	江西	24	师范	124	60.02	应用型	1★	区域知名大学	
510	亳州学院	安徽	30	综合	187	60.02	应用型	1★	区域知名大学	
510	福建商学院	福建	22	财经	54	60.02	应用型	1★	区域知名大学	
510	宿迁学院	江苏	47	综合	187	60.02	应用型	1★	区域知名大学	
510	无锡学院	江苏	47	综合	187	60.02	应用型	1★	区域知名大学	
510	鄂尔多斯应用技术学院	内蒙古	15	理工	216	60.02	应用型	1★	区域知名大学	
510	新疆科技学院	新疆	14	理工	216	60.02	应用型	1★	区域知名大学	
510	新疆理工学院	新疆	14	理工	216	60.02	应用型	1★	区域知名大学	
510	温州理工学院	浙江	34	理工	216	60.02	应用型	1★	区域知名大学	
518	安徽艺术学院	安徽	31	艺术	33	60.01	应用型	2★	区域高水平大学	
518	南昌医学院	江西	25	医药	81	60.01	应用型	1★	区域知名大学	
518	新疆政法学院	新疆	16	政法	38	60.01	应用型	1★	区域知名大学	
518	首钢工学院	北京	59	理工	220	60.01	应用型	1★	区域知名大学	
518	河北环境工程学院	河北	36	理工	220	60.01	应用型	1★	区域知名大学	
518	河北水利电力学院	河北	36	理工	220	60.01	应用型	1★	区域知名大学	
518	苏州城市学院	江苏	49	综合	190	60.01	应用型	1★	区域知名大学	
518	赣东学院	江西	25	综合	190	60.01	应用型	1★	区域知名大学	
518	赣南科技学院	江西	25	理工	220	60.01	应用型	1★	区域知名大学	
518	山东石油化工学院	山东	45	理工	220	60.01	应用型	1★	区域知名大学	
518	山西电子科技学院	山西	23	理工	220	60.01	应用型	1★	区域知名大学	

续表

名次	学校名称	地区及排名		类型及排名		综合得分	办学类型、星级排名和办学层次			国家定位
		地区	排名	类型	排名		办学类型	星级排名	办学层次	
518	山西工学院	山西	23	理工	220	60.01	应用型	1★	区域知名大学	
518	山西能源学院	山西	23	理工	220	60.01	应用型	1★	区域知名大学	
518	滇西应用技术大学	云南	23	综合	190	60.01	应用型	1★	区域知名大学	
518	湖州学院	浙江	35	综合	190	60.01	应用型	1★	区域知名大学	
518	嘉兴南湖学院	浙江	35	综合	190	60.01	应用型	1★	区域知名大学	
531	新疆第二医学院	新疆	17	医药	82	60.00	应用型	1★	区域知名大学	
531	山西科技学院	山西	26	理工	228	60.00	应用型	1★	区域知名大学	

第二节　2024 中国民办大学排名

一、2024 中国民办大学排名（Ⅰ类）

表 2-2　2024 校友会中国民办大学排名（Ⅰ类）

名次	学校名称	地区及排名		类型及排名		综合得分	办学类型、星级排名和办学层次		
		地区	排名	类型	排名		办学类型	星级排名	办学层次
1	武昌首义学院	湖北	1	理工	1	100.00	应用型	6★	中国顶尖应用型大学
2	文华学院	湖北	2	理工	2	99.94	应用型	6★	中国顶尖应用型大学
3	上海建桥学院	上海	1	理工	3	99.86	应用型	6★	中国顶尖应用型大学
4	齐鲁理工学院	山东	1	理工	4	99.84	应用型	6★	中国顶尖应用型大学
5	南昌理工学院	江西	1	理工	5	99.82	应用型	6★	中国顶尖应用型大学
6	武汉城市学院	湖北	4	理工	6	98.91	应用型	6★	中国顶尖应用型大学
7	广州城市理工学院	广东	2	理工	7	98.8	应用型	6★	中国顶尖应用型大学
8	南京理工大学泰州科技学院	江苏	1	理工	8	98.69	应用型	6★	中国顶尖应用型大学
9	武汉华夏理工学院	湖北	5	理工	9	98.62	应用型	6★	中国顶尖应用型大学
10	吉利学院	四川	2	理工	10	98.58	应用型	6★	中国顶尖应用型大学
10	电子科技大学成都学院	四川	2	理工	10	98.58	应用型	6★	中国顶尖应用型大学
12	吉林建筑科技学院	吉林	3	理工	12	97.95	应用型	6★	中国顶尖应用型大学
13	哈尔滨华德学院	黑龙江	2	理工	13	97.75	应用型	6★	中国顶尖应用型大学
14	郑州工商学院	河南	2	理工	14	97.7	应用型	6★	中国顶尖应用型大学
15	长春建筑学院	吉林	4	理工	15	97.67	应用型	5★	中国一流应用型大学
16	长春电子科技学院	吉林	5	理工	16	97.17	应用型	5★	中国一流应用型大学
17	大连东软信息学院	辽宁	2	理工	17	96.63	应用型	5★	中国一流应用型大学
18	江西科技学院	江西	2	理工	18	96.62	应用型	6★	中国顶尖应用型大学
19	北京理工大学珠海学院	广东	5	理工	19	96.58	应用型	5★	中国一流应用型大学
19	荆州学院	湖北	10	理工	19	96.58	应用型	5★	中国一流应用型大学
21	黄河科技学院	河南	4	理工	21	96.57	应用型	6★	中国顶尖应用型大学
22	广东白云学院	广东	7	理工	22	96.56	应用型	5★	中国一流应用型大学
23	安徽三联学院	安徽	1	理工	23	96.46	应用型	5★	中国一流应用型大学
23	泉州信息工程学院	福建	3	理工	23	96.46	应用型	5★	中国一流应用型大学
25	武汉工程科技学院	湖北	13	理工	25	96.45	应用型	5★	中国一流应用型大学
26	武昌理工学院	湖北	14	理工	26	96.44	应用型	5★	中国一流应用型大学

续表

名次	学校名称	地区及排名		类型及排名		综合得分	办学类型、星级排名和办学层次		
		地区	排名	类型	排名		办学类型	星级排名	办学层次
27	兰州信息科技学院	甘肃	2	理工	27	96.43	应用型	5★	中国一流应用型大学
28	广州理工学院	广东	8	理工	28	96.41	应用型	5★	中国一流应用型大学
28	哈尔滨石油学院	黑龙江	3	理工	28	96.41	应用型	5★	中国一流应用型大学
30	青岛工学院	山东	5	理工	30	96.38	应用型	4★	中国高水平应用型大学
31	闽南理工学院	福建	4	理工	31	96.37	应用型	4★	中国高水平应用型大学
32	武昌工学院	湖北	17	理工	32	96.36	应用型	4★	中国高水平应用型大学
33	郑州工业应用技术学院	河南	5	理工	33	96.24	应用型	4★	中国高水平应用型大学
34	燕山大学里仁学院	河北	3	理工	34	96.14	应用型	4★	中国高水平应用型大学
35	沈阳城市建设学院	辽宁	8	理工	35	96.13	应用型	4★	中国高水平应用型大学
36	华北理工大学轻工学院	河北	4	理工	36	96.08	应用型	4★	中国高水平应用型大学
36	湖北恩施学院	湖北	18	理工	36	96.08	应用型	4★	中国高水平应用型大学
38	兰州博文科技学院	甘肃	3	理工	38	96.07	应用型	4★	中国高水平应用型大学
38	西安思源学院	陕西	8	理工	38	96.07	应用型	4★	中国高水平应用型大学
40	厦门工学院	福建	6	理工	40	96.06	应用型	4★	中国高水平应用型大学
41	潍坊科技学院	山东	9	理工	41	96.05	应用型	4★	中国高水平应用型大学
42	沧州交通学院	河北	6	理工	42	96.02	应用型	4★	中国高水平应用型大学
43	广州华立学院	广东	11	理工	43	96	应用型	4★	中国高水平应用型大学
44	中原科技学院	河南	7	理工	44	95.98	应用型	4★	中国高水平应用型大学
45	长春科技学院	吉林	9	理工	45	95.93	应用型	4★	中国高水平应用型大学
46	武汉生物工程学院	湖北	19	理工	46	95.9	应用型	4★	中国高水平应用型大学
47	保定理工学院	河北	7	理工	47	95.88	应用型	4★	中国高水平应用型大学
48	三峡大学科技学院	湖北	20	理工	48	95.87	应用型	4★	中国高水平应用型大学
49	南昌工学院	江西	3	理工	49	95.8	应用型	4★	中国高水平应用型大学
50	绵阳城市学院	四川	8	理工	50	95.79	应用型	3★	区域一流应用型大学
51	安徽新华学院	安徽	3	理工	51	95.78	应用型	4★	中国高水平应用型大学
51	沈阳科技学院	辽宁	10	理工	51	95.78	应用型	3★	区域一流应用型大学
53	哈尔滨信息工程学院	黑龙江	9	理工	53	95.76	应用型	4★	中国高水平应用型大学
53	河北工程技术学院	河北	8	理工	53	95.76	应用型	3★	区域一流应用型大学
55	河北科技学院	河北	9	理工	55	95.63	应用型	4★	中国高水平应用型大学
56	浙江树人学院	浙江	5	理工	56	95.57	应用型	4★	中国高水平应用型大学
57	大连科技学院	辽宁	11	理工	57	95.55	应用型	3★	区域一流应用型大学
58	南通理工学院	江苏	7	理工	58	95.47	应用型	4★	中国高水平应用型大学
59	南昌交通学院	江西	5	理工	59	95.44	应用型	3★	区域一流应用型大学
60	湖北工业大学工程技术学院	湖北	24	理工	60	95.43	应用型	3★	区域一流应用型大学
61	燕京理工学院	河北	10	理工	61	95.39	应用型	4★	中国高水平应用型大学
62	齐齐哈尔工程学院	黑龙江	10	理工	62	95.12	应用型	3★	区域一流应用型大学
63	烟台南山学院	山东	13	理工	63	95.09	应用型	3★	区域一流应用型大学
64	哈尔滨远东理工学院	黑龙江	11	理工	64	94.99	应用型	3★	区域一流应用型大学
65	辽宁理工学院	辽宁	12	理工	65	94.95	应用型	3★	区域一流应用型大学
66	广东东软学院	广东	18	理工	66	94.76	应用型	3★	区域一流应用型大学
67	广东理工学院	广东	19	理工	67	94.71	应用型	3★	区域一流应用型大学
68	泰山科技学院	山东	14	理工	68	94.53	应用型	3★	区域一流应用型大学

续表

名次	学校名称	地区及排名		类型及排名		综合得分	办学类型、星级排名和办学层次		
		地区	排名	类型	排名		办学类型	星级排名	办学层次
69	成都东软学院	四川	12	理工	69	94.44	应用型	3★	区域一流应用型大学
70	阳光学院	福建	11	理工	70	94.07	应用型	3★	区域一流应用型大学
70	山东华宇工学院	山东	15	理工	70	94.07	应用型	3★	区域一流应用型大学
72	大连理工大学城市学院	辽宁	14	理工	73	94.03	应用型	3★	区域一流应用型大学
73	桂林信息科技学院	广西	1	理工	74	93.34	应用型	4★	中国高水平应用型大学
74	上海兴伟学院	上海	6	理工	75	93.29	应用型	3★	区域一流应用型大学
75	南京航空航天大学金城学院	江苏	11	理工	76	93.14	应用型	3★	区域一流应用型大学
76	安徽文达信息工程学院	安徽	5	理工	77	92.84	应用型	3★	区域一流应用型大学
76	山西晋中理工学院	山西	2	理工	77	92.84	应用型	3★	区域一流应用型大学
78	安徽信息工程学院	安徽	6	理工	80	92.73	应用型	3★	区域一流应用型大学
79	陕西科技大学镐京学院	陕西	13	理工	81	92.53	应用型	2★	区域高水平应用型大学
80	青岛黄海学院	山东	17	理工	82	92.47	应用型	3★	区域一流应用型大学
81	烟台理工学院	山东	18	理工	83	92.4	应用型	2★	区域高水平应用型大学
82	宁夏理工学院	宁夏	1	理工	84	92.39	应用型	3★	区域一流应用型大学
83	重庆工程学院	重庆	4	理工	85	92.28	应用型	3★	区域一流应用型大学
84	黄河交通学院	河南	12	理工	86	92.27	应用型	3★	区域一流应用型大学
84	山西应用科技学院	山西	3	理工	86	92.27	应用型	3★	区域一流应用型大学
86	闽南科技学院	福建	12	理工	88	92.23	应用型	2★	区域高水平应用型大学
87	杭州电子科技大学信息工程学院	浙江	12	理工	89	92.22	应用型	3★	区域一流应用型大学
88	成都理工大学工程技术学院	四川	14	理工	90	92.19	应用型	3★	区域一流应用型大学
89	重庆移通学院	重庆	7	理工	91	92.15	应用型	2★	区域高水平应用型大学
90	西安明德理工学院	陕西	15	理工	92	92.04	应用型	2★	区域高水平应用型大学
91	沈阳工学院	辽宁	17	理工	93	91.95	应用型	2★	区域高水平应用型大学
92	西安建筑科技大学华清学院	陕西	16	理工	94	91.86	应用型	2★	区域高水平应用型大学
93	河北工程大学科信学院	河北	15	理工	95	91.65	应用型	2★	区域高水平应用型大学
94	四川工业科技学院	四川	15	理工	96	91.31	应用型	2★	区域高水平应用型大学
95	广州软件学院	广东	21	理工	97	91.1	应用型	2★	区域高水平应用型大学
96	湖北大学知行学院	湖北	28	理工	98	91.04	应用型	2★	区域高水平应用型大学
97	湖南交通工程学院	湖南	5	理工	99	90.96	应用型	2★	区域高水平应用型大学
98	晋中信息学院	山西	4	理工	100	90.83	应用型	1★	区域知名应用型大学
99	福州理工学院	福建	15	理工	101	90.68	应用型	2★	区域高水平应用型大学
99	商丘工学院	河南	13	理工	101	90.68	应用型	2★	区域高水平应用型大学
101	南京理工大学紫金学院	江苏	19	理工	103	90.57	应用型	2★	区域高水平应用型大学
102	湖南应用技术学院	湖南	6	理工	104	90.56	应用型	2★	区域高水平应用型大学
103	浙江工业大学之江学院	浙江	14	理工	105	90.43	应用型	2★	区域高水平应用型大学
104	合肥城市学院	安徽	11	理工	106	90.34	应用型	2★	区域高水平应用型大学
105	石家庄铁道大学四方学院	河北	18	理工	107	90.2	应用型	2★	区域高水平应用型大学
106	湖北文理学院理工学院	湖北	29	理工	108	90.08	应用型	1★	区域知名应用型大学
107	长沙理工大学城南学院	湖南	9	理工	109	90.03	应用型	2★	区域高水平应用型大学
108	郑州科技学院	河南	15	理工	110	90.02	应用型	2★	区域高水平应用型大学
109	青岛恒星科技学院	山东	21	理工	111	89.98	应用型	2★	区域高水平应用型大学
110	南宁理工学院	广西	7	理工	112	89.7	应用型	2★	区域高水平应用型大学

续表

名次	学校名称	地区及排名		类型及排名		综合得分	办学类型、星级排名和办学层次		
		地区	排名	类型	排名		办学类型	星级排名	办学层次
111	南华大学船山学院	湖南	11	理工	113	89.67	应用型	1★	区域知名应用型大学
112	柳州工学院	广西	9	理工	114	89.27	应用型	2★	区域高水平应用型大学
113	新乡工程学院	河南	18	理工	115	89.24	应用型	2★	区域高水平应用型大学
114	中国矿业大学徐海学院	江苏	22	理工	116	88.43	应用型	2★	区域高水平应用型大学
115	青岛城市学院	山东	22	理工	117	88.33	应用型	1★	区域知名应用型大学
116	银川科技学院	宁夏	3	理工	118	87.32	应用型	2★	区域高水平应用型大学
117	武汉工程大学邮电与信息工程学院	湖北	30	理工	119	87.23	应用型	1★	区域知名应用型大学
118	皖江工学院	安徽	13	理工	120	86.89	应用型	1★	区域知名应用型大学
119	马鞍山学院	安徽	14	理工	122	86.84	应用型	1★	区域知名应用型大学
120	淮北理工学院	安徽	15	理工	123	86.66	应用型	1★	区域知名应用型大学
121	中国计量大学现代科技学院	浙江	18	理工	124	86.3	应用型	1★	区域知名应用型大学
122	西安科技大学高新学院	陕西	18	理工	125	85.83	应用型	1★	区域知名应用型大学
123	湖北工程学院新技术学院	湖北	31	理工	126	85.57	应用型	1★	区域知名应用型大学
124	银川能源学院	宁夏	4	理工	127	85.13	应用型	1★	区域知名应用型大学
125	西安交通工程学院	陕西	19	理工	128	84.93	应用型	1★	区域知名应用型大学
126	西安理工大学高科学院	陕西	20	理工	129	84.92	应用型	1★	区域知名应用型大学
127	湖北汽车工业学院科技学院	湖北	32	理工	130	84.72	应用型	1★	区域知名应用型大学
128	南昌航空大学科技学院	江西	12	理工	131	84.28	应用型	2★	区域高水平应用型大学
129	南昌应用技术师范学院	江西	13	理工	132	83.65	应用型	1★	区域知名应用型大学
130	江西应用科技学院	江西	14	理工	133	83.17	应用型	1★	区域知名应用型大学
131	江西工程学院	江西	15	理工	134	83.04	应用型	1★	区域知名应用型大学
132	湖南理工学院南湖学院	湖南	18	理工	135	79.33	应用型	1★	区域知名应用型大学
133	湖南工业大学科技学院	湖南	19	理工	136	78.8	应用型	1★	区域知名应用型大学
134	湖南工程学院应用技术学院	湖南	20	理工	137	77.32	应用型	1★	区域知名应用型大学

二、2024 中国民办大学排名（Ⅱ类）

表 2-3　2024 校友会中国民办大学排名（Ⅱ类）

名次	学校名称	地区及排名		类型及排名		综合得分	办学类型、星级排名和办学层次		
		地区	排名	类型	排名		办学类型	星级排名	办学层次
1	三亚学院	海南	1	综合	1	100.00	应用型	6★	中国顶尖应用型大学
2	广州南方学院	广东	1	综合	2	99.85	应用型	6★	中国顶尖应用型大学
3	四川大学锦江学院	四川	1	综合	4	99.64	应用型	6★	中国顶尖应用型大学
4	西安培华学院	陕西	2	综合	5	99.31	应用型	6★	中国顶尖应用型大学
5	天津仁爱学院	天津	1	综合	6	98.87	应用型	6★	中国顶尖应用型大学
6	沈阳城市学院	辽宁	1	综合	7	98.77	应用型	6★	中国顶尖应用型大学
7	商丘学院	河南	1	综合	8	98.62	应用型	6★	中国顶尖应用型大学
8	广东科技学院	广东	3	综合	9	98.42	应用型	6★	中国顶尖应用型大学
9	湖南信息学院	湖南	1	综合	10	98.4	应用型	6★	中国顶尖应用型大学
10	长春光华学院	吉林	2	综合	11	98.39	应用型	6★	中国顶尖应用型大学
11	西安外事学院	陕西	3	综合	12	98.35	应用型	6★	中国顶尖应用型大学
12	北京城市学院	北京	1	综合	13	98.22	应用型	6★	中国顶尖应用型大学

续表

名次	学校名称	地区及排名		类型及排名		综合得分	办学类型、星级排名和办学层次		
		地区	排名	类型	排名		办学类型	星级排名	办学层次
13	宁波大学科学技术学院	浙江	1	综合	14	98.2	应用型	6★	中国顶尖应用型大学
14	武汉学院	湖北	7	综合	15	97.99	应用型	6★	中国顶尖应用型大学
15	昆明文理学院	云南	3	综合	16	97.93	应用型	5★	中国一流应用型大学
16	武汉东湖学院	湖北	8	综合	17	97.9	应用型	6★	中国顶尖应用型大学
16	安阳学院	河南	3	综合	17	97.9	应用型	5★	中国一流应用型大学
18	湖北师范大学文理学院	湖北	9	综合	19	97.75	应用型	5★	中国一流应用型大学
19	厦门大学嘉庚学院	福建	2	综合	20	97.69	应用型	5★	中国一流应用型大学
20	湖南涉外经济学院	湖南	3	综合	21	97.61	应用型	5★	中国一流应用型大学
21	珠海科技学院	广东	6	综合	22	97.6	应用型	5★	中国一流应用型大学
22	南开大学滨海学院	天津	2	综合	23	97.41	应用型	5★	中国一流应用型大学
23	西京学院	陕西	5	综合	24	97.34	应用型	5★	中国一流应用型大学
24	延安大学西安创新学院	陕西	6	综合	25	97.33	应用型	5★	中国一流应用型大学
25	山东英才学院	山东	3	综合	26	97.32	应用型	5★	中国一流应用型大学
26	汉口学院	湖北	14	综合	27	97.31	应用型	5★	中国一流应用型大学
27	东南大学成贤学院	江苏	3	综合	28	97.03	应用型	5★	中国一流应用型大学
28	三江学院	江苏	4	综合	29	96.65	应用型	5★	中国一流应用型大学
29	哈尔滨广厦学院	黑龙江	4	综合	30	96.64	应用型	5★	中国一流应用型大学
30	武汉晴川学院	湖北	16	综合	31	96.61	应用型	5★	中国一流应用型大学
31	哈尔滨剑桥学院	黑龙江	5	综合	32	96.59	应用型	5★	中国一流应用型大学
31	北京邮电大学世纪学院	北京	2	综合	32	96.59	应用型	4★	中国高水平应用型大学
33	苏州科技大学天平学院	江苏	6	综合	34	96.58	应用型	4★	中国高水平应用型大学
34	仰恩大学	福建	5	综合	35	96.57	应用型	5★	中国一流应用型大学
34	贵阳信息科技学院	贵州	2	综合	35	96.57	应用型	5★	中国一流应用型大学
36	贵州黔南科技学院	贵州	3	综合	37	96.55	应用型	4★	中国高水平应用型大学
37	山东现代学院	山东	7	综合	38	96.37	应用型	4★	中国高水平应用型大学
38	青岛滨海学院	山东	8	综合	39	96.36	应用型	4★	中国高水平应用型大学
39	东莞城市学院	广东	10	综合	40	96.27	应用型	4★	中国高水平应用型大学
39	长春人文学院	吉林	8	综合	40	96.27	应用型	4★	中国高水平应用型大学
41	黑龙江东方学院	黑龙江	7	综合	42	96.15	应用型	5★	中国一流应用型大学
41	郑州西亚斯学院	河南	6	综合	42	96.15	应用型	4★	中国高水平应用型大学
43	重庆城市科技学院	重庆	2	综合	44	96.13	应用型	4★	中国高水平应用型大学
44	天津天狮学院	天津	3	综合	45	96.1	应用型	4★	中国高水平应用型大学
45	丽江文化旅游学院	云南	5	综合	46	95.71	应用型	4★	中国高水平应用型大学
46	浙江师范大学行知学院	浙江	3	综合	47	95.38	应用型	4★	中国高水平应用型大学
47	云南大学滇池学院	云南	6	综合	48	95.1	应用型	4★	中国高水平应用型大学
48	武汉设计工程学院	湖北	20	综合	49	95	应用型	4★	中国高水平应用型大学
49	武汉文理学院	湖北	22	综合	50	94.67	应用型	3★	区域一流应用型大学
50	电子科技大学中山学院	广东	12	综合	51	94.64	应用型	4★	中国高水平应用型大学
51	北京科技大学天津学院	天津	5	综合	52	94.37	应用型	4★	中国高水平应用型大学
52	湛江科技学院	广东	13	综合	53	94.15	应用型	4★	中国高水平应用型大学
53	西安交通大学城市学院	陕西	9	综合	54	94.02	应用型	4★	中国高水平应用型大学
54	福州大学至诚学院	福建	8	综合	55	93.66	应用型	3★	区域一流应用型大学

续表

名次	学校名称	地区及排名		类型及排名		综合得分	办学类型、星级排名和办学层次		
		地区	排名	类型	排名		办学类型	星级排名	办学层次
55	西南交通大学希望学院	四川	9	综合	56	93.5	应用型	3★	区域一流应用型大学
56	长江大学文理学院	湖北	23	综合	57	93.48	应用型	3★	区域一流应用型大学
57	北京工业大学耿丹学院	北京	5	综合	58	93.43	应用型	3★	区域一流应用型大学
58	成都锦城学院	四川	10	综合	59	93.18	应用型	3★	区域一流应用型大学
59	成都文理学院	四川	11	综合	60	93.11	应用型	3★	区域一流应用型大学
60	潍坊理工学院	山东	12	综合	61	93.1	应用型	3★	区域一流应用型大学
61	福建师范大学协和学院	福建	9	综合	62	93.06	应用型	3★	区域一流应用型大学
62	广州新华学院	广东	16	综合	63	93.01	应用型	4★	中国高水平应用型大学
63	上海杉达学院	上海	3	综合	64	92.5	应用型	4★	中国高水平应用型大学
64	上海立达学院	上海	4	综合	65	91.72	应用型	3★	区域一流应用型大学
65	天津师范大学津沽学院	天津	6	综合	66	91.64	应用型	3★	区域一流应用型大学
66	无锡太湖学院	江苏	8	综合	67	91.46	应用型	4★	中国高水平应用型大学
67	南京邮电大学通达学院	江苏	9	综合	68	91.26	应用型	3★	区域一流应用型大学
68	集美大学诚毅学院	福建	10	综合	69	91.11	应用型	3★	区域一流应用型大学
69	西北大学现代学院	陕西	10	综合	70	90.94	应用型	2★	区域高水平应用型大学
70	长春大学旅游学院	吉林	11	综合	71	90.18	应用型	3★	区域一流应用型大学
71	安徽大学江淮学院	安徽	4	综合	72	90.09	应用型	3★	区域一流应用型大学
72	南昌大学共青学院	江西	6	综合	73	89.87	应用型	3★	区域一流应用型大学
72	烟台科技学院	山东	16	综合	73	89.87	应用型	3★	区域一流应用型大学
74	南京工业大学浦江学院	江苏	10	综合	75	89.78	应用型	3★	区域一流应用型大学
75	桂林学院	广西	2	综合	76	89.61	应用型	3★	区域一流应用型大学
76	上海师范大学天华学院	上海	7	综合	77	89.54	应用型	3★	区域一流应用型大学
77	长春工业大学人文信息学院	吉林	12	综合	78	89.48	应用型	3★	区域一流应用型大学
78	南昌大学科学技术学院	江西	7	综合	79	88.99	应用型	3★	区域一流应用型大学
79	河北东方学院	河北	13	综合	80	88.85	应用型	2★	区域高水平应用型大学
80	江苏大学京江学院	江苏	12	综合	81	88.71	应用型	2★	区域高水平应用型大学
81	聊城大学东昌学院	山东	18	综合	82	88.55	应用型	2★	区域高水平应用型大学
82	扬州大学广陵学院	江苏	13	综合	83	88.52	应用型	3★	区域一流应用型大学
83	湘潭理工学院	湖南	4	综合	84	88.48	应用型	3★	区域一流应用型大学
84	重庆人文科技学院	重庆	6	综合	85	88.16	应用型	3★	区域一流应用型大学
85	绍兴文理学院元培学院	浙江	10	综合	86	87.8	应用型	2★	区域高水平应用型大学
86	厦门华厦学院	福建	12	综合	87	87.62	应用型	2★	区域高水平应用型大学
87	长安大学兴华学院	陕西	14	综合	88	87.35	应用型	2★	区域高水平应用型大学
88	同济大学浙江学院	浙江	13	综合	89	87.34	应用型	2★	区域高水平应用型大学
89	南通大学杏林学院	江苏	14	综合	90	87.33	应用型	2★	区域高水平应用型大学
90	贵阳人文科技学院	贵州	4	综合	91	86.84	应用型	2★	区域高水平应用型大学
91	南京财经大学红山学院	江苏	15	综合	92	86.41	应用型	2★	区域高水平应用型大学
92	青岛农业大学海都学院	山东	20	综合	93	86.13	应用型	2★	区域高水平应用型大学
93	南京师范大学中北学院	江苏	16	综合	94	85.61	应用型	2★	区域高水平应用型大学
94	南京审计大学金审学院	江苏	17	综合	95	85.59	应用型	2★	区域高水平应用型大学
95	天津财经大学珠江学院	天津	9	综合	96	85.57	应用型	2★	区域高水平应用型大学
96	河北地质大学华信学院	河北	17	综合	97	85.55	应用型	2★	区域高水平应用型大学

续表

名次	学校名称	地区及排名		类型及排名		综合得分	办学类型、星级排名和办学层次		
		地区	排名	类型	排名		办学类型	星级排名	办学层次
97	广西民族大学相思湖学院	广西	4	综合	98	84.87	应用型	2★	区域高水平应用型大学
98	江苏科技大学苏州理工学院	江苏	18	综合	99	84.5	应用型	2★	区域高水平应用型大学
99	江西农业大学南昌商学院	江西	10	综合	100	84.46	应用型	2★	区域高水平应用型大学
100	南宁师范大学师园学院	广西	5	综合	101	84.43	应用型	2★	区域高水平应用型大学
101	阜阳师范大学信息工程学院	安徽	10	综合	102	84.42	应用型	2★	区域高水平应用型大学
102	昆明理工大学津桥学院	云南	8	综合	103	84.15	应用型	3★	区域一流应用型大学
103	江苏师范大学科文学院	江苏	20	综合	104	84.09	应用型	2★	区域高水平应用型大学
104	天津理工大学中环信息学院	天津	10	综合	105	83.91	应用型	2★	区域高水平应用型大学
105	湘潭大学兴湘学院	湖南	8	综合	106	83.83	应用型	2★	区域高水平应用型大学
106	苏州大学应用技术学院	江苏	21	综合	107	83.55	应用型	2★	区域高水平应用型大学
107	宁夏大学新华学院	宁夏	2	综合	108	83.49	应用型	2★	区域高水平应用型大学
108	河南开封科技传媒学院	河南	15	综合	109	83.18	应用型	2★	区域高水平应用型大学
109	南宁学院	广西	6	综合	110	83.01	应用型	2★	区域高水平应用型大学
109	信阳学院	河南	17	综合	110	83.01	应用型	2★	区域高水平应用型大学
111	广州应用科技学院	广东	22	综合	112	82.45	应用型	2★	区域高水平应用型大学
112	湖南科技大学潇湘学院	湖南	13	综合	113	81.64	应用型	1★	区域知名应用型大学
113	浙江农林大学暨阳学院	浙江	15	综合	114	81.53	应用型	1★	区域知名应用型大学
114	吉首大学张家界学院	湖南	14	综合	115	81.03	应用型	1★	区域知名应用型大学
115	内蒙古大学创业学院	内蒙古	1	综合	116	80.08	应用型	1★	区域知名应用型大学
116	常州大学怀德学院	江苏	23	综合	117	79.87	应用型	1★	区域知名应用型大学
117	湖南文理学院芙蓉学院	湖南	15	综合	118	79.75	应用型	1★	区域知名应用型大学
118	青海大学昆仑学院	青海	1	综合	119	79.67	应用型	1★	区域知名应用型大学
119	茅台学院	贵州	8	综合	120	79.06	应用型	1★	区域知名应用型大学
120	内蒙古鸿德文理学院	内蒙古	2	综合	121	76.75	应用型	1★	区域知名应用型大学

三、2024 中国民办大学排名（Ⅲ类）

表 2-4　2024 校友会中国民办大学排名（Ⅲ类）

名次	学校名称	地区及排名		类型及排名		综合得分	办学类型、星级排名和办学层次		
		地区	排名	类型	排名		办学类型	星级排名	办学层次
1	西安欧亚学院	陕西	1	财经	1	100.00	应用型	6★	中国顶尖应用型大学
2	昆明城市学院	云南	1	综合	2	99.96	应用型	6★	中国顶尖应用型大学
3	福州外语外贸学院	福建	1	财经	2	99.89	应用型	6★	中国顶尖应用型大学
4	山东协和学院	山东	1	医药	1	99.81	应用型	6★	中国顶尖应用型大学
5	武汉工商学院	湖北	3	财经	3	99.5	应用型	6★	中国顶尖应用型大学
6	长春财经学院	吉林	1	财经	4	99.1	应用型	6★	中国顶尖应用型大学
7	黑龙江外国语学院	黑龙江	1	语言	1	99.08	应用型	6★	中国顶尖应用型大学
8	兰州工商学院	甘肃	1	财经	5	98.46	应用型	6★	中国顶尖应用型大学
9	广州商学院	广东	4	财经	6	98.3	应用型	6★	中国顶尖应用型大学
10	云南工商学院	云南	2	财经	7	98.26	应用型	6★	中国顶尖应用型大学
11	南京传媒学院	江苏	2	艺术	1	97.99	应用型	6★	中国顶尖应用型大学
12	河北传媒学院	河北	1	艺术	2	97.79	应用型	6★	中国顶尖应用型大学

续表

名次	学校名称	地区及排名		类型及排名		综合得分	办学类型、星级排名和办学层次		
		地区	排名	类型	排名		办学类型	星级排名	办学层次
13	湖北商贸学院	湖北	6	财经	8	97.74	应用型	6★	中国顶尖应用型大学
14	西安翻译学院	陕西	4	语言	2	97.66	应用型	6★	中国顶尖应用型大学
15	海口经济学院	海南	2	财经	9	97.64	应用型	5★	中国一流应用型大学
16	西南财经大学天府学院	四川	4	财经	10	97.6	应用型	5★	中国一流应用型大学
17	长沙医学院	湖南	2	医药	2	97.58	应用型	5★	中国一流应用型大学
18	上海视觉艺术学院	上海	2	艺术	3	96.95	应用型	5★	中国一流应用型大学
19	北京中医药大学东方学院	河北	2	医药	3	96.93	应用型	5★	中国一流应用型大学
20	吉林外国语大学	吉林	6	语言	3	96.91	应用型	6★	中国顶尖应用型大学
21	湖北经济学院法商学院	湖北	11	财经	11	96.89	应用型	5★	中国一流应用型大学
22	武汉传媒学院	湖北	12	艺术	4	96.82	应用型	5★	中国一流应用型大学
23	吉林动画学院	吉林	7	艺术	5	96.78	应用型	5★	中国一流应用型大学
24	辽宁传媒学院	辽宁	3	艺术	6	96.22	应用型	5★	中国一流应用型大学
25	大连艺术学院	辽宁	4	艺术	7	96.15	应用型	5★	中国一流应用型大学
26	青岛电影学院	山东	4	艺术	8	96.14	应用型	5★	中国一流应用型大学
27	贵州黔南经济学院	贵州	1	财经	12	96.12	应用型	5★	中国一流应用型大学
28	四川传媒学院	四川	5	艺术	9	96.07	应用型	5★	中国一流应用型大学
29	辽宁对外经贸学院	辽宁	5	财经	13	95.42	应用型	4★	中国高水平应用型大学
30	南京师范大学泰州学院	江苏	5	师范	1	95.41	应用型	4★	中国高水平应用型大学
31	浙江越秀外国语学院	浙江	2	语言	4	95.33	应用型	5★	中国一流应用型大学
32	辽宁财贸学院	辽宁	6	财经	14	95.31	应用型	4★	中国高水平应用型大学
33	大连财经学院	辽宁	7	财经	15	95.26	应用型	4★	中国高水平应用型大学
33	山东财经大学燕山学院	山东	6	财经	15	95.26	应用型	4★	中国高水平应用型大学
33	陕西国际商贸学院	陕西	7	财经	15	95.26	应用型	4★	中国高水平应用型大学
36	四川工商学院	四川	6	财经	18	95.25	应用型	4★	中国高水平应用型大学
37	广东培正学院	广东	9	财经	19	95.24	应用型	4★	中国高水平应用型大学
38	黑龙江财经学院	黑龙江	6	财经	20	94.99	应用型	5★	中国一流应用型大学
38	四川外国语大学成都学院	四川	7	语言	5	94.99	应用型	4★	中国高水平应用型大学
38	重庆外语外事学院	重庆	1	语言	5	94.99	应用型	4★	中国高水平应用型大学
41	河北医科大学临床学院	河北	5	医药	4	94.98	应用型	4★	中国高水平应用型大学
42	云南经济管理学院	云南	4	财经	21	94.9	应用型	4★	中国高水平应用型大学
43	齐鲁医药学院	山东	10	医药	5	94.79	应用型	4★	中国高水平应用型大学
44	辽宁何氏医学院	辽宁	9	医药	6	94.39	应用型	4★	中国高水平应用型大学
45	北京第二外国语学院中瑞酒店管理学院	北京	3	语言	7	93.75	应用型	4★	中国高水平应用型大学
46	天津传媒学院	天津	4	语言	8	93.74	应用型	4★	中国高水平应用型大学
47	山东财经大学东方学院	山东	11	财经	22	93.7	应用型	4★	中国高水平应用型大学
48	安徽外国语学院	安徽	2	语言	9	93.38	应用型	4★	中国高水平应用型大学
49	黑龙江工商学院	黑龙江	8	财经	23	93.33	应用型	4★	中国高水平应用型大学
50	郑州升达经贸管理学院	河南	8	财经	24	93.19	应用型	4★	中国高水平应用型大学
51	福州工商学院	福建	7	财经	25	93.1	应用型	4★	中国高水平应用型大学
52	华南农业大学珠江学院	广东	13	农林	1	93.06	应用型	4★	中国高水平应用型大学
53	重庆对外经贸学院	重庆	3	财经	26	93.05	应用型	3★	区域一流应用型大学

续表

名次	学校名称	地区及排名		类型及排名		综合得分	办学类型、星级排名和办学层次		
		地区	排名	类型	排名		办学类型	星级排名	办学层次
54	浙江财经大学东方学院	浙江	4	财经	27	92.07	应用型	4★	中国高水平应用型大学
55	郑州商学院	河南	9	财经	28	91.46	应用型	3★	区域一流应用型大学
56	首都师范大学科德学院	北京	4	语言	10	91.13	应用型	3★	区域一流应用型大学
57	浙江工商大学杭州商学院	浙江	6	财经	29	91.12	应用型	4★	中国高水平应用型大学
58	江西服装学院	江西	4	艺术	10	91.03	应用型	3★	区域一流应用型大学
59	山西工商学院	山西	1	财经	30	90.89	应用型	4★	中国高水平应用型大学
60	广州华商学院	广东	15	财经	31	90.87	应用型	4★	中国高水平应用型大学
61	河北外国语学院	河北	10	语言	11	90.85	应用型	3★	区域一流应用型大学
62	吉林师范大学博达学院	吉林	10	师范	2	90.69	应用型	4★	中国高水平应用型大学
63	湖北医药学院药护学院	湖北	25	医药	7	90.68	应用型	3★	区域一流应用型大学
64	郑州经贸学院	河南	10	财经	32	90.47	应用型	3★	区域一流应用型大学
65	广东外语外贸大学南国商学院	广东	17	财经	33	90.46	应用型	3★	区域一流应用型大学
66	上海外国语大学贤达经济人文学院	上海	5	财经	34	90.43	应用型	3★	区域一流应用型大学
67	武汉纺织大学外经贸学院	湖北	26	财经	35	90.42	应用型	3★	区域一流应用型大学
68	广州工商学院	广东	20	财经	36	90.24	应用型	3★	区域一流应用型大学
69	西安工商学院	陕西	10	财经	37	90.15	应用型	3★	区域一流应用型大学
70	上海财经大学浙江学院	浙江	7	财经	38	90.03	应用型	3★	区域一流应用型大学
71	大连工业大学艺术与信息工程学院	辽宁	13	理工	72	89.94	应用型	3★	区域一流应用型大学
72	天津外国语大学滨海外事学院	天津	7	语言	12	89.89	应用型	3★	区域一流应用型大学
73	温州商学院	浙江	8	财经	39	89.87	应用型	2★	区域高水平应用型大学
74	河北美术学院	河北	12	艺术	11	89.86	应用型	3★	区域一流应用型大学
75	天津商业大学宝德学院	天津	8	财经	40	89.75	应用型	2★	区域高水平应用型大学
76	北京工商大学嘉华学院	北京	6	财经	41	89.46	应用型	3★	区域一流应用型大学
77	陕西服装工程学院	陕西	12	理工	79	89.44	应用型	2★	区域高水平应用型大学
78	黑龙江工程学院昆仑旅游学院	黑龙江	12	财经	42	89.39	应用型	3★	区域一流应用型大学
79	郑州财经学院	河南	11	财经	43	89.37	应用型	2★	区域高水平应用型大学
80	大连医科大学中山学院	辽宁	15	医药	8	89.3	应用型	2★	区域高水平应用型大学
81	杭州师范大学钱江学院	浙江	9	师范	3	89.18	应用型	3★	区域一流应用型大学
82	广西外国语学院	广西	3	语言	13	89.17	应用型	3★	区域一流应用型大学
83	重庆财经学院	重庆	4	财经	44	89.09	应用型	3★	区域一流应用型大学
84	四川电影电视学院	四川	13	艺术	12	89.06	应用型	2★	区域高水平应用型大学
85	合肥经济学院	安徽	7	财经	45	89.02	应用型	3★	区域一流应用型大学
85	宁波财经学院	浙江	10	财经	45	89.02	应用型	3★	区域一流应用型大学
87	武汉体育学院体育科技学院	湖北	27	体育	1	88.6	应用型	3★	区域一流应用型大学
88	辽宁中医药大学杏林学院	辽宁	16	医药	9	88.54	应用型	2★	区域高水平应用型大学
89	河北师范大学汇华学院	河北	14	师范	4	88.37	应用型	3★	区域一流应用型大学
90	江西师范大学科学技术学院	江西	8	师范	5	88.34	应用型	3★	中国高水平应用型大学
91	蚌埠工商学院	安徽	8	财经	47	88.32	应用型	2★	区域高水平应用型大学
92	安徽师范大学皖江学院	安徽	9	师范	6	88.2	应用型	2★	区域高水平应用型大学
92	福建农林大学金山学院	福建	14	农林	2	88.2	应用型	2★	区域高水平应用型大学
94	河北经贸大学经济管理学院	河北	16	财经	48	88.07	应用型	3★	区域一流应用型大学
95	江西财经大学现代经济管理学院	江西	9	财经	49	88.04	应用型	3★	区域一流应用型大学

续表

名次	学校名称	地区及排名		类型及排名		综合得分	办学类型、星级排名和办学层次		
		地区	排名	类型	排名		办学类型	星级排名	办学层次
96	昆明医科大学海源学院	云南	7	医药	10	87.98	应用型	2★	区域高水平应用型大学
97	四川文化艺术学院	四川	16	艺术	13	87.8	应用型	3★	区域一流应用型大学
98	山西财经大学华商学院	山西	4	财经	50	87.76	应用型	3★	区域一流应用型大学
99	辽宁师范大学海华学院	辽宁	18	师范	7	87.74	应用型	1★	区域知名应用型大学
100	贵州医科大学神奇民族医药学院	贵州	5	医药	11	87.49	应用型	2★	区域高水平应用型大学
101	遵义医科大学医学与科技学院	贵州	6	医药	12	87.47	应用型	1★	区域知名应用型大学
102	贵州中医药大学时珍学院	贵州	7	医药	13	87.19	应用型	2★	区域高水平应用型大学
103	中南林业科技大学涉外学院	湖南	7	农林	3	87.1	应用型	2★	区域高水平应用型大学
104	新乡医学院三全学院	河南	14	医药	14	86.99	应用型	2★	区域高水平应用型大学
105	锦州医科大学医疗学院	辽宁	19	医药	15	86.98	应用型	1★	区域知名应用型大学
106	河北农业大学现代科技学院	河北	19	农林	4	86.94	应用型	2★	区域高水平应用型大学
107	山西医科大学晋祠学院	山西	6	医药	16	86.86	应用型	3★	区域一流应用型大学
108	湖南师范大学树达学院	湖南	10	师范	8	86.64	应用型	2★	区域高水平应用型大学
109	西安财经大学行知学院	陕西	17	财经	51	86.29	应用型	2★	区域高水平应用型大学
110	北海艺术设计学院	广西	7	艺术	14	86.24	应用型	2★	区域高水平应用型大学
111	湖南农业大学东方科技学院	湖南	11	农林	5	85.66	应用型	1★	区域知名应用型大学
112	重庆工商大学派斯学院	重庆	8	财经	52	85.34	应用型	2★	区域高水平应用型大学
113	云南艺术学院文华学院	云南	9	艺术	15	85.29	应用型	2★	区域高水平应用型大学
114	华北理工大学冀唐学院	河北	20	医药	17	84.45	应用型	2★	区域高水平应用型大学
115	广西中医药大学赛恩斯新医药学院	广西	10	医药	18	83.56	应用型	2★	区域高水平应用型大学
116	安徽医科大学临床医学院	安徽	12	医药	19	83.24	应用型	1★	区域知名应用型大学
117	温州医科大学仁济学院	浙江	16	医药	20	82.52	应用型	1★	区域知名应用型大学
118	浙江理工大学科技与艺术学院	浙江	17	理工	120	81.68	应用型	1★	区域知名应用型大学
119	天津医科大学临床医学院	天津	11	医药	21	81.56	应用型	1★	区域知名应用型大学
120	南京医科大学康达学院	江苏	24	医药	22	81.03	应用型	1★	区域知名应用型大学
121	南京中医药大学翰林学院	江苏	25	医药	23	80.8	应用型	1★	区域知名应用型大学
122	成都银杏酒店管理学院	四川	17	财经	53	80.25	应用型	2★	区域高水平应用型大学
124	浙江中医药大学滨江学院	浙江	19	医药	24	79.17	应用型	1★	区域知名应用型大学
125	湖南中医药大学湘杏学院	湖南	16	医药	25	77.85	应用型	1★	区域知名应用型大学
126	赣南师范大学科技学院	江西	11	师范	10	77.57	应用型	1★	区域知名应用型大学
127	衡阳师范学院南岳学院	湖南	17	师范	11	77.52	应用型	1★	区域知名应用型大学

第三节　2024中国合作办学大学排名

表2-5　2024校友会中国中外合作办学、内地与港澳台地区合作办学大学排名

名次	学校名称	地区及排名		类型及排名		综合得分	办学类型、星级排名和层次		
		地区	排名	类型	排名		办学类型	星级排名	办学层次
1	北京师范大学-香港浸会大学联合国际学院	广东	1	综合	1	100.00	应用型	6★	中国顶尖合作办学大学
2	宁波诺丁汉大学	浙江	1	综合	2	99.35	应用型	6★	中国顶尖合作办学大学
3	西交利物浦大学	江苏	1	综合	3	98.91	应用型	6★	中国顶尖合作办学大学
4	香港中文大学（深圳）	广东	2	综合	4	97.77	应用型	6★	中国顶尖合作办学大学

续表

名次	学校名称	地区及排名		类型及排名		综合得分	办学类型、星级排名和层次		
		地区	排名	类型	排名		办学类型	星级排名	办学层次
5	深圳北理莫斯科大学	广东	3	理工	1	97.57	应用型	6★	中国顶尖合作办学大学
6	昆山杜克大学	江苏	2	综合	5	93.86	应用型	5★	中国一流合作办学大学
7	广东以色列理工学院	广东	4	理工	2	92.94	应用型	5★	中国一流合作办学大学
8	上海纽约大学	上海	1	综合	6	92.9	应用型	5★	中国一流合作办学大学
9	温州肯恩大学	浙江	2	综合	7	90.87	应用型	4★	中国高水平合作办学大学
10	香港科技大学（广州）	广东	5	理工	3	86.91	应用型	4★	中国高水平合作办学大学

第四节　2024 中国职业技术大学排名

表 2-6　2024 校友会中国职业技术大学排名

名次	学校名称	地区及排名		类型及排名		综合得分	办学类型、星级排名和层次		
		地区	排名	类型	排名		办学类型	星级排名	办学层次
1	深圳职业技术大学	广东	1	综合	1	100.00	职业技能型	6★	中国顶尖职业技术大学
2	海南科技职业大学	海南	1	理工	1	96.23	职业技能型	6★	中国顶尖职业技术大学
3	河北科技工程职业技术大学	河北	1	理工	2	95.63	职业技能型	6★	中国顶尖职业技术大学
4	广东工商职业技术大学	广东	2	财经	1	95.11	职业技能型	6★	中国顶尖职业技术大学
5	兰州资源环境职业技术大学	甘肃	1	综合	2	94.06	职业技能型	6★	中国顶尖职业技术大学
6	辽宁理工职业大学	辽宁	1	理工	3	93.16	职业技能型	6★	中国顶尖职业技术大学
7	兰州石化职业技术大学	甘肃	2	理工	4	92.59	职业技能型	6★	中国顶尖职业技术大学
8	西安汽车职业大学	陕西	1	理工	5	92.58	职业技能型	6★	中国顶尖职业技术大学
9	河北工业职业技术大学	河北	2	理工	6	91.53	职业技能型	5★	中国一流职业技术大学
10	山东外事职业大学	山东	1	综合	3	90.54	职业技能型	5★	中国一流职业技术大学
11	广西城市职业大学	广西	1	综合	4	90.52	职业技能型	5★	中国一流职业技术大学
12	山东外国语职业技术大学	山东	2	语言	1	90.17	职业技能型	5★	中国一流职业技术大学
13	南京工业职业技术大学	江苏	1	理工	7	90.03	职业技能型	5★	中国一流职业技术大学
14	山西工程科技职业大学	山西	1	理工	8	89.69	职业技能型	5★	中国一流职业技术大学
15	河北石油职业技术大学	河北	3	理工	9	89.41	职业技能型	4★	中国高水平职业技术大学
16	上海中侨职业技术大学	上海	1	综合	5	88.80	职业技能型	4★	中国高水平职业技术大学
17	湖南软件职业技术大学	湖南	1	理工	10	86.26	职业技能型	4★	中国高水平职业技术大学
18	广州科技职业技术大学	广东	3	理工	11	85.44	职业技能型	4★	中国高水平职业技术大学
19	河南科技职业大学	河南	1	理工	12	84.83	职业技能型	4★	中国高水平职业技术大学
20	浙江药科职业大学	浙江	1	医药	1	82.28	职业技能型	4★	中国高水平职业技术大学
21	浙江广厦建设职业技术大学	浙江	2	综合	6	81.90	职业技能型	4★	中国高水平职业技术大学
22	贵阳康养职业大学	贵州	1	医药	2	81.82	职业技能型	4★	中国高水平职业技术大学
23	西安信息职业大学	陕西	2	理工	13	81.43	职业技能型	4★	中国高水平职业技术大学
24	南昌职业大学	江西	1	综合	7	80.88	职业技能型	4★	中国高水平职业技术大学
25	广西农业职业技术大学	广西	2	农林	1	80.68	职业技能型	4★	中国高水平职业技术大学
26	江西软件职业技术大学	江西	2	理工	14	79.30	职业技能型	3★	区域一流职业技术大学
27	运城职业技术大学	山西	2	综合	8	79.26	职业技能型	3★	区域一流职业技术大学
28	山东工程职业技术大学	山东	3	理工	15	78.92	职业技能型	3★	区域一流职业技术大学
29	新疆天山职业技术大学	新疆	1	综合	9	78.34	职业技能型	3★	区域一流职业技术大学

续表

名次	学校名称	地区及排名		类型及排名		综合得分	办学类型、星级排名和层次		
		地区	排名	类型	排名		办学类型	星级排名	办学层次
30	重庆机电职业技术大学	重庆	1	理工	16	76.50	职业技能型	3★	区域一流职业技术大学
31	成都艺术职业大学	四川	1	艺术	1	75.28	职业技能型	3★	区域一流职业技术大学
32	泉州职业技术大学	福建	1	理工	17	70.89	职业技能型	3★	区域一流职业技术大学
33	景德镇艺术职业大学	江西	3	艺术	2	70.30	职业技能型	3★	区域一流职业技术大学

第五节　2024 中国高职院校排名

一、2024 中国高职院校排名（Ⅰ类）

表 2-7　2024 校友会中国高职院校排名（Ⅰ类）

名次	学校名称	地区及排名		类型及排名		综合得分	办学类型、星级排名和办学层次		
		地区	排名	类型	排名		办学类型	星级排名	办学层次
1	深圳信息职业技术学院	广东	1	理工	1	100.00	职业技能型	6★	中国顶尖高职院校
2	黄河水利职业技术学院	河南	1	理工	2	99.65	职业技能型	6★	中国顶尖高职院校
3	无锡职业技术学院	江苏	2	理工	3	99.45	职业技能型	6★	中国顶尖高职院校
4	长沙民政职业技术学院	湖南	1	理工	4	99.31	职业技能型	6★	中国顶尖高职院校
5	江西应用技术职业学院	江西	2	理工	5	97.77	职业技能型	6★	中国顶尖高职院校
6	陕西工业职业技术学院	陕西	1	理工	6	97.61	职业技能型	6★	中国顶尖高职院校
7	南京信息职业技术学院	江苏	5	理工	7	97.24	职业技能型	6★	中国顶尖高职院校
8	芜湖职业技术学院	安徽	2	理工	8	97.02	职业技能型	6★	中国顶尖高职院校
9	常州信息职业技术学院	江苏	6	理工	9	96.92	职业技能型	6★	中国顶尖高职院校
10	北京电子科技职业学院	北京	1	理工	10	96.84	职业技能型	6★	中国顶尖高职院校
11	陕西铁路工程职业技术学院	陕西	2	理工	11	95.21	职业技能型	6★	中国顶尖高职院校
12	四川工程职业技术学院	四川	1	理工	12	95.17	职业技能型	6★	中国顶尖高职院校
13	重庆电子工程职业学院	重庆	1	理工	13	95.08	职业技能型	6★	中国顶尖高职院校
14	浙江机电职业技术学院	浙江	4	理工	14	95.00	职业技能型	6★	中国顶尖高职院校
15	北京工业职业技术学院	北京	2	理工	15	94.92	职业技能型	6★	中国顶尖高职院校
16	广东轻工职业技术学院	广东	4	理工	16	94.89	职业技能型	6★	中国顶尖高职院校
17	常州机电职业技术学院	江苏	7	理工	17	94.77	职业技能型	6★	中国顶尖高职院校
18	山东职业学院	山东	8	理工	18	94.68	职业技能型	6★	中国顶尖高职院校
19	唐山工业职业技术学院	河北	1	理工	19	94.53	职业技能型	6★	中国顶尖高职院校
20	平顶山工业职业技术学院	河南	5	理工	20	94.43	职业技能型	6★	中国顶尖高职院校
21	昆明冶金高等专科学校	云南	1	理工	21	94.11	职业技能型	6★	中国顶尖高职院校
22	黄冈职业技术学院	湖北	3	理工	22	94.04	职业技能型	5★	中国一流高职院校
23	四川交通职业技术学院	四川	2	理工	23	93.78	职业技能型	5★	中国一流高职院校
24	江西新能源科技职业学院	江西	6	理工	24	93.77	职业技能型	5★	中国一流高职院校
25	包头轻工职业技术学院	内蒙古	1	理工	25	93.68	职业技能型	5★	中国一流高职院校
26	广西理工职业技术学院	广西	2	理工	26	93.60	职业技能型	5★	中国一流高职院校
26	河南职业技术学院	河南	7	理工	26	93.60	职业技能型	5★	中国一流高职院校
28	山东科技职业学院	山东	9	理工	28	93.56	职业技能型	5★	中国一流高职院校
29	三门峡职业技术学院	河南	10	理工	29	93.52	职业技能型	5★	中国一流高职院校

续表

名次	学校名称	地区及排名		类型及排名		综合得分	办学类型、星级排名和办学层次		
		地区	排名	类型	排名		办学类型	星级排名	办学层次
30	河南工业职业技术学院	河南	11	理工	30	93.44	职业技能型	5★	中国一流高职院校
31	重庆交通职业学院	重庆	4	理工	31	93.41	职业技能型	5★	中国一流高职院校
32	共青科技职业学院	江西	8	理工	32	93.39	职业技能型	5★	中国一流高职院校
33	上海城建职业学院	上海	2	理工	33	93.38	职业技能型	5★	中国一流高职院校
34	山东劳动职业技术学院	山东	13	理工	34	93.34	职业技能型	5★	中国一流高职院校
35	广东科学技术职业学院	广东	6	理工	35	93.32	职业技能型	5★	中国一流高职院校
36	辽宁省交通高等专科学校	辽宁	4	理工	36	93.28	职业技能型	5★	中国一流高职院校
37	新疆轻工职业技术学院	新疆	1	理工	37	93.27	职业技能型	5★	中国一流高职院校
38	淮北职业技术学院	安徽	3	理工	38	93.19	职业技能型	4★	中国高水平高职院校
39	长春汽车工业高等专科学校	吉林	2	理工	39	93.17	职业技能型	4★	中国高水平高职院校
40	广西机电职业技术学院	广西	3	理工	40	93.14	职业技能型	4★	中国高水平高职院校
41	武汉船舶职业技术学院	湖北	8	理工	41	93.13	职业技能型	5★	中国一流高职院校
42	江西现代职业技术学院	江西	9	理工	42	92.91	职业技能型	4★	中国高水平高职院校
43	四川科技职业学院	四川	5	理工	43	92.75	职业技能型	4★	中国高水平高职院校
44	湖南汽车工程职业学院	湖南	9	理工	44	92.74	职业技能型	4★	中国高水平高职院校
45	湖南铁道职业技术学院	湖南	11	理工	45	92.73	职业技能型	4★	中国高水平高职院校
46	重庆工业职业技术学院	重庆	7	理工	46	92.62	职业技能型	4★	中国高水平高职院校
47	山东交通职业学院	山东	18	理工	47	92.57	职业技能型	4★	中国高水平高职院校
48	四川建筑职业技术学院	四川	6	理工	48	92.51	职业技能型	4★	中国高水平高职院校
49	安徽职业技术学院	安徽	6	理工	49	92.36	职业技能型	4★	中国高水平高职院校
50	山东水利职业学院	山东	19	理工	50	92.34	职业技能型	4★	中国高水平高职院校
51	广西工业职业技术学院	广西	6	理工	51	92.33	职业技能型	4★	中国高水平高职院校
52	福建船政交通职业学院	福建	2	理工	52	92.32	职业技能型	4★	中国高水平高职院校
53	石家庄信息工程职业学院	河北	5	理工	53	92.26	职业技能型	4★	中国高水平高职院校
54	湖南吉利汽车职业技术学院	湖南	13	理工	54	92.16	职业技能型	4★	中国高水平高职院校
55	郑州铁路职业技术学院	河南	16	理工	55	92.02	职业技能型	4★	中国高水平高职院校
56	鹤壁职业技术学院	河南	17	理工	56	91.93	职业技能型	4★	中国高水平高职院校
57	贵州交通职业技术学院	贵州	5	理工	57	91.81	职业技能型	4★	中国高水平高职院校
58	石家庄铁路职业技术学院	河北	6	理工	58	91.80	职业技能型	4★	中国高水平高职院校
59	开封大学	河南	18	理工	59	91.65	职业技能型	4★	中国高水平高职院校
60	天津电子信息职业技术学院	天津	4	理工	60	91.63	职业技能型	4★	中国高水平高职院校
61	西安航空职业技术学院	陕西	7	理工	61	91.60	职业技能型	4★	中国高水平高职院校
62	濮阳职业技术学院	河南	20	理工	62	91.44	职业技能型	4★	中国高水平高职院校
62	鄂州职业大学	湖北	10	理工	62	91.44	职业技能型	3★	区域一流高职院校
64	烟台汽车工程职业学院	山东	21	理工	64	91.38	职业技能型	3★	区域一流高职院校
65	河北交通职业技术学院	河北	7	理工	65	90.97	职业技能型	3★	区域一流高职院校
66	广东工贸职业技术学院	广东	10	理工	66	90.87	职业技能型	4★	中国高水平高职院校
67	内蒙古机电职业技术学院	内蒙古	3	理工	67	90.86	职业技能型	4★	中国高水平高职院校
68	广东机电职业技术学院	广东	11	理工	68	90.85	职业技能型	3★	区域一流高职院校
69	江苏航运职业技术学院	江苏	13	理工	69	90.78	职业技能型	3★	区域一流高职院校
70	陕西国防工业职业技术学院	陕西	9	理工	70	90.71	职业技能型	3★	区域一流高职院校
71	石家庄科技信息职业学院	河北	8	理工	71	90.68	职业技能型	4★	中国高水平高职院校

续表

名次	学校名称	地区及排名		类型及排名		综合得分	办学类型、星级排名和办学层次		
		地区	排名	类型	排名		办学类型	星级排名	办学层次
72	喀什职业技术学院	新疆	4	理工	72	90.64	职业技能型	3★	区域一流高职院校
73	三亚理工职业学院	海南	3	理工	73	90.51	职业技能型	4★	中国高水平高职院校
74	绍兴职业技术学院	浙江	13	理工	74	90.50	职业技能型	3★	区域一流高职院校
75	湖南工业职业技术学院	湖南	17	理工	75	90.44	职业技能型	3★	区域一流高职院校
76	潍坊工程职业学院	山东	23	理工	76	90.43	职业技能型	3★	区域一流高职院校
77	上海电子信息职业技术学院	上海	3	理工	77	90.41	职业技能型	3★	区域一流高职院校
78	云南工程职业学院	云南	4	理工	78	90.40	职业技能型	3★	区域一流高职院校
79	浙江汽车职业技术学院	浙江	15	理工	79	90.38	职业技能型	3★	区域一流高职院校
80	贵州轻工职业技术学院	贵州	7	理工	80	90.33	职业技能型	3★	区域一流高职院校
81	云南机电职业技术学院	云南	5	理工	81	90.23	职业技能型	3★	区域一流高职院校
82	重庆科创职业学院	重庆	9	理工	82	90.20	职业技能型	3★	区域一流高职院校
83	吉林铁道职业技术学院	吉林	4	理工	83	90.02	职业技能型	3★	区域一流高职院校
84	云南三鑫职业技术学院	云南	6	理工	84	90.01	职业技能型	3★	区域一流高职院校
85	湖北交通职业技术学院	湖北	11	理工	85	89.99	职业技能型	3★	区域一流高职院校
86	江西交通职业技术学院	江西	12	理工	86	89.93	职业技能型	3★	区域一流高职院校
87	山东城市建设职业学院	山东	27	理工	87	89.92	职业技能型	3★	区域一流高职院校
88	黑龙江建筑职业技术学院	黑龙江	5	理工	88	89.85	职业技能型	3★	区域一流高职院校
89	山西职业技术学院	山西	2	理工	89	89.81	职业技能型	3★	区域一流高职院校
90	广东水利电力职业技术学院	广东	20	理工	90	89.76	职业技能型	3★	区域一流高职院校
90	徐州工业职业技术学院	江苏	15	理工	90	89.76	职业技能型	3★	区域一流高职院校
92	成都航空职业技术学院	四川	12	理工	92	89.56	职业技能型	3★	区域一流高职院校
93	许昌电气职业学院	河南	25	理工	93	89.47	职业技能型	3★	区域一流高职院校
94	江苏建筑职业技术学院	江苏	16	理工	94	89.43	职业技能型	3★	区域一流高职院校
95	贵州装备制造职业学院	贵州	8	理工	95	89.39	职业技能型	3★	区域一流高职院校
96	江苏海事职业技术学院	江苏	17	理工	96	89.16	职业技能型	3★	区域一流高职院校
97	广东交通职业技术学院	广东	21	理工	97	89.02	职业技能型	3★	区域一流高职院校
98	山东工业职业学院	山东	29	理工	98	88.94	职业技能型	3★	区域一流高职院校
99	吉林交通职业技术学院	吉林	5	理工	99	88.93	职业技能型	3★	区域一流高职院校
100	广州华立科技职业学院	广东	24	理工	100	88.87	职业技能型	3★	区域一流高职院校
101	山西工程职业学院	山西	4	理工	101	88.84	职业技能型	3★	区域一流高职院校
102	武汉铁路职业技术学院	湖北	12	理工	102	88.70	职业技能型	3★	区域一流高职院校
103	贵州航空职业技术学院	贵州	10	理工	103	88.65	职业技能型	3★	区域一流高职院校
104	云南交通职业技术学院	云南	9	理工	104	88.60	职业技能型	3★	区域一流高职院校
105	扬州工业职业技术学院	江苏	18	理工	105	88.58	职业技能型	3★	区域一流高职院校
106	昆明工业职业技术学院	云南	10	理工	106	88.57	职业技能型	3★	区域一流高职院校
107	广州铁路职业技术学院	广东	26	理工	107	88.54	职业技能型	3★	区域一流高职院校
108	重庆工程职业技术学院	重庆	11	理工	108	88.50	职业技能型	3★	区域一流高职院校
109	北京信息职业技术学院	北京	7	理工	109	88.45	职业技能型	3★	区域一流高职院校
110	山东铝业职业学院	山东	32	理工	110	88.35	职业技能型	3★	区域一流高职院校
111	四川托普信息技术职业学院	四川	18	理工	111	88.30	职业技能型	3★	区域一流高职院校
112	广东食品药品职业学院	广东	28	理工	112	88.26	职业技能型	3★	区域一流高职院校
113	枣庄科技职业学院	山东	34	理工	113	88.25	职业技能型	3★	区域一流高职院校

续表

名次	学校名称	地区及排名		类型及排名		综合得分	办学类型、星级排名和办学层次		
		地区	排名	类型	排名		办学类型	星级排名	办学层次
114	湖北三峡职业技术学院	湖北	13	理工	114	88.12	职业技能型	3★	区域一流高职院校
115	陕西能源职业技术学院	陕西	14	理工	115	88.10	职业技能型	3★	区域一流高职院校
116	咸宁职业技术学院	湖北	14	理工	116	88.08	职业技能型	3★	区域一流高职院校
117	广西建设职业技术学院	广西	14	理工	117	88.00	职业技能型	3★	区域一流高职院校
118	东莞职业技术学院	广东	31	理工	118	87.95	职业技能型	3★	区域一流高职院校
119	上海交通职业技术学院	上海	7	理工	119	87.94	职业技能型	3★	区域一流高职院校
120	安徽机电职业技术学院	安徽	11	理工	120	87.90	职业技能型	3★	区域一流高职院校
121	青岛港湾职业技术学院	山东	36	理工	121	87.85	职业技能型	3★	区域一流高职院校
122	福建信息职业技术学院	福建	8	理工	122	87.72	职业技能型	3★	区域一流高职院校
123	云南现代职业技术学院	云南	13	理工	123	87.64	职业技能型	3★	区域一流高职院校
124	广东职业技术学院	广东	34	理工	124	87.48	职业技能型	3★	区域一流高职院校
125	浙江建设职业技术学院	浙江	17	理工	125	87.38	职业技能型	3★	区域一流高职院校
126	中山火炬职业技术学院	广东	35	理工	126	87.35	职业技能型	3★	区域一流高职院校
127	浙江工贸职业技术学院	浙江	18	理工	127	87.18	职业技能型	3★	区域一流高职院校
128	郑州理工职业学院	河南	28	理工	128	87.09	职业技能型	3★	区域一流高职院校
129	安徽水利水电职业技术学院	安徽	14	理工	129	86.97	职业技能型	3★	区域一流高职院校
130	梧州职业学院	广西	15	理工	130	86.83	职业技能型	3★	区域一流高职院校
131	重庆能源职业学院	重庆	12	理工	131	86.74	职业技能型	3★	区域一流高职院校
132	吉林电子信息职业技术学院	吉林	7	理工	132	86.62	职业技能型	3★	区域一流高职院校
132	辽宁装备制造职业技术学院	辽宁	9	理工	132	86.62	职业技能型	3★	区域一流高职院校
134	陕西交通职业技术学院	陕西	17	理工	134	86.53	职业技能型	3★	区域一流高职院校
135	贵州工业职业技术学院	贵州	14	理工	135	86.47	职业技能型	3★	区域一流高职院校
136	湄洲湾职业技术学院	福建	9	理工	136	86.46	职业技能型	3★	区域一流高职院校
137	常州工程职业技术学院	江苏	19	理工	137	86.34	职业技能型	3★	区域一流高职院校
138	苏州职业大学	江苏	21	理工	138	86.27	职业技能型	3★	区域一流高职院校
139	柳州铁道职业技术学院	广西	16	理工	139	86.23	职业技能型	3★	区域一流高职院校
139	驻马店职业技术学院	河南	30	理工	139	86.23	职业技能型	3★	区域一流高职院校
141	广西电力职业技术学院	广西	17	理工	141	86.19	职业技能型	3★	区域一流高职院校
142	浙江交通职业技术学院	浙江	21	理工	142	86.16	职业技能型	3★	区域一流高职院校
143	仙桃职业学院	湖北	16	理工	143	86.11	职业技能型	3★	区域一流高职院校
144	武汉软件工程职业学院	湖北	17	理工	144	86.08	职业技能型	3★	区域一流高职院校
145	广西交通职业技术学院	广西	18	理工	145	86.06	职业技能型	3★	区域一流高职院校
146	荆州职业技术学院	湖北	18	理工	146	85.92	职业技能型	3★	区域一流高职院校
147	贵州建设职业技术学院	贵州	16	理工	147	85.90	职业技能型	2★	区域高水平高职院校
148	广西水利电力职业技术学院	广西	19	理工	148	85.89	职业技能型	2★	区域高水平高职院校
149	辽宁建筑职业学院	辽宁	11	理工	149	85.87	职业技能型	3★	区域一流高职院校
150	西安铁路职业技术学院	陕西	18	理工	150	85.82	职业技能型	3★	区域一流高职院校
150	北京交通运输职业学院	北京	8	理工	150	85.82	职业技能型	2★	区域高水平高职院校
152	重庆航天职业技术学院	重庆	15	理工	152	85.81	职业技能型	2★	区域高水平高职院校
153	河南建筑职业技术学院	河南	32	理工	153	85.75	职业技能型	3★	区域一流高职院校
154	茂名职业技术学院	广东	41	理工	154	85.69	职业技能型	3★	区域一流高职院校
155	云南国防工业职业技术学院	云南	16	理工	155	85.66	职业技能型	2★	区域高水平高职院校

续表

名次	学校名称	地区及排名		类型及排名		综合得分	办学类型、星级排名和办学层次		
		地区	排名	类型	排名		办学类型	星级排名	办学层次
156	山东信息职业技术学院	山东	44	理工	156	85.59	职业技能型	3★	区域一流高职院校
157	吉林工业职业技术学院	吉林	9	理工	157	85.57	职业技能型	2★	区域高水平高职院校
158	广东工程职业技术学院	广东	44	理工	158	85.52	职业技能型	2★	区域高水平高职院校
159	湖南化工职业技术学院	湖南	25	理工	159	85.48	职业技能型	3★	区域一流高职院校
160	山东服装职业学院	山东	46	理工	160	85.47	职业技能型	2★	区域高水平高职院校
161	亳州职业技术学院	安徽	19	理工	161	85.38	职业技能型	2★	区域高水平高职院校
162	新疆机电职业技术学院	新疆	10	理工	162	85.37	职业技能型	2★	区域高水平高职院校
163	重庆电讯职业学院	重庆	16	理工	163	85.33	职业技能型	3★	区域一流高职院校
164	山东海事职业学院	山东	47	理工	164	85.30	职业技能型	3★	区域一流高职院校
165	广州民航职业技术学院	广东	45	理工	165	85.15	职业技能型	2★	区域高水平高职院校
166	天津交通职业学院	天津	8	理工	166	85.13	职业技能型	2★	区域高水平高职院校
167	郑州职业技术学院	河南	34	理工	167	85.11	职业技能型	2★	区域高水平高职院校
168	吉林职业技术学院	吉林	11	理工	168	85.07	职业技能型	2★	区域高水平高职院校
169	长春信息技术职业学院	吉林	12	理工	169	85.03	职业技能型	2★	区域高水平高职院校
170	天津机电职业技术学院	天津	9	理工	170	85.00	职业技能型	2★	区域高水平高职院校
171	宿州职业技术学院	安徽	22	理工	171	84.99	职业技能型	2★	区域高水平高职院校
172	吉林工程职业学院	吉林	13	理工	172	84.92	职业技能型	2★	区域高水平高职院校
173	阜阳职业技术学院	安徽	23	理工	173	84.84	职业技能型	2★	区域高水平高职院校
174	漳州科技职业学院	福建	10	理工	174	84.82	职业技能型	2★	区域高水平高职院校
175	吉林科技职业技术学院	吉林	14	理工	175	84.81	职业技能型	2★	区域高水平高职院校
176	周口职业技术学院	河南	37	理工	176	84.68	职业技能型	2★	区域高水平高职院校
176	湖南电子科技职业学院	湖南	27	理工	176	84.68	职业技能型	2★	区域高水平高职院校
178	湖南交通职业技术学院	湖南	28	理工	178	84.61	职业技能型	2★	区域高水平高职院校
179	东营科技职业学院	山东	49	理工	179	84.58	职业技能型	2★	区域高水平高职院校
180	漯河职业技术学院	河南	39	理工	180	84.56	职业技能型	2★	区域高水平高职院校
181	昌吉职业技术学院	新疆	11	理工	181	84.53	职业技能型	2★	区域高水平高职院校
182	武汉电力职业技术学院	湖北	22	理工	182	84.52	职业技能型	2★	区域高水平高职院校
183	重庆化工职业学院	重庆	18	理工	183	84.47	职业技能型	2★	区域高水平高职院校
184	河南机电职业学院	河南	40	理工	184	84.45	职业技能型	2★	区域高水平高职院校
185	四川航天职业技术学院	四川	29	理工	185	84.43	职业技能型	2★	区域高水平高职院校
186	滁州职业技术学院	安徽	26	理工	186	84.38	职业技能型	2★	区域高水平高职院校
187	上海民航职业技术学院	上海	9	理工	187	84.37	职业技能型	2★	区域高水平高职院校
188	河南交通职业技术学院	河南	41	理工	188	84.36	职业技能型	2★	区域高水平高职院校
189	安庆职业技术学院	安徽	27	理工	189	84.29	职业技能型	2★	区域高水平高职院校
190	福建水利电力职业技术学院	福建	12	理工	190	84.26	职业技能型	2★	区域高水平高职院校
191	包头职业技术学院	内蒙古	9	理工	191	84.21	职业技能型	2★	区域高水平高职院校
192	河南应用技术职业学院	河南	42	理工	192	84.19	职业技能型	2★	区域高水平高职院校
193	克拉玛依职业技术学院	新疆	12	理工	193	84.15	职业技能型	2★	区域高水平高职院校
194	杭州科技职业技术学院	浙江	28	理工	194	84.12	职业技能型	2★	区域高水平高职院校
195	四平职业大学	吉林	15	理工	195	84.07	职业技能型	2★	区域高水平高职院校
196	江苏工程职业技术学院	江苏	32	理工	196	84.04	职业技能型	2★	区域高水平高职院校
197	贵阳职业技术学院	贵州	21	理工	197	84.02	职业技能型	2★	区域高水平高职院校

续表

名次	学校名称	地区及排名		类型及排名		综合得分	办学类型、星级排名和办学层次		
		地区	排名	类型	排名		办学类型	星级排名	办学层次
197	四川工商职业技术学院	四川	32	理工	197	84.02	职业技能型	2★	区域高水平高职院校
199	武汉交通职业学院	湖北	24	理工	199	84.00	职业技能型	2★	区域高水平高职院校
199	浙江纺织服装职业技术学院	浙江	29	理工	199	84.00	职业技能型	2★	区域高水平高职院校
201	枣庄职业学院	山东	52	理工	201	83.93	职业技能型	2★	区域高水平高职院校
202	南京科技职业学院	江苏	33	理工	202	83.90	职业技能型	2★	区域高水平高职院校
203	漳州职业技术学院	福建	15	理工	203	83.83	职业技能型	2★	区域高水平高职院校
204	重庆信息技术职业学院	重庆	19	理工	204	83.82	职业技能型	2★	区域高水平高职院校
205	成都工业职业技术学院	四川	33	理工	205	83.76	职业技能型	2★	区域高水平高职院校
206	安徽工业职业技术学院	安徽	29	理工	206	83.71	职业技能型	2★	区域高水平高职院校
207	许昌职业技术学院	河南	45	理工	207	83.65	职业技能型	1★	区域知名高职院校
208	广州城建职业学院	广东	55	理工	208	83.55	职业技能型	1★	区域知名高职院校
209	江苏电子信息职业学院	江苏	34	理工	209	83.54	职业技能型	2★	区域高水平高职院校
210	四川水利职业技术学院	四川	34	理工	210	83.52	职业技能型	2★	区域高水平高职院校
211	西安海棠职业学院	陕西	22	理工	211	83.43	职业技能型	2★	区域高水平高职院校
212	广东创新科技职业学院	广东	58	理工	212	83.42	职业技能型	2★	区域高水平高职院校
212	辽宁机电职业技术学院	辽宁	18	理工	212	83.42	职业技能型	2★	区域高水平高职院校
214	江西工业工程职业技术学院	江西	28	理工	214	83.26	职业技能型	2★	区域高水平高职院校
215	西藏职业技术学院	西藏	1	理工	215	83.22	职业技能型	2★	区域高水平高职院校
216	河北软件职业技术学院	河北	23	理工	216	83.20	职业技能型	2★	区域高水平高职院校
217	江西工业职业技术学院	江西	29	理工	217	83.15	职业技能型	2★	区域高水平高职院校
218	四川现代职业学院	四川	36	理工	218	83.14	职业技能型	2★	区域高水平高职院校
219	贵州工程职业学院	贵州	22	理工	219	83.10	职业技能型	2★	区域高水平高职院校
220	温州科技职业学院	浙江	31	理工	220	83.09	职业技能型	2★	区域高水平高职院校
221	陕西航空职业技术学院	陕西	23	理工	221	83.08	职业技能型	2★	区域高水平高职院校
222	河南工业和信息化职业学院	河南	51	理工	222	83.07	职业技能型	2★	区域高水平高职院校
223	黔南民族职业技术学院	贵州	23	理工	223	82.98	职业技能型	2★	区域高水平高职院校
224	内蒙古化工职业学院	内蒙古	11	理工	224	82.93	职业技能型	2★	区域高水平高职院校
225	苏州工业园区职业技术学院	江苏	37	理工	225	82.91	职业技能型	2★	区域高水平高职院校
226	滁州城市职业学院	安徽	32	理工	226	82.89	职业技能型	2★	区域高水平高职院校
227	成都纺织高等专科学校	四川	37	理工	227	82.83	职业技能型	2★	区域高水平高职院校
228	郑州电力职业技术学院	河南	53	理工	228	82.82	职业技能型	2★	区域高水平高职院校
229	徐州生物工程职业技术学院	江苏	39	理工	229	82.81	职业技能型	2★	区域高水平高职院校
230	四川化工职业技术学院	四川	38	理工	230	82.74	职业技能型	2★	区域高水平高职院校
231	贵州电子信息职业技术学院	贵州	25	理工	231	82.61	职业技能型	2★	区域高水平高职院校
232	盐城工业职业技术学院	江苏	40	理工	232	82.58	职业技能型	2★	区域高水平高职院校
233	重庆电力高等专科学校	重庆	21	理工	233	82.57	职业技能型	2★	区域高水平高职院校
234	广东建设职业技术学院	广东	59	理工	234	82.54	职业技能型	2★	区域高水平高职院校
235	甘肃工业职业技术学院	甘肃	12	理工	235	82.52	职业技能型	2★	区域高水平高职院校
236	贵州航天职业技术学院	贵州	28	理工	236	82.43	职业技能型	2★	区域高水平高职院校
237	江西机电职业技术学院	江西	33	理工	237	82.41	职业技能型	2★	区域高水平高职院校
238	六安职业技术学院	安徽	34	理工	238	82.31	职业技能型	2★	区域高水平高职院校
239	上饶职业技术学院	江西	34	理工	239	82.30	职业技能型	2★	区域高水平高职院校

续表

名次	学校名称	地区及排名		类型及排名		综合得分	办学类型、星级排名和办学层次		
		地区	排名	类型	排名		办学类型	星级排名	办学层次
240	四川西南航空职业学院	四川	42	理工	240	82.28	职业技能型	2★	区域高水平高职院校
241	张家界航空工业职业技术学院	湖南	44	理工	241	82.26	职业技能型	2★	区域高水平高职院校
242	郑州信息科技职业学院	河南	55	理工	242	82.23	职业技能型	2★	区域高水平高职院校
243	济南工程职业技术学院	山东	54	理工	243	82.14	职业技能型	2★	区域高水平高职院校
244	马鞍山职业技术学院	安徽	35	理工	244	82.07	职业技能型	2★	区域高水平高职院校
245	哈尔滨铁道职业技术学院	黑龙江	16	理工	245	82.02	职业技能型	2★	区域高水平高职院校
246	安徽电子信息职业技术学院	安徽	36	理工	246	81.89	职业技能型	2★	区域高水平高职院校
247	宣城职业技术学院	安徽	37	理工	247	81.85	职业技能型	2★	区域高水平高职院校
248	湖南工程职业技术学院	湖南	47	理工	248	81.79	职业技能型	2★	区域高水平高职院校
249	广西工程职业学院	广西	30	理工	249	81.75	职业技能型	2★	区域高水平高职院校
250	长沙航空职业技术学院	湖南	49	理工	250	81.65	职业技能型	2★	区域高水平高职院校
251	三亚航空旅游职业学院	海南	6	理工	251	81.59	职业技能型	2★	区域高水平高职院校
252	新疆交通职业技术学院	新疆	14	理工	252	81.58	职业技能型	2★	区域高水平高职院校
253	南京交通职业技术学院	江苏	42	理工	253	81.56	职业技能型	2★	区域高水平高职院校
254	天津铁道职业技术学院	天津	14	理工	254	81.55	职业技能型	2★	区域高水平高职院校
255	江西制造职业技术学院	江西	36	理工	255	81.45	职业技能型	2★	区域高水平高职院校
256	秦皇岛职业技术学院	河北	29	理工	256	81.44	职业技能型	2★	区域高水平高职院校
257	内蒙古建筑职业技术学院	内蒙古	12	理工	257	81.34	职业技能型	2★	区域高水平高职院校
258	甘肃建筑职业技术学院	甘肃	14	理工	258	81.09	职业技能型	2★	区域高水平高职院校
259	四川电力职业技术学院	四川	44	理工	259	80.92	职业技能型	2★	区域高水平高职院校
260	长江工程职业技术学院	湖北	26	理工	260	80.89	职业技能型	2★	区域高水平高职院校
261	辽宁轻工职业学院	辽宁	21	理工	261	80.88	职业技能型	2★	区域高水平高职院校
262	青海交通职业技术学院	青海	4	理工	262	80.86	职业技能型	2★	区域高水平高职院校
263	常州工业职业技术学院	江苏	45	理工	263	80.85	职业技能型	2★	区域高水平高职院校
264	南京机电职业技术学院	江苏	46	理工	264	80.81	职业技能型	2★	区域高水平高职院校
265	山东轻工职业学院	山东	55	理工	265	80.63	职业技能型	2★	区域高水平高职院校
266	河北化工医药职业技术学院	河北	31	理工	266	80.60	职业技能型	2★	区域高水平高职院校
267	郑州亚欧交通职业学院	河南	57	理工	267	80.59	职业技能型	2★	区域高水平高职院校
268	黄冈科技职业学院	湖北	28	理工	268	80.46	职业技能型	2★	区域高水平高职院校
269	武汉科技职业学院	湖北	30	理工	269	80.42	职业技能型	2★	区域高水平高职院校
270	山西机电职业技术学院	山西	13	理工	270	80.37	职业技能型	2★	区域高水平高职院校
271	内蒙古电子信息职业技术学院	内蒙古	13	理工	271	80.36	职业技能型	2★	区域高水平高职院校
272	云南国土资源职业学院	云南	27	理工	272	80.28	职业技能型	2★	区域高水平高职院校
273	青海建筑职业技术学院	青海	6	理工	273	80.04	职业技能型	2★	区域高水平高职院校
274	海南软件职业技术学院	海南	7	理工	274	80.00	职业技能型	2★	区域高水平高职院校
275	石家庄理工职业学院	河北	32	理工	275	79.93	职业技能型	2★	区域高水平高职院校
276	湖南信息职业技术学院	湖南	52	理工	276	79.92	职业技能型	2★	区域高水平高职院校
277	南京铁道职业技术学院	江苏	49	理工	277	79.90	职业技能型	2★	区域高水平高职院校
278	湖北生物科技职业学院	湖北	33	理工	278	79.88	职业技能型	2★	区域高水平高职院校
279	随州职业技术学院	湖北	34	理工	279	79.79	职业技能型	2★	区域高水平高职院校
280	武汉工程职业技术学院	湖北	36	理工	280	79.78	职业技能型	2★	区域高水平高职院校
281	渤海船舶职业学院	辽宁	23	理工	281	79.69	职业技能型	2★	区域高水平高职院校

续表

名次	学校名称	地区及排名		类型及排名		综合得分	办学类型、星级排名和办学层次		
		地区	排名	类型	排名		办学类型	星级排名	办学层次
282	石家庄工程职业学院	河北	33	理工	282	79.47	职业技能型	2★	区域高水平高职院校
283	苏州工业职业技术学院	江苏	50	理工	283	79.11	职业技能型	2★	区域高水平高职院校
284	四川邮电职业技术学院	四川	46	理工	284	79.07	职业技能型	2★	区域高水平高职院校
285	四川城市职业学院	四川	47	理工	285	78.88	职业技能型	1★	区域知名高职院校
286	湖北工业职业技术学院	湖北	38	理工	286	78.81	职业技能型	2★	区域高水平高职院校
287	广东松山职业技术学院	广东	67	理工	287	78.80	职业技能型	2★	区域高水平高职院校
288	江西冶金职业技术学院	江西	38	理工	288	78.73	职业技能型	2★	区域高水平高职院校
289	山东电子职业技术学院	山东	57	理工	289	78.53	职业技能型	2★	区域高水平高职院校
289	山西水利职业技术学院	山西	21	理工	289	78.53	职业技能型	2★	区域高水平高职院校
291	泉州轻工职业学院	福建	29	理工	291	78.50	职业技能型	2★	区域高水平高职院校
292	湖北城市建设职业技术学院	湖北	39	理工	292	78.44	职业技能型	1★	区域知名高职院校
293	石家庄邮电职业技术学院	河北	34	理工	293	78.42	职业技能型	2★	区域高水平高职院校
294	江西航空职业技术学院	江西	40	理工	294	78.37	职业技能型	2★	区域高水平高职院校
295	无锡工艺职业技术学院	江苏	53	理工	295	78.32	职业技能型	1★	区域知名高职院校
296	恩施职业技术学院	湖北	41	理工	296	78.26	职业技能型	1★	区域知名高职院校
297	宣化科技职业学院	河北	35	理工	297	78.04	职业技能型	1★	区域知名高职院校
298	广东理工职业学院	广东	68	理工	298	78.00	职业技能型	1★	区域知名高职院校
299	常州纺织服装职业技术学院	江苏	54	理工	299	77.93	职业技能型	1★	区域知名高职院校
300	廊坊职业技术学院	河北	36	理工	300	77.88	职业技能型	1★	区域知名高职院校
300	河南水利与环境职业学院	河南	62	理工	300	77.88	职业技能型	1★	区域知名高职院校
302	上海出版印刷高等专科学校	上海	14	理工	302	77.74	职业技能型	1★	区域知名高职院校
303	福建生物工程职业技术学院	福建	30	理工	303	77.71	职业技能型	1★	区域知名高职院校
304	江苏食品药品职业技术学院	江苏	55	理工	304	77.66	职业技能型	1★	区域知名高职院校
305	重庆建筑科技职业学院	重庆	27	理工	305	77.57	职业技能型	1★	区域知名高职院校
306	安徽工贸职业技术学院	安徽	42	理工	306	77.47	职业技能型	1★	区域知名高职院校
307	烟台工程职业技术学院	山东	59	理工	307	77.46	职业技能型	1★	区域知名高职院校
308	四川信息职业技术学院	四川	49	理工	308	77.25	职业技能型	1★	区域知名高职院校
309	黑龙江交通职业技术学院	黑龙江	23	理工	309	77.23	职业技能型	1★	区域知名高职院校
310	武汉信息传播职业技术学院	湖北	42	理工	310	77.20	职业技能型	1★	区域知名高职院校
311	湖南铁路科技职业技术学院	湖南	54	理工	311	77.19	职业技能型	1★	区域知名高职院校
312	云南城市建设职业学院	云南	29	理工	312	77.17	职业技能型	1★	区域知名高职院校
313	焦作工贸职业学院	河南	65	理工	313	77.12	职业技能型	1★	区域知名高职院校
313	湖南高速铁路职业技术学院	湖南	55	理工	313	77.12	职业技能型	1★	区域知名高职院校
315	广西制造工程职业技术学院	广西	31	理工	315	77.02	职业技能型	1★	区域知名高职院校
316	河南质量工程职业学院	河南	66	理工	316	76.69	职业技能型	1★	区域知名高职院校
317	甘肃交通职业技术学院	甘肃	16	理工	317	76.68	职业技能型	1★	区域知名高职院校
318	泰州职业技术学院	江苏	56	理工	318	76.44	职业技能型	1★	区域知名高职院校
318	内蒙古交通职业技术学院	内蒙古	15	理工	318	76.44	职业技能型	1★	区域知名高职院校
320	湖南城建职业技术学院	湖南	56	理工	320	76.38	职业技能型	1★	区域知名高职院校
321	郑州轨道工程职业学院	河南	67	理工	321	76.35	职业技能型	1★	区域知名高职院校
322	河北机电职业技术学院	河北	38	理工	322	76.17	职业技能型	1★	区域知名高职院校
323	河南轻工职业学院	河南	68	理工	323	76.10	职业技能型	1★	区域知名高职院校

续表

名次	学校名称	地区及排名		类型及排名		综合得分	办学类型、星级排名和办学层次		
		地区	排名	类型	排名		办学类型	星级排名	办学层次
323	山东化工职业学院	山东	60	理工	323	76.10	职业技能型	1★	区域知名高职院校
325	合肥科技职业学院	安徽	43	理工	325	76.09	职业技能型	1★	区域知名高职院校
326	湖北水利水电职业技术学院	湖北	43	理工	326	75.79	职业技能型	1★	区域知名高职院校
327	江苏城市职业学院	江苏	57	理工	327	75.76	职业技能型	1★	区域知名高职院校
328	河北能源职业技术学院	河北	39	理工	328	75.74	职业技能型	1★	区域知名高职院校
328	湖北工程职业学院	湖北	44	理工	328	75.74	职业技能型	1★	区域知名高职院校
330	湖南三一工业职业技术学院	湖南	57	理工	330	75.71	职业技能型	1★	区域知名高职院校
331	河北建材职业技术学院	河北	40	理工	331	75.64	职业技能型	1★	区域知名高职院校
332	郑州信息工程职业学院	河南	69	理工	332	75.41	职业技能型	1★	区域知名高职院校
333	镇江市高等专科学校	江苏	58	理工	333	75.31	职业技能型	1★	区域知名高职院校
334	江海职业技术学院	江苏	59	理工	334	75.01	职业技能型	1★	区域知名高职院校
335	三峡电力职业学院	湖北	45	理工	335	75.00	职业技能型	1★	区域知名高职院校
336	湖南机电职业技术学院	湖南	58	理工	336	74.96	职业技能型	1★	区域知名高职院校
337	贵州电子科技职业学院	贵州	30	理工	337	74.87	职业技能型	1★	区域知名高职院校
338	哈尔滨科学技术职业学院	黑龙江	24	理工	338	74.81	职业技能型	1★	区域知名高职院校
339	贵州食品工程职业学院	贵州	31	理工	339	74.76	职业技能型	1★	区域知名高职院校
340	重庆水利电力职业技术学院	重庆	28	理工	340	74.48	职业技能型	1★	区域知名高职院校
341	新疆应用职业技术学院	新疆	17	理工	341	74.28	职业技能型	1★	区域知名高职院校
342	江苏城乡建设职业学院	江苏	60	理工	342	74.23	职业技能型	1★	区域知名高职院校
343	贵州机电职业技术学院	贵州	32	理工	343	74.15	职业技能型	1★	区域知名高职院校
344	金肯职业技术学院	江苏	61	理工	344	74.10	职业技能型	1★	区域知名高职院校
345	湖北科技职业学院	湖北	46	理工	345	74.06	职业技能型	1★	区域知名高职院校
346	晋城职业技术学院	山西	23	理工	346	73.95	职业技能型	1★	区域知名高职院校
347	辽宁铁道职业技术学院	辽宁	25	理工	347	73.84	职业技能型	1★	区域知名高职院校
348	安徽交通职业技术学院	安徽	44	理工	348	73.76	职业技能型	1★	区域知名高职院校
348	云南能源职业技术学院	云南	30	理工	348	73.76	职业技能型	1★	区域知名高职院校
350	邯郸科技职业学院	河北	41	理工	350	73.55	职业技能型	1★	区域知名高职院校
351	贵州应用技术职业学院	贵州	33	理工	351	73.53	职业技能型	1★	区域知名高职院校
352	烟台黄金职业学院	山东	61	理工	352	73.47	职业技能型	1★	区域知名高职院校
353	襄阳汽车职业技术学院	湖北	47	理工	353	73.45	职业技能型	1★	区域知名高职院校
354	江阴职业技术学院	江苏	62	理工	354	73.37	职业技能型	1★	区域知名高职院校
355	赤峰工业职业技术学院	内蒙古	16	理工	355	73.26	职业技能型	1★	区域知名高职院校
356	民办合肥滨湖职业技术学院	安徽	45	理工	356	73.09	职业技能型	1★	区域知名高职院校
357	衢州职业技术学院	浙江	35	理工	357	72.95	职业技能型	1★	区域知名高职院校
358	包头铁道职业技术学院	内蒙古	17	理工	358	72.86	职业技能型	1★	区域知名高职院校
359	广东环境保护工程职业学院	广东	71	理工	359	72.57	职业技能型	1★	区域知名高职院校
360	河南信息统计职业学院	河南	70	理工	360	72.55	职业技能型	1★	区域知名高职院校
361	浙江同济科技职业学院	浙江	36	理工	361	72.51	职业技能型	1★	区域知名高职院校
362	硅湖职业技术学院	江苏	63	理工	362	72.31	职业技能型	1★	区域知名高职院校
363	长沙环境保护职业技术学院	湖南	59	理工	363	72.03	职业技能型	1★	区域知名高职院校
364	云南交通运输职业学院	云南	31	理工	364	71.95	职业技能型	1★	区域知名高职院校
365	哈尔滨北方航空职业技术学院	黑龙江	25	理工	365	71.52	职业技能型	1★	区域知名高职院校

续表

名次	学校名称	地区及排名		类型及排名		综合得分	办学类型、星级排名和办学层次		
		地区	排名	类型	排名		办学类型	星级排名	办学层次
366	荆州理工职业学院	湖北	48	理工	366	71.32	职业技能型	1★	区域知名高职院校
367	河北轨道运输职业技术学院	河北	42	理工	367	70.96	职业技能型	1★	区域知名高职院校
368	重庆建筑工程职业学院	重庆	29	理工	368	70.15	职业技能型	1★	区域知名高职院校
369	苏州托普信息职业技术学院	江苏	64	理工	369	70.06	职业技能型	1★	区域知名高职院校
370	苏州工业园区服务外包职业学院	江苏	65	理工	370	69.99	职业技能型	1★	区域知名高职院校
371	渤海理工职业学院	河北	43	理工	371	69.30	职业技能型	1★	区域知名高职院校
372	重庆公共运输职业学院	重庆	30	理工	372	69.01	职业技能型	1★	区域知名高职院校
373	湖南有色金属职业技术学院	湖南	60	理工	373	68.98	职业技能型	1★	区域知名高职院校
374	重庆电信职业学院	重庆	31	理工	374	67.23	职业技能型	1★	区域知名高职院校

二、2024 中国高职院校排名（Ⅱ类）

表 2-8　2024 校友会中国高职院校排名（Ⅱ类）

名次	学校名称	地区及排名		类型及排名		综合得分	办学类型、星级排名和办学层次		
		地区	排名	类型	排名		办学类型	星级排名	办学层次
1	武汉职业技术学院	湖北	1	综合	1	100.00	职业技能型	6★	中国顶尖高职院校
2	九江职业技术学院	江西	1	综合	2	99.66	职业技能型	6★	中国顶尖高职院校
3	商丘职业技术学院	河南	2	综合	3	97.33	职业技能型	6★	中国顶尖高职院校
4	襄阳职业技术学院	湖北	2	综合	4	96.71	职业技能型	6★	中国顶尖高职院校
5	宁波职业技术学院	浙江	2	综合	5	96.10	职业技能型	6★	中国顶尖高职院校
6	合肥职业技术学院	安徽	1	综合	6	94.03	职业技能型	6★	中国顶尖高职院校
7	日照职业技术学院	山东	3	综合	7	93.55	职业技能型	6★	中国顶尖高职院校
8	广州番禺职业技术学院	广东	2	综合	8	93.39	职业技能型	6★	中国顶尖高职院校
9	天津市职业大学	天津	2	综合	9	93.33	职业技能型	6★	中国顶尖高职院校
10	天津轻工职业技术学院	天津	3	综合	10	93.28	职业技能型	6★	中国顶尖高职院校
11	金华职业技术学院	浙江	3	综合	11	93.27	职业技能型	6★	中国顶尖高职院校
12	烟台职业学院	山东	4	综合	12	92.64	职业技能型	6★	中国顶尖高职院校
13	滨州职业学院	山东	5	综合	13	92.53	职业技能型	6★	中国顶尖高职院校
14	潍坊职业学院	山东	6	综合	14	92.03	职业技能型	6★	中国顶尖高职院校
15	威海职业学院	山东	7	综合	15	91.75	职业技能型	6★	中国顶尖高职院校
16	陕西职业技术学院	陕西	3	综合	16	91.40	职业技能型	6★	中国顶尖高职院校
17	沈阳职业技术学院	辽宁	1	综合	17	91.34	职业技能型	6★	中国顶尖高职院校
18	重庆工商职业学院	重庆	2	综合	18	91.33	职业技能型	6★	中国顶尖高职院校
19	贵州城市职业学院	贵州	1	综合	19	91.08	职业技能型	6★	中国顶尖高职院校
19	铜仁职业技术学院	贵州	1	综合	19	91.08	职业技能型	6★	中国顶尖高职院校
21	杭州职业技术学院	浙江	5	综合	21	91.07	职业技能型	5★	中国一流高职院校
22	湖北职业技术学院	湖北	3	综合	22	91.02	职业技能型	5★	中国一流高职院校
23	宝鸡职业技术学院	陕西	4	综合	23	90.97	职业技能型	5★	中国一流高职院校
24	娄底职业技术学院	湖南	4	综合	24	90.91	职业技能型	5★	中国一流高职院校
25	宜春职业技术学院	江西	7	综合	25	90.82	职业技能型	5★	中国一流高职院校
26	大连职业技术学院	辽宁	3	综合	26	90.62	职业技能型	5★	中国一流高职院校
27	洛阳科技职业学院	河南	8	综合	27	90.61	职业技能型	5★	中国一流高职院校

续表

名次	学校名称	地区及排名		类型及排名		综合得分	办学类型、星级排名和办学层次		
		地区	排名	类型	排名		办学类型	星级排名	办学层次
28	广东岭南职业技术学院	广东	5	综合	28	90.60	职业技能型	5★	中国一流高职院校
28	德州科技职业学院	山东	9	综合	28	90.60	职业技能型	5★	中国一流高职院校
30	长春职业技术学院	吉林	1	综合	30	90.57	职业技能型	5★	中国一流高职院校
31	淄博职业学院	山东	11	综合	31	90.56	职业技能型	5★	中国一流高职院校
32	长江职业学院	湖北	6	综合	32	90.34	职业技能型	5★	中国一流高职院校
33	武汉城市职业学院	湖北	7	综合	33	90.16	职业技能型	5★	中国一流高职院校
34	永州职业技术学院	湖南	5	综合	34	90.15	职业技能型	5★	中国一流高职院校
35	扬州市职业大学	江苏	9	综合	35	89.99	职业技能型	5★	中国一流高职院校
36	信阳职业技术学院	河南	14	综合	36	89.90	职业技能型	5★	中国一流高职院校
37	岳阳职业技术学院	湖南	6	综合	37	89.89	职业技能型	4★	中国高水平高职院校
38	南充职业技术学院	四川	4	综合	38	89.51	职业技能型	4★	中国高水平高职院校
39	济宁职业技术学院	山东	15	综合	39	89.42	职业技能型	5★	中国一流高职院校
40	南宁职业技术学院	广西	3	综合	40	89.17	职业技能型	4★	中国高水平高职院校
41	顺德职业技术学院	广东	8	综合	41	89.06	职业技能型	5★	中国一流高职院校
42	北海职业学院	广西	5	综合	42	89.01	职业技能型	4★	中国高水平高职院校
43	贵州工商职业学院	贵州	4	综合	43	89.00	职业技能型	5★	中国一流高职院校
44	黑龙江职业学院	黑龙江	1	综合	44	88.95	职业技能型	4★	中国高水平高职院校
45	哈尔滨职业技术学院	黑龙江	2	综合	45	88.89	职业技能型	4★	中国高水平高职院校
46	德州职业技术学院	山东	17	综合	46	88.77	职业技能型	4★	中国高水平高职院校
46	温州职业技术学院	浙江	8	综合	46	88.77	职业技能型	4★	中国高水平高职院校
48	唐山职业技术学院	河北	4	综合	48	88.66	职业技能型	4★	中国高水平高职院校
49	成都职业技术学院	四川	7	综合	49	88.62	职业技能型	4★	中国高水平高职院校
50	四川职业技术学院	四川	8	综合	50	88.37	职业技能型	4★	中国高水平高职院校
51	湖南生物机电职业技术学院	湖南	12	综合	51	88.28	职业技能型	4★	中国高水平高职院校
51	宁夏职业技术学院	宁夏	1	综合	51	88.28	职业技能型	4★	中国高水平高职院校
53	四川文轩职业学院	四川	9	综合	53	88.27	职业技能型	4★	中国高水平高职院校
54	山东理工职业学院	山东	20	综合	54	88.11	职业技能型	4★	中国高水平高职院校
55	延安职业技术学院	陕西	5	综合	55	87.90	职业技能型	4★	中国高水平高职院校
56	杨凌职业技术学院	陕西	6	综合	56	87.65	职业技能型	4★	中国高水平高职院校
57	云南经贸外事职业学院	云南	2	综合	57	87.48	职业技能型	4★	中国高水平高职院校
58	海南职业技术学院	海南	2	综合	58	87.47	职业技能型	4★	中国高水平高职院校
59	呼和浩特职业学院	内蒙古	2	综合	59	87.41	职业技能型	4★	中国高水平高职院校
60	重庆城市管理职业学院	重庆	8	综合	60	87.38	职业技能型	4★	中国高水平高职院校
61	咸阳职业技术学院	陕西	7	综合	61	87.34	职业技能型	4★	中国高水平高职院校
62	浙江工业职业技术学院	浙江	10	综合	62	87.27	职业技能型	4★	中国高水平高职院校
63	新疆石河子职业技术学院	新疆	3	综合	63	87.25	职业技能型	4★	中国高水平高职院校
64	南通职业大学	江苏	12	综合	64	87.07	职业技能型	4★	中国高水平高职院校
65	福州职业技术学院	福建	3	综合	65	87.03	职业技能型	4★	中国高水平高职院校
65	柳州职业技术学院	广西	9	综合	65	87.03	职业技能型	3★	区域一流高职院校
67	嘉兴职业技术学院	浙江	11	综合	67	87.01	职业技能型	4★	中国高水平高职院校
68	绵阳职业技术学院	四川	10	综合	68	86.98	职业技能型	3★	区域一流高职院校
69	广西英华国际职业学院	广西	10	综合	69	86.97	职业技能型	4★	中国高水平高职院校

续表

名次	学校名称	地区及排名		类型及排名		综合得分	办学类型、星级排名和办学层次		
		地区	排名	类型	排名		办学类型	星级排名	办学层次
70	湖南都市职业学院	湖南	15	综合	70	86.96	职业技能型	4★	中国高水平高职院校
71	乐山职业技术学院	四川	11	综合	71	86.70	职业技能型	3★	区域一流高职院校
72	清远职业技术学院	广东	12	综合	72	86.60	职业技能型	4★	中国高水平高职院校
73	黎明职业大学	福建	4	综合	73	86.59	职业技能型	4★	中国高水平高职院校
74	济南职业学院	山东	22	综合	74	86.41	职业技能型	3★	区域一流高职院校
75	广东农工商职业技术学院	广东	13	综合	75	86.28	职业技能型	4★	中国高水平高职院校
76	青岛职业技术学院	山东	23	综合	76	86.24	职业技能型	4★	中国高水平高职院校
77	石家庄职业技术学院	河北	10	综合	77	86.12	职业技能型	3★	区域一流高职院校
78	郑州城市职业学院	河南	22	综合	78	86.10	职业技能型	4★	中国高水平高职院校
79	洛阳职业技术学院	河南	23	综合	79	85.98	职业技能型	3★	区域一流高职院校
80	东营职业学院	山东	25	综合	80	85.94	职业技能型	3★	区域一流高职院校
81	乌鲁木齐职业大学	新疆	5	综合	81	85.85	职业技能型	3★	区域一流高职院校
82	天津现代职业技术学院	天津	5	综合	82	85.80	职业技能型	3★	区域一流高职院校
83	广州南洋理工职业学院	广东	16	综合	83	85.73	职业技能型	3★	区域一流高职院校
83	江门职业技术学院	广东	16	综合	83	85.73	职业技能型	3★	区域一流高职院校
85	中山职业技术学院	广东	19	综合	85	85.63	职业技能型	3★	区域一流高职院校
86	邯郸职业技术学院	河北	11	综合	86	85.45	职业技能型	3★	区域一流高职院校
87	酒泉职业技术学院	甘肃	2	综合	87	85.27	职业技能型	3★	区域一流高职院校
88	汉中职业技术学院	陕西	11	综合	88	85.26	职业技能型	3★	区域一流高职院校
89	辽宁经济职业技术学院	辽宁	6	综合	89	85.24	职业技能型	3★	区域一流高职院校
90	九江职业大学	江西	13	综合	90	85.22	职业技能型	3★	区域一流高职院校
91	山东商务职业学院	山东	28	综合	91	85.09	职业技能型	3★	区域一流高职院校
92	上海济光职业技术学院	上海	5	综合	92	84.81	职业技能型	3★	区域一流高职院校
93	天津渤海职业技术学院	天津	6	综合	93	84.73	职业技能型	3★	区域一流高职院校
94	西安城市建设职业学院	陕西	12	综合	94	84.65	职业技能型	3★	区域一流高职院校
95	济源职业技术学院	河南	26	综合	95	84.57	职业技能型	3★	区域一流高职院校
96	黔东南民族职业技术学院	贵州	9	综合	96	84.50	职业技能型	3★	区域一流高职院校
97	重庆三峡职业学院	重庆	10	综合	97	84.40	职业技能型	3★	区域一流高职院校
98	巴音郭楞职业技术学院	新疆	6	综合	98	84.30	职业技能型	3★	区域一流高职院校
99	惠州城市职业学院	广东	23	综合	99	84.28	职业技能型	3★	区域一流高职院校
100	青岛求实职业技术学院	山东	30	综合	100	84.12	职业技能型	3★	区域一流高职院校
101	山东力明科技职业学院	山东	31	综合	101	84.10	职业技能型	3★	区域一流高职院校
102	常德职业技术学院	湖南	18	综合	102	83.96	职业技能型	3★	区域一流高职院校
103	佛山职业技术学院	广东	25	综合	103	83.88	职业技能型	3★	区域一流高职院校
104	沧州职业技术学院	河北	14	综合	104	83.70	职业技能型	3★	区域一流高职院校
105	雅安职业技术学院	四川	14	综合	105	83.67	职业技能型	3★	区域一流高职院校
106	达州职业技术学院	四川	15	综合	106	83.65	职业技能型	3★	区域一流高职院校
107	西安职业技术学院	陕西	13	综合	107	83.60	职业技能型	3★	区域一流高职院校
108	北京劳动保障职业学院	北京	6	综合	108	83.31	职业技能型	3★	区域一流高职院校
108	广州华夏职业学院	广东	27	综合	108	83.31	职业技能型	3★	区域一流高职院校
110	莱芜职业技术学院	山东	32	综合	110	83.29	职业技能型	3★	区域一流高职院校
111	泸州职业技术学院	四川	18	综合	111	83.26	职业技能型	3★	区域一流高职院校

续表

名次	学校名称	地区及排名		类型及排名		综合得分	办学类型、星级排名和办学层次		
		地区	排名	类型	排名		办学类型	星级排名	办学层次
112	保定职业技术学院	河北	15	综合	112	83.24	职业技能型	3★	区域一流高职院校
113	安顺职业技术学院	贵州	11	综合	113	83.18	职业技能型	3★	区域一流高职院校
114	河源职业技术学院	广东	29	综合	114	83.03	职业技能型	3★	区域一流高职院校
115	汕头职业技术学院	广东	30	综合	115	82.89	职业技能型	3★	区域一流高职院校
116	新乡职业技术学院	河南	27	综合	116	82.78	职业技能型	3★	区域一流高职院校
117	云南新兴职业学院	云南	11	综合	117	82.70	职业技能型	3★	区域一流高职院校
118	渭南职业技术学院	陕西	15	综合	118	82.63	职业技能型	3★	区域一流高职院校
119	阳江职业技术学院	广东	32	综合	119	82.57	职业技能型	3★	区域一流高职院校
120	厦门城市职业学院	福建	7	综合	120	82.39	职业技能型	3★	区域一流高职院校
121	德宏职业学院	云南	12	综合	121	82.37	职业技能型	3★	区域一流高职院校
122	湖南科技职业学院	湖南	21	综合	122	82.28	职业技能型	3★	区域一流高职院校
123	菏泽家政职业学院	山东	37	综合	123	82.23	职业技能型	3★	区域一流高职院校
124	安康职业技术学院	陕西	16	综合	124	82.18	职业技能型	3★	区域一流高职院校
125	长白山职业技术学院	吉林	6	综合	125	81.97	职业技能型	3★	区域一流高职院校
126	内江职业技术学院	四川	23	综合	126	81.63	职业技能型	3★	区域一流高职院校
127	贵州职业技术学院	贵州	12	综合	127	81.42	职业技能型	3★	区域一流高职院校
128	民办四川天一学院	四川	24	综合	128	81.31	职业技能型	3★	区域一流高职院校
129	池州职业技术学院	安徽	14	综合	129	81.00	职业技能型	3★	区域一流高职院校
130	浙江长征职业技术学院	浙江	19	综合	130	80.99	职业技能型	3★	区域一流高职院校
131	菏泽职业学院	山东	39	综合	131	80.95	职业技能型	3★	区域一流高职院校
132	泰山职业技术学院	山东	40	综合	132	80.89	职业技能型	3★	区域一流高职院校
133	平凉职业技术学院	甘肃	5	综合	133	80.69	职业技能型	3★	区域一流高职院校
134	大庆职业学院	黑龙江	6	综合	134	80.30	职业技能型	3★	区域一流高职院校
135	广州珠江职业技术学院	广东	36	综合	135	80.29	职业技能型	3★	区域一流高职院校
136	抚州职业技术学院	江西	17	综合	136	80.19	职业技能型	3★	区域一流高职院校
137	曹妃甸职业技术学院	河北	21	综合	137	80.10	职业技能型	3★	区域一流高职院校
138	毕节职业技术学院	贵州	15	综合	138	79.91	职业技能型	3★	区域一流高职院校
139	湖北黄冈应急管理职业技术学院	湖北	15	综合	139	79.85	职业技能型	3★	区域一流高职院校
140	义乌工商职业技术学院	浙江	20	综合	140	79.54	职业技能型	3★	区域一流高职院校
141	呼伦贝尔职业技术学院	内蒙古	6	综合	141	79.53	职业技能型	3★	区域一流高职院校
142	广州华商职业学院	广东	38	综合	142	79.22	职业技能型	3★	区域一流高职院校
143	台州职业技术学院	浙江	22	综合	143	79.18	职业技能型	3★	区域一流高职院校
144	连云港职业技术学院	江苏	23	综合	144	79.16	职业技能型	3★	区域一流高职院校
145	阿克苏职业技术学院	新疆	7	综合	145	79.14	职业技能型	3★	区域一流高职院校
146	广州东华职业学院	广东	39	综合	146	79.08	职业技能型	3★	区域一流高职院校
147	淮南联合大学	安徽	17	综合	147	79.05	职业技能型	3★	区域一流高职院校
148	抚顺职业技术学院	辽宁	10	综合	148	78.99	职业技能型	2★	区域高水平高职院校
149	聊城职业技术学院	山东	41	综合	149	78.80	职业技能型	2★	区域高水平高职院校
150	青岛飞洋职业技术学院	山东	42	综合	150	78.68	职业技能型	3★	区域一流高职院校
151	江苏商贸职业学院	江苏	25	综合	151	78.59	职业技能型	2★	区域高水平高职院校
152	四川华新现代职业学院	四川	26	综合	152	78.54	职业技能型	3★	区域一流高职院校
153	广州城市职业学院	广东	40	综合	153	78.36	职业技能型	3★	区域一流高职院校

续表

名次	学校名称	地区及排名		类型及排名		综合得分	办学类型、星级排名和办学层次		
		地区	排名	类型	排名		办学类型	星级排名	办学层次
154	广东南方职业学院	广东	41	综合	154	78.33	职业技能型	3★	区域一流高职院校
155	山东圣翰财贸职业学院	山东	43	综合	155	78.30	职业技能型	2★	区域高水平高职院校
156	罗定职业技术学院	广东	43	综合	156	78.28	职业技能型	3★	区域一流高职院校
157	吉林城市职业技术学院	吉林	9	综合	157	78.15	职业技能型	2★	区域高水平高职院校
158	长沙职业技术学院	湖南	24	综合	158	78.01	职业技能型	2★	区域高水平高职院校
159	铜陵职业技术学院	安徽	18	综合	159	78.00	职业技能型	2★	区域高水平高职院校
160	新疆职业大学	新疆	9	综合	160	77.83	职业技能型	2★	区域高水平高职院校
161	牡丹江大学	黑龙江	7	综合	161	77.72	职业技能型	2★	区域高水平高职院校
162	柳州城市职业学院	广西	21	综合	162	77.39	职业技能型	2★	区域高水平高职院校
163	阜新高等专科学校	辽宁	12	综合	163	77.23	职业技能型	2★	区域高水平高职院校
164	丽水职业技术学院	浙江	23	综合	164	77.19	职业技能型	2★	区域高水平高职院校
165	浙江东方职业技术学院	浙江	24	综合	165	77.11	职业技能型	2★	区域高水平高职院校
166	佳木斯职业学院	黑龙江	8	综合	166	76.97	职业技能型	2★	区域高水平高职院校
166	湖州职业技术学院	浙江	25	综合	166	76.97	职业技能型	2★	区域高水平高职院校
168	长沙南方职业学院	湖南	26	综合	168	76.96	职业技能型	2★	区域高水平高职院校
169	安阳职业技术学院	河南	35	综合	169	76.95	职业技能型	2★	区域高水平高职院校
170	钟山职业技术学院	江苏	28	综合	170	76.85	职业技能型	2★	区域高水平高职院校
171	盘锦职业技术学院	辽宁	13	综合	171	76.61	职业技能型	2★	区域高水平高职院校
172	广东文理职业学院	广东	46	综合	172	76.54	职业技能型	2★	区域高水平高职院校
173	漯河食品职业学院	河南	36	综合	173	76.36	职业技能型	2★	区域高水平高职院校
174	锡林郭勒职业学院	内蒙古	8	综合	174	76.25	职业技能型	2★	区域高水平高职院校
175	重庆青年职业技术学院	重庆	17	综合	175	76.21	职业技能型	2★	区域高水平高职院校
176	广州工程技术职业学院	广东	47	综合	176	76.20	职业技能型	2★	区域高水平高职院校
177	广安职业技术学院	四川	28	综合	177	75.89	职业技能型	2★	区域高水平高职院校
178	益阳职业技术学院	湖南	28	综合	178	75.85	职业技能型	2★	区域高水平高职院校
179	广东女子职业技术学院	广东	49	综合	179	75.76	职业技能型	2★	区域高水平高职院校
180	汕尾职业技术学院	广东	50	综合	180	75.65	职业技能型	2★	区域高水平高职院校
181	吉安职业技术学院	江西	23	综合	181	75.60	职业技能型	2★	区域高水平高职院校
182	遵义职业技术学院	贵州	19	综合	182	75.48	职业技能型	2★	区域高水平高职院校
183	广西现代职业技术学院	广西	23	综合	183	75.45	职业技能型	2★	区域高水平高职院校
184	宁波城市职业技术学院	浙江	27	综合	184	75.44	职业技能型	2★	区域高水平高职院校
185	辽阳职业技术学院	辽宁	16	综合	185	75.42	职业技能型	2★	区域高水平高职院校
186	眉山职业技术学院	四川	30	综合	186	75.28	职业技能型	2★	区域高水平高职院校
187	江西科技职业学院	江西	24	综合	187	74.95	职业技能型	2★	区域高水平高职院校
188	四川文化产业职业学院	四川	31	综合	188	74.67	职业技能型	2★	区域高水平高职院校
189	私立华联学院	广东	51	综合	189	74.42	职业技能型	2★	区域高水平高职院校
190	临汾职业技术学院	山西	5	综合	190	74.38	职业技能型	2★	区域高水平高职院校
191	上海东海职业技术学院	上海	10	综合	191	74.31	职业技能型	2★	区域高水平高职院校
192	天津滨海职业学院	天津	10	综合	192	74.30	职业技能型	2★	区域高水平高职院校
193	商洛职业技术学院	陕西	20	综合	193	74.29	职业技能型	2★	区域高水平高职院校
194	珠海城市职业技术学院	广东	53	综合	194	74.27	职业技能型	2★	区域高水平高职院校
195	武昌职业学院	湖北	23	综合	195	74.24	职业技能型	2★	区域高水平高职院校

续表

名次	学校名称	地区及排名		类型及排名		综合得分	办学类型、星级排名和办学层次		
		地区	排名	类型	排名		办学类型	星级排名	办学层次
195	扎兰屯职业学院	内蒙古	10	综合	195	74.24	职业技能型	2★	区域高水平高职院校
197	厦门华天涉外职业技术学院	福建	13	综合	197	74.15	职业技能型	2★	区域高水平高职院校
198	兰州职业技术学院	甘肃	7	综合	198	74.10	职业技能型	2★	区域高水平高职院校
199	怀化职业技术学院	湖南	34	综合	199	74.07	职业技能型	2★	区域高水平高职院校
200	郴州职业技术学院	湖南	35	综合	200	74.06	职业技能型	2★	区域高水平高职院校
201	忻州职业技术学院	山西	6	综合	201	74.04	职业技能型	2★	区域高水平高职院校
202	永城职业学院	河南	43	综合	202	74.01	职业技能型	2★	区域高水平高职院校
203	陕西青年职业学院	陕西	21	综合	203	74.00	职业技能型	2★	区域高水平高职院校
204	上海工商职业技术学院	上海	12	综合	204	73.98	职业技能型	2★	区域高水平高职院校
205	兰州现代职业学院	甘肃	9	综合	205	73.97	职业技能型	2★	区域高水平高职院校
206	南阳职业学院	河南	44	综合	206	73.93	职业技能型	2★	区域高水平高职院校
207	江西工业贸易职业技术学院	江西	26	综合	207	73.88	职业技能型	2★	区域高水平高职院校
208	揭阳职业技术学院	广东	55	综合	208	73.77	职业技能型	2★	区域高水平高职院校
209	广州康大职业技术学院	广东	57	综合	209	73.49	职业技能型	2★	区域高水平高职院校
210	宜宾职业技术学院	四川	34	综合	210	73.43	职业技能型	2★	区域高水平高职院校
211	西双版纳职业技术学院	云南	18	综合	211	73.41	职业技能型	2★	区域高水平高职院校
212	焦作大学	河南	47	综合	212	73.39	职业技能型	2★	区域高水平高职院校
213	天津海运职业学院	天津	11	综合	213	73.30	职业技能型	2★	区域高水平高职院校
214	邵阳职业技术学院	湖南	37	综合	214	73.23	职业技能型	2★	区域高水平高职院校
215	重庆工贸职业技术学院	重庆	20	综合	215	73.22	职业技能型	2★	区域高水平高职院校
216	潇湘职业学院	湖南	38	综合	216	73.11	职业技能型	2★	区域高水平高职院校
217	平顶山职业技术学院	河南	50	综合	217	72.92	职业技能型	2★	区域高水平高职院校
218	湖南现代物流职业技术学院	湖南	39	综合	218	72.56	职业技能型	2★	区域高水平高职院校
219	湘潭医卫职业技术学院	湖南	40	综合	219	72.55	职业技能型	2★	区域高水平高职院校
220	广西自然资源职业技术学院	广西	27	综合	220	72.51	职业技能型	2★	区域高水平高职院校
221	杭州万向职业技术学院	浙江	32	综合	221	72.12	职业技能型	2★	区域高水平高职院校
222	安徽新闻出版职业技术学院	安徽	31	综合	222	72.06	职业技能型	2★	区域高水平高职院校
223	广西培贤国际职业学院	广西	28	综合	223	71.99	职业技能型	2★	区域高水平高职院校
224	漳州城市职业学院	福建	18	综合	224	71.87	职业技能型	2★	区域高水平高职院校
225	苏州信息职业技术学院	江苏	37	综合	225	71.52	职业技能型	2★	区域高水平高职院校
226	曲阜远东职业技术学院	山东	53	综合	226	71.43	职业技能型	2★	区域高水平高职院校
227	赣州职业技术学院	江西	30	综合	227	71.42	职业技能型	2★	区域高水平高职院校
228	张家口职业技术学院	河北	24	综合	228	71.40	职业技能型	2★	区域高水平高职院校
229	哈尔滨城市职业学院	黑龙江	13	综合	229	71.16	职业技能型	2★	区域高水平高职院校
229	西宁城市职业技术学院	青海	2	综合	229	71.16	职业技能型	2★	区域高水平高职院校
231	巴中职业技术学院	四川	39	综合	231	70.96	职业技能型	2★	区域高水平高职院校
232	青海柴达木职业技术学院	青海	3	综合	232	70.80	职业技能型	2★	区域高水平高职院校
233	江西洪州职业学院	江西	31	综合	233	70.44	职业技能型	2★	区域高水平高职院校
234	江西青年职业学院	江西	32	综合	234	70.43	职业技能型	2★	区域高水平高职院校
235	六盘水职业技术学院	贵州	27	综合	235	70.29	职业技能型	2★	区域高水平高职院校
236	重庆城市职业学院	重庆	22	综合	236	70.01	职业技能型	2★	区域高水平高职院校
237	铜川职业技术学院	陕西	24	综合	237	69.35	职业技能型	2★	区域高水平高职院校

续表

名次	学校名称	地区及排名		类型及排名		综合得分	办学类型、星级排名和办学层次		
		地区	排名	类型	排名		办学类型	星级排名	办学层次
238	榆林职业技术学院	陕西	25	综合	238	69.25	职业技能型	2★	区域高水平高职院校
239	四川应用技术职业学院	四川	41	综合	239	68.93	职业技能型	2★	区域高水平高职院校
240	无锡南洋职业技术学院	江苏	41	综合	240	68.79	职业技能型	2★	区域高水平高职院校
241	台州科技职业学院	浙江	33	综合	241	68.67	职业技能型	2★	区域高水平高职院校
242	云南锡业职业技术学院	云南	22	综合	242	68.49	职业技能型	2★	区域高水平高职院校
243	重庆旅游职业学院	重庆	23	综合	243	68.47	职业技能型	2★	区域高水平高职院校
244	大兴安岭职业学院	黑龙江	15	综合	244	68.46	职业技能型	2★	区域高水平高职院校
245	天津开发区职业技术学院	天津	12	综合	245	68.39	职业技能型	2★	区域高水平高职院校
246	天津城市职业学院	天津	13	综合	246	68.33	职业技能型	2★	区域高水平高职院校
247	衡水职业技术学院	河北	27	综合	247	68.32	职业技能型	2★	区域高水平高职院校
248	闽西职业技术学院	福建	20	综合	248	68.28	职业技能型	2★	区域高水平高职院校
249	厦门南洋职业学院	福建	21	综合	249	68.10	职业技能型	2★	区域高水平高职院校
250	辽宁职业学院	辽宁	20	综合	250	68.06	职业技能型	2★	区域高水平高职院校
251	安徽扬子职业技术学院	安徽	38	综合	251	67.48	职业技能型	2★	区域高水平高职院校
252	冀中职业学院	河北	28	综合	252	67.43	职业技能型	2★	区域高水平高职院校
253	厦门兴才职业技术学院	福建	22	综合	253	67.40	职业技能型	2★	区域高水平高职院校
254	伊春职业学院	黑龙江	18	综合	254	67.36	职业技能型	2★	区域高水平高职院校
255	潮汕职业技术学院	广东	61	综合	255	67.25	职业技能型	2★	区域高水平高职院校
256	新疆生产建设兵团兴新职业技术学院	新疆	15	综合	256	67.24	职业技能型	2★	区域高水平高职院校
257	厦门东海职业技术学院	福建	23	综合	257	67.22	职业技能型	2★	区域高水平高职院校
258	广东新安职业技术学院	广东	62	综合	258	67.00	职业技能型	2★	区域高水平高职院校
259	广州松田职业学院	广东	63	综合	259	66.96	职业技能型	2★	区域高水平高职院校
260	宁德职业技术学院	福建	24	综合	260	66.73	职业技能型	2★	区域高水平高职院校
261	河北劳动关系职业学院	河北	30	综合	261	66.61	职业技能型	2★	区域高水平高职院校
262	山西青年职业学院	山西	12	综合	262	66.58	职业技能型	2★	区域高水平高职院校
263	青海高等职业技术学院	青海	5	综合	263	66.55	职业技能型	2★	区域高水平高职院校
264	广东行政职业学院	广东	64	综合	264	66.40	职业技能型	2★	区域高水平高职院校
265	宿迁泽达职业技术学院	江苏	47	综合	265	66.39	职业技能型	2★	区域高水平高职院校
266	云南商务职业学院	云南	26	综合	266	66.25	职业技能型	2★	区域高水平高职院校
267	南京城市职业学院	江苏	48	综合	267	66.22	职业技能型	2★	区域高水平高职院校
268	北京社会管理职业学院	北京	9	综合	268	66.18	职业技能型	2★	区域高水平高职院校
269	江西工程职业学院	江西	37	综合	269	66.11	职业技能型	2★	区域高水平高职院校
270	天门职业学院	湖北	31	综合	270	65.86	职业技能型	2★	区域高水平高职院校
271	朔州职业技术学院	山西	14	综合	271	65.81	职业技能型	2★	区域高水平高职院校
272	贵州盛华职业学院	贵州	29	综合	272	65.78	职业技能型	2★	区域高水平高职院校
273	广东青年职业学院	广东	65	综合	273	65.76	职业技能型	2★	区域高水平高职院校
274	湖南九嶷职业技术学院	湖南	51	综合	274	65.74	职业技能型	2★	区域高水平高职院校
275	广东碧桂园职业学院	广东	66	综合	275	65.71	职业技能型	2★	区域高水平高职院校
276	湖北青年职业学院	湖北	32	综合	276	65.66	职业技能型	2★	区域高水平高职院校
277	山西老区职业技术学院	山西	17	综合	277	65.62	职业技能型	2★	区域高水平高职院校
278	信阳涉外职业技术学院	河南	59	综合	278	65.51	职业技能型	1★	区域知名高职院校
279	荆门职业学院	湖北	34	综合	279	65.47	职业技能型	2★	区域高水平高职院校

续表

名次	学校名称	地区及排名		类型及排名		综合得分	办学类型、星级排名和办学层次		
		地区	排名	类型	排名		办学类型	星级排名	办学层次
280	阳泉职业技术学院	山西	18	综合	280	65.45	职业技能型	2★	区域高水平高职院校
281	上海邦德职业技术学院	上海	13	综合	281	65.42	职业技能型	2★	区域高水平高职院校
282	宝鸡三和职业学院	陕西	27	综合	282	65.40	职业技能型	1★	区域知名高职院校
283	闽北职业技术学院	福建	27	综合	283	65.39	职业技能型	1★	区域知名高职院校
284	湖南网络工程职业学院	湖南	53	综合	284	65.36	职业技能型	1★	区域知名高职院校
284	曲靖职业技术学院	云南	28	综合	284	65.36	职业技能型	1★	区域知名高职院校
286	七台河职业学院	黑龙江	21	综合	286	65.33	职业技能型	1★	区域知名高职院校
287	神木职业技术学院	陕西	29	综合	287	65.00	职业技能型	1★	区域知名高职院校
288	北京培黎职业学院	北京	11	综合	288	64.91	职业技能型	1★	区域知名高职院校
289	重庆应用技术职业学院	重庆	26	综合	289	64.88	职业技能型	1★	区域知名高职院校
290	天津国土资源和房屋职业学院	天津	15	综合	290	64.80	职业技能型	1★	区域知名高职院校
291	九州职业技术学院	江苏	51	综合	291	64.77	职业技能型	1★	区域知名高职院校
292	明达职业技术学院	江苏	52	综合	292	64.74	职业技能型	1★	区域知名高职院校
293	阿拉善职业技术学院	内蒙古	14	综合	293	64.73	职业技能型	1★	区域知名高职院校
294	阿坝职业学院	四川	48	综合	294	64.67	职业技能型	1★	区域知名高职院校
295	湖北开放职业学院	湖北	40	综合	295	62.42	职业技能型	1★	区域知名高职院校

三、2024 中国高职院校排名（Ⅲ类）

表 2-9　2024 校友会中国高职院校排名（Ⅲ类）

名次	学校名称	地区及排名		类型及排名		综合得分	办学类型、星级排名和办学层次		
		地区	排名	类型	排名		办学类型	星级排名	办学层次
1	浙江金融职业学院	浙江	1	财经	1	100.00	职业技能型	6★	中国顶尖高职院校
2	江苏农林职业技术学院	江苏	1	农林	1	98.51	职业技能型	6★	中国顶尖高职院校
3	江苏经贸职业技术学院	江苏	2	财经	2	97.48	职业技能型	6★	中国顶尖高职院校
4	江苏农牧科技职业学院	江苏	4	农林	2	97.29	职业技能型	6★	中国顶尖高职院校
5	山东医学高等专科学校	山东	1	医药	1	96.40	职业技能型	6★	中国顶尖高职院校
6	山东商业职业技术学院	山东	2	财经	3	96.32	职业技能型	6★	中国顶尖高职院校
7	江西财经职业学院	江西	3	财经	4	95.23	职业技能型	6★	中国顶尖高职院校
8	天津医学高等专科学校	天津	1	医药	2	94.37	职业技能型	6★	中国顶尖高职院校
9	江西环境工程职业学院	江西	4	农林	3	94.31	职业技能型	6★	中国顶尖高职院校
10	广东科贸职业学院	广东	3	财经	5	93.10	职业技能型	6★	中国顶尖高职院校
11	厦门海洋职业技术学院	福建	1	农林	4	91.58	职业技能型	6★	中国顶尖高职院校
12	江西旅游商贸职业学院	江西	5	财经	6	91.51	职业技能型	6★	中国顶尖高职院校
13	上海工艺美术职业学院	上海	1	艺术	1	90.68	职业技能型	6★	中国顶尖高职院校
14	广西职业技术学院	广西	1	农林	5	90.16	职业技能型	6★	中国顶尖高职院校
15	南阳医学高等专科学校	河南	3	医药	3	90.15	职业技能型	6★	中国顶尖高职院校
16	河南农业职业学院	河南	4	农林	6	90.09	职业技能型	6★	中国顶尖高职院校
17	湖南环境生物职业技术学院	湖南	2	农林	7	90.03	职业技能型	6★	中国顶尖高职院校
18	重庆三峡医药高等专科学校	重庆	2	医药	4	90.02	职业技能型	6★	中国顶尖高职院校
19	海南经贸职业技术学院	海南	1	财经	7	89.92	职业技能型	6★	中国顶尖高职院校
20	苏州经贸职业技术学院	江苏	8	财经	8	89.86	职业技能型	5★	中国一流高职院校

续表

名次	学校名称	地区及排名		类型及排名		综合得分	办学类型、星级排名和办学层次		
		地区	排名	类型	排名		办学类型	星级排名	办学层次
21	沧州医学高等专科学校	河北	2	医药	5	89.83	职业技能型	5★	中国一流高职院校
22	辽宁医药职业学院	辽宁	2	医药	6	89.82	职业技能型	5★	中国一流高职院校
23	湖南民族职业学院	湖南	3	民族	1	89.81	职业技能型	5★	中国一流高职院校
24	浙江旅游职业学院	浙江	6	财经	9	89.74	职业技能型	5★	中国一流高职院校
25	漯河医学高等专科学校	河南	6	医药	7	89.57	职业技能型	5★	中国一流高职院校
26	成都农业科技职业学院	四川	3	农林	8	89.44	职业技能型	5★	中国一流高职院校
27	湖北生态工程职业技术学院	湖北	5	农林	9	89.39	职业技能型	5★	中国一流高职院校
28	郑州旅游职业学院	河南	9	财经	10	89.25	职业技能型	5★	中国一流高职院校
29	浙江经贸职业技术学院	浙江	7	财经	11	89.24	职业技能型	5★	中国一流高职院校
30	河南医学高等专科学校	河南	11	医药	8	89.23	职业技能型	5★	中国一流高职院校
31	南阳农业职业学院	河南	13	农林	10	89.21	职业技能型	5★	中国一流高职院校
32	青岛酒店管理职业技术学院	山东	12	财经	12	89.17	职业技能型	5★	中国一流高职院校
33	石家庄医学高等专科学校	河北	3	医药	9	89.07	职业技能型	5★	中国一流高职院校
34	重庆医药高等专科学校	重庆	5	医药	10	89.03	职业技能型	5★	中国一流高职院校
35	铜仁幼儿师范高等专科学校	贵州	3	师范	1	89.01	职业技能型	4★	中国高水平高职院校
36	广东亚视演艺职业学院	广东	7	艺术	2	88.94	职业技能型	5★	中国一流高职院校
37	湘西民族职业技术学院	湖南	6	民族	2	88.90	职业技能型	4★	中国高水平高职院校
38	山东畜牧兽医职业学院	山东	14	农林	11	88.77	职业技能型	4★	中国高水平高职院校
39	湖南外国语职业学院	湖南	8	语言	1	88.71	职业技能型	5★	中国一流高职院校
40	菏泽医学专科学校	山东	16	医药	11	88.70	职业技能型	4★	中国高水平高职院校
41	新疆农业职业技术学院	新疆	2	农林	12	88.62	职业技能型	5★	中国一流高职院校
42	北京财贸职业学院	北京	3	财经	13	88.58	职业技能型	4★	中国高水平高职院校
43	重庆商务职业学院	重庆	6	财经	14	88.52	职业技能型	4★	中国高水平高职院校
44	长沙商贸旅游职业技术学院	湖南	9	财经	15	88.38	职业技能型	4★	中国高水平高职院校
45	无锡商业职业技术学院	江苏	10	财经	16	88.34	职业技能型	5★	中国一流高职院校
46	安徽商贸职业技术学院	安徽	4	财经	17	88.11	职业技能型	4★	中国高水平高职院校
47	武汉商贸职业学院	湖北	9	财经	18	88.09	职业技能型	4★	中国高水平高职院校
48	民办合肥财经职业学院	安徽	5	财经	19	88.07	职业技能型	4★	中国高水平高职院校
49	江西外语外贸职业学院	江西	10	财经	20	88.05	职业技能型	4★	中国高水平高职院校
50	北京青年政治学院	北京	4	语言	2	88.00	职业技能型	4★	中国高水平高职院校
51	商丘医学高等专科学校	河南	15	医药	12	87.99	职业技能型	4★	中国高水平高职院校
52	桂林师范高等专科学校	广西	7	师范	2	87.96	职业技能型	4★	中国高水平高职院校
53	广东南华工商职业学院	广东	9	财经	21	87.90	职业技能型	4★	中国高水平高职院校
54	宁夏工商职业技术学院	宁夏	2	财经	22	87.89	职业技能型	4★	中国高水平高职院校
55	浙江艺术职业学院	浙江	9	艺术	3	87.86	职业技能型	4★	中国高水平高职院校
56	湖南工艺美术职业学院	湖南	14	艺术	4	87.76	职业技能型	4★	中国高水平高职院校
57	云南林业职业技术学院	云南	2	农林	13	87.73	职业技能型	4★	中国高水平高职院校
58	梧州医学高等专科学校	广西	8	医药	13	87.68	职业技能型	4★	中国高水平高职院校
59	河南经贸职业学院	河南	18	财经	23	87.60	职业技能型	4★	中国高水平高职院校
60	北京农业职业学院	北京	5	农林	14	87.59	职业技能型	3★	区域一流高职院校
61	苏州农业职业技术学院	江苏	11	农林	15	87.58	职业技能型	3★	区域一流高职院校
62	山西省财政税务专科学校	山西	1	财经	24	87.48	职业技能型	4★	中国高水平高职院校

续表

名次	学校名称	地区及排名		类型及排名		综合得分	办学类型、星级排名和办学层次		
		地区	排名	类型	排名		办学类型	星级排名	办学层次
63	郑州澍青医学高等专科学校	河南	21	医药	14	87.42	职业技能型	4★	中国高水平高职院校
64	安徽医学高等专科学校	安徽	7	医药	15	87.37	职业技能型	3★	区域一流高职院校
65	安徽审计职业学院	安徽	8	财经	25	87.36	职业技能型	3★	区域一流高职院校
66	宁夏财经职业技术学院	宁夏	3	财经	26	87.32	职业技能型	3★	区域一流高职院校
67	浙江商业职业技术学院	浙江	11	财经	27	87.31	职业技能型	3★	区域一流高职院校
68	青海畜牧兽医职业技术学院	青海	1	农林	16	87.27	职业技能型	3★	区域一流高职院校
69	黑龙江农业经济职业学院	黑龙江	3	农林	17	87.16	职业技能型	3★	区域一流高职院校
70	西安医学高等专科学校	陕西	9	医药	16	87.14	职业技能型	4★	中国高水平高职院校
71	辽宁农业职业技术学院	辽宁	5	农林	18	87.08	职业技能型	3★	区域一流高职院校
72	河北政法职业学院	河北	9	政法	1	87.04	职业技能型	4★	中国高水平高职院校
73	陇南师范高等专科学校	甘肃	1	师范	3	86.97	职业技能型	3★	区域一流高职院校
74	湖南商务职业技术学院	湖南	16	财经	28	86.89	职业技能型	4★	中国高水平高职院校
75	湛江幼儿师范专科学校	广东	13	师范	4	86.77	职业技能型	4★	中国高水平高职院校
76	浙江经济职业技术学院	浙江	14	财经	29	86.76	职业技能型	4★	中国高水平高职院校
77	黑龙江农业工程职业学院	黑龙江	4	农林	19	86.72	职业技能型	3★	区域一流高职院校
78	白城医学高等专科学校	吉林	3	医药	17	86.70	职业技能型	3★	区域一流高职院校
79	贵州经贸职业技术学院	贵州	6	财经	30	86.62	职业技能型	3★	区域一流高职院校
80	肇庆医学高等专科学校	广东	15	医药	18	86.54	职业技能型	3★	区域一流高职院校
80	江西生物科技职业学院	江西	11	农林	20	86.54	职业技能型	3★	区域一流高职院校
82	山东外贸职业学院	山东	26	财经	31	86.49	职业技能型	3★	区域一流高职院校
83	广东茂名幼儿师范专科学校	广东	16	师范	5	86.43	职业技能型	3★	区域一流高职院校
84	广西生态工程职业技术学院	广西	11	农林	21	86.39	职业技能型	3★	区域一流高职院校
85	安徽财贸职业学院	安徽	9	财经	32	86.36	职业技能型	3★	区域一流高职院校
86	安徽工商职业学院	安徽	10	财经	33	86.29	职业技能型	3★	区域一流高职院校
86	上海行健职业学院	上海	4	财经	33	86.29	职业技能型	3★	区域一流高职院校
88	苏州工艺美术职业技术学院	江苏	14	艺术	5	86.27	职业技能型	3★	区域一流高职院校
89	河南艺术职业学院	河南	24	艺术	6	86.25	职业技能型	3★	区域一流高职院校
90	甘肃林业职业技术学院	甘肃	3	农林	22	86.24	职业技能型	3★	区域一流高职院校
91	山西药科职业学院	山西	3	医药	19	86.23	职业技能型	3★	区域一流高职院校
92	辽宁生态工程职业学院	辽宁	7	农林	23	86.19	职业技能型	3★	区域一流高职院校
93	云南农业职业技术学院	云南	7	农林	24	86.15	职业技能型	3★	区域一流高职院校
94	上海旅游高等专科学校	上海	6	财经	35	86.09	职业技能型	3★	区域一流高职院校
95	石家庄经济职业学院	河北	12	财经	36	86.02	职业技能型	3★	区域一流高职院校
96	兴安职业技术学院	内蒙古	4	师范	6	86.01	职业技能型	3★	区域一流高职院校
97	广东省外语艺术职业学院	广东	21	艺术	7	86.00	职业技能型	3★	区域一流高职院校
98	四川中医药高等专科学校	四川	13	医药	20	85.95	职业技能型	3★	区域一流高职院校
99	河北对外经贸职业学院	河北	13	语言	3	85.94	职业技能型	3★	区域一流高职院校
100	昆明卫生职业学院	云南	8	医药	21	85.84	职业技能型	3★	区域一流高职院校
101	福建林业职业技术学院	福建	5	农林	25	85.76	职业技能型	3★	区域一流高职院校
101	内蒙古商贸职业学院	内蒙古	5	财经	37	85.76	职业技能型	3★	区域一流高职院校
103	浙江警官职业学院	浙江	16	政法	2	85.71	职业技能型	3★	区域一流高职院校
104	江西医学高等专科学校	江西	14	医药	22	85.66	职业技能型	3★	区域一流高职院校

续表

名次	学校名称	地区及排名		类型及排名		综合得分	办学类型、星级排名和办学层次		
		地区	排名	类型	排名		办学类型	星级排名	办学层次
105	江西师范高等专科学校	江西	15	师范	7	85.60	职业技能型	4★	中国高水平高职院校
106	四川护理职业学院	四川	15	医药	23	85.47	职业技能型	3★	区域一流高职院校
107	四川幼儿师范高等专科学校	四川	17	师范	8	85.36	职业技能型	3★	区域一流高职院校
108	广西演艺职业学院	广西	12	艺术	8	85.34	职业技能型	3★	区域一流高职院校
109	天津商务职业学院	天津	7	财经	38	85.24	职业技能型	3★	区域一流高职院校
110	广西国际商务职业技术学院	广西	13	财经	39	85.15	职业技能型	3★	区域一流高职院校
111	福建卫生职业技术学院	福建	6	医药	24	84.72	职业技能型	3★	区域一流高职院校
112	邢台医学高等专科学校	河北	15	医药	25	84.48	职业技能型	3★	区域一流高职院校
113	山东药品食品职业学院	山东	34	医药	26	84.37	职业技能型	3★	区域一流高职院校
114	湖南中医药高等专科学校	湖南	19	医药	27	84.36	职业技能型	3★	区域一流高职院校
115	石家庄工商职业学院	河北	17	财经	40	84.35	职业技能型	3★	区域一流高职院校
116	益阳医学高等专科学校	湖南	20	医药	28	84.31	职业技能型	3★	区域一流高职院校
117	四川国际标榜职业学院	四川	20	艺术	9	84.26	职业技能型	3★	区域一流高职院校
118	甘肃卫生职业学院	甘肃	4	医药	29	84.25	职业技能型	3★	区域一流高职院校
119	广州涉外经济职业技术学院	广东	32	财经	41	84.22	职业技能型	3★	区域一流高职院校
120	四川卫生康复职业学院	四川	21	医药	30	84.20	职业技能型	3★	区域一流高职院校
121	四川商务职业学院	四川	22	财经	42	84.05	职业技能型	3★	区域一流高职院校
122	河北女子职业技术学院	河北	18	语言	4	83.96	职业技能型	3★	区域一流高职院校
123	营口职业技术学院	辽宁	8	师范	9	83.92	职业技能型	3★	区域一流高职院校
124	湖南财经工业职业技术学院	湖南	22	财经	43	83.89	职业技能型	3★	区域一流高职院校
125	安徽城市管理职业学院	安徽	12	财经	44	83.87	职业技能型	3★	区域一流高职院校
126	赣州师范高等专科学校	江西	16	师范	10	83.73	职业技能型	3★	区域一流高职院校
127	石家庄人民医学高等专科学校	河北	19	医药	31	83.69	职业技能型	3★	区域一流高职院校
128	安徽警官职业学院	安徽	13	政法	3	83.58	职业技能型	2★	区域高水平高职院校
129	四川文化传媒职业学院	四川	25	艺术	10	83.54	职业技能型	3★	区域一流高职院校
130	黔西南民族职业技术学院	贵州	13	民族	3	83.49	职业技能型	3★	区域一流高职院校
130	山东中医药高等专科学校	山东	38	医药	32	83.49	职业技能型	3★	区域一流高职院校
132	云南旅游职业学院	云南	14	财经	45	83.47	职业技能型	3★	区域一流高职院校
133	开封文化艺术职业学院	河南	29	艺术	11	83.44	职业技能型	3★	区域一流高职院校
134	重庆财经职业学院	重庆	13	财经	46	83.39	职业技能型	3★	区域一流高职院校
135	马鞍山师范高等专科学校	安徽	16	师范	11	83.38	职业技能型	3★	区域一流高职院校
136	石家庄财经职业学院	河北	20	财经	47	83.37	职业技能型	3★	区域一流高职院校
137	江苏旅游职业学院	江苏	19	财经	48	83.34	职业技能型	3★	区域一流高职院校
138	惠州卫生职业技术学院	广东	37	医药	33	83.31	职业技能型	3★	区域一流高职院校
139	焦作师范高等专科学校	河南	30	师范	12	83.30	职业技能型	3★	区域一流高职院校
140	江西卫生职业学院	江西	18	医药	34	83.25	职业技能型	3★	区域一流高职院校
140	重庆幼儿师范高等专科学校	重庆	14	师范	13	83.25	职业技能型	3★	区域一流高职院校
142	长春医学高等专科学校	吉林	8	医药	35	83.16	职业技能型	3★	区域一流高职院校
143	南通师范高等专科学校	江苏	22	师范	14	83.09	职业技能型	3★	区域一流高职院校
144	通辽职业学院	内蒙古	7	师范	15	82.82	职业技能型	3★	区域一流高职院校
145	甘肃财贸职业学院	甘肃	6	财经	49	82.80	职业技能型	3★	区域一流高职院校
145	河北旅游职业学院	河北	22	财经	49	82.80	职业技能型	2★	区域高水平高职院校

续表

名次	学校名称	地区及排名		类型及排名		综合得分	办学类型、星级排名和办学层次		
		地区	排名	类型	排名		办学类型	星级排名	办学层次
147	红河卫生职业学院	云南	15	医药	36	82.74	职业技能型	3★	区域一流高职院校
148	连云港师范高等专科学校	江苏	24	师范	16	82.66	职业技能型	3★	区域一流高职院校
149	江西陶瓷工艺美术职业技术学院	江西	19	艺术	12	82.64	职业技能型	3★	区域一流高职院校
150	广西工商职业技术学院	广西	20	财经	51	82.22	职业技能型	3★	区域一流高职院校
151	苏州卫生职业技术学院	江苏	25	医药	37	82.16	职业技能型	3★	区域一流高职院校
152	湖北中医药高等专科学校	湖北	19	医药	38	82.08	职业技能型	3★	区域一流高职院校
153	濮阳医学高等专科学校	河南	32	医药	39	82.01	职业技能型	2★	区域高水平高职院校
154	江汉艺术职业学院	湖北	20	艺术	13	82.00	职业技能型	2★	区域高水平高职院校
155	四川财经职业学院	四川	27	财经	52	81.87	职业技能型	2★	区域高水平高职院校
156	新疆师范高等专科学校	新疆	8	师范	17	81.86	职业技能型	2★	区域高水平高职院校
157	湖南大众传媒职业技术学院	湖南	23	财经	53	81.81	职业技能型	2★	区域高水平高职院校
158	潍坊工商职业学院	山东	45	财经	54	81.64	职业技能型	2★	区域高水平高职院校
159	贵州护理职业技术学院	贵州	17	医药	40	81.57	职业技能型	2★	区域高水平高职院校
160	赣南卫生健康职业学院	江西	20	医药	41	81.47	职业技能型	2★	区域高水平高职院校
161	宜春幼儿师范高等专科学校	江西	21	师范	18	81.31	职业技能型	2★	区域高水平高职院校
162	安徽工业经济职业技术学院	安徽	20	财经	55	81.28	职业技能型	2★	区域高水平高职院校
163	无锡城市职业技术学院	江苏	27	财经	56	81.26	职业技能型	2★	区域高水平高职院校
164	广西物流职业技术学院	广西	22	财经	57	81.22	职业技能型	2★	区域高水平高职院校
165	云南外事外语职业学院	云南	17	语言	5	81.21	职业技能型	2★	区域高水平高职院校
166	江西中医药高等专科学校	江西	22	医药	42	81.20	职业技能型	2★	区域高水平高职院校
167	安徽中医药高等专科学校	安徽	21	医药	43	81.19	职业技能型	2★	区域高水平高职院校
168	山东经贸职业学院	山东	48	财经	58	81.17	职业技能型	2★	区域高水平高职院校
169	长江艺术工程职业学院	湖北	21	艺术	14	81.14	职业技能型	2★	区域高水平高职院校
170	遵义医药高等专科学校	贵州	18	医药	44	81.11	职业技能型	2★	区域高水平高职院校
171	江苏医药职业学院	江苏	29	医药	45	80.95	职业技能型	2★	区域高水平高职院校
172	扬州环境资源职业技术学院	江苏	30	农林	26	80.80	职业技能型	2★	区域高水平高职院校
173	朝阳师范高等专科学校	辽宁	14	师范	19	80.77	职业技能型	2★	区域高水平高职院校
174	漳州卫生职业学院	福建	10	医药	46	80.68	职业技能型	2★	区域高水平高职院校
175	上海工商外国语职业学院	上海	8	语言	6	80.61	职业技能型	2★	区域高水平高职院校
176	广东酒店管理职业技术学院	广东	47	财经	59	80.60	职业技能型	2★	区域高水平高职院校
177	陕西财经职业技术学院	陕西	19	财经	60	80.57	职业技能型	2★	区域高水平高职院校
178	郑州体育职业学院	河南	38	体育	1	80.56	职业技能型	2★	区域高水平高职院校
179	黑龙江旅游职业技术学院	黑龙江	9	财经	61	80.52	职业技能型	2★	区域高水平高职院校
180	湖南外贸职业学院	湖南	30	财经	62	80.48	职业技能型	2★	区域高水平高职院校
181	浙江工商职业技术学院	浙江	26	财经	63	80.44	职业技能型	2★	区域高水平高职院校
182	锦州师范高等专科学校	辽宁	15	师范	20	80.40	职业技能型	2★	区域高水平高职院校
183	安徽涉外经济职业学院	安徽	24	财经	64	80.24	职业技能型	2★	区域高水平高职院校
184	湘中幼儿师范高等专科学校	湖南	31	师范	21	80.21	职业技能型	2★	区域高水平高职院校
185	安徽国际商务职业学院	安徽	25	财经	65	80.20	职业技能型	2★	区域高水平高职院校
186	广西金融职业技术学院	广西	24	财经	66	80.18	职业技能型	2★	区域高水平高职院校
187	山东旅游职业学院	山东	50	财经	67	80.16	职业技能型	2★	区域高水平高职院校
188	江西泰豪动漫职业学院	江西	25	艺术	15	80.06	职业技能型	2★	区域高水平高职院校

续表

名次	学校名称	地区及排名		类型及排名		综合得分	办学类型、星级排名和办学层次		
		地区	排名	类型	排名		办学类型	星级排名	办学层次
189	湖南工商职业学院	湖南	32	财经	68	79.98	职业技能型	2★	区域高水平高职院校
190	广州科技贸易职业学院	广东	52	财经	69	79.97	职业技能型	2★	区域高水平高职院校
191	贵州健康职业学院	贵州	20	医药	47	79.94	职业技能型	2★	区域高水平高职院校
192	威海海洋职业学院	山东	51	农林	27	79.84	职业技能型	2★	区域高水平高职院校
193	黑龙江农垦职业学院	黑龙江	10	农林	28	79.80	职业技能型	2★	区域高水平高职院校
194	南通科技职业学院	江苏	31	农林	29	79.73	职业技能型	2★	区域高水平高职院校
195	钦州幼儿师范高等专科学校	广西	25	师范	22	79.59	职业技能型	2★	区域高水平高职院校
196	黑龙江生物科技职业学院	黑龙江	11	农林	30	79.44	职业技能型	2★	区域高水平高职院校
197	上海思博职业技术学院	上海	11	财经	70	79.28	职业技能型	2★	区域高水平高职院校
198	湖南幼儿师范高等专科学校	湖南	33	师范	23	79.25	职业技能型	2★	区域高水平高职院校
199	浙江育英职业技术学院	浙江	29	财经	71	79.20	职业技能型	2★	区域高水平高职院校
200	皖西卫生职业学院	安徽	28	医药	48	79.18	职业技能型	2★	区域高水平高职院校
201	泉州医学高等专科学校	福建	14	医药	49	78.93	职业技能型	2★	区域高水平高职院校
201	广州华南商贸职业学院	广东	54	财经	72	78.93	职业技能型	2★	区域高水平高职院校
203	铁岭师范高等专科学校	辽宁	17	师范	24	78.84	职业技能型	2★	区域高水平高职院校
204	甘肃畜牧工程职业技术学院	甘肃	8	农林	31	78.78	职业技能型	2★	区域高水平高职院校
204	海南外国语职业学院	海南	4	语言	7	78.78	职业技能型	2★	区域高水平高职院校
206	湖南食品药品职业学院	湖南	36	医药	50	78.71	职业技能型	2★	区域高水平高职院校
207	河南工业贸易职业学院	河南	45	财经	73	78.49	职业技能型	2★	区域高水平高职院校
208	江西工商职业技术学院	江西	27	财经	74	78.41	职业技能型	2★	区域高水平高职院校
209	黑龙江农垦科技职业学院	黑龙江	12	农林	32	78.36	职业技能型	2★	区域高水平高职院校
210	晋中师范高等专科学校	山西	7	师范	25	78.29	职业技能型	2★	区域高水平高职院校
211	定西师范高等专科学校	甘肃	10	师范	26	78.09	职业技能型	2★	区域高水平高职院校
212	广西幼儿师范高等专科学校	广西	26	师范	27	78.04	职业技能型	1★	区域知名高职院校
213	驻马店幼儿师范高等专科学校	河南	48	师范	28	78.03	职业技能型	2★	区域高水平高职院校
214	皖北卫生职业学院	安徽	30	医药	51	78.02	职业技能型	2★	区域高水平高职院校
215	泉州幼儿师范高等专科学校	福建	16	师范	29	77.92	职业技能型	2★	区域高水平高职院校
216	安阳幼儿师范高等专科学校	河南	49	师范	30	77.91	职业技能型	2★	区域高水平高职院校
217	海南工商职业学院	海南	5	财经	75	77.86	职业技能型	2★	区域高水平高职院校
218	江苏卫生健康职业学院	江苏	35	医药	52	77.81	职业技能型	2★	区域高水平高职院校
219	福建农业职业技术学院	福建	17	农林	33	77.66	职业技能型	2★	区域高水平高职院校
220	大连商务职业学院	辽宁	19	财经	76	77.65	职业技能型	2★	区域高水平高职院校
221	江苏财经职业技术学院	江苏	36	财经	77	77.63	职业技能型	2★	区域高水平高职院校
222	嵩山少林武术职业学院	河南	51	体育	2	77.60	职业技能型	2★	区域高水平高职院校
223	德宏师范高等专科学校	云南	19	师范	31	77.58	职业技能型	2★	区域高水平高职院校
224	贵州财经职业学院	贵州	24	财经	78	77.50	职业技能型	2★	区域高水平高职院校
225	长治幼儿师范高等专科学校	山西	8	师范	32	77.29	职业技能型	2★	区域高水平高职院校
226	湘南幼儿师范高等专科学校	湖南	41	师范	33	77.19	职业技能型	2★	区域高水平高职院校
227	安庆医药高等专科学校	安徽	33	医药	53	77.14	职业技能型	2★	区域高水平高职院校
228	和田师范专科学校	新疆	13	师范	34	76.98	职业技能型	2★	区域高水平高职院校
229	衡阳幼儿师范高等专科学校	湖南	42	师范	35	76.93	职业技能型	2★	区域高水平高职院校
229	丽江师范高等专科学校	云南	20	师范	35	76.93	职业技能型	2★	区域高水平高职院校

续表

名次	学校名称	地区及排名		类型及排名		综合得分	办学类型、星级排名和办学层次		
		地区	排名	类型	排名		办学类型	星级排名	办学层次
231	贵阳幼儿师范高等专科学校	贵州	25	师范	37	76.84	职业技能型	2★	区域高水平高职院校
232	河南检察职业学院	河南	54	政法	4	76.67	职业技能型	2★	区域高水平高职院校
233	甘肃警察职业学院	甘肃	11	政法	5	76.46	职业技能型	2★	区域高水平高职院校
234	昆明艺术职业学院	云南	21	艺术	16	76.45	职业技能型	2★	区域高水平高职院校
235	湖南高尔夫旅游职业学院	湖南	43	财经	79	76.31	职业技能型	2★	区域高水平高职院校
236	川北幼儿师范高等专科学校	四川	40	师范	38	76.24	职业技能型	2★	区域高水平高职院校
237	沧州幼儿师范高等专科学校	河北	25	师范	39	76.16	职业技能型	2★	区域高水平高职院校
238	福建对外经济贸易职业技术学院	福建	19	财经	80	76.13	职业技能型	2★	区域高水平高职院校
239	山西经贸职业学院	山西	9	财经	81	76.12	职业技能型	2★	区域高水平高职院校
240	齐齐哈尔高等师范专科学校	黑龙江	14	师范	40	76.08	职业技能型	2★	区域高水平高职院校
241	抚州幼儿师范高等专科学校	江西	35	师范	41	75.90	职业技能型	2★	区域高水平高职院校
242	承德护理职业学院	河北	26	医药	54	75.84	职业技能型	2★	区域高水平高职院校
243	惠州经济职业技术学院	广东	60	财经	82	75.80	职业技能型	2★	区域高水平高职院校
244	永州师范高等专科学校	湖南	45	师范	42	75.76	职业技能型	2★	区域高水平高职院校
245	广西经贸职业技术学院	广西	29	财经	83	75.71	职业技能型	2★	区域高水平高职院校
246	株洲师范高等专科学校	湖南	46	师范	43	75.58	职业技能型	2★	区域高水平高职院校
247	甘肃农业职业技术学院	甘肃	13	农林	34	75.40	职业技能型	2★	区域高水平高职院校
248	河南司法警官职业学院	河南	56	政法	6	75.36	职业技能型	2★	区域高水平高职院校
249	湖南艺术职业学院	湖南	48	艺术	17	75.31	职业技能型	2★	区域高水平高职院校
250	昭通卫生职业学院	云南	23	医药	55	75.20	职业技能型	2★	区域高水平高职院校
251	武汉外语外事职业学院	湖北	25	语言	8	75.17	职业技能型	2★	区域高水平高职院校
252	黑龙江护理高等专科学校	黑龙江	17	医药	56	75.12	职业技能型	2★	区域高水平高职院校
253	太原旅游职业学院	山西	10	财经	84	75.08	职业技能型	2★	区域高水平高职院校
254	保山中医药高等专科学校	云南	24	医药	57	74.97	职业技能型	2★	区域高水平高职院校
255	山西财贸职业技术学院	山西	11	财经	85	74.90	职业技能型	2★	区域高水平高职院校
256	川南幼儿师范高等专科学校	四川	43	师范	44	74.85	职业技能型	2★	区域高水平高职院校
257	湖南司法警官职业学院	湖南	50	政法	7	74.84	职业技能型	2★	区域高水平高职院校
258	南京旅游职业学院	江苏	43	财经	86	74.83	职业技能型	2★	区域高水平高职院校
259	曲靖医学高等专科学校	云南	25	医药	58	74.76	职业技能型	2★	区域高水平高职院校
260	闽江师范高等专科学校	福建	24	师范	45	74.72	职业技能型	2★	区域高水平高职院校
261	江苏护理职业学院	江苏	44	医药	59	74.68	职业技能型	2★	区域高水平高职院校
262	泉州经贸职业技术学院	福建	26	财经	87	74.50	职业技能型	2★	区域高水平高职院校
263	石嘴山工贸职业技术学院	宁夏	4	财经	88	74.41	职业技能型	2★	区域高水平高职院校
264	安徽广播影视职业技术学院	安徽	39	艺术	18	74.28	职业技能型	2★	区域高水平高职院校
265	陕西警官职业学院	陕西	26	政法	8	74.19	职业技能型	2★	区域高水平高职院校
266	四川艺术职业学院	四川	45	艺术	19	74.16	职业技能型	2★	区域高水平高职院校
267	武汉警官职业学院	湖北	27	政法	9	74.15	职业技能型	2★	区域高水平高职院校
268	湖北幼儿师范高等专科学校	湖北	28	师范	46	74.14	职业技能型	2★	区域高水平高职院校
269	郑州幼儿师范高等专科学校	河南	58	师范	47	74.13	职业技能型	2★	区域高水平高职院校
270	民办合肥经济技术职业学院	安徽	40	财经	89	74.11	职业技能型	2★	区域高水平高职院校
271	运城护理职业学院	山西	14	医药	60	74.09	职业技能型	2★	区域高水平高职院校
271	运城幼儿师范高等专科学校	山西	14	师范	48	74.09	职业技能型	2★	区域高水平高职院校

续表

名次	学校名称	地区及排名		类型及排名		综合得分	办学类型、星级排名和办学层次		
		地区	排名	类型	排名		办学类型	星级排名	办学层次
273	阜阳幼儿师范高等专科学校	安徽	41	师范	49	74.08	职业技能型	2★	区域高水平高职院校
273	黑龙江农业职业技术学院	黑龙江	19	农林	35	74.08	职业技能型	2★	区域高水平高职院校
275	辽宁金融职业学院	辽宁	22	财经	90	74.06	职业技能型	2★	区域高水平高职院校
276	宁夏民族职业技术学院	宁夏	5	民族	4	74.05	职业技能型	2★	区域高水平高职院校
277	重庆护理职业学院	重庆	24	医药	61	73.98	职业技能型	1★	区域知名高职院校
278	北京卫生职业学院	北京	10	医药	62	73.97	职业技能型	2★	区域高水平高职院校
279	黑龙江生态工程职业学院	黑龙江	20	农林	36	73.89	职业技能型	2★	区域高水平高职院校
280	山西旅游职业学院	山西	18	财经	91	73.79	职业技能型	2★	区域高水平高职院校
281	重庆传媒职业学院	重庆	25	语言	9	73.73	职业技能型	1★	区域知名高职院校
282	兰州外语职业学院	甘肃	15	语言	10	73.62	职业技能型	1★	区域知名高职院校
283	陕西艺术职业学院	陕西	28	艺术	20	73.60	职业技能型	1★	区域知名高职院校
284	三峡旅游职业技术学院	湖北	37	财经	92	73.58	职业技能型	1★	区域知名高职院校
285	海南政法职业学院	海南	8	政法	10	73.56	职业技能型	1★	区域知名高职院校
286	朔州师范高等专科学校	山西	20	师范	50	73.54	职业技能型	1★	区域知名高职院校
287	淄博师范高等专科学校	山东	56	师范	51	73.44	职业技能型	1★	区域知名高职院校
288	江西司法警官职业学院	江西	38	政法	11	73.40	职业技能型	1★	区域知名高职院校
289	河南对外经济贸易职业学院	河南	60	财经	93	73.36	职业技能型	2★	区域高水平高职院校
290	福建幼儿师范高等专科学校	福建	28	师范	52	73.29	职业技能型	1★	区域知名高职院校
291	伊犁职业技术学院	新疆	16	农林	37	73.26	职业技能型	1★	区域知名高职院校
292	宁夏幼儿师范高等专科学校	宁夏	6	师范	53	73.15	职业技能型	1★	区域知名高职院校
293	黑龙江幼儿师范高等专科学校	黑龙江	22	师范	54	72.86	职业技能型	1★	区域知名高职院校
294	郑州卫生健康职业学院	河南	61	医药	63	72.72	职业技能型	1★	区域知名高职院校
295	辽宁现代服务职业技术学院	辽宁	24	财经	94	72.70	职业技能型	1★	区域知名高职院校
296	宁波卫生职业技术学院	浙江	34	医药	64	72.64	职业技能型	1★	区域知名高职院校
297	烟台文化旅游职业学院	山东	58	财经	95	72.42	职业技能型	1★	区域知名高职院校
298	广东茂名农林科技职业学院	广东	68	农林	38	72.30	职业技能型	1★	区域知名高职院校
299	广东茂名健康职业学院	广东	70	医药	65	72.28	职业技能型	1★	区域知名高职院校
300	河北正定师范高等专科学校	河北	36	师范	55	71.21	职业技能型	1★	区域知名高职院校
301	河南林业职业学院	河南	63	农林	39	71.04	职业技能型	1★	区域知名高职院校
302	山西华澳商贸职业学院	山西	22	财经	96	70.06	职业技能型	1★	区域知名高职院校
303	郑州黄河护理职业学院	河南	64	医药	66	69.32	职业技能型	1★	区域知名高职院校

第六节　2024 中国“双一流”建设高校排名

一、2024 中国“双一流”大学排名

2022 年 2 月 14 日，教育部、财政部、国家发展改革委正式公布第二轮“双一流”建设高校及建设学科名单。全国共有北京大学、清华大学、浙江大学、上海交通大学、华中科技大学、南京大学、复旦大学等 147 所高校跻身第二轮“双一流”建设高校行列。最引人关注的是，华南农业大学、上海科技大学、山西大学、南方科技大学、湘潭大学、南京医科大学和广州医科大学等 7 所高校晋升国家“双一流”建设行列。

与上一轮相比，第二轮“双一流”建设高校名单不再区分一流大学建设高校（分 A 类和 B 类）和一流学科建设高校，而是统称为“双一流建设高校”，将探索建立分类发展、分类支持、分类评价建设体系作为重点之一，引导建设高校切实把精力

和重心聚焦有关领域、方向的创新与实质突破上，创造真正意义上的世界一流。与首轮遴选不同的，第二轮“双一流”建设评价注重“社会贡献”，学科认定多维度设置条件，不与各种大学学科排名、论文指标等挂钩。“双一流”建设学科完全按照国家颁布的学科目录进行认定，不再参考世界大学学科排名的学科分类标准。

在最新 2024 校友会中国大学排名（总榜）中，国家“双一流”建设高校占据绝对优势，北京大学、清华大学、复旦大学问鼎 2024 校友会中国“双一流”大学排名前 3 强（表 2-10），中国科学院大学、国防科技大学、上海科技大学未纳入 2024 中国大学排名。

表 2-10　2024 校友会中国“双一流”大学排名

全国排名	学校名称	全国排名	学校名称	全国排名	学校名称
1	北京大学	34	北京科技大学	66	福州大学
2	清华大学	35	武汉理工大学	68	中国矿业大学
3	复旦大学	36	西南大学	69	中国石油大学（北京）
4	浙江大学	37	南京理工大学	70	北京林业大学
5	上海交通大学	38	暨南大学	71	上海大学
6	南京大学	39	苏州大学	71	中国政法大学
7	华中科技大学	40	北京交通大学	72	南京林业大学
8	中国科学技术大学	41	华东理工大学	73	西南财经大学
9	南开大学	42	华中农业大学	75	中国地质大学（武汉）
10	武汉大学	43	西安电子科技大学	75	首都师范大学
11	中国人民大学	44	南京农业大学	79	中国石油大学（华东）
12	中山大学	45	中国海洋大学	79	陕西师范大学
13	哈尔滨工业大学	46	北京邮电大学	79	中国传媒大学
14	西安交通大学	47	南昌大学	80	中央民族大学
14	北京师范大学	47	华中师范大学	80	北京外国语大学
15	山东大学	48	华南农业大学	81	东华大学
16	同济大学	49	南京航空航天大学	82	安徽大学
17	北京航空航天大学	50	江南大学	84	贵州大学
18	四川大学	51	中南财经政法大学	86	山西大学
19	厦门大学	51	南京师范大学	88	云南大学
20	天津大学	52	西北农林科技大学	89	河南大学
21	东南大学	53	上海财经大学	93	中央财经大学
22	西北工业大学	54	合肥工业大学	96	东北林业大学
23	华南理工大学	55	北京化工大学	97	东北农业大学
24	北京理工大学	55	湖南师范大学	98	辽宁大学
24	华东师范大学	56	南方科技大学	99	天津医科大学
25	吉林大学	56	西南交通大学	101	长安大学
26	大连理工大学	58	郑州大学	102	中国矿业大学（北京）
27	中南大学	58	东北师范大学	104	湘潭大学
28	中国农业大学	59	对外经济贸易大学	104	南京医科大学
29	东北大学	59	华南师范大学	105	中国地质大学（北京）
29	电子科技大学	60	哈尔滨工程大学	105	北京中医药大学
31	湖南大学	61	河海大学	106	中国药科大学
32	重庆大学	62	北京工业大学	107	上海中医药大学
32	北京协和医学院	64	西北大学	108	华北电力大学
33	兰州大学	65	宁波大学	110	太原理工大学

续表

全国排名	学校名称	全国排名	学校名称	全国排名	学校名称
111	北京体育大学	127	中央戏剧学院	185	中国美术学院
112	四川农业大学	128	大连海事大学	203	上海体育学院
112	上海外国语大学	128	南京中医药大学	204	上海海洋大学
113	天津中医药大学	132	天津工业大学	209	青海大学
114	河北工业大学	132	广州中医药大学	211	延边大学
114	外交学院	148	海南大学	221	石河子大学
115	西南石油大学	155	成都理工大学	227	西藏大学
117	广西大学	169	宁夏大学	229	成都中医药大学
117	内蒙古大学	174	新疆大学	231	中国人民公安大学
121	广州医科大学	175	上海音乐学院	231	中国音乐学院
122	南京邮电大学	175	中央美术学院		
125	南京信息工程大学	175	中央音乐学院		

二、2024 中国非“双一流”大学排名

在 2024 校友会中国大学排名中，有 20 所非“双一流”大学跻身全国 100 强。其中，燕山大学综合实力最强、办学水平最高，位居全国第 62 名，位居 2024 校友会中国非“双一流”大学排名冠军（表 2-11），荣膺 2024 中国五星级大学（5★）美誉，跻身世界知名、中国一流大学行列。扬州大学居第 2，首都医科大学居第 3，福建师范大学居第 4，上海理工大学居第 5。总体而言，跻身全国百强的非“双一流”建设高校在人才培养、科学研究等方面表现突出，综合实力、办学水平处于中国非“双一流”大学的领先地位，是第三轮国家“双一流”建设高校的最有力竞争者。

表 2-11　2024 校友会中国非“双一流”大学排名 50 强

全国排名	学校名称	全国排名	学校名称	全国排名	学校名称
62	燕山大学	95	东北财经大学	116	山东师范大学
66	扬州大学	99	山东农业大学	117	广州大学
69	首都医科大学	100	黑龙江大学	117	安徽师范大学
70	福建师范大学	101	中国医科大学	117	山东第一医科大学
73	上海理工大学	102	昆明理工大学	117	天津师范大学
75	浙江工业大学	102	哈尔滨医科大学	120	长沙理工大学
77	江苏大学	106	湖南农业大学	121	山东财经大学
78	河北大学	107	西安理工大学	121	江西师范大学
80	浙江师范大学	108	北京语言大学	121	山西医科大学
83	南京工业大学	109	浙江理工大学	122	首都经济贸易大学
83	南方医科大学	109	西北师范大学	124	山东科技大学
84	武汉科技大学	111	江西财经大学	126	西安建筑科技大学
86	深圳大学	112	重庆医科大学	126	华东政法大学
90	齐鲁工业大学	113	华侨大学	127	长江大学
91	河南科技大学	114	河北医科大学	128	湖北工业大学
91	广东工业大学	114	河南师范大学	128	三峡大学
94	福建农林大学	116	浙江工商大学	128	云南民族大学

第三章　2024校友会中国大学一流专业排名

第一节　2024中国大学一流专业排名（研究型）

校友会中国大学一流专业排名首发于2015年，至今已有10年的历史，是目前中国参评大学数量多、参评专业规模大的中国大学本科专业排名。2024校友会中国大学一流专业排名坚持实施分类分级分档评价，依据中国大学办学定位、学科专业建设水平和本科专业发展定位，按研究型和应用型2个类型进行评价。在中国大学本科专业星级评价基础上，开展中国大学专业分档评价，依据中国大学专业排名位次、位次百分比与星级排名，将中国大学本科专业分为A++、A+、A、B++、B+、B、C、D等8个档次。

在2024校友会中国大学一流专业排名（研究型）中，北京大学、清华大学、复旦大学、中国人民大学、宁波诺丁汉大学、香港中文大学（深圳）和北京师范大学-香港浸会大学联合国际学院等445所大学的4004个本科专业跻身2024中国五星级（5★）以上研究型专业名单。其中，有46个中国八星级专业（8★）跻身2024世界一流专业、中国最顶尖专业行列，代表中国大学本科专业的最高水平；402个中国七星级专业（7★）跻身2024世界知名高水平专业、中国顶尖专业行列；935个中国六星级专业（6★）跻身2024世界高水平专业、中国顶尖专业行列；2621个中国五星级专业（5★）跻身2024世界知名专业、中国一流专业行列；8622个中国四星级专业（4★）跻身2024世界知名、中国高水平专业行列；6946个中国三星级专业（3★）跻身2024中国知名、区域一流专业行列；6587个中国二星级专业（2★）跻身2024中国区域高水平专业行列；4666个中国一星级专业（1★），跻身2024中国区域知名专业行列。

引人关注的是，在2024校友会中国大学一流专业排名（研究型）中，北京大学物理学、清华大学电子科学与技术、中国人民大学法学、复旦大学国际政治、浙江大学农业资源与环境、南开大学数学与应用数学、中国科学技术大学物理学、华中科技大学机械设计制造及其自动化、上海交通大学船舶与海洋工程、中南大学冶金工程、哈尔滨工业大学焊接技术与工程等46个本科专业荣膺2024中国八星级专业（8★）（表3-1），跻身世界一流专业、中国最顶尖专业行列，代表中国大学本科专业教育的最高水平，是2024年立志成长为未来政商学界等行业领袖、顶尖人才的中国高考最优秀考生的首选专业。其中，北京大学有13个专业荣膺2024中国八星级专业（8★），居全国第1；清华大学12个，居第二；中国人民大学3个，列第三，复旦大学、浙江大学、南开大学等各1个，并列第四。

表3-1　2024校友会世界一流专业排名

名次	学校名称	数量/个	中国八星级专业（8★）名单
1	北京大学	13	国际经济与贸易、法学、国际政治、汉语言文学、化学、经济学、历史学、临床医学、世界史、数学与应用数学、地质学、物理学、哲学
2	清华大学	12	材料科学与工程、电气工程及其自动化、电子科学与技术、电子信息工程、工商管理、核工程与核技术、机械工程、计算机科学与技术、建筑学、能源与动力工程、物理学、自动化
3	中国人民大学	3	法学、金融学、马克思主义理论
4	南开大学	1	数学与应用数学
4	北京师范大学	1	汉语言文学
4	北京体育大学	1	体育教育
4	北京协和医学院	1	临床医学
4	北京中医药大学	1	中医学
4	复旦大学	1	国际政治
4	哈尔滨工业大学	1	焊接技术与工程
4	河海大学	1	水利水电工程
4	华中科技大学	1	机械设计制造及其自动化
4	南京大学	1	地质学

续表

名次	学校名称	数量/个	中国八星级专业（8★）名单
4	上海交通大学	1	船舶与海洋工程
4	武汉大学	1	测绘工程
4	浙江大学	1	农业资源与环境
4	中国地质大学（武汉）	1	地质学
4	中国科学技术大学	1	物理学
4	中国矿业大学	1	采矿工程
4	中南大学	1	冶金工程
4	中央民族大学	1	民族学

榜单显示，在 2024 校友会中国大学一流专业排名（研究型）（表 3-2）中，北京大学本科专业建设水平最高，拥有 13 个中国八星级专业（8★），43 个中国七星级专业（7★），35 个中国六星级专业（6★），33 个中国五星级专业（5★），雄居 2024 校友会中国大学一流专业排名（研究型）第 1。清华大学第二，有 12 个中国八星级专业（8★），有 41 个中国七星级专业（7★），19 个中国六星级专业（6★），17 个中国五星级专业（5★）。北京大学、清华大学是 2024 年中国本科专业实力最强、建设水平最高、办学特色最鲜明的世界一流大学。

复旦大学第三，有 1 个中国八星级专业（8★），20 个中国七星级专业（7★），18 个中国六星级专业（6★），24 个中国五星级专业（5★）。中国人民大学第四，有 3 个中国八星级专业（8★）；浙江大学第五，有 1 个中国八星级专业（8★）；上海交通大学第六，有 1 个中国八星级专业（8★）；南京大学第七，有 13 个中国七星级专业（7★）；中国科学技术大学第八，有 1 个中国八星级专业（8★）；南开大学第九，学有 1 个中国八星级专业（8★）；华中科技大学第十，有 1 个中国八星级专业（8★）。

整体来看，教育部“双一流”建设高校本科专业建设水平相对较高，在榜单中占据绝对的优势地位。在 2024 年上榜的非“双一流”大学中，燕山大学、武汉科技大学、河北大学、扬州大学、中南民族大学、东北财经大学、齐鲁工业大学、北京电影学院、浙江工业大学、浙江师范大学专业实力较强，跻身全国 100 强行列，位居 2024 中国双非大学一流专业排名（研究型）十强。

今年，中外合作办学大学仍被纳入 2024 校友会中国大学一流专业排名（研究型）中，宁波诺丁汉大学、北京师范大学-香港浸会大学联合国际学院、西交利物浦大学、香港中文大学（深圳）、上海纽约大学位居 2024 校友会中国合作办学大学一流专业排名（研究型）五强，3 所院校挺进全国前 200 强。

在 2024 校友会中国各类型大学一流专业排名中，北京大学、中国科学技术大学、上海财经大学、北京师范大学、中国农业大学、中国传媒大学、中央戏剧学院、北京协和医学院、中央民族大学、北京体育大学、中国政法大学分列 2024 中国综合类、理工类、财经类、师范类、农林类、语言类、艺术类、医药类、民族类、体育类、政法类大学一流专业排名（研究型）第一。

排序方法为依据中国高校的星级专业数（按七八星、五六星、三四星和一二星分组），采用奥运会奖牌榜的排序方法对中国高校的本科专业进行排序。

表 3-2　2024 校友会中国大学一流专业排名（研究型）　（单位：个）

名次	学校名称	所在地区	世界一流专业（8★）	世界知名高水平专业（7★）	世界高水平、中国顶尖专业（6★）	中国一流专业（5★）	中国高水平专业（4★）	区域一流专业（3★）	区域高水平专业（2★）	区域知名专业（1★）
1	北京大学	北京	13	43	35	33	6	0	0	0
2	清华大学	北京	12	41	19	17	4	0	0	0
3	复旦大学	上海	1	20	18	24	19	0	0	0
4	中国人民大学	北京	3	18	12	22	29	2	0	0
5	浙江大学	浙江	1	15	25	29	58	8	0	0
6	上海交通大学	上海	1	14	19	25	26	0	0	0
7	南京大学	江苏	1	13	17	31	25	4	0	0
8	中国科学技术大学	安徽	1	10	11	10	7	6	0	0

续表

名次	学校名称	所在地区	世界一流专业（8★）	世界知名高水平专业（7★）	世界高水平、中国顶尖专业（6★）	中国一流专业（5★）	中国高水平专业（4★）	区域一流专业（3★）	区域高水平专业（2★）	区域知名专业（1★）
9	南开大学	天津	1	8	16	34	31	6	0	0
10	华中科技大学	湖北	1	7	14	36	40	13	0	0
11	武汉大学	湖北	1	7	15	32	53	13	0	0
12	哈尔滨工业大学	黑龙江	1	7	16	26	35	33	0	0
13	北京师范大学	北京	1	7	12	14	26	15	0	0
14	四川大学	四川	0	7	15	34	78	14	0	0
15	中山大学	广东	0	7	16	31	48	25	0	0
16	西安交通大学	陕西	0	7	10	24	31	19	0	0
17	北京航空航天大学	北京	0	7	11	17	33	7	0	0
18	北京理工大学	北京	0	6	6	14	34	17	0	0
19	山东大学	山东	0	5	13	29	49	35	0	0
20	厦门大学	福建	0	4	8	25	44	24	1	0
21	同济大学	上海	0	4	9	21	43	24	0	0
22	东南大学	江苏	0	4	12	16	40	16	0	0
23	中国农业大学	北京	0	4	6	15	23	26	2	0
24	西北工业大学	陕西	0	4	8	11	31	9	8	0
25	中南大学	湖南	1	2	13	21	49	14	0	0
26	大连理工大学	辽宁	0	3	13	21	37	17	4	0
27	东北大学	辽宁	0	3	12	22	22	21	0	0
28	华南理工大学	广东	0	3	7	24	46	14	15	0
29	天津大学	天津	0	3	10	17	24	20	0	0
30	中国传媒大学	北京	0	3	5	12	20	25	19	0
31	电子科技大学	四川	0	3	3	13	22	12	10	0
32	北京邮电大学	北京	0	3	5	10	10	12	9	0
33	北京林业大学	北京	0	3	1	8	18	12	15	0
34	中国地质大学（武汉）	湖北	1	2	2	6	29	21	9	1
35	中央戏剧学院	北京	0	3	1	2	1	0	3	0
36	吉林大学	吉林	0	2	13	28	73	30	0	0
37	北京外国语大学	北京	0	2	6	22	26	41	24	0
38	华东师范大学	上海	0	2	10	16	39	8	8	0
39	重庆大学	重庆	0	2	8	17	35	29	11	0
40	兰州大学	甘肃	0	2	7	15	43	19	11	0
41	湖南大学	湖南	0	2	5	17	32	10	7	0
42	西安电子科技大学	陕西	0	2	3	15	22	9	18	0
43	武汉理工大学	湖北	0	2	5	12	48	18	14	0
44	南京理工大学	江苏	0	2	5	10	34	13	7	0
45	北京科技大学	北京	0	2	3	11	21	9	11	0
46	北京体育大学	北京	1	1	4	9	8	9	7	0
47	华中农业大学	湖北	0	2	4	8	18	17	10	2
48	中央民族大学	北京	1	1	3	7	28	25	13	0
49	华中师范大学	湖北	0	2	2	8	39	11	20	0

续表

名次	学校名称	所在地区	世界一流专业（8★）	世界知名高水平专业（7★）	世界高水平、中国顶尖专业（6★）	中国一流专业（5★）	中国高水平专业（4★）	区域一流专业（3★）	区域高水平专业（2★）	区域知名专业（1★）
50	南京农业大学	江苏	0	2	5	5	25	10	19	0
51	中央美术学院	北京	0	2	4	5	10	4	0	0
52	中国海洋大学	山东	0	2	2	6	22	23	22	0
53	上海财经大学	上海	0	2	3	5	20	8	2	0
54	西北大学	陕西	0	2	2	5	35	24	21	0
55	中国矿业大学	江苏	1	1	3	4	29	16	19	2
56	中国石油大学（华东）	山东	0	2	1	4	18	14	23	2
57	上海音乐学院	上海	0	2	1	0	2	2	1	0
58	中国音乐学院	北京	0	2	1	0	1	0	0	0
59	中央音乐学院	北京	0	2	1	0	0	0	0	0
59	北京协和医学院	北京	1	1	1	0	0	0	0	0
61	暨南大学	广东	0	1	9	27	21	39	8	0
62	西南大学	重庆	0	1	4	26	44	23	16	0
63	西南交通大学	四川	0	1	6	22	31	27	5	0
64	燕山大学	河北	0	1	5	18	16	15	9	0
65	武汉科技大学	湖北	0	1	2	19	17	31	0	0
66	河北大学	河北	0	1	5	16	22	18	23	0
67	扬州大学	江苏	0	1	4	16	27	23	56	0
68	南方科技大学	广东	0	1	4	14	8	7	0	0
69	华南师范大学	广东	0	1	3	14	33	19	13	0
70	宁波大学	浙江	0	1	5	12	24	12	3	0
71	合肥工业大学	安徽	0	1	2	14	40	15	23	0
72	南京师范大学	江苏	0	1	3	12	33	25	29	0
73	湖南师范大学	湖南	0	1	3	11	39	18	17	4
74	东北师范大学	吉林	0	1	2	12	38	16	14	0
75	中南民族大学	湖北	0	1	1	13	21	31	12	0
76	华南农业大学	广东	0	1	3	11	21	25	31	10
77	南京林业大学	江苏	0	1	6	8	18	20	24	0
78	中南财经政法大学	湖北	0	1	5	8	24	24	1	0
79	北京交通大学	北京	0	1	2	11	38	3	7	0
80	南京航空航天大学	江苏	0	1	4	9	26	9	14	0
81	上海外国语大学	上海	0	1	0	13	18	12	9	0
82	东北财经大学	辽宁	0	1	4	9	15	7	5	0
83	齐鲁工业大学	山东	0	1	2	10	16	22	19	2
84	华东理工大学	上海	0	1	3	8	37	13	13	1
85	西北农林科技大学	陕西	0	1	3	8	23	16	24	4
86	中央财经大学	北京	0	1	3	8	26	10	5	0
87	北京电影学院	北京	0	1	4	7	7	4	0	0
88	浙江工业大学	浙江	0	1	2	8	35	8	13	7
89	浙江师范大学	浙江	0	1	2	8	27	14	15	0
90	对外经济贸易大学	北京	0	1	4	6	23	7	10	0

续表

名次	学校名称	所在地区	世界一流专业（8★）	世界知名高水平专业（7★）	世界高水平、中国顶尖专业（6★）	中国一流专业（5★）	中国高水平专业（4★）	区域一流专业（3★）	区域高水平专业（2★）	区域知名专业（1★）
91	西南财经大学	四川	0	1	3	7	17	7	8	0
92	中国美术学院	浙江	0	1	2	8	16	3	0	0
93	中国石油大学（北京）	北京	0	1	1	9	12	1	10	0
94	苏州大学	江苏	0	1	2	7	36	9	48	22
95	中国政法大学	北京	0	1	3	6	8	2	6	0
96	哈尔滨工程大学	黑龙江	0	1	3	5	30	14	13	0
97	北京化工大学	北京	0	1	2	6	15	15	15	0
98	东北林业大学	黑龙江	0	1	1	6	19	33	11	0
99	河海大学	江苏	1	0	3	4	29	20	9	0
100	东华大学	上海	0	1	3	4	24	12	14	1
101	中国人民公安大学	北京	0	1	2	5	9	8	5	0
102	西安美术学院	陕西	0	1	2	5	10	5	3	0
103	中国药科大学	江苏	0	1	3	3	5	9	4	0
104	上海海洋大学	上海	0	1	1	5	3	6	23	5
105	黑龙江中医药大学	黑龙江	0	1	1	5	4	5	8	0
106	上海戏剧学院	上海	0	1	3	3	3	6	0	0
107	中国刑事警察学院	辽宁	0	1	1	5	6	0	1	0
108	南京中医药大学	江苏	0	1	2	3	6	18	7	0
109	北京中医药大学	北京	1	0	2	3	2	9	1	0
110	中国戏曲学院	北京	0	1	3	2	4	6	0	0
111	江南大学	江苏	0	1	1	3	33	3	23	6
112	广州中医药大学	广东	0	1	2	2	4	15	4	2
113	外交学院	北京	0	1	2	2	4	2	0	0
114	北京语言大学	北京	0	1	3	0	15	5	15	0
115	天津中医药大学	天津	0	1	2	1	7	7	9	2
116	上海中医药大学	上海	0	1	2	1	3	5	3	0
117	北京舞蹈学院	北京	0	1	2	0	2	1	1	0
118	南京信息工程大学	江苏	0	1	1	0	28	19	21	5
119	贵州大学	贵州	0	0	6	14	45	39	0	0
120	郑州大学	河南	0	0	3	15	53	26	14	7
121	河南大学	河南	0	0	3	15	33	22	18	10
122	河南科技大学	河南	0	0	3	11	25	33	34	0
123	云南大学	云南	0	0	3	11	33	21	20	2
124	昆明理工大学	云南	0	0	3	10	30	38	22	0
125	长江大学	湖北	0	0	3	10	20	34	30	0
126	云南民族大学	云南	0	0	3	10	23	20	19	0
127	三峡大学	湖北	0	0	3	10	12	27	23	10
128	湖北工业大学	湖北	0	0	3	10	24	13	20	5
129	东北电力大学	吉林	0	0	1	12	10	11	10	0
130	首都医科大学	北京	0	0	3	10	4	7	0	0
131	山东财经大学	山东	0	0	2	10	18	30	0	0

续表

名次	学校名称	所在地区	世界一流专业（8★）	世界知名高水平专业（7★）	世界高水平、中国顶尖专业（6★）	中国一流专业（5★）	中国高水平专业（4★）	区域一流专业（3★）	区域高水平专业（2★）	区域知名专业（1★）
132	首都师范大学	北京	0	0	4	8	27	11	8	0
133	山东第1医科大学	山东	0	0	3	9	11	12	18	0
134	中国地质大学（北京）	北京	0	0	4	8	14	5	11	4
135	南方医科大学	广东	0	0	3	9	12	7	12	0
136	上海大学	上海	0	0	2	9	41	19	20	6
137	山西大学	山西	0	0	3	8	35	19	22	5
138	山东师范大学	山东	0	0	3	8	29	18	21	10
139	天津师范大学	天津	0	0	3	8	24	20	16	0
140	上海理工大学	上海	0	0	3	8	15	21	13	0
141	山西医科大学	山西	0	0	3	8	13	8	0	0
142	宁波诺丁汉大学	浙江	0	0	3	8	10	3	0	0
143	广西大学	广西	0	0	0	10	28	40	23	9
144	深圳大学	广东	0	0	3	7	24	43	20	0
145	安徽大学	安徽	0	0	2	8	43	17	15	3
146	湘潭大学	湖南	0	0	3	7	37	22	16	4
147	长安大学	陕西	0	0	3	7	28	17	25	1
148	广东工业大学	广东	0	0	2	8	27	13	23	21
149	陕西科技大学	陕西	0	0	2	8	18	16	22	0
150	武汉纺织大学	湖北	0	0	2	8	11	16	22	2
151	河北医科大学	河北	0	0	3	7	9	9	0	0
152	汕头大学	广东	0	0	1	9	10	5	11	19
153	南昌大学	江西	0	0	3	6	54	35	22	12
154	福建师范大学	福建	0	0	4	5	32	28	17	5
155	广东外语外贸大学	广东	0	0	1	8	28	17	14	8
156	桂林理工大学	广西	0	0	0	9	20	22	24	1
157	南华大学	湖南	0	0	2	7	14	27	9	13
158	东莞理工学院	广东	0	0	0	9	15	22	16	0
159	山东农业大学	山东	0	0	1	8	9	26	24	22
160	武汉轻工大学	湖北	0	0	2	7	19	5	11	12
161	北京师范大学-香港浸会大学联合国际学院	广东	0	0	2	7	11	3	2	0
162	中国医科大学	辽宁	0	0	2	7	8	3	8	0
163	鲁迅美术学院	辽宁	0	0	2	7	4	3	9	0
164	北京工业大学	北京	0	0	2	6	31	18	15	4
165	广州大学	广东	0	0	1	7	36	12	14	24
166	太原理工大学	山西	0	0	2	6	33	15	37	0
167	浙江工商大学	浙江	0	0	1	7	25	16	14	6
168	东北农业大学	黑龙江	0	0	2	6	18	22	15	11
169	辽宁大学	辽宁	0	0	2	6	15	23	24	6
170	西安理工大学	陕西	0	0	1	7	25	10	16	11
171	浙江理工大学	浙江	0	0	1	7	23	11	20	8
172	江西理工大学	江西	0	0	1	7	14	13	28	9

续表

名次	学校名称	所在地区	世界一流专业（8★）	世界知名高水平专业（7★）	世界高水平、中国顶尖专业（6★）	中国一流专业（5★）	中国高水平专业（4★）	区域一流专业（3★）	区域高水平专业（2★）	区域知名专业（1★）
173	西交利物浦大学	江苏	0	0	2	6	15	7	7	0
174	温州医科大学	浙江	0	0	0	8	10	11	2	2
175	西南政法大学	重庆	0	0	2	6	8	11	0	0
176	沈阳大学	辽宁	0	0	0	7	22	18	11	0
177	西安建筑科技大学	陕西	0	0	2	5	20	18	15	6
178	湖北大学	湖北	0	0	1	6	26	6	29	16
179	华北电力大学	北京	0	0	2	5	16	15	22	5
180	江西财经大学	江西	0	0	1	6	27	3	9	4
181	南京艺术学院	江苏	0	0	1	6	16	11	4	0
182	山东建筑大学	山东	0	0	2	5	8	18	17	10
183	中国矿业大学（北京）	北京	0	0	3	4	15	10	35	3
184	首都经济贸易大学	北京	0	0	2	5	18	7	10	1
185	大连工业大学	辽宁	0	0	0	7	8	16	13	7
186	天津财经大学	天津	0	0	1	6	14	9	13	7
187	四川美术学院	重庆	0	0	4	3	13	7	0	0
188	安徽师范大学	安徽	0	0	0	6	33	28	16	3
189	福州大学	福建	0	0	3	3	36	24	21	5
190	江西师范大学	江西	0	0	0	6	34	21	23	2
191	内蒙古大学	内蒙古	0	0	1	5	27	19	27	2
192	河南师范大学	河南	0	0	1	5	28	16	34	0
193	西北师范大学	甘肃	0	0	0	6	24	20	24	6
194	山东科技大学	山东	0	0	1	5	20	23	31	13
195	西南石油大学	四川	0	0	1	5	22	17	21	11
196	青岛科技大学	山东	0	0	0	6	18	19	17	19
197	黄冈师范学院	湖北	0	0	0	6	14	19	24	6
198	内蒙古财经大学	内蒙古	0	0	0	6	17	15	12	0
199	兰州交通大学	甘肃	0	0	0	6	21	9	18	13
200	北京第二外国语学院	北京	0	0	1	5	11	17	11	0
201	湖北经济学院	湖北	0	0	0	6	17	10	18	9
202	北京工商大学	北京	0	0	1	5	17	8	28	5
203	上海海事大学	上海	0	0	2	4	8	15	14	5
204	南京医科大学	江苏	0	0	2	4	13	1	8	0
205	华东政法大学	上海	0	0	2	4	4	10	0	0
206	香港中文大学（深圳）	广东	0	0	2	4	5	1	7	0
207	青岛大学	山东	0	0	0	5	34	27	16	11
208	黑龙江大学	黑龙江	0	0	2	3	30	22	25	4
209	陕西师范大学	陕西	0	0	2	3	36	15	11	2
210	成都理工大学	四川	0	0	1	4	23	26	31	16
211	上海师范大学	上海	0	0	1	4	23	26	20	8
212	福建农林大学	福建	0	0	1	4	22	26	22	7
213	杭州电子科技大学	浙江	0	0	1	4	17	28	6	0

续表

名次	学校名称	所在地区	世界一流专业（8★）	世界知名高水平专业（7★）	世界高水平、中国顶尖专业（6★）	中国一流专业（5★）	中国高水平专业（4★）	区域一流专业（3★）	区域高水平专业（2★）	区域知名专业（1★）
214	宁夏大学	宁夏	0	0	0	5	25	18	21	14
215	河北工业大学	河北	0	0	1	4	32	9	19	7
216	北方民族大学	宁夏	0	0	0	5	18	20	27	0
217	大连海事大学	辽宁	0	0	1	4	17	21	9	3
218	杭州师范大学	浙江	0	0	0	5	22	15	14	18
219	河南农业大学	河南	0	0	0	5	15	19	35	6
220	南京工业大学	江苏	0	0	2	3	26	7	47	6
221	安徽农业大学	安徽	0	0	1	4	17	15	20	18
222	桂林电子科技大学	广西	0	0	0	5	18	13	13	22
223	温州大学	浙江	0	0	0	5	18	9	11	12
224	湖州师范学院	浙江	0	0	0	5	14	12	15	0
225	四川外国语大学	重庆	0	0	1	4	15	10	4	15
226	山东中医药大学	山东	0	0	2	3	7	15	1	7
227	广州美术学院	广东	0	0	1	4	15	6	2	0
228	四川音乐学院	四川	0	0	2	3	6	13	5	0
229	大连海洋大学	辽宁	0	0	1	4	8	10	17	10
230	湖北医药学院	湖北	0	0	0	5	8	10	0	0
231	北京建筑大学	北京	0	0	1	4	12	5	9	7
232	哈尔滨医科大学	黑龙江	0	0	2	3	10	7	8	0
233	北京服装学院	北京	0	0	1	4	10	5	3	5
234	天津医科大学	天津	0	0	1	4	10	5	1	0
235	上海体育学院	上海	0	0	2	3	4	7	8	0
236	沈阳体育学院	辽宁	0	0	2	3	4	2	2	0
237	新疆大学	新疆	0	0	2	2	35	38	15	2
238	四川农业大学	四川	0	0	2	2	21	36	21	9
239	云南师范大学	云南	0	0	0	4	22	33	11	8
240	长沙理工大学	湖南	0	0	1	3	40	13	19	1
241	济南大学	山东	0	0	0	4	13	31	28	21
242	湖南农业大学	湖南	0	0	1	3	22	21	26	5
243	南京邮电大学	江苏	0	0	1	3	26	17	11	2
244	中北大学	山西	0	0	1	3	16	25	34	10
245	中南林业科技大学	湖南	0	0	0	4	21	15	18	22
246	天津科技大学	天津	0	0	1	3	15	21	14	17
247	鲁东大学	山东	0	0	0	4	13	21	26	19
248	华东交通大学	江西	0	0	1	3	20	14	10	11
249	河南理工大学	河南	0	0	0	4	21	12	17	23
250	郑州轻工业大学	河南	0	0	0	4	21	12	15	17
251	西安外国语大学	陕西	0	0	0	4	18	15	16	5
252	西南民族大学	四川	0	0	0	4	19	13	32	16
253	西安科技大学	陕西	0	0	1	3	18	14	11	9
254	浙江农林大学	浙江	0	0	1	3	12	19	22	10

续表

名次	学校名称	所在地区	世界一流专业（8★）	世界知名高水平专业（7★）	世界高水平、中国顶尖专业（6★）	中国一流专业（5★）	中国高水平专业（4★）	区域一流专业（3★）	区域高水平专业（2★）	区域知名专业（1★）
255	长春理工大学	吉林	0	0	1	3	18	13	8	14
256	安徽财经大学	安徽	0	0	0	4	20	11	10	10
257	西南林业大学	云南	0	0	1	3	6	23	14	34
258	辽宁工程技术大学	辽宁	0	0	0	4	9	20	24	16
259	湖南工商大学	湖南	0	0	0	4	15	14	6	18
260	重庆交通大学	重庆	0	0	0	4	17	11	22	9
261	天津工业大学	天津	0	0	1	3	21	6	33	0
262	重庆邮电大学	重庆	0	0	0	4	18	9	14	16
263	景德镇陶瓷大学	江西	0	0	2	2	12	15	11	14
264	云南艺术学院	云南	0	0	0	4	16	10	5	0
265	沈阳建筑大学	辽宁	0	0	0	4	13	12	10	9
266	吉林建筑大学	吉林	0	0	0	4	7	16	5	18
267	山东艺术学院	山东	0	0	0	4	14	8	5	4
268	西安财经大学	陕西	0	0	0	4	7	12	4	17
269	安徽医科大学	安徽	0	0	0	4	9	10	3	9
270	大连外国语大学	辽宁	0	0	0	4	7	9	9	10
271	成都体育学院	四川	0	0	1	3	8	6	5	0
272	天津美术学院	天津	0	0	0	4	9	4	1	2
273	广州医科大学	广东	0	0	2	2	12	0	7	2
274	北京印刷学院	北京	0	0	2	2	6	5	4	14
275	福建中医药大学	福建	0	0	0	4	6	5	1	4
276	中国人民警察大学	河北	0	0	1	3	7	2	5	0
277	广州体育学院	广东	0	0	1	3	2	6	6	0
278	天津音乐学院	天津	0	0	2	2	2	5	4	0
279	上海纽约大学	上海	0	0	1	3	5	2	0	0
280	星海音乐学院	广东	0	0	2	2	3	3	0	0
281	武汉音乐学院	湖北	0	0	1	3	2	0	2	0
282	天津理工大学	天津	0	0	0	3	21	25	11	8
283	曲阜师范大学	山东	0	0	0	3	25	19	21	19
284	江苏大学	江苏	0	0	1	2	38	5	29	16
285	河南工业大学	河南	0	0	1	2	21	17	13	18
286	沈阳师范大学	辽宁	0	0	0	3	19	18	28	11
287	天津外国语大学	天津	0	0	0	3	15	22	17	2
288	青海大学	青海	0	0	0	3	19	17	17	11
289	成都信息工程大学	四川	0	0	0	3	16	18	10	16
290	安徽理工大学	安徽	0	0	0	3	22	11	16	35
291	兰州理工大学	甘肃	0	0	0	3	18	15	19	19
292	集美大学	福建	0	0	0	3	23	8	21	18
293	西藏大学	西藏	0	0	1	2	20	11	27	4
294	浙江财经大学	浙江	0	0	0	3	18	13	12	5
295	中国计量大学	浙江	0	0	0	3	15	15	15	8

续表

名次	学校名称	所在地区	世界一流专业（8★）	世界知名高水平专业（7★）	世界高水平、中国顶尖专业（6★）	中国一流专业（5★）	中国高水平专业（4★）	区域一流专业（3★）	区域高水平专业（2★）	区域知名专业（1★）
296	吉林农业大学	吉林	0	0	0	3	13	15	20	22
297	浙江中医药大学	浙江	0	0	1	2	10	18	2	0
298	重庆工商大学	重庆	0	0	0	3	19	8	22	25
299	南昌航空大学	江西	0	0	1	2	16	11	20	23
300	西安工程大学	陕西	0	0	0	3	10	16	13	15
301	青海民族大学	青海	0	0	0	3	7	17	20	13
302	重庆医科大学	重庆	0	0	0	3	17	7	7	0
303	天津城建大学	天津	0	0	1	2	8	15	4	25
304	石家庄铁道大学	河北	0	0	1	2	10	12	19	9
305	成都中医药大学	四川	0	0	1	2	11	11	9	4
306	河南中医药大学	河南	0	0	0	3	9	12	0	9
307	大连交通大学	辽宁	0	0	0	3	12	8	17	10
308	西北政法大学	陕西	0	0	0	3	8	12	7	0
309	湖北美术学院	湖北	0	0	0	3	12	8	3	3
310	北京信息科技大学	北京	0	0	0	3	14	3	12	10
311	辽宁科技大学	辽宁	0	0	0	3	3	12	22	26
312	沈阳药科大学	辽宁	0	0	2	1	9	6	6	0
313	天津体育学院	天津	0	0	2	1	4	6	5	0
314	沈阳音乐学院	辽宁	0	0	1	2	5	3	6	0
315	南京体育学院	江苏	0	0	1	2	5	3	5	0
316	国际关系学院	北京	0	0	2	1	5	2	0	0
317	西安音乐学院	陕西	0	0	0	3	4	2	1	1
318	中国青年政治学院	北京	0	0	1	2	2	2	3	2
319	海南大学	海南	0	0	0	2	43	21	17	22
320	四川师范大学	四川	0	0	0	2	31	30	13	12
321	河北师范大学	河北	0	0	0	2	34	21	26	7
322	河北农业大学	河北	0	0	0	2	22	25	37	9
323	哈尔滨师范大学	黑龙江	0	0	0	2	25	20	17	16
324	湖南工业大学	湖南	0	0	0	2	21	22	11	23
325	内蒙古农业大学	内蒙古	0	0	1	1	21	21	27	13
326	哈尔滨理工大学	黑龙江	0	0	0	2	21	21	9	12
327	贵州师范大学	贵州	0	0	0	2	26	14	24	16
328	山西财经大学	山西	0	0	0	2	19	19	14	4
329	安徽工业大学	安徽	0	0	0	2	17	20	22	25
330	华北水利水电大学	河南	0	0	1	1	23	14	15	16
331	沈阳航空航天大学	辽宁	0	0	2	0	20	15	9	7
332	山西农业大学	山西	0	0	0	2	13	20	18	16
333	沈阳工业大学	辽宁	0	0	0	2	18	15	8	16
334	江汉大学	湖北	0	0	0	2	6	26	11	31
335	延边大学	吉林	0	0	0	2	19	12	26	14
336	河北科技大学	河北	0	0	0	2	13	17	36	14

续表

名次	学校名称	所在地区	世界一流专业（8★）	世界知名高水平专业（7★）	世界高水平、中国顶尖专业（6★）	中国一流专业（5★）	中国高水平专业（4★）	区域一流专业（3★）	区域高水平专业（2★）	区域知名专业（1★）
337	广西师范大学	广西	0	0	0	2	21	9	27	15
338	贵州民族大学	贵州	0	0	0	2	10	19	23	28
339	新疆农业大学	新疆	0	0	0	2	15	14	18	12
340	甘肃农业大学	甘肃	0	0	1	1	11	17	21	18
341	江西农业大学	江西	0	0	0	2	16	11	24	13
342	河北工程大学	河北	0	0	0	2	12	13	21	38
343	新疆师范大学	新疆	0	0	0	2	14	11	18	19
344	东华理工大学	江西	0	0	0	2	18	7	14	22
345	西安邮电大学	陕西	0	0	0	2	11	14	8	10
346	山东工艺美术学院	山东	0	0	0	2	11	14	2	3
347	沈阳理工大学	辽宁	0	0	1	1	10	14	8	26
348	延安大学	陕西	0	0	1	1	10	14	10	21
349	西安工业大学	陕西	0	0	0	2	19	5	10	18
350	广东海洋大学	广东	0	0	0	2	12	11	25	27
351	河北地质大学	河北	0	0	0	2	7	16	14	25
352	兰州财经大学	甘肃	0	0	0	2	8	15	15	21
353	浙江海洋大学	浙江	0	0	0	2	4	18	10	7
354	内蒙古民族大学	内蒙古	0	0	0	2	8	12	23	31
355	黑龙江科技大学	黑龙江	0	0	0	2	5	15	19	18
356	武汉工程大学	湖北	0	0	0	2	17	2	35	16
357	江苏科技大学	江苏	0	0	0	2	19	0	23	23
358	广东技术师范大学	广东	0	0	0	2	7	11	22	25
359	佛山科学技术学院	广东	0	0	0	2	5	13	9	33
360	湖北汽车工业学院	湖北	0	0	0	2	7	11	6	12
361	南京审计大学	江苏	0	0	0	2	16	2	8	8
362	中国民航大学	天津	0	0	0	2	8	10	8	7
363	江西中医药大学	江西	0	0	1	1	4	13	3	7
364	新疆医科大学	新疆	0	0	1	1	9	8	3	5
365	湖北中医药大学	湖北	0	0	0	2	8	8	8	9
366	西南医科大学	四川	0	0	0	2	7	8	4	11
367	武汉体育学院	湖北	0	0	0	2	8	7	12	0
368	福建医科大学	福建	0	0	0	2	9	5	6	4
369	徐州医科大学	江苏	0	0	1	1	12	0	9	9
370	大连医科大学	辽宁	0	0	0	2	5	7	9	3
371	云南中医药大学	云南	0	0	0	2	4	8	1	9
372	广西中医药大学	广西	0	0	0	2	6	3	5	14
373	温州肯恩大学	浙江	0	0	0	2	5	4	7	0
374	首都体育学院	北京	0	0	0	2	8	1	3	0
375	吉林体育学院	吉林	0	0	1	1	6	2	3	0
376	辽宁中医药大学	辽宁	0	0	1	1	5	2	7	6
377	深圳北理莫斯科大学	广东	0	0	0	2	1	1	7	0

续表

名次	学校名称	所在地区	世界一流专业（8★）	世界知名高水平专业（7★）	世界高水平、中国顶尖专业（6★）	中国一流专业（5★）	中国高水平专业（4★）	区域一流专业（3★）	区域高水平专业（2★）	区域知名专业（1★）
378	西藏藏医药大学	西藏	0	0	0	2	0	0	0	4
379	华侨大学	福建	0	0	0	1	35	13	24	24
380	西南科技大学	四川	0	0	0	1	21	26	19	14
381	石河子大学	新疆	0	0	0	1	27	18	28	20
382	河北经贸大学	河北	0	0	0	1	13	30	7	11
383	内蒙古工业大学	内蒙古	0	0	0	1	23	18	24	10
384	山东理工大学	山东	0	0	0	1	24	16	20	19
385	湖南科技大学	湖南	0	0	0	1	23	16	35	20
386	青岛农业大学	山东	0	0	0	1	14	25	23	18
387	安徽建筑大学	安徽	0	0	0	1	18	21	20	2
388	内蒙古科技大学	内蒙古	0	0	0	1	9	28	39	23
389	辽宁师范大学	辽宁	0	0	0	1	18	19	21	6
390	云南财经大学	云南	0	0	0	1	19	18	9	15
391	沈阳农业大学	辽宁	0	0	0	1	17	20	12	7
392	云南农业大学	云南	0	0	0	1	12	24	18	14
393	上海工程技术大学	上海	0	0	0	1	16	20	10	18
394	广西民族大学	广西	0	0	0	1	17	18	34	13
395	哈尔滨商业大学	黑龙江	0	0	0	1	18	17	16	17
396	山西师范大学	山西	0	0	0	1	14	19	14	9
397	聊城大学	山东	0	0	0	1	8	24	40	23
398	东北石油大学	黑龙江	0	0	0	1	15	17	18	14
399	沈阳化工大学	辽宁	0	0	0	1	16	15	12	16
400	青海师范大学	青海	0	0	0	1	15	15	17	13
401	西安石油大学	陕西	0	0	0	1	17	13	14	12
402	重庆师范大学	重庆	0	0	0	1	15	14	15	27
403	西北民族大学	甘肃	0	0	0	1	15	14	18	23
404	大连民族大学	辽宁	0	0	0	1	12	17	12	15
405	广西艺术学院	广西	0	0	0	1	14	15	6	2
406	浙江科技大学	浙江	0	0	0	1	7	21	16	13
407	北华大学	吉林	0	0	0	1	14	13	27	36
408	江苏师范大学	江苏	0	0	0	1	23	4	28	23
409	辽宁石油化工大学	辽宁	0	0	0	1	14	13	12	18
410	南京财经大学	江苏	0	0	0	1	19	8	15	9
411	长春师范大学	吉林	0	0	0	1	12	14	14	31
412	广东财经大学	广东	0	0	0	1	18	8	20	16
413	天津商业大学	天津	0	0	0	1	14	11	16	12
414	重庆理工大学	重庆	0	0	0	1	14	10	21	21
415	烟台大学	山东	0	0	0	1	13	11	16	23
416	上海对外经贸大学	上海	0	0	0	1	15	9	3	5
417	四川轻化工大学	四川	0	0	0	1	10	13	9	37
418	中原工学院	河南	0	0	0	1	11	12	16	25

续表

名次	学校名称	所在地区	世界一流专业（8★）	世界知名高水平专业（7★）	世界高水平、中国顶尖专业（6★）	中国一流专业（5★）	中国高水平专业（4★）	区域一流专业（3★）	区域高水平专业（2★）	区域知名专业（1★）
419	大连大学	辽宁	0	0	0	1	10	13	31	7
420	吉林艺术学院	吉林	0	0	0	1	16	7	10	1
421	安庆师范大学	安徽	0	0	0	1	11	11	13	38
422	海南师范大学	海南	0	0	0	1	17	5	27	16
423	吉林财经大学	吉林	0	0	0	1	16	6	5	6
424	北方工业大学	北京	0	0	0	1	12	8	15	9
425	苏州科技大学	江苏	0	0	0	1	18	1	25	26
426	湖北文理学院	湖北	0	0	0	1	10	9	23	13
427	台州学院	浙江	0	0	0	1	2	17	22	11
428	湖南中医药大学	湖南	0	0	0	1	7	12	3	5
429	长春大学	吉林	0	0	0	1	4	12	11	34
430	长春中医药大学	吉林	0	0	0	1	7	9	0	6
431	五邑大学	广东	0	0	0	1	9	6	7	22
432	北京石油化工学院	北京	0	0	0	1	9	6	5	18
433	甘肃政法大学	甘肃	0	0	0	1	6	9	13	8
434	甘肃中医药大学	甘肃	0	0	0	1	6	9	3	13
435	昆明医科大学	云南	0	0	0	1	7	8	7	8
436	陕西中医药大学	陕西	0	0	0	1	1	14	2	8
437	吉林化工学院	吉林	0	0	0	1	8	6	17	15
438	上海电力大学	上海	0	0	0	1	4	9	11	13
439	安徽中医药大学	安徽	0	0	0	1	6	7	6	7
440	内蒙古医科大学	内蒙古	0	0	0	1	4	8	5	11
441	中国劳动关系学院	北京	0	0	0	1	6	5	2	7
442	广西医科大学	广西	0	0	0	1	5	4	9	11
443	昆山杜克大学	江苏	0	0	0	1	4	4	8	0
444	中央司法警官学院	河北	0	0	1	0	2	2	7	1
445	广东以色列理工学院	广东	0	0	0	1	1	1	1	0
446	南通大学	江苏	0	0	0	0	24	17	28	35
447	西华大学	四川	0	0	0	0	18	21	21	34
448	常州大学	江苏	0	0	0	0	19	20	22	16
449	吉首大学	湖南	0	0	0	0	16	21	2	33
450	佳木斯大学	黑龙江	0	0	0	0	7	29	15	30
451	河南财经政法大学	河南	0	0	0	0	13	22	17	13
452	青岛理工大学	山东	0	0	0	0	20	15	10	14
453	齐齐哈尔大学	黑龙江	0	0	0	0	12	22	21	25
454	贵州财经大学	贵州	0	0	0	0	20	13	14	19
455	太原科技大学	山西	0	0	0	0	7	25	16	12
456	华北理工大学	河北	0	0	0	0	24	7	41	23
457	西华师范大学	四川	0	0	0	0	12	19	27	23
458	安徽工程大学	安徽	0	0	0	0	21	10	17	23
459	湖北师范大学	湖北	0	0	0	0	8	23	9	25

续表

名次	学校名称	所在地区	世界一流专业（8★）	世界知名高水平专业（7★）	世界高水平、中国顶尖专业（6★）	中国一流专业（5★）	中国高水平专业（4★）	区域一流专业（3★）	区域高水平专业（2★）	区域知名专业（1★）
460	郑州航空工业管理学院	河南	0	0	0	0	14	17	2	28
461	赣南师范大学	江西	0	0	0	0	12	19	13	15
462	内蒙古师范大学	内蒙古	0	0	0	0	24	6	44	18
463	南宁师范大学	广西	0	0	0	0	13	17	20	20
464	广西科技大学	广西	0	0	0	0	5	25	10	29
465	辽宁工业大学	辽宁	0	0	0	0	11	19	7	15
466	北京联合大学	北京	0	0	0	0	14	15	20	19
467	临沂大学	山东	0	0	0	0	11	17	26	36
468	淮北师范大学	安徽	0	0	0	0	12	16	13	34
469	长春工业大学	吉林	0	0	0	0	12	16	13	18
470	成都大学	四川	0	0	0	0	15	12	9	29
471	上海应用技术大学	上海	0	0	0	0	10	17	13	14
472	陕西理工大学	陕西	0	0	0	0	8	18	7	27
473	信阳师范大学	河南	0	0	0	0	11	14	23	27
474	大理大学	云南	0	0	0	0	8	17	8	39
475	渤海大学	辽宁	0	0	0	0	11	14	7	23
476	黑龙江八一农垦大学	黑龙江	0	0	0	0	9	16	12	14
477	闽南师范大学	福建	0	0	0	0	7	17	12	31
478	西藏民族大学	西藏	0	0	0	0	9	14	15	19
479	山东工商学院	山东	0	0	0	0	12	11	13	20
480	天津农学院	天津	0	0	0	0	7	16	4	18
481	江苏海洋大学	江苏	0	0	0	0	12	10	12	37
482	湖北民族大学	湖北	0	0	0	0	11	11	17	31
483	天津职业技术师范大学	天津	0	0	0	0	6	16	12	10
484	河南科技学院	河南	0	0	0	0	7	14	19	32
485	西藏农牧学院	西藏	0	0	0	0	6	15	15	1
486	新乡医学院	河南	0	0	0	0	11	10	4	8
487	遵义医科大学	贵州	0	0	0	0	8	13	4	5
488	阜阳师范大学	安徽	0	0	0	0	6	14	4	45
489	江西科技师范大学	江西	0	0	0	0	9	10	17	29
490	吉林师范大学	吉林	0	0	0	0	9	10	29	15
491	新疆财经大学	新疆	0	0	0	0	16	3	6	13
492	塔里木大学	新疆	0	0	0	0	7	11	21	28
493	仲恺农业工程学院	广东	0	0	0	0	4	14	16	29
493	绍兴文理学院	浙江	0	0	0	0	5	13	17	28
495	广东药科大学	广东	0	0	0	0	7	11	14	18
496	广东医科大学	广东	0	0	0	0	5	13	4	14
497	贵州医科大学	贵州	0	0	0	0	9	8	9	12
498	伊犁师范大学	新疆	0	0	0	0	5	11	1	28
499	宁夏医科大学	宁夏	0	0	0	0	8	8	2	2
500	北京物资学院	北京	0	0	0	0	9	6	2	10

续表

名次	学校名称	所在地区	世界一流专业（8★）	世界知名高水平专业（7★）	世界高水平、中国顶尖专业（6★）	中国一流专业（5★）	中国高水平专业（4★）	区域一流专业（3★）	区域高水平专业（2★）	区域知名专业（1★）
501	海南医学院	海南	0	0	0	0	5	8	3	13
502	贵州中医药大学	贵州	0	0	0	0	4	8	6	11
503	北京农学院	北京	0	0	0	0	4	5	5	19
503	山东第二医科大学	山东	0	0	0	0	3	6	2	22
505	山西中医药大学	山西	0	0	0	0	2	5	2	14
506	锦州医科大学	辽宁	0	0	0	0	2	4	3	16
507	香港科技大学（广州）	广东	0	0	0	0	0	3	0	0

第二节　2024 中国大学一流专业排名（应用型）

榜单显示，在 2024 校友会中国大学一流专业排名（应用型）中，全国共有深圳技术大学、合肥大学、重庆科技大学、南京工程学院、武昌首义学院、三亚学院、西安欧亚学院等 595 所高校的 5746 个本科专业入选 2024 中国五星级（5★）以上应用型专业名单。其中，17 个中国七星级应用型专业（7★）跻身 2024 世界知名、中国顶尖应用型专业行列；2599 个中国六星级应用型专业（6★）跻身 2024 中国顶尖应用型专业行列；3130 个中国五星级应用型专业（5★）跻身 2024 中国一流应用型专业行列；4636 个中国四星级应用型专业（4★）跻身 2024 中国高水平应用型专业行列；6212 个中国三星级应用型专业（3★）跻身 2024 中国区域一流应用型专业行列；5438 个中国二星级应用型专业（2★）跻身 2024 中国区域高水平应用型专业行列；5260 个中国一星级应用型专业（1★），跻身 2024 中国区域知名应用型专业行列。

在 2024 校友会中国大学一流专业排名（应用型）中，深圳技术大学计算机科学与技术、合肥大学生物工程、重庆科技大学石油工程、广东金融学院金融学、南京工程学院电气工程及其自动化、山东交通学院车辆工程、广西财经学院国际经济与贸易、上海立信会计金融学院会计学、中国民用航空飞行学院飞行技术、南昌工程学院水利水电工程、淮阴工学院机械设计制造及其自动化、福建理工大学土木工程、南京晓庄学院小学教育、云南警官学院禁毒学、浙江万里学院生物技术、上海海关学院海关管理等 17 个本科专业荣获 2024 中国七星级应用型专业（7★）（表 3-3），跻身世界知名、中国顶尖应用型专业行列。

表 3-3　2024 校友会世界知名、中国顶尖应用型专业排名

名次	学校名称	数量	中国七星级应用型专业（7★）名单
1	深圳技术大学	2	计算机科学与技术、生物医学工程
2	广东金融学院	1	金融学
2	山东交通学院	1	车辆工程
2	南京工程学院	1	电气工程及其自动化
2	广西财经学院	1	国际经济与贸易
2	上海立信会计金融学院	1	会计学
2	淮阴工学院	1	机械设计制造及其自动化
2	合肥大学	1	生物工程
2	浙江万里学院	1	生物技术
2	福建理工大学	1	土木工程
2	南京晓庄学院	1	小学教育
2	南昌工程学院	1	水利水电工程
2	中国民用航空飞行学院	1	飞行技术
2	云南警官学院	1	禁毒学
2	重庆科技大学	1	石油工程
2	上海海关学院	1	海关管理

榜单显示，在 2024 校友会中国大学一流专业排名（应用型）（表 3-4）中，深圳技术大学专业水平最高，有 2 个中国七星级专业（7★），19 个中国六星级专业（6★），5 个中国五星级专业（5★），问鼎 2024 校友会中国大学一流专业排名（应用型）第 1，是 2024 年中国应用型高校本科专业水平最高、办学特色最鲜明的大学。合肥学院第二，有 1 个中国七星级专业（7★），24 个中国六星级专业（6★），16 个中国五星级专业（5★）。重庆科技大学第三，有 1 个中国七星级专业（7★），23 个中国六星级专业（6★），16 个中国五星级专业（5★）。

南京工程学院第 4，有 1 个中国七星级专业（7★），22 个中国六星级专业（6★）。山东交通学院第 5，有 1 个中国七星级专业（7★），20 个中国六星级专业（6★）。福建理工大学第 6，有 1 个中国七星级专业（7★）。浙江万里学院第 7，有 1 个中国七星级专业（7★）。广西财经学院第 8，有 1 个中国七星级专业（7★）。南京晓庄学院第 9，有 1 个中国七星级专业（7★）。南昌工程学院第 10，有 1 个中国七星级专业（7★）。

其中，民办高校纳入 2024 校友会中国大学一流专业排名（应用型）中，武昌首义学院、西安欧亚学院、三亚学院、文华学院、广州南方学院、福州外语外贸学院、齐鲁理工学院、南昌理工学院、昆明城市学院、四川大学锦江学院、沈阳城市学院、武汉工商学院、天津仁爱学院、山东协和学院、上海建桥学院、西安培华学院、商丘学院、广东科技学院、广州城市理工学院、武汉华夏理工学院、武汉城市学院、长春财经学院等 22 所大学本科专业水平较高，实力突出，挺进全国应用型高校 50 强。

在 2024 校友会中国各类型大学一流专业排名（应用型）中，湖南文理学院、深圳技术大学、广西财经学院、南京晓庄学院、山东协和学院、呼和浩特民族学院、吉林农业科技学院、云南警官学院、黑龙江外国语学院、内蒙古艺术学院、西安体育学院雄居综合类、理工类、财经类、师范类、医药类、民族类、农林类、政法类、语言类、艺术类、体育类大学第 1。

排序方法：依据中国高校的星级专业数（按七八星、五六星、三四星和一二星分组），采用奥运会奖牌榜的排序方法对中国高校的本科专业进行排序。

表 3-4　2024 校友会中国大学一流专业排名（应用型）　（单位：个）

名次	学校名称	所在地区	世界一流应用型专业（8★）	世界知名、中国顶尖应用型专业（7★）	中国顶尖应用型专业（6★）	中国一流应用型专业（5★）	中国高水平应用型专业（4★）	区域一流应用型专业（3★）	区域高水平应用型专业（2★）	区域知名应用型专业（1★）
1	深圳技术大学	广东	0	2	19	5	0	0	0	0
2	合肥大学	安徽	0	1	24	16	11	12	2	0
3	重庆科技大学	重庆	0	1	23	16	15	12	0	0
4	南京工程学院	江苏	0	1	22	16	14	12	5	0
5	山东交通学院	山东	0	1	20	18	12	11	0	0
6	福建理工大学	福建	0	1	19	11	11	13	11	0
7	浙江万里学院	浙江	0	1	17	11	12	9	5	0
8	广西财经学院	广西	0	1	13	13	12	9	7	0
9	南京晓庄学院	江苏	0	1	14	10	7	11	14	0
10	南昌工程学院	江西	0	1	13	8	11	9	8	0
11	上海立信会计金融学院	上海	0	1	12	9	7	3	0	0
12	淮阴工学院	江苏	0	1	13	7	13	13	22	0
13	广东金融学院	广东	0	1	7	11	14	10	6	0
14	中国民用航空飞行学院	四川	0	1	8	8	5	4	0	0
15	上海海关学院	上海	0	1	3	6	1	0	0	0
16	云南警官学院	云南	0	1	3	5	6	4	0	0
17	湖南理工学院	湖南	0	0	21	15	8	7	0	0
18	武昌首义学院	湖北	0	0	23	12	1	0	0	0
18	西安欧亚学院	陕西	0	0	22	13	1	0	0	0
20	湖北工程学院	湖北	0	0	19	15	12	17	0	0
20	湖南文理学院	湖南	0	0	14	20	12	17	0	0
22	江苏理工学院	江苏	0	0	18	16	16	9	0	0

续表

名次	学校名称	所在地区	世界一流应用型专业（8★）	世界知名、中国顶尖应用型专业（7★）	中国顶尖应用型专业（6★）	中国一流应用型专业（5★）	中国高水平应用型专业（4★）	区域一流应用型专业（3★）	区域高水平应用型专业（2★）	区域知名应用型专业（1★）
23	三亚学院	海南	0	0	22	12	14	9	0	0
24	文华学院	湖北	0	0	19	15	12	1	0	0
25	广州南方学院	广东	0	0	21	13	10	0	0	0
26	福州外语外贸学院	福建	0	0	19	15	2	0	0	0
27	洛阳师范学院	河南	0	0	17	16	16	19	7	0
28	齐鲁理工学院	山东	0	0	22	11	23	0	0	0
29	南昌理工学院	江西	0	0	20	13	20	0	0	0
30	昆明城市学院	云南	0	0	21	12	18	0	0	0
31	四川大学锦江学院	四川	0	0	20	13	15	0	0	0
32	沈阳城市学院	辽宁	0	0	18	15	12	0	0	0
33	武汉工商学院	湖北	0	0	19	14	7	0	0	0
33	天津仁爱学院	天津	0	0	19	14	7	0	0	0
35	山东协和学院	山东	0	0	19	14	5	0	0	0
35	上海建桥学院	上海	0	0	21	12	5	0	0	0
37	西安培华学院	陕西	0	0	20	13	3	0	0	0
38	湖北科技学院	湖北	0	0	23	9	14	17	0	0
39	重庆文理学院	重庆	0	0	16	16	18	7	9	0
40	商丘学院	河南	0	0	20	12	15	2	0	0
41	长沙学院	湖南	0	0	15	17	8	8	0	0
42	广东科技学院	广东	0	0	20	12	11	2	0	0
43	广州城市理工学院	广东	0	0	18	14	12	0	0	0
44	武汉华夏理工学院	湖北	0	0	19	13	9	0	0	0
45	武汉城市学院	湖北	0	0	20	12	5	0	0	0
46	闽江学院	福建	0	0	12	19	13	11	5	0
47	嘉兴大学	浙江	0	0	16	15	12	12	0	0
48	长春财经学院	吉林	0	0	21	10	0	0	0	0
49	盐城工学院	江苏	0	0	16	14	14	17	14	3
50	厦门理工学院	福建	0	0	19	11	10	12	9	2
51	黑龙江工程学院	黑龙江	0	0	15	15	9	10	0	0
52	广州商学院	广东	0	0	18	12	8	0	0	0
53	吉利学院	四川	0	0	19	11	4	0	0	0
54	长春工程学院	吉林	0	0	14	15	12	8	5	0
55	长春光华学院	吉林	0	0	16	13	14	0	0	0
56	电子科技大学成都学院	四川	0	0	19	10	8	0	0	0
57	兰州工商学院	甘肃	0	0	17	12	3	0	0	0
57	黑龙江外国语学院	黑龙江	0	0	19	10	3	0	0	0
59	湖南工程学院	湖南	0	0	17	11	11	18	0	0
60	吉林建筑科技学院	吉林	0	0	15	13	13	3	0	0
61	安徽科技学院	安徽	0	0	11	16	11	20	11	0
62	昆明学院	云南	0	0	14	13	14	8	15	0

续表

名次	学校名称	所在地区	世界一流应用型专业（8★）	世界知名、中国顶尖应用型专业（7★）	中国顶尖应用型专业（6★）	中国一流应用型专业（5★）	中国高水平应用型专业（4★）	区域一流应用型专业（3★）	区域高水平应用型专业（2★）	区域知名应用型专业（1★）
63	华北科技学院	河北	0	0	11	16	13	9	7	0
64	宁波大学科学技术学院	浙江	0	0	15	12	10	0	0	0
65	井冈山大学	江西	0	0	13	13	20	14	9	3
66	岭南师范学院	广东	0	0	15	11	13	16	11	7
67	金陵科技学院	江苏	0	0	15	11	8	12	12	3
68	安阳学院	河南	0	0	8	17	17	2	0	0
69	上海第二工业大学	上海	0	0	12	13	10	8	0	0
70	哈尔滨华德学院	黑龙江	0	0	12	13	12	2	0	0
71	浙江外国语学院	浙江	0	0	11	14	7	3	0	0
72	南京理工大学泰州科技学院	江苏	0	0	18	7	2	0	0	0
73	天水师范学院	甘肃	0	0	8	16	10	17	16	1
74	长春建筑学院	吉林	0	0	13	11	13	7	0	0
75	湖北商贸学院	湖北	0	0	13	11	9	0	0	0
76	湖南信息学院	湖南	0	0	18	6	2	0	0	0
77	盐城师范学院	江苏	0	0	16	7	9	20	10	6
78	淮阴师范学院	江苏	0	0	14	9	12	16	14	7
79	怀化学院	湖南	0	0	13	10	8	10	11	3
80	昆明文理学院	云南	0	0	13	10	15	0	0	0
81	河北北方学院	河北	0	0	7	15	24	16	6	0
82	徐州工程学院	江苏	0	0	16	6	11	16	12	6
83	衡阳师范学院	湖南	0	0	7	15	11	13	5	0
84	湖南城市学院	湖南	0	0	8	14	10	11	8	3
85	浙江传媒学院	浙江	0	0	13	9	9	9	0	0
86	云南工商学院	云南	0	0	14	8	2	0	0	0
87	常州工学院	江苏	0	0	13	8	13	9	11	4
88	兰州信息科技学院	甘肃	0	0	9	12	16	5	0	0
89	湖南科技学院	湖南	0	0	7	14	9	9	4	5
90	宁波工程学院	浙江	0	0	10	11	9	7	6	0
91	宁夏师范学院	宁夏	0	0	7	14	11	3	0	0
92	湖北师范大学文理学院	湖北	0	0	10	11	6	0	0	0
93	九江学院	江西	0	0	11	9	15	26	33	13
94	安阳师范学院	河南	0	0	8	12	9	26	10	0
95	常熟理工学院	江苏	0	0	15	5	11	13	18	5
96	广东石油化工学院	广东	0	0	10	10	9	14	15	0
97	荆州学院	湖北	0	0	10	10	7	11	0	0
98	长春电子科技学院	吉林	0	0	11	9	12	1	0	0
99	延安大学西安创新学院	陕西	0	0	10	10	11	1	0	0
100	泉州师范学院	福建	0	0	10	9	16	21	5	2
101	湖北理工学院	湖北	0	0	7	12	8	14	14	0
102	吉林工程技术师范学院	吉林	0	0	9	10	12	6	15	0

续表

名次	学校名称	所在地区	世界一流应用型专业（8★）	世界知名、中国顶尖应用型专业（7★）	中国顶尖应用型专业（6★）	中国一流应用型专业（5★）	中国高水平应用型专业（4★）	区域一流应用型专业（3★）	区域高水平应用型专业（2★）	区域知名应用型专业（1★）
103	上海电机学院	上海	0	0	7	12	9	7	3	0
104	吉林工商学院	吉林	0	0	10	9	8	6	9	3
105	湖北经济学院法商学院	湖北	0	0	10	9	7	2	0	0
106	南阳师范学院	河南	0	0	7	11	13	27	8	2
107	合肥师范学院	安徽	0	0	5	13	12	15	10	2
108	山西大同大学	山西	0	0	7	11	12	13	15	11
109	长江师范学院	重庆	0	0	10	8	9	12	17	8
110	湖北恩施学院	湖北	0	0	7	11	12	3	0	0
111	成都工业学院	四川	0	0	6	12	7	6	3	2
112	珠海科技学院	广东	0	0	4	13	12	26	8	0
113	黄河科技学院	河南	0	0	6	11	10	25	14	1
114	北华航天工业学院	河北	0	0	9	8	12	10	7	1
115	河北金融学院	河北	0	0	12	5	8	11	0	0
116	大庆师范学院	黑龙江	0	0	5	12	7	9	9	1
117	沈阳工程学院	辽宁	0	0	6	11	6	9	6	0
118	内蒙古艺术学院	内蒙古	0	0	8	9	6	2	0	0
118	中华女子学院	北京	0	0	6	11	5	3	0	0
120	宝鸡文理学院	陕西	0	0	6	10	17	22	7	2
121	湖南涉外经济学院	湖南	0	0	8	8	14	14	5	0
122	河西学院	甘肃	0	0	7	9	11	16	15	10
123	喀什大学	新疆	0	0	7	9	13	11	7	3
124	湖南人文科技学院	湖南	0	0	6	10	9	13	10	3
125	河北中医药大学	河北	0	0	5	11	4	4	0	0
126	北京城市学院	北京	0	0	4	11	13	25	9	4
127	太原师范学院	山西	0	0	9	6	11	20	12	0
128	吉林外国语大学	吉林	0	0	7	8	13	14	2	0
129	西安翻译学院	陕西	0	0	7	8	11	10	0	0
130	湘南学院	湖南	0	0	8	7	9	8	10	8
131	丽水学院	浙江	0	0	6	9	6	11	11	2
132	滁州学院	安徽	0	0	3	12	3	13	24	5
133	湖南财政经济学院	湖南	0	0	9	6	10	6	7	3
134	陇东学院	甘肃	0	0	5	10	6	7	18	19
135	湖南第 1 师范学院	湖南	0	0	9	6	4	2	2	4
136	潍坊学院	山东	0	0	2	12	19	20	17	1
137	重庆三峡学院	重庆	0	0	3	11	15	20	8	3
138	曲靖师范学院	云南	0	0	5	9	16	14	7	8
139	唐山师范学院	河北	0	0	4	10	13	12	17	2
140	遵义师范学院	贵州	0	0	6	8	8	12	14	3
141	西昌学院	四川	0	0	5	9	6	13	21	14
142	北部湾大学	广西	0	0	3	11	6	13	11	9

续表

名次	学校名称	所在地区	世界一流应用型专业（8★）	世界知名、中国顶尖应用型专业（7★）	中国顶尖应用型专业（6★）	中国一流应用型专业（5★）	中国高水平应用型专业（4★）	区域一流应用型专业（3★）	区域高水平应用型专业（2★）	区域知名应用型专业（1★）
143	浙大城市学院	浙江	0	0	6	8	7	10	6	2
144	黄山学院	安徽	0	0	5	9	4	11	28	10
145	滨州医学院	山东	0	0	6	8	6	4	7	0
146	新疆艺术学院	新疆	0	0	7	7	4	4	0	0
147	韶关学院	广东	0	0	3	10	10	22	18	11
148	铜陵学院	安徽	0	0	6	7	11	19	13	8
149	淮南师范学院	安徽	0	0	1	12	9	17	17	11
150	南阳理工学院	河南	0	0	3	10	14	12	11	5
151	邵阳学院	湖南	0	0	6	7	15	10	15	0
152	南京传媒学院	江苏	0	0	6	7	12	11	14	7
153	海南热带海洋学院	海南	0	0	5	8	10	12	14	3
154	江西科技学院	江西	0	0	6	7	12	10	13	3
155	河南牧业经济学院	河南	0	0	4	9	7	15	11	4
156	西安外事学院	陕西	0	0	7	6	12	9	8	2
157	平顶山学院	河南	0	0	7	6	8	11	18	15
158	福建江夏学院	福建	0	0	7	6	5	14	11	1
159	咸阳师范学院	陕西	0	0	2	11	5	9	14	9
160	许昌学院	河南	0	0	5	7	14	22	26	3
161	郑州工商学院	河南	0	0	4	8	20	13	10	2
162	德州学院	山东	0	0	4	8	12	19	21	7
163	山东航空学院	山东	0	0	2	10	14	14	17	6
164	河南城建学院	河南	0	0	7	5	5	18	15	7
165	燕山大学里仁学院	河北	0	0	1	11	8	15	3	0
166	吉林动画学院	吉林	0	0	6	6	11	11	0	0
167	楚雄师范学院	云南	0	0	4	8	7	14	13	8
168	济宁医学院	山东	0	0	3	9	9	9	4	0
169	湖北第二师范学院	湖北	0	0	5	7	7	9	15	12
170	皖南医学院	安徽	0	0	4	8	7	6	3	0
171	沈阳医学院	辽宁	0	0	5	7	4	5	0	0
172	山西传媒学院	山西	0	0	8	4	3	4	4	2
173	牡丹江师范学院	黑龙江	0	0	6	5	17	16	9	2
174	厦门大学嘉庚学院	福建	0	0	3	8	13	19	12	4
175	黔南民族师范学院	贵州	0	0	5	6	13	17	10	3
176	皖西学院	安徽	0	0	2	9	10	17	21	8
177	玉林师范学院	广西	0	0	7	4	6	20	20	9
178	贵州师范学院	贵州	0	0	3	8	9	14	11	5
179	武汉学院	湖北	0	0	3	8	12	11	0	0
180	武汉东湖学院	湖北	0	0	6	5	11	11	12	4
181	周口师范学院	河南	0	0	3	8	5	16	16	14
182	河南工程学院	河南	0	0	4	7	8	13	20	8

续表

名次	学校名称	所在地区	世界一流应用型专业（8★）	世界知名、中国顶尖应用型专业（7★）	中国顶尖应用型专业（6★）	中国一流应用型专业（5★）	中国高水平应用型专业（4★）	区域一流应用型专业（3★）	区域高水平应用型专业（2★）	区域知名应用型专业（1★）
183	渭南师范学院	陕西	0	0	3	8	6	15	12	14
184	浙江越秀外国语学院	浙江	0	0	4	7	5	11	13	3
185	大连东软信息学院	辽宁	0	0	6	5	7	9	8	0
186	贵阳信息科技学院	贵州	0	0	2	9	8	7	7	0
187	黑龙江东方学院	黑龙江	0	0	2	9	5	9	14	2
188	成都医学院	四川	0	0	4	7	4	8	2	0
189	山东管理学院	山东	0	0	4	7	5	6	4	5
190	桂林医学院	广西	0	0	7	4	7	4	3	0
191	上海商学院	上海	0	0	6	5	6	4	7	0
192	天津中德应用技术大学	天津	0	0	3	8	6	4	0	0
193	北京理工大学珠海学院	广东	0	0	4	6	19	30	3	0
194	武昌理工学院	湖北	0	0	2	8	15	19	12	2
195	韩山师范学院	广东	0	0	3	7	8	22	13	8
196	惠州学院	广东	0	0	3	7	13	15	14	6
197	河北建筑工程学院	河北	0	0	4	6	17	11	3	1
198	汉口学院	湖北	0	0	3	7	15	11	3	5
199	洛阳理工学院	河南	0	0	6	4	4	20	7	11
200	山东英才学院	山东	0	0	2	8	18	6	4	0
201	河池学院	广西	0	0	1	9	8	15	11	5
202	黑龙江财经学院	黑龙江	0	0	4	6	10	13	0	0
203	宿州学院	安徽	0	0	3	7	8	13	15	21
204	兰州城市学院	甘肃	0	0	2	8	7	14	17	10
205	南开大学滨海学院	天津	0	0	3	7	13	8	5	7
206	莆田学院	福建	0	0	3	7	9	11	15	8
207	百色学院	广西	0	0	2	8	8	11	15	12
208	防灾科技学院	河北	0	0	6	4	9	9	6	0
209	西安文理学院	陕西	0	0	3	7	8	9	11	9
210	湖南工学院	湖南	0	0	7	3	7	10	12	5
211	浙大宁波理工学院	浙江	0	0	3	7	9	6	11	4
212	兰州工业学院	甘肃	0	0	4	6	4	11	6	4
213	桂林航天工业学院	广西	0	0	4	6	7	7	8	1
214	西安航空学院	陕西	0	0	1	9	5	8	9	3
215	川北医学院	四川	0	0	8	2	3	9	3	0
216	西安体育学院	陕西	0	0	5	5	6	3	0	0
217	湖南女子学院	湖南	0	0	2	8	5	3	4	8
217	赣南医科大学	江西	0	0	3	7	5	3	9	3
219	牡丹江医学院	黑龙江	0	0	2	8	1	6	3	3
220	商丘师范学院	河南	0	0	4	5	17	20	15	11
221	云南大学滇池学院	云南	0	0	1	8	13	13	6	8
222	新乡学院	河南	0	0	2	7	4	20	16	24

续表

名次	学校名称	所在地区	世界一流应用型专业（8★）	世界知名、中国顶尖应用型专业（7★）	中国顶尖应用型专业（6★）	中国一流应用型专业（5★）	中国高水平应用型专业（4★）	区域一流应用型专业（3★）	区域高水平应用型专业（2★）	区域知名应用型专业（1★）
223	四川传媒学院	四川	0	0	5	4	12	11	15	3
224	浙江树人学院	浙江	0	0	3	6	9	13	17	2
225	河北传媒学院	河北	0	0	4	5	10	12	10	6
226	内江师范学院	四川	0	0	1	8	10	11	19	14
227	无锡太湖学院	江苏	0	0	5	4	11	10	5	8
228	邯郸学院	河北	0	0	3	6	6	14	14	17
228	枣庄学院	山东	0	0	1	8	10	10	11	20
230	海口经济学院	海南	0	0	2	7	3	15	17	7
231	西京学院	陕西	0	0	4	5	10	8	8	5
232	通化师范学院	吉林	0	0	5	4	6	10	13	8
233	池州学院	安徽	0	0	3	6	5	10	11	19
234	蚌埠医科大学	安徽	0	0	4	5	8	6	4	2
235	江苏第二师范学院	江苏	0	0	5	4	4	9	7	9
236	山东体育学院	山东	0	0	3	6	8	5	2	0
237	哈尔滨金融学院	黑龙江	0	0	4	5	6	5	3	0
238	江苏警官学院	江苏	0	0	4	5	4	3	0	0
239	安徽新华学院	安徽	0	0	4	4	14	16	16	5
240	肇庆学院	广东	0	0	4	4	9	20	20	15
241	三江学院	江苏	0	0	4	4	18	11	9	7
242	广州新华学院	广东	0	0	3	5	9	17	11	7
243	巢湖学院	安徽	0	0	3	5	4	17	12	14
244	吉林农业科技学院	吉林	0	0	3	5	4	16	10	5
245	东南大学成贤学院	江苏	0	0	2	6	12	8	1	2
246	哈尔滨剑桥学院	黑龙江	0	0	3	5	8	11	0	0
247	龙岩学院	福建	0	0	1	7	7	11	5	11
248	河南财政金融学院	河南	0	0	3	5	5	13	7	4
249	武汉商学院	湖北	0	0	4	4	7	9	4	5
250	石家庄学院	河北	0	0	6	2	6	9	16	20
251	贺州学院	广西	0	0	6	2	9	5	20	12
252	蚌埠学院	安徽	0	0	4	4	4	10	20	11
253	安徽三联学院	安徽	0	0	2	6	4	10	21	0
254	广州航海学院	广东	0	0	2	6	5	8	10	4
255	安康学院	陕西	0	0	3	5	5	7	9	13
256	上海政法学院	上海	0	0	5	3	7	5	7	0
257	齐齐哈尔医学院	黑龙江	0	0	4	4	8	4	5	0
258	辽东学院	辽宁	0	0	1	7	3	8	14	14
259	桂林旅游学院	广西	0	0	5	3	7	4	6	3
260	青岛电影学院	山东	0	0	3	5	4	7	4	0
261	上海视觉艺术学院	上海	0	0	3	5	8	3	1	0
262	黑河学院	黑龙江	0	0	3	5	4	6	19	1

续表

名次	学校名称	所在地区	世界一流应用型专业（8★）	世界知名、中国顶尖应用型专业（7★）	中国顶尖应用型专业（6★）	中国一流应用型专业（5★）	中国高水平应用型专业（4★）	区域一流应用型专业（3★）	区域高水平应用型专业（2★）	区域知名应用型专业（1★）
263	甘肃民族师范学院	甘肃	0	0	4	4	2	7	7	16
264	兰州文理学院	甘肃	0	0	5	3	2	7	8	11
265	西安医学院	陕西	0	0	4	4	3	5	3	1
266	长治医学院	山西	0	0	3	5	3	4	5	2
267	湖南警察学院	湖南	0	0	5	3	3	3	0	0
268	承德医学院	河北	0	0	3	5	3	2	3	2
269	广东警官学院	广东	0	0	4	4	2	3	1	0
270	南京警察学院	江苏	0	0	8	0	1	1	0	0
270	北京电子科技学院	北京	0	0	6	2	2	0	0	0
272	浙江警察学院	浙江	0	0	4	4	1	0	0	0
273	浙江音乐学院	浙江	0	0	5	3	0	0	0	0
274	绵阳师范学院	四川	0	0	2	5	12	18	12	7
275	攀枝花学院	四川	0	0	1	6	10	19	16	8
276	长春人文学院	吉林	0	0	4	3	12	14	11	4
277	沈阳工学院	辽宁	0	0	3	4	11	13	10	12
278	衡水学院	河北	0	0	1	6	9	14	15	12
279	黄淮学院	河南	0	0	3	4	10	13	16	10
280	贵州理工学院	贵州	0	0	5	2	6	12	11	4
281	保定学院	河北	0	0	3	4	4	13	12	17
282	沧州师范学院	河北	0	0	1	6	9	8	16	12
283	梧州学院	广西	0	0	2	5	5	12	15	12
284	河北民族师范学院	河北	0	0	3	4	11	6	12	14
285	三明学院	福建	0	0	3	4	7	10	17	6
285	邢台学院	河北	0	0	3	4	8	9	17	6
287	呼伦贝尔学院	内蒙古	0	0	2	5	6	10	15	13
288	青岛黄海学院	山东	0	0	1	6	3	13	10	8
289	新疆工程学院	新疆	0	0	3	4	7	9	7	4
290	广东第二师范学院	广东	0	0	2	5	7	8	16	6
291	泉州信息工程学院	福建	0	0	3	4	6	9	10	0
292	宿迁学院	江苏	0	0	1	6	6	8	8	20
293	辽宁科技学院	辽宁	0	0	5	2	8	6	9	4
294	河北水利电力学院	河北	0	0	3	4	4	10	10	2
295	齐鲁师范学院	山东	0	0	1	6	6	6	8	12
296	吉林医药学院	吉林	0	0	3	4	6	3	4	0
297	长沙师范学院	湖南	0	0	2	5	3	5	5	5
298	河北体育学院	河北	0	0	3	4	4	3	1	0
299	湖南医药学院	湖南	0	0	2	5	1	5	3	1
300	哈尔滨体育学院	黑龙江	0	0	2	5	4	2	0	0
301	南京特殊教育师范学院	江苏	0	0	3	4	1	4	3	9
302	四川警察学院	四川	0	0	5	2	1	1	0	0

续表

名次	学校名称	所在地区	世界一流应用型专业（8★）	世界知名、中国顶尖应用型专业（7★）	中国顶尖应用型专业（6★）	中国一流应用型专业（5★）	中国高水平应用型专业（4★）	区域一流应用型专业（3★）	区域高水平应用型专业（2★）	区域知名应用型专业（1★）
303	成都锦城学院	四川	0	0	2	4	14	14	12	5
304	青岛滨海学院	山东	0	0	0	6	12	15	12	5
305	安阳工学院	河南	0	0	2	4	14	9	21	7
306	太原工业学院	山西	0	0	1	5	8	15	13	4
307	宁波财经学院	浙江	0	0	4	2	13	10	6	7
308	宜宾学院	四川	0	0	3	3	5	17	26	11
309	广东外语外贸大学南国商学院	广东	0	0	2	4	5	15	4	13
310	广西民族师范学院	广西	0	0	2	4	7	12	7	12
311	荆楚理工学院	湖北	0	0	2	4	7	12	12	6
312	重庆城市科技学院	重庆	0	0	2	4	9	9	5	9
313	苏州科技大学天平学院	江苏	0	0	2	4	11	7	4	0
314	浙江水利水电学院	浙江	0	0	1	5	6	10	6	2
315	济宁学院	山东	0	0	1	5	6	9	12	14
316	东莞城市学院	广东	0	0	1	5	8	7	13	9
317	山东青年政治学院	山东	0	0	4	2	8	7	6	10
318	成都师范学院	四川	0	0	1	5	7	8	8	6
319	大连艺术学院	辽宁	0	0	2	4	9	6	3	5
320	贵阳学院	贵州	0	0	1	5	6	7	11	17
321	赣南科技学院	江西	0	0	0	6	7	5	9	7
322	仰恩大学	福建	0	0	2	4	8	4	4	0
323	衢州学院	浙江	0	0	1	5	5	6	6	5
324	陕西学前师范学院	陕西	0	0	3	3	3	7	5	7
325	上海健康医学院	上海	0	0	4	2	3	5	3	0
326	江西警察学院	江西	0	0	1	5	4	4	0	0
327	福建警察学院	福建	0	0	3	3	3	4	0	0
327	安徽艺术学院	安徽	0	0	3	3	4	3	0	0
329	河南警察学院	河南	0	0	5	1	3	2	0	0
330	山东警察学院	山东	0	0	2	4	1	0	0	0
331	嘉应学院	广东	0	0	2	3	10	17	21	7
332	上海杉达学院	上海	0	0	2	3	12	12	6	6
333	贵州工程应用技术学院	贵州	0	0	0	5	6	17	19	9
334	电子科技大学中山学院	广东	0	0	1	4	8	13	9	6
335	保山学院	云南	0	0	1	4	4	16	7	14
336	广州华商学院	广东	0	0	1	4	7	13	9	7
337	广州理工学院	广东	0	0	3	2	4	16	13	0
337	西安交通大学城市学院	陕西	0	0	2	3	8	12	8	5
339	同济大学浙江学院	浙江	0	0	1	4	10	10	8	3
340	榆林学院	陕西	0	0	0	5	11	6	13	17
341	西南财经大学天府学院	四川	0	0	1	4	8	9	4	12
342	武汉晴川学院	湖北	0	0	2	3	8	9	10	4

续表

名次	学校名称	所在地区	世界一流应用型专业（8★）	世界知名、中国顶尖应用型专业（7★）	中国顶尖应用型专业（6★）	中国一流应用型专业（5★）	中国高水平应用型专业（4★）	区域一流应用型专业（3★）	区域高水平应用型专业（2★）	区域知名应用型专业（1★）
343	嘉兴南湖学院	浙江	0	0	2	3	8	9	7	6
344	贵州商学院	贵州	0	0	3	2	8	9	3	2
345	哈尔滨学院	黑龙江	0	0	2	3	4	12	16	8
346	福建商学院	福建	0	0	3	2	5	11	6	4
347	运城学院	山西	0	0	2	3	8	7	15	15
348	山东政法学院	山东	0	0	1	4	9	6	3	1
349	长沙医学院	湖南	0	0	2	3	6	6	6	9
350	武汉传媒学院	湖北	0	0	2	3	6	5	8	6
351	吉林警察学院	吉林	0	0	4	1	4	6	9	0
352	绥化学院	黑龙江	0	0	1	4	4	5	13	10
353	右江民族医学院	广西	0	0	1	4	6	3	4	2
354	杭州医学院	浙江	0	0	3	2	3	4	3	3
355	四川电影电视学院	四川	0	0	3	2	2	4	3	7
356	北京警察学院	北京	0	0	1	4	2	0	0	0
357	中国消防救援学院	北京	0	0	1	4	1	0	0	0
358	郑州警察学院	河南	0	0	4	1	0	0	0	0
359	河北科技师范学院	河北	0	0	0	4	18	33	16	1
360	廊坊师范学院	河北	0	0	2	2	9	23	12	10
361	乐山师范学院	四川	0	0	2	2	14	15	20	9
362	中原科技学院	河南	0	0	1	3	16	13	11	12
363	苏州城市学院	江苏	0	0	1	3	8	18	8	7
364	阳光学院	福建	0	0	2	2	10	16	8	0
365	福建技术师范学院	福建	0	0	1	3	5	17	13	2
366	山东女子学院	山东	0	0	3	1	10	11	5	10
367	白城师范学院	吉林	0	0	1	3	9	11	14	10
368	上饶师范学院	江西	0	0	0	4	5	15	12	11
369	大连科技学院	辽宁	0	0	1	3	10	10	7	0
370	河北美术学院	河北	0	0	2	2	7	11	5	5
371	重庆财经学院	重庆	0	0	2	2	7	10	5	12
372	沧州交通学院	河北	0	0	1	3	7	10	10	6
372	河北科技学院	河北	0	0	0	4	9	8	9	7
374	武汉生物工程学院	湖北	0	0	1	3	10	6	13	13
375	郑州师范学院	河南	0	0	1	3	2	13	16	16
376	郑州西亚斯学院	河南	0	0	2	2	5	8	15	10
377	忻州师范学院	山西	0	0	3	1	3	10	9	15
378	宁德师范学院	福建	0	0	1	3	4	9	16	7
379	重庆第二师范学院	重庆	0	0	3	1	7	6	7	13
380	山东农业工程学院	山东	0	0	1	3	4	9	8	6
381	郑州科技学院	河南	0	0	1	3	5	7	13	18
382	福州工商学院	福建	0	0	0	4	2	10	7	6

续表

名次	学校名称	所在地区	世界一流应用型专业（8★）	世界知名、中国顶尖应用型专业（7★）	中国顶尖应用型专业（6★）	中国一流应用型专业（5★）	中国高水平应用型专业（4★）	区域一流应用型专业（3★）	区域高水平应用型专业（2★）	区域知名应用型专业（1★）
383	安徽外国语学院	安徽	0	0	1	3	4	7	11	9
384	辽宁何氏医学院	辽宁	0	0	1	3	4	7	5	8
385	张家口学院	河北	0	0	1	3	3	7	7	14
386	长治学院	山西	0	0	1	3	2	7	6	16
387	广西科技师范学院	广西	0	0	1	3	3	6	6	10
388	河北环境工程学院	河北	0	0	0	4	2	7	6	5
389	江西服装学院	江西	0	0	3	1	5	3	4	10
390	贵州黔南科技学院	贵州	0	0	0	4	3	3	4	10
391	辽宁警察学院	辽宁	0	0	1	3	3	2	3	0
392	西南交通大学希望学院	四川	0	0	1	3	2	2	5	11
393	重庆警察学院	重庆	0	0	1	3	3	1	0	0
394	上海公安学院	上海	0	0	1	3	1	0	0	0
395	宜春学院	江西	0	0	0	3	20	24	13	2
396	华北理工大学轻工学院	河北	0	0	0	3	11	27	16	8
397	鞍山师范学院	辽宁	0	0	1	2	14	19	9	5
398	河南开封科技传媒学院	河南	0	0	1	2	12	20	6	12
399	赤峰学院	内蒙古	0	0	1	2	11	21	10	5
400	昌吉学院	新疆	0	0	1	2	8	16	13	5
401	泰山学院	山东	0	0	2	1	8	14	25	16
402	宁夏理工学院	宁夏	0	0	2	1	8	14	6	19
403	红河学院	云南	0	0	1	2	8	12	16	19
404	广州软件学院	广东	0	0	0	3	5	14	6	3
405	四川文理学院	四川	0	0	0	3	6	11	15	21
406	凯里学院	贵州	0	0	0	3	4	13	10	18
407	普洱学院	云南	0	0	1	2	5	12	5	17
407	四川文化艺术学院	四川	0	0	0	3	5	12	8	14
409	铜仁学院	贵州	0	0	1	2	8	9	9	10
410	安徽师范大学皖江学院	安徽	0	0	0	3	8	8	13	22
411	长春科技学院	吉林	0	0	0	3	8	8	13	15
412	呼和浩特民族学院	内蒙古	0	0	2	1	5	11	12	10
413	河南工学院	河南	0	0	0	3	4	12	9	8
414	西安明德理工学院	陕西	0	0	1	2	7	9	4	5
415	郑州工业应用技术学院	河南	0	0	0	3	3	11	8	23
416	郑州商学院	河南	0	0	0	3	4	10	10	14
417	丽江文化旅游学院	云南	0	0	2	1	2	12	10	9
418	广西警察学院	广西	0	0	1	2	5	9	6	1
419	福州大学至诚学院	福建	0	0	0	3	5	8	21	5
420	商洛学院	陕西	0	0	1	2	6	7	8	12
421	南昌工学院	江西	0	0	1	2	5	7	8	31
422	郑州工程技术学院	河南	0	0	1	2	2	10	4	13

续表

名次	学校名称	所在地区	世界一流应用型专业（8★）	世界知名、中国顶尖应用型专业（7★）	中国顶尖应用型专业（6★）	中国一流应用型专业（5★）	中国高水平应用型专业（4★）	区域一流应用型专业（3★）	区域高水平应用型专业（2★）	区域知名应用型专业（1★）
423	齐鲁医药学院	山东	0	0	1	2	5	7	6	6
424	辽宁对外经贸学院	辽宁	0	0	2	1	10	2	7	4
425	湖北警官学院	湖北	0	0	2	1	4	7	0	0
425	山西警察学院	山西	0	0	1	2	6	5	0	0
427	新疆理工学院	新疆	0	0	1	2	3	7	10	9
428	黑龙江工业学院	黑龙江	0	0	1	2	2	8	3	6
429	汉江师范学院	湖北	0	0	0	3	3	6	9	16
430	四川旅游学院	四川	0	0	3	0	2	7	12	7
431	贵州黔南经济学院	贵州	0	0	0	3	4	5	5	13
432	贵州警察学院	贵州	0	0	0	3	6	3	0	0
433	四川民族学院	四川	0	0	0	3	3	5	7	14
434	浙江理工大学科技与艺术学院	浙江	0	0	0	3	4	4	3	16
435	北京中医药大学东方学院	河北	0	0	1	2	3	5	3	0
436	上海财经大学浙江学院	浙江	0	0	1	2	5	2	3	6
437	新疆科技学院	新疆	0	0	2	1	4	2	7	2
438	郑州升达经贸管理学院	河南	0	0	0	3	2	3	18	22
439	燕京理工学院	河北	0	0	0	2	12	12	17	20
440	集美大学诚毅学院	福建	0	0	0	2	4	19	9	3
441	南京航空航天大学金城学院	江苏	0	0	0	2	5	16	5	7
442	菏泽学院	山东	0	0	0	2	11	9	20	23
443	西安建筑科技大学华清学院	陕西	0	0	0	2	7	13	6	3
444	武汉工程科技学院	湖北	0	0	0	2	9	10	8	20
445	信阳农林学院	河南	0	0	0	2	4	15	9	10
446	吉林师范大学博达学院	吉林	0	0	0	2	3	14	3	11
447	山西工程技术学院	山西	0	0	1	1	6	11	8	4
448	河北外国语学院	河北	0	0	0	2	7	9	12	21
449	闽南理工学院	福建	0	0	1	1	7	9	8	17
450	滇西科技师范学院	云南	0	0	0	2	2	14	5	10
451	四川外国语大学成都学院	四川	0	0	2	0	6	10	2	10
452	北京工商大学嘉华学院	北京	0	0	0	2	4	12	2	9
453	兴义民族师范学院	贵州	0	0	0	2	6	9	7	17
454	华南农业大学珠江学院	广东	0	0	0	2	1	14	9	10
455	安徽信息工程学院	安徽	0	0	0	2	9	6	10	7
456	昆明理工大学津桥学院	云南	0	0	0	2	7	7	17	7
457	滇西应用技术大学	云南	0	0	0	2	2	12	9	4
458	六盘水师范学院	贵州	0	0	0	2	5	8	16	13
459	柳州工学院	广西	0	0	0	2	5	8	11	17
460	武汉设计工程学院	湖北	0	0	0	2	6	7	6	11
461	无锡学院	江苏	0	0	1	1	7	5	12	15
462	湘潭大学兴湘学院	湖南	0	0	0	2	3	9	17	5

续表

名次	学校名称	所在地区	世界一流应用型专业（8★）	世界知名、中国顶尖应用型专业（7★）	中国顶尖应用型专业（6★）	中国一流应用型专业（5★）	中国高水平应用型专业（4★）	区域一流应用型专业（3★）	区域高水平应用型专业（2★）	区域知名应用型专业（1★）
463	泰州学院	江苏	0	0	0	2	6	6	8	12
464	银川科技学院	宁夏	0	0	0	2	8	4	6	10
465	浙江师范大学行知学院	浙江	0	0	0	2	5	7	12	1
466	琼台师范学院	海南	0	0	1	1	5	7	7	4
467	安顺学院	贵州	0	0	0	2	5	6	17	17
468	新余学院	江西	0	0	0	2	6	5	5	19
469	广西外国语学院	广西	0	0	0	2	6	5	13	10
470	成都东软学院	四川	0	0	1	1	5	6	4	12
471	桂林信息科技学院	广西	0	0	0	2	7	3	5	11
472	上海外国语大学贤达经济人文学院	上海	0	0	0	2	4	6	9	2
473	浙江中医药大学滨江学院	浙江	0	0	0	2	6	4	3	5
474	北京邮电大学世纪学院	北京	0	0	0	2	7	3	4	0
475	厦门医学院	福建	0	0	1	1	3	7	3	0
476	湖南农业大学东方科技学院	湖南	0	0	0	2	3	6	11	16
477	湖南交通工程学院	湖南	0	0	0	2	2	7	3	16
478	陕西服装工程学院	陕西	0	0	1	1	3	6	7	8
479	阿坝师范学院	四川	0	0	1	1	2	7	9	5
479	西北大学现代学院	陕西	0	0	0	2	6	3	5	9
481	西安工商学院	陕西	0	0	1	1	4	5	2	11
482	山东石油化工学院	山东	0	0	1	1	3	5	5	19
483	武汉工程大学邮电与信息工程学院	湖北	0	0	0	2	4	4	1	21
484	广州工商学院	广东	0	0	1	1	2	6	2	14
485	新疆警察学院	新疆	0	0	0	2	5	3	1	0
486	亳州学院	安徽	0	0	0	2	1	6	6	13
487	长沙理工大学城南学院	湖南	0	0	0	2	2	4	14	0
488	大连医科大学中山学院	辽宁	0	0	0	2	1	5	6	4
489	南京中医药大学翰林学院	江苏	0	0	0	2	1	5	1	7
490	甘肃医学院	甘肃	0	0	1	1	3	3	1	0
491	三峡大学科技学院	湖北	0	0	0	2	3	2	23	9
492	茅台学院	贵州	0	0	0	2	0	5	2	5
493	武汉纺织大学外经贸学院	湖北	0	0	0	2	1	1	2	11
494	安徽医科大学临床医学院	安徽	0	0	0	2	1	1	3	4
495	哈尔滨音乐学院	黑龙江	0	0	2	0	1	0	2	0
496	成都理工大学工程技术学院	四川	0	0	0	1	10	19	15	11
497	南京师范大学泰州学院	江苏	0	0	0	1	10	16	15	2
498	南昌大学科学技术学院	江西	0	0	0	1	4	22	5	0
499	北京科技大学天津学院	天津	0	0	0	1	7	17	5	4
500	武夷学院	福建	0	0	1	0	10	13	7	13
501	广东白云学院	广东	0	0	0	1	5	17	12	19

续表

名次	学校名称	所在地区	世界一流应用型专业（8★）	世界知名、中国顶尖应用型专业（7★）	中国顶尖应用型专业（6★）	中国一流应用型专业（5★）	中国高水平应用型专业（4★）	区域一流应用型专业（3★）	区域高水平应用型专业（2★）	区域知名应用型专业（1★）
502	桂林学院	广西	0	0	0	1	2	20	13	12
503	晋中学院	山西	0	0	0	1	5	17	12	11
504	集宁师范学院	内蒙古	0	0	1	0	5	17	4	6
505	玉溪师范学院	云南	0	0	0	1	4	17	14	18
506	皖江工学院	安徽	0	0	1	0	8	13	4	7
507	北京工业大学耿丹学院	北京	0	0	0	1	6	15	4	5
508	河套学院	内蒙古	0	0	0	1	8	12	6	10
509	云南艺术学院文华学院	云南	0	0	0	1	8	12	5	9
509	重庆移通学院	重庆	0	0	0	1	6	14	6	8
511	上海师范大学天华学院	上海	0	0	0	1	11	9	4	5
512	烟台南山学院	山东	0	0	0	1	8	11	14	15
513	四川工商学院	四川	0	0	0	1	5	14	9	12
514	广州应用科技学院	广东	0	0	0	1	4	15	7	6
515	大连理工大学城市学院	辽宁	0	0	0	1	9	10	4	5
516	山西能源学院	山西	0	0	1	0	2	16	6	1
517	南京邮电大学通达学院	江苏	0	0	0	1	10	8	0	4
518	潍坊科技学院	山东	0	0	0	1	7	10	11	16
519	青岛工学院	山东	0	0	0	1	8	9	10	13
520	营口理工学院	辽宁	0	0	0	1	3	14	5	4
521	武昌工学院	湖北	0	0	0	1	6	10	13	16
522	南宁理工学院	广西	0	0	0	1	6	10	3	20
522	昭通学院	云南	0	0	0	1	3	13	13	10
524	江西师范大学科学技术学院	江西	0	0	0	1	5	11	7	13
525	广西民族大学相思湖学院	广西	0	0	0	1	5	11	6	12
526	河北师范大学汇华学院	河北	0	0	0	1	4	11	28	8
527	山西工商学院	山西	0	0	1	0	4	11	15	17
528	重庆人文科技学院	重庆	0	0	0	1	9	6	18	10
529	浙江工业大学之江学院	浙江	0	0	0	1	6	9	19	4
530	重庆外语外事学院	重庆	0	0	0	1	5	10	9	10
531	南京理工大学紫金学院	江苏	0	0	0	1	7	8	9	3
532	云南经济管理学院	云南	0	0	0	1	6	8	8	26
533	银川能源学院	宁夏	0	0	0	1	8	6	6	16
534	中国矿业大学徐海学院	江苏	0	0	0	1	5	9	9	9
535	陕西国际商贸学院	陕西	0	0	1	0	3	11	9	8
536	广东培正学院	广东	0	0	0	1	4	9	12	16
537	潍坊理工学院	山东	0	0	0	1	4	9	10	13
538	绵阳城市学院	四川	0	0	0	1	5	8	3	17
539	哈尔滨石油学院	黑龙江	0	0	0	1	4	9	7	10
540	大连财经学院	辽宁	0	0	0	1	5	8	8	6
541	南昌医学院	江西	0	0	0	1	3	10	3	6

续表

名次	学校名称	所在地区	世界一流应用型专业（8★）	世界知名、中国顶尖应用型专业（7★）	中国顶尖应用型专业（6★）	中国一流应用型专业（5★）	中国高水平应用型专业（4★）	区域一流应用型专业（3★）	区域高水平应用型专业（2★）	区域知名应用型专业（1★）
542	江西工程学院	江西	0	0	0	1	6	6	9	12
543	湘潭理工学院	湖南	0	0	0	1	6	6	13	5
544	闽南科技学院	福建	0	0	0	1	6	6	2	15
545	福建农林大学金山学院	福建	0	0	0	1	7	5	6	10
545	合肥城市学院	安徽	0	0	0	1	3	9	4	12
545	西安思源学院	陕西	0	0	0	1	5	7	6	10
548	杭州电子科技大学信息工程学院	浙江	0	0	0	1	7	5	9	1
549	天津外国语大学滨海外事学院	天津	0	0	0	1	4	8	2	4
550	晋中信息学院	山西	0	0	0	1	2	9	20	14
551	重庆对外经贸学院	重庆	0	0	0	1	4	7	16	17
552	商丘工学院	河南	0	0	0	1	3	8	8	15
553	黄河交通学院	河南	0	0	0	1	2	9	4	17
554	景德镇学院	江西	0	0	1	0	2	9	4	15
555	成都银杏酒店管理学院	四川	0	0	1	0	4	7	8	8
556	山东财经大学东方学院	山东	0	0	0	1	6	5	5	10
557	南京审计大学金审学院	江苏	0	0	0	1	4	7	1	10
557	温州医科大学仁济学院	浙江	0	0	0	1	3	8	4	7
559	武汉文理学院	湖北	0	0	0	1	1	9	18	13
560	兰州博文科技学院	甘肃	0	0	0	1	2	8	10	20
561	南昌交通学院	江西	0	0	0	1	3	7	14	14
562	南宁学院	广西	0	0	0	1	4	6	3	18
563	长春大学旅游学院	吉林	0	0	1	0	3	7	4	16
564	山东华宇工学院	山东	0	0	0	1	2	8	6	13
565	湖州学院	浙江	0	0	1	0	3	7	5	11
565	天津师范大学津沽学院	天津	0	0	0	1	3	7	8	8
567	大连工业大学艺术与信息工程学院	辽宁	0	0	0	1	2	8	5	9
568	山东财经大学燕山学院	山东	0	0	0	1	6	4	2	8
569	文山学院	云南	0	0	0	1	3	6	11	26
570	辽宁传媒学院	辽宁	0	0	0	1	4	5	5	21
571	广东理工学院	广东	0	0	0	1	0	9	3	20
572	西安科技大学高新学院	陕西	0	0	0	1	4	5	5	14
573	昆明医科大学海源学院	云南	0	0	0	1	5	4	6	10
573	南昌师范学院	江西	0	0	1	0	3	6	4	12
575	蚌埠工商学院	安徽	0	0	0	1	4	5	4	6
576	萍乡学院	江西	0	0	0	1	2	6	9	16
577	天津天狮学院	天津	0	0	0	1	2	6	11	13
578	泰山科技学院	山东	0	0	0	1	3	5	8	14
579	豫章师范学院	江西	0	0	0	1	1	7	7	13

续表

名次	学校名称	所在地区	世界一流应用型专业（8★）	世界知名、中国顶尖应用型专业（7★）	中国顶尖应用型专业（6★）	中国一流应用型专业（5★）	中国高水平应用型专业（4★）	区域一流应用型专业（3★）	区域高水平应用型专业（2★）	区域知名应用型专业（1★）
580	天津商业大学宝德学院	天津	0	0	0	1	4	4	2	17
581	衡阳师范学院南岳学院	湖南	0	0	0	1	2	6	5	13
582	湖南应用技术学院	湖南	0	0	0	1	0	8	1	12
583	南京医科大学康达学院	江苏	0	0	0	1	4	4	4	4
584	山西医科大学晋祠学院	山西	0	0	0	1	4	4	4	0
585	厦门华厦学院	福建	0	0	1	0	3	4	6	13
586	齐齐哈尔工程学院	黑龙江	0	0	0	1	3	4	5	9
587	贵州中医药大学时珍学院	贵州	0	0	0	1	3	4	3	4
588	湖南中医药大学湘杏学院	湖南	0	0	0	1	3	4	1	4
588	天津医科大学临床医学院	天津	0	0	0	1	2	5	1	4
590	广东东软学院	广东	0	0	0	1	2	4	1	13
591	湖北汽车工业学院科技学院	湖北	0	0	0	1	2	3	5	11
592	武汉体育学院体育科技学院	湖北	0	0	0	1	3	2	5	6
593	新疆政法学院	新疆	0	0	0	1	2	2	2	5
594	首钢工学院	北京	0	0	0	1	2	2	1	0
595	北京第二外国语学院中瑞酒店管理学院	北京	0	0	1	0	1	2	1	4
596	河北农业大学现代科技学院	河北	0	0	0	0	5	17	13	4
597	杭州师范大学钱江学院	浙江	0	0	0	0	8	14	5	1
598	江苏科技大学苏州理工学院	江苏	0	0	0	0	4	17	11	28
599	唐山学院	河北	0	0	0	0	9	12	20	10
600	广州华立学院	广东	0	0	0	0	7	14	12	5
601	河北经贸大学经济管理学院	河北	0	0	0	0	2	19	10	1
602	宁夏大学新华学院	宁夏	0	0	0	0	8	13	4	4
603	郑州经贸学院	河南	0	0	0	0	7	13	13	9
604	保定理工学院	河北	0	0	0	0	10	10	11	4
605	太原学院	山西	0	0	0	0	4	15	7	11
606	浙江工商大学杭州商学院	浙江	0	0	0	0	8	11	8	4
607	湖南师范大学树达学院	湖南	0	0	0	0	4	14	9	16
608	南京工业大学浦江学院	江苏	0	0	0	0	5	13	14	9
609	浙江财经大学东方学院	浙江	0	0	0	0	8	10	11	5
610	南通大学杏林学院	江苏	0	0	0	0	5	12	8	19
611	安徽文达信息工程学院	安徽	0	0	0	0	5	12	10	13
612	常州大学怀德学院	江苏	0	0	0	0	5	11	5	19
613	青岛农业大学海都学院	山东	0	0	0	0	2	14	6	12
614	福建师范大学协和学院	福建	0	0	0	0	8	8	10	6
615	信阳学院	河南	0	0	0	0	3	12	17	23
616	扬州大学广陵学院	江苏	0	0	0	0	4	11	3	25
617	南京师范大学中北学院	江苏	0	0	0	0	8	7	4	22
618	南华大学船山学院	湖南	0	0	0	0	5	10	9	10
618	山西应用科技学院	山西	0	0	0	0	4	11	6	13

续表

名次	学校名称	所在地区	世界一流应用型专业（8★）	世界知名、中国顶尖应用型专业（7★）	中国顶尖应用型专业（6★）	中国一流应用型专业（5★）	中国高水平应用型专业（4★）	区域一流应用型专业（3★）	区域高水平应用型专业（2★）	区域知名应用型专业（1★）
620	山西晋中理工学院	山西	0	0	0	0	2	13	7	7
621	鄂尔多斯应用技术学院	内蒙古	0	0	0	0	4	11	5	3
622	长春工业大学人文信息学院	吉林	0	0	0	0	7	7	12	14
623	南通理工学院	江苏	0	0	0	0	4	10	5	17
623	成都文理学院	四川	0	0	0	0	8	6	12	10
625	合肥经济学院	安徽	0	0	0	0	8	6	9	10
626	温州商学院	浙江	0	0	0	0	7	7	3	7
627	首都师范大学科德学院	北京	0	0	0	0	7	7	1	6
628	江苏大学京江学院	江苏	0	0	0	0	2	11	10	21
629	湖北大学知行学院	湖北	0	0	0	0	6	7	19	10
630	马鞍山学院	安徽	0	0	0	0	5	8	12	13
631	沈阳城市建设学院	辽宁	0	0	0	0	6	7	8	10
632	江苏师范大学科文学院	江苏	0	0	0	0	3	9	15	16
632	湛江科技学院	广东	0	0	0	0	3	9	9	22
634	郑州财经学院	河南	0	0	0	0	3	9	2	20
635	天津财经大学珠江学院	天津	0	0	0	0	3	9	7	13
636	山西电子科技学院	山西	0	0	0	0	2	10	8	10
636	浙江农林大学暨阳学院	浙江	0	0	0	0	7	5	3	15
638	江西应用科技学院	江西	0	0	0	0	3	8	3	21
639	烟台科技学院	山东	0	0	0	0	1	10	7	16
640	聊城大学东昌学院	山东	0	0	0	0	0	11	9	11
641	安徽大学江淮学院	安徽	0	0	0	0	4	7	7	9
642	中国计量大学现代科技学院	浙江	0	0	0	0	7	4	3	10
643	西安财经大学行知学院	陕西	0	0	0	0	5	6	3	9
644	吕梁学院	山西	0	0	0	0	3	7	13	20
645	青岛恒星科技学院	山东	0	0	0	0	3	7	4	21
646	青岛城市学院	山东	0	0	0	0	4	6	14	10
647	湖南科技大学潇湘学院	湖南	0	0	0	0	3	7	6	15
647	福州理工学院	福建	0	0	0	0	4	6	4	17
649	阜阳师范大学信息工程学院	安徽	0	0	0	0	6	4	4	16
650	内蒙古鸿德文理学院	内蒙古	0	0	0	0	5	5	3	15
651	河北地质大学华信学院	河北	0	0	0	0	3	7	15	1
652	陕西科技大学镐京学院	陕西	0	0	0	0	4	6	3	10
653	中南林业科技大学涉外学院	湖南	0	0	0	0	2	7	22	7
654	河北工程技术学院	河北	0	0	0	0	0	9	4	23
654	烟台理工学院	山东	0	0	0	0	3	6	15	12
656	长江大学文理学院	湖北	0	0	0	0	3	6	3	23
656	新乡工程学院	河南	0	0	0	0	2	7	10	16
658	厦门工学院	福建	0	0	0	0	6	3	11	13
659	苏州大学应用技术学院	江苏	0	0	0	0	3	6	7	15

续表

名次	学校名称	所在地区	世界一流应用型专业（8★）	世界知名、中国顶尖应用型专业（7★）	中国顶尖应用型专业（6★）	中国一流应用型专业（5★）	中国高水平应用型专业（4★）	区域一流应用型专业（3★）	区域高水平应用型专业（2★）	区域知名应用型专业（1★）
660	湖南工业大学科技学院	湖南	0	0	0	0	2	7	10	9
661	山东现代学院	山东	0	0	0	0	3	6	1	17
662	内蒙古大学创业学院	内蒙古	0	0	0	0	8	1	4	13
662	新乡医学院三全学院	河南	0	0	0	0	2	7	13	4
664	黑龙江工商学院	黑龙江	0	0	0	0	2	7	8	8
665	重庆工程学院	重庆	0	0	0	0	3	6	2	13
666	河北工程大学科信学院	河北	0	0	0	0	5	4	13	0
667	淮北理工学院	安徽	0	0	0	0	5	4	1	9
668	南京财经大学红山学院	江苏	0	0	0	0	6	3	1	8
669	广西职业师范学院	广西	0	0	0	0	4	5	7	0
670	辽宁财贸学院	辽宁	0	0	0	0	2	6	11	15
670	湖北工业大学工程技术学院	湖北	0	0	0	0	3	5	7	19
672	辽宁理工学院	辽宁	0	0	0	0	3	5	10	11
673	南宁师范大学师园学院	广西	0	0	0	0	3	5	10	10
674	河北东方学院	河北	0	0	0	0	4	4	6	13
674	山西工学院	山西	0	0	0	0	1	7	15	4
676	南昌大学共青学院	江西	0	0	0	0	2	6	5	12
676	哈尔滨广厦学院	黑龙江	0	0	0	0	2	6	8	9
678	贵州医科大学神奇民族医药学院	贵州	0	0	0	0	1	7	2	9
679	贵阳人文科技学院	贵州	0	0	0	0	0	7	7	24
680	江西农业大学南昌商学院	江西	0	0	0	0	1	6	5	20
680	重庆工商大学派斯学院	重庆	0	0	0	0	2	5	6	19
680	绍兴文理学院元培学院	浙江	0	0	0	0	6	1	6	19
683	沈阳科技学院	辽宁	0	0	0	0	2	5	11	12
684	赣东学院	江西	0	0	0	0	3	4	4	15
685	天津传媒学院	天津	0	0	0	0	2	5	7	8
686	北海艺术设计学院	广西	0	0	0	0	2	5	2	9
687	广西中医药大学赛恩斯新医药学院	广西	0	0	0	0	3	4	3	2
688	南昌航空大学科技学院	江西	0	0	0	0	3	3	3	20
689	哈尔滨远东理工学院	黑龙江	0	0	0	0	1	5	10	10
690	天津理工大学中环信息学院	天津	0	0	0	0	4	2	2	16
691	西安交通工程学院	陕西	0	0	0	0	5	1	4	10
692	青海大学昆仑学院	青海	0	0	0	0	2	4	5	8
693	辽宁中医药大学杏林学院	辽宁	0	0	0	0	1	5	2	5
694	湖北工程学院新技术学院	湖北	0	0	0	0	1	4	7	22
695	吉首大学张家界学院	湖南	0	0	0	0	1	4	5	20
696	四川工业科技学院	四川	0	0	0	0	2	3	4	18
697	温州理工学院	浙江	0	0	0	0	4	1	4	17
698	湖南理工学院南湖学院	湖南	0	0	0	0	3	2	3	13

续表

名次	学校名称	所在地区	世界一流应用型专业（8★）	世界知名、中国顶尖应用型专业（7★）	中国顶尖应用型专业（6★）	中国一流应用型专业（5★）	中国高水平应用型专业（4★）	区域一流应用型专业（3★）	区域高水平应用型专业（2★）	区域知名应用型专业（1★）
699	湖北医药学院药护学院	湖北	0	0	0	0	3	2	2	5
700	锦州医科大学医疗学院	辽宁	0	0	0	0	0	5	4	2
701	华北理工大学冀唐学院	河北	0	0	0	0	1	4	3	0
702	河北医科大学临床学院	河北	0	0	0	0	2	3	2	0
703	湖南文理学院芙蓉学院	湖南	0	0	0	0	0	4	7	20
704	山西财经大学华商学院	山西	0	0	0	0	1	3	5	14
705	江西财经大学现代经济管理学院	江西	0	0	0	0	2	2	4	12
705	辽宁师范大学海华学院	辽宁	0	0	0	0	0	4	2	14
707	新疆第二医学院	新疆	0	0	0	0	1	3	1	6
708	黑龙江工程学院昆仑旅游学院	黑龙江	0	0	0	0	0	4	1	4
709	湖北文理学院理工学院	湖北	0	0	0	0	0	3	9	16
710	石家庄铁道大学四方学院	河北	0	0	0	0	1	2	17	1
711	赣南师范大学科技学院	江西	0	0	0	0	0	3	8	9
712	南昌应用技术师范学院	江西	0	0	0	0	1	2	4	10
713	遵义医科大学医学与科技学院	贵州	0	0	0	0	1	2	5	6
714	西安理工大学高科学院	陕西	0	0	0	0	1	2	3	4
715	哈尔滨信息工程学院	黑龙江	0	0	0	0	1	1	4	6
716	长安大学兴华学院	陕西	0	0	0	0	0	2	3	3
717	湖南工程学院应用技术学院	湖南	0	0	0	0	0	1	0	18
718	上海立达学院	上海	0	0	0	0	0	1	3	7
719	上海兴伟学院	上海	0	0	0	0	0	1	1	0
720	山西科技学院	山西	0	0	0	0	0	0	7	11

第四章 2024校友会华北地区大学综合实力、本科专业排名

第一节 北京市

一、北京市大学综合实力排名

1. 北京市大学排名

表4-1 2024校友会北京市大学排名

全国排名	学校名称	所在城市	星级排名	办学层次	星级专业数/个								
					专业类型	8★	7★	6★	5★	4★	3★	2★	1★
1	北京大学	北京市	8★	世界一流大学	研究型	13	43	35	33	6	0	0	0
2	清华大学	北京市	8★	世界一流大学	研究型	12	41	19	17	4	0	0	0
11	中国人民大学	北京市	8★	世界一流大学	研究型	3	18	12	22	29	2	0	0
14	北京师范大学	北京市	7★	世界知名高水平大学	研究型	1	7	12	14	26	15	0	0
17	北京航空航天大学	北京市	7★	世界知名高水平大学	研究型	0	7	11	17	33	7	0	0
24	北京理工大学	北京市	7★	世界知名高水平大学	研究型	0	6	6	14	34	17	0	0
28	中国农业大学	北京市	7★	世界知名高水平大学	研究型	0	4	6	15	23	26	2	0
32	北京协和医学院	北京市	7★	世界知名高水平大学	研究型	1	1	1	0	0	0	0	0
34	北京科技大学	北京市	6★	世界高水平大学	研究型	0	2	3	11	21	9	11	0
40	北京交通大学	北京市	5★	中国一流大学	研究型	0	1	2	11	38	3	7	0
46	北京邮电大学	北京市	6★	世界高水平大学	研究型	0	3	5	10	10	12	9	0
55	北京化工大学	北京市	5★	中国一流大学	研究型	0	1	2	6	15	15	15	0
59	对外经济贸易大学	北京市	5★	中国一流大学	研究型	0	1	4	6	23	7	10	0
62	北京工业大学	北京市	4★	中国高水平大学	研究型	0	0	2	6	31	18	15	4
69	首都医科大学	北京市	5★	中国一流大学	研究型	0	0	3	10	4	7	0	0
69	中国石油大学（北京）	北京市	6★	世界高水平大学	研究型	0	1	1	9	12	1	10	0
70	北京林业大学	北京市	6★	世界高水平大学	研究型	0	3	1	8	18	12	15	0
71	中国政法大学	北京市	6★	世界高水平大学	研究型	0	1	3	6	8	2	6	0
75	首都师范大学	北京市	4★	中国高水平大学	研究型	0	0	4	8	27	11	8	0
79	中国传媒大学	北京市	6★	世界高水平大学	研究型	0	3	5	12	20	25	19	0
80	北京外国语大学	北京市	6★	世界高水平大学	研究型	0	2	6	22	26	41	24	0
80	中央民族大学	北京市	6★	世界高水平大学	研究型	1	1	3	7	28	25	13	0
93	中央财经大学	北京市	5★	中国一流大学	研究型	0	1	3	8	26	10	5	0
102	中国矿业大学（北京）	北京市	4★	中国高水平大学	研究型	0	0	3	4	15	10	35	3
105	北京中医药大学	北京市	6★	世界高水平大学	研究型	1	0	2	3	2	9	1	0
105	中国地质大学（北京）	北京市	4★	中国高水平大学	研究型	0	0	4	8	14	5	11	4
108	北京语言大学	北京市	5★	中国一流大学	研究型	0	1	3	0	15	5	15	0
108	华北电力大学	北京市	4★	中国高水平大学	研究型	0	0	2	5	16	15	22	5

续表

全国排名	学校名称	所在城市	星级排名	办学层次	星级专业数/个								
					专业类型	8★	7★	6★	5★	4★	3★	2★	1★
111	北京体育大学	北京市	6★	世界高水平大学	研究型	1	1	4	9	8	9	7	0
114	外交学院	北京市	6★	世界高水平大学	研究型	0	1	2	2	4	2	0	0
122	首都经济贸易大学	北京市	4★	中国高水平大学	研究型	0	0	2	5	18	7	10	1
127	中央戏剧学院	北京市	6★	世界高水平大学	研究型	0	3	1	2	1	0	3	0
128	北京电影学院	北京市	6★	世界高水平大学	研究型	0	1	4	7	7	4	0	0
153	北京工商大学	北京市	4★	中国高水平大学	研究型	0	0	1	5	17	8	28	5
175	中央美术学院	北京市	6★	世界高水平大学	研究型	0	2	4	5	10	4	0	0
175	中央音乐学院	北京市	6★	世界高水平大学	研究型	0	2	1	0	0	0	0	0
179	北京第二外国语学院	北京市	3★	区域一流大学	研究型	0	0	1	5	11	17	11	0
183	北京建筑大学	北京市	3★	区域一流大学	研究型	0	0	1	4	12	5	9	7
194	北京联合大学	北京市	3★	区域一流大学	研究型	0	0	0	0	14	15	20	19
211	北京信息科技大学	北京市	3★	区域一流大学	研究型	0	0	0	3	14	3	12	10
229	北方工业大学	北京市	2★	区域高水平大学	研究型	0	0	0	1	12	8	15	9
231	中国人民公安大学	北京市	6★	世界高水平大学	研究型	0	1	2	5	9	8	5	0
231	中国音乐学院	北京市	6★	世界高水平大学	研究型	0	2	1	0	1	0	0	0
259	北京服装学院	北京市	3★	区域一流大学	研究型	0	0	1	4	10	5	3	5
269	中国戏曲学院	北京市	5★	中国一流大学	研究型	0	1	3	2	4	6	0	0
281	北京农学院	北京市	2★	区域高水平大学	研究型	0	0	0	0	4	5	5	19
298	中国青年政治学院	北京市	4★	中国高水平大学	研究型	0	0	1	2	2	2	3	2
306	北京石油化工学院	北京市	2★	区域高水平大学	研究型	0	0	0	1	9	6	5	18
311	北京印刷学院	北京市	3★	区域一流大学	研究型	0	0	2	2	6	5	4	14
311	首都体育学院	北京市	4★	中国高水平大学	研究型	0	0	0	2	8	1	3	0
339	北京舞蹈学院	北京市	5★	中国一流大学	研究型	0	1	2	0	2	1	1	0
351	北京电子科技学院	北京市	2★	区域高水平大学	应用型	0	0	6	2	2	0	0	0
364	中国劳动关系学院	北京市	3★	区域一流大学	研究型	0	0	0	1	6	5	2	7
387	北京物资学院	北京市	3★	区域一流大学	研究型	0	0	0	0	9	6	2	10
393	国际关系学院	北京市	4★	中国高水平大学	研究型	0	0	2	1	5	2	0	0
453	中华女子学院	北京市	3★	区域一流大学	应用型	0	0	6	11	5	3	0	0
503	北京警察学院	北京市	3★	区域一流大学	应用型	0	0	1	4	2	0	0	0
510	中国消防救援学院	北京市	2★	区域高水平大学	应用型	0	0	1	4	1	0	0	0
518	首钢工学院	北京市	1★	区域知名大学	应用型	0	0	0	1	2	2	1	0

2. 北京市民办大学排名

表 4-2　2024 校友会北京市民办大学排名（含独立学院）

全国排名	学校名称	所在城市	星级排名	办学层次	星级专业数/个								
					专业类型	8★	7★	6★	5★	4★	3★	2★	1★
12	北京城市学院	北京市	6★	中国顶尖应用型大学	应用型	0	0	4	11	13	25	9	4
31	北京邮电大学世纪学院	北京市	4★	中国高水平应用型大学	应用型	0	0	0	2	7	3	4	0
45	北京第二外国语学院中瑞酒店管理学院	北京市	4★	中国高水平应用型大学	应用型	0	0	1	0	1	2	1	4
56	首都师范大学科德学院	北京市	3★	区域一流应用型大学	应用型	0	0	0	0	7	7	1	6
57	北京工业大学耿丹学院	北京市	3★	区域一流应用型大学	应用型	0	0	0	1	6	15	4	5
76	北京工商大学嘉华学院	北京市	3★	区域一流应用型大学	应用型	0	0	0	2	4	12	2	9

3. 北京市高职院校排名

表 4-3　2024 校友会北京市高职院校排名

全国排名	学校名称	所在城市	办学类型	星级排名	办学层次
10	北京电子科技职业学院	北京市	职业技能型	6★	中国顶尖高职院校
15	北京工业职业技术学院	北京市	职业技能型	6★	中国顶尖高职院校
42	北京财贸职业学院	北京市	职业技能型	4★	中国高水平高职院校
50	北京青年政治学院	北京市	职业技能型	4★	中国高水平高职院校
60	北京农业职业学院	北京市	职业技能型	3★	区域一流高职院校
108	北京劳动保障职业学院	北京市	职业技能型	3★	区域一流高职院校
109	北京信息职业技术学院	北京市	职业技能型	3★	区域一流高职院校
150	北京交通运输职业学院	北京市	职业技能型	2★	区域高水平高职院校
268	北京社会管理职业学院	北京市	职业技能型	2★	区域高水平高职院校
278	北京卫生职业学院	北京市	职业技能型	2★	区域高水平高职院校
288	北京培黎职业学院	北京市	职业技能型	1★	区域知名高职院校

二、北京市大学专业排名详情

1. 北京大学

（1）北京大学综合实力排名

综合排名：2024 校友会中国大学排名第 1 名，全国综合类高校第 1 名，北京市高校第 1 名。

星级排名：中国八星级大学（8★），世界一流大学、中国最高学府。“985 工程”大学，“211 工程”大学。主管部门：教育部。

（2）北京大学各本科专业排名（全国排名/档次）

1）世界一流专业（8★）

地质学：1/A++；法学：1/A++；国际经济与贸易：1/A++；国际政治：1/A++；汉语言文学：1/A++；化学：1/A++；经济学：1/A++；历史学：1/A++；临床医学：1/A++；世界史：1/A++；数学与应用数学：1/A++；物理学：1/A++；哲学：1/A++。

2）世界知名高水平、中国顶尖专业（7★）

材料科学与工程：7/A++；传播学：2/A++；大气科学：1/A++；地理科学：2/A++；地球物理学：1/A++；电子信息科学与技术：1/A++；工程力学：1/A++；工商管理：7/A++；核工程与核技术：2/A++；护理学：2/A++；环境工程：2/A++；环境科学：2/A++；会计学：2/A++；基础医学：1/A++；计算机科学与技术：2/A++；金融学：2/A++；考古学：1/A++；口腔医学：2/A++；理论与应用力学：1/A++；能源与动力工程：4/A++；人文地理与城乡规划：1/A++；软件工程：1/A++；社会学：1/A++；生态学：2/A++；生物技术：1/A++；生物科学：1/A++；生物医学工程：3/A++；思想政治教育：1/A++；天文学：2/A++；统计学：2/A++；图书馆学：2/A++；微电子科学与工程：2/A++；心理学：1/A++；新闻学：4/A++；信息管理与信息系统：2/A++；信息与计算科学：1/A++；行政管理：3/A++；药学：1/A++；应用物理学：1/A++；英语：1/A++；预防医学：2/A++；政治学与行政学：1/A++；自然地理与资源环境：1/A++。

3）世界高水平、中国顶尖专业（6★）

阿拉伯语：1/A++；保险学：3/A+；编辑出版学：4/A+；波斯语：1/A++；材料化学：2/A+；财政学：4/A+；朝鲜语：1/A++；城市管理：1/A++；城乡规划：4/A+；德语：1/A++；地理信息科学：1/A++；俄语：3/A+；法语：3/A+；公共事业管理：5/A+；古典文献学：1/A++；古生物学：1/A++；广播电视学：3/A+；广告学：3/A+；汉语言：2/A+；科学社会主义：2/A+；口腔医学技术：1/A++；逻辑学：3/A+；能源与环境系统工程：2/A+；日语：2/A++；社会工作：1/A++；市场营销：3/A++；数据科学与大数据技术：2/A++；外交学：3/A+；文物与博物馆学：1/A++；西班牙语：1/A++；艺术史论：1/A++；应用化学：3/A++；应用心理学：1/A++；智能科学与技术：1/A++；宗教学：1/A++。

4）中国一流专业（5★）

财务管理：15/A；地球化学：3/A+；电子信息工程：22/A；梵语巴利语：1/A++；菲律宾语：1/A++；广播电视编导：4/A+；航空航天工程：2/A+；核物理：1/A++；化学生物学：1/A++；集成电路设计与集成系统：4/A；空间科学与技术：1/A++；马克思主义理论：2/A+；蒙古语：1/A++；孟加拉语：1/A++；缅甸语：1/A++；葡萄牙语：1/A++；人类学：2/A+；人力资源管理：8/A+；泰语：1/A++；通信工程：17/A；外国语言与外国历史：1/A++；文物保护技术：1/A++；乌尔都语：1/A++；医学检验技术：4/A+；医学实验技术：1/A++；印地语：1/A++；印度尼西亚语：1/A++；应用统计学：4/A+；应用语言学：1/A++；越南语：1/A++；整合科学：1/A++；政治学、经济学与哲学：1/A++；资源与环境经济学：2/A+。

5）中国高水平专业（4★）

大数据管理与应用：1/A++；机器人工程：4/A+；生物信息学：8/B++；希伯来语：1/A++；医学影像技术：5/A；意大利语：4/A。

2. 清华大学

（1）清华大学综合实力排名

综合排名：2024 校友会中国大学排名第 2 名，全国综合类高校第 2 名，北京市高校第 2 名。

星级排名：中国八星级大学（8★），世界一流大学、中国最高学府。“985 工程”大学，“211 工程”大学。主管部门：教育部。

（2）清华大学各本科专业排名（全国排名/档次）

1）世界一流专业（8★）

材料科学与工程：1/A++；电气工程及其自动化：1/A++；电子科学与技术：1/A++；电子信息工程：1/A++；工商管理：1/A++；核工程与核技术：1/A++；机械工程：1/A++；计算机科学与技术：1/A++；建筑学：1/A++；能源与动力工程：1/A++；物理学：1/A++；自动化：1/A++。

2）世界知名高水平、中国顶尖专业（7★）

测控技术与仪器：1/A++；车辆工程：1/A++；城乡规划：1/A++；电子信息科学与技术：2/A++；法学：4/A++；风景园林：1/A++；高分子材料与工程：1/A++；工程管理：1/A++；工程力学：1/A++；工业工程：1/A++；国际政治：3/A++；汉语言文学：7/A++；航空航天工程：1/A++；化学：2/A++；化学工程与工业生物工程：1/A++；环境工程：1/A++；会计学：1/A++；绘画：1/A++；机械设计制造及其自动化：3/A++；金融学：2/A++；经济学：3/A++；经济与金融：1/A++；软件工程：5/A++；社会学：3/A++；生物技术：1/A++；生物科学：1/A++；生物医学工程：1/A++；数学与应用数学：3/A++；水利水电工程：2/A++；思想政治教育：1/A++；土木工程：1/A++；微电子科学与工程：1/A++；新闻学：4/A++；信息工程：1/A++；信息管理与信息系统：1/A++；信息与计算科学：2/A++；行政管理：1/A++；艺术设计学：1/A++；应用物理学：1/A++；英语：5/A++；哲学：6/A++。

3）世界高水平、中国顶尖专业（6★）

雕塑：4/A+；飞行器设计与工程：6/A+；给排水科学与工程：3/A+；工程物理：1/A++；工业设计：2/A++；工艺美术：1/A++；广告学：1/A++；建筑环境与能源应用工程：1/A++；交通工程：5/A+；历史学：17/A+；临床医学：8/A+；摄影：1/A++；数理基础科学：1/A++；数字媒体技术：1/A++；水利科学与工程：1/A++；微机电系统工程：1/A++；心理学：5/A+；政治学与行政学：9/A+；中国画：3/A+。

4）中国一流专业（5★）

产品设计：7/A+；动画：9/A；服装设计与工程：5/A；服装与服饰设计：8/A；公共艺术：2/A+；化学生物学：1/A++；环境设计：2/A++；理论与应用力学：10/A；人工智能：3/A++；日语：15/A；视觉传达设计：6/A+；数字媒体艺术：4/A+；陶瓷艺术设计：2/A+；药学：23/A；艺术史论：3/A+；艺术与科技：2/A+；智能工程与创意设计：1/A++。

5）中国高水平专业（4★）

马克思主义理论：10/B++；统计学：41/B++；土木、水利与海洋工程：2/A+；政治学、经济学与哲学：2/A+。

3. 中国人民大学

（1）中国人民大学综合实力排名

综合排名：2024 校友会中国大学排名第 11 名，全国综合类高校第 10 名，北京市高校第 3 名。

星级排名：中国八星级大学（8★），世界一流大学、中国顶尖大学。“985 工程”大学，“211 工程”大学。主管部门：教育部。

（2）中国人民大学各本科专业排名（全国排名/档次）

1）世界一流专业（8★）

法学：1/A++；金融学：1/A++；马克思主义理论：1/A++。

2）世界知名高水平、中国顶尖专业（7★）

财政学：1/A++；传播学：1/A++；档案学：1/A++；工商管理：2/A++；会计学：2/A++；经济学：2/A++；科学社会主义：1/A++；历史学：4/A++；伦理学：1/A++；农林经济管理：1/A++；社会学：1/A++；思想政治教育：1/A++；统计学：1/A++；新闻学：1/A++；行政管理：1/A++；哲学：3/A++；政治学与行政学：1/A++；中国共产党历史：1/A++。

3）世界高水平、中国顶尖专业（6★）

公共事业管理：5/A+；广播电视学：2/A+；国际经济与贸易：6/A+；国际政治：4/A+；国民经济管理：1/A++；汉语言文学：10/A+；计算机科学与技术：18/A+；逻辑学：3/A+；社会工作：1/A++；数学与应用数学：11/A+；土地资源管理：1/A++；宗教学：1/A++。

4）中国一流专业（5★）

保险学：4/A；财务管理：6/A+；城市管理：2/A+；法语：7/A；广告学：5/A+；国际商务：4/A；金融工程：2/A+；经济统计学：1/A++；劳动与社会保障：3/A+；贸易经济：3/A+；能源经济：1/A++；农村区域发展：1/A++；人力资源管理：1/A++；市场营销：7/A+；数据科学与大数据技术：3/A++；税收学：2/A+；物理学：16/A；信息管理与信息系统：12/A+；信息资源管理：1/A++；应用统计学：1/A++；英语：19/A+；资源与环境经济学：1/A++。

5）中国高水平专业（4★）

德语：11/B++；动画：27/B++；俄语：29/B++；管理科学：3/A+；国际新闻与传播：2/A+；汉语言：11/B++；化学：87/B++；环境工程：82/B++；环境科学：31/B++；环境科学与工程：5/A；绘画：16/B++；考古学：13/B++；劳动关系：2/A+；劳动经济学：1/A++；美术学：35/B++；日语：16/A；软件工程：103/B++；世界史：7/B++；视觉传达

设计：42/B++；外交学：5/A；西班牙语：10/B++；心理学：22/B++；信息安全：16/B++；信用管理：3/A+；艺术史论：7/B++；音乐表演：18/B++；音乐学：39/B++；应用心理学：16/B++；政治学、经济学与哲学：2/A+。

6）中国区域一流专业（3★）

材料物理：40/B+；人工智能：15/A。

4. 北京师范大学

（1）北京师范大学综合实力排名

综合排名：2024 校友会中国大学排名第 14 名，全国师范类高校第 1 名，北京市高校第 4 名。

星级排名：中国七星级大学（7★），世界知名高水平大学、中国顶尖大学。“985 工程”大学，“211 工程”大学。主管部门：教育部。

（2）北京师范大学各本科专业排名（全国排名/档次）

1）世界一流专业（8★）

汉语言文学：1/A++。

2）世界知名高水平、中国顶尖专业（7★）

地理科学：1/A++；教育学：1/A++；历史学：2/A++；数学与应用数学：6/A++；特殊教育：1/A++；心理学：1/A++；学前教育：1/A++。

3）世界高水平、中国顶尖专业（6★）

法学：7/A+；环境科学：3/A+；教育技术学：1/A++；生物科学：7/A+；思想政治教育：18/A+；体育教育：7/A+；天文学：4/A+；物理学：6/A+；戏剧影视文学：2/A+；英语：6/A++；哲学：8/A+；自然地理与资源环境：3/A+。

4）中国一流专业（5★）

传播学：5/A；德语：8/A；电影学：1/A++；国际经济与贸易：18/A+；汉语言：3/A+；环境工程：8/A+；金融学：13/A+；人力资源管理：8/A+；人文地理与城乡规划：5/A；书法学：2/A+；统计学：6/A+；舞蹈学：3/A+；应用化学：19/A；应用心理学：7/A+。

5）中国高水平专业（4★）

表演：16/B++；地理信息科学：8/A；俄语：11/A；法语：22/B++；工商管理：100/B++；公共事业管理：17/A；化学：39/B++；会计学：43/B++；计算机科学与技术：60/B++；经济学：27/A；劳动与社会保障：16/B++；美术学：19/B++；葡萄牙语：7/B++；日语：16/A；软件工程：103/B++；社会学：40/B++；生物技术：30/B++；数字媒体艺术：6/A+；体育经济与管理：5/A；物流管理：46/B++；信息工程：16/B++；信息管理与信息系统：73/B++；艺术设计学：17/B++；音乐学：18/B++；运动训练：12/B++；中国语言与文化：1/A++。

6）中国区域一流专业（3★）

材料物理：40/B+；电子信息科学与技术：50/B+；房地产开发与管理：9/B+；管理科学：19/B+；汉语国际教育：58/B+；环境生态工程：6/B++；金融科技：1/A++；人工智能：15/A；生态学：36/B+；数据科学与大数据技术：20/A；西班牙语：22/B+；系统科学与工程：1/A++；药学：85/B+；政治学、经济学与哲学：4/A；资源环境科学：9/B+。

5. 北京航空航天大学

（1）北京航空航天大学综合实力排名

综合排名：2024 校友会中国大学排名第 17 名，全国理工类高校第 3 名，北京市高校第 5 名。

星级排名：中国七星级大学（7★），世界知名高水平大学、中国顶尖大学。“985 工程”大学，“211 工程”大学。主管部门：工业和信息化部。

（2）北京航空航天大学各本科专业排名（全国排名/档次）

1）世界知名高水平、中国顶尖专业（7★）

材料科学与工程：2/A++；测控技术与仪器：2/A++；电子信息工程：2/A++；飞行器动力工程：1/A++；计算机科学与技术：3/A++；软件工程：1/A++；自动化：4/A++。

2）世界高水平、中国顶尖专业（6★）

法学：7/A+；飞行器设计与工程：3/A+；工程力学：5/A+；机械工程：6/A+；交通运输：3/A+；生物医学工程：7/A+；数学与应用数学：11/A+；信息安全：2/A+；信息管理与信息系统：5/A+；应用物理学：3/A+；英语：6/A++。

3）中国一流专业（5★）

材料成型及控制工程：22/A；车辆工程：9/A；电子科学与技术：15/A；飞行技术：3/A+；飞行器适航技术：1/A++；飞行器制造工程：6/A；飞行器质量与可靠性：1/A++；工程管理：10/A+；机械设计制造及其自动化：43/A；集成电路设计与集成系统：4/A；能源与动力工程：11/A；探测制导与控制技术：3/A+；通信工程：5/A+；信息对抗技术：7/A；信息与计算科学：9/A+；行政管理：7/A+；遥感科学与技术：2/A+。

4）中国高水平专业（4★）

安全工程：31/B++；德语：11/B++；电磁场与无线技术：2/A+；电气工程及其自动化：40/B++；翻译：23/B++；飞行器环境与生命保障工程：1/A++；飞行器控制与信息工程：2/A+；工商管理：100/B++；工业工程：14/A；工业设计：17/A；光电信息科学与工程：54/B++；国际经济与贸易：86/B++；航空航天工程：7/B++；核物理：3/A+；化学：39/B++；环境工程：30/B++；会计学：112/B++；绘画：16/B++；机器人工程：4/A+；金融学：39/B++；经济统计学：19/B++；经济学：27/A；空间科学与技术：2/A+；纳米材料与技术：4/A；能源经济：3/A+；视觉传达设计：13/A+；统计学：41/B++；土木工程：47/B++；微电子科学与工程：21/B++；微机电系统工程：3/A+；无人驾驶航空器系统工程：1/A++；物理学：79/B++；应用化学：69/B++。

5）中国区域一流专业（3★）

化学生物学：7/B+；人工智能：15/A；网络空间安全：12/B++；虚拟现实技术：1/A++；智能飞行器技术：1/A++；智能感知工程：1/A++；智能制造工程：3/A+。

6. 北京理工大学

（1）北京理工大学综合实力排名

综合排名：2024 校友会中国大学排名第 24 名，全国理工类高校第 7 名，北京市高校第 6 名。

星级排名：中国七星级大学（7★），世界知名高水平大学、中国顶尖大学。“985 工程”大学，“211 工程”大学。主管部门：工业和信息化部。

（2）北京理工大学各本科专业排名（全国排名/档次）

1）世界知名高水平、中国顶尖专业（7★）

材料科学与工程：7/A++；车辆工程：1/A++；机械工程：3/A++；信息对抗技术：1/A++；装甲车辆工程：1/A++；自动化：4/A++。

2）世界高水平、中国顶尖专业（6★）

安全工程：2/A+；测控技术与仪器：3/A+；飞行器设计与工程：3/A+；工程力学：5/A+；计算机科学与技术：8/A+；理论与应用力学：3/A+。

3）中国一流专业（5★）

材料成型及控制工程：22/A；弹药工程与爆炸技术：1/A++；电子信息工程：8/A+；飞行器动力工程：7/A；光电信息科学与工程：8/A+；环境工程：24/A；能源与动力工程：11/A；软件工程：18/A；探测制导与控制技术：6/A；通信工程：17/A；武器发射工程：2/A+；武器系统与工程：2/A+；物联网工程：6/A+；应用物理学：9/A。

4）中国高水平专业（4★）

材料化学：13/B++；产品设计：10/A；德语：11/B++；电气工程及其自动化：40/B++；电子科学与技术：39/B++；法学：49/B++；高分子材料与工程：21/B++；工商管理：36/B++；工业工程：14/A；工业设计：17/A；国际经济与贸易：86/B++；航空航天工程：7/B++；化学：39/B++；化学工程与工艺：34/B++；环境设计：43/B++；会计学：112/B++；机械电子工程：6/A+；交通工程：23/B++；经济学：27/A；能源化学工程：3/A+；日语：33/B++；生物工程：47/B++；生物技术：64/B++；生物医学工程：21/B++；市场营销：59/B++；数学与应用数学：56/B++；特种能源技术与工程：1/A++；统计学：20/A；新能源材料与器件：12/B++；信息工程：16/B++；信息管理与信息系统：38/B++；信息与计算科学：51/B++；英语：57/B++；制药工程：45/B++。

5）中国区域一流专业（3★）

电子封装技术：4/A；公共事业管理：57/B+；过程装备与控制工程：48/B+；交通运输：37/B+；教育学：54/B+；密码科学与技术：2/A+；人工智能：15/A；社会工作：87/B+；视觉传达设计：83/B+；数据科学与大数据技术：20/A；网络空间安全：12/B++；微电子科学与工程：40/B+；西班牙语：22/B+；应用化学：112/B+；智能感知工程：1/A++；智能无人系统技术：1/A++；智能制造工程：3/A+。

7. 中国农业大学

（1）中国农业大学综合实力排名

综合排名：2024 校友会中国大学排名第 28 名，全国农林类高校第 1 名，北京市高校第 7 名。

星级排名：中国七星级大学（7★），世界知名高水平大学、中国顶尖大学。“985 工程”大学，“211 工程”大学。主管部门：教育部。

（2）中国农业大学各本科专业排名（全国排名/档次）

1）世界知名高水平、中国顶尖专业（7★）

草业科学：2/A++；动物科学：1/A++；动物医学：1/A++；农学：1/A++。

2）世界高水平、中国顶尖专业（6★）

农林经济管理：6/A+；农业工程：2/A+；生物科学：7/A+；食品科学与工程：3/A+；园艺：2/A+；植物保护：2/A+。

3）中国一流专业（5★）

环境科学：11/A；农村区域发展：1/A++；农业机械化及其自动化：3/A+；农业建筑环境与能源工程：1/A++；农业水利工程：2/A+；葡萄与葡萄酒工程：2/A+；生态学：12/A；生物工程：12/A；生物技术：19/A；食品质量与安全：1/A++；水利水电工程：13/A；土地资源管理：2/A+；应用气象学：2/A+；种子科学与工程：2/A+；资源环境科学：1/A++。

4）中国高水平专业（4★）

测控技术与仪器：53/B++；车辆工程：44/B++；地理信息科学：16/B++；电气工程及其自动化：88/B++；电子信息工程：89/B++；法学：111/B++；工程力学：39/B++；工商管理：100/B++；工业设计：38/B++；国际经济与贸易：86/B++；化学：39/B++；会计学：112/B++；机械设计制造及其自动化：54/B++；计算机科学与技术：60/B++；交通运输：26/B++；金融学：39/B++；能源与动力工程：54/B++；社会学：19/B++；市场营销：59/B++；数学与应用数学：56/B++；水产养殖学：17/B++；园林：16/B++；自动化：112/B++。

5）中国区域一流专业（3★）

传播学：27/B+；电子商务：101/B+；电子信息科学与技术：50/B+；公共事业管理：81/B+；管理科学：19/B+；环境工程：133/B+；机械电子工程：38/B+；交通工程：41/B+；农业智能装备工程：1/A++；人工智能：15/A；日语：96/B+；设施农业科学与工程：6/B++；社会政策：1/A++；生物质科学与工程：1/A++；食品营养与健康：1/A++；兽医公共卫生：1/A++；数据科学与大数据技术：20/A；通信工程：141/B+；统计学：96/B+；土地科学与技术：1/A++；土地整治工程：1/A++；土木工程：164/B+；应用化学：112/B+；应用物理学：68/B+；英语：253/B+；中兽医学：1/A++。

6）中国区域高水平专业（2★）

经济学：205/D；行政管理：170/D。

8. 北京协和医学院

（1）北京协和医学院综合实力排名

综合排名：2024 校友会中国大学排名第 32 名，全国医药类高校第 1 名，北京市高校第 8 名。

星级排名：中国七星级大学（7★），世界知名高水平大学、中国顶尖大学。“211 工程”大学。主管部门：国家卫生健康委员会。

（2）北京协和医学院各本科专业排名（全国排名/档次）

1）世界一流专业（8★）

临床医学：1/A++。

2）世界知名高水平、中国顶尖专业（7★）

护理学：3/A++。

3）世界高水平、中国顶尖专业（6★）

药学：11/A+。

9. 北京科技大学

（1）北京科技大学综合实力排名

综合排名：2024 校友会中国大学排名第 34 名，全国理工类高校第 11 名，北京市高校第 9 名。

星级排名：中国六星级大学（6★），世界高水平大学、中国顶尖大学。“211 工程”大学。主管部门：教育部。

（2）北京科技大学各本科专业排名（全国排名/档次）

1）世界知名高水平、中国顶尖专业（7★）

材料科学与工程：7/A++；冶金工程：2/A++。

2）世界高水平、中国顶尖专业（6★）

安全工程：2/A+；采矿工程：4/A+；矿物加工工程：3/A+。

3）中国一流专业（5★）

材料成型及控制工程：7/A+；材料物理：4/A+；车辆工程：17/A；机械工程：17/A；机械设计制造及其自动化：43/A；矿物资源工程：2/A+；纳米材料与技术：2/A+；能源与动力工程：11/A；思想政治教育：51/A；通信工程：5/A+；自动化：21/A。

4）中国高水平专业（4★）

材料化学：19/B++；测控技术与仪器：53/B++；大数据管理与应用：1/A++；法学：111/B++；工商管理：36/B++；工业设计：17/A；国际经济与贸易：43/B++；环境工程：30/B++；会计学：112/B++；计算机科学与技术：60/B++；日语：33/B++；社会工作：19/A；数学与应用数学：56/B++；土木工程：47/B++；无机非金属材料工程：24/B++；物流工程：12/B++；信息管理与信息系统：38/B++；行政管理：66/B++；应用化学：69/B++；应用物理学：22/B++；英语：57/B++。

5）中国区域一流专业（3★）

电气工程及其自动化：151/B+；电子信息工程：178/B+；工业工程：64/B+；生物技术：122/B+；物联网工程：69/B+；新能源科学与工程：27/B+；信息安全：56/B+；信息与计算科学：122/B+；智能科学与技术：17/B++。

6）中国区域高水平专业（2★）

储能科学与工程：7/B+；德语：56/D；工程管理：144/D；环境科学：132/D；机器人工程：18/B++；建筑环境与能源应用工程：84/C；金融工程：67/C；经济学：205/D；人工智能：38/B++；生态学：50/C；统计学：147/C。

10. 北京交通大学

（1）北京交通大学综合实力排名

综合排名：2024 校友会中国大学排名第 40 名，全国理工类高校第 14 名，北京市高校第 10 名。

星级排名：中国五星级大学（5★），世界知名大学、中国一流大学。“211 工程”大学。主管部门：教育部。

（2）北京交通大学各本科专业排名（全国排名/档次）

1）世界知名高水平、中国顶尖专业（7★）

交通运输：2/A++。

2）世界高水平、中国顶尖专业（6★）

交通工程：1/A++；物流管理：1/A++。

3）中国一流专业（5★）

电气工程及其自动化：15/A；轨道交通信号与控制：2/A+；机械工程：17/A；计算机科学与技术：27/A；软件工程：18/A；思想政治教育：51/A；铁道工程：1/A++；通信工程：5/A+；土木工程：19/A；物流工程：1/A++；信息管理与信息系统：12/A+。

4）中国高水平专业（4★）

保密管理：2/A+；材料化学：19/B++；财务管理：46/B++；测控技术与仪器：23/B++；车辆工程：25/B++；城乡规划：26/B++；传播学：13/B++；电子科学与技术：24/B++；电子商务：17/A；法学：49/B++；给排水科学与工程：30/B++；工程管理：20/A；工程力学：39/B++；工商管理：36/B++；工业工程：14/A；光电信息科学与工程：25/B++；环境工程：82/B++；环境设计：43/B++；会计学：43/B++；机械电子工程：20/B++；建筑学：24/B++；金融学：39/B++；经济学：27/A；纳米材料与技术：3/A+；能源与动力工程：30/B++；视觉传达设计：42/B++；数学与应用数学：137/B++；数字媒体艺术：13/A；统计学：20/A；网络与新媒体：5/A+；物联网工程：10/A+；西班牙语：10/B++；信息安全：16/B++；信息工程：16/B++；信息与计算科学：23/A；应用物理学：43/B++；英语：57/B++；自动化：41/B++。

5）中国区域一流专业（3★）

保密技术：2/A+；数字媒体技术：33/B+；艺术设计学：40/B+。

6）中国区域高水平专业（2★）

电子信息工程：236/D；汉语言：42/C；葡萄牙语：14/C；人工智能：38/B++；生物信息学：25/C；系统科学与工程：2/A+；智能装备与系统：2/A+。

11. 北京邮电大学

（1）北京邮电大学综合实力排名

综合排名：2024 校友会中国大学排名第 46 名，全国理工类高校第 17 名，北京市高校第 11 名。

星级排名：中国六星级大学（6★），世界高水平大学、中国顶尖大学。"211 工程"大学。主管部门：教育部。

（2）北京邮电大学各本科专业排名（全国排名/档次）

1）世界知名高水平、中国顶尖专业（7★）

电子科学与技术：3/A++；电子商务：1/A++；通信工程：1/A++。

2）世界高水平、中国顶尖专业（6★）

机械工程：6/A+；计算机科学与技术：8/A+；软件工程：6/A+；数字媒体技术：1/A++；信息安全：2/A+。

3）中国一流专业（5★）

电信工程及管理：1/A++；电子信息工程：8/A+；电子信息科学与技术：5/A+；工商管理：16/A+；光电信息科学与工程：8/A+；数据科学与大数据技术：9/A+；数字媒体艺术：2/A++；网络工程：2/A++；信息工程：5/A；自动化：21/A。

4）中国高水平专业（4★）

电磁场与无线技术：7/B++；公共事业管理：30/B++；数学与应用数学：56/B++；物联网工程：10/A+；信息与计算科学：23/A；应用物理学：43/B++；英语：136/B++；邮政工程：1/A++；邮政管理：1/A++；智能科学与技术：11/B++。

5）中国区域一流专业（3★）

材料科学与工程：98/B+；测控技术与仪器：103/B+；法学：161/B+；工程管理：93/B+；工业设计：68/B+；国际经济与贸易：176/B+；会计学：208/B+；经济学：152/B+；市场营销：130/B+；网络空间安全：12/B++；物流工程：29/B+；信息管理与信息系统：138/B+。

6）中国区域高水平专业（2★）

大数据管理与应用：11/B++；电子商务及法律：3/A+；汉语言：42/C；金融科技：5/A；人工智能：38/B++；日语：118/B；网络与新媒体：27/B+；智能交互设计：1/A++；智能医学工程：13/B。

12. 北京化工大学

（1）北京化工大学综合实力排名

综合排名：2024 校友会中国大学排名第 55 名，全国理工类高校第 20 名，北京市高校第 12 名。

星级排名：中国五星级大学（5★），世界知名大学、中国一流大学。"211 工程"大学。主管部门：教育部。

（2）北京化工大学各本科专业排名（全国排名/档次）

1）世界知名高水平、中国顶尖专业（7★）

化学工程与工艺：1/A++。

2）世界高水平、中国顶尖专业（6★）

高分子材料与工程：2/A++；应用化学：1/A++。

3）中国一流专业（5★）

材料科学与工程：20/A；功能材料：1/A++；过程装备与控制工程：4/A+；能源化学工程：1/A++；生物工程：4/A+；制药工程：5/A+。

4）中国高水平专业（4★）

安全工程：18/B++；材料化学：19/B++；测控技术与仪器：23/B++；电子信息工程：38/B++；法学：111/B++；工商管理：36/B++；公共事业管理：30/B++；国际经济与贸易：86/B++；化学：87/B++；环境工程：30/B++；会计学：43/B++；机械设计制造及其自动化：54/B++；计算机科学与技术：60/B++；生物医学工程：40/B++；自动化：41/B++。

5）中国区域一流专业（3★）

包装工程：19/B+；财务管理：84/B+；产品设计：66/B+；电子科学与技术：62/B+；电子信息科学与技术：50/B+；工业设计：85/B+；机械工程：59/B+；软件工程：183/B+；生物技术：122/B+；数据科学与大数据技术：20/A；通信工程：141/B+；无机非金属材料工程：34/B+；信息管理与信息系统：138/B+；信息与计算科学：86/B+；英语：231/B+。

6）中国区域高水平专业（2★）

大数据管理与应用：11/B++；电子商务：118/C；汉语国际教育：96/B；机器人工程：18/B++；金融数学：22/B；经济学：190/D；旅游管理：146/C；能源化学：3/A+；人工智能：38/B++；社会体育指导与管理：64/C；市场营销：176/C；数学与应用数学：224/D；数字媒体艺术：79/C；物流管理：109/C；行政管理：148/C。

13. 对外经济贸易大学

（1）对外经济贸易大学综合实力排名

综合排名：2024 校友会中国大学排名第 59 名，全国财经类高校第 3 名，北京市高校第 13 名。

星级排名：中国五星级大学（5★），世界知名大学、中国一流大学。"211 工程"大学。主管部门：教育部。

（2）对外经济贸易大学各本科专业排名（全国排名/档次）

1）世界知名高水平、中国顶尖专业（7★）

国际经济与贸易：2/A++。

2）世界高水平、中国顶尖专业（6★）

电子商务：2/A++；会计学：9/A+；金融工程：1/A++；金融学：7/A+。

3）中国一流专业（5★）

朝鲜语：8/A；法学：17/A+；经济学：16/A；商务英语：1/A++；市场营销：7/A+；物流管理：3/A+。

4）中国高水平专业（4★）

阿拉伯语：5/A；保险学：8/B++；波斯语：4/A；财务管理：17/A；财政学：21/B++；德语：11/B++；俄语：29/B++；工商管理：36/B++；国际政治：17/B++；海关管理：1/A++；经济统计学：7/A；经济与金融：2/A+；精算学：1/A++；葡萄牙语：7/B++；人力资源管理：34/B++；日语：16/A；数据科学与大数据技术：10/A+；投资学：2/A+；西班牙语：10/B++；行政管理：66/B++；意大利语：4/A；英语：136/B++；越南语：8/B++。

5）中国区域一流专业（3★）

公共事业管理：81/B+；国际商务：25/B+；汉语国际教育：58/B+；汉语言文学：151/B+；金融数学：10/B++；税收学：23/B+；信息管理与信息系统：119/B+。

6）中国区域高水平专业（2★）

法语：56/C；翻译：71/B；供应链管理：4/A；劳动与社会保障：55/B；思想政治教育：143/D；统计学：147/C；网络与新媒体：27/B+；文化产业管理：44/C；希腊语：3/A+；政治学与行政学：59/C。

14. 北京工业大学

（1）北京工业大学综合实力排名

综合排名：2024 校友会中国大学排名第 62 名，全国理工类高校第 25 名，北京市高校第 14 名。

星级排名：中国四星级大学（4★），世界知名、中国高水平大学。“211 工程”大学。主管部门：北京市。

（2）北京工业大学各本科专业排名（全国排名/档次）

1）世界高水平、中国顶尖专业（6★）

材料科学与工程：13/A+；土木工程：8/A+。

2）中国一流专业（5★）

环境科学：11/A；机械工程：17/A；机械设计制造及其自动化：43/A；交通工程：6/A；软件工程：18/A；信息安全：7/A。

3）中国高水平专业（4★）

测控技术与仪器：53/B++；城乡规划：26/B++；电子科学与技术：24/B++；电子信息工程：38/B++；给排水科学与工程：15/B++；工艺美术：12/B++；国际经济与贸易：86/B++；过程装备与控制工程：31/B++；环境工程：30/B++；环境设计：9/A+；会计学：112/B++；计算机科学与技术：60/B++；建筑环境与能源应用工程：10/A；建筑学：24/B++；交通设备与控制工程：3/A+；能源与动力工程：54/B++；轻化工程：23/B++；社会工作：41/B++；社会学：19/B++；生物技术：64/B++；生物医学工程：21/B++；数字媒体技术：14/B++；水务工程：3/A+；统计学：41/B++；物联网工程：23/B++；新能源科学与工程：3/A+；信息管理与信息系统：73/B++；信息与计算科学：23/A；应用化学：69/B++；应用物理学：22/B++；自动化：41/B++。

4）中国区域一流专业（3★）

安全工程：53/B+；表演：23/B+；产品设计：66/B+；法学：208/B+；服装设计与工程：22/B+；高分子材料与工程：81/B+；工商管理：207/B+；工业设计：85/B+；广告学：50/B+；金融学：159/B+；经济统计学：33/B+；人力资源管理：97/B+；市场营销：130/B+；数字媒体艺术：39/B+；通信工程：104/B+；艺术设计学：57/B+；英语：253/B+；资源循环科学与工程：6/B++。

5）中国区域高水平专业（2★）

朝鲜语：31/B；动画：76/C；风景园林：57/C；工业工程：77/C；光电信息科学与工程：121/C；汉语国际教育：96/B；化学生物学：14/C；绘画：65/C；机器人工程：18/B++；纳米材料与技术：9/C；人工智能：38/B++；日语：118/B；食品质量与安全：79/C；智能建造：8/B；智能制造工程：16/B++。

6）中国区域知名专业（1★）

雕塑：45/D；数学与应用数学：284/D；微电子科学与工程：68/D；文化产业管理：50/C。

15. 首都医科大学

（1）首都医科大学综合实力排名

综合排名：2024 校友会中国大学排名第 69 名，全国医药类高校第 2 名，北京市高校第 15 名。

星级排名：中国五星级大学（5★），世界知名大学、中国一流大学。主管部门：北京市。

（2）首都医科大学各本科专业排名（全国排名/档次）

1）世界高水平、中国顶尖专业（6★）

护理学：4/A+；临床医学：8/A+；预防医学：3/A+。

2）中国一流专业（5★）

儿科学：1/A++；公共事业管理：7/A+；康复治疗学：1/A++；口腔医学：8/A；临床药学：1/A++；生物医学工程：12/A；药学：13/A；医学检验技术：4/A+；中药学：9/A；中医学：10/A。

3）中国高水平专业（4★）

假肢矫形工程：1/A++；精神医学：7/B++；卫生检验与检疫：7/B++；医学实验技术：5/A。

4）中国区域一流专业（3★）

法学：208/B+；基础医学：19/B+；听力与言语康复学：2/A+；信息管理与信息系统：138/B+；眼视光医学：7/B+；医学影像技术：14/B+；助产学：4/A。

15. 中国石油大学（北京）

（1）中国石油大学（北京）综合实力排名

综合排名：2024 校友会中国大学排名第 69 名，全国理工类高校第 29 名，北京市高校第 15 名。

星级排名：中国六星级大学（6★），世界高水平大学、中国顶尖大学。“211 工程”大学。主管部门：教育部。

（2）中国石油大学（北京）各本科专业排名（全国排名/档次）

1）世界知名高水平、中国顶尖专业（7★）

石油工程：1/A++。

2）世界高水平、中国顶尖专业（6★）

海洋油气工程：1/A++。

3）中国一流专业（5★）

化学工程与工艺：14/A；会计学：16/A+；机械设计制造及其自动化：25/A；勘查技术与工程：2/A+；能源化学工程：1/A++；能源经济：1/A++；应用化学：8/A+；油气储运工程：2/A+；资源勘查工程：5/A。

4）中国高水平专业（4★）

安全工程：18/B++；材料科学与工程：45/B++；地质工程：21/B++；过程装备与控制工程：11/B++；环境工程：30/B++；计算机科学与技术：60/B++；能源与动力工程：30/B++；市场营销：59/B++；数学与应用数学：137/B++；

信息管理与信息系统：73/B++；英语：136/B++；自动化：112/B++。

5）中国区域一流专业（3★）

环境科学：61/B+。

6）中国区域高水平专业（2★）

测控技术与仪器：126/D；储能科学与工程：7/B+；机器人工程：18/B++；金融学：191/D；人工智能：38/B++；数据科学与大数据技术：54/B++；思想政治教育：143/D；统计学：147/C；新能源科学与工程：54/C；智能科学与技术：29/B+。

17. 北京林业大学

（1）北京林业大学综合实力排名

综合排名：2024 校友会中国大学排名第 70 名，全国农林类高校第 6 名，北京市高校第 17 名。

星级排名：中国六星级大学（6★），世界高水平大学、中国顶尖大学。“211 工程”大学。主管部门：教育部。

（2）北京林业大学各本科专业排名（全国排名/档次）

1）世界知名高水平、中国顶尖专业（7★）

风景园林：1/A++；林学：1/A++；园林：1/A++。

2）世界高水平、中国顶尖专业（6★）

木材科学与工程：3/A+。

3）中国一流专业（5★）

草业科学：5/A；环境设计：2/A++；经济林：1/A++；林产化工：2/A+；农林经济管理：8/A；森林保护：1/A++；水土保持与荒漠化防治：2/A+；园艺：5/A。

4）中国高水平专业（4★）

产品设计：33/B++；城乡规划：26/B++；地理信息科学：16/B++；给排水科学与工程：30/B++；工商管理：100/B++；国际经济与贸易：43/B++；环境工程：30/B++；环境科学：31/B++；机械设计制造及其自动化：131/B++；计算机科学与技术：60/B++；商务英语：15/B++；生物科学：36/B++；食品科学与工程：28/B++；数字媒体技术：7/A；物业管理：1/A++；信息管理与信息系统：73/B++；野生动物与自然保护区管理：2/A+；英语：57/B++。

5）中国区域一流专业（3★）

包装工程：19/B+；电子信息科学与技术：50/B+；交通工程：41/B+；金融学：159/B+；旅游管理：114/B+；生物技术：96/B+；数学与应用数学：168/B+；统计学：84/B+；土木工程：164/B+；应用心理学：50/B+；自动化：180/B+；自然地理与资源环境：20/B+。

6）中国区域高水平专业（2★）

车辆工程：89/C；电气工程及其自动化：199/D；电子商务：118/C；动画：76/C；法学：251/D；会计学：247/D；人力资源管理：115/C；日语：118/B；市场营销：176/C；视觉传达设计：147/C；数据科学与大数据技术：54/B++；数字媒体艺术：69/B；网络工程：81/B；物联网工程：140/C；心理学：44/D。

18. 中国政法大学

（1）中国政法大学综合实力排名

综合排名：2024 校友会中国大学排名第 71 名，全国政法类高校第 1 名，北京市高校第 18 名。

星级排名：中国六星级大学（6★），世界高水平大学、中国顶尖大学。“211 工程”大学。主管部门：教育部。

（2）中国政法大学各本科专业排名（全国排名/档次）

1）世界知名高水平、中国顶尖专业（7★）

法学：3/A++。

2）世界高水平、中国顶尖专业（6★）

国际政治：4/A+；思想政治教育：7/A+；政治学与行政学：4/A+。

3）中国一流专业（5★）

公共事业管理：7/A+；国际商务：2/A+；社会学：10/A；新闻学：14/A；信息管理与信息系统：24/A；行政管理：7/A+。

4）中国高水平专业（4★）

工商管理：100/B++；经济学：27/A；社会工作：41/B++；网络与新媒体：5/A+；应用心理学：28/B++；英语：57/B++；哲学：20/B++；侦查学：6/B++。

5）中国区域一流专业（3★）

德语：36/B+；汉语言文学：151/B+。

6）中国区域高水平专业（2★）

法语：64/C；翻译：71/B；汉语言：42/C；金融工程：61/C；数学与应用数学：224/D；信息与计算科学：231/D。

19. 首都师范大学

（1）首都师范大学综合实力排名

综合排名：2024 校友会中国大学排名第 75 名，全国师范类高校第 9 名，北京市高校第 19 名。

星级排名：中国四星级大学（4★），世界知名、中国高水平大学。主管部门：北京市。

（2）首都师范大学各本科专业排名（全国排名/档次）

1）世界高水平、中国顶尖专业（6★）

地理信息科学：1/A++；世界史：3/A+；数学与应用数学：11/A+；小学教育：1/A++。

2）中国一流专业（5★）

俄语：4/A+；汉语言文学：28/A；教育学：8/A；马克思主义理论：2/A+；美术学：7/A+；秘书学：1/A++；思想政治教育：22/A；戏剧影视文学：12/A。

3）中国高水平专业（4★）

地理科学：17/B++；法学：49/B++；法语：22/B++；公共事业管理：30/B++；汉语国际教育：8/A+；化学：39/B++；绘画：7/A；计算机科学与技术：60/B++；教育技术学：12/B++；考古学：16/B++；历史学：34/B++；日语：33/B++；软件工程：103/B++；社会工作：41/B++；生物技术：30/B++；生物科学：36/B++；视觉传达设计：42/B++；统计学：20/A；文化产业管理：5/A；文化遗产：1/A++；舞蹈学：11/B++；物理学：33/B++；西班牙语：10/B++；心理

学：12/B++；学前教育：9/A；音乐学：18/B++；英语：57/B++。

4）中国区域一流专业（3★）

德语：36/B+；电子信息工程：141/B+；光电信息科学与工程：72/B+；国际经济与贸易：176/B+；汉语言：27/B+；环境设计：105/B+；录音艺术：11/B+；信息管理与信息系统：138/B+；信息与计算科学：86/B+；应用化学：112/B+；哲学：40/B+。

5）中国区域高水平专业（2★）

电子商务：118/C；劳动与社会保障：55/B；旅游管理：146/C；人工智能：38/B++；书法学：23/B；数字媒体艺术：79/C；遥感科学与技术：20/B；音乐表演：71/C。

20. 中国传媒大学

（1）中国传媒大学综合实力排名

综合排名：2024校友会中国大学排名第79名，全国语言类高校第1名，北京市高校第20名。

星级排名：中国六星级大学（6★），世界高水平大学、中国顶尖大学。“211工程”大学。主管部门：教育部。

（2）中国传媒大学各本科专业排名（全国排名/档次）

1）世界知名高水平、中国顶尖专业（7★）

播音与主持艺术：1/A++；广播电视学：1/A++；新闻学：1/A++。

2）世界高水平、中国顶尖专业（6★）

传播学：3/A+；广播电视编导：1/A++；广告学：1/A++；数字媒体艺术：1/A++；戏剧影视文学：2/A+。

3）中国一流专业（5★）

编辑出版学：5/A；表演：10/A；动画：6/A+；广播电视工程：1/A++；国际新闻与传播：1/A++；录音艺术：1/A++；视觉传达设计：2/A++；思想政治教育：51/A；网络与新媒体：1/A++；文化产业管理：1/A++；戏剧影视美术设计：4/A；影视摄影与制作：2/A+。

4）中国高水平专业（4★）

大数据管理与应用：1/A++；法语：22/B++；翻译：23/B++；工商管理：100/B++；汉语国际教育：18/A；汉语言：15/B++；汉语言文学：64/B++；环境设计：43/B++；计算机科学与技术：206/B++；葡萄牙语：4/A；日语：33/B++；摄影：4/A；数字媒体技术：7/A；通信工程：69/B++；戏剧影视导演：5/A；信息管理与信息系统：38/B++；艺术设计学：17/B++；艺术与科技：4/A；音乐表演：18/B++；英语：57/B++。

5）中国区域一流专业（3★）

朝鲜语：25/B+；德语：36/B+；电子信息工程：141/B+；俄语：48/B+；法学：161/B+；公共关系学：3/A+；国际经济与贸易：176/B+；荷兰语：3/A+；会计学：208/B+；经济学：152/B+；马来语：4/A；漫画：2/A+；孟加拉语：3/A+；尼泊尔语：1/A++；普什图语：1/A++；市场营销：110/B+；斯瓦希里语：3/A+；泰米尔语：1/A++；统计学：96/B+；土耳其语：3/A+；西班牙语：22/B+；行政管理：111/B+；意大利语：12/B+；音乐学：78/B+；作曲与作曲技术理论：17/B+。

6）中国区域高水平专业（2★）

光电信息科学与工程：121/C；跨境电子商务：2/A+；人工智能：38/B++；软件工程：215/D；社会学：73/D；数据科学与大数据技术：54/B++；数字经济：2/A+；网络工程：81/B；网络空间安全：26/B；物联网工程：140/C；新媒体艺术：2/A+；信息安全：71/C；信息与计算科学：231/D；艺术管理：9/B；印地语：9/D；政治学与行政学：59/C；智能科学与技术：29/B+；智能装备与系统：2/A+；自动化：207/D。

21. 北京外国语大学

（1）北京外国语大学综合实力排名

综合排名：2024校友会中国大学排名第80名，全国语言类高校第2名，北京市高校第21名。

星级排名：中国六星级大学（6★），世界高水平大学、中国顶尖大学。“211工程”大学。主管部门：教育部。

（2）北京外国语大学各本科专业排名（全国排名/档次）

1）世界知名高水平、中国顶尖专业（7★）

外交学：2/A++；英语：1/A++。

2）世界高水平、中国顶尖专业（6★）

德语：1/A++；俄语：1/A++；法语：1/A++；翻译：1/A++；汉语国际教育：2/A++；日语：1/A++。

3）中国一流专业（5★）

阿尔巴尼亚语：1/A++；阿拉伯语：2/A+；保加利亚语：1/A++；波兰语：1/A++；波斯语：2/A+；朝鲜语：2/A+；法学：17/A+；汉语言文学：28/A；柬埔寨语：1/A++；老挝语：1/A++；罗马尼亚语：1/A++；马来语：1/A++；孟加拉语：1/A++；缅甸语：1/A++；葡萄牙语：1/A++；僧伽罗语：1/A++；泰语：1/A++；土耳其语：1/A++；西班牙语：2/A+；新闻学：14/A；匈牙利语：1/A++；意大利语：1/A++。

4）中国高水平专业（4★）

丹麦语：1/A++；梵语巴利语：2/A+；芬兰语：1/A++；工商管理：100/B++；国际经济与贸易：43/B++；豪萨语：1/A++；荷兰语：1/A++；会计学：43/B++；计算机科学与技术：206/B++；捷克语：1/A++；金融学：93/B++；拉丁语：1/A++；挪威语：1/A++；瑞典语：1/A++；塞尔维亚语：1/A++；斯洛伐克语：1/A++；斯瓦希里语：1/A++；外国语言与外国历史：2/A+；乌尔都语：2/A+；乌克兰语：1/A++；希伯来语：3/A+；希腊语：2/A+；信息管理与信息系统：73/B++；印地语：2/A+；印度尼西亚语：4/A；越南语：3/A+。

5）中国区域一流专业（3★）

阿非利卡语：1/A++；阿姆哈拉语：1/A++；阿塞拜疆语：1/A++；爱尔兰语：1/A++；爱沙尼亚语：1/A++；白俄罗斯语：1/A++；冰岛语：1/A++；茨瓦纳语：1/A++；恩德贝莱语：1/A++；菲律宾语：2/A+；格鲁吉亚语：1/A++；哈

萨克语：3/A+；吉尔吉斯语：1/A++；加泰罗尼亚语：1/A++；科摩罗语：1/A++；克里奥尔语：1/A++；克罗地亚语：1/A++；库尔德语：1/A++；拉脱维亚语：1/A++；立陶宛语：1/A++；马达加斯加语：1/A++；马耳他语：1/A++；马其顿语：1/A++；毛利语：1/A++；蒙古语：2/A+；尼泊尔语：1/A++；普什图语：1/A++；萨摩亚语：1/A++；绍纳语：1/A++；斯洛文尼亚语：1/A++；索马里语：1/A++；塔吉克语：1/A++；泰米尔语：1/A++；汤加语：1/A++；提格雷尼亚语：1/A++；土库曼语：1/A++；乌兹别克语：1/A++；亚美尼亚语：1/A++；约鲁巴语：1/A++；政治学与行政学：41/B+；祖鲁语：1/A++。

6）中国区域高水平专业（2★）

比斯拉马语：1/A++；财务管理：175/D；传播学：34/C；达里语：1/A++；德顿语：1/A++；迪维希语：1/A++；电子商务：118/C；斐济语：1/A++；国际商务：33/C；国际组织与全球治理：2/A+；库克群岛毛利语：1/A++；隆迪语：1/A++；卢森堡语：1/A++；卢旺达语：1/A++；纽埃语：1/A++；旁遮普语：1/A++；皮金语：1/A++；切瓦语：1/A++；塞苏陀语：1/A++；桑戈语：1/A++；世界史：20/D；塔玛齐格特语：1/A++；戏剧学：6/D；爪哇语：1/A++。

21. 中央民族大学

（1）中央民族大学综合实力排名

综合排名：2024 校友会中国大学排名第 80 名，全国民族类高校第 1 名，北京市高校第 21 名。

星级排名：中国六星级大学（6★），世界高水平大学、中国顶尖大学。“985 工程”大学，“211 工程”大学。主管部门：国家民委。

（2）中央民族大学各本科专业排名（全国排名/档次）

1）世界一流专业（8★）

民族学：1/A++。

2）世界知名高水平、中国顶尖专业（7★）

中国少数民族语言文学：1/A++。

3）世界高水平、中国顶尖专业（6★）

历史学：8/A+；社会学：5/A+；宗教学：1/A++。

4）中国一流专业（5★）

美术学：7/A+；思想政治教育：51/A；舞蹈编导：3/A+；舞蹈表演：2/A+；舞蹈学：3/A+；行政管理：26/A；音乐学：7/A+。

5）中国高水平专业（4★）

财务管理：17/A；藏医学：3/A+；朝鲜语：17/B++；俄语：11/A；法学：49/B++；服装与服饰设计：11/B++；公共事业管理：17/A；光电信息科学与工程：25/B++；广告学：22/B++；国际经济与贸易：43/B++；哈萨克语：1/A++；汉语国际教育：18/A；汉语言文学：64/B++；环境科学：31/B++；计算机科学与技术：60/B++；教育学：20/B++；金融学：93/B++；经济学：27/A；软件工程：103/B++；生态学：14/B++；视觉传达设计：42/B++；文物与博物馆学：6/B++；新闻学：30/B++；艺术设计学：17/B++；音乐表演：18/B++；应用语言学：2/A+；哲学：26/B++；作曲与作曲技术理论：11/B++。

6）中国区域一流专业（3★）

表演：23/B+；翻译：54/B+；工商管理：180/B+；古典文献学：6/B+；化学：124/B+；环境工程：167/B+；环境设计：105/B+；人力资源管理：97/B+；日语：96/B+；社会工作：87/B+；生物技术：122/B+；市场营销：130/B+；数学与应用数学：190/B+；体育教育：72/B+；通信工程：141/B+；武术与民族传统体育：20/B+；物理学：105/B+；信息与计算科学：86/B+；艺术教育：4/A；应用物理学：83/B+；英语：253/B+；预防医学：61/B+；制药工程：79/B+；中国画：17/B+；自动化：180/B+。

7）中国区域高水平专业（2★）

财政学：62/D；电子信息工程：214/D；会计学：247/D；绘画：65/C；旅游管理：146/C；纳米材料与技术：9/C；生物科学：141/D；数据科学与大数据技术：54/B++；数字经济：2/A+；统计学：133/C；物联网工程：104/B；政治学与行政学：54/C；中药学：58/D。

23. 中央财经大学

（1）中央财经大学综合实力排名

综合排名：2024 校友会中国大学排名第 93 名，全国财经类高校第 5 名，北京市高校第 23 名。

星级排名：中国五星级大学（5★），世界知名大学、中国一流大学。“211 工程”大学。主管部门：教育部。

（2）中央财经大学各本科专业排名（全国排名/档次）

1）世界知名高水平、中国顶尖专业（7★）

金融学：2/A++。

2）世界高水平、中国顶尖专业（6★）

保险学：1/A++；财政学：4/A+；国际经济与贸易：6/A+。

3）中国一流专业（5★）

会计学：16/A+；金融工程：2/A+；经济学：16/A；市场营销：7/A+；税收学：2/A+；统计学：6/A+；行政管理：7/A+；资产评估：2/A+。

4）中国高水平专业（4★）

财务管理：17/A；城市管理：4/A；电子商务：17/A；法学：49/B++；工程管理：20/A；工商管理：36/B++；公共事业管理：30/B++；供应链管理：1/A++；管理科学：9/B++；国际商务：14/B++；国民经济管理：2/A+；计算机科学与技术：60/B++；经济统计学：19/B++；精算学：1/A++；劳动与社会保障：4/A+；贸易经济：11/B++；人力资源管理：34/B++；社会工作：41/B++；社会学：19/B++；体育经济与管理：5/A；投资学：2/A+；新闻学：61/B++；信息安全：31/B++；信息管理与信息系统：38/B++；应用统计学：7/A；应用心理学：16/B++。

5）中国区域一流专业（3★）

翻译：54/B+；房地产开发与管理：9/B+；国际政治：

29/B+；汉语言文学：176/B+；日语：96/B+；视觉传达设计：116/B+；数学与应用数学：168/B+；文化产业管理：14/B++；信息与计算科学：122/B+；英语：253/B+。

6）中国区域高水平专业（2★）

大数据管理与应用：11/B++；广告学：80/B；金融科技：5/A；书法学：23/B；数据科学与大数据技术：54/B++。

24. 中国矿业大学（北京）

（1）中国矿业大学（北京）综合实力排名

综合排名：2024 校友会中国大学排名第 102 名，全国理工类高校第 40 名，北京市高校第 24 名。

星级排名：中国四星级大学（4★），世界知名、中国高水平大学。“211 工程”大学。主管部门：教育部。

（2）中国矿业大学（北京）各本科专业排名（全国排名/档次）

1）世界高水平、中国顶尖专业（6★）

安全工程：2/A+；地球物理学：3/A+；矿物加工工程：3/A+。

2）中国一流专业（5★）

采矿工程：8/A；城市地下空间工程：1/A++；遥感科学与技术：2/A+；资源勘查工程：5/A。

3）中国高水平专业（4★）

材料科学与工程：68/B++；测绘工程：17/B++；地质工程：14/B++；电气工程及其自动化：88/B++；工程力学：25/B++；工商管理：100/B++；化学工程与工艺：34/B++；环境工程：30/B++；会计学：112/B++；机械工程：26/B++；计算机科学与技术：60/B++；土木工程：47/B++；消防工程：5/A；信息与计算科学：23/A；行政管理：66/B++。

4）中国区域一流专业（3★）

测控技术与仪器：77/B+；广播电视学：36/B+；汉语言文学：176/B+；建筑环境与能源应用工程：63/B+；建筑学：82/B+；能源与动力工程：98/B+；石油工程：12/B+；水文与水资源工程：21/B+；信息安全：56/B+；艺术设计学：57/B+。

5）中国区域高水平专业（2★）

材料成型及控制工程：103/D；大数据管理与应用：11/B++；德语：56/D；地理信息科学：84/C；地球信息科学与技术：10/D；地下水科学与工程：11/D；电子科学与技术：98/D；电子商务：118/C；电子信息科学与技术：75/B；工程管理：120/C；工业工程：77/C；工业设计：131/C；光电信息科学与工程：108/C；国际经济与贸易：221/C；过程装备与控制工程：67/D；环境科学：114/C；机器人工程：18/B++；交通运输：71/D；金融学：191/D；旅游管理：146/C；人工智能：38/B++；人力资源管理：115/C；社会工作：112/C；社会学：68/C；生物工程：127/C；数学与应用数学：224/D；土地资源管理：53/C；网络工程：119/D；新能源科学与工程：54/C；信息工程：38/C；音乐学：117/C；应急技术与管理：1/A++；应用化学：197/D；智能采矿工程：2/A+；自然地理与资源环境：34/B。

6）中国区域知名专业（1★）

法学：308/D；市场营销：299/D；英语：398/D。

25. 北京中医药大学

（1）北京中医药大学综合实力排名

综合排名：2024 校友会中国大学排名第 105 名，全国医药类高校第 8 名，北京市高校第 25 名。

星级排名：中国六星级大学（6★），世界高水平大学、中国顶尖大学。“211 工程”大学。主管部门：教育部。

（2）北京中医药大学各本科专业排名（全国排名/档次）

1）世界一流专业（8★）

中医学：1/A++。

2）世界高水平、中国顶尖专业（6★）

针灸推拿学：3/A+；中药学：4/A+。

3）中国一流专业（5★）

护理学：11/A；药学：13/A；制药工程：15/A。

4）中国高水平专业（4★）

公共事业管理：30/B++；中药制药：1/A++。

5）中国区域一流专业（3★）

大数据管理与应用：4/A+；法学：161/B+；工商管理：180/B+；康复治疗学：31/B+；生物工程：93/B+；信息管理与信息系统：138/B+；药事管理：3/A+；英语：231/B+；中西医临床医学：31/B+。

6）中国区域高水平专业（2★）

中医骨伤科学：7/B。

25. 中国地质大学（北京）

（1）中国地质大学（北京）综合实力排名

综合排名：2024 校友会中国大学排名第 105 名，全国理工类高校第 42 名，北京市高校第 25 名。

星级排名：中国四星级大学（4★），世界知名、中国高水平大学。“211 工程”大学。主管部门：教育部。

（2）中国地质大学（北京）各本科专业排名（全国排名/档次）

1）世界高水平、中国顶尖专业（6★）

宝石及材料工艺学：2/A+；地下水科学与工程：1/A++；地质学：5/A+；资源勘查工程：3/A+。

2）中国一流专业（5★）

材料科学与工程：20/A；测绘工程：5/A；地理信息科学：5/A+；地球物理学：6/A；地质工程：8/A；勘查技术与工程：2/A+；石油工程：5/A；土地资源管理：2/A+。

3）中国高水平专业（4★）

安全工程：18/B++；地球化学：6/B++；工商管理：36/B++；海洋科学：7/B++；环境工程：82/B++；机械设计制造及其自动化：131/B++；计算机科学与技术：206/B++；经济学：83/B++；科学社会主义：4/A；软件工程：103/B++；数学与应用数学：56/B++；水文与水资源工程：13/B++；土木工程：47/B++；信息管理与信息系统：

73/B++。

4）中国区域一流专业（3★）

海洋资源与环境：2/A+；化学工程与工艺：142/B+；土地整治工程：1/A++；艺术设计学：57/B+；英语：253/B+。

5）中国区域高水平专业（2★）

材料化学：74/C；材料物理：54/D；测控技术与仪器：126/D；城市地下空间工程：30/C；电气工程及其自动化：199/D；人工智能：38/B++；数据计算及应用：1/A++；数据科学与大数据技术：54/B++；新能源科学与工程：54/C；遥感科学与技术：20/B；自然资源登记与管理：1/A++。

6）中国区域知名专业（1★）

法学：308/D；会计学：297/D；教育学：79/D；应用心理学：113/D。

27. 北京语言大学

（1）北京语言大学综合实力排名

综合排名：2024 校友会中国大学排名第 108 名，全国语言类高校第 3 名，北京市高校第 27 名。

星级排名：中国五星级大学（5★），世界知名大学、中国一流大学。主管部门：教育部。

（2）北京语言大学各本科专业排名（全国排名/档次）

1）世界知名高水平、中国顶尖专业（7★）

汉语言：1/A++。

2）世界高水平、中国顶尖专业（6★）

汉语国际教育：1/A++；汉语言文学：10/A+；英语：6/A++。

3）中国高水平专业（4★）

阿拉伯语：5/A；朝鲜语：10/B++；德语：20/B++；俄语：29/B++；法语：11/B++；翻译：7/A+；国际事务与国际关系：1/A++；国际政治：22/B++；绘画：16/B++；计算机科学与技术：60/B++；金融学：93/B++；日语：16/A；西班牙语：10/B++；信息管理与信息系统：73/B++；意大利语：4/A。

4）中国区域一流专业（3★）

财务管理：100/B+；国际经济与贸易：142/B+；人力资源管理：69/B+；土耳其语：3/A+；新闻学：109/B+。

5）中国区域高水平专业（2★）

波斯语：10/D；会计学：247/D；经济学：205/D；罗马尼亚语：3/A+；葡萄牙语：14/C；人工智能：38/B++；商务英语：72/C；书法学：23/B；数字媒体艺术：69/B；特殊教育：21/C；网络与新媒体：27/B+；心理学：44/D；音乐学：117/C；印度尼西亚语：9/D；语言学：1/A++。

27. 华北电力大学

（1）华北电力大学综合实力排名

综合排名：2024 校友会中国大学排名第 108 名，全国理工类高校第 44 名，北京市高校第 27 名。

星级排名：中国四星级大学（4★），世界知名、中国高水平大学。“211 工程”大学。主管部门：教育部。

（2）华北电力大学各本科专业排名（全国排名/档次）

1）世界高水平、中国顶尖专业（6★）

电气工程及其自动化：6/A+；核工程与核技术：6/A+。

2）中国一流专业（5★）

能源与动力工程：21/A；通信工程：17/A；新能源材料与器件：1/A++；智能电网信息工程：1/A++；自动化：21/A。

3）中国高水平专业（4★）

材料科学与工程：45/B++；法学：111/B++；辐射防护与核安全：3/A+；工程管理：20/A；工商管理：100/B++；环境工程：30/B++；机械工程：26/B++；计算机科学与技术：60/B++；软件工程：103/B++；市场营销：29/A；水利水电工程：25/B++；水文与水资源工程：13/B++；新能源科学与工程：3/A+；信息与计算科学：23/A；应用化学：69/B++；应用物理学：43/B++。

4）中国区域一流专业（3★）

电子信息工程：141/B+；电子信息科学与技术：44/B+；工程造价：13/B+；环境科学：61/B+；机械电子工程：48/B+；机械设计制造及其自动化：190/B+；建筑环境与能源应用工程：51/B+；能源化学工程：17/B+；农业电气化：12/B+；人力资源管理：69/B+；网络工程：25/B++；物流管理：88/B+；信息安全：51/B+；行政管理：111/B+；英语：231/B+。

5）中国区域高水平专业（2★）

财务管理：175/D；测控技术与仪器：143/D；储能科学与工程：7/B+；电子科学与技术：110/D；给排水科学与工程：66/C；工业工程：93/C；工业设计：131/C；公共事业管理：198/D；供应链管理：4/A；光电信息科学与工程：121/C；广告学：80/B；汉语言文学：235/D；会计学：270/D；机器人工程：18/B++；经济学：205/D；人工智能：38/B++；生物医学工程：88/D；数据科学与大数据技术：54/B++；土木工程：216/D；信息管理与信息系统：207/C；智能科学与技术：29/B+；智能制造工程：16/B++。

6）中国区域知名专业（1★）

翻译：98/C；过程装备与控制工程：77/D；金融学：204/D；社会工作：145/D；物联网工程：161/D。

29. 北京体育大学

（1）北京体育大学综合实力排名

综合排名：2024 校友会中国大学排名第 111 名，全国体育类高校第 1 名，北京市高校第 29 名。

星级排名：中国六星级大学（6★），世界高水平大学、中国顶尖大学。“211 工程”大学。主管部门：国家体育总局。

（2）北京体育大学各本科专业排名（全国排名/档次）

1）世界一流专业（8★）

体育教育：1/A++。

2）世界知名高水平、中国顶尖专业（7★）

运动训练：1/A++。

3）世界高水平、中国顶尖专业（6★）

体育经济与管理：1/A++；武术与民族传统体育：1/A++；运动康复：1/A++；运动人体科学：1/A++。

4）中国一流专业（5★）

冰雪运动：1/A++；公共事业管理：11/A+；旅游管理：14/A；社会体育指导与管理：5/A+；体能训练：1/A++；舞蹈表演：5/A；新闻学：23/A；休闲体育：2/A+；应用心理学：7/A+。

5）中国高水平专业（4★）

教育学：34/B++；康复物理治疗：2/A+；马克思主义理论：10/B++；生物医学工程：40/B++；数据科学与大数据技术：10/A+；体育旅游：1/A++；英语：136/B++；智能体育工程：1/A++。

6）中国区域一流专业（3★）

波兰语：3/A+；播音与主持艺术：26/B+；汉语国际教育：58/B+；汉语言文学：176/B+；捷克语：2/A+；克罗地亚语：1/A++；塞尔维亚语：2/A+；舞蹈学：30/B+；匈牙利语：2/A+。

7）中国区域高水平专业（2★）

德语：56/D；俄语：71/C；法语：64/C；经济学：205/D；葡萄牙语：14/C；网络与新媒体：27/B+；西班牙语：34/C。

30. 外交学院

（1）外交学院综合实力排名

综合排名：2024 校友会中国大学排名第 114 名，全国语言类高校第 5 名，北京市高校第 30 名。

星级排名：中国六星级大学（6★），世界高水平大学、中国顶尖大学。主管部门：外交部。

（2）外交学院各本科专业排名（全国排名/档次）

1）世界知名高水平、中国顶尖专业（7★）

外交学：1/A++。

2）世界高水平、中国顶尖专业（6★）

法学：7/A+；英语：6/A++。

3）中国一流专业（5★）

法语：7/A；金融学：31/A。

4）中国高水平专业（4★）

翻译：23/B++；国际经济与贸易：86/B++；日语：33/B++；西班牙语：10/B++。

5）中国区域一流专业（3★）

国际事务与国际关系：5/A；国际组织与全球治理：1/A++。

31. 首都经济贸易大学

（1）首都经济贸易大学综合实力排名

综合排名：2024 校友会中国大学排名第 122 名，全国财经类高校第 10 名，北京市高校第 31 名。

星级排名：中国四星级大学（4★），世界知名、中国高水平大学。主管部门：北京市。

（2）首都经济贸易大学各本科专业排名（全国排名/档次）

1）世界高水平、中国顶尖专业（6★）

国际经济与贸易：6/A+；劳动与社会保障：1/A++。

2）中国一流专业（5★）

金融学：13/A+；经济学：16/A；人力资源管理：1/A++；统计学：6/A+；资产评估：1/A++。

3）中国高水平专业（4★）

安全工程：31/B++；保险学：15/B++；财务管理：17/A；财政学：21/B++；城市管理：4/A；电子商务：45/B++；法学：49/B++；工商管理：36/B++；会计学：43/B++；金融工程：11/A；经济统计学：19/B++；劳动关系：2/A+；贸易经济：4/A；商务英语：15/B++；社会工作：19/A；市场营销：29/A；信息管理与信息系统：38/B++；行政管理：66/B++。

4）中国区域一流专业（3★）

传播学：24/B+；广告学：44/B+；计算机科学与技术：327/B+；商务经济学：3/A+；数据科学与大数据技术：20/A；税收学：17/B+；投资学：17/B+。

5）中国区域高水平专业（2★）

工程管理：120/C；工业工程：77/C；公共事业管理：124/B；汉语国际教育：96/B；环境工程：196/D；旅游管理：146/C；数学与应用数学：224/D；土地资源管理：53/C；物流管理：109/C；英语：318/D。

6）中国区域知名专业（1★）

法语：90/D。

32. 中央戏剧学院

（1）中央戏剧学院综合实力排名

综合排名：2024 校友会中国大学排名第 127 名，全国艺术类高校第 1 名，北京市高校第 32 名。

星级排名：中国六星级大学（6★），世界高水平大学、中国顶尖大学。主管部门：教育部。

（2）中央戏剧学院各本科专业排名（全国排名/档次）

1）世界知名高水平、中国顶尖专业（7★）

表演：1/A++；戏剧影视导演：2/A++；戏剧影视文学：1/A++。

2）世界高水平、中国顶尖专业（6★）

戏剧学：1/A++。

3）中国一流专业（5★）

播音与主持艺术：2/A+；戏剧影视美术设计：4/A。

4）中国高水平专业（4★）

作曲与作曲技术理论：11/B++。

5）中国区域高水平专业（2★）

录音艺术：18/D；戏剧教育：2/A+；艺术管理：9/B。

33. 北京电影学院

（1）北京电影学院综合实力排名

综合排名：2024 校友会中国大学排名第 128 名，全国艺术类高校第 2 名，北京市高校第 33 名。

星级排名：中国六星级大学（6★），世界高水平大学、中国顶尖大学。主管部门：北京市。

（2）北京电影学院各本科专业排名（全国排名/档次）

1）世界知名高水平、中国顶尖专业（7★）

戏剧影视导演：1/A++。

2）世界高水平、中国顶尖专业（6★）

表演：4/A+；动画：2/A++；戏剧影视文学：2/A+；影视摄影与制作：1/A++。

3）中国一流专业（5★）

电影学：1/A++；广播电视编导：4/A+；录音艺术：5/A；摄影：2/A+；数字媒体技术：6/A；数字媒体艺术：4/A+；戏剧影视美术设计：4/A。

4）中国高水平专业（4★）

播音与主持艺术：4/A+；产品设计：33/B++；漫画：1/A++；文化产业管理：5/A；新媒体艺术：1/A++；艺术与科技：4/A；作曲与作曲技术理论：11/B++。

5）中国区域一流专业（3★）

环境设计：105/B+；跨媒体艺术：2/A+；网络与新媒体：15/B++；影视技术：1/A++。

34. 北京工商大学

（1）北京工商大学综合实力排名

综合排名：2024 校友会中国大学排名第 153 名，全国财经类高校第 11 名，北京市高校第 34 名。

星级排名：中国四星级大学（4★），世界知名、中国高水平大学。主管部门：北京市。

（2）北京工商大学各本科专业排名（全国排名/档次）

1）世界高水平、中国顶尖专业（6★）

物流管理：1/A++。

2）中国一流专业（5★）

财务管理：6/A+；会计学：16/A+；金融学：13/A+；贸易经济：1/A++；食品科学与工程：8/A+。

3）中国高水平专业（4★）

电子商务：17/A；法学：111/B++；高分子材料与工程：21/B++；工商管理：36/B++；化妆品技术与工程：1/A++；环境工程：30/B++；计算机科学与技术：60/B++；金融工程：26/B++；经济学：27/A；酿酒工程：5/A；软件工程：103/B++；食品质量与安全：8/A；市场营销：59/B++；新闻学：30/B++；信息工程：16/B++；信息管理与信息系统：73/B++；应用统计学：15/B++。

4）中国区域一流专业（3★）

产品设计：66/B+；电子科学与技术：69/B+；国际经济与贸易：142/B+；化学：113/B+；机械工程：59/B+；经济统计学：33/B+；生物工程：81/B+；应用化学：112/B+。

5）中国区域高水平专业（2★）

包装工程：30/C；保险学：40/C；财政学：62/D；大数据管理与应用：11/B++；电气工程及其自动化：199/D；工业工程：77/C；工业设计：131/C；功能材料：18/B；供应链管理：4/A；管理科学：30/C；化学工程与工艺：162/D；机械设计制造及其自动化：222/D；金融科技：5/A；精算学：6/C；旅游管理：168/D；人工智能：38/B++；人力资源管理：115/C；食品营养与健康：2/A+；视觉传达设计：156/C；数据科学与大数据技术：54/B++；数字媒体艺术：69/B；思想政治教育：143/D；西班牙语：34/C；香料香精技术与工程：2/A+；信息与计算科学：164/C；英语：318/D；智能制造工程：16/B++；自动化：207/D。

6）中国区域知名专业（1★）

光电信息科学与工程：141/D；广告学：113/C；商务英语：89/D；生物技术：217/D；物流工程：53/D。

35. 中央美术学院

（1）中央美术学院综合实力排名

综合排名：2024 校友会中国大学排名第 175 名，全国艺术类高校第 3 名，北京市高校第 35 名。

星级排名：中国六星级大学（6★），世界高水平大学、中国顶尖大学。主管部门：教育部。

（2）中央美术学院各本科专业排名（全国排名/档次）

1）世界知名高水平、中国顶尖专业（7★）

美术学：1/A++；中国画：1/A++。

2）世界高水平、中国顶尖专业（6★）

雕塑：1/A++；动画：2/A++；视觉传达设计：1/A++；艺术设计学：2/A+。

3）中国一流专业（5★）

产品设计：1/A++；服装与服饰设计：8/A；绘画：5/A+；建筑学：12/A；实验艺术：1/A++。

4）中国高水平专业（4★）

风景园林：11/B++；工业设计：38/B++；公共艺术：8/B++；环境设计：43/B++；摄影：7/B++；书法学：3/A+；数字媒体艺术：13/A；艺术管理：2/A+；艺术史论：4/A；艺术与科技：4/A。

5）中国区域一流专业（3★）

工艺美术：19/B+；文化产业管理：14/B++；文物保护与修复：3/A+；影视摄影与制作：6/B+。

35. 中央音乐学院

（1）中央音乐学院综合实力排名

综合排名：2024 校友会中国大学排名第 175 名，全国艺术类高校第 3 名，北京市高校第 35 名。

星级排名：中国六星级大学（6★），世界高水平大学、中国顶尖大学。“211 工程”大学。主管部门：教育部。

（2）中央音乐学院各本科专业排名（全国排名/档次）

1）世界知名高水平、中国顶尖专业（7★）

音乐表演：1/A++；作曲与作曲技术理论：1/A++。

2）世界高水平、中国顶尖专业（6★）

音乐学：2/A++。

37. 北京第二外国语学院

（1）北京第二外国语学院综合实力排名

综合排名：2024 校友会中国大学排名第 179 名，全国语言类高校第 7 名，北京市高校第 37 名。

星级排名：中国三星级大学（3★），中国知名、区域一

流大学。主管部门：北京市。

（2）北京第二外国语学院各本科专业排名（全国排名/档次）

1）世界高水平、中国顶尖专业（6★）

英语：6/A++。

2）中国一流专业（5★）

阿拉伯语：2/A+；俄语：4/A+；翻译：2/A++；旅游管理：6/A+；日语：3/A++。

3）中国高水平专业（4★）

波斯语：4/A；财务管理：17/A；朝鲜语：10/B++；德语：11/B++；法语：22/B++；酒店管理：1/A++；葡萄牙语：7/B++；商务英语：15/B++；西班牙语：5/A；新闻学：61/B++；印地语：7/B++。

4）中国区域一流专业（3★）

阿尔巴尼亚语：2/A+；爱沙尼亚语：1/A++；波兰语：3/A+；法学：208/B+；国际经济与贸易：176/B+；国际事务与国际关系：4/A；国际政治：29/B+；汉语国际教育：49/B+；汉语言：27/B+；汉语言文学：151/B+；金融学：159/B+；拉脱维亚语：1/A++；罗马尼亚语：2/A+；贸易经济：15/B+；市场营销：110/B+；匈牙利语：2/A+；意大利语：12/B+。

5）中国区域高水平专业（2★）

保加利亚语：2/A+；会展经济与管理：21/B；捷克语：5/A；立陶宛语：2/A+；人文地理与城乡规划：38/B；塞尔维亚语：4/A；斯洛伐克语：2/A+；斯洛文尼亚语：2/A+；土耳其语：7/D；外交学：12/D；希伯来语：5/A。

38. 北京建筑大学

（1）北京建筑大学综合实力排名

综合排名：2024 校友会中国大学排名第 183 名，全国理工类高校第 80 名，北京市高校第 38 名。

星级排名：中国三星级大学（3★），中国知名、区域一流大学。主管部门：北京市。

（2）北京建筑大学各本科专业排名（全国排名/档次）

1）世界高水平、中国顶尖专业（6★）

建筑学：6/A+。

2）中国一流专业（5★）

城乡规划：14/A；风景园林：6/A；建筑环境与能源应用工程：2/A+；土木工程：19/A。

3）中国高水平专业（4★）

测绘工程：17/B++；车辆工程：25/B++；给排水科学与工程：15/B++；工程管理：20/A；工程造价：4/A；环境工程：30/B++；机械电子工程：20/B++；计算机科学与技术：60/B++；建筑电气与智能化：1/A++；交通工程：23/B++；历史建筑保护工程：2/A+；自动化：112/B++。

4）中国区域一流专业（3★）

电子信息科学与技术：50/B+；工业设计：85/B+；环境设计：105/B+；机械工程：59/B+；能源与动力工程：80/B+。

5）中国区域高水平专业（2★）

地理信息科学：94/D；电气工程及其自动化：217/D；法学：271/D；工商管理：245/D；工业工程：93/C；环境科学：132/D；无机非金属材料工程：52/C；信息与计算科学：164/C；艺术设计学：90/D。

6）中国区域知名专业（1★）

城市管理：25/C；地理空间信息工程：8/C；环境生态工程：32/D；机器人工程：71/C；人工智能：123/C；遥感科学与技术：29/D；智能建造：17/C。

39. 北京联合大学

（1）北京联合大学综合实力排名

综合排名：2024 校友会中国大学排名第 194 名，全国综合类高校第 65 名，北京市高校第 39 名。

星级排名：中国三星级大学（3★），中国知名、区域一流大学。主管部门：北京市。

（2）北京联合大学各本科专业排名（全国排名/档次）

1）中国高水平专业（4★）

财务管理：17/A；电子商务：17/A；国际经济与贸易：86/B++；会计学：112/B++；机械工程：48/B++；计算机科学与技术：206/B++；金融学：39/B++；酒店管理：1/A++；旅游管理：22/A；人文地理与城乡规划：8/A；软件工程：44/B++；数字媒体艺术：13/A；通信工程：69/B++；应用心理学：16/B++。

2）中国区域一流专业（3★）

法学：208/B+；工艺美术：19/B+；过程装备与控制工程：48/B+；汉语言文学：151/B+；环境设计：86/B+；会展经济与管理：10/B++；建筑环境与能源应用工程：51/B+；历史学：84/B+；汽车服务工程：12/B+；人力资源管理：69/B+；食品科学与工程：102/B+；特殊教育：13/B+；新闻学：98/B+；针灸推拿学：28/B+；制药工程：113/B+。

3）中国区域高水平专业（2★）

地理信息科学：94/D；电气工程及其自动化：217/D；电子信息工程：236/D；纺织工程：25/D；工程管理：144/D；工商管理：282/D；工业工程：93/C；化学工程与工艺：162/D；教育康复学：2/A+；日语：162/C；生物工程：127/C；食品质量与安全：91/C；市场营销：176/C；数字媒体技术：57/C；网络与新媒体：27/B+；物流工程：40/C；小学教育：66/D；信息管理与信息系统：207/C；学前教育：70/C；英语：358/D。

4）中国区域知名专业（1★）

表演：76/D；大数据管理与应用：48/C；档案学：28/D；电子信息科学与技术：117/D；工业设计：181/D；广告学：113/C；国际商务：40/C；机器人工程：71/C；交通工程：78/D；交通运输：85/D；科学教育：24/D；烹饪与营养教育：7/D；数据科学与大数据技术：152/C；文物与博物馆学：25/C；物联网工程：194/D；西班牙语：57/D；信息安全：88/D；音乐学：129/D；自动化：231/D。

40. 北京信息科技大学

（1）北京信息科技大学综合实力排名

综合排名：2024 校友会中国大学排名第 211 名，全国理工类高校第 96 名，北京市高校第 40 名。

星级排名：中国三星级大学（3★），中国知名、区域一流大学。主管部门：北京市。

（2）北京信息科技大学各本科专业排名（全国排名/档次）

1）中国一流专业（5★）

测控技术与仪器：12/A；电子信息工程：22/A；智能科学与技术：2/A+。

2）中国高水平专业（4★）

财务管理：17/A；车辆工程：25/B++；电气工程及其自动化：40/B++；工商管理：36/B++；机械设计制造及其自动化：54/B++；计算机科学与技术：60/B++；人力资源管理：34/B++；软件工程：44/B++；通信工程：45/B++；网络工程：15/A；信息安全：31/B++；信息管理与信息系统：38/B++；信息与计算科学：51/B++；自动化：41/B++。

3）中国区域一流专业（3★）

光电信息科学与工程：84/B+；机械电子工程：48/B+；新能源科学与工程：27/B+。

4）中国区域高水平专业（2★）

电子商务：148/D；工业工程：93/C；工业设计：131/C；会计学：270/D；经济学：205/D；审计学：37/D；市场营销：176/C；网络与新媒体：27/B+；物联网工程：104/B；行政管理：170/D；英语：358/D；质量管理工程：8/D。

5）中国区域知名专业（1★）

传播学：42/D；大数据管理与应用：48/C；电子信息科学与技术：117/D；翻译：130/D；管理科学：40/D；国际经济与贸易：347/D；机器人工程：71/C；人工智能：123/C；数据科学与大数据技术：152/C；智能感知工程：12/D。

41. 北方工业大学

（1）北方工业大学综合实力排名

综合排名：2024 校友会中国大学排名第 229 名，全国理工类高校第 104 名，北京市高校第 41 名。

星级排名：中国二星级大学（2★），中国区域高水平大学。主管部门：北京市。

（2）北方工业大学各本科专业排名（全国排名/档次）

1）中国一流专业（5★）

城市地下空间工程：1/A++。

2）中国高水平专业（4★）

电气工程及其自动化：40/B++；电子信息工程：38/B++；法学：49/B++；工程管理：20/A；工商管理：36/B++；会计学：43/B++；机械设计制造及其自动化：54/B++；计算机科学与技术：60/B++；建筑学：24/B++；数字媒体技术：14/B++；英语：57/B++；自动化：41/B++。

3）中国区域一流专业（3★）

建筑环境与能源应用工程：63/B+；视觉传达设计：83/B+；数字媒体艺术：39/B+；思想政治教育：134/B+；通信工程：104/B+；统计学：84/B+；土木工程：137/B+；微电子科学与工程：36/B+。

4）中国区域高水平专业（2★）

材料科学与工程：121/D；测控技术与仪器：143/D；动画：92/C；风景园林：57/C；工业设计：131/C；国际经济与贸易：266/D；汉语言文学：200/D；交通设备与控制工程：10/D；经济与金融：6/B+；能源与动力工程：137/D；日语：162/C；数学与应用数学：245/D；新能源科学与工程：54/C；信息管理与信息系统：207/C；信息与计算科学：231/D。

5）中国区域知名专业（1★）

材料成型及控制工程：118/D；广告学：113/C；环境设计：215/D；机械电子工程：123/D；人工智能：123/C；数据科学与大数据技术：152/C；信息安全：88/D；知识产权：47/D；智能建造：17/C。

42. 中国人民公安大学

（1）中国人民公安大学综合实力排名

综合排名：2024 校友会中国大学排名第 231 名，全国政法类高校第 5 名，北京市高校第 42 名。

星级排名：中国六星级大学（6★），世界高水平大学、中国顶尖大学。主管部门：公安部。

（2）中国人民公安大学各本科专业排名（全国排名/档次）

1）世界知名高水平、中国顶尖专业（7★）

侦查学：1/A++。

2）世界高水平、中国顶尖专业（6★）

公安管理学：1/A++；治安学：1/A++。

3）中国一流专业（5★）

安全防范工程：1/A++；法学：35/A；交通管理工程：1/A++；思想政治教育：51/A；网络安全与执法：1/A++。

4）中国高水平专业（4★）

犯罪学：1/A++；公安情报学：1/A++；公安视听技术：2/A+；国内安全保卫：1/A++；技术侦查学：2/A+；警务指挥与战术：2/A+；涉外警务：1/A++；刑事科学技术：3/A+；英语：136/B++。

5）中国区域一流专业（3★）

德语：36/B+；法语：32/B+；汉语言文学：151/B+；计算机科学与技术：285/B+；交通工程：41/B+；日语：72/B+；体育教育：72/B+；通信工程：141/B+。

6）中国区域高水平专业（2★）

电子信息工程：214/D；俄语：71/C；公安政治工作：2/A+；数据警务技术：2/A+；行政管理：148/C。

42. 中国音乐学院

（1）中国音乐学院综合实力排名

综合排名：2024 校友会中国大学排名第 231 名，全国艺术类高校第 9 名，北京市高校第 42 名。

星级排名：中国六星级大学（6★），世界高水平大学、中国顶尖大学。主管部门：北京市。

（2）中国音乐学院各本科专业排名（全国排名/档次）

1）世界知名高水平、中国顶尖专业（7★）

音乐表演：1/A++；作曲与作曲技术理论：1/A++。

2）世界高水平、中国顶尖专业（6★）

音乐学：2/A++。

3）中国高水平专业（4★）

音乐教育：1/A++。

44. 北京服装学院

（1）北京服装学院综合实力排名

综合排名：2024校友会中国大学排名第259名，全国理工类高校第116名，北京市高校第44名。

星级排名：中国三星级大学（3★），中国知名、区域一流大学。主管部门：北京市。

（2）北京服装学院各本科专业排名（全国排名/档次）

1）世界高水平、中国顶尖专业（6★）

服装与服饰设计：1/A++。

2）中国一流专业（5★）

服装设计与工程：2/A+；轻化工程：13/A；数字媒体艺术：2/A++；艺术设计学：10/A。

3）中国高水平专业（4★）

表演：16/B++；产品设计：10/A；动画：15/A；高分子材料与工程：21/B++；工业设计：17/A；公共艺术：4/A；环境设计：9/A+；视觉传达设计：13/A+；艺术与科技：4/A；中国画：12/B++。

4）中国区域一流专业（3★）

传播学：24/B+；国际经济与贸易：142/B+；绘画：40/B+；市场营销：110/B+；应用化学：145/B+。

5）中国区域高水平专业（2★）

雕塑：36/D；工商管理：282/D；信息管理与信息系统：207/C。

6）中国区域知名专业（1★）

广告学：113/C；会计学：297/D；美术学：116/D；摄影：34/D；文化产业管理：77/D。

45. 中国戏曲学院

（1）中国戏曲学院综合实力排名

综合排名：2024校友会中国大学排名第269名，全国艺术类高校第12名，北京市高校第45名。

星级排名：中国五星级大学（5★），世界知名大学、中国一流大学。主管部门：北京市。

（2）中国戏曲学院各本科专业排名（全国排名/档次）

1）世界知名高水平、中国顶尖专业（7★）

表演：1/A++。

2）世界高水平、中国顶尖专业（6★）

戏剧影视导演：3/A+；戏剧影视美术设计：1/A++；戏剧影视文学：2/A+。

3）中国一流专业（5★）

服装与服饰设计：8/A；音乐表演：6/A+。

4）中国高水平专业（4★）

服装设计与工程：10/B++；录音艺术：6/B++；音乐学：39/B++；作曲与作曲技术理论：11/B++。

5）中国区域一流专业（3★）

动画：47/B+；绘画：40/B+；视觉传达设计：83/B+；数字媒体艺术：39/B+；文化产业管理：14/B++；艺术管理：3/A+。

46. 北京农学院

（1）北京农学院综合实力排名

综合排名：2024校友会中国大学排名第281名，全国农林类高校第30名，北京市高校第46名。

星级排名：中国二星级大学（2★），中国区域高水平大学。主管部门：北京市。

（2）北京农学院各本科专业排名（全国排名/档次）

1）中国高水平专业（4★）

动物医学：29/B++；农林经济管理：13/B++；园林：16/B++；园艺：14/B++。

2）中国区域一流专业（3★）

国际经济与贸易：176/B+；农村区域发展：10/B+；农学：42/B+；食品科学与工程：102/B+；食品质量与安全：45/B+。

3）中国区域高水平专业（2★）

工商管理：282/D；计算机科学与技术：370/D；农业资源与环境：35/D；生物技术：176/D；市场营销：241/D。

4）中国区域知名专业（1★）

包装工程：50/D；动物科学：58/D；法学：308/D；风景园林：75/D；环境设计：215/D；会计学：297/D；会展经济与管理：30/C；林学：35/D；旅游管理：207/D；酿酒工程：12/D；社会工作：170/D；生物工程：173/D；数据科学与大数据技术：152/C；投资学：36/C；物联网工程：194/D；信息管理与信息系统：278/D；应用化学：213/D；植物保护：45/D；种子科学与工程：31/D。

47. 中国青年政治学院

（1）中国青年政治学院综合实力排名

综合排名：2024校友会中国大学排名第298名，全国政法类高校第6名，北京市高校第47名。

星级排名：中国四星级大学（4★），世界知名、中国高水平大学。主管部门：共青团中央。

（2）中国青年政治学院各本科专业排名（全国排名/档次）

1）世界高水平、中国顶尖专业（6★）

思想政治教育：18/A+。

2）中国一流专业（5★）

社会工作：12/A；政治学与行政学：17/A。

3）中国高水平专业（4★）

法学：111/B++；社会学：40/B++。

4）中国区域一流专业（3★）

汉语言文学：176/B+；劳动与社会保障：37/B+。

5）中国区域高水平专业（2★）

广播电视学：77/D；国际经济与贸易：266/D；经济学：205/D。

6）中国区域知名专业（1★）

新闻学：146/D；行政管理：195/D。

48. 北京石油化工学院

（1）北京石油化工学院综合实力排名

综合排名：2024 校友会中国大学排名第 306 名，全国理工类高校第 142 名，北京市高校第 48 名。

星级排名：中国二星级大学（2★），中国区域高水平大学。主管部门：北京市。

（2）北京石油化工学院各本科专业排名（全国排名/档次）

1）中国一流专业（5★）

油气储运工程：5/A。

2）中国高水平专业（4★）

高分子材料与工程：21/B++；化学工程与工艺：34/B++；环境工程：82/B++；机械电子工程：20/B++；机械工程：26/B++；计算机科学与技术：60/B++；能源与动力工程：30/B++；制药工程：20/B++；自动化：41/B++。

3）中国区域一流专业（3★）

电气工程及其自动化：151/B+；过程装备与控制工程：48/B+；会计学：186/B+；旅游管理：105/B+；市场营销：110/B+；通信工程：104/B+。

4）中国区域高水平专业（2★）

材料科学与工程：121/D；公共事业管理：198/D；机械设计制造及其自动化：222/D；物流管理：139/D；信息与计算科学：231/D。

5）中国区域知名专业（1★）

安全工程：97/D；测控技术与仪器：164/D；大数据管理与应用：48/C；电子商务：196/D；功能材料：27/D；国际经济与贸易：329/D；会展：2/A+；会展经济与管理：30/C；机器人工程：71/C；人力资源管理：201/D；生物制药：45/D；数据科学与大数据技术：152/C；物联网工程：194/D；新能源科学与工程：78/D；信息管理与信息系统：278/D；应用化学：213/D；应用统计学：91/D；英语：398/D。

49. 北京印刷学院

（1）北京印刷学院综合实力排名

综合排名：2024 校友会中国大学排名第 311 名，全国理工类高校第 143 名，北京市高校第 49 名。

星级排名：中国三星级大学（3★），中国知名、区域一流大学。主管部门：北京市。

（2）北京印刷学院各本科专业排名（全国排名/档次）

1）世界高水平、中国顶尖专业（6★）

编辑出版学：1/A++；印刷工程：1/A++。

2）中国一流专业（5★）

包装工程：2/A+；数字出版：1/A++。

3）中国高水平专业（4★）

动画：15/A；机械工程：26/B++；视觉传达设计：13/A+；数字媒体艺术：6/A+；网络与新媒体：5/A+；艺术设计学：17/B++。

4）中国区域一流专业（3★）

财务管理：84/B+；高分子材料与工程：81/B+；绘画：40/B+；计算机科学与技术：285/B+；市场营销：130/B+。

5）中国区域高水平专业（2★）

工业设计：131/C；数字媒体技术：49/C；物流工程：40/C；物流管理：139/D。

6）中国区域知名专业（1★）

产品设计：166/D；传播学：42/D；电子信息工程：271/D；广告学：113/C；摄影：34/D；文化产业管理：50/C；物联网工程：194/D；新闻学：146/D；信息安全：88/D；信息管理与信息系统：278/D；艺术与科技：32/D；英语：398/D；智能科学与技术：58/C；自动化：231/D。

49. 首都体育学院

（1）首都体育学院综合实力排名

综合排名：2024 校友会中国大学排名第 311 名，全国体育类高校第 5 名，北京市高校第 49 名。

星级排名：中国四星级大学（4★），世界知名、中国高水平大学。主管部门：北京市。

（2）首都体育学院各本科专业排名（全国排名/档次）

1）中国一流专业（5★）

体育教育：9/A；武术与民族传统体育：3/A+。

2）中国高水平专业（4★）

社会体育指导与管理：6/A+；体育经济与管理：4/A；舞蹈表演：13/B++；新闻学：61/B++；休闲体育：3/A+；运动康复：4/A；运动人体科学：8/B++；运动训练：12/B++。

3）中国区域一流专业（3★）

公共事业管理：81/B+。

4）中国区域高水平专业（2★）

电子竞技运动与管理：2/A+；体能训练：3/A+；体育旅游：2/A+。

51. 北京舞蹈学院

（1）北京舞蹈学院综合实力排名

综合排名：2024 校友会中国大学排名第 339 名，全国艺术类高校第 19 名，北京市高校第 51 名。

星级排名：中国五星级大学（5★），世界知名大学、中国一流大学。主管部门：北京市。

（2）北京舞蹈学院各本科专业排名（全国排名/档次）

1）世界知名高水平、中国顶尖专业（7★）

舞蹈编导：1/A++。

2）世界高水平、中国顶尖专业（6★）

舞蹈表演：1/A++；舞蹈学：1/A++。

3）中国高水平专业（4★）

舞蹈教育：1/A++；戏剧影视美术设计：9/B++。

4）中国区域一流专业（3★）

文化产业管理：14/B++。

5）中国区域高水平专业（2★）

艺术管理：9/B。

52. 北京电子科技学院

（1）北京电子科技学院综合实力排名

综合排名：2024校友会中国大学排名第351名，全国理工类高校第166名，北京市高校第52名。

星级排名：中国二星级大学（2★），中国区域高水平大学。主管部门：中央办公厅。

（2）北京电子科技学院各本科专业排名（全国排名/档次）

1）中国顶尖应用型专业（6★）

保密管理：1/A++；电子信息工程：1/A++；计算机科学与技术：63/A+；通信工程：1/A++；信息安全：1/A++；信息管理与信息系统：1/A++。

2）中国一流应用型专业（5★）

密码科学与技术：1/A++；网络空间安全：1/A++。

3）中国高水平应用型专业（4★）

信息与计算科学：26/B++；行政管理：14/B++。

53. 中国劳动关系学院

（1）中国劳动关系学院综合实力排名

综合排名：2024校友会中国大学排名第364名，全国政法类高校第9名，北京市高校第53名。

星级排名：中国三星级大学（3★），中国知名、区域一流大学。主管部门：中华全国总工会。

（2）中国劳动关系学院各本科专业排名（全国排名/档次）

1）中国一流专业（5★）

劳动关系：1/A++。

2）中国高水平专业（4★）

安全工程：31/B++；法学：49/B++；劳动与社会保障：16/B++；人力资源管理：16/A；社会工作：41/B++；新闻学：61/B++。

3）中国区域一流专业（3★）

工商管理：207/B+；经济学：152/B+；酒店管理：16/B+；戏剧影视文学：42/B+；行政管理：126/B+。

4）中国区域高水平专业（2★）

财务管理：175/D；汉语言文学：235/D。

5）中国区域知名专业（1★）

计算机科学与技术：397/D；劳动经济学：2/A+；社会学：89/D；思想政治教育：160/D；应急技术与管理：5/A；政治学与行政学：75/D；职业卫生工程：2/A+。

54. 北京物资学院

（1）北京物资学院综合实力排名

综合排名：2024校友会中国大学排名第387名，全国财经类高校第40名，北京市高校第54名。

星级排名：中国三星级大学（3★），中国知名、区域一流大学。主管部门：北京市。

（2）北京物资学院各本科专业排名（全国排名/档次）

1）中国高水平专业（4★）

采购管理：1/A++；电子商务：45/B++；国际经济与贸易：86/B++；会计学：112/B++；金融学：39/B++；经济学：83/B++；物联网工程：10/A+；物流工程：4/A；物流管理：15/A。

2）中国区域一流专业（3★）

法学：161/B+；机械设计制造及其自动化：190/B+；劳动关系：6/B+；人力资源管理：69/B+；信息管理与信息系统：138/B+；质量管理工程：3/A+。

3）中国区域高水平专业（2★）

市场营销：241/D；信息与计算科学：231/D。

4）中国区域知名专业（1★）

财务管理：210/D；大数据管理与应用：48/C；工商管理：311/D；供应链管理：14/C；劳动与社会保障：79/C；商务英语：102/D；数据科学与大数据技术：152/C；统计学：177/D；应用统计学：65/C；英语：398/D。

55. 国际关系学院

（1）国际关系学院综合实力排名

综合排名：2024校友会中国大学排名第393名，全国政法类高校第13名，北京市高校第55名。

星级排名：中国四星级大学（4★），世界知名、中国高水平大学。主管部门：教育部。

（2）国际关系学院各本科专业排名（全国排名/档次）

1）世界高水平、中国顶尖专业（6★）

传播学：4/A+；国际政治：7/A+。

2）中国一流专业（5★）

国际经济与贸易：18/A+。

3）中国高水平专业（4★）

法学：111/B++；法语：11/B++；数据科学与大数据技术：10/A+；行政管理：66/B++；英语：57/B++。

4）中国区域一流专业（3★）

日语：72/B+；网络空间安全：12/B++。

56. 中华女子学院

（1）中华女子学院综合实力排名

综合排名：2024校友会中国大学排名第453名，全国综合类高校第155名，北京市高校第56名。

星级排名：中国三星级大学（3★），中国知名、区域一流大学。主管部门：中华妇女联合会。

（2）中华女子学院各本科专业排名（全国排名/档次）

1）中国顶尖应用型专业（6★）

播音与主持艺术：7/A+；法学：1/A++；服装与服饰设计：3/A+；女性学：1/A++；社会工作：1/A++；学前教育：9/A+。

2）中国一流应用型专业（5★）

汉语国际教育：12/A；会计学：63/A；金融学：26/A；旅游管理：42/A；人力资源管理：12/A+；社会学：2/A+；

审计学：7/A+；视觉传达设计：33/A；文化产业管理：5/A+；应用心理学：7/A+；英语：62/A。

3）中国高水平应用型专业（4★）

财务管理：80/B++；环境设计：73/B++；计算机科学与技术：168/B++；市场营销：85/B++；养老服务管理：2/A+。

4）中国区域一流应用型专业（3★）

表演：34/B+；数字媒体技术：57/B+；网络与新媒体：61/B+。

57. 北京警察学院

（1）北京警察学院综合实力排名

综合排名：2024校友会中国大学排名第503名，全国政法类高校第31名，北京市高校第57名。

星级排名：中国三星级大学（3★），中国知名、区域一流大学。主管部门：北京市。

（2）北京警察学院各本科专业排名（全国排名/档次）

1）中国顶尖应用型专业（6★）

网络安全与执法：1/A++。

2）中国一流应用型专业（5★）

公安管理学：4/A；涉外警务：2/A+；刑事科学技术：14/A；治安学：11/A。

3）中国高水平应用型专业（4★）

交通管理工程：10/B++；侦查学：18/B++。

58. 中国消防救援学院

（1）中国消防救援学院综合实力排名

综合排名：2024校友会中国大学排名第510名，全国政法类高校第34名，北京市高校第58名。

星级排名：中国二星级大学（2★），中国区域高水平大学。主管部门：应急管理部。

（2）中国消防救援学院各本科专业排名（全国排名/档次）

1）中国顶尖应用型专业（6★）

消防指挥：1/A++。

2）中国一流应用型专业（5★）

抢险救援指挥与技术：1/A++；思想政治教育：20/A；消防工程：2/A+；消防政治工作：1/A++。

3）中国高水平应用型专业（4★）

飞行器控制与信息工程：2/A+。

59. 首钢工学院

（1）首钢工学院综合实力排名

综合排名：2024校友会中国大学排名第518名，全国理工类高校第220名，北京市高校第59名。

星级排名：中国一星级大学（1★），中国区域知名大学。主管部门：北京市。

（2）首钢工学院各本科专业排名（全国排名/档次）

1）中国一流应用型专业（5★）

金属材料工程：4/A。

2）中国高水平应用型专业（4★）

机械设计制造及其自动化：128/B++；自动化：70/B++。

3）中国区域一流应用型专业（3★）

土木工程：160/B+；冶金工程：12/B+。

4）中国区域高水平应用型专业（2★）

国际经济与贸易：260/C。

三、北京市民办大学专业排名详情

1. 北京城市学院

（1）北京城市学院综合实力排名

综合排名：2024校友会中国民办大学排名第12名，全国综合类民办高校第13名，北京市民办高校第1名。

星级排名：中国六星级应用型大学（6★），中国顶尖应用型大学。

（2）北京城市学院各本科专业排名（全国排名/档次）

1）中国顶尖应用型专业（6★）

城市管理：1/A++；公共事业管理：1/A++；教育学：1/A++；社会工作：1/A++。

2）中国一流应用型专业（5★）

传播学：3/A+；服装与服饰设计：13/A；环境设计：34/A；会计学：63/A；计算机科学与技术：101/A；软件工程：53/A；生物技术：7/A；土木工程：49/A；西班牙语：2/A+；艺术设计学：11/A；中药学：4/A。

3）中国高水平应用型专业（4★）

产品设计：43/B++；城乡规划：21/B++；电子信息工程：116/B++；动画：37/B++；法学：55/B++；国际经济与贸易：109/B++；交通工程：13/B++；金融学：45/B++；旅游管理：76/B++；书法学：4/A+；信息管理与信息系统：35/B++；音乐表演：21/B++；英语：129/B++。

4）中国区域一流应用型专业（3★）

表演：34/B+；法语：16/B+；翻译：39/B+；风景园林：24/B+；给排水科学与工程：36/B+；工程造价：58/B+；工业设计：48/B+；工艺美术：14/B+；航空服务艺术与管理：4/A；护理学：90/B+；会展经济与管理：21/B+；建筑学：67/B+；人力资源管理：75/B+；摄影：19/B+；食品质量与安全：34/B+；视觉传达设计：140/B+；数据科学与大数据技术：60/B++；数字媒体艺术：63/B+；通信工程：130/B+；文化产业管理：22/B+；文物与博物馆学：6/B+；舞蹈表演：25/B+；学前教育：130/B+；药学：38/B+；影视摄影与制作：15/B+。

5）中国区域高水平应用型专业（2★）

播音与主持艺术：98/C；车辆工程：88/C；德语：24/C；供应链管理：14/D；广播电视编导：105/C；环境工程：86/C；机械电子工程：132/C；康复治疗学：59/C；物联网工程：232/C。

6）中国区域知名应用型专业（1★）

地理信息科学：57/D；金融科技：17/B；文物保护与修

复：5/A；小学教育：142/C。

2. 北京邮电大学世纪学院

（1）北京邮电大学世纪学院综合实力排名

综合排名：2024 校友会中国民办大学排名第 31 名，全国综合类民办高校第 32 名，北京市民办高校第 2 名。

星级排名：中国四星级应用型大学（4★），中国高水平应用型大学。

（2）北京邮电大学世纪学院各本科专业排名（全国排名/档次）

1）中国一流应用型专业（5★）

数字媒体技术：9/A+；通信工程：43/A。

2）中国高水平应用型专业（4★）

电子商务：66/B++；电子信息工程：116/B++；机械电子工程：42/B++；软件工程：95/B++；数字媒体艺术：30/B++；物联网工程：62/B++；信息工程：8/B++。

3）中国区域一流应用型专业（3★）

传播学：12/B+；物流工程：23/B+；英语：198/B+。

4）中国区域高水平应用型专业（2★）

财务管理：251/C；计算机科学与技术：379/D；市场营销：231/C；自动化：176/D。

3. 北京第二外国语学院中瑞酒店管理学院

（1）北京第二外国语学院中瑞酒店管理学院综合实力排名

综合排名：2024 校友会中国民办大学排名第 45 名，全国语言类民办高校第 7 名，北京市民办高校第 3 名。

星级排名：中国四星级应用型大学（4★），中国高水平应用型大学。

（2）北京第二外国语学院中瑞酒店管理学院各本科专业排名（全国排名/档次）

1）中国顶尖应用型专业（6★）

酒店管理：8/A+。

2）中国高水平应用型专业（4★）

英语：129/B++。

3）中国区域一流应用型专业（3★）

财务管理：137/B+；旅游管理：129/B+。

4）中国区域高水平应用型专业（2★）

汉语言：8/B。

5）中国区域知名应用型专业（1★）

环境设计：311/D；健康服务与管理：49/C；人力资源管理：202/D；艺术设计学：100/D。

4. 首都师范大学科德学院

（1）首都师范大学科德学院综合实力排名

综合排名：2024 校友会中国民办大学排名第 56 名，全国语言类民办高校第 10 名，北京市民办高校第 4 名。

星级排名：中国三星级应用型大学（3★），中国知名、区域一流应用型大学。

（2）首都师范大学科德学院各本科专业排名（全国排名/档次）

1）中国高水平应用型专业（4★）

表演：18/B++；播音与主持艺术：31/B++；广播电视编导：31/B++；广播电视学：19/B++；会展经济与管理：11/B++；数字媒体艺术：30/B++；艺术设计学：27/B++。

2）中国区域一流应用型专业（3★）

电影学：4/A；国际经济与贸易：179/B+；环境设计：113/B+；计算机科学与技术：253/B+；摄影：19/B+；视觉传达设计：140/B+；艺术与科技：17/B+。

3）中国区域高水平应用型专业（2★）

录音艺术：12/D。

4）中国区域知名应用型专业（1★）

会计学：280/D；市场营销：321/D；书法学：54/D；网络与新媒体：140/C；小学教育：142/C；学前教育：215/C。

5. 北京工业大学耿丹学院

（1）北京工业大学耿丹学院综合实力排名

综合排名：2024 校友会中国民办大学排名第 57 名，全国综合类民办高校第 58 名，北京市民办高校第 5 名。

星级排名：中国三星级应用型大学（3★），中国知名、区域一流应用型大学。

（2）北京工业大学耿丹学院各本科专业排名（全国排名/档次）

1）中国一流应用型专业（5★）

工程管理：27/A。

2）中国高水平应用型专业（4★）

产品设计：43/B++；动画：37/B++；汉语国际教育：36/B++；机械设计制造及其自动化：128/B++；市场营销：85/B++；英语：129/B++。

3）中国区域一流应用型专业（3★）

财务管理：137/B+；电子信息工程：186/B+；国际经济与贸易：179/B+；国际商务：29/B+；汉语言：3/A+；会计学：177/B+；计算机科学与技术：253/B+；建筑学：67/B+；金融工程：39/B+；社会工作：31/B+；食品质量与安全：34/B+；视觉传达设计：140/B+；数字媒体艺术：63/B+；通信工程：130/B+；物联网工程：139/B+。

4）中国区域高水平应用型专业（2★）

表演：48/C；工业设计：74/C；环境设计：203/B；体育经济与管理：9/C。

5）中国区域知名应用型专业（1★）

城乡规划：78/D；广告学：123/D；数字媒体技术：136/D；戏剧影视美术设计：20/C；应用心理学：112/D。

6. 北京工商大学嘉华学院

（1）北京工商大学嘉华学院综合实力排名

综合排名：2024 校友会中国民办大学排名第 76 名，全国财经类民办高校第 41 名，北京市民办高校第 6 名。

星级排名：中国三星级应用型大学（3★），中国知名、区域一流应用型大学。

（2）北京工商大学嘉华学院各本科专业排名（全国排名/档次）

1）中国一流应用型专业（5★）

国际经济与贸易：62/A；金融学：26/A。

2）中国高水平应用型专业（4★）

公共事业管理：14/B++；国际商务：20/B++；会计学：105/B++；人力资源管理：32/B++。

3）中国区域一流应用型专业（3★）

表演：34/B+；电子商务：109/B+；工商管理：106/B+；广播电视编导：72/B+；金融工程：39/B+；摄影：19/B+；视觉传达设计：140/B+；统计学：20/B++；投资学：24/B+；文化产业管理：22/B+；艺术设计学：51/B+；英语：198/B+。

4）中国区域高水平应用型专业（2★）

广告学：74/B；审计学：96/C。

5）中国区域知名应用型专业（1★）

大数据管理与应用：51/D；计算机科学与技术：469/D；金融科技：17/B；软件工程：288/D；数据科学与大数据技术：272/D；数字经济：8/B；数字媒体艺术：155/C；网络与新媒体：140/C；艺术与科技：37/D。

第二节　天津市

一、天津市大学综合实力排名

1. 天津市大学排名

表4-4　2024校友会天津市大学排名

全国排名	学校名称	所在城市	星级排名	办学层次	星级专业数/个								
					专业类型	8★	7★	6★	5★	4★	3★	2★	1★
9	南开大学	天津市	7★	世界知名高水平大学	研究型	1	8	16	34	31	6	0	0
20	天津大学	天津市	7★	世界知名高水平大学	研究型	0	3	10	17	24	20	0	0
99	天津医科大学	天津市	4★	中国高水平大学	研究型	0	0	1	4	10	5	1	0
113	天津中医药大学	天津市	5★	中国一流大学	研究型	0	1	2	1	7	7	9	2
117	天津师范大学	天津市	4★	中国高水平大学	研究型	0	0	3	8	24	20	16	0
132	天津工业大学	天津市	4★	中国高水平大学	研究型	0	0	1	3	21	6	33	0
147	天津科技大学	天津市	3★	区域一流大学	研究型	0	0	1	3	15	21	14	17
154	天津财经大学	天津市	4★	中国高水平大学	研究型	0	0	1	6	14	9	13	7
175	天津理工大学	天津市	3★	区域一流大学	研究型	0	0	0	3	21	25	11	8
214	天津外国语大学	天津市	4★	中国高水平大学	研究型	0	0	0	3	15	22	17	2
231	天津商业大学	天津市	3★	区域一流大学	研究型	0	0	0	1	14	11	16	12
262	天津职业技术师范大学	天津市	2★	区域高水平大学	研究型	0	0	0	0	6	16	12	10
291	天津城建大学	天津市	3★	区域一流大学	研究型	0	0	1	2	8	15	4	25
306	天津农学院	天津市	2★	区域高水平大学	研究型	0	0	0	0	7	16	4	18
339	天津体育学院	天津市	4★	中国高水平大学	研究型	0	0	2	1	4	6	5	0
351	中国民航大学	天津市	3★	区域一流大学	研究型	0	0	0	2	8	10	8	7
377	天津美术学院	天津市	3★	区域一流大学	研究型	0	0	0	4	9	4	1	2
393	天津音乐学院	天津市	4★	中国高水平大学	研究型	0	0	2	2	2	5	4	0
422	天津中德应用技术大学	天津市	2★	区域高水平大学	应用型	0	0	3	8	6	4	0	0

2. 天津市民办大学排名

表4-5　2024校友会天津市民办大学排名（含独立学院）

全国排名	学校名称	所在城市	星级排名	办学层次	星级专业数/个								
					专业类型	8★	7★	6★	5★	4★	3★	2★	1★
5	天津仁爱学院	天津市	6★	中国顶尖应用型大学	应用型	0	0	19	14	7	0	0	0
22	南开大学滨海学院	天津市	5★	中国一流应用型大学	应用型	0	0	3	7	13	8	5	7

续表

全国排名	学校名称	所在城市	星级排名	办学层次	星级专业数/个								
					专业类型	8★	7★	6★	5★	4★	3★	2★	1★
44	天津天狮学院	天津市	4★	中国高水平应用型大学	应用型	0	0	0	1	2	6	11	13
46	天津传媒学院	天津市	4★	中国高水平应用型大学	应用型	0	0	0	0	2	5	7	8
51	北京科技大学天津学院	天津市	4★	中国高水平应用型大学	应用型	0	0	0	1	7	17	5	4
65	天津师范大学津沽学院	天津市	3★	区域一流应用型大学	应用型	0	0	0	1	3	7	8	8
72	天津外国语大学滨海外事学院	天津市	3★	区域一流应用型大学	应用型	0	0	0	1	4	8	2	4
75	天津商业大学宝德学院	天津市	2★	区域高水平应用型大学	应用型	0	0	0	1	4	4	2	17
95	天津财经大学珠江学院	天津市	2★	区域高水平应用型大学	应用型	0	0	0	0	3	9	7	13
104	天津理工大学中环信息学院	天津市	2★	区域高水平应用型大学	应用型	0	0	0	0	4	2	2	16
119	天津医科大学临床医学院	天津市	1★	区域知名应用型大学	应用型	0	0	0	1	2	5	1	4

3. 天津市高职院校排名

表 4-6　2024校友会天津市高职院校排名

全国排名	学校名称	所在城市	办学类型	星级排名	办学层次
8	天津医学高等专科学校	天津市	职业技能型	6★	中国顶尖高职院校
9	天津市职业大学	天津市	职业技能型	6★	中国顶尖高职院校
10	天津轻工职业技术学院	天津市	职业技能型	6★	中国顶尖高职院校
60	天津电子信息职业技术学院	天津市	职业技能型	4★	中国高水平高职院校
82	天津现代职业技术学院	天津市	职业技能型	3★	区域一流高职院校
93	天津渤海职业技术学院	天津市	职业技能型	3★	区域一流高职院校
109	天津商务职业学院	天津市	职业技能型	3★	区域一流高职院校
166	天津交通职业学院	天津市	职业技能型	2★	区域高水平高职院校
170	天津机电职业技术学院	天津市	职业技能型	2★	区域高水平高职院校
192	天津滨海职业学院	天津市	职业技能型	2★	区域高水平高职院校
213	天津海运职业学院	天津市	职业技能型	2★	区域高水平高职院校
245	天津开发区职业技术学院	天津市	职业技能型	2★	区域高水平高职院校
246	天津城市职业学院	天津市	职业技能型	2★	区域高水平高职院校
254	天津铁道职业技术学院	天津市	职业技能型	2★	区域高水平高职院校
290	天津国土资源和房屋职业学院	天津市	职业技能型	1★	区域知名高职院校

二、天津市大学专业排名详情

1. 南开大学

(1)南开大学综合实力排名

综合排名：2024校友会中国大学排名第9名，全国综合类高校第8名，天津市高校第1名。

星级排名：中国七星级大学(7★)，世界知名高水平大学、中国顶尖大学。“985工程”大学，“211工程”大学。主管部门：教育部。

(2)南开大学各本科专业排名(全国排名/档次)

1)世界一流专业(8★)

数学与应用数学：2/A++。

2)世界知名高水平、中国顶尖专业(7★)

工商管理：5/A++；汉语言文学：7/A++；化学：2/A++；金融学：2/A++；经济学：3/A++；历史学：4/A++；世界史：2/A++；政治学与行政学：1/A++。

3)世界高水平、中国顶尖专业(6★)

保险学：1/A++；档案学：2/A+；电子商务：3/A++；法学：7/A+；工业工程：2/A++；国际经济与贸易：6/A+；环境科学：3/A+；会计学：9/A+；旅游管理：5/A+；逻辑学：1/A++；生物技术：3/A++；思想政治教育：7/A+；统计学：3/A++；信息与计算科学：3/A++；英语：6/A++；哲学：8/A+。

4)中国一流专业(5★)

材料化学：6/A+；财政学：7/A；德语：8/A；俄语：8/A；法语：7/A；分子科学与工程：2/A+；光电信息科学与工程：21/A；国际政治：10/A；汉语言：8/A；环境工程：8/A+；环境设计：2/A++；会展经济与管理：1/A++；计算机

科学与技术：27/A；金融工程：8/A；临床医学：38/A；马克思主义理论：2/A+；人力资源管理：8/A+；日语：3/A++；软件工程：18/A；商务经济学：1/A++；社会工作：12/A；社会学：10/A；生物科学：16/A；市场营销：19/A；图书馆学：5/A；文物与博物馆学：2/A+；物理学：16/A；信息安全：7/A；信息管理与信息系统：24/A；行政管理：7/A+；应用化学：19/A；应用物理学：9/A；应用心理学：7/A+；智能科学与技术：2/A+。

5）中国高水平专业（4★）

编辑出版学：7/B++；材料物理：18/B++；财务管理：17/A；城市管理：4/A；电子科学与技术：39/B++；电子信息科学与技术：27/B++；翻译：23/B++；广播电视学：18/B++；国际商务：14/B++；汉语国际教育：18/A；化学生物学：4/A；绘画：16/B++；精算学：1/A++；口腔医学：34/B++；葡萄牙语：7/B++；数据科学与大数据技术：10/A+；通信工程：69/B++；投资学：9/B++；网络与新媒体：5/A+；微电子科学与工程：21/B++；物联网工程：23/B++；物流管理：46/B++；西班牙语：10/B++；新闻学：61/B++；眼视光医学：2/A+；药学：61/B++；艺术设计学：17/B++；意大利语：4/A；资源循环科学与工程：2/A+；自动化：41/B++；宗教学：5/A。

6）中国区域一流专业（3★）

阿拉伯语：15/B+；环境生态工程：6/B++；密码科学与技术：2/A+；新能源科学与工程：27/B+；药物化学：3/A+；智能医学工程：6/B++。

2. 天津大学

（1）天津大学综合实力排名

综合排名：2024 校友会中国大学排名第 20 名，全国理工类高校第 4 名，天津市高校第 2 名。

星级排名：中国七星级大学（7★），世界知名高水平大学、中国顶尖大学。“985 工程”大学，“211 工程”大学。主管部门：教育部。

（2）天津大学各本科专业排名（全国排名/档次）

1）世界知名高水平、中国顶尖专业（7★）

船舶与海洋工程：4/A++；化学工程与工艺：3/A++；建筑学：3/A++。

2）世界高水平、中国顶尖专业（6★）

材料科学与工程：17/A+；测控技术与仪器：3/A+；电气工程及其自动化：10/A+；电子科学与技术：4/A+；港口航道与海岸工程：1/A++；机械设计制造及其自动化：16/A+；能源与动力工程：6/A+；软件工程：6/A+；生物医学工程：7/A+；水利水电工程：4/A+。

3）中国一流专业（5★）

材料成型及控制工程：7/A+；城乡规划：10/A；电子信息工程：8/A+；分子科学与工程：1/A++；工程管理：6/A+；工程力学：11/A；工业工程：3/A+；光电信息科学与工程：8/A+；环境工程：8/A+；环境科学：11/A；集成电路设计与集成系统：4/A；计算机科学与技术：27/A；生物工程：4/A+；食品科学与工程：8/A+；数学与应用数学：20/A；土木工程：19/A；自动化：21/A。

4）中国高水平专业（4★）

保密管理：2/A+；财务管理：17/A；电子商务：17/A；法学：49/B++；风景园林：22/B++；工业设计：17/A；功能材料：5/A；过程装备与控制工程：11/B++；海洋技术：4/A；合成生物学：1/A++；环境设计：9/A+；建筑环境与能源应用工程：10/A；教育学：20/B++；金融学：39/B++；精细化工：1/A++；生物科学：36/B++；物流工程：4/A；信息管理与信息系统：38/B++；药学：27/B++；应用化学：35/B++；英语：57/B++；制药工程：20/B++；智能电网信息工程：3/A+；智能医学工程：3/A+。

5）中国区域一流专业（3★）

表演：23/B+；储能科学与工程：3/A+；地理科学：60/B+；动画：47/B+；工商管理：180/B+；海洋科学：24/B+；汉语言：27/B+；汉语言文学：151/B+；金融数学：5/A；临床医学：102/B+；马克思主义理论：13/B+；人工智能：14/A；数据科学与大数据技术：20/A；通信工程：104/B+；网络空间安全：11/B++；物联网工程：45/B+；应用物理学：68/B+；园林：28/B+；智能感知工程：1/A++；智能制造工程：2/A+。

3. 天津医科大学

（1）天津医科大学综合实力排名

综合排名：2024 校友会中国大学排名第 99 名，全国医药类高校第 4 名，天津市高校第 3 名。

星级排名：中国四星级大学（4★），世界知名、中国高水平大学。“211 工程”大学。主管部门：天津市。

（2）天津医科大学各本科专业排名（全国排名/档次）

1）世界高水平、中国顶尖专业（6★）

临床医学：8/A+。

2）中国一流专业（5★）

护理学：11/A；医学检验技术：4/A+；医学影像技术：2/A+；医学影像学：2/A+。

3）中国高水平专业（4★）

基础医学：9/B++；康复治疗学：8/A；口腔医学：17/B++；麻醉学：15/B++；生物医学工程：21/B++；眼视光学：2/A+；眼视光医学：2/A+；药学：27/B++；预防医学：23/B++；智能医学工程：3/A+。

4）中国区域一流专业（3★）

公共事业管理：81/B+；临床药学：21/B+；生物信息学：17/B+；药物制剂：22/B+；英语：253/B+。

5）中国区域高水平专业（2★）

法学：251/D。

4. 天津中医药大学

（1）天津中医药大学综合实力排名

综合排名：2024 校友会中国大学排名第 113 名，全国医药类高校第 12 名，天津市高校第 4 名。

星级排名：中国五星级大学（5★），世界知名大学、中国一流大学。主管部门：天津市。

（2）天津中医药大学各本科专业排名（全国排名/档次）

1）世界知名高水平、中国顶尖专业（7★）

中药学：2/A++。

2）世界高水平、中国顶尖专业（6★）

针灸推拿学：1/A++；中医学：4/A+。

3）中国一流专业（5★）

中西医临床医学：2/A+。

4）中国高水平专业（4★）

护理学：29/B++；康复治疗学：17/B++；临床药学：6/B++；市场营销：29/A；药学：61/B++；制药工程：45/B++；中药制药：1/A++。

5）中国区域一流专业（3★）

汉语国际教育：58/B+；食品卫生与营养学：7/B+；药物制剂：22/B+；医学实验技术：12/B+；医学影像学：26/B+；应用心理学：65/B+；中药资源与开发：15/B+。

6）中国区域高水平专业（2★）

传播学：34/C；健康服务与管理：7/B++；劳动与社会保障：66/C；临床医学：111/D；社会体育指导与管理：64/C；医学检验技术：62/C；中医骨伤科学：7/B；中医康复学：4/A；中医养生学：4/A。

7）中国区域知名专业（1★）

汉语言：60/D；医学信息工程：24/D。

5. 天津师范大学

（1）天津师范大学综合实力排名

综合排名：2024 校友会中国大学排名第 117 名，全国师范类高校第 15 名，天津市高校第 5 名。

星级排名：中国四星级大学（4★），世界知名、中国高水平大学。主管部门：天津市。

（2）天津师范大学各本科专业排名（全国排名/档次）

1）世界高水平、中国顶尖专业（6★）

世界史：3/A+；应用心理学：1/A++；政治学与行政学：4/A+。

2）中国一流专业（5★）

地理科学：6/A；法学：17/A+；汉语言文学：28/A；教育技术学：5/A+；数学与应用数学：20/A；思想政治教育：22/A；小学教育：3/A+；新闻学：14/A。

3）中国高水平专业（4★）

朝鲜语：10/B++；地理信息科学：8/A；电子信息科学与技术：13/A；俄语：29/B++；服装与服饰设计：11/B++；工商管理：100/B++；广告学：22/B++；国际经济与贸易：43/B++；汉语国际教育：18/A；化学：39/B++；计算机科学与技术：60/B++；家政学：2/A+；教育学：20/B++；社会工作：41/B++；生物科学：36/B++；体育教育：23/B++；舞蹈学：11/B++；物理学：33/B++；物流管理：46/B++；戏剧影视文学：14/B++；行政管理：33/B++；学前教育：25/B++；应用物理学：22/B++；英语：57/B++。

4）中国区域一流专业（3★）

播音与主持艺术：26/B+；档案学：17/B+；广播电视编导：42/B+；广播电视学：36/B+；化学生物学：7/B+；环境设计：105/B+；经济学：152/B+；历史学：84/B+；美术学：57/B+；日语：72/B+；软件工程：150/B+；生物技术：96/B+；市场营销：130/B+；视觉传达设计：83/B+；通信工程：141/B+；投资学：17/B+；文物与博物馆学：14/B+；信息管理与信息系统：119/B+；信息与计算科学：86/B+；音乐学：86/B+。

5）中国区域高水平专业（2★）

大数据管理与应用：11/B++；法语：56/C；环境科学：114/C；会计学：247/D；绘画：65/C；旅游管理：146/C；马克思主义理论：19/C；人工智能：38/B++；人文地理与城乡规划：38/B；摄影：23/C；数据计算及应用：1/A++；数据科学与大数据技术：54/B++；数字媒体艺术：69/B；网络工程：81/B；物联网工程：104/B；智能科学与技术：29/B+。

6. 天津工业大学

（1）天津工业大学综合实力排名

综合排名：2024 校友会中国大学排名第 132 名，全国理工类高校第 56 名，天津市高校第 6 名。

星级排名：中国四星级大学（4★），世界知名、中国高水平大学。主管部门：天津市。

（2）天津工业大学各本科专业排名（全国排名/档次）

1）世界高水平、中国顶尖专业（6★）

纺织工程：3/A+。

2）中国一流专业（5★）

材料科学与工程：20/A；非织造材料与工程：1/A++；机械工程：23/A。

3）中国高水平专业（4★）

电气工程及其自动化：40/B++；电子科学与技术：39/B++；电子信息工程：38/B++；动画：15/A；服装设计与工程：10/B++；服装与服饰设计：11/B++；工商管理：100/B++；工业设计：38/B++；广播电视编导：24/B++；国际经济与贸易：43/B++；化学工程与工艺：34/B++；环境工程：30/B++；机械电子工程：6/A+；计算机科学与技术：206/B++；金融学：39/B++；轻化工程：16/B++；软件工程：44/B++；视觉传达设计：13/A+；数学与应用数学：137/B++；应用物理学：43/B++；自动化：112/B++。

4）中国区域一流专业（3★）

复合材料与工程：9/B+；生物医学工程：62/B+；通信工程：104/B+；无机非金属材料工程：43/B+；应用化学：145/B+；应用统计学：30/B+。

5）中国区域高水平专业（2★）

表演：44/B；财务管理：135/C；测控技术与仪器：126/D；产品设计：100/C；电子信息科学与技术：75/B；法学：251/D；高分子材料与工程：108/D；工业工程：77/C；工艺美术：25/C；公共事业管理：124/B；光电信息科学与工程：121/C；光源与照明：5/A；广播电视学：69/C；广告学：80/B；汉语言：42/C；环境设计：141/C；会计学：

247/D；机械设计制造及其自动化：222/D；建筑环境与能源应用工程：84/C；经济学：205/D；人工智能：38/B++；人力资源管理：115/C；日语：162/C；数据科学与大数据技术：54/B++；土地资源管理：53/C；网络工程：81/B；网络空间安全：26/B；物联网工程：104/B；信息管理与信息系统：168/C；信息与计算科学：164/C；英语：318/D；智能医学工程：13/B；智能制造工程：16/B++。

7. 天津科技大学

（1）天津科技大学综合实力排名

综合排名：2024校友会中国大学排名第147名，全国理工类高校第64名，天津市高校第7名。

星级排名：中国三星级大学（3★），中国知名、区域一流大学。主管部门：天津市。

（2）天津科技大学各本科专业排名（全国排名/档次）

1）世界高水平、中国顶尖专业（6★）

包装工程：1/A++。

2）中国一流专业（5★）

工业设计：10/A+；轻化工程：8/A；食品科学与工程：8/A+。

3）中国高水平专业（4★）

财务管理：17/A；翻译：23/B++；服装与服饰设计：21/B++；高分子材料与工程：21/B++；国际经济与贸易：86/B++；过程装备与控制工程：11/B++；海洋技术：5/A；化学工程与工艺：34/B++；环境科学：17/A；软件工程：103/B++；生物工程：21/B++；食品质量与安全：19/B++；物流管理：15/A；印刷工程：7/B++；制药工程：20/B++。

4）中国区域一流专业（3★）

材料化学：48/B+；测控技术与仪器：77/B+；产品设计：66/B+；车辆工程：58/B+；动画：62/B+；海洋科学：20/B+；汉语国际教育：58/B+；环境工程：133/B+；机械电子工程：48/B+；机械设计制造及其自动化：190/B+；金融工程：40/B+；木材科学与工程：14/B+；汽车服务工程：12/B+；视觉传达设计：83/B+；数字出版：3/A+；通信工程：141/B+；网络工程：25/B++；物联网工程：45/B+；艺术设计学：57/B+；应用化学：145/B+；自动化：150/B+。

5）中国区域高水平专业（2★）

材料成型及控制工程：103/D；电气工程及其自动化：199/D；电子信息工程：236/D；法学：271/D；工业工程：77/C；公共事业管理：124/B；计算机科学与技术：356/D；建筑环境与能源应用工程：84/C；人力资源管理：115/C；日语：118/B；生物技术：176/D；信息管理与信息系统：168/C；信息与计算科学：164/C；英语：318/D。

6）中国区域知名专业（1★）

表演：68/D；大数据管理与应用：48/C；公共艺术：32/C；海洋资源开发技术：10/D；会展经济与管理：30/C；机器人工程：71/C；秘书学：32/D；人工智能：123/C；食品营养与健康：9/D；数据科学与大数据技术：152/C；数字媒体技术：83/D；投资学：36/C；行政管理：195/D；音乐表演：83/C；知识产权：38/C；智能科学与技术：58/C；智能制造工程：56/B。

8. 天津财经大学

（1）天津财经大学综合实力排名

综合排名：2024校友会中国大学排名第154名，全国财经类高校第12名，天津市高校第8名。

星级排名：中国四星级大学（4★），世界知名、中国高水平大学。主管部门：天津市。

（2）天津财经大学各本科专业排名（全国排名/档次）

1）世界高水平、中国顶尖专业（6★）

会计学：9/A+。

2）中国一流专业（5★）

财政学：7/A；工商管理：16/A+；国际经济与贸易：18/A+；金融学：13/A+；经济统计学：1/A++；信用管理：1/A++。

3）中国高水平专业（4★）

财务管理：17/A；电子商务：45/B++；法学：49/B++；国际商务：8/B++；金融工程：11/A；经济学：27/A；旅游管理：67/B++；人力资源管理：16/A；商务英语：4/A+；市场营销：29/A；统计学：41/B++；物流管理：46/B++；信息管理与信息系统：38/B++；行政管理：66/B++。

4）中国区域一流专业（3★）

保险学：33/B+；工程管理：82/B+；计算机科学与技术：285/B+；金融数学：10/B++；审计学：25/B+；视觉传达设计：116/B+；税收学：17/B+；信息资源管理：7/B+；应用统计学：22/B+。

5）中国区域高水平专业（2★）

产品设计：100/C；公共事业管理：124/B；管理科学：30/C；广播电视学：77/D；环境设计：172/C；会展经济与管理：21/B；日语：118/B；软件工程：215/D；数据科学与大数据技术：54/B++；数学与应用数学：224/D；投资学：31/C；信息与计算科学：164/C；英语：318/D。

6）中国区域知名专业（1★）

广告学：113/C；汉语言文学：250/D；酒店管理：43/C；劳动与社会保障：79/C；体育经济与管理：19/D；网络工程：141/D；信息工程：50/D。

9. 天津理工大学

（1）天津理工大学综合实力排名

综合排名：2024校友会中国大学排名第175名，全国理工类高校第78名，天津市高校第9名。

星级排名：中国三星级大学（3★），中国知名、区域一流大学。主管部门：天津市。

（2）天津理工大学各本科专业排名（全国排名/档次）

1）中国一流专业（5★）

材料物理：4/A+；工程造价：1/A++；信息安全：7/A。

2）中国高水平专业（4★）

安全工程：18/B++；材料科学与工程：45/B++；测控技术与仪器：23/B++；产品设计：10/A；电气工程及其自动

化：40/B++；电子信息工程：38/B++；动画：27/B++；工程管理：20/A；工商管理：36/B++；过程装备与控制工程：31/B++；化学工程与工艺：34/B++；环境工程：82/B++；机械电子工程：6/A+；机械工程：26/B++；计算机科学与技术：60/B++；轮机工程：7/B++；社会工作：19/A；市场营销：59/B++；通信工程：45/B++；应用化学：35/B++；自动化：41/B++。

3）中国区域一流专业（3★）

材料成型及控制工程：66/B+；船舶电子电气工程：2/A+；电波传播与天线：4/A；电子科学与技术：62/B+；工业工程：54/B+；功能材料：10/B+；光电信息科学与工程：84/B+；航海技术：9/B+；环境科学：82/B+；集成电路设计与集成系统：16/B+；交通运输：37/B+；老年学：1/A++；能源与动力工程：98/B+；日语：96/B+；软件工程：183/B+；社会学：56/B+；数学与应用数学：168/B+；网络工程：68/B+；物联网工程：69/B+；物流管理：88/B+；新能源材料与器件：15/B++；药学：105/B+；艺术设计学：57/B+；应用物理学：68/B+；制药工程：79/B+。

4）中国区域高水平专业（2★）

保险学：40/C；财务管理：135/C；服装与服饰设计：66/C；机械设计制造及其自动化：222/D；生物工程：127/C；新能源科学与工程：54/C；信息管理与信息系统：168/C；信息与计算科学：164/C；英语：318/D；资源循环科学与工程：17/C；自然地理与资源环境：34/B。

5）中国区域知名专业（1★）

大数据管理与应用：48/C；广告学：113/C；机器人工程：71/C；人工智能：123/C；摄影：34/D；数据科学与大数据技术：152/C；微电子科学与工程：68/D；智能制造工程：56/B。

10. 天津外国语大学

（1）天津外国语大学综合实力排名

综合排名：2024 校友会中国大学排名第 214 名，全国语言类高校第 9 名，天津市高校第 10 名。

星级排名：中国四星级大学（4★），世界知名、中国高水平大学。主管部门：天津市。

（2）天津外国语大学各本科专业排名（全国排名/档次）

1）中国一流专业（5★）

朝鲜语：2/A+；日语：3/A++；英语：19/A+。

2）中国高水平专业（4★）

阿拉伯语：5/A；波斯语：4/A；德语：11/B++；俄语：11/A；法语：22/B++；翻译：7/A+；国际商务：14/B++；国际政治：22/B++；汉语国际教育：8/A+；汉语言文学：64/B++；商务英语：4/A+；斯瓦希里语：1/A++；西班牙语：5/A；新闻学：30/B++；意大利语：4/A。

3）中国区域一流专业（3★）

白俄罗斯语：1/A++；波兰语：3/A+；动画：62/B+；法学：208/B+；芬兰语：2/A+；国际经济与贸易：142/B+；豪萨语：2/A+；会计学：208/B+；柬埔寨语：3/A+；教育技术学：44/B+；捷克语：2/A+；金融学：143/B+；经济学：152/B+；缅甸语：5/A；葡萄牙语：11/B+；人力资源管理：69/B+；数字媒体技术：33/B+；土耳其语：3/A+；外交学：9/B+；乌克兰语：3/A+；匈牙利语：2/A+；印度尼西亚语：6/B+。

4）中国区域高水平专业（2★）

保加利亚语：2/A+；财务管理：175/D；传播学：34/C；大数据管理与应用：11/B++；电子商务：148/D；广告学：80/B；国际组织与全球治理：2/A+；旅游管理：168/D；罗马尼亚语：3/A+；马来语：6/C；蒙古语：4/A；塞尔维亚语：4/A；数字媒体艺术：79/C；网络与新媒体：27/B+；希腊语：3/A+；信息管理与信息系统：207/C；行政管理：170/D。

5）中国区域知名专业（1★）

泰语：19/D；印地语：11/D。

11. 天津商业大学

（1）天津商业大学综合实力排名

综合排名：2024 校友会中国大学排名第 231 名，全国财经类高校第 21 名，天津市高校第 11 名。

星级排名：中国三星级大学（3★），中国知名、区域一流大学。主管部门：天津市。

（2）天津商业大学各本科专业排名（全国排名/档次）

1）中国一流专业（5★）

电子商务：4/A+。

2）中国高水平专业（4★）

包装工程：12/B++；财务管理：46/B++；法学：111/B++；工商管理：100/B++；国际经济与贸易：43/B++；建筑环境与能源应用工程：25/B++；金融学：39/B++；酒店管理：1/A++；旅游管理：22/A；能源与动力工程：30/B++；生物工程：47/B++；食品科学与工程：28/B++；通信工程：45/B++；应用统计学：7/A。

3）中国区域一流专业（3★）

宝石及材料工艺学：6/B+；财政学：48/B+；会展经济与管理：10/B++；机械设计制造及其自动化：170/B+；经济学：152/B+；数学与应用数学：190/B+；行政管理：126/B+；应用化学：145/B+；英语：253/B+；制药工程：79/B+；自动化：180/B+。

4）中国区域高水平专业（2★）

产品设计：131/D；动画：92/C；工程管理：144/D；公共事业管理：124/B；计算机科学与技术：370/D；人力资源管理：148/C；软件工程：215/D；生物技术：176/D；食品质量与安全：91/C；市场营销：241/D；土地资源管理：53/C；物流管理：109/C；信息管理与信息系统：207/C；信息与计算科学：231/D；信用管理：11/D；药事管理：6/D。

5）中国区域知名专业（1★）

工业设计：181/D；环境设计：215/D；会计学：297/D；绘画：101/D；视觉传达设计：202/D；数据科学与大数据技术：152/C；统计学：177/D；新能源科学与工程：

78/D；应用物理学：132/D；应用心理学：113/D；智能科学与技术：58/C；智能制造工程：56/B。

12. 天津职业技术师范大学

（1）天津职业技术师范大学综合实力排名

综合排名：2024 校友会中国大学排名第 262 名，全国师范类高校第 41 名，天津市高校第 12 名。

星级排名：中国二星级大学（2★），中国区域高水平大学。主管部门：天津市。

（2）天津职业技术师范大学各本科专业排名（全国排名/档次）

1）中国高水平专业（4★）

材料成型及控制工程：48/B++；动画：27/B++；机械工艺技术：1/A++；机械设计制造及其自动化：131/B++；教育学：34/B++；自动化：112/B++。

2）中国区域一流专业（3★）

测控技术与仪器：103/B+；车辆工程：77/B+；电子科学与技术：69/B+；电子信息工程：178/B+；汉语国际教育：58/B+；机电技术教育：2/A+；计算机科学与技术：327/B+；交通运输：37/B+；教育技术学：44/B+；汽车服务工程：12/B+；汽车维修工程教育：1/A++；人力资源管理：97/B+；通信工程：104/B+；网络工程：25/B++；应用电子技术教育：6/B+；应用心理学：65/B+。

3）中国区域高水平专业（2★）

财务会计教育：3/A+；产品设计：131/D；电气工程及其自动化：217/D；电子商务：148/D；工业设计：131/C；日语：162/C；软件工程：215/D；数学与应用数学：245/D；数字媒体技术：49/C；物流管理：139/D；信息与计算科学：231/D；英语：358/D。

4）中国区域知名专业（1★）

光电信息科学与工程：141/D；焊接技术与工程：24/D；机器人工程：71/C；金融学：204/D；劳动与社会保障：79/C；视觉传达设计：202/D；微电子科学与工程：68/D；信用管理：13/D；艺术与科技：32/D；应用物理学：132/D。

13. 天津城建大学

（1）天津城建大学综合实力排名

综合排名：2024 校友会中国大学排名第 291 名，全国理工类高校第 132 名，天津市高校第 13 名。

星级排名：中国三星级大学（3★），中国知名、区域一流大学。主管部门：天津市。

（2）天津城建大学各本科专业排名（全国排名/档次）

1）世界高水平、中国顶尖专业（6★）

土木工程：8/A+。

2）中国一流专业（5★）

城市地下空间工程：1/A++；道路桥梁与渡河工程：4/A。

3）中国高水平专业（4★）

材料科学与工程：68/B++；城乡规划：26/B++；房地产开发与管理：1/A++；给排水科学与工程：15/B++；工程管理：20/A；机械设计制造及其自动化：54/B++；建筑环境与能源应用工程：10/A；建筑学：24/B++。

4）中国区域一流专业（3★）

城市管理：10/B+；电气工程及其自动化：151/B+；电子信息工程：178/B+；风景园林：35/B+；港口航道与海岸工程：18/B+；环境工程：133/B+；环境设计：105/B+；计算机科学与技术：285/B+；建筑电气与智能化：12/B+；交通工程：41/B+；能源与动力工程：80/B+；投资学：17/B+；土地资源管理：33/B+；网络工程：25/B++；艺术设计学：57/B+。

5）中国区域高水平专业（2★）

产品设计：131/D；工程造价：24/B；软件工程：215/D；物联网工程：104/B。

6）中国区域知名专业（1★）

安全工程：97/D；测绘工程：80/D；地理信息科学：119/D；地质工程：42/D；电子商务：184/D；电子信息科学与技术：117/D；翻译：98/C；高分子材料与工程：131/D；工商管理：311/D；工业设计：181/D；机械电子工程：123/D；人工智能：123/C；人文地理与城乡规划：65/D；视觉传达设计：202/D；数学与应用数学：295/D；无机非金属材料工程：69/D；信息管理与信息系统：278/D；艺术与科技：32/D；应用化学：213/D；应用物理学：151/D；英语：398/D；园林：79/D；智能建造：17/C；智能制造工程：56/B；自动化：240/D。

14. 天津农学院

（1）天津农学院综合实力排名

综合排名：2024 校友会中国大学排名第 306 名，全国农林类高校第 33 名，天津市高校第 14 名。

星级排名：中国二星级大学（2★），中国区域高水平大学。主管部门：天津市。

（2）天津农学院各本科专业排名（全国排名/档次）

1）中国高水平专业（4★）

动物医学：13/B++；海洋渔业科学与技术：5/A；农学：21/B++；食品科学与工程：72/B++；食品质量与安全：8/A；水产养殖学：10/B++；园艺：28/B++。

2）中国区域一流专业（3★）

测控技术与仪器：103/B+；动物科学：37/B+；环境科学：82/B+；会计学：208/B+；计算机科学与技术：327/B+；旅游管理：105/B+；农林经济管理：33/B+；农业机械化及其自动化：28/B+；人力资源管理：97/B+；生物制药：12/B++；水利水电工程：32/B+；水文与水资源工程：21/B+；物联网工程：45/B+；园林：34/B+；植物保护：35/B+；种子科学与工程：13/B+。

3）中国区域高水平专业（2★）

软件工程：215/D；水族科学与技术：7/C；物流管理：139/D；新能源科学与工程：54/C。

4）中国区域知名专业（1★）

电气工程及其自动化：247/D；动物药学：19/D；工程管理：185/D；公共事业管理：238/D；功能材料：27/D；国际经济与贸易：329/D；环境设计：244/D；机器人工程：71/C；酒店管理：43/C；菌物科学与工程：1/A++；林学：35/D；设施农业科学与工程：26/D；生物技术：217/D；数据科学与大数据技术：152/C；水生动物医学：5/A；文化产业管理：50/C；应用化学：213/D；英语：398/D。

15. 天津体育学院

（1）天津体育学院综合实力排名

综合排名：2024校友会中国大学排名第339名，全国体育类高校第7名，天津市高校第15名。

星级排名：中国四星级大学（4★），世界知名、中国高水平大学。主管部门：天津市。

（2）天津体育学院各本科专业排名（全国排名/档次）

1）世界高水平、中国顶尖专业（6★）

社会体育指导与管理：1/A++；舞蹈学：2/A+。

2）中国一流专业（5★）

运动训练：8/A。

3）中国高水平专业（4★）

体育教育：48/B++；武术与民族传统体育：8/B++；运动康复：4/A；运动人体科学：8/B++。

4）中国区域一流专业（3★）

教育技术学：44/B+；康复治疗学：44/B+；市场营销：130/B+；特殊教育：15/B+；新闻学：109/B+；英语：253/B+。

5）中国区域高水平专业（2★）

大数据管理与应用：11/B++；公共事业管理：198/D；体育经济与管理：13/C；学前教育：90/D；应用心理学：99/C。

16. 中国民航大学

（1）中国民航大学综合实力排名

综合排名：2024校友会中国大学排名第351名，全国理工类高校第166名，天津市高校第16名。

星级排名：中国三星级大学（3★），中国知名、区域一流大学。主管部门：交通运输部。

（2）中国民航大学各本科专业排名（全国排名/档次）

1）中国一流专业（5★）

飞行技术：1/A++；交通运输：11/A。

2）中国高水平专业（4★）

电子信息工程：38/B++；飞行器动力工程：11/B++；飞行器制造工程：8/B++；工商管理：100/B++；计算机科学与技术：206/B++；通信工程：69/B++；英语：136/B++；油气储运工程：8/B++。

3）中国区域一流专业（3★）

安全工程：53/B+；材料化学：48/B+；电气工程及其自动化：151/B+；法学：208/B+；机械电子工程：48/B+；交通工程：41/B+；统计学：96/B+；土木工程：164/B+；信息与计算科学：122/B+；自动化：180/B+。

4）中国区域高水平专业（2★）

材料物理：54/D；财务管理：135/C；电子信息科学与技术：87/C；工业工程：93/C；公共事业管理：124/B；会计学：270/D；物流管理：109/C；信息安全：71/C。

5）中国区域知名专业（1★）

材料科学与工程：150/D；航空服务艺术与管理：11/B；交通管理：6/D；经济与金融：17/D；无人驾驶航空器系统工程：3/A+；应用气象学：11/D；应用心理学：113/D。

17. 天津美术学院

（1）天津美术学院综合实力排名

综合排名：2024校友会中国大学排名第377名，全国艺术类高校第24名，天津市高校第17名。

星级排名：中国三星级大学（3★），中国知名、区域一流大学。主管部门：天津市。

（2）天津美术学院各本科专业排名（全国排名/档次）

1）中国一流专业（5★）

绘画：5/A+；视觉传达设计：6/A+；艺术设计学：4/A+；中国画：5/A。

2）中国高水平专业（4★）

产品设计：33/B++；雕塑：10/B++；动画：15/A；服装与服饰设计：21/B++；工业设计：38/B++；工艺美术：12/B++；公共艺术：8/B++；环境设计：43/B++；美术学：19/B++。

3）中国区域一流专业（3★）

服装设计与工程：14/B+；摄影：13/B+；书法学：11/B++；数字媒体艺术：39/B+。

4）中国区域高水平专业（2★）

历史建筑保护工程：6/D。

5）中国区域知名专业（1★）

实验艺术：6/D；艺术管理：19/D。

18. 天津音乐学院

（1）天津音乐学院综合实力排名

综合排名：2024校友会中国大学排名第393名，全国艺术类高校第25名，天津市高校第18名。

星级排名：中国四星级大学（4★），世界知名、中国高水平大学。主管部门：天津市。

（2）天津音乐学院各本科专业排名（全国排名/档次）

1）世界高水平、中国顶尖专业（6★）

舞蹈编导：2/A+；音乐学：2/A++。

2）中国一流专业（5★）

音乐表演：6/A+；作曲与作曲技术理论：6/A。

3）中国高水平专业（4★）

文化产业管理：5/A；舞蹈学：11/B++。

4）中国区域一流专业（3★）

表演：23/B+；舞蹈表演：24/B+；戏剧影视美术设计：13/B+；戏剧影视文学：36/B+；艺术教育：8/B+。

5）中国区域高水平专业（2★）

学前教育：90/D；艺术管理：9/B；艺术史论：15/D；艺术与科技：20/C。

19. 天津中德应用技术大学

（1）天津中德应用技术大学综合实力排名

综合排名：2024 校友会中国大学排名第 422 名，全国理工类高校第 193 名，天津市高校第 19 名。

星级排名：中国二星级大学（2★），中国区域高水平大学。主管部门：天津市。

（2）天津中德应用技术大学各本科专业排名（全国排名/档次）

1）中国顶尖应用型专业（6★）

德语：1/A++；机械电子工程：14/A+；质量管理工程：1/A++。

2）中国一流应用型专业（5★）

材料成型及控制工程：16/A；飞行器制造工程：4/A；汽车服务工程：18/A；软件工程：53/A；通信工程：43/A；物联网工程：19/A；物流管理：27/A；自动化：35/A。

3）中国高水平应用型专业（4★）

车辆工程：34/B++；电气工程与智能控制：6/B++；工艺美术：5/A；能源与动力工程：19/B++；数字媒体艺术：30/B++；信息安全：6/B++。

4）中国区域一流应用型专业（3★）

财务管理：137/B+；产品设计：80/B+；金属材料工程：17/B+；无人驾驶航空器系统工程：4/A。

三、天津市民办大学专业排名详情

1. 天津仁爱学院

（1）天津仁爱学院综合实力排名

综合排名：2024 校友会中国民办大学排名第 5 名，全国综合类民办高校第 6 名，天津市民办高校第 1 名。

星级排名：中国六星级应用型大学（6★），中国顶尖应用型大学。

（2）天津仁爱学院各本科专业排名（全国排名/档次）

1）中国顶尖应用型专业（6★）

产品设计：1/A++；船舶与海洋工程：1/A++；电气工程及其自动化：6/A+；电子科学与技术：1/A++；电子信息工程：9/A+；工程管理：3/A++；化学工程与工艺：1/A++；环境设计：19/A+；机械设计制造及其自动化：14/A+；计算机科学与技术：2/A++；建筑学：1/A++；金融工程：2/A++；软件工程：1/A++；水利水电工程：2/A+；通信工程：1/A++；土木工程：2/A++；物流工程：1/A++；信息管理与信息系统：1/A++；自动化：1/A++。

2）中国一流应用型专业（5★）

财务管理：40/A；法学：28/A；港口航道与海岸工程：3/A+；给排水科学与工程：7/A；工业设计：6/A+；过程装备与控制工程：3/A+；环境工程：18/A；人工智能：9/A；商务英语：12/A+；数据科学与大数据技术：4/A++；物联网工程：19/A；新能源科学与工程：6/A；英语：62/A；智能制造工程：1/A++。

3）中国高水平应用型专业（4★）

编辑出版学：4/A；传播学：8/B++；动画：37/B++；数字媒体艺术：30/B++；休闲体育：5/A；制药工程：25/B++；智能交互设计：1/A++。

2. 南开大学滨海学院

（1）南开大学滨海学院综合实力排名

综合排名：2024 校友会中国民办大学排名第 22 名，全国综合类民办高校第 23 名，天津市民办高校第 2 名。

星级排名：中国五星级应用型大学（5★），中国一流应用型大学。

（2）南开大学滨海学院各本科专业排名（全国排名/档次）

1）中国顶尖应用型专业（6★）

环境工程：10/A+；物流管理：12/A+；应用心理学：3/A+。

2）中国一流应用型专业（5★）

保险学：9/A；工商管理：39/A；金融学：26/A；生物技术：7/A；数学与应用数学：38/A；数字媒体技术：9/A+；应用化学：14/A。

3）中国高水平应用型专业（4★）

财务管理：80/B++；电子信息科学与技术：27/B++；法学：55/B++；公共事业管理：14/B++；国际经济与贸易：109/B++；环境科学：9/B++；环境设计：73/B++；计算机科学与技术：168/B++；人力资源管理：32/B++；日语：36/B++；视觉传达设计：72/B++；外交学：1/A++；行政管理：14/B++。

4）中国区域一流应用型专业（3★）

城市管理：8/B+；给排水科学与工程：36/B+；工业工程：12/B+；广告学：43/B+；金融工程：39/B+；市场营销：144/B+；信息管理与信息系统：71/B+；信息资源管理：3/A+。

5）中国区域高水平应用型专业（2★）

雕塑：14/C；环境生态工程：21/C；人工智能：59/B；商务英语：161/C；通信工程：205/D。

6）中国区域知名应用型专业（1★）

电子商务：219/C；翻译：116/D；绘画：59/D；数据科学与大数据技术：272/D；投资学：84/D；网络空间安全：16/D；物联网工程：299/D。

3. 天津天狮学院

（1）天津天狮学院综合实力排名

综合排名：2024 校友会中国民办大学排名第 44 名，全国综合类民办高校第 45 名，天津市民办高校第 3 名。

星级排名：中国四星级应用型大学（4★），中国高水平应用型大学。

（2）天津天狮学院各本科专业排名（全国排名/档次）

1）中国一流应用型专业（5★）

市场营销：38/A。

2）中国高水平应用型专业（4★）

计算机科学与技术：168/B++；食品科学与工程：37/B++。

3）中国区域一流应用型专业（3★）

财务管理：137/B+；产品设计：80/B+；动画：82/B+；护理学：90/B+；劳动与社会保障：7/B++；审计学：52/B+。

4）中国区域高水平应用型专业（2★）

保险学：35/C；电子商务：159/B；电子信息工程：242/C；国际商务：57/C；康复治疗学：59/C；口腔医学技术：13/C；人力资源管理：134/C；生物工程：68/C；食品质量与安全：57/B；通信工程：205/D；自动化：176/D。

5）中国区域知名应用型专业（1★）

公共艺术：27/D；汉语国际教育：153/D；环境设计：311/D；金融学：133/D；视觉传达设计：299/D；数字媒体艺术：155/C；舞蹈表演：66/D；信息管理与信息系统：161/D；信用管理：11/D；行政管理：105/D；药学：81/D；音乐表演：123/D；英语：412/D。

4. 天津传媒学院

（1）天津传媒学院综合实力排名

综合排名：2024 校友会中国民办大学排名第 46 名，全国语言类民办高校第 8 名，天津市民办高校第 4 名。

星级排名：中国四星级应用型大学（4★），中国高水平应用型大学。

（2）天津传媒学院各本科专业排名（全国排名/档次）

1）中国高水平应用型专业（4★）

表演：18/B++；音乐表演：21/B++。

2）中国区域一流应用型专业（3★）

录音艺术：10/B+；舞蹈表演：25/B+；舞蹈学：33/B+；新闻学：50/B+；艺术教育：1/A++。

3）中国区域高水平应用型专业（2★）

播音与主持艺术：98/C；公共艺术：19/C；广播电视编导：105/C；戏剧影视导演：14/D；戏剧影视美术设计：15/B；音乐学：150/C；影视摄影与制作：24/B。

4）中国区域知名应用型专业（1★）

电子商务：219/C；动画：153/D；汉语言文学：298/D；视觉传达设计：299/D；数字媒体技术：136/D；文化产业管理：71/D；戏剧影视文学：42/D；学前教育：215/C。

5. 北京科技大学天津学院

（1）北京科技大学天津学院综合实力排名

综合排名：2024 校友会中国民办大学排名第 51 名，全国综合类民办高校第 52 名，天津市民办高校第 5 名。

星级排名：中国四星级应用型大学（4★），中国高水平应用型大学。

（2）北京科技大学天津学院各本科专业排名（全国排名/档次）

1）中国一流应用型专业（5★）

材料科学与工程：16/A。

2）中国高水平应用型专业（4★）

工业设计：17/B++；环境工程：32/B++；社会工作：21/B++；信息管理与信息系统：35/B++；信息与计算科学：26/B++；知识产权：6/B++；自动化：70/B++。

3）中国区域一流应用型专业（3★）

电子信息工程：186/B+；法学：82/B+；工程造价：58/B+；工业工程：12/B+；国际经济与贸易：179/B+；护理学：90/B+；环境设计：113/B+；会计学：177/B+；机械工程：35/B+；计算机科学与技术：253/B+；金融工程：39/B+；视觉传达设计：140/B+；数学与应用数学：109/B+；通信工程：130/B+；土木工程：160/B+；行政管理：37/B+；作曲与作曲技术理论：5/A。

4）中国区域高水平应用型专业（2★）

康复治疗学：59/C；无人驾驶航空器系统工程：8/C；舞蹈教育：1/A++；音乐表演：85/C；英语：318/C。

5）中国区域知名应用型专业（1★）

财务管理：326/C；朝鲜语：46/D；日语：173/D；生物工程：90/D。

6. 天津师范大学津沽学院

（1）天津师范大学津沽学院综合实力排名

综合排名：2024 校友会中国民办大学排名第 65 名，全国综合类民办高校第 66 名，天津市民办高校第 6 名。

星级排名：中国三星级应用型大学（3★），中国知名、区域一流应用型大学。

（2）天津师范大学津沽学院各本科专业排名（全国排名/档次）

1）中国一流应用型专业（5★）

学前教育：46/A。

2）中国高水平应用型专业（4★）

汉语国际教育：36/B++；日语：36/B++；新闻学：30/B++。

3）中国区域一流应用型专业（3★）

表演：34/B+；播音与主持艺术：54/B+；朝鲜语：19/B+；汉语言文学：180/B+；计算机科学与技术：253/B+；摄影：19/B+；数字媒体艺术：63/B+。

4）中国区域高水平应用型专业（2★）

俄语：32/C；法学：138/C；广播电视编导：105/C；广告学：74/B；人力资源管理：134/C；数字媒体技术：100/C；戏剧影视文学：30/C；音乐表演：85/C。

5）中国区域知名应用型专业（1★）

工商管理：205/D；国际经济与贸易：325/D；会计学：280/D；旅游管理：234/D；数学与应用数学：197/D；舞蹈学：102/D；艺术设计学：100/D；英语：412/D。

7. 天津外国语大学滨海外事学院

（1）天津外国语大学滨海外事学院综合实力排名

综合排名：2024 校友会中国民办大学排名第 72 名，全国语言类民办高校第 12 名，天津市民办高校第 7 名。

星级排名：中国三星级应用型大学（3★），中国知名、区域一流应用型大学。

（2）天津外国语大学滨海外事学院各本科专业排名（全国排名/档次）

1）中国一流应用型专业（5★）

英语：62/A。

2）中国高水平应用型专业（4★）

朝鲜语：11/B++；俄语：15/B++；翻译：19/B++；商务英语：38/B++。

3）中国区域一流应用型专业（3★）

德语：15/B+；法语：16/B+；国际经济与贸易：179/B+；国际事务与国际关系：1/A++；汉语国际教育：79/B+；护理学：90/B+；日语：69/B+；学前教育：130/B+。

4）中国区域高水平应用型专业（2★）

酒店管理：81/B；西班牙语：23/C。

5）中国区域知名应用型专业（1★）

法学：193/D；金融学：133/D；新闻学：125/D；行政管理：105/D。

8. 天津商业大学宝德学院

（1）天津商业大学宝德学院综合实力排名

综合排名：2024 校友会中国民办大学排名第 75 名，全国财经类民办高校第 40 名，天津市民办高校第 8 名。

星级排名：中国二星级应用型大学（2★），中国区域高水平应用型大学。

（2）天津商业大学宝德学院各本科专业排名（全国排名/档次）

1）中国一流应用型专业（5★）

动画：17/A。

2）中国高水平应用型专业（4★）

工商管理：64/B++；环境设计：73/B++；会计学：105/B++；英语：129/B++。

3）中国区域一流应用型专业（3★）

汉语国际教育：79/B+；酒店管理：47/B+；旅游管理：129/B+；信息管理与信息系统：71/B+。

4）中国区域高水平应用型专业（2★）

财务管理：251/C；国际经济与贸易：260/C。

5）中国区域知名应用型专业（1★）

表演：70/D；产品设计：180/D；电子商务：219/C；服装与服饰设计：111/D；公共艺术：27/D；广播电视编导：135/D；计算机科学与技术：469/D；金融学：133/D；劳动与社会保障：28/C；人力资源管理：202/D；商务英语：230/D；审计学：126/D；市场营销：321/D；视觉传达设计：299/D；舞蹈表演：66/D；物流管理：251/D；戏剧影视文学：42/D。

9. 天津财经大学珠江学院

（1）天津财经大学珠江学院综合实力排名

综合排名：2024 校友会中国民办大学排名第 95 名，全国综合类民办高校第 96 名，天津市民办高校第 9 名。

星级排名：中国二星级应用型大学（2★），中国区域高水平应用型大学。

（2）天津财经大学珠江学院各本科专业排名（全国排名/档次）

1）中国高水平应用型专业（4★）

国际经济与贸易：109/B++；会计学：105/B++；酒店管理：27/B++。

2）中国区域一流应用型专业（3★）

保险学：20/B+；财务管理：137/B+；计算机科学与技术：253/B+；金融学：79/B+；审计学：52/B+；数据科学与大数据技术：60/B++；物联网工程：139/B+；学前教育：130/B+；英语：198/B+。

3）中国区域高水平应用型专业（2★）

产品设计：130/C；服装与服饰设计：90/C；环境设计：203/B；人力资源管理：134/C；日语：119/C；视觉传达设计：235/C；音乐学：150/C。

4）中国区域知名应用型专业（1★）

传播学：21/D；俄语：46/D；工商管理：205/D；广告学：123/D；国际商务：78/D；汉语国际教育：153/D；金融科技：17/B；经济统计学：42/C；旅游管理：234/D；市场营销：321/D；税收学：41/D；网络工程：191/D；信息管理与信息系统：161/D。

10. 天津理工大学中环信息学院

（1）天津理工大学中环信息学院综合实力排名

综合排名：2024 校友会中国民办大学排名第 104 名，全国综合类民办高校第 105 名，天津市民办高校第 10 名。

星级排名：中国二星级应用型大学（2★），中国区域高水平应用型大学。

（2）天津理工大学中环信息学院各本科专业排名（全国排名/档次）

1）中国高水平应用型专业（4★）

电气工程与智能控制：6/B++；机械设计制造及其自动化：128/B++；软件工程：95/B++；物联网工程：62/B++。

2）中国区域一流应用型专业（3★）

电气工程及其自动化：157/B+；自动化：120/B+。

3）中国区域高水平应用型专业（2★）

机械电子工程：132/C；物流管理：182/C。

4）中国区域知名应用型专业（1★）

材料成型及控制工程：109/D；财务管理：326/C；测控技术与仪器：69/D；电子信息工程：314/D；电子信息科学与技术：88/D；工程管理：174/C；工商管理：205/D；机器人工程：127/D；计算机科学与技术：469/D；人工智能：86/C；人力资源管理：202/D；数据科学与大数据技术：

272/D；数字媒体技术：136/D；通信工程：247/D；网络工程：191/D；智能电网信息工程：14/D。

11. 天津医科大学临床医学院

（1）天津医科大学临床医学院综合实力排名

综合排名：2024 校友会中国民办大学排名第 119 名，全国医药类民办高校第 21 名，天津市民办高校第 11 名。

星级排名：中国一星级应用型大学（1★），中国区域知名应用型大学。

（2）天津医科大学临床医学院各本科专业排名（全国排名/档次）

1）中国一流应用型专业（5★）

护理学：32/A。

2）中国高水平应用型专业（4★）

临床医学：37/B++；医学影像学：11/B++。

3）中国区域一流应用型专业（3★）

健康服务与管理：15/B++；口腔医学：23/B+；眼视光学：8/B+；药学：38/B+；医学影像技术：25/B+。

4）中国区域高水平应用型专业（2★）

医学检验技术：58/D。

5）中国区域知名应用型专业（1★）

法学：193/D；公共事业管理：96/D；康复治疗学：90/D；市场营销：321/D。

第三节　河北省

一、河北省大学综合实力排名

1. 河北省大学排名

表 4-7　2024 校友会河北省大学排名

全国排名	学校名称	所在城市	星级排名	办学层次	星级专业数/个								
					专业类型	8★	7★	6★	5★	4★	3★	2★	1★
62	燕山大学	秦皇岛市	5★	中国一流大学	研究型	0	1	5	18	16	15	9	0
78	河北大学	保定市	4★	中国高水平大学	研究型	0	1	5	16	22	18	23	0
114	河北工业大学	天津市	4★	中国高水平大学	研究型	0	0	1	4	32	9	19	7
114	河北医科大学	石家庄市	4★	中国高水平大学	研究型	0	0	3	7	9	9	0	0
137	河北师范大学	石家庄市	4★	中国高水平大学	研究型	0	0	0	2	34	21	26	7
169	石家庄铁道大学	石家庄市	3★	区域一流大学	研究型	0	0	1	2	10	12	19	9
172	河北农业大学	保定市	4★	中国高水平大学	研究型	0	0	0	2	22	25	37	9
194	河北科技大学	石家庄市	3★	区域一流大学	研究型	0	0	0	2	13	17	36	14
206	河北经贸大学	石家庄市	3★	区域一流大学	研究型	0	0	0	1	13	30	7	11
265	河北工程大学	邯郸市	2★	区域高水平大学	研究型	0	0	0	2	12	13	21	38
269	华北理工大学	唐山市	2★	区域高水平大学	研究型	0	0	0	0	24	7	41	23
306	河北北方学院	张家口市	1★	区域知名大学	应用型	0	0	7	15	24	16	6	0
328	华北科技学院	廊坊市	2★	区域高水平大学	应用型	0	0	11	16	13	9	7	0
339	承德医学院	承德市	1★	区域知名大学	应用型	0	0	3	5	3	2	3	2
351	河北地质大学	石家庄市	3★	区域一流大学	研究型	0	0	0	2	7	16	14	25
377	河北金融学院	保定市	1★	区域知名大学	应用型	0	0	12	5	8	11	0	0
377	河北中医药大学	石家庄市	3★	区域一流大学	应用型	0	0	5	11	4	4	0	0
377	中央司法警官学院	保定市	4★	中国高水平大学	研究型	0	0	1	0	2	2	7	1
387	河北科技师范学院	秦皇岛市	1★	区域知名大学	应用型	0	0	0	4	18	33	16	1
387	中国人民警察大学	廊坊市	4★	中国高水平大学	研究型	0	0	1	3	7	2	5	0
393	北华航天工业学院	廊坊市	1★	区域知名大学	应用型	0	0	9	8	12	10	7	1
393	防灾科技学院	廊坊市	1★	区域知名大学	应用型	0	0	6	4	9	9	6	0
407	河北建筑工程学院	张家口市	1★	区域知名大学	应用型	0	0	4	6	17	11	3	1

续表

全国排名	学校名称	所在城市	星级排名	办学层次	星级专业数/个								
					专业类型	8★	7★	6★	5★	4★	3★	2★	1★
407	河北体育学院	石家庄市	3★	区域一流大学	应用型	0	0	3	4	4	3	1	0
422	唐山师范学院	唐山市	1★	区域知名大学	应用型	0	0	4	10	13	12	17	2
453	保定学院	保定市	1★	区域知名大学	应用型	0	0	3	4	4	13	12	17
453	河北民族师范学院	承德市	1★	区域知名大学	应用型	0	0	3	4	11	6	12	14
453	廊坊师范学院	廊坊市	1★	区域知名大学	应用型	0	0	2	2	9	23	12	10
465	邯郸学院	邯郸市	1★	区域知名大学	应用型	0	0	3	6	6	14	14	17
472	石家庄学院	石家庄市	1★	区域知名大学	应用型	0	0	6	2	6	9	16	20
472	邢台学院	邢台市	1★	区域知名大学	应用型	0	0	3	4	8	9	17	6
484	沧州师范学院	沧州市	1★	区域知名大学	应用型	0	0	1	6	9	8	16	12
484	衡水学院	衡水市	1★	区域知名大学	应用型	0	0	1	6	9	14	15	12
484	唐山学院	唐山市	1★	区域知名大学	应用型	0	0	0	0	9	12	20	10
499	张家口学院	张家口市	1★	区域知名大学	应用型	0	0	1	3	3	7	7	14
518	河北环境工程学院	秦皇岛市	1★	区域知名大学	应用型	0	0	0	4	2	7	6	5
518	河北水利电力学院	沧州市	1★	区域知名大学	应用型	0	0	3	4	4	10	10	2

2. 河北省民办大学排名

表 4-8 2024 校友会河北省民办大学排名（含独立学院）

全国排名	学校名称	所在城市	星级排名	办学层次	星级专业数/个								
					专业类型	8★	7★	6★	5★	4★	3★	2★	1★
12	河北传媒学院	石家庄市	6★	中国顶尖应用型大学	应用型	0	0	4	5	10	12	10	6
19	北京中医药大学东方学院	廊坊市	5★	中国一流应用型大学	应用型	0	0	1	2	3	5	3	0
34	燕山大学里仁学院	秦皇岛市	4★	中国高水平应用型大学	应用型	0	0	1	11	8	15	3	0
36	华北理工大学轻工学院	唐山市	4★	中国高水平应用型大学	应用型	0	0	0	3	11	27	16	8
41	河北医科大学临床学院	石家庄市	4★	中国高水平应用型大学	应用型	0	0	0	0	2	3	2	0
42	沧州交通学院	沧州市	4★	中国高水平应用型大学	应用型	0	0	1	3	7	10	10	6
47	保定理工学院	保定市	4★	中国高水平应用型大学	应用型	0	0	0	0	10	10	11	4
53	河北工程技术学院	石家庄市	3★	区域一流应用型大学	应用型	0	0	0	0	0	9	4	23
55	河北科技学院	保定市	4★	中国高水平应用型大学	应用型	0	0	0	4	9	8	9	7
61	河北外国语学院	石家庄市	3★	区域一流应用型大学	应用型	0	0	0	2	7	9	12	21
61	燕京理工学院	廊坊市	4★	中国高水平应用型大学	应用型	0	0	0	2	12	12	17	20
74	河北美术学院	石家庄市	3★	区域一流应用型大学	应用型	0	0	2	2	7	11	5	5
79	河北东方学院	廊坊市	2★	区域高水平应用型大学	应用型	0	0	0	0	4	4	6	13
89	河北师范大学汇华学院	石家庄市	3★	区域一流应用型大学	应用型	0	0	0	1	4	11	28	8
93	河北工程大学科信学院	邯郸市	2★	区域高水平应用型大学	应用型	0	0	0	0	5	4	13	0
94	河北经贸大学经济管理学院	石家庄市	3★	区域一流应用型大学	应用型	0	0	0	0	2	19	10	1
96	河北地质大学华信学院	石家庄市	2★	区域高水平应用型大学	应用型	0	0	0	0	3	7	15	1
105	石家庄铁道大学四方学院	石家庄市	2★	区域高水平应用型大学	应用型	0	0	0	0	1	2	17	1
106	河北农业大学现代科技学院	保定市	2★	区域高水平应用型大学	应用型	0	0	0	0	5	17	13	4
114	华北理工大学冀唐学院	唐山市	2★	区域高水平应用型大学	应用型	0	0	0	0	1	4	3	0

3. 河北省高职院校排名

表 4-9 2024校友会河北省高职院校排名

全国排名	学校名称	所在城市	办学类型	星级排名	办学层次
19	唐山工业职业技术学院	唐山市	职业技能型	6★	中国顶尖高职院校
21	沧州医学高等专科学校	沧州市	职业技能型	5★	中国一流高职院校
33	石家庄医学高等专科学校	石家庄市	职业技能型	5★	中国一流高职院校
48	唐山职业技术学院	唐山市	职业技能型	4★	中国高水平高职院校
53	石家庄信息工程职业学院	石家庄市	职业技能型	4★	中国高水平高职院校
58	石家庄铁路职业技术学院	石家庄市	职业技能型	4★	中国高水平高职院校
65	河北交通职业技术学院	石家庄市	职业技能型	3★	区域一流高职院校
71	石家庄科技信息职业学院	石家庄市	职业技能型	4★	中国高水平高职院校
72	河北政法职业学院	石家庄市	职业技能型	4★	中国高水平高职院校
77	石家庄职业技术学院	石家庄市	职业技能型	3★	区域一流高职院校
86	邯郸职业技术学院	邯郸市	职业技能型	3★	区域一流高职院校
95	石家庄经济职业学院	石家庄市	职业技能型	3★	区域一流高职院校
99	河北对外经贸职业学院	秦皇岛市	职业技能型	3★	区域一流高职院校
104	沧州职业技术学院	沧州市	职业技能型	3★	区域一流高职院校
112	保定职业技术学院	保定市	职业技能型	3★	区域一流高职院校
112	邢台医学高等专科学校	邢台市	职业技能型	3★	区域一流高职院校
115	石家庄工商职业学院	石家庄市	职业技能型	3★	区域一流高职院校
122	河北女子职业技术学院	石家庄市	职业技能型	3★	区域一流高职院校
127	石家庄人民医学高等专科学校	石家庄市	职业技能型	3★	区域一流高职院校
136	石家庄财经职业学院	石家庄市	职业技能型	3★	区域一流高职院校
137	曹妃甸职业技术学院	唐山市	职业技能型	3★	区域一流高职院校
145	河北旅游职业学院	承德市	职业技能型	2★	区域高水平高职院校
216	河北软件职业技术学院	保定市	职业技能型	2★	区域高水平高职院校
228	张家口职业技术学院	张家口市	职业技能型	2★	区域高水平高职院校
237	沧州幼儿师范高等专科学校	沧州市	职业技能型	2★	区域高水平高职院校
242	承德护理职业学院	承德市	职业技能型	2★	区域高水平高职院校
247	衡水职业技术学院	衡水市	职业技能型	2★	区域高水平高职院校
252	冀中职业学院	保定市	职业技能型	2★	区域高水平高职院校
256	秦皇岛职业技术学院	秦皇岛市	职业技能型	2★	区域高水平高职院校
261	河北劳动关系职业学院	石家庄市	职业技能型	2★	区域高水平高职院校
266	河北化工医药职业技术学院	石家庄市	职业技能型	2★	区域高水平高职院校
275	石家庄理工职业学院	石家庄市	职业技能型	2★	区域高水平高职院校
282	石家庄工程职业学院	石家庄市	职业技能型	2★	区域高水平高职院校
293	石家庄邮电职业技术学院	石家庄市	职业技能型	2★	区域高水平高职院校
297	宣化科技职业学院	张家口市	职业技能型	1★	区域知名高职院校
300	河北正定师范高等专科学校	石家庄市	职业技能型	1★	区域知名高职院校
300	廊坊职业技术学院	廊坊市	职业技能型	1★	区域知名高职院校
322	河北机电职业技术学院	邢台市	职业技能型	1★	区域知名高职院校
328	河北能源职业技术学院	唐山市	职业技能型	1★	区域知名高职院校
331	河北建材职业技术学院	秦皇岛市	职业技能型	1★	区域知名高职院校
350	邯郸科技职业学院	邯郸市	职业技能型	1★	区域知名高职院校
367	河北轨道运输职业技术学院	石家庄市	职业技能型	1★	区域知名高职院校
371	渤海理工职业学院	沧州市	职业技能型	1★	区域知名高职院校

4. 河北省职业技术大学排名

表 4-10 2024 校友会河北省职业技术大学排名

全国排名	学校名称	所在城市	办学类型	星级排名	办学层次
3	河北科技工程职业技术大学	邢台市	职业技能型	6★	中国顶尖职业技术大学
9	河北工业职业技术大学	石家庄市	职业技能型	5★	中国一流职业技术大学
15	河北石油职业技术大学	承德市	职业技能型	4★	中国高水平职业技术大学

二、河北省大学专业排名详情

1. 燕山大学

（1）燕山大学综合实力排名

综合排名：2024 校友会中国大学排名第 62 名，全国理工类高校第 25 名，河北省高校第 1 名。

星级排名：中国五星级大学（5★），世界知名大学、中国一流大学。主管部门：河北省。

（2）燕山大学各本科专业排名（全国排名/档次）

1）世界知名高水平、中国顶尖专业（7★）

机械设计制造及其自动化：3/A++。

2）世界高水平、中国顶尖专业（6★）

材料成型及控制工程：2/A++；计算机科学与技术：18/A+；金属材料工程：2/A+；旅游管理：2/A++；自动化：11/A+。

3）中国一流专业（5★）

测控技术与仪器：15/A；车辆工程：9/A；电气工程及其自动化：15/A；电子科学与技术：10/A；电子商务：16/A；电子信息工程：8/A+；高分子材料与工程：15/A；工商管理：27/A；工业设计：10/A+；过程装备与控制工程：8/A；化学工程与工艺：24/A；会计学：33/A；软件工程：18/A；生物工程：12/A；土木工程：35/A；无机非金属材料工程：3/A+；应用化学：19/A；英语：19/A+。

4）中国高水平专业（4★）

材料物理：13/B++；产品设计：33/B++；法学：111/B++；工程力学：25/B++；公共事业管理：30/B++；国际经济与贸易：86/B++；汉语言文学：64/B++；环境工程：82/B++；建筑环境与能源应用工程：25/B++；建筑学：52/B++；能源与动力工程：54/B++；石油工程：9/B++；通信工程：69/B++；信息与计算科学：51/B++；行政管理：33/B++；应用物理学：22/B++。

5）中国区域一流专业（3★）

包装工程：19/B+；电子信息科学与技术：50/B+；俄语：55/B+；翻译：54/B+；工业工程：64/B+；光电信息科学与工程：84/B+；国际政治：29/B+；机器人工程：10/A；经济学：152/B+；能源化学工程：17/B+；日语：96/B+；生物医学工程：62/B+；统计学：96/B+；政治学与行政学：41/B+；智能科学与技术：17/B++。

6）中国区域高水平专业（2★）

德语：48/C；雕塑：29/C；法语：56/C；公共艺术：25/C；广播电视学：69/C；经济与金融：6/B+；社会体育指导与管理：64/C；舞蹈表演：35/C；音乐表演：62/B。

2. 河北大学

（1）河北大学综合实力排名

综合排名：2024 校友会中国大学排名第 78 名，全国综合类高校第 35 名，河北省高校第 2 名。

星级排名：中国四星级大学（4★），世界知名、中国高水平大学。主管部门：河北省。

（2）河北大学各本科专业排名（全国排名/档次）

1）世界知名高水平、中国顶尖专业（7★）

汉语言文学：7/A++。

2）世界高水平、中国顶尖专业（6★）

教育学：3/A+；历史学：17/A+；生物科学：7/A+；戏剧影视文学：7/A+；新闻学：9/A+。

3）中国一流专业（5★）

财政学：15/A；测控技术与仪器：15/A；法学：17/A+；古典文献学：2/A+；光电信息科学与工程：21/A；汉语国际教育：4/A+；化学：19/A；金融学：31/A；经济统计学：5/A；生物信息学：2/A+；世界史：6/A；通信工程：17/A；学前教育：7/A；应用心理学：7/A+；英语：42/A；哲学：15/A。

4）中国高水平专业（4★）

编辑出版学：7/B++；播音与主持艺术：4/A+；材料化学：19/B++；电气工程及其自动化：88/B++；电子科学与技术：39/B++；广告学：11/A；国际经济与贸易：43/B++；计算机科学与技术：206/B++；经济学：83/B++；临床医学：70/B++；日语：16/A；软件工程：103/B++；视觉传达设计：42/B++；数学与应用数学：56/B++；图书馆学：10/B++；土木工程：96/B++；卫生检验与检疫：7/B++；信息安全：31/B++；药学：61/B++；医学影像技术：5/A；应用物理学：43/B++；自动化：41/B++。

5）中国区域一流专业（3★）

保险学：33/B+；财务管理：84/B+；档案学：20/B+；俄语：55/B+；法语：35/B+；工商管理：207/B+；广播电视编导：42/B+；广播电视学：36/B+；环境工程：167/B+；环境设计：105/B+；会计学：208/B+；机械设计制造及其自动化：190/B+；建筑学：95/B+；旅游管理：114/B+；社会工作：87/B+；物理学：105/B+；信息管理与信息系统：138/B+；音乐学：86/B+。

6）中国区域高水平专业（2★）

安全工程：68/C；动画：76/C；护理学：109/D；化学生物学：14/C；环境科学：114/C；绘画：65/C；口腔医学：70/D；劳动与社会保障：55/B；葡萄牙语：14/C；人工智能：38/B++；人力资源管理：115/C；生物技术：162/D；书法学：23/B；数据科学与大数据技术：54/B++；舞蹈学：44/B；新能源材料与器件：26/B；药物制剂：46/D；预防医学：74/D；质量管理工程：8/D；智能建造：8/B；智能医学工程：13/B；中药学：58/D；中医学：44/D。

3. 河北工业大学

（1）河北工业大学综合实力排名

综合排名：2024 校友会中国大学排名第 114 名，全国理工类高校第 47 名，河北省高校第 3 名。

星级排名：中国四星级大学（4★），世界知名、中国高水平大学。“211 工程”大学。主管部门：河北省。

（2）河北工业大学各本科专业排名（全国排名/档次）

1）世界高水平、中国顶尖专业（6★）

电气工程及其自动化：6/A+。

2）中国一流专业（5★）

机械设计制造及其自动化：25/A；思想政治教育：22/A；通信工程：17/A；物联网工程：1/A++。

3）中国高水平专业（4★）

材料成型及控制工程：48/B++；测控技术与仪器：23/B++；车辆工程：25/B++；道路桥梁与渡河工程：6/B++；电子科学与技术：24/B++；电子信息工程：38/B++；高分子材料与工程：21/B++；工程管理：20/A；工商管理：36/B++；工业工程：28/B++；过程装备与控制工程：11/B++；海洋技术：5/A；化学工程与工艺：34/B++；环境工程：30/B++；环境设计：9/A+；机械电子工程：6/A+；建筑环境与能源应用工程：25/B++；建筑学：24/B++；金融学：93/B++；金属材料工程：13/B++；能源与动力工程：30/B++；软件工程：103/B++；生物工程：21/B++；生物医学工程：21/B++；土木工程：47/B++；无机非金属材料工程：13/B++；信息与计算科学：23/A；应用化学：35/B++；应用物理学：22/B++；英语：136/B++；制药工程：20/B++；自动化：41/B++。

4）中国区域一流专业（3★）

测绘工程：46/B+；城乡规划：58/B+；工程力学：56/B+；功能材料：10/B+；计算机科学与技术：285/B+；交通运输：37/B+；网络工程：25/B++；新能源科学与工程：27/B+；智能科学与技术：17/B++。

5）中国区域高水平专业（2★）

安全工程：68/C；材料物理：54/D；产品设计：100/C；法学：251/D；给排水科学与工程：66/C；工业设计：131/C；公共事业管理：124/B；环保设备工程：5/A；交通工程：56/C；人工智能：38/B++；日语：118/B；视觉传达设计：156/C；数据科学与大数据技术：54/B++；数学与应用数学：224/D；新能源材料与器件：32/B；艺术与科技：20/C；智能建造：8/B；智能医学工程：13/B；智能制造工程：16/B++。

6）中国区域知名专业（1★）

法语：90/D；海洋资源与环境：13/D；汉语国际教育：140/C；会计学：297/D；经济学：245/D；劳动与社会保障：79/C；应用统计学：65/C。

3. 河北医科大学

（1）河北医科大学综合实力排名

综合排名：2024 校友会中国大学排名第 114 名，全国医药类高校第 13 名，河北省高校第 3 名。

星级排名：中国四星级大学（4★），世界知名、中国高水平大学。主管部门：河北省。

（2）河北医科大学各本科专业排名（全国排名/档次）

1）世界高水平、中国顶尖专业（6★）

临床医学：19/A+；药学：11/A+；预防医学：9/A+。

2）中国一流专业（5★）

法医学：4/A；护理学：23/A；口腔医学：8/A；临床药学：4/A；麻醉学：5/A；医学检验技术：8/A；中西医临床医学：2/A+。

3）中国高水平专业（4★）

基础医学：9/B++；精神医学：7/B++；康复治疗学：8/A；卫生检验与检疫：1/A++；眼视光医学：2/A+；医学影像技术：4/A；医学影像学：10/B++；中药学：31/B++；助产学：2/A+。

4）中国区域一流专业（3★）

儿科学：12/B+；妇幼保健医学：1/A++；健康服务与管理：2/A+；生物制药：12/B++；食品卫生与营养学：3/A+；药物分析：4/A；药物化学：3/A+；药物制剂：8/B++；智能医学工程：6/B++。

5. 河北师范大学

（1）河北师范大学综合实力排名

综合排名：2024 校友会中国大学排名第 137 名，全国师范类高校第 19 名，河北省高校第 5 名。

星级排名：中国四星级大学（4★），世界知名、中国高水平大学。主管部门：河北省。

（2）河北师范大学各本科专业排名（全国排名/档次）

1）中国一流专业（5★）

生物科学：16/A；思想政治教育：22/A。

2）中国高水平专业（4★）

地理科学：17/B++；电子信息工程：38/B++；俄语：29/B++；法学：111/B++；翻译：7/A+；广播电视编导：24/B++；广告学：22/B++；国际经济与贸易：86/B++；汉语言：11/B++；汉语言文学：64/B++；化学：39/B++；环境科学：31/B++；会计学：112/B++；计算机科学与技术：60/B++；教育技术学：12/B++；教育学：20/B++；考古学：13/B++；历史学：34/B++；美术学：19/B++；生物技术：30/B++；视觉传达设计：42/B++；数学与应用数学：56/B++；体育教育：23/B++；舞蹈表演：13/B++；物理学：33/B++；心理学：22/B++；新闻学：30/B++；学前教育：

25/B++；音乐表演：18/B++；音乐学：18/B++；应用电子技术教育：2/A+；英语：57/B++；运动康复：8/B++；政治学与行政学：25/B++。

3）中国区域一流专业（3★）

地理信息科学：43/B+；动画：47/B+；光电信息科学与工程：72/B+；汉语国际教育：49/B+；机械工艺技术：2/A+；金融工程：40/B+；科学教育：5/A；空间科学与技术：8/B+；劳动与社会保障：31/B+；旅游管理与服务教育：1/A++；汽车维修工程教育：1/A++；人力资源管理：69/B+；人文地理与城乡规划：19/B+；商务英语：34/B+；世界史：12/B+；书法学：11/B++；网络工程：68/B+；小学教育：43/B+；行政管理：111/B+；应用心理学：50/B+；应用语言学：3/A+。

4）中国区域高水平专业（2★）

播音与主持艺术：63/C；电气工程及其自动化：217/D；电子商务：148/D；雕塑：36/D；公共事业管理：198/D；航空服务艺术与管理：3/A+；绘画：65/C；家政学：3/A+；旅游管理：168/D；马克思主义理论：19/C；葡萄牙语：14/C；人工智能：38/B++；日语：162/C；数据计算及应用：1/A++；数据科学与大数据技术：54/B++；数字媒体艺术：79/C；通信工程：219/D；外国语言与外国历史：3/A+；武术与民族传统体育：29/C；物流管理：139/D；西班牙语：34/C；信息安全：71/C；药学：118/D；运动训练：60/C；智能科学与技术：29/B+；中国画：23/D。

5）中国区域知名专业（1★）

机械工程：84/D；建筑环境与能源应用工程：117/D；软件工程：271/D；生态学：65/D；市场营销：311/D；物联网工程：194/D；应用统计学：91/D。

6. 石家庄铁道大学

（1）石家庄铁道大学综合实力排名

综合排名：2024 校友会中国大学排名第 169 名，全国理工类高校第 75 名，河北省高校第 6 名。

星级排名：中国三星级大学（3★），中国知名、区域一流大学。主管部门：河北省。

（2）石家庄铁道大学各本科专业排名（全国排名/档次）

1）世界高水平、中国顶尖专业（6★）

交通运输：7/A+。

2）中国一流专业（5★）

工程力学：11/A；土木工程：19/A。

3）中国高水平专业（4★）

车辆工程：44/B++；城市地下空间工程：8/B++；电气工程及其自动化：40/B++；工程管理：20/A；轨道交通信号与控制：4/A；机械设计制造及其自动化：54/B++；计算机科学与技术：60/B++；建筑学：52/B++；交通工程：13/B++；物流管理：46/B++。

4）中国区域一流专业（3★）

测控技术与仪器：103/B+；电子科学与技术：69/B+；工业设计：85/B+；会计学：186/B+；建筑环境与能源应用工程：63/B+；金融学：159/B+；金属材料工程：46/B+；市场营销：130/B+；网络工程：25/B++；无机非金属材料工程：34/B+；侦查学：10/B+；治安学：6/B+。

5）中国区域高水平专业（2★）

财务管理：135/C；测绘工程：58/D；电子商务：148/D；电子信息工程：236/D；法学：271/D；公共事业管理：124/B；国际经济与贸易：221/C；汉语言文学：200/D；环境设计：172/C；教育技术学：67/C；勘查技术与工程：28/D；视觉传达设计：156/C；数学与应用数学：245/D；通信工程：219/D；信息工程：38/C；信息管理与信息系统：207/C；应用物理学：112/C；英语：318/D；自动化：221/D。

6）中国区域知名专业（1★）

安全工程：83/D；功能材料：27/D；焊接技术与工程：24/D；机械电子工程：97/D；人工智能：123/C；软件工程：253/D；数字媒体技术：69/D；铁道工程：9/D；应急技术与管理：5/A。

7. 河北农业大学

（1）河北农业大学综合实力排名

综合排名：2024 校友会中国大学排名第 172 名，全国农林类高校第 21 名，河北省高校第 7 名。

星级排名：中国四星级大学（4★），世界知名、中国高水平大学。主管部门：河北省。

（2）河北农业大学各本科专业排名（全国排名/档次）

1）中国一流专业（5★）

农学：12/A；园艺：5/A。

2）中国高水平专业（4★）

车辆工程：25/B++；电气工程及其自动化：88/B++；电子信息工程：38/B++；动物科学：16/B++；动物医学：29/B++；化学：39/B++；会计学：112/B++；机械设计制造及其自动化：54/B++；计算机科学与技术：60/B++；林学：13/B++；农林经济管理：13/B++；农业电气化：3/A+；农业水利工程：9/B++；农业资源与环境：17/B++；森林保护：7/B++；生物技术：30/B++；生物科学：83/B++；食品科学与工程：28/B++；食品质量与安全：19/B++；土地资源管理：8/A；植物保护：13/B++；种子科学与工程：7/B++。

3）中国区域一流专业（3★）

城乡规划：51/B+；法学：161/B+；风景园林：35/B+；工程管理：93/B+；工商管理：180/B+；工业设计：68/B+；化学工程与工艺：120/B+；环境科学：82/B+；环境设计：86/B+；绘画：40/B+；金融学：143/B+；经济统计学：33/B+；经济学：122/B+；设施农业科学与工程：6/B++；生态学：29/B+；生物工程：93/B+；数据科学与大数据技术：20/A；数学与应用数学：168/B+；水产养殖学：27/B+；土木工程：137/B+；物联网工程：45/B+；英语：231/B+；园林：28/B+；制药工程：79/B+；中兽医学：1/A++。

4）中国区域高水平专业（2★）

包装工程：30/C；财务管理：135/C；草业科学：23/D；测控技术与仪器：126/D；电子信息科学与技术：75/B；动物药学：13/C；动植物检疫：11/C；给排水科学与工程：66/C；公共事业管理：124/B；国际经济与贸易：221/C；海洋科学：26/D；海洋渔业科学与技术：8/D；环境生态工程：20/B；机械工程：70/D；建筑学：130/D；经济林：2/A+；旅游管理：146/C；秘书学：16/B；木材科学与工程：17/D；酿酒工程：8/C；农村区域发展：16/C；农业工程：7/D；农业机械化及其自动化：40/D；农业建筑环境与能源工程：14/D；人工智能：38/B++；日语：118/B；乳品工程：5/A；生物信息学：25/C；市场营销：176/C；视觉传达设计：156/C；水利水电工程：53/D；土地整治工程：3/A+；网络工程：81/B；物流管理：109/C；信息与计算科学：164/C；药学：118/D；中药学：57/D。

5）中国区域知名专业（1★）

保险学：45/C；工业工程：131/D；海洋技术：19/D；机械电子工程：97/D；软件工程：253/D；统计学：177/D；舞蹈表演：56/D；音乐学：129/D；应用物理学：132/D。

8. 河北科技大学

（1）河北科技大学综合实力排名

综合排名：2024 校友会中国大学排名第 194 名，全国理工类高校第 88 名，河北省高校第 8 名。

星级排名：中国三星级大学（3★），中国知名、区域一流大学。主管部门：河北省。

（2）河北科技大学各本科专业排名（全国排名/档次）

1）中国一流专业（5★）

食品质量与安全：6/A+；制药工程：5/A+。

2）中国高水平专业（4★）

电子商务：17/A；翻译：23/B++；纺织工程：15/B++；服装与服饰设计：11/B++；化学工程与工艺：34/B++；环境工程：30/B++；机械设计制造及其自动化：131/B++；计算机科学与技术：206/B++；金属材料工程：13/B++；能源与动力工程：54/B++；食品科学与工程：72/B++；物流工程：12/B++；冶金工程：18/B++。

3）中国区域一流专业（3★）

测控技术与仪器：77/B+；产品设计：86/B+；法学：208/B+；飞行器设计与工程：18/B+；服装设计与工程：22/B+；工商管理：207/B+；过程装备与控制工程：48/B+；经济学：152/B+；轻化工程：29/B+；软件工程：150/B+；生物工程：93/B+；数学与应用数学：190/B+；通信工程：141/B+；网络工程：25/B++；药学：105/B+；应用化学：112/B+；英语：253/B+。

4）中国区域高水平专业（2★）

财务管理：135/C；车辆工程：97/C；电气工程及其自动化：217/D；电子科学与技术：98/D；电子信息工程：236/D；动画：92/C；法语：64/C；高分子材料与工程：108/D；工程管理：144/D；工业工程：93/C；国际经济与贸易：266/D；汉语国际教育：121/C；汉语言文学：200/D；焊接技术与工程：19/C；环境科学：132/D；环境设计：172/C；建筑环境与能源应用工程：84/C；交通工程：56/C；金融工程：67/C；录音艺术：18/D；美术学：99/C；能源化学工程：31/C；社会工作：112/C；生物技术：176/D；生物科学：147/D；市场营销：176/C；土木工程：208/D；物联网工程：104/B；戏剧影视导演：15/D；戏剧影视美术设计：20/C；新闻学：125/D；信息管理与信息系统：207/C；信息与计算科学：164/C；药物制剂：46/D；应用物理学：112/C；自动化：207/D。

5）中国区域知名专业（1★）

安全工程：83/D；材料成型及控制工程：118/D；大数据管理与应用：48/C；给排水科学与工程：79/D；公共艺术：36/D；绘画：101/D；机械电子工程：97/D；金融学：204/D；商务英语：89/D；视觉传达设计：202/D；网络与新媒体：66/D；新能源材料与器件：54/C；应急管理：8/C；影视摄影与制作：23/D。

9. 河北经贸大学

（1）河北经贸大学综合实力排名

综合排名：2024 校友会中国大学排名第 206 名，全国财经类高校第 17 名，河北省高校第 9 名。

星级排名：中国三星级大学（3★），中国知名、区域一流大学。主管部门：河北省。

（2）河北经贸大学各本科专业排名（全国排名/档次）

1）中国一流专业（5★）

汉语国际教育：4/A+。

2）中国高水平专业（4★）

保险学：15/B++；财政学：21/B++；法学：49/B++；工商管理：36/B++；国际经济与贸易：86/B++；会计学：43/B++；金融学：39/B++；旅游管理：22/A；贸易经济：4/A；投资学：9/B++；网络工程：15/A；物流管理：46/B++；新闻学：30/B++。

3）中国区域一流专业（3★）

财务管理：100/B+；电子商务：101/B+；工程管理：82/B+；汉语言文学：176/B+；会展经济与管理：10/B++；绘画：52/B+；计算机科学与技术：285/B+；金融工程：46/B+；经济学：122/B+；酒店管理：16/B+；劳动与社会保障：37/B+；人力资源管理：69/B+；软件工程：183/B+；商务英语：34/B+；审计学：25/B+；生物工程：93/B+；食品科学与工程：114/B+；市场营销：130/B+；视觉传达设计：116/B+；数据科学与大数据技术：20/A；数学与应用数学：190/B+；税收学：23/B+；统计学：84/B+；图书馆学：14/B+；土地资源管理：33/B+；舞蹈表演：24/B+；信息管理与信息系统：138/B+；行政管理：111/B+；英语：253/B+；资产评估：8/B+。

4）中国区域高水平专业（2★）

电子信息工程：236/D；动画：92/C；公共事业管理：124/B；广播电视学：77/D；日语：162/C；信息与计算科学：231/D；艺术设计学：104/D。

5）中国区域知名专业（1★）

编辑出版学：31/D；产品设计：166/D；朝鲜语：54/D；大数据管理与应用：48/C；房地产开发与管理：24/D；广告学：113/C；罗马尼亚语：7/D；农村区域发展：20/D；人工智能：123/C；文化产业管理：50/C；音乐表演：83/C。

10. 河北工程大学

（1）河北工程大学综合实力排名

综合排名：2024 校友会中国大学排名第 265 名，全国理工类高校第 119 名，河北省高校第 10 名。

星级排名：中国二星级大学（2★），中国区域高水平大学。主管部门：河北省。

（2）河北工程大学各本科专业排名（全国排名/档次）

1）中国一流专业（5★）

水利水电工程：10/A；资源勘查工程：16/A。

2）中国高水平专业（4★）

采矿工程：19/B++；电子信息工程：89/B++；给排水科学与工程：15/B++；工程管理：55/B++；机械设计制造及其自动化：131/B++；计算机科学与技术：60/B++；建筑学：24/B++；经济学：83/B++；勘查技术与工程：9/B++；水文与水资源工程：13/B++；土木工程：96/B++；应用统计学：15/B++。

3）中国区域一流专业（3★）

测绘工程：46/B+；法学：161/B+；工商管理：180/B+；建筑环境与能源应用工程：63/B+；临床医学：90/B+；能源与动力工程：98/B+；数据科学与大数据技术：20/A；水务工程：5/A；通信工程：141/B+；无机非金属材料工程：43/B+；新能源科学与工程：27/B+；园艺：41/B+；中医学：39/B+。

4）中国区域高水平专业（2★）

城乡规划：78/C；道路桥梁与渡河工程：22/C；电气工程及其自动化：217/D；动物医学：52/D；工程力学：71/D；工业设计：131/C；国际经济与贸易：266/D；汉语言文学：200/D；交通工程：56/C；金属材料工程：58/D；农学：46/D；农业水利工程：31/D；汽车服务工程：31/D；食品科学与工程：146/D；食品质量与安全：91/C；市场营销：241/D；信息与计算科学：231/D；休闲体育：17/C；冶金工程：29/D；艺术设计学：104/D；园林：59/C。

5）中国区域知名专业（1★）

安全工程：83/D；材料成型及控制工程：118/D；测控技术与仪器：164/D；车辆工程：109/D；城市地下空间工程：44/D；地理信息科学：119/D；地质工程：42/D；动物科学：58/D；风景园林：75/D；复合材料与工程：21/D；光电信息科学与工程：141/D；过程装备与控制工程：77/D；汉语国际教育：140/C；焊接技术与工程：24/D；护理学：118/D；化学工程与工艺：184/D；环境工程：238/D；会计学：297/D；机器人工程：71/C；机械电子工程：97/D；机械工程：80/D；金融工程：104/D；康复治疗学：66/D；矿物资源工程：9/D；软件工程：253/D；设施农业科学与工程：26/D；思想政治教育：160/D；文物与博物馆学：25/C；物联网工程：161/D；信息管理与信息系统：278/D；遥感科学与技术：29/D；医学检验技术：73/D；应用化学：213/D；应用物理学：151/D；英语：398/D；运动训练：85/D；自动化：231/D；自然地理与资源环境：65/D。

11. 华北理工大学

（1）华北理工大学综合实力排名

综合排名：2024 校友会中国大学排名第 269 名，全国理工类高校第 121 名，河北省高校第 11 名。

星级排名：中国二星级大学（2★），中国区域高水平大学。主管部门：河北省。

（2）华北理工大学各本科专业排名（全国排名/档次）

1）中国高水平专业（4★）

安全工程：18/B++；采矿工程：19/B++；测绘工程：31/B++；电子信息工程：38/B++；汉语国际教育：18/A；护理学：29/B++；化学工程与工艺：84/B++；机械设计制造及其自动化：54/B++；计算机科学与技术：206/B++；金属材料工程：13/B++；康复治疗学：8/A；口腔医学：34/B++；临床医学：70/B++；视觉传达设计：42/B++；土木工程：96/B++；无机非金属材料工程：13/B++；物流工程：12/B++；信息与计算科学：23/A；药学：61/B++；冶金工程：14/B++；应用心理学：28/B++；英语：57/B++；预防医学：23/B++；自动化：112/B++。

2）中国区域一流专业（3★）

材料成型及控制工程：80/B+；测控技术与仪器：77/B+；高分子材料与工程：65/B+；能源与动力工程：98/B+；数学与应用数学：168/B+；医学实验技术：12/B+；中医学：32/B+。

3）中国区域高水平专业（2★）

产品设计：100/C；车辆工程：97/C；地理信息科学：94/D；电气工程及其自动化：217/D；电子科学与技术：98/D；电子信息科学与技术：87/C；动画：92/C；法学：271/D；翻译：80/C；工程管理：144/D；工商管理：245/D；工业工程：93/C；公共事业管理：124/B；国际经济与贸易：266/D；海洋技术：16/D；化学：149/D；环境工程：212/D；环境科学：132/D；环境设计：172/C；会计学：270/D；机械工程：70/D；建筑环境与能源应用工程：84/C；建筑学：120/D；交通工程：56/C；交通运输：59/C；经济统计学：59/D；矿物加工工程：28/D；日语：162/C；生物技术：176/D；石油工程：18/D；通信工程：202/D；网络工程：81/B；信息管理与信息系统：207/C；医学影像学：49/D；应用统计学：48/B；应用物理学：112/C；针灸推拿学：36/D；智能科学与技术：29/B+；中西医临床医学：34/D；中药学：58/D；资源勘查工程：35/D。

4）中国区域知名专业（1★）

包装工程：50/D；城乡规划：103/D；地质工程：42/D；复合材料与工程：17/C；给排水科学与工程：79/D；

工业设计：181/D；过程装备与控制工程：77/D；绘画：89/D；精神医学：18/C；劳动与社会保障：79/C；麻醉学：33/D；能源化学工程：37/D；社会工作：170/D；生物信息学：33/D；数据科学与大数据技术：152/C；卫生检验与检疫：26/D；新能源科学与工程：71/D；匈牙利语：8/D；医疗保险：3/A+；医学检验技术：73/D；应用化学：213/D；智能医学工程：27/D；助产学：13/B。

12. 河北北方学院

（1）河北北方学院综合实力排名

综合排名：2024 校友会中国大学排名第 306 名，全国综合类高校第 91 名，河北省高校第 12 名。

星级排名：中国一星级大学（1★），中国区域知名大学。主管部门：河北省。

（2）河北北方学院各本科专业排名（全国排名/档次）

1）中国顶尖应用型专业（6★）

环境设计：19/A+；口腔医学：2/A+；人力资源管理：1/A++；信息管理与信息系统：1/A++；学前教育：25/A+；药学：1/A++；医学检验技术：8/A+。

2）中国一流应用型专业（5★）

动物医学：4/A；农学：5/A；思想政治教育：20/A；卫生检验与检疫：1/A++；戏剧影视文学：3/A+；新能源科学与工程：6/A；信息工程：2/A+；药物制剂：1/A++；医学信息工程：1/A++；医学影像学：2/A+；园艺：8/A；针灸推拿学：2/A+；植物保护：1/A++；中医学：2/A+；种子科学与工程：3/A+。

3）中国高水平应用型专业（4★）

动物科学：7/B++；动物药学：2/A+；俄语：15/B++；法医学：3/A+；汉语言文学：118/B++；护理学：59/B++；化学：48/B++；计算机科学与技术：168/B++；康复治疗学：17/B++；历史学：32/B++；临床医学：37/B++；美术学：38/B++；日语：36/B++；商务英语：38/B++；生物信息学：1/A++；市场营销：85/B++；舞蹈表演：8/A；舞蹈学：11/A；物理学：39/B++；应用化学：45/B++；英语：129/B++；预防医学：11/B++；制药工程：25/B++；中西医临床医学：4/A。

4）中国区域一流应用型专业（3★）

财务管理：137/B+；草业科学：1/A++；电子信息科学与技术：53/B+；汉语国际教育：79/B+；酒店管理：47/B+；农林经济管理：5/A；社会体育指导与管理：34/B+；视觉传达设计：140/B+；数据科学与大数据技术：60/B++；数学与应用数学：109/B+；数字媒体艺术：63/B+；体育教育：85/B+；统计学：20/B++；信息与计算科学：53/B+；智能科学与技术：17/B++；中药学：28/B+。

5）中国区域高水平应用型专业（2★）

冰雪运动：5/A；经济与金融：27/B；麻醉学：16/C；秘书学：35/B；食品质量与安全：57/B；应用心理学：75/C。

13. 华北科技学院

（1）华北科技学院综合实力排名

综合排名：2024 校友会中国大学排名第 328 名，全国理工类高校第 153 名，河北省高校第 13 名。

星级排名：中国二星级大学（2★），中国区域高水平大学。主管部门：国应急管理部。

（2）华北科技学院各本科专业排名（全国排名/档次）

1）中国顶尖应用型专业（6★）

安全工程：1/A++；采矿工程：1/A++；测绘工程：1/A++；地质工程：1/A++；工商管理：5/A+；化学工程与工艺：13/A+；矿物加工工程：1/A++；网络工程：1/A++；物联网工程：1/A++；英语：47/A+；自动化：1/A++。

2）中国一流应用型专业（5★）

材料成型及控制工程：16/A；材料科学与工程：16/A；产品设计：12/A+；电气工程及其自动化：48/A；电子商务：37/A；电子信息工程：66/A；国际经济与贸易：62/A；环境工程：18/A；会计学：63/A；机械设计制造及其自动化：68/A；建筑电气与智能化：2/A+；建筑环境与能源应用工程：8/A；市场营销：38/A；通信工程：43/A；土木工程：49/A；信息与计算科学：8/A。

3）中国高水平应用型专业（4★）

防灾减灾科学与工程：1/A++；房地产开发与管理：7/B++；汉语国际教育：36/B++；计算机科学与技术：168/B++；秘书学：5/A+；软件工程：95/B++；数据科学与大数据技术：23/A；网络空间安全：4/A；网络与新媒体：32/B++；信息工程：8/B++；应急管理：2/A+；应用化学：45/B++；应用统计学：6/A。

4）中国区域一流应用型专业（3★）

地理信息科学：25/B+；工程管理：96/B+；公共事业管理：37/B+；汉语言文学：180/B+；环境设计：113/B+；机械电子工程：74/B+；信息管理与信息系统：71/B+；应急技术与管理：2/A+；职业卫生工程：1/A++。

5）中国区域高水平应用型专业（2★）

城市地下空间工程：23/D；法学：138/C；化工安全工程：2/A+；环境科学：32/D；日语：119/C；社会体育指导与管理：61/B；新闻学：81/C。

14. 承德医学院

（1）承德医学院综合实力排名

综合排名：2024 校友会中国大学排名第 339 名，全国医药类高校第 57 名，河北省高校第 14 名。

星级排名：中国一星级大学（1★），中国区域知名大学。主管部门：河北省。

（2）承德医学院各本科专业排名（全国排名/档次）

1）中国顶尖应用型专业（6★）

护理学：15/A+；康复治疗学：1/A++；临床医学：3/A+。

2）中国一流应用型专业（5★）

生物医学工程：5/A；医学影像学：2/A+；应用心理

学：7/A+；针灸推拿学：2/A+；中医学：2/A+。

3）中国高水平应用型专业（4★）

麻醉学：10/B++；中西医临床医学：4/A；中药学：12/B++。

4）中国区域一流应用型专业（3★）

生物信息学：2/A+；药学：38/B+。

5）中国区域高水平应用型专业（2★）

口腔医学：30/D；医学检验技术：58/D；助产学：28/C。

6）中国区域知名应用型专业（1★）

医学信息工程：16/D；应用生物科学：7/C。

15. 河北地质大学

（1）河北地质大学综合实力排名

综合排名：2024校友会中国大学排名第351名，全国理工类高校第166名，河北省高校第15名。

星级排名：中国三星级大学（3★），中国知名、区域一流大学。主管部门：河北省。

（2）河北地质大学各本科专业排名（全国排名/档次）

1）中国一流专业（5★）

地质学：8/A；资源勘查工程：16/A。

2）中国高水平专业（4★）

地下水科学与工程：3/A+；工程管理：55/B++；工商管理：100/B++；会计学：43/B++；计算机科学与技术：60/B++；旅游管理：22/A；土地资源管理：8/A。

3）中国区域一流专业（3★）

宝石及材料工艺学：5/A；测绘工程：46/B+；地理信息科学：43/B+；地质工程：30/B+；电子商务：82/B+；法学：161/B+；环境工程：167/B+；经济统计学：33/B+；经济学：122/B+；勘查技术与工程：19/B+；软件工程：150/B+；市场营销：110/B+；视觉传达设计：116/B+；水文与水资源工程：21/B+；土木工程：137/B+；信息与计算科学：86/B+。

4）中国区域高水平专业（2★）

财务管理：175/D；采购管理：2/A+；产品设计：131/D；地球物理学：20/D；广播电视编导：75/D；国际经济与贸易：221/C；捷克语：5/A；矿物加工工程：28/D；人力资源管理：148/C；数学与应用数学：245/D；网络工程：81/B；物流管理：139/D；英语：358/D；影视摄影与制作：15/C。

5）中国区域知名专业（1★）

播音与主持艺术：89/D；材料科学与工程：150/D；城市地下空间工程：44/D；城乡规划：103/D；电子信息工程：271/D；法语：97/D；古生物学：3/A+；光电信息科学与工程：141/D；广告学：113/C；海洋资源与环境：13/D；汉语国际教育：190/D；环境设计：215/D；金融学：204/D；劳动与社会保障：79/C；旅游地学与规划工程：1/A++；审计学：40/D；书法学：51/D；数据科学与大数据技术：152/C；通信工程：239/D；统计学：177/D；土地整治工程：9/C；信息安全：88/D；信息管理与信息系统：278/D；行政管理：195/D；遥感科学与技术：29/D。

16. 河北金融学院

（1）河北金融学院综合实力排名

综合排名：2024校友会中国大学排名第377名，全国财经类高校第38名，河北省高校第16名。

星级排名：中国一星级大学（1★），中国区域知名大学。主管部门：河北省。

（2）河北金融学院各本科专业排名（全国排名/档次）

1）中国顶尖应用型专业（6★）

保险学：1/A++；法学：13/A+；工商管理：5/A+；会计学：23/A+；金融工程：2/A++；金融学：2/A++；经济统计学：1/A++；经济学：1/A++；商务英语：1/A++；税收学：1/A++；统计学：1/A++；信息管理与信息系统：1/A++。

2）中国一流应用型专业（5★）

财政学：5/A；国际经济与贸易：62/A；计算机科学与技术：101/A；金融数学：1/A++；市场营销：38/A。

3）中国高水平应用型专业（4★）

电子商务：66/B++；精算学：1/A++；区块链工程：2/A+；审计学：20/B++；数据科学与大数据技术：23/A；信息与计算科学：26/B++；应用统计学：6/A；知识产权：6/B++。

4）中国区域一流应用型专业（3★）

财务管理：137/B+；互联网金融：14/B+；人工智能：36/B+；人力资源管理：75/B+；数字经济：6/B+；投资学：24/B+；文化产业管理：22/B+；物流管理：127/B+；信息安全：8/B+；信用管理：6/B+；英语：198/B+。

16. 河北中医药大学

（1）河北中医药大学综合实力排名

综合排名：2024校友会中国大学排名第377名，全国医药类高校第64名，河北省高校第16名。

星级排名：中国三星级大学（3★），中国知名、区域一流大学。主管部门：河北省。

（2）河北中医药大学各本科专业排名（全国排名/档次）

1）中国顶尖应用型专业（6★）

护理学：1/A++；针灸推拿学：1/A++；中西医临床医学：1/A++；中药学：1/A++；中医学：1/A++。

2）中国一流应用型专业（5★）

康复治疗学：8/A；口腔医学技术：2/A+；药学：16/A；医学检验技术：10/A；医学影像技术：6/A；中草药栽培与鉴定：1/A++；中药制药：1/A++；中药资源与开发：1/A++；中医儿科学：1/A++；中医养生学：1/A++；助产学：3/A+。

3）中国高水平应用型专业（4★）

健康服务与管理：7/A；卫生检验与检疫：3/A+；应用心理学：20/B++；制药工程：25/B++。

4）中国区域一流应用型专业（3★）

公共事业管理：37/B+；汉语国际教育：79/B+；生物工

程：53/B+；市场营销：144/B+。

16. 中央司法警官学院

（1）中央司法警官学院综合实力排名

综合排名：2024 校友会中国大学排名第 377 名，全国政法类高校第 10 名，河北省高校第 16 名。

星级排名：中国四星级大学（4★），世界知名、中国高水平大学。主管部门：司法部。

（2）中央司法警官学院各本科专业排名（全国排名/档次）

1）世界高水平、中国顶尖专业（6★）

监狱学：1/A++。

2）中国高水平专业（4★）

行政管理：66/B++；侦查学：6/B++。

3）中国区域一流专业（3★）

法学：208/B+；社会学：56/B+。

4）中国区域高水平专业（2★）

汉语言文学：235/D；禁毒学：3/A+；社区矫正：2/A+；数据警务技术：2/A+；司法警察学：1/A++；信息安全：71/C；信息管理与信息系统：207/C。

5）中国区域知名专业（1★）

管理科学：40/D。

19. 河北科技师范学院

（1）河北科技师范学院综合实力排名

综合排名：2024 校友会中国大学排名第 387 名，全国师范类高校第 75 名，河北省高校第 19 名。

星级排名：中国一星级大学（1★），中国区域知名大学。主管部门：河北省。

（2）河北科技师范学院各本科专业排名（全国排名/档次）

1）中国一流应用型专业（5★）

动物科学：4/A；教育技术学：5/A；土木工程：49/A；园林：9/A。

2）中国高水平应用型专业（4★）

财务会计教育：3/A+；城乡规划：21/B++；电气工程及其自动化：91/B++；电子信息工程：116/B++；动物医学：8/B++；风景园林：12/B++；美术学：38/B++；酿酒工程：4/A；农业机械化及其自动化：2/A+；设施农业科学与工程：5/A；食品科学与工程：37/B++；食品质量与安全：8/A；视觉传达设计：72/B++；物流管理：56/B++；小学教育：75/B++；园艺：16/B++；运动康复：6/B++；植物科学与技术：1/A++。

3）中国区域一流应用型专业（3★）

保险学：20/B+；电子商务：109/B+；工程造价：58/B+；国际经济与贸易：179/B+；海洋资源与环境：2/A+；汉语国际教育：79/B+；汉语言文学：180/B+；化学：73/B+；环境设计：113/B+；机械设计制造及其自动化：207/B+；计算机科学与技术：253/B+；科学教育：16/B+；旅游管理：129/B+；农村区域发展：3/A+；农学：16/B+；人力资源管理：75/B+；社会工作：31/B+；生物技术：41/B+；生物科学：54/B+；市场营销：144/B+；数学与应用数学：109/B+；水产养殖学：6/B+；体育教育：85/B+；微电子科学与工程：15/B+；舞蹈表演：25/B+；物联网工程：139/B+；信息管理与信息系统：71/B+；意大利语：5/A；音乐学：87/B+；应用化学：65/B+；应用统计学：18/B++；英语：198/B+；植物保护：3/A+。

4）中国区域高水平应用型专业（2★）

材料物理：11/C；财务管理：251/C；法学：138/C；工程管理：142/C；化学工程与工艺：121/D；秘书学：35/B；农业资源与环境：7/C；生物工程：68/C；数字媒体技术：100/C；水族科学与技术：2/A+；物理学：99/C；西班牙语：23/C；学前教育：173/C；应用心理学：75/C；知识产权：20/B；自动化：176/D。

5）中国区域知名应用型专业（1★）

休闲体育：45/C。

19. 中国人民警察大学

（1）中国人民警察大学综合实力排名

综合排名：2024 校友会中国大学排名第 387 名，全国政法类高校第 11 名，河北省高校第 19 名。

星级排名：中国四星级大学（4★），世界知名、中国高水平大学。主管部门：公安部。

（2）中国人民警察大学各本科专业排名（全国排名/档次）

1）世界高水平、中国顶尖专业（6★）

消防工程：1/A++。

2）中国一流专业（5★）

边防管理：1/A++；火灾勘查：1/A++；警务指挥与战术：1/A++。

3）中国高水平专业（4★）

公安政治工作：1/A++；核生化消防：1/A++；警卫学：1/A++；抢险救援指挥与技术：1/A++；网络安全与执法：3/A+；消防指挥：1/A++；刑事科学技术：6/B++。

4）中国区域一流专业（3★）

电子信息工程：178/B+；数据警务技术：1/A++。

5）中国区域高水平专业（2★）

出入境管理：1/A++；公安情报学：3/A+；海外安全管理：1/A++；涉外警务：3/A+；移民管理：1/A++。

21. 北华航天工业学院

（1）北华航天工业学院综合实力排名

综合排名：2024 校友会中国大学排名第 393 名，全国理工类高校第 181 名，河北省高校第 21 名。

星级排名：中国一星级大学（1★），中国区域知名大学。主管部门：河北省。

（2）北华航天工业学院各本科专业排名（全国排名/档次）

1）中国顶尖应用型专业（6★）

材料成型及控制工程：1/A++；电子信息工程：1/A++；

飞行器制造工程：2/A+；工业设计：1/A++；会计学：23/A+；机械设计制造及其自动化：2/A++；计算机科学与技术：63/A+；物流管理：1/A++；自动化：25/A+。

2）中国一流应用型专业（5★）

测控技术与仪器：7/A；车辆工程：19/A；飞行器设计与工程：1/A++；机械电子工程：23/A；金属材料工程：4/A；空间信息与数字技术：1/A++；通信工程：43/A；网络工程：16/A。

3）中国高水平应用型专业（4★）

产品设计：43/B++；导航工程：2/A+；道路桥梁与渡河工程：10/B++；电气工程与智能控制：6/B++；复合材料与工程：3/A+；国际经济与贸易：109/B++；航空服务艺术与管理：2/A+；建筑环境与能源应用工程：17/B++；软件工程：95/B++；微电子科学与工程：9/B++；无人驾驶航空器系统工程：2/A+；物联网工程：62/B++。

4）中国区域一流应用型专业（3★）

电子商务：109/B+；工程造价：58/B+；功能材料：7/B+；焊接技术与工程：12/B+；环境设计：113/B+；经济学：52/B+；人力资源管理：75/B+；数据科学与大数据技术：60/B++；遥感科学与技术：3/A+；英语：198/B+。

5）中国区域高水平应用型专业（2★）

表演：48/C；财务管理：251/C；光电信息科学与工程：58/D；秘书学：35/B；人工智能：59/B；社会工作：62/C；智能制造工程：34/B。

6）中国区域知名应用型专业（1★）

应用统计学：59/C。

21. 防灾科技学院

（1）防灾科技学院综合实力排名

综合排名：2024校友会中国大学排名第393名，全国理工类高校第181名，河北省高校第21名。

星级排名：中国一星级大学（1★），中国区域知名大学。主管部门：中国地震局。

（2）防灾科技学院各本科专业排名（全国排名/档次）

1）中国顶尖应用型专业（6★）

测控技术与仪器：1/A++；地球物理学：1/A++；地质工程：1/A++；地质学：1/A++；勘查技术与工程：1/A++；网络工程：1/A++。

2）中国一流应用型专业（5★）

电气工程及其自动化：48/A；公共事业管理：7/A+；土木工程：49/A；应急管理：1/A++。

3）中国高水平应用型专业（4★）

测绘工程：18/B++；城市地下空间工程：4/A；地下水科学与工程：1/A++；防灾减灾科学与工程：1/A++；会计学：105/B++；水利水电工程：11/B++；信息管理与信息系统：35/B++；应急技术与管理：1/A++；资源勘查工程：3/A+。

4）中国区域一流应用型专业（3★）

地理科学：28/B+；工程管理：96/B+；工商管理：106/B+；金融学：79/B+；数据科学与大数据技术：60/B++；通信工程：130/B+；投资学：24/B+；物联网工程：139/B+；应用心理学：47/B+。

5）中国区域高水平应用型专业（2★）

广告学：74/B；汉语言文学：253/C；环境工程：86/C；计算机科学与技术：379/D；网络与新媒体：100/B；英语：318/C。

23. 河北建筑工程学院

（1）河北建筑工程学院综合实力排名

综合排名：2024校友会中国大学排名第407名，全国理工类高校第188名，河北省高校第23名。

星级排名：中国一星级大学（1★），中国区域知名大学。主管部门：河北省。

（2）河北建筑工程学院各本科专业排名（全国排名/档次）

1）中国顶尖应用型专业（6★）

环境工程：10/A+；建筑环境与能源应用工程：1/A++；建筑学：1/A++；土木工程：2/A++。

2）中国一流应用型专业（5★）

风景园林：5/A+；工业设计：6/A+；建筑电气与智能化：2/A+；勘查技术与工程：4/A；物联网工程：19/A；信息资源管理：1/A++。

3）中国高水平应用型专业（4★）

安全工程：14/B++；材料科学与工程：23/B++；城市管理：4/A；道路桥梁与渡河工程：10/B++；电气工程及其自动化：91/B++；电子信息工程：116/B++；房地产开发与管理：7/B++；给排水科学与工程：16/B++；工程管理：59/B++；焊接技术与工程：9/B++；机械电子工程：42/B++；机械设计制造及其自动化：128/B++；计算机科学与技术：168/B++；能源与动力工程：19/B++；人文地理与城乡规划：16/B++；新能源科学与工程：12/B++；信息与计算科学：26/B++。

4）中国区域一流应用型专业（3★）

材料成型及控制工程：49/B+；测控技术与仪器：34/B+；车辆工程：56/B+；城乡规划：38/B+；储能科学与工程：3/A+；工程造价：58/B+；环境设计：113/B+；理论与应用力学：2/A+；消防工程：7/B+；信息管理与信息系统：71/B+；英语：198/B+。

5）中国区域高水平应用型专业（2★）

财务管理：251/C；网络工程：137/C；应用统计学：34/B。

6）中国区域知名应用型专业（1★）

德语：38/D。

23. 河北体育学院

（1）河北体育学院综合实力排名

综合排名：2024校友会中国大学排名第407名，全国体育类高校第12名，河北省高校第23名。

星级排名：中国三星级大学（3★），中国知名、区域一

流大学。主管部门：河北省。

（2）河北体育学院各本科专业排名（全国排名/档次）

1）中国顶尖应用型专业（6★）

社会体育指导与管理：4/A+；武术与民族传统体育：1/A++；运动训练：1/A++。

2）中国一流应用型专业（5★）

冰雪运动：1/A++；体育教育：19/A；运动康复：1/A++；运动人体科学：1/A++。

3）中国高水平应用型专业（4★）

播音与主持艺术：31/B++；体能训练：1/A++；体育经济与管理：5/A；舞蹈表演：8/A。

4）中国区域一流应用型专业（3★）

休闲体育：19/B+；学前教育：130/B+；英语：198/B+。

5）中国区域高水平应用型专业（2★）

物业管理：20/C。

25. 唐山师范学院

（1）唐山师范学院综合实力排名

综合排名：2024 校友会中国大学排名第 422 名，全国师范类高校第 86 名，河北省高校第 25 名。

星级排名：中国一星级大学（1★），中国区域知名大学。主管部门：河北省。

（2）唐山师范学院各本科专业排名（全国排名/档次）

1）中国顶尖应用型专业（6★）

汉语言文学：1/A++；教育学：1/A++；应用化学：4/A+；园艺：1/A++。

2）中国一流应用型专业（5★）

材料化学：7/A；化学：23/A；教育技术学：5/A；旅游管理：42/A；人文地理与城乡规划：8/A；生物技术：7/A；数学与应用数学：38/A；思想政治教育：20/A；物理学：17/A；物业管理：1/A++。

3）中国高水平应用型专业（4★）

环境设计：73/B++；计算机科学与技术：168/B++；历史学：32/B++；商务英语：38/B++；生物科学：41/B++；特殊教育：14/B++；体育教育：56/B++；舞蹈学：11/A；物流管理：56/B++；小学教育：75/B++；学前教育：95/B++；音乐学：54/B++；英语：129/B++。

4）中国区域一流应用型专业（3★）

德语：15/B+；地理科学：28/B+；广播电视学：40/B+；秘书学：10/B++；能源化学工程：6/B+；视觉传达设计：140/B+；数字媒体艺术：63/B+；网络工程：82/B+；文化产业管理：22/B+；物联网工程：139/B+；信息与计算科学：53/B+；应用心理学：47/B+。

5）中国区域高水平应用型专业（2★）

保险学：35/C；车辆工程：88/C；地理信息科学：42/C；电子商务：159/B；电子信息科学与技术：71/C；法学：138/C；汉语国际教育：110/C；美术学：124/C；日语：119/C；社会工作：62/C；社会体育指导与管理：61/B；数字媒体技术：100/C；统计学：53/B；舞蹈表演：43/B；信息管理与信息系统：119/C；应用物理学：17/C；资产评估：35/C。

6）中国区域知名应用型专业（1★）

酒店管理：124/C；政治学与行政学：16/D。

26. 保定学院

（1）保定学院综合实力排名

综合排名：2024 校友会中国大学排名第 453 名，全国师范类高校第 103 名，河北省高校第 26 名。

星级排名：中国一星级大学（1★），中国区域知名大学。主管部门：河北省。

（2）保定学院各本科专业排名（全国排名/档次）

1）中国顶尖应用型专业（6★）

化学：13/A+；美术学：1/A++；小学教育：21/A+。

2）中国一流应用型专业（5★）

日语：13/A；软件工程：53/A；物理学：17/A；音乐学：17/A。

3）中国高水平应用型专业（4★）

电信工程及管理：1/A++；网络与新媒体：32/B++；文物与博物馆学：2/A+；哲学：2/A+。

4）中国区域一流应用型专业（3★）

供应链管理：13/B+；汉语国际教育：79/B+；环境生态工程：11/B+；绘画：30/B+；旅游管理与服务教育：10/B+；汽车服务工程：66/B+；人工智能：36/B+；商务英语：71/B+；书法学：16/B+；数据科学与大数据技术：60/B++；数字媒体技术：57/B+；物联网工程：139/B+；艺术管理：1/A++。

5）中国区域高水平应用型专业（2★）

航空服务艺术与管理：10/B+；机器人工程：97/C；教育技术学：41/C；人文地理与城乡规划：32/C；思想政治教育：112/C；特殊教育：24/D；体育经济与管理：9/C；投资学：51/B；舞蹈学：69/C；物流工程：40/C；应用心理学：75/C；知识产权：20/B。

6）中国区域知名应用型专业（1★）

地理科学：69/D；工艺美术：43/C；汉语言文学：298/D；会展经济与管理：49/C；科学教育：30/D；历史学：94/D；秘书学：73/D；人力资源管理：202/D；人文教育：10/C；生物科学：100/D；视觉传达设计：299/D；数学与应用数学：197/D；数字媒体艺术：155/C；体育教育：138/D；休闲体育：45/C；学前教育：215/C；英语：412/D。

26. 河北民族师范学院

（1）河北民族师范学院综合实力排名

综合排名：2024 校友会中国大学排名第 453 名，全国师范类高校第 103 名，河北省高校第 26 名。

星级排名：中国一星级大学（1★），中国区域知名大学。主管部门：河北省。

（2）河北民族师范学院各本科专业排名（全国排名/档次）

1）中国顶尖应用型专业（6★）

科学教育：1/A++；历史学：7/A+；小学教育：2/A++。

2）中国一流应用型专业（5★）

播音与主持艺术：14/A；思想政治教育：20/A；物理学：17/A；音乐学：17/A。

3）中国高水平应用型专业（4★）

汉语言文学：118/B++；计算机科学与技术：168/B++；教育技术学：19/B++；旅游管理：76/B++；美术学：38/B++；民族学：6/B++；视觉传达设计：72/B++；体育教育：56/B++；新能源科学与工程：12/B++；学前教育：95/B++；英语：129/B++。

4）中国区域一流应用型专业（3★）

财务管理：137/B+；环境生态工程：11/B+；人工智能：36/B+；数据科学与大数据技术：60/B++；网络与新媒体：61/B+；文化遗产：2/A+。

5）中国区域高水平应用型专业（2★）

表演：48/C；翻译：84/C；航空服务艺术与管理：10/B+；化学：100/C；化学工程与工艺：121/D；经济与金融：27/B；秘书学：35/B；软件工程：221/C；生物工程：68/C；书法学：32/B；数学与应用数学：166/D；舞蹈学：69/C。

6）中国区域知名应用型专业（1★）

地理科学：69/D；电子商务：219/C；工程造价：136/C；环境设计：311/D；会展经济与管理：49/C；人力资源管理：202/D；社会体育指导与管理：104/C；生物科学：100/D；食品质量与安全：104/D；文化产业管理：71/D；物流管理：251/D；新闻学：125/D；休闲体育：45/C；应用统计学：59/C。

26. 廊坊师范学院

（1）廊坊师范学院综合实力排名

综合排名：2024 校友会中国大学排名第 453 名，全国师范类高校第 103 名，河北省高校第 26 名。

星级排名：中国一星级大学（1★），中国区域知名大学。主管部门：河北省。

（2）廊坊师范学院各本科专业排名（全国排名/档次）

1）中国顶尖应用型专业（6★）

汉语言文学：30/A+；学前教育：9/A+。

2）中国一流应用型专业（5★）

艺术设计学：11/A；英语：62/A。

3）中国高水平应用型专业（4★）

雕塑：2/A+；化学：48/B++；教育技术学：19/B++；教育学：15/B++；历史学：32/B++；生物科学：41/B++；体育教育：56/B++；土木工程：97/B++；物流管理：56/B++。

4）中国区域一流应用型专业（3★）

电气工程及其自动化：157/B+；电子商务：109/B+；电子信息科学与技术：53/B+；翻译：39/B+；计算机科学与技术：253/B+；历史建筑保护工程：1/A++；美术学：82/B+；商务英语：71/B+；生物技术：41/B+；食品科学与工程：65/B+；数学与应用数学：109/B+；数字媒体艺术：63/B+；通信工程：130/B+；舞蹈学：33/B+；物理学：66/B+；戏剧影视文学：17/B+；心理学：13/B+；新闻学：50/B+；信息工程：14/B+；音乐表演：48/B+；音乐学：87/B+；应用化学：65/B+；运动训练：11/B+。

5）中国区域高水平应用型专业（2★）

保险学：35/C；播音与主持艺术：98/C；产品设计：130/C；国际经济与贸易：260/C；会计学：223/C；人力资源管理：134/C；软件工程：221/C；视觉传达设计：235/C；书法学：32/B；思想政治教育：112/C；舞蹈表演：43/B；信息与计算科学：78/C。

6）中国区域知名应用型专业（1★）

财务管理：326/C；法学：193/D；工程管理：174/C；环境设计：311/D；会展经济与管理：49/C；人文教育：10/C；社会工作：93/D；社会体育指导与管理：104/C；市场营销：321/D；小学教育：142/C。

29. 邯郸学院

（1）邯郸学院综合实力排名

综合排名：2024 校友会中国大学排名第 465 名，全国综合类高校第 162 名，河北省高校第 29 名。

星级排名：中国一星级大学（1★），中国区域知名大学。主管部门：河北省。

（2）邯郸学院各本科专业排名（全国排名/档次）

1）中国顶尖应用型专业（6★）

电子信息工程：9/A+；历史学：7/A+；英语：3/A++。

2）中国一流应用型专业（5★）

汉语言文学：63/A；化学：23/A；计算机科学与技术：101/A；数学与应用数学：38/A；特殊教育：6/A；体育教育：19/A。

3）中国高水平应用型专业（4★）

地理科学：19/B++；机械设计制造及其自动化：128/B++；教育学：15/B++；思想政治教育：57/B++；学前教育：95/B++；应用化学：45/B++。

4）中国区域一流应用型专业（3★）

地理信息科学：25/B+；电气工程及其自动化：157/B+；动画：82/B+；汉语国际教育：79/B+；环境生态工程：11/B+；教育技术学：34/B+；教育康复学：3/A+；软件工程：156/B+；生物科学：54/B+；数字媒体艺术：63/B+；网络工程：82/B+；舞蹈表演：25/B+；物流工程：23/B+；智能制造工程：12/B++。

5）中国区域高水平应用型专业（2★）

播音与主持艺术：98/C；化学工程与工艺：121/D；经济与金融：27/B；康复治疗学：59/C；旅游管理：180/C；通信工程：205/D；统计学：53/B；文化产业管理：49/B；戏剧影视导演：14/D；音乐学：150/C；应用物理学：17/C；应用心理学：75/C；运动训练：16/D；制药工程：85/C。

6）中国区域知名应用型专业（1★）

表演：70/D；材料化学：38/D；财务管理：326/C；翻译：116/D；环境设计：311/D；经济统计学：42/C；酒店管理：124/C；秘书学：73/D；日语：173/D；商务英语：230/D；社会体育指导与管理：104/C；生物技术：95/D；食品科学与工程：121/D；视觉传达设计：299/D；书法学：54/D；武术与民族传统体育：10/C；小学教育：142/C。

30. 石家庄学院

（1）石家庄学院综合实力排名

综合排名：2024校友会中国大学排名第472名，全国师范类高校第111名，河北省高校第30名。

星级排名：中国一星级大学（1★），中国区域知名大学。主管部门：河北省。

（2）石家庄学院各本科专业排名（全国排名/档次）

1）中国顶尖应用型专业（6★）

旅游管理：21/A+；人文地理与城乡规划：1/A++；生物工程：2/A+；数字媒体技术：1/A++；学前教育：25/A+；制药工程：1/A++。

2）中国一流应用型专业（5★）

通信工程：43/A；物业管理：1/A++。

3）中国高水平应用型专业（4★）

电气工程及其自动化：91/B++；法学：55/B++；化学工程与工艺：50/B++；软件工程：95/B++；社会体育指导与管理：20/B++；小学教育：75/B++。

4）中国区域一流应用型专业（3★）

动画：82/B+；环境生态工程：11/B+；机器人工程：36/B+；社会工作：31/B+；食品科学与工程：65/B+；物流工程：23/B+；信息安全：8/B+；音乐表演：48/B+；英语：198/B+。

5）中国区域高水平应用型专业（2★）

地理信息科学：42/C；工业设计：74/C；广播电视学：57/C；广告学：74/B；机械设计制造及其自动化：246/D；计算机科学与技术：379/D；教育技术学：41/C；美术学：124/C；秘书学：35/B；商务英语：161/C；数据科学与大数据技术：199/C；思想政治教育：112/C；文化产业管理：49/B；舞蹈学：69/C；物联网工程：232/C；应用心理学：75/C。

6）中国区域知名应用型专业（1★）

材料科学与工程：62/D；电子信息工程：314/D；俄语：46/D；工程造价：136/C；汉语言文学：298/D；化学：122/D；环境设计：311/D；会计学：280/D；教育学：36/D；金融工程：115/C；酒店管理：124/C；历史学：94/D；人文教育：10/C；日语：173/D；市场营销：321/D；视觉传达设计：299/D；特殊教育：28/D；物理学：123/D；信息与计算科学：105/D；知识产权：32/D。

30. 邢台学院

（1）邢台学院综合实力排名

综合排名：2024校友会中国大学排名第472名，全国综合类高校第168名，河北省高校第30名。

星级排名：中国一星级大学（1★），中国区域知名大学。主管部门：河北省。

（2）邢台学院各本科专业排名（全国排名/档次）

1）中国顶尖应用型专业（6★）

表演：1/A++；国际经济与贸易：23/A+；舞蹈学：2/A+。

2）中国一流应用型专业（5★）

生物科学：24/A；小学教育：41/A；英语：62/A；自然地理与资源环境：2/A+。

3）中国高水平应用型专业（4★）

汉语言文学：118/B++；化学工程与工艺：50/B++；会计学：105/B++；历史学：32/B++；美术学：38/B++；数学与应用数学：78/B++；体育教育：56/B++；物联网工程：62/B++。

4）中国区域一流应用型专业（3★）

化学：73/B+；计算机科学与技术：253/B+；教育技术学：34/B+；教育学：23/B+；思想政治教育：78/B+；物理学：66/B+；音乐学：87/B+；应用化学：65/B+；自动化：120/B+。

5）中国区域高水平应用型专业（2★）

材料物理：11/C；地理信息科学：42/C；法学：138/C；工商管理：170/C；环境设计：203/B；绘画：44/C；机械电子工程：132/C；机械设计制造及其自动化：246/D；人文地理与城乡规划：32/C；社会工作：62/C；生物技术：71/C；市场营销：231/C；视觉传达设计：235/C；通信工程：205/D；物流管理：182/C；戏剧影视文学：30/C；学前教育：173/C。

6）中国区域知名应用型专业（1★）

翻译：116/D；工艺美术：43/C；金融工程：115/C；社会体育指导与管理：104/C；食品科学与工程：121/D；应用统计学：59/C。

32. 沧州师范学院

（1）沧州师范学院综合实力排名

综合排名：2024校友会中国大学排名第484名，全国师范类高校第114名，河北省高校第32名。

星级排名：中国一星级大学（1★），中国区域知名大学。主管部门：河北省。

（2）沧州师范学院各本科专业排名（全国排名/档次）

1）中国顶尖应用型专业（6★）

学前教育：25/A+。

2）中国一流应用型专业（5★）

播音与主持艺术：14/A；汉语言文学：63/A；生物科学：24/A；体育教育：19/A；信息工程：2/A+；应用化学：14/A。

3）中国高水平应用型专业（4★）

电气工程及其自动化：91/B++；化学：48/B++；科学教育：9/B++；美术学：38/B++；数学与应用数学：78/B++；思想政治教育：57/B++；武术与民族传统体育：4/A；物理

学：39/B++；小学教育：75/B++。

4）中国区域一流应用型专业（3★）

电子商务：109/B+；金融数学：11/B+；通信工程：130/B+；文物与博物馆学：6/B+；舞蹈编导：16/B+；舞蹈表演：25/B+；物联网工程：139/B+；中国画：4/A。

5）中国区域高水平应用型专业（2★）

法学：138/C；广播电视编导：105/C；化学工程与工艺：121/D；环境工程：86/C；机械电子工程：132/C；计算机科学与技术：379/D；酒店管理：81/B；软件工程：221/C；市场营销：231/C；书法学：32/B；网络与新媒体：100/B；艺术设计学：77/C；音乐学：150/C；应用心理学：75/C；英语：318/C；自动化：176/D。

6）中国区域知名应用型专业（1★）

财务管理：326/C；广告学：123/D；国际商务：78/D；绘画：59/D；历史学：94/D；商务英语：230/D；生物技术：95/D；视觉传达设计：299/D；数据科学与大数据技术：272/D；统计学：81/D；园林：70/D；政治学与行政学：16/D。

32. 衡水学院

（1）衡水学院综合实力排名

综合排名：2024 校友会中国大学排名第 484 名，全国综合类高校第 173 名，河北省高校第 32 名。

星级排名：中国一星级大学（1★），中国区域知名大学。主管部门：河北省。

（2）衡水学院各本科专业排名（全国排名/档次）

1）中国顶尖应用型专业（6★）

学前教育：25/A+。

2）中国一流应用型专业（5★）

化学：23/A；计算机科学与技术：101/A；美术学：9/A+；人力资源管理：12/A+；生物科学：24/A；体育教育：19/A。

3）中国高水平应用型专业（4★）

播音与主持艺术：31/B++；电子信息工程：116/B++；国际经济与贸易：109/B++；汉语言文学：118/B++；环境生态工程：2/A+；数字媒体技术：25/B++；音乐学：54/B++；园林：15/B++；政治学与行政学：4/A。

4）中国区域一流应用型专业（3★）

财务管理：137/B+；城市管理：8/B+；电子商务：109/B+；动画：82/B+；高分子材料与工程：28/B+；机械电子工程：74/B+；社会工作：31/B+；数学与应用数学：109/B+；思想政治教育：78/B+；网络工程：82/B+；物联网工程：139/B+；音乐表演：48/B+；应用化学：65/B+；英语：198/B+。

5）中国区域高水平应用型专业（2★）

翻译：84/C；广播电视编导：105/C；广播电视学：57/C；广告学：74/B；汉语国际教育：110/C；化学工程与工艺：121/D；环境设计：203/B；绘画：44/C；建筑电气与智能化：38/C；食品质量与安全：57/B；舞蹈表演：43/B；舞蹈学：69/C；物流工程：40/C；信息管理与信息系统：119/C；智能科学与技术：47/C。

6）中国区域知名应用型专业（1★）

产品设计：180/D；航空服务艺术与管理：22/C；日语：173/D；商务英语：230/D；社会体育指导与管理：104/C；生物技术：95/D；视觉传达设计：299/D；网络与新媒体：140/C；小学教育：142/C；行政管理：105/D；应用统计学：59/C；应用心理学：112/D。

32. 唐山学院

（1）唐山学院综合实力排名

综合排名：2024 校友会中国大学排名第 484 名，全国理工类高校第 210 名，河北省高校第 32 名。

星级排名：中国一星级大学（1★），中国区域知名大学。主管部门：河北省。

（2）唐山学院各本科专业排名（全国排名/档次）

1）中国高水平应用型专业（4★）

电气工程及其自动化：91/B++；化学工程与工艺：50/B++；环境工程：32/B++；会计学：105/B++；机械设计制造及其自动化：128/B++；建筑环境与能源应用工程：17/B++；通信工程：74/B++；土木工程：97/B++；物联网工程：62/B++。

2）中国区域一流应用型专业（3★）

产品设计：80/B+；给排水科学与工程：36/B+；轨道交通信号与控制：11/B+；机械电子工程：74/B+；机械工程：35/B+；计算机科学与技术：253/B+；建筑电气与智能化：20/B+；视觉传达设计：140/B+；数字媒体艺术：63/B+；无机非金属材料工程：14/B+；新能源材料与器件：6/B++；英语：198/B+。

3）中国区域高水平应用型专业（2★）

材料成型及控制工程：76/C；测控技术与仪器：57/D；车辆工程：88/C；电子信息工程：242/C；法学：138/C；服装与服饰设计：90/C；广告学：74/B；国际经济与贸易：260/C；汉语国际教育：110/C；汉语言文学：253/C；酒店管理：81/B；秘书学：35/B；汽车服务工程：103/C；软件工程：221/C；审计学：96/C；市场营销：231/C；数据科学与大数据技术：199/C；信息管理与信息系统：119/C；智能科学与技术：47/C；自动化：176/D。

4）中国区域知名应用型专业（1★）

安全工程：62/D；财务管理：326/C；电子商务：219/C；工程管理：174/C；工程造价：136/C；工商管理：205/D；环境设计：311/D；日语：173/D；商务英语：230/D；物流管理：251/D。

35. 张家口学院

（1）张家口学院综合实力排名

综合排名：2024 校友会中国大学排名第 499 名，全国综合类高校第 182 名，河北省高校第 35 名。

星级排名：中国一星级大学（1★），中国区域知名大学。主管部门：河北省。

（2）张家口学院各本科专业排名（全国排名/档次）

1）中国顶尖应用型专业（6★）

小学教育：21/A+。

2）中国一流应用型专业（5★）

财务管理：40/A；护理学：32/A；体育教育：19/A。

3）中国高水平应用型专业（4★）

汉语言文学：118/B++；数学与应用数学：78/B++；学前教育：95/B++。

4）中国区域一流应用型专业（3★）

冰雪运动：3/A+；会计学：177/B+；康复治疗学：38/B+；数字媒体技术：57/B+；心理学：13/B+；医学影像技术：25/B+；英语：198/B+。

5）中国区域高水平应用型专业（2★）

旅游管理：180/C；思想政治教育：112/C；网络工程：137/C；物联网工程：232/C；艺术教育：17/C；运动训练：16/D；助产学：28/C。

6）中国区域知名应用型专业（1★）

地理科学：69/D；翻译：116/D；汉语国际教育：153/D；环境设计：311/D；健康服务与管理：49/C；金融工程：115/C；口腔医学技术：18/D；历史学：94/D；美术学：163/D；生态学：10/D；生物科学：100/D；舞蹈表演：66/D；药学：81/D；音乐学：213/D。

36. 河北环境工程学院

（1）河北环境工程学院综合实力排名

综合排名：2024 校友会中国大学排名第 518 名，全国理工类高校第 220 名，河北省高校第 36 名。

星级排名：中国一星级大学（1★），中国区域知名大学。主管部门：河北省。

（2）河北环境工程学院各本科专业排名（全国排名/档次）

1）中国一流应用型专业（5★）

环境科学：2/A+；环境设计：34/A；环境生态工程：1/A++；物联网工程：19/A。

2）中国高水平应用型专业（4★）

环境工程：32/B++；园林：15/B++。

3）中国区域一流应用型专业（3★）

国际商务：29/B+；环境科学与工程：12/B+；会展经济与管理：21/B+；软件工程：156/B+；社会体育指导与管理：34/B+；视觉传达设计：140/B+；水质科学与技术：2/A+。

4）中国区域高水平应用型专业（2★）

产品设计：130/C；工程管理：142/C；工程造价：88/B；环保设备工程：7/D；数据科学与大数据技术：199/C；新闻学：81/C。

5）中国区域知名应用型专业（1★）

旅游管理与服务教育：25/D；食品质量与安全：104/D；市场营销：321/D；物流管理：251/D；休闲体育：45/C。

36. 河北水利电力学院

（1）河北水利电力学院综合实力排名

综合排名：2024 校友会中国大学排名第 518 名，全国理工类高校第 220 名，河北省高校第 36 名。

星级排名：中国一星级大学（1★），中国区域知名大学。主管部门：河北省。

（2）河北水利电力学院各本科专业排名（全国排名/档次）

1）中国顶尖应用型专业（6★）

道路桥梁与渡河工程：1/A++；水利水电工程：5/A+；自动化：25/A+。

2）中国一流应用型专业（5★）

电气工程及其自动化：48/A；农业水利工程：3/A+；水文与水资源工程：2/A+；土木工程：49/A。

3）中国高水平应用型专业（4★）

城市地下空间工程：4/A；给排水科学与工程：16/B++；建筑环境与能源应用工程：17/B++；智能电网信息工程：2/A+。

4）中国区域一流应用型专业（3★）

财务管理：137/B+；测绘工程：42/B+；大数据管理与应用：16/B+；电气工程与智能控制：11/B+；电子信息工程：186/B+；机械电子工程：74/B+；建筑学：67/B+；勘查技术与工程：14/B+；软件工程：156/B+；数字媒体技术：57/B+。

5）中国区域高水平应用型专业（2★）

房地产开发与管理：21/C；国际商务：57/C；机器人工程：97/C；机械设计制造及其自动化：246/D；建筑电气与智能化：38/C；交通工程：34/D；跨境电子商务：13/B+；审计学：96/C；数据科学与大数据技术：199/C；通信工程：205/D。

6）中国区域知名应用型专业（1★）

工程造价：136/C；网络与新媒体：140/C。

三、河北省民办大学专业排名详情

1. 河北传媒学院

（1）河北传媒学院综合实力排名

综合排名：2024 校友会中国民办大学排名第 12 名，全国艺术类民办高校第 2 名，河北省民办高校第 1 名。

星级排名：中国六星级应用型大学（6★），中国顶尖应用型大学。

（2）河北传媒学院各本科专业排名（全国排名/档次）

1）中国顶尖应用型专业（6★）

播音与主持艺术：7/A+；传播学：2/A+；广播电视编导：1/A++；录音艺术：1/A++。

2）中国一流应用型专业（5★）

数字媒体艺术：8/A+；网络与新媒体：12/A+；戏剧影视美术设计：1/A++；休闲体育：3/A+；影视摄影与制作：

6/A。

3）中国高水平应用型专业（4★）

编辑出版学：4/A；表演：18/B++；广播电视学：19/B++；美术学：38/B++；葡萄牙语：4/A；摄影：5/A；视觉传达设计：72/B++；书法学：4/A+；网络工程：47/B++；舞蹈编导：8/B++。

4）中国区域一流应用型专业（3★）

动画：82/B+；服装与服饰设计：60/B+；计算机科学与技术：253/B+；漫画：3/A+；舞蹈表演：25/B+；物联网工程：139/B+；西班牙语：14/B+；戏剧影视导演：6/B+；戏剧影视文学：17/B+；新闻学：50/B+；艺术设计学：51/B+；音乐表演：48/B+。

5）中国区域高水平应用型专业（2★）

电子竞技运动与管理：2/A+；电子商务：159/B；雕塑：14/C；广告学：74/B；汉语国际教育：110/C；汉语言文学：253/C；环境设计：203/B；文化产业管理：49/B；艺术与科技：27/C；英语：318/C。

6）中国区域知名应用型专业（1★）

会展经济与管理：49/C；绘画：59/D；数据科学与大数据技术：272/D；数字出版：12/D；数字媒体技术：136/D；新媒体艺术：6/B。

2. 北京中医药大学东方学院

（1）北京中医药大学东方学院综合实力排名

综合排名：2024 校友会中国民办大学排名第 19 名，全国医药类民办高校第 3 名，河北省民办高校第 2 名。

星级排名：中国五星级应用型大学（5★），中国一流应用型大学。

（2）北京中医药大学东方学院各本科专业排名（全国排名/档次）

1）中国顶尖应用型专业（6★）

护理学：15/A+。

2）中国一流应用型专业（5★）

中药学：4/A；中医学：2/A+。

3）中国高水平应用型专业（4★）

医学检验技术：22/B++；针灸推拿学：4/A；中药制药：2/A+。

4）中国区域一流应用型专业（3★）

工商管理：106/B+；公共事业管理：37/B+；健康服务与管理：15/B++；市场营销：144/B+；医学信息工程：5/A。

5）中国区域高水平应用型专业（2★）

计算机科学与技术：379/D；中草药栽培与鉴定：5/A；中西医临床医学：14/D。

3. 燕山大学里仁学院

（1）燕山大学里仁学院综合实力排名

综合排名：2024 校友会中国民办大学排名第 34 名，全国理工类民办高校第 34 名，河北省民办高校第 3 名。

星级排名：中国四星级应用型大学（4★），中国高水平应用型大学。

（2）燕山大学里仁学院各本科专业排名（全国排名/档次）

1）中国顶尖应用型专业（6★）

自动化：25/A+。

2）中国一流应用型专业（5★）

材料成型及控制工程：16/A；测控技术与仪器：7/A；车辆工程：19/A；电气工程及其自动化：48/A；电子科学与技术：12/A；电子信息工程：66/A；电子信息科学与技术：10/A；汉语言文学：63/A；机械设计制造及其自动化：68/A；计算机科学与技术：101/A；应用化学：14/A。

3）中国高水平应用型专业（4★）

电子商务：66/B++；工商管理：64/B++；化学工程与工艺：50/B++；环境工程：32/B++；建筑环境与能源应用工程：17/B++；交通运输：19/B++；生物工程：26/B++；土木工程：97/B++。

4）中国区域一流应用型专业（3★）

工业设计：48/B+；公共事业管理：37/B+；国际经济与贸易：179/B+；环境设计：113/B+；会计学：177/B+；教育技术学：34/B+；经济学：52/B+；旅游管理：129/B+；日语：69/B+；生物医学工程：18/B+；视觉传达设计：140/B+；通信工程：130/B+；信息与计算科学：53/B+；英语：198/B+；政治学与行政学：11/B+。

5）中国区域高水平应用型专业（2★）

法学：138/C；广播电视学：57/C；行政管理：61/C。

4. 华北理工大学轻工学院

（1）华北理工大学轻工学院综合实力排名

综合排名：2024 校友会中国民办大学排名第 36 名，全国理工类民办高校第 36 名，河北省民办高校第 4 名。

星级排名：中国四星级应用型大学（4★），中国高水平应用型大学。

（2）华北理工大学轻工学院各本科专业排名（全国排名/档次）

1）中国一流应用型专业（5★）

高分子材料与工程：4/A；机械设计制造及其自动化：68/A；视觉传达设计：33/A。

2）中国高水平应用型专业（4★）

采矿工程：14/B++；测绘工程：18/B++；电气工程及其自动化：91/B++；电子信息科学与技术：27/B++；国际经济与贸易：109/B++；化学工程与工艺：50/B++；酒店管理：27/B++；社会体育指导与管理：20/B++；无机非金属材料工程：11/B++；冶金工程：6/B++；英语：129/B++。

3）中国区域一流应用型专业（3★）

包装工程：8/B+；材料成型及控制工程：49/B+；材料化学：19/B+；测控技术与仪器：34/B+；法学：82/B+；风景园林：24/B+；服装与服饰设计：60/B+；工程管理：96/B+；工商管理：106/B+；工业工程：12/B+；工业设计：48/B+；过程装备与控制工程：10/B+；环境设计：113/B+；

机械电子工程：74/B+；计算机科学与技术：253/B+；建筑环境与能源应用工程：33/B+；建筑学：67/B+；交通运输：33/B+；矿物加工工程：9/B+；能源与动力工程：33/B+；日语：69/B+；市场营销：144/B+；土木工程：160/B+；戏剧影视导演：6/B+；信息管理与信息系统：71/B+；信息与计算科学：53/B+；自动化：120/B+。

4）中国区域高水平应用型专业（2★）

财务管理：251/C；产品设计：130/C；地理信息科学：42/C；电子科学与技术：57/D；电子信息工程：242/C；动画：117/C；给排水科学与工程：54/C；工程造价：88/B；光源与照明：5/A；交通工程：34/D；金属材料工程：30/D；商务英语：161/C；社会工作：62/C；生物技术：71/C；数字媒体艺术：119/C；物流工程：40/C。

5）中国区域知名应用型专业（1★）

表演：70/D；建筑电气与智能化：53/D；软件工程：288/D；数字媒体技术：136/D；物联网工程：299/D；戏剧影视美术设计：20/C；学前教育：215/C；影视摄影与制作：35/D。

5. 河北医科大学临床学院

（1）河北医科大学临床学院综合实力排名

综合排名：2024 校友会中国民办大学排名第 41 名，全国医药类民办高校第 4 名，河北省民办高校第 5 名。

星级排名：中国四星级应用型大学（4★），中国高水平应用型大学。

（2）河北医科大学临床学院各本科专业排名（全国排名/档次）

1）中国高水平应用型专业（4★）

临床医学：37/B++；医学检验技术：22/B++。

2）中国区域一流应用型专业（3★）

护理学：90/B+；麻醉学：12/B+；中西医临床医学：9/B+。

3）中国区域高水平应用型专业（2★）

口腔医学：30/D；医学影像学：25/D。

6. 沧州交通学院

（1）沧州交通学院综合实力排名

综合排名：2024 校友会中国民办大学排名第 42 名，全国理工类民办高校第 42 名，河北省民办高校第 6 名。

星级排名：中国四星级应用型大学（4★），中国高水平应用型大学。

（2）沧州交通学院各本科专业排名（全国排名/档次）

1）中国顶尖应用型专业（6★）

交通运输：6/A+。

2）中国一流应用型专业（5★）

电气工程及其自动化：48/A；轨道交通信号与控制：3/A+；土木工程：49/A。

3）中国高水平应用型专业（4★）

财务管理：80/B++；风景园林：12/B++；化学工程与工艺：50/B++；酒店管理：27/B++；数字媒体艺术：30/B++；物流管理：56/B++；资源循环科学与工程：1/A++。

4）中国区域一流应用型专业（3★）

测控技术与仪器：34/B+；工程管理：96/B+；工商管理：106/B+；机械工程：35/B+；计算机科学与技术：253/B+；旅游管理：129/B+；软件工程：156/B+；商务英语：71/B+；物联网工程：139/B+；自动化：120/B+。

5）中国区域高水平应用型专业（2★）

材料成型及控制工程：76/C；车辆工程：88/C；过程装备与控制工程：29/D；环境设计：203/B；金融工程：80/B；能源与动力工程：48/D；视觉传达设计：235/C；音乐学：150/C；英语：318/C；智能制造工程：34/B。

6）中国区域知名应用型专业（1★）

电子商务：219/C；工程造价：136/C；建筑环境与能源应用工程：71/D；人工智能：86/C；数据科学与大数据技术：272/D；制药工程：109/D。

7. 保定理工学院

（1）保定理工学院综合实力排名

综合排名：2024 校友会中国民办大学排名第 47 名，全国理工类民办高校第 47 名，河北省民办高校第 7 名。

星级排名：中国四星级应用型大学（4★），中国高水平应用型大学。

（2）保定理工学院各本科专业排名（全国排名/档次）

1）中国高水平应用型专业（4★）

宝石及材料工艺学：7/B++；地质学：4/A；电气工程及其自动化：91/B++；电子信息工程：116/B++；国际经济与贸易：109/B++；会计学：105/B++；机械设计制造及其自动化：128/B++；经济学：24/B++；信息管理与信息系统：35/B++；英语：129/B++。

2）中国区域一流应用型专业（3★）

电子商务及法律：4/A；工商管理：106/B+；计算机科学与技术：253/B+；建筑学：67/B+；人力资源管理：75/B+；日语：69/B+；数字媒体艺术：63/B+；土地资源管理：7/B+；土木工程：160/B+；资源勘查工程：9/B+。

3）中国区域高水平应用型专业（2★）

财务管理：251/C；产品设计：130/C；工程管理：142/C；工程造价：88/B；环境设计：203/B；机械电子工程：132/C；金融工程：80/B；商务英语：161/C；市场营销：231/C；视觉传达设计：235/C；物联网工程：232/C。

4）中国区域知名应用型专业（1★）

播音与主持艺术：132/D；广播电视编导：135/D；小学教育：142/C；学前教育：215/C。

8. 河北工程技术学院

（1）河北工程技术学院综合实力排名

综合排名：2024 校友会中国民办大学排名第 53 名，全国理工类民办高校第 53 名，河北省民办高校第 8 名。

星级排名：中国三星级应用型大学（3★），中国知名、区域一流应用型大学。

（2）河北工程技术学院各本科专业排名（全国排名/档次）

1）中国区域一流应用型专业（3★）

城乡规划：38/B+；电信工程及管理：3/A+；国际经济与贸易：179/B+；建筑学：67/B+；金融工程：39/B+；数据科学与大数据技术：60/B++；土木工程：160/B+；物流管理：127/B+；艺术设计学：51/B+。

2）中国区域高水平应用型专业（2★）

大数据管理与应用：26/B；电子商务：159/B；房地产开发与管理：21/C；区块链工程：7/C。

3）中国区域知名应用型专业（1★）

财务管理：326/C；测绘工程：72/D；电子信息工程：314/D；风景园林：84/D；工程管理：174/C；工程造价：136/C；环境设计：311/D；建筑电气与智能化：53/D；建筑环境与能源应用工程：71/D；跨境电子商务：22/B；人工智能：86/C；软件工程：288/D；审计学：126/D；市场营销：321/D；视觉传达设计：299/D；通信工程：247/D；网络工程：191/D；网络与新媒体：140/C；舞蹈表演：66/D；物联网工程：299/D；虚拟现实技术：8/D；音乐表演：123/D；智能科学与技术：63/C。

9. 河北科技学院

（1）河北科技学院综合实力排名

综合排名：2024 校友会中国民办大学排名第 55 名，全国理工类民办高校第 55 名，河北省民办高校第 9 名。

星级排名：中国四星级应用型大学（4★），中国高水平应用型大学。

（2）河北科技学院各本科专业排名（全国排名/档次）

1）中国一流应用型专业（5★）

电气工程及其自动化：48/A；会计学：63/A；机械设计制造及其自动化：68/A；汽车服务工程：18/A。

2）中国高水平应用型专业（4★）

财务管理：80/B++；车辆工程：34/B++；工程管理：59/B++；工业设计：17/B++；环境设计：73/B++；计算机科学与技术：168/B++；土木工程：97/B++；物流管理：56/B++；自动化：70/B++。

3）中国区域一流应用型专业（3★）

播音与主持艺术：54/B+；风景园林：24/B+；工程造价：58/B+；公共艺术：11/B+；交通运输：33/B+；经济学：52/B+；投资学：24/B+；物联网工程：139/B+。

4）中国区域高水平应用型专业（2★）

广播电视编导：105/C；护理学：129/D；机械电子工程：132/C；交通工程：34/D；康复治疗学：59/C；软件工程：221/C；视觉传达设计：235/C；舞蹈表演：43/B；助产学：28/C。

5）中国区域知名应用型专业（1★）

健康服务与管理：49/C；审计学：126/D；数据科学与大数据技术：272/D；舞蹈编导：37/D；小学教育：142/C；新能源汽车工程：13/D；学前教育：215/C。

10. 河北外国语学院

（1）河北外国语学院综合实力排名

综合排名：2024 校友会中国民办大学排名第 61 名，全国语言类民办高校第 11 名，河北省民办高校第 10 名。

星级排名：中国三星级应用型大学（3★），中国知名、区域一流应用型大学。

（2）河北外国语学院各本科专业排名（全国排名/档次）

1）中国一流应用型专业（5★）

西班牙语：2/A+；英语：62/A。

2）中国高水平应用型专业（4★）

阿拉伯语：4/A；朝鲜语：11/B++；俄语：15/B++；法语：10/B++；软件工程：95/B++；商务英语：38/B++；学前教育：95/B++。

3）中国区域一流应用型专业（3★）

播音与主持艺术：54/B+；国际经济与贸易：179/B+；护理学：90/B+；建筑学：67/B+；口腔医学技术：6/B+；日语：69/B+；数据科学与大数据技术：60/B++；艺术教育：1/A++；资产评估：16/B+。

4）中国区域高水平应用型专业（2★）

德语：24/C；翻译：84/C；工程造价：88/B；航空服务艺术与管理：10/B+；精算学：4/A；康复治疗学：59/C；葡萄牙语：9/D；区块链工程：7/C；小学教育：128/C；意大利语：7/C；音乐表演：85/C；中药学：45/D。

5）中国区域知名应用型专业（1★）

财务管理：326/C；电子商务：219/C；广播电视编导：135/D；国际经贸规则：5/A；汉语国际教育：153/D；汉语言文学：298/D；会展经济与管理：49/C；教育学：36/D；金融工程：115/C；旅游管理：234/D；美术学：163/D；人工智能：86/C；审计学：126/D；生物制药：43/D；土木工程：257/D；网络工程：191/D；网络与新媒体：140/C；舞蹈表演：66/D；物联网工程：299/D；信息与计算科学：105/D；艺术设计学：100/D。

10. 燕京理工学院

（1）燕京理工学院综合实力排名

综合排名：2024 校友会中国民办大学排名第 61 名，全国理工类民办高校第 61 名，河北省民办高校第 10 名。

星级排名：中国四星级应用型大学（4★），中国高水平应用型大学。

（2）燕京理工学院各本科专业排名（全国排名/档次）

1）中国一流应用型专业（5★）

产品设计：12/A+；物联网工程：19/A。

2）中国高水平应用型专业（4★）

材料化学：14/B++；法学：55/B++；服装与服饰设计：32/B++；高分子材料与工程：14/B++；会计学：105/B++；机械工程：22/B++；审计学：20/B++；视觉传达设计：72/B++；物流管理：56/B++；应用化学：45/B++；制药工程：25/B++；自动化：70/B++。

3）中国区域一流应用型专业（3★）

车辆工程：56/B+；电子商务：109/B+；广告学：43/B+；化学工程与工艺：92/B+；机器人工程：36/B+；汽车服务工程：66/B+；软件工程：156/B+；社会体育指导与管理：34/B+；数据科学与大数据技术：60/B++；戏剧影视导演：6/B+；学前教育：130/B+；英语：198/B+。

4）中国区域高水平应用型专业（2★）

财务管理：251/C；采购管理：2/A+；大数据管理与应用：26/B；电子信息工程：242/C；工程造价：88/B；工商管理：170/C；国际经济与贸易：260/C；计算机科学与技术：379/D；建筑学：104/D；人力资源管理：134/C；商务英语：161/C；市场营销：231/C；通信工程：205/D；土木工程：219/C；医学检验技术：58/D；艺术设计学：77/C；影视技术：3/A+。

5）中国区域知名应用型专业（1★）

表演：70/D；播音与主持艺术：132/D；朝鲜语：46/D；城乡规划：78/D；电气工程及其自动化：293/D；风景园林：84/D；广播电视编导：135/D；汉语言文学：298/D；护理学：153/D；环境工程：115/D；金融科技：17/B；金融学：133/D；日语：173/D；摄影：47/D；数字媒体艺术：155/C；网络与新媒体：140/C；戏剧影视文学：42/D；小学教育：142/C；艺术与科技：37/D；应用心理学：112/D。

12. 河北美术学院

（1）河北美术学院综合实力排名

综合排名：2024校友会中国民办大学排名第74名，全国艺术类民办高校第11名，河北省民办高校第12名。

星级排名：中国三星级应用型大学（3★），中国知名、区域一流应用型大学。

（2）河北美术学院各本科专业排名（全国排名/档次）

1）中国顶尖应用型专业（6★）

数字媒体艺术：4/A+；艺术与科技：1/A++。

2）中国一流应用型专业（5★）

环境设计：34/A；美术学：9/A+。

3）中国高水平应用型专业（4★）

雕塑：2/A+；动画：37/B++；广播电视编导：31/B++；绘画：12/B++；书法学：4/A+；数字媒体技术：25/B++；艺术设计学：27/B++。

4）中国区域一流应用型专业（3★）

表演：34/B+；播音与主持艺术：54/B+；产品设计：80/B+；风景园林：24/B+；服装设计与工程：31/B+；工业设计：48/B+；公共艺术：11/B+；建筑学：67/B+；漫画：3/A+；艺术教育：1/A++；艺术史论：3/A+。

5）中国区域高水平应用型专业（2★）

服装与服饰设计：90/C；工艺美术：34/C；新媒体艺术：4/A；影视摄影与制作：24/B；中国画：7/D。

6）中国区域知名应用型专业（1★）

录音艺术：14/D；视觉传达设计：299/D；戏剧影视导演：18/D；戏剧影视美术设计：20/C；艺术管理：7/D。

13. 河北东方学院

（1）河北东方学院综合实力排名

综合排名：2024校友会中国民办大学排名第79名，全国综合类民办高校第80名，河北省民办高校第13名。

星级排名：中国二星级应用型大学（2★），中国区域高水平应用型大学。

（2）河北东方学院各本科专业排名（全国排名/档次）

1）中国高水平应用型专业（4★）

财务管理：80/B++；护理学：59/B++；文物与博物馆学：2/A+；物联网工程：62/B++。

2）中国区域一流应用型专业（3★）

金融工程：39/B+；软件工程：156/B+；数据科学与大数据技术：60/B++；网络与新媒体：61/B+。

3）中国区域高水平应用型专业（2★）

会计学：223/C；审计学：96/C；文物保护与修复：4/A；休闲体育：32/B；虚拟现实技术：6/C；英语：318/C。

4）中国区域知名应用型专业（1★）

国际经济与贸易：325/D；环境设计：311/D；交通运输：59/D；金融学：133/D；经济与金融：47/D；汽车服务工程：134/D；人工智能：86/C；社会体育指导与管理：104/C；数字媒体艺术：155/C；医学影像技术：48/D；艺术与科技：37/D；影视摄影与制作：35/D；资产评估：42/D。

14. 河北师范大学汇华学院

（1）河北师范大学汇华学院综合实力排名

综合排名：2024校友会中国民办大学排名第89名，全国师范类民办高校第4名，河北省民办高校第14名。

星级排名：中国三星级应用型大学（3★），中国知名、区域一流应用型大学。

（2）河北师范大学汇华学院各本科专业排名（全国排名/档次）

1）中国一流应用型专业（5★）

动画：17/A。

2）中国高水平应用型专业（4★）

广播电视编导：31/B++；特殊教育：14/B++；通信工程：74/B++；学前教育：95/B++。

3）中国区域一流应用型专业（3★）

汉语言文学：180/B+；化学：73/B+；计算机科学与技术：253/B+；社会体育指导与管理：34/B+；生物技术：41/B+；生物科学：54/B+；书法学：16/B+；物联网工程：139/B+；小学教育：106/B+；心理学：13/B+；英语：198/B+。

4）中国区域高水平应用型专业（2★）

地理科学：46/C；电气工程及其自动化：231/D；俄语：32/C；法学：138/C；广告学：74/B；国际经济与贸易：260/C；汉语国际教育：110/C；环境设计：203/B；会计学：223/C；历史学：74/C；旅游管理：180/C；旅游管理与服务教育：18/C；美术学：124/C；汽车维修工程教育：4/A；人力资源管理：134/C；人文地理与城乡规划：32/C；日语：

119/C；食品质量与安全：57/B；视觉传达设计：235/C；数学与应用数学：166/D；数字媒体艺术：119/C；思想政治教育：112/C；网络工程：137/C；舞蹈学：69/C；新闻学：81/C；音乐学：150/C；印度尼西亚语：5/A；自然地理与资源环境：15/C。

5）中国区域知名应用型专业（1★）

播音与主持艺术：132/D；电子商务：219/C；法语：43/D；建筑环境与能源应用工程：71/D；教育康复学：7/D；秘书学：73/D；汽车服务工程：134/D；物理学：123/D。

15. 河北工程大学科信学院

（1）河北工程大学科信学院综合实力排名

综合排名：2024 校友会中国民办大学排名第 93 名，全国理工类民办高校第 95 名，河北省民办高校第 15 名。

星级排名：中国二星级应用型大学（2★），中国区域高水平应用型大学。

（2）河北工程大学科信学院各本科专业排名（全国排名/档次）

1）中国高水平应用型专业（4★）

材料成型及控制工程：36/B++；工程管理：59/B++；化学工程与工艺：50/B++；能源与动力工程：19/B++；食品科学与工程：37/B++。

2）中国区域一流应用型专业（3★）

电气工程及其自动化：157/B+；交通工程：24/B+；水利水电工程：23/B+；通信工程：130/B+。

3）中国区域高水平应用型专业（2★）

车辆工程：88/C；电子信息工程：242/C；给排水科学与工程：54/C；工商管理：170/C；国际经济与贸易：260/C；会计学：223/C；机械设计制造及其自动化：246/D；计算机科学与技术：379/D；建筑环境与能源应用工程：50/C；建筑学：104/D；土木工程：219/C；英语：318/C；自动化：176/D。

16. 河北经贸大学经济管理学院

（1）河北经贸大学经济管理学院综合实力排名

综合排名：2024 校友会中国民办大学排名第 94 名，全国财经类民办高校第 48 名，河北省民办高校第 16 名。

星级排名：中国三星级应用型大学（3★），中国知名、区域一流应用型大学。

（2）河北经贸大学经济管理学院各本科专业排名（全国排名/档次）

1）中国高水平应用型专业（4★）

会计学：105/B++；贸易经济：5/A。

2）中国区域一流应用型专业（3★）

财政学：16/B+；电子商务：109/B+；法学：82/B+；工商管理：106/B+；公共事业管理：37/B+；国际经济与贸易：179/B+；计算机科学与技术：253/B+；金融学：79/B+；劳动与社会保障：7/B++；旅游管理：129/B+；人力资源管理：75/B+；审计学：52/B+；市场营销：144/B+；税收学：23/B+；网络工程：82/B+；物流管理：127/B+；新闻学：50/B+；信息管理与信息系统：71/B+；行政管理：37/B+。

3）中国区域高水平应用型专业（2★）

财务管理：251/C；工程管理：142/C；广播电视学：57/C；汉语国际教育：110/C；汉语言文学：253/C；会展经济与管理：35/B；日语：119/C；统计学：53/B；投资学：51/B；英语：318/C。

4）中国区域知名应用型专业（1★）

保险学：46/D。

17. 河北地质大学华信学院

（1）河北地质大学华信学院综合实力排名

综合排名：2024 校友会中国民办大学排名第 96 名，全国综合类民办高校第 97 名，河北省民办高校第 17 名。

星级排名：中国二星级应用型大学（2★），中国区域高水平应用型大学。

（2）河北地质大学华信学院各本科专业排名（全国排名/档次）

1）中国高水平应用型专业（4★）

国际经济与贸易：109/B++；勘查技术与工程：7/B++；资源勘查工程：3/A+。

2）中国区域一流应用型专业（3★）

保险学：20/B+；财务管理：137/B+；工程管理：96/B+；互联网金融：14/B+；金融学：79/B+；软件工程：156/B+；物联网工程：139/B+。

3）中国区域高水平应用型专业（2★）

电子商务：159/B；法学：138/C；工程造价：88/B；工商管理：170/C；广告学：74/B；环境工程：86/C；会计学：223/C；计算机科学与技术：379/D；劳动与社会保障：21/B；人力资源管理：134/C；市场营销：231/C；物流管理：182/C；信息管理与信息系统：119/C；行政管理：61/C；英语：318/C。

4）中国区域知名应用型专业（1★）

护理学：153/D。

18. 石家庄铁道大学四方学院

（1）石家庄铁道大学四方学院综合实力排名

综合排名：2024 校友会中国民办大学排名第 105 名，全国理工类民办高校第 107 名，河北省民办高校第 18 名。

星级排名：中国二星级应用型大学（2★），中国区域高水平应用型大学。

（2）石家庄铁道大学四方学院各本科专业排名（全国排名/档次）

1）中国高水平应用型专业（4★）

交通工程：13/B++。

2）中国区域一流应用型专业（3★）

测绘工程：42/B+；电气工程及其自动化：157/B+。

3）中国区域高水平应用型专业（2★）

财务管理：251/C；电子信息工程：242/C；法学：

138/C；工程管理：142/C；国际经济与贸易：260/C；会计学：223/C；机械设计制造及其自动化：246/D；计算机科学与技术：379/D；建筑环境与能源应用工程：50/C；金融学：107/C；市场营销：231/C；土木工程：219/C；无机非金属材料工程：21/D；信息管理与信息系统：119/C；艺术设计学：77/C；英语：318/C；自动化：176/D。

4）中国区域知名应用型专业（1★）

工程造价：136/C。

19. 河北农业大学现代科技学院

（1）河北农业大学现代科技学院综合实力排名

综合排名：2024 校友会中国民办大学排名第 106 名，全国农林类民办高校第 4 名，河北省民办高校第 19 名。

星级排名：中国二星级应用型大学（2★），中国区域高水平应用型大学。

（2）河北农业大学现代科技学院各本科专业排名（全国排名/档次）

1）中国高水平应用型专业（4★）

财务管理：80/B++；电子信息科学与技术：27/B++；公共事业管理：14/B++；国际经济与贸易：109/B++；水利水电工程：11/B++。

2）中国区域一流应用型专业（3★）

法学：82/B+；风景园林：24/B+；工商管理：106/B+；工业工程：12/B+；会计学：177/B+；机械电子工程：74/B+；计算机科学与技术：253/B+；旅游管理：129/B+；农业工程：2/A+；农业机械化及其自动化：4/A；食品科学与工程：65/B+；食品质量与安全：34/B+；土木工程：160/B+；网络工程：82/B+；物流管理：127/B+；制药工程：54/B+；自动化：120/B+。

3）中国区域高水平应用型专业（2★）

车辆工程：88/C；电子信息工程：242/C；动物科学：18/C；环境科学：32/D；机械设计制造及其自动化：246/D；日语：119/C；生物技术：71/C；视觉传达设计：235/C；统计学：53/B；投资学：51/B；音乐学：150/C；英语：318/C；园艺：40/D。

4）中国区域知名应用型专业（1★）

电气工程及其自动化：293/D；动物医学：25/D；给排水科学与工程：72/D；土地资源管理：27/D。

20. 华北理工大学冀唐学院

（1）华北理工大学冀唐学院综合实力排名

综合排名：2024 校友会中国民办大学排名第 114 名，全国医药类民办高校第 17 名，河北省民办高校第 20 名。

星级排名：中国二星级应用型大学（2★），中国区域高水平应用型大学。

（2）华北理工大学冀唐学院各本科专业排名（全国排名/档次）

1）中国高水平应用型专业（4★）

护理学：59/B++。

2）中国区域一流应用型专业（3★）

口腔医学：23/B+；临床医学：50/B+；药学：38/B+；医学影像技术：25/B+。

3）中国区域高水平应用型专业（2★）

法学：138/C；英语：318/C；中医学：18/D。

第四节　山西省

一、山西省大学综合实力排名

1. 山西省大学排名

表 4-11　2024 校友会山西省大学排名

全国排名	学校名称	所在城市	星级排名	办学层次	星级专业数/个								
					专业类型	8★	7★	6★	5★	4★	3★	2★	1★
86	山西大学	太原市	4★	中国高水平大学	研究型	0	0	3	8	35	19	22	5
110	太原理工大学	太原市	4★	中国高水平大学	研究型	0	0	2	6	33	15	37	0
121	山西医科大学	太原市	4★	中国高水平大学	研究型	0	0	3	8	13	8	0	0
173	中北大学	太原市	4★	中国高水平大学	研究型	0	0	1	3	16	25	34	10
207	山西财经大学	太原市	4★	中国高水平大学	研究型	0	0	0	2	19	19	14	4
218	山西师范大学	临汾市	3★	区域一流大学	研究型	0	0	0	1	14	19	14	9
259	太原科技大学	太原市	3★	区域一流大学	研究型	0	0	0	0	7	25	16	12
315	山西农业大学	晋中市	2★	区域高水平大学	研究型	0	0	0	2	13	20	18	16
339	山西大同大学	大同市	2★	区域高水平大学	应用型	0	0	7	11	12	13	15	11
339	太原师范学院	太原市	1★	区域知名大学	应用型	0	0	9	6	11	20	12	0

续表

全国排名	学校名称	所在城市	星级排名	办学层次	星级专业数/个								
					专业类型	8★	7★	6★	5★	4★	3★	2★	1★
347	长治医学院	长治市	1★	区域知名大学	应用型	0	0	3	5	3	4	5	2
422	太原工业学院	太原市	1★	区域知名大学	应用型	0	0	1	5	8	15	13	4
436	山西传媒学院	太原市	3★	区域一流大学	应用型	0	0	8	4	3	4	4	2
436	运城学院	运城市	1★	区域知名大学	应用型	0	0	2	3	8	7	15	15
436	长治学院	长治市	1★	区域知名大学	应用型	0	0	1	3	2	7	6	16
453	山西中医药大学	太原市	3★	区域一流大学	研究型	0	0	0	0	2	5	2	14
465	山西工程技术学院	阳泉市	1★	区域知名大学	应用型	0	0	1	1	6	11	8	4
465	忻州师范学院	忻州市	1★	区域知名大学	应用型	0	0	3	1	3	10	9	15
472	晋中学院	晋中市	1★	区域知名大学	应用型	0	0	0	1	5	17	12	11
484	吕梁学院	吕梁市	1★	区域知名大学	应用型	0	0	0	0	3	7	13	20
484	太原学院	太原市	1★	区域知名大学	应用型	0	0	0	0	4	15	7	11
510	山西警察学院	太原市	2★	区域高水平大学	应用型	0	0	1	2	6	5	0	0
518	山西电子科技学院	临汾市	1★	区域知名大学	应用型	0	0	0	0	2	10	8	10
518	山西工学院	朔州市	1★	区域知名大学	应用型	0	0	0	0	1	7	15	4
518	山西能源学院	晋中市	1★	区域知名大学	应用型	0	0	1	0	2	16	6	1
531	山西科技学院	晋城市	1★	区域知名大学	应用型	0	0	0	0	0	0	7	11

2. 山西省民办大学排名

表 4-12　2024 校友会山西省民办大学排名（含独立学院）

全国排名	学校名称	所在城市	星级排名	办学层次	星级专业数/个								
					专业类型	8★	7★	6★	5★	4★	3★	2★	1★
59	山西工商学院	太原市	4★	中国高水平应用型大学	应用型	0	0	1	0	4	11	15	17
76	山西晋中理工学院	太原市	3★	区域一流应用型大学	应用型	0	0	0	0	2	13	7	7
84	山西应用科技学院	太原市	3★	区域一流应用型大学	应用型	0	0	0	0	4	11	6	13
98	晋中信息学院	晋中市	1★	区域知名应用型大学	应用型	0	0	0	1	2	9	20	14
98	山西财经大学华商学院	太原市	3★	区域一流应用型大学	应用型	0	0	0	0	1	3	5	14
107	山西医科大学晋祠学院	太原市	3★	区域一流应用型大学	应用型	0	0	0	1	4	4	4	0

3. 山西省高职院校排名

表 4-13　2024 校友会山西省高职院校排名

全国排名	学校名称	所在城市	办学类型	星级排名	办学层次
62	山西省财政税务专科学校	太原市	职业技能型	4★	中国高水平高职院校
89	山西职业技术学院	太原市	职业技能型	3★	区域一流高职院校
91	山西药科职业学院	太原市	职业技能型	3★	区域一流高职院校
101	山西工程职业学院	太原市	职业技能型	3★	区域一流高职院校
190	临汾职业技术学院	临汾市	职业技能型	2★	区域高水平高职院校
201	忻州职业技术学院	忻州市	职业技能型	2★	区域高水平高职院校
210	晋中师范高等专科学校	晋中市	职业技能型	2★	区域高水平高职院校
225	长治幼儿师范高等专科学校	长治市	职业技能型	2★	区域高水平高职院校
239	山西经贸职业学院	太原市	职业技能型	2★	区域高水平高职院校
253	太原旅游职业学院	太原市	职业技能型	2★	区域高水平高职院校

续表

全国排名	学校名称	所在城市	办学类型	星级排名	办学层次
255	山西财贸职业技术学院	太原市	职业技能型	2★	区域高水平高职院校
262	山西青年职业学院	太原市	职业技能型	2★	区域高水平高职院校
270	山西机电职业技术学院	长治市	职业技能型	2★	区域高水平高职院校
271	朔州职业技术学院	朔州市	职业技能型	2★	区域高水平高职院校
271	运城护理职业学院	运城市	职业技能型	2★	区域高水平高职院校
271	运城幼儿师范高等专科学校	运城市	职业技能型	2★	区域高水平高职院校
277	山西老区职业技术学院	太原市	职业技能型	2★	区域高水平高职院校
280	山西旅游职业学院	太原市	职业技能型	2★	区域高水平高职院校
280	阳泉职业技术学院	阳泉市	职业技能型	2★	区域高水平高职院校
286	朔州师范高等专科学校	朔州市	职业技能型	1★	区域知名高职院校
289	山西水利职业技术学院	运城市	职业技能型	2★	区域高水平高职院校
302	山西华澳商贸职业学院	晋中市	职业技能型	1★	区域知名高职院校
346	晋城职业技术学院	晋城市	职业技能型	1★	区域知名高职院校

4. 山西省职业技术大学排名

表4-14　2024校友会山西省职业技术大学排名

全国排名	学校名称	所在城市	办学类型	星级排名	办学层次
14	山西工程科技职业大学	太原市	职业技能型	5★	中国一流职业技术大学
27	运城职业技术大学	运城市	职业技能型	3★	区域一流职业技术大学

二、山西省大学专业排名详情

1. 山西大学

（1）山西大学综合实力排名

综合排名：2024校友会中国大学排名第86名，全国综合类高校第38名，山西省高校第1名。

星级排名：中国四星级大学（4★），世界知名、中国高水平大学。主管部门：山西省。

（2）山西大学各本科专业排名（全国排名/档次）

1）世界高水平、中国顶尖专业（6★）

汉语言文学：10/A+；物理学：12/A+；哲学：8/A+。

2）中国一流专业（5★）

环境科学：8/A+；计算机科学与技术：27/A；考古学：8/A；历史学：20/A；伦理学：2/A+；生物科学：16/A；统计学：16/A；运动训练：8/A。

3）中国高水平专业（4★）

地理科学：41/B++；电气工程及其自动化：88/B++；电子信息科学与技术：27/B++；俄语：29/B++；法学：49/B++；翻译：23/B++；光电信息科学与工程：25/B++；广告学：22/B++；国际经济与贸易：86/B++；国际政治：17/B++；化学：39/B++；环境工程：30/B++；环境设计：9/A+；绘画：16/B++；教育学：34/B++；金融学：93/B++；经济学：27/A；旅游管理：22/A；能源与动力工程：54/B++；软件工程：103/B++；食品科学与工程：72/B++；视觉传达设计：42/B++；数学与应用数学：56/B++；体育教育：23/B++；舞蹈编导：6/B++；戏剧影视文学：13/B++；新闻学：30/B++；信息管理与信息系统：38/B++；信息与计算科学：51/B++；行政管理：66/B++；音乐表演：18/B++；应用心理学：28/B++；英语：57/B++；自动化：41/B++；自然地理与资源环境：11/B++。

4）中国区域一流专业（3★）

材料化学：48/B+；材料物理：40/B+；电子科学与技术：69/B+；电子信息工程：141/B+；工商管理：207/B+；环境生态工程：6/B++；会计学：186/B+；美术学：69/B+；社会工作：63/B+；社会体育指导与管理：28/B+；图书馆学：14/B+；土木工程：164/B+；武术与民族传统体育：16/B+；学前教育：56/B+；艺术设计学：40/B+；音乐学：86/B+；应用化学：112/B+；知识产权：14/B+；作曲与作曲技术理论：17/B+。

5）中国区域高水平专业（2★）

测控技术与仪器：126/D；德语：48/C；电子商务：118/C；雕塑：29/C；法语：56/C；工程管理：120/C；工程造价：24/B；公共艺术：25/C；汉语国际教育：96/B；机械电子工程：69/C；建筑环境与能源应用工程：84/C；建筑学：120/D；经济统计学：52/C；日语：118/B；社会学：68/C；生物工程：127/C；书法学：23/B；数据科学与大数据技术：54/B++；数字媒体艺术：79/C；文物与博物馆学：19/C；政治学与行政学：59/C；智慧建筑与建造：2/A+。

6）中国区域知名专业（1★）

建筑电气与智能化：20/C；酒店管理：43/C；物业管理：5/A；新能源科学与工程：71/D；资源循环科学与工程：25/D。

2. 太原理工大学

（1）太原理工大学综合实力排名

综合排名：2024 校友会中国大学排名第 110 名，全国理工类高校第 46 名，山西省高校第 2 名。

星级排名：中国四星级大学（4★），世界知名、中国高水平大学。“211 工程”大学。主管部门：山西省。

（2）太原理工大学各本科专业排名（全国排名/档次）

1）世界高水平、中国顶尖专业（6★）

化学工程与工艺：7/A+；矿物加工工程：7/A+。

2）中国一流专业（5★）

安全工程：8/A；材料成型及控制工程：7/A+；采矿工程：8/A；电气工程及其自动化：15/A；机械设计制造及其自动化：25/A；金属材料工程：8/A。

3）中国高水平专业（4★）

材料科学与工程：45/B++；测绘工程：17/B++；车辆工程：25/B++；地质工程：21/B++；电子科学与技术：39/B++；电子信息工程：89/B++；法学：111/B++；给排水科学与工程：15/B++；工程管理：20/A；工程力学：25/B++；工艺美术：8/B++；光电信息科学与工程：25/B++；国际经济与贸易：86/B++；环境工程：30/B++；会计学：112/B++；机械电子工程：6/A+；计算机科学与技术：60/B++；建筑环境与能源应用工程：10/A；建筑学：24/B++；农业水利工程：9/B++；生物医学工程：40/B++；水文与水资源工程：8/B++；体育教育：48/B++；通信工程：45/B++；土木工程：47/B++；物联网工程：10/A+；物流管理：15/A；信息与计算科学：23/A；应用化学：35/B++；应用物理学：43/B++；英语：57/B++；资源勘查工程：21/B++；自动化：41/B++。

4）中国区域一流专业（3★）

城市地下空间工程：25/B+；城乡规划：58/B+；纺织工程：19/B+；过程装备与控制工程：48/B+；环境设计：105/B+；绘画：40/B+；精细化工：2/A+；能源与动力工程：80/B+；人工智能：15/A；数学与应用数学：168/B+；数字媒体艺术：34/B+；水利水电工程：48/B+；思想政治教育：116/B+；冶金工程：22/B+；制药工程：79/B+。

5）中国区域高水平专业（2★）

材料化学：74/C；材料物理：54/D；测控技术与仪器：126/D；道路桥梁与渡河工程：22/C；地理信息科学：84/C；飞行技术：10/D；飞行器设计与工程：23/D；服装设计与工程：33/D；服装与服饰设计：66/C；高分子材料与工程：102/D；工业设计：119/C；光源与照明：5/A；汉语国际教育：96/B；环境科学与工程：17/C；机器人工程：18/B++；交通设备与控制工程：8/C；勘查技术与工程：27/D；能源经济：8/D；摄影：23/C；生物工程：127/C；市场营销：176/C；视觉传达设计：147/C；数据科学与大数据技术：54/B++；统计学：133/C；文物保护技术：5/A；文物保护与修复：5/A；无机非金属材料工程：52/C；舞蹈表演：35/C；物理学：125/D；信息安全：71/C；行政管理：148/C；音乐表演：71/C；应急技术与管理：1/A++；影视摄影与制作：15/C；运动训练：60/C；智能感知工程：7/B；智能医学工程：13/B。

3. 山西医科大学

（1）山西医科大学综合实力排名

综合排名：2024 校友会中国大学排名第 121 名，全国医药类高校第 15 名，山西省高校第 3 名。

星级排名：中国四星级大学（4★），世界知名、中国高水平大学。主管部门：山西省。

（2）山西医科大学各本科专业排名（全国排名/档次）

1）世界高水平、中国顶尖专业（6★）

法医学：2/A+；临床医学：8/A+；预防医学：9/A+。

2）中国一流专业（5★）

护理学：11/A；口腔医学：10/A；麻醉学：5/A；信息管理与信息系统：24/A；药学：13/A；医学检验技术：8/A；医学影像学：6/A；智能医学工程：1/A++。

3）中国高水平专业（4★）

儿科学：5/A；公共事业管理：30/B++；基础医学：13/B++；精神医学：7/B++；康复治疗学：17/B++；临床药学：14/B++；卫生检验与检疫：1/A++；眼视光医学：2/A+；药物制剂：4/A；医学实验技术：5/A；医学影像技术：5/A；中药学：19/B++；助产学：3/A+。

4）中国区域一流专业（3★）

健康服务与管理：2/A+；劳动与社会保障：37/B+；社会工作：87/B+；生物医学工程：62/B+；生物制药：12/B++；眼视光学：5/A；英语：253/B+；运动康复：15/B+。

4. 中北大学

（1）中北大学综合实力排名

综合排名：2024 校友会中国大学排名第 173 名，全国理工类高校第 77 名，山西省高校第 4 名。

星级排名：中国四星级大学（4★），世界知名、中国高水平大学。主管部门：山西省。

（2）中北大学各本科专业排名（全国排名/档次）

1）世界高水平、中国顶尖专业（6★）

装甲车辆工程：2/A+。

2）中国一流专业（5★）

材料成型及控制工程：22/A；弹药工程与爆炸技术：1/A++；飞行器制造工程：4/A。

3）中国高水平专业（4★）

安全工程：31/B++；测控技术与仪器：23/B++；电子信息工程：38/B++；光电信息科学与工程：25/B++；化学工程与工艺：34/B++；机械设计制造及其自动化：54/B++；计算机科学与技术：60/B++；能源与动力工程：54/B++；软件工

程：103/B++；市场营销：59/B++；探测制导与控制技术：8/B++；特种能源技术与工程：1/A++；武器发射工程：3/A+；信息对抗技术：10/B++；英语：136/B++；自动化：112/B++。

4）中国区域一流专业（3★）

财务管理：100/B+；车辆工程：58/B+；电气工程及其自动化：151/B+；电子科学与技术：62/B+；飞行器设计与工程：18/B+；分子科学与工程：3/A+；高分子材料与工程：65/B+；工程力学：56/B+；工业工程：64/B+；轨道交通信号与控制：8/B+；过程装备与控制工程：45/B+；机械电子工程：48/B+；金属材料工程：33/B+；生物工程：93/B+；通信工程：104/B+；微电子科学与工程：40/B+；无机非金属材料工程：43/B+；武器系统与工程：3/A+；物联网工程：69/B+；新能源汽车工程：1/A++；信息与计算科学：122/B+；音乐表演：45/B+；音乐学：78/B+；应用化学：145/B+；运动训练：36/B+。

5）中国区域高水平专业（2★）

包装工程：30/C；产品设计：131/D；城市地下空间工程：30/C；电气工程与智能控制：4/A；电子信息科学与技术：87/C；翻译：80/C；工商管理：282/D；工业设计：131/C；国际经济与贸易：266/D；环境工程：212/D；机器人工程：18/B++；机械工程：70/D；集成电路设计与集成系统：21/C；经济统计学：59/D；矿物加工工程：30/D；能源化学工程：31/C；汽车服务工程：31/D；人工智能：38/B++；生物医学工程：88/D；视觉传达设计：156/C；数学与应用数学：245/D；统计学：147/C；网络工程：119/D；新能源材料与器件：32/B；新能源科学与工程：54/C；信息工程：38/C；信息管理与信息系统：207/C；医学影像技术：20/B；应用统计学：48/B；应用物理学：112/C；制药工程：139/D；智能感知工程：7/B；智能无人系统技术：2/A+；智能制造工程：16/B++。

6）中国区域知名专业（1★）

法学：327/D；广播电视学：106/D；汉语言文学：255/D；经济学：257/D；社会体育指导与管理：117/D；数据科学与大数据技术：152/C；数字媒体技术：83/D；土木工程：223/D；物理学：143/D；政治学与行政学：75/D。

5. 山西财经大学

（1）山西财经大学综合实力排名

综合排名：2024 校友会中国大学排名第 207 名，全国财经类高校第 18 名，山西省高校第 5 名。

星级排名：中国四星级大学（4★），世界知名、中国高水平大学。主管部门：山西省。

（2）山西财经大学各本科专业排名（全国排名/档次）

1）中国一流专业（5★）

会计学：16/A+；金融学：13/A+。

2）中国高水平专业（4★）

保险学：15/B++；财务管理：17/A；电子商务：45/B++；法学：49/B++；工程管理：55/B++；工商管理：36/B++；管理科学：9/B++；国际经济与贸易：43/B++；计算机科学与技术：60/B++；金融工程：11/A；经济统计学：19/B++；经济学：27/A；旅游管理：22/A；审计学：11/B++；市场营销：29/A；统计学：20/A；物流管理：46/B++；信息管理与信息系统：73/B++；资产评估：4/A。

3）中国区域一流专业（3★）

财政学：41/B+；房地产开发与管理：9/B+；国民经济管理：7/B+；金融数学：5/A；劳动与社会保障：37/B+；贸易经济：15/B+；能源经济：6/B+；人力资源管理：69/B+；人文地理与城乡规划：26/B+；商务英语：34/B+；税收学：23/B+；体育经济与管理：10/B+；投资学：17/B+；文化产业管理：14/B++；信息与计算科学：122/B+；行政管理：111/B+；应用统计学：22/B+；资源与环境经济学：4/A；自然地理与资源环境：20/B+。

4）中国区域高水平专业（2★）

地理信息科学：94/D；公共事业管理：198/D；汉语国际教育：121/C；环境设计：172/C；金融科技：5/A；酒店管理：25/B；农林经济管理：48/D；日语：162/C；土地资源管理：53/C；网络与新媒体：27/B+；舞蹈编导：28/C；新闻学：125/D；音乐表演：71/C；应急管理：3/A+。

5）中国区域知名专业（1★）

工程造价：50/D；广告学：113/C；国际商务：40/C；视觉传达设计：202/D。

6. 山西师范大学

（1）山西师范大学综合实力排名

综合排名：2024 校友会中国大学排名第 218 名，全国师范类高校第 34 名，山西省高校第 6 名。

星级排名：中国三星级大学（3★），中国知名、区域一流大学。主管部门：山西省。

（2）山西师范大学各本科专业排名（全国排名/档次）

1）中国一流专业（5★）

思想政治教育：22/A。

2）中国高水平专业（4★）

地理科学：17/B++；汉语言文学：64/B++；化学：39/B++；教育技术学：21/B++；历史学：34/B++；社会学：19/B++；生物科学：36/B++；数学与应用数学：56/B++；体育教育：23/B++；物理学：33/B++；戏剧影视文学：14/B++；学前教育：9/A；音乐学：18/B++；英语：136/B++。

3）中国区域一流专业（3★）

编辑出版学：18/B+；材料化学：48/B+；电子信息工程：178/B+；法学：161/B+；广播电视编导：36/B+；计算机科学与技术：327/B+；经济学：122/B+；旅游管理：114/B+；美术学：57/B+；人文地理与城乡规划：26/B+；社会体育指导与管理：37/B+；生物技术：96/B+；食品科学与工程：102/B+；视觉传达设计：83/B+；土木工程：164/B+；武术与民族传统体育：20/B+；小学教育：52/B+；心理学：31/B+；自然地理与资源环境：20/B+。

4）中国区域高水平专业（2★）

表演：44/B；播音与主持艺术：63/C；财务管理：135/C；地理信息科学：94/D；动物科学：53/D；环境设计：172/C；环境生态工程：20/B；机械设计制造及其自动化：214/D；教育学：65/D；日语：162/C；商务英语：52/B；书法学：23/B；信息与计算科学：164/C；运动训练：60/C。

5）中国区域知名专业（1★）

朝鲜语：54/D；工艺美术：38/D；航空服务艺术与管理：11/B；人工智能：123/C；生态学：65/D；食品质量与安全：117/D；体育旅游：4/A；舞蹈学：74/D；园艺：64/D。

7. 太原科技大学

（1）太原科技大学综合实力排名

综合排名：2024 校友会中国大学排名第 259 名，全国理工类高校第 116 名，山西省高校第 7 名。

星级排名：中国三星级大学（3★），中国知名、区域一流大学。主管部门：山西省。

（2）太原科技大学各本科专业排名（全国排名/档次）

1）中国高水平专业（4★）

材料成型及控制工程：33/B++；材料科学与工程：68/B++；电气工程及其自动化：88/B++；机械电子工程：20/B++；机械设计制造及其自动化：54/B++；计算机科学与技术：60/B++；自动化：41/B++。

2）中国区域一流专业（3★）

产品设计：86/B+；车辆工程：58/B+；电子信息工程：141/B+；法学：161/B+；工程力学：49/B+；工业工程：54/B+；工业设计：68/B+；光电信息科学与工程：72/B+；焊接技术与工程：11/B+；化学工程与工艺：120/B+；环保设备工程：2/A+；环境工程：133/B+；环境科学：61/B+；会计学：208/B+；交通运输：37/B+；经济学：152/B+；能源化学工程：17/B+；软件工程：150/B+；社会工作：63/B+；市场营销：110/B+；通信工程：141/B+；物联网工程：69/B+；信息管理与信息系统：119/B+；冶金工程：23/B+；英语：253/B+。

3）中国区域高水平专业（2★）

采矿工程：31/D；测控技术与仪器：143/D；电子商务：148/D；工艺美术：25/C；国际经济与贸易：266/D；过程装备与控制工程：67/D；环境设计：172/C；交通工程：56/C；能源与动力工程：124/D；日语：162/C；社会体育指导与管理：64/C；网络工程：81/B；无机非金属材料工程：52/C；信息与计算科学：164/C；油气储运工程：21/D；制药工程：139/D。

4）中国区域知名专业（1★）

安全工程：83/D；功能材料：27/D；环境生态工程：32/D；机器人工程：71/C；生物工程：173/D；视觉传达设计：202/D；数据计算及应用：6/B；数字媒体技术：83/D；应急技术与管理：5/A；应用统计学：91/D；智能科学与技术：58/C；智能装备与系统：4/A。

8. 山西农业大学

（1）山西农业大学综合实力排名

综合排名：2024 校友会中国大学排名第 315 名，全国农林类高校第 34 名，山西省高校第 8 名。

星级排名：中国二星级大学（2★），中国区域高水平大学。主管部门：山西省。

（2）山西农业大学各本科专业排名（全国排名/档次）

1）中国一流专业（5★）

动物医学：10/A；农学：17/A。

2）中国高水平专业（4★）

草业科学：12/B++；动物科学：16/B++；林学：13/B++；农业机械化及其自动化：12/B++；农业水利工程：13/B++；农业资源与环境：10/B++；生物科学：36/B++；食品科学与工程：28/B++；食品质量与安全：19/B++；土地资源管理：8/A；园艺：14/B++；植物保护：13/B++；种子科学与工程：7/B++。

3）中国区域一流专业（3★）

地理信息科学：61/B+；动植物检疫：3/A+；国际经济与贸易：176/B+；环境科学：82/B+；环境设计：105/B+；计算机科学与技术：327/B+；农村区域发展：7/B+；农林经济管理：33/B+；农业电气化：5/A；农业工程：6/B+；农业建筑环境与能源工程：8/B+；葡萄与葡萄酒工程：4/A；设施农业科学与工程：6/B++；生物工程：93/B+；生物技术：122/B+；水土保持与荒漠化防治：10/B+；行政管理：126/B+；应用化学：145/B+；园林：28/B+；中药资源与开发：10/B+。

4）中国区域高水平专业（2★）

电气工程及其自动化：217/D；公共事业管理：124/B；化学：149/D；机械设计制造及其自动化：222/D；软件工程：235/D；森林保护：16/D；食用菌科学与工程：1/A++；市场营销：241/D；数学与应用数学：245/D；水产养殖学：37/D；土木工程：216/D；网络工程：119/D；物理学：126/D；物联网工程：104/B；物流管理：109/C；信息与计算科学：231/D；英语：358/D；制药工程：131/D。

5）中国区域知名专业（1★）

车辆工程：109/D；城乡规划：103/D；电子信息科学与技术：117/D；法学：327/D；风景园林：75/D；机器人工程：71/C；经济动物学：2/A+；生态学：65/D；生物农药科学与工程：1/A++；生物信息学：33/D；视觉传达设计：202/D；数据科学与大数据技术：152/C；数字媒体艺术：112/D；土地整治工程：9/C；智慧农业：9/C；智能科学与技术：58/C。

9. 山西大同大学

（1）山西大同大学综合实力排名

综合排名：2024 校友会中国大学排名第 339 名，全国综合类高校第 96 名，山西省高校第 9 名。

星级排名：中国二星级大学（2★），中国区域高水平大学。主管部门：山西省。

（2）山西大同大学各本科专业排名（全国排名/档次）

1）中国顶尖应用型专业（6★）

采矿工程：1/A++；光电信息科学与工程：1/A++；汉语言文学：1/A++；化学：1/A++；数字媒体技术：1/A++；物理学：9/A+；小学教育：21/A+。

2）中国一流应用型专业（5★）

安全工程：6/A；电气工程及其自动化：48/A；计算机科学与技术：101/A；矿物加工工程：3/A+；临床医学：24/A；视觉传达设计：33/A；思想政治教育：20/A；体育教育：19/A；文物保护技术：1/A++；舞蹈学：4/A+；应用化学：14/A。

3）中国高水平应用型专业（4★）

测绘工程：18/B++；电子信息科学与技术：27/B++；化学工程与工艺：50/B++；机械设计制造及其自动化：128/B++；建筑环境与能源应用工程：17/B++；教育技术学：19/B++；统计学：9/A；土木工程：97/B++；网络工程：47/B++；智能科学与技术：10/B++；中医学：9/B++；自动化：70/B++。

4）中国区域一流应用型专业（3★）

地质工程：12/B+；雕塑：7/B+；绘画：30/B+；美术学：82/B+；设施农业科学与工程：6/B+；数学与应用数学：109/B+；物流管理：127/B+；新能源材料与器件：6/B++；新闻学：50/B+；医学影像技术：25/B+；音乐学：87/B+；英语：198/B+；中西医临床医学：9/B+。

5）中国区域高水平应用型专业（2★）

材料成型及控制工程：76/C；俄语：32/C；法学：138/C；工商管理：170/C；功能材料：10/D；历史学：74/C；旅游管理：180/C；商务英语：161/C；生物科学：80/C；市场营销：231/C；书法学：32/B；心理学：20/C；医学检验技术：58/D；运动康复：21/C；制药工程：85/C。

6）中国区域知名应用型专业（1★）

翻译：116/D；国际商务：78/D；会计学：280/D；日语：173/D；社会体育指导与管理：104/C；网络与新媒体：140/C；新能源科学与工程：44/D；学前教育：215/C；药学：81/D；音乐表演：123/D；智能制造工程：70/C。

9. 太原师范学院

（1）太原师范学院综合实力排名

综合排名：2024 校友会中国大学排名第 339 名，全国师范类高校第 64 名，山西省高校第 9 名。

星级排名：中国一星级大学（1★），中国区域知名大学。主管部门：山西省。

（2）太原师范学院各本科专业排名（全国排名/档次）

1）中国顶尖应用型专业（6★）

地理科学：1/A++；汉语言文学：30/A+；美术学：1/A++；人文地理与城乡规划：1/A++；数学与应用数学：1/A++；思想政治教育：1/A++；学前教育：1/A++；音乐学：4/A+；自然地理与资源环境：1/A++。

2）中国一流应用型专业（5★）

地理信息科学：10/A；翻译：8/A+；家政学：2/A+；教育学：8/A；历史学：16/A；舞蹈编导：4/A。

3）中国高水平应用型专业（4★）

播音与主持艺术：31/B++；产品设计：43/B++；服装与服饰设计：32/B++；化学：48/B++；视觉传达设计：72/B++；文物与博物馆学：2/A+；舞蹈表演：8/A；物联网工程：62/B++；小学教育：75/B++；信息与计算科学：26/B++；政治学与行政学：4/A。

4）中国区域一流应用型专业（3★）

财务管理：137/B+；城市管理：8/B+；法学：82/B+；广播电视学：40/B+；环境设计：113/B+；绘画：30/B+；计算机科学与技术：253/B+；科学教育：16/B+；旅游管理：129/B+；人文教育：5/A；生物科学：54/B+；数据科学与大数据技术：60/B++；体育教育：85/B+；土地资源管理：7/B+；舞蹈学：33/B+；物理学：66/B+；音乐表演：48/B+；应用电子技术教育：3/A+；应用心理学：47/B+；英语：198/B+。

5）中国区域高水平应用型专业（2★）

广播电视编导：105/C；航空服务艺术与管理：10/B+；经济学：80/C；社会体育指导与管理：61/B；生态学：8/C；书法学：32/B；统计学：53/B；戏剧影视文学：30/C；新闻学：81/C；信用管理：8/C；应用化学：96/C；应用物理学：17/C。

11. 长治医学院

（1）长治医学院综合实力排名

综合排名：2024 校友会中国大学排名第 347 名，全国医药类高校第 61 名，山西省高校第 11 名。

星级排名：中国一星级大学（1★），中国区域知名大学。主管部门：山西省。

（2）长治医学院各本科专业排名（全国排名/档次）

1）中国顶尖应用型专业（6★）

护理学：15/A+；临床医学：10/A+；药学：1/A++。

2）中国一流应用型专业（5★）

精神医学：3/A+；康复治疗学：8/A；口腔医学：8/A；麻醉学：4/A；生物医学工程：5/A。

3）中国高水平应用型专业（4★）

医学检验技术：22/B++；医学实验技术：1/A++；医学影像技术：13/B++。

4）中国区域一流应用型专业（3★）

信息管理与信息系统：71/B+；医学影像学：20/B+；应用心理学：47/B+；助产学：5/A。

5）中国区域高水平应用型专业（2★）

健康服务与管理：33/B；音乐学：150/C；音乐治疗：2/A+；预防医学：24/D；中药学：45/D。

6）中国区域知名应用型专业（1★）

传播学：21/D；运动康复：34/D。

12. 太原工业学院

（1）太原工业学院综合实力排名

综合排名：2024 校友会中国大学排名第 422 名，全国理工类高校第 193 名，山西省高校第 12 名。

星级排名：中国一星级大学（1★），中国区域知名大学。主管部门：山西省。

（2）太原工业学院各本科专业排名（全国排名/档次）

1）中国顶尖应用型专业（6★）

化学工程与工艺：13/A+。

2）中国一流应用型专业（5★）

高分子材料与工程：4/A；计算机科学与技术：101/A；通信工程：43/A；网络工程：16/A；应用化学：14/A。

3）中国高水平应用型专业（4★）

材料科学与工程：23/B++；机械电子工程：42/B++；机械设计制造及其自动化：128/B++；软件工程：95/B++；生物工程：26/B++；无机非金属材料工程：11/B++；休闲体育：5/A；质量管理工程：3/A+。

4）中国区域一流应用型专业（3★）

测控技术与仪器：34/B+；产品设计：80/B+；电气工程与智能控制：11/B+；环境工程：60/B+；机器人工程：36/B+；能源化学工程：6/B+；汽车服务工程：66/B+；食品质量与安全：34/B+；视觉传达设计：140/B+；数据科学与大数据技术：60/B++；数字媒体技术：57/B+；物联网工程：139/B+；制药工程：54/B+；智能车辆工程：3/A+；自动化：120/B+。

5）中国区域高水平应用型专业（2★）

安全工程：39/C；材料成型及控制工程：76/C；电气工程及其自动化：231/D；电子信息工程：242/C；工商管理：170/C；国际经济与贸易：260/C；建筑环境与能源应用工程：50/C；经济学：80/C；数学与应用数学：166/D；微电子科学与工程：23/D；新能源材料与器件：21/C；艺术与科技：27/C；智能制造工程：34/B。

6）中国区域知名应用型专业（1★）

财务管理：326/C；环境设计：311/D；市场营销：321/D；英语：412/D。

13. 长治学院

（1）长治学院综合实力排名

综合排名：2024 校友会中国大学排名第 436 名，全国综合类高校第 143 名，山西省高校第 13 名。

星级排名：中国一星级大学（1★），中国区域知名大学。主管部门：山西省。

（2）长治学院各本科专业排名（全国排名/档次）

1）中国顶尖应用型专业（6★）

生物科学：9/A+。

2）中国一流应用型专业（5★）

汉语言文学：63/A；历史学：16/A；思想政治教育：20/A。

3）中国高水平应用型专业（4★）

网络工程：47/B++；音乐学：54/B++。

4）中国区域一流应用型专业（3★）

化学生物学：2/A+；环境生态工程：11/B+；商务英语：71/B+；数据科学与大数据技术：60/B++；数学与应用数学：109/B+；文化遗产：2/A+；舞蹈学：33/B+。

5）中国区域高水平应用型专业（2★）

电子信息科学与技术：71/C；翻译：84/C；光电信息科学与工程：58/D；秘书学：35/B；药物化学：2/A+；艺术设计学：77/C。

6）中国区域知名应用型专业（1★）

财务管理：326/C；公共事业管理：96/D；航空服务艺术与管理：22/C；化学：122/D；教育技术学：47/D；经济学：111/D；酒店管理：124/C；科学教育：30/D；旅游管理：234/D；美术学：163/D；生物技术：95/D；网络与新媒体：140/C；信息与计算科学：105/D；学前教育：215/C；应用统计学：59/C；英语：412/D。

13. 山西传媒学院

（1）山西传媒学院综合实力排名

综合排名：2024 校友会中国大学排名第 436 名，全国语言类高校第 14 名，山西省高校第 13 名。

星级排名：中国三星级大学（3★），中国知名、区域一流大学。主管部门：山西省。

（2）山西传媒学院各本科专业排名（全国排名/档次）

1）中国顶尖应用型专业（6★）

播音与主持艺术：1/A++；动画：1/A++；广播电视编导：10/A+；广播电视工程：1/A++；广播电视学：1/A++；广告学：1/A++；数字媒体艺术：4/A+；影视摄影与制作：1/A++。

2）中国一流应用型专业（5★）

表演：11/A；录音艺术：2/A+；文化产业管理：5/A+；戏剧影视美术设计：1/A++。

3）中国高水平应用型专业（4★）

环境设计：73/B++；摄影：5/A；网络与新媒体：32/B++。

4）中国区域一流应用型专业（3★）

电影学：4/A；戏剧影视文学：17/B+；新闻学：50/B+；虚拟现实技术：2/A+。

5）中国区域高水平应用型专业（2★）

数字出版：7/C；数字媒体技术：100/C；舞蹈编导：28/C；戏剧影视导演：14/D。

6）中国区域知名应用型专业（1★）

视觉传达设计：299/D；音乐表演：123/D。

13. 运城学院

（1）运城学院综合实力排名

综合排名：2024 校友会中国大学排名第 436 名，全国综合类高校第 143 名，山西省高校第 13 名。

星级排名：中国一星级大学（1★），中国区域知名大学。主管部门：山西省。

（2）运城学院各本科专业排名（全国排名/档次）

1）中国顶尖应用型专业（6★）

电子科学与技术：1/A++；旅游管理：21/A+。

2）中国一流应用型专业（5★）

计算机科学与技术：101/A；食品科学与工程：17/A；数学与应用数学：38/A。

3）中国高水平应用型专业（4★）

财务管理：80/B++；法学：55/B++；汉语言文学：118/B++；化学：48/B++；机械设计制造及其自动化：128/B++；生物科学：41/B++；数字媒体技术：25/B++；小学教育：75/B++。

4）中国区域一流应用型专业（3★）

材料科学与工程：37/B+；电子商务：109/B+；机械电子工程：74/B+；数据科学与大数据技术：60/B++；音乐表演：48/B+；印刷工程：3/A+；资产评估：16/B+。

5）中国区域高水平应用型专业（2★）

播音与主持艺术：98/C；材料化学：33/D；产品设计：130/C；金融工程：80/B；美术学：124/C；商务英语：161/C；食品质量与安全：57/B；思想政治教育：112/C；通信工程：205/D；网络工程：137/C；舞蹈学：69/C；物理学：99/C；物流管理：182/C；英语：318/C；园林：55/C。

6）中国区域知名应用型专业（1★）

表演：70/D；电气工程及其自动化：293/D；环境设计：311/D；酒店管理：124/C；历史学：94/D；秘书学：73/D；日语：173/D；视觉传达设计：299/D；体育教育：138/D；新能源科学与工程：44/D；信息管理与信息系统：161/D；学前教育：215/C；应用化学：150/D；应用统计学：59/C；智能制造工程：70/C。

16. 山西中医药大学

（1）山西中医药大学综合实力排名

综合排名：2024 校友会中国大学排名第 453 名，全国医药类高校第 74 名，山西省高校第 16 名。

星级排名：中国三星级大学（3★），中国知名、区域一流大学。主管部门：山西省。

（2）山西中医药大学各本科专业排名（全国排名/档次）

1）中国高水平专业（4★）

制药工程：45/B++；中医学：23/B++。

2）中国区域一流专业（3★）

护理学：81/B+；康复治疗学：31/B+；针灸推拿学：22/B+；中西医临床医学：26/B+；中药学：38/B+。

3）中国区域高水平专业（2★）

食品科学与工程：159/D；药物分析：9/C。

4）中国区域知名专业（1★）

公共事业管理：238/D；健康服务与管理：15/B；临床药学：34/D；生物技术：217/D；生物信息学：33/D；生物制药：45/D；市场营销：299/D；信息管理与信息系统：278/D；药学：139/D；应用心理学：113/D；运动康复：30/C；中药制药：18/D；中药资源与开发：29/D；中医养生学：6/B。

17. 山西工程技术学院

（1）山西工程技术学院综合实力排名

综合排名：2024 校友会中国大学排名第 465 名，全国理工类高校第 207 名，山西省高校第 17 名。

星级排名：中国一星级大学（1★），中国区域知名大学。主管部门：山西省。

（2）山西工程技术学院各本科专业排名（全国排名/档次）

1）中国顶尖应用型专业（6★）

采矿工程：1/A++。

2）中国一流应用型专业（5★）

测绘工程：9/A。

3）中国高水平应用型专业（4★）

包装工程：3/A+；地质工程：8/B++；电气工程及其自动化：91/B++；机械设计制造及其自动化：128/B++；勘查技术与工程：7/B++；土木工程：97/B++。

4）中国区域一流应用型专业（3★）

城市地下空间工程：10/B+；地理信息科学：25/B+；电子商务：109/B+；工程造价：58/B+；机械电子工程：74/B+；机械工程：35/B+；计算机科学与技术：253/B+；矿物加工工程：9/B+；数据科学与大数据技术：60/B++；智能科学与技术：17/B++；自动化：120/B+。

5）中国区域高水平应用型专业（2★）

安全工程：39/C；材料科学与工程：50/C；工业设计：74/C；国际经济与贸易：260/C；投资学：51/B；无机非金属材料工程：21/D；物联网工程：232/C；资源与环境经济学：2/A+。

6）中国区域知名应用型专业（1★）

财务管理：326/C；工程管理：174/C；遥感科学与技术：14/D；智能制造工程：70/C。

17. 忻州师范学院

（1）忻州师范学院综合实力排名

综合排名：2024 校友会中国大学排名第 465 名，全国师范类高校第 108 名，山西省高校第 17 名。

星级排名：中国一星级大学（1★），中国区域知名大学。主管部门：山西省。

（2）忻州师范学院各本科专业排名（全国排名/档次）

1）中国顶尖应用型专业（6★）

汉语言文学：30/A+；化学：13/A+；数学与应用数学：1/A++。

2）中国一流应用型专业（5★）

人文地理与城乡规划：8/A。

3）中国高水平应用型专业（4★）

历史学：32/B++；旅游管理：76/B++；物理学：39/B++。

4）中国区域一流应用型专业（3★）

地理科学：28/B+；翻译：39/B+；审计学：52/B+；书法学：16/B+；数据科学与大数据技术：60/B++；数字媒体

技术：57/B+；通信工程：130/B+；统计学：20/B++；网络工程：82/B+；舞蹈编导：16/B+。

5）中国区域高水平应用型专业（2★）

电子信息科学与技术：71/C；工商管理：170/C；计算机科学与技术：379/D；教育学：30/D；科学教育：19/C；秘书学：35/B；思想政治教育：112/C；艺术教育：17/C；应用化学：96/C。

6）中国区域知名应用型专业（1★）

法学：193/D；会计学：280/D；美术学：163/D；商务经济学：12/D；生态学：10/D；生物技术：95/D；生物科学：100/D；体育教育：138/D；网络与新媒体：140/C；小学教育：142/C；休闲体育：45/C；学前教育：215/C；音乐表演：123/D；音乐学：213/D；英语：412/D。

19. 晋中学院

（1）晋中学院综合实力排名

综合排名：2024 校友会中国大学排名第 472 名，全国综合类高校第 168 名，山西省高校第 19 名。

星级排名：中国一星级大学（1★），中国区域知名大学。主管部门：山西省。

（2）晋中学院各本科专业排名（全国排名/档次）

1）中国一流应用型专业（5★）

音乐学：17/A。

2）中国高水平应用型专业（4★）

机械工艺技术：1/A++；旅游管理：76/B++；生物技术：23/B++；书法学：4/A+；数据科学与大数据技术：23/A。

3）中国区域一流应用型专业（3★）

材料成型及控制工程：49/B+；电子科学与技术：42/B+；翻译：39/B+；复合材料与工程：6/B+；轨道交通信号与控制：11/B+；环境科学与工程：12/B+；会展经济与管理：21/B+；机械电子工程：74/B+；机械设计制造及其自动化：207/B+；食品科学与工程：65/B+；网络与新媒体：61/B+；武术与民族传统体育：7/B+；物联网工程：139/B+；小学教育：106/B+；音乐表演：48/B+；应用化学：65/B+；应用心理学：47/B+。

4）中国区域高水平应用型专业（2★）

汉语国际教育：110/C；汉语言文学：253/C；环境设计：203/B；计算机科学与技术：379/D；酒店管理：81/B；汽车服务工程：103/C；人力资源管理：134/C；思想政治教育：112/C；网络工程：137/C；新闻学：81/C；信息与计算科学：78/C；自动化：176/D。

5）中国区域知名应用型专业（1★）

财务管理：326/C；化学：122/D；经济学：111/D；历史学：94/D；生物科学：100/D；视觉传达设计：299/D；数学与应用数学：197/D；文化产业管理：71/D；舞蹈学：102/D；物理学：123/D；学前教育：215/C。

20. 吕梁学院

（1）吕梁学院综合实力排名

综合排名：2024 校友会中国大学排名第 484 名，全国综合类高校第 173 名，山西省高校第 20 名。

星级排名：中国一星级大学（1★），中国区域知名大学。主管部门：山西省。

（2）吕梁学院各本科专业排名（全国排名/档次）

1）中国高水平应用型专业（4★）

采矿工程：14/B++；环境科学与工程：7/B++；冶金工程：6/B++。

2）中国区域一流应用型专业（3★）

材料化学：19/B+；城乡规划：38/B+；化学工程与工艺：92/B+；绘画：30/B+；软件工程：156/B+；文化产业管理：22/B+；应用化学：65/B+。

3）中国区域高水平应用型专业（2★）

安全工程：39/C；测绘工程：58/D；电子信息工程：242/C；机械电子工程：132/C；机械设计制造及其自动化：246/D；计算机科学与技术：379/D；建筑学：104/D；人工智能：59/B；食品科学与工程：96/D；数据科学与大数据技术：199/C；土木工程：219/C；物业管理：20/C；艺术与科技：27/C。

4）中国区域知名应用型专业（1★）

财务管理：326/C；工程管理：174/C；汉语言文学：298/D；化学：122/D；会计学：280/D；历史学：94/D；美术学：163/D；生物科学：100/D；食品质量与安全：104/D；数学与应用数学：197/D；体育教育：138/D；物理学：123/D；新闻学：125/D；信息与计算科学：105/D；学前教育：215/C；音乐学：213/D；应用心理学：112/D；英语：412/D；园林：70/D；制药工程：109/D。

20. 太原学院

（1）太原学院综合实力排名

综合排名：2024 校友会中国大学排名第 484 名，全国综合类高校第 173 名，山西省高校第 20 名。

星级排名：中国一星级大学（1★），中国区域知名大学。主管部门：山西省。

（2）太原学院各本科专业排名（全国排名/档次）

1）中国高水平应用型专业（4★）

给排水科学与工程：16/B++；机械工程：22/B++；酒店管理：27/B++；物流工程：14/B++。

2）中国区域一流应用型专业（3★）

财务管理：137/B+；风景园林：24/B+；国际商务：29/B+；汉语言文学：180/B+；化学工程与工业生物工程：1/A++；环境设计：113/B+；计算机科学与技术：253/B+；建筑环境与能源应用工程：33/B+；建筑学：67/B+；秘书学：10/B++；汽车服务工程：66/B+；人力资源管理：75/B+；视觉传达设计：140/B+；应用心理学：47/B+；智能科学与技术：17/B++。

3）中国区域高水平应用型专业（2★）

道路桥梁与渡河工程：33/C；审计学：96/C；投资学：51/B；网络工程：137/C；舞蹈编导：28/C；物联网工程：232/C；新能源材料与器件：21/C。

4）中国区域知名应用型专业（1★）

城市管理：26/D；翻译：116/D；会计学：280/D；会展经济与管理：49/C；市场营销：321/D；书法学：54/D；数学与应用数学：197/D；土木工程：257/D；学前教育：215/C；音乐表演：123/D；园林：70/D。

22. 山西警察学院

（1）山西警察学院综合实力排名

综合排名：2024 校友会中国大学排名第 510 名，全国政法类高校第 34 名，山西省高校第 22 名。

星级排名：中国二星级大学（2★），中国区域高水平大学。主管部门：山西省。

（2）山西警察学院各本科专业排名（全国排名/档次）

1）中国顶尖应用型专业（6★）

网络安全与执法：1/A++。

2）中国一流应用型专业（5★）

刑事科学技术：14/A；治安学：11/A。

3）中国高水平应用型专业（4★）

公安管理学：7/B++；公安视听技术：3/A+；交通管理工程：10/B++；禁毒学：4/A；经济犯罪侦查：7/B++；侦查学：18/B++。

4）中国区域一流应用型专业（3★）

法学：82/B+；公安情报学：4/A；警务指挥与战术：12/B+；社会工作：31/B+；信息安全：8/B+。

23. 山西电子科技学院

（1）山西电子科技学院综合实力排名

综合排名：2024 校友会中国大学排名第 518 名，全国理工类高校第 220 名，山西省高校第 23 名。

星级排名：中国一星级大学（1★），中国区域知名大学。

（2）山西电子科技学院各本科专业排名（全国排名/档次）

1）中国高水平应用型专业（4★）

心理学：7/B++；学前教育：95/B++。

2）中国区域一流应用型专业（3★）

财务管理：137/B+；广播电视编导：72/B+；汉语言文学：180/B+；化学：73/B+；旅游管理与服务教育：10/B+；商务英语：71/B+；食品科学与工程：65/B+；思想政治教育：78/B+；体育教育：85/B+；戏剧影视文学：17/B+。

3）中国区域高水平应用型专业（2★）

播音与主持艺术：98/C；地理科学：46/C；历史学：74/C；能源化学：1/A++；生物科学：80/C；书法学：32/B；舞蹈学：69/C；音乐学：150/C。

4）中国区域知名应用型专业（1★）

电子信息科学与技术：88/D；法学：193/D；航空服务艺术与管理：22/C；环境科学：41/D；计算机科学与技术：469/D；美术学：163/D；数学与应用数学：197/D；数字媒体艺术：155/C；应用物理学：27/D；英语：412/D。

23. 山西工学院

（1）山西工学院综合实力排名

综合排名：2024 校友会中国大学排名第 518 名，全国理工类高校第 220 名，山西省高校第 23 名。

星级排名：中国一星级大学（1★），中国区域知名大学。主管部门：山西省。

（2）山西工学院各本科专业排名（全国排名/档次）

1）中国高水平应用型专业（4★）

材料成型及控制工程：36/B++。

2）中国区域一流应用型专业（3★）

采矿工程：17/B+；测控技术与仪器：34/B+；车辆工程：56/B+；化学工程与工艺：92/B+；机械设计制造及其自动化：207/B+；能源与动力工程：33/B+；自动化：120/B+。

3）中国区域高水平应用型专业（2★）

电气工程及其自动化：231/D；电子信息工程：242/C；高分子材料与工程：47/D；国际经济与贸易：260/C；环境工程：86/C；会计学：223/C；计算机科学与技术：379/D；建筑环境与能源应用工程：50/C；建筑学：104/D；摄影：38/C；市场营销：231/C；通信工程：205/D；土木工程：219/C；艺术设计学：77/C；应用化学：96/C。

4）中国区域知名应用型专业（1★）

动画：153/D；工业设计：121/D；轨道交通信号与控制：31/D；物流管理：251/D。

23. 山西能源学院

（1）山西能源学院综合实力排名

综合排名：2024 校友会中国大学排名第 518 名，全国理工类高校第 220 名，山西省高校第 23 名。

星级排名：中国一星级大学（1★），中国区域知名大学。主管部门：山西省。

（2）山西能源学院各本科专业排名（全国排名/档次）

1）中国顶尖应用型专业（6★）

采矿工程：1/A++。

2）中国高水平应用型专业（4★）

机械设计制造及其自动化：128/B++；能源与动力工程：19/B++。

3）中国区域一流应用型专业（3★）

车辆工程：56/B+；城市地下空间工程：10/B+；地下水科学与工程：2/A+；电气工程与智能控制：11/B+；化学工程与工艺：92/B+；环保设备工程：3/A+；机器人工程：36/B+；金融工程：39/B+；能源经济：5/A；能源与环境系统工程：3/A+；区块链工程：3/A+；新能源材料与器件：6/B++；新能源科学与工程：23/B+；信息管理与信息系统：71/B+；油气储运工程：9/B+；资源勘查工程：9/B+。

4）中国区域高水平应用型专业（2★）

安全工程：39/C；测绘工程：58/D；电气工程及其自动化：231/D；机械电子工程：132/C；建筑环境与能源应用工程：50/C；能源化学工程：15/D。

5）中国区域知名应用型专业（1★）

财务管理：326/C。

26. 山西科技学院

（1）山西科技学院综合实力排名

综合排名：2024 校友会中国大学排名第 531 名，全国理工类高校第 228 名，山西省高校第 26 名。

星级排名：中国一星级大学（1★），中国区域知名大学。主管部门：山西省。

（2）山西科技学院各本科专业排名（全国排名/档次）

1）中国区域高水平应用型专业（2★）

安全工程：39/C；材料成型及控制工程：76/C；电气工程及其自动化：231/D；电子商务：159/B；环境工程：86/C；机械设计制造及其自动化：246/D；社会体育指导与管理：61/B。

2）中国区域知名应用型专业（1★）

电子信息工程：314/D；法学：193/D；过程装备与控制工程：34/D；化学工程与工艺：156/D；会计学：280/D；计算机科学与技术：469/D；经济学：111/D；市场营销：321/D；通信工程：247/D；信息管理与信息系统：161/D；英语：412/D。

三、山西省民办大学专业排名详情

1. 山西工商学院

（1）山西工商学院综合实力排名

综合排名：2024 校友会中国民办大学排名第 59 名，全国财经类民办高校第 30 名，山西省民办高校第 1 名。

星级排名：中国四星级应用型大学（4★），中国高水平应用型大学。

（2）山西工商学院各本科专业排名（全国排名/档次）

1）中国顶尖应用型专业（6★）

学前教育：25/A+。

2）中国高水平应用型专业（4★）

工商管理：64/B++；会计学：105/B++；食品质量与安全：8/A；物联网工程：62/B++。

3）中国区域一流应用型专业（3★）

财务管理：137/B+；城市管理：8/B+；汉语国际教育：79/B+；航空服务艺术与管理：4/A；健康服务与管理：15/B++；金融工程：39/B+；商务英语：71/B+；市场营销：144/B+；数据科学与大数据技术：60/B++；物流管理：127/B+；艺术设计学：51/B+。

4）中国区域高水平应用型专业（2★）

播音与主持艺术：98/C；工程造价：88/B；广播电视编导：105/C；护理学：129/D；计算机科学与技术：379/D；建筑电气与智能化：38/C；金融学：107/C；跨境电子商务：13/B+；旅游管理：180/C；烹饪与营养教育：17/D；人工智能：59/B；数字媒体艺术：119/C；土木工程：219/C；行政管理：61/C；英语：318/C。

5）中国区域知名应用型专业（1★）

表演：70/D；电子信息工程：314/D；翻译：116/D；工程管理：174/C；互联网金融：32/C；家政学：13/D；建筑环境与能源应用工程：71/D；酒店管理：124/C；人力资源管理：202/D；软件工程：288/D；审计学：126/D；视觉传达设计：299/D；舞蹈编导：37/D；戏剧影视美术设计：20/C；音乐表演：123/D；影视摄影与制作：35/D；运动康复：34/D。

2. 山西晋中理工学院

（1）山西晋中理工学院综合实力排名

综合排名：2024 校友会中国民办大学排名第 76 名，全国理工类民办高校第 77 名，山西省民办高校第 2 名。

星级排名：中国三星级应用型大学（3★），中国知名、区域一流应用型大学。

（2）山西晋中理工学院各本科专业排名（全国排名/档次）

1）中国高水平应用型专业（4★）

电子信息科学与技术：27/B++；高分子材料与工程：14/B++。

2）中国区域一流应用型专业（3★）

材料成型及控制工程：49/B+；测控技术与仪器：34/B+；电气工程及其自动化：157/B+；法学：82/B+；国际经济与贸易：179/B+；过程装备与控制工程：10/B+；环境工程：60/B+；机械设计制造及其自动化：207/B+；计算机科学与技术：253/B+；市场营销：144/B+；通信工程：130/B+；网络工程：82/B+；自动化：120/B+。

3）中国区域高水平应用型专业（2★）

安全工程：39/C；材料科学与工程：50/C；车辆工程：88/C；电子信息工程：242/C；工商管理：170/C；经济学：80/C；英语：318/C。

4）中国区域知名应用型专业（1★）

财务管理：326/C；互联网金融：32/C；金属材料工程：35/D；汽车服务工程：134/D；社会工作：93/D；物联网工程：299/D；智能科学与技术：63/C。

3. 山西应用科技学院

（1）山西应用科技学院综合实力排名

综合排名：2024 校友会中国民办大学排名第 84 名，全国理工类民办高校第 86 名，山西省民办高校第 3 名。

星级排名：中国三星级应用型大学（3★），中国知名、区域一流应用型大学。

（2）山西应用科技学院各本科专业排名（全国排名/档次）

1）中国高水平应用型专业（4★）

工程管理：59/B++；计算机科学与技术：168/B++；土木工程：97/B++；物流管理：56/B++。

2）中国区域一流应用型专业（3★）

播音与主持艺术：54/B+；财务管理：137/B+；电信工程及管理：3/A+；电子信息工程：186/B+；广播电视编导：

72/B+；汉语言文学：180/B+；交通工程：24/B+；酒店管理：47/B+；审计学：52/B+；舞蹈表演：25/B+；学前教育：130/B+。

3）中国区域高水平应用型专业（2★）

大数据管理与应用：26/B；电气工程与智能控制：20/D；工程审计：4/A；工程造价：88/B；轨道交通信号与控制：26/D；视觉传达设计：235/C。

4）中国区域知名应用型专业（1★）

电子商务：219/C；风景园林：84/D；机器人工程：127/D；健康服务与管理：49/C；金融工程：115/C；汽车服务工程：134/D；软件工程：288/D；市场营销：321/D；书法学：54/D；数字媒体艺术：155/C；文化产业管理：71/D；新能源科学与工程：44/D；音乐表演：123/D。

4. 晋中信息学院

（1）晋中信息学院综合实力排名

综合排名：2024 校友会中国民办大学排名第 98 名，全国理工类民办高校第 100 名，山西省民办高校第 4 名。

星级排名：中国一星级应用型大学（1★），中国区域知名应用型大学。

（2）晋中信息学院各本科专业排名（全国排名/档次）

1）中国一流应用型专业（5★）

农业资源与环境：2/A+。

2）中国高水平应用型专业（4★）

生物技术：23/B++；食品科学与工程：37/B++。

3）中国区域一流应用型专业（3★）

汉语言文学：180/B+；环境科学：21/B+；农村区域发展：3/A+；农林经济管理：5/A；食品质量与安全：34/B+；数据科学与大数据技术：60/B++；通信工程：130/B+；园林：35/B+；园艺：25/B+。

4）中国区域高水平应用型专业（2★）

财务管理：251/C；城乡规划：58/C；大数据管理与应用：26/B；电气工程及其自动化：231/D；动画：117/C；工业设计：74/C；国际经济与贸易：260/C；机械设计制造及其自动化：246/D；计算机科学与技术：379/D；软件工程：221/C；市场营销：231/C；视觉传达设计：235/C；数字媒体技术：100/C；土地资源管理：15/C；物流管理：182/C；信息管理与信息系统：119/C；行政管理：61/C；艺术设计学：77/C；英语：318/C；自动化：176/D。

5）中国区域知名应用型专业（1★）

电子信息工程：314/D；动物医学：25/D；房地产开发与管理：31/D；互联网金融：32/C；机器人工程：127/D；机械电子工程：187/D；人力资源管理：202/D；商务英语：230/D；审计学：126/D；数字媒体艺术：155/C；网络工程：191/D；物联网工程：299/D；智能制造工程：70/C；资产评估：42/D。

4. 山西财经大学华商学院

（1）山西财经大学华商学院综合实力排名

综合排名：2024 校友会中国民办大学排名第 98 名，全国财经类民办高校第 50 名，山西省民办高校第 4 名。

星级排名：中国三星级应用型大学（3★），中国知名、区域一流应用型大学。

（2）山西财经大学华商学院各本科专业排名（全国排名/档次）

1）中国高水平应用型专业（4★）

金融学：45/B++。

2）中国区域一流应用型专业（3★）

经济学：52/B+；贸易经济：9/B+；物流管理：127/B+。

3）中国区域高水平应用型专业（2★）

保险学：35/C；财政学：18/D；国际经济与贸易：260/C；会计学：223/C；社会体育指导与管理：61/B。

4）中国区域知名应用型专业（1★）

财务管理：326/C；法学：193/D；工商管理：205/D；广告学：123/D；计算机科学与技术：469/D；金融工程：115/C；旅游管理：234/D；人力资源管理：202/D；商务英语：230/D；审计学：126/D；市场营销：321/D；信息管理与信息系统：161/D；行政管理：105/D；资产评估：42/D。

6. 山西医科大学晋祠学院

（1）山西医科大学晋祠学院综合实力排名

综合排名：2024 校友会中国民办大学排名第 107 名，全国医药类民办高校第 16 名，山西省民办高校第 6 名。

星级排名：中国三星级应用型大学（3★），中国知名、区域一流应用型大学。

（2）山西医科大学晋祠学院各本科专业排名（全国排名/档次）

1）中国一流应用型专业（5★）

临床医学：24/A。

2）中国高水平应用型专业（4★）

护理学：59/B++；口腔医学：13/B++；医学影像技术：13/B++；预防医学：11/B++。

3）中国区域一流应用型专业（3★）

麻醉学：12/B+；药物制剂：15/B+；药学：38/B+；医学检验技术：41/B+。

4）中国区域高水平应用型专业（2★）

康复治疗学：59/C；口腔医学技术：13/C；眼视光学：11/C；中药学：45/D。

第五节　内蒙古自治区

一、内蒙古自治区大学综合实力排名

1. 内蒙古自治区大学排名

表 4-15　2024 校友会内蒙古自治区大学排名

全国排名	学校名称	所在城市	星级排名	办学层次	星级专业数/个								
					专业类型	8★	7★	6★	5★	4★	3★	2★	1★
117	内蒙古大学	呼和浩特市	4★	中国高水平大学	研究型	0	0	1	5	27	19	27	2
167	内蒙古农业大学	呼和浩特市	3★	区域一流大学	研究型	0	0	1	1	21	21	27	13
174	内蒙古师范大学	呼和浩特市	3★	区域一流大学	研究型	0	0	0	0	24	6	44	18
198	内蒙古工业大学	呼和浩特市	3★	区域一流大学	研究型	0	0	0	1	23	18	24	10
209	内蒙古科技大学	包头市	3★	区域一流大学	研究型	0	0	0	1	9	28	39	23
214	内蒙古民族大学	通辽市	3★	区域一流大学	研究型	0	0	0	2	8	12	23	31
262	内蒙古财经大学	呼和浩特市	3★	区域一流大学	研究型	0	0	0	6	17	15	12	0
328	内蒙古医科大学	呼和浩特市	2★	区域高水平大学	研究型	0	0	0	1	4	8	5	11
393	赤峰学院	赤峰市	1★	区域知名大学	应用型	0	0	1	2	11	21	10	5
407	呼伦贝尔学院	呼伦贝尔市	1★	区域知名大学	应用型	0	0	2	5	6	10	15	13
465	集宁师范学院	乌兰察布市	1★	区域知名大学	应用型	0	0	1	0	5	17	4	6
465	内蒙古艺术学院	呼和浩特市	3★	区域一流大学	应用型	0	0	8	9	6	2	0	0
484	呼和浩特民族学院	呼和浩特市	2★	区域高水平大学	应用型	0	0	2	1	5	11	12	10
503	河套学院	巴彦淖尔市	1★	区域知名大学	应用型	0	0	0	1	8	12	6	10
510	鄂尔多斯应用技术学院	鄂尔多斯市	1★	区域知名大学	应用型	0	0	0	0	4	11	5	3

2. 内蒙古自治区民办大学排名

表 4-16　2024 校友会内蒙古自治区民办大学排名（含独立学院）

全国排名	学校名称	所在城市	星级排名	办学层次	星级专业数/个								
					专业类型	8★	7★	6★	5★	4★	3★	2★	1★
115	内蒙古大学创业学院	呼和浩特市	1★	区域知名应用型大学	应用型	0	0	0	0	8	1	4	13
120	内蒙古鸿德文理学院	呼和浩特市	1★	区域知名应用型大学	应用型	0	0	0	0	5	5	3	15

3. 内蒙古自治区高职院校排名

表 4-17　2024 校友会内蒙古自治区高职院校排名

全国排名	学校名称	所在城市	办学类型	星级排名	办学层次
25	包头轻工职业技术学院	包头市	职业技能型	5★	中国一流高职院校
59	呼和浩特职业学院	呼和浩特市	职业技能型	4★	中国高水平高职院校
67	内蒙古机电职业技术学院	呼和浩特市	职业技能型	4★	中国高水平高职院校
96	兴安职业技术学院	兴安盟	职业技能型	3★	区域一流高职院校
101	内蒙古商贸职业学院	呼和浩特市	职业技能型	3★	区域一流高职院校
141	呼伦贝尔职业技术学院	呼伦贝尔市	职业技能型	3★	区域一流高职院校
144	通辽职业学院	通辽市	职业技能型	3★	区域一流高职院校
174	锡林郭勒职业学院	锡林郭勒盟	职业技能型	2★	区域高水平高职院校

续表

全国排名	学校名称	所在城市	办学类型	星级排名	办学层次
191	包头职业技术学院	包头市	职业技能型	2★	区域高水平高职院校
195	扎兰屯职业学院	呼伦贝尔市	职业技能型	2★	区域高水平高职院校
224	内蒙古化工职业学院	呼和浩特市	职业技能型	2★	区域高水平高职院校
257	内蒙古建筑职业技术学院	呼和浩特市	职业技能型	2★	区域高水平高职院校
271	内蒙古电子信息职业技术学院	呼和浩特市	职业技能型	2★	区域高水平高职院校
293	阿拉善职业技术学院	阿拉善盟	职业技能型	1★	区域知名高职院校
318	内蒙古交通职业技术学院	赤峰市	职业技能型	1★	区域知名高职院校
355	赤峰工业职业技术学院	赤峰市	职业技能型	1★	区域知名高职院校
358	包头铁道职业技术学院	包头市	职业技能型	1★	区域知名高职院校

二、内蒙古自治区大学专业排名详情

1. 内蒙古大学

（1）内蒙古大学综合实力排名

综合排名：2024 校友会中国大学排名第 117 名，全国综合类高校第 47 名，内蒙古自治区高校第 1 名。

星级排名：中国四星级大学（4★），世界知名、中国高水平大学。“211 工程”大学。主管部门：内蒙古自治区。

（2）内蒙古大学各本科专业排名（全国排名/档次）

1）世界高水平、中国顶尖专业（6★）

中国少数民族语言文学：3/A+。

2）中国一流专业（5★）

法学：35/A；汉语言文学：50/A；数学与应用数学：41/A；物理学：23/A；行政管理：26/A。

3）中国高水平专业（4★）

编辑出版学：7/B++；电子科学与技术：39/B++；电子信息科学与技术：27/B++；俄语：29/B++；工商管理：100/B++；汉语国际教育：18/A；化学：87/B++；化学工程与工艺：84/B++；环境科学：31/B++；会计学：112/B++；计算机科学与技术：206/B++；金融学：93/B++；经济学：83/B++；劳动与社会保障：16/B++；历史学：55/B++；旅游管理：67/B++；民族学：9/B++；日语：33/B++；软件工程：103/B++；社会学：19/B++；生态学：22/B++；生物技术：64/B++；生物科学：83/B++；新闻学：61/B++；信息与计算科学：51/B++；英语：136/B++；哲学：26/B++。

4）中国区域一流专业（3★）

播音与主持艺术：26/B+；材料化学：48/B+；大气科学：12/B+；环境工程：167/B+；交通运输：37/B+；蒙古语：2/A+；社会工作：63/B+；生物工程：93/B+；食品质量与安全：45/B+；通信工程：141/B+；统计学：96/B+；土木工程：137/B+；信息管理与信息系统：119/B+；音乐表演：45/B+；应用化学：145/B+；应用物理学：83/B+；运动训练：36/B+；政治学与行政学：41/B+；自动化：150/B+。

5）中国区域高水平专业（2★）

财务管理：135/C；车辆工程：97/C；道路桥梁与渡河工程：22/C；电子商务：118/C；工程管理：120/C；公共事业管理：124/B；古典文献学：8/D；管理科学：30/C；国际经济与贸易：221/C；绘画：65/C；机械工程：70/D；金融工程：61/C；考古学：20/D；汽车服务工程：23/C；人力资源管理：115/C；食品科学与工程：159/D；市场营销：176/C；数据科学与大数据技术：54/B++；数理基础科学：5/A；土地资源管理：53/C；网络工程：119/D；网络与新媒体：27/B+；文物与博物馆学：19/C；物流管理：139/D；戏剧影视文学：49/D；园艺：58/D；政治学、经济学与哲学：5/A。

6）中国区域知名专业（1★）

环境生态工程：32/D；舞蹈表演：56/D。

2. 内蒙古农业大学

（1）内蒙古农业大学综合实力排名

综合排名：2024 校友会中国大学排名第 167 名，全国农林类高校第 19 名，内蒙古自治区高校第 2 名。

星级排名：中国三星级大学（3★），中国知名、区域一流大学。主管部门：内蒙古自治区。

（2）内蒙古农业大学各本科专业排名（全国排名/档次）

1）世界高水平、中国顶尖专业（6★）

草业科学：3/A+。

2）中国一流专业（5★）

水文与水资源工程：2/A+。

3）中国高水平专业（4★）

测绘工程：31/B++；动物科学：16/B++；动物医学：13/B++；会计学：112/B++；计算机科学与技术：206/B++；林学：13/B++；木材科学与工程：11/B++；酿酒工程：5/A；农林经济管理：13/B++；农学：21/B++；农业机械化及其自动化：12/B++；农业水利工程：13/B++；农业资源与环境：17/B++；森林工程：4/A；生物技术：64/B++；食品科学与工程：28/B++；水利水电工程：25/B++；水土保持与荒漠化防治：5/A；园艺：28/B++；植物保护：24/B++；植物科学与技术：5/A。

4）中国区域一流专业（3★）

包装工程：19/B+；电气工程及其自动化：151/B+；给

排水科学与工程：55/B+；环境工程：167/B+；环境设计：105/B+；机械设计制造及其自动化：190/B+；金融学：159/B+；旅游管理：114/B+；农业电气化：12/B+；软件工程：183/B+；生物工程：93/B+；食品营养与检验教育：1/A++；食品质量与安全：45/B+；水产养殖学：27/B+；土木工程：164/B+；消防工程：8/B+；新能源科学与工程：27/B+；行政管理：126/B+；艺术设计学：57/B+；园林：34/B+；种子科学与工程：13/B+。

5）中国区域高水平专业（2★）

财务管理：135/C；财务会计教育：3/A+；车辆工程：97/C；道路桥梁与渡河工程：22/C；地质工程：41/D；电子科学与技术：110/D；电子商务：118/C；动物药学：13/C；动植物检疫：11/C；风景园林：57/C；工商管理：245/D；工业设计：131/C；化学工程与工艺：162/D；交通工程：73/D；交通运输：59/C；经济学：190/D；人文地理与城乡规划：38/B；乳品工程：5/A；森林保护：16/D；社会工作：112/C；生物科学：147/D；统计学：147/C；土地资源管理：53/C；信息管理与信息系统：168/C；应用统计学：48/B；英语：318/D；制药工程：131/D。

6）中国区域知名专业（1★）

城乡规划：103/D；工程造价：43/D；工艺美术：38/D；家具设计与工程：4/A；建筑学：149/D；酒店管理：64/D；马业科学：2/A+；汽车维修工程教育：6/D；数据科学与大数据技术：152/C；土地整治工程：9/C；网络工程：141/D；物联网工程：161/D；物流管理：170/D。

3. 内蒙古师范大学

（1）内蒙古师范大学综合实力排名

综合排名：2024 校友会中国大学排名第 174 名，全国师范类高校第 25 名，内蒙古自治区高校第 3 名。

星级排名：中国三星级大学（3★），中国知名、区域一流大学。主管部门：内蒙古自治区。

（2）内蒙古师范大学各本科专业排名（全国排名/档次）

1）中国高水平专业（4★）

地理科学：17/B++；汉语言文学：64/B++；化学：87/B++；计算机科学与技术：60/B++；教育技术学：21/B++；教育学：20/B++；经济学：27/A；历史学：34/B++；美术学：19/B++；生物科学：36/B++；视觉传达设计：13/A+；数学与应用数学：56/B++；数字媒体艺术：13/A；思想政治教育：90/B++；体育教育：23/B++；土地资源管理：8/A；物理学：79/B++；心理学：12/B++；新闻学：61/B++；学前教育：9/A；音乐学：39/B++；英语：136/B++；运动训练：20/B++；中国少数民族语言文学：11/B++。

2）中国区域一流专业（3★）

服装与服饰设计：44/B+；公共事业管理：81/B+；绘画：52/B+；人力资源管理：69/B+；审计学：25/B+；艺术设计学：57/B+。

3）中国区域高水平专业（2★）

播音与主持艺术：63/C；材料化学：74/C；材料物理：54/D；财务管理：135/C；测绘工程：58/D；产品设计：100/C；城乡规划：89/C；地理信息科学：94/D；电子商务：118/C；电子信息工程：236/D；电子信息科学与技术：87/C；雕塑：36/D；动画：92/C；俄语：71/C；法学：271/D；工商管理：245/D；广播电视编导：75/D；汉语国际教育：96/B；环境科学：132/D；环境设计：172/C；会计学：270/D；经济与金融：6/B+；酒店管理：25/B；旅游管理：168/D；秘书学：16/B；民族学：20/D；农村区域发展：16/C；烹饪与营养教育：6/D；人文地理与城乡规划：38/B；日语：118/B；社会工作：112/C；社会体育指导与管理：64/C；社会学：73/D；生物技术：176/D；特殊教育：21/C；通信工程：219/D；文化产业管理：44/C；小学教育：66/D；信息管理与信息系统：168/C；信息与计算科学：164/C；行政管理：148/C；哲学：64/D；自然地理与资源环境：34/B；作曲与作曲技术理论：27/D。

4）中国区域知名专业（1★）

翻译：130/D；工艺美术：38/D；公共艺术：36/D；航空服务艺术与管理：11/B；交通管理：6/D；金融工程：83/D；劳动与社会保障：79/C；软件工程：253/D；商务英语：89/D；生态学：58/D；数据科学与大数据技术：152/C；数字媒体技术：83/D；统计学：208/D；网络工程：141/D；网络与新媒体：66/D；物流管理：183/D；艺术与科技：32/D；音乐表演：83/C。

4. 内蒙古工业大学

（1）内蒙古工业大学综合实力排名

综合排名：2024 校友会中国大学排名第 198 名，全国理工类高校第 89 名，内蒙古自治区高校第 4 名。

星级排名：中国三星级大学（3★），中国知名、区域一流大学。主管部门：内蒙古自治区。

（2）内蒙古工业大学各本科专业排名（全国排名/档次）

1）中国一流专业（5★）

材料成型及控制工程：7/A+。

2）中国高水平专业（4★）

采矿工程：24/B++；城乡规划：26/B++；电气工程及其自动化：40/B++；电子信息工程：38/B++；纺织工程：15/B++；工程力学：39/B++；工商管理：100/B++；化学工程与工艺：34/B++；环境设计：43/B++；机械电子工程：20/B++；机械设计制造及其自动化：54/B++；计算机科学与技术：60/B++；建筑环境与能源应用工程：10/A；建筑学：24/B++；能源与动力工程：30/B++；软件工程：44/B++；社会工作：19/A；生物工程：47/B++；土木工程：47/B++；新能源科学与工程：3/A+；冶金工程：18/B++；英语：57/B++；自动化：112/B++。

3）中国区域一流专业（3★）

材料物理：40/B+；测控技术与仪器：103/B+；车辆工程：77/B+；道路桥梁与渡河工程：17/B+；服装设计与工程：22/B+；给排水科学与工程：55/B+；过程装备与控制工

程：48/B+；焊接技术与工程：12/B+；交通运输：37/B+；金属材料工程：33/B+；食品科学与工程：114/B+；通信工程：141/B+；无机非金属材料工程：43/B+；信息管理与信息系统：138/B+；印刷工程：10/B+；应用化学：112/B+；制药工程：79/B+；资源与环境经济学：4/A。

4）中国区域高水平专业（2★）

财务管理：135/C；德语：56/D；电子商务：148/D；电子信息科学与技术：87/C；法学：271/D；飞行技术：10/D；飞行器制造工程：12/D；工程管理：144/D；工业工程：93/C；工业设计：131/C；公共事业管理：124/B；国际经济与贸易：266/D；环境工程：212/D；环境科学：132/D；会计学：270/D；交通工程：56/C；矿物加工工程：30/D；人力资源管理：148/C；市场营销：176/C；网络工程：119/D；物联网工程：104/B；物流管理：109/C；信息与计算科学：164/C；艺术设计学：90/D。

5）中国区域知名专业（1★）

安全工程：83/D；风景园林：75/D；环境科学与工程：23/D；机器人工程：71/C；金融学：204/D；轻化工程：43/D；人工智能：123/C；数据科学与大数据技术：152/C；应用物理学：151/D；智能电网信息工程：18/D。

5. 内蒙古科技大学

（1）内蒙古科技大学综合实力排名

综合排名：2024 校友会中国大学排名第 209 名，全国综合类高校第 66 名，内蒙古自治区高校第 5 名。

星级排名：中国三星级大学（3★），中国知名、区域一流大学。主管部门：内蒙古自治区。

（2）内蒙古科技大学各本科专业排名（全国排名/档次）

1）中国一流专业（5★）

冶金工程：12/A。

2）中国高水平专业（4★）

采矿工程：24/B++；地质工程：21/B++；机械设计制造及其自动化：54/B++；建筑学：24/B++；金属材料工程：13/B++；生物工程：47/B++；土木工程：47/B++；小学教育：31/B++；自动化：41/B++。

3）中国区域一流专业（3★）

安全工程：53/B+；材料成型及控制工程：66/B+；测控技术与仪器：103/B+；产品设计：66/B+；法学：208/B+；放射医学：4/A；复合材料与工程：10/B+；给排水科学与工程：55/B+；工程力学：56/B+；工商管理：207/B+；过程装备与控制工程：48/B+；汉语言文学：151/B+；化学工程与工艺：142/B+；环境工程：167/B+；计算机科学与技术：327/B+；建筑环境与能源应用工程：51/B+；金融学：159/B+；口腔医学：54/B+；矿物加工工程：22/B+；矿物资源工程：7/B+；能源与动力工程：80/B+；生物技术：122/B+；思想政治教育：134/B+；通信工程：141/B+；物联网工程：69/B+；应用物理学：83/B+；预防医学：61/B+；中医学：39/B+。

4）中国区域高水平专业（2★）

播音与主持艺术：63/C；测绘工程：58/D；车辆工程：97/C；地理科学：65/D；电气工程及其自动化：217/D；电子信息工程：236/D；电子信息科学与技术：87/C；法医学：22/D；翻译：80/C；工程管理：144/D；工程造价：24/B；工业设计：131/C；国际经济与贸易：266/D；汉语国际教育：121/C；护理学：109/D；化学：149/D；会计学：270/D；机械电子工程：84/C；交通工程：56/C；历史学：114/D；临床医学：111/D；软件工程：235/D；生物科学：147/D；食品科学与工程：146/D；市场营销：176/C；数学与应用数学：245/D；数字媒体艺术：79/C；体育教育：112/D；图书馆学：19/D；卫生检验与检疫：23/C；无机非金属材料工程：52/C；物理学：126/D；新闻学：125/D；药学：118/D；医学影像学：49/D；艺术设计学：90/D；应用心理学：99/C；英语：318/D；运动康复：23/B。

5）中国区域知名专业（1★）

材料化学：94/D；城乡规划：103/D；儿科学：26/D；风景园林：75/D；功能材料：27/D；广告学：113/C；环境生态工程：32/D；建筑电气与智能化：24/D；精神医学：18/C；麻醉学：33/D；美术学：116/D；秘书学：32/D；生物信息学：33/D；书法学：51/D；数据科学与大数据技术：152/C；网络空间安全：42/C；微电子科学与工程：68/D；医学检验技术：73/D；医学影像技术：30/C；音乐学：129/D；应用化学：213/D；政治学与行政学：75/D；智能建造：17/C。

6. 内蒙古民族大学

（1）内蒙古民族大学综合实力排名

综合排名：2024 校友会中国大学排名第 214 名，全国民族类高校第 7 名，内蒙古自治区高校第 6 名。

星级排名：中国三星级大学（3★），中国知名、区域一流大学。主管部门：内蒙古自治区。

（2）内蒙古民族大学各本科专业排名（全国排名/档次）

1）中国一流专业（5★）

蒙药学：1/A++；蒙医学：2/A+。

2）中国高水平专业（4★）

汉语言文学：114/B++；化学：87/B++；机械设计制造及其自动化：131/B++；计算机科学与技术：206/B++；民族学：9/B++；药物制剂：4/A；英语：136/B++；中国少数民族语言文学：15/B++。

3）中国区域一流专业（3★）

材料化学：48/B+；草业科学：17/B+；动物医学：45/B+；护理学：93/B+；经济学：152/B+；历史学：98/B+；临床医学：102/B+；农学：42/B+；农业资源与环境：28/B+；食品科学与工程：114/B+；数学与应用数学：190/B+；物理学：105/B+。

4）中国区域高水平专业（2★）

财务管理：175/D；电子信息工程：236/D；动物科学：53/D；国际经济与贸易：266/D；教育学：65/D；酒店管理：25/B；旅游管理：168/D；日语：162/C；社会体育指导

与管理：64/C；生物科学：147/D；食品质量与安全：91/C；市场营销：241/D；思想政治教育：143/D；体育教育：112/D；网络工程：119/D；小学教育：66/D；新闻学：125/D；信息与计算科学：231/D；行政管理：170/D；学前教育：70/C；艺术设计学：104/D；园林：59/C；运动训练：60/C。

5）中国区域知名专业（1★）

材料成型及控制工程：118/D；电气工程及其自动化：247/D；电子信息科学与技术：117/D；俄语：100/D；法学：308/D；汉语国际教育：140/C；航空服务艺术与管理：11/B；化学工程与工艺：184/D；机械电子工程：123/D；金融工程：104/D；经济与金融：17/D；康复治疗学：66/D；美术学：116/D；软件工程：253/D；社会工作：170/D；数据科学与大数据技术：152/C；数字媒体技术：83/D；数字媒体艺术：135/D；武术与民族传统体育：34/D；舞蹈学：81/D；物流管理：183/D；心理学：52/D；医学检验技术：73/D；音乐表演：83/C；音乐学：129/D；应用化学：213/D；应用物理学：132/D；预防医学：79/D；园艺：64/D；智慧农业：9/C；智能制造工程：56/B。

7. 内蒙古财经大学

（1）内蒙古财经大学综合实力排名

综合排名：2024 校友会中国大学排名第 262 名，全国财经类高校第 28 名，内蒙古自治区高校第 7 名。

星级排名：中国三星级大学（3★），中国知名、区域一流大学。主管部门：内蒙古自治区。

（2）内蒙古财经大学各本科专业排名（全国排名/档次）

1）中国一流专业（5★）

法学：35/A；工商管理：27/A；国际经济与贸易：35/A；会计学：33/A；金融学：31/A；应用统计学：4/A+。

2）中国高水平专业（4★）

财务管理：46/B++；财政学：32/B++；会展经济与管理：6/B++；计算机科学与技术：206/B++；经济统计学：19/B++；经济学：83/B++；旅游管理：22/A；贸易经济：11/B++；人力资源管理：34/B++；审计学：11/B++；市场营销：29/A；税收学：13/B++；投资学：9/B++；物流管理：46/B++；行政管理：66/B++；英语：136/B++；资产评估：4/A。

3）中国区域一流专业（3★）

保险学：33/B+；电子商务：101/B+；工程管理：93/B+；公共事业管理：81/B+；供应链管理：2/A+；金融工程：46/B+；金融科技：1/A++；劳动与社会保障：37/B+；能源经济：6/B+；软件工程：183/B+；统计学：96/B+；土地资源管理：33/B+；信息管理与信息系统：138/B+；知识产权：14/B+；资源与环境经济学：4/A。

4）中国区域高水平专业（2★）

城市管理：15/B；创业管理：1/A++；公共关系学：7/C；汉语言文学：200/D；秘书学：25/C；人文地理与城乡规划：38/B；商务英语：72/C；社会工作：112/C；数据科学与大数据技术：54/B++；数学与应用数学：245/D；数字经济：2/A+；自然资源登记与管理：1/A++。

8. 内蒙古医科大学

（1）内蒙古医科大学综合实力排名

综合排名：2024 校友会中国大学排名第 328 名，全国医药类高校第 55 名，内蒙古自治区高校第 8 名。

星级排名：中国二星级大学（2★），中国区域高水平大学。主管部门：内蒙古自治区。

（2）内蒙古医科大学各本科专业排名（全国排名/档次）

1）中国一流专业（5★）

蒙医学：1/A++。

2）中国高水平专业（4★）

护理学：59/B++；临床医学：39/B++；蒙药学：2/A+；药学：61/B++。

3）中国区域一流专业（3★）

法医学：18/B+；公共事业管理：57/B+；口腔医学：47/B+；麻醉学：22/B+；预防医学：61/B+；针灸推拿学：28/B+；中药学：38/B+；中医学：32/B+。

4）中国区域高水平专业（2★）

精神医学：17/C；生物医学工程：88/D；药物制剂：44/C；医学影像学：48/D；中药资源与开发：22/D。

5）中国区域知名专业（1★）

儿科学：26/D；健康服务与管理：15/B；康复治疗学：66/D；劳动与社会保障：79/C；临床药学：34/D；社会工作：170/D；数据科学与大数据技术：152/C；卫生检验与检疫：26/D；信息管理与信息系统：278/D；医学检验技术：73/D；英语：398/D。

9. 赤峰学院

（1）赤峰学院综合实力排名

综合排名：2024 校友会中国大学排名第 393 名，全国综合类高校第 122 名，内蒙古自治区高校第 9 名。

星级排名：中国一星级大学（1★），中国区域知名大学。主管部门：内蒙古自治区。

（2）赤峰学院各本科专业排名（全国排名/档次）

1）中国顶尖应用型专业（6★）

生物科学：9/A+。

2）中国一流应用型专业（5★）

历史学：16/A；蒙医学：1/A++。

3）中国高水平应用型专业（4★）

护理学：59/B++；会计学：105/B++；计算机科学与技术：168/B++；建筑环境与能源应用工程：17/B++；考古学：1/A++；口腔医学：13/B++；临床医学：37/B++；美术学：38/B++；文物保护技术：2/A+；物理学：39/B++；应用心理学：20/B++。

4）中国区域一流应用型专业（3★）

电子商务：109/B+；电子信息工程：186/B+；工艺美术：14/B+；广播电视编导：72/B+；汉语言文学：180/B+；化学：73/B+；环境设计：113/B+；金融工程：39/B+；旅游

管理：129/B+；蒙古语：3/A+；食品质量与安全：34/B+；数据科学与大数据技术：60/B++；数学与应用数学：109/B+；统计学：20/B++；舞蹈表演：25/B+；医学检验技术：41/B+；音乐表演：48/B+；音乐学：87/B+；应用物理学：9/B+；中国少数民族语言文学：7/B+；自然地理与资源环境：10/B+。

5）中国区域高水平应用型专业（2★）

法学：138/C；化学工程与工艺：121/D；机械设计制造及其自动化：246/D；日语：119/C；思想政治教育：112/C；土木工程：219/C；物联网工程：232/C；物流管理：182/C；应用生物科学：3/A+；应用语言学：2/A+。

6）中国区域知名应用型专业（1★）

口腔医学技术：18/D；社会体育指导与管理：104/C；特殊教育：28/D；药学：81/D；英语：412/D。

10. 呼伦贝尔学院

（1）呼伦贝尔学院综合实力排名

综合排名：2024 校友会中国大学排名第 407 名，全国综合类高校第 129 名，内蒙古自治区高校第 10 名。

星级排名：中国一星级大学（1★），中国区域知名大学。主管部门：内蒙古自治区。

（2）呼伦贝尔学院各本科专业排名（全国排名/档次）

1）中国顶尖应用型专业（6★）

旅游管理：21/A+；学前教育：9/A+。

2）中国一流应用型专业（5★）

采矿工程：9/A；俄语：10/A；教育技术学：5/A；市场营销：38/A；数字媒体技术：9/A+。

3）中国高水平应用型专业（4★）

国际经济与贸易：109/B++；汉语言文学：118/B++；机械设计制造及其自动化：128/B++；历史学：32/B++；舞蹈表演：8/A；艺术设计学：27/B++。

4）中国区域一流应用型专业（3★）

草业科学：1/A++；环境科学：21/B+；机械工程：35/B+；计算机科学与技术：253/B+；美术学：82/B+；摄影：19/B+；生物科学：54/B+；数学与应用数学：109/B+；音乐表演：48/B+；中国少数民族语言文学：7/B+。

5）中国区域高水平应用型专业（2★）

冰雪运动：5/A；电气工程及其自动化：231/D；电子信息工程：242/C；化学工程与工艺：121/D；会计学：223/C；经济与金融：27/B；秘书学：35/B；社会学：5/A；书法学：32/B；数据科学与大数据技术：199/C；思想政治教育：112/C；网络工程：137/C；新闻学：81/C；音乐学：150/C；应用化学：96/C。

6）中国区域知名应用型专业（1★）

法学：193/D；工程管理：174/C；工商管理：205/D；酒店管理：124/C；农学：27/D；人文地理与城乡规划：49/D；软件工程：288/D；社会体育指导与管理：104/C；体育教育：138/D；统计学：81/D；物理学：123/D；物流管理：251/D；小学教育：142/C。

11. 集宁师范学院

（1）集宁师范学院综合实力排名

综合排名：2024 校友会中国大学排名第 465 名，全国师范类高校第 108 名，内蒙古自治区高校第 11 名。

星级排名：中国一星级大学（1★），中国区域知名大学。主管部门：内蒙古自治区。

（2）集宁师范学院各本科专业排名（全国排名/档次）

1）中国顶尖应用型专业（6★）

生物科学：9/A+。

2）中国高水平应用型专业（4★）

电子信息工程：116/B++；汉语言文学：118/B++；计算机科学与技术：168/B++；历史学：32/B++；英语：129/B++。

3）中国区域一流应用型专业（3★）

保险学：20/B+；播音与主持艺术：54/B+；地理科学：28/B+；化学：73/B+；旅游管理：129/B+；美术学：82/B+；软件工程：156/B+；数据科学与大数据技术：60/B++；数学与应用数学：109/B+；思想政治教育：78/B+；体育教育：85/B+；物理学：66/B+；信息与计算科学：53/B+；学前教育：130/B+；音乐学：87/B+；园艺：25/B+；中国少数民族语言文学：7/B+。

4）中国区域高水平应用型专业（2★）

电子信息科学与技术：71/C；人文地理与城乡规划：32/C；小学教育：128/C；音乐表演：85/C。

5）中国区域知名应用型专业（1★）

财务管理：326/C；航空服务艺术与管理：22/C；环境设计：311/D；视觉传达设计：299/D；新闻学：125/D；应用化学：150/D。

11. 内蒙古艺术学院

（1）内蒙古艺术学院综合实力排名

综合排名：2024 校友会中国大学排名第 465 名，全国艺术类高校第 29 名，内蒙古自治区高校第 11 名。

星级排名：中国三星级大学（3★），中国知名、区域一流大学。主管部门：内蒙古自治区。

（2）内蒙古艺术学院各本科专业排名（全国排名/档次）

1）中国顶尖应用型专业（6★）

表演：5/A+；动画：9/A+；服装与服饰设计：3/A+；绘画：1/A++；视觉传达设计：18/A+；舞蹈编导：2/A+；舞蹈表演：1/A++；音乐表演：1/A++。

2）中国一流应用型专业（5★）

播音与主持艺术：14/A；产品设计：12/A+；公共艺术：1/A++；书法学：2/A+；文化产业管理：5/A+；舞蹈学：4/A+；音乐学：17/A；中国画：1/A++；作曲与作曲技术理论：2/A+。

3）中国高水平应用型专业（4★）

广播电视编导：31/B++；环境设计：73/B++；美术学：38/B++；数字媒体艺术：30/B++；戏剧影视文学：10/B++；艺术史论：1/A++。

4）中国区域一流应用型专业（3★）

雕塑：7/B+；艺术设计学：51/B+。

13. 呼和浩特民族学院

（1）呼和浩特民族学院综合实力排名

综合排名：2024 校友会中国大学排名第 484 名，全国民族类高校第 14 名，内蒙古自治区高校第 13 名。

星级排名：中国二星级大学（2★），中国区域高水平大学。主管部门：内蒙古自治区。

（2）呼和浩特民族学院各本科专业排名（全国排名/档次）

1）中国顶尖应用型专业（6★）

数学与应用数学：1/A++；学前教育：25/A+。

2）中国一流应用型专业（5★）

民族学：2/A+。

3）中国高水平应用型专业（4★）

会计学：105/B++；思想政治教育：57/B++；小学教育：75/B++；新闻学：30/B++；中国少数民族语言文学：5/A。

4）中国区域一流应用型专业（3★）

播音与主持艺术：54/B+；翻译：39/B+；汉语国际教育：79/B+；环境工程：60/B+；计算机科学与技术：253/B+；金融学：79/B+；数据科学与大数据技术：60/B++；水质科学与技术：2/A+；文化产业管理：22/B+；信息管理与信息系统：71/B+；行政管理：37/B+。

5）中国区域高水平应用型专业（2★）

财务管理：251/C；产品设计：130/C；档案学：3/A+；法学：138/C；服装与服饰设计：90/C；科学教育：19/C；市场营销：231/C；网络工程：137/C；音乐表演：85/C；音乐学：150/C；应用化学：96/C；智能科学与技术：47/C。

6）中国区域知名应用型专业（1★）

汉语言文学：298/D；环境设计：311/D；美术学：163/D；日语：173/D；视觉传达设计：299/D；税收学：41/D；体育教育：138/D；武术与民族传统体育：10/C；舞蹈学：102/D；英语：412/D。

14. 河套学院

（1）河套学院综合实力排名

综合排名：2024 校友会中国大学排名第 503 名，全国综合类高校第 183 名，内蒙古自治区高校第 14 名。

星级排名：中国一星级大学（1★），中国区域知名大学。主管部门：内蒙古自治区。

（2）河套学院各本科专业排名（全国排名/档次）

1）中国一流应用型专业（5★）

护理学：32/A。

2）中国高水平应用型专业（4★）

财务管理：80/B++；电气工程及其自动化：91/B++；动物科学：7/B++；会计学：105/B++；旅游管理：76/B++；农学：11/B++；学前教育：95/B++；英语：129/B++。

3）中国区域一流应用型专业（3★）

国际商务：29/B+；汉语言文学：180/B+；化学工程与工艺：92/B+；美术学：82/B+；农业水利工程：5/A；视觉传达设计：140/B+；数学与应用数学：109/B+；水利水电工程：23/B+；网络与新媒体：61/B+；应用化学：65/B+；中国少数民族语言文学：7/B+；助产学：5/A。

4）中国区域高水平应用型专业（2★）

给排水科学与工程：54/C；环境科学与工程：22/D；环境生态工程：21/C；机械电子工程：132/C；审计学：96/C；物联网工程：232/C。

5）中国区域知名应用型专业（1★）

翻译：116/D；工程管理：174/C；金融工程：115/C；康复治疗学：90/D；农业资源与环境：10/D；食品质量与安全：104/D；体育教育：138/D；新闻学：125/D；信息与计算科学：105/D；音乐学：213/D。

15. 鄂尔多斯应用技术学院

（1）鄂尔多斯应用技术学院综合实力排名

综合排名：2024 校友会中国大学排名第 510 名，全国理工类高校第 216 名，内蒙古自治区高校第 15 名。

星级排名：中国一星级大学（1★），中国区域知名大学。主管部门：内蒙古自治区。

（2）鄂尔多斯应用技术学院各本科专业排名（全国排名/档次）

1）中国高水平应用型专业（4★）

机械工程：22/B++；交通运输：19/B++；矿物资源工程：1/A++；自动化：70/B++。

2）中国区域一流应用型专业（3★）

电气工程及其自动化：157/B+；电子信息科学与技术：53/B+；工程造价：58/B+；化学工程与工艺：92/B+；旅游管理与服务教育：10/B+；社会工作：31/B+；数据科学与大数据技术：60/B++；土木工程：160/B+；眼视光学：8/B+；医学影像技术：25/B+；应用化学：65/B+。

3）中国区域高水平应用型专业（2★）

材料化学：33/D；计算机科学与技术：379/D；汽车服务工程：103/C；舞蹈表演：43/B；医学检验技术：58/D。

4）中国区域知名应用型专业（1★）

财务管理：326/C；护理学：153/D；音乐表演：123/D。

三、内蒙古自治区民办大学专业排名详情

1. 内蒙古大学创业学院

（1）内蒙古大学创业学院综合实力排名

综合排名：2024 校友会中国民办大学排名第 115 名，全国综合类民办高校第 116 名，内蒙古自治区民办高校第 1 名。

星级排名：中国一星级应用型大学（1★），中国区域知名应用型大学。

（2）内蒙古大学创业学院各本科专业排名（全国排名/档次）

1）中国高水平应用型专业（4★）

产品设计：43/B++；汉语言文学：118/B++；会计学：105/B++；绘画：12/B++；人力资源管理：32/B++；视觉传达设计：72/B++；新闻学：30/B++；自动化：70/B++。

2）中国区域一流应用型专业（3★）

环境设计：113/B+。

3）中国区域高水平应用型专业（2★）

播音与主持艺术：98/C；财务管理：251/C；电子商务：159/B；通信工程：205/D。

4）中国区域知名应用型专业（1★）

电子信息科学与技术：88/D；动画：153/D；服装与服饰设计：111/D；工程管理：174/C；环境工程：115/D；环境科学：41/D；计算机科学与技术：469/D；金融学：133/D；汽车服务工程：134/D；软件工程：288/D；土木工程：257/D；信息与计算科学：105/D；英语：412/D。

2. 内蒙古鸿德文理学院

（1）内蒙古鸿德文理学院综合实力排名

综合排名：2024 校友会中国民办大学排名第 120 名，全国综合类民办高校第 121 名，内蒙古自治区民办高校第 2 名。

星级排名：中国一星级应用型大学（1★），中国区域知名应用型大学。

（2）内蒙古鸿德文理学院各本科专业排名（全国排名/档次）

1）中国高水平应用型专业（4★）

工程管理：59/B++；广播电视编导：31/B++；旅游管理：76/B++；学前教育：95/B++；英语：129/B++。

2）中国区域一流应用型专业（3★）

保险学：20/B+；电子商务：109/B+；会计学：177/B+；交通运输：33/B+；乌尔都语：1/A++。

3）中国区域高水平应用型专业（2★）

财务管理：251/C；摄影：38/C；土木工程：219/C。

4）中国区域知名应用型专业（1★）

动画：153/D；公共事业管理：96/D；广播电视学：75/D；汉语言文学：298/D；绘画：59/D；计算机科学与技术：469/D；金融学：133/D；美术学：163/D；审计学：126/D；市场营销：321/D；视觉传达设计：299/D；投资学：84/D；物业管理：25/D；小学教育：142/C；新闻学：125/D。

第五章　2024 校友会华东地区大学综合实力、本科专业排名

第一节　安徽省

一、安徽省大学综合实力排名

1. 安徽省大学排名

表 5-1　2024 校友会安徽省大学排名

全国排名	学校名称	所在城市	星级排名	办学层次	星级专业数/个								
					专业类型	8★	7★	6★	5★	4★	3★	2★	1★
8	中国科学技术大学	合肥市	8★	世界一流大学	研究型	1	10	11	10	7	6	0	0
54	合肥工业大学	合肥市	5★	中国一流大学	研究型	0	1	2	14	40	15	23	0
82	安徽大学	合肥市	4★	中国高水平大学	研究型	0	0	2	8	43	17	15	3
117	安徽师范大学	芜湖市	4★	中国高水平大学	研究型	0	0	0	6	33	28	16	3
144	安徽农业大学	合肥市	4★	中国高水平大学	研究型	0	0	1	4	17	15	20	18
153	安徽医科大学	合肥市	3★	区域一流大学	研究型	0	0	0	4	9	10	3	9
204	安徽工业大学	马鞍山市	3★	区域一流大学	研究型	0	0	0	2	17	20	22	25
214	合肥大学	合肥市	2★	区域高水平大学	应用型	0	1	24	16	11	12	2	0
218	安徽财经大学	蚌埠市	3★	区域一流大学	研究型	0	0	0	4	20	11	10	10
269	安徽理工大学	淮南市	3★	区域一流大学	研究型	0	0	0	3	22	11	16	35
278	安徽工程大学	芜湖市	2★	区域高水平大学	研究型	0	0	0	0	21	10	17	23
296	安庆师范大学	安庆市	2★	区域高水平大学	研究型	0	0	0	1	11	11	13	38
296	淮北师范大学	淮北市	2★	区域高水平大学	研究型	0	0	0	0	12	16	13	34
300	皖南医学院	芜湖市	2★	区域高水平大学	应用型	0	0	4	8	7	6	3	0
320	安徽中医药大学	合肥市	3★	区域一流大学	研究型	0	0	0	1	6	7	6	7
320	蚌埠医科大学	蚌埠市	2★	区域高水平大学	应用型	0	0	4	5	8	6	4	2
322	安徽科技学院	滁州市	2★	区域高水平大学	应用型	0	0	11	16	11	20	11	0
322	阜阳师范大学	阜阳市	1★	区域知名大学	研究型	0	0	0	0	6	14	4	45
324	安徽建筑大学	合肥市	3★	区域一流大学	研究型	0	0	0	1	18	21	20	2
347	合肥师范学院	合肥市	1★	区域知名大学	应用型	0	0	5	13	12	15	10	2
347	淮南师范学院	淮南市	1★	区域知名大学	应用型	0	0	1	12	9	17	17	11
351	黄山学院	黄山市	1★	区域知名大学	应用型	0	0	5	9	4	11	28	10
364	滁州学院	滁州市	1★	区域知名大学	应用型	0	0	3	12	3	13	24	5
364	皖西学院	六安市	1★	区域知名大学	应用型	0	0	2	9	10	17	21	8
387	铜陵学院	铜陵市	1★	区域知名大学	应用型	0	0	6	7	11	19	13	8
436	宿州学院	宿州市	1★	区域知名大学	应用型	0	0	3	7	8	13	15	21
453	巢湖学院	合肥市	1★	区域知名大学	应用型	0	0	3	5	4	17	12	14
465	池州学院	池州市	1★	区域知名大学	应用型	0	0	3	6	5	10	11	19

续表

全国排名	学校名称	所在城市	星级排名	办学层次	星级专业数/个								
					专业类型	8★	7★	6★	5★	4★	3★	2★	1★
472	蚌埠学院	蚌埠市	1★	区域知名大学	应用型	0	0	4	4	4	10	20	11
510	亳州学院	亳州市	1★	区域知名大学	应用型	0	0	0	2	1	6	6	13
518	安徽艺术学院	合肥市	2★	区域高水平大学	应用型	0	0	3	3	4	3	0	0

2. 安徽省民办大学排名

表 5-2　2024 校友会安徽省民办大学排名（含独立学院）

全国排名	学校名称	所在城市	星级排名	办学层次	星级专业数/个								
					专业类型	8★	7★	6★	5★	4★	3★	2★	1★
23	安徽三联学院	合肥市	5★	中国一流应用型大学	应用型	0	0	2	6	4	10	21	0
48	安徽外国语学院	合肥市	4★	中国高水平应用型大学	应用型	0	0	1	3	4	7	11	9
51	安徽新华学院	合肥市	4★	中国高水平应用型大学	应用型	0	0	4	4	14	16	16	5
71	安徽大学江淮学院	合肥市	3★	区域一流应用型大学	应用型	0	0	0	0	4	7	7	9
76	安徽文达信息工程学院	合肥市	3★	区域一流应用型大学	应用型	0	0	0	0	5	12	10	13
78	安徽信息工程学院	芜湖市	3★	区域一流应用型大学	应用型	0	0	0	2	9	6	10	7
85	合肥经济学院	合肥市	3★	区域一流应用型大学	应用型	0	0	0	0	8	6	9	10
91	蚌埠工商学院	蚌埠市	2★	区域高水平应用型大学	应用型	0	0	0	1	4	5	4	6
92	安徽师范大学皖江学院	芜湖市	2★	区域高水平应用型大学	应用型	0	0	0	3	8	8	13	22
101	阜阳师范大学信息工程学院	阜阳市	2★	区域高水平应用型大学	应用型	0	0	0	0	6	4	4	16
104	合肥城市学院	合肥市	2★	区域高水平应用型大学	应用型	0	0	0	1	3	9	4	12
116	安徽医科大学临床医学院	合肥市	1★	区域知名应用型大学	应用型	0	0	0	2	1	1	3	4
118	皖江工学院	马鞍山市	1★	区域知名应用型大学	应用型	0	0	1	0	8	13	4	7
119	马鞍山学院	马鞍山市	1★	区域知名应用型大学	应用型	0	0	0	0	5	8	12	13
120	淮北理工学院	淮北市	1★	区域知名应用型大学	应用型	0	0	0	0	5	4	1	9

3. 安徽省高职院校排名

表 5-3　2024 校友会安徽省高职院校排名

全国排名	学校名称	所在城市	办学类型	星级排名	办学层次
6	合肥职业技术学院	合肥市	职业技能型	6★	中国顶尖高职院校
8	芜湖职业技术学院	芜湖市	职业技能型	6★	中国顶尖高职院校
38	淮北职业技术学院	淮北市	职业技能型	4★	中国高水平高职院校
46	安徽商贸职业技术学院	芜湖市	职业技能型	4★	中国高水平高职院校
48	民办合肥财经职业学院	合肥市	职业技能型	4★	中国高水平高职院校
49	安徽职业技术学院	合肥市	职业技能型	4★	中国高水平高职院校
64	安徽医学高等专科学校	合肥市	职业技能型	3★	区域一流高职院校
65	安徽审计职业学院	合肥市	职业技能型	3★	区域一流高职院校
85	安徽财贸职业学院	合肥市	职业技能型	3★	区域一流高职院校
86	安徽工商职业学院	合肥市	职业技能型	3★	区域一流高职院校
120	安徽机电职业技术学院	芜湖市	职业技能型	3★	区域一流高职院校
125	安徽城市管理职业学院	合肥市	职业技能型	3★	区域一流高职院校
128	安徽警官职业学院	合肥市	职业技能型	2★	区域高水平高职院校
129	安徽水利水电职业技术学院	合肥市	职业技能型	3★	区域一流高职院校

续表

全国排名	学校名称	所在城市	办学类型	星级排名	办学层次
129	池州职业技术学院	池州市	职业技能型	3★	区域一流高职院校
135	马鞍山师范高等专科学校	马鞍山市	职业技能型	3★	区域一流高职院校
147	淮南联合大学	淮南市	职业技能型	3★	区域一流高职院校
159	铜陵职业技术学院	铜陵市	职业技能型	2★	区域高水平高职院校
161	亳州职业技术学院	亳州市	职业技能型	2★	区域高水平高职院校
162	安徽工业经济职业技术学院	合肥市	职业技能型	2★	区域高水平高职院校
167	安徽中医药高等专科学校	芜湖市	职业技能型	2★	区域高水平高职院校
171	宿州职业技术学院	宿州市	职业技能型	2★	区域高水平高职院校
173	阜阳职业技术学院	阜阳市	职业技能型	2★	区域高水平高职院校
183	安徽涉外经济职业学院	合肥市	职业技能型	2★	区域高水平高职院校
185	安徽国际商务职业学院	合肥市	职业技能型	2★	区域高水平高职院校
186	滁州职业技术学院	滁州市	职业技能型	2★	区域高水平高职院校
189	安庆职业技术学院	安庆市	职业技能型	2★	区域高水平高职院校
200	皖西卫生职业学院	六安市	职业技能型	2★	区域高水平高职院校
206	安徽工业职业技术学院	铜陵市	职业技能型	2★	区域高水平高职院校
214	皖北卫生职业学院	宿州市	职业技能型	2★	区域高水平高职院校
222	安徽新闻出版职业技术学院	合肥市	职业技能型	2★	区域高水平高职院校
226	滁州城市职业学院	滁州市	职业技能型	2★	区域高水平高职院校
227	安庆医药高等专科学校	安庆市	职业技能型	2★	区域高水平高职院校
238	六安职业技术学院	六安市	职业技能型	2★	区域高水平高职院校
244	马鞍山职业技术学院	马鞍山市	职业技能型	2★	区域高水平高职院校
246	安徽电子信息职业技术学院	蚌埠市	职业技能型	2★	区域高水平高职院校
247	宣城职业技术学院	宣城市	职业技能型	2★	区域高水平高职院校
251	安徽扬子职业技术学院	芜湖市	职业技能型	2★	区域高水平高职院校
264	安徽广播影视职业技术学院	合肥市	职业技能型	2★	区域高水平高职院校
270	民办合肥经济技术职业学院	合肥市	职业技能型	2★	区域高水平高职院校
273	阜阳幼儿师范高等专科学校	阜阳市	职业技能型	2★	区域高水平高职院校
306	安徽工贸职业技术学院	淮南市	职业技能型	1★	区域知名高职院校
325	合肥科技职业学院	合肥市	职业技能型	1★	区域知名高职院校
348	安徽交通职业技术学院	合肥市	职业技能型	1★	区域知名高职院校
356	民办合肥滨湖职业技术学院	合肥市	职业技能型	1★	区域知名高职院校

二、安徽省大学专业排名详情

1. 中国科学技术大学

（1）中国科学技术大学综合实力排名

综合排名：2024 校友会中国大学排名第 8 名，全国理工类高校第 1 名，安徽省高校第 1 名。

星级排名：中国八星级大学（8★），世界一流大学、中国顶尖大学。“985 工程”大学，“211 工程”大学。主管部门：中国科学院。

（2）中国科学技术大学各本科专业排名（全国排名/档次）

1）世界一流专业（8★）

物理学：3/A++。

2）世界知名高水平、中国顶尖专业（7★）

地球物理学：1/A++；电子信息工程：2/A++；核工程与核技术：2/A++；化学：2/A++；计算机科学与技术：3/A++；理论与应用力学：2/A++；生物科学：1/A++；数学与应用数学：6/A++；天文学：2/A++；信息安全：1/A++。

3）世界高水平、中国顶尖专业（6★）

安全工程：2/A+；材料物理：1/A++；大气科学：4/A+；地球化学：1/A++；高分子材料与工程：2/A++；量子信息科学：1/A++；能源与动力工程：6/A+；软件工程：6/A+；统计学：3/A++；应用物理学：3/A+；自动化：11/A+。

4）中国一流专业（5★）

材料化学：4/A+；测控技术与仪器：15/A；电子科学与技术：15/A；光电信息科学与工程：8/A+；环境科学：11/A；考古学：10/A；生物技术：7/A+；通信工程：17/A；信息管理与信息系统：24/A；信息与计算科学：9/A+。

5）中国高水平专业（4★）

工程物理：2/A+；工商管理：36/B++；管理科学：3/A+；会计学：112/B++；机械设计制造及其自动化：54/B++；金融学：39/B++；英语：136/B++。

6）中国区域一流专业（3★）

传播学：24/B+；环境科学与工程：10/B+；临床医学：90/B+；人工智能：15/A；数据科学与大数据技术：20/A；网络与新媒体：15/B++。

2. 合肥工业大学

（1）合肥工业大学综合实力排名

综合排名：2024校友会中国大学排名第54名，全国理工类高校第19名，安徽省高校第2名。

星级排名：中国五星级大学（5★），世界知名大学、中国一流大学。"211工程"大学。主管部门：教育部。

（2）合肥工业大学各本科专业排名（全国排名/档次）

1）世界知名高水平、中国顶尖专业（7★）

信息管理与信息系统：2/A++。

2）世界高水平、中国顶尖专业（6★）

车辆工程：3/A+；机械设计制造及其自动化：6/A+。

3）中国一流专业（5★）

材料成型及控制工程：7/A+；电气工程及其自动化：15/A；电子商务：4/A+；粉体材料科学与工程：2/A+；过程装备与控制工程：8/A；建筑学：12/A；金融工程：2/A+；金属材料工程：6/A；水利水电工程：10/A；思想政治教育：22/A；新能源材料与器件：3/A+；制药工程：5/A+；资源勘查工程：5/A；自动化：21/A。

4）中国高水平专业（4★）

材料科学与工程：68/B++；测绘工程：17/B++；测控技术与仪器：23/B++；城乡规划：26/B++；地下水科学与工程：5/A；地质学：10/B++；电子科学与技术：24/B++；电子信息工程：38/B++；飞行器制造工程：8/B++；给排水科学与工程：15/B++；工商管理：36/B++；工业工程：14/A；工业设计：38/B++；光电信息科学与工程：25/B++；国际经济与贸易：86/B++；化学工程与工艺：34/B++；环境工程：82/B++；环境设计：43/B++；会计学：43/B++；机械工程：48/B++；集成电路设计与集成系统：11/B++；计算机科学与技术：60/B++；建筑环境与能源应用工程：25/B++；交通工程：23/B++；勘查技术与工程：12/B++；能源化学工程：9/B++；农业水利工程：13/B++；食品科学与工程：28/B++；食品质量与安全：19/B++；市场营销：59/B++；数学与应用数学：137/B++；通信工程：69/B++；土木工程：47/B++；无机非金属材料工程：24/B++；物联网工程：23/B++；物流管理：15/A；信息与计算科学：23/A；应用化学：69/B++；英语：136/B++；智能电网信息工程：4/A。

5）中国区域一流专业（3★）

材料物理：40/B+；电子信息科学与技术：50/B+；高分子材料与工程：81/B+；工程力学：56/B+；广告学：50/B+；经济学：152/B+；能源与动力工程：80/B+；生物工程：93/B+；生物技术：122/B+；生物医学工程：62/B+；视觉传达设计：83/B+；微电子科学与工程：40/B+；信息安全：56/B+；应用物理学：83/B+；智能车辆工程：1/A++。

6）中国区域高水平专业（2★）

城市地下空间工程：30/C；大数据管理与应用：11/B++；地理信息科学：84/C；电气工程与智能控制：4/A；法学：251/D；风景园林：57/C；环境生态工程：20/B；机器人工程：18/B++；交通设备与控制工程：10/D；交通运输：59/C；人力资源管理：115/C；软件工程：215/D；数据科学与大数据技术：54/B++；水文与水资源工程：46/D；统计学：133/C；网络与新媒体：27/B+；新能源科学与工程：54/C；遥感科学与技术：20/B；药学：118/D；印度尼西亚语：9/D；智能感知工程：7/B；智能科学与技术：29/B+；智能制造工程：16/B++。

3. 安徽大学

（1）安徽大学综合实力排名

综合排名：2024校友会中国大学排名第82名，全国综合类高校第36名，安徽省高校第3名。

星级排名：中国四星级大学（4★），世界知名、中国高水平大学。"211工程"大学。主管部门：安徽省。

（2）安徽大学各本科专业排名（全国排名/档次）

1）世界高水平、中国顶尖专业（6★）

汉语言文学：10/A+；新闻学：9/A+。

2）中国一流专业（5★）

材料物理：4/A+；法学：35/A；计算机科学与技术：27/A；考古学：8/A；生物科学：16/A；思想政治教育：51/A；通信工程：17/A；政治学与行政学：12/A。

3）中国高水平专业（4★）

编辑出版学：7/B++；财政学：21/B++；测绘工程：31/B++；电气工程及其自动化：40/B++；电子商务：17/A；电子信息工程：38/B++；高分子材料与工程：21/B++；工商管理：36/B++；光电信息科学与工程：25/B++；广播电视学：11/A；国际经济与贸易：86/B++；汉语国际教育：18/A；化学：39/B++；化学工程与工艺：34/B++；环境科学：17/A；环境设计：9/A+；会计学：43/B++；绘画：16/B++；机械设计制造及其自动化：54/B++；金融学：39/B++；经济学：27/A；历史学：34/B++；旅游管理：22/A；人力资源管理：34/B++；软件工程：44/B++；社会学：19/B++；生态学：22/B++；生物工程：47/B++；市场营销：59/B++；数学与应用数学：56/B++；统计学：20/A；物联网工程：10/A+；物流管理：15/A；新能源材料与器件：12/B++；信息安全：16/B++；信息管理与信息系统：73/B++；信息与计算科学：51/B++；行政管理：66/B++；应

用物理学：22/B++；英语：57/B++；哲学：20/B++；知识产权：4/A；自动化：41/B++。

4）中国区域一流专业（3★）

表演：23/B+；测控技术与仪器：77/B+；档案学：17/B+；德语：36/B+；地理信息科学：61/B+；电子科学与技术：62/B+；俄语：55/B+；法语：35/B+；日语：96/B+；社会工作：63/B+；视觉传达设计：116/B+；图书馆学：14/B+；网络工程：25/B++；网络与新媒体：15/B++；微电子科学与工程：36/B+；物理学：105/B+；戏剧影视导演：11/B+。

5）中国区域高水平专业（2★）

材料化学：74/C；地质学：21/D；互联网金融：1/A++；机器人工程：18/B++；集成电路设计与集成系统：21/C；经济统计学：52/C；人工智能：38/B++；食品科学与工程：159/D；数据科学与大数据技术：54/B++；网络空间安全：26/B；西班牙语：34/C；音乐表演：71/C；应用心理学：90/C；智能科学与技术：29/B+；智能制造工程：16/B++。

6）中国区域知名专业（1★）

国际事务与国际关系：11/D；金融数学：32/C；生物制药：36/C。

4. 安徽师范大学

（1）安徽师范大学综合实力排名

综合排名：2024校友会中国大学排名第117名，全国师范类高校第15名，安徽省高校第4名。

星级排名：中国四星级大学（4★），世界知名、中国高水平大学。主管部门：安徽省。

（2）安徽师范大学各本科专业排名（全国排名/档次）

1）中国一流专业（5★）

地理科学：6/A；汉语言文学：28/A；教育学：8/A；历史学：20/A；思想政治教育：22/A；运动训练：5/A+。

2）中国高水平专业（4★）

播音与主持艺术：4/A+；材料化学：13/B++；财务管理：17/A；地理信息科学：16/B++；电子信息工程：89/B++；俄语：29/B++；法学：49/B++；工艺美术：12/B++；光电信息科学与工程：25/B++；广告学：22/B++；化学：39/B++；会计学：112/B++；计算机科学与技术：60/B++；经济学：27/A；旅游管理：22/A；美术学：35/B++；秘书学：5/A；社会工作：41/B++；生物技术：30/B++；生物科学：36/B++；数学与应用数学：56/B++；体育教育：23/B++；统计学：20/A；土地资源管理：18/B++；舞蹈表演：13/B++；物理学：33/B++；小学教育：31/B++；心理学：22/B++；新闻学：30/B++；学前教育：9/A；音乐表演：12/A；音乐学：18/B++；英语：57/B++。

3）中国区域一流专业（3★）

雕塑：19/B+；动画：47/B+；法语：35/B+；公共事业管理：81/B+；汉语国际教育：58/B+；化学工程与工艺：120/B+；环境工程：133/B+；教育技术学：44/B+；酒店管理：16/B+；日语：96/B+；软件工程：150/B+；社会体育指导与管理：37/B+；社会学：50/B+；生态学：29/B+；食品科学与工程：114/B+；食品质量与安全：45/B+；世界史：12/B+；通信工程：141/B+；网络与新媒体：15/B++；物联网工程：69/B+；物流管理：88/B+；行政管理：126/B+；休闲体育：9/B+；艺术设计学：57/B+；应用化学：112/B+；应用心理学：65/B+；自动化：180/B+；作曲与作曲技术理论：17/B+。

4）中国区域高水平专业（2★）

城乡规划：78/C；供应链管理：4/A；汉语言：42/C；航空服务艺术与管理：3/A+；环境科学：114/C；环境设计：172/C；绘画：65/C；金融工程：67/C；马克思主义理论：19/C；葡萄牙语：14/C；人工智能：38/B++；人力资源管理：115/C；摄影：23/C；书法学：23/B；网络空间安全：26/B；园艺：58/D。

5）中国区域知名专业（1★）

生物制药：36/C；投资学：36/C；戏剧影视文学：59/D。

5. 安徽农业大学

（1）安徽农业大学综合实力排名

综合排名：2024校友会中国大学排名第144名，全国农林类高校第15名，安徽省高校第5名。

星级排名：中国四星级大学（4★），世界知名、中国高水平大学。主管部门：安徽省。

（2）安徽农业大学各本科专业排名（全国排名/档次）

1）世界高水平、中国顶尖专业（6★）

茶学：1/A++。

2）中国一流专业（5★）

木材科学与工程：6/A；农学：12/A；农业机械化及其自动化：9/A；食品科学与工程：8/A+。

3）中国高水平专业（4★）

动物科学：25/B++；动物医学：13/B++；环境科学：31/B++；计算机科学与技术：60/B++；林学：13/B++；农林经济管理：26/B++；农业水利工程：13/B++；农业资源与环境：17/B++；生物技术：30/B++；生物科学：83/B++；水产养殖学：17/B++；物流工程：12/B++；应用生物科学：1/A++；英语：57/B++；园林：16/B++；园艺：14/B++；植物保护：13/B++。

4）中国区域一流专业（3★）

城乡规划：51/B+；电气工程及其自动化：133/B+；纺织工程：19/B+；服装设计与工程：22/B+；汉语言文学：151/B+；环境工程：133/B+；会计学：186/B+；金融学：143/B+；社会工作：87/B+；生态学：29/B+；食品质量与安全：45/B+；土地资源管理：33/B+；网络工程：25/B++；艺术设计学：57/B+；应用化学：112/B+。

5）中国区域高水平专业（2★）

包装工程：30/C；财务管理：135/C；草业科学：23/D；产品设计：100/C；电子信息工程：236/D；动植物检

疫：11/C；法学：271/D；服装与服饰设计：66/C；公共事业管理：124/B；国际经济与贸易：221/C；环境设计：141/C；机械设计制造及其自动化：222/D；经济学：190/D；旅游管理：168/D；日语：118/B；设施农业科学与工程：16/C；视觉传达设计：156/C；通信工程：219/D；应用统计学：48/B；种子科学与工程：24/C。

6）中国区域知名专业（1★）

保险学：66/D；材料科学与工程：137/D；测绘工程：75/D；车辆工程：109/D；地理信息科学：119/D；电子商务：196/D；法语：90/D；商务英语：89/D；生物制药：36/C；食品卫生与营养学：20/D；市场营销：299/D；数据科学与大数据技术：152/C；统计学：177/D；土木工程：223/D；物联网工程：161/D；应用心理学：113/D；智慧农业：9/C；智能科学与技术：58/C。

6. 安徽医科大学

（1）安徽医科大学综合实力排名

综合排名：2024校友会中国大学排名第153名，全国医药类高校第20名，安徽省高校第6名。

星级排名：中国三星级大学（3★），中国知名、区域一流大学。主管部门：安徽省。

（2）安徽医科大学各本科专业排名（全国排名/档次）

1）中国一流专业（5★）

护理学：11/A；临床医学：23/A；麻醉学：5/A；预防医学：12/A。

2）中国高水平专业（4★）

公共事业管理：17/A；口腔医学：17/B++；临床药学：6/B++；生物技术：30/B++；卫生检验与检疫：7/B++；药学：27/B++；医学检验技术：15/B++；医学影像学：10/B++；应用心理学：28/B++。

3）中国区域一流专业（3★）

儿科学：12/B+；妇幼保健医学：2/A+；精神医学：13/B+；康复治疗学：31/B+；劳动与社会保障：31/B+；生物科学：114/B+；生物医学工程：55/B+；食品质量与安全：45/B+；信息管理与信息系统：119/B+；中药学：38/B+。

4）中国区域高水平专业（2★）

法学：271/D；基础医学：27/D；医学信息工程：18/C。

5）中国区域知名专业（1★）

放射医学：7/D；健康服务与管理：15/B；食品卫生与营养学：20/D；眼视光医学：13/C；养老服务管理：1/A++；药物制剂：61/D；医学影像技术：30/C；智能医学工程：27/D；助产学：13/B。

7. 安徽工业大学

（1）安徽工业大学综合实力排名

综合排名：2024校友会中国大学排名第204名，全国理工类高校第94名，安徽省高校第7名。

星级排名：中国三星级大学（3★），中国知名、区域一流大学。主管部门：安徽省。

（2）安徽工业大学各本科专业排名（全国排名/档次）

1）中国一流专业（5★）

材料成型及控制工程：22/A；冶金工程：8/A。

2）中国高水平专业（4★）

材料科学与工程：45/B++；测控技术与仪器：53/B++；电气工程及其自动化：88/B++；给排水科学与工程：30/B++；工业工程：28/B++；化学工程与工艺：34/B++；会计学：43/B++；计算机科学与技术：60/B++；金融学：93/B++；经济学：83/B++；能源与动力工程：30/B++；软件工程：103/B++；土木工程：96/B++；应用化学：35/B++；英语：136/B++；资源循环科学与工程：2/A+；自动化：41/B++。

3）中国区域一流专业（3★）

安全工程：45/B+；车辆工程：58/B+；电子信息工程：141/B+；纺织工程：19/B+；服装与服饰设计：38/B+；工商管理：180/B+；环境工程：133/B+；环境设计：86/B+；机械设计制造及其自动化：170/B+；建筑环境与能源应用工程：51/B+；金融工程：40/B+；金属材料工程：33/B+；矿物加工工程：22/B+；审计学：25/B+；食品科学与工程：102/B+；视觉传达设计：83/B+；通信工程：141/B+；无机非金属材料工程：34/B+；物流工程：25/B+；行政管理：111/B+。

4）中国区域高水平专业（2★）

财务管理：135/C；产品设计：100/C；法学：271/D；高分子材料与工程：108/D；工程管理：120/C；工业设计：131/C；公共事业管理：124/B；光电信息科学与工程：121/C；光源与照明：7/D；国际经济与贸易：221/C；环保设备工程：5/A；建筑学：130/D；经济统计学：59/D；人力资源管理：148/C；市场营销：176/C；数学与应用数学：224/D；统计学：147/C；网络工程：81/B；信息管理与信息系统：168/C；信息与计算科学：164/C；政治学与行政学：59/C；制药工程：131/D。

5）中国区域知名专业（1★）

城乡规划：103/D；道路桥梁与渡河工程：30/D；电气工程与智能控制：9/C；翻译：130/D；复合材料与工程：21/D；工程造价：43/D；公共艺术：36/D；国际商务：40/C；焊接技术与工程：24/D；互联网金融：3/A+；化学生物学：19/D；机器人工程：71/C；机械工程：80/D；经济与金融：17/D；劳动与社会保障：79/C；秘书学：32/D；能源化学工程：37/D；人工智能：123/C；商务英语：102/D；数据科学与大数据技术：152/C；数字媒体艺术：112/D；微电子科学与工程：68/D；物联网工程：161/D；新能源科学与工程：71/D；智能感知工程：12/D。

8. 合肥大学

（1）合肥大学综合实力排名

综合排名：2024校友会中国大学排名第214名，全国理工类高校第97名，安徽省高校第8名。

星级排名：中国二星级大学（2★），中国区域高水平大学。主管部门：安徽省。

（2）合肥大学各本科专业排名（全国排名/档次）

1）世界知名、中国顶尖应用型专业（7★）

生物工程：1/A++。

2）中国顶尖应用型专业（6★）

德语：1/A++；电子信息工程：9/A+；动画：9/A+；工程管理：3/A++；工业设计：1/A++；国际经济与贸易：2/A++；化学工程与工艺：1/A++；环境工程：10/A+；会计学：23/A+；机械设计制造及其自动化：2/A++；计算机科学与技术：2/A++；交通工程：1/A++；经济工程：1/A++；旅游管理：1/A++；软件工程：1/A++；食品科学与工程：7/A+；数学与应用数学：1/A++；通信工程：1/A++；土木工程：2/A++；无机非金属材料工程：1/A++；物流管理：12/A+；小学教育：21/A+；新闻学：1/A++；自动化：1/A++。

3）中国一流应用型专业（5★）

产品设计：12/A+；电气工程及其自动化：48/A；粉体材料科学与工程：1/A++；工商管理：39/A；供应链管理：2/A+；汉语国际教育：12/A；汉语言文学：63/A；机械电子工程：23/A；建筑学：20/A；能源化学工程：1/A++；人文地理与城乡规划：8/A；日语：13/A；视觉传达设计：33/A；网络工程：16/A；学前教育：46/A；英语：62/A。

4）中国高水平应用型专业（4★）

材料成型及控制工程：36/B++；车辆工程：34/B++；金融学：45/B++；经济学：24/B++；秘书学：5/A+；生物技术：23/B++；数据科学与大数据技术：23/A；投资学：11/B++；信息管理与信息系统：35/B++；信息与计算科学：26/B++；艺术与科技：8/B++。

5）中国区域一流应用型专业（3★）

财务管理：137/B+；朝鲜语：19/B+；公共事业管理：37/B+；环境设计：113/B+；酒店管理：47/B+；食品质量与安全：34/B+；网络与新媒体：61/B+；应用统计学：18/B++；应用心理学：47/B+；智慧交通：2/A+；智能科学与技术：17/B++；智能制造工程：12/B++。

6）中国区域高水平应用型专业（2★）

工艺美术：34/C；会展经济与管理：35/B。

9. 安徽财经大学

（1）安徽财经大学综合实力排名

综合排名：2024 校友会中国大学排名第 218 名，全国财经类高校第 20 名，安徽省高校第 9 名。

星级排名：中国三星级大学（3★），中国知名、区域一流大学。主管部门：安徽省。

（2）安徽财经大学各本科专业排名（全国排名/档次）

1）中国一流专业（5★）

财政学：7/A；国际经济与贸易：18/A+；会计学：16/A+；经济学：16/A。

2）中国高水平专业（4★）

财务管理：17/A；电子商务：17/A；法学：49/B++；工商管理：36/B++；广告学：22/B++；国际商务：8/B++；国民经济管理：2/A+；计算机科学与技术：60/B++；金融工程：26/B++；金融学：39/B++；劳动与社会保障：4/A+；旅游管理：67/B++；贸易经济：4/A；人力资源管理：16/A；商务英语：15/B++；审计学：4/A；市场营销：29/A；统计学：20/A；投资学：2/A+；信息管理与信息系统：38/B++。

3）中国区域一流专业（3★）

保险学：29/B+；产品设计：66/B+；动画：47/B+；工程管理：82/B+；金融数学：10/B++；经济统计学：33/B+；数学与应用数学：168/B+；税收学：17/B+；行政管理：111/B+；应用统计学：22/B+；资产评估：8/B+。

4）中国区域高水平专业（2★）

电子信息工程：236/D；纺织工程：25/D；工程造价：24/B；环境设计：172/C；绘画：65/C；视觉传达设计：156/C；土地资源管理：53/C；物流管理：109/C；新闻学：125/D；信息与计算科学：164/C。

5）中国区域知名专业（1★）

供应链管理：14/C；广播电视编导：96/D；互联网金融：3/A+；秘书学：32/D；人工智能：123/C；日语：218/D；数据科学与大数据技术：152/C；数字经济：11/C；网络与新媒体：66/D；物联网工程：161/D。

10. 安徽理工大学

（1）安徽理工大学综合实力排名

综合排名：2024 校友会中国大学排名第 269 名，全国理工类高校第 121 名，安徽省高校第 10 名。

星级排名：中国三星级大学（3★），中国知名、区域一流大学。主管部门：安徽省。

（2）安徽理工大学各本科专业排名（全国排名/档次）

1）中国一流专业（5★）

安全工程：8/A；环境工程：24/A；机械设计制造及其自动化：25/A。

2）中国高水平专业（4★）

采矿工程：19/B++；测绘工程：17/B++；测控技术与仪器：23/B++；弹药工程与爆炸技术：3/A+；地质工程：14/B++；电气工程及其自动化：40/B++；电子信息工程：89/B++；复合材料与工程：7/B++；过程装备与控制工程：11/B++；化学工程与工艺：34/B++；计算机科学与技术：60/B++；勘查技术与工程：12/B++；矿物加工工程：14/B++；临床医学：70/B++；能源化学工程：9/B++；特种能源技术与工程：3/A+；土木工程：47/B++；无机非金属材料工程：13/B++；信息安全：16/B++；信息与计算科学：23/A；英语：136/B++；自动化：41/B++。

3）中国区域一流专业（3★）

车辆工程：58/B+；城市地下空间工程：16/B+；工程力学：49/B+；建筑环境与能源应用工程：51/B+；建筑学：95/B+；人力资源管理：69/B+；数字媒体艺术：39/B+；水文与水资源工程：21/B+；物联网工程：69/B+；制药工程：

79/B+；资源与环境经济学：4/A。

4）中国区域高水平专业（2★）

地理信息科学：94/D；地下水科学与工程：11/D；电子商务：118/C；高分子材料与工程：108/D；工程管理：120/C；工业设计：131/C；护理学：109/D；金融学：191/D；市场营销：176/C；数学与应用数学：224/D；通信工程：219/D；信息管理与信息系统：168/C；医学检验技术：62/C；应用化学：197/D；应用物理学：112/C；预防医学：74/D。

5）中国区域知名专业（1★）

财务管理：210/D；导航工程：5/A；道路桥梁与渡河工程：30/D；地理空间信息工程：8/C；电气工程与智能控制：9/C；动画：134/D；风景园林：75/D；给排水科学与工程：79/D；工程造价：43/D；光电信息科学与工程：141/D；会计学：323/D；机器人工程：71/C；机械电子工程：97/D；交通工程：78/D；区块链工程：1/A++；人工智能：123/C；日语：218/D；软件工程：253/D；社会工作：145/D；数据科学与大数据技术：152/C；数字媒体技术：69/D；网络与新媒体：66/D；消防工程：13/D；遥感科学与技术：29/D；药学：139/D；应急技术与管理：5/A；应用统计学：65/C；政治学与行政学：75/D；职业卫生工程：2/A+；智能采矿工程：3/A+；智能建造：17/C；智能科学与技术：58/C；智能制造工程：56/B；资源勘查工程：39/D；资源循环科学与工程：25/D。

11. 安徽工程大学

（1）安徽工程大学综合实力排名

综合排名：2024 校友会中国大学排名第 278 名，全国理工类高校第 128 名，安徽省高校第 11 名。

星级排名：中国二星级大学（2★），中国区域高水平大学。主管部门：安徽省。

（2）安徽工程大学各本科专业排名（全国排名/档次）

1）中国高水平专业（4★）

材料成型及控制工程：33/B++；车辆工程：44/B++；电子信息工程：89/B++；纺织工程：10/B++；工商管理：100/B++；化学工程与工艺：84/B++；环境设计：9/A+；机械设计制造及其自动化：54/B++；计算机科学与技术：60/B++；金融工程：26/B++；轻化工程：23/B++；软件工程：44/B++；生物工程：47/B++；食品科学与工程：28/B++；视觉传达设计：42/B++；统计学：41/B++；物流管理：46/B++；行政管理：66/B++；艺术设计学：17/B++；应用化学：35/B++；自动化：41/B++。

2）中国区域一流专业（3★）

表演：23/B+；测控技术与仪器：77/B+；非织造材料与工程：7/B+；服装设计与工程：22/B+；服装与服饰设计：38/B+；工业设计：85/B+；环境工程：167/B+；土木工程：137/B+；物联网工程：45/B+；英语：231/B+。

3）中国区域高水平专业（2★）

材料科学与工程：121/D；产品设计：131/D；电气工程及其自动化：217/D；动画：92/C；工程管理：144/D；工业工程：93/C；工艺美术：25/C；光电信息科学与工程：121/C；国际经济与贸易：266/D；人力资源管理：148/C；日语：162/C；生物技术：176/D；市场营销：241/D；数学与应用数学：245/D；数字媒体艺术：79/C；通信工程：219/D；质量管理工程：8/D。

4）中国区域知名专业（1★）

城乡规划：103/D；电子商务及法律：4/A；电子信息科学与技术：117/D；法学：327/D；高分子材料与工程：119/D；给排水科学与工程：79/D；广告学：113/C；过程装备与控制工程：77/D；互联网金融：3/A+；机器人工程：71/C；机械电子工程：97/D；机械工程：80/D；集成电路设计与集成系统：28/D；建筑电气与智能化：24/D；建筑学：149/D；交通工程：87/D；区块链工程：1/A++；人工智能：123/C；社会工作：145/D；生物制药：45/D；数据科学与大数据技术：152/C；智能科学与技术：58/C；智能制造工程：56/B。

12. 安庆师范大学

（1）安庆师范大学综合实力排名

综合排名：2024 校友会中国大学排名第 296 名，全国师范类高校第 43 名，安徽省高校第 12 名。

星级排名：中国二星级大学（2★），中国区域高水平大学。主管部门：安徽省。

（2）安庆师范大学各本科专业排名（全国排名/档次）

1）中国一流专业（5★）

表演：5/A+。

2）中国高水平专业（4★）

汉语言文学：64/B++；化学：39/B++；环境科学：17/A；人文教育：1/A++；生物科学：83/B++；数学与应用数学：56/B++；数字媒体技术：14/B++；思想政治教育：90/B++；物联网工程：23/B++；物流管理：15/A；英语：57/B++。

3）中国区域一流专业（3★）

化学工程与工艺：120/B+；历史学：84/B+；生物技术：122/B+；市场营销：130/B+；体育教育：72/B+；戏剧学：5/A；小学教育：43/B+；信息与计算科学：122/B+；学前教育：48/B+；艺术教育：4/A；自动化：150/B+。

4）中国区域高水平专业（2★）

财务管理：175/D；产品设计：131/D；广播电视学：77/D；计算机科学与技术：370/D；教育技术学：83/D；教育学：65/D；科学教育：16/C；秘书学：25/C；商务英语：72/C；食品科学与工程：159/D；特殊教育：21/C；网络与新媒体：27/B+；园林：59/C。

5）中国区域知名专业（1★）

材料化学：113/D；车辆工程：109/D；地理科学：74/D；电子商务：184/D；电子信息科学与技术：117/D；动画：142/D；动植物检疫：16/D；法学：308/D；法语：97/D；翻译：98/C；服装设计与工程：42/D；光电信息科学

与工程：141/D；国际经济与贸易：329/D；汉语国际教育：140/C；环境工程：238/D；环境设计：215/D；机械设计制造及其自动化：236/D；金融工程：83/D；旅游管理：207/D；美术学：116/D；社会工作：170/D；生态学：65/D；视觉传达设计：202/D；数据科学与大数据技术：152/C；数字媒体艺术：135/D；通信工程：239/D；统计学：177/D；微电子科学与工程：68/D；文化产业管理：50/C；舞蹈表演：56/D；物理学：143/D；新闻学：146/D；音乐学：129/D；应用统计学：65/C；应用心理学：113/D；运动康复：30/C；知识产权：47/D；智能科学与技术：58/C。

12. 淮北师范大学

（1）淮北师范大学综合实力排名

综合排名：2024 校友会中国大学排名第 296 名，全国师范类高校第 43 名，安徽省高校第 12 名。

星级排名：中国二星级大学（2★），中国区域高水平大学。主管部门：安徽省。

（2）淮北师范大学各本科专业排名（全国排名/档次）

1）中国高水平专业（4★）

电子信息工程：38/B++；汉语言文学：64/B++；化学：87/B++；计算机科学与技术：60/B++；生物工程：21/B++；数学与应用数学：137/B++；特殊教育：2/A+；体育教育：23/B++；物流管理：46/B++；学前教育：9/A；音乐学：39/B++；英语：136/B++。

2）中国区域一流专业（3★）

材料物理：40/B+；法学：208/B+；服装与服饰设计：44/B+；公共事业管理：57/B+；会计学：186/B+；教育技术学：44/B+；经济学：152/B+；历史学：98/B+；美术学：69/B+；人力资源管理：69/B+；生物科学：122/B+；书法学：11/B++；思想政治教育：116/B+；网络工程：25/B++；物理学：95/B+；应用心理学：65/B+。

3）中国区域高水平专业（2★）

财务管理：175/D；电子商务：148/D；翻译：80/C；国际经济与贸易：266/D；环境生态工程：20/B；酒店管理：25/B；旅游管理：168/D；日语：162/C；社会体育指导与管理：64/C；社会学：73/D；数字媒体技术：49/C；网络与新媒体：27/B+；戏剧影视文学：49/D。

4）中国区域知名专业（1★）

表演：76/D；材料化学：94/D；材料科学与工程：137/D；风景园林：75/D；光电信息科学与工程：141/D；广告学：113/C；汉语国际教育：140/C；化学工程与工艺：184/D；环境科学：158/D；环境设计：215/D；绘画：89/D；机械电子工程：123/D；金融数学：32/C；劳动与社会保障：79/C；商务英语：102/D；社会工作：170/D；审计学：51/D；视觉传达设计：202/D；数据科学与大数据技术：152/C；通信工程：239/D；统计学：177/D；文化遗产：3/A+；舞蹈学：81/D；小学教育：74/D；新闻学：146/D；信息安全：88/D；信息管理与信息系统：278/D；行政管理：195/D；音乐表演：83/C；应用化学：213/D；应用统计学：65/C；园艺：64/D；政治学与行政学：75/D；智能科学与技术：58/C。

14. 皖南医学院

（1）皖南医学院综合实力排名

综合排名：2024 校友会中国大学排名第 300 名，全国医药类高校第 45 名，安徽省高校第 14 名。

星级排名：中国二星级大学（2★），中国区域高水平大学。主管部门：安徽省。

（2）皖南医学院各本科专业排名（全国排名/档次）

1）中国顶尖应用型专业（6★）

法医学：1/A++；护理学：1/A++；口腔医学：5/A+；临床医学：1/A++。

2）中国一流应用型专业（5★）

法学：28/A；公共事业管理：7/A+；基础医学：1/A++；麻醉学：4/A；生物医学工程：5/A；信息管理与信息系统：17/A；应用心理学：7/A+；预防医学：4/A。

3）中国高水平应用型专业（4★）

康复治疗学：17/B++；口腔医学技术：3/A+；临床药学：2/A+；卫生检验与检疫：3/A+；医学检验技术：22/B++；医学影像技术：13/B++；医学影像学：11/B++。

4）中国区域一流应用型专业（3★）

食品卫生与营养学：4/A；药物制剂：15/B+；药学：38/B+；制药工程：54/B+；中药学：28/B+；助产学：5/A。

5）中国区域高水平应用型专业（2★）

保险学：35/C；医学信息工程：10/B；智能医学工程：8/C。

15. 安徽中医药大学

（1）安徽中医药大学综合实力排名

综合排名：2024 校友会中国大学排名第 320 名，全国医药类高校第 47 名，安徽省高校第 15 名。

星级排名：中国三星级大学（3★），中国知名、区域一流大学。主管部门：安徽省。

（2）安徽中医药大学各本科专业排名（全国排名/档次）

1）中国一流专业（5★）

中药学：9/A。

2）中国高水平专业（4★）

康复治疗学：17/B++；药学：27/B++；针灸推拿学：16/B++；制药工程：45/B++；中西医临床医学：9/B++；中医学：18/B++。

3）中国区域一流专业（3★）

国际经济与贸易：142/B+；护理学：93/B+；食品质量与安全：45/B+；信息管理与信息系统：138/B+；药物分析：4/A；药物制剂：22/B+；应用心理学：65/B+。

4）中国区域高水平专业（2★）

公共事业管理：198/D；计算机科学与技术：370/D；人力资源管理：148/C；生物医学工程：88/D；医学信息工程：18/C；中药资源与开发：22/D。

5）中国区域知名专业（1★）

保险学：45/C；汉语国际教育：140/C；生物制药：36/C；数据科学与大数据技术：152/C；运动康复：30/C；中医儿科学：6/C；中医骨伤科学：11/C。

15. 蚌埠医科大学

（1）蚌埠医科大学综合实力排名

综合排名：2024 校友会中国大学排名第 320 名，全国医药类高校第 47 名，安徽省高校第 15 名。

星级排名：中国二星级大学（2★），中国区域高水平大学。主管部门：安徽省。

（2）蚌埠医科大学各本科专业排名（全国排名/档次）

1）中国顶尖应用型专业（6★）

临床医学：1/A++；生物科学：1/A++；药学：11/A+；医学检验技术：1/A++。

2）中国一流应用型专业（5★）

护理学：32/A；精神医学：3/A+；食品卫生与营养学：1/A++；医学影像学：2/A+；预防医学：4/A。

3）中国高水平应用型专业（4★）

口腔医学：13/B++；生物技术：23/B++；食品质量与安全：8/A；信息管理与信息系统：35/B++；药物分析：1/A++；医学信息工程：2/A+；医学影像技术：13/B++；制药工程：25/B++。

4）中国区域一流应用型专业（3★）

健康服务与管理：15/B++；康复治疗学：38/B+；临床药学：6/B+；生物医学科学：1/A++；物联网工程：139/B+；应用心理学：47/B+。

5）中国区域高水平应用型专业（2★）

麻醉学：16/C；卫生检验与检疫：17/D；应用统计学：34/B；助产学：28/C。

6）中国区域知名应用型专业（1★）

运动康复：34/D；智能医学工程：11/D。

17. 安徽科技学院

（1）安徽科技学院综合实力排名

综合排名：2024 校友会中国大学排名第 322 名，全国理工类高校第 150 名，安徽省高校第 17 名。

星级排名：中国二星级大学（2★），中国区域高水平大学。主管部门：安徽省。

（2）安徽科技学院各本科专业排名（全国排名/档次）

1）中国顶尖应用型专业（6★）

财务管理：18/A+；车辆工程：13/A+；地理信息科学：1/A++；动物科学：3/A+；动物医学：1/A++；环境工程：10/A+；机械设计制造及其自动化：44/A+；生物科学：9/A+；食品科学与工程：7/A+；应用化学：4/A+；种子科学与工程：1/A++。

2）中国一流应用型专业（5★）

城乡规划：8/A；电气工程及其自动化：48/A；电子科学与技术：12/A；电子信息工程：66/A；风景园林：5/A+；环境科学与工程：2/A+；机械电子工程：23/A；计算机科学与技术：101/A；建筑学：20/A；农学：5/A；农业资源与环境：2/A+；生物工程：16/A；市场营销：38/A；无机非金属材料工程：8/A；物流工程：8/A；信息与计算科学：8/A。

3）中国高水平应用型专业（4★）

材料科学与工程：23/B++；翻译：19/B++；光电信息科学与工程：22/B++；会计学：105/B++；机电技术教育：2/A+；粮食工程：3/A+；食品质量与安全：8/A；土木工程：97/B++；网络工程：47/B++；物流管理：56/B++；英语：129/B++。

4）中国区域一流应用型专业（3★）

工商管理：106/B+；公共事业管理：37/B+；国际经济与贸易：179/B+；汉语言文学：180/B+；机器人工程：36/B+；金融工程：39/B+；农业智能装备工程：1/A++；农艺教育：1/A++；烹饪与营养教育：10/B+；设施农业科学与工程：6/B+；审计学：52/B+；生物制药：13/B+；数据科学与大数据技术：60/B++；新能源材料与器件：6/B++；应用生物科学：1/A++；园艺：25/B+；植物保护：3/A+；植物科学与技术：4/A；质量管理工程：4/A；中药学：28/B+。

5）中国区域高水平应用型专业（2★）

编辑出版学：14/D；动植物检疫：2/A+；法学：138/C；工业设计：74/C；建筑电气与智能化：38/C；经济学：80/C；物联网工程：232/C；信息安全：23/D；药物制剂：24/D；药学：68/C；智能制造工程：34/B。

17. 阜阳师范大学

（1）阜阳师范大学综合实力排名

综合排名：2024 校友会中国大学排名第 322 名，全国师范类高校第 56 名，安徽省高校第 17 名。

星级排名：中国一星级大学（1★），中国区域知名大学。主管部门：安徽省。

（2）阜阳师范大学各本科专业排名（全国排名/档次）

1）中国高水平专业（4★）

汉语言文学：64/B++；化学：39/B++；生物科学：83/B++；数学与应用数学：56/B++；物理学：33/B++；学前教育：25/B++。

2）中国区域一流专业（3★）

材料化学：37/B+；财务管理：100/B+；法学：208/B+；计算机科学与技术：285/B+；经济学：122/B+；历史学：84/B+；美术学：57/B+；思想政治教育：116/B+；体育教育：72/B+；武术与民族传统体育：16/B+；物流管理：83/B+；小学教育：43/B+；应用化学：145/B+；园林：34/B+。

3）中国区域高水平专业（2★）

绘画：65/C；物联网工程：104/B；音乐学：117/C；英语：358/D。

4）中国区域知名专业（1★）

表演：76/D；大数据管理与应用：48/C；地理科学：74/D；地理信息科学：128/D；电气工程及其自动化：247/D；电子商务：196/D；电子信息科学与技术：117/D；

动物科学：58/D；翻译：98/C；复合材料与工程：21/D；工商管理：311/D；光电信息科学与工程：141/D；护理学：118/D；环境设计：215/D；机器人工程：71/C；教育技术学：96/D；金融工程：83/D；经济统计学：79/D；酒店管理：43/C；科学教育：24/D；旅游管理：225/D；人力资源管理：201/D；人文地理与城乡规划：83/D；日语：253/D；软件工程：253/D；生物制药：45/D；食品质量与安全：117/D；视觉传达设计：202/D；数据科学与大数据技术：152/C；通信工程：265/D；统计学：208/D；投资学：52/D；网络与新媒体：78/D；舞蹈学：81/D；新闻学：160/D；信息工程：50/D；信息与计算科学：287/D；行政管理：195/D；医学检验技术：73/D；音乐表演：119/D；应用统计学：91/D；应用物理学：151/D；应用心理学：113/D；制药工程：157/D；智能科学与技术：58/C。

19. 安徽建筑大学

（1）安徽建筑大学综合实力排名

综合排名：2024 校友会中国大学排名第 324 名，全国理工类高校第 151 名，安徽省高校第 19 名。

星级排名：中国三星级大学（3★），中国知名、区域一流大学。主管部门：安徽省。

（2）安徽建筑大学各本科专业排名（全国排名/档次）

1）中国一流专业（5★）

城乡规划：10/A。

2）中国高水平专业（4★）

道路桥梁与渡河工程：8/B++；电子信息工程：89/B++；动画：27/B++；房地产开发与管理：4/A；高分子材料与工程：43/B++；给排水科学与工程：30/B++；工程管理：55/B++；环境工程：82/B++；机械设计制造及其自动化：131/B++；计算机科学与技术：206/B++；建筑电气与智能化：8/B++；建筑环境与能源应用工程：25/B++；建筑学：52/B++；能源与动力工程：54/B++；人力资源管理：34/B++；土木工程：96/B++；无机非金属材料工程：24/B++；应用化学：69/B++。

3）中国区域一流专业（3★）

安全工程：53/B+；测控技术与仪器：103/B+；城市地下空间工程：25/B+；地理信息科学：61/B+；地质工程：32/B+；电气工程及其自动化：151/B+；风景园林：44/B+；工程造价：13/B+；工商管理：207/B+；环境设计：105/B+；环境生态工程：6/B++；经济学：152/B+；勘查技术与工程：21/B+；人文地理与城乡规划：26/B+；声学：2/A+；市场营销：130/B+；土地资源管理：33/B+；英语：253/B+；园林：34/B+；资产评估：8/B+；自动化：180/B+。

4）中国区域高水平专业（2★）

财务管理：135/C；测绘工程：58/D；电子科学与技术：98/D；法学：251/D；工业设计：119/C；过程装备与控制工程：67/D；化学工程与工艺：179/D；会计学：247/D；机械电子工程：84/C；交通工程：56/C；金融工程：61/C；金属材料工程：58/D；劳动与社会保障：55/B；视觉传达设计：147/C；通信工程：202/D；统计学：133/C；网络工程：81/B；物联网工程：104/B；信息与计算科学：164/C；应用物理学：104/C。

5）中国区域知名专业（1★）

城市管理：31/D；公共艺术：36/D。

20. 合肥师范学院

（1）合肥师范学院综合实力排名

综合排名：2024 校友会中国大学排名第 347 名，全国师范类高校第 66 名，安徽省高校第 20 名。

星级排名：中国一星级大学（1★），中国区域知名大学。主管部门：安徽省。

（2）合肥师范学院各本科专业排名（全国排名/档次）

1）中国顶尖应用型专业（6★）

光电信息科学与工程：1/A++；美术学：1/A++；物联网工程：1/A++；小学教育：2/A++；应用心理学：1/A++。

2）中国一流应用型专业（5★）

电气工程及其自动化：48/A；电子信息工程：66/A；互联网金融：3/A+；化学：23/A；经济统计学：6/A；软件工程：53/A；生物科学：24/A；体育教育：19/A；网络与新媒体：12/A+；学前教育：46/A；音乐学：17/A；英语：62/A；运动训练：4/A。

3）中国高水平应用型专业（4★）

财务管理：80/B++；产品设计：43/B++；动画：37/B++；国际经济与贸易：109/B++；汉语言文学：118/B++；经济学：24/B++；商务英语：38/B++；生物技术：23/B++；数学与应用数学：78/B++；舞蹈表演：8/A；新能源材料与器件：2/A+；音乐表演：21/B++。

4）中国区域一流应用型专业（3★）

服装与服饰设计：60/B+；汉语国际教育：79/B+；环境设计：113/B+；金融工程：39/B+；酒店管理：47/B+；人力资源管理：75/B+；生物制药：13/B+；食品质量与安全：34/B+；市场营销：144/B+；视觉传达设计：140/B+；数据科学与大数据技术：60/B++；通信工程：130/B+；物理学：66/B+；应用统计学：18/B++；制药工程：54/B+。

5）中国区域高水平应用型专业（2★）

编辑出版学：14/D；化学工程与工艺：121/D；计算机科学与技术：379/D；经济与金融：27/B；思想政治教育：112/C；网络工程：137/C；微电子科学与工程：23/D；西班牙语：23/C；药物制剂：24/D；运动康复：21/C。

6）中国区域知名应用型专业（1★）

材料科学与工程：62/D；体能训练：4/A。

20. 淮南师范学院

（1）淮南师范学院综合实力排名

综合排名：2024 校友会中国大学排名第 347 名，全国师范类高校第 66 名，安徽省高校第 20 名。

星级排名：中国一星级大学（1★），中国区域知名大学。主管部门：安徽省。

（2）淮南师范学院各本科专业排名（全国排名/档次）

1）中国顶尖应用型专业（6★）

英语：3/A++。

2）中国一流应用型专业（5★）

电气工程及其自动化：48/A；电子信息工程：66/A；化学：23/A；环境设计：34/A；会计学：63/A；计算机科学与技术：101/A；生物科学：24/A；体育教育：19/A；小学教育：41/A；艺术设计学：11/A；音乐学：17/A；自动化：35/A。

3）中国高水平应用型专业（4★）

国际经济与贸易：109/B++；教育技术学：19/B++；社会工作：21/B++；摄影：5/A；数学与应用数学：78/B++；数字媒体技术：25/B++；通信工程：74/B++；音乐表演：21/B++；应用心理学：20/B++。

4）中国区域一流应用型专业（3★）

动画：82/B+；高分子材料与工程：28/B+；光电信息科学与工程：36/B+；广告学：43/B+；轨道交通信号与控制：11/B+；汉语言文学：180/B+；化学工程与工艺：92/B+；机器人工程：36/B+；美术学：82/B+；生物制药：13/B+；市场营销：144/B+；思想政治教育：78/B+；物理学：66/B+；物联网工程：139/B+；学前教育：130/B+；艺术与科技：17/B+；园林：35/B+。

5）中国区域高水平应用型专业（2★）

产品设计：130/C；电子商务：159/B；电子信息科学与技术：71/C；机械设计制造及其自动化：246/D；金融工程：80/B；金融数学：22/C；人工智能：59/B；软件工程：221/C；商务英语：161/C；社会体育指导与管理：61/B；生物工程：68/C；数据科学与大数据技术：199/C；网络工程：137/C；物流工程：40/C；戏剧影视文学：30/C；新闻学：81/C；应用统计学：34/B。

6）中国区域知名应用型专业（1★）

材料化学：38/D；财务管理：326/C；法学：193/D；翻译：116/D；生物技术：95/D；食品质量与安全：104/D；视觉传达设计：299/D；数字媒体艺术：155/C；文化产业管理：71/D；休闲体育：45/C；应用化学：150/D。

22. 黄山学院

（1）黄山学院综合实力排名

综合排名：2024 校友会中国大学排名第 351 名，全国综合类高校第 101 名，安徽省高校第 22 名。

星级排名：中国一星级大学（1★），中国区域知名大学。主管部门：安徽省。

（2）黄山学院各本科专业排名（全国排名/档次）

1）中国顶尖应用型专业（6★）

产品设计：1/A++；汉语国际教育：1/A++；旅游管理：1/A++；市场营销：3/A++；制药工程：1/A++。

2）中国一流应用型专业（5★）

财务管理：40/A；汉语言文学：63/A；机械设计制造及其自动化：68/A；林学：1/A++；烹饪与营养教育：5/A；生物技术：7/A；英语：62/A；园林：9/A；自动化：35/A。

3）中国高水平应用型专业（4★）

光电信息科学与工程：22/B++；化学：48/B++；环境科学：9/B++；建筑学：36/B++。

4）中国区域一流应用型专业（3★）

城乡规划：38/B+；动画：82/B+；广播电视编导：72/B+；化学工程与工艺：92/B+；环境工程：60/B+；集成电路设计与集成系统：6/B+；计算机科学与技术：253/B+；软件工程：156/B+；食品科学与工程：65/B+；思想政治教育：78/B+；土木工程：160/B+。

5）中国区域高水平应用型专业（2★）

播音与主持艺术：98/C；电子信息工程：242/C；工程造价：88/B；工艺美术：34/C；公共事业管理：74/C；环境设计：203/B；会计学：223/C；会展经济与管理：35/B；机械电子工程：132/C；酒店管理：81/B；旅游管理与服务教育：18/C；美术学：124/C；人力资源管理：134/C；日语：119/C；生物工程：68/C；生物科学：80/C；视觉传达设计：235/C；数学与应用数学：166/D；数字媒体艺术：119/C；文化产业管理：49/B；物理学：99/C；戏剧影视文学：30/C；新闻学：81/C；休闲体育：32/B；音乐学：150/C；应用化学：96/C；应用统计学：34/B；应用心理学：75/C。

6）中国区域知名应用型专业（1★）

材料成型及控制工程：109/D；材料科学与工程：62/D；电子商务：219/C；国际经济与贸易：325/D；经济统计学：42/C；社会体育指导与管理：104/C；统计学：81/D；小学教育：142/C；学前教育：215/C；智能制造工程：70/C。

23. 滁州学院

（1）滁州学院综合实力排名

综合排名：2024 校友会中国大学排名第 364 名，全国综合类高校第 107 名，安徽省高校第 23 名。

星级排名：中国一星级大学（1★），中国区域知名大学。主管部门：安徽省。

（2）滁州学院各本科专业排名（全国排名/档次）

1）中国顶尖应用型专业（6★）

地理信息科学：1/A++；食品质量与安全：1/A++；物联网工程：1/A++。

2）中国一流应用型专业（5★）

测绘工程：9/A；产品设计：12/A+；国际经济与贸易：62/A；汉语言文学：63/A；化学工程与工艺：25/A；机械设计制造及其自动化：68/A；金融工程：13/A；商务英语：12/A+；食品科学与工程：17/A；网络工程：16/A；学前教育：46/A；自动化：35/A。

3）中国高水平应用型专业（4★）

财务管理：80/B++；电子科学与技术：22/B++；土木工程：97/B++。

4）中国区域一流应用型专业（3★）

车辆工程：56/B+；导航工程：3/A+；风景园林：

24/B+；高分子材料与工程：28/B+；给排水科学与工程：36/B+；机器人工程：36/B+；空间信息与数字技术：3/A+；数据科学与大数据技术：60/B++；通信工程：130/B+；网络与新媒体：61/B+；无机非金属材料工程：14/B+；物流工程：23/B+；制药工程：54/B+。

5）中国区域高水平应用型专业（2★）

地理科学：46/C；电气工程及其自动化：231/D；电子信息工程：242/C；工商管理：170/C；工业设计：74/C；过程装备与控制工程：29/D；机械电子工程：132/C；计算机科学与技术：379/D；酒店管理：81/B；旅游管理：180/C；美术学：124/C；软件工程：221/C；审计学：96/C；生物科学：80/C；市场营销：231/C；视觉传达设计：235/C；数学与应用数学：166/D；数字媒体艺术：119/C；新闻学：81/C；音乐学：150/C；应用化学：96/C；英语：318/C；园林：55/C；智能科学与技术：47/C。

6）中国区域知名应用型专业（1★）

环境设计：311/D；经济统计学：42/C；体育教育：138/D；小学教育：142/C；应急技术与管理：5/A。

23. 皖西学院

（1）皖西学院综合实力排名

综合排名：2024校友会中国大学排名第364名，全国综合类高校第107名，安徽省高校第23名。

星级排名：中国一星级大学（1★），中国区域知名大学。主管部门：安徽省。

（2）皖西学院各本科专业排名（全国排名/档次）

1）中国顶尖应用型专业（6★）

电子信息科学与技术：1/A++；法学：1/A++。

2）中国一流应用型专业（5★）

材料科学与工程：16/A；财务管理：40/A；机械设计制造及其自动化：68/A；生物工程：16/A；数学与应用数学：38/A；土木工程：49/A；网络工程：16/A；英语：62/A；制药工程：9/A。

3）中国高水平应用型专业（4★）

服装与服饰设计：32/B++；给排水科学与工程：16/B++；光电信息科学与工程：22/B++；汉语言文学：118/B++；建筑学：36/B++；汽车服务工程：38/B++；食品质量与安全：8/A；通信工程：74/B++；网络与新媒体：32/B++；音乐学：54/B++。

4）中国区域一流应用型专业（3★）

材料成型及控制工程：49/B+；电气工程及其自动化：157/B+；电子信息工程：186/B+；高分子材料与工程：28/B+；汉语国际教育：79/B+；化学工程与工艺：92/B+；环境科学与工程：12/B+；会计学：177/B+；机器人工程：36/B+；计算机科学与技术：253/B+；建筑电气与智能化：20/B+；美术学：82/B+；视觉传达设计：140/B+；思想政治教育：78/B+；智能科学与技术：17/B++；中药学：28/B+；资产评估：16/B+。

5）中国区域高水平应用型专业（2★）

播音与主持艺术：98/C；地理科学：46/C；动物科学：18/C；动物医学：21/D；广告学：74/B；国际经济与贸易：260/C；化学：100/C；环境设计：203/B；金融工程：80/B；经济与金融：27/B；科学教育：19/C；旅游管理：180/C；人文教育：6/B；市场营销：231/C；物理学：99/C；物流管理：182/C；新闻学：81/C；休闲体育：32/B；药物制剂：24/D；应用化学：96/C；智能建造：13/C。

6）中国区域知名应用型专业（1★）

电子商务：219/C；经济统计学：42/C；酒店管理：124/C；数据科学与大数据技术：272/D；体育教育：138/D；小学教育：142/C；学前教育：215/C；园林：70/D。

25. 铜陵学院

（1）铜陵学院综合实力排名

综合排名：2024校友会中国大学排名第387名，全国财经类高校第40名，安徽省高校第25名。

星级排名：中国一星级大学（1★），中国区域知名大学。主管部门：安徽省。

（2）铜陵学院各本科专业排名（全国排名/档次）

1）中国顶尖应用型专业（6★）

财务管理：18/A+；广告学：1/A++；国际经济与贸易：23/A+；会计学：23/A+；计算机科学与技术：63/A+；市场营销：3/A++。

2）中国一流应用型专业（5★）

材料成型及控制工程：16/A；法学：28/A；机械设计制造及其自动化：68/A；金融学：26/A；经济学：17/A；税收学：11/A；自动化：35/A。

3）中国高水平应用型专业（4★）

房地产开发与管理：7/B++；公共事业管理：14/B++；互联网金融：6/B++；建筑学：36/B++；金融工程：22/B++；经济统计学：15/B++；审计学：20/B++；通信工程：74/B++；网络与新媒体：32/B++；物联网工程：62/B++；信息管理与信息系统：35/B++。

4）中国区域一流应用型专业（3★）

电气工程及其自动化：157/B+；电子商务：109/B+；工程管理：96/B+；汉语言文学：180/B+；机器人工程：36/B+；机械电子工程：74/B+；建筑电气与智能化：20/B+；金融数学：11/B+；金属材料工程：17/B+；人力资源管理：75/B+；商务英语：71/B+；社会工作：31/B+；数据科学与大数据技术：60/B++；数字媒体技术：57/B+；投资学：24/B+；土木工程：160/B+；音乐表演：48/B+；应用统计学：18/B++；资产评估：16/B+。

5）中国区域高水平应用型专业（2★）

保险学：35/C；电子信息工程：242/C；工程造价：88/B；工业工程：27/B；公共艺术：19/C；环境设计：203/B；汽车服务工程：103/C；商务经济学：9/C；数学与应用数学：166/D；物流管理：182/C；英语：318/C；知识产权：20/B；质量管理工程：9/D。

6）中国区域知名应用型专业（1★）

地理信息科学：57/D；跨境电子商务：22/B；劳动与社会保障：28/C；美术学：163/D；视觉传达设计：299/D；数字经济：8/B；数字媒体艺术：155/C；统计学：81/D。

26. 宿州学院

（1）宿州学院综合实力排名

综合排名：2024 校友会中国大学排名第 436 名，全国综合类高校第 143 名，安徽省高校第 26 名。

星级排名：中国一星级大学（1★），中国区域知名大学。主管部门：安徽省。

（2）宿州学院各本科专业排名（全国排名/档次）

1）中国顶尖应用型专业（6★）

电子商务：6/A+；生物技术：2/A+；艺术设计学：1/A++。

2）中国一流应用型专业（5★）

地质工程：5/A；会计学：63/A；软件工程：53/A；食品质量与安全：4/A+；市场营销：38/A；视觉传达设计：33/A；物业管理：1/A++。

3）中国高水平应用型专业（4★）

电子信息工程：116/B++；勘查技术与工程：7/B++；书法学：4/A+；数据科学与大数据技术：23/A；水文与水资源工程：5/A；物联网工程：62/B++；新闻学：30/B++；应用化学：45/B++。

4）中国区域一流应用型专业（3★）

测绘工程：42/B+；电气工程及其自动化：157/B+；过程装备与控制工程：10/B+；化学工程与工艺：92/B+；交通工程：24/B+；通信工程：130/B+；网络工程：82/B+；物流工程：23/B+；新能源材料与器件：6/B++；遥感科学与技术：3/A+；药学：38/B+；应用物理学：9/B+；自动化：120/B+。

5）中国区域高水平应用型专业（2★）

表演：48/C；服装与服饰设计：90/C；汉语言文学：253/C；环境工程：86/C；环境设计：203/B；机械设计制造及其自动化：246/D；计算机科学与技术：379/D；酒店管理：81/B；人力资源管理：134/C；食品科学与工程：96/D；统计学：53/B；文化产业管理：49/B；舞蹈表演：43/B；音乐学：150/C；资源勘查工程：13/D。

6）中国区域知名应用型专业（1★）

材料成型及控制工程：109/D；财务管理：326/C；地理科学：69/D；房地产开发与管理：31/D；工程管理：174/C；国际经济与贸易：325/D；金融工程：115/C；经济统计学：42/C；旅游管理：234/D；美术学：163/D；人文教育：10/C；商务英语：230/D；数学与应用数学：197/D；体育教育：138/D；土木工程：257/D；网络与新媒体：140/C；休闲体育：45/C；学前教育：215/C；应用统计学：59/C；英语：412/D；自然地理与资源环境：20/D。

27. 巢湖学院

（1）巢湖学院综合实力排名

综合排名：2024 校友会中国大学排名第 453 名，全国综合类高校第 155 名，安徽省高校第 27 名。

星级排名：中国一星级大学（1★），中国区域知名大学。主管部门：安徽省。

（2）巢湖学院各本科专业排名（全国排名/档次）

1）中国顶尖应用型专业（6★）

国际经济与贸易：45/A+；体育教育：6/A+；无机非金属材料工程：1/A++。

2）中国一流应用型专业（5★）

电气工程及其自动化：48/A；动画：17/A；旅游管理：42/A；美术学：9/A+；网络工程：16/A。

3）中国高水平应用型专业（4★）

电子科学与技术：22/B++；电子信息工程：116/B++；计算机科学与技术：168/B++；视觉传达设计：72/B++。

4）中国区域一流应用型专业（3★）

广告学：43/B+；汉语言文学：180/B+；互联网金融：14/B+；化学工程与工艺：92/B+；会计学：177/B+；历史学：55/B+；人工智能：36/B+；软件工程：156/B+；商务英语：71/B+；生物工程：53/B+；生物制药：13/B+；数学与应用数学：109/B+；微电子科学与工程：15/B+；物理学：66/B+；物联网工程：139/B+；音乐表演：48/B+；英语：198/B+。

5）中国区域高水平应用型专业（2★）

电子商务：159/B；广播电视学：57/C；机械电子工程：132/C；机械设计制造及其自动化：246/D；金融工程：80/B；酒店管理：81/B；审计学：96/C；市场营销：231/C；统计学：53/B；应用化学：96/C；应用心理学：75/C；运动训练：16/D。

6）中国区域知名应用型专业（1★）

材料成型及控制工程：109/D；财务管理：326/C；法学：193/D；环境设计：311/D；会展经济与管理：49/C；教育技术学：47/D；社会体育指导与管理：104/C；食品科学与工程：121/D；数据科学与大数据技术：272/D；网络与新媒体：140/C；文化产业管理：71/D；小学教育：142/C；学前教育：215/C；应用统计学：59/C。

28. 池州学院

（1）池州学院综合实力排名

综合排名：2024 校友会中国大学排名第 465 名，全国综合类高校第 162 名，安徽省高校第 28 名。

星级排名：中国一星级大学（1★），中国区域知名大学。主管部门：安徽省。

（2）池州学院各本科专业排名（全国排名/档次）

1）中国顶尖应用型专业（6★）

广播电视编导：1/A++；计算机科学与技术：63/A+；人文地理与城乡规划：1/A++。

2）中国一流应用型专业（5★）

电子商务：37/A；电子信息科学与技术：10/A；高分子材料与工程：4/A；旅游管理：42/A；社会体育指导与管理：10/A；学前教育：46/A。

3）中国高水平应用型专业（4★）

历史学：32/B++；土地资源管理：4/A；网络与新媒体：32/B++；应用化学：45/B++；应用心理学：20/B++。

4）中国区域一流应用型专业（3★）

测绘工程：42/B+；地理信息科学：25/B+；工程造价：58/B+；光电信息科学与工程：36/B+；国际经济与贸易：179/B+；美术学：82/B+；数据科学与大数据技术：60/B++；数学与应用数学：109/B+；音乐学：87/B+；智能科学与技术：17/B++。

5）中国区域高水平应用型专业（2★）

电气工程及其自动化：231/D；法语：32/C；广告学：74/B；环境工程：86/C；机械设计制造及其自动化：246/D；酒店管理：81/B；审计学：96/C；网络工程：137/C；微电子科学与工程：23/D；文化产业管理：49/B；新能源材料与器件：21/C。

6）中国区域知名应用型专业（1★）

材料成型及控制工程：109/D；材料化学：38/D；财务管理：326/C；朝鲜语：46/D；地理科学：69/D；动画：153/D；房地产开发与管理：31/D；汉语国际教育：153/D；汉语言文学：298/D；环境设计：311/D；秘书学：73/D；人力资源管理：202/D；商务英语：230/D；市场营销：321/D；视觉传达设计：299/D；统计学：81/D；休闲体育：45/C；知识产权：32/D；自然地理与资源环境：20/D。

29. 蚌埠学院

（1）蚌埠学院综合实力排名

综合排名：2024 校友会中国大学排名第 472 名，全国理工类高校第 208 名，安徽省高校第 29 名。

星级排名：中国一星级大学（1★），中国区域知名大学。主管部门：安徽省。

（2）蚌埠学院各本科专业排名（全国排名/档次）

1）中国顶尖应用型专业（6★）

电子信息工程：9/A+；计算机科学与技术：63/A+；市场营销：3/A++；无机非金属材料工程：1/A++。

2）中国一流应用型专业（5★）

环境设计：34/A；机械设计制造及其自动化：68/A；交通运输：10/A；食品科学与工程：17/A。

3）中国高水平应用型专业（4★）

供应链管理：5/A；化学工程与工艺：50/B++；生物工程：26/B++；数字媒体艺术：30/B++。

4）中国区域一流应用型专业（3★）

车辆工程：56/B+；电气工程及其自动化：157/B+；工业设计：48/B+；光电信息科学与工程：36/B+；广播电视编导：72/B+；机器人工程：36/B+；软件工程：156/B+；水利水电工程：23/B+；物联网工程：139/B+；制药工程：54/B+。

5）中国区域高水平应用型专业（2★）

安全工程：39/C；材料成型及控制工程：76/C；材料物理：11/C；产品设计：130/C；翻译：84/C；高分子材料与工程：47/D；广告学：74/B；环境生态工程：21/C；汽车服务工程：103/C；生物制药：30/C；食品卫生与营养学：10/D；食品质量与安全：57/B；数据科学与大数据技术：199/C；数学与应用数学：166/D；土木工程：219/C；网络工程：137/C；物流工程：40/C；音乐学：150/C；应用化学：96/C；自动化：176/D。

6）中国区域知名应用型专业（1★）

材料科学与工程：62/D；财务管理：326/C；电子商务：219/C；工程管理：174/C；汉语言文学：298/D；金融工程：115/C；秘书学：73/D；视觉传达设计：299/D；小学教育：142/C；学前教育：215/C；英语：412/D。

30. 亳州学院

（1）亳州学院综合实力排名

综合排名：2024 校友会中国大学排名第 510 名，全国综合类高校第 187 名，安徽省高校第 30 名。

星级排名：中国一星级大学（1★），中国区域知名大学。主管部门：安徽省。

（2）亳州学院各本科专业排名（全国排名/档次）

1）中国一流应用型专业（5★）

小学教育：41/A；中药学：4/A。

2）中国高水平应用型专业（4★）

学前教育：95/B++。

3）中国区域一流应用型专业（3★）

电气工程与智能控制：11/B+；电子商务：109/B+；酿酒工程：6/B+；商务英语：71/B+；物流管理：127/B+；应用统计学：18/B++。

4）中国区域高水平应用型专业（2★）

经济与金融：27/B；生物工程：68/C；数据科学与大数据技术：199/C；药物分析：4/A；药学：68/C；运动康复：21/C。

5）中国区域知名应用型专业（1★）

产品设计：180/D；电子信息工程：314/D；汉语言文学：298/D；环境设计：311/D；酒店管理：124/C；食品科学与工程：121/D；数字媒体艺术：155/C；体育教育：138/D；网络与新媒体：140/C；文化产业管理：71/D；音乐学：213/D；英语：412/D；制药工程：109/D。

31. 安徽艺术学院

（1）安徽艺术学院综合实力排名

综合排名：2024 校友会中国大学排名第 518 名，全国艺术类高校第 33 名，安徽省高校第 31 名。

星级排名：中国二星级大学（2★），中国区域高水平大学。主管部门：安徽省。

（2）安徽艺术学院各本科专业排名（全国排名/档次）

1）中国顶尖应用型专业（6★）

表演：5/A+；播音与主持艺术：7/A+；音乐表演：6/A+。

2）中国一流应用型专业（5★）

环境设计：34/A；绘画：5/A；影视摄影与制作：6/A。

3）中国高水平应用型专业（4★）

电影学：1/A++；视觉传达设计：72/B++；数字媒体艺术：30/B++；戏剧影视文学：10/B++。

4）中国区域一流应用型专业（3★）

舞蹈表演：25/B+；新闻学：50/B+；中国画：4/A。

三、安徽省民办大学专业排名详情

1. 安徽三联学院

（1）安徽三联学院综合实力排名

综合排名：2024 校友会中国民办大学排名第 23 名，全国理工类民办高校第 23 名，安徽省民办高校第 1 名。

星级排名：中国五星级应用型大学（5★），中国一流应用型大学。

（2）安徽三联学院各本科专业排名（全国排名/档次）

1）中国顶尖应用型专业（6★）

交通运输：6/A+；市场营销：3/A++。

2）中国一流应用型专业（5★）

电气工程及其自动化：48/A；电子信息工程：66/A；国际经济与贸易：62/A；会计学：63/A；计算机科学与技术：101/A；交通工程：8/A。

3）中国高水平应用型专业（4★）

服装设计与工程：18/B++；机械电子工程：42/B++；汽车服务工程：38/B++；通信工程：74/B++。

4）中国区域一流应用型专业（3★）

安全工程：31/B+；财务管理：137/B+；翻译：39/B+；服装与服饰设计：60/B+；家政学：4/A；日语：69/B+；数据科学与大数据技术：60/B++；网络工程：82/B+；英语：198/B+；自动化：120/B+。

5）中国区域高水平应用型专业（2★）

车辆工程：88/C；电气工程与智能控制：20/D；电子科学与技术：57/D；电子商务：159/B；动画：117/C；轨道交通信号与控制：26/D；护理学：129/D；机器人工程：97/C；机械设计制造及其自动化：246/D；建筑电气与智能化：38/C；健康服务与管理：33/B；经济学：80/C；经济与金融：27/B；人工智能：59/B；软件工程：221/C；商务英语：161/C；数字媒体技术：100/C；数字媒体艺术：119/C；物联网工程：232/C；物流管理：182/C；智能科学与技术：47/C。

2. 安徽外国语学院

（1）安徽外国语学院综合实力排名

综合排名：2024 校友会中国民办大学排名第 48 名，全国语言类民办高校第 9 名，安徽省民办高校第 2 名。

星级排名：中国四星级应用型大学（4★），中国高水平应用型大学。

（2）安徽外国语学院各本科专业排名（全国排名/档次）

1）中国顶尖应用型专业（6★）

酒店管理：8/A+。

2）中国一流应用型专业（5★）

日语：13/A；物流管理：27/A；英语：62/A。

3）中国高水平应用型专业（4★）

朝鲜语：11/B++；会计学：105/B++；旅游管理：76/B++；西班牙语：8/B++。

4）中国区域一流应用型专业（3★）

德语：15/B+；公共事业管理：37/B+；汉语国际教育：79/B+；汉语言文学：180/B+；商务英语：71/B+；泰语：12/B+；资产评估：16/B+。

5）中国区域高水平应用型专业（2★）

阿拉伯语：10/D；财务管理：251/C；电子商务：159/B；广告学：74/B；国际经济与贸易：260/C；国际商务：57/C；经济学：80/C；经济与金融：27/B；市场营销：231/C；投资学：51/B；网络与新媒体：100/B。

6）中国区域知名应用型专业（1★）

保险学：46/D；产品设计：180/D；俄语：46/D；法语：43/D；翻译：116/D；会展经济与管理：49/C；人力资源管理：202/D；审计学：126/D；视觉传达设计：299/D。

3. 安徽新华学院

（1）安徽新华学院综合实力排名

综合排名：2024 校友会中国民办大学排名第 51 名，全国理工类民办高校第 51 名，安徽省民办高校第 3 名。

星级排名：中国四星级应用型大学（4★），中国高水平应用型大学。

（2）安徽新华学院各本科专业排名（全国排名/档次）

1）中国顶尖应用型专业（6★）

财务管理：1/A++；经济与金融：1/A++；软件工程：36/A+；通信工程：27/A+。

2）中国一流应用型专业（5★）

计算机科学与技术：101/A；土木工程：49/A；物流管理：27/A；药物制剂：1/A++。

3）中国高水平应用型专业（4★）

安全工程：14/B++；电子信息科学与技术：27/B++；动画：37/B++；环境工程：32/B++；健康服务与管理：7/A；商务经济学：3/A+；商务英语：38/B++；数字媒体技术：25/B++；物联网工程：62/B++；新闻学：30/B++；信息管理与信息系统：35/B++；药学：29/B++；英语：129/B++；自动化：70/B++。

4）中国区域一流应用型专业（3★）

电子商务：109/B+；电子信息工程：186/B+；给排水科学与工程：36/B+；工程管理：96/B+；工业设计：48/B+；国际经济与贸易：179/B+；汉语言文学：180/B+；互联网金融：14/B+；机械设计制造及其自动化：207/B+；建筑学：67/B+；审计学：52/B+；视觉传达设计：140/B+；数据科学与大数据技术：60/B++；网络工程：82/B+；物流工程：23/B+；制药工程：54/B+。

5）中国区域高水平应用型专业（2★）

表演：48/C；播音与主持艺术：98/C；测绘工程：

58/D；产品设计：130/C；大数据管理与应用：26/B；风景园林：62/C；广播电视编导：105/C；广告学：74/B；环境设计：203/B；会计学：223/C；机器人工程：97/C；人力资源管理：134/C；日语：119/C；市场营销：231/C；小学教育：128/C；学前教育：173/C。

6）中国区域知名应用型专业（1★）

电气工程及其自动化：293/D；美术学：163/D；数字经济：8/B；艺术与科技：37/D；智能科学与技术：63/C。

4. 安徽大学江淮学院

（1）安徽大学江淮学院综合实力排名

综合排名：2024 校友会中国民办大学排名第 71 名，全国综合类民办高校第 72 名，安徽省民办高校第 4 名。

星级排名：中国三星级应用型大学（3★），中国知名、区域一流应用型大学。

（2）安徽大学江淮学院各本科专业排名（全国排名/档次）

1）中国高水平应用型专业（4★）

财务管理：80/B++；电子信息工程：116/B++；环境设计：73/B++；金融学：45/B++。

2）中国区域一流应用型专业（3★）

保险学：20/B+；法学：82/B+；计算机科学与技术：253/B+；生物信息学：2/A+；物流管理：127/B+；新能源材料与器件：6/B++；英语：198/B+。

3）中国区域高水平应用型专业（2★）

电气工程及其自动化：231/D；动画：117/C；软件工程：221/C；数字媒体艺术：119/C；网络工程：137/C；信息管理与信息系统：119/C；行政管理：61/C。

4）中国区域知名应用型专业（1★）

电子商务：219/C；国际经济与贸易：325/D；汉语言文学：298/D；化学工程与工艺：156/D；会计学：280/D；经济统计学：42/C；市场营销：321/D；通信工程：247/D；新闻学：125/D。

5. 安徽文达信息工程学院

（1）安徽文达信息工程学院综合实力排名

综合排名：2024 校友会中国民办大学排名第 76 名，全国理工类民办高校第 77 名，安徽省民办高校第 5 名。

星级排名：中国三星级应用型大学（3★），中国知名、区域一流应用型大学。

（2）安徽文达信息工程学院各本科专业排名（全国排名/档次）

1）中国高水平应用型专业（4★）

电子商务：66/B++；动画：37/B++；机械设计制造及其自动化：128/B++；计算机科学与技术：168/B++；软件工程：95/B++。

2）中国区域一流应用型专业（3★）

电气工程与智能控制：11/B+；电子信息工程：186/B+；工程管理：96/B+；工业设计：48/B+；互联网金融：14/B+；环境设计：113/B+；汽车服务工程：66/B+；商务英语：71/B+；市场营销：144/B+；通信工程：130/B+；土木工程：160/B+；物联网工程：139/B+。

3）中国区域高水平应用型专业（2★）

播音与主持艺术：98/C；财务管理：251/C；风景园林：62/C；机械电子工程：132/C；人力资源管理：134/C；审计学：96/C；数据科学与大数据技术：199/C；物流管理：182/C；学前教育：173/C；自动化：176/D。

4）中国区域知名应用型专业（1★）

表演：70/D；材料成型及控制工程：109/D；产品设计：180/D；车辆工程：117/D；工程造价：136/C；广播电视编导：135/D；国际经济与贸易：325/D；会计学：280/D；视觉传达设计：299/D；数字媒体技术：136/D；网络工程：191/D；舞蹈表演：66/D；新能源汽车工程：13/D。

6. 安徽信息工程学院

（1）安徽信息工程学院综合实力排名

综合排名：2024 校友会中国民办大学排名第 78 名，全国理工类民办高校第 80 名，安徽省民办高校第 6 名。

星级排名：中国三星级应用型大学（3★），中国知名、区域一流应用型大学。

（2）安徽信息工程学院各本科专业排名（全国排名/档次）

1）中国一流应用型专业（5★）

机械设计制造及其自动化：68/A；软件工程：53/A。

2）中国高水平应用型专业（4★）

材料成型及控制工程：36/B++；测控技术与仪器：18/B++；车辆工程：34/B++；纺织工程：11/B++；化学工程与工艺：50/B++；计算机科学与技术：168/B++；通信工程：74/B++；网络工程：47/B++；自动化：70/B++。

3）中国区域一流应用型专业（3★）

财务管理：137/B+；服装设计与工程：31/B+；国际经济与贸易：179/B+；轻化工程：6/B+；数据科学与大数据技术：60/B++；英语：198/B+。

4）中国区域高水平应用型专业（2★）

电气工程及其自动化：231/D；电子信息工程：242/C；工程管理：142/C；工业工程：27/B；环境设计：203/B；机械电子工程：132/C；市场营销：231/C；土木工程：219/C；智能科学与技术：47/C；智能制造工程：34/B。

5）中国区域知名应用型专业（1★）

产品设计：180/D；动画：153/D；工商管理：205/D；机器人工程：127/D；人工智能：86/C；视觉传达设计：299/D；数字媒体技术：136/D。

7. 合肥经济学院

（1）合肥经济学院综合实力排名

综合排名：2024 校友会中国民办大学排名第 85 名，全国财经类民办高校第 45 名，安徽省民办高校第 7 名。

星级排名：中国三星级应用型大学（3★），中国知名、区域一流应用型大学。

（2）合肥经济学院各本科专业排名（全国排名/档次）

1）中国高水平应用型专业（4★）

财务管理：80/B++；大数据管理与应用：9/B++；电子信息工程：116/B++；国际经济与贸易：109/B++；机械设计制造及其自动化：128/B++；金融学：45/B++；视觉传达设计：72/B++；艺术设计学：27/B++。

2）中国区域一流应用型专业（3★）

车辆工程：56/B+；电气工程及其自动化：157/B+；环境设计：113/B+；通信工程：130/B+；物流工程：23/B+；园林：35/B+。

3）中国区域高水平应用型专业（2★）

城乡规划：58/C；工程造价：88/B；经济学：80/C；跨境电子商务：13/B+；软件工程：221/C；土地资源管理：15/C；网络工程：137/C；物联网工程：232/C；英语：318/C。

4）中国区域知名应用型专业（1★）

电子商务：219/C；动画：153/D；法学：193/D；汉语国际教育：153/D；金融工程：115/C；酒店管理：124/C；市场营销：321/D；网络与新媒体：140/C；物流管理：251/D；资产评估：42/D。

8. 蚌埠工商学院

（1）蚌埠工商学院综合实力排名

综合排名：2024 校友会中国民办大学排名第 91 名，全国财经类民办高校第 47 名，安徽省民办高校第 8 名。

星级排名：中国二星级应用型大学（2★），中国区域高水平应用型大学。

（2）蚌埠工商学院各本科专业排名（全国排名/档次）

1）中国一流应用型专业（5★）

会计学：63/A。

2）中国高水平应用型专业（4★）

保险学：14/B++；金融学：45/B++；人力资源管理：32/B++；物流管理：56/B++。

3）中国区域一流应用型专业（3★）

财务管理：137/B+；国际商务：29/B+；投资学：24/B+；英语：198/B+；资产评估：16/B+。

4）中国区域高水平应用型专业（2★）

工商管理：170/C；广告学：74/B；国际经济与贸易：260/C；审计学：96/C。

5）中国区域知名应用型专业（1★）

计算机科学与技术：469/D；金融工程：115/C；经济统计学：42/C；旅游管理：234/D；市场营销：321/D；统计学：81/D。

9. 安徽师范大学皖江学院

（1）安徽师范大学皖江学院综合实力排名

综合排名：2024 校友会中国民办大学排名第 92 名，全国师范类民办高校第 6 名，安徽省民办高校第 9 名。

星级排名：中国二星级应用型大学（2★），中国区域高水平应用型大学。

（2）安徽师范大学皖江学院各本科专业排名（全国排名/档次）

1）中国一流应用型专业（5★）

动画：17/A；汉语言文学：63/A；戏剧影视美术设计：1/A++。

2）中国高水平应用型专业（4★）

电子信息工程：116/B++；广播电视学：19/B++；广告学：21/B++；计算机科学与技术：168/B++；美术学：38/B++；摄影：5/A；数字媒体技术：25/B++；音乐学：54/B++。

3）中国区域一流应用型专业（3★）

产品设计：80/B+；德语：15/B+；服装与服饰设计：60/B+；金融数学：11/B+；秘书学：10/B++；视觉传达设计：140/B+；网络与新媒体：61/B+；英语：198/B+。

4）中国区域高水平应用型专业（2★）

财务管理：251/C；采购管理：2/A+；俄语：32/C；环境设计：203/B；家政学：6/B；贸易经济：17/D；市场营销：231/C；物流管理：182/C；物业管理：20/C；信息管理与信息系统：119/C；学前教育：173/C；应用化学：96/C；影视摄影与制作：24/B。

5）中国区域知名应用型专业（1★）

表演：70/D；播音与主持艺术：132/D；电子商务：219/C；会计学：280/D；机器人工程：127/D；金融工程：115/C；经济学：111/D；旅游管理：234/D；人工智能：86/C；日语：173/D；软件工程：288/D；社会体育指导与管理：104/C；数据科学与大数据技术：272/D；网络工程：191/D；舞蹈表演：66/D；物联网工程：299/D；物流工程：52/D；新闻学：125/D；休闲体育：45/C；音乐表演：123/D；智能科学与技术：63/C；自动化：211/D。

10. 阜阳师范大学信息工程学院

（1）阜阳师范大学信息工程学院综合实力排名

综合排名：2024 校友会中国民办大学排名第 101 名，全国综合类民办高校第 102 名，安徽省民办高校第 10 名。

星级排名：中国二星级应用型大学（2★），中国区域高水平应用型大学。

（2）阜阳师范大学信息工程学院各本科专业排名（全国排名/档次）

1）中国高水平应用型专业（4★）

播音与主持艺术：31/B++；财务管理：80/B++；动画：37/B++；软件工程：95/B++；食品科学与工程：37/B++；视觉传达设计：72/B++。

2）中国区域一流应用型专业（3★）

经济学：52/B+；日语：69/B+；商务英语：71/B+；新闻学：50/B+。

3）中国区域高水平应用型专业（2★）

工程造价：88/B；工业设计：74/C；国际商务：57/C；网络工程：137/C。

4）中国区域知名应用型专业（1★）

产品设计：180/D；工程管理：174/C；广播电视学：75/D；汉语言文学：298/D；环境设计：311/D；计算机科学与技术：469/D；金融工程：115/C；汽车服务工程：134/D；食品质量与安全：104/D；市场营销：321/D；数学与应用数学：197/D；网络与新媒体：140/C；物流工程：52/D；信息管理与信息系统：161/D；信息与计算科学：105/D；英语：412/D。

11. 合肥城市学院

（1）合肥城市学院综合实力排名

综合排名：2024 校友会中国民办大学排名第 104 名，全国理工类民办高校第 106 名，安徽省民办高校第 11 名。

星级排名：中国二星级应用型大学（2★），中国区域高水平应用型大学。

（2）合肥城市学院各本科专业排名（全国排名/档次）

1）中国一流应用型专业（5★）

建筑电气与智能化：2/A+。

2）中国高水平应用型专业（4★）

建筑环境与能源应用工程：17/B++；建筑学：36/B++；土木工程：97/B++。

3）中国区域一流应用型专业（3★）

财务管理：137/B+；城乡规划：38/B+；电气工程及其自动化：157/B+；房地产开发与管理：15/B+；风景园林：24/B+；给排水科学与工程：36/B+；水务工程：2/A+；无机非金属材料工程：14/B+；物联网工程：139/B+。

4）中国区域高水平应用型专业（2★）

动画：117/C；工程审计：4/A；机械设计制造及其自动化：246/D；人力资源管理：134/C。

5）中国区域知名应用型专业（1★）

安全工程：62/D；道路桥梁与渡河工程：42/D；电子信息工程：314/D；工程管理：174/C；工程造价：136/C；工业设计：121/D；机械电子工程：187/D；汽车服务工程：134/D；市场营销：321/D；数据科学与大数据技术：272/D；物业管理：25/D；资产评估：42/D。

12. 安徽医科大学临床医学院

（1）安徽医科大学临床医学院综合实力排名

综合排名：2024 校友会中国民办大学排名第 116 名，全国医药类民办高校第 19 名，安徽省民办高校第 12 名。

星级排名：中国一星级应用型大学（1★），中国区域知名应用型大学。

（2）安徽医科大学临床医学院各本科专业排名（全国排名/档次）

1）中国一流应用型专业（5★）

护理学：32/A；临床医学：24/A。

2）中国高水平应用型专业（4★）

生物医学工程：15/B++。

3）中国区域一流应用型专业（3★）

公共事业管理：37/B+。

4）中国区域高水平应用型专业（2★）

康复治疗学：59/C；医学检验技术：58/D；医学影像技术：42/D。

5）中国区域知名应用型专业（1★）

健康服务与管理：49/C；眼视光学：15/D；药学：81/D；助产学：39/D。

13. 皖江工学院

（1）皖江工学院综合实力排名

综合排名：2024 校友会中国民办大学排名第 118 名，全国理工类民办高校第 120 名，安徽省民办高校第 13 名。

星级排名：中国一星级应用型大学（1★），中国区域知名应用型大学。

（2）皖江工学院各本科专业排名（全国排名/档次）

1）中国顶尖应用型专业（6★）

水利水电工程：5/A+。

2）中国高水平应用型专业（4★）

安全工程：14/B++；地质工程：8/B++；港口航道与海岸工程：5/A；给排水科学与工程：16/B++；工程造价：34/B++；机械工程：22/B++；人力资源管理：32/B++；通信工程：74/B++。

3）中国区域一流应用型专业（3★）

财务管理：137/B+；工程管理：96/B+；国际经济与贸易：179/B+；会计学：177/B+；计算机科学与技术：253/B+；酒店管理：47/B+；汽车服务工程：66/B+；水文与水资源工程：7/B+；水务工程：2/A+；土木工程：160/B+；新能源科学与工程：23/B+；信息管理与信息系统：71/B+；自动化：120/B+。

4）中国区域高水平应用型专业（2★）

车辆工程：88/C；电气工程及其自动化：231/D；交通工程：34/D；数字媒体艺术：119/C。

5）中国区域知名应用型专业（1★）

测绘工程：72/D；公共艺术：27/D；环境设计：311/D；健康服务与管理：49/C；能源与动力工程：56/D；农业资源与环境：10/D；应用化学：150/D。

14. 马鞍山学院

（1）马鞍山学院综合实力排名

综合排名：2024 校友会中国民办大学排名第 119 名，全国理工类民办高校第 122 名，安徽省民办高校第 14 名。

星级排名：中国一星级应用型大学（1★），中国区域知名应用型大学。

（2）马鞍山学院各本科专业排名（全国排名/档次）

1）中国高水平应用型专业（4★）

机械设计制造及其自动化：128/B++；计算机科学与技术：168/B++；金融学：45/B++；土木工程：97/B++；自动化：70/B++。

2）中国区域一流应用型专业（3★）

材料成型及控制工程：49/B+；财务管理：137/B+；电气工程及其自动化：157/B+；给排水科学与工程：36/B+；轨道交通信号与控制：11/B+；软件工程：156/B+；市场营

销：144/B+；英语：198/B+。

3）中国区域高水平应用型专业（2★）

测控技术与仪器：57/D；工商管理：170/C；国际经济与贸易：260/C；环境工程：86/C；机器人工程：97/C；建筑环境与能源应用工程：50/C；人工智能：59/B；数字媒体艺术：119/C；体育经济与管理：9/C；无人驾驶航空器系统工程：8/C；物联网工程：232/C；冶金工程：14/D。

4）中国区域知名应用型专业（1★）

产品设计：180/D；工程造价：136/C；工业工程：53/D；化学工程与工艺：156/D；环境设计：311/D；健康服务与管理：49/C；金属材料工程：35/D；能源与动力工程：56/D；生物医学工程：33/D；视觉传达设计：299/D；数据科学与大数据技术：272/D；通信工程：247/D；西班牙语：30/D。

15. 淮北理工学院

（1）淮北理工学院综合实力排名

综合排名：2024 校友会中国民办大学排名第 120 名，全国理工类民办高校第 123 名，安徽省民办高校第 15 名。

星级排名：中国一星级应用型大学（1★），中国区域知名应用型大学。

（2）淮北理工学院各本科专业排名（全国排名/档次）

1）中国高水平应用型专业（4★）

电子商务：66/B++；环境生态工程：2/A+；通信工程：74/B++；应用化学：45/B++；应用心理学：20/B++。

2）中国区域一流应用型专业（3★）

电子信息工程：186/B+；化学：73/B+；学前教育：130/B+；园艺：25/B+。

3）中国区域高水平应用型专业（2★）

人力资源管理：134/C。

4）中国区域知名应用型专业（1★）

广播电视学：75/D；汉语言文学：298/D；化学工程与工艺：156/D；经济学：111/D；生物工程：90/D；市场营销：321/D；数学与应用数学：197/D；物流管理：251/D；英语：412/D。

第二节　福建省

一、福建省大学综合实力排名

1. 福建省大学排名

表 5-4　2024 校友会福建省大学排名

全国排名	学校名称	所在城市	星级排名	办学层次	星级专业数/个								
					专业类型	8★	7★	6★	5★	4★	3★	2★	1★
19	厦门大学	厦门市	7★	世界知名高水平大学	研究型	0	4	8	25	44	24	1	0
66	福州大学	福州市	4★	中国高水平大学	研究型	0	0	3	3	36	24	21	5
70	福建师范大学	福州市	4★	中国高水平大学	研究型	0	0	4	5	32	28	17	5
94	福建农林大学	福州市	4★	中国高水平大学	研究型	0	0	1	4	22	26	22	7
113	华侨大学	泉州市	4★	中国高水平大学	研究型	0	0	0	1	35	13	24	24
189	福建医科大学	福州市	3★	区域一流大学	研究型	0	0	0	2	9	5	6	4
249	集美大学	厦门市	2★	区域高水平大学	研究型	0	0	0	3	23	8	21	18
265	福建理工大学	福州市	2★	区域高水平大学	应用型	0	1	19	11	11	13	11	0
281	福建中医药大学	福州市	3★	区域一流大学	研究型	0	0	0	4	6	5	1	4
281	闽江学院	福州市	2★	区域高水平大学	应用型	0	0	12	19	13	11	5	0
320	闽南师范大学	漳州市	1★	区域知名大学	研究型	0	0	0	0	7	17	12	31
320	泉州师范学院	泉州市	1★	区域知名大学	应用型	0	0	10	9	16	21	5	2
347	三明学院	三明市	1★	区域知名大学	应用型	0	0	3	4	7	10	17	6
364	武夷学院	南平市	1★	区域知名大学	应用型	0	0	1	0	10	13	7	13
377	莆田学院	莆田市	1★	区域知名大学	应用型	0	0	3	7	9	11	15	8
377	厦门理工学院	厦门市	2★	区域高水平大学	应用型	0	0	19	11	10	12	9	2
387	福建江夏学院	福州市	1★	区域知名大学	应用型	0	0	7	6	5	14	11	1
436	龙岩学院	龙岩市	1★	区域知名大学	应用型	0	0	1	7	7	11	5	11
436	宁德师范学院	宁德市	1★	区域知名大学	应用型	0	0	1	3	4	9	16	7

续表

全国排名	学校名称	所在城市	星级排名	办学层次	星级专业数/个								
					专业类型	8★	7★	6★	5★	4★	3★	2★	1★
472	福建警察学院	福州市	3★	区域一流大学	应用型	0	0	3	3	3	4	0	0
503	福建技术师范学院	福州市	1★	区域知名大学	应用型	0	0	1	3	5	17	13	2
510	福建商学院	福州市	1★	区域知名大学	应用型	0	0	3	2	5	11	6	4
510	厦门医学院	厦门市	1★	区域知名大学	应用型	0	0	1	1	3	7	3	0

2. 福建省民办大学排名

表 5-5　2024 校友会福建省民办大学排名（含独立学院）

全国排名	学校名称	所在城市	星级排名	办学层次	星级专业数/个								
					专业类型	8★	7★	6★	5★	4★	3★	2★	1★
3	福州外语外贸学院	福州市	6★	中国顶尖应用型大学	应用型	0	0	19	15	2	0	0	0
19	厦门大学嘉庚学院	漳州市	5★	中国一流应用型大学	应用型	0	0	3	8	13	19	12	4
23	泉州信息工程学院	泉州市	5★	中国一流应用型大学	应用型	0	0	3	4	6	9	10	0
31	闽南理工学院	泉州市	4★	中国高水平应用型大学	应用型	0	0	1	1	7	9	8	17
34	仰恩大学	泉州市	5★	中国一流应用型大学	应用型	0	0	2	4	8	4	4	0
40	厦门工学院	厦门市	4★	中国高水平应用型大学	应用型	0	0	0	0	6	3	11	13
51	福州工商学院	福州市	4★	中国高水平应用型大学	应用型	0	0	0	4	2	10	7	6
54	福州大学至诚学院	福州市	3★	区域一流应用型大学	应用型	0	0	0	3	5	8	21	5
61	福建师范大学协和学院	福州市	3★	区域一流应用型大学	应用型	0	0	0	0	8	8	10	6
68	集美大学诚毅学院	厦门市	3★	区域一流应用型大学	应用型	0	0	0	2	4	19	9	3
70	阳光学院	福州市	3★	区域一流应用型大学	应用型	0	0	2	2	10	16	8	0
86	闽南科技学院	泉州市	2★	区域高水平应用型大学	应用型	0	0	0	1	6	6	2	15
86	厦门华厦学院	厦门市	2★	区域高水平应用型大学	应用型	0	0	1	0	3	4	6	13
92	福建农林大学金山学院	福州市	2★	区域高水平应用型大学	应用型	0	0	0	1	7	5	6	10
99	福州理工学院	福州市	2★	区域高水平应用型大学	应用型	0	0	0	0	4	6	4	17

3. 福建省高职院校排名

表 5-6　2024 校友会福建省高职院校排名

全国排名	学校名称	所在城市	办学类型	星级排名	办学层次
11	厦门海洋职业技术学院	厦门市	职业技能型	6★	中国顶尖高职院校
52	福建船政交通职业学院	福州市	职业技能型	4★	中国高水平高职院校
65	福州职业技术学院	福州市	职业技能型	4★	中国高水平高职院校
73	黎明职业大学	泉州市	职业技能型	4★	中国高水平高职院校
101	福建林业职业技术学院	南平市	职业技能型	3★	区域一流高职院校
111	福建卫生职业技术学院	福州市	职业技能型	3★	区域一流高职院校
120	厦门城市职业学院	厦门市	职业技能型	3★	区域一流高职院校
122	福建信息职业技术学院	福州市	职业技能型	3★	区域一流高职院校
136	湄洲湾职业技术学院	莆田市	职业技能型	3★	区域一流高职院校
174	漳州科技职业学院	漳州市	职业技能型	2★	区域高水平高职院校
174	漳州卫生职业学院	漳州市	职业技能型	2★	区域高水平高职院校
190	福建水利电力职业技术学院	三明市	职业技能型	2★	区域高水平高职院校
197	厦门华天涉外职业技术学院	厦门市	职业技能型	2★	区域高水平高职院校

续表

全国排名	学校名称	所在城市	办学类型	星级排名	办学层次
201	泉州医学高等专科学校	泉州市	职业技能型	2★	区域高水平高职院校
203	漳州职业技术学院	漳州市	职业技能型	2★	区域高水平高职院校
215	泉州幼儿师范高等专科学校	泉州市	职业技能型	2★	区域高水平高职院校
219	福建农业职业技术学院	福州市	职业技能型	2★	区域高水平高职院校
224	漳州城市职业学院	漳州市	职业技能型	2★	区域高水平高职院校
238	福建对外经济贸易职业技术学院	福州市	职业技能型	2★	区域高水平高职院校
248	闽西职业技术学院	龙岩市	职业技能型	2★	区域高水平高职院校
249	厦门南洋职业学院	厦门市	职业技能型	2★	区域高水平高职院校
253	厦门兴才职业技术学院	厦门市	职业技能型	2★	区域高水平高职院校
257	厦门东海职业技术学院	厦门市	职业技能型	2★	区域高水平高职院校
260	闽江师范高等专科学校	福州市	职业技能型	2★	区域高水平高职院校
260	宁德职业技术学院	宁德市	职业技能型	2★	区域高水平高职院校
262	泉州经贸职业技术学院	泉州市	职业技能型	2★	区域高水平高职院校
283	闽北职业技术学院	南平市	职业技能型	1★	区域知名高职院校
290	福建幼儿师范高等专科学校	福州市	职业技能型	1★	区域知名高职院校
291	泉州轻工职业学院	泉州市	职业技能型	2★	区域高水平高职院校
303	福建生物工程职业技术学院	福州市	职业技能型	1★	区域知名高职院校

4. 福建省职业技术大学排名

表 5-7　2024 校友会福建省职业技术大学排名

全国排名	学校名称	所在城市	办学类型	星级排名	办学层次
32	泉州职业技术大学	泉州市	职业技能型	3★	区域一流职业技术大学

二、福建省大学专业排名详情

1. 厦门大学

（1）厦门大学综合实力排名

综合排名：2024 校友会中国大学排名第 19 名，全国综合类高校第 16 名，福建省高校第 1 名。

星级排名：中国七星级大学（7★），世界知名高水平大学、中国顶尖大学。“985 工程”大学，“211 工程”大学。主管部门：教育部。

（2）厦门大学各本科专业排名（全国排名/档次）

1）世界知名高水平、中国顶尖专业（7★）

国际经济与贸易：2/A++；海洋科学：1/A++；化学：7/A++；会计学：2/A++。

2）世界高水平、中国顶尖专业（6★）

财务管理：2/A++；法学：7/A+；工商管理：8/A+；环境科学：3/A+；经济学：7/A+；历史学：8/A+；生物科学：7/A+；统计学：3/A++。

3）中国一流专业（5★）

材料科学与工程：20/A；财政学：7/A；电子商务：4/A+；工程管理：10/A+；广告学：4/A+；国际政治：10/A；海洋技术：3/A+；汉语言：3/A+；化学生物学：1/A++；金融学：13/A+；考古学：10/A；旅游管理：6/A+；人类学：2/A+；社会工作：12/A；社会学：10/A；生态学：9/A；生物技术：7/A+；市场营销：19/A；税收学：2/A+；戏剧影视文学：8/A；信息与计算科学：9/A+；行政管理：7/A+；英语：19/A+；哲学：15/A；政治学与行政学：12/A。

4）中国高水平专业（4★）

保险学：15/B++；测控技术与仪器：23/B++；城乡规划：26/B++；德语：20/B++；电子信息工程：38/B++；电子信息科学与技术：13/A；俄语：11/A；法语：22/B++；飞行器动力工程：9/B++；飞行器设计与工程：12/B++；管理科学：3/A+；广播电视学：18/B++；国际商务：14/B++；汉语言文学：114/B++；化学工程与工艺：34/B++；环境科学与工程：5/A；环境设计：43/B++；机械设计制造及其自动化：54/B++；集成电路设计与集成系统：11/B++；计算机科学与技术：60/B++；建筑学：24/B++；金融工程：11/A；经济统计学：7/A；酒店管理：10/B++；临床医学：70/B++；人力资源管理：16/A；日语：16/A；软件工程：44/B++；审计学：11/B++；生物工程：21/B++；数学与应用数学：56/B++；数字媒体技术：14/B++；天文学：6/B++；土木工程：96/B++；外交学：7/B++；物理学：33/B++；新能源科

学与工程：3/A+；新闻学：61/B++；药学：61/B++；医学检验技术：15/B++；艺术教育：2/A+；音乐表演：18/B++；预防医学：23/B++；自动化：112/B++。

5）中国区域一流专业（3★）

储能科学与工程：3/A+；传播学：27/B+；电磁场与无线技术：11/B+；电气工程及其自动化：133/B+；护理学：81/B+；化学测量学与技术：1/A++；环境生态工程：6/B++；绘画：52/B+；基础医学：19/B+；口腔医学：54/B+；能源化学：2/A+；能源化学工程：17/B+；人工智能：15/A；视觉传达设计：83/B+；数据科学与大数据技术：20/A；数字媒体艺术：39/B+；通信工程：141/B+；网络空间安全：12/B++；微电子科学与工程：36/B+；西班牙语：22/B+；艺术设计学：40/B+；音乐学：86/B+；智能科学与技术：17/B++；中医学：32/B+。

6）中国区域高水平专业（2★）

舞蹈表演：35/C。

2. 福州大学

（1）福州大学综合实力排名

综合排名：2024校友会中国大学排名第66名，全国理工类高校第27名，福建省高校第2名。

星级排名：中国四星级大学（4★），世界知名、中国高水平大学。“211工程”大学。主管部门：福建省。

（2）福州大学各本科专业排名（全国排名/档次）

1）世界高水平、中国顶尖专业（6★）

地质工程：2/A+；电气工程及其自动化：6/A+；化学工程与工艺：7/A+。

2）中国一流专业（5★）

车辆工程：9/A；化学：19/A；资源勘查工程：16/A。

3）中国高水平专业（4★）

安全工程：18/B++；材料科学与工程：45/B++；产品设计：10/A；城乡规划：26/B++；电子科学与技术：24/B++；电子商务：45/B++；法学：49/B++；工商管理：100/B++；工业工程：14/A；工业设计：38/B++；工艺美术：12/B++；公共事业管理：30/B++；环境工程：30/B++；会计学：43/B++；机械设计制造及其自动化：54/B++；计算机科学与技术：60/B++；建筑学：24/B++；交通工程：23/B++；金融学：39/B++；勘查技术与工程：12/B++；矿物加工工程：14/B++；社会学：19/B++；食品科学与工程：28/B++；市场营销：29/A；数学与应用数学：56/B++；数字媒体艺术：13/A；通信工程：45/B++；土木工程：47/B++；微电子科学与工程：11/B++；物联网工程：23/B++；物流管理：15/A；行政管理：33/B++；应用化学：69/B++；应用物理学：22/B++；英语：136/B++；制药工程：45/B++。

4）中国区域一流专业（3★）

包装工程：19/B+；材料成型及控制工程：80/B+；财务管理：84/B+；财政学：48/B+；采矿工程：28/B+；电子信息工程：178/B+；风景园林：35/B+；给排水科学与工程：48/B+；工程管理：93/B+；过程装备与控制工程：45/B+；经济统计学：44/B+；经济学：152/B+；人文地理与城乡规划：19/B+；生物工程：81/B+；数字媒体技术：29/B+；水利水电工程：32/B+；统计学：96/B+；网络工程：25/B++；物流工程：25/B+；信息安全：51/B+；信息管理与信息系统：138/B+；信息与计算科学：86/B+；资源循环科学与工程：6/B++；自动化：150/B+。

5）中国区域高水平专业（2★）

储能科学与工程：7/B+；德语：48/C；雕塑：29/C；高分子材料与工程：102/D；光电信息科学与工程：108/C；广播电视编导：68/C；国际经济与贸易：221/C；汉语言文学：200/D；绘画：65/C；机器人工程：18/B++；交通运输：59/C；人工智能：38/B++；日语：118/B；软件工程：235/D；生物技术：162/D；数据科学与大数据技术：54/B++；音乐学：104/C；应用心理学：90/C；油气储运工程：21/D；智能电网信息工程：15/D；智能建造：8/B。

6）中国区域知名专业（1★）

港口航道与海岸工程：25/D；汉语言：60/D；集成电路设计与集成系统：28/D；建筑电气与智能化：20/C；生物医学工程：100/D。

3. 福建师范大学

（1）福建师范大学综合实力排名

综合排名：2024校友会中国大学排名第70名，全国师范类高校第8名，福建省高校第3名。

星级排名：中国四星级大学（4★），世界知名、中国高水平大学。主管部门：福建省。

（2）福建师范大学各本科专业排名（全国排名/档次）

1）世界高水平、中国顶尖专业（6★）

汉语言文学：10/A+；历史学：8/A+；美术学：5/A+；体育教育：3/A+。

2）中国一流专业（5★）

教育技术学：10/A；教育学：8/A；思想政治教育：22/A；音乐学：7/A+；英语：19/A+。

3）中国高水平专业（4★）

地理科学：17/B++；法学：49/B++；翻译：7/A+；服装与服饰设计：21/B++；高分子材料与工程：21/B++；光电信息科学与工程：25/B++；广播电视编导：8/A；广播电视学：11/A；国际经济与贸易：43/B++；汉语国际教育：18/A；汉语言：15/B++；化学：39/B++；环境工程：82/B++；计算机科学与技术：60/B++；金融学：93/B++；经济学：27/A；旅游管理：22/A；社会体育指导与管理：12/A；生物工程：21/B++；生物科学：36/B++；数学与应用数学：56/B++；统计学：41/B++；图书馆学：10/B++；文化产业管理：5/A；舞蹈学：5/A+；物理学：33/B++；小学教育：31/B++；心理学：12/B++；学前教育：9/A；应用电子技术教育：2/A+；运动训练：12/B++；自然地理与资源环境：7/A。

4）中国区域一流专业（3★）

播音与主持艺术：26/B+；材料物理：31/B+；财务管

理：84/B+；财务会计教育：2/A+；档案学：17/B+；地理信息科学：61/B+；电子信息工程：178/B+；雕塑：19/B+；俄语：55/B+；服装设计与工艺教育：1/A++；工商管理：207/B+；广告学：50/B+；环境科学：61/B+；环境设计：105/B+；劳动与社会保障：31/B+；旅游管理与服务教育：1/A++；秘书学：7/B++；人文地理与城乡规划：19/B+；日语：72/B+；软件工程：150/B+；生态学：29/B+；视觉传达设计：83/B+；通信工程：104/B+；网络工程：25/B++；新能源科学与工程：23/B+；音乐表演：45/B+；应用化学：145/B+；应用生物科学：4/A。

5）中国区域高水平专业（2★）

包装工程：30/C；测控技术与仪器：143/D；城市管理：15/B；储能科学与工程：7/B+；动画：76/C；化学工程与工艺：162/D；金融工程：67/C；酒店管理：25/B；马克思主义理论：19/C；人工智能：38/B++；商务英语：52/B；食品科学与工程：146/D；数字媒体技术：49/C；网络空间安全：26/B；信息工程：38/C；信息管理与信息系统：168/C；资源循环科学与工程：17/C。

6）中国区域知名专业（1★）

复合材料与工程：17/C；物联网工程：161/D；西班牙语：51/D；行政管理：195/D；应用心理学：113/D。

4. 福建农林大学

（1）福建农林大学综合实力排名

综合排名：2024 校友会中国大学排名第 94 名，全国农林类高校第 8 名，福建省高校第 4 名。

星级排名：中国四星级大学（4★），世界知名、中国高水平大学。主管部门：福建省。

（2）福建农林大学各本科专业排名（全国排名/档次）

1）世界高水平、中国顶尖专业（6★）

茶学：1/A++。

2）中国一流专业（5★）

蜂学：1/A++；林学：6/A；园林：3/A+；植物保护：5/A。

3）中国高水平专业（4★）

产品设计：33/B++；动物医学：13/B++；风景园林：11/B++；公共事业管理：30/B++；机械设计制造及其自动化：54/B++；金融学：93/B++；林产化工：6/B++；木材科学与工程：7/B++；农林经济管理：26/B++；农学：21/B++；农业资源与环境：10/B++；轻化工程：16/B++；森林保护：7/B++；森林工程：4/A；生态学：14/B++；生物工程：21/B++；生物技术：30/B++；生物科学：36/B++；食品科学与工程：28/B++；食品质量与安全：8/A；园艺：14/B++；制药工程：20/B++。

4）中国区域一流专业（3★）

车辆工程：58/B+；动物科学：37/B+；工程管理：82/B+；工商管理：180/B+；化学工程与工艺：120/B+；环境设计：86/B+；计算机科学与技术：285/B+；劳动与社会保障：31/B+；农村区域发展：7/B+；农业机械化及其自动化：28/B+；人力资源管理：69/B+；软件工程：150/B+；设施农业科学与工程：6/B++；生物信息学：17/B+；视觉传达设计：116/B+；水产养殖学：27/B+；水土保持与荒漠化防治：10/B+；统计学：84/B+；土木工程：164/B+；物流工程：29/B+；新能源科学与工程：27/B+；英语：253/B+；植物科学与技术：6/B+；中药资源与开发：15/B+；种子科学与工程：13/B+；自然地理与资源环境：20/B+。

5）中国区域高水平专业（2★）

材料科学与工程：121/D；财务管理：175/D；城乡规划：78/C；电气工程及其自动化：199/D；电子科学与技术：98/D；电子信息工程：214/D；法学：251/D；广告学：80/B；国际经济与贸易：221/C；环境工程：196/D；会计学：247/D；交通工程：56/C；旅游管理：146/C；农业智能装备工程：2/A+；食品卫生与营养学：11/B；食品营养与健康：2/A+；数学与应用数学：224/D；土地资源管理：53/C；网络空间安全：26/B；行政管理：148/C；智慧农业：1/A++；智能建造：8/B。

6）中国区域知名专业（1★）

动画：134/D；管理科学：40/D；空间信息与数字技术：12/D；商务经济学：6/D；网络工程：141/D；文化产业管理：50/C；应用化学：213/D。

5. 华侨大学

（1）华侨大学综合实力排名

综合排名：2024 校友会中国大学排名第 113 名，全国综合类高校第 46 名，福建省高校第 5 名。

星级排名：中国四星级大学（4★），世界知名、中国高水平大学。主管部门：国务院侨办。

（2）华侨大学各本科专业排名（全国排名/档次）

1）中国一流专业（5★）

华文教育：1/A++。

2）中国高水平专业（4★）

材料科学与工程：45/B++；产品设计：10/A；城乡规划：26/B++；电气工程及其自动化：40/B++；电子科学与技术：24/B++；电子商务：45/B++；法学：111/B++；给排水科学与工程：15/B++；工程管理：20/A；工商管理：36/B++；工业设计：38/B++；广播电视学：18/B++；国际事务与国际关系：1/A++；汉语言文学：64/B++；化学工程与工艺：84/B++；环境工程：30/B++；机械工程：26/B++；计算机科学与技术：60/B++；建筑学：24/B++；金融学：93/B++；酒店管理：1/A++；旅游管理：22/A；人力资源管理：16/A；软件工程：103/B++；市场营销：59/B++；数学与应用数学：137/B++；通信工程：69/B++；土木工程：47/B++；信息管理与信息系统：73/B++；行政管理：66/B++；药学：27/B++；应用化学：69/B++；英语：57/B++；制药工程：45/B++；自然地理与资源环境：11/B++。

3）中国区域一流专业（3★）

财务管理：100/B+；测控技术与仪器：103/B+；城市地

下空间工程：16/B+；光电信息科学与工程：72/B+；国际经济与贸易：142/B+；会展经济与管理：10/B++；机械设计制造及其自动化：190/B+；日语：72/B+；生物工程：81/B+；视觉传达设计：83/B+；舞蹈表演：27/B+；物联网工程：45/B+；哲学：40/B+。

4）中国区域高水平专业（2★）

材料成型及控制工程：103/D；车辆工程：89/C；电子信息工程：214/D；高分子材料与工程：102/D；公共事业管理：124/B；广告学：80/B；汉语国际教育：96/B；汉语言：42/C；环境科学：114/C；环境设计：141/C；集成电路设计与集成系统：21/C；经济学：190/D；美术学：85/C；生物技术：162/D；体育教育：112/D；土地资源管理：53/C；网络工程：81/B；舞蹈学：55/C；物流管理：109/C；信息与计算科学：164/C；音乐学：104/C；应用物理学：104/C；园艺：58/D；自动化：207/D。

5）中国区域知名专业（1★）

播音与主持艺术：87/D；材料化学：94/D；城市管理：25/C；翻译：98/C；风景园林：75/D；功能材料：27/D；国际商务：40/C；环境生态工程：32/D；会计学：297/D；绘画：89/D；临床医学：117/D；人工智能：123/C；人文地理与城乡规划：65/D；社会学：89/D；数据科学与大数据技术：152/C；数字媒体技术：69/D；统计学：177/D；投资学：36/C；新闻学：146/D；信息安全：82/D；信息工程：50/D；音乐表演：83/C；应用语言学：5/A；运动训练：85/D。

6．福建医科大学

（1）福建医科大学综合实力排名

综合排名：2024 校友会中国大学排名第 189 名，全国医药类高校第 25 名，福建省高校第 6 名。

星级排名：中国三星级大学（3★），中国知名、区域一流大学。主管部门：福建省。

（2）福建医科大学各本科专业排名（全国排名/档次）

1）中国一流专业（5★）

临床医学：23/A；麻醉学：2/A+。

2）中国高水平专业（4★）

护理学：29/B++；基础医学：13/B++；康复治疗学：8/A；口腔医学：17/B++；临床药学：6/B++；药学：27/B++；医学检验技术：15/B++；医学影像技术：5/A；预防医学：23/B++。

3）中国区域一流专业（3★）

公共事业管理：57/B+；社会工作：87/B+；生物制药：12/B++；食品质量与安全：45/B+；应用心理学：50/B+。

4）中国区域高水平专业（2★）

卫生检验与检疫：23/C；眼视光学：12/C；眼视光医学：9/B；药物制剂：46/D；医学影像学：49/D；英语：318/D。

5）中国区域知名专业（1★）

生物信息学：33/D；运动康复：30/C；智能医学工程：27/D；助产学：13/B。

7．集美大学

（1）集美大学综合实力排名

综合排名：2024 校友会中国大学排名第 249 名，全国综合类高校第 76 名，福建省高校第 7 名。

星级排名：中国二星级大学（2★），中国区域高水平大学。主管部门：福建省。

（2）集美大学各本科专业排名（全国排名/档次）

1）中国一流专业（5★）

船舶与海洋工程：6/A；航海技术：3/A+；水产养殖学：6/A。

2）中国高水平专业（4★）

财政学：32/B++；电子信息工程：89/B++；海洋渔业科学与技术：5/A；环境设计：9/A+；会计学：43/B++；机械电子工程：20/B++；机械设计制造及其自动化：54/B++；计算机科学与技术：60/B++；交通运输：26/B++；经济学：83/B++；旅游管理：67/B++；轮机工程：5/A；美术学：35/B++；软件工程：44/B++；社会工作：41/B++；食品科学与工程：28/B++；数学与应用数学：56/B++；通信工程：45/B++；武术与民族传统体育：8/B++；物流管理：15/A；小学教育：16/B++；音乐学：39/B++；英语：136/B++。

3）中国区域一流专业（3★）

船舶电子电气工程：2/A+；动物科学：37/B+；法学：208/B+；光电信息科学与工程：84/B+；能源与动力工程：98/B+；生物工程：81/B+；水生动物医学：2/A+；学前教育：48/B+。

4）中国区域高水平专业（2★）

车辆工程：97/C；地理信息科学：94/D；电气工程及其自动化：217/D；电子商务：148/D；工程管理：144/D；工商管理：245/D；国际经济与贸易：221/C；汉语言文学：200/D；环境工程：212/D；建筑环境与能源应用工程：84/C；日语：162/C；社会体育指导与管理：64/C；市场营销：176/C；视觉传达设计：156/C；体育教育：112/D；网络工程：81/B；信息管理与信息系统：207/C；信息与计算科学：164/C；应用物理学：112/C；运动训练：60/C；自动化：207/D。

5）中国区域知名专业（1★）

材料成型及控制工程：118/D；电子科学与技术：116/D；动画：134/D；翻译：98/C；港口航道与海岸工程：25/D；汉语国际教育：140/C；金融学：204/D；人工智能：123/C；审计学：40/D；数据科学与大数据技术：152/C；投资学：36/C；网络空间安全：42/C；微电子科学与工程：68/D；舞蹈表演：56/D；戏剧影视文学：59/D；音乐表演：83/C；智能科学与技术：58/C；智能制造工程：56/B。

8．福建理工大学

（1）福建理工大学综合实力排名

综合排名：2024 校友会中国大学排名第 265 名，全国理工类高校第 119 名，福建省高校第 8 名。

星级排名：中国二星级大学（2★），中国区域高水平大学。主管部门：福建省。

（2）福建理工大学各本科专业排名（全国排名/档次）

1）世界知名、中国顶尖应用型专业（7★）

土木工程：1/A++。

2）中国顶尖应用型专业（6★）

材料成型及控制工程：1/A++；材料科学与工程：1/A++；车辆工程：2/A++；城乡规划：1/A++；电气工程及其自动化：2/A++；翻译：1/A++；给排水科学与工程：1/A++；工程管理：1/A++；工程造价：1/A++；工商管理：5/A+；工业工程：1/A++；工业设计：1/A++；环境工程：10/A+；机械设计制造及其自动化：2/A++；计算机科学与技术：48/A+；建筑环境与能源应用工程：1/A++；建筑学：1/A++；软件工程：1/A++；通信工程：1/A++。

3）中国一流应用型专业（5★）

城市地下空间工程：2/A+；风景园林：5/A+；环境设计：34/A；交通运输：10/A；数字经济：2/A+；数字媒体技术：9/A+；网络工程：16/A；微电子科学与工程：6/A；物联网工程：19/A；知识产权：3/A+；智能科学与技术：4/A+。

4）中国高水平应用型专业（4★）

广告学：21/B++；国际经济与贸易：109/B++；化学工程与工艺：50/B++；会计学：105/B++；建筑电气与智能化：10/B++；交通工程：13/B++；审计学：20/B++；市场营销：85/B++；数据科学与大数据技术：23/A；物流管理：56/B++；信息与计算科学：26/B++。

5）中国区域一流应用型专业（3★）

产品设计：80/B+；道路桥梁与渡河工程：18/B+；电子商务：109/B+；电子信息工程：186/B+；公共事业管理：37/B+；金融工程：39/B+；历史建筑保护工程：1/A++；汽车服务工程：66/B+；数字媒体艺术：63/B+；网络空间安全：6/B+；新闻学：50/B+；信息管理与信息系统：71/B+；智能建造：10/B+。

6）中国区域高水平应用型专业（2★）

财务管理：251/C；法学：138/C；房地产开发与管理：21/C；高分子材料与工程：47/D；国际商务：57/C；汉语言文学：253/C；互联网金融：27/B；机械电子工程：132/C；网络与新媒体：100/B；英语：318/C；智能制造工程：34/B。

9. 福建中医药大学

（1）福建中医药大学综合实力排名

综合排名：2024 校友会中国大学排名第 281 名，全国医药类高校第 41 名，福建省高校第 9 名。

星级排名：中国三星级大学（3★），中国知名、区域一流大学。主管部门：福建省。

（2）福建中医药大学各本科专业排名（全国排名/档次）

1）中国一流专业（5★）

康复治疗学：1/A++；针灸推拿学：5/A；中药学：9/A；中医学：10/A。

2）中国高水平专业（4★）

护理学：29/B++；康复物理治疗：1/A++；康复作业治疗：1/A++；临床医学：39/B++；制药工程：45/B++；中西医临床医学：9/B++。

3）中国区域一流专业（3★）

公共事业管理：81/B+；信息管理与信息系统：119/B+；药物制剂：22/B+；药学：85/B+；医学影像技术：12/B+。

4）中国区域高水平专业（2★）

食品科学与工程：146/D。

5）中国区域知名专业（1★）

健康服务与管理：15/B；听力与言语康复学：7/D；医学影像学：56/D；中医骨伤科学：11/C。

9. 闽江学院

（1）闽江学院综合实力排名

综合排名：2024 校友会中国大学排名第 281 名，全国理工类高校第 129 名，福建省高校第 9 名。

星级排名：中国二星级大学（2★），中国区域高水平大学。主管部门：福建省。

（2）闽江学院各本科专业排名（全国排名/档次）

1）中国顶尖应用型专业（6★）

测绘工程：1/A++；电子商务：1/A++；纺织工程：1/A++；服装设计与工程：1/A++；服装与服饰设计：3/A+；工商管理：5/A+；广告学：1/A++；国际经济与贸易：45/A+；汉语国际教育：1/A++；会计学：23/A+；计算机科学与技术：63/A+；人文地理与城乡规划：1/A++。

2）中国一流应用型专业（5★）

地理科学：13/A；地理信息科学：10/A；电子科学与技术：12/A；电子信息工程：66/A；法学：28/A；汉语言文学：63/A；化学：23/A；环境设计：34/A；酒店管理：14/A；历史学：16/A；旅游管理：42/A；日语：13/A；视觉传达设计：33/A；数学与应用数学：38/A；通信工程：43/A；物流工程：8/A；应用化学：14/A；英语：62/A；自然地理与资源环境：2/A+。

3）中国高水平应用型专业（4★）

表演：18/B++；财务管理：80/B++；电子信息科学与技术：27/B++；高分子材料与工程：14/B++；绘画：12/B++；机械电子工程：42/B++；金融学：45/B++；软件工程：95/B++；社会工作：21/B++；数字媒体艺术：30/B++；网络与新媒体：32/B++；物理学：39/B++；音乐学：54/B++。

4）中国区域一流应用型专业（3★）

导航工程：3/A+；电气工程及其自动化：157/B+；雕塑：7/B+；海洋资源与环境：2/A+；轻化工程：6/B+；人工智能：36/B+；数据科学与大数据技术：60/B++；文化产业管理：22/B+；信息安全：8/B+；应用统计学：18/B++；制药工程：54/B+。

5）中国区域高水平应用型专业（2★）

国际商务：57/C；海洋技术：6/D；会展经济与管理：35/B；税收学：34/C；文物与博物馆学：10/C。

11. 闽南师范大学

（1）闽南师范大学综合实力排名

综合排名：2024 校友会中国大学排名第 320 名，全国师范类高校第 53 名，福建省高校第 11 名。

星级排名：中国一星级大学（1★），中国区域知名大学。主管部门：福建省。

（2）闽南师范大学各本科专业排名（全国排名/档次）

1）中国高水平专业（4★）

电子信息工程：89/B++；汉语言文学：64/B++；化学：39/B++；数学与应用数学：56/B++；思想政治教育：90/B++；心理学：12/B++；英语：57/B++。

2）中国区域一流专业（3★）

电子信息科学与技术：50/B+；法学：161/B+；广播电视编导：36/B+；国际经济与贸易：176/B+；汉语国际教育：58/B+；计算机科学与技术：285/B+；科学教育：5/A；历史学：84/B+；人力资源管理：69/B+；软件工程：183/B+；社会工作：63/B+；食品科学与工程：102/B+；市场营销：110/B+；统计学：96/B+；物理学：95/B+；小学教育：52/B+；应用化学：112/B+。

3）中国区域高水平专业（2★）

财务管理：175/D；广播电视学：77/D；化学工程与工业生物工程：3/A+；教育技术学：83/D；经济与金融：6/B+；商务英语：72/C；社会体育指导与管理：99/D；食品质量与安全：91/C；体育教育：126/D；网络工程：119/D；信息与计算科学：231/D；学前教育：90/D。

4）中国区域知名专业（1★）

编辑出版学：36/D；地理科学：74/D；电气工程及其自动化：247/D；翻译：98/C；风景园林：97/D；公共艺术：36/D；光电信息科学与工程：141/D；广告学：150/D；国际商务：59/D；环境工程：238/D；环境科学：158/D；环境科学与工程：23/D；经济统计学：70/D；经济学：245/D；旅游管理：207/D；美术学：116/D；人工智能：123/C；日语：218/D；生物科学：162/D；食品营养与健康：9/D；数据计算及应用：6/B；数据科学与大数据技术：152/C；数字出版：6/D；网络与新媒体：78/D；微电子科学与工程：68/D；物联网工程：194/D；音乐学：129/D；应用统计学：65/C；园林：79/D；园艺：64/D；政治学与行政学：75/D。

11. 泉州师范学院

（1）泉州师范学院综合实力排名

综合排名：2024 校友会中国大学排名第 320 名，全国师范类高校第 53 名，福建省高校第 11 名。

星级排名：中国一星级大学（1★），中国区域知名大学。主管部门：福建省。

（2）泉州师范学院各本科专业排名（全国排名/档次）

1）中国顶尖应用型专业（6★）

电子商务：6/A+；电子信息科学与技术：1/A++；汉语言文学：30/A+；化学工程与工艺：1/A++；计算机科学与技术：63/A+；人文地理与城乡规划：1/A++；数学与应用数学：23/A+；特殊教育：1/A++；小学教育：21/A+；音乐学：4/A+。

2）中国一流应用型专业（5★）

材料化学：7/A；国际经济与贸易：62/A；汉语国际教育：12/A；历史学：16/A；社会体育指导与管理：10/A；生物科学：24/A；食品科学与工程：17/A；物流管理：27/A；英语：62/A。

3）中国高水平应用型专业（4★）

产品设计：43/B++；动画：37/B++；光电信息科学与工程：22/B++；广播电视学：19/B++；广告学：21/B++；环境科学：9/B++；轮机工程：3/A+；美术学：38/B++；生物技术：23/B++；视觉传达设计：72/B++；书法学：4/A+；数据科学与大数据技术：23/A；数字媒体技术：25/B++；思想政治教育：57/B++；通信工程：74/B++；舞蹈学：11/A。

4）中国区域一流应用型专业（3★）

地理科学：28/B+；电气工程与智能控制：11/B+；纺织工程：14/B+；服装设计与工程：31/B+；服装与服饰设计：60/B+；海洋技术：3/A+；航海技术：5/A；化学：73/B+；环境设计：113/B+；机械设计制造及其自动化：207/B+；金融工程：39/B+；汽车服务工程：66/B+；软件工程：156/B+；商务英语：71/B+；市场营销：144/B+；数字媒体艺术：63/B+；体育经济与管理：7/B+；文化产业管理：22/B+；物理学：66/B+；信息管理与信息系统：71/B+；应用心理学：47/B+。

5）中国区域高水平应用型专业（2★）

经济学：80/C；物联网工程：232/C；学前教育：173/C；知识产权：20/B；制药工程：85/C。

6）中国区域知名应用型专业（1★）

国际商务：78/D；体育教育：138/D。

13. 三明学院

（1）三明学院综合实力排名

综合排名：2024 校友会中国大学排名第 347 名，全国综合类高校第 99 名，福建省高校第 13 名。

星级排名：中国一星级大学（1★），中国区域知名大学。主管部门：福建省。

（2）三明学院各本科专业排名（全国排名/档次）

1）中国顶尖应用型专业（6★）

产品设计：8/A+；旅游管理与服务教育：1/A++；艺术设计学：1/A++。

2）中国一流应用型专业（5★）

化学工程与工艺：25/A；机械设计制造及其自动化：68/A；土木工程：49/A；网络工程：16/A。

3）中国高水平应用型专业（4★）

传播学：8/B++；电子科学与技术：22/B++；电子信息工程：116/B++；风景园林：12/B++；汉语言文学：

118/B++；化学：48/B++；物联网工程：62/B++。

4）中国区域一流应用型专业（3★）

车辆工程：56/B+；光电信息科学与工程：36/B+；环境工程：60/B+；计算机科学与技术：253/B+；美术学：82/B+；生物技术：41/B+；市场营销：144/B+；数学与应用数学：109/B+；小学教育：106/B+；资源环境科学：3/A+。

5）中国区域高水平应用型专业（2★）

材料化学：33/D；动画：117/C；服装设计与工程：48/D；工业设计：74/C；环境设计：203/B；机器人工程：97/C；贸易经济：17/D；人工智能：59/B；商务英语：161/C；数字媒体技术：100/C；体育教育：111/C；通信工程：205/D；物理学：99/C；物流管理：182/C；学前教育：173/C；音乐学：150/C；英语：318/C。

6）中国区域知名应用型专业（1★）

播音与主持艺术：132/D；财务管理：326/C；电子商务：219/C；工程造价：136/C；社会体育指导与管理：104/C；视觉传达设计：299/D。

14. 武夷学院

（1）武夷学院综合实力排名

综合排名：2024 校友会中国大学排名第 364 名，全国综合类高校第 107 名，福建省高校第 14 名。

星级排名：中国一星级大学（1★），中国区域知名大学。主管部门：福建省。

（2）武夷学院各本科专业排名（全国排名/档次）

1）中国顶尖应用型专业（6★）

茶学：1/A++。

2）中国高水平应用型专业（4★）

电子信息工程：116/B++；广播电视编导：31/B++；化学工程与工艺：50/B++；环境工程：32/B++；旅游管理：76/B++；生物工程：26/B++；食品质量与安全：8/A；土木工程：97/B++；物联网工程：62/B++；物流管理：56/B++。

3）中国区域一流应用型专业（3★）

城乡规划：38/B+；高分子材料与工程：28/B+；汉语言文学：180/B+；护理学：90/B+；环境生态工程：11/B+；机械电子工程：74/B+；计算机科学与技术：253/B+；建筑学：67/B+；美术学：82/B+；视觉传达设计：140/B+；通信工程：130/B+；微电子科学与工程：15/B+；园艺：25/B+。

4）中国区域高水平应用型专业（2★）

产品设计：130/C；电气工程及其自动化：231/D；工程造价：88/B；机械设计制造及其自动化：246/D；酒店管理：81/B；食品科学与工程：96/D；药学：68/C。

5）中国区域知名应用型专业（1★）

保险学：46/D；动画：153/D；国际经济与贸易：325/D；环境设计：311/D；康复治疗学：90/D；商务英语：230/D；数学与应用数学：197/D；数字媒体艺术：155/C；文化产业管理：71/D；小学教育：142/C；信息与计算科学：105/D；学前教育：215/C；英语：412/D。

15. 莆田学院

（1）莆田学院综合实力排名

综合排名：2024 校友会中国大学排名第 377 名，全国综合类高校第 116 名，福建省高校第 15 名。

星级排名：中国一星级大学（1★），中国区域知名大学。主管部门：福建省。

（2）莆田学院各本科专业排名（全国排名/档次）

1）中国顶尖应用型专业（6★）

护理学：15/A+；临床医学：10/A+；数学与应用数学：1/A++。

2）中国一流应用型专业（5★）

测控技术与仪器：7/A；工程管理：27/A；汉语言文学：63/A；环境工程：18/A；机械设计制造及其自动化：68/A；计算机科学与技术：101/A；土木工程：49/A。

3）中国高水平应用型专业（4★）

电子信息科学与技术：27/B++；会计学：105/B++；旅游管理：76/B++；生物技术：23/B++；市场营销：85/B++；体育教育：56/B++；通信工程：74/B++；新闻学：30/B++；英语：129/B++。

4）中国区域一流应用型专业（3★）

电子信息工程：186/B+；工艺美术：14/B+；广告学：43/B+；绘画：30/B+；机器人工程：36/B+；人力资源管理：75/B+；生物医学工程：18/B+；医学检验技术：41/B+；应用化学：65/B+；智能科学与技术：17/B++；助产学：5/A。

5）中国区域高水平应用型专业（2★）

城乡规划：58/C；电气工程及其自动化：231/D；工程造价：88/B；公共事业管理：74/C；环境设计：203/B；美术学：124/C；日语：119/C；商务英语：161/C；食品质量与安全：57/B；视觉传达设计：235/C；数据科学与大数据技术：199/C；物联网工程：232/C；休闲体育：32/B；药学：68/C；音乐学：150/C。

6）中国区域知名应用型专业（1★）

财务管理：326/C；电子商务：219/C；金融工程：115/C；软件工程：288/D；小学教育：142/C；学前教育：215/C；医学影像技术：48/D；音乐表演：123/D。

15. 厦门理工学院

（1）厦门理工学院综合实力排名

综合排名：2024 校友会中国大学排名第 377 名，全国理工类高校第 176 名，福建省高校第 15 名。

星级排名：中国二星级大学（2★），中国区域高水平大学。主管部门：福建省。

（2）厦门理工学院各本科专业排名（全国排名/档次）

1）中国顶尖应用型专业（6★）

材料成型及控制工程：1/A++；材料科学与工程：1/A++；测绘工程：1/A++；车辆工程：2/A++；电气工程及其自动化：6/A+；电子商务：6/A+；电子信息工程：9/A+；光电信息科学与工程：1/A++；环境工程：10/A+；机械设计

制造及其自动化：14/A+；计算机科学与技术：48/A+；建筑学：11/A+；汽车服务工程：1/A++；软件工程：36/A+；土木工程：2/A++；网络与新媒体：1/A++；文化产业管理：1/A++；物流管理：12/A+；自动化：1/A++。

2）中国一流应用型专业（5★）

产品设计：12/A+；电子封装技术：1/A++；工程管理：27/A；工程力学：1/A++；国际商务：7/A；酒店管理：14/A；数字媒体艺术：8/A+；水务工程：1/A++；网络工程：16/A；信息与计算科学：8/A；艺术与科技：3/A+。

3）中国高水平应用型专业（4★）

交通工程：13/B++；金融工程：22/B++；空间信息与数字技术：2/A+；视觉传达设计：72/B++；数字媒体技术：25/B++；通信工程：74/B++；微电子科学与工程：9/B++；新能源材料与器件：2/A+；信息管理与信息系统：35/B++；智能电网信息工程：2/A+。

4）中国区域一流应用型专业（3★）

播音与主持艺术：54/B+；财务管理：137/B+；港口航道与海岸工程：8/B+；工商管理：106/B+；工业工程：12/B+；汉语国际教育：79/B+；环保设备工程：3/A+；会展经济与管理：21/B+；数据科学与大数据技术：60/B++；艺术设计学：51/B+；知识产权：12/B+；智能制造工程：12/B++。

5）中国区域高水平应用型专业（2★）

表演：48/C；高分子材料与工程：47/D；环境生态工程：21/C；交通运输：48/D；日语：119/C；投资学：51/B；物联网工程：232/C；英语：318/C；影视摄影与制作：24/B。

6）中国区域知名应用型专业（1★）

城市管理：26/D；应用统计学：59/C。

17. 福建江夏学院

（1）福建江夏学院综合实力排名

综合排名：2024 校友会中国大学排名第 387 名，全国财经类高校第 40 名，福建省高校第 17 名。

星级排名：中国一星级大学（1★），中国区域知名大学。主管部门：福建省。

（2）福建江夏学院各本科专业排名（全国排名/档次）

1）中国顶尖应用型专业（6★）

工商管理：5/A+；金融工程：2/A++；金融学：2/A++；经济学：1/A++；人力资源管理：1/A++；投资学：1/A++；行政管理：1/A++。

2）中国一流应用型专业（5★）

法学：28/A；风景园林：5/A+；经济统计学：6/A；跨境电子商务：3/A+；物业管理：1/A++；信息管理与信息系统：17/A。

3）中国高水平应用型专业（4★）

国际经济与贸易：109/B++；会计学：105/B++；审计学：20/B++；市场营销：85/B++；税收学：14/B++。

4）中国区域一流应用型专业（3★）

保险学：20/B+；财务管理：137/B+；电子商务：109/B+；动画：82/B+；法语：16/B+；工程管理：96/B+；公共事业管理：37/B+；光电信息科学与工程：36/B+；酒店管理：47/B+；社会工作：31/B+；数学与应用数学：109/B+；物联网工程：139/B+；物流管理：127/B+；资产评估：16/B+。

5）中国区域高水平应用型专业（2★）

电子信息工程：242/C；工程造价：88/B；工业工程：27/B；工业设计：74/C；金融科技：11/B；商务英语：161/C；数据科学与大数据技术：199/C；土木工程：219/C；文化产业管理：49/B；艺术设计学：77/C；知识产权：20/B。

6）中国区域知名应用型专业（1★）

国际商务：78/D。

18. 龙岩学院

（1）龙岩学院综合实力排名

综合排名：2024 校友会中国大学排名第 436 名，全国综合类高校第 143 名，福建省高校第 18 名。

星级排名：中国一星级大学（1★），中国区域知名大学。主管部门：福建省。

（2）龙岩学院各本科专业排名（全国排名/档次）

1）中国顶尖应用型专业（6★）

材料科学与工程：6/A+。

2）中国一流应用型专业（5★）

测绘工程：9/A；动物医学：4/A；化学：23/A；机械设计制造及其自动化：68/A；软件工程：53/A；市场营销：38/A；应用化学：14/A。

3）中国高水平应用型专业（4★）

地球信息科学与技术：1/A++；地质工程：8/B++；电气工程及其自动化：91/B++；电子信息工程：116/B++；国际经济与贸易：109/B++；日语：36/B++；物理学：39/B++。

4）中国区域一流应用型专业（3★）

采矿工程：17/B+；车辆工程：56/B+；广播电视学：40/B+；汉语言文学：180/B+；计算机科学与技术：253/B+；生物技术：41/B+；生物科学：54/B+；数学与应用数学：109/B+；投资学：24/B+；物联网工程：139/B+；运动康复：13/B+。

5）中国区域高水平应用型专业（2★）

动物科学：18/C；光电信息科学与工程：58/D；环境工程：86/C；体育教育：111/C；音乐学：150/C。

6）中国区域知名应用型专业（1★）

财务管理：326/C；产品设计：180/D；旅游管理：234/D；美术学：163/D；商务英语：230/D；土木工程：257/D；网络与新媒体：140/C；小学教育：142/C；心理学：28/D；学前教育：215/C；英语：412/D。

18. 宁德师范学院

（1）宁德师范学院综合实力排名

综合排名：2024 校友会中国大学排名第 436 名，全国师范类高校第 92 名，福建省高校第 18 名。

星级排名：中国一星级大学（1★），中国区域知名大学。主管部门：福建省。

（2）宁德师范学院各本科专业排名（全国排名/档次）

1）中国顶尖应用型专业（6★）

应用化学：4/A+。

2）中国一流应用型专业（5★）

机械设计制造及其自动化：68/A；数学与应用数学：38/A；体育教育：19/A。

3）中国高水平应用型专业（4★）

电气工程及其自动化：91/B++；酒店管理：27/B++；生物技术：23/B++；学前教育：95/B++。

4）中国区域一流应用型专业（3★）

财务会计教育：6/B+；护理学：90/B+；环境科学与工程：12/B+；生物科学：54/B+；小学教育：106/B+；药学：38/B+；医学检验技术：41/B+；艺术教育：1/A++；英语：198/B+。

5）中国区域高水平应用型专业（2★）

茶学：10/D；车辆工程：88/C；海洋资源开发技术：3/A+；汉语言文学：253/C；化学：100/C；机械电子工程：132/C；计算机科学与技术：379/D；建筑电气与智能化：38/C；旅游管理与服务教育：18/C；食品科学与工程：96/D；数据科学与大数据技术：199/C；思想政治教育：112/C；网络与新媒体：100/B；物理学：99/C；冶金工程：14/D；智能电网信息工程：10/C。

6）中国区域知名应用型专业（1★）

材料化学：38/D；电子信息工程：314/D；国际商务：78/D；商务英语：230/D；市场营销：321/D；休闲体育：45/C；音乐学：213/D。

20. 福建警察学院

（1）福建警察学院综合实力排名

综合排名：2024 校友会中国大学排名第 472 名，全国政法类高校第 21 名，福建省高校第 20 名。

星级排名：中国三星级大学（3★），中国知名、区域一流大学。主管部门：福建省。

（2）福建警察学院各本科专业排名（全国排名/档次）

1）中国顶尖应用型专业（6★）

警务指挥与战术：1/A++；刑事科学技术：1/A++；侦查学：1/A++。

2）中国一流应用型专业（5★）

经济犯罪侦查：4/A；信息安全：3/A+；治安学：11/A。

3）中国高水平应用型专业（4★）

法学：55/B++；监狱学：4/A；行政管理：14/B++。

4）中国区域一流应用型专业（3★）

国内安全保卫：2/A+；交通管理工程：15/B+；禁毒学：8/B+；网络安全与执法：21/B+。

21. 福建技术师范学院

（1）福建技术师范学院综合实力排名

综合排名：2024 校友会中国大学排名第 503 名，全国师范类高校第 119 名，福建省高校第 21 名。

星级排名：中国一星级大学（1★），中国区域知名大学。主管部门：福建省。

（2）福建技术师范学院各本科专业排名（全国排名/档次）

1）中国顶尖应用型专业（6★）

包装工程：1/A++。

2）中国一流应用型专业（5★）

国际经济与贸易：62/A；环境工程：18/A；食品科学与工程：17/A。

3）中国高水平应用型专业（4★）

电子信息工程：116/B++；电子信息科学与技术：27/B++；广播电视学：19/B++；家政学：3/A+；信用风险管理与法律防控：3/A+。

4）中国区域一流应用型专业（3★）

法学：82/B+；广播电视编导：72/B+；广告学：43/B+；集成电路设计与集成系统：6/B+；计算机科学与技术：253/B+；旅游管理：129/B+；旅游管理与服务教育：10/B+；烹饪与营养教育：10/B+；商务英语：71/B+；生物工程：53/B+；市场营销：144/B+；视觉传达设计：140/B+；数据计算及应用：1/A++；心理学：13/B+；信息与计算科学：53/B+；学前教育：130/B+；英语：198/B+。

5）中国区域高水平应用型专业（2★）

财务管理：251/C；汉语言文学：253/C；金融学：107/C；经济与金融：27/B；日语：119/C；数字媒体技术：100/C；体育教育：111/C；网络工程：137/C；网络与新媒体：100/B；物联网工程：232/C；新能源科学与工程：33/C；应用化学：96/C；应用心理学：75/C。

6）中国区域知名应用型专业（1★）

工艺美术：43/C；社会体育指导与管理：104/C。

22. 福建商学院

（1）福建商学院综合实力排名

综合排名：2024 校友会中国大学排名第 510 名，全国财经类高校第 54 名，福建省高校第 22 名。

星级排名：中国一星级大学（1★），中国区域知名大学。主管部门：福建省。

（2）福建商学院各本科专业排名（全国排名/档次）

1）中国顶尖应用型专业（6★）

保险学：1/A++；财务管理：18/A+；商务英语：1/A++。

2）中国一流应用型专业（5★）

会展经济与管理：6/A；物业管理：1/A++。

3）中国高水平应用型专业（4★）

电子商务：66/B++；国际商务：20/B++；金融工程：22/B++；旅游管理与服务教育：5/A；审计学：20/B++。

4）中国区域一流应用型专业（3★）

国际经济与贸易：179/B+；环境设计：113/B+；会计学：177/B+；会展：1/A++；经济统计学：20/B+；酒店管理：47/B+；跨境电子商务：7/B++；零售业管理：3/A+；人力资源管理：75/B+；市场营销：144/B+；通信工程：130/B+。

5）中国区域高水平应用型专业（2★）

工业工程：27/B；贸易经济：17/D；烹饪与营养教育：17/D；数据科学与大数据技术：199/C；物联网工程：232/C；艺术设计学：77/C。

6）中国区域知名应用型专业（1★）

工艺美术：43/C；日语：173/D；视觉传达设计：299/D；物流管理：251/D。

22. 厦门医学院

（1）厦门医学院综合实力排名

综合排名：2024 校友会中国大学排名第 510 名，全国医药类高校第 80 名，福建省高校第 22 名。

星级排名：中国一星级大学（1★），中国区域知名大学。主管部门：福建省。

（2）厦门医学院各本科专业排名（全国排名/档次）

1）中国顶尖应用型专业（6★）

护理学：15/A+。

2）中国一流应用型专业（5★）

麻醉学：4/A。

3）中国高水平应用型专业（4★）

口腔医学：13/B++；临床医学：37/B++；药学：29/B++。

4）中国区域一流应用型专业（3★）

海洋药学：1/A++；化妆品技术与工程：2/A+；精神医学：7/B+；康复治疗学：38/B+；口腔医学技术：6/B+；医学检验技术：41/B+；助产学：5/A。

5）中国区域高水平应用型专业（2★）

生物制药：30/C；预防医学：24/D；中药学：45/D。

三、福建省民办大学专业排名详情

1. 福州外语外贸学院

（1）福州外语外贸学院综合实力排名

综合排名：2024 校友会中国民办大学排名第 3 名，全国财经类民办高校第 2 名，福建省民办高校第 1 名。

星级排名：中国六星级应用型大学（6★），中国顶尖应用型大学。

（2）福州外语外贸学院各本科专业排名（全国排名/档次）

1）中国顶尖应用型专业（6★）

财务管理：1/A++；电子商务：6/A+；动画：1/A++；法语：1/A++；翻译：1/A++；服装与服饰设计：1/A++；工程管理：3/A++；国际经济与贸易：2/A++；会计学：2/A++；金融工程：2/A++；金融学：2/A++；日语：1/A++；市场营销：3/A++；视觉传达设计：1/A++；土木工程：2/A++；物流管理：1/A++；小学教育：2/A++；信息管理与信息系统：1/A++；英语：3/A++。

2）中国一流应用型专业（5★）

产品设计：12/A+；工程造价：19/A；广播电视编导：17/A；国际商务：7/A；环境设计：34/A；经济统计学：6/A；美术学：9/A+；审计学：7/A+；数据科学与大数据技术：4/A++；数字媒体艺术：8/A+；投资学：5/A+；西班牙语：2/A+；学前教育：46/A；智能建造：2/A+；资产评估：1/A++。

3）中国高水平应用型专业（4★）

大数据管理与应用：9/B++；供应链管理：5/A。

2. 厦门大学嘉庚学院

（1）厦门大学嘉庚学院综合实力排名

综合排名：2024 校友会中国民办大学排名第 19 名，全国综合类民办高校第 20 名，福建省民办高校第 2 名。

星级排名：中国五星级应用型大学（5★），中国一流应用型大学。

（2）厦门大学嘉庚学院各本科专业排名（全国排名/档次）

1）中国顶尖应用型专业（6★）

电子信息工程：9/A+；广播电视学：4/A+；环境科学与工程：1/A++。

2）中国一流应用型专业（5★）

电子商务：37/A；法学：28/A；化学工程与工艺：25/A；旅游管理：42/A；软件工程：53/A；市场营销：38/A；新闻学：17/A；信息与计算科学：8/A。

3）中国高水平应用型专业（4★）

财务管理：80/B++；财政学：9/B++；动画：37/B++；工程造价：34/B++；工商管理：64/B++；广告学：21/B++；国际经济与贸易：109/B++；汉语言文学：118/B++；机械设计制造及其自动化：128/B++；金融学：45/B++；日语：36/B++；税收学：14/B++；英语：129/B++。

4）中国区域一流应用型专业（3★）

产品设计：80/B+；城乡规划：38/B+；法语：16/B+；风景园林：24/B+；工程管理：96/B+；国际商务：29/B+；环境设计：113/B+；会计学：177/B+；计算机科学与技术：253/B+；建筑学：67/B+；视觉传达设计：140/B+；通信工程：130/B+；土木工程：160/B+；文化产业管理：22/B+；物联网工程：139/B+；物流管理：127/B+；信息管理与信息系统：71/B+；行政管理：37/B+；音乐表演：48/B+。

5）中国区域高水平应用型专业（2★）

材料科学与工程：50/C；测控技术与仪器：57/D；车辆工程：88/C；电气工程及其自动化：231/D；飞行器动力工程：10/D；给排水科学与工程：54/C；光电信息科学与工程：58/D；机械电子工程：132/C；微电子科学与工程：23/D；舞蹈表演：43/B；音乐学：150/C；自动化：176/D。

6）中国区域知名应用型专业（1★）

大数据管理与应用：51/D；机器人工程：127/D；数据科学与大数据技术：272/D；智能科学与技术：63/C。

3. 泉州信息工程学院

（1）泉州信息工程学院综合实力排名

综合排名：2024 校友会中国民办大学排名第 23 名，全国理工类民办高校第 23 名，福建省民办高校第 3 名。

星级排名：中国五星级应用型大学（5★），中国一流应用型大学。

（2）泉州信息工程学院各本科专业排名（全国排名/档次）

1）中国顶尖应用型专业（6★）

电子信息工程：9/A+；机械设计制造及其自动化：14/A+；软件工程：1/A++。

2）中国一流应用型专业（5★）

产品设计：12/A+；电气工程及其自动化：48/A；视觉传达设计：33/A；数字媒体艺术：8/A+。

3）中国高水平应用型专业（4★）

电子商务：66/B++；工程管理：59/B++；汽车服务工程：38/B++；通信工程：74/B++；土木工程：97/B++；物联网工程：62/B++。

4）中国区域一流应用型专业（3★）

材料成型及控制工程：49/B+；财务管理：137/B+；工程造价：58/B+；光电信息科学与工程：36/B+；国际经济与贸易：179/B+；国际商务：29/B+；机器人工程：36/B+；审计学：52/B+；投资学：24/B+。

5）中国区域高水平应用型专业（2★）

环境设计：203/B；建筑电气与智能化：38/C；金融工程：80/B；人工智能：59/B；数据科学与大数据技术：199/C；网络工程：137/C；微电子科学与工程：23/D；物流管理：182/C；信息管理与信息系统：119/C；智能制造工程：34/B。

4. 闽南理工学院

（1）闽南理工学院综合实力排名

综合排名：2024 校友会中国民办大学排名第 31 名，全国理工类民办高校第 31 名，福建省民办高校第 4 名。

星级排名：中国四星级应用型大学（4★），中国高水平应用型大学。

（2）闽南理工学院各本科专业排名（全国排名/档次）

1）中国顶尖应用型专业（6★）

机械设计制造及其自动化：14/A+。

2）中国一流应用型专业（5★）

电子信息工程：66/A。

3）中国高水平应用型专业（4★）

测控技术与仪器：18/B++；电气工程及其自动化：91/B++；服装设计与工程：18/B++；工程管理：59/B++；光电信息科学与工程：22/B++；经济学：24/B++；智能建造：4/A。

4）中国区域一流应用型专业（3★）

阿拉伯语：6/B+；材料成型及控制工程：49/B+；财务管理：137/B+；产品设计：80/B+；金融工程：39/B+；数据科学与大数据技术：60/B++；数字媒体艺术：63/B+；信息与计算科学：53/B+；休闲体育：19/B+。

5）中国区域高水平应用型专业（2★）

国际经济与贸易：260/C；建筑环境与能源应用工程：50/C；商务英语：161/C；社会体育指导与管理：61/B；数字媒体技术：100/C；通信工程：205/D；土木工程：219/C；信息管理与信息系统：119/C。

6）中国区域知名应用型专业（1★）

电子商务：219/C；翻译：116/D；服装与服饰设计：111/D；给排水科学与工程：72/D；工程造价：136/C；环境设计：311/D；机器人工程：127/D；机械电子工程：187/D；建筑电气与智能化：53/D；人力资源管理：202/D；审计学：126/D；视觉传达设计：299/D；物联网工程：299/D；物流管理：251/D；小学教育：142/C；学前教育：215/C；资产评估：42/D。

5. 仰恩大学

（1）仰恩大学综合实力排名

综合排名：2024 校友会中国民办大学排名第 34 名，全国综合类民办高校第 35 名，福建省民办高校第 5 名。

星级排名：中国五星级应用型大学（5★），中国一流应用型大学。

（2）仰恩大学各本科专业排名（全国排名/档次）

1）中国顶尖应用型专业（6★）

国际经济与贸易：45/A+；金融学：2/A++。

2）中国一流应用型专业（5★）

汉语言文学：63/A；计算机科学与技术：101/A；网络工程：16/A；物流管理：27/A。

3）中国高水平应用型专业（4★）

电气工程及其自动化：91/B++；电子信息工程：116/B++；工商管理：64/B++；广告学：21/B++；会计学：105/B++；经济学：24/B++；市场营销：85/B++；新闻学：30/B++。

4）中国区域一流应用型专业（3★）

财务管理：137/B+；人力资源管理：75/B+；统计学：20/B++；英语：198/B+。

5）中国区域高水平应用型专业（2★）

法学：138/C；工业工程：27/B；商务英语：161/C；网络与新媒体：100/B。

6. 厦门工学院

（1）厦门工学院综合实力排名

综合排名：2024 校友会中国民办大学排名第 40 名，全国理工类民办高校第 40 名，福建省民办高校第 6 名。

星级排名：中国四星级应用型大学（4★），中国高水平应用型大学。

（2）厦门工学院各本科专业排名（全国排名/档次）

1）中国高水平应用型专业（4★）

电子信息工程：116/B++；国际经济与贸易：109/B++；机械工程：22/B++；软件工程：95/B++；土木工程：97/B++；物联网工程：62/B++。

2）中国区域一流应用型专业（3★）

材料科学与工程：37/B+；财务管理：137/B+；商务英语：71/B+。

3）中国区域高水平应用型专业（2★）

传播学：16/C；电气工程及其自动化：231/D；风景园林：62/C；工程造价：88/B；光电信息科学与工程：58/D；机械电子工程：132/C；通信工程：205/D；投资学：51/B；新能源材料与器件：21/C；信息与计算科学：78/C；音乐表演：85/C。

4）中国区域知名应用型专业（1★）

产品设计：180/D；车辆工程：117/D；动画：153/D；工程管理：174/C；广告学：123/D；建筑学：124/D；跨境电子商务：22/B；市场营销：321/D；数据科学与大数据技术：272/D；网络与新媒体：140/C；信息管理与信息系统：161/D；智能科学与技术：63/C；自动化：211/D。

7. 福州工商学院

（1）福州工商学院综合实力排名

综合排名：2024 校友会中国民办大学排名第 51 名，全国财经类民办高校第 25 名，福建省民办高校第 7 名。

星级排名：中国四星级应用型大学（4★），中国高水平应用型大学。

（2）福州工商学院各本科专业排名（全国排名/档次）

1）中国一流应用型专业（5★）

工商管理：39/A；环境设计：34/A；计算机科学与技术：101/A；旅游管理：42/A。

2）中国高水平应用型专业（4★）

电子信息工程：116/B++；会计学：105/B++。

3）中国区域一流应用型专业（3★）

产品设计：80/B+；城乡规划：38/B+；法学：82/B+；风景园林：24/B+；工程造价：58/B+；国际经济与贸易：179/B+；金融学：79/B+；人力资源管理：75/B+；商务英语：71/B+；物流管理：127/B+。

4）中国区域高水平应用型专业（2★）

财务管理：251/C；广告学：74/B；区块链工程：7/C；软件工程：221/C；视觉传达设计：235/C；网络工程：137/C；英语：318/C。

5）中国区域知名应用型专业（1★）

电子商务：219/C；工程管理：174/C；互联网金融：32/C；数字媒体艺术：155/C；统计学：81/D；投资学：84/D。

8. 福州大学至诚学院

（1）福州大学至诚学院综合实力排名

综合排名：2024 校友会中国民办大学排名第 54 名，全国综合类民办高校第 55 名，福建省民办高校第 8 名。

星级排名：中国三星级应用型大学（3★），中国知名、区域一流应用型大学。

（2）福州大学至诚学院各本科专业排名（全国排名/档次）

1）中国一流应用型专业（5★）

环境工程：18/A；土木工程：49/A；物流管理：27/A。

2）中国高水平应用型专业（4★）

电气工程及其自动化：91/B++；计算机科学与技术：168/B++；金融工程：22/B++；人文地理与城乡规划：16/B++；软件工程：95/B++。

3）中国区域一流应用型专业（3★）

材料化学：19/B+；材料科学与工程：37/B+；财务管理：137/B+；过程装备与控制工程：10/B+；建筑学：67/B+；日语：69/B+；商务英语：71/B+；应用化学：65/B+。

4）中国区域高水平应用型专业（2★）

安全工程：39/C；材料成型及控制工程：76/C；产品设计：130/C；电子科学与技术：57/D；电子信息工程：242/C；工程管理：142/C；工业工程：27/B；国际经济与贸易：260/C；汉语言文学：253/C；化学工程与工艺：121/D；机械设计制造及其自动化：246/D；生物工程：68/C；食品科学与工程：96/D；数字媒体技术：100/C；通信工程：205/D；网络工程：137/C；网络与新媒体：100/B；行政管理：61/C；音乐学：150/C；英语：318/C；自动化：176/D。

5）中国区域知名应用型专业（1★）

表演：70/D；车辆工程：117/D；工业设计：121/D；金融科技：17/B；数据科学与大数据技术：272/D。

9. 福建师范大学协和学院

（1）福建师范大学协和学院综合实力排名

综合排名：2024 校友会中国民办大学排名第 61 名，全国综合类民办高校第 62 名，福建省民办高校第 9 名。

星级排名：中国三星级应用型大学（3★），中国知名、区域一流应用型大学。

（2）福建师范大学协和学院各本科专业排名（全国排名/档次）

1）中国高水平应用型专业（4★）

电子信息工程：116/B++；广告学：21/B++；国际经济与贸易：109/B++；国际商务：20/B++；金融学：45/B++；人力资源管理：32/B++；物联网工程：62/B++；物流管理：56/B++。

2）中国区域一流应用型专业（3★）

财务管理：137/B+；动画：82/B+；数字媒体技术：57/B+；通信工程：130/B+；投资学：24/B+；学前教育：130/B+；音乐表演：48/B+；英语：198/B+。

3）中国区域高水平应用型专业（2★）

电子商务：159/B；法学：138/C；工商管理：170/C；汉语言文学：253/C；会展经济与管理：35/B；计算机科学与

技术：379/D；金融工程：80/B；市场营销：231/C；网络工程：137/C；休闲体育：32/B。

4）中国区域知名应用型专业（1★）

产品设计：180/D；环境设计：311/D；日语：173/D；商务英语：230/D；物业管理：25/D；智能科学与技术：63/C。

10. 集美大学诚毅学院

（1）集美大学诚毅学院综合实力排名

综合排名：2024 校友会中国民办大学排名第 68 名，全国综合类民办高校第 69 名，福建省民办高校第 10 名。

星级排名：中国三星级应用型大学（3★），中国知名、区域一流应用型大学。

（2）集美大学诚毅学院各本科专业排名（全国排名/档次）

1）中国一流应用型专业（5★）

航海技术：3/A+；机械工程：11/A。

2）中国高水平应用型专业（4★）

电子商务：66/B++；会计学：105/B++；软件工程：95/B++；视觉传达设计：72/B++。

3）中国区域一流应用型专业（3★）

法学：82/B+；工程管理：96/B+；工商管理：106/B+；国际经济与贸易：179/B+；汉语言文学：180/B+；环境设计：113/B+；计算机科学与技术：253/B+；金融工程：39/B+；金融学：79/B+；轮机工程：5/A；食品科学与工程：65/B+；数据科学与大数据技术：60/B++；数学与应用数学：109/B+；数字媒体技术：57/B+；通信工程：130/B+；物联网工程：139/B+；物流管理：127/B+；音乐学：87/B+；自动化：120/B+。

4）中国区域高水平应用型专业（2★）

车辆工程：88/C；电子信息工程：242/C；供应链管理：14/D；机械电子工程：132/C；社会体育指导与管理：61/B；舞蹈学：69/C；学前教育：173/C；英语：318/C；智能制造工程：34/B。

5）中国区域知名应用型专业（1★）

财政学：20/D；交通运输：59/D；网络工程：191/D。

11. 阳光学院

（1）阳光学院综合实力排名

综合排名：2024 校友会中国民办大学排名第 70 名，全国理工类民办高校第 70 名，福建省民办高校第 11 名。

星级排名：中国三星级应用型大学（3★），中国知名、区域一流应用型大学。

（2）阳光学院各本科专业排名（全国排名/档次）

1）中国顶尖应用型专业（6★）

电子商务：6/A+；电子信息工程：9/A+。

2）中国一流应用型专业（5★）

法学：28/A；计算机科学与技术：101/A。

3）中国高水平应用型专业（4★）

财务管理：80/B++；工程管理：59/B++；工商管理：64/B++；会计学：105/B++；金融学：45/B++；酒店管理：27/B++；美术学：38/B++；人工智能：20/B++；市场营销：85/B++；土木工程：97/B++。

4）中国区域一流应用型专业（3★）

道路桥梁与渡河工程：18/B+；广播电视编导：72/B+；广告学：43/B+；国际经济与贸易：179/B+；机器人工程：36/B+；建筑电气与智能化：20/B+；金融科技：7/B++；日语：69/B+；软件工程：156/B+；商务英语：71/B+；数据科学与大数据技术：60/B++；通信工程：130/B+；文化产业管理：22/B+；舞蹈学：33/B+；物联网工程：139/B+；音乐学：87/B+。

5）中国区域高水平应用型专业（2★）

跨境电子商务：13/B+；数字媒体技术：100/C；数字媒体艺术：119/C；网络工程：137/C；物业管理：20/C；行政管理：61/C；学前教育：173/C；应用心理学：75/C。

12. 闽南科技学院

（1）闽南科技学院综合实力排名

综合排名：2024 校友会中国民办大学排名第 86 名，全国理工类民办高校第 88 名，福建省民办高校第 12 名。

星级排名：中国二星级应用型大学（2★），中国区域高水平应用型大学。

（2）闽南科技学院各本科专业排名（全国排名/档次）

1）中国一流应用型专业（5★）

网络工程：16/A。

2）中国高水平应用型专业（4★）

光电信息科学与工程：22/B++；汉语言文学：118/B++；环境科学：9/B++；生物工程：26/B++；食品科学与工程：37/B++；应用化学：45/B++。

3）中国区域一流应用型专业（3★）

城市管理：8/B+；服装设计与工程：31/B+；计算机科学与技术：253/B+；数字媒体艺术：63/B+；英语：198/B+；智能科学与技术：17/B++。

4）中国区域高水平应用型专业（2★）

电子信息工程：242/C；通信工程：205/D。

5）中国区域知名应用型专业（1★）

产品设计：180/D；服装与服饰设计：111/D；工程造价：136/C；工商管理：205/D；广告学：123/D；国际经济与贸易：325/D；商务英语：230/D；市场营销：321/D；数据科学与大数据技术：272/D；投资学：84/D；土木工程：257/D；物联网工程：299/D；信息工程：31/D；信息管理与信息系统：161/D；应用心理学：112/D。

12. 厦门华厦学院

（1）厦门华厦学院综合实力排名

综合排名：2024 校友会中国民办大学排名第 86 名，全国综合类民办高校第 87 名，福建省民办高校第 12 名。

星级排名：中国二星级应用型大学（2★），中国区域高水平应用型大学。

（2）厦门华厦学院各本科专业排名（全国排名/档次）

1）中国顶尖应用型专业（6★）

物流工程：1/A++。

2）中国高水平应用型专业（4★）

环境科学与工程：7/B++；食品质量与安全：8/A；通信工程：74/B++。

3）中国区域一流应用型专业（3★）

财务管理：137/B+；数据科学与大数据技术：60/B++；网络与新媒体：61/B+；艺术教育：1/A++。

4）中国区域高水平应用型专业（2★）

供应链管理：14/D；环境设计：203/B；机械设计制造及其自动化：246/D；康复治疗学：59/C；投资学：51/B；医学检验技术：58/D。

5）中国区域知名应用型专业（1★）

电子商务：219/C；国际经济与贸易：325/D；会计学：280/D；会展经济与管理：49/C；机器人工程：127/D；金融学：133/D；商务英语：230/D；审计学：126/D；视觉传达设计：299/D；数字媒体艺术：155/C；物联网工程：299/D；音乐学：213/D；制药工程：109/D。

14. 福建农林大学金山学院

（1）福建农林大学金山学院综合实力排名

综合排名：2024校友会中国民办大学排名第92名，全国农林类民办高校第2名，福建省民办高校第14名。

星级排名：中国二星级应用型大学（2★），中国区域高水平应用型大学。

（2）福建农林大学金山学院各本科专业排名（全国排名/档次）

1）中国一流应用型专业（5★）

林学：1/A++。

2）中国高水平应用型专业（4★）

动物医学：8/B++；国际经济与贸易：109/B++；环境设计：73/B++；农村区域发展：1/A++；农学：11/B++；食品质量与安全：8/A；视觉传达设计：72/B++。

3）中国区域一流应用型专业（3★）

电气工程及其自动化：157/B+；计算机科学与技术：253/B+；食品科学与工程：65/B+；土木工程：160/B+；园林：35/B+。

4）中国区域高水平应用型专业（2★）

财务管理：251/C；广告学：74/B；化学工程与工艺：121/D；机械设计制造及其自动化：246/D；旅游管理：180/C；人力资源管理：134/C。

5）中国区域知名应用型专业（1★）

产品设计：180/D；电子科学与技术：66/D；电子信息工程：314/D；动画：153/D；工程管理：174/C；工商管理：205/D；公共事业管理：96/D；交通工程：42/D；行政管理：105/D；英语：412/D。

15. 福州理工学院

（1）福州理工学院综合实力排名

综合排名：2024校友会中国民办大学排名第99名，全国理工类民办高校第101名，福建省民办高校第15名。

星级排名：中国二星级应用型大学（2★），中国区域高水平应用型大学。

（2）福州理工学院各本科专业排名（全国排名/档次）

1）中国高水平应用型专业（4★）

通信工程：74/B++；土木工程：97/B++；网络工程：47/B++；物联网工程：62/B++。

2）中国区域一流应用型专业（3★）

电子信息工程：186/B+；广告学：43/B+；经济学：52/B+；商务英语：71/B+；审计学：52/B+；生物技术：41/B+。

3）中国区域高水平应用型专业（2★）

护理学：129/D；金融工程：80/B；康复治疗学：59/C；数学与应用数学：166/D。

4）中国区域知名应用型专业（1★）

财务管理：326/C；电子商务：219/C；工程管理：174/C；工程造价：136/C；国际经济与贸易：325/D；计算机科学与技术：469/D；建筑电气与智能化：53/D；健康服务与管理：49/C；金融数学：30/D；软件工程：288/D；生物信息学：6/C；视觉传达设计：299/D；数字媒体技术：136/D；投资学：84/D；网络与新媒体：140/C；物流管理：251/D；智能科学与技术：63/C。

第三节　江苏省

一、江苏省大学综合实力排名

1. 江苏省大学排名

表5-8　2024校友会江苏省大学排名

全国排名	学校名称	所在城市	星级排名	办学层次	星级专业数/个								
					专业类型	8★	7★	6★	5★	4★	3★	2★	1★
6	南京大学	南京市	8★	世界一流大学	研究型	1	13	17	31	25	4	0	0
21	东南大学	南京市	7★	世界知名高水平大学	研究型	0	4	12	16	40	16	0	0

续表

全国排名	学校名称	所在城市	星级排名	办学层次	星级专业数/个								
					专业类型	8★	7★	6★	5★	4★	3★	2★	1★
37	南京理工大学	南京市	6★	世界高水平大学	研究型	0	2	5	10	34	13	7	0
39	苏州大学	苏州市	5★	中国一流大学	研究型	0	1	2	7	36	9	48	22
44	南京农业大学	南京市	5★	中国一流大学	研究型	0	2	5	5	25	10	19	0
49	南京航空航天大学	南京市	5★	中国一流大学	研究型	0	1	4	9	26	9	14	0
50	江南大学	无锡市	5★	中国一流大学	研究型	0	1	1	3	33	3	23	6
51	南京师范大学	南京市	5★	中国一流大学	研究型	0	1	3	12	33	25	29	0
61	河海大学	南京市	6★	世界高水平大学	研究型	1	0	3	4	29	20	9	0
66	扬州大学	扬州市	5★	中国一流大学	研究型	0	1	4	16	27	23	56	0
68	中国矿业大学	徐州市	6★	世界高水平大学	研究型	1	1	3	4	29	16	19	2
72	南京林业大学	南京市	5★	中国一流大学	研究型	0	1	6	8	18	20	24	0
77	江苏大学	镇江市	4★	中国高水平大学	研究型	0	0	1	2	38	5	29	16
83	南京工业大学	南京市	4★	中国高水平大学	研究型	0	0	2	3	26	7	47	6
104	南京医科大学	南京市	4★	中国高水平大学	研究型	0	0	2	4	13	1	8	0
106	中国药科大学	南京市	5★	中国一流大学	研究型	0	1	3	3	5	9	4	0
122	南京邮电大学	南京市	4★	中国高水平大学	研究型	0	0	1	3	26	17	11	2
125	南京信息工程大学	南京市	4★	中国高水平大学	研究型	0	1	1	0	28	19	21	5
128	南京中医药大学	南京市	5★	中国一流大学	研究型	0	1	2	3	6	18	7	0
140	江苏师范大学	徐州市	3★	区域一流大学	研究型	0	0	0	1	23	4	28	23
159	南通大学	南通市	3★	区域一流大学	研究型	0	0	0	0	24	17	28	35
180	常州大学	常州市	3★	区域一流大学	研究型	0	0	0	0	19	20	22	16
185	南京艺术学院	南京市	5★	中国一流大学	研究型	0	0	1	6	16	11	4	0
189	南京财经大学	南京市	3★	区域一流大学	研究型	0	0	0	1	19	8	15	9
229	江苏科技大学	镇江市	3★	区域一流大学	研究型	0	0	0	2	19	0	23	23
236	南京审计大学	南京市	3★	区域一流大学	研究型	0	0	0	2	16	2	8	8
247	徐州医科大学	徐州市	2★	区域高水平大学	研究型	0	0	1	1	12	0	9	9
286	苏州科技大学	苏州市	2★	区域高水平大学	研究型	0	0	0	1	18	1	25	26
296	南京工程学院	南京市	2★	区域高水平大学	应用型	0	1	22	16	14	12	5	0
306	淮阴师范学院	淮安市	2★	区域高水平大学	应用型	0	0	14	9	12	16	14	7
315	盐城师范学院	盐城市	2★	区域高水平大学	应用型	0	0	16	7	9	20	10	6
320	江苏理工学院	常州市	2★	区域高水平大学	应用型	0	0	18	16	16	9	0	0
324	常州工学院	常州市	1★	区域知名大学	应用型	0	0	13	8	13	9	11	4
324	南京晓庄学院	南京市	1★	区域知名大学	应用型	0	1	14	10	7	11	14	0
328	金陵科技学院	南京市	1★	区域知名大学	应用型	0	0	15	11	8	12	12	3
328	南京体育学院	南京市	4★	中国高水平大学	研究型	0	0	1	2	5	3	5	0
328	盐城工学院	盐城市	2★	区域高水平大学	应用型	0	0	16	14	14	17	14	3
339	常熟理工学院	苏州市	1★	区域知名大学	应用型	0	0	15	5	11	13	18	5
339	淮阴工学院	淮安市	2★	区域高水平大学	应用型	0	1	13	7	13	13	22	0
339	江苏海洋大学	连云港市	2★	区域高水平大学	研究型	0	0	0	0	12	10	12	37
351	徐州工程学院	徐州市	1★	区域知名大学	应用型	0	0	16	6	11	16	12	6
407	江苏警官学院	南京市	3★	区域一流大学	应用型	0	0	4	5	4	3	0	0
436	江苏第二师范学院	南京市	1★	区域知名大学	应用型	0	0	5	4	4	9	7	9
484	南京警察学院	南京市	3★	区域一流大学	应用型	0	0	8	0	1	1	0	0

续表

全国排名	学校名称	所在城市	星级排名	办学层次	星级专业数/个								
					专业类型	8★	7★	6★	5★	4★	3★	2★	1★
493	泰州学院	泰州市	1★	区域知名大学	应用型	0	0	0	2	6	6	8	12
501	南京特殊教育师范学院	南京市	1★	区域知名大学	应用型	0	0	3	4	1	4	3	9
510	宿迁学院	宿迁市	1★	区域知名大学	应用型	0	0	1	6	6	8	8	20
510	无锡学院	无锡市	1★	区域知名大学	应用型	0	0	1	1	7	5	12	15
518	苏州城市学院	苏州市	1★	区域知名大学	应用型	0	0	1	3	8	18	8	7

2. 江苏省民办大学排名

表 5-9　2024 校友会江苏省民办大学排名（含独立学院）

全国排名	学校名称	所在城市	星级排名	办学层次	星级专业数/个								
					专业类型	8★	7★	6★	5★	4★	3★	2★	1★
8	南京理工大学泰州科技学院	泰州市	6★	中国顶尖应用型大学	应用型	0	0	18	7	2	0	0	0
11	南京传媒学院	南京市	6★	中国顶尖应用型大学	应用型	0	0	6	7	12	11	14	7
27	东南大学成贤学院	南京市	5★	中国一流应用型大学	应用型	0	0	2	6	12	8	1	2
28	三江学院	南京市	5★	中国一流应用型大学	应用型	0	0	4	4	18	11	9	7
30	南京师范大学泰州学院	泰州市	4★	中国高水平应用型大学	应用型	0	0	0	1	10	16	15	2
33	苏州科技大学天平学院	苏州市	4★	中国高水平应用型大学	应用型	0	0	2	4	11	7	4	0
58	南通理工学院	南通市	4★	中国高水平应用型大学	应用型	0	0	0	0	4	10	5	17
66	无锡太湖学院	无锡市	4★	中国高水平应用型大学	应用型	0	0	5	4	11	10	5	8
67	南京邮电大学通达学院	扬州市	3★	区域一流应用型大学	应用型	0	0	0	1	10	8	0	4
74	南京工业大学浦江学院	南京市	3★	区域一流应用型大学	应用型	0	0	0	0	5	13	14	9
75	南京航空航天大学金城学院	南京市	3★	区域一流应用型大学	应用型	0	0	0	2	5	16	5	7
80	江苏大学京江学院	镇江市	2★	区域高水平应用型大学	应用型	0	0	0	0	2	11	10	21
82	扬州大学广陵学院	扬州市	3★	区域一流应用型大学	应用型	0	0	0	0	4	11	3	25
89	南通大学杏林学院	南通市	2★	区域高水平应用型大学	应用型	0	0	0	0	5	12	8	19
91	南京财经大学红山学院	镇江市	2★	区域高水平应用型大学	应用型	0	0	0	0	6	3	1	8
93	南京师范大学中北学院	南京市	2★	区域高水平应用型大学	应用型	0	0	0	0	8	7	4	22
94	南京审计大学金审学院	南京市	2★	区域高水平应用型大学	应用型	0	0	0	1	4	7	1	10
98	江苏科技大学苏州理工学院	张家港市	2★	区域高水平应用型大学	应用型	0	0	0	0	4	17	11	28
101	南京理工大学紫金学院	南京市	2★	区域高水平应用型大学	应用型	0	0	0	1	7	8	9	3
103	江苏师范大学科文学院	徐州市	2★	区域高水平应用型大学	应用型	0	0	0	0	3	9	15	16
106	苏州大学应用技术学院	苏州市	2★	区域高水平应用型大学	应用型	0	0	0	0	3	6	7	15
114	中国矿业大学徐海学院	徐州市	2★	区域高水平应用型大学	应用型	0	0	0	1	5	9	9	9
116	常州大学怀德学院	泰州市	1★	区域知名应用型大学	应用型	0	0	0	0	5	11	5	19
120	南京医科大学康达学院	连云港市	1★	区域知名应用型大学	应用型	0	0	0	1	4	4	4	4
121	南京中医药大学翰林学院	泰州市	1★	区域知名应用型大学	应用型	0	0	0	2	1	5	1	7

3. 江苏省合作办学大学排名

表 5-10　2024 校友会江苏省合作办学大学排名

全国排名	学校名称	所在城市	星级排名	办学层次	星级专业数/个								
					专业类型	8★	7★	6★	5★	4★	3★	2★	1★
3	西交利物浦大学	苏州市	6★	中国顶尖合作办学大学	研究型	0	0	2	6	15	7	7	0
6	昆山杜克大学	昆山市	5★	中国一流合作办学大学	研究型	0	0	0	1	4	4	8	0

4. 江苏省高职院校排名

表 5-11 2024 校友会江苏省高职院校排名

全国排名	学校名称	所在城市	办学类型	星级排名	办学层次
2	江苏农林职业技术学院	镇江市	职业技能型	6★	中国顶尖高职院校
3	江苏经贸职业技术学院	南京市	职业技能型	6★	中国顶尖高职院校
3	无锡职业技术学院	无锡市	职业技能型	6★	中国顶尖高职院校
4	江苏农牧科技职业学院	泰州市	职业技能型	6★	中国顶尖高职院校
7	南京信息职业技术学院	南京市	职业技能型	6★	中国顶尖高职院校
9	常州信息职业技术学院	常州市	职业技能型	6★	中国顶尖高职院校
17	常州机电职业技术学院	常州市	职业技能型	6★	中国顶尖高职院校
20	苏州经贸职业技术学院	苏州市	职业技能型	5★	中国一流高职院校
35	扬州市职业大学	扬州市	职业技能型	5★	中国一流高职院校
45	无锡商业职业技术学院	无锡市	职业技能型	5★	中国一流高职院校
61	苏州农业职业技术学院	苏州市	职业技能型	3★	区域一流高职院校
64	南通职业大学	南通市	职业技能型	4★	中国高水平高职院校
69	江苏航运职业技术学院	南通市	职业技能型	3★	区域一流高职院校
88	苏州工艺美术职业技术学院	苏州市	职业技能型	3★	区域一流高职院校
90	徐州工业职业技术学院	徐州市	职业技能型	3★	区域一流高职院校
94	江苏建筑职业技术学院	徐州市	职业技能型	3★	区域一流高职院校
96	江苏海事职业技术学院	南京市	职业技能型	3★	区域一流高职院校
105	扬州工业职业技术学院	扬州市	职业技能型	3★	区域一流高职院校
137	常州工程职业技术学院	常州市	职业技能型	3★	区域一流高职院校
137	江苏旅游职业学院	扬州市	职业技能型	3★	区域一流高职院校
138	苏州职业大学	苏州市	职业技能型	3★	区域一流高职院校
143	南通师范高等专科学校	南通市	职业技能型	3★	区域一流高职院校
144	连云港职业技术学院	连云港市	职业技能型	3★	区域一流高职院校
148	连云港师范高等专科学校	连云港市	职业技能型	3★	区域一流高职院校
151	江苏商贸职业学院	南通市	职业技能型	2★	区域高水平高职院校
151	苏州卫生职业技术学院	苏州市	职业技能型	3★	区域一流高职院校
163	无锡城市职业技术学院	无锡市	职业技能型	2★	区域高水平高职院校
170	钟山职业技术学院	南京市	职业技能型	2★	区域高水平高职院校
171	江苏医药职业学院	盐城市	职业技能型	2★	区域高水平高职院校
172	扬州环境资源职业技术学院	扬州市	职业技能型	2★	区域高水平高职院校
194	南通科技职业学院	南通市	职业技能型	2★	区域高水平高职院校
196	江苏工程职业技术学院	南通市	职业技能型	2★	区域高水平高职院校
202	南京科技职业学院	南京市	职业技能型	2★	区域高水平高职院校
209	江苏电子信息职业学院	淮安市	职业技能型	2★	区域高水平高职院校
218	江苏卫生健康职业学院	南京市	职业技能型	2★	区域高水平高职院校
221	江苏财经职业技术学院	淮安市	职业技能型	2★	区域高水平高职院校
225	苏州工业园区职业技术学院	苏州市	职业技能型	2★	区域高水平高职院校
225	苏州信息职业技术学院	苏州市	职业技能型	2★	区域高水平高职院校
229	徐州生物工程职业技术学院	徐州市	职业技能型	2★	区域高水平高职院校
232	盐城工业职业技术学院	盐城市	职业技能型	2★	区域高水平高职院校
240	无锡南洋职业技术学院	无锡市	职业技能型	2★	区域高水平高职院校

续表

全国排名	学校名称	所在城市	办学类型	星级排名	办学层次
253	南京交通职业技术学院	南京市	职业技能型	2★	区域高水平高职院校
258	南京旅游职业学院	南京市	职业技能型	2★	区域高水平高职院校
261	江苏护理职业学院	淮安市	职业技能型	2★	区域高水平高职院校
263	常州工业职业技术学院	常州市	职业技能型	2★	区域高水平高职院校
264	南京机电职业技术学院	南京市	职业技能型	2★	区域高水平高职院校
265	宿迁泽达职业技术学院	宿迁市	职业技能型	2★	区域高水平高职院校
267	南京城市职业学院	南京市	职业技能型	2★	区域高水平高职院校
277	南京铁道职业技术学院	南京市	职业技能型	2★	区域高水平高职院校
283	苏州工业职业技术学院	苏州市	职业技能型	2★	区域高水平高职院校
291	九州职业技术学院	徐州市	职业技能型	1★	区域知名高职院校
292	明达职业技术学院	盐城市	职业技能型	1★	区域知名高职院校
295	无锡工艺职业技术学院	无锡市	职业技能型	1★	区域知名高职院校
299	常州纺织服装职业技术学院	常州市	职业技能型	1★	区域知名高职院校
304	江苏食品药品职业技术学院	淮安市	职业技能型	1★	区域知名高职院校
318	泰州职业技术学院	泰州市	职业技能型	1★	区域知名高职院校
327	江苏城市职业学院	南京市	职业技能型	1★	区域知名高职院校
333	镇江市高等专科学校	镇江市	职业技能型	1★	区域知名高职院校
334	江海职业技术学院	扬州市	职业技能型	1★	区域知名高职院校
342	江苏城乡建设职业学院	常州市	职业技能型	1★	区域知名高职院校
344	金肯职业技术学院	南京市	职业技能型	1★	区域知名高职院校
354	江阴职业技术学院	无锡市	职业技能型	1★	区域知名高职院校
362	硅湖职业技术学院	苏州市	职业技能型	1★	区域知名高职院校
369	苏州托普信息职业技术学院	苏州市	职业技能型	1★	区域知名高职院校
370	苏州工业园区服务外包职业学院	苏州市	职业技能型	1★	区域知名高职院校

5. 江苏省职业技术大学排名

表 5-12　2024 校友会江苏省职业技术大学排名

全国排名	学校名称	所在城市	办学类型	星级排名	办学层次
13	南京工业职业技术大学	南京市	职业技能型	5★	中国一流职业技术大学

二、江苏省大学专业排名详情

1. 南京大学

（1）南京大学综合实力排名

综合排名：2024 校友会中国大学排名第 6 名，全国综合类高校第 6 名，江苏省高校第 1 名。

星级排名：中国八星级大学（8★），世界一流大学、中国顶尖大学。“985 工程”大学，“211 工程”大学。主管部门：教育部。

（2）南京大学各本科专业排名（全国排名/档次）

1）世界一流专业（8★）

地质学：1/A++。

2）世界知名高水平、中国顶尖专业（7★）

大气科学：1/A++；汉语言文学：5/A++；化学：2/A++；环境科学：1/A++；历史学：4/A++；人工智能：1/A++；软件工程：4/A++；数学与应用数学：6/A++；天文学：1/A++；物理学：4/A++；新闻学：4/A++；英语：3/A++；哲学：3/A++。

3）世界高水平、中国顶尖专业（6★）

地理信息科学：1/A++；电子信息科学与技术：3/A+；工商管理：8/A+；国际经济与贸易：6/A+；会计学：6/A+；计算机科学与技术：8/A+；经济学：7/A+；考古学：5/A+；临床医学：8/A+；社会工作：4/A+；社会学：5/A+；生物科学：7/A+；图书馆学：3/A+；信息管理与信息系统：5/A+；应用物理学：6/A+；政治学与行政学：9/A+；自然地理与资源环境：4/A+。

4）中国一流专业（5★）

保险学：6/A；材料化学：6/A+；材料物理：4/A+；财务管理：6/A+；财政学：15/A；档案学：4/A；德语：4/A+；地理科学：6/A；地质工程：8/A；法学：17/A+；法语：4/A+；工业工程：3/A+；光电信息科学与工程：8/A+；国际政治：10/A；汉语言：8/A；环境工程：8/A+；金融工程：2/A+；日语：3/A++；生态学：9/A；生物技术：7/A+；声学：1/A++；市场营销：7/A+；水文与水资源工程：2/A+；统计学：16/A；西班牙语：4/A；戏剧影视文学：8/A；信息工程：9/A；信息与计算科学：9/A+；行政管理：7/A+；应用气象学：3/A+；应用心理学：4/A+。

5）中国高水平专业（4★）

编辑出版学：7/B++；朝鲜语：17/B++；城市管理：4/A；城乡规划：19/B++；地球化学：6/B++；地下水科学与工程：5/A；电子商务：17/A；俄语：11/A；广播电视学：11/A；广告学：11/A；海洋科学：7/B++；汉语国际教育：18/A；基础医学：13/B++；建筑学：24/B++；金融学：39/B++；空间科学与技术：4/A；口腔医学：17/B++；劳动与社会保障：4/A+；人文地理与城乡规划：13/B++；生物医学工程：40/B++；通信工程：69/B++；微电子科学与工程：11/B++；新能源科学与工程：15/B++；应用化学：69/B++；自动化：112/B++。

6）中国区域一流专业（3★）

地球物理学：16/B+；国际商务：25/B+；集成电路设计与集成系统：16/B+；马克思主义理论：14/B+。

2. 东南大学

（1）东南大学综合实力排名

综合排名：2024 校友会中国大学排名第 21 名，全国综合类高校第 17 名，江苏省高校第 2 名。

星级排名：中国七星级大学（7★），世界知名高水平大学、中国顶尖大学。“985 工程”大学，“211 工程”大学。主管部门：教育部。

（2）东南大学各本科专业排名（全国排名/档次）

1）世界知名高水平、中国顶尖专业（7★）

城乡规划：3/A++；建筑学：2/A++；生物医学工程：3/A++；土木工程：1/A++。

2）世界高水平、中国顶尖专业（6★）

测控技术与仪器：3/A+；道路桥梁与渡河工程：1/A++；电气工程及其自动化：6/A+；电子科学与技术：4/A+；风景园林：3/A+；工程管理：2/A++；机械工程：6/A+；计算机科学与技术：8/A+；交通工程：1/A++；能源与动力工程：6/A+；信息工程：3/A+；自动化：11/A+。

3）中国一流专业（5★）

材料科学与工程：20/A；法学：17/A+；给排水科学与工程：9/A；机器人工程：1/A++；交通运输：11/A；人工智能：3/A++；软件工程：18/A；通信工程：17/A；网络空间安全：1/A++；物联网工程：1/A++；物流管理：3/A+；新能源材料与器件：3/A+；信息管理与信息系统：12/A+；医学检验技术：8/A；医学影像学：2/A+；应用物理学：9/A。

4）中国高水平专业（4★）

材料成型及控制工程：48/B++；测绘工程：31/B++；产品设计：33/B++；城市地下空间工程：5/A；电子商务：45/B++；动画：27/B++；港口航道与海岸工程：13/B++；工程力学：25/B++；工商管理：36/B++；工业工程：28/B++；工业设计：38/B++；光电信息科学与工程：54/B++；国际经济与贸易：86/B++；汉语言文学：114/B++；核工程与核技术：16/B++；化学：87/B++；化学工程与工艺：34/B++；环境工程：30/B++；会计学：43/B++；建筑环境与能源应用工程：25/B++；金融工程：11/A；经济学：27/A；勘查技术与工程：12/B++；劳动与社会保障：16/B++；临床医学：39/B++；美术学：35/B++；日语：33/B++；社会学：40/B++；生物工程：21/B++；生物信息学：8/B++；数学与应用数学：56/B++；统计学：41/B++；微电子科学与工程：21/B++；无机非金属材料工程：24/B++；物理学：33/B++；信息与计算科学：51/B++；英语：57/B++；预防医学：23/B++；哲学：20/B++；制药工程：45/B++。

5）中国区域一流专业（3★）

地理信息科学：43/B+；电子信息工程：141/B+；护理学：93/B+；机械设计制造及其自动化：190/B+；金融学：159/B+；金属材料工程：46/B+；科学教育：5/A；旅游管理：114/B+；生物科学：122/B+；新能源科学与工程：27/B+；艺术设计学：40/B+；艺术史论：11/B+；政治学与行政学：41/B+；智能感知工程：1/A++；智能建造：2/A+；智能医学工程：6/B++。

3. 南京理工大学

（1）南京理工大学综合实力排名

综合排名：2024 校友会中国大学排名第 37 名，全国理工类高校第 13 名，江苏省高校第 3 名。

星级排名：中国六星级大学（6★），世界高水平大学、中国顶尖大学。“211 工程”大学。主管部门：工业和信息化部。

（2）南京理工大学各本科专业排名（全国排名/档次）

1）世界知名高水平、中国顶尖专业（7★）

材料科学与工程：7/A++；武器发射工程：1/A++。

2）世界高水平、中国顶尖专业（6★）

光电信息科学与工程：3/A+；机械工程：6/A+；武器系统与工程：1/A++；信息对抗技术：2/A+；自动化：11/A+。

3）中国一流专业（5★）

安全工程：14/A；材料化学：6/A+；电子科学与技术：15/A；电子信息工程：8/A+；金属材料工程：8/A；软件工程：18/A；社会工作：5/A+；思想政治教育：51/A；探测制导与控制技术：6/A；装甲车辆工程：3/A+。

4）中国高水平专业（4★）

材料成型及控制工程：48/B++；材料物理：18/B++；测控技术与仪器：53/B++；弹药工程与爆炸技术：3/A+；电气工程及其自动化：40/B++；法学：111/B++；飞行器设计与

工程：8/B++；辐射防护与核安全：3/A+；高分子材料与工程：43/B++；工程力学：39/B++；工业工程：28/B++；工业设计：38/B++；轨道交通信号与控制：4/A；国际经济与贸易：86/B++；化学工程与工艺：34/B++；环境工程：30/B++；环境设计：43/B++；会计学：112/B++；计算机科学与技术：60/B++；纳米材料与技术：4/A；能源与动力工程：54/B++；人力资源管理：34/B++；特种能源技术与工程：3/A+；通信工程：69/B++；土木工程：47/B++；新能源科学与工程：15/B++；信息管理与信息系统：38/B++；信息与计算科学：51/B++；应用化学：69/B++；应用物理学：22/B++；英语：136/B++；制药工程：45/B++；智能电网信息工程：4/A；智能科学与技术：11/B++。

5）中国区域一流专业（3★）

车辆工程：77/B+；工商管理：180/B+；公共事业管理：57/B+；广播电视学：36/B+；建筑环境与能源应用工程：63/B+；交通工程：41/B+；金融学：159/B+；生物工程：93/B+；视觉传达设计：116/B+；数学与应用数学：190/B+；网络工程：25/B++；微电子科学与工程：40/B+；应用统计学：30/B+。

6）中国区域高水平专业（2★）

机器人工程：18/B++；日语：118/B；数据科学与大数据技术：54/B++；统计学：133/C；网络空间安全：26/B；语言学：1/A++；智能制造工程：16/B++。

4. 苏州大学

（1）苏州大学综合实力排名

综合排名：2024 校友会中国大学排名第 39 名，全国综合类高校第 25 名，江苏省高校第 4 名。

星级排名：中国五星级大学（5★），世界知名大学、中国一流大学。“211 工程”大学。主管部门：江苏省。

（2）苏州大学各本科专业排名（全国排名/档次）

1）世界知名高水平、中国顶尖专业（7★）

纺织工程：2/A++。

2）世界高水平、中国顶尖专业（6★）

服装与服饰设计：1/A++；纳米材料与技术：1/A++。

3）中国一流专业（5★）

化学：19/A；计算机科学与技术：27/A；历史学：20/A；软件工程：18/A；通信工程：17/A；物理学：16/A；药学：13/A。

4）中国高水平专业（4★）

档案学：9/B++；电气工程及其自动化：88/B++；电子信息工程：38/B++；法学：49/B++；法医学：8/B++；放射医学：2/A+；非织造材料与工程：6/B++；风景园林：22/B++；服装设计与工程：7/B++；高分子材料与工程：21/B++；工商管理：100/B++；光电信息科学与工程：54/B++；广告学：22/B++；汉语国际教育：18/A；汉语言文学：64/B++；护理学：29/B++；化学工程与工艺：34/B++；建筑学：24/B++；教育学：20/B++；临床医学：39/B++；美术学：19/B++；日语：33/B++；社会学：19/B++；视觉传达设计：42/B++；数学与应用数学：56/B++；思想政治教育：90/B++；体育教育：23/B++；新闻学：30/B++；行政管理：66/B++；医学影像学：15/B++；艺术设计学：17/B++；音乐学：39/B++；应用心理学：28/B++；英语：57/B++；预防医学：40/B++；运动康复：8/B++。

5）中国区域一流专业（3★）

管理科学：19/B+；国际经济与贸易：176/B+；会计学：208/B+；机械工程：59/B+；金融学：159/B+；历史建筑保护工程：5/A；轻化工程：33/B+；生物技术：122/B+；生物科学：122/B+。

6）中国区域高水平专业（2★）

材料化学：74/C；材料科学与工程：121/D；财务管理：175/D；财政学：62/D；测控技术与仪器：143/D；产品设计：131/D；朝鲜语：31/B；城市管理：15/B；电子科学与技术：110/D；电子商务：148/D；电子信息科学与技术：87/C；俄语：71/C；法语：64/C；工程管理：144/D；工业工程：93/C；公共事业管理：198/D；广播电视学：77/D；环境工程：212/D；环境设计：172/C；机械电子工程：84/C；建筑环境与能源应用工程：84/C；教育技术学：83/D；经济学：205/D；口腔医学：70/D；劳动与社会保障：66/C；旅游管理：168/D；能源与动力工程：137/D；人工智能：38/B++；人力资源管理：148/C；社会工作：112/C；生物信息学：25/C；市场营销：241/D；统计学：147/C；网络工程：119/D；微电子科学与工程：55/C；无机非金属材料工程：61/D；武术与民族传统体育：29/C；物联网工程：140/C；信息工程：38/C；信息管理与信息系统：207/C；信息与计算科学：231/D；信息资源管理：8/C；医学检验技术：62/C；应用化学：197/D；运动训练：60/C；哲学：64/D；智能制造工程：16/B++；中药学：58/D。

7）中国区域知名专业（1★）

播音与主持艺术：89/D；车辆工程：135/D；德语：77/D；电气工程与智能控制：12/D；翻译：130/D；功能材料：27/D；轨道交通信号与控制：20/D；集成电路设计与集成系统：28/D；交通运输：85/D；金融数学：46/D；金属材料工程：66/D；秘书学：41/D；生物制药：45/D；食品质量与安全：126/D；数字媒体艺术：135/D；网络与新媒体：78/D；物流管理：183/D；西班牙语：57/D；新能源材料与器件：54/C；冶金工程：37/D；音乐表演：119/D；知识产权：47/D。

5. 南京农业大学

（1）南京农业大学综合实力排名

综合排名：2024 校友会中国大学排名第 44 名，全国农林类高校第 3 名，江苏省高校第 5 名。

星级排名：中国五星级大学（5★），世界知名大学、中国一流大学。“211 工程”大学。主管部门：教育部。

（2）南京农业大学各本科专业排名（全国排名/档次）

1）世界知名高水平、中国顶尖专业（7★）

农林经济管理：3/A++；农业资源与环境：2/A++。

2）世界高水平、中国顶尖专业（6★）

动物医学：3/A+；农学：4/A+；园艺：2/A+；植物保护：2/A+；种子科学与工程：1/A++。

3）中国一流专业（5★）

动物科学：8/A；农业机械化及其自动化：3/A+；食品科学与工程：8/A+；土地资源管理：2/A+；行政管理：7/A+。

4）中国高水平专业（4★）

草业科学：9/B++；茶学：6/B++；风景园林：22/B++；国际经济与贸易：86/B++；环境工程：82/B++；环境科学：31/B++；会计学：43/B++；机械设计制造及其自动化：131/B++；计算机科学与技术：206/B++；金融学：39/B++；劳动与社会保障：16/B++；旅游管理：67/B++；农村区域发展：3/A+；农业电气化：2/A+；社会学：19/B++；生态学：22/B++；生物工程：47/B++；生物技术：30/B++；生物科学：36/B++；食品质量与安全：8/A；水产养殖学：10/B++；物流管理：46/B++；信息管理与信息系统：73/B++；应用化学：69/B++；英语：136/B++。

5）中国区域一流专业（3★）

动物药学：5/A；工业工程：64/B+；工业设计：68/B+；人文地理与城乡规划：19/B+；设施农业科学与工程：6/B++；市场营销：130/B+；信息与计算科学：86/B+；园林：34/B+；中药学：46/B+；自动化：180/B+。

6）中国区域高水平专业（2★）

表演：44/B；材料成型及控制工程：103/D；车辆工程：89/C；电子商务：118/C；电子信息科学与技术：75/B；法学：251/D；工程管理：120/C；工商管理：245/D；公共事业管理：124/B；交通运输：59/C；人工智能：38/B++；人力资源管理：115/C；日语：118/B；数据科学与大数据技术：54/B++；统计学：133/C；投资学：31/C；网络工程：81/B；文化遗产：2/A+；物流工程：35/C。

6. 南京航空航天大学

（1）南京航空航天大学综合实力排名

综合排名：2024校友会中国大学排名第49名，全国理工类高校第18名，江苏省高校第6名。

星级排名：中国五星级大学（5★），世界知名大学、中国一流大学。“211工程”大学。主管部门：工业和信息化部。

（2）南京航空航天大学各本科专业排名（全国排名/档次）

1）世界知名高水平、中国顶尖专业（7★）

飞行器设计与工程：1/A++。

2）世界高水平、中国顶尖专业（6★）

飞行器动力工程：3/A+；工程力学：5/A+；机械工程：6/A+；自动化：11/A+。

3）中国一流专业（5★）

材料科学与工程：20/A；车辆工程：9/A；电气工程及其自动化：15/A；飞行技术：1/A++；飞行器制造工程：4/A；航空航天工程：2/A+；交通运输：11/A；信息工程：5/A；信息管理与信息系统：12/A+。

4）中国高水平专业（4★）

测控技术与仪器：23/B++；电子信息科学与技术：13/A；飞行器环境与生命保障工程：1/A++；飞行器适航技术：2/A+；辐射防护与核安全：3/A+；工商管理：100/B++；工业工程：14/A；工业设计：17/A；光电信息科学与工程：54/B++；国际经济与贸易：86/B++；核工程与核技术：16/B++；会计学：112/B++；计算机科学与技术：60/B++；金融学：93/B++；空间科学与技术：4/A；能源与动力工程：30/B++；软件工程：44/B++；生物医学工程：40/B++；探测制导与控制技术：8/B++；土木工程：47/B++；物联网工程：23/B++；信息安全：31/B++；信息与计算科学：23/A；音乐表演：12/A；应用物理学：22/B++；英语：57/B++。

5）中国区域一流专业（3★）

船舶与海洋工程：23/B+；电子商务：82/B+；法学：161/B+；管理科学：19/B+；建筑环境与能源应用工程：63/B+；微电子科学与工程：40/B+；戏剧影视美术设计：19/B+；艺术设计学：57/B+；应用化学：145/B+。

6）中国区域高水平专业（2★）

飞行器控制与信息工程：4/A；公共事业管理：124/B；广播电视学：69/C；机器人工程：18/B++；空间信息与数字技术：11/D；美术学：85/C；人工智能：38/B++；日语：118/B；市场营销：176/C；新能源材料与器件：32/B；行政管理：170/D；应用统计学：48/B；政治学与行政学：59/C；智能制造工程：16/B++。

7. 江南大学

（1）江南大学综合实力排名

综合排名：2024校友会中国大学排名第50名，全国综合类高校第28名，江苏省高校第7名。

星级排名：中国五星级大学（5★），世界知名大学、中国一流大学。“211工程”大学。主管部门：教育部。

（2）江南大学各本科专业排名（全国排名/档次）

1）世界知名高水平、中国顶尖专业（7★）

食品科学与工程：1/A++。

2）世界高水平、中国顶尖专业（6★）

生物工程：2/A++。

3）中国一流专业（5★）

包装工程：2/A+；纺织工程：5/A；轻化工程：8/A。

4）中国高水平专业（4★）

电气工程及其自动化：40/B++；动画：27/B++；服装设计与工程：10/B++；服装与服饰设计：11/B++；高分子材料与工程：21/B++；工商管理：36/B++；工业设计：17/A；公共艺术：8/B++；光电信息科学与工程：54/B++；过程装备与控制工程：31/B++；汉语言文学：114/B++；化学工程与工艺：34/B++；环境工程：30/B++；环境设计：9/A+；会计学：112/B++；机械工程：26/B++；计算机科学与技术：

60/B++；教育技术学：12/B++；金融学：93/B++；临床医学：39/B++；酿酒工程：4/A；生物技术：30/B++；食品质量与安全：8/A；视觉传达设计：13/A+；数字媒体技术：7/A；数字媒体艺术：13/A；物联网工程：23/B++；小学教育：31/B++；艺术设计学：17/B++；应用化学：35/B++；英语：136/B++；制药工程：20/B++；自动化：41/B++。

5）中国区域一流专业（3★）

产品设计：66/B+；思想政治教育：134/B+；舞蹈编导：19/B+。

6）中国区域高水平专业（2★）

大数据管理与应用：11/B++；电子信息工程：214/D；法学：251/D；工程管理：144/D；工业工程：77/C；国际经济与贸易：221/C；护理学：109/D；环境科学：132/D；机器人工程：18/B++；机械电子工程：84/C；建筑学：120/D；旅游管理：168/D；美术学：85/C；人工智能：38/B++；人力资源管理：115/C；社会工作：112/C；生物科学：141/D；通信工程：202/D；土木工程：208/D；微电子科学与工程：55/C；信息与计算科学：164/C；药学：118/D；音乐学：104/C。

7）中国区域知名专业（1★）

表演：68/D；教育学：79/D；日语：218/D；舞蹈表演：56/D；戏剧影视文学：59/D；行政管理：195/D。

8. 南京师范大学

（1）南京师范大学综合实力排名

综合排名：2024校友会中国大学排名第51名，全国师范类高校第4名，江苏省高校第8名。

星级排名：中国五星级大学（5★），世界知名大学、中国一流大学。“211工程”大学。主管部门：江苏省。

（2）南京师范大学各本科专业排名（全国排名/档次）

1）世界知名高水平、中国顶尖专业（7★）

汉语言文学：5/A++。

2）世界高水平、中国顶尖专业（6★）

美术学：2/A++；思想政治教育：7/A+；新闻学：9/A+。

3）中国一流专业（5★）

地理信息科学：5/A+；法学：17/A+；广播电视学：6/A；汉语国际教育：4/A+；教育技术学：5/A+；生物科学：16/A；数学与应用数学：20/A；体育教育：9/A；小学教育：3/A+；学前教育：4/A+；应用心理学：4/A+；英语：19/A+。

4）中国高水平专业（4★）

测绘工程：31/B++；产品设计：33/B++；地理科学：41/B++；电气工程及其自动化：40/B++；动画：27/B++；俄语：11/A；工商管理：36/B++；古典文献学：3/A+；广播电视编导：8/A；化学：39/B++；会计学：112/B++；绘画：16/B++；计算机科学与技术：60/B++；教育学：20/B++；金融学：93/B++；历史学：55/B++；旅游管理：22/A；人力资源管理：34/B++；社会体育指导与管理：6/A+；生物技术：64/B++；食品科学与工程：72/B++；市场营销：59/B++；统计学：20/A；网络与新媒体：5/A+；舞蹈编导：6/B++；物理学：33/B++；戏剧影视文学：14/B++；信息管理与信息系统：73/B++；行政管理：33/B++；音乐学：18/B++；哲学：20/B++；中国画：6/B++；自然地理与资源环境：7/A。

5）中国区域一流专业（3★）

财务管理：84/B+；测控技术与仪器：103/B+；电子信息工程：178/B+；服装与服饰设计：44/B+；公共事业管理：57/B+；广告学：50/B+；国际经济与贸易：142/B+；汉语言：27/B+；环境科学：61/B+；劳动与社会保障：37/B+；秘书学：7/B++；能源与环境系统工程：7/B+；人文地理与城乡规划：26/B+；日语：72/B+；社会工作：87/B+；社会学：56/B+；摄影：13/B+；生物工程：93/B+；通信工程：141/B+；文物与博物馆学：14/B+；意大利语：12/B+；音乐表演：45/B+；应用化学：112/B+；应用物理学：68/B+；自动化：180/B+。

6）中国区域高水平专业（2★）

播音与主持艺术：51/C；材料科学与工程：121/D；朝鲜语：31/B；德语：48/C；法语：56/C；翻译：71/B；管理科学：30/C；光电信息科学与工程：108/C；海洋资源开发技术：7/C；海洋资源与环境：10/C；环境工程：196/D；机械电子工程：69/C；机械工程：70/D；建筑环境与能源应用工程：84/C；金融数学：22/B；经济学：190/D；跨媒体艺术：3/A+；马克思主义理论：19/C；能源与动力工程：124/D；人工智能：38/B++；软件工程：215/D；食品质量与安全：79/C；书法学：23/B；文化产业管理：32/B；舞蹈学：44/B；西班牙语：34/C；信息与计算科学：164/C；应急管理：3/A+；影视摄影与制作：15/C。

9. 河海大学

（1）河海大学综合实力排名

综合排名：2024校友会中国大学排名第61名，全国理工类高校第24名，江苏省高校第9名。

星级排名：中国六星级大学（6★），世界高水平大学、中国顶尖大学。“211工程”大学。主管部门：教育部。

（2）河海大学各本科专业排名（全国排名/档次）

1）世界一流专业（8★）

水利水电工程：1/A++。

2）世界高水平、中国顶尖专业（6★）

港口航道与海岸工程：3/A+；环境工程：6/A+；水文与水资源工程：1/A++。

3）中国一流专业（5★）

电气工程及其自动化：15/A；给排水科学与工程：4/A+；农业水利工程：2/A+；土木工程：19/A。

4）中国高水平专业（4★）

材料科学与工程：45/B++；测绘工程：17/B++；地理信息科学：8/A；地质工程：14/B++；法学：111/B++；工程管理：20/A；工程力学：25/B++；海洋科学：7/B++；环境科学：17/A；会计学：43/B++；机械工程：48/B++；计算机科

学与技术：60/B++；交通工程：13/B++；金属材料工程：26/B++；劳动与社会保障：16/B++；能源与动力工程：30/B++；人力资源管理：16/A；市场营销：59/B++；数学与应用数学：56/B++；水务工程：1/A++；思想政治教育：73/B++；通信工程：45/B++；土地资源管理：18/B++；物联网工程：10/A+；新能源科学与工程：3/A+；信息管理与信息系统：73/B++；英语：57/B++；自动化：41/B++；自然地理与资源环境：7/A。

5）中国区域一流专业（3★）

播音与主持艺术：26/B+；财务管理：84/B+；电子科学与技术：69/B+；电子商务：82/B+；电子信息工程：141/B+；法语：35/B+；工商管理：180/B+；工业设计：68/B+；广播电视学：36/B+；国际经济与贸易：142/B+；海洋技术：10/B+；环境生态工程：6/B++；经济学：152/B+；设施农业科学与工程：5/A；社会学：50/B+；数字媒体艺术：39/B+；信息与计算科学：86/B+；应急管理：1/A++；应用物理学：68/B+；资源循环科学与工程：6/B++。

6）中国区域高水平专业（2★）

大数据管理与应用：11/B++；海洋资源开发技术：7/C；机器人工程：18/B++；金融工程：67/C；人工智能：38/B++；软件工程：235/D；土地整治工程：3/A+；遥感科学与技术：20/B；智能科学与技术：29/B+。

10. 扬州大学

（1）扬州大学综合实力排名

综合排名：2024校友会中国大学排名第66名，全国综合类高校第32名，江苏省高校第10名。

星级排名：中国五星级大学（5★），世界知名大学、中国一流大学。主管部门：江苏省。

（2）扬州大学各本科专业排名（全国排名/档次）

1）世界知名高水平、中国顶尖专业（7★）

动物医学：2/A++。

2）世界高水平、中国顶尖专业（6★）

动物科学：3/A+；农学：4/A+；烹饪与营养教育：1/A++；思想政治教育：7/A+。

3）中国一流专业（5★）

法学：35/A；工商管理：16/A+；汉语言文学：28/A；化学：19/A；机械设计制造及其自动化：43/A；临床医学：23/A；秘书学：1/A++；农业水利工程：2/A+；生物技术：7/A+；数学与应用数学：20/A；体育教育：18/A；土木工程：19/A；小学教育：3/A+；英语：42/A；植物保护：5/A；种子科学与工程：2/A+。

4）中国高水平专业（4★）

材料成型及控制工程：48/B++；草业科学：12/B++；车辆工程：25/B++；电气工程及其自动化：88/B++；翻译：7/A+；工程管理：20/A；护理学：59/B++；环境设计：9/A+；计算机科学与技术：206/B++；建筑学：52/B++；教育技术学：21/B++；经济学：27/A；历史学：34/B++；能源与动力工程：30/B++；农业机械化及其自动化：22/B++；软件工程：44/B++；社会体育指导与管理：6/A+；生物工程：47/B++；生物科学：36/B++；食品质量与安全：19/B++；水产养殖学：17/B++；水利水电工程：17/B++；物理学：33/B++；学前教育：25/B++；园艺：14/B++；中西医临床医学：18/B++；资源环境科学：4/A。

5）中国区域一流专业（3★）

动植物检疫：3/A+；风景园林：44/B+；港口航道与海岸工程：18/B+；高分子材料与工程：81/B+；给排水科学与工程：55/B+；海洋资源与环境：2/A+；环境工程：133/B+；教育学：54/B+；农村区域发展：10/B+；农林经济管理：38/B+；乳品工程：2/A+；生态学：36/B+；生物制药：12/B++；实验动物学：1/A++；食品科学与工程：114/B+；食品卫生与营养学：7/B+；水文与水资源工程：21/B+；药学：105/B+；医学检验技术：54/B+；应用化学：112/B+；预防医学：61/B+；哲学：52/B+；制药工程：113/B+。

6）中国区域高水平专业（2★）

阿拉伯语：21/C；材料化学：74/C；财务管理：135/C；财政学：62/D；测控技术与仪器：126/D；朝鲜语：31/B；档案学：23/D；电子商务：118/C；电子信息工程：214/D；电子信息科学与技术：75/B；法语：64/C；服装与服饰设计：66/C；工业设计：119/C；公共事业管理：124/B；公共艺术：25/C；光电信息科学与工程：108/C；广播电视学：69/C；国际经济与贸易：221/C；国际商务：33/C；汉语国际教育：96/B；化学工程与工艺：162/D；环境科学：114/C；会计学：247/D；建筑电气与智能化：17/C；建筑环境与能源应用工程：84/C；交通工程：56/C；金融学：183/D；酒店管理：25/B；旅游管理：146/C；美术学：85/C；人工智能：38/B++；人力资源管理：115/C；日语：162/C；商务英语：72/C；设施农业科学与工程：16/C；社会工作：112/C；摄影：23/C；市场营销：176/C；兽医公共卫生：2/A+；数字媒体艺术：79/C；通信工程：202/D；统计学：147/C；微电子科学与工程：55/C；武术与民族传统体育：29/C；西班牙语：34/C；新能源科学与工程：54/C；信息管理与信息系统：168/C；信息与计算科学：231/D；行政管理：148/C；音乐表演：71/C；音乐学：104/C；应用心理学：99/C；园林：49/C；智慧农业：1/A++；智能制造工程：16/B++；自动化：207/D。

11. 中国矿业大学

（1）中国矿业大学综合实力排名

综合排名：2024校友会中国大学排名第68名，全国理工类高校第28名，江苏省高校第11名。

星级排名：中国六星级大学（6★），世界高水平大学、中国顶尖大学。“211工程”大学。主管部门：教育部。

（2）中国矿业大学各本科专业排名（全国排名/档次）

1）世界一流专业（8★）

采矿工程：1/A++。

2）世界知名高水平、中国顶尖专业（7★）

矿物加工工程：1/A++。

3）世界高水平、中国顶尖专业（6★）

安全工程：1/A++；地质工程：2/A+；机械工程：6/A+。

4）中国一流专业（5★）

材料科学与工程：20/A；测绘工程：5/A；工程力学：11/A；消防工程：2/A+。

5）中国高水平专业（4★）

地理信息科学：16/B++；电气工程及其自动化：40/B++；电子商务：45/B++；电子信息工程：38/B++；工程管理：20/A；工业工程：28/B++；过程装备与控制工程：11/B++；化学工程与工艺：34/B++；环境工程：30/B++；环境科学：31/B++；会计学：43/B++；机械设计制造及其自动化：131/B++；计算机科学与技术：60/B++；建筑环境与能源应用工程：25/B++；建筑学：24/B++；能源与动力工程：54/B++；人力资源管理：16/A；市场营销：59/B++；数学与应用数学：56/B++；思想政治教育：90/B++；土木工程：47/B++；信息安全：31/B++；信息工程：16/B++；行政管理：66/B++；应用化学：35/B++；应用物理学：22/B++；英语：136/B++；资源勘查工程：21/B++；自动化：41/B++。

6）中国区域一流专业（3★）

地球物理学：16/B+；电子信息科学与技术：50/B+；工业设计：85/B+；光电信息科学与工程：84/B+；环境设计：105/B+；交通运输：37/B+；金融学：143/B+；旅游管理：114/B+；能源化学工程：17/B+；社会体育指导与管理：37/B+；生物工程：93/B+；生物医学工程：62/B+；石油工程：12/B+；水文与水资源工程：36/B+；土地资源管理：33/B+；运动训练：36/B+。

7）中国区域高水平专业（2★）

储能科学与工程：7/B+；大数据管理与应用：11/B++；德语：56/D；地球信息科学与技术：10/D；法学：271/D；工商管理：282/D；广播电视学：77/D；国际经济与贸易：266/D；汉语言文学：235/D；机器人工程：18/B++；人工智能：38/B++；数据科学与大数据技术：54/B++；体育教育：126/D；新能源材料与器件：32/B；新能源科学与工程：54/C；遥感科学与技术：20/B；艺术设计学：104/D；职业卫生工程：1/A++；智能制造工程：16/B++。

8）中国区域知名专业（1★）

统计学：208/D；音乐学：162/D。

12. 南京林业大学

（1）南京林业大学综合实力排名

综合排名：2024 校友会中国大学排名第 72 名，全国农林类高校第 7 名，江苏省高校第 12 名。

星级排名：中国五星级大学（5★），世界知名大学、中国一流大学。主管部门：江苏省。

（2）南京林业大学各本科专业排名（全国排名/档次）

1）世界知名高水平、中国顶尖专业（7★）

木材科学与工程：1/A++。

2）世界高水平、中国顶尖专业（6★）

林产化工：1/A++；林学：2/A+；农林经济管理：6/A+；轻化工程：7/A+；森林工程：1/A++；园林：2/A+。

3）中国一流专业（5★）

风景园林：6/A；机械电子工程：2/A+；家具设计与工程：1/A++；交通工程：10/A；森林保护：1/A++；生态学：9/A；食品科学与工程：8/A+；水土保持与荒漠化防治：2/A+。

4）中国高水平专业（4★）

测绘工程：31/B++；产品设计：10/A；给排水科学与工程：30/B++；工程管理：20/A；广告学：11/A；化学工程与工艺：84/B++；环境设计：9/A+；机械设计制造及其自动化：54/B++；计算机科学与技术：60/B++；交通运输：26/B++；金融工程：26/B++；生物工程：21/B++；生物技术：64/B++；生物科学：83/B++；视觉传达设计：42/B++；土木工程：47/B++；英语：136/B++；自动化：112/B++。

5）中国区域一流专业（3★）

材料化学：48/B+；材料科学与工程：98/B+；测控技术与仪器：103/B+；城乡规划：58/B+；地理信息科学：61/B+；工商管理：207/B+；工业设计：85/B+；广播电视学：36/B+；国际经济与贸易：176/B+；汉语言文学：176/B+；环境工程：167/B+；环境科学：82/B+；能源与动力工程：98/B+；生物制药：12/B++；食品质量与安全：45/B+；物流工程：29/B+；新能源科学与工程：27/B+；艺术设计学：57/B+；印刷工程：10/B+；园艺：49/B+。

6）中国区域高水平专业（2★）

包装工程：30/C；车辆工程：97/C；大数据管理与应用：11/B++；电气工程及其自动化：217/D；电子商务：118/C；电子信息工程：214/D；法学：271/D；高分子材料与工程：102/D；公共艺术：25/C；过程装备与控制工程：67/D；汉语国际教育：121/C；会计学：247/D；机器人工程：18/B++；旅游管理：146/C；日语：118/B；软件工程：235/D；社会工作：112/C；摄影：23/C；市场营销：176/C；数字媒体艺术：79/C；物联网工程：140/C；信息管理与信息系统：168/C；信息与计算科学：164/C；智能制造工程：16/B++。

13. 江苏大学

（1）江苏大学综合实力排名

综合排名：2024 校友会中国大学排名第 77 名，全国综合类高校第 34 名，江苏省高校第 13 名。

星级排名：中国四星级大学（4★），世界知名、中国高水平大学。主管部门：江苏省。

（2）江苏大学各本科专业排名（全国排名/档次）

1）世界高水平、中国顶尖专业（6★）

机械设计制造及其自动化：6/A+。

2）中国一流专业（5★）

电气工程及其自动化：15/A；农业电气化：1/A++。

3）中国高水平专业（4★）

材料成型及控制工程：48/B++；测控技术与仪器：23/B++；产品设计：10/A；车辆工程：25/B++；法学：49/B++；复合材料与工程：5/A；工商管理：36/B++；公共事业管理：17/A；国际经济与贸易：43/B++；化学工程与工艺：34/B++；环境工程：30/B++；机械电子工程：6/A+；机械工程：48/B++；计算机科学与技术：60/B++；交通工程：23/B++；交通运输：23/B++；金属材料工程：13/B++；临床医学：39/B++；能源与动力工程：30/B++；农业机械化及其自动化：12/B++；软件工程：103/B++；食品科学与工程：28/B++；食品质量与安全：8/A；视觉传达设计：42/B++；数学与应用数学：56/B++；思想政治教育：73/B++；统计学：41/B++；土木工程：47/B++；物理学：33/B++；物联网工程：23/B++；新能源科学与工程：3/A+；信息安全：16/B++；信息管理与信息系统：73/B++；药学：61/B++；医学检验技术：15/B++；应用化学：69/B++；英语：136/B++；自动化：41/B++。

4）中国区域一流专业（3★）

环保设备工程：2/A+；会计学：208/B+；通信工程：141/B+；信息与计算科学：122/B+；药物制剂：8/B++。

5）中国区域高水平专业（2★）

安全工程：68/C；材料科学与工程：121/D；财务管理：175/D；电子信息工程：236/D；电子信息科学与技术：87/C；动画：92/C；高分子材料与工程：108/D；工业工程：93/C；工业设计：131/C；光电信息科学与工程：121/C；化学：149/D；环境设计：172/C；机器人工程：18/B++；建筑环境与能源应用工程：84/C；金融学：191/D；美术学：99/C；农业智能装备工程：2/A+；人力资源管理：148/C；设施农业科学与工程：16/C；生物技术：176/D；生物医学工程：88/D；市场营销：241/D；数据计算及应用：1/A++；微电子科学与工程：55/C；冶金工程：29/D；医学影像学：49/D；制药工程：139/D；智能科学与技术：29/B+；智能制造工程：16/B++。

6）中国区域知名专业（1★）

保险学：66/D；电子商务：196/D；工程管理：194/D；工程力学：84/D；汉语国际教育：190/D；汉语言文学：255/D；护理学：118/D；教育技术学：101/D；金融数学：46/D；能源经济：10/D；日语：253/D；生物工程：182/D；数字媒体艺术：135/D；网络工程：155/D；卫生检验与检疫：26/D；物流管理：183/D。

14. 南京工业大学

（1）南京工业大学综合实力排名

综合排名：2024 校友会中国大学排名第 83 名，全国理工类高校第 35 名，江苏省高校第 14 名。

星级排名：中国四星级大学（4★），世界知名、中国高水平大学。主管部门：江苏省。

（2）南京工业大学各本科专业排名（全国排名/档次）

1）世界高水平、中国顶尖专业（6★）

过程装备与控制工程：2/A+；化学工程与工艺：13/A+。

2）中国一流专业（5★）

材料科学与工程：36/A；电气工程及其自动化：29/A；无机非金属材料工程：12/A。

3）中国高水平专业（4★）

安全工程：31/B++；测绘工程：31/B++；测控技术与仪器：53/B++；城市地下空间工程：8/B++；城乡规划：26/B++；电子信息工程：89/B++；高分子材料与工程：43/B++；给排水科学与工程：30/B++；工程管理：55/B++；化学：87/B++；环境工程：82/B++；环境设计：43/B++；机械工程：48/B++；计算机科学与技术：206/B++；建筑电气与智能化：8/B++；建筑环境与能源应用工程：25/B++；建筑学：52/B++；交通工程：23/B++；金属材料工程：26/B++；能源与动力工程：54/B++；日语：33/B++；生物工程：47/B++；食品科学与工程：72/B++；土木工程：96/B++；制药工程：45/B++；自动化：112/B++。

4）中国区域一流专业（3★）

地质工程：32/B+；复合材料与工程：10/B+；机械设计制造及其自动化：190/B+；金融学：159/B+；轻化工程：33/B+；应用化学：145/B+；英语：253/B+。

5）中国区域高水平专业（2★）

产品设计：131/D；车辆工程：89/C；德语：56/D；地理空间信息工程：4/A；地理信息科学：94/D；电子商务：148/D；电子信息科学与技术：87/C；法学：271/D；房地产开发与管理：17/C；风景园林：57/C；工商管理：282/D；工业工程：77/C；工业设计：119/C；公共事业管理：198/D；光电信息科学与工程：108/C；国际经济与贸易：266/D；焊接技术与工程：19/C；环境科学：114/C；会计学：247/D；勘查技术与工程：28/D；人工智能：38/B++；人力资源管理：115/C；社会工作：112/C；市场营销：241/D；视觉传达设计：156/C；数据科学与大数据技术：54/B++；数学与应用数学：245/D；水质科学与技术：2/A+；铁道工程：7/D；通信工程：219/D；西班牙语：34/C；消防工程：12/D；新能源科学与工程：54/C；信息管理与信息系统：207/C；信息与计算科学：231/D；行政管理：170/D；遥感科学与技术：20/B；药物制剂：46/D；药学：118/D；冶金工程：29/D；艺术与科技：20/C；应用物理学：104/C；运动训练：60/C；知识产权：27/B；智能制造工程：16/B++；资源环境科学：10/C；资源循环科学与工程：17/C。

6）中国区域知名专业（1★）

工程力学：80/D；汉语国际教育：140/C；能源与环境系统工程：11/D；食品质量与安全：117/D；数字媒体艺术：112/D；新能源材料与器件：45/C。

15. 南京医科大学

（1）南京医科大学综合实力排名

综合排名：2024 校友会中国大学排名第 104 名，全国医药类高校第 7 名，江苏省高校第 15 名。

星级排名：中国四星级大学（4★），世界知名、中国高

水平大学。主管部门：江苏省。

（2）南京医科大学各本科专业排名（全国排名/档次）

1）世界高水平、中国顶尖专业（6★）

口腔医学：4/A+；预防医学：3/A+。

2）中国一流专业（5★）

儿科学：2/A+；护理学：23/A；康复治疗学：1/A++；临床医学：23/A。

3）中国高水平专业（4★）

法医学：8/B++；公共事业管理：17/A；基础医学：9/B++；精神医学：3/A+；临床药学：14/B++；生物信息学：5/A；生物医学工程：21/B++；卫生检验与检疫：7/B++；眼视光学：1/A++；药学：27/B++；医学检验技术：15/B++；医学影像学：10/B++；应用统计学：7/A。

4）中国区域一流专业（3★）

英语：253/B+。

5）中国区域高水平专业（2★）

放射医学：6/D；劳动与社会保障：66/C；统计学：133/C；眼视光医学：9/B；医疗保险：1/A++；医学信息工程：18/C；医学影像技术：20/B；智能医学工程：13/B。

16. 中国药科大学

（1）中国药科大学综合实力排名

综合排名：2024 校友会中国大学排名第 106 名，全国医药类高校第 9 名，江苏省高校第 16 名。

星级排名：中国五星级大学（5★），世界知名大学、中国一流大学。“211 工程”大学。主管部门：教育部。

（2）中国药科大学各本科专业排名（全国排名/档次）

1）世界知名高水平、中国顶尖专业（7★）

药学：1/A++。

2）世界高水平、中国顶尖专业（6★）

生物制药：1/A++；制药工程：2/A++；中药学：4/A+。

3）中国一流专业（5★）

临床药学：1/A++；药物化学：1/A++；药物制剂：1/A++。

4）中国高水平专业（4★）

临床医学：70/B++；生物技术：64/B++；药事管理：1/A++；药物分析：1/A++；中药资源与开发：4/A。

5）中国区域一流专业（3★）

工商管理：180/B+；国际经济与贸易：142/B+；海洋药学：1/A++；环境科学：82/B+；食品质量与安全：45/B+；市场营销：130/B+；信息管理与信息系统：138/B+；英语：231/B+；中药制药：9/B+。

6）中国区域高水平专业（2★）

健康服务与管理：7/B++；经济学：190/D；人文地理与城乡规划：38/B；应用统计学：48/B。

17. 南京邮电大学

（1）南京邮电大学综合实力排名

综合排名：2024 校友会中国大学排名第 122 名，全国理工类高校第 50 名，江苏省高校第 17 名。

星级排名：中国四星级大学（4★），世界知名、中国高水平大学。主管部门：江苏省。

（2）南京邮电大学各本科专业排名（全国排名/档次）

1）世界高水平、中国顶尖专业（6★）

电子科学与技术：6/A+。

2）中国一流专业（5★）

光电信息科学与工程：8/A+；计算机科学与技术：27/A；智能电网信息工程：1/A++。

3）中国高水平专业（4★）

测控技术与仪器：23/B++；电磁场与无线技术：2/A+；电信工程及管理：2/A+；电子商务：17/A；电子信息工程：89/B++；高分子材料与工程：43/B++；工商管理：36/B++；广播电视工程：2/A+；广告学：22/B++；教育技术学：21/B++；经济统计学：19/B++；人力资源管理：34/B++；软件工程：44/B++；社会工作：19/A；数字媒体技术：7/A；通信工程：45/B++；网络工程：4/A+；微电子科学与工程：21/B++；物联网工程：23/B++；信息安全：16/B++；信息工程：16/B++；信息管理与信息系统：38/B++；信息与计算科学：23/A；应用物理学：43/B++；英语：57/B++；自动化：41/B++。

4）中国区域一流专业（3★）

材料物理：40/B+；财务管理：100/B+；测绘工程：46/B+；地理信息科学：61/B+；电气工程及其自动化：151/B+；动画：47/B+；翻译：54/B+；公共事业管理：81/B+；国际经济与贸易：176/B+；金融工程：46/B+；经济学：152/B+；日语：96/B+；生物医学工程：55/B+；数字媒体艺术：39/B+；物流管理：88/B+；行政管理：126/B+；应用统计学：30/B+。

5）中国区域高水平专业（2★）

材料化学：74/C；大数据管理与应用：11/B++；集成电路设计与集成系统：21/C；人工智能：38/B++；市场营销：241/D；数据科学与大数据技术：54/B++；统计学：147/C；新能源材料与器件：32/B；邮政工程：2/A+；邮政管理：2/A+；智能科学与技术：29/B+。

6）中国区域知名专业（1★）

劳动与社会保障：113/D；人文地理与城乡规划：83/D。

18. 南京信息工程大学

（1）南京信息工程大学综合实力排名

综合排名：2024 校友会中国大学排名第 125 名，全国理工类高校第 52 名，江苏省高校第 18 名。

星级排名：中国四星级大学（4★），世界知名、中国高水平大学。主管部门：江苏省。

（2）南京信息工程大学各本科专业排名（全国排名/档次）

1）世界知名高水平、中国顶尖专业（7★）

大气科学：3/A++。

2）世界高水平、中国顶尖专业（6★）

应用气象学：1/A++。

3）中国高水平专业（4★）

材料物理：13/B++；财务管理：46/B++；测绘工程：17/B++；测控技术与仪器：23/B++；地理信息科学：8/A；电气工程及其自动化：88/B++；电子信息工程：38/B++；动画：15/A；翻译：23/B++；光电信息科学与工程：25/B++；海洋科学：7/B++；环境科学：17/A；会计学：43/B++；计算机科学与技术：60/B++；金融工程：26/B++；人力资源管理：34/B++；软件工程：44/B++；数字媒体艺术：13/A；通信工程：69/B++；物联网工程：23/B++；物流管理：46/B++；信息管理与信息系统：38/B++；信息与计算科学：23/A；行政管理：33/B++；艺术与科技：4/A；应用统计学：7/A；自动化：41/B++；自然地理与资源环境：11/B++。

4）中国区域一流专业（3★）

安全工程：53/B+；电子科学与技术：69/B+；法学：208/B+；轨道交通信号与控制：8/B+；国际经济与贸易：176/B+；汉语国际教育：58/B+；汉语言文学：176/B+；环境工程：167/B+；气象技术与工程：1/A++；人文地理与城乡规划：26/B+；日语：96/B+；生态学：36/B+；数学与应用数学：190/B+；信息安全：56/B+；信息工程：27/B+；遥感科学与技术：12/B+；应用化学：145/B+；应用物理学：83/B+；英语：253/B+。

5）中国区域高水平专业（2★）

保险学：40/C；大数据管理与应用：11/B++；地理科学：65/D；地理空间信息工程：4/A；防灾减灾科学与工程：1/A++；公共事业管理：198/D；海洋资源与环境：10/C；化学：149/D；环境设计：172/C；环境生态工程：20/B；机器人工程：18/B++；机械电子工程：84/C；美术学：99/C；农业资源与环境：35/D；人工智能：38/B++；数据科学与大数据技术：54/B++；水利科学与工程：3/A+；水文与水资源工程：46/D；统计学：147/C；微电子科学与工程：55/C；物理学：126/D。

6）中国区域知名专业（1★）

给排水科学与工程：79/D；海洋技术：19/D；经济统计学：70/D；市场营销：299/D；网络工程：141/D。

19. 南京中医药大学

（1）南京中医药大学综合实力排名

综合排名：2024 校友会中国大学排名第 128 名，全国医药类高校第 17 名，江苏省高校第 19 名。

星级排名：中国五星级大学（5★），世界知名大学、中国一流大学。主管部门：江苏省。

（2）南京中医药大学各本科专业排名（全国排名/档次）

1）世界知名高水平、中国顶尖专业（7★）

中医学：2/A++。

2）世界高水平、中国顶尖专业（6★）

中药学：4/A+；中药资源与开发：1/A++。

3）中国一流专业（5★）

护理学：11/A；针灸推拿学：5/A；中西医临床医学：2/A+。

4）中国高水平专业（4★）

公共事业管理：30/B++；计算机科学与技术：60/B++；康复治疗学：8/A；生物制药：5/A；药学：27/B++；制药工程：45/B++。

5）中国区域一流专业（3★）

国际经济与贸易：142/B+；健康服务与管理：2/A+；临床医学：102/B+；软件工程：150/B+；食品科学与工程：114/B+；食品卫生与营养学：3/A+；食品质量与安全：36/B+；市场营销：110/B+；信息管理与信息系统：119/B+；眼视光学：5/A；药事管理：3/A+；药物制剂：8/B++；医学信息工程：8/B+；应用心理学：50/B+；中药制药：6/B+；中医儿科学：1/A++；中医养生学：1/A++；助产学：4/A。

6）中国区域高水平专业（2★）

大数据管理与应用：11/B++；电子商务：118/C；劳动与社会保障：66/C；人工智能：38/B++；生物技术：162/D；英语：318/D；中医康复学：4/A。

20. 江苏师范大学

（1）江苏师范大学综合实力排名

综合排名：2024 校友会中国大学排名第 140 名，全国师范类高校第 23 名，江苏省高校第 20 名。

星级排名：中国三星级大学（3★），中国知名、区域一流大学。主管部门：江苏省。

（2）江苏师范大学各本科专业排名（全国排名/档次）

1）中国一流专业（5★）

数学与应用数学：41/A。

2）中国高水平专业（4★）

播音与主持艺术：4/A+；地理科学：17/B++；法学：111/B++；光电信息科学与工程：25/B++；广告学：11/A；汉语国际教育：8/A+；汉语言文学：64/B++；化学：39/B++；机械设计制造及其自动化：54/B++；教育技术学：12/B++；金融工程：11/A；经济学：83/B++；历史学：55/B++；美术学：19/B++；社会工作：19/A；生物科学：36/B++；体育教育：48/B++；统计学：20/A；物理学：79/B++；小学教育：16/B++；行政管理：66/B++；音乐学：39/B++；英语：57/B++。

3）中国区域一流专业（3★）

汉语言：27/B+；生物技术：122/B+；思想政治教育：116/B+；自动化：150/B+。

4）中国区域高水平专业（2★）

财务管理：135/C；测绘工程：58/D；地理信息科学：84/C；电气工程及其自动化：199/D；电子科学与技术：98/D；电子信息工程：214/D；俄语：71/C；工业设计：131/C；广播电视编导：75/D；广播电视学：69/C；轨道交通信号与控制：16/C；国际经济与贸易：221/C；环境工程：196/D；环境设计：141/C；计算机科学与技术：

356/D；旅游管理：146/C；日语：118/B；市场营销：176/C；视觉传达设计：156/C；土地资源管理：53/C；武术与民族传统体育：29/C；学前教育：70/C；应用化学：187/D；应用统计学：48/B；应用心理学：90/C；园林：49/C；运动训练：53/C；制药工程：131/D。

5）中国区域知名专业（1★）

材料科学与工程：137/D；车辆工程：109/D；城乡规划：103/D；翻译：98/C；环境科学：158/D；会计学：297/D；秘书学：32/D；人工智能：123/C；软件工程：253/D；生物制药：36/C；书法学：42/C；数据科学与大数据技术：152/C；文化产业管理：50/C；舞蹈编导：33/D；物流管理：170/D；西班牙语：51/D；信息与计算科学：287/D；遥感科学与技术：29/D；音乐表演：83/C；影视摄影与制作：23/D；语言学：5/A；哲学：74/D；智能科学与技术：58/C。

21. 南通大学

（1）南通大学综合实力排名

综合排名：2024 校友会中国大学排名第 159 名，全国综合类高校第 58 名，江苏省高校第 21 名。

星级排名：中国三星级大学（3★），中国知名、区域一流大学。主管部门：江苏省。

（2）南通大学各本科专业排名（全国排名/档次）

1）中国高水平专业（4★）

电气工程及其自动化：40/B++；电子信息工程：38/B++；非织造材料与工程：3/A+；国际经济与贸易：86/B++；汉语言文学：64/B++；护理学：29/B++；机械工程：48/B++；计算机科学与技术：206/B++；交通设备与控制工程：3/A+；临床医学：39/B++；美术学：35/B++；生物科学：83/B++；视觉传达设计：42/B++；思想政治教育：90/B++；体育教育：48/B++；通信工程：69/B++；小学教育：16/B++；行政管理：66/B++；学前教育：25/B++；医学检验技术：37/B++；应用心理学：28/B++；英语：136/B++；预防医学：40/B++；自动化：112/B++。

2）中国区域一流专业（3★）

测控技术与仪器：103/B+；地理信息科学：61/B+；电子科学与技术：69/B+；翻译：54/B+；纺织工程：19/B+；工程管理：93/B+；化学：124/B+；会计学：208/B+；口腔医学：54/B+；历史学：98/B+；软件工程：183/B+；生物技术：122/B+；物理学：105/B+；药学：105/B+；医学影像学：40/B+；音乐学：86/B+；应用统计学：30/B+。

3）中国区域高水平专业（2★）

产品设计：131/D；地理科学：65/D；服装设计与工程：34/D；服装与服饰设计：66/C；高分子材料与工程：108/D；工商管理：282/D；工业设计：131/C；公共事业管理：198/D；化学工程与工艺：179/D；环境工程：212/D；环境设计：172/C；集成电路设计与集成系统：21/C；建筑学：130/D；教育技术学：83/D；康复治疗学：58/D；轻化工程：37/D；人力资源管理：148/C；人文地理与城乡规划：38/B；日语：162/C；社会工作：112/C；社会体育指导与管理：99/D；市场营销：241/D；数学与应用数学：245/D；土木工程：216/D；信息管理与信息系统：207/C；信息与计算科学：231/D；应用化学：197/D；应用物理学：112/C。

4）中国区域知名专业（1★）

表演：76/D；电子商务：196/D；动画：142/D；儿科学：26/D；法学：327/D；光电信息科学与工程：167/D；海洋技术：19/D；汉语国际教育：190/D；环境科学：174/D；机器人工程：71/C；机械电子工程：123/D；机械设计制造及其自动化：241/D；建筑电气与智能化：24/D；交通工程：87/D；交通运输：85/D；经济与金融：17/D；旅游管理：225/D；秘书学：41/D；人工智能：123/C；商务英语：102/D；生物工程：182/D；生物信息学：33/D；生物医学工程：104/D；数据科学与大数据技术：152/C；数字媒体艺术：135/D；统计学：208/D；网络工程：155/D；物联网工程：194/D；物流管理：183/D；新能源材料与器件：54/C；新闻学：160/D；药物制剂：61/D；音乐表演：119/D；智能医学工程：27/D；智能制造工程：56/B。

22. 常州大学

（1）常州大学综合实力排名

综合排名：2024 校友会中国大学排名第 180 名，全国理工类高校第 79 名，江苏省高校第 22 名。

星级排名：中国三星级大学（3★），中国知名、区域一流大学。主管部门：江苏省。

（2）常州大学各本科专业排名（全国排名/档次）

1）中国高水平专业（4★）

安全工程：31/B++；法学：111/B++；高分子材料与工程：43/B++；国际经济与贸易：86/B++；过程装备与控制工程：31/B++；化学工程与工艺：84/B++；环境工程：82/B++；环境设计：43/B++；会计学：112/B++；计算机科学与技术：206/B++；金属材料工程：26/B++；能源化学工程：9/B++；能源与动力工程：54/B++；人力资源管理：34/B++；软件工程：103/B++；社会工作：41/B++；土木工程：96/B++；休闲体育：3/A+；制药工程：45/B++。

2）中国区域一流专业（3★）

材料化学：48/B+；材料科学与工程：98/B+；电气工程及其自动化：151/B+；电子科学与技术：69/B+；电子信息工程：178/B+；给排水科学与工程：55/B+；轨道交通信号与控制：8/B+；汉语言文学：176/B+；护理学：93/B+；机械设计制造及其自动化：190/B+；美术学：69/B+；日语：96/B+；生物工程：93/B+；石油工程：12/B+；食品质量与安全：45/B+；视觉传达设计：116/B+；数学与应用数学：190/B+；药学：105/B+；应用化学：145/B+；油气储运工程：15/B+。

3）中国区域高水平专业（2★）

财务管理：135/C；产品设计：100/C；工程管理：144/D；工商管理：245/D；公共事业管理：124/B；环境科

学：132/D；机械电子工程：84/C；建筑环境与能源应用工程：84/C；金融工程：67/C；轻化工程：37/D；商务英语：52/B；市场营销：176/C；无机非金属材料工程：61/D；物联网工程：104/B；物流管理：109/C；西班牙语：34/C；信息管理与信息系统：207/C；信息与计算科学：164/C；应用物理学：112/C；英语：318/D；园林：59/C；自动化：207/D。

4）中国区域知名专业（1★）

表演：76/D；材料成型及控制工程：132/D；车辆工程：135/D；集成电路设计与集成系统：28/D；金融学：235/D；人工智能：123/C；生物医学工程：104/D；生物制药：45/D；数据科学与大数据技术：152/C；数字媒体艺术：135/D；舞蹈表演：65/D；消防工程：13/D；音乐学：162/D；智能科学与技术：58/C；智能制造工程：56/B；资源循环科学与工程：31/D。

23. 南京艺术学院

（1）南京艺术学院综合实力排名

综合排名：2024 校友会中国大学排名第 185 名，全国艺术类高校第 6 名，江苏省高校第 23 名。

星级排名：中国五星级大学（5★），世界知名大学、中国一流大学。主管部门：江苏省。

（2）南京艺术学院各本科专业排名（全国排名/档次）

1）世界高水平、中国顶尖专业（6★）

美术学：5/A+。

2）中国一流专业（5★）

表演：10/A；动画：9/A；戏剧影视文学：8/A；艺术设计学：10/A；音乐学：7/A+；影视摄影与制作：2/A+。

3）中国高水平专业（4★）

雕塑：10/B++；服装与服饰设计：21/B++；公共艺术：8/B++；广播电视编导：8/A；绘画：16/B++；录音艺术：6/B++；摄影：7/B++；视觉传达设计：42/B++；舞蹈编导：6/B++；舞蹈表演：13/B++；舞蹈学：5/A+；戏剧影视导演：7/B++；艺术史论：4/A；艺术与科技：4/A；音乐表演：18/B++；作曲与作曲技术理论：11/B++。

4）中国区域一流专业（3★）

播音与主持艺术：26/B+；产品设计：66/B+；工艺美术：19/B+；广告学：50/B+；数字媒体艺术：39/B+；文化产业管理：22/B+；文物保护与修复：3/A+；戏剧影视美术设计：13/B+；艺术管理：3/A+；艺术教育：8/B+；中国画：17/B+。

5）中国区域高水平专业（2★）

公共事业管理：198/D；流行音乐：1/A++；书法学：23/B；舞蹈教育：2/A+。

24. 南京财经大学

（1）南京财经大学综合实力排名

综合排名：2024 校友会中国大学排名第 189 名，全国财经类高校第 14 名，江苏省高校第 24 名。

星级排名：中国三星级大学（3★），中国知名、区域一流大学。主管部门：江苏省。

（2）南京财经大学各本科专业排名（全国排名/档次）

1）中国一流专业（5★）

质量管理工程：2/A+。

2）中国高水平专业（4★）

保险学：15/B++；财务管理：46/B++；电子商务：45/B++；工商管理：36/B++；国际经济与贸易：43/B++；会计学：43/B++；金融工程：11/A；金融学：39/B++；经济统计学：7/A；经济学：27/A；旅游管理：67/B++；贸易经济：4/A；审计学：4/A；食品科学与工程：28/B++；市场营销：59/B++；税收学：13/B++；统计学：41/B++；物流管理：15/A；资产评估：4/A。

3）中国区域一流专业（3★）

财政学：48/B+；法学：161/B+；房地产开发与管理：9/B+；计算机科学与技术：285/B+；粮食工程：5/A；食品质量与安全：45/B+；投资学：17/B+；信用管理：4/A。

4）中国区域高水平专业（2★）

动画：92/C；法语：64/C；工业工程：93/C；公共事业管理：124/B；管理科学：30/C；环境设计：172/C；机械设计制造及其自动化：222/D；人力资源管理：148/C；社会工作：112/C；数学与应用数学：245/D；网络与新媒体：27/B+；物联网工程：140/C；新闻学：125/D；信息管理与信息系统：207/C；英语：318/D。

5）中国区域知名专业（1★）

大数据管理与应用：48/C；广告学：113/C；金融数学：32/C；劳动与社会保障：79/C；软件工程：253/D；商务英语：102/D；生物工程：173/D；视觉传达设计：202/D；应用化学：213/D。

25. 江苏科技大学

（1）江苏科技大学综合实力排名

综合排名：2024 校友会中国大学排名第 229 名，全国理工类高校第 104 名，江苏省高校第 25 名。

星级排名：中国三星级大学（3★），中国知名、区域一流大学。主管部门：江苏省。

（2）江苏科技大学各本科专业排名（全国排名/档次）

1）中国一流专业（5★）

船舶与海洋工程：6/A；焊接技术与工程：2/A+。

2）中国高水平专业（4★）

电气工程及其自动化：88/B++；电子信息工程：89/B++；港口航道与海岸工程：13/B++；工程管理：55/B++；工商管理：100/B++；工业工程：14/A；环境工程：82/B++；会计学：112/B++；机械电子工程：20/B++；机械设计制造及其自动化：54/B++；计算机科学与技术：60/B++；金属材料工程：26/B++；轮机工程：7/B++；能源与动力工程：54/B++；土木工程：96/B++；物流管理：46/B++；信息管理与信息系统：38/B++；应用化学：35/B++；自动化：41/B++。

3）中国区域高水平专业（2★）

材料成型及控制工程：102/D；财务管理：135/C；蚕学：7/D；测控技术与仪器：143/D；电子封装技术：8/D；电子信息科学与技术：87/C；工业设计：131/C；公共事业管理：124/B；海洋工程与技术：4/A；建筑环境与能源应用工程：84/C；经济学：205/D；粮食工程：12/D；人力资源管理：148/C；软件工程：215/D；生物技术：176/D；水声工程：3/A+；通信工程：219/D；统计学：147/C；信息与计算科学：164/C；冶金工程：29/D；应用统计学：48/B；应用物理学：112/C；英语：318/D。

4）中国区域知名专业（1★）

大数据管理与应用：48/C；俄语：100/D；翻译：98/C；高分子材料与工程：119/D；给排水科学与工程：79/D；工程力学：80/D；功能材料：27/D；光电信息科学与工程：167/D；机器人工程：71/C；建筑学：149/D；金融工程：83/D；旅游管理：207/D；人工智能：123/C；社会体育指导与管理：109/D；生物工程：173/D；食品质量与安全：126/D；物联网工程：161/D；新能源材料与器件：45/C；新能源科学与工程：71/D；信息安全：82/D；休闲体育：25/D；政治学与行政学：75/D；智能制造工程：56/B。

26. 南京审计大学

（1）南京审计大学综合实力排名

综合排名：2024 校友会中国大学排名第 236 名，全国财经类高校第 23 名，江苏省高校第 26 名。

星级排名：中国三星级大学（3★），中国知名、区域一流大学。主管部门：江苏省。

（2）南京审计大学各本科专业排名（全国排名/档次）

1）中国一流专业（5★）

审计学：1/A++；信用管理：1/A++。

2）中国高水平专业（4★）

财务管理：17/A；财政学：21/B++；电子商务：45/B++；法学：49/B++；工商管理：100/B++；国际经济与贸易：43/B++；会计学：43/B++；计算机科学与技术：60/B++；金融学：39/B++；经济统计学：7/A；经济学：83/B++；劳动与社会保障：16/B++；投资学：2/A+；物流管理：46/B++；信息管理与信息系统：73/B++；行政管理：33/B++。

3）中国区域一流专业（3★）

金融数学：5/A；统计学：96/B+。

4）中国区域高水平专业（2★）

工程管理：144/D；工程造价：24/B；汉语言文学：200/D；人力资源管理：148/C；市场营销：241/D；数学与应用数学：245/D；英语：358/D；政治学、经济学与哲学：5/A。

5）中国区域知名专业（1★）

保险学：45/C；大数据管理与应用：48/C；汉语国际教育：140/C；金融工程：83/D；贸易经济：22/D；软件工程：253/D；数据科学与大数据技术：152/C；税收学：31/D。

27. 徐州医科大学

（1）徐州医科大学综合实力排名

综合排名：2024 校友会中国大学排名第 247 名，全国医药类高校第 34 名，江苏省高校第 27 名。

星级排名：中国二星级大学（2★），中国区域高水平大学。主管部门：江苏省。

（2）徐州医科大学各本科专业排名（全国排名/档次）

1）世界高水平、中国顶尖专业（6★）

麻醉学：1/A++。

2）中国一流专业（5★）

医学信息工程：1/A++。

3）中国高水平专业（4★）

公共事业管理：30/B++；护理学：29/B++；口腔医学：34/B++；临床药学：6/B++；临床医学：39/B++；生物医学工程：40/B++；信息资源管理：3/A+；药学：61/B++；医学检验技术：15/B++；医学影像技术：5/A；医学影像学：15/B++；预防医学：40/B++。

4）中国区域高水平专业（2★）

儿科学：20/C；计算机科学与技术：370/D；假肢矫形工程：2/A+；口腔医学技术：5/A；生物技术：176/D；食品卫生与营养学：11/B；物联网工程：104/B；眼视光学：12/C；药物制剂：46/D。

5）中国区域知名专业（1★）

精神医学：18/C；康复治疗学：66/D；生物科学：162/D；生物信息学：33/D；听力与言语康复学：7/D；眼视光医学：13/C；应用心理学：113/D；智能医学工程：27/D；助产学：13/B。

28. 苏州科技大学

（1）苏州科技大学综合实力排名

综合排名：2024 校友会中国大学排名第 286 名，全国理工类高校第 130 名，江苏省高校第 28 名。

星级排名：中国二星级大学（2★），中国区域高水平大学。主管部门：江苏省。

（2）苏州科技大学各本科专业排名（全国排名/档次）

1）中国一流专业（5★）

城乡规划：14/A。

2）中国高水平专业（4★）

电子信息工程：89/B++；风景园林：11/B++；给排水科学与工程：15/B++；工程管理：20/A；环境工程：30/B++；环境科学：17/A；环境设计：43/B++；计算机科学与技术：206/B++；建筑电气与智能化：1/A++；建筑学：24/B++；历史学：34/B++；视觉传达设计：13/A+；数学与应用数学：56/B++；土木工程：47/B++；音乐学：39/B++；应用物理学：43/B++；应用心理学：16/B++；英语：136/B++。

3）中国区域一流专业（3★）

工程力学：56/B+。

4）中国区域高水平专业（2★）

测绘工程：58/D；电气工程及其自动化：217/D；动

画：92/C；翻译：80/C；工商管理：282/D；功能材料：18/B；广播电视学：77/D；汉语言文学：200/D；机械设计制造及其自动化：214/D；建筑环境与能源应用工程：84/C；交通工程：56/C；教育技术学：83/D；人力资源管理：148/C；商务英语：52/B；生物技术：176/D；市场营销：241/D；思想政治教育：143/D；无机非金属材料工程：52/C；舞蹈学：55/C；物理学：126/D；物流管理：139/D；信息与计算科学：231/D；学前教育：70/C；应用语言学：4/A；园林：59/C。

5）中国区域知名专业（1★）

材料成型及控制工程：132/D；材料化学：94/D；财务管理：232/D；地理科学：74/D；地理信息科学：119/D；电子信息科学与技术：117/D；光电信息科学与工程：167/D；汉语国际教育：140/C；化学：166/D；机械电子工程：97/D；金融工程：83/D；劳动与社会保障：79/C；流行音乐：2/A+；旅游管理：207/D；美术学：116/D；人工智能：123/C；日语：218/D；社会工作：145/D；生物工程：173/D；生物科学：162/D；数字媒体艺术：135/D；通信工程：239/D；统计学：177/D；新能源材料与器件：54/C；应用化学：213/D；自然地理与资源环境：51/D。

29. 南京工程学院

（1）南京工程学院综合实力排名

综合排名：2024 校友会中国大学排名第 296 名，全国理工类高校第 135 名，江苏省高校第 29 名。

星级排名：中国二星级大学（2★），中国区域高水平大学。主管部门：江苏省。

（2）南京工程学院各本科专业排名（全国排名/档次）

1）世界知名、中国顶尖应用型专业（7★）

电气工程及其自动化：1/A++。

2）中国顶尖应用型专业（6★）

材料成型及控制工程：1/A++；材料科学与工程：6/A+；测控技术与仪器：1/A++；产品设计：1/A++；车辆工程：2/A++；大数据管理与应用：1/A++；电气工程与智能控制：1/A++；电子信息工程：9/A+；动画：9/A+；工业工程：1/A++；焊接技术与工程：1/A++；机械电子工程：1/A++；机械设计制造及其自动化：2/A++；计算机科学与技术：63/A+；能源与动力工程：1/A++；人工智能：1/A++；软件工程：36/A+；市场营销：1/A++；通信工程：1/A++；土木工程：2/A++；信息管理与信息系统：1/A++；自动化：1/A++。

3）中国一流应用型专业（5★）

包装工程：2/A+；电子信息科学与技术：10/A；高分子材料与工程：4/A；工程管理：27/A；工业设计：6/A+；光电信息科学与工程：12/A；过程装备与控制工程：3/A+；环境工程：18/A；机器人工程：3/A+；机械工程：11/A；建筑电气与智能化：2/A+；金属材料工程：4/A；劳动与社会保障：1/A++；网络工程：16/A；信息工程：2/A+；智能电网信息工程：1/A++。

4）中国高水平应用型专业（4★）

储能科学与工程：1/A++；复合材料与工程：3/A+；工程造价：34/B++；工商管理：64/B++；工艺美术：5/A；会计学：105/B++；建筑环境与能源应用工程：17/B++；建筑学：36/B++；商务英语：38/B++；视觉传达设计：72/B++；数字媒体技术：25/B++；水质科学与技术：1/A++；物流管理：56/B++；智能建造：4/A。

5）中国区域一流应用型专业（3★）

财务管理：137/B+；城市地下空间工程：10/B+；国际经济与贸易：179/B+；核工程与核技术：5/A；环境设计：113/B+；交通设备与控制工程：3/A+；汽车服务工程：66/B+；人力资源管理：75/B+；数据科学与大数据技术：60/B++；数学与应用数学：109/B+；英语：198/B+；智能制造工程：12/B++。

6）中国区域高水平应用型专业（2★）

功能材料：10/D；交通运输：48/D；能源化学工程：15/D；社会工作：62/C；新能源科学与工程：33/C。

30. 淮阴师范学院

（1）淮阴师范学院综合实力排名

综合排名：2024 校友会中国大学排名第 306 名，全国师范类高校第 49 名，江苏省高校第 30 名。

星级排名：中国二星级大学（2★），中国区域高水平大学。主管部门：江苏省。

（2）淮阴师范学院各本科专业排名（全国排名/档次）

1）中国顶尖应用型专业（6★）

地理科学：1/A++；地理信息科学：1/A++；法学：13/A+；汉语言文学：1/A++；化学：13/A+；化学工程与工艺：1/A++；生物技术：2/A+；生物科学：9/A+；市场营销：1/A++；数学与应用数学：23/A+；思想政治教育：1/A++；物理学：1/A++；小学教育：2/A++；行政管理：1/A++。

2）中国一流应用型专业（5★）

广播电视学：9/A；环境科学：2/A+；计算机科学与技术：101/A；教育技术学：5/A；历史学：16/A；美术学：9/A+；人文地理与城乡规划：8/A；物联网工程：19/A；学前教育：46/A。

3）中国高水平应用型专业（4★）

电子信息工程：116/B++；电子信息科学与技术：27/B++；广告学：21/B++；汉语国际教育：36/B++；经济学：24/B++；日语：36/B++；体育教育：56/B++；舞蹈编导：8/B++；音乐表演：21/B++；音乐学：54/B++；应用心理学：20/B++；政治学与行政学：4/A。

4）中国区域一流应用型专业（3★）

测控技术与仪器：34/B+；电气工程及其自动化：157/B+；动画：82/B+；法语：16/B+；翻译：39/B+；国际经济与贸易：179/B+；秘书学：10/B++；人力资源管理：75/B+；审计学：52/B+；生物工程：53/B+；食品质量与安全：34/B+；视觉传达设计：140/B+；数据科学与大数据技

术：60/B++；统计学：20/B++；信息与计算科学：53/B+；英语：198/B+。

5）中国区域高水平应用型专业（2★）

广播电视编导：105/C；环境设计：203/B；经济与金融：27/B；酒店管理：81/B；旅游管理：180/C；农村区域发展：8/C；软件工程：221/C；社会工作：62/C；社会体育指导与管理：61/B；书法学：32/B；舞蹈学：69/C；新能源材料与器件：21/C；应用化学：96/C；应用物理学：17/C。

6）中国区域知名应用型专业（1★）

财务管理：326/C；电子商务：219/C；房地产开发与管理：31/D；工程造价：136/C；生物制药：43/D；数字媒体艺术：155/C；知识产权：32/D。

31. 盐城师范学院

（1）盐城师范学院综合实力排名

综合排名：2024 校友会中国大学排名第 315 名，全国师范类高校第 51 名，江苏省高校第 31 名。

星级排名：中国二星级大学（2★），中国区域高水平大学。主管部门：江苏省。

（2）盐城师范学院各本科专业排名（全国排名/档次）

1）中国顶尖应用型专业（6★）

地理科学：1/A++；汉语言文学：1/A++；化学：1/A++；会计学：23/A+；人文地理与城乡规划：1/A++；软件工程：1/A++；社会体育指导与管理：1/A++；生物工程：2/A+；生物科学：9/A+；生物制药：1/A++；数学与应用数学：1/A++；思想政治教育：1/A++；体育教育：6/A+；应用化学：4/A+；应用心理学：1/A++；英语：1/A++。

2）中国一流应用型专业（5★）

电子信息工程：66/A；计算机科学与技术：101/A；市场营销：38/A；物流管理：27/A；小学教育：41/A；信息与计算科学：8/A；学前教育：46/A。

3）中国高水平应用型专业（4★）

公共事业管理：14/B++；广播电视学：19/B++；海洋资源开发技术：1/A++；生物医学工程：15/B++；数字媒体技术：25/B++；物联网工程：62/B++；新能源科学与工程：12/B++；音乐表演：21/B++；制药工程：25/B++。

4）中国区域一流应用型专业（3★）

朝鲜语：19/B+；电气工程及其自动化：157/B+；法学：82/B+；翻译：39/B+；国际经济与贸易：179/B+；汉语国际教育：79/B+；环境科学：21/B+；环境设计：113/B+；历史学：55/B+；美术学：82/B+；秘书学：10/B++；人力资源管理：75/B+；商务英语：71/B+；视觉传达设计：140/B+；数据科学与大数据技术：60/B++；统计学：20/B++；物理学：66/B+；行政管理：37/B+；艺术与科技：17/B+；音乐学：87/B+。

5）中国区域高水平应用型专业（2★）

财务管理：251/C；测绘工程：58/D；档案学：3/A+；俄语：32/C；法语：32/C；环境工程：86/C；金融工程：80/B；旅游管理：180/C；生物技术：71/C；应用统计学：34/B。

6）中国区域知名应用型专业（1★）

播音与主持艺术：132/D；电子商务：219/C；航空服务艺术与管理：22/C；金融数学：30/D；舞蹈学：102/D；野生动物与自然保护区管理：4/A。

32. 江苏理工学院

（1）江苏理工学院综合实力排名

综合排名：2024 校友会中国大学排名第 320 名，全国理工类高校第 148 名，江苏省高校第 32 名。

星级排名：中国二星级大学（2★），中国区域高水平大学。主管部门：江苏省。

（2）江苏理工学院各本科专业排名（全国排名/档次）

1）中国顶尖应用型专业（6★）

材料成型及控制工程：1/A++；电子信息工程：1/A++；国际经济与贸易：23/A+；汉语言文学：30/A+；环境工程：1/A++；会计学：2/A++；机械设计制造及其自动化：2/A++；计算机科学与技术：63/A+；汽车服务工程：1/A++；软件工程：1/A++；市场营销：3/A++；通信工程：27/A+；统计学：1/A++；物联网工程：1/A++；小学教育：21/A+；艺术设计学：1/A++；应用化学：1/A++；英语：47/A+。

2）中国一流应用型专业（5★）

车辆工程：19/A；电气工程及其自动化：48/A；动画：17/A；服装设计与工程：14/A；服装与服饰设计：13/A；工业设计：6/A+；化学工程与工艺：25/A；环境设计：34/A；机械电子工程：23/A；教育学：8/A；酒店管理：14/A；视觉传达设计：33/A；数学与应用数学：38/A；数字媒体技术：9/A+；信息管理与信息系统：17/A；自动化：35/A。

3）中国高水平应用型专业（4★）

测控技术与仪器：18/B++；储能科学与工程：1/A++；功能材料：4/A；过程装备与控制工程：6/B++；环境科学：9/B++；机器人工程：14/A；交通运输：19/B++；金属材料工程：9/B++；美术学：38/B++；人力资源管理：32/B++；日语：36/B++；商务英语：38/B++；摄影：5/A；数据科学与大数据技术：23/A；网络工程：47/B++；学前教育：95/B++。

4）中国区域一流应用型专业（3★）

财务管理：137/B+；德语：15/B+；金融学：79/B+；经济统计学：20/B+；跨境电子商务：7/B++；旅游管理：129/B+；秘书学：10/B++；应用心理学：47/B+；资源循环科学与工程：3/A+。

33. 常州工学院

（1）常州工学院综合实力排名

综合排名：2024 校友会中国大学排名第 324 名，全国理工类高校第 151 名，江苏省高校第 33 名。

星级排名：中国一星级大学（1★），中国区域知名大学。主管部门：江苏省。

（2）常州工学院各本科专业排名（全国排名/档次）

1）中国顶尖应用型专业（6★）

测控技术与仪器：1/A++；产品设计：1/A++；电气工程及其自动化：2/A++；电子信息工程：1/A++；工商管理：5/A+；汉语言文学：30/A+；机械设计制造及其自动化：2/A++；计算机科学与技术：48/A+；软件工程：36/A+；数字媒体艺术：4/A+；土木工程：36/A+；物流管理：1/A++；自动化：25/A+。

2）中国一流应用型专业（5★）

材料成型及控制工程：16/A；工程管理：27/A；光电信息科学与工程：12/A；建筑学：20/A；汽车服务工程：18/A；人工智能：9/A；物联网工程：19/A；学前教育：46/A。

3）中国高水平应用型专业（4★）

车辆工程：34/B++；电子科学与技术：22/B++；飞行技术：6/B++；飞行器制造工程：12/B++；工业工程：7/B++；工业设计：17/B++；广播电视编导：31/B++；化学工程与工艺：50/B++；机械电子工程：42/B++；建筑电气与智能化：10/B++；通信工程：74/B++；小学教育：75/B++；新能源科学与工程：12/B++。

4）中国区域一流应用型专业（3★）

城市地下空间工程：10/B+；动画：82/B+；公共事业管理：37/B+；公共艺术：11/B+；环境设计：113/B+；交通运输：33/B+；美术学：82/B+；商务英语：71/B+；数学与应用数学：109/B+。

5）中国区域高水平应用型专业（2★）

电子商务：159/B；国际经济与贸易：260/C；秘书学：35/B；日语：119/C；市场营销：231/C；视觉传达设计：235/C；数据科学与大数据技术：199/C；应用化学：96/C；应用统计学：34/B；英语：318/C；资源循环科学与工程：10/D。

6）中国区域知名应用型专业（1★）

财务管理：326/C；酒店管理：124/C；音乐学：213/D；智能制造工程：70/C。

33. 南京晓庄学院

（1）南京晓庄学院综合实力排名

综合排名：2024校友会中国大学排名第324名，全国师范类高校第60名，江苏省高校第33名。

星级排名：中国一星级大学（1★），中国区域知名大学。主管部门：江苏省。

（2）南京晓庄学院各本科专业排名（全国排名/档次）

1）世界知名、中国顶尖应用型专业（7★）

小学教育：1/A++。

2）中国顶尖应用型专业（6★）

地理信息科学：1/A++；汉语言文学：30/A+；化学：1/A++；计算机科学与技术：2/A++；经济与金融：1/A++；旅游管理：21/A+；社会工作：1/A++；生物科学：9/A+；数学与应用数学：1/A++；物流管理：12/A+；学前教育：9/A+；应用化学：4/A+；应用心理学：3/A+；英语：3/A++。

3）中国一流应用型专业（5★）

地理科学：13/A；电子信息科学与技术：10/A；光电信息科学与工程：12/A；绘画：5/A；教育技术学：5/A；历史学：16/A；软件工程：53/A；视觉传达设计：33/A；思想政治教育：20/A；物理学：17/A。

4）中国高水平应用型专业（4★）

动画：37/B++；广播电视学：19/B++；机器人工程：14/A；食品科学与工程：37/B++；网络与新媒体：32/B++；音乐表演：21/B++；音乐学：54/B++。

5）中国区域一流应用型专业（3★）

财务管理：137/B+；电气工程及其自动化：157/B+；翻译：39/B+；广播电视编导：72/B+；环境工程：60/B+；环境设计：113/B+；日语：69/B+；商务英语：71/B+；通信工程：130/B+；信息与计算科学：53/B+；行政管理：37/B+。

6）中国区域高水平应用型专业（2★）

电子商务：159/B；复合材料与工程：14/D；国际经济与贸易：260/C；汉语国际教育：110/C；经济学：80/C；酒店管理：81/B；秘书学：35/B；人文地理与城乡规划：32/C；社会体育指导与管理：61/B；食品质量与安全：57/B；数据科学与大数据技术：199/C；体育教育：111/C；网络工程：137/C；自动化：176/D。

35. 金陵科技学院

（1）金陵科技学院综合实力排名

综合排名：2024校友会中国大学排名第328名，全国理工类高校第153名，江苏省高校第35名。

星级排名：中国一星级大学（1★），中国区域知名大学。主管部门：江苏省。

（2）金陵科技学院各本科专业排名（全国排名/档次）

1）中国顶尖应用型专业（6★）

宝石及材料工艺学：1/A++；材料科学与工程：6/A+；电子信息工程：9/A+；动画：1/A++；服装设计与工程：5/A+；服装与服饰设计：1/A++；古典文献学：1/A++；汉语国际教育：1/A++；会计学：23/A+；机械设计制造及其自动化：44/A+；计算机科学与技术：63/A+；建筑电气与智能化：1/A++；旅游管理：1/A++；软件工程：1/A++；园艺：1/A++。

2）中国一流应用型专业（5★）

车辆工程：19/A；城乡规划：8/A；动物医学：4/A；风景园林：5/A+；复合材料与工程：1/A++；建筑学：20/A；数字出版：1/A++；通信工程：43/A；土木工程：49/A；物联网工程：19/A；物流管理：27/A。

3）中国高水平应用型专业（4★）

城市地下空间工程：4/A；工程管理：59/B++；功能材料：4/A；国际经济与贸易：109/B++；食品科学与工程：37/B++；英语：129/B++；园林：15/B++；自动化：70/B++。

4）中国区域一流应用型专业（3★）

电子科学与技术：42/B+；动物科学：12/B+；工业设计：48/B+；机器人工程：36/B+；金融学：79/B+；秘书学：10/B++；审计学：52/B+；数据科学与大数据技术：60/B++；数字媒体艺术：63/B+；信息安全：8/B+；信息工程：14/B+；智能科学与技术：17/B++。

5）中国区域高水平应用型专业（2★）

电气工程及其自动化：231/D；电子商务：159/B；光电信息科学与工程：58/D；金融工程：80/B；设施农业科学与工程：10/C；生物技术：71/C；数字媒体技术：100/C；网络工程：137/C；信息与计算科学：78/C；行政管理：61/C；眼视光学：11/C；艺术与科技：27/C。

6）中国区域知名应用型专业（1★）

财务管理：326/C；市场营销：321/D；智能制造工程：70/C。

35. 南京体育学院

（1）南京体育学院综合实力排名

综合排名：2024校友会中国大学排名第328名，全国体育类高校第6名，江苏省高校第35名。

星级排名：中国四星级大学（4★），世界知名、中国高水平大学。主管部门：江苏省。

（2）南京体育学院各本科专业排名（全国排名/档次）

1）世界高水平、中国顶尖专业（6★）

体育教育：7/A+。

2）中国一流专业（5★）

运动人体科学：2/A+；运动训练：8/A。

3）中国高水平专业（4★）

康复治疗学：17/B++；社会体育指导与管理：12/A；体育经济与管理：5/A；武术与民族传统体育：8/B++；运动康复：4/A。

4）中国区域一流专业（3★）

表演：23/B+；新闻学：109/B+；休闲体育：9/B+。

5）中国区域高水平专业（2★）

教育技术学：83/D；数字媒体艺术：79/C；体能训练：3/A+；舞蹈表演：35/C；英语：358/D。

35. 盐城工学院

（1）盐城工学院综合实力排名

综合排名：2024校友会中国大学排名第328名，全国理工类高校第153名，江苏省高校第35名。

星级排名：中国二星级大学（2★），中国区域高水平大学。主管部门：江苏省。

（2）盐城工学院各本科专业排名（全国排名/档次）

1）中国顶尖应用型专业（6★）

材料科学与工程：1/A++；电气工程及其自动化：6/A+；电子信息工程：9/A+；服装与服饰设计：3/A+；给排水科学与工程：1/A++；过程装备与控制工程：1/A++；化学工程与工艺：1/A++；环境工程：1/A++；环境设计：1/A++；机械设计制造及其自动化：14/A+；汽车服务工程：1/A++；食品科学与工程：7/A+；土木工程：2/A++；无机非金属材料工程：1/A++；艺术设计学：1/A++；制药工程：1/A++。

2）中国一流应用型专业（5★）

财务管理：40/A；车辆工程：19/A；纺织工程：3/A+；服装设计与工程：14/A；高分子材料与工程：4/A；工业设计：6/A+；海洋技术：2/A+；机械电子工程：23/A；计算机科学与技术：101/A；金属材料工程：4/A；轻化工程：2/A+；市场营销：38/A；物联网工程：19/A；自动化：35/A。

3）中国高水平应用型专业（4★）

材料物理：3/A+；电子科学与技术：22/B++；复合材料与工程：3/A+；工程管理：59/B++；工业工程：7/B++；环保设备工程：1/A++；建筑电气与智能化：10/B++；建筑学：36/B++；交通工程：13/B++；人工智能：20/B++；生物工程：26/B++；物流管理：56/B++；新能源材料与器件：1/A++；新能源科学与工程：12/B++。

4）中国区域一流应用型专业（3★）

材料成型及控制工程：49/B+；产品设计：80/B+；城市地下空间工程：10/B+；国际经济与贸易：179/B+；汉语言文学：180/B+；环境科学：21/B+；机械工程：35/B+；建筑环境与能源应用工程：33/B+；金融工程：39/B+；能源与动力工程：33/B+；农学：16/B+；软件工程：156/B+；视觉传达设计：140/B+；水生动物医学：1/A++；信息管理与信息系统：71/B+；应急管理：5/A；智能装备与系统：1/A++。

5）中国区域高水平应用型专业（2★）

电子商务：159/B；海洋科学：3/A+；化工安全工程：2/A+；会计学：223/C；机器人工程：97/C；酒店管理：81/B；旅游管理：180/C；日语：119/C；数据科学与大数据技术：199/C；网络工程：137/C；应用化学：96/C；应用统计学：34/B；英语：318/C；智能制造工程：34/B。

6）中国区域知名应用型专业（1★）

工商管理：205/D；食品质量与安全：104/D；应急技术与管理：5/A。

38. 常熟理工学院

（1）常熟理工学院综合实力排名

综合排名：2024校友会中国大学排名第339名，全国理工类高校第161名，江苏省高校第38名。

星级排名：中国一星级大学（1★），中国区域知名大学。主管部门：江苏省。

（2）常熟理工学院各本科专业排名（全国排名/档次）

1）中国顶尖应用型专业（6★）

材料科学与工程：6/A+；车辆工程：13/A+；电子信息工程：1/A++；服装设计与工程：1/A++；光电信息科学与工程：1/A++；机械工程：1/A++；计算机科学与技术：63/A+；生物工程：2/A+；食品质量与安全：1/A++；市场营销：3/A++；数学与应用数学：1/A++；数字媒体技术：1/A++；物联网工程：1/A++；新能源科学与工程：1/A++；

自动化：1/A++。

2）中国一流应用型专业（5★）

测控技术与仪器：7/A；电子科学与技术：12/A；经济与金融：7/A；汽车服务工程：18/A；学前教育：46/A。

3）中国高水平应用型专业（4★）

安全工程：14/B++；电气工程及其自动化：91/B++；纺织工程：11/B++；功能材料：4/A；汉语言文学：118/B++；机器人工程：14/A；机械电子工程：42/B++；软件工程：95/B++；生物科学：41/B++；网络工程：47/B++；物理学：39/B++。

4）中国区域一流应用型专业（3★）

财务管理：137/B+；服装与服饰设计：60/B+；公共事业管理：37/B+；环境设计：113/B+；经济统计学：20/B+；生物制药：13/B+；食品科学与工程：65/B+；数据科学与大数据技术：60/B++；统计学：20/B++；物流管理：127/B+；新能源汽车工程：4/A；音乐学：87/B+；英语：198/B+。

5）中国区域高水平应用型专业（2★）

材料成型及控制工程：76/C；朝鲜语：32/C；德语：24/C；工程管理：142/C；化学：100/C；金属材料工程：30/D；酒店管理：81/B；历史学：74/C；旅游管理：180/C；美术学：124/C；秘书学：35/B；日语：119/C；视觉传达设计：235/C；思想政治教育：112/C；文化产业管理：49/B；信息与计算科学：78/C；应用化学：96/C；智能制造工程：34/B。

6）中国区域知名应用型专业（1★）

产品设计：180/D；电子商务：219/C；金融工程：115/C；人力资源管理：202/D；小学教育：142/C。

38. 淮阴工学院

（1）淮阴工学院综合实力排名

综合排名：2024校友会中国大学排名第339名，全国理工类高校第161名，江苏省高校第38名。

星级排名：中国二星级大学（2★），中国区域高水平大学。主管部门：江苏省。

（2）淮阴工学院各本科专业排名（全国排名/档次）

1）世界知名、中国顶尖应用型专业（7★）

机械设计制造及其自动化：1/A++。

2）中国顶尖应用型专业（6★）

车辆工程：13/A+；电子信息工程：9/A+；工商管理：5/A+；工业设计：1/A++；化学工程与工艺：1/A++；计算机科学与技术：2/A++；农学：2/A+；软件工程：1/A++；生物工程：2/A+；食品科学与工程：1/A++；通信工程：1/A++；土木工程：2/A++；园艺：1/A++。

3）中国一流应用型专业（5★）

材料成型及控制工程：16/A；电气工程及其自动化：48/A；国际经济与贸易：62/A；环境工程：18/A；建筑学：20/A；交通工程：8/A；交通运输：10/A。

4）中国高水平应用型专业（4★）

财务管理：80/B++；测控技术与仪器：18/B++；光电信息科学与工程：22/B++；金属材料工程：9/B++；汽车服务工程：38/B++；人力资源管理：32/B++；物联网工程：62/B++；物流工程：14/B++；新能源科学与工程：12/B++；信息与计算科学：26/B++；园林：15/B++；制药工程：25/B++；自动化：70/B++。

5）中国区域一流应用型专业（3★）

材料科学与工程：37/B+；城市地下空间工程：10/B+；城乡规划：38/B+；道路桥梁与渡河工程：18/B+；电子科学与技术：42/B+；翻译：39/B+；工程管理：96/B+；机器人工程：36/B+；社会工作：31/B+；视觉传达设计：140/B+；数据科学与大数据技术：60/B++；网络工程：82/B+；英语：198/B+。

6）中国区域高水平应用型专业（2★）

产品设计：130/C；电子商务：159/B；俄语：32/C；风景园林：62/C；高分子材料与工程：47/D；工业工程：27/B；公共事业管理：74/C；轨道交通信号与控制：26/D；过程装备与控制工程：29/D；环境设计：203/B；会计学：223/C；机械电子工程：132/C；金融数学：22/C；经济与金融：27/B；秘书学：35/B；人工智能：59/B；商务英语：161/C；食品质量与安全：57/B；市场营销：231/C；数字媒体艺术：119/C；信息管理与信息系统：119/C；应用物理学：17/C。

38. 江苏海洋大学

（1）江苏海洋大学综合实力排名

综合排名：2024校友会中国大学排名第339名，全国理工类高校第161名，江苏省高校第38名。

星级排名：中国二星级大学（2★），中国区域高水平大学。主管部门：江苏省。

（2）江苏海洋大学各本科专业排名（全国排名/档次）

1）中国高水平专业（4★）

测绘工程：17/B++；船舶与海洋工程：20/B++；国际经济与贸易：86/B++；海洋技术：5/A；汉语言文学：114/B++；化学工程与工艺：84/B++；机械电子工程：20/B++；机械设计制造及其自动化：54/B++；计算机科学与技术：60/B++；食品科学与工程：72/B++；水产养殖学：17/B++；制药工程：45/B++。

2）中国区域一流专业（3★）

材料科学与工程：98/B+；地理信息科学：43/B+；电子信息工程：178/B+；工商管理：180/B+；海洋科学：20/B+；生物技术：122/B+；土木工程：164/B+；新能源科学与工程：27/B+；药物制剂：8/B++；自动化：180/B+。

3）中国区域高水平专业（2★）

产品设计：131/D；工业设计：131/C；过程装备与控制工程：67/D；海洋资源开发技术：7/C；建筑学：130/D；软件工程：215/D；生物工程：127/C；水族科学与技术：7/C；网络工程：81/B；物流管理：139/D；信息与计算科学：231/D；休闲体育：17/C。

4）中国区域知名专业（1★）

安全工程：97/D；材料化学：94/D；财务管理：210/D；测控技术与仪器：164/D；朝鲜语：54/D；电气工程及其自动化：247/D；电子科学与技术：126/D；动植物检疫：16/D；俄语：100/D；法学：308/D；港口航道与海岸工程：25/D；高分子材料与工程：131/D；工程管理：185/D；工业工程：137/D；光电信息科学与工程：141/D；广告学：150/D；海洋资源与环境：13/D；环境工程：238/D；环境设计：215/D；会计学：297/D；机器人工程：71/C；金融学：235/D；日语：218/D；市场营销：299/D；视觉传达设计：202/D；数据科学与大数据技术：152/C；数学与应用数学：284/D；数字媒体艺术：112/D；水质科学与技术：3/A+；通信工程：239/D；统计学：177/D；土地资源管理：80/D；新闻学：146/D；行政管理：195/D；遥感科学与技术：29/D；药物分析：12/D；英语：398/D。

41. 徐州工程学院

（1）徐州工程学院综合实力排名

综合排名：2024 校友会中国大学排名第 351 名，全国理工类高校第 166 名，江苏省高校第 41 名。

星级排名：中国一星级大学（1★），中国区域知名大学。主管部门：江苏省。

（2）徐州工程学院各本科专业排名（全国排名/档次）

1）中国顶尖应用型专业（6★）

材料成型及控制工程：1/A++；财务管理：18/A+；电气工程及其自动化：2/A++；电子商务：6/A+；工程管理：3/A++；汉语言文学：1/A++；环境设计：1/A++；会计学：23/A+；计算机科学与技术：63/A+；社会体育指导与管理：1/A++；食品科学与工程：1/A++；视觉传达设计：1/A++；物流工程：1/A++；信息管理与信息系统：1/A++；信息与计算科学：1/A++；应用统计学：1/A++。

2）中国一流应用型专业（5★）

电子科学与技术：12/A；工程造价：19/A；化学工程与工艺：25/A；机械设计制造及其自动化：68/A；应用化学：14/A；应用物理学：2/A+。

3）中国高水平应用型专业（4★）

安全工程：14/B++；电子信息科学与技术：27/B++；服装与服饰设计：32/B++；给排水科学与工程：16/B++；工业设计：17/B++；国际经济与贸易：109/B++；机械电子工程：42/B++；软件工程：95/B++；土木工程：97/B++；小学教育：75/B++；园林：15/B++。

4）中国区域一流应用型专业（3★）

材料科学与工程：37/B+；产品设计：80/B+；朝鲜语：19/B+；城市地下空间工程：10/B+；动画：82/B+；风景园林：24/B+；服装设计与工程：31/B+；高分子材料与工程：28/B+；环境工程：60/B+；机器人工程：36/B+；经济与金融：20/B+；秘书学：10/B++；生物工程：53/B+；食品质量与安全：34/B+；数据科学与大数据技术：60/B++；英语：198/B+。

5）中国区域高水平应用型专业（2★）

大数据管理与应用：26/B；电子信息工程：242/C；房地产开发与管理：21/C；广告学：74/B；化妆品技术与工程：4/A；金融科技：11/B；经济学：80/C；旅游管理：180/C；人工智能：59/B；数学与应用数学：166/D；新能源科学与工程：33/C；学前教育：173/C。

6）中国区域知名应用型专业（1★）

人力资源管理：202/D；市场营销：321/D；数字媒体艺术：155/C；信用管理：11/D；休闲体育：45/C；音乐学：213/D。

42. 江苏警官学院

（1）江苏警官学院综合实力排名

综合排名：2024 校友会中国大学排名第 407 名，全国政法类高校第 14 名，江苏省高校第 42 名。

星级排名：中国三星级大学（3★），中国知名、区域一流大学。主管部门：江苏省。

（2）江苏警官学院各本科专业排名（全国排名/档次）

1）中国顶尖应用型专业（6★）

法学：13/A+；刑事科学技术：1/A++；行政管理：1/A++；侦查学：1/A++。

2）中国一流应用型专业（5★）

公安管理学：4/A；公安视听技术：1/A++；交通管理工程：5/A；网络安全与执法：7/A；治安学：11/A。

3）中国高水平应用型专业（4★）

安全防范工程：3/A+；经济犯罪侦查：7/B++；涉外警务：3/A+；数据警务技术：1/A++。

4）中国区域一流应用型专业（3★）

公安情报学：4/A；计算机科学与技术：253/B+；警务指挥与战术：12/B+。

43. 江苏第二师范学院

（1）江苏第二师范学院综合实力排名

综合排名：2024 校友会中国大学排名第 436 名，全国师范类高校第 92 名，江苏省高校第 43 名。

星级排名：中国一星级大学（1★），中国区域知名大学。主管部门：江苏省。

（2）江苏第二师范学院各本科专业排名（全国排名/档次）

1）中国顶尖应用型专业（6★）

地理科学：1/A++；汉语言文学：1/A++；计算机科学与技术：63/A+；生物科学：9/A+；数学与应用数学：1/A++。

2）中国一流应用型专业（5★）

美术学：9/A+；小学教育：41/A；学前教育：46/A；音乐学：17/A。

3）中国高水平应用型专业（4★）

汉语国际教育：36/B++；教育技术学：19/B++；历史学：32/B++；英语：129/B++。

4）中国区域一流应用型专业（3★）

财务管理：137/B+；俄语：26/B+；化学：73/B+；环境设计：113/B+；视觉传达设计：140/B+；思想政治教育：

78/B+；体育教育：85/B+；物联网工程：139/B+；艺术设计学：51/B+。

5）中国区域高水平应用型专业（2★）

广播电视编导：105/C；旅游管理：180/C；贸易经济：17/D；人力资源管理：134/C；生物制药：30/C；数字媒体艺术：119/C；物理学：99/C。

6）中国区域知名应用型专业（1★）

电子信息工程：314/D；工商管理：205/D；酒店管理：124/C；科学教育：30/D；秘书学：73/D；商务英语：230/D；应用化学：150/D；应用统计学：59/C；应用心理学：112/D。

44. 南京警察学院

（1）南京警察学院综合实力排名

综合排名：2024校友会中国大学排名第484名，全国政法类高校第23名，江苏省高校第44名。

星级排名：中国三星级大学（3★），中国知名、区域一流大学。主管部门：国家林业局。

（2）南京警察学院各本科专业排名（全国排名/档次）

1）中国顶尖应用型专业（6★）

公安管理学：1/A++；公安情报学：1/A++；警务指挥与战术：1/A++；网络安全与执法：1/A++；消防工程：1/A++；刑事科学技术：1/A++；侦查学：1/A++；治安学：1/A++。

2）中国高水平应用型专业（4★）

法学：55/B++。

3）中国区域一流应用型专业（3★）

食品药品环境犯罪侦查技术：1/A++。

45. 泰州学院

（1）泰州学院综合实力排名

综合排名：2024校友会中国大学排名第493名，全国综合类高校第179名，江苏省高校第45名。

星级排名：中国一星级大学（1★），中国区域知名大学。主管部门：江苏省。

（2）泰州学院各本科专业排名（全国排名/档次）

1）中国一流应用型专业（5★）

机械设计制造及其自动化：68/A；学前教育：46/A。

2）中国高水平应用型专业（4★）

汉语言文学：118/B++；绘画：12/B++；数学与应用数学：78/B++；物流管理：56/B++；小学教育：75/B++；英语：129/B++。

3）中国区域一流应用型专业（3★）

财务管理：137/B+；互联网金融：14/B+；机器人工程：36/B+；计算机科学与技术：253/B+；秘书学：10/B++；书法学：16/B+。

4）中国区域高水平应用型专业（2★）

表演：48/C；法学：138/C；商务英语：161/C；生物制药：30/C；网络与新媒体：100/B；物联网工程：232/C；艺术设计学：77/C；制药工程：85/C。

5）中国区域知名应用型专业（1★）

电气工程及其自动化：293/D；电子商务：219/C；翻译：116/D；工商管理：205/D；环境设计：311/D；会计学：280/D；旅游管理：234/D；视觉传达设计：299/D；信息管理与信息系统：161/D；应用化学：150/D；应用统计学：59/C；知识产权：32/D。

46. 南京特殊教育师范学院

（1）南京特殊教育师范学院综合实力排名

综合排名：2024校友会中国大学排名第501名，全国师范类高校第116名，江苏省高校第46名。

星级排名：中国一星级大学（1★），中国区域知名大学。主管部门：江苏省。

（2）南京特殊教育师范学院各本科专业排名（全国排名/档次）

1）中国顶尖应用型专业（6★）

公共事业管理：1/A++；康复治疗学：1/A++；特殊教育：1/A++。

2）中国一流应用型专业（5★）

服装与服饰设计：13/A；教育康复学：1/A++；手语翻译：1/A++；学前教育：46/A。

3）中国高水平应用型专业（4★）

音乐学：54/B++。

4）中国区域一流应用型专业（3★）

视觉传达设计：140/B+；数学与应用数学：109/B+；艺术设计学：51/B+；音乐治疗：1/A++。

5）中国区域高水平应用型专业（2★）

计算机科学与技术：379/D；教育技术学：41/C；社会工作：62/C。

6）中国区域知名应用型专业（1★）

汉语言文学：298/D；劳动与社会保障：28/C；美术学：163/D；数据科学与大数据技术：272/D；体育教育：138/D；舞蹈学：102/D；小学教育：142/C；应用心理学：112/D；英语：412/D。

47. 宿迁学院

（1）宿迁学院综合实力排名

综合排名：2024校友会中国大学排名第510名，全国综合类高校第187名，江苏省高校第47名。

星级排名：中国一星级大学（1★），中国区域知名大学。主管部门：江苏省。

（2）宿迁学院各本科专业排名（全国排名/档次）

1）中国顶尖应用型专业（6★）

通信工程：27/A+。

2）中国一流应用型专业（5★）

财务管理：40/A；产品设计：12/A+；机械设计制造及其自动化：68/A；软件工程：53/A；土木工程：49/A；自动化：35/A。

3）中国高水平应用型专业（4★）

测绘工程：18/B++；法学：55/B++；互联网金融：

6/B++；计算机科学与技术：168/B++；信息与计算科学：26/B++；信用风险管理与法律防控：3/A+。

4）中国区域一流应用型专业（3★）

风景园林：24/B+；汉语言文学：180/B+；建筑环境与能源应用工程：33/B+；金属材料工程：17/B+；人力资源管理：75/B+；数字媒体艺术：63/B+；英语：198/B+；智能制造工程：12/B++。

5）中国区域高水平应用型专业（2★）

城乡规划：58/C；电子信息工程：242/C；机械电子工程：132/C；交通工程：34/D；美术学：124/C；思想政治教育：112/C；物联网工程：232/C；小学教育：128/C。

6）中国区域知名应用型专业（1★）

材料成型及控制工程：109/D；材料科学与工程：62/D；电子商务：219/C；工程管理：174/C；工商管理：205/D；广告学：123/D；环境设计：311/D；会计学：280/D；金融学：133/D；劳动与社会保障：28/C；人工智能：86/C；日语：173/D；市场营销：321/D；数学与应用数学：197/D；物流管理：251/D；行政管理：105/D；学前教育：215/C；音乐学：213/D；园林：70/D；自然地理与资源环境：20/D。

47. 无锡学院

（1）无锡学院综合实力排名

综合排名：2024 校友会中国大学排名第 510 名，全国综合类高校第 187 名，江苏省高校第 47 名。

星级排名：中国一星级大学（1★），中国区域知名大学。主管部门：江苏省。

（2）无锡学院各本科专业排名（全国排名/档次）

1）中国顶尖应用型专业（6★）

电子信息工程：9/A+。

2）中国一流应用型专业（5★）

大气科学：1/A++。

3）中国高水平应用型专业（4★）

测绘工程：18/B++；电气工程及其自动化：91/B++；电子科学与技术：22/B++；会计学：105/B++；数字媒体艺术：30/B++；物联网工程：62/B++；信息与计算科学：26/B++。

4）中国区域一流应用型专业（3★）

地理信息科学：25/B+；计算机科学与技术：253/B+；金融工程：39/B+；通信工程：130/B+；遥感科学与技术：3/A+。

5）中国区域高水平应用型专业（2★）

安全工程：39/C；财务管理：251/C；人力资源管理：134/C；软件工程：221/C；市场营销：231/C；网络工程：137/C；物流管理：182/C；信息工程：27/D；信息管理与信息系统：119/C；应用化学：96/C；英语：318/C；自动化：176/D。

6）中国区域知名应用型专业（1★）

测控技术与仪器：69/D；车辆工程：117/D；法学：193/D；光电信息科学与工程：73/D；国际经济与贸易：325/D；环境科学与工程：26/D；机器人工程：127/D；机械电子工程：187/D；交通运输：59/D；人工智能：86/C；日语：173/D；数据科学与大数据技术：272/D；微电子科学与工程：30/D；信息安全：29/D；艺术与科技：37/D。

49. 苏州城市学院

（1）苏州城市学院综合实力排名

综合排名：2024 校友会中国大学排名第 518 名，全国综合类高校第 190 名，江苏省高校第 49 名。

星级排名：中国一星级大学（1★），中国区域知名大学。主管部门：江苏省。

（2）苏州城市学院各本科专业排名（全国排名/档次）

1）中国顶尖应用型专业（6★）

光电信息科学与工程：1/A++。

2）中国一流应用型专业（5★）

服装与服饰设计：13/A；物联网工程：19/A；信息工程：2/A+。

3）中国高水平应用型专业（4★）

车辆工程：34/B++；城市管理：4/A；档案学：1/A++；电气工程与智能控制：6/B++；电子信息科学与技术：27/B++；服装设计与工程：18/B++；机械电子工程：42/B++；微电子科学与工程：9/B++。

4）中国区域一流应用型专业（3★）

产品设计：80/B+；电气工程及其自动化：157/B+；电子科学与技术：42/B+；法学：82/B+；工商管理：106/B+；轨道交通信号与控制：11/B+；汉语言文学：180/B+；环境设计：113/B+；机械工程：35/B+；计算机科学与技术：253/B+；劳动与社会保障：7/B++；能源与动力工程：33/B+；视觉传达设计：140/B+；通信工程：130/B+；新闻学：50/B+；信息资源管理：3/A+；应用心理学：47/B+；英语：198/B+。

5）中国区域高水平应用型专业（2★）

广告学：74/B；国际经济与贸易：260/C；汉语国际教育：110/C；会计学：223/C；金融学：107/C；旅游管理：180/C；人力资源管理：134/C；市场营销：231/C。

6）中国区域知名应用型专业（1★）

播音与主持艺术：132/D；测控技术与仪器：69/D；航空服务艺术与管理：22/C；日语：173/D；新能源材料与器件：31/D；信息与计算科学：105/D；应用化学：150/D。

三、江苏省民办大学专业排名详情

1. 南京理工大学泰州科技学院

（1）南京理工大学泰州科技学院综合实力排名

综合排名：2024 校友会中国民办大学排名第 8 名，全国理工类民办高校第 8 名，江苏省民办高校第 1 名。

星级排名：中国六星级应用型大学（6★），中国顶尖应用型大学。

（2）南京理工大学泰州科技学院各本科专业排名（全国排名/档次）

1）中国顶尖应用型专业（6★）

电气工程及其自动化：6/A+；电气工程与智能控制：1/A++；电子信息工程：9/A+；工业工程：1/A++；国际经济与贸易：23/A+；化学工程与工艺：1/A++；环境工程：1/A++；环境设计：19/A+；会计学：23/A+；机械电子工程：1/A++；机械工程：1/A++；计算机科学与技术：2/A++；软件工程：1/A++；土木工程：2/A++；信息管理与信息系统：1/A++；英语：3/A++；制药工程：1/A++；自动化：1/A++。

2）中国一流应用型专业（5★）

财务管理：40/A；工程管理：27/A；经济与金融：7/A；人力资源管理：12/A+；审计学：7/A+；市场营销：38/A；数字媒体艺术：8/A+。

3）中国高水平应用型专业（4★）

机器人工程：14/A；数据科学与大数据技术：23/A。

2. 南京传媒学院

（1）南京传媒学院综合实力排名

综合排名：2024 校友会中国民办大学排名第 11 名，全国艺术类民办高校第 1 名，江苏省民办高校第 2 名。

星级排名：中国六星级应用型大学（6★），中国顶尖应用型大学。

（2）南京传媒学院各本科专业排名（全国排名/档次）

1）中国顶尖应用型专业（6★）

表演：1/A++；播音与主持艺术：12/A+；动画：9/A+；广播电视编导：10/A+；广播电视学：4/A+；网络与新媒体：1/A++。

2）中国一流应用型专业（5★）

传播学：3/A+；广播电视工程：3/A+；视觉传达设计：33/A；数字媒体技术：9/A+；戏剧影视文学：3/A+；新闻学：17/A；艺术与科技：3/A+。

3）中国高水平应用型专业（4★）

编辑出版学：4/A；产品设计：43/B++；服装与服饰设计：32/B++；公共事业管理：14/B++；广告学：21/B++；汉语国际教育：36/B++；环境设计：73/B++；录音艺术：4/A；贸易经济：5/A；摄影：5/A；数字媒体艺术：30/B++；文化产业管理：11/B++。

4）中国区域一流应用型专业（3★）

汉语言文学：180/B+；计算机科学与技术：253/B+；经济学：52/B+；美术学：82/B+；时尚传播：2/A+；通信工程：130/B+；戏剧影视导演：6/B+；戏剧影视美术设计：10/B+；英语：198/B+；影视摄影与制作：15/B+；智能科学与技术：17/B++。

5）中国区域高水平应用型专业（2★）

朝鲜语：32/C；电影学：6/D；电子信息工程：242/C；法语：32/C；国际新闻与传播：1/A++；绘画：44/C；漫画：7/D；葡萄牙语：9/D；日语：119/C；舞蹈教育：1/A++；物联网工程：232/C；西班牙语：23/C；意大利语：7/C；音乐学：150/C。

6）中国区域知名应用型专业（1★）

俄语：46/D；跨境电子商务：22/B；数字出版：12/D；舞蹈编导：37/D；舞蹈表演：66/D；新媒体艺术：6/B；音乐表演：123/D。

3. 东南大学成贤学院

（1）东南大学成贤学院综合实力排名

综合排名：2024 校友会中国民办大学排名第 27 名，全国综合类民办高校第 28 名，江苏省民办高校第 3 名。

星级排名：中国五星级应用型大学（5★），中国一流应用型大学。

（2）东南大学成贤学院各本科专业排名（全国排名/档次）

1）中国顶尖应用型专业（6★）

机械设计制造及其自动化：44/A+；交通运输：6/A+。

2）中国一流应用型专业（5★）

电子商务：37/A；电子信息工程：66/A；计算机科学与技术：101/A；建筑学：20/A；土木工程：49/A；物流管理：27/A。

3）中国高水平应用型专业（4★）

动画：37/B++；风景园林：12/B++；工程管理：59/B++；工程造价：34/B++；国际经济与贸易：109/B++；化学工程与工艺：50/B++；环境设计：73/B++；会计学：105/B++；机械工程：22/B++；软件工程：95/B++；市场营销：85/B++；制药工程：25/B++。

4）中国区域一流应用型专业（3★）

财务管理：137/B+；电气工程及其自动化：157/B+；电子科学与技术：42/B+；护理学：90/B+；视觉传达设计：140/B+；税收学：23/B+；药事管理：1/A++；自动化：120/B+。

5）中国区域高水平应用型专业（2★）

康复物理治疗：4/A。

6）中国区域知名应用型专业（1★）

功能材料：13/D；交通工程：42/D。

4. 三江学院

（1）三江学院综合实力排名

综合排名：2024 校友会中国民办大学排名第 28 名，全国综合类民办高校第 29 名，江苏省民办高校第 4 名。

星级排名：中国五星级应用型大学（5★），中国一流应用型大学。

（2）三江学院各本科专业排名（全国排名/档次）

1）中国顶尖应用型专业（6★）

财务管理：18/A+；电子信息工程：9/A+；汉语言文学：30/A+；新闻学：1/A++。

2）中国一流应用型专业（5★）

动画：17/A；旅游管理：42/A；土木工程：49/A；英语：62/A。

3）中国高水平应用型专业（4★）

表演：18/B++；电子科学与技术：22/B++；工程管理：59/B++；广告学：21/B++；国际经济与贸易：109/B++；环境设计：73/B++；绘画：12/B++；机械设计制造及其自动化：128/B++；计算机科学与技术：168/B++；建筑电气与智能化：10/B++；建筑学：36/B++；日语：36/B++；软件工程：95/B++；视觉传达设计：72/B++；通信工程：74/B++；网络工程：47/B++；知识产权：6/B++；自动化：70/B++。

4）中国区域一流应用型专业（3★）

材料成型及控制工程：49/B+；电气工程及其自动化：157/B+；电子商务及法律：4/A；汉语国际教育：79/B+；互联网金融：14/B+；机器人工程：36/B+；机械电子工程：74/B+；市场营销：144/B+；投资学：24/B+；微电子科学与工程：15/B+；文化产业管理：22/B+。

5）中国区域高水平应用型专业（2★）

车辆工程：88/C；风景园林：62/C；广播电视编导：105/C；集成电路设计与集成系统：9/D；美术学：124/C；汽车服务工程：103/C；摄影：38/C；数字媒体艺术：119/C；智能制造工程：34/B。

6）中国区域知名应用型专业（1★）

保险学：46/D；工程造价：136/C；公共艺术：27/D；会计学：280/D；会展经济与管理：49/C；网络空间安全：16/D；物流管理：251/D。

5. 南京师范大学泰州学院

（1）南京师范大学泰州学院综合实力排名

综合排名：2024 校友会中国民办大学排名第 30 名，全国师范类民办高校第 1 名，江苏省民办高校第 5 名。

星级排名：中国四星级应用型大学（4★），中国高水平应用型大学。

（2）南京师范大学泰州学院各本科专业排名（全国排名/档次）

1）中国一流应用型专业（5★）

小学教育：41/A。

2）中国高水平应用型专业（4★）

财务管理：80/B++；动画：37/B++；法学：55/B++；美术学：38/B++；生物技术：23/B++；体育教育：56/B++；物理学：39/B++；学前教育：95/B++；音乐学：54/B++；应用心理学：20/B++。

3）中国区域一流应用型专业（3★）

地理信息科学：25/B+；公共事业管理：37/B+；广播电视编导：72/B+；国际经济与贸易：179/B+；汉语言文学：180/B+；历史学：55/B+；人力资源管理：75/B+；社会体育指导与管理：34/B+；摄影：19/B+；书法学：16/B+；数学与应用数学：109/B+；数字媒体艺术：63/B+；舞蹈编导：16/B+；戏剧影视文学：17/B+；行政管理：37/B+；音乐表演：48/B+。

4）中国区域高水平应用型专业（2★）

播音与主持艺术：98/C；电气工程及其自动化：231/D；电子信息工程：242/C；工商管理：170/C；广告学：74/B；环境设计：203/B；计算机科学与技术：379/D；建筑电气与智能化：38/C；能源与动力工程：48/D；视觉传达设计：235/C；通信工程：205/D；应用化学：96/C；英语：318/C；园艺：40/D；制药工程：85/C。

5）中国区域知名应用型专业（1★）

风景园林：84/D；建筑环境与能源应用工程：71/D。

6. 苏州科技大学天平学院

（1）苏州科技大学天平学院综合实力排名

综合排名：2024 校友会中国民办大学排名第 33 名，全国综合类民办高校第 34 名，江苏省民办高校第 6 名。

星级排名：中国四星级应用型大学（4★），中国高水平应用型大学。

（2）苏州科技大学天平学院各本科专业排名（全国排名/档次）

1）中国顶尖应用型专业（6★）

工程造价：1/A++；机械设计制造及其自动化：44/A+。

2）中国一流应用型专业（5★）

电气工程及其自动化：48/A；给排水科学与工程：7/A；建筑环境与能源应用工程：8/A；人力资源管理：12/A+。

3）中国高水平应用型专业（4★）

财务管理：80/B++；翻译：19/B++；工程管理：59/B++；汉语言文学：118/B++；环境工程：32/B++；计算机科学与技术：168/B++；日语：36/B++；视觉传达设计：72/B++；土木工程：97/B++；物流管理：56/B++；英语：129/B++。

4）中国区域一流应用型专业（3★）

电子信息工程：186/B+；环境设计：113/B+；秘书学：10/B++；人文地理与城乡规划：23/B+；商务英语：71/B+；通信工程：130/B+；音乐学：87/B+。

5）中国区域高水平应用型专业（2★）

风景园林：62/C；酒店管理：81/B；市场营销：231/C；应用化学：96/C。

7. 南通理工学院

（1）南通理工学院综合实力排名

综合排名：2024 校友会中国民办大学排名第 58 名，全国理工类民办高校第 58 名，江苏省民办高校第 7 名。

星级排名：中国四星级应用型大学（4★），中国高水平应用型大学。

（2）南通理工学院各本科专业排名（全国排名/档次）

1）中国高水平应用型专业（4★）

机械设计制造及其自动化：128/B++；汽车服务工程：38/B++；土木工程：97/B++；物流管理：56/B++。

2）中国区域一流应用型专业（3★）

标准化工程：1/A++；船舶与海洋工程：7/B+；电子信息工程：186/B+；机器人工程：36/B+；交通运输：33/B+；金属材料工程：17/B+；酒店管理：47/B+；市场营销：

144/B+；视觉传达设计：140/B+；网络工程：82/B+。

3）中国区域高水平应用型专业（2★）

护理学：129/D；机械电子工程：132/C；人工智能：59/B；软件工程：221/C；新能源科学与工程：33/C。

4）中国区域知名应用型专业（1★）

安全工程：62/D；财务管理：326/C；车辆工程：117/D；电气工程及其自动化：293/D；电子商务：219/C；工程管理：174/C；工程造价：136/C；环境设计：311/D；计算机科学与技术：469/D；健康服务与管理：49/C；金融工程：115/C；数据科学与大数据技术：272/D；数字媒体技术：136/D；数字媒体艺术：155/C；新能源汽车工程：13/D；智能制造工程：70/C；自动化：211/D。

8. 无锡太湖学院

（1）无锡太湖学院综合实力排名

综合排名：2024 校友会中国民办大学排名第 66 名，全国综合类民办高校第 67 名，江苏省民办高校第 8 名。

星级排名：中国四星级应用型大学（4★），中国高水平应用型大学。

（2）无锡太湖学院各本科专业排名（全国排名/档次）

1）中国顶尖应用型专业（6★）

国际经济与贸易：45/A+；会计学：23/A+；机械工程：1/A++；视觉传达设计：18/A+；物联网工程：1/A++。

2）中国一流应用型专业（5★）

服装设计与工程：14/A；工程管理：27/A；商务英语：12/A+；信息与计算科学：8/A。

3）中国高水平应用型专业（4★）

电子信息工程：116/B++；机械电子工程：42/B++；旅游管理：76/B++；人力资源管理：32/B++；审计学：20/B++；市场营销：85/B++；数字媒体艺术：30/B++；通信工程：74/B++；土木工程：97/B++；舞蹈编导：8/B++；自动化：70/B++。

4）中国区域一流应用型专业（3★）

财务管理：137/B+；服装与服饰设计：60/B+；工业设计：48/B+；广告学：43/B+；护理学：90/B+；环境设计：113/B+；计算机科学与技术：253/B+；日语：69/B+；艺术设计学：51/B+；英语：198/B+。

5）中国区域高水平应用型专业（2★）

法学：138/C；工商管理：170/C；金融学：107/C；康复治疗学：59/C；音乐表演：85/C。

6）中国区域知名应用型专业（1★）

产品设计：180/D；汉语言文学：298/D；绘画：59/D；机器人工程：127/D；跨境电子商务：22/B；人工智能：86/C；软件工程：288/D；智能制造工程：70/C。

9. 南京邮电大学通达学院

（1）南京邮电大学通达学院综合实力排名

综合排名：2024 校友会中国民办大学排名第 67 名，全国综合类民办高校第 68 名，江苏省民办高校第 9 名。

星级排名：中国三星级应用型大学（3★），中国知名、区域一流应用型大学。

（2）南京邮电大学通达学院各本科专业排名（全国排名/档次）

1）中国一流应用型专业（5★）

通信工程：43/A。

2）中国高水平应用型专业（4★）

电气工程及其自动化：91/B++；电子科学与技术：22/B++；电子商务：66/B++；光电信息科学与工程：22/B++；广播电视工程：4/A；软件工程：95/B++；数字媒体技术：25/B++；网络工程：47/B++；物联网工程：62/B++；信息工程：8/B++。

3）中国区域一流应用型专业（3★）

计算机科学与技术：253/B+；金融工程：39/B+；市场营销：144/B+；统计学：20/B++；微电子科学与工程：15/B+；信息管理与信息系统：71/B+；英语：198/B+；自动化：120/B+。

4）中国区域知名应用型专业（1★）

财务管理：326/C；广告学：123/D；数据科学与大数据技术：272/D；物流管理：251/D。

10. 南京工业大学浦江学院

（1）南京工业大学浦江学院综合实力排名

综合排名：2024 校友会中国民办大学排名第 74 名，全国综合类民办高校第 75 名，江苏省民办高校第 10 名。

星级排名：中国三星级应用型大学（3★），中国知名、区域一流应用型大学。

（2）南京工业大学浦江学院各本科专业排名（全国排名/档次）

1）中国高水平应用型专业（4★）

测绘工程：18/B++；高分子材料与工程：14/B++；化学工程与工艺：50/B++；物业管理：9/B++；信息管理与信息系统：35/B++。

2）中国区域一流应用型专业（3★）

给排水科学与工程：36/B+；工商管理：106/B+；工业工程：12/B+；轨道交通信号与控制：11/B+；机械工程：35/B+；建筑环境与能源应用工程：33/B+；日语：69/B+；软件工程：156/B+；泰语：12/B+；通信工程：130/B+；土木工程：160/B+；行政管理：37/B+；艺术与科技：17/B+。

3）中国区域高水平应用型专业（2★）

产品设计：130/C；电子信息科学与技术：71/C；工程管理：142/C；公共事业管理：74/C；国际经济与贸易：260/C；计算机科学与技术：379/D；建筑学：104/D；交通工程：34/D；能源与动力工程：48/D；人力资源管理：134/C；食品科学与工程：96/D；市场营销：231/C；视觉传达设计：235/C；自动化：176/D。

4）中国区域知名应用型专业（1★）

财务管理：326/C；车辆工程：117/D；酒店管理：124/C；汽车服务工程：134/D；数字媒体艺术：155/C；税收学：41/D；网络工程：191/D；文化产业管理：71/D；药

物制剂：32/D。

11. 南京航空航天大学金城学院

（1）南京航空航天大学金城学院综合实力排名

综合排名：2024 校友会中国民办大学排名第 75 名，全国理工类民办高校第 76 名，江苏省民办高校第 11 名。

星级排名：中国三星级应用型大学（3★），中国知名、区域一流应用型大学。

（2）南京航空航天大学金城学院各本科专业排名（全国排名/档次）

1）中国一流应用型专业（5★）

电气工程及其自动化：48/A；机械工程：11/A。

2）中国高水平应用型专业（4★）

工业设计：17/B++；机械电子工程：42/B++；汽车服务工程：38/B++；物联网工程：62/B++；信息与计算科学：26/B++。

3）中国区域一流应用型专业（3★）

播音与主持艺术：54/B+；测控技术与仪器：34/B+；车辆工程：56/B+；飞行技术：9/B+；工商管理：106/B+；国际经济与贸易：179/B+；航空服务艺术与管理：4/A；会计学：177/B+；计算机科学与技术：253/B+；交通运输：33/B+；金融学：79/B+；酒店管理：47/B+；市场营销：144/B+；土木工程：160/B+；信息工程：14/B+；自动化：120/B+。

4）中国区域高水平应用型专业（2★）

翻译：84/C；工业工程：27/B；软件工程：221/C；视觉传达设计：235/C；英语：318/C。

5）中国区域知名应用型专业（1★）

产品设计：180/D；电子信息工程：314/D；广播电视编导：135/D；环境设计：311/D；数字媒体艺术：155/C；物流管理：251/D；音乐表演：123/D。

12. 江苏大学京江学院

（1）江苏大学京江学院综合实力排名

综合排名：2024 校友会中国民办大学排名第 80 名，全国综合类民办高校第 81 名，江苏省民办高校第 12 名。

星级排名：中国二星级应用型大学（2★），中国区域高水平应用型大学。

（2）江苏大学京江学院各本科专业排名（全国排名/档次）

1）中国高水平应用型专业（4★）

机械设计制造及其自动化：128/B++；能源经济：1/A++。

2）中国区域一流应用型专业（3★）

车辆工程：56/B+；动画：82/B+；法学：82/B+；高分子材料与工程：28/B+；工业工程：12/B+；机械电子工程：74/B+；交通运输：33/B+；统计学：20/B++；药物制剂：15/B+；冶金工程：12/B+；制药工程：54/B+。

3）中国区域高水平应用型专业（2★）

安全工程：39/C；工业设计：74/C；化学工程与工艺：121/D；金属材料工程：30/D；能源与动力工程：48/D；软件工程：221/C；生物技术：71/C；食品科学与工程：96/D；物流管理：182/C；质量管理工程：9/D。

4）中国区域知名应用型专业（1★）

材料成型及控制工程：109/D；财务管理：326/C；电气工程及其自动化：293/D；电子商务：219/C；电子信息工程：314/D；公共事业管理：96/D；国际经济与贸易：325/D；护理学：153/D；环境设计：311/D；会计学：280/D；计算机科学与技术：469/D；汽车服务工程：134/D；人力资源管理：202/D；市场营销：321/D；视觉传达设计：299/D；通信工程：247/D；土木工程：257/D；信息管理与信息系统：161/D；医学检验技术：73/D；英语：412/D；自动化：211/D。

13. 扬州大学广陵学院

（1）扬州大学广陵学院综合实力排名

综合排名：2024 校友会中国民办大学排名第 82 名，全国综合类民办高校第 83 名，江苏省民办高校第 13 名。

星级排名：中国三星级应用型大学（3★），中国知名、区域一流应用型大学。

（2）扬州大学广陵学院各本科专业排名（全国排名/档次）

1）中国高水平应用型专业（4★）

动物医学：8/B++；广播电视学：19/B++；护理学：59/B++；微电子科学与工程：9/B++。

2）中国区域一流应用型专业（3★）

财务管理：137/B+；电气工程及其自动化：157/B+；动物科学：12/B+；法学：82/B+；化学工程与工艺：92/B+；建筑电气与智能化：20/B+；建筑环境与能源应用工程：33/B+；日语：69/B+；软件工程：156/B+；水利水电工程：23/B+；通信工程：130/B+。

3）中国区域高水平应用型专业（2★）

朝鲜语：32/C；人力资源管理：134/C；园林：55/C。

4）中国区域知名应用型专业（1★）

电子信息工程：314/D；电子信息科学与技术：88/D；服装与服饰设计：111/D；高分子材料与工程：58/D；给排水科学与工程：72/D；工程管理：174/C；工商管理：205/D；公共事业管理：96/D；国际经济与贸易：325/D；汉语言文学：298/D；环境工程：115/D；环境设计：311/D；会计学：280/D；机械设计制造及其自动化：297/D；计算机科学与技术：469/D；旅游管理：234/D；社会工作：93/D；生物制药：43/D；市场营销：321/D；视觉传达设计：299/D；统计学：81/D；土木工程：257/D；英语：412/D；制药工程：109/D；智能制造工程：70/C。

14. 南通大学杏林学院

（1）南通大学杏林学院综合实力排名

综合排名：2024 校友会中国民办大学排名第 89 名，全国综合类民办高校第 90 名，江苏省民办高校第 14 名。

星级排名：中国二星级应用型大学（2★），中国区域高水平应用型大学。

（2）南通大学杏林学院各本科专业排名（全国排名/档次）

1）中国高水平应用型专业（4★）

服装设计与工程：18/B++；土木工程：97/B++；行政管理：14/B++；医学检验技术：22/B++；自然地理与资源环境：7/B++。

2）中国区域一流应用型专业（3★）

城市管理：8/B+；电气工程及其自动化：157/B+；海洋技术：3/A+；机械工程：35/B+；交通设备与控制工程：3/A+；人力资源管理：75/B+；人文地理与城乡规划：23/B+；数字媒体技术：57/B+；物联网工程：139/B+；物流管理：127/B+；药学：38/B+；医学实验技术：2/A+。

3）中国区域高水平应用型专业（2★）

动画：117/C；纺织工程：18/D；化学工程与工艺：121/D；集成电路设计与集成系统：9/D；临床医学：64/D；轻化工程：12/D；统计学：53/B；卫生检验与检疫：17/D。

4）中国区域知名应用型专业（1★）

电子信息工程：314/D；工程管理：174/C；光电信息科学与工程：73/D；广播电视学：75/D；国际经济与贸易：325/D；汉语言文学：298/D；护理学：153/D；会计学：280/D；机械设计制造及其自动化：297/D；计算机科学与技术：469/D；酒店管理：124/C；日语：173/D；软件工程：288/D；市场营销：321/D；微电子科学与工程：30/D；艺术设计学：100/D；应用心理学：112/D；英语：412/D；自动化：211/D。

15. 南京财经大学红山学院

（1）南京财经大学红山学院综合实力排名

综合排名：2024 校友会中国民办大学排名第 91 名，全国综合类民办高校第 92 名，江苏省民办高校第 15 名。

星级排名：中国二星级应用型大学（2★），中国区域高水平应用型大学。

（2）南京财经大学红山学院各本科专业排名（全国排名/档次）

1）中国高水平应用型专业（4★）

保险学：14/B++；国际经济与贸易：109/B++；审计学：20/B++；市场营销：85/B++；税收学：14/B++；信息管理与信息系统：35/B++。

2）中国区域一流应用型专业（3★）

会计学：177/B+；金融学：79/B+；贸易经济：9/B+。

3）中国区域高水平应用型专业（2★）

新闻学：81/C。

4）中国区域知名应用型专业（1★）

财务管理：326/C；电子商务：219/C；法学：193/D；工商管理：205/D；广告学：123/D；人力资源管理：202/D；物流管理：251/D；英语：412/D。

16. 南京师范大学中北学院

（1）南京师范大学中北学院综合实力排名

综合排名：2024 校友会中国民办大学排名第 93 名，全国综合类民办高校第 94 名，江苏省民办高校第 16 名。

星级排名：中国二星级应用型大学（2★），中国区域高水平应用型大学。

（2）南京师范大学中北学院各本科专业排名（全国排名/档次）

1）中国高水平应用型专业（4★）

法学：55/B++；广播电视编导：31/B++；广告学：21/B++；汉语言文学：118/B++；环境设计：73/B++；日语：36/B++；物联网工程：62/B++；音乐学：54/B++。

2）中国区域一流应用型专业（3★）

播音与主持艺术：54/B+；翻译：39/B+；国际经济与贸易：179/B+；社会工作：31/B+；生物技术：41/B+；艺术设计学：51/B+；艺术与科技：17/B+。

3）中国区域高水平应用型专业（2★）

动画：117/C；法语：32/C；能源与动力工程：48/D；商务英语：161/C。

4）中国区域知名应用型专业（1★）

电气工程及其自动化：293/D；电子信息工程：314/D；工商管理：205/D；光电信息科学与工程：73/D；航空服务艺术与管理：22/C；环境工程：115/D；会计学：280/D；机械工程：52/D；计算机科学与技术：469/D；金融学：133/D；旅游管理：234/D；美术学：163/D；社会体育指导与管理：104/C；摄影：47/D；数据科学与大数据技术：272/D；通信工程：247/D；新闻学：125/D；信息管理与信息系统：161/D；行政管理：105/D；眼视光学：15/D；音乐表演：123/D；英语：412/D。

17. 南京审计大学金审学院

（1）南京审计大学金审学院综合实力排名

综合排名：2024 校友会中国民办大学排名第 94 名，全国综合类民办高校第 95 名，江苏省民办高校第 17 名。

星级排名：中国二星级应用型大学（2★），中国区域高水平应用型大学。

（2）南京审计大学金审学院各本科专业排名（全国排名/档次）

1）中国一流应用型专业（5★）

审计学：7/A+。

2）中国高水平应用型专业（4★）

保险学：14/B++；财务管理：80/B++；物流管理：56/B++；资产评估：10/B++。

3）中国区域一流应用型专业（3★）

会计学：177/B+；计算机科学与技术：253/B+；金融学：79/B+；数字媒体艺术：63/B+；税收学：23/B+；物联网工程：139/B+；艺术与科技：17/B+。

4）中国区域高水平应用型专业（2★）

学前教育：173/C。

5）中国区域知名应用型专业（1★）

工程管理：174/C；工商管理：205/D；国际经济与贸易：325/D；环境设计：311/D；酒店管理：124/C；汽车服

务工程：134/D；视觉传达设计：299/D；网络工程：191/D；信息管理与信息系统：161/D；行政管理：105/D。

18. 江苏科技大学苏州理工学院

（1）江苏科技大学苏州理工学院综合实力排名

综合排名：2024 校友会中国民办大学排名第 98 名，全国综合类民办高校第 99 名，江苏省民办高校第 18 名。

星级排名：中国二星级应用型大学（2★），中国区域高水平应用型大学。

（2）江苏科技大学苏州理工学院各本科专业排名（全国排名/档次）

1）中国高水平应用型专业（4★）

蚕学：1/A++；环境工程：32/B++；机械设计制造及其自动化：128/B++；物流管理：56/B++。

2）中国区域一流应用型专业（3★）

船舶与海洋工程：7/B+；电子封装技术：3/A+；港口航道与海岸工程：8/B+；高分子材料与工程：28/B+；工程力学：2/A+；海洋工程与技术：2/A+；焊接技术与工程：12/B+；机械电子工程：74/B+；金属材料工程：17/B+；粮食工程：4/A；轮机工程：5/A；能源与动力工程：33/B+；水声工程：1/A++；通信工程：130/B+；信息安全：8/B+；休闲体育：19/B+；政治学与行政学：11/B+。

3）中国区域高水平应用型专业（2★）

材料成型及控制工程：76/C；测控技术与仪器：57/D；翻译：84/C；工业设计：74/C；建筑环境与能源应用工程：50/C；社会体育指导与管理：61/B；生物技术：71/C；食品质量与安全：57/B；新能源材料与器件：21/C；新能源科学与工程：33/C；应用物理学：17/C。

4）中国区域知名应用型专业（1★）

财务管理：326/C；电气工程及其自动化：293/D；电子信息工程：314/D；电子信息科学与技术：88/D；工程管理：174/C；工程造价：136/C；工商管理：205/D；工业工程：53/D；公共事业管理：96/D；国际经济与贸易：325/D；会计学：280/D；机器人工程：127/D；计算机科学与技术：469/D；建筑学：124/D；金融工程：115/C；经济学：111/D；旅游管理：234/D；人力资源管理：202/D；软件工程：288/D；生物工程：90/D；土木工程：257/D；物联网工程：299/D；信息管理与信息系统：161/D；信息与计算科学：105/D；应用化学：150/D；应用统计学：59/C；英语：412/D；自动化：211/D。

19. 南京理工大学紫金学院

（1）南京理工大学紫金学院综合实力排名

综合排名：2024 校友会中国民办大学排名第 101 名，全国理工类民办高校第 103 名，江苏省民办高校第 19 名。

星级排名：中国二星级应用型大学（2★），中国区域高水平应用型大学。

（2）南京理工大学紫金学院各本科专业排名（全国排名/档次）

1）中国一流应用型专业（5★）

公共事业管理：7/A+。

2）中国高水平应用型专业（4★）

测控技术与仪器：18/B++；电气工程及其自动化：91/B++；会计学：105/B++；机械工程：22/B++；计算机科学与技术：168/B++；通信工程：74/B++；网络工程：47/B++。

3）中国区域一流应用型专业（3★）

车辆工程：56/B+；电子科学与技术：42/B+；光电信息科学与工程：36/B+；交通工程：24/B+；软件工程：156/B+；土木工程：160/B+；英语：198/B+；自动化：120/B+。

4）中国区域高水平应用型专业（2★）

电子信息工程：242/C；法学：138/C；工业工程：27/B；国际经济与贸易：260/C；金融学：107/C；人力资源管理：134/C；市场营销：231/C；物联网工程：232/C；智能车辆工程：4/A。

5）中国区域知名应用型专业（1★）

机器人工程：127/D；人工智能：86/C；智能感知工程：2/A+。

20. 江苏师范大学科文学院

（1）江苏师范大学科文学院综合实力排名

综合排名：2024 校友会中国民办大学排名第 103 名，全国综合类民办高校第 104 名，江苏省民办高校第 20 名。

星级排名：中国二星级应用型大学（2★），中国区域高水平应用型大学。

（2）江苏师范大学科文学院各本科专业排名（全国排名/档次）

1）中国高水平应用型专业（4★）

软件工程：95/B++；市场营销：85/B++；自动化：70/B++。

2）中国区域一流应用型专业（3★）

测绘工程：42/B+；广播电视编导：72/B+；汉语国际教育：79/B+；汉语言文学：180/B+；社会工作：31/B+；数据科学与大数据技术：60/B++；统计学：20/B++；物联网工程：139/B+；影视摄影与制作：15/B+。

3）中国区域高水平应用型专业（2★）

播音与主持艺术：98/C；财务管理：251/C；电气工程及其自动化：231/D；电子信息工程：242/C；房地产开发与管理：21/C；广告学：74/B；国际经济与贸易：260/C；计算机科学与技术：379/D；金融工程：80/B；经济统计学：31/B；旅游管理：180/C；人文地理与城乡规划：32/C；视觉传达设计：235/C；物理学：99/C；英语：318/C。

4）中国区域知名应用型专业（1★）

电气工程与智能控制：24/D；电子商务及法律：9/C；互联网金融：32/C；会计学：280/D；机器人工程：127/D；机械设计制造及其自动化：297/D；金融科技：17/B；经济学：111/D；人工智能：86/C；日语：173/D；商务英语：230/D；数字媒体艺术：155/C；通信工程：247/D；网络与

新媒体：140/C；物流管理：251/D；智能科学与技术：63/C。

21. 苏州大学应用技术学院

（1）苏州大学应用技术学院综合实力排名

综合排名：2024校友会中国民办大学排名第106名，全国综合类民办高校第107名，江苏省民办高校第21名。

星级排名：中国二星级应用型大学（2★），中国区域高水平应用型大学。

（2）苏州大学应用技术学院各本科专业排名（全国排名/档次）

1）中国高水平应用型专业（4★）

电气工程及其自动化：91/B++；服装设计与工程：18/B++；高分子材料与工程：14/B++。

2）中国区域一流应用型专业（3★）

服装与服饰设计：60/B+；机械电子工程：74/B+；机械工程：35/B+；机械设计制造及其自动化：207/B+；视觉传达设计：140/B+；通信工程：130/B+。

3）中国区域高水平应用型专业（2★）

酒店管理：81/B；软件工程：221/C；投资学：51/B；物联网工程：232/C；物流管理：182/C；应用心理学：75/C；智能制造工程：34/B。

4）中国区域知名应用型专业（1★）

财务管理：326/C；电子商务：219/C；电子信息工程：314/D；电子信息科学与技术：88/D；广告学：123/D；国际经济与贸易：325/D；汉语国际教育：153/D；会计学：280/D；计算机科学与技术：469/D；旅游管理：234/D；日语：173/D；市场营销：321/D；数据科学与大数据技术：272/D；信息与计算科学：105/D；英语：412/D。

22. 中国矿业大学徐海学院

（1）中国矿业大学徐海学院综合实力排名

综合排名：2024校友会中国民办大学排名第114名，全国理工类民办高校第116名，江苏省民办高校第22名。

星级排名：中国二星级应用型大学（2★），中国区域高水平应用型大学。

（2）中国矿业大学徐海学院各本科专业排名（全国排名/档次）

1）中国一流应用型专业（5★）

土木工程：49/A。

2）中国高水平应用型专业（4★）

安全工程：14/B++；电气工程及其自动化：91/B++；会计学：105/B++；能源与动力工程：19/B++；消防工程：4/A。

3）中国区域一流应用型专业（3★）

材料科学与工程：37/B+；测控技术与仪器：34/B+；工程管理：96/B+；工业工程：12/B+；机械工程：35/B+；金融学：79/B+；物联网工程：139/B+；英语：198/B+；自动化：120/B+。

4）中国区域高水平应用型专业（2★）

电子科学与技术：57/D；工业设计：74/C；国际经济与贸易：260/C；汉语言文学：253/C；计算机科学与技术：379/D；市场营销：231/C；信息工程：27/D；行政管理：61/C；艺术设计学：77/C。

5）中国区域知名应用型专业（1★）

财务管理：326/C；广告学：123/D；机器人工程：127/D；机械设计制造及其自动化：297/D；建筑环境与能源应用工程：71/D；跨境电子商务：22/B；人工智能：86/C；数据科学与大数据技术：272/D；智能制造工程：70/C。

23. 常州大学怀德学院

（1）常州大学怀德学院综合实力排名

综合排名：2024校友会中国民办大学排名第116名，全国综合类民办高校第117名，江苏省民办高校第23名。

星级排名：中国一星级应用型大学（1★），中国区域知名应用型大学。

（2）常州大学怀德学院各本科专业排名（全国排名/档次）

1）中国高水平应用型专业（4★）

电子信息工程：116/B++；国际经济与贸易：109/B++；会计学：105/B++；市场营销：85/B++；物流管理：56/B++。

2）中国区域一流应用型专业（3★）

材料成型及控制工程：49/B+；工程管理：96/B+；工业设计：48/B+；过程装备与控制工程：10/B+；化学工程与工艺：92/B+；环境工程：60/B+；建筑环境与能源应用工程：33/B+；金属材料工程：17/B+；轻化工程：6/B+；油气储运工程：9/B+；制药工程：54/B+。

3）中国区域高水平应用型专业（2★）

电气工程及其自动化：231/D；电子科学与技术：57/D；焊接技术与工程：19/D；社会工作：62/C；休闲体育：32/B。

4）中国区域知名应用型专业（1★）

财务管理：326/C；产品设计：180/D；电子商务：219/C；服装与服饰设计：111/D；高分子材料与工程：58/D；给排水科学与工程：72/D；环境设计：311/D；机械设计制造及其自动化：297/D；计算机科学与技术：469/D；人力资源管理：202/D；日语：173/D；软件工程：288/D；生物工程：90/D；视觉传达设计：299/D；通信工程：247/D；土木工程：257/D；信息管理与信息系统：161/D；英语：412/D；自动化：211/D。

24. 南京医科大学康达学院

（1）南京医科大学康达学院综合实力排名

综合排名：2024校友会中国民办大学排名第120名，全国医药类民办高校第22名，江苏省民办高校第24名。

星级排名：中国一星级应用型大学（1★），中国区域知名应用型大学。

（2）南京医科大学康达学院各本科专业排名（全国排名/档次）

1）中国一流应用型专业（5★）

护理学：32/A。

2）中国高水平应用型专业（4★）

眼视光学：6/B++；医学检验技术：22/B++；医学影像技术：13/B++；预防医学：11/B++。

3）中国区域一流应用型专业（3★）

临床医学：50/B+；生物医学工程：18/B+；药物制剂：15/B+；药学：38/B+。

4）中国区域高水平应用型专业（2★）

康复治疗学：59/C；医疗保险：1/A++；医学信息工程：10/B；助产学：28/C。

5）中国区域知名应用型专业（1★）

公共事业管理：96/D；健康服务与管理：49/C；英语：412/D；制药工程：109/D。

25. 南京中医药大学翰林学院

（1）南京中医药大学翰林学院综合实力排名

综合排名：2024 校友会中国民办大学排名第 121 名，全国医药类民办高校第 23 名，江苏省民办高校第 25 名。

星级排名：中国一星级应用型大学（1★），中国区域知名应用型大学。

（2）南京中医药大学翰林学院各本科专业排名（全国排名/档次）

1）中国一流应用型专业（5★）

护理学：32/A；中医学：2/A+。

2）中国高水平应用型专业（4★）

制药工程：25/B++。

3）中国区域一流应用型专业（3★）

生物制药：13/B+；药事管理：1/A++；针灸推拿学：10/B+；中药学：28/B+；中药资源与开发：4/A。

4）中国区域高水平应用型专业（2★）

药物制剂：24/D。

5）中国区域知名应用型专业（1★）

公共事业管理：96/D；国际经济与贸易：325/D；康复治疗学：90/D；市场营销：321/D；信息管理与信息系统：161/D；药学：81/D；应用心理学：112/D。

四、江苏省合作办学大学专业排名详情

1. 西交利物浦大学

（1）西交利物浦大学综合实力排名

综合排名：2024 校友会中国合作办学大学排名第 3 名，全国综合类合作办学大学第 3 名，江苏省合作办学大学第 1 名。

星级排名：中国六星级大学（6★），中国顶尖合作办学大学。

（2）西交利物浦大学各本科专业排名（全国排名/档次）

1）世界高水平、中国顶尖专业（6★）

国际商务：1/A++；信息管理与信息系统：10/A+。

2）中国一流专业（5★）

电子科学与技术：15/A；建筑学：20/A；经济学：24/A；生物科学：29/A；数学与应用数学：41/A；英语：42/A。

3）中国高水平专业（4★）

城乡规划：26/B++；传播学：17/B++；电气工程及其自动化：88/B++；工商管理：100/B++；工业设计：38/B++；公共事业管理：30/B++；汉语国际教育：18/A；环境科学：31/B++；会计学：112/B++；经济与金融：2/A+；人力资源管理：34/B++；市场营销：59/B++；数字媒体技术：14/B++；土木工程：96/B++；应用化学：69/B++。

4）中国区域一流专业（3★）

广播电视学：36/B+；国际事务与国际关系：5/A；机械电子工程：48/B+；金融数学：10/B++；精算学：4/A；生物信息学：17/B+；数字媒体艺术：39/B+。

5）中国区域高水平专业（2★）

供应链管理：4/A；机器人工程：18/B++；数据科学与大数据技术：54/B++；物联网工程：140/C；艺术与科技：20/C；影视摄影与制作：15/C；智能制造工程：16/B++。

2. 昆山杜克大学

（1）昆山杜克大学综合实力排名

综合排名：2024 校友会中国合作办学大学排名第 6 名，全国综合类合作办学大学第 5 名，江苏省合作办学大学第 2 名。

星级排名：中国五星级大学（5★），中国一流合作办学大学。

（2）昆山杜克大学各本科专业排名（全国排名/档次）

1）中国一流专业（5★）

数据科学与大数据技术：3/A++。

2）中国高水平专业（4★）

材料科学与工程：68/B++；国际事务与国际关系：1/A++；化学：87/B++；环境科学：31/B++。

3）中国区域一流专业（3★）

历史学：98/B+；全球健康学：2/A+；生物科学：122/B+；数学与应用数学：190/B+。

4）中国区域高水平专业（2★）

计算机科学与技术：370/D；经济学：205/D；社会学：73/D；世界史：20/D；数字媒体艺术：79/C；心理学：44/D；英语：358/D；哲学：64/D。

第四节　江西省

一、江西省大学综合实力排名

1. 江西省大学排名

表 5-13　2024 校友会江西省大学排名

全国排名	学校名称	所在城市	星级排名	办学层次	星级专业数/个								
					专业类型	8★	7★	6★	5★	4★	3★	2★	1★
47	南昌大学	南昌市	5★	中国一流大学	研究型	0	0	3	6	54	35	22	12
111	江西财经大学	南昌市	5★	中国一流大学	研究型	0	0	1	6	27	3	9	4
121	江西师范大学	南昌市	4★	中国高水平大学	研究型	0	0	0	6	34	21	23	2
138	江西理工大学	赣州市	4★	中国高水平大学	研究型	0	0	1	7	14	13	28	9
177	江西农业大学	南昌市	3★	区域一流大学	研究型	0	0	0	2	16	11	24	13
191	华东交通大学	南昌市	3★	区域一流大学	研究型	0	0	1	3	20	14	10	11
191	南昌航空大学	南昌市	3★	区域一流大学	研究型	0	0	1	2	16	11	20	23
203	景德镇陶瓷大学	景德镇市	3★	区域一流大学	研究型	0	0	2	2	12	15	11	14
231	东华理工大学	抚州市	3★	区域一流大学	研究型	0	0	0	2	18	7	14	22
273	赣南师范大学	赣州市	2★	区域高水平大学	研究型	0	0	0	0	12	19	13	15
294	井冈山大学	吉安市	2★	区域高水平大学	应用型	0	0	13	13	20	14	9	3
296	江西科技师范大学	南昌市	2★	区域高水平大学	研究型	0	0	0	0	9	10	17	29
328	江西中医药大学	南昌市	3★	区域一流大学	研究型	0	0	1	1	4	13	3	7
328	南昌工程学院	南昌市	1★	区域知名大学	应用型	0	1	13	8	11	9	8	0
377	宜春学院	宜春市	1★	区域知名大学	应用型	0	0	0	3	20	24	13	2
393	赣南医科大学	赣州市	1★	区域知名大学	应用型	0	0	3	7	5	3	9	3
407	上饶师范学院	上饶市	1★	区域知名大学	应用型	0	0	0	4	5	15	12	11
436	南昌师范学院	南昌市	1★	区域知名大学	应用型	0	0	1	0	3	6	4	12
453	景德镇学院	景德镇市	1★	区域知名大学	应用型	0	0	1	0	2	9	4	15
465	九江学院	九江市	1★	区域知名大学	应用型	0	0	11	9	15	26	33	13
472	新余学院	新余市	1★	区域知名大学	应用型	0	0	0	2	6	5	5	19
484	江西警察学院	南昌市	3★	区域一流大学	应用型	0	0	1	5	4	4	0	0
493	萍乡学院	萍乡市	1★	区域知名大学	应用型	0	0	0	1	2	6	9	16
510	豫章师范学院	南昌市	1★	区域知名大学	应用型	0	0	0	1	1	7	7	13
518	赣东学院	抚州市	1★	区域知名大学	应用型	0	0	0	0	3	4	4	15
518	赣南科技学院	赣州市	1★	区域知名大学	应用型	0	0	0	6	7	5	9	7
518	南昌医学院	南昌市	1★	区域知名大学	应用型	0	0	0	1	3	10	3	6

2. 江西省民办大学排名

表 5-14　2024 校友会江西省民办大学排名（含独立学院）

全国排名	学校名称	所在城市	星级排名	办学层次	星级专业数/个								
					专业类型	8★	7★	6★	5★	4★	3★	2★	1★
5	南昌理工学院	南昌市	6★	中国顶尖应用型大学	应用型	0	0	20	13	20	0	0	0
18	江西科技学院	南昌市	6★	中国顶尖应用型大学	应用型	0	0	6	7	12	10	13	3

续表

全国排名	学校名称	所在城市	星级排名	办学层次	星级专业数/个								
					专业类型	8★	7★	6★	5★	4★	3★	2★	1★
49	南昌工学院	南昌市	4★	中国高水平应用型大学	应用型	0	0	1	2	5	7	8	31
58	江西服装学院	南昌市	3★	区域一流应用型大学	应用型	0	0	3	1	5	3	4	10
59	南昌交通学院	南昌市	3★	区域一流应用型大学	应用型	0	0	0	1	3	7	14	14
72	南昌大学共青学院	九江市	3★	区域一流应用型大学	应用型	0	0	0	0	2	6	5	12
78	南昌大学科学技术学院	南昌市	3★	区域一流应用型大学	应用型	0	0	0	1	4	22	5	0
90	江西师范大学科学技术学院	南昌市	3★	中国高水平应用型大学	应用型	0	0	0	1	5	11	7	13
95	江西财经大学现代经济管理学院	南昌市	3★	区域一流应用型大学	应用型	0	0	0	0	2	2	4	12
99	江西农业大学南昌商学院	南昌市	2★	区域高水平应用型大学	应用型	0	0	0	0	1	6	5	20
126	赣南师范大学科技学院	赣州市	1★	区域知名应用型大学	应用型	0	0	0	0	0	3	8	9
128	南昌航空大学科技学院	南昌市	2★	区域高水平应用型大学	应用型	0	0	0	0	3	3	3	20
129	南昌应用技术师范学院	南昌市	1★	区域知名应用型大学	应用型	0	0	0	0	1	2	4	10
130	江西应用科技学院	南昌市	1★	区域知名应用型大学	应用型	0	0	0	0	3	8	3	21
131	江西工程学院	新余市	1★	区域知名应用型大学	应用型	0	0	0	1	6	6	9	12

3. 江西省高职院校排名

表 5-15　2024 校友会江西省高职院校排名

全国排名	学校名称	所在城市	办学类型	星级排名	办学层次
2	九江职业技术学院	九江市	职业技能型	6★	中国顶尖高职院校
5	江西应用技术职业学院	赣州市	职业技能型	6★	中国顶尖高职院校
7	江西财经职业学院	九江市	职业技能型	6★	中国顶尖高职院校
9	江西环境工程职业学院	赣州市	职业技能型	6★	中国顶尖高职院校
12	江西旅游商贸职业学院	南昌市	职业技能型	6★	中国顶尖高职院校
24	江西新能源科技职业学院	新余市	职业技能型	5★	中国一流高职院校
25	宜春职业技术学院	宜春市	职业技能型	5★	中国一流高职院校
32	共青科技职业学院	九江市	职业技能型	5★	中国一流高职院校
42	江西现代职业技术学院	南昌市	职业技能型	4★	中国高水平高职院校
49	江西外语外贸职业学院	南昌市	职业技能型	4★	中国高水平高职院校
80	江西生物科技职业学院	南昌市	职业技能型	3★	区域一流高职院校
86	江西交通职业技术学院	南昌市	职业技能型	3★	区域一流高职院校
90	九江职业大学	九江市	职业技能型	3★	区域一流高职院校
104	江西医学高等专科学校	上饶市	职业技能型	3★	区域一流高职院校
105	江西师范高等专科学校	鹰潭市	职业技能型	4★	中国高水平高职院校
126	赣州师范高等专科学校	赣州市	职业技能型	3★	区域一流高职院校
136	抚州职业技术学院	抚州市	职业技能型	3★	区域一流高职院校
140	江西卫生职业学院	南昌市	职业技能型	3★	区域一流高职院校
149	江西陶瓷工艺美术职业技术学院	景德镇市	职业技能型	3★	区域一流高职院校
160	赣南卫生健康职业学院	赣州市	职业技能型	2★	区域高水平高职院校
161	宜春幼儿师范高等专科学校	宜春市	职业技能型	2★	区域高水平高职院校
166	江西中医药高等专科学校	抚州市	职业技能型	2★	区域高水平高职院校
181	吉安职业技术学院	吉安市	职业技能型	2★	区域高水平高职院校
187	江西科技职业学院	南昌市	职业技能型	2★	区域高水平高职院校

续表

全国排名	学校名称	所在城市	办学类型	星级排名	办学层次
188	江西泰豪动漫职业学院	南昌市	职业技能型	2★	区域高水平高职院校
207	江西工业贸易职业技术学院	南昌市	职业技能型	2★	区域高水平高职院校
208	江西工商职业技术学院	南昌市	职业技能型	2★	区域高水平高职院校
214	江西工业工程职业技术学院	萍乡市	职业技能型	2★	区域高水平高职院校
217	江西工业职业技术学院	南昌市	职业技能型	2★	区域高水平高职院校
227	赣州职业技术学院	赣州市	职业技能型	2★	区域高水平高职院校
233	江西洪州职业学院	宜春市	职业技能型	2★	区域高水平高职院校
234	江西青年职业学院	南昌市	职业技能型	2★	区域高水平高职院校
237	江西机电职业技术学院	南昌市	职业技能型	2★	区域高水平高职院校
239	上饶职业技术学院	上饶市	职业技能型	2★	区域高水平高职院校
241	抚州幼儿师范高等专科学校	抚州市	职业技能型	2★	区域高水平高职院校
255	江西制造职业技术学院	南昌市	职业技能型	2★	区域高水平高职院校
269	江西工程职业学院	南昌市	职业技能型	2★	区域高水平高职院校
288	江西司法警官职业学院	南昌市	职业技能型	1★	区域知名高职院校
288	江西冶金职业技术学院	新余市	职业技能型	2★	区域高水平高职院校
294	江西航空职业技术学院	南昌市	职业技能型	2★	区域高水平高职院校

4. 江西省职业技术大学排名

表 5-16　2024 校友会江西省职业技术大学排名

全国排名	学校名称	所在城市	办学类型	星级排名	办学层次
24	南昌职业大学	南昌市	职业技能型	4★	中国高水平职业技术大学
26	江西软件职业技术大学	南昌市	职业技能型	3★	区域一流职业技术大学
33	景德镇艺术职业大学	景德镇市	职业技能型	3★	区域一流职业技术大学

二、江西省大学专业排名详情

1. 南昌大学

（1）南昌大学综合实力排名

综合排名：2024 校友会中国大学排名第 47 名，全国综合类高校第 27 名，江西省高校第 1 名。

星级排名：中国五星级大学（5★），世界知名大学、中国一流大学。“211 工程”大学。主管部门：江西省。

（2）南昌大学各本科专业排名（全国排名/档次）

1）世界高水平、中国顶尖专业（6★）

材料成型及控制工程：5/A+；材料科学与工程：17/A+；食品科学与工程：6/A+。

2）中国一流专业（5★）

汉语言文学：50/A；生物科学：29/A；通信工程：17/A；土木工程：35/A；新闻学：23/A；应用化学：19/A。

3）中国高水平专业（4★）

播音与主持艺术：4/A+；测控技术与仪器：53/B++；电气工程及其自动化：88/B++；电子商务：45/B++；电子信息工程：89/B++；法学：111/B++；高分子材料与工程：43/B++；工商管理：100/B++；工业工程：28/B++；管理科学：9/B++；广播电视学：18/B++；广告学：22/B++；过程装备与控制工程：31/B++；汉语国际教育：18/A；护理学：59/B++；化学工程与工艺：84/B++；环境工程：82/B++；环境设计：43/B++；会计学：112/B++；机械设计制造及其自动化：131/B++；计算机科学与技术：206/B++；建筑学：52/B++；金融学：93/B++；经济学：83/B++；康复治疗学：17/B++；口腔医学：34/B++；历史学：55/B++；临床医学：70/B++；旅游管理：67/B++；麻醉学：15/B++；日语：33/B++；软件工程：103/B++；生物工程：47/B++；生物技术：64/B++；生物医学工程：40/B++；食品质量与安全：19/B++；数学与应用数学：137/B++；水产养殖学：17/B++；水利水电工程：25/B++；舞蹈学：11/B++；物理学：79/B++；戏剧影视文学：14/B++；信息管理与信息系统：73/B++；信息与计算科学：51/B++；行政管理：66/B++；药学：61/B++；医学检验技术：37/B++；医学影像学：15/B++；英语：136/B++；预防医学：40/B++；运动训练：20/B++；哲学：26/B++；制药工程：45/B++；自动化：112/B++。

4）中国区域一流专业（3★）

包装工程：19/B+；表演：23/B+；材料物理：40/B+；

财务管理：100/B+；产品设计：86/B+；车辆工程：77/B+；城乡规划：58/B+；俄语：55/B+；给排水科学与工程：55/B+；工程管理：93/B+；工程力学：56/B+；工业设计：85/B+；光电信息科学与工程：84/B+；国际经济与贸易：176/B+；化学：124/B+；环境科学与工程：10/B+；基础医学：19/B+；建筑环境与能源应用工程：63/B+；教育学：54/B+；能源与动力工程：98/B+；人工智能：15/A；人力资源管理：97/B+；商务英语：34/B+；生态学：36/B+；市场营销：130/B+；视觉传达设计：116/B+；数据科学与大数据技术：20/A；体育教育：95/B+；网络工程：68/B+；网络空间安全：12/B++；新能源材料与器件：15/B++；信息安全：56/B+；应用物理学：83/B+；应用心理学：65/B+；知识产权：14/B+。

5）中国区域高水平专业（2★）

安全工程：68/C；档案学：23/D；德语：56/D；动画：92/C；儿科学：20/C；法语：64/C；服装与服饰设计：66/C；公共关系学：7/C；公共事业管理：124/B；环境科学：114/C；会展经济与管理：21/B；绘画：65/C；金融数学：28/C；社会工作：108/C；社会学：73/D；数字媒体技术：57/C；物流管理：109/C；西班牙语：34/C；艺术设计学：104/D；音乐学：117/C；智能医学工程：13/B；智能制造工程：16/B++。

6）中国区域知名专业（1★）

翻译：98/C；广播电视编导：91/D；国际商务：40/C；经济统计学：70/D；劳动与社会保障：79/C；临床药学：34/D；卫生检验与检疫：26/D；文化产业管理：50/C；物联网工程：161/D；眼视光学：16/D；眼视光医学：13/C；资源循环科学与工程：25/D。

2. 江西财经大学

（1）江西财经大学综合实力排名

综合排名：2024 校友会中国大学排名第 111 名，全国财经类高校第 7 名，江西省高校第 2 名。

星级排名：中国五星级大学（5★），世界知名大学、中国一流大学。主管部门：江西省。

（2）江西财经大学各本科专业排名（全国排名/档次）

1）世界高水平、中国顶尖专业（6★）

金融学：7/A+。

2）中国一流专业（5★）

财务管理：6/A+；财政学：7/A；国际经济与贸易：18/A+；会计学：16/A+；市场营销：7/A+；应用统计学：1/A++。

3）中国高水平专业（4★）

保险学：8/B++；产品设计：10/A；电子商务：17/A；法学：49/B++；房地产开发与管理：4/A；工程管理：20/A；工商管理：36/B++；国际商务：8/B++；环境设计：43/B++；计算机科学与技术：60/B++；金融工程：26/B++；经济统计学：7/A；经济学：27/A；劳动与社会保障：4/A+；旅游管理：22/A；人力资源管理：16/A；软件工程：44/B++；商务英语：15/B++；社会工作：19/A；社会体育指导与管理：12/A；数字媒体技术：7/A；税收学：7/B++；物流管理：15/A；新闻学：61/B++；信息管理与信息系统：38/B++；信息与计算科学：23/A；行政管理：66/B++。

4）中国区域一流专业（3★）

国民经济管理：7/B+；贸易经济：15/B+；物联网工程：45/B+。

5）中国区域高水平专业（2★）

管理科学：30/C；广告学：80/B；金融科技：5/A；精算学：6/C；数据科学与大数据技术：54/B++；数字经济：2/A+；文化产业管理：32/B；虚拟现实技术：2/A+；音乐学：104/C。

6）中国区域知名专业（1★）

汉语国际教育：140/C；日语：218/D；数字媒体艺术：112/D；土地资源管理：76/D。

3. 江西师范大学

（1）江西师范大学综合实力排名

综合排名：2024 校友会中国大学排名第 121 名，全国师范类高校第 17 名，江西省高校第 3 名。

星级排名：中国四星级大学（4★），世界知名、中国高水平大学。主管部门：江西省。

（2）江西师范大学各本科专业排名（全国排名/档次）

1）中国一流专业（5★）

动画：9/A；广告学：5/A+；汉语言文学：28/A；化学：19/A；历史学：20/A；学前教育：4/A+。

2）中国高水平专业（4★）

播音与主持艺术：4/A+；地理科学：17/B++；地理信息科学：16/B++；电子信息工程：89/B++；法学：49/B++；工商管理：100/B++；公共事业管理：17/A；广播电视编导：8/A；国际经济与贸易：86/B++；汉语国际教育：18/A；会计学：112/B++；计算机科学与技术：60/B++；教育技术学：12/B++；金融学：39/B++；经济学：83/B++；美术学：35/B++；软件工程：44/B++；商务英语：15/B++；社会工作：41/B++；生物工程：21/B++；生物科学：36/B++；视觉传达设计：42/B++；数学与应用数学：56/B++；思想政治教育：73/B++；体育教育：23/B++；舞蹈学：11/B++；物理学：33/B++；小学教育：16/B++；心理学：12/B++；新闻学：30/B++；行政管理：66/B++；音乐表演：12/A；音乐学：18/B++；英语：57/B++。

3）中国区域一流专业（3★）

材料化学：48/B+；产品设计：86/B+；城乡规划：58/B+；电子商务：101/B+；服装与服饰设计：44/B+；工程管理：93/B+；光电信息科学与工程：84/B+；广播电视学：36/B+；环境设计：105/B+；建筑学：95/B+；旅游管理：105/B+；人力资源管理：97/B+；社会体育指导与管理：28/B+；生物技术：122/B+；通信工程：141/B+；统计学：96/B+；文物与博物馆学：14/B+；武术与民族传统体育：20/B+；应用化学：112/B+；应用心理学：50/B+；运动训

练：36/B+。

4）中国区域高水平专业（2★）

表演：44/B；朝鲜语：31/B；俄语：71/C；翻译：71/B；房地产开发与管理：16/B；风景园林：57/C；汉语言：42/C；化学工程与工艺：162/D；绘画：65/C；劳动与社会保障：55/B；马克思主义理论：19/C；人工智能：38/B++；日语：118/B；食品营养与健康：2/A+；市场营销：176/C；特殊教育：20/C；网络工程：81/B；文化产业管理：32/B；物联网工程：140/C；信息与计算科学：164/C；艺术设计学：90/D；哲学：63/D；自然地理与资源环境：34/B。

5）中国区域知名专业（1★）

法语：97/D；数据科学与大数据技术：152/C。

4. 江西理工大学

（1）江西理工大学综合实力排名

综合排名：2024校友会中国大学排名第138名，全国理工类高校第59名，江西省高校第4名。

星级排名：中国四星级大学（4★），世界知名、中国高水平大学。主管部门：江西省。

（2）江西理工大学各本科专业排名（全国排名/档次）

1）世界高水平、中国顶尖专业（6★）

冶金工程：5/A+。

2）中国一流专业（5★）

采矿工程：8/A；测绘工程：5/A；给排水科学与工程：9/A；机械工程：17/A；计算机科学与技术：50/A；土木工程：35/A；自动化：21/A。

3）中国高水平专业（4★）

材料成型及控制工程：33/B++；地理信息科学：16/B++；地质工程：14/B++；电子信息科学与技术：13/A；法学：49/B++；工程造价：4/A；工商管理：100/B++；国际经济与贸易：86/B++；汉语国际教育：18/A；化学工程与工艺：34/B++；会计学：43/B++；金属材料工程：13/B++；矿物加工工程：14/B++；应用化学：69/B++。

4）中国区域一流专业（3★）

材料化学：37/B+；材料物理：31/B+；电气工程及其自动化：151/B+；电子科学与技术：69/B+；电子信息工程：178/B+；工程管理：93/B+；机械设计制造及其自动化：190/B+；软件工程：150/B+；数字媒体艺术：39/B+；网络工程：25/B++；无机非金属材料工程：34/B+；信息与计算科学：86/B+；英语：253/B+。

5）中国区域高水平专业（2★）

安全工程：68/C；财务管理：135/C；测控技术与仪器：126/D；城乡规划：78/C；电子商务：118/C；风景园林：57/C；工业工程：77/C；光电信息科学与工程：108/C；环境工程：196/D；环境设计：141/C；机械电子工程：69/C；建筑环境与能源应用工程：84/C；建筑学：120/D；金融数学：22/B；金融学：183/D；汽车服务工程：23/C；人力资源管理：115/C；日语：118/B；社会体育指导与管理：64/C；生物工程：127/C；通信工程：202/D；物联网工程：104/B；物流管理：109/C；信息安全：71/C；行政管理：148/C；虚拟现实技术：2/A+；政治学与行政学：54/C；自然地理与资源环境：34/B。

6）中国区域知名专业（1★）

材料科学与工程：150/D；车辆工程：135/D；机器人工程：71/C；能源与动力工程：149/D；人工智能：123/C；新能源科学与工程：78/D；应急管理：8/C；智能科学与技术：58/C；智能制造工程：56/B。

5. 江西农业大学

（1）江西农业大学综合实力排名

综合排名：2024校友会中国大学排名第177名，全国农林类高校第22名，江西省高校第5名。

星级排名：中国三星级大学（3★），中国知名、区域一流大学。主管部门：江西省。

（2）江西农业大学各本科专业排名（全国排名/档次）

1）中国一流专业（5★）

动物科学：11/A；农学：12/A。

2）中国高水平专业（4★）

动物药学：1/A++；动物医学：13/B++；会计学：112/B++；林产化工：4/A；林学：13/B++；农林经济管理：13/B++；农业工程：3/A+；农业机械化及其自动化：12/B++；农业水利工程：13/B++；农业资源与环境：10/B++；生物工程：21/B++；食品科学与工程：28/B++；土地资源管理：8/A；园林：11/B++；园艺：14/B++；植物保护：24/B++。

3）中国区域一流专业（3★）

蚕学：5/A；农业建筑环境与能源工程：8/B+；农艺教育：1/A++；软件工程：150/B+；生物技术：122/B+；食品质量与安全：45/B+；土木工程：164/B+；艺术设计学：57/B+；应用电子技术教育：6/B+；英语：253/B+；制药工程：113/B+。

4）中国区域高水平专业（2★）

财务会计教育：3/A+；茶学：14/D；城乡规划：89/C；地理信息科学：94/D；电子商务：118/C；电子信息工程：236/D；法学：271/D；工商管理：245/D；公共事业管理：124/B；国际经济与贸易：221/C；汉语言文学：200/D；机械设计制造及其自动化：222/D；计算机科学与技术：356/D；教育技术学：67/C；经济学：205/D；旅游管理：168/D；轻化工程：37/D；数字媒体技术：57/C；水产养殖学：37/D；新闻学：125/D；信息与计算科学：164/C；应用化学：197/D；应用心理学：99/C；种子科学与工程：24/C。

5）中国区域知名专业（1★）

材料化学：113/D；车辆工程：109/D；动植物检疫：16/D；风景园林：75/D；环境科学与工程：23/D；金融学：204/D；秘书学：32/D；日语：218/D；商务英语：89/D；数据科学与大数据技术：152/C；数字媒体艺术：112/D；物联

网工程：161/D；音乐学：129/D。

6. 华东交通大学

（1）华东交通大学综合实力排名

综合排名：2024校友会中国大学排名第191名，全国理工类高校第85名，江西省高校第6名。

星级排名：中国三星级大学（3★），中国知名、区域一流大学。主管部门：江西省。

（2）华东交通大学各本科专业排名（全国排名/档次）

1）世界高水平、中国顶尖专业（6★）

交通运输：7/A+。

2）中国一流专业（5★）

铁道工程：1/A++；通信工程：17/A；土木工程：19/A。

3）中国高水平专业（4★）

材料成型及控制工程：48/B++；车辆工程：25/B++；电气工程及其自动化：40/B++；翻译：23/B++；给排水科学与工程：15/B++；工程管理：20/A；轨道交通信号与控制：4/A；会计学：43/B++；机械设计制造及其自动化：54/B++；计算机科学与技术：60/B++；建筑电气与智能化：1/A++；建筑学：52/B++；交通工程：13/B++；金融学：93/B++；人力资源管理：16/A；软件工程：44/B++；物流管理：15/A；信息与计算科学：23/A；运动训练：12/B++；自动化：41/B++。

4）中国区域一流专业（3★）

测绘工程：46/B+；产品设计：66/B+；法学：208/B+；高分子材料与工程：65/B+；公共事业管理：57/B+；光电信息科学与工程：72/B+；环境设计：86/B+；建筑环境与能源应用工程：51/B+；经济统计学：33/B+；能源与动力工程：98/B+；市场营销：110/B+；体育教育：72/B+；物联网工程：69/B+；音乐学：86/B+。

5）中国区域高水平专业（2★）

测控技术与仪器：143/D；电子信息工程：236/D；工业工程：93/C；国际经济与贸易：221/C；汉语言文学：200/D；环境工程：212/D；机械电子工程：69/C；数字媒体艺术：79/C；信息工程：38/C；英语：318/D。

6）中国区域知名专业（1★）

表演：68/D；材料科学与工程：150/D；工业设计：181/D；葡萄牙语：22/D；人工智能：123/C；数据科学与大数据技术：152/C；舞蹈表演：56/D；物流工程：53/D；虚拟现实技术：4/A；知识产权：47/D；智能制造工程：56/B。

6. 南昌航空大学

（1）南昌航空大学综合实力排名

综合排名：2024校友会中国大学排名第191名，全国理工类高校第85名，江西省高校第6名。

星级排名：中国三星级大学（3★），中国知名、区域一流大学。主管部门：江西省。

（2）南昌航空大学各本科专业排名（全国排名/档次）

1）世界高水平、中国顶尖专业（6★）

飞行器动力工程：6/A+。

2）中国一流专业（5★）

材料成型及控制工程：7/A+；焊接技术与工程：2/A+。

3）中国高水平专业（4★）

材料化学：13/B++；测控技术与仪器：23/B++；电子科学与技术：24/B++；电子信息工程：89/B++；飞行技术：4/A；飞行器设计与工程：8/B++；飞行器制造工程：7/B++；工业工程：14/A；光电信息科学与工程：25/B++；环境工程：30/B++；机械设计制造及其自动化：54/B++；金属材料工程：13/B++；软件工程：44/B++；土木工程：47/B++；英语：57/B++；自动化：41/B++。

4）中国区域一流专业（3★）

表演：23/B+；电子封装技术：4/A；电子商务：82/B+；动画：47/B+；高分子材料与工程：65/B+；计算机科学与技术：285/B+；经济学：122/B+；通信工程：141/B+；网络工程：25/B++；物联网工程：69/B+；应用化学：112/B+。

5）中国区域高水平专业（2★）

产品设计：100/C；电子信息科学与技术：87/C；法学：271/D；法语：64/C；服装与服饰设计：66/C；工程管理：144/D；工商管理：245/D；工业设计：131/C；公共事业管理：124/B；化学：149/D；环境设计：172/C；社会体育指导与管理：64/C；生物医学工程：88/D；市场营销：176/C；数学与应用数学：245/D；物理学：126/D；新闻学：125/D；信息管理与信息系统：207/C；信息与计算科学：164/C；应用物理学：112/C。

6）中国区域知名专业（1★）

播音与主持艺术：87/D；德语：73/D；电气工程及其自动化：247/D；飞行器适航技术：5/A；复合材料与工程：17/C；给排水科学与工程：79/D；工艺美术：38/D；广播电视编导：96/D；航空服务艺术与管理：11/B；会计学：297/D；机械电子工程：97/D；交通工程：78/D；教育技术学：96/D；金融数学：32/C；人工智能：123/C；社会工作：145/D；视觉传达设计：202/D；数据科学与大数据技术：152/C；体育教育：138/D；无机非金属材料工程：69/D；舞蹈学：81/D；音乐学：129/D；智能制造工程：56/B。

8. 景德镇陶瓷大学

（1）景德镇陶瓷大学综合实力排名

综合排名：2024校友会中国大学排名第203名，全国理工类高校第93名，江西省高校第8名。

星级排名：中国三星级大学（3★），中国知名、区域一流大学。主管部门：江西省。

（2）景德镇陶瓷大学各本科专业排名（全国排名/档次）

1）世界高水平、中国顶尖专业（6★）

陶瓷艺术设计：1/A++；无机非金属材料工程：1/A++。

2）中国一流专业（5★）

雕塑：5/A；动画：9/A。

3）中国高水平专业（4★）

材料化学：19/B++；材料物理：18/B++；产品设计：33/B++；电子信息工程：89/B++；粉体材料科学与工程：4/A；工业设计：38/B++；公共艺术：8/B++；环境设计：43/B++；绘画：16/B++；机械设计制造及其自动化：54/B++；视觉传达设计：13/A+；艺术设计学：17/B++。

4）中国区域一流专业（3★）

材料成型及控制工程：80/B+；财务管理：100/B+；电子科学与技术：69/B+；法学：208/B+；工商管理：207/B+；国际经济与贸易：176/B+；环境工程：133/B+；会计学：208/B+；计算机科学与技术：327/B+；考古学：18/B+；美术学：69/B+；能源与动力工程：98/B+；市场营销：130/B+；信息与计算科学：122/B+；英语：253/B+。

5）中国区域高水平专业（2★）

电子商务：148/D；公共事业管理：124/B；机械电子工程：69/C；日语：162/C；体育教育：112/D；物流管理：109/C；新能源材料与器件：26/B；信息管理与信息系统：207/C；应用统计学：48/B；知识产权：23/B；自动化：221/D。

6）中国区域知名专业（1★）

翻译：98/C；工艺美术：38/D；汉语国际教育：190/D；金融工程：104/D；人工智能：123/C；书法学：42/C；数字媒体技术：83/D；数字媒体艺术：112/D；文化遗产：3/A+；文物保护技术：6/D；文物与博物馆学：25/C；艺术教育：19/D；智能制造工程：56/B；中国画：28/D。

9. 东华理工大学

（1）东华理工大学综合实力排名

综合排名：2024校友会中国大学排名第231名，全国理工类高校第106名，江西省高校第9名。

星级排名：中国三星级大学（3★），中国知名、区域一流大学。主管部门：江西省。

（2）东华理工大学各本科专业排名（全国排名/档次）

1）中国一流专业（5★）

测绘工程：13/A；资源勘查工程：5/A。

2）中国高水平专业（4★）

材料科学与工程：68/B++；财务管理：17/A；地球化学：4/A；地球物理学：12/B++；工程管理：55/B++；核工程与核技术：12/B++；环境工程：82/B++；机械工程：26/B++；计算机科学与技术：60/B++；勘查技术与工程：9/B++；软件工程：44/B++；市场营销：29/A；数学与应用数学：56/B++；通信工程：69/B++；统计学：41/B++；土地资源管理：18/B++；应用化学：35/B++；英语：136/B++。

3）中国区域一流专业（3★）

地理信息科学：43/B+；电子信息工程：141/B+；辐射防护与核安全：8/B+；核化工与核燃料工程：5/A；化学工程与工艺：120/B+；会计学：208/B+；水文与水资源工程：21/B+。

4）中国区域高水平专业（2★）

采矿工程：33/D；测控技术与仪器：143/D；产品设计：131/D；地下水科学与工程：11/D；电子科学与技术：110/D；法学：271/D；国际经济与贸易：266/D；日语：162/C；生物技术：176/D；土木工程：216/D；物理学：126/D；信息管理与信息系统：207/C；艺术设计学：104/D；自动化：221/D。

5）中国区域知名专业（1★）

城市地下空间工程：44/D；城乡规划：131/D；地理空间信息工程：8/C；地球信息科学与技术：12/D；防灾减灾科学与工程：3/A+；给排水科学与工程：103/D；广告学：150/D；汉语言文学：255/D；旅游地学与规划工程：1/A++；人工智能：123/C；视觉传达设计：260/D；数据科学与大数据技术：152/C；体育教育：138/D；网络工程：155/D；网络空间安全：42/C；舞蹈学：81/D；物联网工程：194/D；学前教育：99/D；遥感科学与技术：29/D；音乐表演：119/D；音乐学：162/D；智能制造工程：56/B。

10. 赣南师范大学

（1）赣南师范大学综合实力排名

综合排名：2024校友会中国大学排名第273名，全国师范类高校第42名，江西省高校第10名。

星级排名：中国二星级大学（2★），中国区域高水平大学。主管部门：江西省。

（2）赣南师范大学各本科专业排名（全国排名/档次）

1）中国高水平专业（4★）

汉语言文学：64/B++；化学：39/B++；计算机科学与技术：206/B++；教育学：20/B++；历史学：55/B++；旅游管理：67/B++；数学与应用数学：137/B++；思想政治教育：73/B++；体育教育：48/B++；物理学：33/B++；音乐学：39/B++；英语：57/B++。

2）中国区域一流专业（3★）

地理科学：55/B+；电子信息工程：178/B+；法学：208/B+；服装与服饰设计：44/B+；国际经济与贸易：176/B+；会计学：208/B+；教育技术学：44/B+；美术学：69/B+；生物科学：122/B+；市场营销：130/B+；视觉传达设计：116/B+；网络工程：25/B++；舞蹈学：30/B+；小学教育：52/B+；艺术设计学：57/B+；应用化学：145/B+；应用心理学：50/B+；园艺：41/B+；运动训练：31/B+。

3）中国区域高水平专业（2★）

播音与主持艺术：63/C；产品设计：131/D；电气工程及其自动化：217/D；动画：92/C；广播电视编导：75/D；秘书学：16/B；人力资源管理：148/C；日语：162/C；软件工程：235/D；商务英语：52/B；物流管理：139/D；新闻学：125/D；学前教育：70/C。

4）中国区域知名专业（1★）

表演：76/D；材料化学：94/D；地理信息科学：

119/D；电子科学与技术：116/D；翻译：130/D；汉语国际教育：140/C；化学工程与工艺：184/D；环境科学：158/D；环境设计：215/D；金融学：204/D；人文地理与城乡规划：65/D；社会工作：170/D；社会学：89/D；数据科学与大数据技术：152/C；应用统计学：65/C。

11. 井冈山大学

（1）井冈山大学综合实力排名

综合排名：2024 校友会中国大学排名第 294 名，全国综合类高校第 88 名，江西省高校第 11 名。

星级排名：中国二星级大学（2★），中国区域高水平大学。主管部门：江西省。

（2）井冈山大学各本科专业排名（全国排名/档次）

1）中国顶尖应用型专业（6★）

材料化学：1/A++；广播电视学：4/A+；汉语言文学：30/A+；化学：1/A++；旅游管理：21/A+；社会工作：1/A++；生物科学：9/A+；思想政治教育：1/A++；体育教育：6/A+；物理学：9/A+；音乐学：4/A+；应用心理学：3/A+；中国共产党历史：1/A++。

2）中国一流应用型专业（5★）

电子信息科学与技术：10/A；动画：17/A；公共事业管理：7/A+；汉语国际教育：12/A；护理学：32/A；计算机科学与技术：101/A；美术学：9/A+；日语：13/A；生物技术：7/A；信息管理与信息系统：17/A；信息与计算科学：8/A；英语：62/A；政治学与行政学：1/A++。

3）中国高水平应用型专业（4★）

财务管理：80/B++；法学：55/B++；国际经济与贸易：109/B++；化学工程与工艺：50/B++；环境科学：9/B++；会计学：105/B++；机械设计制造及其自动化：128/B++；建筑学：36/B++；经济学：24/B++；历史学：32/B++；临床医学：37/B++；商务英语：38/B++；生物医学工程：15/B++；市场营销：85/B++；数学与应用数学：78/B++；土木工程：97/B++；新闻学：30/B++；园林：15/B++；运动训练：7/B++；中医学：9/B++。

4）中国区域一流应用型专业（3★）

材料成型及控制工程：49/B+；电气工程及其自动化：157/B+；电子信息工程：186/B+；广播电视编导：72/B+；环境工程：60/B+；建筑环境与能源应用工程：33/B+；康复治疗学：38/B+；口腔医学：23/B+；软件工程：156/B+；通信工程：130/B+；统计学：20/B++；网络工程：82/B+；西班牙语：14/B+；行政管理：37/B+。

5）中国区域高水平应用型专业（2★）

德语：24/C；工程管理：142/C；教育学：30/D；经济与金融：27/B；社会体育指导与管理：61/B；小学教育：128/C；学前教育：173/C；药学：68/C；应用化学：96/C。

6）中国区域知名应用型专业（1★）

数据科学与大数据技术：272/D；应用物理学：27/D；预防医学：30/D。

12. 江西科技师范大学

（1）江西科技师范大学综合实力排名

综合排名：2024 校友会中国大学排名第 296 名，全国师范类高校第 43 名，江西省高校第 12 名。

星级排名：中国二星级大学（2★），中国区域高水平大学。主管部门：江西省。

（2）江西科技师范大学各本科专业排名（全国排名/档次）

1）中国高水平专业（4★）

财务管理：46/B++；电子信息工程：89/B++；会计学：112/B++；旅游管理：67/B++；数学与应用数学：137/B++；学前教育：25/B++；音乐学：39/B++；应用化学：69/B++；制药工程：45/B++。

2）中国区域一流专业（3★）

法语：35/B+；汉语国际教育：58/B+；化学：113/B+；教育技术学：38/B+；社会工作：87/B+；思想政治教育：116/B+；土木工程：164/B+；舞蹈编导：19/B+；物理学：105/B+；英语：253/B+。

3）中国区域高水平专业（2★）

工程造价：24/B；广播电视学：77/D；汉语言文学：235/D；机械设计制造及其自动化：214/D；计算机科学与技术：370/D；金属材料工程：58/D；酒店管理：25/B；历史学：114/D；商务英语：72/C；社会体育指导与管理：99/D；食品科学与工程：146/D；食品质量与安全：91/C；数字媒体艺术：79/C；体育教育：126/D；物联网工程：140/C；物流管理：139/D；药物制剂：46/D。

4）中国区域知名专业（1★）

材料化学：113/D；电子商务：184/D；动画：142/D；法学：327/D；翻译：98/C；高分子材料与工程：131/D；工艺美术：38/D；管理科学：40/D；光电信息科学与工程：141/D；广告学：150/D；国际经济与贸易：329/D；机械电子工程：97/D；建筑环境与能源应用工程：117/D；建筑学：149/D；美术学：116/D；人工智能：123/C；人力资源管理：201/D；日语：218/D；生物工程：173/D；生物科学：162/D；数据科学与大数据技术：152/C；涂料工程：1/A++；网络工程：155/D；文物与博物馆学：25/C；小学教育：74/D；信息管理与信息系统：278/D；虚拟现实技术：4/A；药学：139/D；音乐表演：119/D。

13. 江西中医药大学

（1）江西中医药大学综合实力排名

综合排名：2024 校友会中国大学排名第 328 名，全国医药类高校第 55 名，江西省高校第 13 名。

星级排名：中国三星级大学（3★），中国知名、区域一流大学。主管部门：江西省。

（2）江西中医药大学各本科专业排名（全国排名/档次）

1）世界高水平、中国顶尖专业（6★）

中药学：4/A+。

2）中国一流专业（5★）

针灸推拿学：10/A。

3）中国高水平专业（4★）

生物医学工程：40/B++；药学：27/B++；中药制药：3/A+；中医学：18/B++。

4）中国区域一流专业（3★）

保险学：33/B+；公共事业管理：81/B+；护理学：81/B+；计算机科学与技术：327/B+；生物工程：93/B+；食品质量与安全：45/B+；药物制剂：22/B+；音乐学：86/B+；应用心理学：65/B+；英语：253/B+；制药工程：79/B+；中西医临床医学：26/B+；中药资源与开发：15/B+。

5）中国区域高水平专业（2★）

康复治疗学：58/D；市场营销：241/D；医学影像技术：20/B。

6）中国区域知名专业（1★）

健康服务与管理：15/B；医学检验技术：73/D；医学信息工程：24/D；应用化学：213/D；运动康复：30/C；中医骨伤科学：11/C；中医养生学：6/B。

13. 南昌工程学院

（1）南昌工程学院综合实力排名

综合排名：2024校友会中国大学排名第328名，全国理工类高校第153名，江西省高校第13名。

星级排名：中国一星级大学（1★），中国区域知名大学。主管部门：江西省。

（2）南昌工程学院各本科专业排名（全国排名/档次）

1）世界知名、中国顶尖应用型专业（7★）

水利水电工程：1/A++。

2）中国顶尖应用型专业（6★）

测绘工程：1/A++；电气工程及其自动化：6/A+；国际经济与贸易：45/A+；环境设计：1/A++；机械电子工程：14/A+；机械设计制造及其自动化：44/A+；计算机科学与技术：63/A+；能源与动力工程：5/A+；农业水利工程：1/A++；水土保持与荒漠化防治：1/A++；水文与水资源工程：1/A++；土木工程：2/A++；园林：1/A++。

3）中国一流应用型专业（5★）

车辆工程：19/A；城乡规划：8/A；地质工程：5/A；工业设计：6/A+；广播电视学：9/A；市场营销：38/A；英语：62/A；自动化：35/A。

4）中国高水平应用型专业（4★）

产品设计：43/B++；道路桥梁与渡河工程：10/B++；电子信息工程：116/B++；翻译：19/B++；给排水科学与工程：16/B++；软件工程：95/B++；视觉传达设计：72/B++；数据科学与大数据技术：23/A；通信工程：74/B++；物流管理：56/B++；信息管理与信息系统：35/B++。

5）中国区域一流应用型专业（3★）

电子商务：109/B+；风景园林：24/B+；港口航道与海岸工程：8/B+；工程造价：58/B+；建筑学：67/B+；人力资源管理：75/B+；审计学：52/B+；投资学：24/B+；应用统计学：18/B++。

6）中国区域高水平应用型专业（2★）

编辑出版学：14/D；财务管理：251/C；法语：32/C；广告学：74/B；机器人工程：97/C；数字媒体艺术：119/C；网络与新媒体：100/B；音乐学：150/C。

15. 宜春学院

（1）宜春学院综合实力排名

综合排名：2024校友会中国大学排名第377名，全国综合类高校第116名，江西省高校第15名。

星级排名：中国一星级大学（1★），中国区域知名大学。主管部门：江西省。

（2）宜春学院各本科专业排名（全国排名/档次）

1）中国一流应用型专业（5★）

环境科学：2/A+；生物工程：16/A；体育教育：19/A。

2）中国高水平应用型专业（4★）

播音与主持艺术：31/B++；动画：37/B++；动物科学：7/B++；翻译：19/B++；公共事业管理：14/B++；广播电视编导：31/B++；广告学：21/B++；计算机科学与技术：168/B++；临床医学：37/B++；美术学：38/B++；农学：11/B++；视觉传达设计：72/B++；数据科学与大数据技术：23/A；思想政治教育：57/B++；舞蹈学：11/A；音乐学：54/B++；英语：129/B++；园艺：16/B++；制药工程：25/B++；自动化：70/B++。

3）中国区域一流应用型专业（3★）

材料物理：7/B+；财务管理：137/B+；城市管理：8/B+；地理科学：28/B+；电子信息工程：186/B+；动物医学：14/B+；法语：16/B+；工商管理：106/B+；国际经济与贸易：179/B+；汉语言文学：180/B+；化学：73/B+；环境设计：113/B+；机械设计制造及其自动化：207/B+；旅游管理：129/B+；软件工程：156/B+；商务英语：71/B+；市场营销：144/B+；数学与应用数学：109/B+；通信工程：130/B+；土木工程：160/B+；网络与新媒体：61/B+；物理学：66/B+；预防医学：19/B+；园林：35/B+。

4）中国区域高水平应用型专业（2★）

法学：138/C；工程管理：142/C；汉语国际教育：110/C；护理学：129/D；经济学：80/C；麻醉学：16/C；人文地理与城乡规划：32/C；食品质量与安全：57/B；书法学：32/B；药学：68/C；应用化学：96/C；运动训练：16/D；知识产权：20/B。

5）中国区域知名应用型专业（1★）

舞蹈表演：66/D；学前教育：215/C。

16. 赣南医科大学

（1）赣南医科大学综合实力排名

综合排名：2024校友会中国大学排名第393名，全国医药类高校第65名，江西省高校第16名。

星级排名：中国一星级大学（1★），中国区域知名大学。主管部门：江西省。

（2）赣南医科大学各本科专业排名（全国排名/档次）

1）中国顶尖应用型专业（6★）

护理学：1/A++；临床医学：3/A+；麻醉学：1/A++。

2）中国一流应用型专业（5★）

公共事业管理：7/A+；康复治疗学：8/A；生物医学工程：5/A；药学：16/A；医学影像学：2/A+；应用心理学：7/A+；制药工程：9/A。

3）中国高水平应用型专业（4★）

假肢矫形工程：1/A++；医学检验技术：22/B++；医学影像技术：13/B++；预防医学：11/B++；中药学：12/B++。

4）中国区域一流应用型专业（3★）

精神医学：7/B+；智能医学工程：3/A+；助产学：5/A。

5）中国区域高水平应用型专业（2★）

法学：138/C；法医学：6/D；健康服务与管理：33/B；康复物理治疗：4/A；口腔医学：30/D；生物技术：71/C；生物信息学：4/A；物联网工程：232/C；运动康复：21/C。

6）中国区域知名应用型专业（1★）

儿科学：8/D；英语：412/D；运动人体科学：7/D。

17. 上饶师范学院

（1）上饶师范学院综合实力排名

综合排名：2024 校友会中国大学排名第 407 名，全国师范类高校第 81 名，江西省高校第 17 名。

星级排名：中国一星级大学（1★），中国区域知名大学。主管部门：江西省。

（2）上饶师范学院各本科专业排名（全国排名/档次）

1）中国一流应用型专业（5★）

光电信息科学与工程：12/A；化学：23/A；数学与应用数学：38/A；体育教育：19/A。

2）中国高水平应用型专业（4★）

计算机科学与技术：168/B++；教育技术学：19/B++；旅游管理：76/B++；物理学：39/B++；新闻学：30/B++。

3）中国区域一流应用型专业（3★）

表演：34/B+；电子信息科学与技术：53/B+；翻译：39/B+；广播电视编导：72/B+；汉语言文学：180/B+；环境科学：21/B+；历史学：55/B+；美术学：82/B+；书法学：16/B+；数据科学与大数据技术：60/B++；思想政治教育：78/B+；舞蹈学：33/B+；学前教育：130/B+；音乐学：87/B+；园艺：25/B+。

4）中国区域高水平应用型专业（2★）

播音与主持艺术：98/C；地理科学：46/C；工商管理：170/C；国际经济与贸易：260/C；会计学：223/C；商务英语：161/C；生物科学：80/C；市场营销：231/C；心理学：20/C；应用化学：96/C；英语：318/C；园林：55/C。

5）中国区域知名应用型专业（1★）

材料化学：38/D；电子商务：219/C；动画：153/D；法学：193/D；经济统计学：42/C；社会体育指导与管理：104/C；生物技术：95/D；统计学：81/D；舞蹈表演：66/D；小学教育：142/C；行政管理：105/D。

18. 南昌师范学院

（1）南昌师范学院综合实力排名

综合排名：2024 校友会中国大学排名第 436 名，全国师范类高校第 92 名，江西省高校第 18 名。

星级排名：中国一星级大学（1★），中国区域知名大学。主管部门：江西省。

（2）南昌师范学院各本科专业排名（全国排名/档次）

1）中国顶尖应用型专业（6★）

学前教育：25/A+。

2）中国高水平应用型专业（4★）

电子信息工程：116/B++；旅游管理：76/B++；艺术设计学：27/B++。

3）中国区域一流应用型专业（3★）

汉语言文学：180/B+；商务英语：71/B+；摄影：19/B+；数学与应用数学：109/B+；小学教育：106/B+；音乐学：87/B+。

4）中国区域高水平应用型专业（2★）

计算机科学与技术：379/D；思想政治教育：112/C；舞蹈学：69/C；物理学：99/C。

5）中国区域知名应用型专业（1★）

电子商务：219/C；化学：122/D；会展经济与管理：49/C；科学教育：30/D；跨境电子商务：22/B；美术学：163/D；秘书学：73/D；社会体育指导与管理：104/C；生物科学：100/D；食品质量与安全：104/D；体育教育：138/D；统计学：81/D。

19. 景德镇学院

（1）景德镇学院综合实力排名

综合排名：2024 校友会中国大学排名第 453 名，全国综合类高校第 155 名，江西省高校第 19 名。

星级排名：中国一星级大学（1★），中国区域知名大学。主管部门：江西省。

（2）景德镇学院各本科专业排名（全国排名/档次）

1）中国顶尖应用型专业（6★）

工艺美术：1/A++。

2）中国高水平应用型专业（4★）

生物工程：26/B++；物流管理：56/B++。

3）中国区域一流应用型专业（3★）

产品设计：80/B+；电子商务：109/B+；风景园林：24/B+；汽车服务工程：66/B+；文物与博物馆学：6/B+；小学教育：106/B+；艺术教育：1/A++；音乐学：87/B+；自动化：120/B+。

4）中国区域高水平应用型专业（2★）

环境科学：32/D；机械设计制造及其自动化：246/D；思想政治教育：112/C；网络工程：137/C。

5）中国区域知名应用型专业（1★）

财务管理：326/C；雕塑：18/D；汉语言文学：298/D；环境设计：311/D；酒店管理：124/C；美术学：163/D；商务英语：230/D；社会体育指导与管理：104/C；生物科学：

100/D；数学与应用数学：197/D；数字媒体艺术：155/C；体育教育：138/D；学前教育：215/C；应用统计学：59/C；英语：412/D。

20. 九江学院

（1）九江学院综合实力排名

综合排名：2024校友会中国大学排名第465名，全国综合类高校第162名，江西省高校第20名。

星级排名：中国一星级大学（1★），中国区域知名大学。主管部门：江西省。

（2）九江学院各本科专业排名（全国排名/档次）

1）中国顶尖应用型专业（6★）

车辆工程：13/A+；国际经济与贸易：23/A+；化学工程与工艺：13/A+；会计学：2/A++；机械设计制造及其自动化：44/A+；计算机科学与技术：63/A+；金融学：2/A++；旅游管理：21/A+；生物科学：1/A++；微电子科学与工程：1/A++；医学检验技术：8/A+。

2）中国一流应用型专业（5★）

城乡规划：8/A；工商管理：39/A；汉语国际教育：12/A；护理学：32/A；市场营销：38/A；思想政治教育：20/A；通信工程：43/A；土木工程：49/A；自动化：35/A。

3）中国高水平应用型专业（4★）

包装工程：3/A+；材料成型及控制工程：36/B++；财务管理：80/B++；测控技术与仪器：18/B++；服装与服饰设计：32/B++；广播电视编导：31/B++；环境工程：32/B++；绘画：12/B++；金属材料工程：9/B++；临床医学：37/B++；汽车服务工程：38/B++；人文地理与城乡规划：16/B++；数字媒体技术：25/B++；物联网工程：62/B++；物流管理：56/B++。

4）中国区域一流应用型专业（3★）

材料化学：19/B+；产品设计：80/B+；电子科学与技术：42/B+；电子信息工程：186/B+；翻译：39/B+；风景园林：24/B+；给排水科学与工程：36/B+；广告学：43/B+；汉语言文学：180/B+；焊接技术与工程：12/B+；建筑学：67/B+；金融工程：39/B+；美术学：82/B+；日语：69/B+；审计学：52/B+；食品质量与安全：34/B+；水质科学与技术：2/A+；土地资源管理：7/B+；舞蹈学：33/B+；物理学：66/B+；信息与计算科学：53/B+；应用化学：65/B+；应用物理学：9/B+；应用心理学：47/B+；预防医学：19/B+；资源环境科学：3/A+。

5）中国区域高水平应用型专业（2★）

播音与主持艺术：98/C；地理科学：46/C；地理信息科学：42/C；法学：138/C；工程造价：88/B；公共事业管理：74/C；国际商务：57/C；化学：100/C；环境设计：203/B；环境生态工程：21/C；口腔医学：30/D；跨境电子商务：13/B+；人力资源管理：134/C；软件工程：221/C；社会体育指导与管理：61/B；生物工程：68/C；生物技术：71/C；视觉传达设计：235/C；数学与应用数学：166/D；体育教育：111/C；网络工程：137/C；舞蹈表演：43/B；戏剧影视文学：30/C；信息管理与信息系统：119/C；药物制剂：24/D；药学：68/C；音乐学：150/C；英语：318/C；园林：55/C；知识产权：20/B；制药工程：85/C；助产学：28/C；自然地理与资源环境：15/C。

6）中国区域知名应用型专业（1★）

表演：70/D；电子商务：219/C；教育技术学：47/D；酒店管理：124/C；历史学：94/D；商务英语：230/D；生物制药：43/D；数据科学与大数据技术：272/D；网络与新媒体：140/C；小学教育：142/C；休闲体育：45/C；学前教育：215/C；智能制造工程：70/C。

21. 新余学院

（1）新余学院综合实力排名

综合排名：2024校友会中国大学排名第472名，全国综合类高校第168名，江西省高校第21名。

星级排名：中国一星级大学（1★），中国区域知名大学。主管部门：江西省。

（2）新余学院各本科专业排名（全国排名/档次）

1）中国一流应用型专业（5★）

计算机科学与技术：101/A；新能源科学与工程：6/A。

2）中国高水平应用型专业（4★）

电气工程及其自动化：91/B++；电子信息工程：116/B++；护理学：59/B++；机械设计制造及其自动化：128/B++；土木工程：97/B++；新能源材料与器件：2/A+。

3）中国区域一流应用型专业（3★）

机器人工程：36/B+；健康服务与管理：15/B++；数据科学与大数据技术：60/B++；通信工程：130/B+；智能科学与技术：17/B++。

4）中国区域高水平应用型专业（2★）

播音与主持艺术：98/C；材料成型及控制工程：76/C；软件工程：221/C；舞蹈编导：28/C；物联网工程：232/C。

5）中国区域知名应用型专业（1★）

材料科学与工程：62/D；财务管理：326/C；电子商务：219/C；工程造价：136/C；汉语言文学：298/D；环境设计：311/D；经济统计学：42/C；康复治疗学：90/D；商务英语：230/D；社会体育指导与管理：104/C；市场营销：321/D；视觉传达设计：299/D；数学与应用数学：197/D；体育教育：138/D；网络与新媒体：140/C；信息与计算科学：105/D；学前教育：215/C；音乐学：213/D；英语：412/D。

22. 江西警察学院

（1）江西警察学院综合实力排名

综合排名：2024校友会中国大学排名第484名，全国政法类高校第23名，江西省高校第22名。

星级排名：中国三星级大学（3★），中国知名、区域一流大学。主管部门：江西省。

（2）江西警察学院各本科专业排名（全国排名/档次）

1）中国顶尖应用型专业（6★）

经济犯罪侦查：1/A++。

2）中国一流应用型专业（5★）

安全防范工程：1/A++；信息安全：3/A+；刑事科学技术：14/A；侦查学：10/A；治安学：11/A。

3）中国高水平应用型专业（4★）

公安管理学：7/B++；交通管理工程：10/B++；警务指挥与战术：7/B++；网络安全与执法：14/B++。

4）中国区域一流应用型专业（3★）

法学：82/B+；公安政治工作：1/A++；社会体育指导与管理：34/B+；英语：198/B+。

23. 萍乡学院

（1）萍乡学院综合实力排名

综合排名：2024 校友会中国大学排名第 493 名，全国综合类高校第 179 名，江西省高校第 23 名。

星级排名：中国一星级大学（1★），中国区域知名大学。主管部门：江西省。

（2）萍乡学院各本科专业排名（全国排名/档次）

1）中国一流应用型专业（5★）

无机非金属材料工程：8/A。

2）中国高水平应用型专业（4★）

机械设计制造及其自动化：128/B++；商务英语：38/B++。

3）中国区域一流应用型专业（3★）

工程管理：96/B+；广播电视编导：72/B+；环境生态工程：11/B+；市场营销：144/B+；数学与应用数学：109/B+；体育教育：85/B+。

4）中国区域高水平应用型专业（2★）

电子信息工程：242/C；复合材料与工程：14/D；环境科学与工程：22/D；机械电子工程：132/C；软件工程：221/C；数据科学与大数据技术：199/C；数字媒体技术：100/C；思想政治教育：112/C；应用统计学：34/B。

5）中国区域知名应用型专业（1★）

财务管理：326/C；电子商务：219/C；工程造价：136/C；汉语言文学：298/D；历史学：94/D；旅游管理与服务教育：25/D；美术学：163/D；设施农业科学与工程：13/D；社会体育指导与管理：104/C；视觉传达设计：299/D；小学教育：142/C；学前教育：215/C；音乐学：213/D；应用化学：150/D；英语：412/D；知识产权：32/D。

24. 豫章师范学院

（1）豫章师范学院综合实力排名

综合排名：2024 校友会中国大学排名第 510 名，全国师范类高校第 124 名，江西省高校第 24 名。

星级排名：中国一星级大学（1★），中国区域知名大学。主管部门：江西省。

（2）豫章师范学院各本科专业排名（全国排名/档次）

1）中国一流应用型专业（5★）

小学教育：41/A。

2）中国高水平应用型专业（4★）

教育技术学：19/B++。

3）中国区域一流应用型专业（3★）

财务管理：137/B+；汉语言文学：180/B+；绘画：30/B+；软件工程：156/B+；数学与应用数学：109/B+；体育教育：85/B+；音乐学：87/B+。

4）中国区域高水平应用型专业（2★）

环境工程：86/C；教育康复学：4/A；数据科学与大数据技术：199/C；思想政治教育：112/C；特殊教育：24/D；新闻学：81/C；艺术教育：17/C。

5）中国区域知名应用型专业（1★）

播音与主持艺术：132/D；环境设计：311/D；科学教育：30/D；旅游管理与服务教育：25/D；人力资源管理：202/D；商务英语：230/D；社会体育指导与管理：104/C；生态学：10/D；视觉传达设计：299/D；舞蹈学：102/D；物流管理：251/D；学前教育：215/C；英语：412/D。

25. 赣东学院

（1）赣东学院综合实力排名

综合排名：2024 校友会中国大学排名第 518 名，全国综合类高校第 190 名，江西省高校第 25 名。

星级排名：中国一星级大学（1★），中国区域知名大学。主管部门：江西省。

（2）赣东学院各本科专业排名（全国排名/档次）

1）中国高水平应用型专业（4★）

测绘工程：18/B++；勘查技术与工程：7/B++；资源勘查工程：3/A+。

2）中国区域一流应用型专业（3★）

机械工程：35/B+；计算机科学与技术：253/B+；水文与水资源工程：7/B+；自动化：120/B+。

3）中国区域高水平应用型专业（2★）

工业设计：74/C；软件工程：221/C；通信工程：205/D；网络与新媒体：100/B。

4）中国区域知名应用型专业（1★）

财务管理：326/C；测控技术与仪器：69/D；电子信息工程：314/D；法学：193/D；服装与服饰设计：111/D；工程管理：174/C；国际经济与贸易：325/D；汉语国际教育：153/D；化学工程与工艺：156/D；会计学：280/D；日语：173/D；市场营销：321/D；土木工程：257/D；网络工程：191/D；英语：412/D。

25. 赣南科技学院

（1）赣南科技学院综合实力排名

综合排名：2024 校友会中国大学排名第 518 名，全国理工类高校第 220 名，江西省高校第 25 名。

星级排名：中国一星级大学（1★），中国区域知名大学。主管部门：江西省。

（2）赣南科技学院各本科专业排名（全国排名/档次）

1）中国一流应用型专业（5★）

采矿工程：9/A；测绘工程：9/A；机械工程：11/A；通信工程：43/A；物联网工程：19/A；冶金工程：3/A+。

2）中国高水平应用型专业（4★）

城乡规划：21/B++；电气工程及其自动化：91/B++；工业设计：17/B++；机械电子工程：42/B++；计算机科学与技术：168/B++；矿物加工工程：6/B++；汽车服务工程：38/B++。

3）中国区域一流应用型专业（3★）

金融学：79/B+；葡萄牙语：5/A；数字媒体艺术：63/B+；土木工程：160/B+；自动化：120/B+。

4）中国区域高水平应用型专业（2★）

材料成型及控制工程：76/C；电子商务：159/B；电子信息工程：242/C；工业工程：27/B；会计学：223/C；机器人工程：97/C；社会体育指导与管理：61/B；市场营销：231/C；数据科学与大数据技术：199/C。

5）中国区域知名应用型专业（1★）

法学：193/D；工程造价：136/C；工商管理：205/D；国际经济与贸易：325/D；环境设计：311/D；视觉传达设计：299/D；英语：412/D。

25. 南昌医学院

（1）南昌医学院综合实力排名

综合排名：2024 校友会中国大学排名第 518 名，全国医药类高校第 81 名，江西省高校第 25 名。

星级排名：中国一星级大学（1★），中国区域知名大学。主管部门：江西省。

（2）南昌医学院各本科专业排名（全国排名/档次）

1）中国一流应用型专业（5★）

药学：16/A。

2）中国高水平应用型专业（4★）

针灸推拿学：4/A；中药学：12/B++；中药资源与开发：3/A+。

3）中国区域一流应用型专业（3★）

护理学：90/B+；康复治疗学：38/B+；口腔医学技术：6/B+；生物医学工程：18/B+；药物制剂：15/B+；医学检验技术：41/B+；医学影像技术：25/B+；中草药栽培与鉴定：3/A+；中西医临床医学：9/B+；中医学：13/B+。

4）中国区域高水平应用型专业（2★）

公共事业管理：74/C；音乐学：150/C；应用心理学：75/C。

5）中国区域知名应用型专业（1★）

保险学：46/D；计算机科学与技术：469/D；生物工程：90/D；市场营销：321/D；应用化学：150/D；英语：412/D。

三、江西省民办大学专业排名详情

1. 南昌理工学院

（1）南昌理工学院综合实力排名

综合排名：2024 校友会中国民办大学排名第 5 名，全国理工类民办高校第 5 名，江西省民办高校第 1 名。

星级排名：中国六星级应用型大学（6★），中国顶尖应用型大学。

（2）南昌理工学院各本科专业排名（全国排名/档次）

1）中国顶尖应用型专业（6★）

电气工程及其自动化：6/A+；电子商务：6/A+；电子信息工程：9/A+；飞行技术：2/A+；工程管理：3/A++；工商管理：5/A+；国际经济与贸易：23/A+；护理学：1/A++；会计学：23/A+；机械设计制造及其自动化：14/A+；计算机科学与技术：2/A++；能源与动力工程：1/A++；汽车服务工程：1/A++；软件工程：1/A++；市场营销：3/A++；通信工程：1/A++；土木工程：2/A++；新能源科学与工程：1/A++；学前教育：9/A+；英语：3/A++。

2）中国一流应用型专业（5★）

产品设计：12/A+；飞行器制造工程：4/A；工程造价：19/A；广播电视编导：17/A；环境工程：18/A；环境设计：34/A；机器人工程：3/A+；金融工程：13/A；社会体育指导与管理：10/A；视觉传达设计：33/A；网络与新媒体：12/A+；物联网工程：19/A；音乐学：17/A。

3）中国高水平应用型专业（4★）

表演：18/B++；播音与主持艺术：31/B++；财务管理：80/B++；法学：55/B++；翻译：19/B++；服装与服饰设计：32/B++；工业设计：17/B++；公共艺术：4/A；广告学：21/B++；航空航天工程：1/A++；集成电路设计与集成系统：3/A+；康复治疗学：17/B++；人力资源管理：32/B++；日语：36/B++；生物工程：26/B++；数据科学与大数据技术：23/A；水利水电工程：11/B++；体育教育：56/B++；舞蹈表演：8/A；智能制造工程：2/A+。

2. 江西科技学院

（1）江西科技学院综合实力排名

综合排名：2024 校友会中国民办大学排名第 18 名，全国理工类民办高校第 18 名，江西省民办高校第 2 名。

星级排名：中国六星级应用型大学（6★），中国顶尖应用型大学。

（2）江西科技学院各本科专业排名（全国排名/档次）

1）中国顶尖应用型专业（6★）

材料科学与工程：6/A+；服装设计与工程：5/A+；国际经济与贸易：45/A+；机械工程：1/A++；汽车服务工程：1/A++；土木工程：36/A+。

2）中国一流应用型专业（5★）

工程管理：27/A；机械设计制造及其自动化：68/A；计算机科学与技术：101/A；市场营销：38/A；通信工程：43/A；舞蹈学：4/A+；音乐学：17/A。

3）中国高水平应用型专业（4★）

财务管理：80/B++；车辆工程：34/B++；服装与服饰设计：32/B++；工商管理：64/B++；广播电视编导：31/B++；护理学：59/B++；环境设计：73/B++；会计学：105/B++；旅游管理：76/B++；视觉传达设计：72/B++；数据科学与大数据技术：23/A；物流管理：56/B++。

4）中国区域一流应用型专业（3★）

播音与主持艺术：54/B+；机器人工程：36/B+；人力资源管理：75/B+；软件工程：156/B+；商务英语：71/B+；投资学：24/B+；网络工程：82/B+；新闻学：50/B+；艺术设计学：51/B+；英语：198/B+。

5）中国区域高水平应用型专业（2★）

电子商务：159/B；动画：117/C；工程造价：88/B；汉语言文学：253/C；健康服务与管理：33/B；金融工程：80/B；经济学：80/C；区块链工程：7/C；网络与新媒体：100/B；戏剧影视文学：30/C；小学教育：128/C；学前教育：173/C；应用心理学：75/C。

6）中国区域知名应用型专业（1★）

大数据管理与应用：51/D；影视摄影与制作：35/D；智能制造工程：70/C。

3. 南昌工学院

（1）南昌工学院综合实力排名

综合排名：2024 校友会中国民办大学排名第 49 名，全国理工类民办高校第 49 名，江西省民办高校第 3 名。

星级排名：中国四星级应用型大学（4★），中国高水平应用型大学。

（2）南昌工学院各本科专业排名（全国排名/档次）

1）中国顶尖应用型专业（6★）

电子信息工程：9/A+。

2）中国一流应用型专业（5★）

思想政治教育：20/A；网络工程：16/A。

3）中国高水平应用型专业（4★）

机械电子工程：42/B++；机械设计制造及其自动化：128/B++；市场营销：85/B++；水利水电工程：11/B++；自动化：70/B++。

4）中国区域一流应用型专业（3★）

播音与主持艺术：54/B+；采购管理：1/A++；电气工程及其自动化：157/B+；环境设计：113/B+；交通运输：33/B+；汽车服务工程：66/B+；物联网工程：139/B+。

5）中国区域高水平应用型专业（2★）

产品设计：130/C；车辆工程：88/C；风景园林：62/C；会计学：223/C；秘书学：35/B；数据科学与大数据技术：199/C；物流工程：40/C；智能制造工程：34/B。

6）中国区域知名应用型专业（1★）

材料成型及控制工程：109/D；财务管理：326/C；测绘工程：72/D；城乡规划：78/D；大数据管理与应用：51/D；电子商务：219/C；服装与服饰设计：111/D；工程管理：174/C；工程造价：136/C；工业工程：53/D；广播电视编导：135/D；国际经济与贸易：325/D；汉语言文学：298/D；家政学：13/D；金融工程：115/C；能源与动力工程：56/D；人力资源管理：202/D；软件工程：288/D；社会工作：93/D；社会体育指导与管理：104/C；摄影：47/D；审计学：126/D；视觉传达设计：299/D；数学与应用数学：197/D；数字媒体技术：136/D；通信工程：247/D；小学教育：142/C；学前教育：215/C；英语：412/D；智能建造：16/C；智能科学与技术：63/C。

4. 江西服装学院

（1）江西服装学院综合实力排名

综合排名：2024 校友会中国民办大学排名第 58 名，全国艺术类民办高校第 10 名，江西省民办高校第 4 名。

星级排名：中国三星级应用型大学（3★），中国知名、区域一流应用型大学。

（2）江西服装学院各本科专业排名（全国排名/档次）

1）中国顶尖应用型专业（6★）

服装设计与工程：1/A++；服装与服饰设计：3/A+；环境设计：1/A++。

2）中国一流应用型专业（5★）

纺织工程：3/A+。

3）中国高水平应用型专业（4★）

表演：18/B++；服装设计与工艺教育：1/A++；市场营销：85/B++；数字媒体艺术：30/B++；艺术设计学：27/B++。

4）中国区域一流应用型专业（3★）

美术学：82/B+；物联网工程：139/B+；物流管理：127/B+。

5）中国区域高水平应用型专业（2★）

产品设计：130/C；电子商务：159/B；广播电视编导：105/C；软件工程：221/C。

6）中国区域知名应用型专业（1★）

播音与主持艺术：132/D；财务管理：326/C；动画：153/D；广告学：123/D；国际经济与贸易：325/D；国际商务：78/D；视觉传达设计：299/D；数据科学与大数据技术：272/D；网络与新媒体：140/C；戏剧影视美术设计：20/C。

5. 南昌交通学院

（1）南昌交通学院综合实力排名

综合排名：2024 校友会中国民办大学排名第 59 名，全国理工类民办高校第 59 名，江西省民办高校第 5 名。

星级排名：中国三星级应用型大学（3★），中国知名、区域一流应用型大学。

（2）南昌交通学院各本科专业排名（全国排名/档次）

1）中国一流应用型专业（5★）

道路桥梁与渡河工程：5/A。

2）中国高水平应用型专业（4★）

给排水科学与工程：16/B++；交通工程：13/B++；通信工程：74/B++。

3）中国区域一流应用型专业（3★）

材料成型及控制工程：49/B+；电气工程及其自动化：157/B+；工程管理：96/B+；机械电子工程：74/B+；汽车服务工程：66/B+；土木工程：160/B+；物流管理：127/B+。

4）中国区域高水平应用型专业（2★）

车辆工程：88/C；电子商务：159/B；电子信息工程：

242/C；工程造价：88/B；国际经济与贸易：260/C；环境设计：203/B；会计学：223/C；机械设计制造及其自动化：246/D；计算机科学与技术：379/D；建筑学：104/D；金融学：107/C；人力资源管理：134/C；视觉传达设计：235/C；英语：318/C。

5）中国区域知名应用型专业（1★）

播音与主持艺术：132/D；法学：193/D；公共事业管理：96/D；广播电视编导：135/D；机器人工程：127/D；酒店管理：124/C；旅游管理与服务教育：25/D；软件工程：288/D；市场营销：321/D；体育教育：138/D；网络工程：191/D；物联网工程：299/D；音乐表演：123/D；智能科学与技术：63/C。

6. 南昌大学共青学院

（1）南昌大学共青学院综合实力排名

综合排名：2024校友会中国民办大学排名第72名，全国综合类民办高校第73名，江西省民办高校第6名。

星级排名：中国三星级应用型大学（3★），中国知名、区域一流应用型大学。

（2）南昌大学共青学院各本科专业排名（全国排名/档次）

1）中国高水平应用型专业（4★）

电气工程及其自动化：91/B++；计算机科学与技术：168/B++。

2）中国区域一流应用型专业（3★）

风景园林：24/B+；服装与服饰设计：60/B+；工业设计：48/B+；汉语言文学：180/B+；会计学：177/B+；金融数学：11/B+。

3）中国区域高水平应用型专业（2★）

材料成型及控制工程：76/C；服装设计与工程：48/D；环境设计：203/B；经济学：80/C；土木工程：219/C。

4）中国区域知名应用型专业（1★）

产品设计：180/D；电子商务：219/C；电子信息工程：314/D；工商管理：205/D；国际经济与贸易：325/D；建筑电气与智能化：53/D；金融工程：115/C；软件工程：288/D；商务英语：230/D；体育教育：138/D；学前教育：215/C；英语：412/D。

7. 南昌大学科学技术学院

（1）南昌大学科学技术学院综合实力排名

综合排名：2024校友会中国民办大学排名第78名，全国综合类民办高校第79名，江西省民办高校第7名。

星级排名：中国三星级应用型大学（3★），中国知名、区域一流应用型大学。

（2）南昌大学科学技术学院各本科专业排名（全国排名/档次）

1）中国一流应用型专业（5★）

数字媒体艺术：8/A+。

2）中国高水平应用型专业（4★）

车辆工程：34/B++；汉语言文学：118/B++；机械设计制造及其自动化：128/B++；软件工程：95/B++。

3）中国区域一流应用型专业（3★）

材料成型及控制工程：49/B+；电气工程及其自动化：157/B+；电子商务：109/B+；法学：82/B+；给排水科学与工程：36/B+；工程管理：96/B+；工商管理：106/B+；国际经济与贸易：179/B+；环境设计：113/B+；会计学：177/B+；计算机科学与技术：253/B+；建筑学：67/B+；金融学：79/B+；旅游管理：129/B+；日语：69/B+；生物工程：53/B+；市场营销：144/B+；视觉传达设计：140/B+；土木工程：160/B+；新闻学：50/B+；制药工程：54/B+；自动化：120/B+。

4）中国区域高水平应用型专业（2★）

财务管理：251/C；德语：24/C；电子信息工程：242/C；通信工程：205/D；英语：318/C。

8. 江西师范大学科学技术学院

（1）江西师范大学科学技术学院综合实力排名

综合排名：2024校友会中国民办大学排名第90名，全国师范类民办高校第5名，江西省民办高校第8名。

星级排名：中国三星级应用型大学（3★），中国知名、区域一流应用型大学。

（2）江西师范大学科学技术学院各本科专业排名（全国排名/档次）

1）中国一流应用型专业（5★）

汉语言文学：63/A。

2）中国高水平应用型专业（4★）

工商管理：64/B++；计算机科学与技术：168/B++；社会工作：21/B++；舞蹈学：11/A；学前教育：95/B++。

3）中国区域一流应用型专业（3★）

法学：82/B+；国际经济与贸易：179/B+；会计学：177/B+；旅游管理：129/B+；日语：69/B+；市场营销：144/B+；数学与应用数学：109/B+；物理学：66/B+；小学教育：106/B+；音乐学：87/B+；英语：198/B+。

4）中国区域高水平应用型专业（2★）

播音与主持艺术：98/C；地理科学：46/C；电子信息工程：242/C；动画：117/C；广告学：74/B；金融工程：80/B；社会体育指导与管理：61/B。

5）中国区域知名应用型专业（1★）

表演：70/D；财务管理：326/C；传播学：21/D；地理信息科学：57/D；翻译：116/D；广播电视编导：135/D；家政学：13/D；人工智能：86/C；数据科学与大数据技术：272/D；网络与新媒体：140/C；物流管理：251/D；休闲体育：45/C；影视摄影与制作：35/D。

9. 江西财经大学现代经济管理学院

（1）江西财经大学现代经济管理学院综合实力排名

综合排名：2024校友会中国民办大学排名第95名，全国财经类民办高校第49名，江西省民办高校第9名。

星级排名：中国三星级应用型大学（3★），中国知名、区域一流应用型大学。

（2）江西财经大学现代经济管理学院各本科专业排名（全国排名/档次）

1）中国高水平应用型专业（4★）

国际经济与贸易：109/B++；物流管理：56/B++。

2）中国区域一流应用型专业（3★）

法学：82/B+；市场营销：144/B+。

3）中国区域高水平应用型专业（2★）

保险学：35/C；工业设计：74/C；会计学：223/C；新闻学：81/C。

4）中国区域知名应用型专业（1★）

财务管理：326/C；产品设计：180/D；大数据管理与应用：51/D；电子商务：219/C；工程造价：136/C；计算机科学与技术：469/D；金融学：133/D；旅游管理：234/D；人力资源管理：202/D；商务英语：230/D；数字媒体艺术：155/C；信息管理与信息系统：161/D。

10. 江西农业大学南昌商学院

（1）江西农业大学南昌商学院综合实力排名

综合排名：2024校友会中国民办大学排名第99名，全国综合类民办高校第100名，江西省民办高校第10名。

星级排名：中国二星级应用型大学（2★），中国区域高水平应用型大学。

（2）江西农业大学南昌商学院各本科专业排名（全国排名/档次）

1）中国高水平应用型专业（4★）

园林：15/B++。

2）中国区域一流应用型专业（3★）

工程造价：58/B+；工商管理：106/B+；广播电视编导：72/B+；会计学：177/B+；计算机科学与技术：253/B+；日语：69/B+。

3）中国区域高水平应用型专业（2★）

广告学：74/B；汉语言：8/B；人力资源管理：134/C；审计学：96/C；物流管理：182/C。

4）中国区域知名应用型专业（1★）

财务管理：326/C；电子商务：219/C；电子信息工程：314/D；法学：193/D；风景园林：84/D；工程管理：174/C；公共事业管理：96/D；国际经济与贸易：325/D；环境设计：311/D；金融工程：115/C；经济学：111/D；旅游管理：234/D；商务英语：230/D；市场营销：321/D；数字经济：8/B；投资学：84/D；物联网工程：299/D；新闻学：125/D；信息管理与信息系统：161/D；英语：412/D。

11. 赣南师范大学科技学院

（1）赣南师范大学科技学院综合实力排名

综合排名：2024校友会中国民办大学排名第126名，全国师范类民办高校第10名，江西省民办高校第11名。

星级排名：中国一星级应用型大学（1★），中国区域知名应用型大学。

（2）赣南师范大学科技学院各本科专业排名（全国排名/档次）

1）中国区域一流应用型专业（3★）

汉语言文学：180/B+；计算机科学与技术：253/B+；数学与应用数学：109/B+。

2）中国区域高水平应用型专业（2★）

历史学：74/C；美术学：124/C；人力资源管理：134/C；市场营销：231/C；体育教育：111/C；学前教育：173/C；音乐学：150/C；英语：318/C。

3）中国区域知名应用型专业（1★）

财务管理：326/C；电子科学与技术：66/D；电子信息工程：314/D；法学：193/D；国际经济与贸易：325/D；环境设计：311/D；日语：173/D；视觉传达设计：299/D；舞蹈学：102/D。

12. 南昌航空大学科技学院

（1）南昌航空大学科技学院综合实力排名

综合排名：2024校友会中国民办大学排名第128名，全国理工类民办高校第131名，江西省民办高校第12名。

星级排名：中国二星级应用型大学（2★），中国区域高水平应用型大学。

（2）南昌航空大学科技学院各本科专业排名（全国排名/档次）

1）中国高水平应用型专业（4★）

飞行器制造工程：12/B++；焊接技术与工程：9/B++；机械设计制造及其自动化：128/B++。

2）中国区域一流应用型专业（3★）

电子信息工程：186/B+；金属材料工程：17/B+；网络工程：82/B+。

3）中国区域高水平应用型专业（2★）

表演：48/C；测控技术与仪器：57/D；经济学：80/C。

4）中国区域知名应用型专业（1★）

播音与主持艺术：132/D；材料成型及控制工程：109/D；电子商务：219/C；动画：153/D；给排水科学与工程：72/D；工程管理：174/C；工商管理：205/D；广播电视编导：135/D；航空服务艺术与管理：22/C；环境设计：311/D；会计学：280/D；计算机科学与技术：469/D；软件工程：288/D；市场营销：321/D；视觉传达设计：299/D；土木工程：257/D；网络空间安全：16/D；新闻学：125/D；英语：412/D；自动化：211/D。

13. 南昌应用技术师范学院

（1）南昌应用技术师范学院综合实力排名

综合排名：2024校友会中国民办大学排名第129名，全国理工类民办高校第132名，江西省民办高校第13名。

星级排名：中国一星级应用型大学（1★），中国区域知名应用型大学。

（2）南昌应用技术师范学院各本科专业排名（全国排名/档次）

1）中国高水平应用型专业（4★）

汉语言文学：118/B++。

2）中国区域一流应用型专业（3★）

电子信息工程：186/B+；计算机科学与技术：253/B+。

3）中国区域高水平应用型专业（2★）

财务管理：251/C；日语：119/C；社会体育指导与管理：61/B；物联网工程：232/C。

4）中国区域知名应用型专业（1★）

法学：193/D；广播电视学：75/D；国际经济与贸易：325/D；环境设计：311/D；旅游管理：234/D；视觉传达设计：299/D；数学与应用数学：197/D；体育教育：138/D；土木工程：257/D；英语：412/D。

14. 江西应用科技学院

（1）江西应用科技学院综合实力排名

综合排名：2024 校友会中国民办大学排名第 130 名，全国理工类民办高校第 133 名，江西省民办高校第 14 名。

星级排名：中国一星级应用型大学（1★），中国区域知名应用型大学。

（2）江西应用科技学院各本科专业排名（全国排名/档次）

1）中国高水平应用型专业（4★）

电子商务：66/B++；土木工程：97/B++；物流管理：56/B++。

2）中国区域一流应用型专业（3★）

播音与主持艺术：54/B+；动画：82/B+；国际经济与贸易：179/B+；国际商务：29/B+；机器人工程：36/B+；机械设计制造及其自动化：207/B+；商务英语：71/B+；体育教育：85/B+。

3）中国区域高水平应用型专业（2★）

区块链工程：7/C；水利水电工程：32/D；物联网工程：232/C。

4）中国区域知名应用型专业（1★）

宝石及材料工艺学：15/D；表演：70/D；财务管理：326/C；电子信息工程：314/D；工程造价：136/C；会计学：280/D；健康服务与管理：49/C；金融工程：115/C；酒店管理：124/C；跨境电子商务：22/B；旅游管理与服务教育：25/D；汽车服务工程：134/D；软件工程：288/D；市场营销：321/D；视觉传达设计：299/D；数字媒体艺术：155/C；小学教育：142/C；新媒体艺术：6/B；学前教育：215/C；音乐学：213/D；智能科学与技术：63/C。

15. 江西工程学院

（1）江西工程学院综合实力排名

综合排名：2024 校友会中国民办大学排名第 131 名，全国理工类民办高校第 134 名，江西省民办高校第 15 名。

星级排名：中国一星级应用型大学（1★），中国区域知名应用型大学。

（2）江西工程学院各本科专业排名（全国排名/档次）

1）中国一流应用型专业（5★）

电子信息工程：66/A。

2）中国高水平应用型专业（4★）

电子商务：66/B++；会计学：105/B++；机械设计制造及其自动化：128/B++；金融工程：22/B++；网络工程：47/B++；物联网工程：62/B++。

3）中国区域一流应用型专业（3★）

轨道交通信号与控制：11/B+；国际商务：29/B+；贸易经济：9/B+；区块链工程：3/A+；学前教育：130/B+；音乐表演：48/B+。

4）中国区域高水平应用型专业（2★）

车辆工程：88/C；环境设计：203/B；机器人工程：97/C；计算机科学与技术：379/D；软件工程：221/C；商务英语：161/C；通信工程：205/D；小学教育：128/C；新能源科学与工程：33/C。

5）中国区域知名应用型专业（1★）

财务管理：326/C；电气工程及其自动化：293/D；工程造价：136/C；工业设计：121/D；光电信息科学与工程：73/D；能源与动力工程：56/D；人力资源管理：202/D；视觉传达设计：299/D；数据科学与大数据技术：272/D；土木工程：257/D；网络与新媒体：140/C；自动化：211/D。

第五节　山东省

一、山东省大学综合实力排名

1. 山东省大学排名

表 5-17　2024 校友会山东省大学排名

全国排名	学校名称	所在城市	星级排名	办学层次	星级专业数/个								
					专业类型	8★	7★	6★	5★	4★	3★	2★	1★
15	山东大学	济南市	7★	世界知名高水平大学	研究型	0	5	13	29	49	35	0	0
45	中国海洋大学	青岛市	6★	世界高水平大学	研究型	0	2	2	6	22	23	22	0
79	中国石油大学（华东）	青岛市	5★	中国一流大学	研究型	0	2	1	4	18	14	23	2

续表

全国排名	学校名称	所在城市	星级排名	办学层次	星级专业数/个								
					专业类型	8★	7★	6★	5★	4★	3★	2★	1★
90	齐鲁工业大学	济南市	4★	中国高水平大学	研究型	0	1	2	10	16	22	19	2
99	山东农业大学	泰安市	4★	中国高水平大学	研究型	0	0	1	8	9	26	24	22
116	山东师范大学	济南市	4★	中国高水平大学	研究型	0	0	3	8	29	18	21	10
117	山东第一医科大学	泰安市	4★	中国高水平大学	研究型	0	0	3	9	11	12	18	0
121	山东财经大学	济南市	4★	中国高水平大学	研究型	0	0	2	10	18	30	0	0
124	山东科技大学	青岛市	4★	中国高水平大学	研究型	0	0	1	5	20	23	31	13
135	青岛大学	青岛市	4★	中国高水平大学	研究型	0	0	0	5	34	27	16	11
145	济南大学	济南市	3★	区域一流大学	研究型	0	0	0	4	13	31	28	21
152	青岛科技大学	青岛市	3★	区域一流大学	研究型	0	0	0	6	18	19	17	19
182	青岛农业大学	青岛市	3★	区域一流大学	研究型	0	0	0	1	14	25	23	18
190	烟台大学	烟台市	3★	区域一流大学	研究型	0	0	0	1	13	11	16	23
201	青岛理工大学	青岛市	3★	区域一流大学	研究型	0	0	0	0	20	15	10	14
203	山东中医药大学	济南市	3★	区域一流大学	研究型	0	0	2	3	7	15	1	7
209	曲阜师范大学	济宁市	3★	区域一流大学	研究型	0	0	0	3	25	19	21	19
225	山东建筑大学	济南市	3★	区域一流大学	研究型	0	0	2	5	8	18	17	10
240	聊城大学	聊城市	2★	区域高水平大学	研究型	0	0	0	1	8	24	40	23
240	山东理工大学	淄博市	2★	区域高水平大学	研究型	0	0	0	1	24	16	20	19
281	临沂大学	临沂市	2★	区域高水平大学	研究型	0	0	0	0	11	17	26	36
281	鲁东大学	烟台市	2★	区域高水平大学	研究型	0	0	0	4	13	21	26	19
300	山东第二医科大学	潍坊市	2★	区域高水平大学	研究型	0	0	0	0	3	6	2	22
315	山东交通学院	济南市	2★	区域高水平大学	应用型	0	1	20	18	12	11	0	0
324	济宁医学院	济宁市	1★	区域知名大学	应用型	0	0	3	9	9	9	4	0
324	山东艺术学院	济南市	3★	区域一流大学	研究型	0	0	0	4	14	8	5	4
328	山东工艺美术学院	济南市	2★	区域高水平大学	研究型	0	0	0	2	11	14	2	3
351	潍坊学院	潍坊市	1★	区域知名大学	应用型	0	0	2	12	19	20	17	1
364	德州学院	德州市	1★	区域知名大学	应用型	0	0	4	8	12	19	21	7
393	山东航空学院	滨州市	1★	区域知名大学	应用型	0	0	2	10	14	14	17	6
393	山东青年政治学院	济南市	1★	区域知名大学	应用型	0	0	4	2	8	7	6	10
422	滨州医学院	滨州市	1★	区域知名大学	应用型	0	0	6	8	6	4	7	0
422	山东女子学院	济南市	1★	区域知名大学	应用型	0	0	3	1	10	11	5	10
436	泰山学院	泰安市	1★	区域知名大学	应用型	0	0	2	1	8	14	25	16
453	山东工商学院	烟台市	2★	区域高水平大学	研究型	0	0	0	0	12	11	13	20
453	山东体育学院	济南市	3★	区域一流大学	应用型	0	0	3	6	8	5	2	0
465	菏泽学院	菏泽市	1★	区域知名大学	应用型	0	0	0	2	11	9	20	23
465	齐鲁师范学院	济南市	1★	区域知名大学	应用型	0	0	1	6	6	6	8	12
465	山东政法学院	济南市	3★	区域一流大学	应用型	0	0	1	4	9	6	3	1
465	枣庄学院	枣庄市	1★	区域知名大学	应用型	0	0	1	8	10	10	11	20
484	济宁学院	济宁市	1★	区域知名大学	应用型	0	0	1	5	6	9	12	14
484	山东管理学院	济南市	1★	区域知名大学	应用型	0	0	4	7	5	6	4	5
493	山东农业工程学院	济南市	1★	区域知名大学	应用型	0	0	1	3	4	9	8	6
503	山东警察学院	济南市	2★	区域高水平大学	应用型	0	0	2	4	1	0	0	0
518	山东石油化工学院	东营市	1★	区域知名大学	应用型	0	0	1	1	3	5	5	19

2. 山东省民办大学排名

表 5-18　2024 校友会山东省民办大学排名（含独立学院）

全国排名	学校名称	所在城市	星级排名	办学层次	星级专业数/个								
					专业类型	8★	7★	6★	5★	4★	3★	2★	1★
4	齐鲁理工学院	济南市	6★	中国顶尖应用型大学	应用型	0	0	22	11	23	0	0	0
4	山东协和学院	济南市	6★	中国顶尖应用型大学	应用型	0	0	19	14	5	0	0	0
25	山东英才学院	济南市	5★	中国一流应用型大学	应用型	0	0	2	8	18	6	4	0
26	青岛电影学院	青岛市	5★	中国一流应用型大学	应用型	0	0	3	5	4	7	4	0
30	青岛工学院	青岛市	4★	中国高水平应用型大学	应用型	0	0	0	1	8	9	10	13
33	山东财经大学燕山学院	济南市	4★	中国高水平应用型大学	应用型	0	0	0	1	6	4	2	8
37	山东现代学院	济南市	4★	中国高水平应用型大学	应用型	0	0	0	0	3	6	1	17
38	青岛滨海学院	青岛市	4★	中国高水平应用型大学	应用型	0	0	0	6	12	15	12	5
41	潍坊科技学院	潍坊市	4★	中国高水平应用型大学	应用型	0	0	0	1	7	10	11	16
43	齐鲁医药学院	淄博市	4★	中国高水平应用型大学	应用型	0	0	1	2	5	7	6	6
47	山东财经大学东方学院	泰安市	4★	中国高水平应用型大学	应用型	0	0	0	1	6	5	5	10
60	潍坊理工学院	济南市	3★	区域一流应用型大学	应用型	0	0	0	1	4	9	10	13
63	烟台南山学院	烟台市	3★	区域一流应用型大学	应用型	0	0	0	1	8	11	14	15
68	泰山科技学院	泰安市	3★	区域一流应用型大学	应用型	0	0	0	1	3	5	8	14
70	山东华宇工学院	德州市	3★	区域一流应用型大学	应用型	0	0	0	1	2	8	6	13
72	烟台科技学院	烟台市	3★	区域一流应用型大学	应用型	0	0	0	0	1	10	7	16
80	青岛黄海学院	青岛市	3★	区域一流应用型大学	应用型	0	0	1	6	3	13	10	8
81	聊城大学东昌学院	聊城市	2★	区域高水平应用型大学	应用型	0	0	0	0	0	11	9	11
81	烟台理工学院	烟台市	2★	区域高水平应用型大学	应用型	0	0	0	0	3	6	15	12
92	青岛农业大学海都学院	烟台市	2★	区域高水平应用型大学	应用型	0	0	0	0	2	14	6	12
109	青岛恒星科技学院	青岛市	2★	区域高水平应用型大学	应用型	0	0	0	0	3	7	4	21
115	青岛城市学院	青岛市	1★	区域知名应用型大学	应用型	0	0	0	0	4	6	14	10

3. 山东省高职院校排名

表 5-19　2024 校友会山东省高职院校排名

全国排名	学校名称	所在城市	办学类型	星级排名	办学层次
5	山东医学高等专科学校	临沂市	职业技能型	6★	中国顶尖高职院校
6	山东商业职业技术学院	济南市	职业技能型	6★	中国顶尖高职院校
7	日照职业技术学院	日照市	职业技能型	6★	中国顶尖高职院校
12	烟台职业学院	烟台市	职业技能型	6★	中国顶尖高职院校
13	滨州职业学院	滨州市	职业技能型	6★	中国顶尖高职院校
14	潍坊职业学院	潍坊市	职业技能型	6★	中国顶尖高职院校
15	威海职业学院	威海市	职业技能型	6★	中国顶尖高职院校
18	山东职业学院	济南市	职业技能型	6★	中国顶尖高职院校
28	德州科技职业学院	德州市	职业技能型	5★	中国一流高职院校
28	山东科技职业学院	潍坊市	职业技能型	5★	中国一流高职院校
31	淄博职业学院	淄博市	职业技能型	5★	中国一流高职院校
32	青岛酒店管理职业技术学院	青岛市	职业技能型	5★	中国一流高职院校
34	山东劳动职业技术学院	济南市	职业技能型	5★	中国一流高职院校
38	山东畜牧兽医职业学院	潍坊市	职业技能型	4★	中国高水平高职院校

续表

全国排名	学校名称	所在城市	办学类型	星级排名	办学层次
39	济宁职业技术学院	济宁市	职业技能型	5★	中国一流高职院校
40	菏泽医学专科学校	菏泽市	职业技能型	4★	中国高水平高职院校
46	德州职业技术学院	德州市	职业技能型	4★	中国高水平高职院校
47	山东交通职业学院	潍坊市	职业技能型	4★	中国高水平高职院校
50	山东水利职业学院	日照市	职业技能型	4★	中国高水平高职院校
54	山东理工职业学院	济宁市	职业技能型	4★	中国高水平高职院校
64	烟台汽车工程职业学院	烟台市	职业技能型	3★	区域一流高职院校
74	济南职业学院	济南市	职业技能型	3★	区域一流高职院校
76	青岛职业技术学院	青岛市	职业技能型	4★	中国高水平高职院校
76	潍坊工程职业学院	潍坊市	职业技能型	3★	区域一流高职院校
80	东营职业学院	东营市	职业技能型	3★	区域一流高职院校
82	山东外贸职业学院	青岛市	职业技能型	3★	区域一流高职院校
87	山东城市建设职业学院	济南市	职业技能型	3★	区域一流高职院校
91	山东商务职业学院	烟台市	职业技能型	3★	区域一流高职院校
98	山东工业职业学院	淄博市	职业技能型	3★	区域一流高职院校
100	青岛求实职业技术学院	青岛市	职业技能型	3★	区域一流高职院校
101	山东力明科技职业学院	泰安市	职业技能型	3★	区域一流高职院校
110	莱芜职业技术学院	济南市	职业技能型	3★	区域一流高职院校
110	山东铝业职业学院	淄博市	职业技能型	3★	区域一流高职院校
113	山东药品食品职业学院	威海市	职业技能型	3★	区域一流高职院校
113	枣庄科技职业学院	枣庄市	职业技能型	3★	区域一流高职院校
121	青岛港湾职业技术学院	青岛市	职业技能型	3★	区域一流高职院校
123	菏泽家政职业学院	菏泽市	职业技能型	3★	区域一流高职院校
130	山东中医药高等专科学校	烟台市	职业技能型	3★	区域一流高职院校
131	菏泽职业学院	菏泽市	职业技能型	3★	区域一流高职院校
132	泰山职业技术学院	泰安市	职业技能型	3★	区域一流高职院校
149	聊城职业技术学院	聊城市	职业技能型	2★	区域高水平高职院校
150	青岛飞洋职业技术学院	青岛市	职业技能型	3★	区域一流高职院校
155	山东圣翰财贸职业学院	济南市	职业技能型	2★	区域高水平高职院校
156	山东信息职业技术学院	潍坊市	职业技能型	3★	区域一流高职院校
158	潍坊工商职业学院	潍坊市	职业技能型	2★	区域高水平高职院校
160	山东服装职业学院	泰安市	职业技能型	2★	区域高水平高职院校
164	山东海事职业学院	潍坊市	职业技能型	3★	区域一流高职院校
168	山东经贸职业学院	潍坊市	职业技能型	2★	区域高水平高职院校
179	东营科技职业学院	东营市	职业技能型	2★	区域高水平高职院校
187	山东旅游职业学院	济南市	职业技能型	2★	区域高水平高职院校
192	威海海洋职业学院	威海市	职业技能型	2★	区域高水平高职院校
201	枣庄职业学院	枣庄市	职业技能型	2★	区域高水平高职院校
226	曲阜远东职业技术学院	济宁市	职业技能型	2★	区域高水平高职院校
243	济南工程职业技术学院	济南市	职业技能型	2★	区域高水平高职院校
265	山东轻工职业学院	淄博市	职业技能型	2★	区域高水平高职院校
287	淄博师范高等专科学校	淄博市	职业技能型	1★	区域知名高职院校
289	山东电子职业技术学院	济南市	职业技能型	2★	区域高水平高职院校

续表

全国排名	学校名称	所在城市	办学类型	星级排名	办学层次
297	烟台文化旅游职业学院	烟台市	职业技能型	1★	区域知名高职院校
307	烟台工程职业技术学院	烟台市	职业技能型	1★	区域知名高职院校
323	山东化工职业学院	淄博市	职业技能型	1★	区域知名高职院校
352	烟台黄金职业学院	烟台市	职业技能型	1★	区域知名高职院校

4. 山东省职业技术大学排名

表 5-20　2024 校友会山东省职业技术大学排名

全国排名	学校名称	所在城市	办学类型	星级排名	办学层次
10	山东外事职业大学	威海市	职业技能型	5★	中国一流职业技术大学
12	山东外国语职业技术大学	日照市	职业技能型	5★	中国一流职业技术大学
28	山东工程职业技术大学	济南市	职业技能型	3★	区域一流职业技术大学

二、山东省大学专业排名详情

1. 山东大学

（1）山东大学综合实力排名

综合排名：2024 校友会中国大学排名第 15 名，全国综合类高校第 13 名，山东省高校第 1 名。

星级排名：中国七星级大学（7★），世界知名高水平大学、中国顶尖大学。“985 工程”大学，“211 工程”大学。主管部门：教育部。

（2）山东大学各本科专业排名（全国排名/档次）

1）世界知名高水平、中国顶尖专业（7★）

汉语言文学：3/A++；金属材料工程：1/A++；考古学：2/A++；数学与应用数学：3/A++；自动化：4/A++。

2）世界高水平、中国顶尖专业（6★）

材料成型及控制工程：2/A++；材料化学：2/A+；护理学：4/A+；化学：10/A+；科学社会主义：2/A+；口腔医学：6/A+；临床医学：8/A+；软件工程：6/A+；思想政治教育：7/A+；物理学：6/A+；信息安全：2/A+；药学：5/A+；哲学：8/A+。

3）中国一流专业（5★）

财政学：7/A；电气工程及其自动化：15/A；法学：17/A+；工商管理：16/A+；光电信息科学与工程：8/A+；国际经济与贸易：18/A+；环境工程：8/A+；会计学：16/A+；机械设计制造及其自动化：25/A；集成电路设计与集成系统：3/A+；计算机科学与技术：27/A；经济学：16/A；历史学：20/A；马克思主义理论：2/A+；密码科学与技术：1/A++；能源与动力工程：11/A；能源与环境系统工程：3/A+；社会学：10/A；生物科学：16/A；统计学：6/A+；无机非金属材料工程：3/A+；舞蹈编导：3/A+；新闻学：14/A；信息管理与信息系统：12/A+；信息与计算科学：9/A+；行政管理：7/A+；英语：19/A+；预防医学：12/A；智能医学工程：1/A++。

4）中国高水平专业（4★）

包装工程：12/B++；产品设计：10/A；朝鲜语：10/B++；城市地下空间工程：5/A；档案学：12/B++；电子科学与技术：24/B++；电子商务：17/A；电子信息科学与技术：27/B++；俄语：11/A；法语：22/B++；翻译：23/B++；高分子材料与工程：43/B++；工程管理：55/B++；工程力学：25/B++；公共事业管理：30/B++；国际政治：17/B++；过程装备与控制工程：31/B++；汉语国际教育：8/A+；化学工程与工艺：34/B++；环境科学：31/B++；机器人工程：4/A+；金融工程：26/B++；金融学：39/B++；空间科学与技术：2/A+；临床药学：6/B++；旅游管理：22/A；美术学：35/B++；人工智能：7/A+；日语：16/A；社会工作：41/B++；社会体育指导与管理：6/A+；生态学：14/B++；生物工程：47/B++；生物技术：30/B++；生物医学工程：21/B++；世界史：7/B++；市场营销：59/B++；数字媒体技术：7/A；水利水电工程：17/B++；通信工程：45/B++；土木工程：47/B++；网络空间安全：4/A；微电子科学与工程：11/B++；物联网工程：23/B++；物流工程：12/B++；音乐学：18/B++；应用化学：69/B++；政治学与行政学：21/B++；制药工程：45/B++。

5）中国区域一流专业（3★）

保险学：33/B+；材料科学与工程：90/B+；材料物理：40/B+；测控技术与仪器：77/B+；车辆工程：77/B+；储能科学与工程：3/A+；德语：36/B+；电子信息工程：141/B+；工业工程：54/B+；工业设计：68/B+；供应链管理：2/A+；国际商务：25/B+；海洋科学：20/B+；海洋资源开发技术：5/A；海洋资源与环境：2/A+；环境设计：86/B+；建筑学：82/B+；交通运输：37/B+；人类学：4/A；人力资源管理：69/B+；生物医学科学：4/A；视觉传达设计：83/B+；书法学：11/B++；数据科学与大数据技术：20/A；土木、水利与海洋工程：3/A+；文化产业管理：14/B++；文物与博物馆学：14/B+；物流管理：88/B+；西班牙语：22/B+；新能源科学与工程：27/B+；医学影像学：26/B+；应用物理学：68/B+；智能制造工程：3/A+；资源循环科学与工程：11/B+；宗教学：8/B+。

2. 中国海洋大学

（1）中国海洋大学综合实力排名

综合排名：2024 校友会中国大学排名第 45 名，全国综合类高校第 26 名，山东省高校第 2 名。

星级排名：中国六星级大学（6★），世界高水平大学、中国顶尖大学。“985 工程”大学，“211 工程”大学。主管部门：教育部。

（2）中国海洋大学各本科专业排名（全国排名/档次）

1）世界知名高水平、中国顶尖专业（7★）

海洋科学：2/A++；水产养殖学：1/A++。

2）世界高水平、中国顶尖专业（6★）

海洋技术：1/A++；海洋渔业科学与技术：1/A++。

3）中国一流专业（5★）

船舶与海洋工程：6/A；港口航道与海岸工程：4/A；海洋资源开发技术：2/A+；生物科学：16/A；食品科学与工程：8/A+；药学：13/A。

4）中国高水平专业（4★）

朝鲜语：10/B++；大气科学：7/B++；地质学：10/B++；法学：49/B++；高分子材料与工程：43/B++；光电信息科学与工程：25/B++；海洋资源与环境：1/A++；化学：87/B++；化学工程与工艺：34/B++；环境工程：30/B++；环境科学：17/A；会计学：43/B++；计算机科学与技术：60/B++；金融学：39/B++；勘查技术与工程：12/B++；旅游管理：22/A；轮机工程：7/B++；生态学：14/B++；信息与计算科学：23/A；行政管理：33/B++；英语：57/B++；自动化：41/B++。

5）中国区域一流专业（3★）

材料化学：48/B+；材料科学与工程：98/B+；地球信息科学与技术：5/A；电子商务：82/B+；电子信息工程：141/B+；法语：35/B+；工商管理：207/B+；国际经济与贸易：142/B+；汉语言文学：151/B+；航海技术：9/B+；机械设计制造及其自动化：170/B+；经济学：152/B+；军事海洋学：1/A++；社会学：56/B+；生物工程：93/B+；生物技术：122/B+；数学与应用数学：190/B+；通信工程：104/B+；土木工程：137/B+；物理学：95/B+；新闻学：98/B+；应用气象学：6/B+；运动训练：36/B+。

6）中国区域高水平专业（2★）

保密管理：6/D；保密技术：3/A+；编辑出版学：21/C；财务管理：135/C；德语：48/C；电子信息科学与技术：75/B；工程管理：120/C；工业设计：119/C；公共事业管理：124/B；教育技术学：67/C；日语：118/B；软件工程：235/D；市场营销：176/C；数据科学与大数据技术：54/B++；网络空间安全：26/B；网络与新媒体：27/B+；微电子科学与工程：55/C；文化产业管理：32/B；物流管理：109/C；音乐表演：62/B；政治学与行政学：54/C；智能科学与技术：29/B+。

3. 中国石油大学（华东）

（1）中国石油大学（华东）综合实力排名

综合排名：2024 校友会中国大学排名第 79 名，全国理工类高校第 33 名，山东省高校第 3 名。

星级排名：中国五星级大学（5★），世界知名大学、中国一流大学。“211 工程”大学。主管部门：教育部。

（2）中国石油大学（华东）各本科专业排名（全国排名/档次）

1）世界知名高水平、中国顶尖专业（7★）

石油工程：2/A++；资源勘查工程：1/A++。

2）世界高水平、中国顶尖专业（6★）

油气储运工程：1/A++。

3）中国一流专业（5★）

地球物理学：6/A；地质学：6/A；海洋油气工程：2/A+；勘查技术与工程：2/A+。

4）中国高水平专业（4★）

安全工程：18/B++；材料科学与工程：45/B++；测绘工程：17/B++；测控技术与仪器：23/B++；船舶与海洋工程：14/B++；电气工程及其自动化：40/B++；电子信息工程：38/B++；过程装备与控制工程：11/B++；化学：87/B++；化学工程与工艺：34/B++；环保设备工程：1/A++；机械设计制造及其自动化：54/B++；计算机科学与技术：60/B++；能源化学工程：9/B++；能源与动力工程：30/B++；应用化学：35/B++；应用物理学：22/B++；自动化：41/B++。

5）中国区域一流专业（3★）

材料成型及控制工程：80/B+；材料化学：37/B+；材料物理：31/B+；车辆工程：58/B+；地理信息科学：43/B+；法学：161/B+；工程管理：93/B+；工业设计：68/B+；环境工程：133/B+；会计学：186/B+；软件工程：150/B+；通信工程：104/B+；信息与计算科学：86/B+；英语：231/B+。

6）中国区域高水平专业（2★）

财务管理：175/D；储能科学与工程：7/B+；俄语：71/C；工程力学：71/D；国际经济与贸易：266/D；汉语言文学：235/D；化工安全工程：1/A++；机械工程：70/D；建筑环境与能源应用工程：84/C；建筑学：130/D；经济学：205/D；市场营销：241/D；数据科学与大数据技术：54/B++；数学与应用数学：245/D；土木工程：216/D；新能源材料与器件：32/B；新能源科学与工程：54/C；信息管理与信息系统：207/C；行政管理：170/D；音乐学：117/C；智能感知工程：7/B；智能科学与技术：29/B+；智能制造工程：16/B++。

7）中国区域知名专业（1★）

光电信息科学与工程：167/D；物联网工程：194/D。

4. 齐鲁工业大学

（1）齐鲁工业大学综合实力排名

综合排名：2024 校友会中国大学排名第 90 名，全国理工类高校第 37 名，山东省高校第 4 名。

星级排名：中国四星级大学（4★），世界知名、中国高

水平大学。主管部门：山东省。

（2）齐鲁工业大学各本科专业排名（全国排名/档次）

1）世界知名高水平、中国顶尖专业（7★）

轻化工程：3/A++。

2）世界高水平、中国顶尖专业（6★）

酿酒工程：2/A+；食品科学与工程：3/A+。

3）中国一流专业（5★）

产品设计：1/A++；电子信息工程：22/A；高分子材料与工程：15/A；机械设计制造及其自动化：25/A；生物工程：4/A+；视觉传达设计：6/A+；无机非金属材料工程：3/A+；物联网工程：6/A+；印刷工程：4/A；自动化：21/A。

4）中国高水平专业（4★）

宝石及材料工艺学：4/A；电气工程及其自动化：88/B++；工业设计：38/B++；光电信息科学与工程：25/B++；化学工程与工艺：84/B++；环境工程：30/B++；环境设计：43/B++；计算机科学与技术：206/B++；金融学：39/B++；软件工程：103/B++；食品质量与安全：19/B++；市场营销：59/B++；信息与计算科学：51/B++；应用化学：69/B++；英语：136/B++；制药工程：20/B++。

5）中国区域一流专业（3★）

包装工程：19/B+；材料成型及控制工程：66/B+；材料化学：48/B+；财务管理：100/B+；测控技术与仪器：103/B+；电子竞技运动与管理：1/A++；服装与服饰设计：38/B+；广告学：50/B+；国际经济与贸易：142/B+；化学：124/B+；环境科学：61/B+；会计学：208/B+；能源与动力工程：80/B+；人力资源管理：69/B+；生物技术：96/B+；通信工程：104/B+；微电子科学与工程：40/B+；新媒体技术：1/A++；行政管理：126/B+；药物制剂：8/B++；药学：85/B+；应用统计学：30/B+。

6）中国区域高水平专业（2★）

保密管理：6/D；保密技术：3/A+；法学：251/D；翻译：71/B；功能材料：18/B；海洋技术：16/D；海洋信息工程：2/A+；汉语国际教育：96/B；环境生态工程：20/B；金融科技：5/A；人工智能：38/B++；日语：118/B；食品营养与健康：2/A+；数据计算及应用：1/A++；数字媒体艺术：79/C；信息管理与信息系统：168/C；音乐表演：62/B；智能科学与技术：29/B+；智能制造工程：16/B++。

7）中国区域知名专业（1★）

机器人工程：71/C；网络空间安全：42/C。

5. 山东农业大学

（1）山东农业大学综合实力排名

综合排名：2024 校友会中国大学排名第 99 名，全国农林类高校第 11 名，山东省高校第 5 名。

星级排名：中国四星级大学（4★），世界知名、中国高水平大学。主管部门：山东省。

（2）山东农业大学各本科专业排名（全国排名/档次）

1）世界高水平、中国顶尖专业（6★）

农学：4/A+。

2）中国一流专业（5★）

蚕学：2/A+；农业机械化及其自动化：3/A+；农业资源与环境：5/A；生物技术：7/A+；水利水电工程：10/A；园艺：5/A；植物保护：5/A；植物科学与技术：3/A+。

3）中国高水平专业（4★）

动物科学：25/B++；动物医学：13/B++；林学：13/B++；农林经济管理：13/B++；食品科学与工程：28/B++；水土保持与荒漠化防治：7/B++；土地资源管理：18/B++；物联网工程：23/B++；种子科学与工程：7/B++。

4）中国区域一流专业（3★）

测绘工程：46/B+；电子信息科学与技术：50/B+；动植物检疫：3/A+；机械电子工程：38/B+；计算机科学与技术：285/B+；金融学：143/B+；木材科学与工程：14/B+；葡萄与葡萄酒工程：7/B+；森林保护：10/B+；设施农业科学与工程：6/B++；社会体育指导与管理：37/B+；生物工程：93/B+；食品质量与安全：45/B+；水产养殖学：27/B+；水文与水资源工程：21/B+；土木工程：137/B+；信息与计算科学：122/B+；行政管理：126/B+；烟草：4/A；艺术设计学：57/B+；应用化学：112/B+；英语：253/B+；园林：34/B+；制药工程：79/B+；中药资源与开发：15/B+；自动化：180/B+。

5）中国区域高水平专业（2★）

材料化学：74/C；茶学：14/D；城乡规划：89/C；地理信息科学：84/C；电气工程及其自动化：199/D；动物药学：13/C；法学：251/D；给排水科学与工程：66/C；工商管理：245/D；国际经济与贸易：221/C；环境科学：114/C；环境设计：141/C；环境生态工程：20/B；会计学：247/D；建筑环境与能源应用工程：84/C；旅游管理：146/C；人工智能：38/B++；生物科学：141/D；数据科学与大数据技术：54/B++；数字经济：2/A+；水族科学与技术：7/C；土地整治工程：3/A+；音乐学：104/C；应用生物科学：7/C。

6）中国区域知名专业（1★）

财务管理：210/D；车辆工程：109/D；城市管理：25/C；道路桥梁与渡河工程：30/D；俄语：90/D；风景园林：75/D；环境工程：238/D；机械设计制造及其自动化：236/D；建筑学：149/D；经济学：245/D；录音艺术：21/D；秘书学：32/D；日语：218/D；商务英语：89/D；生态学：58/D；数学与应用数学：284/D；通信工程：239/D；网络工程：141/D；文化产业管理：50/C；遥感科学与技术：29/D；资产评估：22/D；资源循环科学与工程：25/D。

6. 山东师范大学

（1）山东师范大学综合实力排名

综合排名：2024 校友会中国大学排名第 116 名，全国师范类高校第 14 名，山东省高校第 6 名。

星级排名：中国四星级大学（4★），世界知名、中国高水平大学。主管部门：山东省。

（2）山东师范大学各本科专业排名（全国排名/档次）

1）世界高水平、中国顶尖专业（6★）

汉语言文学：10/A+；化学：14/A+；教育学：6/A+。

2）中国一流专业（5★）

地理科学：13/A；历史学：32/A；数学与应用数学：41/A；思想政治教育：51/A；体育教育：18/A；物理学：23/A；音乐学：7/A+；应用心理学：7/A+。

3）中国高水平专业（4★）

地理信息科学：16/B++；电子信息工程：89/B++；法学：111/B++；工商管理：100/B++；广播电视编导：24/B++；国际经济与贸易：86/B++；汉语国际教育：18/A；汉语言：15/B++；环境设计：43/B++；计算机科学与技术：206/B++；教育技术学：21/B++；金融学：93/B++；劳动与社会保障：16/B++；旅游管理：67/B++；美术学：35/B++；日语：33/B++；生物技术：64/B++；生物科学：83/B++；通信工程：69/B++；统计学：41/B++；武术与民族传统体育：8/B++；舞蹈学：11/B++；戏剧影视文学：14/B++；新闻学：61/B++；信息管理与信息系统：73/B++；行政管理：66/B++；学前教育：25/B++；音乐表演：18/B++；英语：136/B++。

4）中国区域一流专业（3★）

朝鲜语：25/B+；电子科学与技术：69/B+；俄语：55/B+；公共事业管理：81/B+；光电信息科学与工程：84/B+；广播电视学：36/B+；化学工程与工艺：142/B+；环境科学：82/B+；秘书学：7/B++；社会体育指导与管理：37/B+；世界史：12/B+；视觉传达设计：116/B+；物联网工程：69/B+；物流管理：88/B+；西班牙语：31/B+；心理学：31/B+；哲学：52/B+；自然地理与资源环境：20/B+。

5）中国区域高水平专业（2★）

播音与主持艺术：63/C；电子商务：148/D；法语：64/C；航空服务艺术与管理：3/A+；马克思主义理论：19/C；人工智能：38/B++；人力资源管理：148/C；人文地理与城乡规划：38/B；摄影：23/C；食品科学与工程：159/D；数据科学与大数据技术：54/B++；数字媒体艺术：79/C；网络空间安全：26/B；网络与新媒体：27/B+；小学教育：66/D；信息与计算科学：231/D；应用化学：197/D；政治学与行政学：59/C；制药工程：139/D；智能制造工程：16/B++；作曲与作曲技术理论：27/D。

6）中国区域知名专业（1★）

阿拉伯语：26/D；财务管理：232/D；城市管理：31/D；工程管理：194/D；会计学：323/D；经济学：257/D；葡萄牙语：22/D；食品质量与安全：126/D；遥感科学与技术：29/D；应用物理学：151/D。

7. 山东第一医科大学

（1）山东第一医科大学综合实力排名

综合排名：2024 校友会中国大学排名第 117 名，全国医药类高校第 14 名，山东省高校第 7 名。

星级排名：中国四星级大学（4★），世界知名、中国高水平大学。主管部门：山东省。

（2）山东第一医科大学各本科专业排名（全国排名/档次）

1）世界高水平、中国顶尖专业（6★）

护理学：10/A+；临床医学：19/A+；医学影像技术：1/A++。

2）中国一流专业（5★）

精神医学：2/A+；康复治疗学：7/A；口腔医学：10/A；生物医学工程：18/A；药学：23/A；医学检验技术：8/A；医学影像学：6/A；预防医学：19/A；制药工程：15/A。

3）中国高水平专业（4★）

放射医学：2/A+；麻醉学：15/B++；生物技术：64/B++；生物医学科学：2/A+；生物制药：5/A；卫生检验与检疫：7/B++；眼视光医学：2/A+；医学实验技术：5/A；应用物理学：43/B++；运动康复：8/B++；中药学：31/B++。

4）中国区域一流专业（3★）

化学工程与工艺：120/B+；口腔医学技术：4/A；临床药学：21/B+；社会工作：63/B+；生物工程：93/B+；生物信息学：17/B+；眼视光学：5/A；药物制剂：22/B+；医学信息工程：8/B+；英语：253/B+；运动人体科学：11/B+；助产学：4/A。

5）中国区域高水平专业（2★）

电子信息科学与技术：87/C；俄语：71/C；翻译：80/C；高分子材料与工程：108/D；公共事业管理：198/D；环境工程：212/D；计算机科学与技术：370/D；劳动与社会保障：66/C；旅游管理：168/D；人力资源管理：148/C；市场营销：241/D；通信工程：219/D；统计学：147/C；信息工程：38/C；信息管理与信息系统：207/C；药物化学：6/D；医疗保险：1/A++；应用化学：197/D。

8. 山东财经大学

（1）山东财经大学综合实力排名

综合排名：2024 校友会中国大学排名第 121 名，全国财经类高校第 9 名，山东省高校第 8 名。

星级排名：中国四星级大学（4★），世界知名、中国高水平大学。主管部门：山东省。

（2）山东财经大学各本科专业排名（全国排名/档次）

1）世界高水平、中国顶尖专业（6★）

国际经济与贸易：15/A+；会计学：9/A+。

2）中国一流专业（5★）

财务管理：6/A+；财政学：7/A；城市管理：2/A+；工商管理：16/A+；国际商务：2/A+；经济学：16/A；商务英语：1/A++；数字媒体技术：4/A+；信息管理与信息系统：12/A+；行政管理：7/A+。

3）中国高水平专业（4★）

保险学：15/B++；电子商务：17/A；计算机科学与技术：60/B++；金融工程：11/A；金融学：39/B++；劳动与社会保障：4/A+；贸易经济：4/A；人力资源管理：16/A；审

计学：4/A；市场营销：29/A；数学与应用数学：56/B++；税收学：13/B++；统计学：20/A；文化产业管理：3/A+；物流管理：15/A；英语：57/B++；资产评估：4/A；资源与环境经济学：3/A+。

4）中国区域一流专业（3★）

大数据管理与应用：4/A+；德语：36/B+；法学：161/B+；法语：35/B+；房地产开发与管理：9/B+；工程管理：93/B+；公共事业管理：81/B+；管理科学：19/B+；国际经济发展合作：1/A++；汉语国际教育：58/B+；汉语言文学：176/B+；金融科技：1/A++；金融数学：5/A；经济统计学：33/B+；精算学：4/A；跨境电子商务：1/A++；旅游管理：114/B+；美术学：57/B+；农村区域发展：10/B+；人工智能：15/A；日语：96/B+；社会工作：87/B+；社会体育指导与管理：37/B+；视觉传达设计：116/B+；数据科学与大数据技术：20/A；数字媒体艺术：39/B+；体育经济与管理：10/B+；投资学：17/B+；新闻学：109/B+；信用管理：4/A。

9. 山东科技大学

（1）山东科技大学综合实力排名

综合排名：2024校友会中国大学排名第124名，全国理工类高校第51名，山东省高校第9名。

星级排名：中国四星级大学（4★），世界知名、中国高水平大学。主管部门：山东省。

（2）山东科技大学各本科专业排名（全国排名/档次）

1）世界高水平、中国顶尖专业（6★）

采矿工程：6/A+。

2）中国一流专业（5★）

安全工程：14/A；测绘工程：13/A；地理信息科学：7/A+；地质工程：12/A；矿物加工工程：10/A。

3）中国高水平专业（4★）

产品设计：33/B++；电气工程及其自动化：88/B++；电子信息工程：89/B++；法学：111/B++；工商管理：100/B++；工业工程：28/B++；化学工程与工艺：84/B++；环境工程：82/B++；机器人工程：4/A+；机械电子工程：20/B++；机械设计制造及其自动化：131/B++；计算机科学与技术：206/B++；交通运输：26/B++；软件工程：103/B++；通信工程：69/B++；统计学：41/B++；土木工程：96/B++；物联网工程：23/B++；英语：136/B++；自动化：112/B++。

4）中国区域一流专业（3★）

城市地下空间工程：25/B+；船舶与海洋工程：23/B+；电气工程与智能控制：2/A+；电子信息科学与技术：44/B+；高分子材料与工程：81/B+；工程力学：56/B+；国际经济与贸易：176/B+；过程装备与控制工程：48/B+；汉语言文学：176/B+；建筑环境与能源应用工程：63/B+；建筑学：95/B+；教育技术学：44/B+；勘查技术与工程：21/B+；能源与动力工程：80/B+；农业机械化及其自动化：28/B+；数学与应用数学：190/B+；水利水电工程：32/B+；水文与水资源工程：21/B+；网络工程：25/B++；遥感科学与技术：12/B+；应用化学：145/B+；应用物理学：83/B+；资源勘查工程：30/B+。

5）中国区域高水平专业（2★）

材料成型及控制工程：103/D；材料化学：74/C；测控技术与仪器：126/D；车辆工程：89/C；城乡规划：89/C；大数据管理与应用：11/B++；电子商务：118/C；防灾减灾科学与工程：1/A++；工程管理：120/C；工业设计：131/C；广告学：80/B；海洋技术：16/D；环境设计：141/C；会计学：247/D；交通工程：56/C；金属材料工程：58/D；人文地理与城乡规划：38/B；审计学：37/D；生物工程：159/D；生物医学工程：80/D；视觉传达设计：156/C；数据科学与大数据技术：54/B++；投资学：31/C；无机非金属材料工程：52/C；物流工程：35/C；新能源材料与器件：32/B；信息管理与信息系统：168/C；信息与计算科学：164/C；行政管理：148/C；智能科学与技术：29/B+；智能制造工程：16/B++。

6）中国区域知名专业（1★）

财政学：73/D；朝鲜语：48/D；地球物理学：22/D；工程造价：43/D；国际商务：40/C；金融学：204/D；人力资源管理：201/D；日语：218/D；数字媒体技术：69/D；物流管理：170/D；信息安全：82/D；信息工程：50/D；音乐学：129/D。

10. 青岛大学

（1）青岛大学综合实力排名

综合排名：2024校友会中国大学排名第135名，全国综合类高校第52名，山东省高校第10名。

星级排名：中国四星级大学（4★），世界知名、中国高水平大学。主管部门：山东省。

（2）青岛大学各本科专业排名（全国排名/档次）

1）中国一流专业（5★）

纺织工程：9/A；汉语言文学：50/A；机械工程：23/A；应用化学：19/A；应用物理学：17/A。

2）中国高水平专业（4★）

德语：20/B++；电气工程及其自动化：88/B++；电子信息工程：89/B++；法学：111/B++；复合材料与工程：7/B++；高分子材料与工程：43/B++；工商管理：100/B++；护理学：59/B++；会计学：112/B++；绘画：16/B++；计算机科学与技术：206/B++；金融学：93/B++；经济学：83/B++；口腔医学：34/B++；历史学：55/B++；临床医学：70/B++；旅游管理：67/B++；日语：33/B++；软件工程：103/B++；生物技术：64/B++；数学与应用数学：137/B++；微电子科学与工程：21/B++；小学教育：31/B++；新闻学：61/B++；信息管理与信息系统：73/B++；药学：61/B++；医学检验技术：37/B++；医学影像学：15/B++；音乐表演：18/B++；音乐学：39/B++；应用心理学：28/B++；英语：136/B++；预防医学：40/B++；自动化：112/B++。

3）中国区域一流专业（3★）

财务管理：100/B+；测控技术与仪器：103/B+；朝鲜语：25/B+；服装设计与工程：22/B+；服装与服饰设计：44/B+；光电信息科学与工程：84/B+；国际经济与贸易：176/B+；国际政治：29/B+；化学：124/B+；化学工程与工艺：142/B+；环境工程：167/B+；教育技术学：44/B+；能源与动力工程：98/B+；轻化工程：33/B+；食品科学与工程：114/B+；视觉传达设计：116/B+；思想政治教育：134/B+；体育教育：95/B+；通信工程：141/B+；统计学：96/B+；新能源科学与工程：27/B+；信息安全：51/B+；信息与计算科学：122/B+；行政管理：126/B+；学前教育：56/B+；应用统计学：30/B+；智能科学与技术：17/B++。

4）中国区域高水平专业（2★）

标准化工程：2/A+；表演：44/B；财政学：62/D；地理科学：65/D；法语：64/C；工程管理：120/C；工业设计：119/C；环境科学与工程：18/C；环境设计：141/C；机器人工程：18/B++；经济统计学：52/C；人力资源管理：115/C；市场营销：176/C；物理学：126/D；物流管理：109/C；智能制造工程：16/B++。

5）中国区域知名专业（1★）

动画：142/D；广播电视编导：96/D；国际商务：59/D；酒店管理：64/D；数字媒体技术：83/D；无机非金属材料工程：77/D；舞蹈学：81/D；物联网工程：194/D；西班牙语：57/D；哲学：74/D；作曲与作曲技术理论：31/D。

11. 济南大学

（1）济南大学综合实力排名

综合排名：2024 校友会中国大学排名第 145 名，全国综合类高校第 55 名，山东省高校第 11 名。

星级排名：中国三星级大学（3★），中国知名、区域一流大学。主管部门：山东省。

（2）济南大学各本科专业排名（全国排名/档次）

1）中国一流专业（5★）

材料科学与工程：36/A；高分子材料与工程：15/A；汉语言文学：50/A；应用化学：8/A+。

2）中国高水平专业（4★）

给排水科学与工程：30/B++；化学工程与工艺：84/B++；会计学：43/B++；机械工程：26/B++；计算机科学与技术：206/B++；金融学：93/B++；社会工作：19/A；通信工程：69/B++；土木工程：96/B++；网络工程：4/A+；物理学：79/B++；信息管理与信息系统：73/B++；音乐学：18/B++。

3）中国区域一流专业（3★）

材料物理：40/B+；财务管理：100/B+；车辆工程：77/B+；城乡规划：58/B+；地下水科学与工程：9/B+；电气工程及其自动化：151/B+；复合材料与工程：10/B+；光电信息科学与工程：84/B+；广播电视学：36/B+；广告学：50/B+；国际政治：29/B+；化学：124/B+；环境工程：167/B+；环境科学：82/B+；机械设计制造及其自动化：190/B+；集成电路设计与集成系统：16/B+；金融数学：10/B++；经济学：152/B+；烹饪与营养教育：4/A；社会体育指导与管理：37/B+；数学与应用数学：190/B+；水文与水资源工程：36/B+；特殊教育：15/B+；体育教育：95/B+；网络空间安全：12/B++；新能源科学与工程：27/B+；行政管理：126/B+；应用心理学：65/B+；英语：253/B+；制药工程：113/B+；自动化：180/B+。

4）中国区域高水平专业（2★）

材料化学：74/C；测控技术与仪器：143/D；朝鲜语：31/B；德语：56/D；地理科学：65/D；电子商务：148/D；电子信息科学与技术：87/C；法学：271/D；法语：64/C；服装设计与工程：34/D；工商管理：282/D；工业工程：93/C；工业设计：131/C；公共事业管理：198/D；国际经济与贸易：266/D；汉语国际教育：121/C；建筑学：130/D；劳动与社会保障：66/C；历史学：114/D；旅游管理：168/D；美术学：99/C；人文地理与城乡规划：38/B；日语：162/C；生物技术：176/D；市场营销：241/D；思想政治教育：143/D；信息与计算科学：231/D；自然地理与资源环境：34/B。

5）中国区域知名专业（1★）

编辑出版学：36/D；标准化工程：3/A+；大数据管理与应用：48/C；工程管理：194/D；国际商务：59/D；会展经济与管理：47/D；机器人工程：71/C；酒店管理：64/D；人工智能：123/C；摄影：34/D；生物制药：45/D；数据科学与大数据技术：152/C；水利水电工程：57/D；投资学：52/D；文化产业管理：77/D；舞蹈学：81/D；药学：139/D；应急管理：8/C；政治学与行政学：75/D；智能电网信息工程：18/D；智能制造工程：56/B。

12. 青岛科技大学

（1）青岛科技大学综合实力排名

综合排名：2024 校友会中国大学排名第 152 名，全国理工类高校第 68 名，山东省高校第 12 名。

星级排名：中国三星级大学（3★），中国知名、区域一流大学。主管部门：山东省。

（2）青岛科技大学各本科专业排名（全国排名/档次）

1）中国一流专业（5★）

高分子材料与工程：10/A；化学工程与工艺：14/A；环境工程：8/A+；机械工程：17/A；能源与动力工程：21/A；制药工程：5/A+。

2）中国高水平专业（4★）

安全工程：18/B++；材料化学：13/B++；财务管理：46/B++；测控技术与仪器：23/B++；动画：27/B++；工商管理：36/B++；国际经济与贸易：86/B++；过程装备与控制工程：11/B++；计算机科学与技术：60/B++；金属材料工程：13/B++；软件工程：44/B++；通信工程：69/B++；新能源科学与工程：3/A+；信息工程：16/B++；应用化学：35/B++；应用物理学：22/B++；英语：136/B++；自动化：41/B++。

3）中国区域一流专业（3★）

材料成型及控制工程：80/B+；材料物理：31/B+；城市

管理：10/B+；船舶与海洋工程：23/B+；电气工程及其自动化：133/B+；电子信息工程：178/B+；电子信息科学与技术：50/B+；复合材料与工程：10/B+；汉语言文学：176/B+；化学：113/B+；集成电路设计与集成系统：16/B+；商务英语：34/B+；社会工作：63/B+；无机非金属材料工程：43/B+；物联网工程：45/B+；休闲体育：9/B+；药物制剂：22/B+；油气储运工程：15/B+；智能电网信息工程：9/B+。

4）中国区域高水平专业（2★）

包装工程：30/C；产品设计：100/C；俄语：71/C；服装与服饰设计：66/C；工业工程：77/C；工业设计：131/C；广告学：80/B；环境科学：114/C；环境设计：141/C；绘画：65/C；机械设计制造及其自动化：214/D；轻化工程：37/D；日语：118/B；生物工程：127/C；市场营销：176/C；视觉传达设计：156/C；信息与计算科学：164/C。

5）中国区域知名专业（1★）

编辑出版学：31/D；朝鲜语：48/D；德语：73/D；法学：308/D；分子科学与工程：6/D；公共艺术：32/C；功能材料：27/D；海洋科学：28/D；机器人工程：71/C；人工智能：123/C；食品质量与安全：117/D；数据科学与大数据技术：152/C；数学与应用数学：284/D；微电子科学与工程：68/D；物流管理：170/D；新能源材料与器件：45/C；音乐表演：83/C；应用统计学：65/C；智能制造工程：56/B。

13. 青岛农业大学

（1）青岛农业大学综合实力排名

综合排名：2024 校友会中国大学排名第 182 名，全国农林类高校第 24 名，山东省高校第 13 名。

星级排名：中国三星级大学（3★），中国知名、区域一流大学。主管部门：山东省。

（2）青岛农业大学各本科专业排名（全国排名/档次）

1）中国一流专业（5★）

食品科学与工程：8/A+。

2）中国高水平专业（4★）

传播学：17/B++；动画：27/B++；动物科学：25/B++；动物医学：29/B++；风景园林：22/B++；农林经济管理：26/B++；农学：21/B++；农业机械化及其自动化：12/B++；食品质量与安全：19/B++；水产养殖学：17/B++；应用化学：69/B++；园林：16/B++；园艺：28/B++；植物保护：24/B++。

3）中国区域一流专业（3★）

材料化学：48/B+；财务管理：100/B+；茶学：10/B+；电气工程及其自动化：151/B+；广播电视编导：42/B+；海洋资源与环境：2/A+；化学工程与工艺：142/B+；环境工程：167/B+；环境科学：82/B+；环境生态工程：6/B++；绘画：52/B+；计算机科学与技术：327/B+；粮食工程：5/A；林学：26/B+；农业电气化：5/A；农业资源与环境：28/B+；葡萄与葡萄酒工程：7/B+；生物技术：122/B+；生物科学：122/B+；水族科学与技术：5/A；土木工程：164/B+；物流管理：88/B+；英语：253/B+；制药工程：79/B+；种子科学与工程：13/B+。

4）中国区域高水平专业（2★）

测控技术与仪器：143/D；产品设计：131/D；电子商务：148/D；工程管理：144/D；工程造价：24/B；公共事业管理：124/B；功能材料：18/B；国际经济与贸易：266/D；汉语言文学：200/D；机械设计制造及其自动化：222/D；建筑环境与能源应用工程：84/C；经济与金融：6/B+；秘书学：16/B；日语：162/C；生物工程：127/C；市场营销：241/D；通信工程：219/D；土地资源管理：53/C；信息与计算科学：231/D；烟草：7/D；药学：118/D；知识产权：27/B；植物科学与技术：10/C。

5）中国区域知名专业（1★）

草业科学：29/D；朝鲜语：54/D；电子信息工程：271/D；电子信息科学与技术：117/D；动物药学：19/D；广告学：113/C；环境设计：215/D；会计学：297/D；建筑学：149/D；马业科学：2/A+；农村区域发展：20/D；设施农业科学与工程：26/D；社会工作：170/D；视觉传达设计：202/D；数据科学与大数据技术：152/C；数字媒体艺术：112/D；水生动物医学：5/A；智慧农业：9/C。

14. 烟台大学

（1）烟台大学综合实力排名

综合排名：2024 校友会中国大学排名第 190 名，全国综合类高校第 64 名，山东省高校第 14 名。

星级排名：中国三星级大学（3★），中国知名、区域一流大学。主管部门：山东省。

（2）烟台大学各本科专业排名（全国排名/档次）

1）中国一流专业（5★）

法学：35/A。

2）中国高水平专业（4★）

电子信息科学与技术：13/A；化学工程与工艺：34/B++；机械设计制造及其自动化：54/B++；计算机科学与技术：60/B++；建筑学：24/B++；软件工程：44/B++；生物工程：21/B++；生物科学：36/B++；数学与应用数学：56/B++；土木工程：47/B++；药学：27/B++；应用物理学：43/B++；知识产权：4/A。

3）中国区域一流专业（3★）

车辆工程：77/B+；国际经济与贸易：176/B+；航海技术：9/B+；轮机工程：11/B+；能源与动力工程：80/B+；食品科学与工程：114/B+；食品质量与安全：45/B+；物联网工程：69/B+；信息与计算科学：86/B+；应用化学：145/B+；自动化：150/B+。

4）中国区域高水平专业（2★）

材料科学与工程：121/D；测控技术与仪器：143/D；朝鲜语：31/B；高分子材料与工程：108/D；工程管理：144/D；工商管理：245/D；国际商务：33/C；汉语言文学：200/D；环境设计：172/C；会计学：270/D；市场营销：176/C；水产养殖学：37/D；通信工程：219/D；新闻学：

125/D；运动训练：60/C；制药工程：139/D。

5）中国区域知名专业（1★）

城乡规划：103/D；给排水科学与工程：79/D；公共事业管理：238/D；海洋科学：28/D；汉语国际教育：140/C；汉语言：60/D；核工程与核技术：27/D；环保设备工程：8/D；环境科学与工程：23/D；机器人工程：71/C；集成电路设计与集成系统：28/D；金属材料工程：66/D；人力资源管理：215/D；日语：218/D；生物技术：217/D；生物制药：45/D；统计学：177/D；投资学：52/D；舞蹈编导：33/D；休闲体育：25/D；音乐学：129/D；英语：398/D；智能科学与技术：58/C。

15. 青岛理工大学

（1）青岛理工大学综合实力排名

综合排名：2024 校友会中国大学排名第 201 名，全国理工类高校第 91 名，山东省高校第 15 名。

星级排名：中国三星级大学（3★），中国知名、区域一流大学。主管部门：山东省。

（2）青岛理工大学各本科专业排名（全国排名/档次）

1）中国高水平专业（4★）

材料科学与工程：68/B++；产品设计：33/B++；车辆工程：44/B++；城乡规划：26/B++；电子信息工程：89/B++；风景园林：22/B++；给排水科学与工程：30/B++；工程管理：55/B++；工程造价：4/A；环境工程：82/B++；环境设计：43/B++；会计学：112/B++；机械设计制造及其自动化：131/B++；计算机科学与技术：206/B++；建筑环境与能源应用工程：25/B++；建筑学：52/B++；市场营销：59/B++；土木工程：96/B++；物流管理：46/B++；信息管理与信息系统：73/B++。

2）中国区域一流专业（3★）

安全工程：45/B+；材料成型及控制工程：66/B+；测控技术与仪器：103/B+；电气工程及其自动化：151/B+；环境科学：82/B+；建筑电气与智能化：12/B+；交通工程：41/B+；交通运输：37/B+；汽车服务工程：12/B+；软件工程：183/B+；数学与应用数学：190/B+；通信工程：141/B+；应用物理学：68/B+；英语：253/B+；自动化：150/B+。

3）中国区域高水平专业（2★）

财务管理：135/C；电子商务：148/D；工业工程：93/C；国际经济与贸易：221/C；能源与动力工程：124/D；社会工作：112/C；视觉传达设计：156/C；统计学：147/C；网络工程：81/B；信息与计算科学：164/C。

4）中国区域知名专业（1★）

朝鲜语：48/D；城市地下空间工程：44/D；房地产开发与管理：24/D；服装与服饰设计：93/D；广告学：113/C；国际商务：40/C；汉语言文学：250/D；绘画：101/D；机器人工程：71/C；经济学：245/D；日语：218/D；音乐表演：83/C；智能建造：17/C；智能制造工程：56/B。

16. 山东中医药大学

（1）山东中医药大学综合实力排名

综合排名：2024 校友会中国大学排名第 203 名，全国医药类高校第 27 名，山东省高校第 16 名。

星级排名：中国三星级大学（3★），中国知名、区域一流大学。主管部门：山东省。

（2）山东中医药大学各本科专业排名（全国排名/档次）

1）世界高水平、中国顶尖专业（6★）

中草药栽培与鉴定：1/A++；中医学：4/A+。

2）中国一流专业（5★）

针灸推拿学：10/A；制药工程：15/A；中药学：9/A。

3）中国高水平专业（4★）

护理学：59/B++；计算机科学与技术：206/B++；康复治疗学：17/B++；信息管理与信息系统：73/B++；眼视光学：2/A+；中西医临床医学：18/B++；中医骨伤科学：2/A+。

4）中国区域一流专业（3★）

法学：208/B+；公共事业管理：81/B+；社会体育指导与管理：37/B+；生物医学工程：62/B+；食品卫生与营养学：7/B+；市场营销：130/B+；数据科学与大数据技术：20/A；眼视光医学：7/B+；药物制剂：22/B+；药学：105/B+；应用心理学：65/B+；英语：253/B+；中药资源与开发：15/B+；中医康复学：1/A++；中医养生学：1/A++。

5）中国区域高水平专业（2★）

运动人体科学：14/D。

6）中国区域知名专业（1★）

健康服务与管理：15/B；康复物理治疗：8/D；劳动与社会保障：113/D；临床医学：117/D；听力与言语康复学：7/D；运动康复：30/C；智能医学工程：27/D。

17. 曲阜师范大学

（1）曲阜师范大学综合实力排名

综合排名：2024 校友会中国大学排名第 209 名，全国师范类高校第 32 名，山东省高校第 17 名。

星级排名：中国三星级大学（3★），中国知名、区域一流大学。主管部门：山东省。

（2）曲阜师范大学各本科专业排名（全国排名/档次）

1）中国一流专业（5★）

教育学：18/A；数学与应用数学：41/A；物理学：23/A。

2）中国高水平专业（4★）

财务管理：46/B++；地理科学：41/B++；电子信息工程：89/B++；汉语言文学：114/B++；化学：87/B++；计算机科学与技术：206/B++；教育技术学：21/B++；经济学：83/B++；历史学：55/B++；旅游管理：67/B++；软件工程：103/B++；生物科学：83/B++；视觉传达设计：42/B++；思想政治教育：90/B++；体育教育：48/B++；统计学：41/B++；物流管理：46/B++；戏剧影视文学：14/B++；新闻学：61/B++；学前教育：25/B++；音乐学：39/B++；英语：

136/B++；运动训练：20/B++；政治学与行政学：25/B++；自动化：112/B++。

3）中国区域一流专业（3★）

电气工程及其自动化：151/B+；俄语：55/B+；法学：208/B+；翻译：54/B+；工商管理：207/B+；公共事业管理：81/B+；光电信息科学与工程：84/B+；化学工程与工艺：142/B+；美术学：69/B+；生物工程：93/B+；书法学：11/B++；通信工程：141/B+；土地资源管理：33/B+；网络工程：68/B+；心理学：31/B+；信息与计算科学：122/B+；印刷工程：10/B+；应用统计学：30/B+；哲学：52/B+。

4）中国区域高水平专业（2★）

包装工程：30/C；材料化学：74/C；测控技术与仪器：126/D；朝鲜语：31/B；电子信息科学与技术：87/C；动画：92/C；法语：64/C；广告学：80/B；汉语国际教育：96/B；环境科学：132/D；环境设计：141/C；绘画：65/C；经济统计学：59/D；贸易经济：20/D；人力资源管理：115/C；人文地理与城乡规划：38/B；日语：118/B；生物技术：176/D；数字媒体艺术：69/B；舞蹈学：55/C；自然地理与资源环境：34/B。

5）中国区域知名专业（1★）

广播电视学：106/D；国际经济与贸易：347/D；航空服务艺术与管理：11/B；金融工程：104/D；人工智能：123/C；商务英语：102/D；生态学：65/D；食品质量与安全：126/D；数据科学与大数据技术：152/C；网络空间安全：42/C；文化产业管理：77/D；文物与博物馆学：25/C；物联网工程：194/D；小学教育：74/D；新能源材料与器件：54/C；休闲体育：25/D；音乐表演：119/D；应用化学：250/D；制药工程：157/D。

18. 山东建筑大学

（1）山东建筑大学综合实力排名

综合排名：2024 校友会中国大学排名第 225 名，全国理工类高校第 103 名，山东省高校第 18 名。

星级排名：中国三星级大学（3★），中国知名、区域一流大学。主管部门：山东省。

（2）山东建筑大学各本科专业排名（全国排名/档次）

1）世界高水平、中国顶尖专业（6★）

建筑学：6/A+；土木工程：8/A+。

2）中国一流专业（5★）

测绘工程：5/A；城乡规划：10/A；给排水科学与工程：4/A+；工程管理：6/A+；工程造价：1/A++。

3）中国高水平专业（4★）

城市地下空间工程：8/B++；道路桥梁与渡河工程：6/B++；电气工程及其自动化：88/B++；风景园林：11/B++；环境设计：43/B++；机械工程：26/B++；建筑环境与能源应用工程：10/A；能源与动力工程：54/B++。

4）中国区域一流专业（3★）

材料成型及控制工程：66/B+；材料科学与工程：90/B+；车辆工程：77/B+；地理信息科学：61/B+；法学：161/B+；工商管理：180/B+；工业设计：85/B+；环境工程：167/B+；会计学：208/B+；计算机科学与技术：285/B+；建筑电气与智能化：12/B+；交通工程：41/B+；软件工程：183/B+；社会工作：63/B+；通信工程：141/B+；信息管理与信息系统：138/B+；艺术设计学：40/B+；英语：253/B+。

5）中国区域高水平专业（2★）

财务管理：175/D；德语：56/D；电子商务：148/D；电子信息工程：236/D；房地产开发与管理：17/C；工业工程：93/C；光电信息科学与工程：121/C；焊接技术与工程：19/C；机械电子工程：84/C；生物工程：159/D；市场营销：241/D；土地资源管理：53/C；网络工程：81/B；物联网工程：104/B；新能源科学与工程：54/C；信息与计算科学：231/D；园林：59/C。

6）中国区域知名专业（1★）

广告学：113/C；环境科学：158/D；交通运输：85/D；美术学：116/D；视觉传达设计：202/D；数据科学与大数据技术：152/C；无机非金属材料工程：69/D；遥感科学与技术：29/D；应用统计学：65/C；应用物理学：132/D。

19. 聊城大学

（1）聊城大学综合实力排名

综合排名：2024 校友会中国大学排名第 240 名，全国综合类高校第 74 名，山东省高校第 19 名。

星级排名：中国二星级大学（2★），中国区域高水平大学。主管部门：山东省。

（2）聊城大学各本科专业排名（全国排名/档次）

1）中国一流专业（5★）

通信工程：17/A。

2）中国高水平专业（4★）

汉语言文学：64/B++；化学：87/B++；历史学：55/B++；数学与应用数学：137/B++；思想政治教育：73/B++；物理学：79/B++；小学教育：16/B++；英语：136/B++。

3）中国区域一流专业（3★）

材料科学与工程：98/B+；车辆工程：77/B+；地理科学：60/B+；动物医学：45/B+；高分子材料与工程：81/B+；广播电视编导：42/B+；化学工程与工艺：142/B+；机械设计制造及其自动化：170/B+；计算机科学与技术：327/B+；教育技术学：44/B+；教育学：54/B+；经济学：152/B+；美术学：69/B+；软件工程：183/B+；生物科学：122/B+；生物制药：12/B++；视觉传达设计：116/B+；土木工程：164/B+；行政管理：126/B+；音乐学：86/B+；园林：34/B+；运动训练：36/B+；哲学：52/B+；质量管理工程：3/A+。

4）中国区域高水平专业（2★）

财务会计教育：3/A+；朝鲜语：31/B；地理信息科学：94/D；电子商务：148/D；电子信息工程：236/D；电子信息科学与技术：87/C；动画：92/C；动物科学：53/D；法学：

271/D；工程管理：144/D；工商管理：282/D；广播电视学：77/D；国际经济与贸易：266/D；汉语国际教育：121/C；环境科学：132/D；会计学：270/D；机械电子工程：84/C；金属材料工程：58/D；口腔医学技术：5/A；旅游管理：168/D；秘书学：16/B；汽车服务工程：23/C；人力资源管理：148/C；日语：162/C；社会体育指导与管理：64/C；生物工程：159/D；食品科学与工程：146/D；数字媒体艺术：69/B；体育教育：112/D；外国语言与外国历史：3/A+；网络工程：119/D；物流管理：109/C；信息管理与信息系统：207/C；学前教育：70/C；艺术设计学：90/D；应用电子技术教育：10/D；应用心理学：99/C；政治学、经济学与哲学：5/A；知识产权：27/B；植物保护：42/D。

5）中国区域知名专业（1★）

安全工程：83/D；标准化工程：3/A+；材料化学：94/D；光电信息科学与工程：167/D；护理学：118/D；建筑学：149/D；交通运输：79/D；金融工程：104/D；人工智能：123/C；人文地理与城乡规划：65/D；书法学：51/D；数据科学与大数据技术：152/C；舞蹈学：74/D；西班牙语：57/D；新能源材料与器件：54/C；药学：139/D；应用化学：213/D；园艺：64/D；运动康复：30/C；制药工程：151/D；智慧农业：9/C；种子科学与工程：31/D；自然地理与资源环境：51/D。

19. 山东理工大学

（1）山东理工大学综合实力排名

综合排名：2024 校友会中国大学排名第 240 名，全国理工类高校第 108 名，山东省高校第 19 名。

星级排名：中国二星级大学（2★），中国区域高水平大学。主管部门：山东省。

（2）山东理工大学各本科专业排名（全国排名/档次）

1）中国一流专业（5★）

电气工程及其自动化：15/A。

2）中国高水平专业（4★）

材料成型及控制工程：48/B++；材料科学与工程：45/B++；采矿工程：24/B++；测控技术与仪器：23/B++；车辆工程：25/B++；电子信息工程：38/B++；法学：49/B++；工商管理：100/B++；国际经济与贸易：43/B++；汉语言文学：114/B++；化学工程与工艺：34/B++；机械设计制造及其自动化：54/B++；计算机科学与技术：60/B++；交通工程：23/B++；交通运输：23/B++；能源与动力工程：30/B++；农业机械化及其自动化：12/B++；社会工作：19/A；生物科学：36/B++；食品科学与工程：72/B++；数学与应用数学：56/B++；土木工程：96/B++；应用化学：35/B++；自动化：112/B++。

3）中国区域一流专业（3★）

材料化学：48/B+；测绘工程：46/B+；工业工程：64/B+；光电信息科学与工程：84/B+；化学：124/B+；机械电子工程：48/B+；经济学：152/B+；勘查技术与工程：21/B+；矿物加工工程：22/B+；软件工程：150/B+；生物工程：93/B+；水利水电工程：32/B+；信息与计算科学：122/B+；冶金工程：23/B+；运动训练：36/B+；资源循环科学与工程：11/B+。

4）中国区域高水平专业（2★）

城乡规划：89/C；工程管理：144/D；工业设计：131/C；广告学：80/B；环境工程：212/D；环境设计：172/C；会计学：270/D；金融学：191/D；历史学：114/D；美术学：99/C；日语：162/C；市场营销：241/D；视觉传达设计：156/C；体育教育：126/D；通信工程：219/D；无机非金属材料工程：61/D；物理学：126/D；信息管理与信息系统：207/C；英语：358/D；政治学与行政学：59/C。

5）中国区域知名专业（1★）

财务管理：232/D；朝鲜语：54/D；地理信息科学：128/D；纺织工程：28/D；服装与服饰设计：93/D；高分子材料与工程：131/D；教育学：79/D；数据科学与大数据技术：152/C；数字媒体技术：83/D；统计学：208/D；微电子科学与工程：68/D；舞蹈表演：65/D；新能源科学与工程：78/D；行政管理：214/D；音乐表演：119/D；音乐学：162/D；制药工程：157/D；智能电网信息工程：18/D；资源勘查工程：39/D。

21. 临沂大学

（1）临沂大学综合实力排名

综合排名：2024 校友会中国大学排名第 281 名，全国综合类高校第 83 名，山东省高校第 21 名。

星级排名：中国二星级大学（2★），中国区域高水平大学。主管部门：山东省。

（2）临沂大学各本科专业排名（全国排名/档次）

1）中国高水平专业（4★）

地理科学：17/B++；会计学：112/B++；计算机科学与技术：60/B++；软件工程：44/B++；数学与应用数学：137/B++；思想政治教育：73/B++；物流管理：15/A；小学教育：16/B++；新闻学：61/B++；英语：136/B++；制药工程：20/B++。

2）中国区域一流专业（3★）

电气工程及其自动化：151/B+；电子商务：101/B+；电子信息工程：178/B+；动物医学：42/B+；汉语国际教育：58/B+；汉语言文学：176/B+；化学：124/B+；机械设计制造及其自动化：170/B+；历史学：98/B+；生物科学：114/B+；食品科学与工程：114/B+；书法学：11/B++；体育教育：95/B+；土木工程：164/B+；音乐学：86/B+；应用化学：145/B+；自动化：180/B+。

3）中国区域高水平专业（2★）

阿拉伯语：21/C；播音与主持艺术：63/C；测绘工程：58/D；动画：92/C；飞行器设计与工程：23/D；飞行器制造工程：12/D；工商管理：282/D；广播电视编导：75/D；国际经济与贸易：266/D；建筑学：130/D；教育技术学：83/D；旅游管理：168/D；汽车服务工程：31/D；商务英语：52/B；社会体育指导与管理：64/C；生物技术：

176/D；数字媒体艺术：79/C；网络工程：81/B；舞蹈表演：35/C；舞蹈学：44/B；物理学：126/D；物流工程：40/C；西班牙语：34/C；信息与计算科学：231/D；学前教育：70/C；园林：59/C。

4）中国区域知名专业（1★）

材料科学与工程：137/D；朝鲜语：54/D；车辆工程：109/D；城市地下空间工程：38/D；地理空间信息工程：8/C；电子信息科学与技术：117/D；动物科学：58/D；俄语：100/D；法学：308/D；房地产开发与管理：24/D；广告学：113/C；化学工程与工艺：184/D；环境工程：238/D；环境设计：215/D；机器人工程：71/C；机械电子工程：97/D；建筑环境与能源应用工程：117/D；金融工程：83/D；美术学：116/D；人工智能：123/C；人文地理与城乡规划：65/D；社会工作：145/D；视觉传达设计：202/D；数据科学与大数据技术：152/C；通信工程：239/D；统计学：177/D；微电子科学与工程：68/D；文化产业管理：50/C；新能源材料与器件：54/C；信息工程：50/D；药学：139/D；医学检验技术：73/D；应用心理学：113/D；园艺：64/D；智能制造工程：56/B；中药学：65/D。

21. 鲁东大学

（1）鲁东大学综合实力排名

综合排名：2024 校友会中国大学排名第 281 名，全国综合类高校第 83 名，山东省高校第 21 名。

星级排名：中国二星级大学（2★），中国区域高水平大学。主管部门：山东省。

（2）鲁东大学各本科专业排名（全国排名/档次）

1）中国一流专业（5★）

地理科学：6/A；汉语言：3/A+；生物科学：16/A；小学教育：11/A。

2）中国高水平专业（4★）

传播学：17/B++；地理信息科学：16/B++；汉语言文学：64/B++；化学：87/B++；计算机科学与技术：60/B++；交通运输：26/B++；历史学：55/B++；旅游管理：22/A；水产养殖学：17/B++；体育教育：23/B++；统计学：41/B++；物理学：33/B++；英语：57/B++。

3）中国区域一流专业（3★）

船舶与海洋工程：23/B+；港口航道与海岸工程：18/B+；高分子材料与工程：65/B+；汉语国际教育：58/B+；机械设计制造及其自动化：170/B+；经济学：152/B+；葡萄与葡萄酒工程：7/B+；生物工程：81/B+；食品科学与工程：102/B+；数学与应用数学：168/B+；思想政治教育：116/B+；通信工程：141/B+；土木工程：164/B+；网络工程：25/B++；武术与民族传统体育：20/B+；心理学：31/B+；信息与计算科学：122/B+；学前教育：56/B+；应用物理学：83/B+；应用心理学：65/B+；园艺：49/B+。

4）中国区域高水平专业（2★）

财务管理：135/C；朝鲜语：31/B；电气工程及其自动化：217/D；电子信息工程：236/D；法学：271/D；法语：64/C；工程管理：144/D；公共事业管理：124/B；光电信息科学与工程：121/C；广播电视编导：75/D；国际经济与贸易：266/D；化学工程与工艺：162/D；环境设计：172/C；教育技术学：67/C；教育学：65/D；能源与动力工程：124/D；农学：46/D；日语：162/C；软件工程：235/D；社会体育指导与管理：64/C；食品质量与安全：91/C；市场营销：176/C；物流工程：40/C；信息工程：38/C；信息管理与信息系统：207/C；艺术设计学：90/D。

5）中国区域知名专业（1★）

材料化学：94/D；车辆工程：109/D；广告学：113/C；环境工程：257/D；建筑学：149/D；经济统计学：70/D；美术学：116/D；人工智能：123/C；人文地理与城乡规划：65/D；商务英语：89/D；社会工作：145/D；生物制药：45/D；视觉传达设计：202/D；舞蹈表演：56/D；新能源材料与器件：45/C；音乐学：129/D；应用统计学：65/C；智能制造工程：56/B；自然地理与资源环境：51/D。

23. 山东第二医科大学

（1）山东第二医科大学综合实力排名

综合排名：2024 校友会中国大学排名第 300 名，全国医药类高校第 45 名，山东省高校第 23 名。

星级排名：中国二星级大学（2★），中国区域高水平大学。主管部门：山东省。

（2）山东第二医科大学各本科专业排名（全国排名/档次）

1）中国高水平专业（4★）

公共事业管理：30/B++；护理学：59/B++；临床医学：70/B++。

2）中国区域一流专业（3★）

麻醉学：22/B+；生物技术：122/B+；药学：105/B+；医学影像学：40/B+；应用心理学：65/B+；预防医学：61/B+。

3）中国区域高水平专业（2★）

口腔医学：70/D；食品质量与安全：91/C。

4）中国区域知名专业（1★）

大数据管理与应用：48/C；法学：327/D；康复治疗学：66/D；康复作业治疗：5/A；劳动与社会保障：113/D；临床药学：34/D；生物医学工程：100/D；生物制药：36/C；食品卫生与营养学：20/D；市场营销：299/D；统计学：177/D；卫生检验与检疫：26/D；心理学：52/D；眼视光学：16/D；眼视光医学：13/C；医学检验技术：73/D；医学影像技术：30/C；应急管理：8/C；英语：398/D；运动康复：30/C；中药学：65/D；助产学：13/B。

24. 山东交通学院

（1）山东交通学院综合实力排名

综合排名：2024 校友会中国大学排名第 315 名，全国理工类高校第 145 名，山东省高校第 24 名。

星级排名：中国二星级大学（2★），中国区域高水平大学。主管部门：山东省。

（2）山东交通学院各本科专业排名（全国排名/档次）

1）世界知名、中国顶尖应用型专业（7★）

车辆工程：1/A++。

2）中国顶尖应用型专业（6★）

材料科学与工程：6/A+；城市地下空间工程：1/A++；船舶与海洋工程：1/A++；电气工程及其自动化：6/A+；俄语：1/A++；港口航道与海岸工程：1/A++；工程管理：3/A++；轨道交通信号与控制：1/A++；航海技术：1/A++；机械设计制造及其自动化：44/A+；计算机科学与技术：48/A+；交通工程：1/A++；交通管理：1/A++；交通运输：1/A++；金融学：2/A++；轮机工程：1/A++；汽车服务工程：1/A++；市场营销：3/A++；土木工程：2/A++；物流工程：1/A++。

3）中国一流应用型专业（5★）

安全工程：6/A；材料成型及控制工程：16/A；测绘工程：9/A；产品设计：12/A+；船舶电子电气工程：1/A++；地理信息科学：10/A；电子商务：37/A；电子信息工程：66/A；飞行技术：4/A；飞行器制造工程：4/A；海事管理：1/A++；机械工程：11/A；金融工程：13/A；日语：13/A；视觉传达设计：33/A；物联网工程：19/A；信息管理与信息系统：17/A；信息与计算科学：8/A。

4）中国高水平应用型专业（4★）

财务管理：80/B++；测控技术与仪器：18/B++；飞行器设计与工程：4/A；轨道交通电气与控制：1/A++；机械电子工程：42/B++；交通设备与控制工程：1/A++；能源与动力工程：19/B++；人力资源管理：32/B++；审计学：20/B++；遥感科学与技术：2/A+；英语：129/B++；自动化：70/B++。

5）中国区域一流应用型专业（3★）

法学：82/B+；工业设计：48/B+；海洋技术：3/A+；环境设计：113/B+；会展经济与管理：21/B+；机器人工程：36/B+；数据科学与大数据技术：60/B++；无机非金属材料工程：14/B+；行政管理：37/B+；应用物理学：9/B+；智能制造工程：12/B++。

25. 济宁医学院

（1）济宁医学院综合实力排名

综合排名：2024 校友会中国大学排名第 324 名，全国医药类高校第 51 名，山东省高校第 25 名。

星级排名：中国一星级大学（1★），中国区域知名大学。主管部门：山东省。

（2）济宁医学院各本科专业排名（全国排名/档次）

1）中国顶尖应用型专业（6★）

精神医学：1/A++；临床医学：10/A+；预防医学：2/A+。

2）中国一流应用型专业（5★）

法医学：2/A+；护理学：32/A；生物医学工程：5/A；卫生检验与检疫：1/A++；药物制剂：1/A++；药学：16/A；医学检验技术：10/A；制药工程：9/A；中西医临床医学：2/A+。

3）中国高水平应用型专业（4★）

计算机科学与技术：168/B++；康复治疗学：17/B++；口腔医学：13/B++；临床药学：2/A+；医学信息工程：2/A+；医学影像学：11/B++；应用心理学：20/B++；针灸推拿学：4/A；中药学：12/B++。

4）中国区域一流应用型专业（3★）

公共事业管理：37/B+；假肢矫形工程：3/A+；劳动与社会保障：7/B++；生物技术：41/B+；食品质量与安全：34/B+；市场营销：144/B+；物联网工程：139/B+；信息管理与信息系统：71/B+；英语：198/B+。

5）中国区域高水平应用型专业（2★）

儿科学：5/A；生物工程：68/C；生物制药：30/C；助产学：28/C。

25. 山东艺术学院

（1）山东艺术学院综合实力排名

综合排名：2024 校友会中国大学排名第 324 名，全国艺术类高校第 16 名，山东省高校第 25 名。

星级排名：中国三星级大学（3★），中国知名、区域一流大学。主管部门：山东省。

（2）山东艺术学院各本科专业排名（全国排名/档次）

1）中国一流专业（5★）

工艺美术：2/A+；舞蹈表演：2/A+；戏剧影视美术设计：4/A；艺术设计学：4/A+。

2）中国高水平专业（4★）

表演：16/B++；动画：27/B++；公共事业管理：30/B++；广播电视编导：8/A；环境设计：9/A+；绘画：7/A；美术学：35/B++；视觉传达设计：42/B++；书法学：5/A；数字媒体艺术：13/A；戏剧影视导演：7/B++；音乐表演：18/B++；音乐学：39/B++；中国画：12/B++。

3）中国区域一流专业（3★）

产品设计：66/B+；雕塑：19/B+；文化产业管理：22/B+；舞蹈学：30/B+；戏剧影视文学：36/B+；艺术史论：11/B+；影视摄影与制作：6/B+；作曲与作曲技术理论：17/B+。

4）中国区域高水平专业（2★）

播音与主持艺术：51/C；工业设计：131/C；摄影：23/C；舞蹈编导：28/C；戏剧学：6/D。

5）中国区域知名专业（1★）

电影学：5/A；流行音乐：2/A+；文物保护与修复：7/D；艺术管理：19/D。

27. 山东工艺美术学院

（1）山东工艺美术学院综合实力排名

综合排名：2024 校友会中国大学排名第 328 名，全国艺术类高校第 17 名，山东省高校第 27 名。

星级排名：中国二星级大学（2★），中国区域高水平大学。主管部门：山东省。

（2）山东工艺美术学院各本科专业排名（全国排名/档次）

1）中国一流专业（5★）

工艺美术：2/A+；艺术设计学：4/A+。

2）中国高水平专业（4★）

产品设计：33/B++；服装与服饰设计：21/B++；工业设计：38/B++；公共艺术：8/B++；环境设计：43/B++；美术学：35/B++；视觉传达设计：42/B++；数字媒体艺术：13/A；文化产业管理：5/A；艺术史论：7/B++；艺术与科技：4/A。

3）中国区域一流专业（3★）

城乡规划：58/B+；雕塑：19/B+；动画：47/B+；风景园林：44/B+；服装设计与工程：14/B+；广播电视编导：42/B+；广告学：50/B+；绘画：40/B+；建筑学：82/B+；摄影：13/B+；书法学：11/B++；舞蹈表演：27/B+；戏剧影视美术设计：13/B+；影视摄影与制作：6/B+。

4）中国区域高水平专业（2★）

包装工程：30/C；表演：44/B。

5）中国区域知名专业（1★）

陶瓷艺术设计：6/D；新媒体艺术：5/A；中国画：28/D。

28. 潍坊学院

（1）潍坊学院综合实力排名

综合排名：2024 校友会中国大学排名第 351 名，全国综合类高校第 101 名，山东省高校第 28 名。

星级排名：中国一星级大学（1★），中国区域知名大学。主管部门：山东省。

（2）潍坊学院各本科专业排名（全国排名/档次）

1）中国顶尖应用型专业（6★）

电子科学与技术：1/A++；数学与应用数学：23/A+。

2）中国一流应用型专业（5★）

电子信息工程：66/A；法学：28/A；化学工程与工艺：25/A；会计学：63/A；机械设计制造及其自动化：68/A；计算机科学与技术：101/A；旅游管理：42/A；设施农业科学与工程：1/A++；市场营销：38/A；特殊教育：6/A；物理学：17/A；音乐学：17/A。

3）中国高水平应用型专业（4★）

车辆工程：34/B++；工业设计：17/B++；国际经济与贸易：109/B++；汉语言文学：118/B++；化学：48/B++；环境设计：73/B++；建筑学：36/B++；历史学：32/B++；美术学：38/B++；农业机械化及其自动化：2/A+；生物科学：41/B++；视觉传达设计：72/B++；数字媒体技术：25/B++；体育教育：56/B++；通信工程：74/B++；网络工程：47/B++；信息与计算科学：26/B++；英语：129/B++；自动化：70/B++。

4）中国区域一流应用型专业（3★）

测控技术与仪器：34/B+；朝鲜语：19/B+；法语：16/B+；翻译：39/B+；公共事业管理：37/B+；广播电视学：40/B+；汉语国际教育：79/B+；教育技术学：34/B+；日语：69/B+；软件工程：156/B+；生物技术：41/B+；思想政治教育：78/B+；土木工程：160/B+；微电子科学与工程：15/B+；小学教育：106/B+；音乐表演：48/B+；应用化学：65/B+；园林：35/B+；制药工程：54/B+；种子科学与工程：4/A。

5）中国区域高水平应用型专业（2★）

播音与主持艺术：98/C；动画：117/C；工程管理：142/C；光电信息科学与工程：58/D；环境工程：86/C；机器人工程：97/C；经济与金融：27/B；社会体育指导与管理：61/B；书法学：32/B；统计学：53/B；文物与博物馆学：10/C；舞蹈学：69/C；物流管理：182/C；行政管理：61/C；学前教育：173/C；应用统计学：34/B；应用心理学：75/C。

6）中国区域知名应用型专业（1★）

政治学与行政学：16/D。

29. 德州学院

（1）德州学院综合实力排名

综合排名：2024 校友会中国大学排名第 364 名，全国综合类高校第 107 名，山东省高校第 29 名。

星级排名：中国一星级大学（1★），中国区域知名大学。主管部门：山东省。

（2）德州学院各本科专业排名（全国排名/档次）

1）中国顶尖应用型专业（6★）

服装设计与工程：1/A++；环境工程：10/A+；能源与动力工程：5/A+；思想政治教育：1/A++。

2）中国一流应用型专业（5★）

汉语言文学：63/A；化学工程与工艺：25/A；会计学：63/A；交通运输：10/A；物理学：17/A；物联网工程：19/A；学前教育：46/A；音乐学：17/A。

3）中国高水平应用型专业（4★）

材料化学：14/B++；电子信息工程：116/B++；纺织工程：11/B++；计算机科学与技术：168/B++；美术学：38/B++；汽车服务工程：38/B++；生物制药：8/B++；数学与应用数学：78/B++；体育教育：56/B++；艺术设计学：27/B++；英语：129/B++；自动化：70/B++。

4）中国区域一流应用型专业（3★）

车辆工程：56/B+；城乡规划：38/B+；地理科学：28/B+；法学：82/B+；非织造材料与工程：2/A+；服装与服饰设计：60/B+；护理学：90/B+；口腔医学技术：6/B+；历史学：55/B+；生物科学：54/B+；市场营销：144/B+；网络工程：82/B+；小学教育：106/B+；新闻学：50/B+；信息管理与信息系统：71/B+；音乐表演：48/B+；应用物理学：9/B+；园艺：25/B+；制药工程：54/B+。

5）中国区域高水平应用型专业（2★）

电气工程及其自动化：231/D；俄语：32/C；风景园林：62/C；工商管理：170/C；公共事业管理：74/C；国际经济与贸易：260/C；汉语国际教育：110/C；化学：100/C；机械设计制造及其自动化：246/D；旅游管理：180/C；人文地

理与城乡规划：32/C；日语：119/C；软件工程：221/C；生物工程：68/C；生物技术：71/C；生物信息学：4/A；食品质量与安全：57/B；统计学：53/B；信息与计算科学：78/C；行政管理：61/C；自然地理与资源环境：15/C。

6）中国区域知名应用型专业（1★）

工程管理：174/C；商务英语：230/D；社会体育指导与管理：104/C；数据科学与大数据技术：272/D；舞蹈学：102/D；应用统计学：59/C；智能制造工程：70/C。

30. 山东航空学院

（1）山东航空学院综合实力排名

综合排名：2024 校友会中国大学排名第 393 名，全国综合类高校第 122 名，山东省高校第 30 名。

星级排名：中国一星级大学（1★），中国区域知名大学。主管部门：山东省。

（2）山东航空学院各本科专业排名（全国排名/档次）

1）中国顶尖应用型专业（6★）

飞行技术：2/A+；计算机科学与技术：63/A+。

2）中国一流应用型专业（5★）

材料化学：7/A；电子信息工程：66/A；电子信息科学与技术：10/A；飞行器设计与工程：1/A++；化学工程与工艺：25/A；历史学：16/A；生物科学：24/A；数学与应用数学：38/A；应用化学：14/A；英语：62/A。

3）中国高水平应用型专业（4★）

安全工程：14/B++；电气工程及其自动化：91/B++；飞行器动力工程：4/A；光电信息科学与工程：22/B++；机械设计制造及其自动化：128/B++；建筑学：36/B++；交通运输：19/B++；能源化学工程：3/A+；商务英语：38/B++；生态学：3/A+；数字媒体艺术：30/B++；通信工程：74/B++；物理学：39/B++；艺术设计学：27/B++。

4）中国区域一流应用型专业（3★）

车辆工程：56/B+；地理信息科学：25/B+；飞行器适航技术：3/A+；飞行器制造工程：15/B+；高分子材料与工程：28/B+；汉语言文学：180/B+；环境工程：60/B+；食品质量与安全：34/B+；体育教育：85/B+；舞蹈学：33/B+；物联网工程：139/B+；物流工程：23/B+；学前教育：130/B+；油气储运工程：9/B+。

5）中国区域高水平应用型专业（2★）

城乡规划：58/C；法语：32/C；公共事业管理：74/C；机器人工程：97/C；交通工程：34/D；美术学：124/C；社会工作：62/C；生物技术：71/C；生物制药：30/C；视觉传达设计：235/C；税收学：34/C；思想政治教育：112/C；统计学：53/B；土木工程：219/C；无人驾驶航空器系统工程：8/C；音乐学：150/C；自动化：176/D。

6）中国区域知名应用型专业（1★）

财务管理：326/C；航空服务艺术与管理：22/C；设施农业科学与工程：13/D；市场营销：321/D；数据科学与大数据技术：272/D；小学教育：142/C。

30. 山东青年政治学院

（1）山东青年政治学院综合实力排名

综合排名：2024 校友会中国大学排名第 393 名，全国综合类高校第 122 名，山东省高校第 30 名。

星级排名：中国一星级大学（1★），中国区域知名大学。主管部门：山东省。

（2）山东青年政治学院各本科专业排名（全国排名/档次）

1）中国顶尖应用型专业（6★）

播音与主持艺术：1/A++；广播电视学：1/A++；社会工作：1/A++；舞蹈编导：1/A++。

2）中国一流应用型专业（5★）

国际经济与贸易：62/A；舞蹈表演：3/A+。

3）中国高水平应用型专业（4★）

公共事业管理：14/B++；酒店管理：27/B++；旅游管理：76/B++；人力资源管理：32/B++；审计学：20/B++；舞蹈学：11/A；政治学与行政学：4/A；资产评估：10/B++。

4）中国区域一流应用型专业（3★）

阿拉伯语：6/B+；产品设计：80/B+；法语：16/B+；汉语言文学：180/B+；思想政治教育：78/B+；物业管理：14/B+；西班牙语：14/B+。

5）中国区域高水平应用型专业（2★）

财务管理：251/C；服装与服饰设计：90/C；计算机科学与技术：379/D；健康服务与管理：33/B；经济学：80/C；信息管理与信息系统：119/C。

6）中国区域知名应用型专业（1★）

朝鲜语：46/D；德语：38/D；电子信息工程：314/D；环境设计：311/D；会计学：280/D；日语：173/D；市场营销：321/D；视觉传达设计：299/D；数据科学与大数据技术：272/D；英语：412/D。

32. 滨州医学院

（1）滨州医学院综合实力排名

综合排名：2024 校友会中国大学排名第 422 名，全国医药类高校第 71 名，山东省高校第 32 名。

星级排名：中国一星级大学（1★），中国区域知名大学。主管部门：山东省。

（2）滨州医学院各本科专业排名（全国排名/档次）

1）中国顶尖应用型专业（6★）

护理学：1/A++；口腔医学：1/A++；临床医学：10/A+；麻醉学：1/A++；药学：11/A+；医学影像学：1/A++。

2）中国一流应用型专业（5★）

康复作业治疗：1/A++；生物技术：7/A；生物制药：2/A+；特殊教育：6/A；信息管理与信息系统：17/A；眼视光学：4/A；医学检验技术：10/A；中医学：2/A+。

3）中国高水平应用型专业（4★）

公共事业管理：14/B++；假肢矫形工程：1/A++；听力与言语康复学：1/A++；统计学：9/A；应用心理学：

20/B++；预防医学：11/B++。

4）中国区域一流应用型专业（3★）

儿科学：2/A+；口腔医学技术：6/B+；医学影像技术：25/B+；中药学：28/B+。

5）中国区域高水平应用型专业（2★）

健康服务与管理：33/B；康复物理治疗：4/A；康复治疗学：59/C；劳动与社会保障：21/B；制药工程：85/C；中医康复学：1/A++；助产学：28/C。

32. 山东女子学院

（1）山东女子学院综合实力排名

综合排名：2024 校友会中国大学排名第 422 名，全国综合类高校第 136 名，山东省高校第 32 名。

星级排名：中国一星级大学（1★），中国区域知名大学。主管部门：山东省。

（2）山东女子学院各本科专业排名（全国排名/档次）

1）中国顶尖应用型专业（6★）

工商管理：5/A+；社会工作：1/A++；学前教育：9/A+。

2）中国一流应用型专业（5★）

养老服务管理：1/A++。

3）中国高水平应用型专业（4★）

广播电视学：19/B++；国际经济与贸易：109/B++；环境设计：73/B++；会计学：105/B++；计算机科学与技术：168/B++；旅游管理：76/B++；人力资源管理：32/B++；市场营销：85/B++；视觉传达设计：72/B++；影视摄影与制作：8/B++。

4）中国区域一流应用型专业（3★）

服装与服饰设计：60/B+；金融工程：39/B+；金融学：79/B+；酒店管理：47/B+；人工智能：36/B+；日语：69/B+；软件工程：156/B+；审计学：52/B+；舞蹈学：33/B+；小学教育：106/B+；英语：198/B+。

5）中国区域高水平应用型专业（2★）

数据科学与大数据技术：199/C；数字媒体技术：100/C；数字媒体艺术：119/C；文化产业管理：49/B；知识产权：20/B。

6）中国区域知名应用型专业（1★）

财务管理：326/C；俄语：46/D；会展经济与管理：49/C；健康服务与管理：49/C；跨境电子商务：22/B；商务英语：230/D；投资学：84/D；物流管理：251/D；音乐学：213/D；应用心理学：112/D。

34. 泰山学院

（1）泰山学院综合实力排名

综合排名：2024 校友会中国大学排名第 436 名，全国综合类高校第 143 名，山东省高校第 34 名。

星级排名：中国一星级大学（1★），中国区域知名大学。主管部门：山东省。

（2）泰山学院各本科专业排名（全国排名/档次）

1）中国顶尖应用型专业（6★）

历史学：1/A++；旅游管理：1/A++。

2）中国一流应用型专业（5★）

光电信息科学与工程：12/A。

3）中国高水平应用型专业（4★）

材料化学：14/B++；电子信息科学与技术：27/B++；高分子材料与工程：14/B++；汉语言文学：118/B++；化学工程与工艺：50/B++；葡萄与葡萄酒工程：2/A+；软件工程：95/B++；通信工程：74/B++。

4）中国区域一流应用型专业（3★）

服装设计与工程：31/B+；广播电视编导：72/B+；机械设计制造及其自动化：207/B+；计算机科学与技术：253/B+；美术学：82/B+；书法学：16/B+；数据科学与大数据技术：60/B++；数学与应用数学：109/B+；思想政治教育：78/B+；土木工程：160/B+；音乐表演：48/B+；音乐学：87/B+；制药工程：54/B+；自动化：120/B+。

5）中国区域高水平应用型专业（2★）

播音与主持艺术：98/C；电子商务：159/B；服装与服饰设计：90/C；工业设计：74/C；广告学：74/B；汉语国际教育：110/C；汉语言：8/B；环境科学与工程：22/D；环境设计：203/B；家政学：6/B；人力资源管理：134/C；日语：119/C；社会工作：62/C；审计学：96/C；市场营销：231/C；统计学：53/B；文物与博物馆学：10/C；舞蹈学：69/C；物理学：99/C；物流管理：182/C；信息与计算科学：78/C；行政管理：61/C；应用化学：96/C；应用心理学：75/C；英语：318/C。

6）中国区域知名应用型专业（1★）

财务管理：326/C；地理科学：69/D；国际经济与贸易：325/D；化学：122/D；教育技术学：47/D；金融工程：115/C；人工智能：86/C；人文地理与城乡规划：49/D；社会体育指导与管理：104/C；生物技术：95/D；生物科学：100/D；视觉传达设计：299/D；体育教育：138/D；小学教育：142/C；学前教育：215/C；应用统计学：59/C。

35. 山东工商学院

（1）山东工商学院综合实力排名

综合排名：2024 校友会中国大学排名第 453 名，全国财经类高校第 46 名，山东省高校第 35 名。

星级排名：中国二星级大学（2★），中国区域高水平大学。主管部门：山东省。

（2）山东工商学院各本科专业排名（全国排名/档次）

1）中国高水平专业（4★）

财务管理：46/B++；电子商务：45/B++；电子信息工程：89/B++；翻译：23/B++；工商管理：100/B++；工业工程：28/B++；国际经济与贸易：86/B++；会计学：112/B++；计算机科学与技术：206/B++；统计学：41/B++；行政管理：66/B++；应用统计学：15/B++。

2）中国区域一流专业（3★）

编辑出版学：18/B+；工程管理：93/B+；经济学：122/B+；市场营销：130/B+；数学与应用数学：190/B+；数

字媒体技术：33/B+；网络工程：25/B++；物业管理：3/A+；信息管理与信息系统：138/B+；政治学与行政学：41/B+；自动化：180/B+。

3）中国区域高水平专业（2★）

城市管理：15/B；电气工程及其自动化：217/D；工程造价：24/B；汉语言文学：200/D；酒店管理：25/B；能源经济：8/D；人力资源管理：148/C；软件工程：235/D；商务英语：52/B；物流管理：139/D；信息与计算科学：231/D；英语：358/D；资产评估：18/D。

4）中国区域知名专业（1★）

安全工程：83/D；保险学：45/C；财政学：73/D；朝鲜语：54/D；电子科学与技术：116/D；法学：308/D；广告学：113/C；金融工程：104/D；金融科技：16/C；金融学：204/D；经济统计学：70/D；劳动与社会保障：79/C；旅游管理：207/D；人工智能：123/C；日语：218/D；社会工作：145/D；审计学：40/D；数据科学与大数据技术：152/C；通信工程：239/D；投资学：36/C。

35. 山东体育学院

（1）山东体育学院综合实力排名

综合排名：2024 校友会中国大学排名第 453 名，全国体育类高校第 14 名，山东省高校第 35 名。

星级排名：中国三星级大学（3★），中国知名、区域一流大学。主管部门：山东省。

（2）山东体育学院各本科专业排名（全国排名/档次）

1）中国顶尖应用型专业（6★）

社会体育指导与管理：1/A++；休闲体育：1/A++；运动训练：1/A++。

2）中国一流应用型专业（5★）

健康服务与管理：3/A+；特殊教育：6/A；体育教育：19/A；体育经济与管理：2/A+；武术与民族传统体育：2/A+；运动康复：1/A++。

3）中国高水平应用型专业（4★）

表演：18/B++；播音与主持艺术：31/B++；公共事业管理：14/B++；数据科学与大数据技术：23/A；舞蹈表演：8/A；舞蹈学：11/A；应用心理学：20/B++；运动人体科学：4/A。

4）中国区域一流应用型专业（3★）

电子竞技运动与管理：1/A++；教育技术学：34/B+；体能训练：2/A+；新闻学：50/B+；英语：198/B+。

5）中国区域高水平应用型专业（2★）

计算机科学与技术：379/D；舞蹈编导：28/C。

37. 菏泽学院

（1）菏泽学院综合实力排名

综合排名：2024 校友会中国大学排名第 465 名，全国综合类高校第 162 名，山东省高校第 37 名。

星级排名：中国一星级大学（1★），中国区域知名大学。主管部门：山东省。

（2）菏泽学院各本科专业排名（全国排名/档次）

1）中国一流应用型专业（5★）

环境科学与工程：2/A+；机械电子工程：23/A。

2）中国高水平应用型专业（4★）

财务管理：80/B++；化学工程与工艺：50/B++；能源化学工程：3/A+；生物工程：26/B++；生物技术：23/B++；生物科学：41/B++；食品科学与工程：37/B++；体育教育：56/B++；物理学：39/B++；制药工程：25/B++；自动化：70/B++。

3）中国区域一流应用型专业（3★）

动物医学：14/B+；建筑学：67/B+；商务英语：71/B+；统计学：20/B++；网络工程：82/B+；小学教育：106/B+；音乐表演：48/B+；音乐学：87/B+；园林：35/B+。

4）中国区域高水平应用型专业（2★）

产品设计：130/C；电子信息科学与技术：71/C；动画：117/C；广播电视学：57/C；广告学：74/B；环境设计：203/B；机器人工程：97/C；计算机科学与技术：379/D；历史学：74/C；美术学：124/C；人文地理与城乡规划：32/C；设施农业科学与工程：10/C；生物制药：30/C；书法学：32/B；思想政治教育：112/C；物联网工程：232/C；物流管理：182/C；心理学：20/C；药学：68/C；园艺：40/D。

5）中国区域知名应用型专业（1★）

材料成型及控制工程：109/D；电气工程及其自动化：293/D；动物科学：23/D；法学：193/D；汉语言文学：298/D；化学：122/D；健康服务与管理：49/C；金融工程：115/C；经济学：111/D；劳动与社会保障：28/C；日语：173/D；视觉传达设计：299/D；数据科学与大数据技术：272/D；数学与应用数学：197/D；特殊教育：28/D；土木工程：257/D；武术与民族传统体育：10/C；舞蹈学：102/D；信息与计算科学：105/D；学前教育：215/C；应用化学：150/D；英语：412/D；智能制造工程：70/C。

37. 齐鲁师范学院

（1）齐鲁师范学院综合实力排名

综合排名：2024 校友会中国大学排名第 465 名，全国师范类高校第 108 名，山东省高校第 37 名。

星级排名：中国一星级大学（1★），中国区域知名大学。主管部门：山东省。

（2）齐鲁师范学院各本科专业排名（全国排名/档次）

1）中国顶尖应用型专业（6★）

生物科学：1/A++。

2）中国一流应用型专业（5★）

汉语言文学：63/A；化学：23/A；思想政治教育：20/A；物理学：17/A；小学教育：41/A；学前教育：46/A。

3）中国高水平应用型专业（4★）

汉语国际教育：36/B++；书法学：4/A+；休闲体育：5/A；音乐学：54/B++；应急管理：2/A+；英语：129/B++。

4）中国区域一流应用型专业（3★）

工艺美术：14/B+；旅游管理与服务教育：10/B+；社会工作：31/B+；体育教育：85/B+；物联网工程：139/B+；应用化学：65/B+。

5）中国区域高水平应用型专业（2★）

计算机科学与技术：379/D；经济与金融：27/B；人工智能：59/B；食品质量与安全：57/B；数学与应用数学：166/D；舞蹈学：69/C；心理学：20/C；制药工程：85/C。

6）中国区域知名应用型专业（1★）

财务管理：326/C；地理科学：69/D；电子信息工程：314/D；翻译：116/D；金融工程：115/C；历史学：94/D；美术学：163/D；商务英语：230/D；生物信息学：6/C；数据科学与大数据技术：272/D；信息与计算科学：105/D；园林：70/D。

37. 山东政法学院

（1）山东政法学院综合实力排名

综合排名：2024 校友会中国大学排名第 465 名，全国政法类高校第 18 名，山东省高校第 37 名。

星级排名：中国三星级大学（3★），中国知名、区域一流大学。主管部门：山东省。

（2）山东政法学院各本科专业排名（全国排名/档次）

1）中国顶尖应用型专业（6★）

法学：1/A++。

2）中国一流应用型专业（5★）

国际经济与贸易：62/A；监狱学：2/A+；行政管理：5/A+；知识产权：3/A+。

3）中国高水平应用型专业（4★）

编辑出版学：4/A；金融工程：22/B++；人力资源管理：32/B++；日语：36/B++；社区矫正：1/A++；审计学：20/B++；网络与新媒体：32/B++；新闻学：30/B++；政治学与行政学：4/A。

4）中国区域一流应用型专业（3★）

财务管理：137/B+；大数据管理与应用：16/B+；经济学：52/B+；商务英语：71/B+；网络空间安全：6/B+；信息管理与信息系统：71/B+。

5）中国区域高水平应用型专业（2★）

国际经贸规则：3/A+；计算机科学与技术：379/D；数字出版：7/C。

6）中国区域知名应用型专业（1★）

英语：412/D。

37. 枣庄学院

（1）枣庄学院综合实力排名

综合排名：2024 校友会中国大学排名第 465 名，全国综合类高校第 162 名，山东省高校第 37 名。

星级排名：中国一星级大学（1★），中国区域知名大学。主管部门：山东省。

（2）枣庄学院各本科专业排名（全国排名/档次）

1）中国顶尖应用型专业（6★）

化学工程与工艺：13/A+。

2）中国一流应用型专业（5★）

机械设计制造及其自动化：68/A；计算机科学与技术：101/A；生物技术：7/A；食品科学与工程：17/A；市场营销：38/A；土木工程：49/A；网络工程：16/A；制药工程：9/A。

3）中国高水平应用型专业（4★）

地理信息科学：17/B++；电子信息工程：116/B++；动画：37/B++；广播电视编导：31/B++；过程装备与控制工程：6/B++；汉语国际教育：36/B++；矿物加工工程：6/B++；历史学：32/B++；数学与应用数学：78/B++；思想政治教育：57/B++。

4）中国区域一流应用型专业（3★）

给排水科学与工程：36/B+；光电信息科学与工程：36/B+；金融工程：39/B+；美术学：82/B+；生物科学：54/B+；世界语：1/A++；数字媒体艺术：63/B+；统计学：20/B++；舞蹈学：33/B+；音乐学：87/B+。

5）中国区域高水平应用型专业（2★）

材料科学与工程：50/C；城市地下空间工程：23/D；工业设计：74/C；汉语言文学：253/C；机器人工程：97/C；数据科学与大数据技术：199/C；通信工程：205/D；网络与新媒体：100/B；物联网工程：232/C；行政管理：61/C；艺术设计学：77/C。

6）中国区域知名应用型专业（1★）

财务管理：326/C；地理科学：69/D；电气工程及其自动化：293/D；化学：122/D；金融数学：30/D；酒店管理：124/C；旅游管理：234/D；人工智能：86/C；日语：173/D；社会体育指导与管理：104/C；生物信息学：6/C；食品质量与安全：104/D；书法学：54/D；体育教育：138/D；小学教育：142/C；心理学：28/D；学前教育：215/C；应用化学：150/D；英语：412/D；植物科学与技术：8/D。

41. 济宁学院

（1）济宁学院综合实力排名

综合排名：2024 校友会中国大学排名第 484 名，全国综合类高校第 173 名，山东省高校第 41 名。

星级排名：中国一星级大学（1★），中国区域知名大学。主管部门：山东省。

（2）济宁学院各本科专业排名（全国排名/档次）

1）中国顶尖应用型专业（6★）

化学：13/A+。

2）中国一流应用型专业（5★）

互联网金融：3/A+；化学工程与工艺：25/A；生物工程：16/A；食品科学与工程：17/A；心理学：3/A+。

3）中国高水平应用型专业（4★）

汉语言文学：118/B++；酿酒工程：4/A；数学与应用数学：78/B++；思想政治教育：57/B++；体育教育：56/B++；小学教育：75/B++。

4）中国区域一流应用型专业（3★）

测绘工程：42/B+；电子商务及法律：4/A；机械设计制造及其自动化：207/B+；计算机科学与技术：253/B+；数据科学与大数据技术：60/B++；数字媒体艺术：63/B+；新能源科学与工程：23/B+；应用化学：65/B+；英语：198/B+。

5）中国区域高水平应用型专业（2★）

安全工程：39/C；电气工程及其自动化：231/D；高分子材料与工程：47/D；金融工程：80/B；酒店管理：81/B；生物制药：30/C；网络与新媒体：100/B；文化产业管理：49/B；舞蹈学：69/C；行政管理：61/C；音乐学：150/C；运动康复：21/C。

6）中国区域知名应用型专业（1★）

材料科学与工程：62/D；电子信息工程：314/D；经济学：111/D；历史学：94/D；旅游管理与服务教育：25/D；美术学：163/D；秘书学：73/D；软件工程：288/D；商务英语：230/D；视觉传达设计：299/D；物理学：123/D；学前教育：215/C；应用统计学：59/C；智能制造工程：70/C。

41. 山东管理学院

（1）山东管理学院综合实力排名

综合排名：2024 校友会中国大学排名第 484 名，全国财经类高校第 51 名，山东省高校第 41 名。

星级排名：中国一星级大学（1★），中国区域知名大学。主管部门：山东省。

（2）山东管理学院各本科专业排名（全国排名/档次）

1）中国顶尖应用型专业（6★）

财务管理：1/A++；劳动关系：1/A++；审计学：1/A++；信息管理与信息系统：1/A++。

2）中国一流应用型专业（5★）

安全工程：6/A；电子商务：37/A；动画：17/A；公共关系学：1/A++；会计学：63/A；金融工程：13/A；商务英语：12/A+。

3）中国高水平应用型专业（4★）

大数据管理与应用：9/B++；国际经济与贸易：109/B++；机器人工程：14/A；经济学：24/B++；市场营销：85/B++。

4）中国区域一流应用型专业（3★）

工商管理：106/B+；计算机科学与技术：253/B+；人力资源管理：75/B+；投资学：24/B+；艺术管理：1/A++；资产评估：16/B+。

5）中国区域高水平应用型专业（2★）

软件工程：221/C；社会工作：62/C；物流管理：182/C；艺术与科技：27/C。

6）中国区域知名应用型专业（1★）

电子信息工程：314/D；环境设计：311/D；秘书学：73/D；网络与新媒体：140/C；文化产业管理：71/D。

43. 山东农业工程学院

（1）山东农业工程学院综合实力排名

综合排名：2024 校友会中国大学排名第 493 名，全国农林类高校第 40 名，山东省高校第 43 名。

星级排名：中国一星级大学（1★），中国区域知名大学。主管部门：山东省。

（2）山东农业工程学院各本科专业排名（全国排名/档次）

1）中国顶尖应用型专业（6★）

土地资源管理：1/A++。

2）中国一流应用型专业（5★）

设施农业科学与工程：1/A++；物联网工程：19/A；物流工程：8/A。

3）中国高水平应用型专业（4★）

环境生态工程：2/A+；会计学：105/B++；机械电子工程：42/B++；食品质量与安全：8/A。

4）中国区域一流应用型专业（3★）

测绘工程：42/B+；动物医学：14/B+；机械工程：35/B+；森林保护：1/A++；数字媒体艺术：63/B+；信息安全：8/B+；遥感科学与技术：3/A+；园艺：25/B+；资源循环科学与工程：3/A+。

5）中国区域高水平应用型专业（2★）

电气工程及其自动化：231/D；风景园林：62/C；工艺美术：34/C；农林经济管理：8/C；人工智能：59/B；审计学：96/C；食品科学与工程：96/D；中药资源与开发：9/D。

6）中国区域知名应用型专业（1★）

财务管理：326/C；工程造价：136/C；金融工程：115/C；秘书学：73/D；商务英语：230/D；视觉传达设计：299/D。

44. 山东警察学院

（1）山东警察学院综合实力排名

综合排名：2024 校友会中国大学排名第 503 名，全国政法类高校第 31 名，山东省高校第 44 名。

星级排名：中国二星级大学（2★），中国区域高水平大学。主管部门：山东省。

（2）山东警察学院各本科专业排名（全国排名/档次）

1）中国顶尖应用型专业（6★）

经济犯罪侦查：1/A++；治安学：1/A++。

2）中国一流应用型专业（5★）

交通管理工程：5/A；网络安全与执法：7/A；刑事科学技术：14/A；侦查学：10/A。

3）中国高水平应用型专业（4★）

公安情报学：2/A+。

45. 山东石油化工学院

（1）山东石油化工学院综合实力排名

综合排名：2024 校友会中国大学排名第 518 名，全国理工类高校第 220 名，山东省高校第 45 名。

星级排名：中国一星级大学（1★），中国区域知名大学。主管部门：山东省。

（2）山东石油化工学院各本科专业排名（全国排名/档次）

1）中国顶尖应用型专业（6★）

石油工程：2/A+。

2）中国一流应用型专业（5★）

油气储运工程：2/A+。

3）中国高水平应用型专业（4★）

化学工程与工艺：50/B++；机械设计制造及其自动化：128/B++；资源勘查工程：3/A+。

4）中国区域一流应用型专业（3★）

材料成型及控制工程：49/B+；电气工程及其自动化：157/B+；护理学：90/B+；计算机科学与技术：253/B+；学前教育：130/B+。

5）中国区域高水平应用型专业（2★）

财务管理：251/C；汉语国际教育：110/C；软件工程：221/C；市场营销：231/C；自动化：176/D。

6）中国区域知名应用型专业（1★）

法学：193/D；汉语言文学：298/D；化工安全工程：4/A；环境工程：115/D；环境设计：311/D；建筑环境与能源应用工程：71/D；秘书学：73/D；视觉传达设计：299/D；数据科学与大数据技术：272/D；数字媒体艺术：155/C；物联网工程：299/D；新能源科学与工程：44/D；信息与计算科学：105/D；药学：81/D；音乐学：213/D；应用化学：150/D；应用统计学：59/C；英语：412/D；智能制造工程：70/C。

三、山东省民办大学专业排名详情

1. 齐鲁理工学院

（1）齐鲁理工学院综合实力排名

综合排名：2024 校友会中国民办大学排名第 4 名，全国理工类民办高校第 4 名，山东省民办高校第 1 名。

星级排名：中国六星级应用型大学（6★），中国顶尖应用型大学。

（2）齐鲁理工学院各本科专业排名（全国排名/档次）

1）中国顶尖应用型专业（6★）

车辆工程：2/A++；电气工程及其自动化：6/A+；电子信息工程：9/A+；汉语言文学：1/A++；护理学：1/A++；化学工程与工艺：1/A++；会计学：2/A++；机械电子工程：1/A++；机械设计制造及其自动化：14/A+；计算机科学与技术：2/A++；康复治疗学：1/A++；贸易经济：1/A++；人工智能：1/A++；软件工程：1/A++；生物工程：2/A+；生物医学工程：2/A+；书法学：1/A++；通信工程：1/A++；土木工程：2/A++；新闻学：1/A++；医学影像技术：1/A++；自动化：1/A++。

2）中国一流应用型专业（5★）

产品设计：12/A+；环境科学：2/A+；旅游管理：42/A；日语：13/A；视觉传达设计：33/A；数据科学与大数据技术：4/A++；数学与应用数学：38/A；学前教育：46/A；医学检验技术：10/A；应用化学：14/A；英语：62/A。

3）中国高水平应用型专业（4★）

播音与主持艺术：31/B++；测绘工程：18/B++；工程管理：59/B++；工程造价：34/B++；工商管理：64/B++；汉语国际教育：36/B++；环境设计：73/B++；机器人工程：14/A；金融学：45/B++；跨境电子商务：5/A；秘书学：5/A+；生物制药：8/B++；投资学：11/B++；网络与新媒体：32/B++；舞蹈表演：8/A；新媒体技术：1/A++；政治学与行政学：4/A；制药工程：25/B++；智能建造：4/A；智能影像工程：1/A++；智能制造工程：2/A+；中国画：2/A+；中药学：12/B++。

1. 山东协和学院

（1）山东协和学院综合实力排名

综合排名：2024 校友会中国民办大学排名第 4 名，全国医药类民办高校第 1 名，山东省民办高校第 1 名。

星级排名：中国六星级应用型大学（6★），中国顶尖应用型大学。

（2）山东协和学院各本科专业排名（全国排名/档次）

1）中国顶尖应用型专业（6★）

财务管理：18/A+；电子信息工程：9/A+；工程造价：1/A++；护理学：1/A++；会计学：23/A+；机械电子工程：1/A++；机械设计制造及其自动化：2/A++；计算机科学与技术：2/A++；康复治疗学：1/A++；口腔医学：5/A+；旅游管理：1/A++；市场营销：3/A++；土木工程：2/A++；网络工程：1/A++；物联网工程：1/A++；学前教育：25/A+；中药学：2/A+；助产学：1/A++；自动化：1/A++。

2）中国一流应用型专业（5★）

电气工程及其自动化：48/A；电子商务：37/A；工程管理：27/A；环境设计：34/A；汽车服务工程：18/A；软件工程：53/A；商务英语：12/A+；视觉传达设计：33/A；数字媒体技术：9/A+；数字媒体艺术：8/A+；物流管理：27/A；医学检验技术：10/A；医学影像技术：6/A；英语：62/A。

3）中国高水平应用型专业（4★）

酒店管理：27/B++；人工智能：20/B++；审计学：20/B++；音乐学：54/B++；智能制造工程：2/A+。

3. 山东英才学院

（1）山东英才学院综合实力排名

综合排名：2024 校友会中国民办大学排名第 25 名，全国综合类民办高校第 26 名，山东省民办高校第 3 名。

星级排名：中国五星级应用型大学（5★），中国一流应用型大学。

（2）山东英才学院各本科专业排名（全国排名/档次）

1）中国顶尖应用型专业（6★）

国际商务：1/A++；环境设计：19/A+。

2）中国一流应用型专业（5★）

财务管理：40/A；工商管理：39/A；机械设计制造及其自动化：68/A；金融工程：13/A；市场营销：38/A；物流管理：27/A；学前教育：46/A；英语：62/A。

3）中国高水平应用型专业（4★）

保险学：14/B++；产品设计：43/B++；电气工程及其自

动化：91/B++；电子商务：66/B++；电子信息工程：116/B++；服装设计与工程：18/B++；工程管理：59/B++；工程造价：34/B++；护理学：59/B++；计算机科学与技术：168/B++；康复治疗学：17/B++；汽车服务工程：38/B++；商务英语：38/B++；视觉传达设计：72/B++；土木工程：97/B++；物联网工程：62/B++；信息管理与信息系统：35/B++；园林：15/B++。

4）中国区域一流应用型专业（3★）

机械电子工程：74/B+；审计学：52/B+；数据科学与大数据技术：60/B++；通信工程：130/B+；网络与新媒体：61/B+；艺术设计学：51/B+。

5）中国区域高水平应用型专业（2★）

体能训练：3/A+；舞蹈表演：43/B；音乐表演：85/C；智能车辆工程：4/A。

4. 青岛电影学院

（1）青岛电影学院综合实力排名

综合排名：2024 校友会中国民办大学排名第 26 名，全国艺术类民办高校第 8 名，山东省民办高校第 4 名。

星级排名：中国五星级应用型大学（5★），中国一流应用型大学。

（2）青岛电影学院各本科专业排名（全国排名/档次）

1）中国顶尖应用型专业（6★）

表演：5/A+；动画：9/A+；影视摄影与制作：4/A+。

2）中国一流应用型专业（5★）

播音与主持艺术：14/A；广播电视编导：17/A；广告学：9/A；戏剧影视导演：2/A+；戏剧影视文学：3/A+。

3）中国高水平应用型专业（4★）

电影学：1/A++；录音艺术：4/A；戏剧影视美术设计：6/B++；影视技术：1/A++。

4）中国区域一流应用型专业（3★）

漫画：3/A+；摄影：19/B+；数字媒体艺术：63/B+；网络与新媒体：61/B+；文化产业管理：22/B+；文物保护与修复：2/A+；知识产权：12/B+。

5）中国区域高水平应用型专业（2★）

环境设计：203/B；绘画：44/C；新媒体艺术：4/A；新闻学：81/C。

5. 青岛工学院

（1）青岛工学院综合实力排名

综合排名：2024 校友会中国民办大学排名第 30 名，全国理工类民办高校第 30 名，山东省民办高校第 5 名。

星级排名：中国四星级应用型大学（4★），中国高水平应用型大学。

（2）青岛工学院各本科专业排名（全国排名/档次）

1）中国一流应用型专业（5★）

食品科学与工程：17/A。

2）中国高水平应用型专业（4★）

工商管理：64/B++；工业设计：17/B++；计算机科学与技术：168/B++；能源与动力工程：19/B++；食品营养与检验教育：1/A++；通信工程：74/B++；土木工程：97/B++；自动化：70/B++。

3）中国区域一流应用型专业（3★）

电子商务：109/B+；电子信息工程：186/B+；化学工程与工业生物工程：1/A++；机械设计制造及其自动化：207/B+；建筑学：67/B+；软件工程：156/B+；食品卫生与营养学：4/A；数字媒体技术：57/B+；物流管理：127/B+。

4）中国区域高水平应用型专业（2★）

朝鲜语：32/C；城市地下空间工程：23/D；德语：24/C；国际商务：57/C；人工智能：59/B；日语：119/C；食品质量与安全：57/B；市场营销：231/C；物联网工程：232/C；质量管理工程：9/D。

5）中国区域知名应用型专业（1★）

材料成型及控制工程：109/D；产品设计：180/D；电气工程及其自动化：293/D；工程管理：174/C；汉语言文学：298/D；金融工程：115/C；人力资源管理：202/D；审计学：126/D；数字媒体艺术：155/C；网络工程：191/D；信息安全：29/D；英语：412/D；知识产权：32/D。

6. 山东财经大学燕山学院

（1）山东财经大学燕山学院综合实力排名

综合排名：2024 校友会中国民办大学排名第 33 名，全国财经类民办高校第 15 名，山东省民办高校第 6 名。

星级排名：中国四星级应用型大学（4★），中国高水平应用型大学。

（2）山东财经大学燕山学院各本科专业排名（全国排名/档次）

1）中国一流应用型专业（5★）

国际商务：7/A。

2）中国高水平应用型专业（4★）

工商管理：64/B++；国际经济与贸易：109/B++；会计学：105/B++；金融学：45/B++；人力资源管理：32/B++；审计学：20/B++。

3）中国区域一流应用型专业（3★）

财务管理：137/B+；计算机科学与技术：253/B+；旅游管理：129/B+；信息管理与信息系统：71/B+。

4）中国区域高水平应用型专业（2★）

大数据管理与应用：26/B；市场营销：231/C。

5）中国区域知名应用型专业（1★）

航空服务艺术与管理：22/C；互联网金融：32/C；健康服务与管理：49/C；金融科技：17/B；跨境电子商务：22/B；人工智能：86/C；商务英语：230/D；投资学：84/D。

7. 山东现代学院

（1）山东现代学院综合实力排名

综合排名：2024 校友会中国民办大学排名第 37 名，全国综合类民办高校第 38 名，山东省民办高校第 7 名。

星级排名：中国四星级应用型大学（4★），中国高水平应用型大学。

（2）山东现代学院各本科专业排名（全国排名/档次）

1）中国高水平应用型专业（4★）

护理学：59/B++；汽车服务工程：38/B++；市场营销：85/B++。

2）中国区域一流应用型专业（3★）

财务管理：137/B+；工程管理：96/B+；视觉传达设计：140/B+；数字媒体技术：57/B+；体育经济与管理：7/B+；中药制药：4/A。

3）中国区域高水平应用型专业（2★）

医学检验技术：58/D。

4）中国区域知名应用型专业（1★）

电子信息工程：314/D；工程造价：136/C；汉语国际教育：153/D；绘画：59/D；计算机科学与技术：469/D；交通运输：59/D；康复治疗学：90/D；人工智能：86/C；数据科学与大数据技术：272/D；土木工程：257/D；网络工程：191/D；舞蹈表演：66/D；物流管理：251/D；学前教育：215/C；药学：81/D；中药学：51/D；助产学：39/D。

8. 青岛滨海学院

（1）青岛滨海学院综合实力排名

综合排名：2024 校友会中国民办大学排名第 38 名，全国综合类民办高校第 39 名，山东省民办高校第 8 名。

星级排名：中国四星级应用型大学（4★），中国高水平应用型大学。

（2）青岛滨海学院各本科专业排名（全国排名/档次）

1）中国一流应用型专业（5★）

朝鲜语：6/A；电气工程及其自动化：48/A；机械设计制造及其自动化：68/A；日语：13/A；网络工程：16/A；信息管理与信息系统：17/A。

2）中国高水平应用型专业（4★）

财务管理：80/B++；工程管理：59/B++；工业工程：7/B++；国际经济与贸易：109/B++；汉语国际教育：36/B++；护理学：59/B++；计算机科学与技术：168/B++；金属材料工程：9/B++；土木工程：97/B++；医学检验技术：22/B++；医学影像技术：13/B++；英语：129/B++。

3）中国区域一流应用型专业（3★）

产品设计：80/B+；电子科学与技术：42/B+；动画：82/B+；工业设计：48/B+；广播电视学：40/B+；广告学：43/B+；环境设计：113/B+；建筑学：67/B+；经济学：52/B+；酒店管理：47/B+；人工智能：36/B+；市场营销：144/B+；视觉传达设计：140/B+；数字媒体艺术：63/B+；助产学：5/A。

4）中国区域高水平应用型专业（2★）

电子商务：159/B；俄语：32/C；翻译：84/C；机械电子工程：132/C；建筑环境与能源应用工程：50/C；经济统计学：31/B；康复治疗学：59/C；烹饪与营养教育：17/D；生物医学工程：30/D；投资学：51/B；物流管理：182/C；学前教育：173/C。

5）中国区域知名应用型专业（1★）

材料成型及控制工程：109/D；给排水科学与工程：72/D；工程造价：136/C；数据科学与大数据技术：272/D；智能制造工程：70/C。

9. 潍坊科技学院

（1）潍坊科技学院综合实力排名

综合排名：2024 校友会中国民办大学排名第 41 名，全国理工类民办高校第 41 名，山东省民办高校第 9 名。

星级排名：中国四星级应用型大学（4★），中国高水平应用型大学。

（2）潍坊科技学院各本科专业排名（全国排名/档次）

1）中国一流应用型专业（5★）

化学工程与工艺：25/A。

2）中国高水平应用型专业（4★）

财务管理：80/B++；车辆工程：34/B++；电子信息科学与技术：27/B++；人力资源管理：32/B++；软件工程：95/B++；市场营销：85/B++；英语：129/B++。

3）中国区域一流应用型专业（3★）

动画：82/B+；房地产开发与管理：15/B+；高分子材料与工程：28/B+；工程管理：96/B+；国际商务：29/B+；机器人工程：36/B+；机械电子工程：74/B+；金融工程：39/B+；生物技术：41/B+；园艺：25/B+。

4）中国区域高水平应用型专业（2★）

电气工程及其自动化：231/D；工程造价：88/B；海洋技术：6/D；护理学：129/D；机械设计制造及其自动化：246/D；计算机科学与技术：379/D；建筑学：104/D；土木工程：219/C；武器发射工程：1/A++；物联网工程：232/C；学前教育：173/C。

5）中国区域知名应用型专业（1★）

材料成型及控制工程：109/D；公共事业管理：96/D；环境工程：115/D；环境设计：311/D；农林经济管理：11/D；汽车服务工程：134/D；日语：173/D；设施农业科学与工程：13/D；社会工作：93/D；审计学：126/D；食品质量与安全：104/D；数字媒体艺术：155/C；通信工程：247/D；无人驾驶航空器系统工程：11/D；应用化学：150/D；园林：70/D。

10. 齐鲁医药学院

（1）齐鲁医药学院综合实力排名

综合排名：2024 校友会中国民办大学排名第 43 名，全国医药类民办高校第 5 名，山东省民办高校第 10 名。

星级排名：中国四星级应用型大学（4★），中国高水平应用型大学。

（2）齐鲁医药学院各本科专业排名（全国排名/档次）

1）中国顶尖应用型专业（6★）

口腔医学技术：1/A++。

2）中国一流应用型专业（5★）

食品科学与工程：17/A；医学影像技术：6/A。

3）中国高水平应用型专业（4★）

护理学：59/B++；临床医学：37/B++；药物制剂：

6/B++；药学：29/B++；医学检验技术：22/B++。

4）中国区域一流应用型专业（3★）

康复治疗学：38/B+；口腔医学：23/B+；生物医学工程：18/B+；医学影像学：20/B+；预防医学：19/B+；中药学：28/B+；助产学：5/A。

5）中国区域高水平应用型专业（2★）

电子商务：159/B；化妆品科学与技术：2/A+；软件工程：221/C；食品质量与安全：57/B；卫生检验与检疫：17/D；养老服务管理：6/C。

6）中国区域知名应用型专业（1★）

财务管理：326/C；国际经济与贸易：325/D；健康服务与管理：49/C；生物制药：43/D；市场营销：321/D；物流管理：251/D。

11. 山东财经大学东方学院

（1）山东财经大学东方学院综合实力排名

综合排名：2024 校友会中国民办大学排名第 47 名，全国财经类民办高校第 22 名，山东省民办高校第 11 名。

星级排名：中国四星级应用型大学（4★），中国高水平应用型大学。

（2）山东财经大学东方学院各本科专业排名（全国排名/档次）

1）中国一流应用型专业（5★）

会计学：63/A。

2）中国高水平应用型专业（4★）

财政学：9/B++；金融学：45/B++；人力资源管理：32/B++；审计学：20/B++；物流管理：56/B++；信息管理与信息系统：35/B++。

3）中国区域一流应用型专业（3★）

国际经济与贸易：179/B+；数字媒体艺术：63/B+；统计学：20/B++；新闻学：50/B+；英语：198/B+。

4）中国区域高水平应用型专业（2★）

财务管理：251/C；国际商务：57/C；环境设计：203/B；视觉传达设计：235/C；税收学：34/C。

5）中国区域知名应用型专业（1★）

电子商务：219/C；工商管理：205/D；金融科技：17/B；人工智能：86/C；商务英语：230/D；市场营销：321/D；数据科学与大数据技术：272/D；投资学：84/D；网络与新媒体：140/C；艺术与科技：37/D。

12. 潍坊理工学院

（1）潍坊理工学院综合实力排名

综合排名：2024 校友会中国民办大学排名第 60 名，全国综合类民办高校第 61 名，山东省民办高校第 12 名。

星级排名：中国三星级应用型大学（3★），中国知名、区域一流应用型大学。

（2）潍坊理工学院各本科专业排名（全国排名/档次）

1）中国一流应用型专业（5★）

广播电视编导：17/A。

2）中国高水平应用型专业（4★）

美术学：38/B++；能源与动力工程：19/B++；生物科学：41/B++；应用心理学：20/B++。

3）中国区域一流应用型专业（3★）

财务管理：137/B+；风景园林：24/B+；国际经济与贸易：179/B+；环境设计：113/B+；机器人工程：36/B+；视觉传达设计：140/B+；数字媒体艺术：63/B+；新闻学：50/B+；英语：198/B+。

4）中国区域高水平应用型专业（2★）

动画：117/C；汉语言文学：253/C；航空服务艺术与管理：10/B+；化学工程与工艺：121/D；计算机科学与技术：379/D；人力资源管理：134/C；思想政治教育：112/C；舞蹈学：69/C；信息管理与信息系统：119/C；艺术设计学：77/C。

5）中国区域知名应用型专业（1★）

电子信息工程：314/D；工商管理：205/D；化学：122/D；金融工程：115/C；旅游管理：234/D；商务英语：230/D；摄影：47/D；审计学：126/D；数据科学与大数据技术：272/D；网络与新媒体：140/C；新能源科学与工程：44/D；学前教育：215/C；自动化：211/D。

13. 烟台南山学院

（1）烟台南山学院综合实力排名

综合排名：2024 校友会中国民办大学排名第 63 名，全国理工类民办高校第 63 名，山东省民办高校第 13 名。

星级排名：中国三星级应用型大学（3★），中国知名、区域一流应用型大学。

（2）烟台南山学院各本科专业排名（全国排名/档次）

1）中国一流应用型专业（5★）

材料成型及控制工程：16/A。

2）中国高水平应用型专业（4★）

电气工程及其自动化：91/B++；飞行技术：6/B++；飞行器动力工程：4/A；服装与服饰设计：32/B++；环境设计：73/B++；金属材料工程：9/B++；食品质量与安全：8/A；自动化：70/B++。

3）中国区域一流应用型专业（3★）

纺织工程：14/B+；服装设计与工程：31/B+；复合材料与工程：6/B+；国际商务：29/B+；护理学：90/B+；机械设计制造及其自动化：207/B+；酒店管理：47/B+；旅游管理：129/B+；能源与动力工程：33/B+；物联网工程：139/B+；物流管理：127/B+。

4）中国区域高水平应用型专业（2★）

朝鲜语：32/C；车辆工程：88/C；电子信息工程：242/C；工程管理：142/C；工商管理：170/C；工业设计：74/C；计算机科学与技术：379/D；日语：119/C；软件工程：221/C；食品科学与工程：96/D；市场营销：231/C；视觉传达设计：235/C；信息管理与信息系统：119/C；音乐表演：85/C。

5）中国区域知名应用型专业（1★）

测控技术与仪器：69/D；产品设计：180/D；动画：

153/D；高分子材料与工程：58/D；工艺美术：43/C；过程装备与控制工程：34/D；汉语国际教育：153/D；化学工程与工艺：156/D；交通运输：59/D；金融工程：115/C；康复治疗学：90/D；食品营养与健康：5/A；数据科学与大数据技术：272/D；音乐学：213/D；英语：412/D。

14. 泰山科技学院

（1）泰山科技学院综合实力排名

综合排名：2024 校友会中国民办大学排名第 68 名，全国理工类民办高校第 68 名，山东省民办高校第 14 名。

星级排名：中国三星级应用型大学（3★），中国知名、区域一流应用型大学。

（2）泰山科技学院各本科专业排名（全国排名/档次）

1）中国一流应用型专业（5★）

采矿工程：9/A。

2）中国高水平应用型专业（4★）

测绘工程：18/B++；地质工程：8/B++；计算机科学与技术：168/B++。

3）中国区域一流应用型专业（3★）

电信工程及管理：3/A+；会计学：177/B+；土木工程：160/B+；信息工程：14/B+；行政管理：37/B+。

4）中国区域高水平应用型专业（2★）

安全工程：39/C；大数据管理与应用：26/B；电气工程及其自动化：231/D；电子商务：159/B；机械电子工程：132/C；机械设计制造及其自动化：246/D；秘书学：35/B；人力资源管理：134/C。

5）中国区域知名应用型专业（1★）

财务管理：326/C；财政学：20/D；电子信息科学与技术：88/D；工程管理：174/C；工商管理：205/D；国际经济与贸易：325/D；金融学：133/D；社会工作：93/D；数据科学与大数据技术：272/D；数字媒体艺术：155/C；网络工程：191/D；物联网工程：299/D；信息管理与信息系统：161/D；自动化：211/D。

15. 山东华宇工学院

（1）山东华宇工学院综合实力排名

综合排名：2024 校友会中国民办大学排名第 70 名，全国理工类民办高校第 70 名，山东省民办高校第 15 名。

星级排名：中国三星级应用型大学（3★），中国知名、区域一流应用型大学。

（2）山东华宇工学院各本科专业排名（全国排名/档次）

1）中国一流应用型专业（5★）

数字媒体艺术：8/A+。

2）中国高水平应用型专业（4★）

电气工程及其自动化：91/B++；建筑环境与能源应用工程：17/B++。

3）中国区域一流应用型专业（3★）

产品设计：80/B+；车辆工程：56/B+；道路桥梁与渡河工程：18/B+；房地产开发与管理：15/B+；工程管理：96/B+；机械设计制造及其自动化：207/B+；商务英语：71/B+；新能源科学与工程：23/B+。

4）中国区域高水平应用型专业（2★）

工业工程：27/B；机械电子工程：132/C；汽车服务工程：103/C；数字媒体技术：100/C；物流工程：40/C；智能制造工程：34/B。

5）中国区域知名应用型专业（1★）

材料成型及控制工程：109/D；财务管理：326/C；测控技术与仪器：69/D；电子信息工程：314/D；工程造价：136/C；环境设计：311/D；机器人工程：127/D；能源与动力工程：56/D；软件工程：288/D；网络工程：191/D；物联网工程：299/D；信息管理与信息系统：161/D；自动化：211/D。

16. 烟台科技学院

（1）烟台科技学院综合实力排名

综合排名：2024 校友会中国民办大学排名第 72 名，全国综合类民办高校第 73 名，山东省民办高校第 16 名。

星级排名：中国三星级应用型大学（3★），中国知名、区域一流应用型大学。

（2）烟台科技学院各本科专业排名（全国排名/档次）

1）中国高水平应用型专业（4★）

汉语言文学：118/B++。

2）中国区域一流应用型专业（3★）

产品设计：80/B+；电气工程及其自动化：157/B+；国际经济与贸易：179/B+；机械设计制造及其自动化：207/B+；经济学：52/B+；酒店管理：47/B+；视觉传达设计：140/B+；网络工程：82/B+；物联网工程：139/B+；英语：198/B+。

3）中国区域高水平应用型专业（2★）

国际商务：57/C；环境设计：203/B；软件工程：221/C；摄影：38/C；生物技术：71/C；文化产业管理：49/B；影视摄影与制作：24/B。

4）中国区域知名应用型专业（1★）

财务管理：326/C；电子商务：219/C；广播电视学：75/D；广告学：123/D；机器人工程：127/D；金融工程：115/C；录音艺术：14/D；旅游管理：234/D；美术学：163/D；人工智能：86/C；市场营销：321/D；数据科学与大数据技术：272/D；数字媒体艺术：155/C；舞蹈编导：37/D；新闻学：125/D；自动化：211/D。

17. 青岛黄海学院

（1）青岛黄海学院综合实力排名

综合排名：2024 校友会中国民办大学排名第 80 名，全国理工类民办高校第 82 名，山东省民办高校第 17 名。

星级排名：中国三星级应用型大学（3★），中国知名、区域一流应用型大学。

（2）青岛黄海学院各本科专业排名（全国排名/档次）

1）中国顶尖应用型专业（6★）

船舶与海洋工程：1/A++。

2）中国一流应用型专业（5★）

电子商务：37/A；工程管理：27/A；国际经济与贸易：62/A；机械设计制造及其自动化：68/A；物流管理：27/A；学前教育：46/A。

3）中国高水平应用型专业（4★）

电气工程及其自动化：91/B++；土木工程：97/B++；信息管理与信息系统：35/B++。

4）中国区域一流应用型专业（3★）

财务管理：137/B+；车辆工程：56/B+；工业设计：48/B+；国际商务：29/B+；互联网金融：14/B+；护理学：90/B+；绘画：30/B+；计算机科学与技术：253/B+；金属材料工程：17/B+；酒店管理：47/B+；汽车服务工程：66/B+；人工智能：36/B+；市场营销：144/B+。

5）中国区域高水平应用型专业（2★）

给排水科学与工程：54/C；工程造价：88/B；环境设计：203/B；经济统计学：31/B；康复治疗学：59/C；数据科学与大数据技术：199/C；数字媒体艺术：119/C；影视摄影与制作：24/B；智能制造工程：34/B；资产评估：35/C。

6）中国区域知名应用型专业（1★）

动画：153/D；机器人工程：127/D；日语：173/D；商务英语：230/D；视觉传达设计：299/D；书法学：54/D；戏剧影视美术设计：20/C；智能建造：16/C。

18. 聊城大学东昌学院

（1）聊城大学东昌学院综合实力排名

综合排名：2024 校友会中国民办大学排名第 81 名，全国综合类民办高校第 82 名，山东省民办高校第 18 名。

星级排名：中国二星级应用型大学（2★），中国区域高水平应用型大学。

（2）聊城大学东昌学院各本科专业排名（全国排名/档次）

1）中国区域一流应用型专业（3★）

电气工程及其自动化：157/B+；广播电视编导：72/B+；化学：73/B+；机械设计制造及其自动化：207/B+；家政学：4/A；经济学：52/B+；商务英语：71/B+；视觉传达设计：140/B+；舞蹈学：33/B+；音乐表演：48/B+；英语：198/B+。

2）中国区域高水平应用型专业（2★）

朝鲜语：32/C；电子信息工程：242/C；动画：117/C；工程造价：88/B；环境设计：203/B；软件工程：221/C；食品质量与安全：57/B；数字媒体艺术：119/C；物理学：99/C。

3）中国区域知名应用型专业（1★）

工程管理：174/C；汉语国际教育：153/D；汉语言文学：298/D；会计学：280/D；计算机科学与技术：469/D；生物工程：90/D；数学与应用数学：197/D；网络与新媒体：140/C；学前教育：215/C；应用化学：150/D；影视摄影与制作：35/D。

18. 烟台理工学院

（1）烟台理工学院综合实力排名

综合排名：2024 校友会中国民办大学排名第 81 名，全国理工类民办高校第 83 名，山东省民办高校第 18 名。

星级排名：中国二星级应用型大学（2★），中国区域高水平应用型大学。

（2）烟台理工学院各本科专业排名（全国排名/档次）

1）中国高水平应用型专业（4★）

工程管理：59/B++；会计学：105/B++；金属材料工程：9/B++。

2）中国区域一流应用型专业（3★）

汉语言文学：180/B+；建筑学：67/B+；日语：69/B+；生物工程：53/B+；食品科学与工程：65/B+；自动化：120/B+。

3）中国区域高水平应用型专业（2★）

车辆工程：88/C；电子信息科学与技术：71/C；法学：138/C；工商管理：170/C；国际经济与贸易：260/C；环境设计：203/B；机械设计制造及其自动化：246/D；计算机科学与技术：379/D；食品质量与安全：57/B；市场营销：231/C；视觉传达设计：235/C；通信工程：205/D；投资学：51/B；新闻学：81/C；英语：318/C。

4）中国区域知名应用型专业（1★）

财务管理：326/C；朝鲜语：46/D；机器人工程：127/D；经济与金融：47/D；跨境电子商务：22/B；汽车服务工程：134/D；人工智能：86/C；人力资源管理：202/D；商务英语：230/D；审计学：126/D；网络与新媒体：140/C；物联网工程：299/D。

20. 青岛农业大学海都学院

（1）青岛农业大学海都学院综合实力排名

综合排名：2024 校友会中国民办大学排名第 92 名，全国综合类民办高校第 93 名，山东省民办高校第 20 名。

星级排名：中国二星级应用型大学（2★），中国区域高水平应用型大学。

（2）青岛农业大学海都学院各本科专业排名（全国排名/档次）

1）中国高水平应用型专业（4★）

食品科学与工程：37/B++；园艺：16/B++。

2）中国区域一流应用型专业（3★）

材料化学：19/B+；财务管理：137/B+；电气工程及其自动化：157/B+；动物科学：12/B+；动物医学：14/B+；风景园林：24/B+；环境设计：113/B+；机械设计制造及其自动化：207/B+；建筑环境与能源应用工程：33/B+；食品质量与安全：34/B+；视觉传达设计：140/B+；土木工程：160/B+；英语：198/B+；园林：35/B+。

3）中国区域高水平应用型专业（2★）

电子信息工程：242/C；电子信息科学与技术：71/C；广播电视编导：105/C；广告学：74/B；物流管理：182/C；智慧农业：2/A+。

4）中国区域知名应用型专业（1★）

工程管理：174/C；公共事业管理：96/D；国际经济与贸易：325/D；计算机科学与技术：469/D；生物工程：

90/D；生物技术：95/D；市场营销：321/D；数据科学与大数据技术：272/D；数字媒体艺术：155/C；虚拟现实技术：8/D；应用化学：150/D；智能科学与技术：63/C。

21. 青岛恒星科技学院

（1）青岛恒星科技学院综合实力排名

综合排名：2024校友会中国民办大学排名第109名，全国理工类民办高校第111名，山东省民办高校第21名。

星级排名：中国二星级应用型大学（2★），中国区域高水平应用型大学。

（2）青岛恒星科技学院各本科专业排名（全国排名/档次）

1）中国高水平应用型专业（4★）

汽车服务工程：38/B++；网络工程：47/B++；物流工程：14/B++。

2）中国区域一流应用型专业（3★）

电气工程及其自动化：157/B+；动画：82/B+；房地产开发与管理：15/B+；健康服务与管理：15/B++；数字媒体艺术：63/B+；印刷工程：3/A+；种子科学与工程：4/A。

3）中国区域高水平应用型专业（2★）

服装与服饰设计：90/C；金融工程：80/B；康复治疗学：59/C；舞蹈表演：43/B。

4）中国区域知名应用型专业（1★）

车辆工程：117/D；工程造价：136/C；工商管理：205/D；国际商务：78/D；汉语言文学：298/D；航空服务艺术与管理：22/C；会展经济与管理：49/C；机器人工程：127/D；机械工程：52/D；教育技术学：47/D；酒店管理：124/C；人工智能：86/C；人力资源管理：202/D；软件工程：288/D；社会工作：93/D；视觉传达设计：299/D；土木工程：257/D；学前教育：215/C；音乐学：213/D；英语：412/D；影视摄影与制作：35/D。

22. 青岛城市学院

（1）青岛城市学院综合实力排名

综合排名：2024校友会中国民办大学排名第115名，全国理工类民办高校第117名，山东省民办高校第22名。

星级排名：中国一星级应用型大学（1★），中国区域知名应用型大学。

（2）青岛城市学院各本科专业排名（全国排名/档次）

1）中国高水平应用型专业（4★）

城乡规划：21/B++；电子信息工程：116/B++；会计学：105/B++；机械设计制造及其自动化：128/B++。

2）中国区域一流应用型专业（3★）

环境设计：113/B+；计算机科学与技术：253/B+；交通工程：24/B+；视觉传达设计：140/B+；土木工程：160/B+；物联网工程：139/B+。

3）中国区域高水平应用型专业（2★）

材料成型及控制工程：76/C；财务管理：251/C；电气工程及其自动化：231/D；法语：32/C；工程管理：142/C；国际经济与贸易：260/C；建筑学：104/D；软件工程：221/C；商务英语：161/C；审计学：96/C；市场营销：231/C；数据科学与大数据技术：199/C；物流管理：182/C；英语：318/C。

4）中国区域知名应用型专业（1★）

德语：38/D；动画：153/D；俄语：46/D；工程造价：136/C；汉语国际教育：153/D；互联网金融：32/C；机器人工程：127/D；数字媒体艺术：155/C；网络工程：191/D；智能建造：16/C。

第六节　上海市

一、上海市大学综合实力排名

1. 上海市大学排名

表5-21　2024校友会上海市大学排名

全国排名	学校名称	所在城市	星级排名	办学层次	星级专业数/个								
					专业类型	8★	7★	6★	5★	4★	3★	2★	1★
3	复旦大学	上海市	8★	世界一流大学	研究型	1	20	18	24	19	0	0	0
5	上海交通大学	上海市	8★	世界一流大学	研究型	1	14	19	25	26	0	0	0
16	同济大学	上海市	7★	世界知名高水平大学	研究型	0	4	9	21	43	24	0	0
24	华东师范大学	上海市	6★	世界高水平大学	研究型	0	2	10	16	39	8	8	0
41	华东理工大学	上海市	5★	中国一流大学	研究型	0	1	3	8	37	13	13	1
53	上海财经大学	上海市	6★	世界高水平大学	研究型	0	2	3	5	20	8	2	0
71	上海大学	上海市	5★	中国一流大学	研究型	0	0	2	9	41	19	20	6
73	上海理工大学	上海市	4★	中国高水平大学	研究型	0	0	3	8	15	21	13	0

续表

全国排名	学校名称	所在城市	星级排名	办学层次	星级专业数/个								
					专业类型	8★	7★	6★	5★	4★	3★	2★	1★
81	东华大学	上海市	5★	中国一流大学	研究型	0	1	3	4	24	12	14	1
107	上海中医药大学	上海市	6★	世界高水平大学	研究型	0	1	2	1	3	5	3	0
112	上海外国语大学	上海市	5★	中国一流大学	研究型	0	1	0	13	18	12	9	0
126	华东政法大学	上海市	4★	中国高水平大学	研究型	0	0	2	4	4	10	0	0
132	上海师范大学	上海市	4★	中国高水平大学	研究型	0	0	1	4	23	26	20	8
175	上海音乐学院	上海市	5★	中国一流大学	研究型	0	2	1	0	2	2	1	0
185	上海戏剧学院	上海市	5★	中国一流大学	研究型	0	1	3	3	3	6	0	0
203	上海体育学院	上海市	5★	中国一流大学	研究型	0	0	2	3	4	7	8	0
204	上海海洋大学	上海市	4★	中国高水平大学	研究型	0	1	1	5	3	6	23	5
218	上海海事大学	上海市	4★	中国高水平大学	研究型	0	0	2	4	8	15	14	5
259	上海工程技术大学	上海市	3★	区域一流大学	研究型	0	0	0	1	16	20	10	18
286	上海立信会计金融学院	上海市	3★	区域一流大学	应用型	0	1	12	9	7	3	0	0
291	上海应用技术大学	上海市	2★	区域高水平大学	研究型	0	0	0	0	10	17	13	14
347	上海对外经贸大学	上海市	2★	区域高水平大学	研究型	0	0	0	1	15	9	3	5
364	上海电机学院	上海市	2★	区域高水平大学	应用型	0	0	7	12	9	7	3	0
364	上海电力大学	上海市	2★	区域高水平大学	研究型	0	0	0	1	4	9	11	13
407	上海第二工业大学	上海市	2★	区域高水平大学	应用型	0	0	12	13	10	8	0	0
407	上海商学院	上海市	2★	区域高水平大学	应用型	0	0	6	5	6	4	7	0
407	上海政法学院	上海市	2★	区域高水平大学	应用型	0	0	5	3	7	5	7	0
453	上海健康医学院	上海市	1★	区域知名大学	应用型	0	0	4	2	3	5	3	0
472	上海海关学院	上海市	1★	区域知名大学	应用型	0	1	3	6	1	0	0	0
501	上海公安学院	上海市	2★	区域高水平大学	应用型	0	0	1	3	1	0	0	0

2. 上海市民办大学排名

表 5-22　2024 校友会上海市民办大学排名（含独立学院）

全国排名	学校名称	所在城市	星级排名	办学层次	星级专业数/个								
					专业类型	8★	7★	6★	5★	4★	3★	2★	1★
3	上海建桥学院	上海市	6★	中国顶尖应用型大学	应用型	0	0	21	12	5	0	0	0
18	上海视觉艺术学院	上海市	5★	中国一流应用型大学	应用型	0	0	3	5	8	3	1	0
63	上海杉达学院	上海市	4★	中国高水平应用型大学	应用型	0	0	2	3	12	12	6	6
64	上海立达学院	上海市	3★	区域一流应用型大学	应用型	0	0	0	0	0	1	3	7
66	上海外国语大学贤达经济人文学院	上海市	3★	区域一流应用型大学	应用型	0	0	0	2	4	6	9	2
74	上海兴伟学院	上海市	3★	区域一流应用型大学	应用型	0	0	0	0	0	1	1	0
76	上海师范大学天华学院	上海市	3★	区域一流应用型大学	应用型	0	0	0	1	11	9	4	5

3. 上海市合作办学大学排名

表 5-23　2024 校友会上海市合作办学大学排名

全国排名	学校名称	所在城市	星级排名	办学层次	星级专业数/个								
					专业类型	8★	7★	6★	5★	4★	3★	2★	1★
8	上海纽约大学	上海市	5★	中国一流合作办学大学	研究型	0	0	1	3	5	2	0	0

4. 上海市高职院校排名

表 5-24　2024 校友会上海市高职院校排名

全国排名	学校名称	所在城市	办学类型	星级排名	办学层次
13	上海工艺美术职业学院	上海市	职业技能型	6★	中国顶尖高职院校
33	上海城建职业学院	上海市	职业技能型	5★	中国一流高职院校
77	上海电子信息职业技术学院	上海市	职业技能型	3★	区域一流高职院校
86	上海行健职业学院	上海市	职业技能型	3★	区域一流高职院校
92	上海济光职业技术学院	上海市	职业技能型	3★	区域一流高职院校
94	上海旅游高等专科学校	上海市	职业技能型	3★	区域一流高职院校
119	上海交通职业技术学院	上海市	职业技能型	3★	区域一流高职院校
175	上海工商外国语职业学院	上海市	职业技能型	2★	区域高水平高职院校
187	上海民航职业技术学院	上海市	职业技能型	2★	区域高水平高职院校
191	上海东海职业技术学院	上海市	职业技能型	2★	区域高水平高职院校
197	上海思博职业技术学院	上海市	职业技能型	2★	区域高水平高职院校
204	上海工商职业技术学院	上海市	职业技能型	2★	区域高水平高职院校
281	上海邦德职业技术学院	上海市	职业技能型	2★	区域高水平高职院校
302	上海出版印刷高等专科学校	上海市	职业技能型	1★	区域知名高职院校

5. 上海市职业技术大学排名

表 5-25　2024 校友会上海市职业技术大学排名

全国排名	学校名称	所在城市	办学类型	星级排名	办学层次
16	上海中侨职业技术大学	上海市	职业技能型	4★	中国高水平职业技术大学

二、上海市大学专业排名详情

1. 复旦大学

（1）复旦大学综合实力排名

综合排名：2024 校友会中国大学排名第 3 名，全国综合类高校第 3 名，上海市高校第 1 名。

星级排名：中国八星级大学（8★），世界一流大学、中国顶尖大学。“985 工程”大学，“211 工程”大学。主管部门：教育部。

（2）复旦大学各本科专业排名（全国排名/档次）

1）世界一流专业（8★）

国际政治：1/A++。

2）世界知名高水平、中国顶尖专业（7★）

法学：4/A++；公共事业管理：1/A++；国际经济与贸易：2/A++；汉语言文学：3/A++；化学：2/A++；会计学：5/A++；基础医学：2/A++；金融学：6/A++；经济学：6/A++；历史学：2/A++；临床医学：3/A++；社会学：3/A++；生物科学：6/A++；数学与应用数学：3/A++；微电子科学与工程：3/A++；物理学：5/A++；新闻学：1/A++；药学：4/A++；预防医学：1/A++；哲学：2/A++。

3）世界高水平、中国顶尖专业（6★）

电子科学与技术：6/A+；高分子材料与工程：2/A++；工商管理：12/A+；护理学：4/A+；环境科学：3/A+；计算机科学与技术：18/A+；软件工程：6/A+；社会工作：1/A++；生态学：3/A+；生物医学工程：7/A+；市场营销：3/A++；思想政治教育：18/A+；信息与计算科学：3/A++；行政管理：5/A+；应用化学：3/A++；应用物理学：3/A+；英语：6/A++；政治学与行政学：4/A+。

4）中国一流专业（5★）

保险学：4/A；财务管理：6/A+；财政学：15/A；朝鲜语：2/A+；传播学：5/A；德语：8/A；电子信息科学与技术：5/A+；俄语：8/A；法医学：5/A；法语：7/A；光电信息科学与工程：8/A+；广播电视学：4/A+；汉语言：3/A+；口腔医学：10/A；理论与应用力学：5/A；旅游管理：6/A+；日语：3/A++；生物技术：19/A；数据科学与大数据技术：3/A++；统计学：6/A+；文物与博物馆学：2/A+；心理学：9/A；信息安全：7/A；信息管理与信息系统：12/A+。

5）中国高水平专业（4★）

保密技术：1/A++；材料化学：19/B++；材料物理：18/B++；大气科学：7/B++；电气工程及其自动化：88/B++；翻译：23/B++；飞行器设计与工程：12/B++；管理科学：9/B++；广告学：22/B++；核工程与核技术：16/B++；逻辑学：5/A；马克思主义理论：10/B++；能源化

学：1/A++；人工智能：7/A+；通信工程：69/B++；西班牙语：10/B++；医学检验技术：37/B++；智能科学与技术：11/B++；宗教学：5/A。

2. 上海交通大学

（1）上海交通大学综合实力排名

综合排名：2024 校友会中国大学排名第 5 名，全国综合类高校第 5 名，上海市高校第 2 名。

星级排名：中国八星级大学（8★），世界一流大学、中国顶尖大学。“985 工程”大学，“211 工程”大学。主管部门：教育部。

（2）上海交通大学各本科专业排名（全国排名/档次）

1）世界一流专业（8★）

船舶与海洋工程：1/A++。

2）世界知名高水平、中国顶尖专业（7★）

材料科学与工程：2/A++；工程力学：3/A++；环境科学与工程：1/A++；机械工程：2/A++；机械设计制造及其自动化：5/A++；计算机科学与技术：7/A++；口腔医学：3/A++；临床医学：3/A++；能源与动力工程：4/A++；生物工程：1/A++；生物科学：4/A++；生物医学工程：1/A++；信息工程：2/A++；自动化：4/A++。

3）世界高水平、中国顶尖专业（6★）

测控技术与仪器：3/A+；电气工程及其自动化：10/A+；电子科学与技术：6/A+；工商管理：12/A+；国际经济与贸易：15/A+；护理学：4/A+；经济学：13/A+；软件工程：6/A+；生物技术：6/A+；市场营销：3/A++；土木工程：16/A+；微电子科学与工程：4/A+；物理学：6/A+；信息安全：2/A+；信息管理与信息系统：10/A+；医学检验技术：2/A+；应用物理学：6/A+；英语：6/A++；预防医学：3/A+。

4）中国一流专业（5★）

传播学：5/A；电子信息科学与技术：11/A；法学：17/A+；港口航道与海岸工程：9/A；工业工程：3/A+；工业设计：4/A+；公共事业管理：11/A+；光电信息科学与工程：21/A；航空航天工程：2/A+；核工程与核技术：9/A；化学：19/A；化学工程与工艺：14/A；会计学：16/A+；交通运输：22/A；金融学：13/A+；农业资源与环境：5/A；人力资源管理：8/A+；生物医学科学：1/A++；食品科学与工程：25/A；数学与应用数学：20/A；文化产业管理：1/A++；行政管理：7/A+；药学：13/A；植物科学与技术：1/A++；资源环境科学：3/A+。

5）中国高水平专业（4★）

德语：20/B++；电子与计算机工程：2/A+；动物科学：25/B++；儿科学：5/A；法语：22/B++；风景园林：22/B++；广播电视编导：24/B++；海洋科学：15/B++；汉语言：15/B++；汉语言文学：114/B++；环境科学：31/B++；建筑环境与能源应用工程：25/B++；建筑学：24/B++；临床药学：14/B++；旅游管理：67/B++；农业水利工程：13/B++；人工智能：7/A+；日语：33/B++；生物信息学：8/B++；食品卫生与营养学：2/A+；视觉传达设计：42/B++；天文学：6/B++；统计学：41/B++；新能源科学与工程：15/B++；应用化学：69/B++；园林：16/B++。

3. 同济大学

（1）同济大学综合实力排名

综合排名：2024 校友会中国大学排名第 16 名，全国综合类高校第 14 名，上海市高校第 3 名。

星级排名：中国七星级大学（7★），世界知名高水平大学、中国顶尖大学。“985 工程”大学，“211 工程”大学。主管部门：教育部。

（2）同济大学各本科专业排名（全国排名/档次）

1）世界知名高水平、中国顶尖专业（7★）

测绘工程：2/A++；城乡规划：1/A++；建筑学：3/A++；土木工程：1/A++。

2）世界高水平、中国顶尖专业（6★）

德语：1/A++；风景园林：3/A+；给排水科学与工程：1/A++；工程管理：2/A++；环境工程：4/A+；环境科学：3/A+；机械设计制造及其自动化：6/A+；交通工程：1/A++；轻化工程：4/A+。

3）中国一流专业（5★）

材料科学与工程：20/A；产品设计：1/A++；车辆工程：9/A；地球物理学：9/A；地质工程：8/A；动画：6/A+；工程力学：11/A；工业设计：10/A+；国际经济与贸易：18/A+；环境设计：2/A++；计算机科学与技术：27/A；交通运输：11/A；历史建筑保护工程：1/A++；能源与动力工程：11/A；汽车服务工程：3/A+；软件工程：18/A；市场营销：7/A+；数据科学与大数据技术：3/A++；艺术设计学：10/A；应用物理学：9/A；园林：6/A。

4）中国高水平专业（4★）

地球信息科学与技术：2/A+；地质学：15/B++；电气工程及其自动化：88/B++；法学：49/B++；飞行器制造工程：8/B++；港口航道与海岸工程：13/B++；工商管理：100/B++；光电信息科学与工程：54/B++；广播电视编导：24/B++；国际政治：22/B++；海洋科学：7/B++；海洋资源开发技术：3/A+；汉语言文学：114/B++；会计学：43/B++；机械电子工程：20/B++；建筑电气与智能化：8/B++；建筑环境与能源应用工程：10/A；金融学：39/B++；经济学：83/B++；康复物理治疗：2/A+；口腔医学：17/B++；临床医学：39/B++；日语：33/B++；社会学：40/B++；生物技术：30/B++；生物信息学：5/A；视觉传达设计：13/A+；数学与应用数学：56/B++；统计学：41/B++；土地资源管理：18/B++；文化产业管理：5/A；物流工程：12/B++；物流管理：15/A；戏剧影视文学：14/B++；信息安全：31/B++；信息管理与信息系统：38/B++；行政管理：33/B++；应用化学：35/B++；英语：57/B++；哲学：26/B++；政治学与行政学：25/B++；智能建造：1/A++；自动化：41/B++。

5）中国区域一流专业（3★）

表演：23/B+；城市设计：1/A++；电子科学与技术：69/B+；电子信息工程：141/B+；服装与服饰设计：44/B+；工业工程：54/B+；广播电视学：36/B+；广告学：50/B+；海洋技术：10/B+；汉语言：27/B+；护理学：93/B+；化学工程与工艺：142/B+；康复治疗学：44/B+；旅游管理：114/B+；马克思主义理论：14/B+；人工智能：15/A；社会体育指导与管理：37/B+；摄影：13/B+；通信工程：104/B+；微电子科学与工程：40/B+；新能源材料与器件：15/B++；音乐表演：45/B+；运动训练：36/B+；智能制造工程：3/A+。

4. 华东师范大学

（1）华东师范大学综合实力排名

综合排名：2024校友会中国大学排名第24名，全国师范类高校第2名，上海市高校第4名。

星级排名：中国六星级大学（6★），世界高水平大学、中国顶尖大学。“985工程”大学，“211工程”大学。主管部门：教育部。

（2）华东师范大学各本科专业排名（全国排名/档次）

1）世界知名高水平、中国顶尖专业（7★）

体育教育：2/A++；心理学：3/A++。

2）世界高水平、中国顶尖专业（6★）

地理科学：3/A+；汉语言文学：10/A+；教育技术学：1/A++；历史学：8/A+；软件工程：6/A+；生态学：3/A+；数据科学与大数据技术：1/A++；学前教育：3/A+；应用心理学：1/A++；哲学：8/A+。

3）中国一流专业（5★）

公共艺术：1/A++；广播电视编导：4/A+；国际经济与贸易：35/A；汉语国际教育：3/A+；汉语言：3/A+；教育学：18/A；人文地理与城乡规划：3/A+；社会工作：5/A+；数学与应用数学：20/A；思想政治教育：22/A；统计学：6/A+；微电子科学与工程：6/A；信息与计算科学：18/A；行政管理：7/A+；应用化学：19/A；英语：19/A+。

4）中国高水平专业（4★）

保险学：15/B++；编辑出版学：7/B++；播音与主持艺术：4/A+；德语：20/B++；地理信息科学：16/B++；俄语：29/B++；法学：49/B++；法语：22/B++；翻译：23/B++；工商管理：100/B++；公共事业管理：30/B++；化学：39/B++；环境工程：82/B++；环境科学：17/A；环境设计：9/A+；环境生态工程：3/A+；会计学：112/B++；会展经济与管理：6/B++；计算机科学与技术：206/B++；教育康复学：1/A++；金融学：39/B++；经济学：83/B++；旅游管理：22/A；美术学：35/B++；人力资源管理：34/B++；日语：16/A；社会体育指导与管理：12/A；社会学：19/B++；生物技术：30/B++；生物科学：36/B++；视觉传达设计：42/B++；特殊教育：2/A+；通信工程：69/B++；物理学：33/B++；新闻学：30/B++；信息管理与信息系统：38/B++；音乐学：39/B++；运动训练：12/B++；政治学与行政学：21/B++。

5）中国区域一流专业（3★）

电子科学与技术：69/B+；电子信息科学与技术：50/B+；房地产开发与管理：9/B+；公共关系学：3/A+；广告学：50/B+；金融工程：46/B+；经济统计学：44/B+；艺术教育：4/A。

6）中国区域高水平专业（2★）

材料科学与工程：121/D；雕塑：29/C；光电信息科学与工程：108/C；绘画：65/C；马克思主义理论：19/C；听力与言语康复学：5/A；西班牙语：34/C；音乐表演：62/B。

5. 华东理工大学

（1）华东理工大学综合实力排名

综合排名：2024校友会中国大学排名第41名，全国理工类高校第15名，上海市高校第5名。

星级排名：中国五星级大学（5★），世界知名大学、中国一流大学。“211工程”大学。主管部门：教育部。

（2）华东理工大学各本科专业排名（全国排名/档次）

1）世界知名高水平、中国顶尖专业（7★）

化学工程与工艺：1/A++。

2）世界高水平、中国顶尖专业（6★）

应用化学：1/A++；制药工程：2/A++；资源循环科学与工程：1/A++。

3）中国一流专业（5★）

高分子材料与工程：10/A；过程装备与控制工程：4/A+；化学：19/A；能源与动力工程：11/A；社会工作：5/A+；生物工程：4/A+；无机非金属材料工程：3/A+；自动化：21/A。

4）中国高水平专业（4★）

材料化学：19/B++；材料物理：18/B++；产品设计：33/B++；电气工程及其自动化：88/B++；复合材料与工程：5/A；工程管理：55/B++；工商管理：36/B++；工业设计：38/B++；公共事业管理：17/A；光电信息科学与工程：54/B++；国际经济与贸易：86/B++；环境工程：30/B++；会计学：112/B++；机械设计制造及其自动化：54/B++；计算机科学与技术：60/B++；建筑环境与能源应用工程：25/B++；金融学：93/B++；金属材料工程：26/B++；轻化工程：16/B++；软件工程：103/B++；社会学：19/B++；生物技术：30/B++；生物科学：83/B++；食品科学与工程：28/B++；市场营销：59/B++；数学与应用数学：56/B++；数字媒体艺术：13/A；物流管理：15/A；新能源材料与器件：7/A；信息工程：15/B++；信息管理与信息系统：38/B++；行政管理：66/B++；药学：27/B++；应用物理学：43/B++；英语：136/B++；油气储运工程：6/B++；资源环境科学：4/A。

5）中国区域一流专业（3★）

材料成型及控制工程：80/B+；测控技术与仪器：103/B+；城市管理：10/B+；电子信息工程：178/B+；环境设计：105/B+；劳动与社会保障：37/B+；旅游管理：114/B+；人力资源管理：97/B+；食品质量与安全：45/B+；

视觉传达设计：83/B+；通信工程：104/B+；信息与计算科学：86/B+；药物制剂：22/B+。

6）中国区域高水平专业（2★）

安全工程：68/C；保险学：40/C；财务管理：135/C；德语：48/C；法学：251/D；风景园林：57/C；广告学：80/B；机器人工程：18/B++；精细化工：3/A+；人工智能：38/B++；日语：118/B；智能科学与技术：29/B+；智能制造工程：16/B++。

7）中国区域知名专业（1★）

经济学：245/D。

6. 上海财经大学

（1）上海财经大学综合实力排名

综合排名：2024 校友会中国大学排名第 53 名，全国财经类高校第 2 名，上海市高校第 6 名。

星级排名：中国六星级大学（6★），世界高水平大学、中国顶尖大学。“211 工程”大学。主管部门：教育部。

（2）上海财经大学各本科专业排名（全国排名/档次）

1）世界知名高水平、中国顶尖专业（7★）

财政学：3/A++；国际经济与贸易：5/A++。

2）世界高水平、中国顶尖专业（6★）

会计学：6/A+；金融学：7/A+；经济学：7/A+。

3）中国一流专业（5★）

金融工程：8/A；税收学：2/A+；统计学：16/A；信息管理与信息系统：12/A+；应用统计学：4/A+。

4）中国高水平专业（4★）

保险学：8/B++；财务管理：46/B++；电子商务：45/B++；法学：111/B++；房地产开发与管理：4/A；工程管理：55/B++；工商管理：100/B++；国际政治：22/B++；汉语国际教育：18/A；计算机科学与技术：206/B++；经济统计学：19/B++；劳动与社会保障：4/A+；旅游管理：67/B++；商务英语：15/B++；市场营销：29/A；数学与应用数学：56/B++；投资学：2/A+；新闻学：61/B++；信息与计算科学：51/B++；行政管理：66/B++。

5）中国区域一流专业（3★）

公共事业管理：81/B+；国际商务：25/B+；人力资源管理：69/B+；日语：72/B+；土地资源管理：33/B+；物流管理：88/B+；信用管理：4/A；英语：253/B+。

6）中国区域高水平专业（2★）

社会学：68/C；数据科学与大数据技术：54/B++。

7. 上海大学

（1）上海大学综合实力排名

综合排名：2024 校友会中国大学排名第 71 名，全国综合类高校第 33 名，上海市高校第 7 名。

星级排名：中国五星级大学（5★），世界知名大学、中国一流大学。“211 工程”大学。主管部门：上海市。

（2）上海大学各本科专业排名（全国排名/档次）

1）世界高水平、中国顶尖专业（6★）

金属材料工程：2/A+；社会学：5/A+。

2）中国一流专业（5★）

档案学：4/A；机械设计制造及其自动化：25/A；理论与应用力学：5/A；美术学：7/A+；数字媒体技术：4/A+；思想政治教育：51/A；通信工程：5/A+；冶金工程：8/A；知识产权：2/A+。

3）中国高水平专业（4★）

材料科学与工程：68/B++；材料设计科学与工程：1/A++；电气工程及其自动化：40/B++；电子信息工程：89/B++；电子信息科学与技术：27/B++；雕塑：10/B++；动画：15/A；高分子材料与工程：43/B++；工商管理：36/B++；管理科学：9/B++；广播电视编导：8/A；广播电视学：11/A；广告学：22/B++；国际经济与贸易：43/B++；汉语言文学：64/B++；化学工程与工艺：84/B++；环境工程：82/B++；环境设计：9/A+；绘画：16/B++；机械电子工程：6/A+；计算机科学与技术：206/B++；建筑学：52/B++；金融学：39/B++；经济学：83/B++；历史学：34/B++；社会工作：19/A；生物工程：47/B++；生物医学工程：40/B++；食品科学与工程：72/B++；视觉传达设计：13/A+；数学与应用数学：56/B++；数字媒体艺术：13/A；土木工程：47/B++；无机非金属材料工程：13/B++；新闻学：61/B++；信息管理与信息系统：38/B++；艺术与科技：4/A；应用化学：35/B++；应用物理学：22/B++；英语：136/B++；中国画：12/B++。

4）中国区域一流专业（3★）

包装工程：19/B+；材料物理：40/B+；财政学：48/B+；测控技术与仪器：103/B+；电影制作：1/A++；电子科学与技术：69/B+；法学：208/B+；工程管理：93/B+；工业工程：64/B+；工业设计：85/B+；环境科学：61/B+；会计学：208/B+；机械工程：59/B+；旅游管理：114/B+；微电子科学与工程：40/B+；信息工程：27/B+；信息与计算科学：86/B+；行政管理：111/B+；自动化：180/B+。

5）中国区域高水平专业（2★）

法语：64/C；汉语国际教育：96/B；汉语言：42/C；会展：1/A++；机器人工程：18/B++；考古学：20/D；人工智能：38/B++；日语：118/B；生物制药：31/C；数据科学与大数据技术：54/B++；网络空间安全：26/B；网络与新媒体：27/B+；物流管理：109/C；戏剧影视美术设计：20/C；戏剧影视文学：49/D；新能源材料与器件：32/B；音乐学：104/C；影视摄影与制作：15/C；哲学：64/D；智能制造工程：16/B++。

6）中国区域知名专业（1★）

表演：68/D；光电信息科学与工程：141/D；戏剧影视导演：19/D；信息资源管理：12/D；音乐表演：83/C；智能科学与技术：58/C。

8. 上海理工大学

（1）上海理工大学综合实力排名

综合排名：2024 校友会中国大学排名第 73 名，全国理工类高校第 30 名，上海市高校第 8 名。

星级排名：中国四星级大学（4★），世界知名、中国高水平大学。主管部门：上海市。

（2）上海理工大学各本科专业排名（全国排名/档次）

1）世界高水平、中国顶尖专业（6★）

编辑出版学：1/A++；光电信息科学与工程：3/A+；机械设计制造及其自动化：6/A+。

2）中国一流专业（5★）

材料科学与工程：36/A；测控技术与仪器：12/A；电子信息工程：22/A；管理科学：1/A++；环境工程：8/A+；能源与动力工程：21/A；生物医学工程：12/A；医学信息工程：1/A++。

3）中国高水平专业（4★）

材料成型及控制工程：33/B++；产品设计：33/B++；车辆工程：25/B++；电气工程及其自动化：40/B++；工商管理：100/B++；国际经济与贸易：86/B++；计算机科学与技术：206/B++；建筑环境与能源应用工程：25/B++；食品科学与工程：28/B++；食品质量与安全：19/B++；视觉传达设计：42/B++；数学与应用数学：137/B++；英语：136/B++；智能科学与技术：11/B++；自动化：112/B++。

4）中国区域一流专业（3★）

传播学：27/B+；德语：36/B+；电子科学与技术：69/B+；电子信息科学与技术：50/B+；工业工程：64/B+；工业设计：85/B+；公共事业管理：81/B+；广告学：50/B+；过程装备与控制工程：48/B+；环境设计：105/B+；会计学：208/B+；康复工程：1/A++；人工智能：15/A；通信工程：141/B+；土木工程：137/B+；新媒体技术：1/A++；新能源科学与工程：27/B+；信息管理与信息系统：138/B+；应用物理学：83/B+；制药工程：113/B+；智能医学工程：6/B++。

5）中国区域高水平专业（2★）

包装设计：2/A+；储能科学与工程：7/B+；动画：76/C；会展经济与管理：21/B；机器人工程：18/B++；交通工程：56/C；金融学：183/D；日语：118/B；数据科学与大数据技术：54/B++；税收学：30/D；系统科学与工程：2/A+；医学影像技术：20/B；应用化学：187/D。

9. 东华大学

（1）东华大学综合实力排名

综合排名：2024 校友会中国大学排名第 81 名，全国理工类高校第 34 名，上海市高校第 9 名。

星级排名：中国五星级大学（5★），世界知名大学、中国一流大学。“211 工程”大学。主管部门：教育部。

（2）东华大学各本科专业排名（全国排名/档次）

1）世界知名高水平、中国顶尖专业（7★）

纺织工程：1/A++。

2）世界高水平、中国顶尖专业（6★）

服装设计与工程：1/A++；复合材料与工程：1/A++；高分子材料与工程：2/A++。

3）中国一流专业（5★）

服装与服饰设计：4/A+；功能材料：1/A++；环境工程：8/A+；轻化工程：8/A。

4）中国高水平专业（4★）

产品设计：33/B++；传播学：17/B++；电子商务：17/A；非织造材料与工程：3/A+；工业设计：17/A；环境设计：9/A+；机械工程：26/B++；计算机科学与技术：206/B++；建筑环境与能源应用工程：10/A；能源与环境系统工程：4/A；日语：33/B++；软件工程：103/B++；生物工程：47/B++；市场营销：59/B++；视觉传达设计：42/B++；数学与应用数学：56/B++；数字媒体艺术：13/A；统计学：41/B++；无机非金属材料工程：13/B++；信息管理与信息系统：38/B++；艺术与科技：4/A；应用化学：35/B++；应用物理学：43/B++；自动化：41/B++。

5）中国区域一流专业（3★）

表演：23/B+；电气工程及其自动化：151/B+；电子信息工程：141/B+；工商管理：207/B+；国际经济与贸易：176/B+；环境科学：82/B+；会计学：208/B+；旅游管理：114/B+；通信工程：104/B+；网络工程：25/B++；信息安全：56/B+；英语：253/B+。

6）中国区域高水平专业（2★）

财务管理：135/C；法学：251/D；公共关系学：7/C；供应链管理：4/A；光电信息科学与工程：108/C；汉语言：42/C；教育技术学：67/C；金融学：183/D；人工智能：38/B++；数据科学与大数据技术：54/B++；物流管理：109/C；行政管理：148/C；智能科学与技术：29/B+；智能制造工程：16/B++。

7）中国区域知名专业（1★）

会展经济与管理：30/C。

10. 上海中医药大学

（1）上海中医药大学综合实力排名

综合排名：2024 校友会中国大学排名第 107 名，全国医药类高校第 10 名，上海市高校第 10 名。

星级排名：中国六星级大学（6★），世界高水平大学、中国顶尖大学。主管部门：上海市。

（2）上海中医药大学各本科专业排名（全国排名/档次）

1）世界知名高水平、中国顶尖专业（7★）

中药学：1/A++。

2）世界高水平、中国顶尖专业（6★）

针灸推拿学：3/A+；中医学：4/A+。

3）中国一流专业（5★）

中西医临床医学：2/A+。

4）中国高水平专业（4★）

护理学：59/B++；康复治疗学：17/B++；康复作业治疗：1/A++。

5）中国区域一流专业（3★）

康复物理治疗：5/A；食品卫生与营养学：7/B+；听力与言语康复学：2/A+；药学：85/B+；预防医学：61/B+。

6）中国区域高水平专业（2★）

汉语言：42/C；生物医学工程：80/D；智能医学工程：13/B。

11. 上海外国语大学

（1）上海外国语大学综合实力排名

综合排名：2024校友会中国大学排名第112名，全国语言类高校第4名，上海市高校第11名。

星级排名：中国五星级大学（5★），世界知名大学、中国一流大学。“211工程”大学。主管部门：教育部。

（2）上海外国语大学各本科专业排名（全国排名/档次）

1）世界知名高水平、中国顶尖专业（7★）

英语：3/A++。

2）中国一流专业（5★）

阿拉伯语：2/A+；波斯语：2/A+；朝鲜语：2/A+；德语：4/A+；俄语：4/A+；法语：4/A+；国际政治：9/A；葡萄牙语：1/A++；日语：3/A++；泰语：4/A；西班牙语：2/A+；意大利语：2/A+；印度尼西亚语：2/A+。

3）中国高水平专业（4★）

翻译：7/A+；工商管理：36/B++；国际经济与贸易：86/B++；汉语国际教育：8/A+；荷兰语：1/A++；会计学：112/B++；瑞典语：2/A+；商务英语：4/A+；土耳其语：2/A+；网络与新媒体：5/A+；乌克兰语：1/A++；希伯来语：1/A++；希腊语：1/A++；新闻学：30/B++；信息管理与信息系统：38/B++；印地语：2/A+；越南语：8/B++；政治学与行政学：25/B++。

4）中国区域一流专业（3★）

波兰语：3/A+；法学：161/B+；公共关系学：3/A+；广播电视学：36/B+；广告学：50/B+；哈萨克语：3/A+；汉语言：27/B+；教育技术学：44/B+；捷克语：2/A+；金融学：143/B+；乌兹别克语：1/A++；匈牙利语：2/A+。

5）中国区域高水平专业（2★）

财务管理：175/D；大数据管理与应用：11/B++；国际新闻与传播：3/A+；罗马尼亚语：3/A+；塞尔维亚语：4/A；数据科学与大数据技术：54/B++；斯瓦希里语：4/A；外交学：12/D；语言学：1/A++。

12. 华东政法大学

（1）华东政法大学综合实力排名

综合排名：2024校友会中国大学排名第126名，全国政法类高校第2名，上海市高校第12名。

星级排名：中国四星级大学（4★），世界知名、中国高水平大学。主管部门：上海市。

（2）华东政法大学各本科专业排名（全国排名/档次）

1）世界高水平、中国顶尖专业（6★）

法学：7/A+；政治学与行政学：4/A+。

2）中国一流专业（5★）

社会工作：12/A；行政管理：26/A；侦查学：4/A；知识产权：2/A+。

3）中国高水平专业（4★）

翻译：23/B++；文化产业管理：5/A；新闻学：61/B++；治安学：3/A+。

4）中国区域一流专业（3★）

边防管理：4/A；德语：36/B+；公共事业管理：81/B+；国际经济与贸易：176/B+；会计学：208/B+；金融学：159/B+；经济学：152/B+；劳动与社会保障：37/B+；社会学：56/B+；英语：253/B+。

13. 上海师范大学

（1）上海师范大学综合实力排名

综合排名：2024校友会中国大学排名第132名，全国师范类高校第18名，上海市高校第13名。

星级排名：中国四星级大学（4★），世界知名、中国高水平大学。主管部门：上海市。

（2）上海师范大学各本科专业排名（全国排名/档次）

1）世界高水平、中国顶尖专业（6★）

小学教育：1/A++。

2）中国一流专业（5★）

广告学：5/A+；汉语言文学：28/A；金融学：13/A+；美术学：7/A+。

3）中国高水平专业（4★）

地理科学：41/B++；古典文献学：3/A+；广播电视编导：8/A；汉语国际教育：18/A；会展经济与管理：6/B++；绘画：16/B++；计算机科学与技术：60/B++；教育学：34/B++；经济学：83/B++；历史学：34/B++；旅游管理：22/A；生物科学：83/B++；数学与应用数学：56/B++；思想政治教育：90/B++；体育教育：48/B++；舞蹈学：11/B++；物理学：79/B++；戏剧影视文学：14/B++；心理学：22/B++；学前教育：25/B++；音乐学：18/B++；应用心理学：16/B++；英语：136/B++。

4）中国区域一流专业（3★）

财务管理：100/B+；地理信息科学：61/B+；电子信息工程：178/B+；动画：62/B+；法学：208/B+；法语：35/B+；公共事业管理：81/B+；广播电视学：36/B+；化学：124/B+；教育技术学：44/B+；金融工程：46/B+；科学教育：5/A；录音艺术：11/B+；人工智能：15/A；日语：96/B+；社会体育指导与管理：37/B+；生物技术：122/B+；视觉传达设计：116/B+；通信工程：141/B+；统计学：96/B+；土木工程：164/B+；信息与计算科学：122/B+；行政管理：126/B+；应用化学：145/B+；园艺：49/B+；哲学：52/B+。

5）中国区域高水平专业（2★）

编辑出版学：21/C；表演：44/B；产品设计：100/C；档案学：23/D；电子商务：118/C；雕塑：29/C；工程管理：120/C；化学工程与工艺：162/D；环境工程：196/D；环境设计：141/C；劳动与社会保障：66/C；人力资源管理：115/C；人文地理与城乡规划：38/B；社会工作：112/C；世界史：20/D；书法学：23/B；文化产业管理：32/B；艺术管理：9/B；音乐表演：71/C；中国画：23/D。

6）中国区域知名专业（1★）

电气工程及其自动化：247/D；机械设计制造及其自动化：236/D；酒店管理：43/C；食品安全与检测：1/A++；投资学：36/C；信用管理：13/D；应用物理学：132/D；资产评估：22/D。

14. 上海音乐学院

（1）上海音乐学院综合实力排名

综合排名：2024校友会中国大学排名第175名，全国艺术类高校第3名，上海市高校第14名。

星级排名：中国五星级大学（5★），世界知名大学、中国一流大学。主管部门：上海市。

（2）上海音乐学院各本科专业排名（全国排名/档次）

1）世界知名高水平、中国顶尖专业（7★）

音乐表演：3/A++；音乐学：1/A++。

2）世界高水平、中国顶尖专业（6★）

作曲与作曲技术理论：3/A+。

3）中国高水平专业（4★）

录音艺术：6/B++；数字媒体技术：14/B++。

4）中国区域一流专业（3★）

公共事业管理：57/B+；数字媒体艺术：39/B+。

5）中国区域高水平专业（2★）

艺术管理：9/B。

15. 上海戏剧学院

（1）上海戏剧学院综合实力排名

综合排名：2024校友会中国大学排名第185名，全国艺术类高校第6名，上海市高校第15名。

星级排名：中国五星级大学（5★），世界知名大学、中国一流大学。主管部门：上海市。

（2）上海戏剧学院各本科专业排名（全国排名/档次）

1）世界知名高水平、中国顶尖专业（7★）

表演：1/A++。

2）世界高水平、中国顶尖专业（6★）

戏剧影视导演：3/A+；戏剧影视美术设计：1/A++；戏剧影视文学：2/A+。

3）中国一流专业（5★）

广播电视编导：2/A+；舞蹈表演：2/A+；戏剧学：2/A+。

4）中国高水平专业（4★）

舞蹈编导：6/B++；艺术管理：1/A++；影视摄影与制作：5/A。

5）中国区域一流专业（3★）

播音与主持艺术：26/B+；动画：47/B+；绘画：40/B+；数字媒体艺术：39/B+；戏剧教育：1/A++；作曲与作曲技术理论：17/B+。

16. 上海体育学院

（1）上海体育学院综合实力排名

综合排名：2024校友会中国大学排名第203名，全国体育类高校第2名，上海市高校第16名。

星级排名：中国五星级大学（5★），世界知名大学、中国一流大学。主管部门：上海市。

（2）上海体育学院各本科专业排名（全国排名/档次）

1）世界高水平、中国顶尖专业（6★）

武术与民族传统体育：1/A++；运动训练：2/A+。

2）中国一流专业（5★）

体育经济与管理：2/A+；运动康复：2/A+；运动人体科学：2/A+。

3）中国高水平专业（4★）

康复治疗学：17/B++；社会体育指导与管理：12/A；体育教育：48/B++；应用心理学：28/B++。

4）中国区域一流专业（3★）

播音与主持艺术：26/B+；公共事业管理：57/B+；舞蹈编导：19/B+；新闻学：109/B+；休闲体育：9/B+；艺术教育：8/B+；英语：253/B+。

5）中国区域高水平专业（2★）

表演：44/B；汉语国际教育：121/C；市场营销：241/D；数据科学与大数据技术：54/B++；体能训练：3/A+；体育旅游：2/A+；运动能力开发：1/A++；运动与公共健康：1/A++。

17. 上海海洋大学

（1）上海海洋大学综合实力排名

综合排名：2024校友会中国大学排名第204名，全国农林类高校第25名，上海市高校第17名。

星级排名：中国四星级大学（4★），世界知名、中国高水平大学。主管部门：上海市。

（2）上海海洋大学各本科专业排名（全国排名/档次）

1）世界知名高水平、中国顶尖专业（7★）

水产养殖学：2/A++。

2）世界高水平、中国顶尖专业（6★）

海洋渔业科学与技术：1/A++。

3）中国一流专业（5★）

海洋技术：2/A+；海洋科学：5/A；空间信息与数字技术：1/A++；食品科学与工程：8/A+；水族科学与技术：2/A+。

4）中国高水平专业（4★）

环境科学：31/B++；生物科学：36/B++；水生动物医学：1/A++。

5）中国区域一流专业（3★）

建筑环境与能源应用工程：63/B+；能源与动力工程：98/B+；农林经济管理：38/B+；食品质量与安全：45/B+；物流管理：88/B+；信息管理与信息系统：119/B+。

6）中国区域高水平专业（2★）

包装工程：30/C；测控技术与仪器：143/D；朝鲜语：31/B；电气工程及其自动化：199/D；工业工程：77/C；国际经济与贸易：221/C；环境工程：212/D；会计学：270/D；机器人工程：18/B++；机械设计制造及其自动化：222/D；计算机科学与技术：356/D；金融学：191/D；日语：118/B；生态学：50/C；生物技术：176/D；市场营销：

176/C；数据科学与大数据技术：54/B++；文化产业管理：44/C；物流工程：35/C；信息与计算科学：164/C；行政管理：148/C；英语：318/D；园林：49/C。

7）中国区域知名专业（1★）

工商管理：311/D；海洋资源与环境：13/D；软件工程：271/D；社会工作：145/D；生物制药：45/D。

18. 上海海事大学

（1）上海海事大学综合实力排名

综合排名：2024 校友会中国大学排名第 218 名，全国理工类高校第 99 名，上海市高校第 18 名。

星级排名：中国四星级大学（4★），世界知名、中国高水平大学。主管部门：上海市。

（2）上海海事大学各本科专业排名（全国排名/档次）

1）世界高水平、中国顶尖专业（6★）

航海技术：2/A+；交通管理：1/A++。

2）中国一流专业（5★）

船舶与海洋工程：6/A；交通运输：11/A；轮机工程：3/A+；物流管理：3/A+。

3）中国高水平专业（4★）

法学：49/B++；工业工程：14/A；管理科学：9/B++；会计学：112/B++；机械设计制造及其自动化：54/B++；交通工程：13/B++；经济学：27/A；物流工程：4/A。

4）中国区域一流专业（3★）

安全工程：53/B+；船舶电子电气工程：2/A+；电气工程及其自动化：151/B+；电子商务：101/B+；港口航道与海岸工程：18/B+；工商管理：207/B+；国际经济与贸易：176/B+；环境工程：167/B+；机械电子工程：48/B+；计算机科学与技术：285/B+；能源与动力工程：80/B+；数学与应用数学：190/B+；通信工程：141/B+；艺术设计学：57/B+；英语：253/B+。

5）中国区域高水平专业（2★）

财务管理：135/C；测控技术与仪器：126/D；电气工程与智能控制：4/A；电子信息工程：236/D；工业设计：131/C；供应链管理：4/A；金融学：191/D；旅游管理：168/D；人工智能：38/B++；日语：118/B；信息管理与信息系统：168/C；信息与计算科学：164/C；行政管理：148/C；自动化：221/D。

6）中国区域知名专业（1★）

材料科学与工程：137/D；翻译：98/C；绘画：89/D；商务英语：89/D；网络工程：141/D。

19. 上海工程技术大学

（1）上海工程技术大学综合实力排名

综合排名：2024 校友会中国大学排名第 259 名，全国理工类高校第 116 名，上海市高校第 19 名。

星级排名：中国三星级大学（3★），中国知名、区域一流大学。主管部门：上海市。

（2）上海工程技术大学各本科专业排名（全国排名/档次）

1）中国一流专业（5★）

交通运输：11/A。

2）中国高水平专业（4★）

产品设计：33/B++；车辆工程：44/B++；电子信息工程：89/B++；服装设计与工程：7/B++；高分子材料与工程：43/B++；工商管理：100/B++；化学工程与工艺：84/B++；环境工程：82/B++；机械工程：26/B++；计算机科学与技术：206/B++；旅游管理：67/B++；市场营销：59/B++；物流管理：15/A；信息管理与信息系统：73/B++；艺术设计学：17/B++；制药工程：45/B++。

3）中国区域一流专业（3★）

材料成型及控制工程：80/B+；材料科学与工程：98/B+；电气工程及其自动化：151/B+；电子封装技术：4/A；纺织工程：19/B+；飞行技术：7/B+；飞行器制造工程：11/B+；工程管理：93/B+；广播电视工程：5/A；轨道交通信号与控制：8/B+；交通管理：4/A；金属材料工程：46/B+；劳动与社会保障：37/B+；能源与动力工程：98/B+；汽车服务工程：12/B+；轻化工程：29/B+；视觉传达设计：116/B+；铁道工程：6/B+；艺术与科技：17/B+；自动化：180/B+。

4）中国区域高水平专业（2★）

财务管理：135/C；工业工程：93/C；公共事业管理：124/B；管理科学：30/C；国际经济与贸易：266/D；焊接技术与工程：19/C；环境设计：172/C；机械设计制造及其自动化：222/D；人力资源管理：148/C；药物化学：6/D。

5）中国区域知名专业（1★）

表演：68/D；翻译：98/C；工业设计：181/D；光电信息科学与工程：167/D；广告学：113/C；航空服务艺术与管理：11/B；机器人工程：71/C；机械电子工程：97/D；交通工程：78/D；金融学：204/D；人工智能：123/C；摄影：34/D；数据计算及应用：6/B；数据科学与大数据技术：144/B；数字媒体艺术：112/D；涂料工程：1/A++；养老服务管理：1/A++；智能制造工程：56/B。

20. 上海立信会计金融学院

（1）上海立信会计金融学院综合实力排名

综合排名：2024 校友会中国大学排名第 286 名，全国财经类高校第 31 名，上海市高校第 20 名。

星级排名：中国三星级大学（3★），中国知名、区域一流大学。主管部门：上海市。

（2）上海立信会计金融学院各本科专业排名（全国排名/档次）

1）世界知名、中国顶尖应用型专业（7★）

会计学：1/A++。

2）中国顶尖应用型专业（6★）

保险学：1/A++；财务管理：1/A++；财政学：1/A++；国际经济与贸易：2/A++；金融工程：1/A++；金融学：2/A++；经济学：1/A++；日语：1/A++；审计学：1/A++；税收学：1/A++；物流管理：12/A+；应用统计学：1/A++。

3）中国一流应用型专业（5★）

电子商务：37/A；工商管理：39/A；国际商务：7/A；金融数学：1/A++；经济统计学：6/A；劳动与社会保障：1/A++；商务英语：12/A+；市场营销：38/A；资产评估：1/A++。

4）中国高水平应用型专业（4★）

法学：55/B++；房地产开发与管理：7/B++；汉语言文学：118/B++；精算学：1/A++；社会工作：21/B++；数据科学与大数据技术：23/A；数学与应用数学：78/B++。

5）中国区域一流应用型专业（3★）

计算机科学与技术：253/B+；金融科技：7/B++；投资学：24/B+。

21. 上海应用技术大学

（1）上海应用技术大学综合实力排名

综合排名：2024 校友会中国大学排名第 291 名，全国理工类高校第 132 名，上海市高校第 21 名。

星级排名：中国二星级大学（2★），中国区域高水平大学。主管部门：上海市。

（2）上海应用技术大学各本科专业排名（全国排名/档次）

1）中国高水平专业（4★）

材料科学与工程：45/B++；材料物理：18/B++；化学工程与工艺：84/B++；软件工程：103/B++；食品科学与工程：72/B++；视觉传达设计：42/B++；土木工程：96/B++；香料香精技术与工程：1/A++；信息管理与信息系统：73/B++；制药工程：45/B++。

2）中国区域一流专业（3★）

安全工程：53/B+；电气工程及其自动化：133/B+；风景园林：44/B+；复合材料与工程：10/B+；工程管理：93/B+；国际经济与贸易：176/B+；过程装备与控制工程：48/B+；化妆品技术与工程：2/A+；会计学：208/B+；会展经济与管理：10/B++；机械设计制造及其自动化：170/B+；计算机科学与技术：327/B+；劳动与社会保障：37/B+；信息与计算科学：122/B+；应用化学：112/B+；园艺：49/B+；自动化：180/B+。

3）中国区域高水平专业（2★）

德语：56/D；建筑环境与能源应用工程：84/C；建筑学：130/D；能源与动力工程：137/D；生物工程：159/D；市场营销：241/D；数学与应用数学：245/D；铁道工程：7/D；网络工程：119/D；冶金工程：29/D；艺术设计学：104/D；英语：358/D；园林：59/C。

4）中国区域知名专业（1★）

大数据管理与应用：48/C；电子信息工程：271/D；给排水科学与工程：79/D；光电信息科学与工程：141/D；环境工程：238/D；绘画：101/D；机器人工程：71/C；交通工程：78/D；人工智能：123/C；社会工作：170/D；生态学：65/D；通信工程：239/D；文化产业管理：50/C；智能制造工程：56/B。

22. 上海对外经贸大学

（1）上海对外经贸大学综合实力排名

综合排名：2024 校友会中国大学排名第 347 名，全国财经类高校第 36 名，上海市高校第 22 名。

星级排名：中国二星级大学（2★），中国区域高水平大学。主管部门：上海市。

（2）上海对外经贸大学各本科专业排名（全国排名/档次）

1）中国一流专业（5★）

会展经济与管理：3/A+。

2）中国高水平专业（4★）

财务管理：46/B++；电子商务：45/B++；法学：111/B++；工商管理：100/B++；国际经济与贸易：43/B++；会计学：43/B++；金融工程：26/B++；金融学：93/B++；商务英语：4/A+；审计学：11/B++；市场营销：29/A；物流管理：46/B++；信息管理与信息系统：73/B++；应用统计学：7/A；英语：136/B++。

3）中国区域一流专业（3★）

国际政治：29/B+；汉语国际教育：58/B+；经济统计学：44/B+；经济学：152/B+；旅游管理：114/B+；人力资源管理：97/B+；日语：96/B+；统计学：96/B+；资产评估：8/B+。

4）中国区域高水平专业（2★）

法语：64/C；国际商务：33/C；行政管理：170/D。

5）中国区域知名专业（1★）

保险学：45/C；国际经贸规则：1/A++；数据科学与大数据技术：152/C；投资学：52/D；文化产业管理：50/C。

23. 上海电机学院

（1）上海电机学院综合实力排名

综合排名：2024 校友会中国大学排名第 364 名，全国理工类高校第 173 名，上海市高校第 23 名。

星级排名：中国二星级大学（2★），中国区域高水平大学。主管部门：上海市。

（2）上海电机学院各本科专业排名（全国排名/档次）

1）中国顶尖应用型专业（6★）

材料成型及控制工程：1/A++；财务管理：18/A+；电气工程及其自动化：6/A+；国际经济与贸易：45/A+；机械设计制造及其自动化：2/A++；计算机科学与技术：63/A+；汽车服务工程：1/A++。

2）中国一流应用型专业（5★）

测控技术与仪器：7/A；车辆工程：19/A；德语：5/A；电气工程与智能控制：4/A；焊接技术与工程：5/A；机械电子工程：23/A；软件工程：53/A；市场营销：38/A；通信工程：43/A；物联网工程：19/A；英语：62/A；自动化：35/A。

3）中国高水平应用型专业（4★）

材料科学与工程：23/B++；产品设计：43/B++；电机电器智能化：1/A++；电子封装技术：2/A+；工业工程：7/B++；工业设计：17/B++；能源经济：1/A++；物流工程：

14/B++；物流管理：56/B++。

4）中国区域一流应用型专业（3★）

经济统计学：20/B+；经济与金融：20/B+；数据科学与大数据技术：60/B++；网络工程：82/B+；新能源科学与工程：23/B+；质量管理工程：4/A；智能制造工程：12/B++。

5）中国区域高水平应用型专业（2★）

光电信息科学与工程：58/D；数字媒体艺术：119/C；新能源汽车工程：8/B。

23. 上海电力大学

（1）上海电力大学综合实力排名

综合排名：2024 校友会中国大学排名第 364 名，全国理工类高校第 173 名，上海市高校第 23 名。

星级排名：中国二星级大学（2★），中国区域高水平大学。主管部门：上海市。

（2）上海电力大学各本科专业排名（全国排名/档次）

1）中国一流专业（5★）

电气工程及其自动化：15/A。

2）中国高水平专业（4★）

电子科学与技术：39/B++；计算机科学与技术：206/B++；能源与动力工程：54/B++；自动化：112/B++。

3）中国区域一流专业（3★）

测控技术与仪器：77/B+；电子信息工程：141/B+；工程管理：93/B+；核电技术与控制工程：1/A++；化学工程与工艺：142/B+；环境工程：167/B+；通信工程：141/B+；信息安全：56/B+；应用物理学：83/B+。

4）中国区域高水平专业（2★）

工商管理：282/D；公共事业管理：124/B；国际经济与贸易：266/D；机械设计制造及其自动化：214/D；经济学：205/D；日语：162/C；软件工程：215/D；物流管理：139/D；信息管理与信息系统：207/C；信息与计算科学：231/D；英语：358/D。

5）中国区域知名专业（1★）

材料化学：94/D；材料科学与工程：137/D；光电信息科学与工程：141/D；核工程与核技术：27/D；机械电子工程：97/D；集成电路设计与集成系统：28/D；能源服务工程：1/A++；能源互联网工程：2/A+；数据科学与大数据技术：152/C；网络工程：155/D；新能源科学与工程：78/D；应用化学：213/D；智能科学与技术：58/C。

25. 上海第二工业大学

（1）上海第二工业大学综合实力排名

综合排名：2024 校友会中国大学排名第 407 名，全国理工类高校第 188 名，上海市高校第 25 名。

星级排名：中国二星级大学（2★），中国区域高水平大学。主管部门：上海市。

（2）上海第二工业大学各本科专业排名（全国排名/档次）

1）中国顶尖应用型专业（6★）

材料科学与工程：6/A+；产品设计：1/A++；工业工程：1/A++；国际商务：1/A++；环境工程：10/A+；机械电子工程：14/A+；机械工程：1/A++；计算机科学与技术：63/A+；软件工程：36/A+；网络工程：1/A++；物流管理：12/A+；自动化：25/A+。

2）中国一流应用型专业（5★）

材料化学：7/A；测控技术与仪器：7/A；电子信息工程：66/A；工业设计：6/A+；环境设计：34/A；视觉传达设计：33/A；数字媒体技术：9/A+；数字媒体艺术：8/A+；通信工程：43/A；信息管理与信息系统：17/A；信用管理：1/A++；英语：62/A；智能科学与技术：4/A+。

3）中国高水平应用型专业（4★）

材料成型及控制工程：36/B++；电子商务：66/B++；复合材料成型工程：1/A++；汉语国际教育：36/B++；环保设备工程：1/A++；会展经济与管理：11/B++；酒店管理：27/B++；数据科学与大数据技术：23/A；统计学：9/A；应用统计学：6/A。

4）中国区域一流应用型专业（3★）

车辆工程：56/B+；公共关系学：4/A；经济统计学：20/B+；日语：69/B+；税收学：23/B+；投资学：24/B+；应用化学：65/B+；智能制造工程：12/B++。

25. 上海商学院

（1）上海商学院综合实力排名

综合排名：2024 校友会中国大学排名第 407 名，全国财经类高校第 43 名，上海市高校第 25 名。

星级排名：中国二星级大学（2★），中国区域高水平大学。主管部门：上海市。

（2）上海商学院各本科专业排名（全国排名/档次）

1）中国顶尖应用型专业（6★）

电子商务：1/A++；工商管理：1/A++；国际经济与贸易：2/A++；酒店管理：1/A++；税收学：1/A++；物流管理：12/A+。

2）中国一流应用型专业（5★）

计算机科学与技术：101/A；金融学：26/A；经济统计学：6/A；商务经济学：1/A++；市场营销：38/A。

3）中国高水平应用型专业（4★）

财务管理：80/B++；服装与服饰设计：32/B++；会计学：105/B++；零售业管理：1/A++；旅游管理：76/B++；食品质量与安全：8/A。

4）中国区域一流应用型专业（3★）

电子信息工程：186/B+；商务英语：71/B+；社会工作：31/B+；物联网工程：139/B+。

5）中国区域高水平应用型专业（2★）

朝鲜语：32/C；法学：138/C；广告学：74/B；环境设计：203/B；日语：119/C；视觉传达设计：235/C；园林：55/C。

25. 上海政法学院

（1）上海政法学院综合实力排名

综合排名：2024 校友会中国大学排名第 407 名，全国政法类高校第14名，上海市高校第25名。

星级排名：中国二星级大学（2★），中国区域高水平大学。主管部门：上海市。

（2）上海政法学院各本科专业排名（全国排名/档次）

1）中国顶尖应用型专业（6★）

法学：1/A++；监狱学：1/A++；经济与金融：1/A++；社会工作：1/A++；知识产权：1/A++。

2）中国一流应用型专业（5★）

电子商务及法律：1/A++；国际经济与贸易：62/A；新闻学：17/A。

3）中国高水平应用型专业（4★）

广播电视编导：31/B++；国际政治：1/A++；社会学：3/A+；社区矫正：1/A++；审计学：20/B++；思想政治教育：57/B++；政治学与行政学：4/A。

4）中国区域一流应用型专业（3★）

工商管理：106/B+；广播电视学：40/B+；经济学：52/B+；劳动与社会保障：7/B++；英语：198/B+。

5）中国区域高水平应用型专业（2★）

财务管理：251/C；俄语：32/C；翻译：84/C；汉语国际教育：110/C；汉语言文学：253/C；税收学：34/C；应用心理学：75/C。

28. 上海健康医学院

（1）上海健康医学院综合实力排名

综合排名：2024校友会中国大学排名第453名，全国医药类高校第74名，上海市高校第28名。

星级排名：中国一星级大学（1★），中国区域知名大学。主管部门：上海市。

（2）上海健康医学院各本科专业排名（全国排名/档次）

1）中国顶尖应用型专业（6★）

护理学：1/A++；健康服务与管理：1/A++；康复治疗学：1/A++；医学影像技术：1/A++。

2）中国一流应用型专业（5★）

临床工程技术：1/A++；生物医学工程：5/A。

3）中国高水平应用型专业（4★）

口腔医学技术：3/A+；卫生检验与检疫：3/A+；医学检验技术：22/B++。

4）中国区域一流应用型专业（3★）

康复物理治疗：1/A++；临床医学：50/B+；数据科学与大数据技术：60/B++；药学：38/B+；医疗产品管理：1/A++。

5）中国区域高水平应用型专业（2★）

公共事业管理：74/C；食品卫生与营养学：10/D；智能影像工程：2/A+。

29. 上海海关学院

（1）上海海关学院综合实力排名

综合排名：2024校友会中国大学排名第472名，全国财经类高校第47名，上海市高校第29名。

星级排名：中国一星级大学（1★），中国区域知名大学。主管部门：海关总署。

（2）上海海关学院各本科专业排名（全国排名/档次）

1）世界知名、中国顶尖应用型专业（7★）

海关管理：1/A++。

2）中国顶尖应用型专业（6★）

法学：13/A+；海关检验检疫安全：1/A++；税收学：1/A++。

3）中国一流应用型专业（5★）

国际商务：7/A；会计学：63/A；经济统计学：6/A；审计学：7/A+；行政管理：5/A+；英语：62/A。

4）中国高水平应用型专业（4★）

物流管理：56/B++。

30. 上海公安学院

（1）上海公安学院综合实力排名

综合排名：2024校友会中国大学排名第501名，全国政法类高校第29名，上海市高校第30名。

星级排名：中国二星级大学（2★），中国区域高水平大学。主管部门：上海市。

（2）上海公安学院各本科专业排名（全国排名/档次）

1）中国顶尖应用型专业（6★）

刑事科学技术：1/A++。

2）中国一流应用型专业（5★）

网络安全与执法：7/A；侦查学：10/A；治安学：11/A。

3）中国高水平应用型专业（4★）

警务指挥与战术：7/B++。

三、上海市民办大学专业排名详情

1. 上海建桥学院

（1）上海建桥学院综合实力排名

综合排名：2024校友会中国民办大学排名第3名，全国理工类民办高校第3名，上海市民办高校第1名。

星级排名：中国六星级应用型大学（6★），中国顶尖应用型大学。

（2）上海建桥学院各本科专业排名（全国排名/档次）

1）中国顶尖应用型专业（6★）

宝石及材料工艺学：1/A++；产品设计：8/A+；电子科学与技术：1/A++；电子商务：6/A+；工程管理：3/A++；工商管理：5/A+；广告学：1/A++；国际经济与贸易：2/A++；国际商务：1/A++；机械设计制造及其自动化：14/A+；计算机科学与技术：2/A++；旅游管理：1/A++；汽车服务工程：1/A++；日语：1/A++；软件工程：1/A++；视觉传达设计：1/A++；网络工程：1/A++；微电子科学与工程：1/A++；物联网工程：1/A++；新闻学：1/A++；英语：3/A++。

2）中国一流应用型专业（5★）

传播学：3/A+；德语：5/A；护理学：32/A；环境设计：34/A；会计学：63/A；金融工程：13/A；商务英语：

12/A+；数字媒体技术：9/A+；数字媒体艺术：8/A+；网络与新媒体：12/A+；物流管理：27/A；学前教育：46/A。

3）中国高水平应用型专业（4★）

健康服务与管理：7/A；秘书学：5/A+；时尚传播：1/A++；养老服务管理：2/A+；艺术与科技：8/B++。

2. 上海视觉艺术学院

（1）上海视觉艺术学院综合实力排名

综合排名：2024 校友会中国民办大学排名第 18 名，全国艺术类民办高校第 3 名，上海市民办高校第 2 名。

星级排名：中国五星级应用型大学（5★），中国一流应用型大学。

（2）上海视觉艺术学院各本科专业排名（全国排名/档次）

1）中国顶尖应用型专业（6★）

工艺美术：1/A++；环境设计：1/A++；视觉传达设计：1/A++。

2）中国一流应用型专业（5★）

表演：11/A；工业设计：6/A+；数字媒体艺术：8/A+；文物保护与修复：1/A++；艺术与科技：3/A+。

3）中国高水平应用型专业（4★）

播音与主持艺术：31/B++；产品设计：43/B++；雕塑：2/A+；服装与服饰设计：32/B++；广播电视编导：31/B++；绘画：12/B++；摄影：5/A；文化产业管理：11/B++。

4）中国区域一流应用型专业（3★）

动画：82/B+；流行舞蹈：2/A+；流行音乐：1/A++。

5）中国区域高水平应用型专业（2★）

公共艺术：19/C。

3. 上海杉达学院

（1）上海杉达学院综合实力排名

综合排名：2024 校友会中国民办大学排名第 63 名，全国综合类民办高校第 64 名，上海市民办高校第 3 名。

星级排名：中国四星级应用型大学（4★），中国高水平应用型大学。

（2）上海杉达学院各本科专业排名（全国排名/档次）

1）中国顶尖应用型专业（6★）

金融学：2/A++；酒店管理：8/A+。

2）中国一流应用型专业（5★）

国际经济与贸易：62/A；护理学：32/A；计算机科学与技术：101/A。

3）中国高水平应用型专业（4★）

电子商务：66/B++；服装与服饰设计：32/B++；会计学：105/B++；康复治疗学：17/B++；劳动与社会保障：4/A；旅游管理：76/B++；视觉传达设计：72/B++；卫生教育：1/A++；新闻学：30/B++；信息管理与信息系统：35/B++；信息与计算科学：26/B++；英语：129/B++。

4）中国区域一流应用型专业（3★）

产品设计：80/B+；俄语：26/B+；服装设计与工程：31/B+；工程管理：96/B+；环境设计：113/B+；建筑电气与智能化：20/B+；教育学：23/B+；日语：69/B+；时尚传播：2/A+；市场营销：144/B+；西班牙语：14/B+；艺术设计学：51/B+。

5）中国区域高水平应用型专业（2★）

财务管理：251/C；翻译：84/C；汉语国际教育：110/C；软件工程：221/C；食品质量与安全：57/B；网络与新媒体：100/B。

6）中国区域知名应用型专业（1★）

朝鲜语：46/D；机械电子工程：187/D；人力资源管理：202/D；数据科学与大数据技术：272/D；小学教育：142/C；学前教育：215/C。

4. 上海立达学院

（1）上海立达学院综合实力排名

综合排名：2024 校友会中国民办大学排名第 64 名，全国综合类民办高校第 65 名，上海市民办高校第 4 名。

星级排名：中国三星级应用型大学（3★），中国知名、区域一流应用型大学。

（2）上海立达学院各本科专业排名（全国排名/档次）

1）中国区域一流应用型专业（3★）

产品设计：80/B+。

2）中国区域高水平应用型专业（2★）

播音与主持艺术：98/C；国际商务：57/C；会计学：223/C。

3）中国区域知名应用型专业（1★）

表演：70/D；财务管理：326/C；广播电视编导：135/D；环境设计：311/D；摄影：47/D；视觉传达设计：299/D；数据科学与大数据技术：272/D。

5. 上海外国语大学贤达经济人文学院

（1）上海外国语大学贤达经济人文学院综合实力排名

综合排名：2024 校友会中国民办大学排名第 66 名，全国财经类民办高校第 34 名，上海市民办高校第 5 名。

星级排名：中国三星级应用型大学（3★），中国知名、区域一流应用型大学。

（2）上海外国语大学贤达经济人文学院各本科专业排名（全国排名/档次）

1）中国一流应用型专业（5★）

日语：13/A；学前教育：46/A。

2）中国高水平应用型专业（4★）

朝鲜语：11/B++；法语：10/B++；西班牙语：8/B++；英语：129/B++。

3）中国区域一流应用型专业（3★）

阿拉伯语：6/B+；德语：15/B+；酒店管理：47/B+；旅游管理：129/B+；数字媒体艺术：63/B+；文化产业管理：22/B+。

4）中国区域高水平应用型专业（2★）

法学：138/C；工商管理：170/C；广告学：74/B；国际经济与贸易：260/C；会计学：223/C；会展经济与管理：35/B；金融学：107/C；新闻学：81/C；音乐学：150/C。

5）中国区域知名应用型专业（1★）

环境设计：311/D；信息管理与信息系统：161/D。

6. 上海兴伟学院

（1）上海兴伟学院综合实力排名

综合排名：2024 校友会中国民办大学排名第 74 名，全国理工类民办高校第 75 名，上海市民办高校第 6 名。

星级排名：中国三星级应用型大学（3★），中国知名、区域一流应用型大学。

（2）上海兴伟学院各本科专业排名（全国排名/档次）

1）中国区域一流应用型专业（3★）

英语：198/B+。

2）中国区域高水平应用型专业（2★）

国际商务：57/C。

7. 上海师范大学天华学院

（1）上海师范大学天华学院综合实力排名

综合排名：2024 校友会中国民办大学排名第 76 名，全国综合类民办高校第 77 名，上海市民办高校第 7 名。

星级排名：中国三星级应用型大学（3★），中国知名、区域一流应用型大学。

（2）上海师范大学天华学院各本科专业排名（全国排名/档次）

1）中国一流应用型专业（5★）

学前教育：46/A。

2）中国高水平应用型专业（4★）

财务管理：80/B++；国际商务：20/B++；汉语言文学：118/B++；康复治疗学：17/B++；旅游管理：76/B++；汽车服务工程：38/B++；数字媒体艺术：30/B++；通信工程：74/B++；物流管理：56/B++；小学教育：75/B++；应用心理学：20/B++。

3）中国区域一流应用型专业（3★）

互联网金融：14/B+；机械电子工程：74/B+；计算机科学与技术：253/B+；日语：69/B+；视觉传达设计：140/B+；网络工程：82/B+；艺术教育：1/A++；艺术设计学：51/B+；英语：198/B+。

4）中国区域高水平应用型专业（2★）

大数据管理与应用：26/B；电子信息工程：242/C；汉语国际教育：110/C；机械设计制造及其自动化：246/D。

5）中国区域知名应用型专业（1★）

德语：38/D；健康服务与管理：49/C；金融数学：30/D；人工智能：86/C；影视摄影与制作：35/D。

四、上海市合作办学大学专业排名详情

上海纽约大学

（1）上海纽约大学综合实力排名

综合排名：2024 校友会中国合作办学大学排名第 8 名，全国综合类合作办学大学第 6 名，上海市合作办学大学第 1 名。

星级排名：中国五星级大学（5★），中国一流合作办学大学。

（2）上海纽约大学各本科专业排名（全国排名/档次）

1）世界高水平、中国顶尖专业（6★）

化学：14/A+。

2）中国一流专业（5★）

电子信息工程：22/A；数学与应用数学：41/A；物理学：23/A。

3）中国高水平专业（4★）

计算机科学与技术：206/B++；金融学：93/B++；经济学：83/B++；生物科学：83/B++；数据科学与大数据技术：10/A+。

4）中国区域一流专业（3★）

神经科学：1/A++；世界史：12/B+。

第七节　浙江省

一、浙江省大学综合实力排名

1. 浙江省大学排名

表 5-26　2024 校友会浙江省大学排名

全国排名	学校名称	所在城市	星级排名	办学层次	星级专业数/个								
					专业类型	8★	7★	6★	5★	4★	3★	2★	1★
4	浙江大学	杭州市	8★	世界一流大学	研究型	1	15	25	29	58	8	0	0
65	宁波大学	宁波市	5★	中国一流大学	研究型	0	1	5	12	24	12	3	0
75	浙江工业大学	杭州市	4★	中国高水平大学	研究型	0	1	2	8	35	8	13	7
80	浙江师范大学	金华市	4★	中国高水平大学	研究型	0	1	2	8	27	14	15	0
109	浙江理工大学	杭州市	4★	中国高水平大学	研究型	0	0	1	7	23	11	20	8

续表

全国排名	学校名称	所在城市	星级排名	办学层次	星级专业数/个								
					专业类型	8★	7★	6★	5★	4★	3★	2★	1★
116	浙江工商大学	杭州市	4★	中国高水平大学	研究型	0	0	1	7	25	16	14	6
134	杭州电子科技大学	杭州市	4★	中国高水平大学	研究型	0	0	1	4	17	28	6	0
139	杭州师范大学	杭州市	3★	区域一流大学	研究型	0	0	0	5	22	15	14	18
148	温州医科大学	温州市	4★	中国高水平大学	研究型	0	0	0	8	10	11	2	2
157	温州大学	温州市	3★	区域一流大学	研究型	0	0	0	5	18	9	11	12
168	浙江农林大学	杭州市	3★	区域一流大学	研究型	0	0	1	3	12	19	22	10
181	浙江财经大学	杭州市	4★	中国高水平大学	研究型	0	0	0	3	18	13	12	5
183	中国计量大学	杭州市	3★	区域一流大学	研究型	0	0	0	3	15	15	15	8
185	台州学院	台州市	3★	区域一流大学	研究型	0	0	0	1	2	17	22	11
185	中国美术学院	杭州市	5★	中国一流大学	研究型	0	1	2	8	16	3	0	0
207	湖州师范学院	湖州市	3★	区域一流大学	研究型	0	0	0	5	14	12	15	0
259	浙江中医药大学	杭州市	3★	区域一流大学	研究型	0	0	1	2	10	18	2	0
269	浙江传媒学院	杭州市	3★	区域一流大学	应用型	0	0	13	9	9	9	0	0
289	绍兴文理学院	绍兴市	3★	区域一流大学	研究型	0	0	0	0	5	13	17	28
291	浙江科技大学	杭州市	2★	区域高水平大学	研究型	0	0	0	1	7	21	16	13
300	浙江海洋大学	舟山市	2★	区域高水平大学	研究型	0	0	0	2	4	18	10	7
300	浙江万里学院	宁波市	2★	区域高水平大学	应用型	0	1	17	11	12	9	5	0
306	浙江外国语学院	杭州市	3★	区域一流大学	应用型	0	0	11	14	7	3	0	0
311	嘉兴大学	嘉兴市	2★	区域高水平大学	应用型	0	0	16	15	12	12	0	0
351	丽水学院	丽水市	1★	区域知名大学	应用型	0	0	6	9	6	11	11	2
351	宁波工程学院	宁波市	2★	区域高水平大学	应用型	0	0	10	11	9	7	6	0
407	浙江水利水电学院	杭州市	1★	区域知名大学	应用型	0	0	1	5	6	10	6	2
436	衢州学院	衢州市	1★	区域知名大学	应用型	0	0	1	5	5	6	6	5
472	浙江音乐学院	杭州市	2★	区域高水平大学	应用型	0	0	5	3	0	0	0	0
493	杭州医学院	杭州市	1★	区域知名大学	应用型	0	0	3	2	3	4	3	3
499	浙江警察学院	杭州市	2★	区域高水平大学	应用型	0	0	4	4	1	0	0	0
503	浙大宁波理工学院	宁波市	1★	区域知名大学	应用型	0	0	3	7	9	6	11	4
509	浙大城市学院	杭州市	1★	区域知名大学	应用型	0	0	6	8	7	10	6	2
510	温州理工学院	温州市	1★	区域知名大学	应用型	0	0	0	0	4	1	4	17
518	湖州学院	湖州市	1★	区域知名大学	应用型	0	0	1	0	3	7	5	11
518	嘉兴南湖学院	嘉兴市	1★	区域知名大学	应用型	0	0	2	3	8	9	7	6

2. 浙江省民办大学排名

表 5-27　2024 校友会浙江省民办大学排名（含独立学院）

全国排名	学校名称	所在城市	星级排名	办学层次	星级专业数/个								
					专业类型	8★	7★	6★	5★	4★	3★	2★	1★
13	宁波大学科学技术学院	宁波市	6★	中国顶尖应用型大学	应用型	0	0	15	12	10	0	0	0
31	浙江越秀外国语学院	绍兴市	5★	中国一流应用型大学	应用型	0	0	4	7	5	11	13	3
46	浙江师范大学行知学院	金华市	4★	中国高水平应用型大学	应用型	0	0	0	2	5	7	12	1
54	浙江财经大学东方学院	嘉兴市	4★	中国高水平应用型大学	应用型	0	0	0	0	8	10	11	5
56	浙江树人学院	杭州市	4★	中国高水平应用型大学	应用型	0	0	3	6	9	13	17	2

续表

全国排名	学校名称	所在城市	星级排名	办学层次	星级专业数/个								
					专业类型	8★	7★	6★	5★	4★	3★	2★	1★
57	浙江工商大学杭州商学院	杭州市	4★	中国高水平应用型大学	应用型	0	0	0	0	8	11	8	4
70	上海财经大学浙江学院	金华市	3★	区域一流应用型大学	应用型	0	0	1	2	5	2	3	6
73	温州商学院	温州市	2★	区域高水平应用型大学	应用型	0	0	0	0	7	7	3	7
81	杭州师范大学钱江学院	杭州市	3★	区域一流应用型大学	应用型	0	0	0	0	8	14	5	1
85	宁波财经学院	宁波市	3★	区域一流应用型大学	应用型	0	0	4	2	13	10	6	7
85	绍兴文理学院元培学院	绍兴市	2★	区域高水平应用型大学	应用型	0	0	0	0	6	1	6	19
87	杭州电子科技大学信息工程学院	杭州市	3★	区域一流应用型大学	应用型	0	0	0	1	7	5	9	1
88	同济大学浙江学院	嘉兴市	2★	区域高水平应用型大学	应用型	0	0	1	4	10	10	8	3
103	浙江工业大学之江学院	杭州市	2★	区域高水平应用型大学	应用型	0	0	0	1	6	9	19	4
113	浙江农林大学暨阳学院	绍兴市	1★	区域知名应用型大学	应用型	0	0	0	0	7	5	3	15
117	温州医科大学仁济学院	温州市	1★	区域知名应用型大学	应用型	0	0	0	1	3	8	4	7
118	浙江理工大学科技与艺术学院	杭州市	1★	区域知名应用型大学	应用型	0	0	0	3	4	4	3	16
121	中国计量大学现代科技学院	杭州市	1★	区域知名应用型大学	应用型	0	0	0	0	7	4	3	10
124	浙江中医药大学滨江学院	杭州市	1★	区域知名应用型大学	应用型	0	0	0	2	6	4	3	5

3. 浙江省合作办学大学排名

表 5-28　2024 校友会浙江省合作办学大学排名

全国排名	学校名称	所在城市	星级排名	办学层次	星级专业数/个								
					专业类型	8★	7★	6★	5★	4★	3★	2★	1★
2	宁波诺丁汉大学	宁波市	6★	中国顶尖合作办学大学	研究型	0	0	3	8	10	3	0	0
9	温州肯恩大学	温州市	4★	中国高水平合作办学大学	研究型	0	0	0	2	5	4	7	0

4. 浙江省高职院校排名

表 5-29　2024 校友会浙江省高职院校排名

全国排名	学校名称	所在城市	办学类型	星级排名	办学层次
1	浙江金融职业学院	杭州市	职业技能型	6★	中国顶尖高职院校
5	宁波职业技术学院	宁波市	职业技能型	6★	中国顶尖高职院校
11	金华职业技术学院	金华市	职业技能型	6★	中国顶尖高职院校
14	浙江机电职业技术学院	杭州市	职业技能型	6★	中国顶尖高职院校
21	杭州职业技术学院	杭州市	职业技能型	5★	中国一流高职院校
24	浙江旅游职业学院	杭州市	职业技能型	5★	中国一流高职院校
29	浙江经贸职业技术学院	杭州市	职业技能型	5★	中国一流高职院校
46	温州职业技术学院	温州市	职业技能型	4★	中国高水平高职院校
55	浙江艺术职业学院	杭州市	职业技能型	4★	中国高水平高职院校
62	浙江工业职业技术学院	绍兴市	职业技能型	4★	中国高水平高职院校
67	嘉兴职业技术学院	嘉兴市	职业技能型	4★	中国高水平高职院校
67	浙江商业职业技术学院	杭州市	职业技能型	3★	区域一流高职院校
74	绍兴职业技术学院	绍兴市	职业技能型	3★	区域一流高职院校
76	浙江经济职业技术学院	杭州市	职业技能型	4★	中国高水平高职院校
79	浙江汽车职业技术学院	台州市	职业技能型	3★	区域一流高职院校
103	浙江警官职业学院	杭州市	职业技能型	3★	区域一流高职院校

续表

全国排名	学校名称	所在城市	办学类型	星级排名	办学层次
125	浙江建设职业技术学院	杭州市	职业技能型	3★	区域一流高职院校
127	浙江工贸职业技术学院	温州市	职业技能型	3★	区域一流高职院校
130	浙江长征职业技术学院	杭州市	职业技能型	3★	区域一流高职院校
140	义乌工商职业技术学院	金华市	职业技能型	3★	区域一流高职院校
142	浙江交通职业技术学院	杭州市	职业技能型	3★	区域一流高职院校
143	台州职业技术学院	台州市	职业技能型	3★	区域一流高职院校
164	丽水职业技术学院	丽水市	职业技能型	2★	区域高水平高职院校
165	浙江东方职业技术学院	温州市	职业技能型	2★	区域高水平高职院校
166	湖州职业技术学院	湖州市	职业技能型	2★	区域高水平高职院校
181	浙江工商职业技术学院	宁波市	职业技能型	2★	区域高水平高职院校
184	宁波城市职业技术学院	宁波市	职业技能型	2★	区域高水平高职院校
194	杭州科技职业技术学院	杭州市	职业技能型	2★	区域高水平高职院校
199	浙江纺织服装职业技术学院	宁波市	职业技能型	2★	区域高水平高职院校
199	浙江育英职业技术学院	杭州市	职业技能型	2★	区域高水平高职院校
220	温州科技职业学院	温州市	职业技能型	2★	区域高水平高职院校
221	杭州万向职业技术学院	杭州市	职业技能型	2★	区域高水平高职院校
241	台州科技职业学院	台州市	职业技能型	2★	区域高水平高职院校
296	宁波卫生职业技术学院	宁波市	职业技能型	1★	区域知名高职院校
357	衢州职业技术学院	衢州市	职业技能型	1★	区域知名高职院校
361	浙江同济科技职业学院	杭州市	职业技能型	1★	区域知名高职院校

5. 浙江省职业技术大学排名

表 5-30　2024 校友会浙江省职业技术大学排名

全国排名	学校名称	所在城市	办学类型	星级排名	办学层次
20	浙江药科职业大学	宁波市	职业技能型	4★	中国高水平职业技术大学
21	浙江广厦建设职业技术大学	金华市	职业技能型	4★	中国高水平职业技术大学

二、浙江省大学专业排名详情

1. 浙江大学

（1）浙江大学综合实力排名

综合排名：2024 校友会中国大学排名第 4 名，全国综合类高校第 4 名，浙江省高校第 1 名。

星级排名：中国八星级大学（8★），世界一流大学、中国顶尖大学。“985 工程”大学，“211 工程”大学。主管部门：教育部。

（2）浙江大学各本科专业排名（全国排名/档次）

1）世界一流专业（8★）

农业资源与环境：1/A++。

2）世界知名高水平、中国顶尖专业（7★）

材料科学与工程：7/A++；电气工程及其自动化：3/A++；动物科学：2/A++；光电信息科学与工程：2/A++；机械工程：3/A++；计算机科学与技术：3/A++；临床医学：3/A++；能源与环境系统工程：1/A++；农林经济管理：2/A++；农业工程：1/A++；软件工程：1/A++；土木工程：4/A++；药学：3/A++；植物保护：1/A++；自动化：2/A++。

3）世界高水平、中国顶尖专业（6★）

电子科学与技术：6/A+；电子信息工程：6/A+；法学：16/A+；工商管理：12/A+；工业设计：2/A++；国际经济与贸易：6/A+；过程装备与控制工程：2/A+；海洋工程与技术：1/A++；汉语言文学：26/A+；化学：14/A+；化学工程与工艺：7/A+；环境工程：4/A+；机械电子工程：1/A++；机械设计制造及其自动化：16/A+；建筑学：9/A+；农学：10/A+；生态学：3/A+；生物科学：7/A+；生物医学：1/A++；生物医学工程：7/A+；数学与应用数学：11/A+；数字媒体技术：1/A++；物理学：6/A+；信息与计算科学：6/A+；英语：18/A+。

4）中国一流专业（5★）

财政学：15/A；船舶与海洋工程：12/A；电子与计算机工程：1/A++；动物医学：10/A；高分子材料与工程：

15/A；工程力学：11/A；公共事业管理：11/A+；汉语言：8/A；环境科学：8/A+；会计学：33/A；基础医学：7/A；金融学：31/A；口腔医学：10/A；生物工程：12/A；生物技术：19/A；市场营销：19/A；水利水电工程：13/A；统计学：6/A+；土木、水利与交通工程：1/A++；物流管理：7/A+；心理学：7/A；新闻学：14/A；信息安全：7/A；信息工程：9/A；信息管理与信息系统：12/A+；行政管理：7/A+；应用心理学：7/A+；园林：6/A；制药工程：15/A。

5）中国高水平专业（4★）

编辑出版学：7/B++；财务管理：46/B++；测控技术与仪器：53/B++；茶学：6/B++；产品设计：33/B++；车辆工程：44/B++；城乡规划：19/B++；传播学：17/B++；大气科学：7/B++；德语：11/B++；地理信息科学：16/B++；地球信息科学与技术：2/A+；地质学：15/B++；俄语：11/A；法语：11/B++；翻译：23/B++；飞行器设计与工程：12/B++；港口航道与海岸工程：13/B++；工业工程：28/B++；古典文献学：3/A+；广播电视学：18/B++；广告学：22/B++；国际政治：22/B++；海洋科学：15/B++；汉语国际教育：18/A；环境科学与工程：5/A；环境设计：43/B++；教育学：34/B++；经济学：27/A；劳动与社会保障：16/B++；历史学：55/B++；旅游管理：67/B++；人工智能：7/A+；人力资源管理：34/B++；人文地理与城乡规划：13/B++；日语：16/A；社会学：19/B++；生物信息学：8/B++；食品科学与工程：28/B++；视觉传达设计：42/B++；书法学：5/A；体育教育：48/B++；体育经济与管理：5/A；土地资源管理：18/B++；微电子科学与工程：21/B++；文物与博物馆学：6/B++；西班牙语：10/B++；新能源科学与工程：15/B++；信息资源管理：3/A+；医学影像学：15/B++；艺术与科技：4/A；应用生物科学：3/A+；预防医学：23/B++；园艺：14/B++；运动训练：20/B++；哲学：26/B++；政治学与行政学：25/B++；资源环境科学：4/A。

6）中国区域一流专业（3★）

机器人工程：10/A；交通工程：41/B+；逻辑学：6/B+；美术学：69/B+；武术与民族传统体育：20/B+；药物制剂：22/B+；中国画：17/B+；资源循环科学与工程：11/B+。

2. 宁波大学

（1）宁波大学综合实力排名

综合排名：2024 校友会中国大学排名第 65 名，全国综合类高校第 31 名，浙江省高校第 2 名。

星级排名：中国五星级大学（5★），世界知名大学、中国一流大学。主管部门：浙江省。

（2）宁波大学各本科专业排名（全国排名/档次）

1）世界知名高水平、中国顶尖专业（7★）

水产养殖学：2/A++。

2）世界高水平、中国顶尖专业（6★）

工程力学：5/A+；机械设计制造及其自动化：16/A+；体育教育：3/A+；通信工程：4/A++；英语：6/A++。

3）中国一流专业（5★）

电子信息科学与技术：5/A+；法学：17/A+；化学：34/A；计算机科学与技术：27/A；旅游管理：14/A；生物技术：7/A+；食品科学与工程：8/A+；数学与应用数学：20/A；土木工程：19/A；物流管理：7/A+；小学教育：3/A+；音乐学：14/A。

4）中国高水平专业（4★）

材料科学与工程：45/B++；船舶与海洋工程：14/B++；地理科学：41/B++；电气工程及其自动化：88/B++；工商管理：36/B++；工业工程：28/B++；国际经济与贸易：43/B++；汉语言文学：64/B++；航海技术：5/A；会计学：112/B++；建筑学：52/B++；金融学：39/B++；经济学：83/B++；历史学：55/B++；临床医学：39/B++；日语：33/B++；思想政治教育：73/B++；微电子科学与工程：11/B++；物理学：33/B++；行政管理：66/B++；学前教育：25/B++；应用心理学：28/B++；预防医学：40/B++；运动训练：20/B++。

5）中国区域一流专业（3★）

车辆工程：58/B+；服装与服饰设计：44/B+；工业设计：68/B+；光电信息科学与工程：84/B+；环境工程：133/B+；金融工程：46/B+；轮机工程：11/B+；美术学：69/B+；人文地理与城乡规划：26/B+；视觉传达设计：116/B+；信息管理与信息系统：119/B+；智能制造工程：3/A+。

6）中国区域高水平专业（2★）

传播学：34/C；德语：48/C；化学工程与工艺：179/D。

3. 浙江工业大学

（1）浙江工业大学综合实力排名

综合排名：2024 校友会中国大学排名第 75 名，全国理工类高校第 31 名，浙江省高校第 3 名。

星级排名：中国四星级大学（4★），世界知名、中国高水平大学。主管部门：浙江省。

（2）浙江工业大学各本科专业排名（全国排名/档次）

1）世界知名高水平、中国顶尖专业（7★）

化学工程与工艺：3/A++。

2）世界高水平、中国顶尖专业（6★）

机械工程：6/A+；应用化学：3/A++。

3）中国一流专业（5★）

材料科学与工程：20/A；工业工程：3/A+；国际经济与贸易：18/A+；汉语言文学：28/A；环境工程：8/A+；生物工程：4/A+；制药工程：5/A+；自动化：21/A。

4）中国高水平专业（4★）

安全工程：31/B++；播音与主持艺术：4/A+；财务管理：46/B++；车辆工程：44/B++；城乡规划：26/B++；电气工程及其自动化：88/B++；高分子材料与工程：43/B++；给排水科学与工程：30/B++；工程管理：55/B++；工商管理：36/B++；工业设计：17/A；公共事业管理：30/B++；光电信

息科学与工程：54/B++；广播电视学：18/B++；广告学：22/B++；过程装备与控制工程：31/B++；环境设计：43/B++；计算机科学与技术：60/B++；建筑学：52/B++；金融学：93/B++；能源化学工程：3/A+；软件工程：44/B++；生物技术：64/B++；食品科学与工程：72/B++；视觉传达设计：42/B++；数字媒体技术：14/B++；通信工程：69/B++；土木工程：47/B++；网络工程：15/A；信息管理与信息系统：73/B++；信息与计算科学：51/B++；行政管理：66/B++；药学：61/B++；应用物理学：43/B++；英语：136/B++。

5）中国区域一流专业（3★）

海洋技术：10/B+；环境科学：61/B+；教育技术学：44/B+；日语：72/B+；市场营销：130/B+；数学与应用数学：190/B+；物流工程：29/B+；药物制剂：22/B+。

6）中国区域高水平专业（2★）

电子科学与技术：98/D；电子信息工程：214/D；动画：76/C；法学：271/D；港口航道与海岸工程：24/D；汉语国际教育：96/B；机器人工程：18/B++；旅游管理：168/D；生物制药：31/C；数据科学与大数据技术：54/B++；数字媒体艺术：79/C；物联网工程：104/B；智能科学与技术：29/B+。

7）中国区域知名专业（1★）

翻译：98/C；公共艺术：32/C；能源与环境系统工程：11/D；食品质量与安全：117/D；应用心理学：113/D；知识产权：38/C；中药学：65/D。

4. 浙江师范大学

（1）浙江师范大学综合实力排名

综合排名：2024 校友会中国大学排名第 80 名，全国师范类高校第 11 名，浙江省高校第 4 名。

星级排名：中国四星级大学（4★），世界知名、中国高水平大学。主管部门：浙江省。

（2）浙江师范大学各本科专业排名（全国排名/档次）

1）世界知名高水平、中国顶尖专业（7★）

学前教育：1/A++。

2）世界高水平、中国顶尖专业（6★）

汉语言文学：10/A+；教育技术学：1/A++。

3）中国一流专业（5★）

法学：35/A；科学教育：2/A+；数学与应用数学：20/A；思想政治教育：22/A；体育教育：9/A；小学教育：3/A+；应用心理学：4/A+；英语：19/A+。

4）中国高水平专业（4★）

财务会计教育：1/A++；地理科学：17/B++；电子商务：17/A；电子信息工程：89/B++；动画：27/B++；翻译：23/B++；工商管理：36/B++；光电信息科学与工程：25/B++；汉语国际教育：18/A；化学：39/B++；环境科学与工程：3/A+；机电技术教育：1/A++；机械设计制造及其自动化：131/B++；计算机科学与技术：60/B++；历史学：34/B++；美术学：19/B++；日语：33/B++；软件工程：44/B++；社会工作：19/A；生物科学：36/B++；特殊教育：2/A+；舞蹈学：11/B++；物理学：33/B++；戏剧影视文学：14/B++；信息与计算科学：51/B++；音乐学：18/B++；应用化学：69/B++。

5）中国区域一流专业（3★）

材料科学与工程：98/B+；财务管理：84/B+；产品设计：66/B+；广告学：50/B+；国际经济与贸易：142/B+；汉语言：27/B+；环境设计：105/B+；交通运输：37/B+；汽车维修工程教育：1/A++；社会体育指导与管理：28/B+；生物技术：96/B+；视觉传达设计：83/B+；通信工程：141/B+；行政管理：111/B+。

6）中国区域高水平专业（2★）

城乡规划：78/C；法语：56/C；工业设计：119/C；会计学：247/D；机器人工程：18/B++；金融学：183/D；旅游管理：146/C；数字媒体艺术：69/B；网络工程：81/B；文化产业管理：32/B；药学：118/D；艺术与科技：20/C；智能科学与技术：29/B+；智能制造工程：16/B++；自动化：207/D。

5. 浙江理工大学

（1）浙江理工大学综合实力排名

综合排名：2024 校友会中国大学排名第 109 名，全国理工类高校第 45 名，浙江省高校第 5 名。

星级排名：中国四星级大学（4★），世界知名、中国高水平大学。主管部门：浙江省。

（2）浙江理工大学各本科专业排名（全国排名/档次）

1）世界高水平、中国顶尖专业（6★）

轻化工程：4/A+。

2）中国一流专业（5★）

表演：5/A+；电子信息工程：8/A+；纺织工程：5/A；服装设计与工程：2/A+；服装与服饰设计：4/A+；机械设计制造及其自动化：25/A；丝绸设计与工程：1/A++。

3）中国高水平专业（4★）

包装工程：12/B++；材料科学与工程：45/B++；测控技术与仪器：53/B++；产品设计：10/A；动画：27/B++；法学：111/B++；非织造材料与工程：3/A+；高分子材料与工程：43/B++；工业设计：17/A；国际经济与贸易：43/B++；环境设计：43/B++；机械电子工程：20/B++；计算机科学与技术：60/B++；人力资源管理：34/B++；生物制药：2/A+；数学与应用数学：56/B++；土木工程：96/B++；信息管理与信息系统：38/B++；艺术设计学：17/B++；应用化学：35/B++；应用物理学：22/B++；英语：57/B++；自动化：41/B++。

4）中国区域一流专业（3★）

材料化学：48/B+；汉语言文学：176/B+；建筑环境与能源应用工程：51/B+；建筑学：95/B+；经济学：152/B+；生物技术：96/B+；数字媒体技术：33/B+；数字媒体艺术：39/B+；通信工程：104/B+；信息与计算科学：122/B+；应用心理学：65/B+。

5）中国区域高水平专业（2★）

传播学：34/C；大数据管理与应用：11/B++；电气工程及其自动化：217/D；电子商务：148/D；电子信息科学与技术：87/C；工程管理：144/D；工商管理：282/D；工业工程：93/C；公共事业管理：198/D；过程装备与控制工程：67/D；会计学：270/D；机器人工程：18/B++；经济统计学：59/D；能源与动力工程：137/D；社会工作：112/C；市场营销：241/D；视觉传达设计：156/C；行政管理：170/D；智能科学与技术：29/B+；智能制造工程：16/B++。

6）中国区域知名专业（1★）

材料成型及控制工程：132/D；风景园林：97/D；海洋资源开发技术：10/D；金融学：235/D；美术学：143/D；日语：253/D；统计学：208/D；新能源材料与器件：54/C。

6. 浙江工商大学

（1）浙江工商大学综合实力排名

综合排名：2024 校友会中国大学排名第 116 名，全国财经类高校第 8 名，浙江省高校第 6 名。

星级排名：中国四星级大学（4★），世界知名、中国高水平大学。主管部门：浙江省。

（2）浙江工商大学各本科专业排名（全国排名/档次）

1）世界高水平、中国顶尖专业（6★）

会计学：9/A+。

2）中国一流专业（5★）

电子商务：4/A+；工商管理：16/A+；计算机科学与技术：27/A；日语：3/A++；食品科学与工程：25/A；食品质量与安全：1/A++；应用统计学：1/A++。

3）中国高水平专业（4★）

阿拉伯语：5/A；财务管理：17/A；法学：49/B++；国际经济与贸易：43/B++；国际商务：14/B++；汉语言文学：64/B++；环境工程：30/B++；金融工程：26/B++；金融学：39/B++；经济统计学：7/A；经济学：27/A；旅游管理：22/A；人力资源管理：16/A；软件工程：44/B++；商务英语：4/A+；审计学：4/A；市场营销：29/A；视觉传达设计：13/A+；统计学：41/B++；投资学：2/A+；土地资源管理：18/B++；物流管理：15/A；新闻学：61/B++；行政管理：33/B++；英语：57/B++。

4）中国区域一流专业（3★）

保险学：33/B+；电子信息工程：141/B+；法语：35/B+；公共事业管理：81/B+；环境科学：61/B+；环境设计：105/B+；酒店管理：16/B+；社会工作：63/B+；生物工程：93/B+；通信工程：104/B+；信息安全：56/B+；信息管理与信息系统：119/B+；信息与计算科学：122/B+；哲学：52/B+；知识产权：14/B+；资源与环境经济学：4/A。

5）中国区域高水平专业（2★）

编辑出版学：21/C；产品设计：100/C；动画：76/C；工程管理：120/C；广告学：80/B；劳动与社会保障：66/C；美术学：85/C；数据科学与大数据技术：54/B++；数学与应用数学：224/D；数字媒体艺术：79/C；网络工程：81/B；网络与新媒体：27/B+；文化产业管理：32/B；应用化学：187/D。

6）中国区域知名专业（1★）

城乡规划：103/D；给排水科学与工程：79/D；工业设计：181/D；海洋技术：19/D；历史学：130/D；物联网工程：161/D。

7. 杭州电子科技大学

（1）杭州电子科技大学综合实力排名

综合排名：2024 校友会中国大学排名第 134 名，全国理工类高校第 57 名，浙江省高校第 7 名。

星级排名：中国四星级大学（4★），世界知名、中国高水平大学。主管部门：浙江省。

（2）杭州电子科技大学各本科专业排名（全国排名/档次）

1）世界高水平、中国顶尖专业（6★）

电子信息工程：6/A+。

2）中国一流专业（5★）

软件工程：39/A；通信工程：17/A；信息管理与信息系统：24/A；自动化：36/A。

3）中国高水平专业（4★）

财务管理：46/B++；测控技术与仪器：53/B++；车辆工程：44/B++；电气工程及其自动化：88/B++；电子科学与技术：39/B++；工商管理：100/B++；工业工程：28/B++；会计学：112/B++；机械设计制造及其自动化：131/B++；集成电路设计与集成系统：11/B++；计算机科学与技术：206/B++；金融学：93/B++；数字媒体技术：14/B++；网络工程：15/A；信息安全：31/B++；信息对抗技术：10/B++；信息与计算科学：51/B++。

4）中国区域一流专业（3★）

保密管理：4/A；材料科学与工程：98/B+；产品设计：86/B+；传播学：27/B+；电子商务：101/B+；电子信息科学与技术：50/B+；法学：208/B+；工业设计：85/B+；光电信息科学与工程：84/B+；国际经济与贸易：176/B+；环境工程：167/B+；环境科学：82/B+；经济学：152/B+；人力资源管理：97/B+；社会学：56/B+；审计学：25/B+；市场营销：130/B+；数学与应用数学：190/B+；数字媒体艺术：39/B+；统计学：96/B+；网络空间安全：12/B++；物流管理：88/B+；信息工程：27/B+；医学信息工程：8/B+；应用物理学：83/B+；英语：253/B+；智能科学与技术：17/B++；智能制造工程：3/A+。

5）中国区域高水平专业（2★）

编辑出版学：29/D；海洋工程与技术：4/A；汉语国际教育：121/C；经济统计学：59/D；生物医学工程：88/D；物联网工程：140/C。

8. 杭州师范大学

（1）杭州师范大学综合实力排名

综合排名：2024 校友会中国大学排名第 139 名，全国师范类高校第 21 名，浙江省高校第 8 名。

星级排名：中国三星级大学（3★），中国知名、区域一

流大学。主管部门：浙江省。

（2）杭州师范大学各本科专业排名（全国排名/档次）

1）中国一流专业（5★）

化学：19/A；生物科学：16/A；小学教育：3/A+；学前教育：4/A+；英语：19/A+。

2）中国高水平专业（4★）

电子商务：17/A；动画：15/A；高分子材料与工程：21/B++；公共事业管理：30/B++；公共艺术：4/A；国际商务：8/B++；汉语言文学：64/B++；护理学：29/B++；环境工程：82/B++；计算机科学与技术：60/B++；历史学：34/B++；临床医学：70/B++；日语：33/B++；软件工程：44/B++；社会工作：19/A；数学与应用数学：56/B++；体育教育：23/B++；武术与民族传统体育：8/B++；药学：27/B++；音乐学：39/B++；应用心理学：28/B++；预防医学：40/B++。

3）中国区域一流专业（3★）

电子信息工程：178/B+；法学：161/B+；绘画：52/B+；教育技术学：38/B+；金融工程：46/B+；经济学：122/B+；科学教育：5/A；口腔医学：54/B+；旅游管理：114/B+；美术学：69/B+；思想政治教育：116/B+；统计学：96/B+；舞蹈学：30/B+；休闲体育：9/B+；知识产权：14/B+。

4）中国区域高水平专业（2★）

朝鲜语：31/B；汉语国际教育：96/B；汉语言：42/C；环境设计：141/C；人文教育：4/A；生物技术：162/D；视觉传达设计：156/C；特殊教育：21/C；物理学：126/D；信息与计算科学：164/C；艺术教育：16/D；应用化学：197/D；应用统计学：48/B；应用物理学：104/C。

5）中国区域知名专业（1★）

大数据管理与应用：48/C；地理信息科学：119/D；翻译：98/C；会展经济与管理：30/C；健康服务与管理：15/B；生态学：65/D；食品质量与安全：117/D；市场营销：299/D；书法学：42/C；数据科学与大数据技术：152/C；数字媒体艺术：112/D；文化产业管理：50/C；物联网工程：161/D；物流管理：170/D；行政管理：214/D；音乐表演：83/C；制药工程：151/D；作曲与作曲技术理论：31/D。

9. 温州医科大学

（1）温州医科大学综合实力排名

综合排名：2024 校友会中国大学排名第 148 名，全国医药类高校第 19 名，浙江省高校第 9 名。

星级排名：中国四星级大学（4★），世界知名、中国高水平大学。主管部门：浙江省。

（2）温州医科大学各本科专业排名（全国排名/档次）

1）中国一流专业（5★）

护理学：11/A；精神医学：1/A++；临床药学：1/A++；临床医学：23/A；麻醉学：2/A+；眼视光医学：1/A++；药学：13/A；医学检验技术：4/A+。

2）中国高水平专业（4★）

儿科学：5/A；康复治疗学：17/B++；口腔医学：17/B++；生物技术：64/B++；生物医学工程：21/B++；生物制药：2/A+；卫生检验与检疫：1/A++；医学影像学：10/B++；应用心理学：16/B++；预防医学：23/B++。

3）中国区域一流专业（3★）

放射医学：4/A；公共事业管理：57/B+；基础医学：19/B+；劳动与社会保障：37/B+；市场营销：130/B+；信息管理与信息系统：119/B+；眼视光学：5/A；运动康复：15/B+；中药学：38/B+；中医学：32/B+；助产学：4/A。

4）中国区域高水平专业（2★）

生物科学：147/D；医学影像技术：20/B。

5）中国区域知名专业（1★）

电子信息工程：271/D；社会工作：145/D。

10. 温州大学

（1）温州大学综合实力排名

综合排名：2024 校友会中国大学排名第 157 名，全国综合类高校第 57 名，浙江省高校第 10 名。

星级排名：中国三星级大学（3★），中国知名、区域一流大学。主管部门：浙江省。

（2）温州大学各本科专业排名（全国排名/档次）

1）中国一流专业（5★）

工业工程：3/A+；汉语言文学：28/A；化学：19/A；生物科学：16/A；小学教育：11/A。

2）中国高水平专业（4★）

材料科学与工程：68/B++；电气工程及其自动化：40/B++；法学：111/B++；服装与服饰设计：21/B++；国际经济与贸易：86/B++；机械工程：26/B++；教育技术学：21/B++；金融工程：26/B++；数学与应用数学：137/B++；思想政治教育：90/B++；体育教育：48/B++；土木工程：96/B++；网络工程：4/A+；物理学：79/B++；学前教育：25/B++；音乐学：39/B++；应用化学：69/B++；应用心理学：28/B++。

3）中国区域一流专业（3★）

电子信息科学与技术：50/B+；服装设计与工程：14/B+；工商管理：207/B+；广告学：50/B+；历史学：98/B+；数据科学与大数据技术：20/A；艺术设计学：57/B+；应用统计学：30/B+；英语：253/B+。

4）中国区域高水平专业（2★）

电子信息工程：236/D；环境科学：132/D；环境设计：141/C；计算机科学与技术：356/D；美术学：99/C；生物技术：176/D；市场营销：176/C；视觉传达设计：156/C；统计学：147/C；舞蹈教育：2/A+；行政管理：148/C。

5）中国区域知名专业（1★）

财务管理：210/D；车辆工程：109/D；翻译：98/C；环境工程：257/D；建筑学：149/D；能源化学：4/A；人工智能：123/C；日语：253/D；生态学：65/D；生物制药：36/C；信息与计算科学：287/D；智能制造工程：56/B。

11. 浙江农林大学

（1）浙江农林大学综合实力排名

综合排名：2024 校友会中国大学排名第 168 名，全国农林类高校第 20 名，浙江省高校第 11 名。

星级排名：中国三星级大学（3★），中国知名、区域一流大学。主管部门：浙江省。

（2）浙江农林大学各本科专业排名（全国排名/档次）

1）世界高水平、中国顶尖专业（6★）

木材科学与工程：3/A+。

2）中国一流专业（5★）

林学：6/A；农业资源与环境：5/A；园林：6/A。

3）中国高水平专业（4★）

动物医学：29/B++；风景园林：11/B++；计算机科学与技术：60/B++；农林经济管理：26/B++；农学：34/B++；森林保护：7/B++；生态学：22/B++；生物技术：64/B++；食品科学与工程：28/B++；应用化学：69/B++；园艺：14/B++；植物保护：24/B++。

4）中国区域一流专业（3★）

测绘工程：46/B+；地理信息科学：43/B+；电子信息工程：141/B+；动物科学：46/B+；法学：161/B+；服装与服饰设计：44/B+；工商管理：207/B+；广告学：50/B+；国际经济与贸易：176/B+；环境工程：167/B+；环境科学与工程：10/B+；会计学：186/B+；机械设计制造及其自动化：170/B+；农业机械化及其自动化：35/B+；生物制药：12/B++；数字媒体艺术：39/B+；土木工程：164/B+；物联网工程：69/B+；中药学：38/B+。

5）中国区域高水平专业（2★）

财务管理：135/C；茶学：14/D；城市管理：15/B；电子商务：148/D；工业设计：131/C；汉语言文学：200/D；环境科学：132/D；环境设计：172/C；建筑学：130/D；交通运输：71/D；旅游管理：168/D；日语：162/C；生物科学：147/D；食品质量与安全：79/C；市场营销：176/C；视觉传达设计：156/C；统计学：147/C；文化产业管理：44/C；信息管理与信息系统：207/C；信息与计算科学：164/C；应用统计学：48/B；英语：318/D。

6）中国区域知名专业（1★）

城乡规划：131/D；高分子材料与工程：119/D；公共事业管理：238/D；家具设计与工程：4/A；金融工程：83/D；人文地理与城乡规划：65/D；摄影：34/D；数据科学与大数据技术：152/C；智能科学与技术：58/C；种子科学与工程：31/D。

12. 浙江财经大学

（1）浙江财经大学综合实力排名

综合排名：2024 校友会中国大学排名第 181 名，全国财经类高校第 13 名，浙江省高校第 12 名。

星级排名：中国四星级大学（4★），世界知名、中国高水平大学。主管部门：浙江省。

（2）浙江财经大学各本科专业排名（全国排名/档次）

1）中国一流专业（5★）

财务管理：6/A+；会计学：16/A+；金融学：13/A+。

2）中国高水平专业（4★）

财政学：21/B++；电子商务：45/B++；法学：111/B++；工商管理：36/B++；国际经济与贸易：43/B++；汉语言文学：114/B++；金融工程：11/A；经济统计学：7/A；经济学：27/A；劳动与社会保障：16/B++；人力资源管理：34/B++；社会工作：41/B++；摄影：4/A；审计学：4/A；市场营销：29/A；税收学：7/B++；行政管理：33/B++；英语：136/B++。

3）中国区域一流专业（3★）

工程管理：82/B+；广告学：50/B+；国民经济管理：7/B+；金融数学：10/B++；软件工程：150/B+；商务英语：34/B+；数字媒体艺术：39/B+；统计学：96/B+；投资学：17/B+；信息管理与信息系统：119/B+；信用管理：4/A；应用统计学：22/B+；资产评估：8/B+。

4）中国区域高水平专业（2★）

公共事业管理：124/B；供应链管理：4/A；汉语国际教育：121/C；计算机科学与技术：356/D；人工智能：38/B++；日语：162/C；数学与应用数学：245/D；数字经济：2/A+；土地资源管理：53/C；网络与新媒体：27/B+；物流管理：109/C；信息与计算科学：164/C。

5）中国区域知名专业（1★）

保险学：45/C；城市管理：25/C；城乡规划：103/D；美术学：116/D；数据科学与大数据技术：144/B。

13. 中国计量大学

（1）中国计量大学综合实力排名

综合排名：2024 校友会中国大学排名第 183 名，全国理工类高校第 80 名，浙江省高校第 13 名。

星级排名：中国三星级大学（3★），中国知名、区域一流大学。主管部门：浙江省。

（2）中国计量大学各本科专业排名（全国排名/档次）

1）中国一流专业（5★）

测控技术与仪器：15/A；光电信息科学与工程：8/A+；质量管理工程：1/A++。

2）中国高水平专业（4★）

安全工程：31/B++；标准化工程：1/A++；材料科学与工程：45/B++；电气工程及其自动化：88/B++；电子科学与技术：39/B++；工商管理：100/B++；工业设计：38/B++；国际经济与贸易：86/B++；机械设计制造及其自动化：54/B++；能源与动力工程：54/B++；生物工程：47/B++；食品质量与安全：19/B++；数学与应用数学：137/B++；知识产权：4/A；自动化：41/B++。

3）中国区域一流专业（3★）

财务管理：100/B+；电子信息工程：141/B+；电子信息科学与技术：50/B+；动植物检疫：3/A+；法学：208/B+；汉语国际教育：58/B+；汉语言文学：176/B+；机械电子工

程：48/B+；计算机科学与技术：285/B+；声学：2/A+；视觉传达设计：116/B+；通信工程：141/B+；信息管理与信息系统：138/B+；应用物理学：83/B+；英语：253/B+。

4）中国区域高水平专业（2★）

材料化学：74/C；产品设计：131/D；工程力学：71/D；工业工程：93/C；公共事业管理：198/D；功能材料：18/B；广告学：80/B；环境工程：212/D；环境设计：172/C；金融工程：67/C；生物医学工程：88/D；市场营销：241/D；微电子科学与工程：55/C；信息与计算科学：231/D；药学：118/D。

5）中国区域知名专业（1★）

翻译：130/D；公共艺术：36/D；人工智能：123/C；数据科学与大数据技术：152/C；卫生检验与检疫：26/D；行政管理：214/D；应用化学：250/D；智能感知工程：12/D。

14. 台州学院

（1）台州学院综合实力排名

综合排名：2024 校友会中国大学排名第 185 名，全国综合类高校第 63 名，浙江省高校第 14 名。

星级排名：中国三星级大学（3★），中国知名、区域一流大学。主管部门：浙江省。

（2）台州学院各本科专业排名（全国排名/档次）

1）中国一流专业（5★）

制药工程：5/A+。

2）中国高水平专业（4★）

临床医学：70/B++；旅游管理：67/B++。

3）中国区域一流专业（3★）

材料化学：48/B+；材料物理：40/B+；道路桥梁与渡河工程：17/B+；电气工程及其自动化：151/B+；高分子材料与工程：81/B+；护理学：81/B+；化学：124/B+；机械设计制造及其自动化：190/B+；科学教育：5/A；历史学：98/B+；生物科学：122/B+；数学与应用数学：168/B+；思想政治教育：134/B+；体育教育：72/B+；土木工程：164/B+；物理学：105/B+；小学教育：43/B+。

4）中国区域高水平专业（2★）

材料科学与工程：120/D；财务管理：135/C；电子信息工程：214/D；工商管理：245/D；国际经济与贸易：221/C；汉语言文学：200/D；化学工程与工艺：162/D；环境工程：196/D；机械电子工程：69/C；计算机科学与技术：356/D；建筑学：120/D；金融学：183/D；康复治疗学：58/D；美术学：85/C；商务英语：52/B；生物工程：127/C；市场营销：176/C；视觉传达设计：147/C；学前教育：70/C；医学检验技术：62/C；英语：318/D；助产学：10/B。

5）中国区域知名专业（1★）

材料成型及控制工程：118/D；产品设计：166/D；俄语：100/D；给排水科学与工程：79/D；工业工程：131/D；生物制药：45/D；数据科学与大数据技术：152/C；无人驾驶航空器系统工程：3/A+；信息管理与信息系统：278/D；音乐学：129/D；智能制造工程：56/B。

14. 中国美术学院

（1）中国美术学院综合实力排名

综合排名：2024 校友会中国大学排名第 185 名，全国艺术类高校第 6 名，浙江省高校第 14 名。

星级排名：中国五星级大学（5★），世界知名大学、中国一流大学。主管部门：浙江省。

（2）中国美术学院各本科专业排名（全国排名/档次）

1）世界知名高水平、中国顶尖专业（7★）

动画：1/A++。

2）世界高水平、中国顶尖专业（6★）

绘画：2/A+；美术学：2/A++。

3）中国一流专业（5★）

雕塑：5/A；服装与服饰设计：4/A+；视觉传达设计：2/A++；书法学：1/A++；艺术设计学：4/A+；艺术史论：2/A+；艺术与科技：1/A++；影视摄影与制作：2/A+。

4）中国高水平专业（4★）

产品设计：10/A；风景园林：11/B++；工业设计：38/B++；工艺美术：8/B++；公共艺术：4/A；广播电视编导：24/B++；环境设计：9/A+；建筑学：24/B++；跨媒体艺术：1/A++；摄影：7/B++；数字媒体艺术：13/A；陶瓷艺术设计：3/A+；文物保护与修复：1/A++；戏剧影视美术设计：9/B++；纤维艺术：1/A++；中国画：6/B++。

5）中国区域一流专业（3★）

城乡规划：58/B+；录音艺术：11/B+；艺术管理：3/A+。

16. 湖州师范学院

（1）湖州师范学院综合实力排名

综合排名：2024 校友会中国大学排名第 207 名，全国师范类高校第 31 名，浙江省高校第 16 名。

星级排名：中国三星级大学（3★），中国知名、区域一流大学。主管部门：浙江省。

（2）湖州师范学院各本科专业排名（全国排名/档次）

1）中国一流专业（5★）

护理学：23/A；计算机科学与技术：27/A；数学与应用数学：20/A；物理学：23/A；小学教育：11/A。

2）中国高水平专业（4★）

产品设计：33/B++；电子商务：45/B++；国际经济与贸易：43/B++；汉语言文学：114/B++；环境设计：43/B++；机械设计制造及其自动化：54/B++；教育技术学：21/B++；历史学：55/B++；临床医学：39/B++；水产养殖学：10/B++；思想政治教育：73/B++；学前教育：25/B++；音乐学：39/B++；英语：136/B++。

3）中国区域一流专业（3★）

财务管理：100/B+；电气工程及其自动化：151/B+；服装与服饰设计：44/B+；化学：124/B+；科学教育：5/A；口腔医学：54/B+；生物工程：93/B+；视觉传达设计：116/B+；体育教育：72/B+；物联网工程：69/B+；新能源材

料与器件：15/B++；制药工程：113/B+。

4）中国区域高水平专业（2★）

材料化学：74/C；电子信息工程：236/D；俄语：71/C；机械电子工程：133/D；建筑学：130/D；金融工程：67/C；旅游管理：168/D；美术学：99/C；日语：162/C；生物科学：147/D；数据科学与大数据技术：54/B++；新闻学：125/D；行政管理：170/D；应用心理学：99/C；知识产权：27/B。

17. 浙江中医药大学

（1）浙江中医药大学综合实力排名

综合排名：2024 校友会中国大学排名第 259 名，全国医药类高校第 39 名，浙江省高校第 17 名。

星级排名：中国三星级大学（3★），中国知名、区域一流大学。主管部门：浙江省。

（2）浙江中医药大学各本科专业排名（全国排名/档次）

1）世界高水平、中国顶尖专业（6★）

中医学：4/A+。

2）中国一流专业（5★）

针灸推拿学：5/A；中药学：9/A。

3）中国高水平专业（4★）

公共事业管理：17/A；护理学：29/B++；健康服务与管理：1/A++；临床医学：39/B++；听力与言语康复学：1/A++；药学：27/B++；医学信息工程：4/A；预防医学：40/B++；中西医临床医学：18/B++；中医骨伤科学：2/A+。

4）中国区域一流专业（3★）

儿科学：12/B+；计算机科学与技术：285/B+；康复治疗学：31/B+；口腔医学：47/B+；生物科学：114/B+；食品卫生与营养学：3/A+；市场营销：110/B+；数据科学与大数据技术：20/A；卫生检验与检疫：13/B+；药物制剂：22/B+；医学检验技术：50/B+；医学实验技术：10/B+；医学影像技术：12/B+；医学影像学：26/B+；英语：231/B+；中草药栽培与鉴定：4/A；中医康复学：1/A++；助产学：4/A。

5）中国区域高水平专业（2★）

化学工程与工艺：162/D；生物技术：176/D。

18. 浙江传媒学院

（1）浙江传媒学院综合实力排名

综合排名：2024 校友会中国大学排名第 269 名，全国语言类高校第 11 名，浙江省高校第 18 名。

星级排名：中国三星级大学（3★），中国知名、区域一流大学。主管部门：浙江省。

（2）浙江传媒学院各本科专业排名（全国排名/档次）

1）中国顶尖应用型专业（6★）

编辑出版学：1/A++；播音与主持艺术：1/A++；传播学：1/A++；动画：1/A++；广播电视编导：1/A++；广播电视工程：1/A++；广播电视学：4/A+；摄影：1/A++；数字媒体技术：1/A++；网络工程：1/A++；文化产业管理：1/A++；戏剧影视文学：1/A++；影视摄影与制作：1/A++。

2）中国一流应用型专业（5★）

表演：11/A；广告学：9/A；录音艺术：2/A+；数字媒体艺术：8/A+；网络与新媒体：12/A+；戏剧影视美术设计：1/A++；新闻学：17/A；音乐表演：9/A；英语：62/A。

3）中国高水平应用型专业（4★）

产品设计：43/B++；电子科学与技术：22/B++；汉语国际教育：36/B++；汉语言文学：118/B++；会展经济与管理：11/B++；视觉传达设计：72/B++；数字出版：3/A+；舞蹈编导：8/B++；艺术与科技：8/B++。

4）中国区域一流应用型专业（3★）

电子信息工程：186/B+；公共关系学：4/A；公共事业管理：37/B+；经济学：52/B+；秘书学：10/B++；软件工程：156/B+；通信工程：130/B+；戏剧影视导演：6/B+；信息管理与信息系统：71/B+。

19. 绍兴文理学院

（1）绍兴文理学院综合实力排名

综合排名：2024 校友会中国大学排名第 289 名，全国综合类高校第 86 名，浙江省高校第 19 名。

星级排名：中国三星级大学（3★），中国知名、区域一流大学。主管部门：浙江省。

（2）绍兴文理学院各本科专业排名（全国排名/档次）

1）中国高水平专业（4★）

纺织工程：10/B++；工商管理：100/B++；汉语言文学：64/B++；临床医学：70/B++；生物科学：83/B++。

2）中国区域一流专业（3★）

国际经济与贸易：176/B+；护理学：81/B+；化学：124/B+；会计学：208/B+；机械设计制造及其自动化：190/B+；酿酒工程：7/B+；轻化工程：33/B+；书法学：11/B++；数学与应用数学：190/B+；土木工程：164/B+；微电子科学与工程：40/B+；小学教育：52/B+；自动化：150/B+。

3）中国区域高水平专业（2★）

产品设计：131/D；电气工程及其自动化：217/D；服装设计与工程：34/D；服装与服饰设计：66/C；工程管理：144/D；工程造价：24/B；公共事业管理：198/D；机械电子工程：84/C；计算机科学与技术：370/D；建筑学：130/D；科学教育：16/C；思想政治教育：143/D；体育教育：126/D；物理学：126/D；信息与计算科学：231/D；学前教育：70/C；运动康复：23/B。

4）中国区域知名专业（1★）

地质工程：42/D；电子信息工程：271/D；法学：327/D；高分子材料与工程：119/D；国际商务：40/C；汉语国际教育：140/C；环境科学：158/D；环境设计：215/D；康复治疗学：66/D；美术学：116/D；日语：218/D；视觉传达设计：202/D；数据科学与大数据技术：152/C；网络工程：155/D；新能源材料与器件：54/C；信息管理与信息系统：278/D；行政管理：195/D；药学：139/D；医学检验技术：73/D；医学影像技术：30/C；医学影像学：56/D；音乐

学：129/D；应用化学：213/D；应用统计学：65/C；应用心理学：113/D；英语：398/D；运动训练：85/D；智能制造工程：56/B。

20. 浙江科技大学

（1）浙江科技大学综合实力排名

综合排名：2024 校友会中国大学排名第 291 名，全国理工类高校第 132 名，浙江省高校第 20 名。

星级排名：中国二星级大学（2★），中国区域高水平大学。主管部门：浙江省。

（2）浙江科技大学各本科专业排名（全国排名/档次）

1）中国一流专业（5★）

工业设计：4/A+。

2）中国高水平专业（4★）

化学工程与工艺：34/B++；计算机科学与技术：60/B++；轻化工程：16/B++；视觉传达设计：42/B++；土木工程：96/B++；信息与计算科学：51/B++；艺术设计学：17/B++。

3）中国区域一流专业（3★）

材料科学与工程：90/B+；车辆工程：58/B+；城乡规划：51/B+；电气工程及其自动化：133/B+；动画：62/B+；服装与服饰设计：38/B+；国际经济与贸易：142/B+；汉语言文学：176/B+；机械设计制造及其自动化：170/B+；建筑电气与智能化：12/B+；建筑学：95/B+；能源与环境系统工程：7/B+；软件工程：183/B+；生物工程：81/B+；食品科学与工程：114/B+；市场营销：130/B+；数字媒体技术：33/B+；通信工程：141/B+；应用物理学：68/B+；制药工程：79/B+；自动化：150/B+。

4）中国区域高水平专业（2★）

财务管理：175/D；测控技术与仪器：143/D；产品设计：131/D；德语：56/D；电子商务：148/D；服装设计与工程：34/D；工程造价：24/B；工业工程：93/C；公共事业管理：124/B；金融工程：67/C；经济学：205/D；汽车服务工程：23/C；物联网工程：104/B；物流管理：139/D；信息管理与信息系统：207/C；英语：358/D。

5）中国区域知名专业（1★）

包装工程：50/D；表演：76/D；材料成型及控制工程：118/D；电子信息工程：271/D；给排水科学与工程：79/D；国际商务：40/C；环境工程：257/D；环境设计：215/D；机器人工程：71/C；人工智能：123/C；摄影：34/D；数据科学与大数据技术：152/C；智能制造工程：56/B。

21. 浙江海洋大学

（1）浙江海洋大学综合实力排名

综合排名：2024 校友会中国大学排名第 300 名，全国农林类高校第 32 名，浙江省高校第 21 名。

星级排名：中国二星级大学（2★），中国区域高水平大学。主管部门：浙江省。

（2）浙江海洋大学各本科专业排名（全国排名/档次）

1）中国一流专业（5★）

船舶与海洋工程：6/A；海洋科学：4/A。

2）中国高水平专业（4★）

海洋渔业科学与技术：5/A；机械设计制造及其自动化：54/B++；食品科学与工程：28/B++；行政管理：66/B++。

3）中国区域一流专业（3★）

电气工程及其自动化：151/B+；港口航道与海岸工程：18/B+；海洋技术：10/B+；海洋油气工程：5/A；海洋资源与环境：2/A+；汉语言文学：151/B+；航海技术：9/B+；环境科学与工程：10/B+；旅游管理：114/B+；轮机工程：11/B+；生物科学：122/B+；数学与应用数学：168/B+；水产养殖学：27/B+；土木工程：164/B+；物理学：105/B+；药学：85/B+；英语：231/B+；油气储运工程：15/B+。

4）中国区域高水平专业（2★）

电子信息工程：236/D；海洋工程与技术：4/A；化学工程与工艺：179/D；计算机科学与技术：370/D；交通管理：5/A；经济学：205/D；历史学：114/D；农业资源与环境：35/D；食品质量与安全：91/C；物流管理：139/D。

5）中国区域知名专业（1★）

安全工程：83/D；财务管理：210/D；机器人工程：71/C；机械电子工程：97/D；能源与动力工程：148/D；商务英语：89/D；数据科学与大数据技术：152/C。

21. 浙江万里学院

（1）浙江万里学院综合实力排名

综合排名：2024 校友会中国大学排名第 300 名，全国理工类高校第 139 名，浙江省高校第 21 名。

星级排名：中国二星级大学（2★），中国区域高水平大学。主管部门：浙江省。

（2）浙江万里学院各本科专业排名（全国排名/档次）

1）世界知名、中国顶尖应用型专业（7★）

生物技术：1/A++。

2）中国顶尖应用型专业（6★）

电子商务：1/A++；电子信息工程：9/A+；国际经济与贸易：2/A++；环境设计：1/A++；会计学：2/A++；会展经济与管理：1/A++；金融学：2/A++；跨境电子商务：1/A++；人工智能：1/A++；软件工程：36/A+；生物工程：2/A+；通信工程：27/A+；网络与新媒体：1/A++；物联网工程：1/A++；物流管理：1/A++；新闻学：1/A++；英语：47/A+。

3）中国一流应用型专业（5★）

产品设计：12/A+；电气工程及其自动化：48/A；法学：28/A；供应链管理：2/A+；广告学：9/A；建筑学：20/A；日语：13/A；食品科学与工程：17/A；市场营销：38/A；数据科学与大数据技术：4/A++；统计学：4/A+。

4）中国高水平应用型专业（4★）

动画：37/B++；风景园林：12/B++；工商管理：64/B++；公共事业管理：14/B++；汉语言文学：118/B++；环境科学：9/B++；金融工程：22/B++；美术学：38/B++；食品营养与健康：1/A++；食品质量与安全：8/A；视觉传达

设计：72/B++；资产评估：10/B++。

5）中国区域一流应用型专业（3★）

编辑出版学：11/B+；财务管理：137/B+；国际商务：29/B+；环境工程：60/B+；计算机科学与技术：253/B+；区块链工程：3/A+；商务英语：71/B+；生物制药：13/B+；艺术设计学：51/B+。

6）中国区域高水平应用型专业（2★）

电子商务及法律：7/C；机械电子工程：132/C；社会工作：62/C；网络空间安全：14/D；艺术与科技：27/C。

23. 浙江外国语学院

（1）浙江外国语学院综合实力排名

综合排名：2024 校友会中国大学排名第 306 名，全国语言类高校第 12 名，浙江省高校第 23 名。

星级排名：中国三星级大学（3★），中国知名、区域一流大学。主管部门：浙江省。

（2）浙江外国语学院各本科专业排名（全国排名/档次）

1）中国顶尖应用型专业（6★）

阿拉伯语：1/A++；朝鲜语：1/A++；俄语：1/A++；翻译：1/A++；国际商务：1/A++；汉语国际教育：1/A++；汉语言文学：30/A+；旅游管理：1/A++；商务英语：1/A++；小学教育：2/A++；英语：3/A++。

2）中国一流应用型专业（5★）

波兰语：1/A++；德语：5/A；电子商务：37/A；法语：6/A；国际经济与贸易：62/A；会展经济与管理：6/A；美术学：9/A+；葡萄牙语：2/A+；日语：13/A；网络与新媒体：12/A+；西班牙语：2/A+；意大利语：2/A+；音乐学：17/A；应用化学：14/A。

3）中国高水平应用型专业（4★）

计算机科学与技术：168/B++；教育学：15/B++；金融工程：22/B++；科学教育：9/B++；数学与应用数学：78/B++；学前教育：95/B++；艺术与科技：8/B++。

4）中国区域一流应用型专业（3★）

捷克语：2/A+；跨境电子商务：7/B++；土耳其语：1/A++。

24. 嘉兴大学

（1）嘉兴大学综合实力排名

综合排名：2024 校友会中国大学排名第 311 名，全国综合类高校第 93 名，浙江省高校第 24 名。

星级排名：中国二星级大学（2★），中国区域高水平大学。主管部门：浙江省。

（2）嘉兴大学各本科专业排名（全国排名/档次）

1）中国顶尖应用型专业（6★）

电气工程及其自动化：6/A+；电子信息工程：9/A+；服装设计与工程：5/A+；工程管理：3/A++；国际经济与贸易：45/A+；护理学：15/A+；化学工程与工艺：13/A+；会计学：2/A++；机械设计制造及其自动化：44/A+；计算机科学与技术：63/A+；经济学：1/A++；临床医学：3/A+；人力资源管理：1/A++；数学与应用数学：23/A+；土木工程：36/A+；应用化学：4/A+。

2）中国一流应用型专业（5★）

财务管理：40/A；纺织工程：3/A+；服装与服饰设计：13/A；高分子材料与工程：4/A；工商管理：39/A；汉语国际教育：12/A；汉语言文学：63/A；建筑环境与能源应用工程：8/A；建筑学：20/A；金融学：26/A；生物工程：16/A；市场营销：38/A；小学教育：41/A；学前教育：46/A；应用统计学：3/A+。

3）中国高水平应用型专业（4★）

法学：55/B++；非织造材料与工程：1/A++；工业设计：17/B++；环境工程：32/B++；环境设计：73/B++；轻化工程：3/A+；日语：36/B++；软件工程：95/B++；视觉传达设计：72/B++；信息管理与信息系统：35/B++；药学：29/B++；英语：129/B++。

4）中国区域一流应用型专业（3★）

材料成型及控制工程：49/B+；车辆工程：56/B+；工业工程：12/B+；机器人工程：36/B+；金融数学：11/B+；数据科学与大数据技术：60/B++；数字媒体艺术：63/B+；统计学：20/B++；网络工程：82/B+；物流管理：127/B+；知识产权：12/B+；制药工程：54/B+。

25. 丽水学院

（1）丽水学院综合实力排名

综合排名：2024 校友会中国大学排名第 351 名，全国综合类高校第 101 名，浙江省高校第 25 名。

星级排名：中国一星级大学（1★），中国区域知名大学。主管部门：浙江省。

（2）丽水学院各本科专业排名（全国排名/档次）

1）中国顶尖应用型专业（6★）

护理学：1/A++；机械设计制造及其自动化：44/A+；计算机科学与技术：63/A+；旅游管理：21/A+；民族学：1/A++；小学教育：21/A+。

2）中国一流应用型专业（5★）

电子商务：37/A；光源与照明：2/A+；汉语言文学：63/A；口腔医学：8/A；数学与应用数学：38/A；思想政治教育：20/A；音乐学：17/A；园林：9/A；园艺：8/A。

3）中国高水平应用型专业（4★）

汉语国际教育：36/B++；化学工程与工艺：50/B++；康复治疗学：17/B++；生物制药：8/B++；物理学：39/B++；自动化：70/B++。

4）中国区域一流应用型专业（3★）

电子信息工程：186/B+；国际经济与贸易：179/B+；国际商务：29/B+；临床医学：50/B+；美术学：82/B+；摄影：19/B+；陶瓷艺术设计：1/A++；土木工程：160/B+；网络工程：82/B+；信息与计算科学：53/B+；英语：198/B+。

5）中国区域高水平应用型专业（2★）

财务管理：251/C；工业设计：74/C；环境工程：86/C；科学教育：19/C；农村区域发展：8/C；生态学：8/C；视觉传达设计：235/C；数字媒体技术：100/C；体育教育：

111/C；学前教育：173/C；应用化学：96/C。

6）中国区域知名应用型专业（1★）

环境设计：311/D；数据科学与大数据技术：272/D。

25. 宁波工程学院

（1）宁波工程学院综合实力排名

综合排名：2024 校友会中国大学排名第 351 名，全国理工类高校第 166 名，浙江省高校第 25 名。

星级排名：中国二星级大学（2★），中国区域高水平大学。主管部门：浙江省。

（2）宁波工程学院各本科专业排名（全国排名/档次）

1）中国顶尖应用型专业（6★）

材料成型及控制工程：1/A++；电子科学与技术：1/A++；化学工程与工艺：1/A++；机械设计制造及其自动化：44/A+；计算机科学与技术：2/A++；建筑学：11/A+；交通工程：1/A++；汽车服务工程：1/A++；土木工程：2/A++；物流管理：12/A+。

2）中国一流应用型专业（5★）

材料科学与工程：16/A；车辆工程：19/A；电气工程及其自动化：48/A；电子信息工程：66/A；工程管理：27/A；国际经济与贸易：62/A；建筑环境与能源应用工程：8/A；人工智能：9/A；网络工程：16/A；信息与计算科学：8/A；油气储运工程：2/A+。

3）中国高水平应用型专业（4★）

材料物理：3/A+；德语：12/B++；工业设计：17/B++；会计学：105/B++；商务英语：38/B++；市场营销：85/B++；物流工程：14/B++；应用统计学：6/A；英语：129/B++。

4）中国区域一流应用型专业（3★）

道路桥梁与渡河工程：18/B+；广告学：43/B+；国际商务：29/B+；金融工程：39/B+；日语：69/B+；数据科学与大数据技术：60/B++；文化产业管理：22/B+。

5）中国区域高水平应用型专业（2★）

安全工程：39/C；城市管理：17/C；电子商务：159/B；汉语言文学：253/C；统计学：53/B；应用化学：96/C。

27. 浙江水利水电学院

（1）浙江水利水电学院综合实力排名

综合排名：2024 校友会中国大学排名第 407 名，全国理工类高校第 188 名，浙江省高校第 27 名。

星级排名：中国一星级大学（1★），中国区域知名大学。主管部门：浙江省。

（2）浙江水利水电学院各本科专业排名（全国排名/档次）

1）中国顶尖应用型专业（6★）

水利水电工程：2/A+。

2）中国一流应用型专业（5★）

工商管理：39/A；机械设计制造及其自动化：68/A；农业水利工程：3/A+；软件工程：53/A；水文与水资源工程：2/A+。

3）中国高水平应用型专业（4★）

测绘工程：18/B++；电气工程及其自动化：91/B++；港口航道与海岸工程：5/A；工程造价：34/B++；人力资源管理：32/B++；土木工程：97/B++。

4）中国区域一流应用型专业（3★）

给排水科学与工程：36/B+；工程管理：96/B+；建筑环境与能源应用工程：33/B+；金融工程：39/B+；商务英语：71/B+；数字媒体技术：57/B+；物联网工程：139/B+；新能源科学与工程：23/B+；智能电网信息工程：8/B+；自动化：120/B+。

5）中国区域高水平应用型专业（2★）

材料成型及控制工程：76/C；车辆工程：88/C；道路桥梁与渡河工程：33/C；地理信息科学：42/C；环境生态工程：21/C；机器人工程：97/C。

6）中国区域知名应用型专业（1★）

国际商务：78/D；物流工程：52/D。

28. 衢州学院

（1）衢州学院综合实力排名

综合排名：2024 校友会中国大学排名第 436 名，全国理工类高校第 199 名，浙江省高校第 28 名。

星级排名：中国一星级大学（1★），中国区域知名大学。主管部门：浙江省。

（2）衢州学院各本科专业排名（全国排名/档次）

1）中国顶尖应用型专业（6★）

机械设计制造及其自动化：14/A+。

2）中国一流应用型专业（5★）

电气工程及其自动化：48/A；高分子材料与工程：4/A；工程管理：27/A；化学工程与工艺：25/A；人力资源管理：12/A+。

3）中国高水平应用型专业（4★）

互联网金融：6/B++；土木工程：97/B++；小学教育：75/B++；音乐学：54/B++；英语：129/B++。

4）中国区域一流应用型专业（3★）

材料成型及控制工程：49/B+；环境工程：60/B+；机器人工程：36/B+；机械电子工程：74/B+；建筑学：67/B+；物联网工程：139/B+。

5）中国区域高水平应用型专业（2★）

汉语言文学：253/C；商务英语：161/C；数据科学与大数据技术：199/C；学前教育：173/C；智能制造工程：34/B；自动化：176/D。

6）中国区域知名应用型专业（1★）

材料科学与工程：62/D；电子商务：219/C；人工智能：86/C；视觉传达设计：299/D；数学与应用数学：197/D。

29. 浙江音乐学院

（1）浙江音乐学院综合实力排名

综合排名：2024 校友会中国大学排名第 472 名，全国艺术类高校第 30 名，浙江省高校第 29 名。

星级排名：中国二星级大学（2★），中国区域高水平大学。主管部门：浙江省。

（2）浙江音乐学院各本科专业排名（全国排名/档次）

1）中国顶尖应用型专业（6★）

表演：1/A++；舞蹈学：2/A+；音乐表演：1/A++；音乐学：1/A++；作曲与作曲技术理论：1/A++。

2）中国一流应用型专业（5★）

舞蹈编导：4/A；舞蹈表演：3/A+；艺术与科技：3/A+。

30. 杭州医学院

（1）杭州医学院综合实力排名

综合排名：2024 校友会中国大学排名第 493 名，全国医药类高校第 78 名，浙江省高校第 30 名。

星级排名：中国一星级大学（1★），中国区域知名大学。主管部门：浙江省。

（2）杭州医学院各本科专业排名（全国排名/档次）

1）中国顶尖应用型专业（6★）

药学：1/A++；医学检验技术：1/A++；医学影像技术：1/A++。

2）中国一流应用型专业（5★）

护理学：32/A；临床医学：24/A。

3）中国高水平应用型专业（4★）

康复治疗学：17/B++；口腔医学：13/B++；预防医学：11/B++。

4）中国区域一流应用型专业（3★）

儿科学：2/A+；卫生检验与检疫：12/B+；应用物理学：9/B+；助产学：5/A。

5）中国区域高水平应用型专业（2★）

精神医学：9/D；医学影像学：25/D；智能医学工程：8/C。

6）中国区域知名应用型专业（1★）

法医学：7/D；生物技术：95/D；医学信息工程：16/D。

31. 浙江警察学院

（1）浙江警察学院综合实力排名

综合排名：2024 校友会中国大学排名第 499 名，全国政法类高校第 26 名，浙江省高校第 31 名。

星级排名：中国二星级大学（2★），中国区域高水平大学。主管部门：浙江省。

（2）浙江警察学院各本科专业排名（全国排名/档次）

1）中国顶尖应用型专业（6★）

交通管理工程：1/A++；涉外警务：1/A++；网络安全与执法：1/A++；治安学：1/A++。

2）中国一流应用型专业（5★）

经济犯罪侦查：4/A；警务指挥与战术：4/A；刑事科学技术：14/A；侦查学：10/A。

3）中国高水平应用型专业（4★）

公安管理学：7/B++。

32. 浙大宁波理工学院

（1）浙大宁波理工学院综合实力排名

综合排名：2024 校友会中国大学排名第 503 名，全国理工类高校第 215 名，浙江省高校第 32 名。

星级排名：中国一星级大学（1★），中国区域知名大学。主管部门：浙江省教育厅。

（2）浙大宁波理工学院各本科专业排名（全国排名/档次）

1）中国顶尖应用型专业（6★）

机械设计制造及其自动化：14/A+；生物工程：2/A+；网络与新媒体：1/A++。

2）中国一流应用型专业（5★）

电子商务：37/A；机械工程：11/A；金融学：26/A；能源与环境系统工程：1/A++；土木工程：49/A；信息与计算科学：8/A；自动化：35/A。

3）中国高水平应用型专业（4★）

电子信息工程：116/B++；高分子材料与工程：14/B++；广告学：21/B++；化学工程与工艺：50/B++；环境设计：73/B++；机械电子工程：42/B++；计算机科学与技术：168/B++；物流管理：56/B++；信息管理与信息系统：35/B++。

4）中国区域一流应用型专业（3★）

电气工程及其自动化：157/B+；国际经济与贸易：179/B+；国际商务：29/B+；日语：69/B+；数据科学与大数据技术：60/B++；英语：198/B+。

5）中国区域高水平应用型专业（2★）

财务管理：251/C；传播学：16/C；道路桥梁与渡河工程：33/C；工程管理：142/C；工业设计：74/C；建筑学：104/D；软件工程：221/C；商务英语：161/C；数字媒体艺术：119/C；通信工程：205/D；制药工程：85/C。

6）中国区域知名应用型专业（1★）

法学：193/D；旅游管理：234/D；市场营销：321/D；新闻学：125/D。

33. 浙大城市学院

（1）浙大城市学院综合实力排名

综合排名：2024 校友会中国大学排名第 509 名，全国综合类高校第 186 名，浙江省高校第 33 名。

星级排名：中国一星级大学（1★），中国区域知名大学。主管部门：浙江省教育厅。

（2）浙大城市学院各本科专业排名（全国排名/档次）

1）中国顶尖应用型专业（6★）

会展经济与管理：1/A++；计算机科学与技术：2/A++；建筑学：11/A+；通信工程：27/A+；土木工程：36/A+；自动化：1/A++。

2）中国一流应用型专业（5★）

财务管理：40/A；法学：28/A；工商管理：39/A；广告学：9/A；机械工程：11/A；新闻学：17/A；药学：16/A；资产评估：1/A++。

3）中国高水平应用型专业（4★）

工业设计：17/B++；环境设计：73/B++；机械设计制造及其自动化：128/B++；旅游管理：76/B++；软件工程：95/B++；视觉传达设计：72/B++；英语：129/B++。

4）中国区域一流应用型专业（3★）

电子科学与技术：42/B+；电子信息工程：186/B+；广播电视学：40/B+；国际经济与贸易：179/B+；机械电子工程：74/B+；金融学：79/B+；日语：69/B+；商务英语：71/B+；统计学：20/B++；信息管理与信息系统：71/B+。

5）中国区域高水平应用型专业（2★）

道路桥梁与渡河工程：33/C；国际商务：57/C；汉语言文学：253/C；临床医学：64/D；数据科学与大数据技术：199/C；行政管理：61/C。

6）中国区域知名应用型专业（1★）

护理学：153/D；人工智能：86/C。

34. 温州理工学院

（1）温州理工学院综合实力排名

综合排名：2024 校友会中国大学排名第 510 名，全国理工类高校第 216 名，浙江省高校第 34 名。

星级排名：中国一星级大学（1★），中国区域知名大学。主管部门：浙江省。

（2）温州理工学院各本科专业排名（全国排名/档次）

1）中国高水平应用型专业（4★）

国际经济与贸易：109/B++；机械工程：22/B++；计算机科学与技术：168/B++；土木工程：97/B++。

2）中国区域一流应用型专业（3★）

视觉传达设计：140/B+。

3）中国区域高水平应用型专业（2★）

财务管理：251/C；广告学：74/B；汉语言文学：253/C；建筑学：104/D。

4）中国区域知名应用型专业（1★）

安全工程：62/D；产品设计：180/D；车辆工程：117/D；电子商务：219/C；电子信息工程：314/D；法学：193/D；工商管理：205/D；环境设计：311/D；机器人工程：127/D；金融科技：17/B；人力资源管理：202/D；市场营销：321/D；数据科学与大数据技术：272/D；数学与应用数学：197/D；物联网工程：299/D；应用统计学：59/C；英语：412/D。

35. 湖州学院

（1）湖州学院综合实力排名

综合排名：2024 校友会中国大学排名第 518 名，全国综合类高校第 190 名，浙江省高校第 35 名。

星级排名：中国一星级大学（1★），中国区域知名大学。主管部门：浙江省。

（2）湖州学院各本科专业排名（全国排名/档次）

1）中国顶尖应用型专业（6★）

光电信息科学与工程：1/A++。

2）中国高水平应用型专业（4★）

电子信息工程：116/B++；国际经济与贸易：109/B++；护理学：59/B++。

3）中国区域一流应用型专业（3★）

材料化学：19/B+；电气工程及其自动化：157/B+；汉语言文学：180/B+；社会体育指导与管理：34/B+；生物工程：53/B+；视觉传达设计：140/B+；制药工程：54/B+。

4）中国区域高水平应用型专业（2★）

电子商务：159/B；机械电子工程：132/C；机械设计制造及其自动化：246/D；秘书学：35/B；物流管理：182/C。

5）中国区域知名应用型专业（1★）

广告学：123/D；环境设计：311/D；计算机科学与技术：469/D；经济与金融：47/D；历史学：94/D；日语：173/D；商务英语：230/D；市场营销：321/D；物联网工程：299/D；行政管理：105/D；英语：412/D。

35. 嘉兴南湖学院

（1）嘉兴南湖学院综合实力排名

综合排名：2024 校友会中国大学排名第 518 名，全国综合类高校第 190 名，浙江省高校第 35 名。

星级排名：中国一星级大学（1★），中国区域知名大学。主管部门：浙江省。

（2）嘉兴南湖学院各本科专业排名（全国排名/档次）

1）中国顶尖应用型专业（6★）

会计学：23/A+；临床医学：3/A+。

2）中国一流应用型专业（5★）

电子信息工程：66/A；工程管理：27/A；护理学：32/A。

3）中国高水平应用型专业（4★）

电气工程及其自动化：91/B++；服装设计与工程：18/B++；工业设计：17/B++；国际经济与贸易：109/B++；环境工程：32/B++；经济学：24/B++；日语：36/B++；数学与应用数学：78/B++。

4）中国区域一流应用型专业（3★）

法学：82/B+；纺织工程：14/B+；高分子材料与工程：28/B+；工商管理：106/B+；化学工程与工艺：92/B+；秘书学：10/B++；轻化工程：6/B+；生物工程：53/B+；网络工程：82/B+。

5）中国区域高水平应用型专业（2★）

测控技术与仪器：57/D；房地产开发与管理：21/C；工程造价：88/B；机械设计制造及其自动化：246/D；计算机科学与技术：379/D；人力资源管理：134/C；信息管理与信息系统：119/C。

6）中国区域知名应用型专业（1★）

财务管理：326/C；汉语言文学：298/D；金融学：133/D；市场营销：321/D；土木工程：257/D；英语：412/D。

三、浙江省民办大学专业排名详情

1. 宁波大学科学技术学院

（1）宁波大学科学技术学院综合实力排名

综合排名：2024 校友会中国民办大学排名第 13 名，全

国综合类民办高校第 14 名，浙江省民办高校第 1 名。

星级排名：中国六星级应用型大学（6★），中国顶尖应用型大学。

（2）宁波大学科学技术学院各本科专业排名（全国排名/档次）

1）中国顶尖应用型专业（6★）

电气工程及其自动化：6/A+；电子信息工程：9/A+；法学：13/A+；工程管理：3/A++；工商管理：5/A+；工业设计：1/A++；国际经济与贸易：23/A+；汉语言文学：1/A++；环境设计：19/A+；机械设计制造及其自动化：14/A+；计算机科学与技术：2/A++；建筑学：1/A++；软件工程：1/A++；土木工程：36/A+；英语：3/A++。

2）中国一流应用型专业（5★）

电子商务：37/A；动画：17/A；翻译：8/A+；广告学：9/A；环境工程：18/A；会计学：63/A；机器人工程：3/A+；机械电子工程：23/A；金融学：26/A；临床医学：24/A；人工智能：9/A；应用化学：14/A。

3）中国高水平应用型专业（4★）

产品设计：43/B++；工艺美术：5/A；旅游管理：76/B++；日语：36/B++；商务英语：38/B++；社会体育指导与管理：20/B++；生物技术：23/B++；视觉传达设计：72/B++；物流管理：56/B++；智能制造工程：2/A+。

2. 浙江越秀外国语学院

（1）浙江越秀外国语学院综合实力排名

综合排名：2024 校友会中国民办大学排名第 31 名，全国语言类民办高校第 4 名，浙江省民办高校第 2 名。

星级排名：中国五星级应用型大学（5★），中国一流应用型大学。

（2）浙江越秀外国语学院各本科专业排名（全国排名/档次）

1）中国顶尖应用型专业（6★）

朝鲜语：1/A++；翻译：6/A+；汉语国际教育：1/A++；日语：1/A++。

2）中国一流应用型专业（5★）

编辑出版学：3/A+；传播学：3/A+；德语：5/A；法语：6/A；国际商务：7/A；酒店管理：14/A；商务英语：12/A+。

3）中国高水平应用型专业（4★）

阿拉伯语：4/A；俄语：15/B++；国际经济与贸易：109/B++；印度尼西亚语：1/A++；英语：129/B++。

4）中国区域一流应用型专业（3★）

汉语言文学：180/B+；会展经济与管理：21/B+；捷克语：2/A+；葡萄牙语：5/A；数字媒体技术：57/B+；数字媒体艺术：63/B+；税收学：23/B+；泰语：12/B+；网络与新媒体：61/B+；西班牙语：14/B+；意大利语：5/A。

5）中国区域高水平应用型专业（2★）

大数据管理与应用：26/B；电子商务：159/B；工商管理：170/C；金融工程：80/B；时尚传播：5/A；投资学：51/B；土耳其语：2/A+；舞蹈表演：43/B；物流管理：182/C；戏剧影视文学：30/C；新闻学：81/C；学前教育：173/C；影视摄影与制作：24/B。

6）中国区域知名应用型专业（1★）

波兰语：4/A；播音与主持艺术：132/D；经济统计学：42/C。

3. 浙江师范大学行知学院

（1）浙江师范大学行知学院综合实力排名

综合排名：2024 校友会中国民办大学排名第 46 名，全国综合类民办高校第 47 名，浙江省民办高校第 3 名。

星级排名：中国四星级应用型大学（4★），中国高水平应用型大学。

（2）浙江师范大学行知学院各本科专业排名（全国排名/档次）

1）中国一流应用型专业（5★）

网络空间安全：1/A++；应用化学：14/A。

2）中国高水平应用型专业（4★）

工商管理：64/B++；汉语言文学：118/B++；机械设计制造及其自动化：128/B++；计算机科学与技术：168/B++；旅游管理：76/B++。

3）中国区域一流应用型专业（3★）

财务管理：137/B+；城乡规划：38/B+；金融学：79/B+；社会体育指导与管理：34/B+；生物技术：41/B+；物理学：66/B+；行政管理：37/B+。

4）中国区域高水平应用型专业（2★）

产品设计：130/C；电子商务：159/B；电子信息工程：242/C；法学：138/C；国际经济与贸易：260/C；环境设计：203/B；会计学：223/C；交通运输：48/D；食品质量与安全：57/B；市场营销：231/C；视觉传达设计：235/C；英语：318/C。

5）中国区域知名应用型专业（1★）

环境工程：115/D。

4. 浙江财经大学东方学院

（1）浙江财经大学东方学院综合实力排名

综合排名：2024 校友会中国民办大学排名第 54 名，全国财经类民办高校第 27 名，浙江省民办高校第 4 名。

星级排名：中国四星级应用型大学（4★），中国高水平应用型大学。

（2）浙江财经大学东方学院各本科专业排名（全国排名/档次）

1）中国高水平应用型专业（4★）

保险学：14/B++；财务管理：80/B++；财政学：9/B++；电子商务：66/B++；工程管理：59/B++；会计学：105/B++；金融学：45/B++；税收学：14/B++。

2）中国区域一流应用型专业（3★）

工商管理：106/B+；计算机科学与技术：253/B+；经济学：52/B+；劳动与社会保障：7/B++；视觉传达设计：140/B+；统计学：20/B++；物流管理：127/B+；信息管理与

信息系统：71/B+；应用统计学：18/B++；英语：198/B+。

3）中国区域高水平应用型专业（2★）

产品设计：130/C；法学：138/C；国际经济与贸易：260/C；汉语言文学：253/C；环境设计：203/B；人力资源管理：134/C；日语：119/C；社会工作：62/C；审计学：96/C；市场营销：231/C；数据科学与大数据技术：199/C。

4）中国区域知名应用型专业（1★）

服装与服饰设计：111/D；广告学：123/D；互联网金融：32/C；跨境电子商务：22/B；资产评估：42/D。

5. 浙江树人学院

（1）浙江树人学院综合实力排名

综合排名：2024 校友会中国民办大学排名第 56 名，全国理工类民办高校第 56 名，浙江省民办高校第 5 名。

星级排名：中国四星级应用型大学（4★），中国高水平应用型大学。

（2）浙江树人学院各本科专业排名（全国排名/档次）

1）中国顶尖应用型专业（6★）

国际经济与贸易：45/A+；汉语言文学：30/A+；计算机科学与技术：63/A+。

2）中国一流应用型专业（5★）

工商管理：39/A；环境工程：18/A；社会工作：15/A；市场营销：38/A；土木工程：49/A；应用化学：14/A。

3）中国高水平应用型专业（4★）

财务管理：80/B++；产品设计：43/B++；城乡规划：21/B++；动画：37/B++；风景园林：12/B++；化学工程与工艺：50/B++；环境设计：73/B++；旅游管理：76/B++；日语：36/B++。

4）中国区域一流应用型专业（3★）

朝鲜语：19/B+；电子信息工程：186/B+；工艺美术：14/B+；护理学：90/B+；会展经济与管理：21/B+；建筑学：67/B+；食品科学与工程：65/B+；视觉传达设计：140/B+；数字媒体技术：57/B+；通信工程：130/B+；物业管理：14/B+；新闻学：50/B+；英语：198/B+。

5）中国区域高水平应用型专业（2★）

电子商务：159/B；工业设计：74/C；公共事业管理：74/C；汉语国际教育：110/C；环境生态工程：21/C；家政学：6/B；交通运输：48/D；临床医学：64/D；秘书学：35/B；商务英语：161/C；生物工程：68/C；食品质量与安全：57/B；投资学：51/B；网络与新媒体：100/B；物联网工程：232/C；物流管理：182/C；医学检验技术：58/D。

6）中国区域知名应用型专业（1★）

国际商务：78/D；数据科学与大数据技术：272/D。

6. 浙江工商大学杭州商学院

（1）浙江工商大学杭州商学院综合实力排名

综合排名：2024 校友会中国民办大学排名第 57 名，全国财经类民办高校第 29 名，浙江省民办高校第 6 名。

星级排名：中国四星级应用型大学（4★），中国高水平应用型大学。

（2）浙江工商大学杭州商学院各本科专业排名（全国排名/档次）

1）中国高水平应用型专业（4★）

产品设计：43/B++；电子商务：66/B++；工商管理：64/B++；金融学：45/B++；经济统计学：15/B++；经济学：24/B++；贸易经济：5/A；土地资源管理：4/A。

2）中国区域一流应用型专业（3★）

编辑出版学：11/B+；财务管理：137/B+；工程管理：96/B+；广告学：43/B+；国际经济与贸易：179/B+；会计学：177/B+；日语：69/B+；统计学：20/B++；物流管理：127/B+；新闻学：50/B+；英语：198/B+。

3）中国区域高水平应用型专业（2★）

法学：138/C；公共事业管理：74/C；环境设计：203/B；计算机科学与技术：379/D；旅游管理：180/C；人力资源管理：134/C；市场营销：231/C；行政管理：61/C。

4）中国区域知名应用型专业（1★）

互联网金融：32/C；跨境电子商务：22/B；商务英语：230/D；应用统计学：59/C。

7. 上海财经大学浙江学院

（1）上海财经大学浙江学院综合实力排名

综合排名：2024 校友会中国民办大学排名第 70 名，全国财经类民办高校第 38 名，浙江省民办高校第 7 名。

星级排名：中国三星级应用型大学（3★），中国知名、区域一流应用型大学。

（2）上海财经大学浙江学院各本科专业排名（全国排名/档次）

1）中国顶尖应用型专业（6★）

会计学：23/A+。

2）中国一流应用型专业（5★）

国际经济与贸易：62/A；金融学：26/A。

3）中国高水平应用型专业（4★）

保险学：14/B++；工商管理：64/B++；经济学：24/B++；商务英语：38/B++；应用统计学：6/A。

4）中国区域一流应用型专业（3★）

市场营销：144/B+；数据科学与大数据技术：60/B++。

5）中国区域高水平应用型专业（2★）

电子商务：159/B；人力资源管理：134/C；投资学：51/B。

6）中国区域知名应用型专业（1★）

财务管理：326/C；国际商务：78/D；会展经济与管理：49/C；经济统计学：42/C；软件工程：288/D；物流管理：251/D。

8. 温州商学院

（1）温州商学院综合实力排名

综合排名：2024 校友会中国民办大学排名第 73 名，全国财经类民办高校第 39 名，浙江省民办高校第 8 名。

星级排名：中国二星级应用型大学（2★），中国区域高水平应用型大学。

（2）温州商学院各本科专业排名（全国排名/档次）

1）中国高水平应用型专业（4★）

产品设计：43/B++；工商管理：64/B++；国际经济与贸易：109/B++；会计学：105/B++；计算机科学与技术：168/B++；人力资源管理：32/B++；物流管理：56/B++。

2）中国区域一流应用型专业（3★）

电气工程及其自动化：157/B+；环境设计：113/B+；金融学：79/B+；商务英语：71/B+；审计学：52/B+；市场营销：144/B+；英语：198/B+。

3）中国区域高水平应用型专业（2★）

财务管理：251/C；传播学：16/C；经济学：80/C。

4）中国区域知名应用型专业（1★）

电子信息工程：314/D；工艺美术：43/C；广告学：123/D；视觉传达设计：299/D；数据科学与大数据技术：272/D；税收学：41/D；网络与新媒体：140/C。

9. 杭州师范大学钱江学院

（1）杭州师范大学钱江学院综合实力排名

综合排名：2024 校友会中国民办大学排名第 81 名，全国师范类民办高校第 3 名，浙江省民办高校第 9 名。

星级排名：中国三星级应用型大学（3★），中国知名、区域一流应用型大学。

（2）杭州师范大学钱江学院各本科专业排名（全国排名/档次）

1）中国高水平应用型专业（4★）

高分子材料与工程：14/B++；广播电视编导：31/B++；汉语言文学：118/B++；护理学：59/B++；机械设计制造及其自动化：128/B++；经济学：24/B++；社会工作：21/B++；英语：129/B++。

2）中国区域一流应用型专业（3★）

播音与主持艺术：54/B+；电子商务：109/B+；动画：82/B+；法学：82/B+；环境设计：113/B+；会计学：177/B+；计算机科学与技术：253/B+；旅游管理：129/B+；社会体育指导与管理：34/B+；市场营销：144/B+；视觉传达设计：140/B+；数学与应用数学：109/B+；音乐表演：48/B+；应用化学：65/B+。

3）中国区域高水平应用型专业（2★）

材料成型及控制工程：76/C；电子信息工程：242/C；工业设计：74/C；跨境电子商务：13/B+；舞蹈表演：43/B。

4）中国区域知名应用型专业（1★）

临床医学：70/D。

10. 宁波财经学院

（1）宁波财经学院综合实力排名

综合排名：2024 校友会中国民办大学排名第 85 名，全国财经类民办高校第 45 名，浙江省民办高校第 10 名。

星级排名：中国三星级应用型大学（3★），中国知名、区域一流应用型大学。

（2）宁波财经学院各本科专业排名（全国排名/档次）

1）中国顶尖应用型专业（6★）

工商管理：5/A+；计算机科学与技术：63/A+；视觉传达设计：1/A++；信息管理与信息系统：1/A++。

2）中国一流应用型专业（5★）

秘书学：1/A++；软件工程：53/A。

3）中国高水平应用型专业（4★）

编辑出版学：4/A；财务管理：80/B++；电气工程及其自动化：91/B++；电子商务：66/B++；动画：37/B++；工业设计：17/B++；广播电视学：19/B++；国际经济与贸易：109/B++；金融工程：22/B++；审计学：20/B++；网络工程：47/B++；文化产业管理：11/B++；物流管理：56/B++。

4）中国区域一流应用型专业（3★）

表演：34/B+；产品设计：80/B+；广播电视编导：72/B+；国际商务：29/B+；环境设计：113/B+；机械电子工程：74/B+；机械设计制造及其自动化：207/B+；日语：69/B+；市场营销：144/B+；数据科学与大数据技术：60/B++。

5）中国区域高水平应用型专业（2★）

创业管理：2/A+；广告学：74/B；汉语国际教育：110/C；会计学：223/C；数字媒体艺术：119/C；英语：318/C。

6）中国区域知名应用型专业（1★）

播音与主持艺术：132/D；工业工程：53/D；金融科技：17/B；商务英语：230/D；数字媒体技术：136/D；税收学：41/D；戏剧影视文学：42/D。

10. 绍兴文理学院元培学院

（1）绍兴文理学院元培学院综合实力排名

综合排名：2024 校友会中国民办大学排名第 85 名，全国综合类民办高校第 86 名，浙江省民办高校第 10 名。

星级排名：中国二星级应用型大学（2★），中国区域高水平应用型大学。

（2）绍兴文理学院元培学院各本科专业排名（全国排名/档次）

1）中国高水平应用型专业（4★）

服装设计与工程：18/B++；工商管理：64/B++；机械设计制造及其自动化：128/B++；计算机科学与技术：168/B++；土木工程：97/B++；药学：29/B++。

2）中国区域一流应用型专业（3★）

园林：35/B+。

3）中国区域高水平应用型专业（2★）

财务管理：251/C；翻译：84/C；纺织工程：18/D；环境科学：32/D；机械电子工程：132/C；物流管理：182/C。

4）中国区域知名应用型专业（1★）

传播学：21/D；电子商务：219/C；电子信息工程：314/D；法学：193/D；服装与服饰设计：111/D；工程管理：174/C；工程造价：136/C；国际经济与贸易：325/D；汉语言文学：298/D；护理学：153/D；环境工程：115/D；

环境设计：311/D；会计学：280/D；市场营销：321/D；视觉传达设计：299/D；数据科学与大数据技术：272/D；网络工程：191/D；英语：412/D；自动化：211/D。

12. 杭州电子科技大学信息工程学院

（1）杭州电子科技大学信息工程学院综合实力排名

综合排名：2024 校友会中国民办大学排名第 87 名，全国理工类民办高校第 89 名，浙江省民办高校第 12 名。

星级排名：中国三星级应用型大学（3★），中国知名、区域一流应用型大学。

（2）杭州电子科技大学信息工程学院各本科专业排名（全国排名/档次）

1）中国一流应用型专业（5★）

计算机科学与技术：101/A。

2）中国高水平应用型专业（4★）

电子商务：66/B++；电子信息工程：116/B++；工商管理：64/B++；机械设计制造及其自动化：128/B++；软件工程：95/B++；通信工程：74/B++；物流管理：56/B++。

3）中国区域一流应用型专业（3★）

财务管理：137/B+；电子信息科学与技术：53/B+；工业设计：48/B+；网络工程：82/B+；英语：198/B+。

4）中国区域高水平应用型专业（2★）

产品设计：130/C；电气工程及其自动化：231/D；国际经济与贸易：260/C；会计学：223/C；金融学：107/C；人力资源管理：134/C；市场营销：231/C；信息管理与信息系统：119/C；自动化：176/D。

5）中国区域知名应用型专业（1★）

物联网工程：299/D。

13. 同济大学浙江学院

（1）同济大学浙江学院综合实力排名

综合排名：2024 校友会中国民办大学排名第 88 名，全国综合类民办高校第 89 名，浙江省民办高校第 13 名。

星级排名：中国二星级应用型大学（2★），中国区域高水平应用型大学。

（2）同济大学浙江学院各本科专业排名（全国排名/档次）

1）中国顶尖应用型专业（6★）

土木工程：36/A+。

2）中国一流应用型专业（5★）

车辆工程：19/A；机械设计制造及其自动化：68/A；建筑学：20/A；交通工程：8/A。

3）中国高水平应用型专业（4★）

德语：12/B++；给排水科学与工程：16/B++；轨道交通信号与控制：5/A；国际经济与贸易：109/B++；建筑环境与能源应用工程：17/B++；交通运输：19/B++；市场营销：85/B++；行政管理：14/B++；英语：129/B++；自动化：70/B++。

4）中国区域一流应用型专业（3★）

宝石及材料工艺学：9/B+；材料科学与工程：37/B+；电子信息工程：186/B+；工商管理：106/B+；环境工程：60/B+；会计学：177/B+；建筑电气与智能化：20/B+；金融学：79/B+；商务英语：71/B+；医学影像技术：25/B+。

5）中国区域高水平应用型专业（2★）

财务管理：251/C；电气工程及其自动化：231/D；护理学：129/D；计算机科学与技术：379/D；金融工程：80/B；汽车服务工程：103/C；审计学：96/C；通信工程：205/D。

6）中国区域知名应用型专业（1★）

工艺美术：43/C；机械电子工程：187/D；文化产业管理：71/D。

14. 浙江工业大学之江学院

（1）浙江工业大学之江学院综合实力排名

综合排名：2024 校友会中国民办大学排名第 103 名，全国理工类民办高校第 105 名，浙江省民办高校第 14 名。

星级排名：中国二星级应用型大学（2★），中国区域高水平应用型大学。

（2）浙江工业大学之江学院各本科专业排名（全国排名/档次）

1）中国一流应用型专业（5★）

机械工程：11/A。

2）中国高水平应用型专业（4★）

电子信息工程：116/B++；工商管理：64/B++；计算机科学与技术：168/B++；建筑学：36/B++；旅游管理：76/B++；英语：129/B++。

3）中国区域一流应用型专业（3★）

财务管理：137/B+；电子商务：109/B+；动画：82/B+；风景园林：24/B+；工程管理：96/B+；工业工程：12/B+；公共事业管理：37/B+；软件工程：156/B+；自动化：120/B+。

4）中国区域高水平应用型专业（2★）

产品设计：130/C；车辆工程：88/C；城乡规划：58/C；法学：138/C；高分子材料与工程：47/D；工业设计：74/C；广播电视学：57/C；广告学：74/B；国际经济与贸易：260/C；汉语国际教育：110/C；汉语言文学：253/C；环境设计：203/B；金融工程：80/B；酒店管理：81/B；市场营销：231/C；数据科学与大数据技术：199/C；通信工程：205/D；信息与计算科学：78/C；应用统计学：34/B。

5）中国区域知名应用型专业（1★）

服装与服饰设计：111/D；日语：173/D；数字媒体艺术：155/C；智能制造工程：70/C。

15. 浙江农林大学暨阳学院

（1）浙江农林大学暨阳学院综合实力排名

综合排名：2024 校友会中国民办大学排名第 113 名，全国综合类民办高校第 114 名，浙江省民办高校第 15 名。

星级排名：中国一星级应用型大学（1★），中国区域知名应用型大学。

（2）浙江农林大学暨阳学院各本科专业排名（全国排名/档次）

1）中国高水平应用型专业（4★）

工商管理：64/B++；环境工程：32/B++；会计学：105/B++；机械设计制造及其自动化：128/B++；计算机科学与技术：168/B++；木材科学与工程：1/A++；园林：15/B++。

2）中国区域一流应用型专业（3★）

财务管理：137/B+；电子信息科学与技术：53/B+；人文地理与城乡规划：23/B+；土木工程：160/B+；中药学：28/B+。

3）中国区域高水平应用型专业（2★）

城市管理：17/C；交通运输：48/D；食品科学与工程：96/D。

4）中国区域知名应用型专业（1★）

产品设计：180/D；电子商务：219/C；电子信息工程：314/D；法学：193/D；公共事业管理：96/D；广告学：123/D；国际经济与贸易：325/D；环境设计：311/D；旅游管理：234/D；汽车服务工程：134/D；市场营销：321/D；视觉传达设计：299/D；数据科学与大数据技术：272/D；信息管理与信息系统：161/D；英语：412/D。

16. 温州医科大学仁济学院

（1）温州医科大学仁济学院综合实力排名

综合排名：2024 校友会中国民办大学排名第 117 名，全国医药类民办高校第 20 名，浙江省民办高校第 16 名。

星级排名：中国一星级应用型大学（1★），中国区域知名应用型大学。

（2）温州医科大学仁济学院各本科专业排名（全国排名/档次）

1）中国一流应用型专业（5★）

临床医学：24/A。

2）中国高水平应用型专业（4★）

法医学：3/A+；公共事业管理：14/B++；康复治疗学：17/B++。

3）中国区域一流应用型专业（3★）

护理学：90/B+；麻醉学：12/B+；日语：69/B+；生物医学工程：18/B+；市场营销：144/B+；药学：38/B+；医学检验技术：41/B+；助产学：5/A。

4）中国区域高水平应用型专业（2★）

环境科学：32/D；生物技术：71/C；中药学：45/D；中医学：18/D。

5）中国区域知名应用型专业（1★）

法学：193/D；计算机科学与技术：469/D；口腔医学：38/D；信息管理与信息系统：161/D；医学影像技术：48/D；应用心理学：112/D；英语：412/D。

17. 浙江理工大学科技与艺术学院

（1）浙江理工大学科技与艺术学院综合实力排名

综合排名：2024 校友会中国民办大学排名第 118 名，全国理工类民办高校第 120 名，浙江省民办高校第 17 名。

星级排名：中国一星级应用型大学（1★），中国区域知名应用型大学。

（2）浙江理工大学科技与艺术学院各本科专业排名（全国排名/档次）

1）中国一流应用型专业（5★）

纺织工程：3/A+；服装设计与工程：14/A；艺术设计学：11/A。

2）中国高水平应用型专业（4★）

产品设计：43/B++；电子信息工程：116/B++；工商管理：64/B++；人力资源管理：32/B++。

3）中国区域一流应用型专业（3★）

动画：82/B+；国际经济与贸易：179/B+；经济学：52/B+；数字媒体艺术：63/B+。

4）中国区域高水平应用型专业（2★）

工业设计：74/C；建筑环境与能源应用工程：50/C；轻化工程：12/D。

5）中国区域知名应用型专业（1★）

电子商务：219/C；法学：193/D；工程管理：174/C；公共事业管理：96/D；会计学：280/D；计算机科学与技术：469/D；建筑学：124/D；酒店管理：124/C；日语：173/D；市场营销：321/D；通信工程：247/D；土木工程：257/D；信息管理与信息系统：161/D；应用化学：150/D；英语：412/D；自动化：211/D。

18. 中国计量大学现代科技学院

（1）中国计量大学现代科技学院综合实力排名

综合排名：2024 校友会中国民办大学排名第 121 名，全国理工类民办高校第 124 名，浙江省民办高校第 18 名。

星级排名：中国一星级应用型大学（1★），中国区域知名应用型大学。

（2）中国计量大学现代科技学院各本科专业排名（全国排名/档次）

1）中国高水平应用型专业（4★）

安全工程：14/B++；测控技术与仪器：18/B++；工商管理：64/B++；机械电子工程：42/B++；计算机科学与技术：168/B++；生物工程：26/B++；市场营销：85/B++。

2）中国区域一流应用型专业（3★）

广告学：43/B+；机械设计制造及其自动化：207/B+；金融工程：39/B+；质量管理工程：4/A。

3）中国区域高水平应用型专业（2★）

法学：138/C；工业工程：27/B；工业设计：74/C。

4）中国区域知名应用型专业（1★）

财务管理：326/C；电气工程及其自动化：293/D；电子科学与技术：66/D；电子信息工程：314/D；国际经济与贸易：325/D；汉语言文学：298/D；人工智能：86/C；通信工程：247/D；英语：412/D；自动化：211/D。

19. 浙江中医药大学滨江学院

（1）浙江中医药大学滨江学院综合实力排名

综合排名：2024 校友会中国民办大学排名第 124 名，全国医药类民办高校第 24 名，浙江省民办高校第 19 名。

星级排名：中国一星级应用型大学（1★），中国区域知名应用型大学。

（2）浙江中医药大学滨江学院各本科专业排名（全国排名/档次）

1）中国一流应用型专业（5★）

临床医学：24/A；中医学：2/A+。

2）中国高水平应用型专业（4★）

计算机科学与技术：168/B++；生物技术：23/B++；市场营销：85/B++；英语：129/B++；制药工程：25/B++；中药学：12/B++。

3）中国区域一流应用型专业（3★）

护理学：90/B+；康复治疗学：38/B+；口腔医学：23/B+；听力与言语康复学：3/A+。

4）中国区域高水平应用型专业（2★）

生物工程：68/C；医学实验技术：6/D；针灸推拿学：14/D。

5）中国区域知名应用型专业（1★）

公共事业管理：96/D；化学工程与工艺：156/D；健康服务与管理：49/C；药学：81/D；医学信息工程：16/D。

四、浙江省合作办学大学专业排名详情

1. 宁波诺丁汉大学

（1）宁波诺丁汉大学综合实力排名

综合排名：2024 校友会中国合作办学大学排名第 2 名，全国综合类合作办学大学第 2 名，浙江省合作办学大学第 1 名。

星级排名：中国六星级大学（6★），中国顶尖合作办学大学。

（2）宁波诺丁汉大学各本科专业排名（全国排名/档次）

1）世界高水平、中国顶尖专业（6★）

财务管理：2/A++；国际经济与贸易：15/A+；环境工程：6/A+。

2）中国一流专业（5★）

材料成型及控制工程：22/A；传播学：9/A；电气工程及其自动化：29/A；国际商务：4/A；化学工程与工艺：24/A；环境科学：11/A；建筑学：20/A；土木工程：35/A。

3）中国高水平专业（4★）

工业设计：38/B++；汉语国际教育：18/A；化学：87/B++；机械电子工程：20/B++；计算机科学与技术：206/B++；建筑环境与能源应用工程：25/B++；经济学：83/B++；数学与应用数学：137/B++；统计学：41/B++；英语：136/B++。

4）中国区域一流专业（3★）

工程力学：56/B+；国际事务与国际关系：5/A；航空航天工程：14/B+。

2. 温州肯恩大学

（1）温州肯恩大学综合实力排名

综合排名：2024 校友会中国合作办学大学排名第 9 名，全国综合类合作办学大学第 7 名，浙江省合作办学大学第 2 名。

星级排名：中国四星级大学（4★），中国高水平合作办学大学。

（2）温州肯恩大学各本科专业排名（全国排名/档次）

1）中国一流专业（5★）

计算机科学与技术：50/A；视觉传达设计：6/A+。

2）中国高水平专业（4★）

管理科学：9/B++；国际商务：14/B++；会计学：112/B++；市场营销：59/B++；英语：136/B++。

3）中国区域一流专业（3★）

建筑学：95/B+；金融学：159/B+；经济学：152/B+；生物科学：122/B+。

4）中国区域高水平专业（2★）

产品设计：131/D；传播学：34/C；化学：149/D；环境科学：132/D；环境设计：172/C；数学与应用数学：245/D；心理学：44/D。

第六章　2024校友会东北地区大学综合实力、本科专业排名

第一节　黑龙江省

一、黑龙江省大学综合实力排名

1. 黑龙江省大学排名

表 6-1　2024 校友会黑龙江省大学排名

全国排名	学校名称	所在城市	星级排名	办学层次	星级专业数/个								
					专业类型	8★	7★	6★	5★	4★	3★	2★	1★
13	哈尔滨工业大学	哈尔滨市	7★	世界知名高水平大学	研究型	1	7	16	26	35	33	0	0
60	哈尔滨工程大学	哈尔滨市	5★	中国一流大学	研究型	0	1	3	5	30	14	13	0
96	东北林业大学	哈尔滨市	4★	中国高水平大学	研究型	0	1	1	6	19	33	11	0
97	东北农业大学	哈尔滨市	4★	中国高水平大学	研究型	0	0	2	6	18	22	15	11
100	黑龙江大学	哈尔滨市	4★	中国高水平大学	研究型	0	0	2	3	30	22	25	4
102	哈尔滨医科大学	哈尔滨市	5★	中国一流大学	研究型	0	0	2	3	10	7	8	0
138	哈尔滨师范大学	哈尔滨市	4★	中国高水平大学	研究型	0	0	0	2	25	20	17	16
164	哈尔滨理工大学	哈尔滨市	3★	区域一流大学	研究型	0	0	0	2	21	21	9	12
168	黑龙江中医药大学	哈尔滨市	4★	中国高水平大学	研究型	0	1	1	5	4	5	8	0
214	哈尔滨商业大学	哈尔滨市	3★	区域一流大学	研究型	0	0	0	1	18	17	16	17
240	东北石油大学	大庆市	3★	区域一流大学	研究型	0	0	0	1	15	17	18	14
256	黑龙江八一农垦大学	大庆市	3★	区域一流大学	研究型	0	0	0	0	9	16	12	14
262	佳木斯大学	佳木斯市	2★	区域高水平大学	研究型	0	0	0	0	7	29	15	30
269	齐齐哈尔大学	齐齐哈尔市	2★	区域高水平大学	研究型	0	0	0	0	12	22	21	25
296	黑龙江科技大学	哈尔滨市	2★	区域高水平大学	研究型	0	0	0	2	5	15	19	18
339	黑龙江工程学院	哈尔滨市	2★	区域高水平大学	应用型	0	0	15	15	9	10	0	0
377	牡丹江师范学院	牡丹江市	1★	区域知名大学	应用型	0	0	6	5	17	16	9	2
393	哈尔滨体育学院	哈尔滨市	3★	区域一流大学	应用型	0	0	2	5	4	2	0	0
393	齐齐哈尔医学院	齐齐哈尔市	1★	区域知名大学	应用型	0	0	4	4	8	4	5	0
422	黑河学院	黑河市	1★	区域知名大学	应用型	0	0	3	5	4	6	19	1
436	大庆师范学院	大庆市	1★	区域知名大学	应用型	0	0	5	12	7	9	9	1
453	哈尔滨学院	哈尔滨市	1★	区域知名大学	应用型	0	0	2	3	4	12	16	8
453	牡丹江医学院	牡丹江市	1★	区域知名大学	应用型	0	0	2	8	1	6	3	3
472	哈尔滨金融学院	哈尔滨市	1★	区域知名大学	应用型	0	0	4	5	6	5	3	0
472	绥化学院	绥化市	1★	区域知名大学	应用型	0	0	1	4	4	5	13	10
493	黑龙江工业学院	鸡西市	1★	区域知名大学	应用型	0	0	1	2	2	8	3	6
509	哈尔滨音乐学院	哈尔滨市	2★	区域高水平大学	应用型	0	0	2	0	1	0	2	0

2. 黑龙江省民办大学排名

表 6-2　2024 校友会黑龙江省民办大学排名（含独立学院）

全国排名	学校名称	所在城市	星级排名	办学层次	星级专业数/个								
					专业类型	8★	7★	6★	5★	4★	3★	2★	1★
7	黑龙江外国语学院	哈尔滨市	6★	中国顶尖应用型大学	应用型	0	0	19	10	3	0	0	0
13	哈尔滨华德学院	哈尔滨市	6★	中国顶尖应用型大学	应用型	0	0	12	13	12	2	0	0
28	哈尔滨石油学院	哈尔滨市	5★	中国一流应用型大学	应用型	0	0	0	1	4	9	7	10
29	哈尔滨广厦学院	哈尔滨市	5★	中国一流应用型大学	应用型	0	0	0	0	2	6	8	9
31	哈尔滨剑桥学院	哈尔滨市	5★	中国一流应用型大学	应用型	0	0	3	5	8	11	0	0
38	黑龙江财经学院	哈尔滨市	5★	中国一流应用型大学	应用型	0	0	4	6	10	13	0	0
41	黑龙江东方学院	哈尔滨市	5★	中国一流应用型大学	应用型	0	0	2	9	5	9	14	2
49	黑龙江工商学院	哈尔滨市	4★	中国高水平应用型大学	应用型	0	0	0	0	2	7	8	8
53	哈尔滨信息工程学院	哈尔滨市	4★	中国高水平应用型大学	应用型	0	0	0	0	1	1	4	6
62	齐齐哈尔工程学院	齐齐哈尔市	3★	区域一流应用型大学	应用型	0	0	0	1	3	4	5	9
64	哈尔滨远东理工学院	哈尔滨市	3★	区域一流应用型大学	应用型	0	0	0	0	1	5	10	10
78	黑龙江工程学院昆仑旅游学院	哈尔滨市	3★	区域一流应用型大学	应用型	0	0	0	0	0	4	1	4

3. 黑龙江省高职院校排名

表 6-3　2024 校友会黑龙江省高职院校排名

全国排名	学校名称	所在城市	办学类型	星级排名	办学层次
44	黑龙江职业学院	哈尔滨市	职业技能型	4★	中国高水平高职院校
45	哈尔滨职业技术学院	哈尔滨市	职业技能型	4★	中国高水平高职院校
69	黑龙江农业经济职业学院	牡丹江市	职业技能型	3★	区域一流高职院校
77	黑龙江农业工程职业学院	哈尔滨市	职业技能型	3★	区域一流高职院校
88	黑龙江建筑职业技术学院	哈尔滨市	职业技能型	3★	区域一流高职院校
134	大庆职业学院	大庆市	职业技能型	3★	区域一流高职院校
161	牡丹江大学	牡丹江市	职业技能型	2★	区域高水平高职院校
166	佳木斯职业学院	佳木斯市	职业技能型	2★	区域高水平高职院校
179	黑龙江旅游职业技术学院	哈尔滨市	职业技能型	2★	区域高水平高职院校
193	黑龙江农垦职业学院	哈尔滨市	职业技能型	2★	区域高水平高职院校
196	黑龙江生物科技职业学院	哈尔滨市	职业技能型	2★	区域高水平高职院校
209	黑龙江农垦科技职业学院	哈尔滨市	职业技能型	2★	区域高水平高职院校
229	哈尔滨城市职业学院	哈尔滨市	职业技能型	2★	区域高水平高职院校
240	齐齐哈尔高等师范专科学校	齐齐哈尔市	职业技能型	2★	区域高水平高职院校
244	大兴安岭职业学院	大兴安岭地区	职业技能型	2★	区域高水平高职院校
245	哈尔滨铁道职业技术学院	哈尔滨市	职业技能型	2★	区域高水平高职院校
252	黑龙江护理高等专科学校	哈尔滨市	职业技能型	2★	区域高水平高职院校
254	伊春职业学院	伊春市	职业技能型	2★	区域高水平高职院校
273	黑龙江农业职业技术学院	佳木斯市	职业技能型	2★	区域高水平高职院校
279	黑龙江生态工程职业学院	哈尔滨市	职业技能型	2★	区域高水平高职院校
286	七台河职业学院	七台河市	职业技能型	1★	区域知名高职院校
293	黑龙江幼儿师范高等专科学校	牡丹江市	职业技能型	1★	区域知名高职院校
309	黑龙江交通职业技术学院	哈尔滨市	职业技能型	1★	区域知名高职院校
338	哈尔滨科学技术职业学院	哈尔滨市	职业技能型	1★	区域知名高职院校
365	哈尔滨北方航空职业技术学院	哈尔滨市	职业技能型	1★	区域知名高职院校

二、黑龙江省大学专业排名详情

1. 哈尔滨工业大学

（1）哈尔滨工业大学综合实力排名

综合排名：2024 校友会中国大学排名第 13 名，全国理工类高校第 2 名，黑龙江省高校第 1 名。

星级排名：中国七星级大学（7★），世界知名高水平大学、中国顶尖大学。“985 工程”大学，“211 工程”大学。主管部门：工业和信息化部。

（2）哈尔滨工业大学各本科专业排名（全国排名/档次）

1）世界一流专业（8★）

焊接技术与工程：1/A++。

2）世界知名高水平、中国顶尖专业（7★）

材料科学与工程：2/A++；飞行器动力工程：2/A++；飞行器制造工程：2/A++；工程力学：3/A++；环境工程：3/A++；土木工程：7/A++；自动化：2/A++。

3）世界高水平、中国顶尖专业（6★）

测控技术与仪器：3/A+；城乡规划：9/A+；道路桥梁与渡河工程：1/A++；电气工程及其自动化：10/A+；电子信息科学与技术：4/A+；复合材料与工程：1/A++；工程管理：2/A++；机械设计制造及其自动化：16/A+；计算机科学与技术：8/A+；建筑学：9/A+；交通运输：7/A+；金属材料工程：2/A+；理论与应用力学：3/A+；能源与动力工程：10/A+；信息管理与信息系统：5/A+；信息与计算科学：6/A+。

4）中国一流专业（5★）

材料成型及控制工程：7/A+；材料化学：6/A+；材料物理：4/A+；车辆工程：9/A；储能科学与工程：1/A++；电子信息工程：22/A；飞行器设计与工程：7/A；高分子材料与工程：10/A；给排水科学与工程：4/A+；工业工程：3/A+；光电信息科学与工程：8/A+；化学工程与工艺：24/A；机器人工程：1/A++；机械电子工程：5/A+；建筑环境与能源应用工程：6/A+；交通工程：10/A；软件工程：18/A；市场营销：19/A；数据科学与大数据技术：3/A++；思想政治教育：51/A；探测制导与控制技术：3/A+；通信工程：5/A+；信息安全：14/A；信息对抗技术：3/A+；应用化学：8/A+；英语：42/A。

5）中国高水平专业（4★）

财务管理：46/B++；城市地下空间工程：8/B++；船舶与海洋工程：14/B++；电磁场与无线技术：2/A+；电子科学与技术：39/B++；电子商务：45/B++；俄语：11/A；风景园林：11/B++；工商管理：36/B++；工业设计：17/A；国际经济与贸易：43/B++；核工程与核技术：12/B++；核化工与核燃料工程：2/A+；环境科学：17/A；环境设计：9/A+；会计学：112/B++；建筑电气与智能化：1/A++；交通设备与控制工程：1/A++；金融学：93/B++；经济学：83/B++；精密仪器：1/A++；空间科学与技术：4/A；社会学：19/B++；生物工程：21/B++；生物技术：30/B++；生物信息学：8/B++；数学与应用数学：56/B++；数字媒体艺术：13/A；统计学：41/B++；微电子科学与工程：21/B++；无机非金属材料工程：24/B++；物理学：79/B++；物联网工程：10/A+；遥感科学与技术：6/B++；应用物理学：43/B++。

6）中国区域一流专业（3★）

朝鲜语：25/B+；城市水系统工程：1/A++；大数据管理与应用：4/A+；电子封装技术：4/A；法学：161/B+；飞行器环境与生命保障工程：3/A+；服务科学与工程：1/A++；海洋技术：10/B+；海洋信息工程：1/A++；汉语言文学：151/B+；核物理：6/B+；化学：113/B+；环境生态工程：6/B++；计算金融：1/A++；能源化学工程：17/B+；人工智能：15/A；日语：72/B+；生物医学科学：4/A；食品科学与工程：114/B+；数字经济：1/A++；数字媒体技术：29/B+；网络空间安全：12/B++；新能源材料与器件：15/B++；新能源科学与工程：23/B+；信息工程：27/B+；智慧建筑与建造：1/A++；智能材料与结构：1/A++；智能测控工程：1/A++；智能车辆工程：1/A++；智能感知工程：1/A++；智能建造：2/A+；智能医学工程：6/B++；智能装备与系统：1/A++。

2. 哈尔滨工程大学

（1）哈尔滨工程大学综合实力排名

综合排名：2024 校友会中国大学排名第 60 名，全国理工类高校第 23 名，黑龙江省高校第 2 名。

星级排名：中国五星级大学（5★），世界知名大学、中国一流大学。“211 工程”大学。主管部门：工业和信息化部。

（2）哈尔滨工程大学各本科专业排名（全国排名/档次）

1）世界知名高水平、中国顶尖专业（7★）

船舶与海洋工程：2/A++。

2）世界高水平、中国顶尖专业（6★）

核工程与核技术：4/A+；轮机工程：1/A++；自动化：11/A+。

3）中国一流专业（5★）

电子信息工程：8/A+；光电信息科学与工程：8/A+；能源与动力工程：11/A；水声工程：2/A+；信息对抗技术：7/A。

4）中国高水平专业（4★）

材料科学与工程：45/B++；材料物理：18/B++；测控技术与仪器：23/B++；电气工程及其自动化：40/B++；电子科学与技术：39/B++；电子信息科学与技术：27/B++；法学：111/B++；飞行器动力工程：9/B++；辐射防护与核安全：3/A+；港口航道与海岸工程：11/B++；工程力学：25/B++；工商管理：36/B++；工业设计：17/A；海洋机器人：1/A++；核化工与核燃料工程：2/A+；化学工程与工艺：84/B++；机器人工程：4/A+；机械设计制造及其自动化：54/B++；计算机科学与技术：60/B++；金融学：93/B++；软件工程：44/B++；社会学：19/B++；数学与应用数学：56/B++；思想政治教育：90/B++；探测制导与控制技术：

8/B++；通信工程：69/B++；土木工程：96/B++；物联网工程：23/B++；信息安全：31/B++；英语：136/B++。

5）中国区域一流专业（3★）

材料化学：48/B+；电磁场与无线技术：11/B+；电子商务：101/B+；飞行技术：7/B+；飞行器设计与工程：18/B+；给排水科学与工程：55/B+；环境工程：133/B+；建筑环境与能源应用工程：63/B+；交通运输：37/B+；经济学：152/B+；生物医学工程：62/B+；水利水电工程：32/B+；水文与水资源工程：21/B+；微电子科学与工程：40/B+。

6）中国区域高水平专业（2★）

保密管理：6/D；财政学：62/D；飞行器质量与可靠性：4/A；公共事业管理：124/B；国际经济与贸易：221/C；海洋信息工程：2/A+；汉语言文学：200/D；人工智能：38/B++；信息与计算科学：164/C；应用化学：187/D；应用物理学：112/C；应用心理学：90/C；政治学与行政学：54/C。

3. 东北林业大学

（1）东北林业大学综合实力排名

综合排名：2024 校友会中国大学排名第 96 名，全国农林类高校第 9 名，黑龙江省高校第 3 名。

星级排名：中国四星级大学（4★），世界知名、中国高水平大学。“211 工程”大学。主管部门：教育部。

（2）东北林业大学各本科专业排名（全国排名/档次）

1）世界知名高水平、中国顶尖专业（7★）

木材科学与工程：1/A++。

2）世界高水平、中国顶尖专业（6★）

林学：2/A+。

3）中国一流专业（5★）

交通工程：6/A；林产化工：2/A+；森林保护：1/A++；生物技术：7/A+；野生动物与自然保护区管理：1/A++；园林：3/A+。

4）中国高水平专业（4★）

电气工程及其自动化：40/B++；风景园林：11/B++；化学工程与工艺：84/B++；机械电子工程：20/B++；机械设计制造及其自动化：54/B++；计算机科学与技术：60/B++；家具设计与工程：2/A+；建筑环境与能源应用工程：25/B++；交通运输：26/B++；农林经济管理：13/B++；轻化工程：16/B++；森林工程：3/A+；生物科学：36/B++；食品科学与工程：28/B++；土木工程：47/B++；物流工程：12/B++；应用化学：35/B++；英语：136/B++；自动化：41/B++。

5）中国区域一流专业（3★）

材料化学：37/B+；产品设计：66/B+；车辆工程：58/B+；城乡规划：58/B+；地理信息科学：43/B+；电子信息工程：178/B+；动物科学：37/B+；动物医学：45/B+；俄语：55/B+；法学：161/B+；高分子材料与工程：65/B+；工程管理：82/B+；工商管理：207/B+；工业工程：64/B+；工业设计：85/B+；公共事业管理：81/B+；广告学：50/B+；国际经济与贸易：176/B+；化学：113/B+；环境科学：82/B+；环境设计：105/B+；会计学：186/B+；经济统计学：33/B+；汽车服务工程：12/B+；日语：96/B+；软件工程：183/B+；社会工作：63/B+；市场营销：130/B+；数学与应用数学：168/B+；通信工程：141/B+；物理学：105/B+；信息管理与信息系统：138/B+；信息与计算科学：122/B+。

6）中国区域高水平专业（2★）

安全工程：68/C；包装工程：30/C；汉语国际教育：121/C；机器人工程：18/B++；旅游管理：146/C；人工智能：38/B++；生态学：50/C；生物工程：127/C；数据科学与大数据技术：54/B++；统计学：133/C；政治学与行政学：59/C。

4. 东北农业大学

（1）东北农业大学综合实力排名

综合排名：2024 校友会中国大学排名第 97 名，全国农林类高校第 10 名，黑龙江省高校第 4 名。

星级排名：中国四星级大学（4★），世界知名、中国高水平大学。“211 工程”大学。主管部门：黑龙江省。

（2）东北农业大学各本科专业排名（全国排名/档次）

1）世界高水平、中国顶尖专业（6★）

农业机械化及其自动化：1/A++；园艺：2/A+。

2）中国一流专业（5★）

动物科学：8/A；动物医学：6/A；粮食工程：3/A+；农业水利工程：2/A+；乳品工程：1/A++；生物技术：7/A+。

3）中国高水平专业（4★）

会计学：43/B++；机械设计制造及其自动化：131/B++；计算机科学与技术：60/B++；金融学：93/B++；农林经济管理：13/B++；农学：21/B++；农业建筑环境与能源工程：4/A；农业资源与环境：10/B++；人力资源管理：34/B++；设施农业科学与工程：3/A+；生物工程：21/B++；生物科学：36/B++；食品科学与工程：28/B++；市场营销：59/B++；土地资源管理：8/A；应用化学：35/B++；园林：16/B++；植物保护：13/B++。

4）中国区域一流专业（3★）

草业科学：17/B+；电气工程及其自动化：133/B+；动物药学：7/B+；法学：161/B+；风景园林：35/B+；工业工程：64/B+；环境科学：82/B+；农业电气化：5/A；农艺教育：1/A++；水产养殖学：27/B+；水利水电工程：32/B+；水文与水资源工程：36/B+；统计学：96/B+；新能源科学与工程：27/B+；行政管理：111/B+；艺术设计学：57/B+；应用气象学：6/B+；应用生物科学：4/A；英语：253/B+；园艺教育：1/A++；制药工程：79/B+；种子科学与工程：13/B+。

5）中国区域高水平专业（2★）

保险学：40/C；电子信息工程：214/D；俄语：71/C；工程管理：120/C；工商管理：245/D；广播电视编导：68/C；国际经济与贸易：221/C；旅游管理：146/C；人工智

能：38/B++；社会工作：112/C；数据科学与大数据技术：54/B++；土地整治工程：3/A+；信息与计算科学：164/C；智慧农业：1/A++；自然地理与资源环境：34/B。

6）中国区域知名专业（1★）

包装工程：50/D；车辆工程：109/D；汉语国际教育：140/C；化学生物学：19/D；环境工程：238/D；软件工程：253/D；生态学：58/D；物联网工程：161/D；物流工程：53/D；音乐表演：83/C；植物科学与技术：16/D。

5. 黑龙江大学

（1）黑龙江大学综合实力排名

综合排名：2024 校友会中国大学排名第 100 名，全国综合类高校第 44 名，黑龙江省高校第 5 名。

星级排名：中国四星级大学（4★），世界知名、中国高水平大学。主管部门：黑龙江省。

（2）黑龙江大学各本科专业排名（全国排名/档次）

1）世界高水平、中国顶尖专业（6★）

俄语：1/A++；哲学：8/A+。

2）中国一流专业（5★）

材料化学：4/A+；思想政治教育：51/A；通信工程：17/A。

3）中国高水平专业（4★）

阿拉伯语：5/A；传播学：13/B++；档案学：9/B++；电子科学与技术：24/B++；法学：49/B++；翻译：7/A+；服装与服饰设计：21/B++；国际经济与贸易：86/B++；汉语国际教育：18/A；汉语言文学：64/B++；化学：39/B++；计算机科学与技术：60/B++；金融学：39/B++；经济学：83/B++；历史学：55/B++；旅游管理：22/A；农业资源与环境：17/B++；日语：16/A；商务英语：4/A+；生物工程：21/B++；生物技术：30/B++；视觉传达设计：13/A+；数学与应用数学：56/B++；水利水电工程：17/B++；统计学：41/B++；图书馆学：8/B++；新闻学：30/B++；行政管理：33/B++；英语：57/B++；政治学与行政学：25/B++。

4）中国区域一流专业（3★）

朝鲜语：25/B+；电子信息工程：141/B+；法语：35/B+；给排水科学与工程：55/B+；工商管理：207/B+；公共事业管理：81/B+；化学工程与工艺：142/B+；会计学：186/B+；教育学：54/B+；考古学：18/B+；农业水利工程：27/B+；软件工程：183/B+；社会工作：87/B+；物联网工程：69/B+；信息管理与信息系统：138/B+；信息与计算科学：122/B+；艺术设计学：57/B+；应用化学：112/B+；制药工程：79/B+；治安学：6/B+；种子科学与工程：13/B+；自动化：180/B+。

5）中国区域高水平专业（2★）

编辑出版学：21/C；德语：56/D；电气工程及其自动化：199/D；电子信息科学与技术：75/B；高分子材料与工程：102/D；工艺美术：25/C；光电信息科学与工程：121/C；广播电视编导：68/C；广告学：80/B；环境科学：114/C；环境设计：141/C；绘画：65/C；建筑学：120/D；人力资源管理：115/C；社会学：68/C；市场营销：176/C；数据科学与大数据技术：54/B++；水土保持与荒漠化防治：14/C；网络空间安全：26/B；物理学：126/D；西班牙语：34/C；音乐表演：71/C；应用物理学：104/C；应用心理学：90/C；中国少数民族语言文学：19/D。

6）中国区域知名专业（1★）

生物制药：36/C；土地资源管理：76/D；网络工程：141/D；植物保护：45/D。

6. 哈尔滨医科大学

（1）哈尔滨医科大学综合实力排名

综合排名：2024 校友会中国大学排名第 102 名，全国医药类高校第 6 名，黑龙江省高校第 6 名。

星级排名：中国五星级大学（5★），世界知名大学、中国一流大学。主管部门：黑龙江省。

（2）哈尔滨医科大学各本科专业排名（全国排名/档次）

1）世界高水平、中国顶尖专业（6★）

临床医学：19/A+；预防医学：3/A+。

2）中国一流专业（5★）

基础医学：5/A；麻醉学：2/A+；医学影像学：6/A。

3）中国高水平专业（4★）

公共事业管理：17/A；护理学：29/B++；精神医学：7/B++；口腔医学：17/B++；临床药学：6/B++；生物技术：64/B++；生物信息学：8/B++；药学：61/B++；医学检验技术：37/B++；医学实验技术：4/A。

4）中国区域一流专业（3★）

儿科学：12/B+；法学：208/B+；康复治疗学：44/B+；卫生监督：1/A++；药物分析：4/A；药物制剂：8/B++；中药学：46/B+。

5）中国区域高水平专业（2★）

法医学：22/D；健康服务与管理：7/B++；生物医学工程：80/D；市场营销：176/C；信息管理与信息系统：168/C；医学信息工程：18/C；智能医学工程：13/B；助产学：10/B。

7. 哈尔滨师范大学

（1）哈尔滨师范大学综合实力排名

综合排名：2024 校友会中国大学排名第 138 名，全国师范类高校第 20 名，黑龙江省高校第 7 名。

星级排名：中国四星级大学（4★），世界知名、中国高水平大学。主管部门：黑龙江省。

（2）哈尔滨师范大学各本科专业排名（全国排名/档次）

1）中国一流专业（5★）

美术学：7/A+；思想政治教育：22/A。

2）中国高水平专业（4★）

播音与主持艺术：4/A+；朝鲜语：17/B++；地理科学：17/B++；地理信息科学：8/A；动画：15/A；俄语：11/A；广播电视编导：8/A；汉语言文学：64/B++；化学：39/B++；环境设计：9/A+；教育技术学：12/B++；教育学：20/B++；历史学：34/B++；人力资源管理：34/B++；日语：

16/A；生物科学：36/B++；数学与应用数学：56/B++；数字媒体技术：14/B++；体育教育：23/B++；物理学：33/B++；心理学：22/B++；音乐表演：18/B++；音乐学：18/B++；英语：57/B++；中国画：12/B++。

3）中国区域一流专业（3★）

波兰语：3/A+；材料化学：48/B+；电子信息科学与技术：44/B+；法学：208/B+；翻译：46/B+；绘画：52/B+；经济学：122/B+；软件工程：150/B+；生态学：29/B+；世界史：12/B+；数字媒体艺术：39/B+；文物保护技术：3/A+；武术与民族传统体育：16/B+；物联网工程：69/B+；小学教育：52/B+；学前教育：56/B+；运动康复：15/B+；制药工程：113/B+；自然地理与资源环境：20/B+；作曲与作曲技术理论：17/B+。

4）中国区域高水平专业（2★）

表演：44/B；法语：64/C；服装与服饰设计：66/C；公共事业管理：124/B；汉语国际教育：96/B；计算机科学与技术：356/D；经济统计学：59/D；旅游管理：168/D；马克思主义理论：19/C；葡萄牙语：14/C；人文地理与城乡规划：38/B；生物技术：162/D；视觉传达设计：156/C；信息与计算科学：164/C；应用统计学：48/B；园林：49/C；运动训练：53/C。

5）中国区域知名专业（1★）

阿拉伯语：26/D；雕塑：45/D；工艺美术：35/D；劳动与社会保障：79/C；录音艺术：21/D；贸易经济：22/D；秘书学：41/D；商务英语：102/D；社会体育指导与管理：109/D；摄影：34/D；书法学：42/C；数据科学与大数据技术：152/C；舞蹈编导：33/D；西班牙语：51/D；新能源材料与器件：54/C；行政管理：195/D。

8. 哈尔滨理工大学

（1）哈尔滨理工大学综合实力排名

综合排名：2024 校友会中国大学排名第 164 名，全国理工类高校第 73 名，黑龙江省高校第 8 名。

星级排名：中国三星级大学（3★），中国知名、区域一流大学。主管部门：黑龙江省。

（2）哈尔滨理工大学各本科专业排名（全国排名/档次）

1）中国一流专业（5★）

电气工程及其自动化：15/A；自动化：21/A。

2）中国高水平专业（4★）

测控技术与仪器：23/B++；车辆工程：25/B++；电子信息工程：38/B++；俄语：29/B++；高分子材料与工程：43/B++；工商管理：36/B++；化学工程与工艺：34/B++；环境工程：30/B++；机械设计制造及其自动化：54/B++；集成电路设计与集成系统：8/B++；计算机科学与技术：60/B++；金属材料工程：13/B++；人力资源管理：16/A；日语：33/B++；软件工程：44/B++；市场营销：29/A；网络工程：4/A+；无机非金属材料工程：13/B++；信息管理与信息系统：38/B++；信息与计算科学：23/A；英语：57/B++。

3）中国区域一流专业（3★）

安全工程：45/B+；材料成型及控制工程：66/B+；材料化学：37/B+；财务管理：100/B+；电子科学与技术：62/B+；法学：161/B+；工业设计：68/B+；光电信息科学与工程：84/B+；机械电子工程：38/B+；金融学：159/B+；旅游管理：114/B+；能源与动力工程：98/B+；商务英语：34/B+；视觉传达设计：83/B+；通信工程：141/B+；统计学：96/B+；土木工程：137/B+；物联网工程：69/B+；应用统计学：22/B+；应用物理学：83/B+；制药工程：113/B+。

4）中国区域高水平专业（2★）

材料物理：54/D；电子信息科学与技术：87/C；动画：92/C；工程力学：71/D；国际经济与贸易：221/C；环境设计：141/C；会计学：247/D；绘画：65/C；经济学：190/D。

5）中国区域知名专业（1★）

朝鲜语：48/D；电气工程与智能控制：12/D；公共艺术：32/C；汉语国际教育：140/C；机器人工程：71/C；食品科学与工程：166/D；数据科学与大数据技术：152/C；数字媒体艺术：112/D；微电子科学与工程：68/D；新能源材料与器件：54/C；哲学：74/D；智能制造工程：56/B。

9. 黑龙江中医药大学

（1）黑龙江中医药大学综合实力排名

综合排名：2024 校友会中国大学排名第 168 名，全国医药类高校第 21 名，黑龙江省高校第 9 名。

星级排名：中国四星级大学（4★），世界知名、中国高水平大学。主管部门：黑龙江省。

（2）黑龙江中医药大学各本科专业排名（全国排名/档次）

1）世界知名高水平、中国顶尖专业（7★）

中药学：2/A++。

2）世界高水平、中国顶尖专业（6★）

中医学：4/A+。

3）中国一流专业（5★）

药物制剂：2/A+；医学实验技术：1/A++；针灸推拿学：5/A；中西医临床医学：2/A+；中药资源与开发：2/A+。

4）中国高水平专业（4★）

护理学：59/B++；药学：27/B++；制药工程：45/B++；中药制药：3/A+。

5）中国区域一流专业（3★）

康复治疗学：31/B+；药物分析：4/A；医学信息工程：8/B+；应用心理学：65/B+；中医康复学：1/A++。

6）中国区域高水平专业（2★）

公共事业管理：124/B；社会工作：112/C；生物技术：176/D；市场营销：176/C；医学检验技术：62/C；运动康复：23/B；中医骨伤科学：7/B；助产学：10/B。

10. 哈尔滨商业大学

（1）哈尔滨商业大学综合实力排名

综合排名：2024 校友会中国大学排名第 214 名，全国财经类高校第19名，黑龙江省高校第10名。

星级排名：中国三星级大学（3★），中国知名、区域一流大学。主管部门：黑龙江省。

（2）哈尔滨商业大学各本科专业排名（全国排名/档次）

1）中国一流专业（5★）

包装工程：2/A+。

2）中国高水平专业（4★）

财务管理：17/A；财政学：21/B++；工程管理：55/B++；工商管理：36/B++；国际经济与贸易：43/B++；会计学：43/B++；机械设计制造及其自动化：131/B++；金融工程：11/A；经济统计学：7/A；经济学：27/A；旅游管理：22/A；烹饪与营养教育：2/A+；审计学：11/B++；食品科学与工程：28/B++；市场营销：59/B++；物流管理：15/A；油气储运工程：8/B++；制药工程：20/B++。

3）中国区域一流专业（3★）

电子商务：101/B+；电子信息工程：178/B+；法学：208/B+；计算机科学与技术：285/B+；金融学：143/B+；旅游管理与服务教育：1/A++；能源与动力工程：80/B+；商务经济学：3/A+；生物工程：93/B+；食品质量与安全：45/B+；市场营销教育：1/A++；投资学：17/B+；土木工程：164/B+；物联网工程：69/B+；印刷工程：10/B+；质量管理工程：3/A+；中药学：46/B+。

4）中国区域高水平专业（2★）

财务会计教育：3/A+；工业工程：93/C；汉语言文学：200/D；环境工程：212/D；会展经济与管理：21/B；人力资源管理：148/C；数学与应用数学：245/D；体育经济与管理：13/C；统计学：147/C；物流工程：40/C；新闻学：125/D；信息管理与信息系统：207/C；行政管理：170/D；药学：118/D；艺术设计学：90/D；英语：318/D。

5）中国区域知名专业（1★）

宝石及材料工艺学：8/D；保险学：45/C；俄语：90/D；绘画：101/D；机器人工程：71/C；家政学：4/A；建筑环境与能源应用工程：117/D；酒店管理：43/C；劳动与社会保障：79/C；贸易经济：22/D；软件工程：253/D；商务英语：89/D；社会工作：170/D；数据科学与大数据技术：152/C；数字经济：11/C；税收学：31/D；智能制造工程：56/B。

11. 东北石油大学

（1）东北石油大学综合实力排名

综合排名：2024校友会中国大学排名第240名，全国理工类高校第108名，黑龙江省高校第11名。

星级排名：中国三星级大学（3★），中国知名、区域一流大学。主管部门：黑龙江省。

（2）东北石油大学各本科专业排名（全国排名/档次）

1）中国一流专业（5★）

资源勘查工程：5/A。

2）中国高水平专业（4★）

电气工程及其自动化：88/B++；电子科学与技术：39/B++；电子信息工程：89/B++；过程装备与控制工程：31/B++；化学工程与工艺：84/B++；机械设计制造及其自动化：131/B++；计算机科学与技术：206/B++；能源与动力工程：54/B++；软件工程：103/B++；社会工作：41/B++；石油工程：9/B++；土木工程：96/B++；应用化学：69/B++；油气储运工程：8/B++；自动化：112/B++。

3）中国区域一流专业（3★）

安全工程：53/B+；地球化学：10/B+；地质学：19/B+；电子信息科学与技术：50/B+；工程管理：93/B+；工程力学：56/B+；工商管理：207/B+；海洋油气工程：5/A；建筑环境与能源应用工程：63/B+；金属材料工程：46/B+；勘查技术与工程：21/B+；能源化学工程：17/B+；通信工程：141/B+；舞蹈编导：19/B+；物联网工程：69/B+；行政管理：126/B+；英语：253/B+。

4）中国区域高水平专业（2★）

财务管理：135/C；测控技术与仪器：126/D；地球物理学：20/D；高分子材料与工程：108/D；给排水科学与工程：66/C；工业设计：131/C；国际经济与贸易：221/C；化学：149/D；环境工程：196/D；环境设计：172/C；会计学：270/D；生物医学工程：80/D；市场营销：176/C；数据科学与大数据技术：54/B++；网络空间安全：26/B；信息管理与信息系统：168/C；信息与计算科学：164/C；应用物理学：112/C。

5）中国区域知名专业（1★）

车辆工程：109/D；城乡规划：131/D；俄语：90/D；公共事业管理：238/D；光电信息科学与工程：141/D；汉语言文学：250/D；教育技术学：96/D；经济学：245/D；旅游管理：207/D；人力资源管理：201/D；数学与应用数学：284/D；新能源材料与器件：54/C；应用统计学：65/C；智能电网信息工程：18/D。

12. 黑龙江八一农垦大学

（1）黑龙江八一农垦大学综合实力排名

综合排名：2024校友会中国大学排名第256名，全国农林类高校第28名，黑龙江省高校第12名。

星级排名：中国三星级大学（3★），中国知名、区域一流大学。主管部门：黑龙江省。

（2）黑龙江八一农垦大学各本科专业排名（全国排名/档次）

1）中国高水平专业（4★）

动物医学：13/B++；飞行技术：4/A；会计学：43/B++；农林经济管理：26/B++；农学：21/B++；农业机械化及其自动化：12/B++；食品科学与工程：28/B++；园艺：28/B++；植物保护：13/B++。

2）中国区域一流专业（3★）

财务管理：100/B+；草业科学：17/B+；电气工程及其自动化：133/B+；动物科学：37/B+；动物药学：7/B+；工业设计：85/B+；机械设计制造及其自动化：170/B+；粮食工程：5/A；农业电气化：5/A；农业资源与环境：28/B+；

社会工作：63/B+；生物技术：96/B+；食品质量与安全：45/B+；土木工程：137/B+；信息与计算科学：86/B+；种子科学与工程：13/B+。

3）中国区域高水平专业（2★）

公共事业管理：198/D；国际经济与贸易：266/D；计算机科学与技术：370/D；建筑环境与能源应用工程：84/C；交通运输：71/D；人力资源管理：148/C；生物工程：159/D；市场营销：241/D；水利水电工程：54/D；思想政治教育：143/D；英语：358/D；园林：59/C。

4）中国区域知名专业（1★）

包装工程：50/D；电子信息工程：271/D；供应链管理：14/C；汉语言文学：255/D；环境科学：158/D；设施农业科学与工程：26/D；审计学：40/D；生物科学：162/D；食品营养与检验教育：4/A；食品营养与健康：9/D；数据科学与大数据技术：152/C；水土保持与荒漠化防治：19/D；通信工程：239/D；应用化学：213/D。

13. 佳木斯大学

（1）佳木斯大学综合实力排名

综合排名：2024 校友会中国大学排名第 262 名，全国综合类高校第 79 名，黑龙江省高校第 13 名。

星级排名：中国二星级大学（2★），中国区域高水平大学。主管部门：黑龙江省。

（2）佳木斯大学各本科专业排名（全国排名/档次）

1）中国高水平专业（4★）

材料成型及控制工程：33/B++；焊接技术与工程：9/B++；护理学：29/B++；口腔医学：34/B++；英语：136/B++；预防医学：23/B++；制药工程：45/B++。

2）中国区域一流专业（3★）

地理科学：60/B+；电气工程及其自动化：151/B+；电子信息工程：178/B+；工商管理：180/B+；国际经济与贸易：176/B+；汉语言文学：151/B+；化学：113/B+；会计学：208/B+；机械电子工程：38/B+；机械设计制造及其自动化：170/B+；计算机科学与技术：285/B+；教育技术学：38/B+；金属材料工程：33/B+；康复治疗学：31/B+；历史学：84/B+；临床医学：90/B+；能源与动力工程：98/B+；农业电气化：12/B+；农业机械化及其自动化：28/B+；日语：72/B+；数学与应用数学：168/B+；思想政治教育：116/B+；土木工程：137/B+；无机非金属材料工程：43/B+；物理学：105/B+；物业管理：2/A+；药学：85/B+；医学检验技术：50/B+；自动化：150/B+。

3）中国区域高水平专业（2★）

雕塑：36/D；工业设计：131/C；建筑学：130/D；口腔医学技术：5/A；社会体育指导与管理：99/D；生物医学工程：88/D；市场营销：241/D；体育教育：126/D；网络与新媒体：27/B+；物流管理：139/D；小学教育：66/D；学前教育：90/D；药物分析：9/C；冶金工程：29/D；园林：59/C。

4）中国区域知名专业（1★）

包装工程：50/D；播音与主持艺术：89/D；测控技术与仪器：164/D；朝鲜语：54/D；车辆工程：109/D；电子商务：184/D；动植物检疫：16/D；俄语：90/D；工艺美术：38/D；汉语国际教育：140/C；化学工程与工艺：184/D；环境科学：158/D；环境设计：215/D；绘画：89/D；机器人工程：71/C；健康服务与管理：15/B；交通运输：79/D；旅游管理：207/D；美术学：116/D；生物技术：217/D；生物科学：162/D；视觉传达设计：202/D；通信工程：239/D；舞蹈编导：38/D；心理学：52/D；音乐表演：83/C；音乐学：129/D；应用统计学：91/D；智能制造工程：56/B；作曲与作曲技术理论：31/D。

14. 齐齐哈尔大学

（1）齐齐哈尔大学综合实力排名

综合排名：2024 校友会中国大学排名第 269 名，全国综合类高校第 80 名，黑龙江省高校第 14 名。

星级排名：中国二星级大学（2★），中国区域高水平大学。主管部门：黑龙江省。

（2）齐齐哈尔大学各本科专业排名（全国排名/档次）

1）中国高水平专业（4★）

服装与服饰设计：11/B++；汉语言文学：64/B++；化学工程与工艺：34/B++；计算机科学与技术：60/B++；轻化工程：16/B++；生物工程：47/B++；生物科学：83/B++；食品科学与工程：28/B++；艺术设计学：17/B++；音乐表演：18/B++；应用化学：69/B++；英语：136/B++。

2）中国区域一流专业（3★）

财务管理：84/B+；法学：208/B+；高分子材料与工程：65/B+；工商管理：207/B+；过程装备与控制工程：48/B+；化学：124/B+；绘画：40/B+；机械设计制造及其自动化：170/B+；教育学：50/B+；历史学：84/B+；粮食工程：10/B+；美术学：69/B+；生物技术：122/B+；市场营销：110/B+；数学与应用数学：190/B+；思想政治教育：116/B+；体育教育：72/B+；通信工程：104/B+；无机非金属材料工程：34/B+；物联网工程：69/B+；园艺：41/B+；制药工程：113/B+。

3）中国区域高水平专业（2★）

播音与主持艺术：63/C；电气工程及其自动化：217/D；广播电视学：77/D；国际经济与贸易：266/D；机械电子工程：69/C；酒店管理：25/B；能源化学工程：31/C；日语：162/C；软件工程：215/D；土木工程：216/D；网络工程：119/D；舞蹈编导：28/C；物理学：126/D；物流管理：139/D；戏剧影视文学：49/D；信息与计算科学：231/D；学前教育：70/C；园林：59/C；运动康复：23/B；哲学：64/D；资源循环科学与工程：17/C。

4）中国区域知名专业（1★）

包装工程：50/D；材料化学：94/D；朝鲜语：48/D；城乡规划：103/D；德语：77/D；地理科学：74/D；电子信息工程：271/D；电子信息科学与技术：117/D；俄语：90/D；纺织工程：28/D；光电信息科学与工程：141/D；汉语国际教育：140/C；环境工程：238/D；教育技术学：101/D；林

学：35/D；汽车服务工程：37/D；人工智能：123/C；数据科学与大数据技术：152/C；新闻学：146/D；信息管理与信息系统：278/D；音乐学：129/D；应用心理学：113/D；运动训练：85/D；政治学与行政学：75/D；自动化：231/D。

15. 黑龙江科技大学

（1）黑龙江科技大学综合实力排名

综合排名：2024 校友会中国大学排名第 296 名，全国理工类高校第 135 名，黑龙江省高校第 15 名。

星级排名：中国二星级大学（2★），中国区域高水平大学。主管部门：黑龙江省。

（2）黑龙江科技大学各本科专业排名（全国排名/档次）

1）中国一流专业（5★）

采矿工程：8/A；矿物加工工程：10/A。

2）中国高水平专业（4★）

地质工程：21/B++；电气工程及其自动化：88/B++；环境工程：30/B++；会计学：43/B++；机械设计制造及其自动化：54/B++。

3）中国区域一流专业（3★）

安全工程：45/B+；材料成型及控制工程：80/B+；财务管理：100/B+；测绘工程：46/B+；工程力学：56/B+；国际经济与贸易：142/B+；焊接技术与工程：12/B+；机械电子工程：48/B+；建筑学：95/B+；金属材料工程：33/B+；数学与应用数学：168/B+；通信工程：141/B+；土木工程：137/B+；资源勘查工程：30/B+；自动化：150/B+。

4）中国区域高水平专业（2★）

工程管理：144/D；工商管理：282/D；工业工程：93/C；工业设计：131/C；公共事业管理：124/B；汉语言文学：200/D；机械工艺技术：4/A；计算机科学与技术：370/D；经济学：205/D；软件工程：215/D；商务英语：52/B；社会学：73/D；市场营销：241/D；思想政治教育：143/D；无机非金属材料工程：52/C；物联网工程：104/B；信息管理与信息系统：207/C；信息与计算科学：231/D；英语：358/D。

5）中国区域知名专业（1★）

测控技术与仪器：164/D；城乡规划：103/D；道路桥梁与渡河工程：30/D；电气工程与智能控制：12/D；电子信息工程：271/D；电子信息科学与技术：117/D；俄语：100/D；风景园林：75/D；化学工程与工艺：184/D；金融学：204/D；人文地理与城乡规划：65/D；社会工作：170/D；数据科学与大数据技术：152/C；统计学：177/D；应急技术与管理：5/A；应用化学：213/D；应用物理学：132/D；应用心理学：113/D。

16. 黑龙江工程学院

（1）黑龙江工程学院综合实力排名

综合排名：2024 校友会中国大学排名第 339 名，全国理工类高校第 161 名，黑龙江省高校第 16 名。

星级排名：中国二星级大学（2★），中国区域高水平大学。主管部门：黑龙江省。

（2）黑龙江工程学院各本科专业排名（全国排名/档次）

1）中国顶尖应用型专业（6★）

材料科学与工程：6/A+；测绘工程：1/A++；车辆工程：13/A+；地理信息科学：1/A++；电气工程及其自动化：6/A+；电子信息工程：9/A+；工程管理：3/A++；会计学：23/A+；机械电子工程：14/A+；机械设计制造及其自动化：14/A+；计算机科学与技术：48/A+；交通工程：1/A++；交通运输：1/A++；市场营销：3/A++；土木工程：2/A++。

2）中国一流应用型专业（5★）

材料化学：7/A；测控技术与仪器：7/A；城乡规划：8/A；道路桥梁与渡河工程：5/A；俄语：10/A；复合材料与工程：1/A++；给排水科学与工程：7/A；功能材料：3/A+；建筑环境与能源应用工程：8/A；软件工程：53/A；视觉传达设计：33/A；数字媒体艺术：8/A+；物联网工程：19/A；遥感科学与技术：1/A++；自动化：35/A。

3）中国高水平应用型专业（4★）

材料成型及控制工程：36/B++；产品设计：43/B++；电子科学与技术：22/B++；动画：37/B++；机器人工程：14/A；能源与动力工程：19/B++；人工智能：20/B++；网络与新媒体：32/B++；英语：129/B++。

4）中国区域一流应用型专业（3★）

财务管理：137/B+；城市地下空间工程：10/B+；工程造价：58/B+；工艺美术：14/B+；环境设计：113/B+；金融工程：39/B+；旅游管理：129/B+；社会工作：31/B+；数据科学与大数据技术：60/B++；智能科学与技术：17/B++。

17. 牡丹江师范学院

（1）牡丹江师范学院综合实力排名

综合排名：2024 校友会中国大学排名第 377 名，全国师范类高校第 71 名，黑龙江省高校第 17 名。

星级排名：中国一星级大学（1★），中国区域知名大学。主管部门：黑龙江省。

（2）牡丹江师范学院各本科专业排名（全国排名/档次）

1）中国顶尖应用型专业（6★）

汉语言文学：30/A+；旅游管理：21/A+；数学与应用数学：1/A++；思想政治教育：1/A++；小学教育：2/A++；英语：3/A++。

2）中国一流应用型专业（5★）

化学：23/A；生物技术：7/A；生物科学：24/A；体育教育：19/A；物理学：17/A。

3）中国高水平应用型专业（4★）

动画：37/B++；俄语：15/B++；翻译：19/B++；公共艺术：4/A；广播电视学：19/B++；教育技术学：19/B++；美术学：38/B++；日语：36/B++；商务英语：38/B++；视觉传达设计：72/B++；文化产业管理：11/B++；舞蹈表演：8/A；舞蹈学：11/A；心理学：7/B++；学前教育：95/B++；音乐学：54/B++；制药工程：25/B++。

4）中国区域一流应用型专业（3★）

材料物理：7/B+；地理科学：28/B+；电气工程及其自

动化：157/B+；电子信息科学与技术：53/B+；法语：16/B+；工商管理：106/B+；国际经济与贸易：179/B+；环境设计：113/B+；绘画：30/B+；计算机科学与技术：253/B+；教育学：23/B+；金融数学：11/B+；历史学：55/B+；软件工程：156/B+；数据科学与大数据技术：60/B++；音乐表演：48/B+。

5）中国区域高水平应用型专业（2★）

朝鲜语：32/C；汉语国际教育：110/C；汉语言：8/B；化学工程与工艺：121/D；经济学：80/C；科学教育：19/C；秘书学：35/B；应用化学：96/C；知识产权：20/B。

6）中国区域知名应用型专业（1★）

社会体育指导与管理：104/C；园艺：45/D。

18. 哈尔滨体育学院

（1）哈尔滨体育学院综合实力排名

综合排名：2024校友会中国大学排名第393名，全国体育类高校第11名，黑龙江省高校第18名。

星级排名：中国三星级大学（3★），中国知名、区域一流大学。主管部门：黑龙江省。

（2）哈尔滨体育学院各本科专业排名（全国排名/档次）

1）中国顶尖应用型专业（6★）

社会体育指导与管理：4/A+；体育教育：1/A++。

2）中国一流应用型专业（5★）

冰雪运动：1/A++；舞蹈表演：3/A+；运动康复：1/A++；运动人体科学：1/A++；运动训练：4/A。

3）中国高水平应用型专业（4★）

表演：18/B++；体育经济与管理：5/A；武术与民族传统体育：4/A；休闲体育：5/A。

4）中国区域一流应用型专业（3★）

新闻学：50/B+；英语：198/B+。

18. 齐齐哈尔医学院

（1）齐齐哈尔医学院综合实力排名

综合排名：2024校友会中国大学排名第393名，全国医药类高校第65名，黑龙江省高校第18名。

星级排名：中国一星级大学（1★），中国区域知名大学。主管部门：黑龙江省。

（2）齐齐哈尔医学院各本科专业排名（全国排名/档次）

1）中国顶尖应用型专业（6★）

护理学：15/A+；精神医学：1/A++；临床医学：10/A+；药学：1/A++。

2）中国一流应用型专业（5★）

药物制剂：1/A++；医学检验技术：10/A；应用心理学：7/A+；预防医学：4/A。

3）中国高水平应用型专业（4★）

公共事业管理：14/B++；康复治疗学：17/B++；口腔医学：13/B++；临床药学：2/A+；麻醉学：10/B++；医学影像技术：13/B++；医学影像学：11/B++；中药学：12/B++。

4）中国区域一流应用型专业（3★）

健康服务与管理：15/B++；生物医学工程：18/B+；食品营养与检验教育：4/A；助产学：5/A。

5）中国区域高水平应用型专业（2★）

儿科学：5/A；家政学：6/B；社会工作：62/C；市场营销：231/C；信息管理与信息系统：119/C。

20. 黑河学院

（1）黑河学院综合实力排名

综合排名：2024校友会中国大学排名第422名，全国综合类高校第136名，黑龙江省高校第20名。

星级排名：中国一星级大学（1★），中国区域知名大学。主管部门：黑龙江省。

（2）黑河学院各本科专业排名（全国排名/档次）

1）中国顶尖应用型专业（6★）

俄语：1/A++；绘画：4/A+；学前教育：25/A+。

2）中国一流应用型专业（5★）

国际经济与贸易：62/A；计算机科学与技术：101/A；通信工程：43/A；小学教育：41/A；音乐学：17/A。

3）中国高水平应用型专业（4★）

汉语国际教育：36/B++；商务英语：38/B++；网络工程：47/B++；物联网工程：62/B++。

4）中国区域一流应用型专业（3★）

电子信息科学与技术：53/B+；工艺美术：14/B+；光电信息科学与工程：36/B+；广播电视编导：72/B+；书法学：16/B+；物流管理：127/B+。

5）中国区域高水平应用型专业（2★）

法学：138/C；翻译：84/C；广播电视学：57/C；汉语言文学：253/C；航空服务艺术与管理：10/B+；环境设计：203/B；会计学：223/C；旅游管理：180/C；美术学：124/C；社会工作：62/C；社会体育指导与管理：61/B；生物技术：71/C；视觉传达设计：235/C；数据科学与大数据技术：199/C；数学与应用数学：166/D；舞蹈表演：43/B；音乐表演：85/C；应用化学：96/C；英语：318/C。

6）中国区域知名应用型专业（1★）

跨境电子商务：22/B。

21. 大庆师范学院

（1）大庆师范学院综合实力排名

综合排名：2024校友会中国大学排名第436名，全国师范类高校第92名，黑龙江省高校第21名。

星级排名：中国一星级大学（1★），中国区域知名大学。主管部门：黑龙江省。

（2）大庆师范学院各本科专业排名（全国排名/档次）

1）中国顶尖应用型专业（6★）

法学：13/A+；化学工程与工艺：13/A+；市场营销：3/A++；学前教育：1/A++；英语：47/A+。

2）中国一流应用型专业（5★）

电子信息工程：66/A；俄语：10/A；汉语国际教育：12/A；汉语言文学：63/A；科学教育：5/A；日语：13/A；软件工程：53/A；生物技术：7/A；数学与应用数学：38/A；舞蹈表演：3/A+；小学教育：41/A；音乐表演：9/A。

3）中国高水平应用型专业（4★）

财务管理：80/B++；绘画：12/B++；生物制药：8/B++；视觉传达设计：72/B++；网络工程：47/B++；油气储运工程：6/B++；自动化：70/B++。

4）中国区域一流应用型专业（3★）

翻译：39/B+；环境设计：113/B+；计算机科学与技术：253/B+；经济与金融：20/B+；旅游管理：129/B+；美术学：82/B+；生物科学：54/B+；数字媒体技术：57/B+；应用化学：65/B+。

5）中国区域高水平应用型专业（2★）

材料科学与工程：50/C；化学：100/C；秘书学：35/B；汽车服务工程：103/C；商务英语：161/C；社会体育指导与管理：61/B；物理学：99/C；物联网工程：232/C；知识产权：20/B。

6）中国区域知名应用型专业（1★）

数据科学与大数据技术：272/D。

22. 哈尔滨学院

（1）哈尔滨学院综合实力排名

综合排名：2024 校友会中国大学排名第 453 名，全国综合类高校第 155 名，黑龙江省高校第 22 名。

星级排名：中国一星级大学（1★），中国区域知名大学。主管部门：黑龙江省。

（2）哈尔滨学院各本科专业排名（全国排名/档次）

1）中国顶尖应用型专业（6★）

视觉传达设计：18/A+；小学教育：21/A+。

2）中国一流应用型专业（5★）

城市地下空间工程：2/A+；摄影：3/A+；土木工程：49/A。

3）中国高水平应用型专业（4★）

服装与服饰设计：32/B++；汉语言文学：118/B++；食品科学与工程：37/B++；音乐表演：21/B++。

4）中国区域一流应用型专业（3★）

冰雪运动：3/A+；电子信息工程：186/B+；动画：82/B+；俄语：26/B+；公共艺术：11/B+；化学：73/B+；计算机科学与技术：253/B+；建筑电气与智能化：20/B+；思想政治教育：78/B+；物理学：66/B+；学前教育：130/B+；音乐学：87/B+。

5）中国区域高水平应用型专业（2★）

法学：138/C；工艺美术：34/C；环境设计：203/B；环境生态工程：21/C；会计学：223/C；绘画：44/C；金融学：107/C；旅游管理：180/C；秘书学：35/B；商务英语：161/C；社会工作：62/C；数学与应用数学：166/D；网络工程：137/C；舞蹈编导：28/C；英语：318/C；智能建造：13/C。

6）中国区域知名应用型专业（1★）

财务管理：326/C；地理信息科学：57/D；汉语国际教育：153/D；酒店管理：124/C；商务经济学：12/D；社会体育指导与管理：104/C；食品质量与安全：104/D；网络与新媒体：140/C。

22. 牡丹江医学院

（1）牡丹江医学院综合实力排名

综合排名：2024 校友会中国大学排名第 453 名，全国医药类高校第 74 名，黑龙江省高校第 22 名。

星级排名：中国一星级大学（1★），中国区域知名大学。主管部门：黑龙江省。

（2）牡丹江医学院各本科专业排名（全国排名/档次）

1）中国顶尖应用型专业（6★）

临床医学：10/A+；医学检验技术：1/A++。

2）中国一流应用型专业（5★）

护理学：32/A；康复治疗学：8/A；口腔医学：8/A；麻醉学：4/A；药学：16/A；医学影像学：2/A+；预防医学：4/A；制药工程：9/A。

3）中国高水平应用型专业（4★）

卫生检验与检疫：3/A+。

4）中国区域一流应用型专业（3★）

公共事业管理：37/B+；生物医学工程：18/B+；市场营销：144/B+；物流管理：127/B+；信息管理与信息系统：71/B+；应用心理学：47/B+。

5）中国区域高水平应用型专业（2★）

健康服务与管理：33/B；药物制剂：24/D；医学影像技术：42/D。

6）中国区域知名应用型专业（1★）

生物技术：95/D；食品质量与安全：104/D；应用统计学：59/C。

24. 哈尔滨金融学院

（1）哈尔滨金融学院综合实力排名

综合排名：2024 校友会中国大学排名第 472 名，全国财经类高校第 47 名，黑龙江省高校第 24 名。

星级排名：中国一星级大学（1★），中国区域知名大学。主管部门：黑龙江省。

（2）哈尔滨金融学院各本科专业排名（全国排名/档次）

1）中国顶尖应用型专业（6★）

保险学：1/A++；会计学：23/A+；金融工程：2/A++；税收学：1/A++。

2）中国一流应用型专业（5★）

财务管理：40/A；国际经济与贸易：62/A；金融学：26/A；投资学：5/A+；信用管理：1/A++。

3）中国高水平应用型专业（4★）

公共事业管理：14/B++；计算机科学与技术：168/B++；审计学：20/B++；市场营销：85/B++；信息管理与信息系统：35/B++；知识产权：6/B++。

4）中国区域一流应用型专业（3★）

电子商务：109/B+；金融科技：7/B++；经济学：52/B+；人力资源管理：75/B+；资产评估：16/B+。

5）中国区域高水平应用型专业（2★）

劳动与社会保障：21/B；软件工程：221/C；商务英

语：161/C。

24. 绥化学院

（1）绥化学院综合实力排名

综合排名：2024 校友会中国大学排名第 472 名，全国综合类高校第 168 名，黑龙江省高校第 24 名。

星级排名：中国一星级大学（1★），中国区域知名大学。主管部门：黑龙江省。

（2）绥化学院各本科专业排名（全国排名/档次）

1）中国顶尖应用型专业（6★）

特殊教育：1/A++。

2）中国一流应用型专业（5★）

电气工程及其自动化：48/A；汉语言文学：63/A；食品科学与工程：17/A；数学与应用数学：38/A。

3）中国高水平应用型专业（4★）

日语：36/B++；水利水电工程：11/B++；网络与新媒体：32/B++；制药工程：25/B++。

4）中国区域一流应用型专业（3★）

汽车服务工程：66/B+；数字出版：4/A；水文与水资源工程：7/B+；学前教育：130/B+；英语：198/B+。

5）中国区域高水平应用型专业（2★）

电子信息工程：242/C；化学工程与工艺：121/D；环境设计：203/B；计算机科学与技术：379/D；教育康复学：4/A；农学：23/D；软件工程：221/C；食品质量与安全：57/B；市场营销：231/C；舞蹈编导：28/C；物流管理：182/C；音乐表演：85/C；自动化：176/D。

6）中国区域知名应用型专业（1★）

保险学：46/D；财务管理：326/C；电子商务：219/C；工程造价：136/C；化学：122/D；旅游管理：234/D；人文地理与城乡规划：49/D；视觉传达设计：299/D；书法学：54/D；小学教育：142/C。

26. 黑龙江工业学院

（1）黑龙江工业学院综合实力排名

综合排名：2024 校友会中国大学排名第 493 名，全国理工类高校第 211 名，黑龙江省高校第 26 名。

星级排名：中国一星级大学（1★），中国区域知名大学。主管部门：黑龙江省。

（2）黑龙江工业学院各本科专业排名（全国排名/档次）

1）中国顶尖应用型专业（6★）

采矿工程：1/A++。

2）中国一流应用型专业（5★）

俄语：10/A；矿物加工工程：3/A+。

3）中国高水平应用型专业（4★）

机械设计制造及其自动化：128/B++；中国共产党历史：2/A+。

4）中国区域一流应用型专业（3★）

安全工程：31/B+；材料科学与工程：37/B+；测绘工程：42/B+；电气工程及其自动化：157/B+；秘书学：10/B++；食品质量与安全：34/B+；市场营销：144/B+；数据科学与大数据技术：60/B++。

5）中国区域高水平应用型专业（2★）

商务经济学：9/C；土木工程：219/C；遥感科学与技术：9/C。

6）中国区域知名应用型专业（1★）

财务管理：326/C；环境设计：311/D；商务英语：230/D；网络与新媒体：140/C；学前教育：215/C；智能制造工程：70/C。

27. 哈尔滨音乐学院

（1）哈尔滨音乐学院综合实力排名

综合排名：2024 校友会中国大学排名第 509 名，全国艺术类高校第 32 名，黑龙江省高校第 27 名。

星级排名：中国二星级大学（2★），中国区域高水平大学。主管部门：黑龙江省。

（2）哈尔滨音乐学院各本科专业排名（全国排名/档次）

1）中国顶尖应用型专业（6★）

音乐表演：1/A++；音乐学：1/A++。

2）中国高水平应用型专业（4★）

作曲与作曲技术理论：4/A。

3）中国区域高水平应用型专业（2★）

舞蹈表演：43/B；艺术管理：5/A。

三、黑龙江省民办大学专业排名详情

1. 黑龙江外国语学院

（1）黑龙江外国语学院综合实力排名

综合排名：2024 校友会中国民办大学排名第 7 名，全国语言类民办高校第 1 名，黑龙江省民办高校第 1 名。

星级排名：中国六星级应用型大学（6★），中国顶尖应用型大学。

（2）黑龙江外国语学院各本科专业排名（全国排名/档次）

1）中国顶尖应用型专业（6★）

阿拉伯语：2/A+；财务管理：1/A++；朝鲜语：1/A++；德语：1/A++；电子商务：6/A+；俄语：1/A++；法语：1/A++；翻译：1/A++；国际经济与贸易：2/A++；汉语国际教育：1/A++；计算机科学与技术：2/A++；葡萄牙语：1/A++；日语：1/A++；商务英语：1/A++；市场营销：3/A++；视觉传达设计：18/A+；西班牙语：1/A++；意大利语：1/A++；英语：3/A++。

2）中国一流应用型专业（5★）

播音与主持艺术：14/A；动画：17/A；国际商务：7/A；汉语言文学：63/A；环境设计：34/A；酒店管理：14/A；蒙古语：1/A++；软件工程：53/A；网络与新媒体：12/A+；小学教育：41/A。

3）中国高水平应用型专业（4★）

人力资源管理：32/B++；数据科学与大数据技术：23/A；数字媒体技术：25/B++。

2. 哈尔滨华德学院

（1）哈尔滨华德学院综合实力排名

综合排名：2024校友会中国民办大学排名第13名，全国理工类民办高校第13名，黑龙江省民办高校第2名。

星级排名：中国六星级应用型大学（6★），中国顶尖应用型大学。

（2）哈尔滨华德学院各本科专业排名（全国排名/档次）

1）中国顶尖应用型专业（6★）

电气工程及其自动化：6/A+；电子信息工程：9/A+；俄语：1/A++；工商管理：5/A+；焊接技术与工程：1/A++；机械电子工程：1/A++；机械设计制造及其自动化：14/A+；交通运输：1/A++；汽车服务工程：1/A++；软件工程：1/A++；视觉传达设计：1/A++；通信工程：1/A++。

2）中国一流应用型专业（5★）

材料成型及控制工程：16/A；财务管理：40/A；车辆工程：19/A；工程管理：27/A；国际经济与贸易：62/A；环境设计：34/A；计算机科学与技术：101/A；市场营销：38/A；土木工程：49/A；物联网工程：19/A；信息工程：2/A+；信息管理与信息系统：17/A；自动化：35/A。

3）中国高水平应用型专业（4★）

动画：37/B++；服装设计与工程：18/B++；服装与服饰设计：32/B++；工程造价：34/B++；工业设计：17/B++；广播电视编导：31/B++；机器人工程：14/A；建筑学：36/B++；人力资源管理：32/B++；数字媒体艺术：30/B++；英语：129/B++；智能制造工程：2/A+。

4）中国区域一流应用型专业（3★）

大数据管理与应用：16/B+；数据科学与大数据技术：60/B++。

3. 哈尔滨石油学院

（1）哈尔滨石油学院综合实力排名

综合排名：2024校友会中国民办大学排名第28名，全国理工类民办高校第28名，黑龙江省民办高校第3名。

星级排名：中国五星级应用型大学（5★），中国一流应用型大学。

（2）哈尔滨石油学院各本科专业排名（全国排名/档次）

1）中国一流应用型专业（5★）

石油工程：5/A。

2）中国高水平应用型专业（4★）

化学工程与工艺：50/B++；土木工程：97/B++；物联网工程：62/B++；油气储运工程：6/B++。

3）中国区域一流应用型专业（3★）

测控技术与仪器：34/B+；电气工程及其自动化：157/B+；工业设计：48/B+；过程装备与控制工程：10/B+；环境工程：60/B+；机械电子工程：74/B+；机械设计制造及其自动化：207/B+；能源化学工程：6/B+；信息安全：8/B+。

4）中国区域高水平应用型专业（2★）

俄语：32/C；工程管理：142/C；广播电视编导：105/C；计算机科学与技术：379/D；建筑环境与能源应用工程：50/C；音乐表演：85/C；英语：318/C。

5）中国区域知名应用型专业（1★）

表演：70/D；材料成型及控制工程：109/D；财务管理：326/C；电子信息工程：314/D；动画：153/D；工程造价：136/C；国际经济与贸易：325/D；数据科学与大数据技术：272/D；通信工程：247/D；学前教育：215/C。

4. 哈尔滨广厦学院

（1）哈尔滨广厦学院综合实力排名

综合排名：2024校友会中国民办大学排名第29名，全国综合类民办高校第30名，黑龙江省民办高校第4名。

星级排名：中国五星级应用型大学（5★），中国一流应用型大学。

（2）哈尔滨广厦学院各本科专业排名（全国排名/档次）

1）中国高水平应用型专业（4★）

汽车服务工程：38/B++；应用心理学：20/B++。

2）中国区域一流应用型专业（3★）

财务管理：137/B+；电气工程及其自动化：157/B+；汉语言文学：180/B+；计算机科学与技术：253/B+；审计学：52/B+；影视摄影与制作：15/B+。

3）中国区域高水平应用型专业（2★）

电子商务：159/B；会展经济与管理：35/B；机械设计制造及其自动化：246/D；交通运输：48/D；软件工程：221/C；市场营销：231/C；物联网工程：232/C；物流管理：182/C。

4）中国区域知名应用型专业（1★）

工商管理：205/D；国际经济与贸易：325/D；环境设计：311/D；会计学：280/D；人力资源管理：202/D；视觉传达设计：299/D；通信工程：247/D；学前教育：215/C；英语：412/D。

5. 哈尔滨剑桥学院

（1）哈尔滨剑桥学院综合实力排名

综合排名：2024校友会中国民办大学排名第31名，全国综合类民办高校第32名，黑龙江省民办高校第5名。

星级排名：中国五星级应用型大学（5★），中国一流应用型大学。

（2）哈尔滨剑桥学院各本科专业排名（全国排名/档次）

1）中国顶尖应用型专业（6★）

会计学：23/A+；汽车服务工程：1/A++；学前教育：25/A+。

2）中国一流应用型专业（5★）

电子信息工程：66/A；工程管理：27/A；机械设计制造及其自动化：68/A；视觉传达设计：33/A；小学教育：41/A。

3）中国高水平应用型专业（4★）

产品设计：43/B++；朝鲜语：11/B++；电气工程及其自动化：91/B++；国际经济与贸易：109/B++；汉语国际教育：36/B++；计算机科学与技术：168/B++；汽车维修工程

教育：1/A++；英语：129/B++。

4）中国区域一流应用型专业（3★）

财务管理：137/B+；工程造价：58/B+；互联网金融：14/B+；环境设计：113/B+；机械工艺技术：2/A+；零售业管理：3/A+；人力资源管理：75/B+；日语：69/B+；商务英语：71/B+；数字媒体艺术：63/B+；网络工程：82/B+。

6. 黑龙江财经学院

（1）黑龙江财经学院综合实力排名

综合排名：2024校友会中国民办大学排名第38名，全国财经类民办高校第20名，黑龙江省民办高校第6名。

星级排名：中国五星级应用型大学（5★），中国一流应用型大学。

（2）黑龙江财经学院各本科专业排名（全国排名/档次）

1）中国顶尖应用型专业（6★）

财务管理：18/A+；会计学：23/A+；金融学：2/A++；信息管理与信息系统：1/A++。

2）中国一流应用型专业（5★）

保险学：9/A；电子商务：37/A；国际经济与贸易：62/A；旅游管理：42/A；市场营销：38/A；英语：62/A。

3）中国高水平应用型专业（4★）

动画：37/B++；工商管理：64/B++；国际商务：20/B++；互联网金融：6/B++；计算机科学与技术：168/B++；金融工程：22/B++；经济学：24/B++；酒店管理：27/B++；审计学：20/B++；投资学：11/B++。

4）中国区域一流应用型专业（3★）

电子信息工程：186/B+；法学：82/B+；工艺美术：14/B+；广告学：43/B+；汉语言文学：180/B+；环境设计：113/B+；会展经济与管理：21/B+；人力资源管理：75/B+；商务英语：71/B+；视觉传达设计：140/B+；数据科学与大数据技术：60/B++；物流管理：127/B+；资产评估：16/B+。

7. 黑龙江东方学院

（1）黑龙江东方学院综合实力排名

综合排名：2024校友会中国民办大学排名第41名，全国综合类民办高校第42名，黑龙江省民办高校第7名。

星级排名：中国五星级应用型大学（5★），中国一流应用型大学。

（2）黑龙江东方学院各本科专业排名（全国排名/档次）

1）中国顶尖应用型专业（6★）

食品科学与工程：7/A+；视觉传达设计：18/A+。

2）中国一流应用型专业（5★）

朝鲜语：6/A；俄语：10/A；高分子材料与工程：4/A；国际经济与贸易：62/A；汉语国际教育：12/A；乳品工程：1/A++；商务英语：12/A+；信息管理与信息系统：17/A；应用化学：14/A。

3）中国高水平应用型专业（4★）

法学：55/B++；环境工程：32/B++；机械设计制造及其自动化：128/B++；建筑学：36/B++；食品质量与安全：8/A。

4）中国区域一流应用型专业（3★）

电子信息工程：186/B+；环境设计：113/B+；机器人工程：36/B+；机械电子工程：74/B+；计算机科学与技术：253/B+；建筑电气与智能化：20/B+；软件工程：156/B+；土木工程：160/B+；新闻学：50/B+。

5）中国区域高水平应用型专业（2★）

电子商务：159/B；动画：117/C；翻译：84/C；给排水科学与工程：54/C；工程造价：88/B；公共事业管理：74/C；汉语言文学：253/C；建筑环境与能源应用工程：50/C；金融学：107/C；旅游管理：180/C；贸易经济：17/D；数字媒体艺术：119/C；物流管理：182/C；英语：318/C。

6）中国区域知名应用型专业（1★）

保险学：46/D；新能源汽车工程：13/D。

8. 黑龙江工商学院

（1）黑龙江工商学院综合实力排名

综合排名：2024校友会中国民办大学排名第49名，全国财经类民办高校第23名，黑龙江省民办高校第8名。

星级排名：中国四星级应用型大学（4★），中国高水平应用型大学。

（2）黑龙江工商学院各本科专业排名（全国排名/档次）

1）中国高水平应用型专业（4★）

会计学：105/B++；市场营销：85/B++。

2）中国区域一流应用型专业（3★）

电气工程及其自动化：157/B+；电子商务：109/B+；国际经济与贸易：179/B+；机械电子工程：74/B+；金融学：79/B+；商务英语：71/B+；网络工程：82/B+。

3）中国区域高水平应用型专业（2★）

播音与主持艺术：98/C；财务管理：251/C；电子信息工程：242/C；工商管理：170/C；计算机科学与技术：379/D；软件工程：221/C；土木工程：219/C；物联网工程：232/C。

4）中国区域知名应用型专业（1★）

车辆工程：117/D；广播电视编导：135/D；环境设计：311/D；交通运输：59/D；商务经济学：12/D；视觉传达设计：299/D；数字媒体艺术：155/C；通信工程：247/D。

9. 哈尔滨信息工程学院

（1）哈尔滨信息工程学院综合实力排名

综合排名：2024校友会中国民办大学排名第53名，全国理工类民办高校第53名，黑龙江省民办高校第9名。

星级排名：中国四星级应用型大学（4★），中国高水平应用型大学。

（2）哈尔滨信息工程学院各本科专业排名（全国排名/档次）

1）中国高水平应用型专业（4★）

软件工程：95/B++。

2）中国区域一流应用型专业（3★）

计算机科学与技术：253/B+。

3）中国区域高水平应用型专业（2★）

电子商务：159/B；电子信息工程：242/C；视觉传达设计：235/C；自动化：176/D。

4）中国区域知名应用型专业（1★）

环境设计：311/D；人工智能：86/C；数据科学与大数据技术：272/D；物流管理：251/D；虚拟现实技术：8/D；智能科学与技术：63/C。

10. 齐齐哈尔工程学院

（1）齐齐哈尔工程学院综合实力排名

综合排名：2024校友会中国民办大学排名第62名，全国理工类民办高校第62名，黑龙江省民办高校第10名。

星级排名：中国三星级应用型大学（3★），中国知名、区域一流应用型大学。

（2）齐齐哈尔工程学院各本科专业排名（全国排名/档次）

1）中国一流应用型专业（5★）

机械设计制造及其自动化：68/A。

2）中国高水平应用型专业（4★）

车辆工程：34/B++；计算机科学与技术：168/B++；农业工程：1/A++。

3）中国区域一流应用型专业（3★）

电气工程及其自动化：157/B+；电子商务：109/B+；护理学：90/B+；健康服务与管理：15/B++。

4）中国区域高水平应用型专业（2★）

财务管理：251/C；风景园林：62/C；土木工程：219/C；英语：318/C；助产学：28/C。

5）中国区域知名应用型专业（1★）

电子科学与技术：66/D；动画：153/D；工程管理：174/C；互联网金融：32/C；汽车服务工程：134/D；食品质量与安全：104/D；市场营销：321/D；视觉传达设计：299/D；数据科学与大数据技术：272/D。

11. 哈尔滨远东理工学院

（1）哈尔滨远东理工学院综合实力排名

综合排名：2024校友会中国民办大学排名第64名，全国理工类民办高校第64名，黑龙江省民办高校第11名。

星级排名：中国三星级应用型大学（3★），中国知名、区域一流应用型大学。

（2）哈尔滨远东理工学院各本科专业排名（全国排名/档次）

1）中国高水平应用型专业（4★）

土木工程：97/B++。

2）中国区域一流应用型专业（3★）

电气工程及其自动化：157/B+；工程造价：58/B+；机械电子工程：74/B+；机械设计制造及其自动化：207/B+；软件工程：156/B+。

3）中国区域高水平应用型专业（2★）

产品设计：130/C；工程管理：142/C；工业工程：27/B；汉语言文学：253/C；环境设计：203/B；会计学：223/C；机器人工程：97/C；日语：119/C；市场营销：231/C；视觉传达设计：235/C。

4）中国区域知名应用型专业（1★）

财务管理：326/C；道路桥梁与渡河工程：42/D；电子信息工程：314/D；电子信息科学与技术：88/D；俄语：46/D；国际经济与贸易：325/D；计算机科学与技术：469/D；汽车服务工程：134/D；数据科学与大数据技术：272/D；物流工程：52/D。

12. 黑龙江工程学院昆仑旅游学院

（1）黑龙江工程学院昆仑旅游学院综合实力排名

综合排名：2024校友会中国民办大学排名第78名，全国财经类民办高校第42名，黑龙江省民办高校第12名。

星级排名：中国三星级应用型大学（3★），中国知名、区域一流应用型大学。

（2）黑龙江工程学院昆仑旅游学院各本科专业排名（全国排名/档次）

1）中国区域一流应用型专业（3★）

酒店管理：47/B+；旅游管理：129/B+；市场营销：144/B+；文化产业管理：22/B+。

2）中国区域高水平应用型专业（2★）

环境设计：203/B。

3）中国区域知名应用型专业（1★）

产品设计：180/D；跨境电子商务：22/B；数字媒体艺术：155/C；英语：412/D。

第二节　吉林省

一、吉林省大学综合实力排名

1. 吉林省大学排名

表6-4　2024校友会吉林省大学排名

全国排名	学校名称	所在城市	星级排名	办学层次	星级专业数/个								
					专业类型	8★	7★	6★	5★	4★	3★	2★	1★
25	吉林大学	长春市	7★	世界知名高水平大学	研究型	0	2	13	28	73	30	0	0

续表

全国排名	学校名称	所在城市	星级排名	办学层次	星级专业数/个								
					专业类型	8★	7★	6★	5★	4★	3★	2★	1★
58	东北师范大学	长春市	5★	中国一流大学	研究型	0	1	2	12	38	16	14	0
140	东北电力大学	吉林市	4★	中国高水平大学	研究型	0	0	1	12	10	11	10	0
177	吉林农业大学	长春市	4★	中国高水平大学	研究型	0	0	0	3	13	15	20	22
207	长春理工大学	长春市	3★	区域一流大学	研究型	0	0	1	3	18	13	8	14
211	延边大学	延边朝鲜族自治州	3★	区域一流大学	研究型	0	0	0	2	19	12	26	14
240	吉林化工学院	吉林市	2★	区域高水平大学	研究型	0	0	0	1	8	6	17	15
247	北华大学	吉林市	3★	区域一流大学	研究型	0	0	0	1	14	13	27	36
251	吉林财经大学	长春市	3★	区域一流大学	研究型	0	0	0	1	16	6	5	6
251	吉林师范大学	四平市	2★	区域高水平大学	研究型	0	0	0	0	9	10	29	15
291	长春中医药大学	长春市	3★	区域一流大学	研究型	0	0	0	1	7	9	0	6
300	长春师范大学	长春市	2★	区域高水平大学	研究型	0	0	0	1	12	14	14	31
311	长春工业大学	长春市	3★	区域一流大学	研究型	0	0	0	0	12	16	13	18
351	长春大学	长春市	2★	区域高水平大学	研究型	0	0	0	1	4	12	11	34
364	吉林艺术学院	长春市	3★	区域一流大学	研究型	0	0	0	1	16	7	10	1
377	吉林工程技术师范学院	长春市	1★	区域知名大学	应用型	0	0	9	10	12	6	15	0
377	吉林体育学院	长春市	4★	中国高水平大学	研究型	0	0	1	1	6	2	3	0
377	长春工程学院	长春市	2★	区域高水平大学	应用型	0	0	14	15	12	8	5	0
387	吉林建筑大学	长春市	2★	区域高水平大学	研究型	0	0	0	4	7	16	5	18
407	吉林农业科技学院	吉林市	2★	区域高水平大学	应用型	0	0	3	5	4	16	10	5
407	通化师范学院	通化市	1★	区域知名大学	应用型	0	0	5	4	6	10	13	8
436	吉林工商学院	长春市	1★	区域知名大学	应用型	0	0	10	9	8	6	9	3
436	吉林医药学院	吉林市	1★	区域知名大学	应用型	0	0	3	4	6	3	4	0
453	白城师范学院	白城市	1★	区域知名大学	应用型	0	0	1	3	9	11	14	10
465	吉林警察学院	长春市	3★	区域一流大学	应用型	0	0	4	1	4	6	9	0

2. 吉林省民办大学排名

表 6-5　2024 校友会吉林省民办大学排名（含独立学院）

全国排名	学校名称	所在城市	星级排名	办学层次	星级专业数/个								
					专业类型	8★	7★	6★	5★	4★	3★	2★	1★
6	长春财经学院	长春市	6★	中国顶尖应用型大学	应用型	0	0	21	10	0	0	0	0
10	长春光华学院	长春市	6★	中国顶尖应用型大学	应用型	0	0	16	13	14	0	0	0
12	吉林建筑科技学院	长春市	6★	中国顶尖应用型大学	应用型	0	0	15	13	13	3	0	0
15	长春建筑学院	长春市	5★	中国一流应用型大学	应用型	0	0	13	11	13	7	0	0
16	长春电子科技学院	长春市	5★	中国一流应用型大学	应用型	0	0	11	9	12	1	0	0
20	吉林外国语大学	长春市	6★	中国顶尖应用型大学	应用型	0	0	7	8	13	14	2	0
23	吉林动画学院	长春市	5★	中国一流应用型大学	应用型	0	0	6	6	11	11	0	0
39	长春人文学院	长春市	4★	中国高水平应用型大学	应用型	0	0	4	3	12	14	11	4
45	长春科技学院	长春市	4★	中国高水平应用型大学	应用型	0	0	0	3	8	8	13	15
62	吉林师范大学博达学院	四平市	4★	中国高水平应用型大学	应用型	0	0	0	2	3	14	3	11
70	长春大学旅游学院	长春市	3★	区域一流应用型大学	应用型	0	0	1	0	3	7	4	16
77	长春工业大学人文信息学院	长春市	3★	区域一流应用型大学	应用型	0	0	0	0	7	7	12	14

3. 吉林省高职院校排名

表 6-6 2024 校友会吉林省高职院校排名

全国排名	学校名称	所在城市	办学类型	星级排名	办学层次
30	长春职业技术学院	长春市	职业技能型	5★	中国一流高职院校
39	长春汽车工业高等专科学校	长春市	职业技能型	4★	中国高水平高职院校
78	白城医学高等专科学校	白城市	职业技能型	3★	区域一流高职院校
83	吉林铁道职业技术学院	吉林市	职业技能型	3★	区域一流高职院校
99	吉林交通职业技术学院	长春市	职业技能型	3★	区域一流高职院校
125	长白山职业技术学院	白山市	职业技能型	3★	区域一流高职院校
132	吉林电子信息职业技术学院	吉林市	职业技能型	3★	区域一流高职院校
142	长春医学高等专科学校	长春市	职业技能型	3★	区域一流高职院校
157	吉林城市职业技术学院	长春市	职业技能型	2★	区域高水平高职院校
157	吉林工业职业技术学院	吉林市	职业技能型	2★	区域高水平高职院校
168	吉林职业技术学院	延边朝鲜族自治州	职业技能型	2★	区域高水平高职院校
169	长春信息技术职业学院	长春市	职业技能型	2★	区域高水平高职院校
172	吉林工程职业学院	四平市	职业技能型	2★	区域高水平高职院校
175	吉林科技职业技术学院	长春市	职业技能型	2★	区域高水平高职院校
195	四平职业大学	四平市	职业技能型	2★	区域高水平高职院校

二、吉林省大学专业排名详情

1. 吉林大学

（1）吉林大学综合实力排名

综合排名：2024 校友会中国大学排名第 25 名，全国综合类高校第 18 名，吉林省高校第 1 名。

星级排名：中国七星级大学（7★），世界知名高水平大学、中国顶尖大学。“985 工程”大学，“211 工程”大学。

主管部门：教育部。

（2）吉林大学各本科专业排名（全国排名/档次）

1）世界知名高水平、中国顶尖专业（7★）

化学：7/A++；考古学：2/A++。

2）世界高水平、中国顶尖专业（6★）

车辆工程：7/A+；地质工程：6/A+；法学：7/A+；高分子材料与工程：9/A+；机械工程：15/A+；计算机科学与技术：18/A+；交通运输：7/A+；勘查技术与工程：1/A++；农业机械化及其自动化：2/A+；数学与应用数学：18/A+；物理学：12/A+；哲学：8/A+；政治学与行政学：9/A+。

3）中国一流专业（5★）

材料成型及控制工程：22/A；材料科学与工程：36/A；材料物理：4/A+；测控技术与仪器：15/A；地球物理学：9/A；地下水科学与工程：2/A+；地质学：6/A；电子信息科学与技术：5/A+；动物医学：6/A；放射医学：1/A++；公共事业管理：11/A+；国际经济与贸易：35/A；国际政治：10/A；护理学：23/A；机械设计制造及其自动化：43/A；临床医学：23/A；人力资源管理：8/A+；日语：3/A++；社会工作：12/A；生物技术：19/A；思想政治教育：22/A；通信工程：17/A；物联网工程：6/A+；物流管理：7/A+；信息工程：9/A；信息管理与信息系统：24/A；应用物理学：17/A；预防医学：19/A。

4）中国高水平专业（4★）

包装工程：12/B++；播音与主持艺术：4/A+；材料化学：19/B++；财务管理：46/B++；财政学：32/B++；测绘工程：31/B++；朝鲜语：17/B++；档案学：12/B++；道路桥梁与渡河工程：8/B++；德语：20/B++；地理科学：41/B++；地理信息科学：16/B++；地球化学：6/B++；电气工程及其自动化：88/B++；电子科学与技术：39/B++；电子信息工程：89/B++；动物科学：25/B++；俄语：29/B++；仿生科学与工程：1/A++；工程管理：55/B++；工程力学：39/B++；工商管理：100/B++；工业工程：28/B++；工业设计：38/B++；光电信息科学与工程：54/B++；广告学：22/B++；汉语言：15/B++；汉语言文学：114/B++；核物理：4/A；化学工程与工艺：84/B++；环境工程：82/B++；环境科学：31/B++；会计学：112/B++；建筑环境与能源应用工程：25/B++；交通工程：23/B++；金融数学：3/A+；金融学：93/B++；经济学：83/B++；康复治疗学：17/B++；口腔医学：34/B++；历史学：55/B++；旅游管理：67/B++；能源与动力工程：54/B++；农林经济管理：26/B++；农学：34/B++；农业资源与环境：17/B++；汽车服务工程：4/A；软件工程：103/B++；社会体育指导与管理：12/A；社会学：40/B++；生物工程：47/B++；生物科学：83/B++；生物医学工程：40/B++；生物制药：5/A；食品科学与工程：72/B++；食品质量与安全：19/B++；市场营销：59/B++；水文与水资源工程：13/B++；统计学：41/B++；土木工程：

96/B++；外交学：7/B++；网络空间安全：6/A；微电子科学与工程：21/B++；物流工程：12/B++；新闻学：61/B++；信息与计算科学：51/B++；行政管理：66/B++；药学：61/B++；应用化学：69/B++；英语：136/B++；植物保护：24/B++；资源勘查工程：27/B++；自动化：112/B++。

5）中国区域一流专业（3★）

大数据管理与应用：4/A+；古文字学：1/A++；广播电视编导：42/B+；绘画：52/B+；机器人工程：10/A；金属材料工程：33/B+；空间信息与数字技术：6/B+；矿物资源工程：6/B+；劳动与社会保障：31/B+；临床药学：21/B+；人工智能：15/A；数据科学与大数据技术：20/A；水产养殖学：27/B+；体育教育：72/B+；土地资源管理：32/B+；文物与博物馆学：10/B+；无机非金属材料工程：34/B+；舞蹈编导：18/B+；西班牙语：22/B+；新能源科学与工程：27/B+；信用管理：4/A；药物制剂：8/B++；音乐表演：45/B+；音乐学：86/B+；应用心理学：65/B+；园艺：49/B+；运动训练：36/B+；智能感知工程：1/A++；智能制造工程：3/A+；作曲与作曲技术理论：17/B+。

2. 东北师范大学

（1）东北师范大学综合实力排名

综合排名：2024 校友会中国大学排名第 58 名，全国师范类高校第 6 名，吉林省高校第 2 名。

星级排名：中国五星级大学（5★），世界知名大学、中国一流大学。“211 工程”大学。主管部门：教育部。

（2）东北师范大学各本科专业排名（全国排名/档次）

1）世界知名高水平、中国顶尖专业（7★）

思想政治教育：5/A++。

2）世界高水平、中国顶尖专业（6★）

地理科学：3/A+；历史学：8/A+。

3）中国一流专业（5★）

汉语言文学：28/A；化学：19/A；环境科学：8/A+；教育学：8/A；数学与应用数学：41/A；体育教育：9/A；统计学：6/A+；舞蹈编导：3/A+；物理学：16/A；小学教育：3/A+；心理学：9/A；英语：19/A+。

4）中国高水平专业（4★）

材料物理：18/B++；产品设计：33/B++；地理信息科学：16/B++；雕塑：10/B++；俄语：11/A；法学：49/B++；服装与服饰设计：21/B++；广播电视编导：8/A；广播电视学：18/B++；广告学：22/B++；国际政治：22/B++；环境工程：82/B++；环境设计：9/A+；会计学：43/B++；计算机科学与技术：60/B++；教育技术学：12/B++；金融学：39/B++；经济学：27/A；考古学：16/B++；美术学：19/B++；人力资源管理：34/B++；人文地理与城乡规划：8/A；日语：16/A；商务英语：15/B++；社会学：40/B++；生态学：14/B++；生物技术：30/B++；生物科学：36/B++；数字媒体技术：14/B++；图书馆学：10/B++；新闻学：30/B++；行政管理：66/B++；学前教育：25/B++；艺术设计学：17/B++；音乐学：18/B++；运动训练：12/B++；政治学与行政学：25/B++；自然地理与资源环境：11/B++。

5）中国区域一流专业（3★）

表演：23/B+；播音与主持艺术：26/B+；财政学：48/B+；电子信息科学与技术：44/B+；公共事业管理：81/B+；国际经济与贸易：176/B+；环境生态工程：6/B++；经济统计学：44/B+；旅游管理：114/B+；软件工程：183/B+；市场营销：130/B+；视觉传达设计：116/B+；武术与民族传统体育：20/B+；应用化学：145/B+；应用统计学：30/B+；哲学：40/B+。

6）中国区域高水平专业（2★）

冰雪运动：3/A+；财务管理：175/D；德语：56/D；电气工程及其自动化：217/D；工商管理：282/D；汉语国际教育：121/C；汉语言：42/C；社会工作：112/C；数据科学与大数据技术：54/B++；数字媒体艺术：79/C；物流管理：139/D；信息资源管理：8/C；药学：118/D；智能科学与技术：29/B+。

3. 东北电力大学

（1）东北电力大学综合实力排名

综合排名：2024 校友会中国大学排名第 140 名，全国理工类高校第 61 名，吉林省高校第 3 名。

星级排名：中国四星级大学（4★），世界知名、中国高水平大学。主管部门：吉林省。

（2）东北电力大学各本科专业排名（全国排名/档次）

1）世界高水平、中国顶尖专业（6★）

电气工程及其自动化：10/A+。

2）中国一流专业（5★）

电子信息工程：22/A；核工程与核技术：10/A；环境工程：24/A；会计学：33/A；机械设计制造及其自动化：43/A；计算机科学与技术：50/A；建筑环境与能源应用工程：6/A+；能源与动力工程：21/A；土木工程：35/A；信息与计算科学：18/A；应用化学：19/A；自动化：21/A。

3）中国高水平专业（4★）

测控技术与仪器：53/B++；服装与服饰设计：21/B++；工商管理：100/B++；软件工程：103/B++；数学与应用数学：137/B++；通信工程：69/B++；新能源科学与工程：15/B++；信息管理与信息系统：73/B++；英语：136/B++；智能电网信息工程：4/A。

4）中国区域一流专业（3★）

材料成型及控制工程：80/B+；给排水科学与工程：48/B+；工程管理：82/B+；国际经济与贸易：142/B+；环境设计：105/B+；能源化学工程：17/B+；日语：72/B+；社会体育指导与管理：28/B+；视觉传达设计：83/B+；新能源材料与器件：15/B++；智能科学与技术：17/B++。

5）中国区域高水平专业（2★）

表演：44/B；储能科学与工程：7/B+；广播电视编导：68/C；化学工程与工业生物工程：3/A+；机器人工程：18/B++；机械电子工程：69/C；金融工程：61/C；数字媒体艺术：79/C；思想政治教育：143/D；统计学：147/C。

4. 吉林农业大学

（1）吉林农业大学综合实力排名

综合排名：2024 校友会中国大学排名第 177 名，全国农林类高校第 22 名，吉林省高校第 4 名。

星级排名：中国四星级大学（4★），世界知名、中国高水平大学。主管部门：吉林省。

（2）吉林农业大学各本科专业排名（全国排名/档次）

1）中国一流专业（5★）

家政学：1/A++；粮食工程：1/A++；植物保护：5/A。

2）中国高水平专业（4★）

动物科学：16/B++；动物医学：13/B++；计算机科学与技术：60/B++；农林经济管理：13/B++；农学：21/B++；农业资源与环境：10/B++；生物工程：21/B++；生物技术：30/B++；食品科学与工程：28/B++；水产养殖学：10/B++；应用生物科学：1/A++；园艺：14/B++；中药资源与开发：7/B++。

3）中国区域一流专业（3★）

动物药学：5/A；工商管理：180/B+；环境科学：82/B+；机械设计制造及其自动化：190/B+；农业机械化及其自动化：28/B+；农业建筑环境与能源工程：8/B+；农艺教育：1/A++；新能源科学与工程：23/B+；野生动物与自然保护区管理：4/A；艺术设计学：40/B+；应用化学：145/B+；英语：231/B+；园林：28/B+；园艺教育：1/A++；中药学：38/B+。

4）中国区域高水平专业（2★）

财务管理：135/C；电子信息科学与技术：87/C；风景园林：57/C；环境工程：212/D；会计学：270/D；交通运输：71/D；农业智能装备工程：2/A+；轻化工程：37/D；森林保护：16/D；设施农业科学与工程：16/C；社会学：73/D；食品质量与安全：79/C；市场营销：176/C；水土保持与荒漠化防治：14/C；土地资源管理：53/C；信息管理与信息系统：168/C；植物科学与技术：10/C；制药工程：131/D；种子科学与工程：24/C；自然地理与资源环境：34/B。

5）中国区域知名专业（1★）

保险学：45/C；草业科学：29/D；传播学：42/D；广告学：113/C；环境设计：244/D；金融学：204/D；经济动物学：2/A+；菌物科学与工程：1/A++；林学：35/D；酿酒工程：12/D；农药化肥：1/A++；社会工作：170/D；生物科学：173/D；生物信息学：33/D；数据科学与大数据技术：152/C；思想政治教育：160/D；体育教育：138/D；物联网工程：161/D；应用心理学：113/D；智慧农业：9/C；中草药栽培与鉴定：12/D；自动化：231/D。

5. 长春理工大学

（1）长春理工大学综合实力排名

综合排名：2024 校友会中国大学排名第 207 名，全国理工类高校第 95 名，吉林省高校第 5 名。

星级排名：中国三星级大学（3★），中国知名、区域一流大学。主管部门：吉林省。

（2）长春理工大学各本科专业排名（全国排名/档次）

1）世界高水平、中国顶尖专业（6★）

光电信息科学与工程：3/A+。

2）中国一流专业（5★）

测控技术与仪器：15/A；机械电子工程：2/A+；信息对抗技术：3/A+。

3）中国高水平专业（4★）

材料化学：19/B++；电子科学与技术：24/B++；电子信息工程：38/B++；过程装备与控制工程：31/B++；汉语言文学：114/B++；机械设计制造及其自动化：54/B++；计算机科学与技术：60/B++；金融工程：11/A；软件工程：44/B++；社会工作：19/A；生物医学工程：40/B++；通信工程：45/B++；微电子科学与工程：21/B++；无机非金属材料工程：13/B++；信息与计算科学：51/B++；应用物理学：43/B++；英语：136/B++；自动化：41/B++。

4）中国区域一流专业（3★）

财务管理：100/B+；俄语：55/B+；法学：161/B+；工商管理：180/B+；功能材料：10/B+；广告学：50/B+；化学工程与工艺：120/B+；环境设计：105/B+；生物工程：93/B+；生物技术：122/B+；探测制导与控制技术：13/B+；新能源材料与器件：15/B++；应用化学：145/B+。

5）中国区域高水平专业（2★）

产品设计：100/C；朝鲜语：31/B；电气工程及其自动化：199/D；电子信息科学与技术：75/B；会计学：247/D；视觉传达设计：156/C；网络工程：81/B；信息管理与信息系统：168/C。

6）中国区域知名专业（1★）

材料物理：64/D；翻译：98/C；国际经济与贸易：329/D；汉语国际教育：140/C；环境工程：238/D；机器人工程：71/C；日语：218/D；数据科学与大数据技术：144/B；数学与应用数学：284/D；网络与新媒体：78/D；信息安全：88/D；应用统计学：91/D；智能感知工程：12/D；智能科学与技术：58/C。

6. 延边大学

（1）延边大学综合实力排名

综合排名：2024 校友会中国大学排名第 211 名，全国综合类高校第 68 名，吉林省高校第 6 名。

星级排名：中国三星级大学（3★），中国知名、区域一流大学。“211 工程”大学。主管部门：吉林省。

（2）延边大学各本科专业排名（全国排名/档次）

1）中国一流专业（5★）

朝鲜语：2/A+；中国少数民族语言文学：6/A。

2）中国高水平专业（4★）

表演：14/B++；地理科学：41/B++；法学：49/B++；汉语言：15/B++；汉语言文学：64/B++；护理学：29/B++；化学：39/B++；历史学：34/B++；临床医学：70/B++；日语：33/B++；食品科学与工程：72/B++；思想政治教育：

73/B++；舞蹈表演：6/A；物理学：33/B++；小学教育：16/B++；新闻学：61/B++；药学：27/B++；音乐学：18/B++；英语：57/B++。

3）中国区域一流专业（3★）

电子信息工程：141/B+；动物科学：37/B+；工商管理：180/B+；国际政治：29/B+；计算机科学与技术：285/B+；经济学：122/B+；旅游管理：114/B+；数学与应用数学：190/B+；土木工程：164/B+；心理学：31/B+；学前教育：56/B+；园艺：49/B+。

4）中国区域高水平专业（2★）

产品设计：131/D；动物医学：51/D；俄语：70/C；服装与服饰设计：65/C；国际经济与贸易：266/D；汉语国际教育：96/B；环境科学：132/D；环境设计：172/C；会计学：270/D；绘画：65/C；建筑学：120/D；教育技术学：67/C；口腔医学：69/D；麻醉学：31/D；美术学：99/C；农林经济管理：47/D；农学：46/D；农业机械化及其自动化：40/D；视觉传达设计：156/C；体育教育：126/D；通信工程：202/D；舞蹈学：44/B；药物制剂：46/D；运动训练：60/C；中医学：43/D；作曲与作曲技术理论：26/D。

5）中国区域知名专业（1★）

高分子材料与工程：131/D；工业设计：193/D；机械设计制造及其自动化：241/D；人工智能：123/C；社会学：89/D；生物技术：224/D；市场营销：311/D；统计学：208/D；物流管理：183/D；信息管理与信息系统：306/D；行政管理：214/D；音乐表演：119/D；应用化学：250/D；预防医学：79/D。

7. 吉林化工学院

（1）吉林化工学院综合实力排名

综合排名：2024校友会中国大学排名第240名，全国理工类高校第108名，吉林省高校第7名。

星级排名：中国二星级大学（2★），中国区域高水平大学。主管部门：吉林省。

（2）吉林化工学院各本科专业排名（全国排名/档次）

1）中国一流专业（5★）

化学工程与工艺：24/A。

2）中国高水平专业（4★）

高分子材料与工程：21/B++；过程装备与控制工程：11/B++；化学：39/B++；环境工程：30/B++；轻化工程：23/B++；油气储运工程：8/B++；制药工程：20/B++；自动化：112/B++。

3）中国区域一流专业（3★）

材料化学：48/B+；测控技术与仪器：77/B+；电气工程及其自动化：151/B+；国际经济与贸易：176/B+；机械设计制造及其自动化：170/B+；应用化学：112/B+。

4）中国区域高水平专业（2★）

飞行器动力工程：15/D；飞行器制造工程：12/D；工程管理：144/D；工业设计：131/C；环境科学与工程：18/C；计算机科学与技术：370/D；能源与动力工程：124/D；生物工程：127/C；生物技术：176/D；生物制药：23/B；食品科学与工程：146/D；市场营销：241/D；数学与应用数学：245/D；物流工程：40/C；信息与计算科学：231/D；信息资源管理：8/C；英语：358/D。

5）中国区域知名专业（1★）

安全工程：83/D；材料成型及控制工程：118/D；材料科学与工程：137/D；材料物理：64/D；车辆工程：109/D；电子信息工程：271/D；工业工程：137/D；环境科学：158/D；会计学：297/D；金融工程：83/D；数据科学与大数据技术：152/C；物流管理：183/D；信息管理与信息系统：278/D；应用物理学：132/D；智能装备与系统：4/A。

8. 北华大学

（1）北华大学综合实力排名

综合排名：2024校友会中国大学排名第247名，全国综合类高校第75名，吉林省高校第8名。

星级排名：中国三星级大学（3★），中国知名、区域一流大学。主管部门：吉林省。

（2）北华大学各本科专业排名（全国排名/档次）

1）中国一流专业（5★）

林学：6/A。

2）中国高水平专业（4★）

电气工程及其自动化：40/B++；汉语言文学：64/B++；护理学：29/B++；机械工程：48/B++；机械设计制造及其自动化：54/B++；临床医学：70/B++；木材科学与工程：7/B++；森林工程：4/A；数学与应用数学：56/B++；统计学：41/B++；物理学：79/B++；药学：27/B++；医学检验技术：15/B++；园林：16/B++。

3）中国区域一流专业（3★）

电子信息工程：141/B+；法学：208/B+；工商管理：180/B+；计算机科学与技术：327/B+；口腔医学：54/B+；历史学：84/B+；软件工程：150/B+；食品科学与工程：114/B+；思想政治教育：116/B+；土木工程：164/B+；小学教育：43/B+；英语：253/B+；自动化：180/B+。

4）中国区域高水平专业（2★）

包装工程：30/C；播音与主持艺术：63/C；测控技术与仪器：143/D；产品设计：100/C；朝鲜语：31/B；工程管理：144/D；工业工程：93/C；国际经济与贸易：266/D；化学：149/D；环境科学：132/D；环境设计：172/C；会计学：270/D；交通运输：59/C；教育技术学：67/C；经济统计学：59/D；旅游管理：168/D；日语：162/C；社会学：73/D；生物科学：147/D；市场营销：176/C；体育教育：112/D；心理学：44/D；信息与计算科学：164/C；行政管理：170/D；学前教育：70/C；医学影像学：49/D；预防医学：74/D。

5）中国区域知名专业（1★）

冰雪运动：4/A；材料成型及控制工程：118/D；材料化学：94/D；材料物理：64/D；车辆工程：109/D；电子信息科学与技术：117/D；雕塑：45/D；俄语：90/D；法语：

90/D；翻译：98/C；风景园林：75/D；工业设计：181/D；汉语国际教育：140/C；绘画：101/D；机器人工程：71/C；家具设计与工程：4/A；康复治疗学：66/D；美术学：116/D；汽车服务工程：37/D；生物医学工程：100/D；视觉传达设计：202/D；数据科学与大数据技术：152/C；数字媒体技术：69/D；通信工程：239/D；网络工程：141/D；网络与新媒体：78/D；舞蹈学：74/D；物流管理：170/D；西班牙语：51/D；新能源材料与器件：45/C；音乐表演：83/C；音乐学：129/D；应用化学：213/D；运动训练：80/D；智能科学与技术：58/C；智能制造工程：56/B。

9. 吉林财经大学

（1）吉林财经大学综合实力排名

综合排名：2024 校友会中国大学排名第 251 名，全国财经类高校第 27 名，吉林省高校第 9 名。

星级排名：中国三星级大学（3★），中国知名、区域一流大学。主管部门：吉林省。

（2）吉林财经大学各本科专业排名（全国排名/档次）

1）中国一流专业（5★）

工商管理：27/A。

2）中国高水平专业（4★）

保险学：15/B++；财务管理：17/A；电子商务：17/A；法学：111/B++；国际经济与贸易：43/B++；国际商务：14/B++；会计学：43/B++；金融学：39/B++；经济统计学：7/A；经济学：27/A；人力资源管理：34/B++；日语：33/B++；审计学：11/B++；市场营销：59/B++；税收学：7/B++；统计学：20/A。

3）中国区域一流专业（3★）

财政学：48/B+；金融工程：46/B+；劳动与社会保障：37/B+；食品科学与工程：114/B+；信息管理与信息系统：138/B+；英语：253/B+。

4）中国区域高水平专业（2★）

公共事业管理：124/B；计算机科学与技术：370/D；旅游管理：168/D；行政管理：170/D；资产评估：18/D。

5）中国区域知名专业（1★）

大数据管理与应用：48/C；广告学：113/C；金融科技：16/C；跨境电子商务：4/A；数据科学与大数据技术：152/C；应用统计学：91/D。

9. 吉林师范大学

（1）吉林师范大学综合实力排名

综合排名：2024 校友会中国大学排名第 251 名，全国师范类高校第 39 名，吉林省高校第 9 名。

星级排名：中国二星级大学（2★），中国区域高水平大学。主管部门：吉林省。

（2）吉林师范大学各本科专业排名（全国排名/档次）

1）中国高水平专业（4★）

汉语言文学：64/B++；计算机科学与技术：60/B++；历史学：34/B++；美术学：35/B++；数学与应用数学：56/B++；思想政治教育：73/B++；物理学：33/B++；小学教育：16/B++；新闻学：30/B++。

2）中国区域一流专业（3★）

地理科学：55/B+；电子信息工程：141/B+；俄语：48/B+；化学：113/B+；环境工程：133/B+；机械设计制造及其自动化：190/B+；生物科学：114/B+；心理学：31/B+；英语：231/B+；运动训练：36/B+。

3）中国区域高水平专业（2★）

财务管理：135/C；产品设计：100/C；德语：56/D；地理信息科学：94/D；动画：92/C；法学：271/D；公共事业管理：124/B；光电信息科学与工程：121/C；广播电视编导：75/D；国际经济与贸易：266/D；汉语国际教育：121/C；环境科学：132/D；环境设计：172/C；教育技术学：67/C；教育学：65/D；旅游管理：168/D；民族学：20/D；人力资源管理：148/C；日语：162/C；软件工程：235/D；社会体育指导与管理：64/C；生物技术：176/D；市场营销：176/C；体育教育：112/D；通信工程：219/D；信息管理与信息系统：207/C；学前教育：70/C；应用物理学：112/C；中国少数民族语言文学：19/D。

4）中国区域知名专业（1★）

编辑出版学：31/D；给排水科学与工程：79/D；绘画：101/D；金融学：204/D；酒店管理：43/C；社会工作：170/D；视觉传达设计：202/D；书法学：51/D；数据科学与大数据技术：152/C；数字媒体艺术：112/D；西班牙语：57/D；音乐表演：83/C；音乐学：129/D；应用化学：213/D；政治学与行政学：75/D。

11. 长春中医药大学

（1）长春中医药大学综合实力排名

综合排名：2024 校友会中国大学排名第 291 名，全国医药类高校第 42 名，吉林省高校第 11 名。

星级排名：中国三星级大学（3★），中国知名、区域一流大学。主管部门：吉林省。

（2）长春中医药大学各本科专业排名（全国排名/档次）

1）中国一流专业（5★）

针灸推拿学：10/A。

2）中国高水平专业（4★）

护理学：59/B++；制药工程：45/B++；中西医临床医学：18/B++；中药学：31/B++；中药资源与开发：7/B++；中医骨伤科学：2/A+；中医学：23/B++。

3）中国区域一流专业（3★）

公共事业管理：81/B+；康复治疗学：44/B+；临床医学：102/B+；生物制药：12/B++；药事管理：3/A+；药物制剂：8/B++；药学：85/B+；中药制药：9/B+；中医儿科学：1/A++。

4）中国区域知名专业（1★）

财务管理：210/D；健康服务与管理：15/B；市场营销：299/D；医学信息工程：24/D；英语：398/D；中医康复学：7/B。

12. 长春师范大学

（1）长春师范大学综合实力排名

综合排名：2024 校友会中国大学排名第 300 名，全国师范类高校第 47 名，吉林省高校第 12 名。

星级排名：中国二星级大学（2★），中国区域高水平大学。主管部门：吉林省。

（2）长春师范大学各本科专业排名（全国排名/档次）

1）中国一流专业（5★）

科学教育：1/A++。

2）中国高水平专业（4★）

地理科学：17/B++；汉语言文学：64/B++；化学：39/B++；计算机科学与技术：60/B++；历史学：55/B++；人文教育：1/A++；数学与应用数学：56/B++；物理学：33/B++；戏剧影视文学：14/B++；小学教育：16/B++；音乐学：39/B++；英语：57/B++。

3）中国区域一流专业（3★）

车辆工程：58/B+；地理信息科学：61/B+；动画：62/B+；俄语：55/B+；广播电视编导：42/B+；会计学：208/B+；教育技术学：38/B+；美术学：69/B+；生物技术：122/B+；生物科学：114/B+；思想政治教育：116/B+；体育教育：72/B+；行政管理：126/B+；学前教育：48/B+。

4）中国区域高水平专业（2★）

教育学：65/D；经济与金融：6/B+；秘书学：25/C；软件工程：235/D；社会体育指导与管理：99/D；食品科学与工程：159/D；市场营销：241/D；书法学：23/B；舞蹈表演：35/C；舞蹈学：44/B；戏剧影视美术设计：20/C；信息与计算科学：231/D；冶金工程：29/D；中国少数民族语言文学：19/D。

5）中国区域知名专业（1★）

阿拉伯语：26/D；表演：76/D；播音与主持艺术：89/D；财务管理：210/D；朝鲜语：54/D；德语：77/D；法学：327/D；法语：97/D；广告学：150/D；航空服务艺术与管理：11/B；环境科学：174/D；环境设计：215/D；机械设计制造及其自动化：236/D；交通工程：78/D；旅游管理：207/D；人工智能：123/C；人文地理与城乡规划：65/D；日语：218/D；社会工作：145/D；视觉传达设计：202/D；数据科学与大数据技术：152/C；数字媒体艺术：135/D；图书馆学：23/D；文物与博物馆学：25/C；物联网工程：161/D；西班牙语：57/D；信息资源管理：12/D；音乐表演：119/D；应用物理学：151/D；运动训练：80/D；智能制造工程：56/B。

13. 长春工业大学

（1）长春工业大学综合实力排名

综合排名：2024 校友会中国大学排名第 311 名，全国理工类高校第 143 名，吉林省高校第 13 名。

星级排名：中国三星级大学（3★），中国知名、区域一流大学。主管部门：吉林省。

（2）长春工业大学各本科专业排名（全国排名/档次）

1）中国高水平专业（4★）

材料成型及控制工程：48/B++；电气工程及其自动化：88/B++；电子信息工程：89/B++；高分子材料与工程：43/B++；化学工程与工艺：84/B++；机械工程：48/B++；计算机科学与技术：206/B++；金融学：93/B++；金属材料工程：13/B++；统计学：41/B++；信息与计算科学：51/B++；自动化：41/B++。

2）中国区域一流专业（3★）

测控技术与仪器：77/B+；车辆工程：77/B+；电子商务：101/B+；服装设计与工程：22/B+；服装与服饰设计：44/B+；工业设计：85/B+；公共事业管理：81/B+；广播电视编导：42/B+；环境工程：167/B+；机械电子工程：48/B+；软件工程：150/B+；生物工程：93/B+；食品科学与工程：102/B+；信息管理与信息系统：138/B+；英语：253/B+；制药工程：79/B+。

3）中国区域高水平专业（2★）

材料物理：54/D；动画：92/C；法学：271/D；工商管理：245/D；工业工程：93/C；国际经济与贸易：266/D；环境设计：172/C；会计学：270/D；日语：162/C；社会工作：112/C；生物技术：176/D；市场营销：176/C；网络工程：81/B。

4）中国区域知名专业（1★）

材料化学：113/D；财务管理：210/D；俄语：90/D；广告学：113/C；化学：166/D；化妆品技术与工程：3/A+；机器人工程：71/C；劳动与社会保障：79/C；视觉传达设计：202/D；数据科学与大数据技术：152/C；数字媒体技术：69/D；数字媒体艺术：135/D；涂料工程：1/A++；网络与新媒体：78/D；信息安全：88/D；行政管理：214/D；智能制造工程：56/B；资源循环科学与工程：25/D。

14. 长春大学

（1）长春大学综合实力排名

综合排名：2024 校友会中国大学排名第 351 名，全国综合类高校第 101 名，吉林省高校第 14 名。

星级排名：中国二星级大学（2★），中国区域高水平大学。主管部门：吉林省。

（2）长春大学各本科专业排名（全国排名/档次）

1）中国一流专业（5★）

针灸推拿学：10/A。

2）中国高水平专业（4★）

会计学：43/B++；机械工程：26/B++；特殊教育：2/A+；网络工程：4/A+。

3）中国区域一流专业（3★）

车辆工程：58/B+；电气工程及其自动化：151/B+；俄语：55/B+；工商管理：207/B+；绘画：52/B+；经济学：122/B+；汽车服务工程：12/B+；软件工程：150/B+；食品科学与工程：114/B+；通信工程：104/B+；信息与计算科学：86/B+；应用物理学：83/B+。

4）中国区域高水平专业（2★）

财务管理：175/D；飞行器动力工程：15/D；公共事业

管理：198/D；汉语言文学：235/D；计算机科学与技术：370/D；食品质量与安全：91/C；市场营销：241/D；数学与应用数学：245/D；物流管理：139/D；西班牙语：34/C；艺术设计学：104/D。

5）中国区域知名专业（1★）

波兰语：10/D；材料科学与工程：150/D；电子信息工程：271/D；动画：142/D；风景园林：75/D；工业工程：137/D；国际经济与贸易：329/D；汉语国际教育：140/C；环境工程：238/D；环境设计：215/D；机器人工程：71/C；金融工程：83/D；金融学：235/D；康复治疗学：66/D；旅游管理：207/D；人工智能：123/C；日语：218/D；视觉传达设计：202/D；数据科学与大数据技术：152/C；统计学：177/D；图书馆学：23/D；网络空间安全：42/C；网络与新媒体：78/D；文化产业管理：50/C；舞蹈表演：65/D；物联网工程：161/D；学前教育：99/D；音乐表演：83/C；音乐学：129/D；英语：398/D；园林：79/D；政治学与行政学：70/D；智能制造工程：56/B；自动化：231/D。

15. 吉林艺术学院

（1）吉林艺术学院综合实力排名

综合排名：2024 校友会中国大学排名第 364 名，全国艺术类高校第 23 名，吉林省高校第 15 名。

星级排名：中国三星级大学（3★），中国知名、区域一流大学。主管部门：吉林省。

（2）吉林艺术学院各本科专业排名（全国排名/档次）

1）中国一流专业（5★）

表演：10/A。

2）中国高水平专业（4★）

播音与主持艺术：4/A+；产品设计：33/B++；雕塑：10/B++；动画：27/B++；服装与服饰设计：21/B++；工艺美术：12/B++；广播电视编导：8/A；环境设计：43/B++；绘画：7/A；视觉传达设计：13/A+；数字媒体艺术：6/A+；舞蹈表演：13/B++；戏剧影视导演：7/B++；艺术设计学：17/B++；音乐表演：18/B++；音乐学：18/B++。

3）中国区域一流专业（3★）

美术学：57/B+；摄影：13/B+；舞蹈编导：19/B+；舞蹈学：30/B+；戏剧影视文学：36/B+；中国画：17/B+；作曲与作曲技术理论：17/B+。

4）中国区域高水平专业（2★）

公共事业管理：198/D；公共艺术：25/C；会展经济与管理：21/B；书法学：23/B；网络与新媒体：27/B+；文化产业管理：44/C；戏剧影视美术设计：20/C；艺术教育：16/D；艺术史论：15/D；艺术与科技：20/C。

5）中国区域知名专业（1★）

艺术管理：19/D。

16. 长春工程学院

（1）长春工程学院综合实力排名

综合排名：2024 校友会中国大学排名第 377 名，全国理工类高校第 176 名，吉林省高校第 16 名。

星级排名：中国二星级大学（2★），中国区域高水平大学。主管部门：吉林省。

（2）长春工程学院各本科专业排名（全国排名/档次）

1）中国顶尖应用型专业（6★）

测绘工程：1/A++；地质工程：1/A++；电气工程及其自动化：6/A+；给排水科学与工程：1/A++；工程造价：1/A++；机械设计制造及其自动化：44/A+；建筑环境与能源应用工程：1/A++；建筑学：11/A+；勘查技术与工程：1/A++；能源与动力工程：1/A++；农业水利工程：1/A++；水利水电工程：2/A+；土木工程：2/A++；资源勘查工程：1/A++。

2）中国一流应用型专业（5★）

宝石及材料工艺学：4/A；材料成型及控制工程：16/A；道路桥梁与渡河工程：5/A；地质学：2/A+；电子信息工程：66/A；工程管理：27/A；公共艺术：1/A++；焊接技术与工程：5/A；环境工程：18/A；机械电子工程：23/A；建筑电气与智能化：2/A+；汽车服务工程：18/A；市场营销：38/A；水文与水资源工程：2/A+；自动化：35/A。

3）中国高水平应用型专业（4★）

安全工程：14/B++；产品设计：43/B++；城市地下空间工程：4/A；城乡规划：21/B++；地理信息科学：17/B++；房地产开发与管理：7/B++；机器人工程：14/A；数据科学与大数据技术：23/A；新能源科学与工程：12/B++；信息与计算科学：26/B++；智能车辆工程：1/A++；智能电网信息工程：2/A+。

4）中国区域一流应用型专业（3★）

工商管理：106/B+；环境科学：21/B+；环境设计：113/B+；计算机科学与技术：253/B+；软件工程：156/B+；数字媒体技术：57/B+；物联网工程：139/B+；智能建造：10/B+。

5）中国区域高水平应用型专业（2★）

财务管理：251/C；工业设计：74/C；应急技术与管理：4/A；应用化学：96/C；英语：318/C。

16. 吉林工程技术师范学院

（1）吉林工程技术师范学院综合实力排名

综合排名：2024 校友会中国大学排名第 377 名，全国师范类高校第 71 名，吉林省高校第 16 名。

星级排名：中国一星级大学（1★），中国区域知名大学。主管部门：吉林省。

（2）吉林工程技术师范学院各本科专业排名（全国排名/档次）

1）中国顶尖应用型专业（6★）

编辑出版学：1/A++；财务管理：18/A+；电子信息工程：9/A+；服装设计与工程：5/A+；机械设计制造及其自动化：14/A+；计算机科学与技术：63/A+；教育学：1/A++；食品科学与工程：7/A+；市场营销：3/A++。

2）中国一流应用型专业（5★）

材料成型及控制工程：16/A；电气工程及其自动化：

48/A；服装与服饰设计：13/A；环境设计：34/A；机械电子工程：23/A；汽车服务工程：18/A；生物工程：16/A；数字媒体技术：9/A+；学前教育：46/A；自动化：35/A。

3）中国高水平应用型专业（4★）

动画：37/B++；工业设计：17/B++；轨道交通信号与控制：5/A；汉语言文学：118/B++；机器人工程：14/A；旅游管理：76/B++；人工智能：20/B++；食品营养与检验教育：1/A++；视觉传达设计：72/B++；数学与应用数学：78/B++；通信工程：74/B++；物流管理：56/B++。

4）中国区域一流应用型专业（3★）

测控技术与仪器：34/B+；化学工程与工业生物工程：1/A++；人力资源管理：75/B+；软件工程：156/B+；数据科学与大数据技术：60/B++；英语：198/B+。

5）中国区域高水平应用型专业（2★）

表演：48/C；车辆工程：88/C；德语：24/C；电子商务：159/B；飞行器设计与工程：7/D；工艺美术：34/C；光电信息科学与工程：58/D；国际经济与贸易：260/C；航空服务艺术与管理：10/B+；美术学：124/C；投资学：51/B；网络与新媒体：100/B；物联网工程：232/C；行政管理：61/C；智能制造工程：34/B。

16. 吉林体育学院

（1）吉林体育学院综合实力排名

综合排名：2024 校友会中国大学排名第 377 名，全国体育类高校第 9 名，吉林省高校第 16 名。

星级排名：中国四星级大学（4★），世界知名、中国高水平大学。主管部门：吉林省。

（2）吉林体育学院各本科专业排名（全国排名/档次）

1）世界高水平、中国顶尖专业（6★）

运动训练：2/A+。

2）中国一流专业（5★）

社会体育指导与管理：3/A+。

3）中国高水平专业（4★）

冰雪运动：2/A+；体育教育：23/B++；武术与民族传统体育：8/B++；休闲体育：3/A+；运动康复：8/B++；运动人体科学：6/B++。

4）中国区域一流专业（3★）

表演：23/B+；公共事业管理：57/B+。

5）中国区域高水平专业（2★）

社会工作：112/C；体能训练：3/A+；舞蹈表演：35/C。

19. 吉林建筑大学

（1）吉林建筑大学综合实力排名

综合排名：2024 校友会中国大学排名第 387 名，全国理工类高校第 180 名，吉林省高校第 19 名。

星级排名：中国二星级大学（2★），中国区域高水平大学。主管部门：吉林省。

（2）吉林建筑大学各本科专业排名（全国排名/档次）

1）中国一流专业（5★）

道路桥梁与渡河工程：4/A；建筑环境与能源应用工程：2/A+；建筑学：12/A；无机非金属材料工程：3/A+。

2）中国高水平专业（4★）

测绘工程：17/B++；城乡规划：26/B++；给排水科学与工程：30/B++；工程管理：20/A；环境设计：9/A+；建筑电气与智能化：8/B++；土木工程：47/B++。

3）中国区域一流专业（3★）

安全工程：53/B+；财务管理：100/B+；城市地下空间工程：16/B+；地理信息科学：61/B+；地质工程：32/B+；电气工程及其自动化：151/B+；风景园林：44/B+；高分子材料与工程：81/B+；工程力学：56/B+；环境工程：167/B+；环境科学：82/B+；机械工程：59/B+；交通工程：41/B+；勘查技术与工程：21/B+；视觉传达设计：116/B+；艺术设计学：57/B+。

4）中国区域高水平专业（2★）

公共事业管理：198/D；计算机科学与技术：370/D；能源与动力工程：137/D；软件工程：215/D；网络工程：119/D。

5）中国区域知名专业（1★）

材料化学：113/D；城市管理：31/D；地理空间信息工程：8/C；电子信息工程：271/D；电子信息科学与技术：117/D；房地产开发与管理：24/D；工程造价：50/D；公共艺术：36/D；机械设计制造及其自动化：236/D；交通运输：85/D；经济统计学：79/D；社会工作：145/D；书法学：51/D；统计学：177/D；消防工程：13/D；信息安全：88/D；遥感科学与技术：29/D；自动化：240/D。

20. 吉林农业科技学院

（1）吉林农业科技学院综合实力排名

综合排名：2024 校友会中国大学排名第 407 名，全国农林类高校第 37 名，吉林省高校第 20 名。

星级排名：中国二星级大学（2★），中国区域高水平大学。主管部门：吉林省。

（2）吉林农业科技学院各本科专业排名（全国排名/档次）

1）中国顶尖应用型专业（6★）

动物医学：1/A++；野生动物与自然保护区管理：1/A++；园艺：1/A++。

2）中国一流应用型专业（5★）

粮食工程：2/A+；烹饪与营养教育：5/A；生物技术：7/A；水利水电工程：7/A；中药资源与开发：1/A++。

3）中国高水平应用型专业（4★）

包装工程：3/A+；园林：15/B++；中草药栽培与鉴定：2/A+；中药学：12/B++。

4）中国区域一流应用型专业（3★）

财务管理：137/B+；朝鲜语：19/B+；电子信息科学与技术：53/B+；动物科学：12/B+；国际经济与贸易：179/B+；机械电子工程：74/B+；机械设计制造及其自动化：207/B+；农学：16/B+；生物工程：53/B+；数据科学与

大数据技术：60/B++；统计学：20/B++；网络工程：82/B+；植物保护：3/A+；制药工程：54/B+；智慧农业：1/A++；智能制造工程：12/B++。

5）中国区域高水平应用型专业（2★）

电气工程及其自动化：231/D；电子商务：159/B；动植物检疫：2/A+；软件工程：221/C；食品科学与工程：96/D；市场营销：231/C；土木工程：219/C；药物制剂：24/D；应用化学：96/C；应用生物科学：3/A+。

6）中国区域知名应用型专业（1★）

工程造价：136/C；生物制药：43/D；食品质量与安全：104/D；英语：412/D；种子科学与工程：8/D。

20. 通化师范学院

（1）通化师范学院综合实力排名

综合排名：2024 校友会中国大学排名第 407 名，全国师范类高校第 81 名，吉林省高校第 20 名。

星级排名：中国一星级大学（1★），中国区域知名大学。主管部门：吉林省。

（2）通化师范学院各本科专业排名（全国排名/档次）

1）中国顶尖应用型专业（6★）

朝鲜语：1/A++；历史学：1/A++；生物科学：1/A++；物理学：9/A+；学前教育：25/A+。

2）中国一流应用型专业（5★）

教育技术学：5/A；日语：13/A；物业管理：1/A++；中药学：4/A。

3）中国高水平应用型专业（4★）

广播电视编导：31/B++；汉语言文学：118/B++；化学：48/B++；食品科学与工程：37/B++；数学与应用数学：78/B++；信息工程：8/B++。

4）中国区域一流应用型专业（3★）

地理信息科学：25/B+；雕塑：7/B+；绘画：30/B+；计算机科学与技术：253/B+；教育学：23/B+；美术学：82/B+；思想政治教育：78/B+；艺术设计学：51/B+；音乐学：87/B+；英语：198/B+。

5）中国区域高水平应用型专业（2★）

动画：117/C；法学：138/C；机械电子工程：132/C；旅游管理：180/C；生物技术：71/C；食品质量与安全：57/B；市场营销：231/C；数据科学与大数据技术：199/C；文物与博物馆学：10/C；心理学：20/C；信息管理与信息系统：119/C；信息与计算科学：78/C；音乐表演：85/C。

6）中国区域知名应用型专业（1★）

财务管理：326/C；地理科学：69/D；公共事业管理：96/D；体育教育：138/D；统计学：81/D；小学教育：142/C；医学检验技术：73/D；应用化学：150/D。

22. 吉林工商学院

（1）吉林工商学院综合实力排名

综合排名：2024 校友会中国大学排名第 436 名，全国财经类高校第 45 名，吉林省高校第 22 名。

星级排名：中国一星级大学（1★），中国区域知名大学。主管部门：吉林省。

（2）吉林工商学院各本科专业排名（全国排名/档次）

1）中国顶尖应用型专业（6★）

保险学：1/A++；工商管理：5/A+；会计学：2/A++；酒店管理：8/A+；粮食工程：1/A++；旅游管理：1/A++；日语：1/A++；生物工程：2/A+；食品科学与工程：1/A++；税收学：1/A++。

2）中国一流应用型专业（5★）

财务管理：40/A；财政学：5/A；电子商务：37/A；国际经济与贸易：62/A；烹饪与营养教育：5/A；市场营销：38/A；物业管理：1/A++；应用统计学：3/A+；资产评估：1/A++。

3）中国高水平应用型专业（4★）

电子信息工程：116/B++；工程管理：59/B++；会展经济与管理：11/B++；机械电子工程：42/B++；金融学：45/B++；审计学：20/B++；食品营养与检验教育：1/A++；投资学：11/B++。

4）中国区域一流应用型专业（3★）

过程装备与控制工程：10/B+；经济学：52/B+；人力资源管理：75/B+；通信工程：130/B+；物联网工程：139/B+；物流管理：127/B+。

5）中国区域高水平应用型专业（2★）

广告学：74/B；机械设计制造及其自动化：246/D；计算机科学与技术：379/D；金融科技：11/B；人工智能：59/B；食品质量与安全：57/B；数据科学与大数据技术：199/C；网络工程：137/C；网络与新媒体：100/B。

6）中国区域知名应用型专业（1★）

动画：153/D；动物科学：23/D；英语：412/D。

22. 吉林医药学院

（1）吉林医药学院综合实力排名

综合排名：2024 校友会中国大学排名第 436 名，全国医药类高校第 73 名，吉林省高校第 22 名。

星级排名：中国一星级大学（1★），中国区域知名大学。主管部门：吉林省。

（2）吉林医药学院各本科专业排名（全国排名/档次）

1）中国顶尖应用型专业（6★）

公共事业管理：1/A++；临床医学：10/A+；药学：1/A++。

2）中国一流应用型专业（5★）

护理学：32/A；生物医学工程：5/A；应用心理学：7/A+；预防医学：4/A。

3）中国高水平应用型专业（4★）

康复治疗学：17/B++；生物技术：23/B++；食品卫生与营养学：2/A+；卫生检验与检疫：3/A+；医学检验技术：22/B++；医学影像学：11/B++。

4）中国区域一流应用型专业（3★）

口腔医学技术：6/B+；生物制药：13/B+；医学信息工程：5/A。

5）中国区域高水平应用型专业（2★）

健康服务与管理：33/B；食品质量与安全：57/B；市场营销：231/C；信息管理与信息系统：119/C。

24. 白城师范学院

（1）白城师范学院综合实力排名

综合排名：2024 校友会中国大学排名第 453 名，全国师范类高校第 103 名，吉林省高校第 24 名。

星级排名：中国一星级大学（1★），中国区域知名大学。主管部门：吉林省。

（2）白城师范学院各本科专业排名（全国排名/档次）

1）中国顶尖应用型专业（6★）

化学：12/A+。

2）中国一流应用型专业（5★）

公共事业管理：7/A+；软件工程：53/A；生物科学：24/A。

3）中国高水平应用型专业（4★）

地理科学：19/B++；地理信息科学：17/B++；法学：55/B++；广播电视编导：31/B++；机械设计制造及其自动化：128/B++；历史学：32/B++；日语：36/B++；数学与应用数学：78/B++；土木工程：97/B++。

4）中国区域一流应用型专业（3★）

道路桥梁与渡河工程：18/B+；汉语言文学：180/B+；机械电子工程：74/B+；计算机科学与技术：253/B+；汽车服务工程：66/B+；商务英语：71/B+；物理学：66/B+；小学教育：106/B+；学前教育：130/B+；音乐学：87/B+；园艺：25/B+。

5）中国区域高水平应用型专业（2★）

电子信息工程：242/C；环境设计：203/B；机器人工程：97/C；旅游管理：180/C；美术学：124/C；食品质量与安全：57/B；市场营销：231/C；思想政治教育：112/C；网络与新媒体：100/B；物联网工程：232/C；物流管理：182/C；音乐表演：85/C；应用化学：96/C；英语：318/C。

6）中国区域知名应用型专业（1★）

财务管理：326/C；动物科学：23/D；工程管理：174/C；广播电视学：75/D；社会体育指导与管理：104/C；视觉传达设计：299/D；数据科学与大数据技术：272/D；体育教育：138/D；统计学：81/D；文化产业管理：71/D。

25. 吉林警察学院

（1）吉林警察学院综合实力排名

综合排名：2024 校友会中国大学排名第 465 名，全国政法类高校第 18 名，吉林省高校第 25 名。

星级排名：中国三星级大学（3★），中国知名、区域一流大学。主管部门：吉林省。

（2）吉林警察学院各本科专业排名（全国排名/档次）

1）中国顶尖应用型专业（6★）

法学：1/A++；交通管理工程：4/A+；刑事科学技术：1/A++；侦查学：1/A++。

2）中国一流应用型专业（5★）

治安学：11/A。

3）中国高水平应用型专业（4★）

公安视听技术：3/A+；网络安全与执法：14/B++；行政管理：14/B++；影视摄影与制作：8/B++。

4）中国区域一流应用型专业（3★）

财务管理：137/B+；朝鲜语：19/B+；国际经济与贸易：179/B+；经济犯罪侦查：9/B+；应用心理学：47/B+；英语：198/B+。

5）中国区域高水平应用型专业（2★）

保险学：35/C；公安情报学：6/D；汉语言文学：253/C；绘画：44/C；计算机科学与技术：379/D；交通管理：5/A；禁毒学：11/D；数字媒体艺术：119/C；艺术设计学：77/C。

三、吉林省民办大学专业排名详情

1. 长春财经学院

（1）长春财经学院综合实力排名

综合排名：2024 校友会中国民办大学排名第 6 名，全国财经类民办高校第 4 名，吉林省民办高校第 1 名。

星级排名：中国六星级应用型大学（6★），中国顶尖应用型大学。

（2）长春财经学院各本科专业排名（全国排名/档次）

1）中国顶尖应用型专业（6★）

保险学：1/A++；财务管理：1/A++；电子商务：6/A+；法学：1/A++；工商管理：5/A+；国际经济与贸易：2/A++；会计学：2/A++；计算机科学与技术：2/A++；金融工程：2/A++；金融学：2/A++；经济统计学：1/A++；经济学：1/A++；旅游管理：1/A++；日语：1/A++；审计学：1/A++；市场营销：3/A++；数字经济：1/A++；物流管理：1/A++；小学教育：2/A++；信息管理与信息系统：1/A++；英语：3/A++。

2）中国一流应用型专业（5★）

国际商务：7/A；汉语国际教育：12/A；跨境电子商务：3/A+；人工智能：9/A；人力资源管理：12/A+；数据科学与大数据技术：4/A++；税收学：11/A；投资学：5/A+；网络与新媒体：12/A+；物联网工程：19/A。

2. 长春光华学院

（1）长春光华学院综合实力排名

综合排名：2024 校友会中国民办大学排名第 10 名，全国综合类民办高校第 11 名，吉林省民办高校第 2 名。

星级排名：中国六星级应用型大学（6★），中国顶尖应用型大学。

（2）长春光华学院各本科专业排名（全国排名/档次）

1）中国顶尖应用型专业（6★）

表演：1/A++；电气工程及其自动化：6/A+；电子商务：6/A+；电子信息工程：9/A+；俄语：1/A++；工商管理：5/A+；国际经济与贸易：23/A+；汉语言文学：1/A++；

环境设计：1/A++；会计学：2/A++；机械工程：1/A++；计算机科学与技术：2/A++；市场营销：3/A++；物联网工程：1/A++；英语：3/A++；影视摄影与制作：1/A++。

2）中国一流应用型专业（5★）

产品设计：12/A+；朝鲜语：6/A；广播电视编导：17/A；机械电子工程：23/A；机械设计制造及其自动化：68/A；金融学：26/A；经济学：17/A；旅游管理：42/A；日语：13/A；视觉传达设计：33/A；新闻学：17/A；学前教育：46/A；音乐学：17/A。

3）中国高水平应用型专业（4★）

播音与主持艺术：31/B++；财务管理：80/B++；广告学：21/B++；秘书学：5/A+；汽车服务工程：38/B++；商务英语：38/B++；摄影：5/A；数字媒体技术：25/B++；数字媒体艺术：30/B++；体育教育：56/B++；戏剧影视文学：10/B++；小学教育：75/B++；音乐表演：21/B++；应用心理学：20/B++。

3. 吉林建筑科技学院

（1）吉林建筑科技学院综合实力排名

综合排名：2024校友会中国民办大学排名第12名，全国理工类民办高校第12名，吉林省民办高校第3名。

星级排名：中国六星级应用型大学（6★），中国顶尖应用型大学。

（2）吉林建筑科技学院各本科专业排名（全国排名/档次）

1）中国顶尖应用型专业（6★）

财务管理：18/A+；道路桥梁与渡河工程：1/A++；电气工程及其自动化：6/A+；电子信息工程：9/A+；给排水科学与工程：1/A++；工程管理：3/A++；工程造价：1/A++；环境设计：1/A++；计算机科学与技术：2/A++；建筑环境与能源应用工程：1/A++；建筑学：1/A++；软件工程：1/A++；土木工程：2/A++；英语：3/A++；智能建造：1/A++。

2）中国一流应用型专业（5★）

安全工程：6/A；城乡规划：8/A；动画：17/A；风景园林：5/A+；机器人工程：3/A+；建筑电气与智能化：2/A+；审计学：7/A+；视觉传达设计：33/A；网络工程：16/A；物联网工程：19/A；新能源科学与工程：6/A；资产评估：1/A++；自动化：35/A。

3）中国高水平应用型专业（4★）

测绘工程：18/B++；城市地下空间工程：4/A；房地产开发与管理：7/B++；工程审计：1/A++；公共艺术：4/A；环境工程：32/B++；机械设计制造及其自动化：128/B++；交通工程：13/B++；交通设备与控制工程：1/A++；人工智能：20/B++；书法学：4/A+；数据科学与大数据技术：23/A；智慧交通：1/A++。

4）中国区域一流应用型专业（3★）

能源与动力工程：33/B+；思想政治教育：78/B+；遥感科学与技术：3/A+。

4. 长春建筑学院

（1）长春建筑学院综合实力排名

综合排名：2024校友会中国民办大学排名第15名，全国理工类民办高校第15名，吉林省民办高校第4名。

星级排名：中国五星级应用型大学（5★），中国一流应用型大学。

（2）长春建筑学院各本科专业排名（全国排名/档次）

1）中国顶尖应用型专业（6★）

城乡规划：1/A++；道路桥梁与渡河工程：1/A++；电气工程及其自动化：6/A+；房地产开发与管理：1/A++；风景园林：1/A++；给排水科学与工程：1/A++；工程造价：1/A++；环境设计：1/A++；建筑学：1/A++；视觉传达设计：18/A+；土木工程：2/A++；园林：1/A++；自动化：1/A++。

2）中国一流应用型专业（5★）

安全工程：6/A；测绘工程：9/A；产品设计：12/A+；电子商务：37/A；电子信息工程：66/A；工程管理：27/A；护理学：32/A；建筑电气与智能化：2/A+；建筑环境与能源应用工程：8/A；通信工程：43/A；物联网工程：19/A。

3）中国高水平应用型专业（4★）

财务管理：80/B++；城市地下空间工程：4/A；动画：37/B++；工商管理：64/B++；工艺美术：5/A；公共艺术：4/A；机器人工程：14/A；健康服务与管理：7/A；康复治疗学：17/B++；人工智能：20/B++；数据科学与大数据技术：23/A；文化产业管理：11/B++；智能科学与技术：10/B++。

4）中国区域一流应用型专业（3★）

广告学：43/B+；交通工程：24/B+；数字媒体技术：57/B+；数字媒体艺术：63/B+；信息安全：8/B+；艺术与科技：17/B+；智慧交通：2/A+。

5. 长春电子科技学院

（1）长春电子科技学院综合实力排名

综合排名：2024校友会中国民办大学排名第16名，全国理工类民办高校第16名，吉林省民办高校第5名。

星级排名：中国五星级应用型大学（5★），中国一流应用型大学。

（2）长春电子科技学院各本科专业排名（全国排名/档次）

1）中国顶尖应用型专业（6★）

电气工程及其自动化：6/A+；电子科学与技术：1/A++；电子信息工程：9/A+；电子信息科学与技术：1/A++；光电信息科学与工程：1/A++；机械电子工程：1/A++；机械设计制造及其自动化：14/A+；计算机科学与技术：2/A++；软件工程：1/A++；通信工程：1/A++；英语：47/A+。

2）中国一流应用型专业（5★）

测控技术与仪器：7/A；轨道交通信号与控制：3/A+；国际经济与贸易：62/A；汉语言文学：63/A；会计学：63/A；市场营销：38/A；网络工程：16/A；物联网工程：

19/A；自动化：35/A。

3）中国高水平应用型专业（4★）

飞行器动力工程：4/A；服装设计与工程：18/B++；广播电视工程：4/A；广告学：21/B++；汉语国际教育：36/B++；机器人工程：14/A；交通运输：19/B++；数据科学与大数据技术：23/A；物流管理：56/B++；新能源科学与工程：12/B++；艺术设计学：27/B++；智能制造工程：2/A+。

4）中国区域一流应用型专业（3★）

光源与照明：4/A。

6. 吉林外国语大学

（1）吉林外国语大学综合实力排名

综合排名：2024 校友会中国民办大学排名第 20 名，全国语言类民办高校第 3 名，吉林省民办高校第 6 名。

星级排名：中国六星级应用型大学（6★），中国顶尖应用型大学。

（2）吉林外国语大学各本科专业排名（全国排名/档次）

1）中国顶尖应用型专业（6★）

阿拉伯语：2/A+；朝鲜语：1/A++；俄语：1/A++；法语：1/A++；翻译：6/A+；日语：1/A++；英语：3/A++。

2）中国一流应用型专业（5★）

国际经济与贸易：62/A；汉语国际教育：12/A；葡萄牙语：2/A+；商务英语：12/A+；乌克兰语：1/A++；西班牙语：2/A+；学前教育：46/A；意大利语：2/A+。

3）中国高水平应用型专业（4★）

编辑出版学：4/A；德语：12/B++；电子商务：66/B++；国际经贸规则：1/A++；汉语言文学：118/B++；捷克语：1/A++；金融学：45/B++；经济学：24/B++；酒店管理：27/B++；旅游管理：76/B++；蒙古语：2/A+；市场营销：85/B++；泰语：7/B++。

4）中国区域一流应用型专业（3★）

波兰语：3/A+；波斯语：1/A++；播音与主持艺术：54/B+；工商管理：106/B+；人力资源管理：75/B+；塞尔维亚语：1/A++；视觉传达设计：140/B+；数字媒体技术：57/B+；网络与新媒体：61/B+；希腊语：1/A++；小学教育：106/B+；匈牙利语：1/A++；艺术教育：1/A++；印度尼西亚语：3/A+。

5）中国区域高水平应用型专业（2★）

会计学：223/C；人工智能：59/B。

7. 吉林动画学院

（1）吉林动画学院综合实力排名

综合排名：2024 校友会中国民办大学排名第 23 名，全国艺术类民办高校第 5 名，吉林省民办高校第 7 名。

星级排名：中国五星级应用型大学（5★），中国一流应用型大学。

（2）吉林动画学院各本科专业排名（全国排名/档次）

1）中国顶尖应用型专业（6★）

动画：1/A++；绘画：1/A++；视觉传达设计：1/A++；数字媒体技术：1/A++；数字媒体艺术：1/A++；艺术与科技：1/A++。

2）中国一流应用型专业（5★）

表演：11/A；产品设计：12/A+；广告学：9/A；环境设计：34/A；网络与新媒体：12/A+；艺术设计学：11/A。

3）中国高水平应用型专业（4★）

飞行器控制与信息工程：2/A+；工业设计：17/B++；工艺美术：5/A；广播电视编导：31/B++；广播电视学：19/B++；录音艺术：4/A；漫画：1/A++；文化产业管理：11/B++；戏剧影视导演：3/A+；戏剧影视美术设计：6/B++；戏剧影视文学：10/B++。

4）中国区域一流应用型专业（3★）

包装设计：1/A++；播音与主持艺术：54/B+；飞行器动力工程：8/B+；飞行器制造工程：15/B+；服装与服饰设计：60/B+；互联网金融：14/B+；软件工程：156/B+；市场营销：144/B+；数据科学与大数据技术：60/B++；新媒体技术：2/A+；虚拟现实技术：2/A+。

8. 长春人文学院

（1）长春人文学院综合实力排名

综合排名：2024 校友会中国民办大学排名第 39 名，全国综合类民办高校第 40 名，吉林省民办高校第 8 名。

星级排名：中国四星级应用型大学（4★），中国高水平应用型大学。

（2）长春人文学院各本科专业排名（全国排名/档次）

1）中国顶尖应用型专业（6★）

城市管理：1/A++；汉语言文学：1/A++；社会工作：1/A++；音乐学：4/A+。

2）中国一流应用型专业（5★）

日语：13/A；学前教育：46/A；英语：62/A。

3）中国高水平应用型专业（4★）

表演：18/B++；朝鲜语：11/B++；俄语：15/B++；公共事业管理：14/B++；国际经济与贸易：109/B++；汉语国际教育：36/B++；护理学：59/B++；会计学：105/B++；计算机科学与技术：168/B++；金融学：45/B++；市场营销：85/B++；舞蹈编导：8/B++。

4）中国区域一流应用型专业（3★）

播音与主持艺术：54/B+；电子信息科学与技术：53/B+；法学：82/B+；服装设计与工程：31/B+；服装与服饰设计：60/B+；工商管理：106/B+；广播电视编导：72/B+；国际商务：29/B+；环境设计：113/B+；美术学：82/B+；人力资源管理：75/B+；商务英语：71/B+；生物技术：41/B+；舞蹈学：33/B+。

5）中国区域高水平应用型专业（2★）

翻译：84/C；广告学：74/B；绘画：44/C；健康服务与管理：33/B；康复治疗学：59/C；汽车服务工程：103/C；视觉传达设计：235/C；数字媒体技术：100/C；网络工程：137/C；影视摄影与制作：24/B；中药资源与开发：9/D。

6）中国区域知名应用型专业（1★）

电气工程及其自动化：293/D；航空服务艺术与管理：

22/C；数据科学与大数据技术：272/D；应用心理学：112/D。

9. 长春科技学院

（1）长春科技学院综合实力排名

综合排名：2024校友会中国民办大学排名第45名，全国理工类民办高校第45名，吉林省民办高校第9名。

星级排名：中国四星级应用型大学（4★），中国高水平应用型大学。

（2）长春科技学院各本科专业排名（全国排名/档次）

1）中国一流应用型专业（5★）

财务管理：40/A；计算机科学与技术：101/A；食品科学与工程：17/A。

2）中国高水平应用型专业（4★）

动物科学：7/B++；动物医学：8/B++；轨道交通信号与控制：5/A；食品质量与安全：8/A；数字媒体艺术：30/B++；园艺：16/B++；中药学：12/B++；自动化：70/B++。

3）中国区域一流应用型专业（3★）

道路桥梁与渡河工程：18/B+；工程造价：58/B+；汉语言：3/A+；建筑学：67/B+；美术学：82/B+；人工智能：36/B+；网络工程：82/B+；眼视光学：8/B+。

4）中国区域高水平应用型专业（2★）

保险学：35/C；朝鲜语：32/C；电子信息科学与技术：71/C；工商管理：170/C；国际经济与贸易：260/C；护理学：129/D；金融工程：80/B；康复治疗学：59/C；人力资源管理：134/C；生物工程：68/C；土木工程：219/C；园林：55/C；中医学：18/D。

5）中国区域知名应用型专业（1★）

车辆工程：117/D；电子商务：219/C；俄语：46/D；汉语国际教育：153/D；航空服务艺术与管理：22/C；环境设计：311/D；机械电子工程：187/D；金融学：133/D；日语：173/D；市场营销：321/D；视觉传达设计：299/D；数据科学与大数据技术：272/D；应用化学：150/D；英语：412/D；资产评估：42/D。

10. 吉林师范大学博达学院

（1）吉林师范大学博达学院综合实力排名

综合排名：2024校友会中国民办大学排名第62名，全国师范类民办高校第2名，吉林省民办高校第10名。

星级排名：中国四星级应用型大学（4★），中国高水平应用型大学。

（2）吉林师范大学博达学院各本科专业排名（全国排名/档次）

1）中国一流应用型专业（5★）

地理科学：13/A；数学与应用数学：38/A。

2）中国高水平应用型专业（4★）

汉语言文学：118/B++；社会工作：21/B++；小学教育：75/B++。

3）中国区域一流应用型专业（3★）

财务管理：137/B+；朝鲜语：19/B+；俄语：26/B+；法语：16/B+；环境设计：113/B+；科学教育：16/B+；日语：69/B+；商务英语：71/B+；食品卫生与营养学：4/A；数据科学与大数据技术：60/B++；数字媒体技术：57/B+；体育教育：85/B+；信息工程：14/B+；学前教育：130/B+。

4）中国区域高水平应用型专业（2★）

广播电视编导：105/C；软件工程：221/C；视觉传达设计：235/C。

5）中国区域知名应用型专业（1★）

德语：38/D；电子信息工程：314/D；旅游管理：234/D；美术学：163/D；人力资源管理：202/D；社会体育指导与管理：104/C；食品科学与工程：121/D；食品质量与安全：104/D；市场营销：321/D；英语：412/D；影视摄影与制作：35/D。

11. 长春大学旅游学院

（1）长春大学旅游学院综合实力排名

综合排名：2024校友会中国民办大学排名第70名，全国综合类民办高校第71名，吉林省民办高校第11名。

星级排名：中国三星级应用型大学（3★），中国知名、区域一流应用型大学。

（2）长春大学旅游学院各本科专业排名（全国排名/档次）

1）中国顶尖应用型专业（6★）

旅游管理：21/A+。

2）中国高水平应用型专业（4★）

俄语：15/B++；会计学：105/B++；酒店管理：27/B++。

3）中国区域一流应用型专业（3★）

电子商务：109/B+；风景园林：24/B+；服装与服饰设计：60/B+；汉语国际教育：79/B+；物联网工程：139/B+；物流管理：127/B+；英语：198/B+。

4）中国区域高水平应用型专业（2★）

动画：117/C；会展经济与管理：35/B；建筑学：104/D；戏剧影视美术设计：15/B。

5）中国区域知名应用型专业（1★）

财务管理：326/C；产品设计：180/D；工程管理：174/C；工程造价：136/C；国际经济与贸易：325/D；环境设计：311/D；金融学：133/D；人工智能：86/C；人力资源管理：202/D；日语：173/D；市场营销：321/D；视觉传达设计：299/D；数据科学与大数据技术：272/D；土木工程：257/D；网络工程：191/D；文化产业管理：71/D。

12. 长春工业大学人文信息学院

（1）长春工业大学人文信息学院综合实力排名

综合排名：2024校友会中国民办大学排名第77名，全国综合类民办高校第78名，吉林省民办高校第12名。

星级排名：中国三星级应用型大学（3★），中国知名、区域一流应用型大学。

（2）长春工业大学人文信息学院各本科专业排名（全国排名/档次）

1）中国高水平应用型专业（4★）

电气工程及其自动化：91/B++；机械工程：22/B++；计算机科学与技术：168/B++；市场营销：85/B++；物流管理：56/B++；制药工程：25/B++；自动化：70/B++。

2）中国区域一流应用型专业（3★）

财务管理：137/B+；电子信息工程：186/B+；法学：82/B+；轨道交通信号与控制：11/B+；机器人工程：36/B+；软件工程：156/B+；数据科学与大数据技术：60/B++。

3）中国区域高水平应用型专业（2★）

电子商务：159/B；工程造价：88/B；工商管理：170/C；国际经济与贸易：260/C；会计学：223/C；机械设计制造及其自动化：246/D；金融学：107/C；汽车服务工程：103/C；商务英语：161/C；新能源汽车工程：8/B；英语：318/C；智能制造工程：34/B。

4）中国区域知名应用型专业（1★）

材料成型及控制工程：109/D；产品设计：180/D；车辆工程：117/D；服装与服饰设计：111/D；工程管理：174/C；环境设计：311/D；人工智能：86/C；人力资源管理：202/D；日语：173/D；视觉传达设计：299/D；通信工程：247/D；土木工程：257/D；行政管理：105/D；智能建造：16/C。

第三节　辽宁省

一、辽宁省大学综合实力排名

1. 辽宁省大学排名

表6-7　2024校友会辽宁省大学排名

全国排名	学校名称	所在城市	星级排名	办学层次	星级专业数/个								
					专业类型	8★	7★	6★	5★	4★	3★	2★	1★
26	大连理工大学	大连市	6★	世界高水平大学	研究型	0	3	13	21	37	17	4	0
29	东北大学	沈阳市	6★	世界高水平大学	研究型	0	3	12	22	22	21	0	0
95	东北财经大学	大连市	5★	中国一流大学	研究型	0	1	4	9	15	7	5	0
98	辽宁大学	沈阳市	4★	中国高水平大学	研究型	0	0	2	6	15	23	24	6
101	中国医科大学	沈阳市	4★	中国高水平大学	研究型	0	0	2	7	8	3	8	0
128	大连海事大学	大连市	4★	中国高水平大学	研究型	0	0	1	4	17	21	9	3
140	沈阳农业大学	沈阳市	3★	区域一流大学	研究型	0	0	0	1	17	20	12	7
159	辽宁工程技术大学	阜新市	4★	中国高水平大学	研究型	0	0	0	4	9	20	24	16
169	沈阳工业大学	沈阳市	3★	区域一流大学	研究型	0	0	0	2	18	15	8	16
175	沈阳大学	沈阳市	3★	区域一流大学	研究型	0	0	0	7	22	18	11	0
181	辽宁师范大学	大连市	3★	区域一流大学	研究型	0	0	0	1	18	19	21	6
181	沈阳药科大学	沈阳市	4★	中国高水平大学	研究型	0	0	2	1	9	6	6	0
185	大连医科大学	大连市	3★	区域一流大学	研究型	0	0	0	2	5	7	9	3
185	沈阳建筑大学	沈阳市	3★	区域一流大学	研究型	0	0	0	4	13	12	10	9
191	大连工业大学	大连市	3★	区域一流大学	研究型	0	0	0	7	8	16	13	7
191	沈阳师范大学	沈阳市	3★	区域一流大学	研究型	0	0	0	3	19	18	28	11
211	大连外国语大学	大连市	3★	区域一流大学	研究型	0	0	0	4	7	9	9	10
218	沈阳航空航天大学	沈阳市	3★	区域一流大学	研究型	0	0	2	0	20	15	9	7
240	大连交通大学	大连市	3★	区域一流大学	研究型	0	0	0	3	12	8	17	10
249	辽宁中医药大学	沈阳市	3★	区域一流大学	研究型	0	0	1	1	5	2	7	6
251	辽宁科技大学	鞍山市	3★	区域一流大学	研究型	0	0	0	3	3	12	22	26
256	大连大学	大连市	3★	区域一流大学	研究型	0	0	0	1	10	13	31	7
262	大连海洋大学	大连市	3★	区域一流大学	研究型	0	0	1	4	8	10	17	10
262	锦州医科大学	锦州市	2★	区域高水平大学	研究型	0	0	0	0	2	4	3	16

续表

全国排名	学校名称	所在城市	星级排名	办学层次	星级专业数/个								
					专业类型	8★	7★	6★	5★	4★	3★	2★	1★
265	大连民族大学	大连市	3★	区域一流大学	研究型	0	0	0	1	12	17	12	15
273	沈阳化工大学	沈阳市	3★	区域一流大学	研究型	0	0	0	1	16	15	12	16
281	渤海大学	锦州市	2★	区域高水平大学	研究型	0	0	0	0	11	14	7	23
291	沈阳体育学院	沈阳市	4★	中国高水平大学	研究型	0	0	2	3	4	2	2	0
298	辽宁工业大学	锦州市	2★	区域高水平大学	研究型	0	0	0	0	11	19	7	15
300	辽宁石油化工大学	抚顺市	3★	区域一流大学	研究型	0	0	0	1	14	13	12	18
320	中国刑事警察学院	沈阳市	5★	中国一流大学	研究型	0	1	1	5	6	0	1	0
324	沈阳医学院	沈阳市	1★	区域知名大学	应用型	0	0	5	7	4	5	0	0
328	鲁迅美术学院	沈阳市	4★	中国高水平大学	研究型	0	0	2	7	4	3	9	0
339	沈阳理工大学	沈阳市	2★	区域高水平大学	研究型	0	0	1	1	10	14	8	26
351	沈阳音乐学院	沈阳市	4★	中国高水平大学	研究型	0	0	1	2	5	3	6	0
393	沈阳工程学院	沈阳市	1★	区域知名大学	应用型	0	0	6	11	6	9	6	0
422	辽东学院	丹东市	1★	区域知名大学	应用型	0	0	1	7	3	8	14	14
436	鞍山师范学院	鞍山市	1★	区域知名大学	应用型	0	0	1	2	14	19	9	5
453	辽宁科技学院	本溪市	1★	区域知名大学	应用型	0	0	5	2	8	6	9	4
499	营口理工学院	营口市	1★	区域知名大学	应用型	0	0	0	1	3	14	5	4
509	辽宁警察学院	大连市	2★	区域高水平大学	应用型	0	0	1	3	3	2	3	0

2. 辽宁省民办大学排名

表6-8　2024校友会辽宁省民办大学排名（含独立学院）

全国排名	学校名称	所在城市	星级排名	办学层次	星级专业数/个								
					专业类型	8★	7★	6★	5★	4★	3★	2★	1★
6	沈阳城市学院	沈阳市	6★	中国顶尖应用型大学	应用型	0	0	18	15	12	0	0	0
17	大连东软信息学院	大连市	5★	中国一流应用型大学	应用型	0	0	6	5	7	9	8	0
24	辽宁传媒学院	沈阳市	5★	中国一流应用型大学	应用型	0	0	0	1	4	5	5	21
25	大连艺术学院	大连市	5★	中国一流应用型大学	应用型	0	0	2	4	9	6	3	5
29	辽宁对外经贸学院	大连市	4★	中国高水平应用型大学	应用型	0	0	2	1	10	2	7	4
32	辽宁财贸学院	葫芦岛市	4★	中国高水平应用型大学	应用型	0	0	0	0	2	6	11	15
33	大连财经学院	大连市	4★	中国高水平应用型大学	应用型	0	0	0	1	5	8	8	6
35	沈阳城市建设学院	沈阳市	4★	中国高水平应用型大学	应用型	0	0	0	0	6	7	8	10
44	辽宁何氏医学院	沈阳市	4★	中国高水平应用型大学	应用型	0	0	1	3	4	7	5	8
51	沈阳科技学院	沈阳市	3★	区域一流应用型大学	应用型	0	0	0	0	2	5	11	12
57	大连科技学院	大连市	3★	区域一流应用型大学	应用型	0	0	1	3	10	10	7	0
65	辽宁理工学院	锦州市	3★	区域一流应用型大学	应用型	0	0	0	0	3	5	10	11
71	大连工业大学艺术与信息工程学院	大连市	3★	区域一流应用型大学	应用型	0	0	0	1	2	8	5	9
72	大连理工大学城市学院	大连市	3★	区域一流应用型大学	应用型	0	0	0	1	9	10	4	5
80	大连医科大学中山学院	大连市	2★	区域高水平应用型大学	应用型	0	0	0	2	1	5	6	4
88	辽宁中医药大学杏林学院	沈阳市	2★	区域高水平应用型大学	应用型	0	0	0	0	1	5	2	5
91	沈阳工学院	沈阳市	2★	区域高水平应用型大学	应用型	0	0	3	4	11	13	10	12
99	辽宁师范大学海华学院	沈阳市	1★	区域知名应用型大学	应用型	0	0	0	0	0	4	2	14
105	锦州医科大学医疗学院	锦州市	1★	区域知名应用型大学	应用型	0	0	0	0	0	5	4	2

3. 辽宁省高职院校排名

表 6-9　2024 校友会辽宁省高职院校排名

全国排名	学校名称	所在城市	办学类型	星级排名	办学层次
17	沈阳职业技术学院	沈阳市	职业技能型	6★	中国顶尖高职院校
22	辽宁医药职业学院	沈阳市	职业技能型	5★	中国一流高职院校
26	大连职业技术学院	大连市	职业技能型	5★	中国一流高职院校
36	辽宁省交通高等专科学校	沈阳市	职业技能型	5★	中国一流高职院校
71	辽宁农业职业技术学院	营口市	职业技能型	3★	区域一流高职院校
89	辽宁经济职业技术学院	沈阳市	职业技能型	3★	区域一流高职院校
92	辽宁生态工程职业学院	沈阳市	职业技能型	3★	区域一流高职院校
123	营口职业技术学院	营口市	职业技能型	3★	区域一流高职院校
132	辽宁装备制造职业技术学院	沈阳市	职业技能型	3★	区域一流高职院校
148	抚顺职业技术学院	抚顺市	职业技能型	2★	区域高水平高职院校
149	辽宁建筑职业学院	辽阳市	职业技能型	3★	区域一流高职院校
163	阜新高等专科学校	阜新市	职业技能型	2★	区域高水平高职院校
171	盘锦职业技术学院	盘锦市	职业技能型	2★	区域高水平高职院校
173	朝阳师范高等专科学校	朝阳市	职业技能型	2★	区域高水平高职院校
182	锦州师范高等专科学校	锦州市	职业技能型	2★	区域高水平高职院校
185	辽阳职业技术学院	辽阳市	职业技能型	2★	区域高水平高职院校
203	铁岭师范高等专科学校	铁岭市	职业技能型	2★	区域高水平高职院校
212	辽宁机电职业技术学院	丹东市	职业技能型	2★	区域高水平高职院校
220	大连商务职业学院	大连市	职业技能型	2★	区域高水平高职院校
250	辽宁职业学院	铁岭市	职业技能型	2★	区域高水平高职院校
261	辽宁轻工职业学院	大连市	职业技能型	2★	区域高水平高职院校
275	辽宁金融职业学院	沈阳市	职业技能型	2★	区域高水平高职院校
281	渤海船舶职业学院	葫芦岛市	职业技能型	2★	区域高水平高职院校
295	辽宁现代服务职业技术学院	沈阳市	职业技能型	1★	区域知名高职院校
347	辽宁铁道职业技术学院	锦州市	职业技能型	1★	区域知名高职院校

4. 辽宁省职业技术大学排名

表 6-10　2024 校友会辽宁省职业技术大学排名

全国排名	学校名称	所在城市	办学类型	星级排名	办学层次
6	辽宁理工职业大学	锦州市	职业技能型	6★	中国顶尖职业技术大学

二、辽宁省大学专业排名详情

1. 大连理工大学

（1）大连理工大学综合实力排名

综合排名：2024 校友会中国大学排名第 26 名，全国理工类高校第 8 名，辽宁省高校第 1 名。

星级排名：中国六星级大学（6★），世界高水平大学、中国顶尖大学。“985 工程”大学，“211 工程”大学。主管部门：教育部。

（2）大连理工大学各本科专业排名（全国排名/档次）

1）世界知名高水平、中国顶尖专业（7★）

化学工程与工艺：3/A++；机械设计制造及其自动化：2/A++；土木工程：4/A++。

2）世界高水平、中国顶尖专业（6★）

城乡规划：4/A+；船舶与海洋工程：5/A+；港口航道与海岸工程：1/A++；高分子材料与工程：2/A++；工程力学：5/A+；公共事业管理：2/A++；过程装备与控制工程：1/A++；能源与动力工程：6/A+；水利水电工程：4/A+；思想政治教育：7/A+；信息管理与信息系统：5/A+；应用化学：3/A++；英语：6/A++。

3）中国一流专业（5★）

材料成型及控制工程：7/A+；车辆工程：17/A；电气工

程及其自动化：29/A；电子信息工程：8/A+；工程管理：10/A+；工商管理：16/A+；功能材料：1/A++；国际经济与贸易：35/A；海洋资源开发技术：1/A++；环境工程：24/A；环境科学：11/A；计算机科学与技术：27/A；建筑学：12/A；金融学：31/A；软件工程：18/A；生物工程：12/A；市场营销：19/A；数学与应用数学：41/A；信息与计算科学：9/A+；应用物理学：9/A；自动化：36/A。

4）中国高水平专业（4★）

安全工程：18/B++；材料物理：18/B++；测控技术与仪器：53/B++；电子科学与技术：39/B++；电子商务：45/B++；俄语：29/B++；翻译：23/B++；飞行器设计与工程：12/B++；工业设计：17/A；光电信息科学与工程：54/B++；广播电视学：11/A；化学工程与工业生物工程：2/A+；环境设计：9/A+；环境生态工程：3/A+；集成电路设计与集成系统：8/B++；建筑环境与能源应用工程：10/A；交通工程：13/B++；金属材料工程：13/B++；纳米材料与技术：4/A；能源化学工程：3/A+；能源与环境系统工程：4/A；日语：33/B++；生物科学：36/B++；生物信息学：8/B++；生物医学工程：21/B++；食品科学与工程：72/B++；视觉传达设计：42/B++；数理基础科学：2/A+；数字媒体技术：14/B++；通信工程：69/B++；网络工程：4/A+；无机非金属材料工程：24/B++；物联网工程：23/B++；物流工程：12/B++；物流管理：15/A；运动康复：8/B++；制药工程：20/B++。

5）中国区域一流专业（3★）

雕塑：19/B+；法学：208/B+；工业工程：54/B+；管理科学：19/B+；海洋技术：10/B+；汉语言：27/B+；汉语言文学：151/B+；经济学：122/B+；人力资源管理：69/B+；商务英语：29/B+；生物技术：96/B+；药学：85/B+；艺术设计学：40/B+；运动训练：31/B+；哲学：40/B+；知识产权：14/B+；资源循环科学与工程：6/B++。

6）中国区域高水平专业（2★）

大数据管理与应用：11/B++；马克思主义理论：19/C；人工智能：38/B++；智能制造工程：16/B++。

2. 东北大学

（1）东北大学综合实力排名

综合排名：2024 校友会中国大学排名第 29 名，全国理工类高校第 9 名，辽宁省高校第 2 名。

星级排名：中国六星级大学（6★），世界高水平大学、中国顶尖大学。“985 工程”大学，“211 工程”大学。主管部门：教育部。

（2）东北大学各本科专业排名（全国排名/档次）

1）世界知名高水平、中国顶尖专业（7★）

采矿工程：3/A++；冶金工程：3/A++；自动化：4/A++。

2）世界高水平、中国顶尖专业（6★）

安全工程：2/A+；材料成型及控制工程：5/A+；材料科学与工程：13/A+；测绘工程：3/A+；电子信息工程：4/A++；工商管理：8/A+；公共事业管理：2/A++；机械工程：15/A+；计算机科学与技术：18/A+；矿物加工工程：3/A+；软件工程：6/A+；行政管理：5/A+。

3）中国一流专业（5★）

材料物理：11/A；测控技术与仪器：15/A；车辆工程：17/A；电气工程及其自动化：29/A；电子科学与技术：15/A；工业工程：12/A；国际经济与贸易：35/A；过程装备与控制工程：8/A；机器人工程：1/A++；能源与动力工程：21/A；生物工程：12/A；生物医学工程：18/A；视觉传达设计：6/A+；数学与应用数学：41/A；通信工程：17/A；土木工程：35/A；信息安全：14/A；信息管理与信息系统：24/A；信息与计算科学：18/A；应用化学：19/A；英语：42/A；资源勘查工程：16/A。

4）中国高水平专业（4★）

城乡规划：26/B++；德语：20/B++；电子商务：45/B++；俄语：29/B++；工程力学：39/B++；工业设计：17/A；光电信息科学与工程：54/B++；环境工程：82/B++；环境科学：31/B++；环境设计：43/B++；会计学：112/B++；建筑学：52/B++；人工智能：7/A+；日语：33/B++；市场营销：59/B++；数据科学与大数据技术：10/A+；思想政治教育：73/B++；物联网工程：23/B++；新能源科学与工程：15/B++；应用物理学：22/B++；哲学：26/B++；资源循环科学与工程：2/A+。

5）中国区域一流专业（3★）

法学：161/B+；工业智能：1/A++；功能材料：10/B+；汉语言：27/B+；化学：124/B+；健康服务与管理：2/A+；金融学：143/B+；经济学：122/B+；民族学：15/B+；社会体育指导与管理：28/B+；生物制药：12/B++；数字媒体技术：29/B+；土地资源管理：33/B+；新能源材料与器件：15/B++；新闻学：109/B+；音乐表演：45/B+；应用统计学：30/B+；运动训练：36/B+；智能采矿工程：1/A++；智能医学工程：6/B++；智能制造工程：3/A+。

3. 东北财经大学

（1）东北财经大学综合实力排名

综合排名：2024 校友会中国大学排名第 95 名，全国财经类高校第 6 名，辽宁省高校第 3 名。

星级排名：中国五星级大学（5★），世界知名大学、中国一流大学。主管部门：辽宁省。

（2）东北财经大学各本科专业排名（全国排名/档次）

1）世界知名高水平、中国顶尖专业（7★）

工商管理：5/A++。

2）世界高水平、中国顶尖专业（6★）

财务管理：2/A++；工程管理：2/A++；会计学：6/A+；旅游管理：2/A++。

3）中国一流专业（5★）

财政学：7/A；电子商务：4/A+；国际经济与贸易：18/A+；金融工程：2/A+；金融学：13/A+；人力资源管理：1/A++；市场营销：7/A+；税收学：2/A+；物流管理：

3/A+。

4）中国高水平专业（4★）

保险学：8/B++；法学：49/B++；房地产开发与管理：1/A++；管理科学：3/A+；经济统计学：7/A；经济学：27/A；酒店管理：1/A++；劳动与社会保障：4/A+；商务英语：15/B++；统计学：20/A；投资学：9/B++；信息管理与信息系统：73/B++；行政管理：33/B++；应用统计学：7/A；资产评估：3/A+。

5）中国区域一流专业（3★）

公共事业管理：57/B+；汉语言文学：176/B+；计算机科学与技术：285/B+；日语：72/B+；社会学：56/B+；新闻学：98/B+；英语：253/B+。

6）中国区域高水平专业（2★）

大数据管理与应用：11/B++；汉语言：42/C；金融科技：5/A；金融数学：28/C；数学与应用数学：224/D。

4. 辽宁大学

（1）辽宁大学综合实力排名

综合排名：2024 校友会中国大学排名第 98 名，全国综合类高校第 43 名，辽宁省高校第 4 名。

星级排名：中国四星级大学（4★），世界知名、中国高水平大学。“211 工程”大学。主管部门：辽宁省。

（2）辽宁大学各本科专业排名（全国排名/档次）

1）世界高水平、中国顶尖专业（6★）

财政学：4/A+；经济学：7/A+。

2）中国一流专业（5★）

工商管理：16/A+；国际经济与贸易：18/A+；汉语言文学：28/A；人力资源管理：1/A++；市场营销：7/A+；思想政治教育：51/A。

3）中国高水平专业（4★）

播音与主持艺术：4/A+；朝鲜语：17/B++；法学：49/B++；国际政治：17/B++；国民经济管理：2/A+；环境工程：82/B++；金融学：93/B++；历史学：55/B++；生物技术：64/B++；戏剧影视文学：14/B++；新闻学：61/B++；行政管理：66/B++；应用化学：35/B++；英语：136/B++；哲学：20/B++。

4）中国区域一流专业（3★）

保险学：33/B+；表演：23/B+；测控技术与仪器：77/B+；电子科学与技术：69/B+；俄语：55/B+；翻译：54/B+；广播电视学：36/B+；化学：124/B+；环境科学：82/B+；环境生态工程：6/B++；计算机科学与技术：327/B+；商务英语：34/B+；食品科学与工程：114/B+；数学与应用数学：190/B+；通信工程：141/B+；网络与新媒体：15/B++；物理学：105/B+；信息管理与信息系统：138/B+；信息与计算科学：122/B+；艺术设计学：57/B+；应用物理学：83/B+；制药工程：113/B+；宗教学：8/B+。

5）中国区域高水平专业（2★）

编辑出版学：21/C；材料化学：74/C；档案学：23/D；德语：56/D；电子信息科学与技术：75/B；法语：64/C；工程力学：71/D；广播电视编导：68/C；广告学：80/B；汉语言：42/C；会计学：247/D；经济统计学：52/C；考古学：20/D；劳动与社会保障：66/C；旅游管理：146/C；马克思主义理论：19/C；日语：118/B；摄影：23/C；生态学：50/C；生物科学：141/D；生物信息学：25/C；数据科学与大数据技术：54/B++；统计学：133/C；戏剧影视导演：15/D。

6）中国区域知名专业（1★）

电气工程及其自动化：247/D；国际商务：40/C；软件工程：253/D；无机非金属材料工程：69/D；舞蹈学：81/D；音乐表演：83/C。

5. 中国医科大学

（1）中国医科大学综合实力排名

综合排名：2024 校友会中国大学排名第 101 名，全国医药类高校第 5 名，辽宁省高校第 5 名。

星级排名：中国四星级大学（4★），世界知名、中国高水平大学。主管部门：辽宁省。

（2）中国医科大学各本科专业排名（全国排名/档次）

1）世界高水平、中国顶尖专业（6★）

医学影像学：1/A++；预防医学：3/A+。

2）中国一流专业（5★）

儿科学：2/A+；法医学：5/A；护理学：11/A；临床药学：4/A；临床医学：23/A；麻醉学：5/A；医学检验技术：8/A。

3）中国高水平专业（4★）

基础医学：13/B++；精神医学：7/B++；口腔医学：17/B++；生物科学：36/B++；生物医学工程：21/B++；信息管理与信息系统：73/B++；医学影像技术：5/A；制药工程：45/B++。

4）中国区域一流专业（3★）

康复治疗学：31/B+；眼视光学：5/A；药物制剂：22/B+。

5）中国区域高水平专业（2★）

公共事业管理：124/B；健康服务与管理：7/B++；生物技术：162/D；生物信息学：25/C；生物医学：2/A+；眼视光医学：9/B；药学：118/D；应用心理学：99/C。

6. 大连海事大学

（1）大连海事大学综合实力排名

综合排名：2024 校友会中国大学排名第 128 名，全国理工类高校第 54 名，辽宁省高校第 6 名。

星级排名：中国四星级大学（4★），世界知名、中国高水平大学。“211 工程”大学。主管部门：交通运输部。

（2）大连海事大学各本科专业排名（全国排名/档次）

1）世界高水平、中国顶尖专业（6★）

航海技术：1/A++。

2）中国一流专业（5★）

船舶电子电气工程：1/A++；法语：4/A+；交通运输：11/A；轮机工程：3/A+。

3）中国高水平专业（4★）

材料科学与工程：68/B++；船舶与海洋工程：20/B++；地理信息科学：16/B++；电气工程及其自动化：88/B++；电子商务：45/B++；电子信息工程：89/B++；国际经济与贸易：86/B++；海事管理：1/A++；海洋科学：15/B++；机械设计制造及其自动化：131/B++；计算机科学与技术：206/B++；交通管理：2/A+；救助与打捞工程：1/A++；物流工程：4/A；物流管理：46/B++；信息管理与信息系统：73/B++；英语：57/B++。

4）中国区域一流专业（3★）

财务管理：84/B+；测控技术与仪器：103/B+；电子信息科学与技术：44/B+；法学：161/B+；工商管理：207/B+；公共事业管理：81/B+；光电信息科学与工程：84/B+；海洋资源与环境：2/A+；环境工程：167/B+；经济学：152/B+；能源与动力工程：98/B+；日语：72/B+；软件工程：183/B+；数学与应用数学：190/B+；通信工程：104/B+；统计学：96/B+；土木工程：164/B+；网络工程：68/B+；行政管理：126/B+；应用物理学：68/B+；自动化：150/B+。

5）中国区域高水平专业（2★）

安全工程：68/C；大数据管理与应用：11/B++；供应链管理：4/A；交通工程：73/D；旅游管理：146/C；人工智能：38/B++；社会工作：112/C；数据科学与大数据技术：54/B++；政治学与行政学：59/C。

6）中国区域知名专业（1★）

金融工程：83/D；物联网工程：161/D；智能科学与技术：58/C。

7. 沈阳农业大学

（1）沈阳农业大学综合实力排名

综合排名：2024校友会中国大学排名第140名，全国农林类高校第14名，辽宁省高校第7名。

星级排名：中国三星级大学（3★），中国知名、区域一流大学。主管部门：辽宁省。

（2）沈阳农业大学各本科专业排名（全国排名/档次）

1）中国一流专业（5★）

园艺：5/A。

2）中国高水平专业（4★）

蚕学：3/A+；动物科学：25/B++；动物医学：13/B++；林学：13/B++；农林经济管理：13/B++；农学：21/B++；农业工程：3/A+；农业机械化及其自动化：12/B++；农业建筑环境与能源工程：6/B++；农业水利工程：13/B++；农业资源与环境：10/B++；设施农业科学与工程：1/A++；生物技术：64/B++；食品科学与工程：28/B++；食品质量与安全：8/A；园林：11/B++；植物保护：13/B++。

3）中国区域一流专业（3★）

包装工程：19/B+；电气工程及其自动化：133/B+；电子信息工程：178/B+；动植物检疫：3/A+；环境科学：61/B+；会计学：208/B+；机械设计制造及其自动化：190/B+；计算机科学与技术：327/B+；交通运输：37/B+；粮食工程：10/B+；农业电气化：5/A；森林保护：10/B+；生物科学：122/B+；水利水电工程：32/B+；水土保持与荒漠化防治：10/B+；土地资源管理：33/B+；土木工程：137/B+；应用化学：145/B+；应用气象学：6/B+；中草药栽培与鉴定：4/A。

4）中国区域高水平专业（2★）

草业科学：23/D；大气科学：15/D；动物药学：13/C；风景园林：57/C；国际经济与贸易：221/C；环境工程：196/D；金融学：191/D；农村区域发展：16/C；生物工程：127/C；水产养殖学：37/D；应用生物科学：7/C；种子科学与工程：24/C。

5）中国区域知名专业（1★）

测绘工程：75/D；化学：166/D；旅游管理：207/D；生态学：58/D；市场营销：299/D；土地整治工程：9/C；信息与计算科学：287/D。

8. 辽宁工程技术大学

（1）辽宁工程技术大学综合实力排名

综合排名：2024校友会中国大学排名第159名，全国理工类高校第70名，辽宁省高校第8名。

星级排名：中国四星级大学（4★），世界知名、中国高水平大学。主管部门：辽宁省。

（2）辽宁工程技术大学各本科专业排名（全国排名/档次）

1）中国一流专业（5★）

安全工程：8/A；采矿工程：8/A；测绘工程：5/A；工程力学：11/A。

2）中国高水平专业（4★）

测控技术与仪器：23/B++；电气工程及其自动化：40/B++；工程管理：20/A；机械工程：48/B++；机械设计制造及其自动化：54/B++；矿物加工工程：14/B++；软件工程：44/B++；土木工程：47/B++；信息管理与信息系统：38/B++。

3）中国区域一流专业（3★）

材料成型及控制工程：80/B+；道路桥梁与渡河工程：17/B+；地理信息科学：43/B+；地质工程：32/B+；给排水科学与工程：48/B+；焊接技术与工程：12/B+；环境工程：133/B+；环境科学：82/B+；机械电子工程：38/B+；计算机科学与技术：285/B+；建筑学：95/B+；金属材料工程：46/B+；理论与应用力学：12/B+；能源与动力工程：98/B+；通信工程：141/B+；信息与计算科学：86/B+；遥感科学与技术：12/B+；智能电网信息工程：9/B+；资源勘查工程：30/B+；自动化：150/B+。

4）中国区域高水平专业（2★）

地理空间信息工程：4/A；电子科学与技术：110/D；电子信息工程：236/D；法学：271/D；工商管理：245/D；工业设计：131/C；国际经济与贸易：221/C；环境生态工程：20/B；会计学：270/D；机器人工程：18/B++；建筑环境与

能源应用工程：84/C；金融学：191/D；人工智能：38/B++；生物工程：159/D；市场营销：176/C；数据科学与大数据技术：54/B++；数字媒体技术：57/C；网络工程：81/B；新能源材料与器件：32/B；新能源科学与工程：54/C；行政管理：148/C；应急技术与管理：1/A++；英语：318/D；智能建造：8/B。

5）中国区域知名专业（1★）

财务管理：210/D；车辆工程：109/D；城市地下空间工程：38/D；电气工程与智能控制：9/C；电子商务：184/D；动画：134/D；广播电视学：106/D；交通工程：78/D；经济学：245/D；劳动与社会保障：79/C；能源化学工程：37/D；人文地理与城乡规划：65/D；数学与应用数学：284/D；水土保持与荒漠化防治：19/D；无机非金属材料工程：69/D；运动训练：80/D。

9. 沈阳工业大学

（1）沈阳工业大学综合实力排名

综合排名：2024 校友会中国大学排名第 169 名，全国理工类高校第 75 名，辽宁省高校第 9 名。

星级排名：中国三星级大学（3★），中国知名、区域一流大学。主管部门：辽宁省。

（2）沈阳工业大学各本科专业排名（全国排名/档次）

1）中国一流专业（5★）

材料成型及控制工程：7/A+；电气工程及其自动化：15/A。

2）中国高水平专业（4★）

测控技术与仪器：53/B++；电子信息工程：38/B++；法学：111/B++；工商管理：36/B++；工业工程：14/A；工业设计：38/B++；国际经济与贸易：43/B++；焊接技术与工程：5/A；化学工程与工艺：34/B++；会计学：43/B++；机械设计制造及其自动化：54/B++；计算机科学与技术：206/B++；金融学：93/B++；市场营销：59/B++；数学与应用数学：56/B++；土木工程：47/B++；应用化学：35/B++；自动化：41/B++。

3）中国区域一流专业（3★）

车辆工程：58/B+；电子科学与技术：69/B+；高分子材料与工程：81/B+；功能材料：10/B+；过程装备与控制工程：45/B+；环境工程：133/B+；建筑学：82/B+；金属材料工程：33/B+；能源与动力工程：98/B+；软件工程：150/B+；通信工程：141/B+；新能源科学与工程：23/B+；应用物理学：68/B+；油气储运工程：15/B+；智能科学与技术：17/B++。

4）中国区域高水平专业（2★）

电子商务：118/C；工程管理：120/C；环境设计：172/C；建筑环境与能源应用工程：84/C；生物医学工程：80/D；物流管理：109/C；信息与计算科学：164/C；英语：318/D。

5）中国区域知名专业（1★）

道路桥梁与渡河工程：30/D；电气工程与智能控制：12/D；电子与计算机工程：4/A；工业智能：2/A+；广告学：113/C；互联网金融：3/A+；环保设备工程：8/D；机器人工程：71/C；建筑电气与智能化：20/C；金融工程：83/D；能源化学工程：40/D；日语：218/D；数据科学与大数据技术：152/C；物联网工程：194/D；知识产权：38/C；资源循环科学与工程：31/D。

10. 沈阳大学

（1）沈阳大学综合实力排名

综合排名：2024 校友会中国大学排名第 175 名，全国综合类高校第 61 名，辽宁省高校第 10 名。

星级排名：中国三星级大学（3★），中国知名、区域一流大学。主管部门：辽宁省。

（2）沈阳大学各本科专业排名（全国排名/档次）

1）中国一流专业（5★）

材料成型及控制工程：7/A+；焊接技术与工程：4/A；环境工程：8/A+；会计学：33/A；机械设计制造及其自动化：43/A；旅游管理：14/A；小学教育：11/A。

2）中国高水平专业（4★）

财务管理：46/B++；工商管理：100/B++；公共艺术：8/B++；国际商务：14/B++；汉语言文学：114/B++；环境生态工程：3/A+；绘画：16/B++；建筑学：52/B++；教育学：34/B++；金属材料工程：26/B++；经济学：83/B++；历史学：55/B++；生物工程：47/B++；生物科学：83/B++；数学与应用数学：137/B++；体育教育：48/B++；通信工程：69/B++；土木工程：47/B++；学前教育：25/B++；音乐学：39/B++；英语：136/B++；自动化：41/B++。

3）中国区域一流专业（3★）

财政学：48/B+；地理科学：60/B+；俄语：48/B+；法学：208/B+；工业工程：64/B+；广播电视编导：42/B+；国际经济与贸易：142/B+；化学：124/B+；环境设计：105/B+；计算机科学与技术：285/B+；建筑环境与能源应用工程：63/B+；金融学：159/B+；经济统计学：44/B+；日语：96/B+；社会体育指导与管理：37/B+；数据科学与大数据技术：20/A；物联网工程：45/B+；园林：34/B+。

4）中国区域高水平专业（2★）

播音与主持艺术：63/C；产品设计：100/C；车辆工程：89/C；大数据管理与应用：11/B++；交通运输：59/C；人工智能：38/B++；社会工作：112/C；视觉传达设计：156/C；物理学：126/D；音乐表演：71/C；中国画：23/D。

11. 辽宁师范大学

（1）辽宁师范大学综合实力排名

综合排名：2024 校友会中国大学排名第 181 名，全国师范类高校第 28 名，辽宁省高校第 11 名。

星级排名：中国三星级大学（3★），中国知名、区域一流大学。主管部门：辽宁省。

（2）辽宁师范大学各本科专业排名（全国排名/档次）

1）中国一流专业（5★）

思想政治教育：22/A。

2）中国高水平专业（4★）

地理科学：17/B++；动画：27/B++；法学：49/B++；汉语国际教育：18/A；汉语言文学：64/B++；化学：39/B++；计算机科学与技术：206/B++；教育学：20/B++；历史学：55/B++；生物科学：83/B++；数学与应用数学：56/B++；特殊教育：7/B++；体育教育：48/B++；物理学：33/B++；心理学：12/B++；信息管理与信息系统：73/B++；音乐学：39/B++；英语：136/B++。

3）中国区域一流专业（3★）

播音与主持艺术：26/B+；地理信息科学：61/B+；电子科学与技术：69/B+；俄语：48/B+；广播电视编导：42/B+；教育技术学：44/B+；录音艺术：11/B+；旅游管理：114/B+；生物技术：96/B+；数字媒体技术：33/B+；水文与水资源工程：36/B+；文物与博物馆学：10/B+；新闻学：109/B+；学前教育：56/B+；药物化学：3/A+；应用化学：145/B+；应用心理学：65/B+；运动训练：36/B+；政治学与行政学：41/B+。

4）中国区域高水平专业（2★）

表演：44/B；电子商务：118/C；电子信息工程：214/D；翻译：71/B；公共事业管理：124/B；广告学：80/B；国际商务：33/C；环境科学：132/D；会计学：247/D；金融数学：28/C；劳动与社会保障：66/C；美术学：99/C；日语：118/B；社会体育指导与管理：64/C；视觉传达设计：156/C；数字媒体艺术：79/C；图书馆学：19/D；戏剧影视美术设计：20/C；小学教育：66/D；信息与计算科学：164/C；行政管理：148/C。

5）中国区域知名专业（1★）

公共艺术：36/D；汉语言：60/D；绘画：89/D；酒店管理：43/C；舞蹈学：74/D；音乐表演：83/C。

11. 沈阳药科大学

（1）沈阳药科大学综合实力排名

综合排名：2024校友会中国大学排名第181名，全国医药类高校第22名，辽宁省高校第11名。

星级排名：中国四星级大学（4★），世界知名、中国高水平大学。主管部门：辽宁省。

（2）沈阳药科大学各本科专业排名（全国排名/档次）

1）世界高水平、中国顶尖专业（6★）

药学：5/A+；制药工程：2/A++。

2）中国一流专业（5★）

中药学：9/A。

3）中国高水平专业（4★）

临床药学：6/B++；葡萄与葡萄酒工程：3/A+；生物工程：21/B++；生物制药：5/A；药事管理：2/A+；药物化学：2/A+；药物制剂：4/A；约物分析：1/A++；中药制药：3/A+。

4）中国区域一流专业（3★）

工商管理：180/B+；环境科学：61/B+；生物医学工程：55/B+；药物分析：4/A；应用化学：112/B+；中药资源与开发：10/B+。

5）中国区域高水平专业（2★）

国际经济与贸易：221/C；环境工程：212/D；食品科学与工程：146/D；食品质量与安全：91/C；市场营销：176/C；医疗产品管理：1/A++。

13. 大连医科大学

（1）大连医科大学综合实力排名

综合排名：2024校友会中国大学排名第185名，全国医药类高校第24名，辽宁省高校第13名。

星级排名：中国三星级大学（3★），中国知名、区域一流大学。主管部门：辽宁省。

（2）大连医科大学各本科专业排名（全国排名/档次）

1）中国一流专业（5★）

临床医学：23/A；中西医临床医学：2/A+。

2）中国高水平专业（4★）

护理学：59/B++；口腔医学：17/B++；临床药学：14/B++；医学检验技术：15/B++；医学影像学：15/B++。

3）中国区域一流专业（3★）

法学：208/B+；服装设计与工程：22/B+；公共事业管理：81/B+；麻醉学：22/B+；药学：85/B+；预防医学：61/B+；针灸推拿学：28/B+。

4）中国区域高水平专业（2★）

服装与服饰设计：66/C；摄影：23/C；生物技术：176/D；生物医学工程：80/D；生物制药：31/C；数字媒体艺术：79/C；卫生检验与检疫：23/C；医学影像技术：20/B；应用心理学：99/C。

5）中国区域知名专业（1★）

基础医学：30/D；精神医学：18/C；眼视光医学：13/C。

13. 沈阳建筑大学

（1）沈阳建筑大学综合实力排名

综合排名：2024校友会中国大学排名第185名，全国理工类高校第82名，辽宁省高校第13名。

星级排名：中国三星级大学（3★），中国知名、区域一流大学。主管部门：辽宁省。

（2）沈阳建筑大学各本科专业排名（全国排名/档次）

1）中国一流专业（5★）

风景园林：6/A；建筑学：12/A；土木工程：19/A；无机非金属材料工程：3/A+。

2）中国高水平专业（4★）

测绘工程：31/B++；城乡规划：19/B++；房地产开发与管理：4/A；给排水科学与工程：15/B++；工程管理：20/A；工程造价：3/A+；环境设计：43/B++；机械工程：26/B++；机械设计制造及其自动化：54/B++；计算机科学与技术：60/B++；建筑电气与智能化：1/A++；建筑环境与能源应用工程：10/A；通信工程：69/B++。

3）中国区域一流专业（3★）

安全工程：45/B+；城市管理：10/B+；道路桥梁与渡河

工程：14/B+；电气工程及其自动化：151/B+；动画：47/B+；高分子材料与工程：81/B+；工业设计：85/B+；环境工程：133/B+；机械电子工程：48/B+；交通工程：41/B+；土地资源管理：33/B+；自动化：150/B+。

4）中国区域高水平专业（2★）

法学：271/D；工商管理：245/D；功能材料：18/B；会计学：270/D；人力资源管理：148/C；生态学：50/C；物流工程：40/C；信息与计算科学：164/C；英语：318/D；园林：49/C。

5）中国区域知名专业（1★）

材料化学：94/D；城市地下空间工程：38/D；家具设计与工程：4/A；人工智能：123/C；视觉传达设计：202/D；数据科学与大数据技术：152/C；应急管理：8/C；智能建造：17/C；智能制造工程：56/B。

15. 大连工业大学

（1）大连工业大学综合实力排名

综合排名：2024 校友会中国大学排名第 191 名，全国理工类高校第 85 名，辽宁省高校第 15 名。

星级排名：中国三星级大学（3★），中国知名、区域一流大学。主管部门：辽宁省。

（2）大连工业大学各本科专业排名（全国排名/档次）

1）中国一流专业（5★）

服装设计与工程：5/A；服装与服饰设计：4/A+；轻化工程：8/A；生物工程：4/A+；食品科学与工程：8/A+；食品质量与安全：1/A++；通信工程：17/A。

2）中国高水平专业（4★）

包装工程：12/B++；产品设计：33/B++；纺织工程：10/B++；光源与照明：1/A++；环境设计：9/A+；计算机科学与技术：206/B++；视觉传达设计：13/A+；无机非金属材料工程：13/B++。

3）中国区域一流专业（3★）

材料成型及控制工程：66/B+；材料科学与工程：98/B+；高分子材料与工程：65/B+；工商管理：180/B+；工业设计：85/B+；海洋资源开发技术：5/A；机械电子工程：48/B+；机械工程：59/B+；葡萄与葡萄酒工程：4/A；人力资源管理：69/B+；日语：72/B+；数字媒体技术：33/B+；网络工程：25/B++；艺术设计学：57/B+；艺术与科技：17/B+；应用化学：112/B+。

4）中国区域高水平专业（2★）

电气工程及其自动化：217/D；电子信息工程：236/D；雕塑：36/D；工业工程：93/C；国际经济与贸易：221/C；化学工程与工艺：162/D；环境工程：212/D；美术学：99/C；摄影：23/C；生物技术：176/D；信息管理与信息系统：207/C；英语：318/D；自动化：207/D。

5）中国区域知名专业（1★）

表演：68/D；大数据管理与应用：48/C；翻译：130/D；风景园林：75/D；汉语国际教育：140/C；化妆品技术与工程：3/A+；智能制造工程：56/B。

15. 沈阳师范大学

（1）沈阳师范大学综合实力排名

综合排名：2024 校友会中国大学排名第 191 名，全国师范类高校第 29 名，辽宁省高校第 15 名。

星级排名：中国三星级大学（3★），中国知名、区域一流大学。主管部门：辽宁省。

（2）沈阳师范大学各本科专业排名（全国排名/档次）

1）中国一流专业（5★）

表演：5/A+；社会工作：5/A+；思想政治教育：22/A。

2）中国高水平专业（4★）

法学：49/B++；古生物学：2/A+；汉语国际教育：18/A；汉语言文学：64/B++；化学：39/B++；教育技术学：21/B++；教育学：20/B++；粮食工程：4/A；旅游管理：67/B++；软件工程：44/B++；生物科学：36/B++；体育教育：48/B++；物理学：33/B++；新闻学：30/B++；行政管理：66/B++；学前教育：9/A；音乐学：18/B++；应用心理学：16/B++；英语：57/B++。

3）中国区域一流专业（3★）

翻译：54/B+；服装设计与工艺教育：1/A++；国际经济与贸易：176/B+；计算机科学与技术：285/B+；金融学：143/B+；劳动与社会保障：37/B+；美术学：57/B+；日语：72/B+；社会学：50/B+；食品科学与工程：114/B+；市场营销：110/B+；数学与应用数学：168/B+；网络工程：25/B++；舞蹈学：30/B+；物流管理：88/B+；小学教育：43/B+；音乐表演：45/B+；中国画：17/B+。

4）中国区域高水平专业（2★）

播音与主持艺术：63/C；产品设计：100/C；电子信息工程：236/D；雕塑：36/D；动画：92/C；俄语：71/C；法语：64/C；服装设计与工程：34/D；工艺美术：25/C；广播电视编导：75/D；环境科学：132/D；环境设计：172/C；酒店管理：25/B；科学教育：16/C；人文教育：4/A；社会体育指导与管理：64/C；生物技术：176/D；食品质量与安全：79/C；数字媒体艺术：79/C；统计学：147/C；网络与新媒体：27/B+；舞蹈表演：35/C；戏剧影视美术设计：20/C；信息管理与信息系统：207/C；信息与计算科学：164/C；应用统计学：48/B；应用物理学：112/C；运动训练：60/C。

5）中国区域知名专业（1★）

德语：73/D；公共艺术：36/D；汉语言：60/D；环境生态工程：32/D；绘画：101/D；历史学：135/D；能源化学工程：40/D；视觉传达设计：202/D；数据科学与大数据技术：152/C；武术与民族传统体育：34/D；应用化学：213/D。

17. 大连外国语大学

（1）大连外国语大学综合实力排名

综合排名：2024 校友会中国大学排名第 211 名，全国语言类高校第 8 名，辽宁省高校第 17 名。

星级排名：中国三星级大学（3★），中国知名、区域一

流大学。主管部门：辽宁省。

（2）大连外国语大学各本科专业排名（全国排名/档次）

1）中国一流专业（5★）

朝鲜语：2/A+；俄语：4/A+；日语：3/A++；英语：19/A+。

2）中国高水平专业（4★）

德语：11/B++；法语：11/B++；翻译：7/A+；汉语国际教育：18/A；西班牙语：10/B++；新闻学：61/B++；意大利语：4/A。

3）中国区域一流专业（3★）

产品设计：66/B+；服装与服饰设计：44/B+；国际事务与国际关系：5/A；汉语言：27/B+；金融学：159/B+；旅游管理：114/B+；葡萄牙语：11/B+；商务英语：34/B+；视觉传达设计：83/B+。

4）中国区域高水平专业（2★）

财务管理：175/D；国际经济与贸易：266/D；汉语言文学：235/D；环境设计：141/C；计算机科学与技术：370/D；美术学：99/C；软件工程：235/D；市场营销：241/D；信息管理与信息系统：207/C。

5）中国区域知名专业（1★）

波兰语：10/D；传播学：42/D；大数据管理与应用：48/C；哈萨克语：5/A；捷克语：9/D；经济学：257/D；泰语：19/D；外交学：14/D；网络工程：141/D；乌克兰语：5/A。

18. 沈阳航空航天大学

（1）沈阳航空航天大学综合实力排名

综合排名：2024 校友会中国大学排名第 218 名，全国理工类高校第 99 名，辽宁省高校第 18 名。

星级排名：中国三星级大学（3★），中国知名、区域一流大学。主管部门：辽宁省。

（2）沈阳航空航天大学各本科专业排名（全国排名/档次）

1）世界高水平、中国顶尖专业（6★）

飞行器动力工程：3/A+；飞行器制造工程：3/A+。

2）中国高水平专业（4★）

安全工程：31/B++；测控技术与仪器：53/B++；电子信息工程：89/B++；飞行技术：4/A；飞行器设计与工程：8/B++；飞行器质量与可靠性：2/A+；工业设计：17/A；国际经济与贸易：86/B++；航空航天工程：7/B++；环境工程：82/B++；机械电子工程：20/B++；机械设计制造及其自动化：54/B++；计算机科学与技术：60/B++；金属材料工程：26/B++；软件工程：103/B++；探测制导与控制技术：8/B++；网络工程：4/A+；物流管理：46/B++；新能源科学与工程：3/A+；自动化：41/B++。

3）中国区域一流专业（3★）

材料成型及控制工程：80/B+；产品设计：86/B+；工程力学：56/B+；焊接技术与工程：12/B+；交通运输：37/B+；金融学：159/B+；能源与动力工程：80/B+；能源与环境系统工程：7/B+；视觉传达设计：116/B+；数字媒体艺术：39/B+；通信工程：104/B+；物联网工程：69/B+；消防工程：8/B+；信息与计算科学：122/B+；应用物理学：83/B+。

4）中国区域高水平专业（2★）

飞行器适航技术：4/A；工业工程：93/C；功能材料：18/B；环境设计：172/C；人力资源管理：148/C；日语：162/C；市场营销：176/C；信息管理与信息系统：207/C；英语：358/D。

5）中国区域知名专业（1★）

保险学：45/C；复合材料与工程：17/C；航空服务艺术与管理：11/B；机器人工程：71/C；跨境电子商务：4/A；人工智能：123/C；智能制造工程：56/B。

19. 大连交通大学

（1）大连交通大学综合实力排名

综合排名：2024 校友会中国大学排名第 240 名，全国理工类高校第 108 名，辽宁省高校第 19 名。

星级排名：中国三星级大学（3★），中国知名、区域一流大学。主管部门：辽宁省。

（2）大连交通大学各本科专业排名（全国排名/档次）

1）中国一流专业（5★）

材料成型及控制工程：22/A；车辆工程：9/A；交通运输：11/A。

2）中国高水平专业（4★）

材料科学与工程：45/B++；测控技术与仪器：23/B++；电子科学与技术：24/B++；工业工程：28/B++；轨道交通信号与控制：4/A；焊接技术与工程：5/A；环境工程：82/B++；机械工程：48/B++；交通工程：23/B++；交通设备与控制工程：3/A+；软件工程：44/B++；土木工程：96/B++。

3）中国区域一流专业（3★）

安全工程：53/B+；电气工程及其自动化：151/B+；动画：62/B+；通信工程：104/B+；物联网工程：69/B+；物流管理：88/B+；应用化学：145/B+；自动化：180/B+。

4）中国区域高水平专业（2★）

产品设计：100/C；电子信息工程：236/D；工商管理：245/D；工业设计：131/C；化学工程与工艺：162/D；会计学：270/D；机械电子工程：84/C；机械设计制造及其自动化：222/D；计算机科学与技术：356/D；汽车服务工程：31/D；日语：162/C；生物技术：176/D；市场营销：176/C；数学与应用数学：245/D；信息管理与信息系统：207/C；信息与计算科学：164/C；英语：318/D。

5）中国区域知名专业（1★）

大数据管理与应用：48/C；工程力学：80/D；机器人工程：71/C；经济学：245/D；能源化学工程：40/D；人工智能：123/C；视觉传达设计：202/D；数据科学与大数据技术：152/C；数字媒体技术：69/D；物流工程：58/D。

20. 辽宁中医药大学

（1）辽宁中医药大学综合实力排名

综合排名：2024 校友会中国大学排名第 249 名，全国医药类高校第 35 名，辽宁省高校第 20 名。

星级排名：中国三星级大学（3★），中国知名、区域一流大学。主管部门：辽宁省。

（2）辽宁中医药大学各本科专业排名（全国排名/档次）

1）世界高水平、中国顶尖专业（6★）

中医学：4/A+。

2）中国一流专业（5★）

中西医临床医学：2/A+。

3）中国高水平专业（4★）

护理学：59/B++；医学信息工程：6/B++；针灸推拿学：16/B++；制药工程：45/B++；中药学：31/B++。

4）中国区域一流专业（3★）

药学：105/B+；医学检验技术：54/B+。

5）中国区域高水平专业（2★）

康复治疗学：58/D；食品科学与工程：146/D；食品质量与安全：91/C；物流管理：139/D；信息管理与信息系统：207/C；英语：358/D；中草药栽培与鉴定：9/C。

6）中国区域知名专业（1★）

数据科学与大数据技术：152/C；中药制药：18/D；中药资源与开发：29/D；中医骨伤科学：11/C；中医康复学：7/B；中医养生学：6/B。

21. 辽宁科技大学

（1）辽宁科技大学综合实力排名

综合排名：2024 校友会中国大学排名第 251 名，全国理工类高校第 112 名，辽宁省高校第 21 名。

星级排名：中国三星级大学（3★），中国知名、区域一流大学。主管部门：辽宁省。

（2）辽宁科技大学各本科专业排名（全国排名/档次）

1）中国一流专业（5★）

采矿工程：8/A；矿物加工工程：10/A；冶金工程：8/A。

2）中国高水平专业（4★）

机械设计制造及其自动化：131/B++；矿物资源工程：4/A；能源与动力工程：54/B++。

3）中国区域一流专业（3★）

工商管理：180/B+；化学工程与工艺：120/B+；建筑环境与能源应用工程：63/B+；建筑学：95/B+；软件工程：183/B+；市场营销：130/B+；通信工程：141/B+；土木工程：164/B+；网络工程：25/B++；无机非金属材料工程：34/B+；应用化学：145/B+；自动化：150/B+。

4）中国区域高水平专业（2★）

播音与主持艺术：63/C；材料科学与工程：121/D；财务管理：175/D；测绘工程：58/D；测控技术与仪器：143/D；产品设计：131/D；电气工程及其自动化：217/D；动画：92/C；工程造价：24/B；功能材料：18/B；光电信息科学与工程：121/C；国际经济与贸易：266/D；环境工程：212/D；机械工艺技术：4/A；计算机科学与技术：370/D；交通工程：56/C；旅游管理：168/D；能源化学工程：31/C；生物工程：127/C；舞蹈表演：35/C；信息与计算科学：231/D；英语：358/D。

5）中国区域知名专业（1★）

表演：76/D；材料成型及控制工程：118/D；材料化学：94/D；储能科学与工程：21/D；道路桥梁与渡河工程：30/D；电子信息工程：271/D；法学：308/D；工业设计：181/D；过程装备与控制工程：77/D；环境设计：215/D；会计学：297/D；机械电子工程：97/D；机械工程：80/D；建筑电气与智能化：24/D；金融工程：83/D；金融科技：16/C；金融学：204/D；汽车服务工程：37/D；视觉传达设计：202/D；数据计算及应用：6/B；数据科学与大数据技术：152/C；物联网工程：194/D；音乐表演：83/C；应用物理学：132/D；智能建造：17/C；智能制造工程：56/B。

22. 大连大学

（1）大连大学综合实力排名

综合排名：2024 校友会中国大学排名第 256 名，全国综合类高校第 78 名，辽宁省高校第 22 名。

星级排名：中国三星级大学（3★），中国知名、区域一流大学。主管部门：辽宁省。

（2）大连大学各本科专业排名（全国排名/档次）

1）中国一流专业（5★）

护理学：11/A。

2）中国高水平专业（4★）

汉语言文学：64/B++；化学：39/B++；环境科学：31/B++；机械设计制造及其自动化：54/B++；临床医学：39/B++；日语：16/A；小学教育：16/B++；医学检验技术：15/B++；制药工程：20/B++；自动化：112/B++。

3）中国区域一流专业（3★）

服装与服饰设计：38/B+；高分子材料与工程：65/B+；国际经济与贸易：142/B+；计算机科学与技术：285/B+；建筑环境与能源应用工程：63/B+；口腔医学：54/B+；旅游管理：105/B+；软件工程：150/B+；生物技术：96/B+；体育教育：72/B+；物理学：105/B+；运动康复：15/B+；中药学：46/B+。

4）中国区域高水平专业（2★）

材料成型及控制工程：103/D；车辆工程：89/C；电子信息工程：214/D；法学：251/D；翻译：71/B；工程造价：24/B；工商管理：245/D；工业设计：119/C；光电信息科学与工程：108/C；过程装备与控制工程：67/D；汉语国际教育：96/B；化学工程与工艺：162/D；环境工程：196/D；环境设计：141/C；会计学：247/D；建筑学：120/D；金融数学：22/B；金融学：183/D；酒店管理：25/B；生物工程：127/C；市场营销：176/C；视觉传达设计：147/C；数据科学与大数据技术：54/B++；数学与应用数学：224/D；数字媒体艺术：79/C；通信工程：202/D；土木工程：208/D；物联

网工程：104/B；物流工程：35/C；英语：318/D；运动训练：53/C。

5）中国区域知名专业（1★）

历史学：130/D；美术学：116/D；人力资源管理：201/D；舞蹈编导：33/D；信息与计算科学：287/D；音乐表演：83/C；音乐学：129/D。

23. 大连海洋大学

（1）大连海洋大学综合实力排名

综合排名：2024 校友会中国大学排名第 262 名，全国农林类高校第 29 名，辽宁省高校第 23 名。

星级排名：中国三星级大学（3★），中国知名、区域一流大学。主管部门：辽宁省。

（2）大连海洋大学各本科专业排名（全国排名/档次）

1）世界高水平、中国顶尖专业（6★）

水产养殖学：4/A+。

2）中国一流专业（5★）

船舶与海洋工程：12/A；港口航道与海岸工程：4/A；海洋渔业科学与技术：4/A；水族科学与技术：2/A+。

3）中国高水平专业（4★）

海洋技术：5/A；海洋科学：7/B++；海洋资源开发技术：3/A+；航海技术：5/A；机械设计制造及其自动化：131/B++；救助与打捞工程：1/A++；生物科学：83/B++；食品科学与工程：28/B++。

4）中国区域一流专业（3★）

海洋资源与环境：2/A+；轮机工程：11/B+；能源与动力工程：98/B+；能源与环境系统工程：7/B+；生物技术：122/B+；食品质量与安全：45/B+；水生动物医学：2/A+；思想政治教育：134/B+；土木工程：137/B+；英语：231/B+。

5）中国区域高水平专业（2★）

电子信息工程：236/D；动画：92/C；动物科学：53/D；工程管理：144/D；工业工程：93/C；环境工程：212/D；计算机科学与技术：370/D；建筑环境与能源应用工程：84/C；经济学：205/D；农林经济管理：48/D；农业资源与环境：35/D；人力资源管理：148/C；日语：162/C；市场营销：241/D；通信工程：219/D；信息与计算科学：231/D；行政管理：170/D。

6）中国区域知名专业（1★）

法学：327/D；给排水科学与工程：79/D；环境科学：158/D；会计学：297/D；经济与金融：17/D；汽车服务工程：42/D；视觉传达设计：202/D；数据科学与大数据技术：152/C；应用物理学：132/D；自动化：231/D。

23. 锦州医科大学

（1）锦州医科大学综合实力排名

综合排名：2024 校友会中国大学排名第 262 名，全国医药类高校第 40 名，辽宁省高校第 23 名。

星级排名：中国二星级大学（2★），中国区域高水平大学。主管部门：辽宁省。

（2）锦州医科大学各本科专业排名（全国排名/档次）

1）中国高水平专业（4★）

护理学：29/B++；临床医学：39/B++。

2）中国区域一流专业（3★）

动物科学：46/B+；动物医学：42/B+；公共事业管理：81/B+；食品科学与工程：102/B+。

3）中国区域高水平专业（2★）

口腔医学：70/D；食品质量与安全：91/C；医学实验技术：15/D。

4）中国区域知名专业（1★）

保险学：66/D；动植物检疫：16/D；基础医学：30/D；健康服务与管理：15/B；康复治疗学：66/D；劳动与社会保障：113/D；临床药学：34/D；麻醉学：33/D；食品营养与检验教育：4/A；药学：139/D；医疗保险：3/A+；医学检验技术：73/D；医学影像技术：30/C；医学影像学：56/D；预防医学：79/D；运动康复：30/C。

25. 大连民族大学

（1）大连民族大学综合实力排名

综合排名：2024 校友会中国大学排名第 265 名，全国民族类高校第 11 名，辽宁省高校第 25 名。

星级排名：中国三星级大学（3★），中国知名、区域一流大学。主管部门：国家民委。

（2）大连民族大学各本科专业排名（全国排名/档次）

1）中国一流专业（5★）

生物工程：12/A。

2）中国高水平专业（4★）

产品设计：10/A；电子信息工程：38/B++；工业设计：17/A；环境工程：82/B++；会计学：112/B++；计算机科学与技术：206/B++；日语：33/B++；土木工程：96/B++；网络工程：4/A+；信息与计算科学：51/B++；艺术设计学：17/B++；应用化学：69/B++。

3）中国区域一流专业（3★）

光电信息科学与工程：84/B+；国际经济与贸易：142/B+；化学工程与工艺：142/B+；环境科学：82/B+；机械设计制造及其自动化：170/B+；建筑学：95/B+；经济学：152/B+；软件工程：183/B+；食品科学与工程：114/B+；市场营销：130/B+；视觉传达设计：116/B+；通信工程：141/B+；统计学：96/B+；物联网工程：69/B+；新闻学：98/B+；行政管理：111/B+；自动化：180/B+。

4）中国区域高水平专业（2★）

财务管理：175/D；动画：92/C；工程管理：144/D；工商管理：282/D；功能材料：18/B；汉语言文学：200/D；人力资源管理：148/C；生物技术：176/D；食品质量与安全：91/C；数学与应用数学：245/D；英语：358/D；制药工程：139/D。

5）中国区域知名专业（1★）

测控技术与仪器：164/D；朝鲜语：54/D；车辆工程：109/D；城乡规划：103/D；法学：308/D；工业工程：

137/D；国际商务：40/C；汉语国际教育：140/C；航空服务艺术与管理：11/B；机器人工程：71/C；建筑环境与能源应用工程：117/D；旅游管理：207/D；区块链工程：1/A++；人工智能：123/C；智能制造工程：56/B。

26. 沈阳化工大学

（1）沈阳化工大学综合实力排名

综合排名：2024 校友会中国大学排名第 273 名，全国理工类高校第 123 名，辽宁省高校第 26 名。

星级排名：中国三星级大学（3★），中国知名、区域一流大学。主管部门：辽宁省。

（2）沈阳化工大学各本科专业排名（全国排名/档次）

1）中国一流专业（5★）

化学工程与工艺：24/A。

2）中国高水平专业（4★）

材料化学：19/B++；电气工程及其自动化：40/B++；高分子材料与工程：21/B++；过程装备与控制工程：11/B++；环境工程：82/B++；机械设计制造及其自动化：131/B++；计算机科学与技术：206/B++；能源化学工程：3/A+；能源与动力工程：30/B++；社会工作：41/B++；生物工程：47/B++；无机非金属材料工程：24/B++；应用化学：69/B++；油气储运工程：8/B++；制药工程：45/B++；自动化：41/B++。

3）中国区域一流专业（3★）

安全工程：53/B+；测控技术与仪器：77/B+；电子科学与技术：69/B+；电子信息工程：178/B+；复合材料与工程：10/B+；工商管理：207/B+；国际经济与贸易：176/B+；化学：124/B+；金属材料工程：33/B+；林产化工：9/B+；软件工程：183/B+；水质科学与技术：1/A++；网络工程：68/B+；物联网工程：69/B+；资源循环科学与工程：11/B+。

4）中国区域高水平专业（2★）

产品设计：131/D；服装与服饰设计：66/C；工业工程：93/C；公共事业管理：124/B；理论与应用力学：15/D；社会体育指导与管理：64/C；食品科学与工程：146/D；市场营销：241/D；信息管理与信息系统：207/C；信息与计算科学：231/D；英语：358/D；资源环境科学：10/C。

5）中国区域知名专业（1★）

包装工程：50/D；材料物理：64/D；大数据管理与应用：48/C；电子信息科学与技术：117/D；工业设计：181/D；环境科学：158/D；环境设计：215/D；会计学：297/D；机械电子工程：97/D；金融学：204/D；人工智能：123/C；视觉传达设计：202/D；数据科学与大数据技术：152/C；通信工程：239/D；应急管理：8/C；应用物理学：132/D。

27. 渤海大学

（1）渤海大学综合实力排名

综合排名：2024 校友会中国大学排名第 281 名，全国综合类高校第 83 名，辽宁省高校第 27 名。

星级排名：中国二星级大学（2★），中国区域高水平大学。主管部门：辽宁省。

（2）渤海大学各本科专业排名（全国排名/档次）

1）中国高水平专业（4★）

汉语言文学：114/B++；化学：87/B++；计算机科学与技术：206/B++；历史学：55/B++；食品科学与工程：72/B++；食品质量与安全：19/B++；市场营销：59/B++；数学与应用数学：137/B++；小学教育：31/B++；新闻学：61/B++；自动化：112/B++。

2）中国区域一流专业（3★）

电气工程及其自动化：151/B+；电子信息工程：178/B+；法学：208/B+；广播电视编导：42/B+；会计学：208/B+；金融学：159/B+；旅游管理：105/B+；软件工程：183/B+；思想政治教育：116/B+；物理学：105/B+；新能源材料与器件：15/B++；信息与计算科学：122/B+；学前教育：56/B+；英语：253/B+。

3）中国区域高水平专业（2★）

电子商务：148/D；工商管理：282/D；国际经济与贸易：266/D；航海技术：13/D；轮机工程：16/D；日语：162/C；运动训练：60/C。

4）中国区域知名专业（1★）

播音与主持艺术：89/D；财务管理：232/D；法语：97/D；工业设计：193/D；汉语国际教育：190/D；环境工程：257/D；绘画：101/D；机械工程：84/D；教育技术学：101/D；经济学：257/D；科学教育：24/D；美术学：143/D；社会体育指导与管理：117/D；数据科学与大数据技术：152/C；体育教育：138/D；微电子科学与工程：68/D；文物与博物馆学：25/C；物联网工程：194/D；音乐表演：119/D；音乐学：162/D；应用化学：250/D；智能科学与技术：58/C；智能装备与系统：4/A。

28. 沈阳体育学院

（1）沈阳体育学院综合实力排名

综合排名：2024 校友会中国大学排名第 291 名，全国体育类高校第 3 名，辽宁省高校第 28 名。

星级排名：中国四星级大学（4★），世界知名、中国高水平大学。主管部门：辽宁省。

（2）沈阳体育学院各本科专业排名（全国排名/档次）

1）世界高水平、中国顶尖专业（6★）

社会体育指导与管理：2/A+；运动训练：4/A+。

2）中国一流专业（5★）

体育教育：9/A；体育经济与管理：2/A+；运动人体科学：2/A+。

3）中国高水平专业（4★）

武术与民族传统体育：8/B++；休闲体育：3/A+；应用心理学：28/B++；运动康复：8/B++。

4）中国区域一流专业（3★）

舞蹈表演：27/B+；新闻学：109/B+。

5）中国区域高水平专业（2★）

公共事业管理：198/D；网络与新媒体：27/B+。

29. 辽宁工业大学

（1）辽宁工业大学综合实力排名

综合排名：2024校友会中国大学排名第298名，全国理工类高校第137名，辽宁省高校第29名。

星级排名：中国二星级大学（2★），中国区域高水平大学。主管部门：辽宁省。

（2）辽宁工业大学各本科专业排名（全国排名/档次）

1）中国高水平专业（4★）

材料科学与工程：68/B++；车辆工程：44/B++；工程管理：55/B++；工商管理：100/B++；广告学：22/B++；机械设计制造及其自动化：54/B++；软件工程：103/B++；视觉传达设计：42/B++；土木工程：96/B++；信息与计算科学：51/B++；自动化：41/B++。

2）中国区域一流专业（3★）

材料成型及控制工程：80/B+；测控技术与仪器：103/B+；电气工程及其自动化：133/B+；电子信息工程：141/B+；工业设计：85/B+；国际经济与贸易：176/B+；过程装备与控制工程：48/B+；化学工程与工艺：120/B+；环境科学与工程：10/B+；环境设计：86/B+；会计学：208/B+；机械电子工程：38/B+；建筑环境与能源应用工程：51/B+；建筑学：82/B+；交通运输：37/B+；金属材料工程：46/B+；汽车服务工程：12/B+；通信工程：141/B+；艺术设计学：57/B+。

3）中国区域高水平专业（2★）

产品设计：131/D；工程造价：24/B；计算机科学与技术：370/D；数字媒体艺术：79/C；物联网工程：104/B；物流工程：40/C；英语：358/D。

4）中国区域知名专业（1★）

标准化工程：3/A+；传播学：42/D；风景园林：75/D；给排水科学与工程：79/D；焊接技术与工程：24/D；机器人工程：71/C；金融工程：104/D；金融学：235/D；经济统计学：70/D；日语：218/D；数据科学与大数据技术：152/C；统计学：177/D；新能源汽车工程：3/A+；应急装备技术与工程：1/A++；应用化学：213/D。

30. 辽宁石油化工大学

（1）辽宁石油化工大学综合实力排名

综合排名：2024校友会中国大学排名第300名，全国理工类高校第139名，辽宁省高校第30名。

星级排名：中国三星级大学（3★），中国知名、区域一流大学。主管部门：辽宁省。

（2）辽宁石油化工大学各本科专业排名（全国排名/档次）

1）中国一流专业（5★）

油气储运工程：2/A+。

2）中国高水平专业（4★）

材料化学：13/B++；电气工程及其自动化：40/B++；高分子材料与工程：21/B++；工商管理：100/B++；过程装备与控制工程：11/B++；化学工程与工艺：34/B++；环境工程：82/B++；机械设计制造及其自动化：131/B++；计算机科学与技术：60/B++；能源化学工程：9/B++；软件工程：44/B++；石油工程：9/B++；应用化学：35/B++；自动化：41/B++。

3）中国区域一流专业（3★）

安全工程：45/B+；材料成型及控制工程：80/B+；测控技术与仪器：77/B+；城市地下空间工程：16/B+；工程管理：93/B+；会计学：186/B+；金属材料工程：33/B+；能源与动力工程：98/B+；市场营销：110/B+；数学与应用数学：190/B+；数字媒体技术：29/B+；通信工程：141/B+；土木工程：164/B+。

4）中国区域高水平专业（2★）

采矿工程：33/D；产品设计：131/D；动画：92/C；国际经济与贸易：266/D；建筑环境与能源应用工程：84/C；旅游管理：168/D；日语：162/C；社会体育指导与管理：64/C；生物工程：127/C；无机非金属材料工程：61/D；物流管理：139/D；英语：358/D。

5）中国区域知名专业（1★）

大数据管理与应用：48/C；电子信息工程：271/D；俄语：100/D；复合材料与工程：21/D；给排水科学与工程：79/D；海洋油气工程：9/D；汉语国际教育：140/C；化工安全工程：2/A+；化学：166/D；环境科学：158/D；环境生态工程：32/D；机器人工程：71/C；交通运输：79/D；金融学：204/D；人工智能：123/C；应用物理学：132/D；智能科学与技术：58/C；智能制造工程：56/B。

31. 中国刑事警察学院

（1）中国刑事警察学院综合实力排名

综合排名：2024校友会中国大学排名第320名，全国政法类高校第7名，辽宁省高校第31名。

星级排名：中国五星级大学（5★），世界知名大学、中国一流大学。主管部门：公安部。

（2）中国刑事警察学院各本科专业排名（全国排名/档次）

1）世界知名高水平、中国顶尖专业（7★）

侦查学：2/A++。

2）世界高水平、中国顶尖专业（6★）

刑事科学技术：1/A++。

3）中国一流专业（5★）

公安视听技术：1/A++；技术侦查学：1/A++；禁毒学：1/A++；网络安全与执法：1/A++；治安学：2/A+。

4）中国高水平专业（4★）

法医学：14/B++；公安情报学：1/A++；经济犯罪侦查：1/A++；警犬技术：1/A++；涉外警务：2/A+；信息安全：31/B++。

5）中国区域高水平专业（2★）

反恐警务：1/A++。

32. 沈阳医学院

（1）沈阳医学院综合实力排名

综合排名：2024 校友会中国大学排名第 324 名，全国医药类高校第 51 名，辽宁省高校第 32 名。

星级排名：中国一星级大学（1★），中国区域知名大学。主管部门：辽宁省。

（2）沈阳医学院各本科专业排名（全国排名/档次）

1）中国顶尖应用型专业（6★）

护理学：15/A+；康复治疗学：1/A++；临床医学：10/A+；药学：11/A+；预防医学：2/A+。

2）中国一流应用型专业（5★）

精神医学：3/A+；口腔医学：8/A；麻醉学：4/A；眼视光学：4/A；医学检验技术：10/A；医学影像技术：6/A；医学影像学：2/A+。

3）中国高水平应用型专业（4★）

食品卫生与营养学：2/A+；食品质量与安全：8/A；应用心理学：20/B++；中药学：12/B++。

4）中国区域一流应用型专业（3★）

公共事业管理：37/B+；劳动与社会保障：7/B++；卫生检验与检疫：12/B+；医学信息工程：5/A；助产学：5/A。

33. 鲁迅美术学院

（1）鲁迅美术学院综合实力排名

综合排名：2024 校友会中国大学排名第 328 名，全国艺术类高校第 17 名，辽宁省高校第 33 名。

星级排名：中国四星级大学（4★），世界知名、中国高水平大学。主管部门：辽宁省。

（2）鲁迅美术学院各本科专业排名（全国排名/档次）

1）世界高水平、中国顶尖专业（6★）

绘画：2/A+；中国画：3/A+。

2）中国一流专业（5★）

产品设计：1/A++；雕塑：5/A；动画：6/A+；工艺美术：2/A+；美术学：16/A；视觉传达设计：2/A++；艺术设计学：10/A。

3）中国高水平专业（4★）

服装与服饰设计：21/B++；工业设计：38/B++；环境设计：43/B++；摄影：4/A。

4）中国区域一流专业（3★）

城乡规划：58/B+；数字媒体艺术：39/B+；影视摄影与制作：6/B+。

5）中国区域高水平专业（2★）

表演：44/B；公共艺术：25/C；实验艺术：5/A；书法学：23/B；文物保护与修复：5/A；戏剧影视导演：15/D；戏剧影视美术设计：20/C；艺术管理：9/B；艺术与科技：20/C。

34. 沈阳理工大学

（1）沈阳理工大学综合实力排名

综合排名：2024 校友会中国大学排名第 339 名，全国理工类高校第 161 名，辽宁省高校第 34 名。

星级排名：中国二星级大学（2★），中国区域高水平大学。主管部门：辽宁省。

（2）沈阳理工大学各本科专业排名（全国排名/档次）

1）世界高水平、中国顶尖专业（6★）

探测制导与控制技术：2/A+。

2）中国一流专业（5★）

粉体材料科学与工程：2/A+。

3）中国高水平专业（4★）

材料成型及控制工程：48/B++；产品设计：33/B++；弹药工程与爆炸技术：5/A；机械设计制造及其自动化：131/B++；计算机科学与技术：60/B++；特种能源技术与工程：3/A+；无机非金属材料工程：24/B++；武器发射工程：3/A+；信息对抗技术：10/B++；装甲车辆工程：4/A。

4）中国区域一流专业（3★）

测控技术与仪器：77/B+；车辆工程：77/B+；动画：62/B+；工业设计：85/B+；会计学：208/B+；机械电子工程：48/B+；金属材料工程：46/B+；通信工程：141/B+；网络工程：68/B+；信息管理与信息系统：119/B+；信息与计算科学：122/B+；应用化学：145/B+；英语：253/B+；自动化：180/B+。

5）中国区域高水平专业（2★）

电气工程及其自动化：217/D；电子科学与技术：98/D；工商管理：282/D；国际经济与贸易：266/D；汉语言文学：200/D；能源与动力工程：124/D；市场营销：241/D；物流管理：139/D。

6）中国区域知名专业（1★）

安全工程：83/D；城乡规划：131/D；电子商务：184/D；电子信息工程：271/D；电子信息科学与技术：117/D；俄语：100/D；翻译：130/D；高分子材料与工程：119/D；工业工程：131/D；光电信息科学与工程：141/D；化学：166/D；化学工程与工艺：184/D；环境工程：238/D；环境设计：215/D；机器人工程：71/C；建筑学：149/D；交通运输：79/D；金融学：204/D；经济学：245/D；视觉传达设计：202/D；水质科学与技术：3/A+；统计学：177/D；物联网工程：194/D；新媒体艺术：5/A；应用统计学：65/C；智能科学与技术：58/C。

35. 沈阳音乐学院

（1）沈阳音乐学院综合实力排名

综合排名：2024 校友会中国大学排名第 351 名，全国艺术类高校第 20 名，辽宁省高校第 35 名。

星级排名：中国四星级大学（4★），世界知名、中国高水平大学。主管部门：辽宁省。

（2）沈阳音乐学院各本科专业排名（全国排名/档次）

1）世界高水平、中国顶尖专业（6★）

作曲与作曲技术理论：3/A+。

2）中国一流专业（5★）

音乐表演：6/A+；音乐学：14/A。

3）中国高水平专业（4★）

录音艺术：6/B++；舞蹈编导：6/B++；舞蹈表演：13/B++；舞蹈学：11/B++；戏剧影视文学：14/B++。

4）中国区域一流专业（3★）

广播电视编导：42/B+；文化产业管理：22/B+；戏剧影视美术设计：13/B+。

5）中国区域高水平专业（2★）

表演：44/B；播音与主持艺术：51/C；公共事业管理：198/D；艺术史论：15/D；艺术与科技：20/C；影视摄影与制作：15/C。

36. 沈阳工程学院

（1）沈阳工程学院综合实力排名

综合排名：2024 校友会中国大学排名第 393 名，全国理工类高校第 181 名，辽宁省高校第 36 名。

星级排名：中国一星级大学（1★），中国区域知名大学。主管部门：辽宁省。

（2）沈阳工程学院各本科专业排名（全国排名/档次）

1）中国顶尖应用型专业（6★）

电气工程及其自动化：6/A+；机械设计制造及其自动化：44/A+；建筑环境与能源应用工程：1/A++；能源与动力工程：5/A+；农业电气化：1/A++；社会工作：1/A++。

2）中国一流应用型专业（5★）

电气工程与智能控制：4/A；电子信息工程：66/A；核工程与核技术：2/A+；机械电子工程：23/A；计算机科学与技术：101/A；人工智能：9/A；通信工程：43/A；物联网工程：19/A；物业管理：1/A++；新能源科学与工程：6/A；自动化：35/A。

3）中国高水平应用型专业（4★）

测控技术与仪器：18/B++；动画：37/B++；能源经济：1/A++；商务英语：38/B++；数字媒体技术：25/B++；新能源材料与器件：2/A+。

4）中国区域一流应用型专业（3★）

财务管理：137/B+；储能科学与工程：3/A+；工程管理：96/B+；过程装备与控制工程：10/B+；机器人工程：36/B+；机械工艺技术：2/A+；软件工程：156/B+；数据科学与大数据技术：60/B++；物流管理：127/B+。

5）中国区域高水平应用型专业（2★）

保险学：35/C；法学：138/C；工业工程：27/B；网络空间安全：14/D；应用化学：96/C；智能制造工程：34/B。

37. 辽东学院

（1）辽东学院综合实力排名

综合排名：2024 校友会中国大学排名第 422 名，全国综合类高校第 136 名，辽宁省高校第 37 名。

星级排名：中国一星级大学（1★），中国区域知名大学。主管部门：辽宁省。

（2）辽东学院各本科专业排名（全国排名/档次）

1）中国顶尖应用型专业（6★）

服装设计与工程：5/A+。

2）中国一流应用型专业（5★）

朝鲜语：6/A；纺织工程：3/A+；化学工程与工艺：25/A；环境设计：34/A；金融学：26/A；旅游管理：42/A；园艺：8/A。

3）中国高水平应用型专业（4★）

服装与服饰设计：32/B++；轻化工程：3/A+；日语：36/B++。

4）中国区域一流应用型专业（3★）

动画：82/B+；动物医学：14/B+；高分子材料与工程：28/B+；汉语言文学：180/B+；机械设计制造及其自动化：207/B+；贸易经济：9/B+；土木工程：160/B+；网络工程：82/B+。

5）中国区域高水平应用型专业（2★）

电子信息工程：242/C；汉语国际教育：110/C；汉语言：8/B；护理学：129/D；会计学：223/C；计算机科学与技术：379/D；人力资源管理：134/C；数学与应用数学：166/D；税收学：34/C；统计学：53/B；投资学：51/B；信息管理与信息系统：119/C；种子科学与工程：7/D；自然地理与资源环境：15/C。

6）中国区域知名应用型专业（1★）

财务管理：326/C；测控技术与仪器：69/D；动物科学：23/D；工程管理：174/C；工程造价：136/C；国际经济与贸易：325/D；航空服务艺术与管理：22/C；经济统计学：42/C；酒店管理：124/C；劳动与社会保障：28/C；人文地理与城乡规划：49/D；生物技术：95/D；小学教育：142/C；英语：412/D。

38. 鞍山师范学院

（1）鞍山师范学院综合实力排名

综合排名：2024 校友会中国大学排名第 436 名，全国师范类高校第 92 名，辽宁省高校第 38 名。

星级排名：中国一星级大学（1★），中国区域知名大学。主管部门：辽宁省。

（2）鞍山师范学院各本科专业排名（全国排名/档次）

1）中国顶尖应用型专业（6★）

服装与服饰设计：3/A+。

2）中国一流应用型专业（5★）

化学：23/A；酒店管理：14/A。

3）中国高水平应用型专业（4★）

产品设计：43/B++；工业设计：17/B++；汉语言文学：118/B++；教育技术学：19/B++；美术学：38/B++；日语：36/B++；摄影：5/A；视觉传达设计：72/B++；思想政治教育：57/B++；统计学：9/A；图书馆学：1/A++；网络与新媒体：32/B++；音乐表演：21/B++；运动康复：6/B++。

4）中国区域一流应用型专业（3★）

财务会计教育：6/B+；大数据管理与应用：16/B+；环境设计：113/B+；会计学：177/B+；计算机科学与技术：253/B+；历史学：55/B+；旅游管理：129/B+；商务英语：71/B+；生物科学：54/B+；食品科学与工程：65/B+；食品营养与检验教育：4/A；市场营销：144/B+；数学与应用数

学：109/B+；物理学：66/B+；休闲体育：19/B+；学前教育：130/B+；音乐学：87/B+；应用化学：65/B+；应用心理学：47/B+。

5）中国区域高水平应用型专业（2★）

电子信息科学与技术：71/C；汉语国际教育：110/C；汉语言：8/B；社会工作：62/C；生物技术：71/C；书法学：32/B；信息与计算科学：78/C；应用统计学：34/B；英语：318/C。

6）中国区域知名应用型专业（1★）

社会体育指导与管理：104/C；数据科学与大数据技术：272/D；体育教育：138/D；西班牙语：30/D；小学教育：142/C。

39. 辽宁科技学院

（1）辽宁科技学院综合实力排名

综合排名：2024 校友会中国大学排名第 453 名，全国理工类高校第 203 名，辽宁省高校第 39 名。

星级排名：中国一星级大学（1★），中国区域知名大学。主管部门：辽宁省。

（2）辽宁科技学院各本科专业排名（全国排名/档次）

1）中国顶尖应用型专业（6★）

采矿工程：1/A++；测绘工程：1/A++；广告学：1/A++；冶金工程：1/A++；自动化：25/A+。

2）中国一流应用型专业（5★）

机器人工程：3/A+；应用化学：14/A。

3）中国高水平应用型专业（4★）

电气工程及其自动化：91/B++；粉体材料科学与工程：2/A+；绘画：12/B++；机械设计制造及其自动化：128/B++；集成电路设计与集成系统：3/A+；汽车服务工程：38/B++；人工智能：20/B++；制药工程：25/B++。

4）中国区域一流应用型专业（3★）

测控技术与仪器：34/B+；道路桥梁与渡河工程：18/B+；金属材料工程：17/B+；数据科学与大数据技术：60/B++；土木工程：160/B+；物联网工程：139/B+。

5）中国区域高水平应用型专业（2★）

材料成型及控制工程：76/C；汉语言：8/B；环境设计：203/B；会计学：223/C；计算机科学与技术：379/D；旅游管理：180/C；能源化学工程：15/D；生物技术：71/C；遥感科学与技术：9/C。

6）中国区域知名应用型专业（1★）

工程造价：136/C；学前教育：215/C；英语：412/D；智能制造工程：70/C。

40. 营口理工学院

（1）营口理工学院综合实力排名

综合排名：2024 校友会中国大学排名第 499 名，全国理工类高校第 212 名，辽宁省高校第 40 名。

星级排名：中国一星级大学（1★），中国区域知名大学。主管部门：辽宁省。

（2）营口理工学院各本科专业排名（全国排名/档次）

1）中国一流应用型专业（5★）

化学工程与工艺：25/A。

2）中国高水平应用型专业（4★）

供应链管理：5/A；机械设计制造及其自动化：128/B++；计算机科学与技术：168/B++。

3）中国区域一流应用型专业（3★）

材料科学与工程：37/B+；大数据管理与应用：16/B+；焊接技术与工程：12/B+；化学工程与工业生物工程：1/A++；环境科学与工程：12/B+；机械电子工程：74/B+；能源化学工程：6/B+；能源与环境系统工程：3/A+；数据科学与大数据技术：60/B++；无机非金属材料工程：14/B+；新能源材料与器件：6/B++；智能科学与技术：17/B++；智能制造工程：12/B++；自动化：120/B+。

4）中国区域高水平应用型专业（2★）

材料成型及控制工程：76/C；电气工程及其自动化：231/D；复合材料与工程：14/D；机械工艺技术：4/A；应用化学：96/C。

5）中国区域知名应用型专业（1★）

金融工程：115/C；物流工程：52/D；物流管理：251/D；新能源科学与工程：44/D。

41. 辽宁警察学院

（1）辽宁警察学院综合实力排名

综合排名：2024 校友会中国大学排名第 509 名，全国政法类高校第 33 名，辽宁省高校第 41 名。

星级排名：中国二星级大学（2★），中国区域高水平大学。主管部门：辽宁省。

（2）辽宁警察学院各本科专业排名（全国排名/档次）

1）中国顶尖应用型专业（6★）

治安学：1/A++。

2）中国一流应用型专业（5★）

公安视听技术：1/A++；监狱学：2/A+；网络安全与执法：7/A。

3）中国高水平应用型专业（4★）

交通管理工程：10/B++；刑事科学技术：21/B++；侦查学：18/B++。

4）中国区域一流应用型专业（3★）

犯罪学：2/A+；经济犯罪侦查：9/B+。

5）中国区域高水平应用型专业（2★）

航空服务艺术与管理：10/B+；交通管理：5/A；警务指挥与战术：15/D。

三、辽宁省民办大学专业排名详情

1. 沈阳城市学院

（1）沈阳城市学院综合实力排名

综合排名：2024 校友会中国民办大学排名第 6 名，全国综合类民办高校第 7 名，辽宁省民办高校第 1 名。

星级排名：中国六星级应用型大学（6★），中国顶尖应用型大学。

（2）沈阳城市学院各本科专业排名（全国排名/档次）

1）中国顶尖应用型专业（6★）

播音与主持艺术：1/A++；财务管理：1/A++；电影制作：1/A++；广播电视编导：1/A++；汉语言文学：1/A++；会计学：23/A+；计算机科学与技术：2/A++；建筑环境与能源应用工程：1/A++；建筑学：1/A++；金融学：2/A++；酒店管理：1/A++；人工智能：1/A++；摄影：1/A++；土木工程：2/A++；网络与新媒体：1/A++；戏剧影视导演：1/A++；新闻学：1/A++；智能科学与技术：1/A++。

2）中国一流应用型专业（5★）

表演：11/A；传播学：3/A+；大数据管理与应用：2/A+；法学：28/A；工程造价：19/A；工商管理：39/A；广告学：9/A；国际经济与贸易：62/A；汉语国际教育：12/A；机器人工程：3/A+；旅游管理：42/A；人力资源管理：12/A+；视觉传达设计：33/A；戏剧影视文学：3/A+；英语：62/A。

3）中国高水平应用型专业（4★）

环境设计：73/B++；建筑电气与智能化：10/B++；健康服务与管理：7/A；流行舞蹈：1/A++；数据科学与大数据技术：23/A；戏剧影视美术设计：6/B++；虚拟现实技术：1/A++；医学检验技术：22/B++；医学影像技术：13/B++；艺术与科技：8/B++；应用心理学：20/B++；智能医学工程：2/A+。

2. 大连东软信息学院

（1）大连东软信息学院综合实力排名

综合排名：2024 校友会中国民办大学排名第 17 名，全国理工类民办高校第 17 名，辽宁省民办高校第 2 名。

星级排名：中国五星级应用型大学（5★），中国一流应用型大学。

（2）大连东软信息学院各本科专业排名（全国排名/档次）

1）中国顶尖应用型专业（6★）

电子商务：6/A+；动画：9/A+；集成电路设计与集成系统：1/A++；计算机科学与技术：2/A++；软件工程：1/A++；数字媒体技术：1/A++。

2）中国一流应用型专业（5★）

电子信息工程：66/A；人力资源管理：12/A+；网络工程：16/A；信息管理与信息系统：17/A；英语：62/A。

3）中国高水平应用型专业（4★）

俄语：15/B++；视觉传达设计：72/B++；通信工程：74/B++；微电子科学与工程：9/B++；物联网工程：62/B++；物流工程：14/B++；影视摄影与制作：8/B++。

4）中国区域一流应用型专业（3★）

财务管理：137/B+；大数据管理与应用：16/B+；工程管理：96/B+；健康服务与管理：15/B++；人工智能：36/B+；日语：69/B+；数据科学与大数据技术：60/B++；医学影像技术：25/B+；智能科学与技术：17/B++。

5）中国区域高水平应用型专业（2★）

机器人工程：97/C；商务英语：161/C；市场营销：231/C；数字媒体艺术：119/C；虚拟现实技术：6/C；医疗产品管理：2/A+；医学信息工程：10/B；智能医学工程：8/C。

3. 辽宁传媒学院

（1）辽宁传媒学院综合实力排名

综合排名：2024 校友会中国民办大学排名第 24 名，全国艺术类民办高校第 6 名，辽宁省民办高校第 3 名。

星级排名：中国五星级应用型大学（5★），中国一流应用型大学。

（2）辽宁传媒学院各本科专业排名（全国排名/档次）

1）中国一流应用型专业（5★）

网络与新媒体：12/A+。

2）中国高水平应用型专业（4★）

动画：37/B++；公共艺术：4/A；广播电视编导：31/B++；摄影：5/A。

3）中国区域一流应用型专业（3★）

广告学：43/B+；书法学：16/B+；文化产业管理：22/B+；戏剧影视导演：6/B+；戏剧影视文学：17/B+。

4）中国区域高水平应用型专业（2★）

传播学：16/C；大数据管理与应用：26/B；服装与服饰设计：90/C；数字出版：7/C；信息资源管理：6/D。

5）中国区域知名应用型专业（1★）

编辑出版学：18/D；表演：70/D；播音与主持艺术：132/D；电子商务及法律：9/C；雕塑：18/D；风景园林：84/D；工程造价：136/C；广播电视学：75/D；国际商务：78/D；汉语言文学：298/D；环境设计：311/D；会展经济与管理：49/C；绘画：59/D；录音艺术：14/D；视觉传达设计：299/D；数字媒体技术：136/D；戏剧影视美术设计：20/C；新闻学：125/D；艺术设计学：100/D；艺术与科技：37/D；影视摄影与制作：35/D。

4. 大连艺术学院

（1）大连艺术学院综合实力排名

综合排名：2024 校友会中国民办大学排名第 25 名，全国艺术类民办高校第 7 名，辽宁省民办高校第 4 名。

星级排名：中国五星级应用型大学（5★），中国一流应用型大学。

（2）大连艺术学院各本科专业排名（全国排名/档次）

1）中国顶尖应用型专业（6★）

服装与服饰设计：3/A+；文化产业管理：1/A++。

2）中国一流应用型专业（5★）

舞蹈表演：3/A+；艺术设计学：11/A；音乐表演：9/A；音乐学：17/A。

3）中国高水平应用型专业（4★）

表演：18/B++；工艺美术：5/A；广播电视编导：31/B++；环境设计：73/B++；绘画：12/B++；美术学：

38/B++；视觉传达设计：72/B++；舞蹈编导：8/B++；中国画：2/A+。

4）中国区域一流应用型专业（3★）

播音与主持艺术：54/B+；雕塑：7/B+；流行音乐：1/A++；书法学：16/B+；戏剧影视文学：17/B+；影视摄影与制作：15/B+。

5）中国区域高水平应用型专业（2★）

旅游管理：180/C；日语：119/C；艺术教育：17/C。

6）中国区域知名应用型专业（1★）

电子商务：219/C；动画：153/D；跨境电子商务：22/B；文物保护与修复：5/A；戏剧影视美术设计：20/C。

5. 辽宁对外经贸学院

（1）辽宁对外经贸学院综合实力排名

综合排名：2024 校友会中国民办大学排名第 29 名，全国财经类民办高校第 13 名，辽宁省民办高校第 5 名。

星级排名：中国四星级应用型大学（4★），中国高水平应用型大学。

（2）辽宁对外经贸学院各本科专业排名（全国排名/档次）

1）中国顶尖应用型专业（6★）

国际经济与贸易：23/A+；会展经济与管理：1/A++。

2）中国一流应用型专业（5★）

旅游管理：42/A。

3）中国高水平应用型专业（4★）

财政学：9/B++；电子商务：66/B++；俄语：15/B++；会计学：105/B++；金融学：45/B++；日语：36/B++；市场营销：85/B++；物流管理：56/B++；信息管理与信息系统：35/B++；知识产权：6/B++。

4）中国区域一流应用型专业（3★）

翻译：39/B+；工商管理：106/B+。

5）中国区域高水平应用型专业（2★）

财务管理：251/C；酒店管理：81/B；人力资源管理：134/C；商务英语：161/C；养老服务管理：6/C；英语：318/C；资产评估：35/C。

6）中国区域知名应用型专业（1★）

朝鲜语：46/D；环境设计：311/D；西班牙语：30/D；新媒体艺术：6/B。

6. 辽宁财贸学院

（1）辽宁财贸学院综合实力排名

综合排名：2024 校友会中国民办大学排名第 32 名，全国财经类民办高校第 14 名，辽宁省民办高校第 6 名。

星级排名：中国四星级应用型大学（4★），中国高水平应用型大学。

（2）辽宁财贸学院各本科专业排名（全国排名/档次）

1）中国高水平应用型专业（4★）

国际经济与贸易：109/B++；投资学：11/B++。

2）中国区域一流应用型专业（3★）

城乡规划：38/B+；汉语言：3/A+；会计学：177/B+；经济学：52/B+；视觉传达设计：140/B+；资产评估：16/B+。

3）中国区域高水平应用型专业（2★）

财务管理：251/C；工程审计：4/A；国际商务：57/C；金融工程：80/B；旅游管理：180/C；社会体育指导与管理：61/B；审计学：96/C；税收学：34/C；信息管理与信息系统：119/C；行政管理：61/C；英语：318/C。

4）中国区域知名应用型专业（1★）

电子商务：219/C；电子商务及法律：9/C；工程管理：174/C；工程造价：136/C；互联网金融：32/C；环境设计：311/D；人力资源管理：202/D；日语：173/D；软件工程：288/D；数据科学与大数据技术：272/D；数字经济：8/B；体育教育：138/D；网络工程：191/D；物联网工程：299/D；艺术与科技：37/D。

7. 大连财经学院

（1）大连财经学院综合实力排名

综合排名：2024 校友会中国民办大学排名第 33 名，全国财经类民办高校第 15 名，辽宁省民办高校第 7 名。

星级排名：中国四星级应用型大学（4★），中国高水平应用型大学。

（2）大连财经学院各本科专业排名（全国排名/档次）

1）中国一流应用型专业（5★）

资产评估：1/A++。

2）中国高水平应用型专业（4★）

财政学：9/B++；会计学：105/B++；金融工程：22/B++；金融学：45/B++；人力资源管理：32/B++。

3）中国区域一流应用型专业（3★）

保险学：20/B+；财务管理：137/B+；国际经济与贸易：179/B+；旅游管理：129/B+；审计学：52/B+；市场营销：144/B+；税收学：23/B+；物流管理：127/B+。

4）中国区域高水平应用型专业（2★）

大数据管理与应用：26/B；广播电视编导：105/C；汉语言：8/B；经济统计学：31/B；酒店管理：81/B；劳动与社会保障：21/B；商务英语：161/C；信息管理与信息系统：119/C。

5）中国区域知名应用型专业（1★）

法学：193/D；工程管理：174/C；工程造价：136/C；互联网金融：32/C；投资学：84/D；网络与新媒体：140/C。

8. 沈阳城市建设学院

（1）沈阳城市建设学院综合实力排名

综合排名：2024 校友会中国民办大学排名第 35 名，全国理工类民办高校第 35 名，辽宁省民办高校第 8 名。

星级排名：中国四星级应用型大学（4★），中国高水平应用型大学。

（2）沈阳城市建设学院各本科专业排名（全国排名/档次）

1）中国高水平应用型专业（4★）

城乡规划：21/B++；道路桥梁与渡河工程：10/B++；给排水科学与工程：16/B++；建筑环境与能源应用工程：17/B++；土木工程：97/B++；自动化：70/B++。

2）中国区域一流应用型专业（3★）

测绘工程：42/B+；风景园林：24/B+；工商管理：106/B+；建筑学：67/B+；交通运输：33/B+；物流工程：23/B+；智能制造工程：12/B++。

3）中国区域高水平应用型专业（2★）

电气工程及其自动化：231/D；工程管理：142/C；环境设计：203/B；会计学：223/C；机械设计制造及其自动化：246/D；计算机科学与技术：379/D；人力资源管理：134/C；无机非金属材料工程：21/D。

4）中国区域知名应用型专业（1★）

安全工程：62/D；工程造价：136/C；互联网金融：32/C；机械电子工程：187/D；建筑电气与智能化：53/D；视觉传达设计：299/D；数据科学与大数据技术：272/D；通信工程：247/D；网络与新媒体：140/C；智能建造：16/C。

9. 辽宁何氏医学院

（1）辽宁何氏医学院综合实力排名

综合排名：2024 校友会中国民办大学排名第 44 名，全国医药类民办高校第 6 名，辽宁省民办高校第 9 名。

星级排名：中国四星级应用型大学（4★），中国高水平应用型大学。

（2）辽宁何氏医学院各本科专业排名（全国排名/档次）

1）中国顶尖应用型专业（6★）

眼视光学：1/A++。

2）中国一流应用型专业（5★）

护理学：32/A；临床医学：24/A；生物医学工程：5/A。

3）中国高水平应用型专业（4★）

听力与言语康复学：1/A++；眼视光医学：1/A++；医学影像技术：13/B++；应用心理学：20/B++。

4）中国区域一流应用型专业（3★）

公共艺术：11/B+；广告学：43/B+；药学：38/B+；医学信息工程：5/A；医学影像学：20/B+；制药工程：54/B+；智能医学工程：3/A+。

5）中国区域高水平应用型专业（2★）

公共事业管理：74/C；环境设计：203/B；食品卫生与营养学：10/D；市场营销：231/C；药事管理：4/A。

6）中国区域知名应用型专业（1★）

产品设计：180/D；动画：153/D；摄影：47/D；视觉传达设计：299/D；舞蹈表演：66/D；戏剧影视美术设计：20/C；学前教育：215/C；艺术与科技：37/D。

10. 沈阳科技学院

（1）沈阳科技学院综合实力排名

综合排名：2024 校友会中国民办大学排名第 51 名，全国理工类民办高校第 51 名，辽宁省民办高校第 10 名。

星级排名：中国三星级应用型大学（3★），中国知名、区域一流应用型大学。

（2）沈阳科技学院各本科专业排名（全国排名/档次）

1）中国高水平应用型专业（4★）

高分子材料与工程：14/B++；资产评估：10/B++。

2）中国区域一流应用型专业（3★）

过程装备与控制工程：10/B+；化学工程与工艺：92/B+；机械设计制造及其自动化：207/B+；制药工程：54/B+；自动化：120/B+。

3）中国区域高水平应用型专业（2★）

安全工程：39/C；电气工程及其自动化：231/D；环境工程：86/C；能源化学工程：15/D；汽车服务工程：103/C；社会体育指导与管理：61/B；生物工程：68/C；通信工程：205/D；信息管理与信息系统：119/C；应用化学：96/C；智能制造工程：34/B。

4）中国区域知名应用型专业（1★）

工商管理：205/D；工业设计：121/D；国际经济与贸易：325/D；互联网金融：32/C；会计学：280/D；机器人工程：127/D；计算机科学与技术：469/D；金融学：133/D；市场营销：321/D；网络与新媒体：140/C；物联网工程：299/D；智能科学与技术：63/C。

11. 大连科技学院

（1）大连科技学院综合实力排名

综合排名：2024 校友会中国民办大学排名第 57 名，全国理工类民办高校第 57 名，辽宁省民办高校第 11 名。

星级排名：中国三星级应用型大学（3★），中国知名、区域一流应用型大学。

（2）大连科技学院各本科专业排名（全国排名/档次）

1）中国顶尖应用型专业（6★）

轨道交通信号与控制：1/A++。

2）中国一流应用型专业（5★）

产品设计：12/A+；交通工程：8/A；交通运输：10/A。

3）中国高水平应用型专业（4★）

电气工程及其自动化：91/B++；机械电子工程：42/B++；机械设计制造及其自动化：128/B++；计算机科学与技术：168/B++；日语：36/B++；软件工程：95/B++；通信工程：74/B++；物联网工程：62/B++；物流管理：56/B++；英语：129/B++。

4）中国区域一流应用型专业（3★）

电子商务：109/B+；工商管理：106/B+；工业设计：48/B+；建筑电气与智能化：20/B+；劳动与社会保障：7/B++；社会工作：31/B+；市场营销：144/B+；网络工程：82/B+；信息管理与信息系统：71/B+；自动化：120/B+。

5）中国区域高水平应用型专业（2★）

车辆工程：88/C；动画：117/C；房地产开发与管理：21/C；会计学：223/C；汽车服务工程：103/C；数据科学与大数据技术：199/C；智能制造工程：34/B。

12. 辽宁理工学院

（1）辽宁理工学院综合实力排名

综合排名：2024 校友会中国民办大学排名第 65 名，全

国理工类民办高校第 65 名，辽宁省民办高校第 12 名。

星级排名：中国三星级应用型大学（3★），中国知名、区域一流应用型大学。

（2）辽宁理工学院各本科专业排名（全国排名/档次）

1）中国高水平应用型专业（4★）

电机电器智能化：1/A++；计算机科学与技术：168/B++；社会体育指导与管理：20/B++。

2）中国区域一流应用型专业（3★）

电气工程与智能控制：11/B+；汉语言文学：180/B+；机器人工程：36/B+；机械电子工程：74/B+；智能科学与技术：17/B++。

3）中国区域高水平应用型专业（2★）

财务管理：251/C；电子商务：159/B；国际经济与贸易：260/C；焊接技术与工程：19/D；环境设计：203/B；会计学：223/C；旅游管理：180/C；日语：119/C；物流工程：40/C；英语：318/C。

4）中国区域知名应用型专业（1★）

动画：153/D；风景园林：84/D；工程管理：174/C；工程造价：136/C；广播电视学：75/D；广告学：123/D；汽车服务工程：134/D；市场营销：321/D；数字媒体技术：136/D；网络工程：191/D；网络与新媒体：140/C。

13. 大连工业大学艺术与信息工程学院

（1）大连工业大学艺术与信息工程学院综合实力排名

综合排名：2024 校友会中国民办大学排名第 71 名，全国理工类民办高校第 72 名，辽宁省民办高校第 13 名。

星级排名：中国三星级应用型大学（3★），中国知名、区域一流应用型大学。

（2）大连工业大学艺术与信息工程学院各本科专业排名（全国排名/档次）

1）中国一流应用型专业（5★）

工业设计：6/A+。

2）中国高水平应用型专业（4★）

机械工程：22/B++；数字媒体艺术：30/B++。

3）中国区域一流应用型专业（3★）

服装与服饰设计：60/B+；国际经济与贸易：179/B+；环境设计：113/B+；汽车服务工程：66/B+；日语：69/B+；视觉传达设计：140/B+；网络与新媒体：61/B+；英语：198/B+。

4）中国区域高水平应用型专业（2★）

产品设计：130/C；动画：117/C；文化产业管理：49/B；智能制造工程：34/B；自动化：176/D。

5）中国区域知名应用型专业（1★）

材料成型及控制工程：109/D；电子商务：219/C；工商管理：205/D；公共艺术：27/D；互联网金融：32/C；机器人工程：127/D；机械电子工程：187/D；计算机科学与技术：469/D；艺术与科技：37/D。

14. 大连理工大学城市学院

（1）大连理工大学城市学院综合实力排名

综合排名：2024 校友会中国民办大学排名第 72 名，全国理工类民办高校第 73 名，辽宁省民办高校第 14 名。

星级排名：中国三星级应用型大学（3★），中国知名、区域一流应用型大学。

（2）大连理工大学城市学院各本科专业排名（全国排名/档次）

1）中国一流应用型专业（5★）

自动化：35/A。

2）中国高水平应用型专业（4★）

测绘工程：18/B++；电气工程及其自动化：91/B++；电子信息工程：116/B++；风景园林：12/B++；工程造价：34/B++；建筑学：36/B++；日语：36/B++；软件工程：95/B++；网络工程：47/B++。

3）中国区域一流应用型专业（3★）

工程管理：96/B+；工商管理：106/B+；公共事业管理：37/B+；广播电视学：40/B+；环境设计：113/B+；计算机科学与技术：253/B+；市场营销：144/B+；物流管理：127/B+；信息管理与信息系统：71/B+；英语：198/B+。

4）中国区域高水平应用型专业（2★）

大数据管理与应用：26/B；数字媒体艺术：119/C；通信工程：205/D；土木工程：219/C。

5）中国区域知名应用型专业（1★）

地理空间信息工程：3/A+；数据科学与大数据技术：272/D；数字媒体技术：136/D；网络与新媒体：140/C；物联网工程：299/D。

15. 大连医科大学中山学院

（1）大连医科大学中山学院综合实力排名

综合排名：2024 校友会中国民办大学排名第 80 名，全国医药类民办高校第 8 名，辽宁省民办高校第 15 名。

星级排名：中国二星级应用型大学（2★），中国区域高水平应用型大学。

（2）大连医科大学中山学院各本科专业排名（全国排名/档次）

1）中国一流应用型专业（5★）

护理学：32/A；临床医学：24/A。

2）中国高水平应用型专业（4★）

医学影像技术：13/B++。

3）中国区域一流应用型专业（3★）

口腔医学：23/B+；药事管理：1/A++；医学实验技术：2/A+；医学信息工程：5/A；助产学：5/A。

4）中国区域高水平应用型专业（2★）

环境设计：203/B；康复治疗学：59/C；劳动与社会保障：21/B；视觉传达设计：235/C；运动康复：21/C；针灸推拿学：14/D。

5）中国区域知名应用型专业（1★）

公共事业管理：96/D；计算机科学与技术：469/D；健

康服务与管理：49/C；数字媒体技术：136/D。

16. 辽宁中医药大学杏林学院

（1）辽宁中医药大学杏林学院综合实力排名

综合排名：2024 校友会中国民办大学排名第 88 名，全国医药类民办高校第 9 名，辽宁省民办高校第 16 名。

星级排名：中国二星级应用型大学（2★），中国区域高水平应用型大学。

（2）辽宁中医药大学杏林学院各本科专业排名（全国排名/档次）

1）中国高水平应用型专业（4★）

制药工程：25/B++。

2）中国区域一流应用型专业（3★）

护理学：90/B+；卫生检验与检疫：12/B+；中西医临床医学：9/B+；中药学：28/B+；中医学：13/B+。

3）中国区域高水平应用型专业（2★）

药事管理：4/A；医学影像技术：42/D。

4）中国区域知名应用型专业（1★）

健康服务与管理：49/C；康复治疗学：90/D；口腔医学技术：18/D；针灸推拿学：17/D；中药资源与开发：11/D。

17. 沈阳工学院

（1）沈阳工学院综合实力排名

综合排名：2024 校友会中国民办大学排名第 91 名，全国理工类民办高校第 93 名，辽宁省民办高校第 17 名。

星级排名：中国二星级应用型大学（2★），中国区域高水平应用型大学。

（2）沈阳工学院各本科专业排名（全国排名/档次）

1）中国顶尖应用型专业（6★）

材料成型及控制工程：1/A++；机械设计制造及其自动化：2/A++；计算机科学与技术：63/A+。

2）中国一流应用型专业（5★）

弹药工程与爆炸技术：1/A++；电子信息工程：66/A；市场营销：38/A；自动化：35/A。

3）中国高水平应用型专业（4★）

车辆工程：34/B++；动物科学：7/B++；动物医学：8/B++；会计学：105/B++；农林经济管理：3/A+；农学：11/B++；软件工程：95/B++；食品质量与安全：8/A；视觉传达设计：72/B++；特种能源技术与工程：1/A++；园艺：16/B++。

4）中国区域一流应用型专业（3★）

城市地下空间工程：10/B+；机器人工程：36/B+；机械电子工程：74/B+；交通运输：33/B+；金融学：79/B+；汽车服务工程：66/B+；食品科学与工程：65/B+；水利水电工程：23/B+；网络与新媒体：61/B+；物联网工程：139/B+；物流管理：127/B+；园林：35/B+；智能制造工程：12/B++。

5）中国区域高水平应用型专业（2★）

表演：48/C；大数据管理与应用：26/B；电气工程及其自动化：231/D；动画：117/C；风景园林：62/C；工艺美术：34/C；环境工程：86/C；环境设计：203/B；酒店管理：81/B；生物工程：68/C。

6）中国区域知名应用型专业（1★）

安全工程：62/D；测绘工程：72/D；道路桥梁与渡河工程：42/D；服装设计与工程：54/D；工业设计：121/D；金融科技：17/B；人力资源管理：202/D；时尚传播：6/D；通信工程：247/D；学前教育：215/C；智能建造：16/C；智能科学与技术：63/C。

18. 辽宁师范大学海华学院

（1）辽宁师范大学海华学院综合实力排名

综合排名：2024 校友会中国民办大学排名第 99 名，全国师范类民办高校第 7 名，辽宁省民办高校第 18 名。

星级排名：中国一星级应用型大学（1★），中国区域知名应用型大学。

（2）辽宁师范大学海华学院各本科专业排名（全国排名/档次）

1）中国区域一流应用型专业（3★）

法学：82/B+；旅游管理：129/B+；数字媒体技术：57/B+；英语：198/B+。

2）中国区域高水平应用型专业（2★）

思想政治教育：112/C；图书馆学：3/A+。

3）中国区域知名应用型专业（1★）

电子商务及法律：9/C；广告学：123/D；汉语国际教育：153/D；汉语言文学：298/D；环境设计：311/D；会计学：280/D；计算机科学与技术：469/D；日语：173/D；审计学：126/D；视觉传达设计：299/D；数据科学与大数据技术：272/D；网络与新媒体：140/C；新闻学：125/D；学前教育：215/C。

19. 锦州医科大学医疗学院

（1）锦州医科大学医疗学院综合实力排名

综合排名：2024 校友会中国民办大学排名第 105 名，全国医药类民办高校第 15 名，辽宁省民办高校第 19 名。

星级排名：中国一星级应用型大学（1★），中国区域知名应用型大学。

（2）锦州医科大学医疗学院各本科专业排名（全国排名/档次）

1）中国区域一流应用型专业（3★）

护理学：90/B+；临床医学：50/B+；食品科学与工程：65/B+；食品营养与检验教育：4/A；医学影像技术：25/B+。

2）中国区域高水平应用型专业（2★）

康复治疗学：59/C；口腔医学：30/D；麻醉学：16/C；医学检验技术：58/D。

3）中国区域知名应用型专业（1★）

公共事业管理：96/D；药学：81/D。

第七章　2024校友会华南地区大学综合实力、本科专业排名

第一节　广东省

一、广东省大学综合实力排名

1. 广东省大学排名

表7-1　2024校友会广东省大学排名

全国排名	学校名称	所在城市	星级排名	办学层次	星级专业数/个								
					专业类型	8★	7★	6★	5★	4★	3★	2★	1★
12	中山大学	广州市	7★	世界知名高水平大学	研究型	0	7	16	31	48	25	0	0
23	华南理工大学	广州市	6★	世界高水平大学	研究型	0	3	7	24	46	14	15	0
38	暨南大学	广州市	5★	中国一流大学	研究型	0	1	9	27	21	39	8	0
48	华南农业大学	广州市	5★	中国一流大学	研究型	0	1	3	11	21	25	31	10
56	南方科技大学	深圳市	5★	中国一流大学	研究型	0	1	4	14	8	7	0	0
59	华南师范大学	广州市	5★	中国一流大学	研究型	0	1	3	14	33	19	13	0
83	南方医科大学	广州市	4★	中国高水平大学	研究型	0	0	3	9	12	7	12	0
86	深圳大学	深圳市	4★	中国高水平大学	研究型	0	0	3	7	24	43	20	0
91	广东工业大学	广州市	4★	中国高水平大学	研究型	0	0	2	8	27	13	23	21
117	广州大学	广州市	4★	中国高水平大学	研究型	0	0	1	7	36	12	14	24
121	广州医科大学	广州市	4★	中国高水平大学	研究型	0	0	2	2	12	0	7	2
132	广东外语外贸大学	广州市	4★	中国高水平大学	研究型	0	0	1	8	28	17	14	8
132	广州中医药大学	广州市	5★	中国一流大学	研究型	0	1	2	2	4	15	4	2
136	汕头大学	汕头市	3★	区域一流大学	研究型	0	0	1	9	10	5	11	19
139	东莞理工学院	东莞市	3★	区域一流大学	研究型	0	0	0	9	15	22	16	0
236	广东财经大学	广州市	3★	区域一流大学	研究型	0	0	0	1	18	8	20	16
262	广州美术学院	广州市	4★	中国高水平大学	研究型	0	0	1	4	15	6	2	0
311	广东技术师范大学	广州市	2★	区域高水平大学	研究型	0	0	0	2	7	11	22	25
328	佛山科学技术学院	佛山市	2★	区域高水平大学	研究型	0	0	0	2	5	13	9	33
328	岭南师范学院	湛江市	1★	区域知名大学	应用型	0	0	15	11	13	16	11	7
351	广东医科大学	湛江市	2★	区域高水平大学	研究型	0	0	0	0	5	13	4	14
351	惠州学院	惠州市	2★	区域高水平大学	应用型	0	0	3	7	13	15	14	6
351	五邑大学	江门市	2★	区域高水平大学	研究型	0	0	0	1	9	6	7	22
351	星海音乐学院	广州市	4★	中国高水平大学	研究型	0	0	2	2	3	3	0	0
364	广东海洋大学	湛江市	3★	区域一流大学	研究型	0	0	0	2	12	11	25	27
364	韶关学院	韶关市	1★	区域知名大学	应用型	0	0	3	10	10	22	18	11

续表

全国排名	学校名称	所在城市	星级排名	办学层次	星级专业数/个								
					专业类型	8★	7★	6★	5★	4★	3★	2★	1★
377	广东金融学院	广州市	2★	区域高水平大学	应用型	0	1	7	11	14	10	6	0
377	深圳技术大学	深圳市	2★	区域高水平大学	应用型	0	2	19	5	0	0	0	0
387	广州体育学院	广州市	3★	区域一流大学	研究型	0	0	1	3	2	6	6	0
407	广东第二师范学院	广州市	1★	区域知名大学	应用型	0	0	2	5	7	8	16	6
407	广东石油化工学院	茂名市	1★	区域知名大学	应用型	0	0	10	10	9	14	15	0
407	嘉应学院	梅州市	1★	区域知名大学	应用型	0	0	2	3	10	17	21	7
422	广东药科大学	广州市	2★	区域高水平大学	研究型	0	0	0	0	7	11	14	18
422	仲恺农业工程学院	广州市	2★	区域高水平大学	研究型	0	0	0	0	4	14	16	29
436	韩山师范学院	潮州市	1★	区域知名大学	应用型	0	0	3	7	8	22	13	8
453	广东警官学院	广州市	3★	区域一流大学	应用型	0	0	4	4	2	3	1	0
453	广州航海学院	广州市	1★	区域知名大学	应用型	0	0	2	6	5	8	10	4
453	肇庆学院	肇庆市	1★	区域知名大学	应用型	0	0	4	4	9	20	20	15

2. 广东省民办大学排名

表7-2 2024校友会广东省民办大学排名（含独立学院）

全国排名	学校名称	所在城市	星级排名	办学层次	星级专业数/个								
					专业类型	8★	7★	6★	5★	4★	3★	2★	1★
2	广州南方学院	广州市	6★	中国顶尖应用型大学	应用型	0	0	21	13	10	0	0	0
7	广州城市理工学院	广州市	6★	中国顶尖应用型大学	应用型	0	0	18	14	12	0	0	0
8	广东科技学院	东莞市	6★	中国顶尖应用型大学	应用型	0	0	20	12	11	2	0	0
9	广州商学院	广州市	6★	中国顶尖应用型大学	应用型	0	0	18	12	8	0	0	0
19	北京理工大学珠海学院	珠海市	5★	中国一流应用型大学	应用型	0	0	4	6	19	30	3	0
21	珠海科技学院	珠海市	5★	中国一流应用型大学	应用型	0	0	4	13	12	26	8	0
22	广东白云学院	广州市	5★	中国一流应用型大学	应用型	0	0	0	1	5	17	12	19
28	广州理工学院	广州市	5★	中国一流应用型大学	应用型	0	0	3	2	4	16	13	0
37	广东培正学院	广州市	4★	中国高水平应用型大学	应用型	0	0	0	1	4	9	12	16
39	东莞城市学院	东莞市	4★	中国高水平应用型大学	应用型	0	0	1	5	8	7	13	9
43	广州华立学院	广州市	4★	中国高水平应用型大学	应用型	0	0	0	0	7	14	12	5
50	电子科技大学中山学院	中山市	4★	中国高水平应用型大学	应用型	0	0	1	4	8	13	9	6
52	华南农业大学珠江学院	广州市	4★	中国高水平应用型大学	应用型	0	0	0	2	1	14	9	10
52	湛江科技学院	湛江市	4★	中国高水平应用型大学	应用型	0	0	0	0	3	9	9	22
60	广州华商学院	广州市	4★	中国高水平应用型大学	应用型	0	0	1	4	7	13	9	7
62	广州新华学院	广州市	4★	中国高水平应用型大学	应用型	0	0	3	5	9	17	11	7
65	广东外语外贸大学南国商学院	广州市	3★	区域一流应用型大学	应用型	0	0	2	4	5	15	4	13
66	广东东软学院	佛山市	3★	区域一流应用型大学	应用型	0	0	0	1	2	4	1	13
67	广东理工学院	肇庆市	3★	区域一流应用型大学	应用型	0	0	0	1	0	9	3	20
68	广州工商学院	广州市	3★	区域一流应用型大学	应用型	0	0	1	1	2	6	2	14
95	广州软件学院	广州市	2★	区域高水平应用型大学	应用型	0	0	0	3	5	14	6	3
111	广州应用科技学院	广州市	2★	区域高水平应用型大学	应用型	0	0	0	1	4	15	7	6

3. 广东省合作办学大学排名

表 7-3　2024 校友会广东省合作办学大学排名

全国排名	学校名称	所在城市	星级排名	办学层次	星级专业数/个								
					专业类型	8★	7★	6★	5★	4★	3★	2★	1★
1	北京师范大学-香港浸会大学联合国际学院	珠海市	6★	中国顶尖合作办学大学	研究型	0	0	2	7	11	3	2	0
4	香港中文大学（深圳）	深圳市	6★	中国顶尖合作办学大学	研究型	0	0	2	4	5	1	7	0
5	深圳北理莫斯科大学	深圳市	6★	中国顶尖合作办学大学	研究型	0	0	0	2	1	1	7	0
7	广东以色列理工学院	汕头市	5★	中国一流合作办学大学	研究型	0	0	0	1	1	1	1	0
10	香港科技大学（广州）	广州市	4★	中国高水平合作办学大学	研究型	0	0	0	0	0	3	0	0

4. 广东省高职院校排名

表 7-4　2024 校友会广东省高职院校排名

全国排名	学校名称	所在城市	办学类型	星级排名	办学层次
1	深圳信息职业技术学院	深圳市	职业技能型	6★	中国顶尖高职院校
8	广州番禺职业技术学院	广州市	职业技能型	6★	中国顶尖高职院校
10	广东科贸职业学院	广州市	职业技能型	6★	中国顶尖高职院校
16	广东轻工职业技术学院	广州市	职业技能型	6★	中国顶尖高职院校
28	广东岭南职业技术学院	广州市	职业技能型	5★	中国一流高职院校
35	广东科学技术职业学院	广州市	职业技能型	5★	中国一流高职院校
36	广东亚视演艺职业学院	东莞市	职业技能型	5★	中国一流高职院校
41	顺德职业技术学院	佛山市	职业技能型	5★	中国一流高职院校
53	广东南华工商职业学院	广州市	职业技能型	4★	中国高水平高职院校
66	广东工贸职业技术学院	广州市	职业技能型	4★	中国高水平高职院校
68	广东机电职业技术学院	广州市	职业技能型	3★	区域一流高职院校
72	清远职业技术学院	清远市	职业技能型	4★	中国高水平高职院校
75	广东农工商职业技术学院	广州市	职业技能型	4★	中国高水平高职院校
75	湛江幼儿师范专科学校	湛江市	职业技能型	4★	中国高水平高职院校
80	肇庆医学高等专科学校	肇庆市	职业技能型	3★	区域一流高职院校
83	广东茂名幼儿师范专科学校	茂名市	职业技能型	3★	区域一流高职院校
83	广州南洋理工职业学院	广州市	职业技能型	3★	区域一流高职院校
83	江门职业技术学院	江门市	职业技能型	3★	区域一流高职院校
85	中山职业技术学院	中山市	职业技能型	3★	区域一流高职院校
90	广东水利电力职业技术学院	广州市	职业技能型	3★	区域一流高职院校
97	广东交通职业技术学院	广州市	职业技能型	3★	区域一流高职院校
97	广东省外语艺术职业学院	广州市	职业技能型	3★	区域一流高职院校
99	惠州城市职业学院	惠州市	职业技能型	3★	区域一流高职院校
100	广州华立科技职业学院	广州市	职业技能型	3★	区域一流高职院校
103	佛山职业技术学院	佛山市	职业技能型	3★	区域一流高职院校
107	广州铁路职业技术学院	广州市	职业技能型	3★	区域一流高职院校
108	广州华夏职业学院	广州市	职业技能型	3★	区域一流高职院校
112	广东食品药品职业学院	广州市	职业技能型	3★	区域一流高职院校
114	河源职业技术学院	河源市	职业技能型	3★	区域一流高职院校
115	汕头职业技术学院	汕头市	职业技能型	3★	区域一流高职院校

续表

全国排名	学校名称	所在城市	办学类型	星级排名	办学层次
118	东莞职业技术学院	东莞市	职业技能型	3★	区域一流高职院校
119	广州涉外经济职业技术学院	广州市	职业技能型	3★	区域一流高职院校
119	阳江职业技术学院	阳江市	职业技能型	3★	区域一流高职院校
124	广东职业技术学院	佛山市	职业技能型	3★	区域一流高职院校
126	中山火炬职业技术学院	中山市	职业技能型	3★	区域一流高职院校
135	广州珠江职业技术学院	广州市	职业技能型	3★	区域一流高职院校
138	惠州卫生职业技术学院	惠州市	职业技能型	3★	区域一流高职院校
142	广州华商职业学院	广州市	职业技能型	3★	区域一流高职院校
146	广州东华职业学院	广州市	职业技能型	3★	区域一流高职院校
153	广州城市职业学院	广州市	职业技能型	3★	区域一流高职院校
154	广东南方职业学院	江门市	职业技能型	3★	区域一流高职院校
154	茂名职业技术学院	茂名市	职业技能型	3★	区域一流高职院校
156	罗定职业技术学院	云浮市	职业技能型	3★	区域一流高职院校
158	广东工程职业技术学院	广州市	职业技能型	2★	区域高水平高职院校
165	广州民航职业技术学院	广州市	职业技能型	2★	区域高水平高职院校
172	广东文理职业学院	湛江市	职业技能型	2★	区域高水平高职院校
176	广东酒店管理职业技术学院	东莞市	职业技能型	2★	区域高水平高职院校
176	广州工程技术职业学院	广州市	职业技能型	2★	区域高水平高职院校
179	广东女子职业技术学院	广州市	职业技能型	2★	区域高水平高职院校
180	汕尾职业技术学院	汕尾市	职业技能型	2★	区域高水平高职院校
189	私立华联学院	广州市	职业技能型	2★	区域高水平高职院校
190	广州科技贸易职业学院	广州市	职业技能型	2★	区域高水平高职院校
194	珠海城市职业技术学院	珠海市	职业技能型	2★	区域高水平高职院校
201	广州华南商贸职业学院	广州市	职业技能型	2★	区域高水平高职院校
208	广州城建职业学院	广州市	职业技能型	1★	区域知名高职院校
208	揭阳职业技术学院	揭阳市	职业技能型	2★	区域高水平高职院校
209	广州康大职业技术学院	广州市	职业技能型	2★	区域高水平高职院校
212	广东创新科技职业学院	东莞市	职业技能型	2★	区域高水平高职院校
234	广东建设职业技术学院	广州市	职业技能型	2★	区域高水平高职院校
243	惠州经济职业技术学院	惠州市	职业技能型	2★	区域高水平高职院校
255	潮汕职业技术学院	揭阳市	职业技能型	2★	区域高水平高职院校
258	广东新安职业技术学院	深圳市	职业技能型	2★	区域高水平高职院校
259	广州松田职业学院	广州市	职业技能型	2★	区域高水平高职院校
264	广东行政职业学院	广州市	职业技能型	2★	区域高水平高职院校
273	广东青年职业学院	广州市	职业技能型	2★	区域高水平高职院校
275	广东碧桂园职业学院	清远市	职业技能型	2★	区域高水平高职院校
287	广东松山职业技术学院	韶关市	职业技能型	2★	区域高水平高职院校
298	广东理工职业学院	广州市	职业技能型	1★	区域知名高职院校
298	广东茂名农林科技职业学院	茂名市	职业技能型	1★	区域知名高职院校
299	广东茂名健康职业学院	茂名市	职业技能型	1★	区域知名高职院校
359	广东环境保护工程职业学院	佛山市	职业技能型	1★	区域知名高职院校

5. 广东省职业技术大学排名

表 7-5　2024 校友会广东省职业技术大学排名

全国排名	学校名称	所在城市	办学类型	星级排名	办学层次
1	深圳职业技术大学	深圳市	职业技能型	6★	中国顶尖职业技术大学
4	广东工商职业技术大学	肇庆市	职业技能型	6★	中国顶尖职业技术大学
18	广州科技职业技术大学	广州市	职业技能型	4★	中国高水平职业技术大学

二、广东省大学专业排名详情

1. 中山大学

（1）中山大学综合实力排名

综合排名：2024 校友会中国大学排名第 12 名，全国综合类高校第 11 名，广东省高校第 1 名。

星级排名：中国七星级大学（7★），世界知名高水平大学、中国顶尖大学。“985 工程”大学，“211 工程”大学。主管部门：教育部。

（2）中山大学各本科专业排名（全国排名/档次）

1）世界知名高水平、中国顶尖专业（7★）

工商管理：2/A++；临床医学：3/A++；生态学：1/A++；数学与应用数学：9/A++；思想政治教育：5/A++；行政管理：4/A++；哲学：6/A++。

2）世界高水平、中国顶尖专业（6★）

法医学：1/A++；国际经济与贸易：6/A+；海洋科学：3/A+；化学：14/A+；会计学：9/A+；基础医学：4/A+；口腔医学：6/A+；历史学：8/A+；旅游管理：2/A++；逻辑学：1/A++；人类学：1/A++；人文地理与城乡规划：2/A+；社会学：5/A+；生物科学：7/A+；图书馆学：3/A+；预防医学：9/A+。

3）中国一流专业（5★）

保密管理：1/A++；材料物理：4/A+；城乡规划：14/A；地理科学：13/A；法学：35/A；公共事业管理：7/A+；国际政治：10/A；汉语言文学：50/A；计算机科学与技术：27/A；金融学：13/A+；经济学：24/A；考古学：10/A；理论与应用力学：5/A；人力资源管理：8/A+；软件工程：18/A；社会工作：12/A；生物技术：19/A；生物医学工程：12/A；市场营销：19/A；土木、水利与海洋工程：1/A++；网络工程：3/A+；物理学：16/A；物流管理：7/A+；新闻学：23/A；信息管理与信息系统：12/A+；药学：13/A；应用化学：19/A；应用心理学：7/A+；英语：19/A+；政治学与行政学：17/A；自然地理与资源环境：5/A。

4）中国高水平专业（4★）

阿拉伯语：13/B++；保险学：15/B++；材料化学：19/B++；财务管理：46/B++；财政学：32/B++；朝鲜语：17/B++；传播学：13/B++；大气科学：7/B++；档案学：12/B++；德语：20/B++；地理信息科学：16/B++；地球信息科学与技术：2/A+；地质学：10/B++；电子商务：45/B++；电子信息科学与技术：27/B++；俄语：29/B++；法语：22/B++；高分子材料与工程：43/B++；公共关系学：1/A++；管理科学：3/A+；光电信息科学与工程：25/B++；汉语言：15/B++；航空航天工程：7/B++；核工程与核技术：16/B++；护理学：59/B++；化学工程与工艺：84/B++；环境工程：82/B++；环境科学：31/B++；会展经济与管理：6/B++；酒店管理：10/B++；麻醉学：15/B++；能源与动力工程：54/B++；日语：33/B++；生物工程：47/B++；统计学：41/B++；土木工程：96/B++；网络空间安全：6/A；微电子科学与工程：21/B++；西班牙语：10/B++；心理学：22/B++；信息安全：31/B++；信息与计算科学：51/B++；医学检验技术：37/B++；医学影像学：15/B++；音乐表演：18/B++；应用气象学：4/A；智能科学与技术：11/B++；自动化：112/B++。

5）中国区域一流专业（3★）

地球物理学：16/B+；地质工程：32/B+；翻译：54/B+；广告学：50/B+；国际商务：30/B+；海洋工程与技术：2/A+；海洋资源与环境：2/A+；化学生物学：7/B+；交通工程：37/B+；康复治疗学：44/B+；马克思主义理论：14/B+；民族学：15/B+；农学：42/B+；人工智能：15/A；生物信息学：17/B+；数字媒体技术：33/B+；数字媒体艺术：39/B+；水文与水资源工程：21/B+；天文学：10/B+；通信工程：141/B+；卫生检验与检疫：17/B+；信息工程：27/B+；遥感科学与技术：12/B+；艺术设计学：57/B+；应用统计学：30/B+。

2. 华南理工大学

（1）华南理工大学综合实力排名

综合排名：2024 校友会中国大学排名第 23 名，全国理工类高校第 6 名，广东省高校第 2 名。

星级排名：中国六星级大学（6★），世界高水平大学、中国顶尖大学。“985 工程”大学，“211 工程”大学。主管部门：教育部。

（2）华南理工大学各本科专业排名（全国排名/档次）

1）世界知名高水平、中国顶尖专业（7★）

建筑学：3/A++；轻化工程：1/A++；食品科学与工程：1/A++。

2）世界高水平、中国顶尖专业（6★）

材料科学与工程：13/A+；城乡规划：4/A+；风景园林：5/A+；高分子材料与工程：2/A++；化学工程与工艺：7/A+；环境设计：1/A++；机械工程：6/A+。

3）中国一流专业（5★）

传播学：5/A；法学：17/A+；工程力学：11/A；工业设计：4/A+；功能材料：1/A++；光电信息科学与工程：8/A+；过程装备与控制工程：4/A+；会展经济与管理：3/A+；计算机科学与技术：27/A；交通工程：6/A；旅游管理：6/A+；能源与动力工程：11/A；生物工程：4/A+；生物技术：7/A+；生物医学工程：12/A；食品质量与安全：1/A++；数学与应用数学：20/A；信息工程：5/A；行政管理：7/A+；应用化学：8/A+；应用物理学：9/A；运动训练：5/A+；知识产权：1/A++；自动化：21/A。

4）中国高水平专业（4★）

安全工程：31/B++；编辑出版学：7/B++；材料成型及控制工程：48/B++；材料化学：19/B++；产品设计：33/B++；车辆工程：44/B++；船舶与海洋工程：20/B++；电气工程及其自动化：40/B++；电子商务：45/B++；给排水科学与工程：30/B++；工程管理：20/A；工商管理：36/B++；工业工程：14/A；广告学：22/B++；核工程与核技术：12/B++；化学生物学：4/A；环境工程：30/B++；环境科学：31/B++；会计学：112/B++；机械电子工程：6/A+；集成电路设计与集成系统：11/B++；交通运输：26/B++；金融学：93/B++；经济学：83/B++；历史建筑保护工程：4/A；能源化学工程：9/B++；软件工程：44/B++；商务英语：4/A+；生物信息学：8/B++；生物制药：5/A；市场营销：59/B++；土木工程：47/B++；网络工程：4/A+；微电子科学与工程：21/B++；物流工程：12/B++；信息安全：31/B++；信息管理与信息系统：73/B++；信息与计算科学：51/B++；冶金工程：18/B++；音乐表演：18/B++；印刷工程：8/B++；英语：136/B++；油气储运工程：8/B++；制药工程：45/B++；智能科学与技术：9/A；资源环境科学：4/A。

5）中国区域一流专业（3★）

财务管理：100/B+；电子科学与技术：69/B+；动画：62/B+；国际经济与贸易：176/B+；汉语国际教育：58/B+；人力资源管理：69/B+；日语：96/B+；数字媒体技术：33/B+；水利水电工程：48/B+；统计学：96/B+；心理学：31/B+；新闻学：109/B+；医学影像学：40/B+；音乐学：86/B+。

6）中国区域高水平专业（2★）

分子科学与工程：4/A；服装与服饰设计：66/C；海洋工程与技术：4/A；环境科学与工程：18/C；机器人工程：18/B++；金融科技：5/A；临床医学：111/D；人工智能：38/B++；生物医学科学：7/D；数据科学与大数据技术：54/B++；数字媒体艺术：79/C；水务工程：6/D；舞蹈学：55/C；医学影像技术：20/B；智能制造工程：16/B++。

3. 暨南大学

（1）暨南大学综合实力排名

综合排名：2024 校友会中国大学排名第 38 名，全国综合类高校第 24 名，广东省高校第 3 名。

星级排名：中国五星级大学（5★），世界知名大学、中国一流大学。“211 工程”大学。主管部门：国务院侨办。

（2）暨南大学各本科专业排名（全国排名/档次）

1）世界知名高水平、中国顶尖专业（7★）

新闻学：4/A++。

2）世界高水平、中国顶尖专业（6★）

财务管理：5/A+；工商管理：12/A+；国际政治：4/A+；汉语言文学：10/A+；会计学：9/A+；经济学：13/A+；历史学：17/A+；生物科学：15/A+；药学：5/A+。

3）中国一流专业（5★）

包装工程：2/A+；财政学：15/A；法学：35/A；光电信息科学与工程：21/A；广播电视学：6/A；广告学：5/A+；国际经济与贸易：35/A；国际商务：4/A；汉语国际教育：4/A+；护理学：23/A；计算机科学与技术：27/A；金融学：31/A；经济统计学：5/A；口腔医学：10/A；临床医学：23/A；旅游管理：14/A；生物技术：7/A+；生物医学工程：18/A；市场营销：19/A；数学与应用数学：41/A；土木工程：35/A；网络空间安全：3/A+；行政管理：26/A；应用化学：19/A；应用物理学：17/A；英语：42/A；中医学：10/A。

4）中国高水平专业（4★）

播音与主持艺术：4/A+；材料科学与工程：68/B++；电子信息工程：38/B++；翻译：23/B++；工程力学：25/B++；汉语言：15/B++；华文教育：2/A+；环境科学：31/B++；酒店管理：10/B++；日语：33/B++；生态学：22/B++；食品科学与工程：72/B++；食品质量与安全：19/B++；书法学：5/A；通信工程：69/B++；网络与新媒体：5/A+；戏剧影视导演：5/A；戏剧影视文学：14/B++；信息与计算科学：51/B++；知识产权：4/A；中药学：19/B++。

5）中国区域一流专业（3★）

材料物理：40/B+；电气工程及其自动化：151/B+；电子科学与技术：69/B+；电子商务：101/B+；电子信息科学与技术：50/B+；动画：62/B+；法语：35/B+；工业工程：64/B+；公共事业管理：81/B+；国际事务与国际关系：5/A；化学：124/B+；化学工程与工艺：142/B+；环境工程：167/B+；环境科学与工程：10/B+；会展经济与管理：10/B++；金融工程：46/B+；临床药学：21/B+；录音艺术：11/B+；美术学：69/B+；人力资源管理：97/B+；软件工程：183/B+；商务英语：34/B+；税收学：23/B+；体育教育：95/B+；统计学：96/B+；网络工程：68/B+；文化产业管理：22/B+；物流管理：88/B+；西班牙语：31/B+；新能源科学与工程：27/B+；信息安全：56/B+；信息管理与信息系统：138/B+；音乐学：86/B+；应急管理：1/A++；预防医学：61/B+；运动训练：36/B+；针灸推拿学：28/B+；智能科学与技术：17/B++；自动化：180/B+。

6）中国区域高水平专业（2★）

风景园林：57/C；高分子材料与工程：108/D；给排水科学与工程：66/C；建筑学：130/D；人工智能：38/B++；生物制药：31/C；物联网工程：140/C；信息工程：38/C。

4. 华南农业大学

（1）华南农业大学综合实力排名

综合排名：2024 校友会中国大学排名第 48 名，全国农林类高校第 4 名，广东省高校第 4 名。

星级排名：中国五星级大学（5★），世界知名大学、中国一流大学。主管部门：广东省。

（2）华南农业大学各本科专业排名（全国排名/档次）

1）世界知名高水平、中国顶尖专业（7★）

农林经济管理：3/A++。

2）世界高水平、中国顶尖专业（6★）

动物医学：3/A+；农学：4/A+；生态学：3/A+。

3）中国一流专业（5★）

包装工程：10/A；茶学：4/A；动物科学：11/A；林学：6/A；农业机械化及其自动化：3/A+；生物技术：7/A+；食品质量与安全：1/A++；行政管理：7/A+；应用化学：8/A+；园艺：5/A；植物保护：5/A。

4）中国高水平专业（4★）

蚕学：3/A+；草业科学：12/B++；电子信息工程：38/B++；动画：27/B++；风景园林：11/B++；环境工程：30/B++；机械设计制造及其自动化：54/B++；交通运输：26/B++；金融学：39/B++；木材科学与工程：11/B++；能源与环境系统工程：4/A；农业资源与环境：17/B++；软件工程：103/B++；社会工作：19/A；生物工程：21/B++；食品科学与工程：28/B++；数学与应用数学：56/B++；土地资源管理：18/B++；英语：136/B++；园林：11/B++；种子科学与工程：5/A。

5）中国区域一流专业（3★）

材料化学：37/B+；车辆工程：58/B+；城乡规划：58/B+；动物药学：7/B+；服装设计与工程：22/B+；工业设计：68/B+；公共事业管理：57/B+；广播电视编导：42/B+；环境科学：82/B+；环境设计：105/B+；会计学：186/B+；计算机科学与技术：327/B+；建筑学：95/B+；经济学：152/B+；历史学：98/B+；农业电气化：5/A；人力资源管理：69/B+；森林保护：10/B+；设施农业科学与工程：6/B++；生物科学：114/B+；视觉传达设计：83/B+；水产养殖学：27/B+；水利水电工程：32/B+；土木工程：137/B+；信息与计算科学：86/B+。

6）中国区域高水平专业（2★）

产品设计：100/C；大数据管理与应用：11/B++；地理信息科学：84/C；电气工程及其自动化：199/D；电子科学与技术：98/D；法学：271/D；服装与服饰设计：66/C；工商管理：245/D；光电信息科学与工程：108/C；国际经济与贸易：221/C；海洋科学：26/D；汉语言文学：200/D；机器人工程：18/B++；家具设计与工程：3/A+；交通工程：56/C；旅游管理：146/C；人工智能：38/B++；社会学：68/C；市场营销：176/C；数据科学与大数据技术：54/B++；通信工程：202/D；统计学：133/C；网络工程：81/B；信息管理与信息系统：168/C；野生动物与自然保护区管理：6/D；音乐学：104/C；哲学：64/D；制药工程：131/D；中药资源与开发：22/D；资源环境科学：10/C；自动化：207/D。

7）中国区域知名专业（1★）

表演：68/D；材料科学与工程：137/D；测绘工程：75/D；电子信息科学与技术：117/D；房地产开发与管理：24/D；工业工程：131/D；劳动与社会保障：79/C；日语：218/D；商务英语：89/D；音乐表演：83/C。

5. 南方科技大学

（1）南方科技大学综合实力排名

综合排名：2024 校友会中国大学排名第 56 名，全国理工类高校第 21 名，广东省高校第 5 名。

星级排名：中国五星级大学（5★），世界知名大学、中国一流大学。主管部门：广东省。

（2）南方科技大学各本科专业排名（全国排名/档次）

1）世界知名高水平、中国顶尖专业（7★）

数学与应用数学：9/A++。

2）世界高水平、中国顶尖专业（6★）

光电信息科学与工程：7/A+；微电子科学与工程：5/A+；物理学：12/A+；应用物理学：6/A+。

3）中国一流专业（5★）

材料科学与工程：36/A；地球物理学：9/A；工业设计：10/A+；化学：34/A；环境科学与工程：2/A+；计算机科学与技术：50/A；金融数学：2/A+；理论与应用力学：5/A；生物技术：19/A；生物科学：29/A；生物信息学：2/A+；生物医学工程：12/A；通信工程：17/A；信息工程：9/A。

4）中国高水平专业（4★）

海洋科学：15/B++；金融工程：26/B++；金融学：93/B++；生物医学科学：2/A+；数据科学与大数据技术：10/A+；水文与水资源工程：13/B++；统计学：41/B++；智能医学工程：3/A+。

5）中国区域一流专业（3★）

大数据管理与应用：4/A+；海洋工程与技术：2/A+；航空航天工程：14/B+；机器人工程：10/A；机械工程：59/B+；临床医学：102/B+；智能科学与技术：17/B++。

6. 华南师范大学

（1）华南师范大学综合实力排名

综合排名：2024 校友会中国大学排名第 59 名，全国师范类高校第 7 名，广东省高校第 6 名。

星级排名：中国五星级大学（5★），世界知名大学、中国一流大学。“211 工程”大学。主管部门：广东省。

（2）华南师范大学各本科专业排名（全国排名/档次）

1）世界知名高水平、中国顶尖专业（7★）

心理学：3/A++。

2）世界高水平、中国顶尖专业（6★）

教育技术学：1/A++；思想政治教育：7/A+；物理学：6/A+。

3）中国一流专业（5★）

地理科学：6/A；汉语言文学：28/A；化学：19/A；计算机科学与技术：27/A；教育学：8/A；历史学：20/A；旅游管理：6/A+；马克思主义理论：2/A+；软件工程：18/A；社会体育指导与管理：3/A+；数学与应用数学：20/A；小学教育：3/A+；英语：19/A+；政治学与行政学：12/A。

4）中国高水平专业（4★）

财务管理：46/B++；传播学：17/B++；地理信息科学：16/B++；电子商务：45/B++；电子信息工程：89/B++；电子信息科学与技术：13/A；法学：49/B++；公共事业管理：30/B++；管理科学：9/B++；光电信息科学与工程：25/B++；会计学：43/B++；金融学：93/B++；经济学：27/A；酒店管理：1/A++；美术学：35/B++；人力资源管理：34/B++；人文地理与城乡规划：8/A；日语：33/B++；社会工作：41/B++；生物工程：47/B++；生物技术：30/B++；生物科学：36/B++；体育教育：23/B++；物流管理：46/B++；新能源材料与器件：7/A；信息工程：16/B++；信息管理与信息系统：73/B++；信息与计算科学：51/B++；行政管理：33/B++；学前教育：25/B++；音乐学：39/B++；应用心理学：16/B++；运动训练：20/B++。

5）中国区域一流专业（3★）

俄语：48/B+；法语：32/B+；翻译：54/B+；国际经济与贸易：142/B+；汉语言：27/B+；环境工程：133/B+；会展经济与管理：10/B++；金融数学：10/B++；科学教育：5/A；数字媒体艺术：34/B+；特殊教育：15/B+；通信工程：104/B+；网络工程：25/B++；网络空间安全：12/B++；文化产业管理：14/B++；舞蹈学：26/B+；新闻学：109/B+；音乐表演：45/B+；自然地理与资源环境：20/B+。

6）中国区域高水平专业（2★）

编辑出版学：29/D；材料成型及控制工程：103/D；材料化学：74/C；材料物理：54/D；环境科学：132/D；金融工程：67/C；人工智能：38/B++；数据科学与大数据技术：54/B++；网络与新媒体：27/B+；物联网工程：140/C；艺术设计学：104/D；运动人体科学：14/D；哲学：64/D。

7. 南方医科大学

（1）南方医科大学综合实力排名

综合排名：2024校友会中国大学排名第83名，全国医药类高校第3名，广东省高校第7名。

星级排名：中国四星级大学（4★），世界知名、中国高水平大学。主管部门：广东省。

（2）南方医科大学各本科专业排名（全国排名/档次）

1）世界高水平、中国顶尖专业（6★）

临床医学：8/A+；生物医学工程：7/A+；医学检验技术：1/A++。

2）中国一流专业（5★）

护理学：11/A；基础医学：5/A；康复治疗学：1/A++；生物信息学：1/A++；医学影像学：2/A+；预防医学：12/A；中药学：9/A；中医学：10/A；助产学：1/A++。

3）中国高水平专业（4★）

儿科学：5/A；法医学：8/B++；公共事业管理：17/A；口腔医学：17/B++；生物技术：30/B++；药学：27/B++；医学实验技术：5/A；应用统计学：15/B++；应用心理学：16/B++；英语：136/B++；制药工程：45/B++；中西医临床医学：9/B++。

4）中国区域一流专业（3★）

法学：161/B+；精神医学：13/B+；临床药学：21/B+；麻醉学：22/B+；药物制剂：8/B++；针灸推拿学：22/B+；中药制药：9/B+。

5）中国区域高水平专业（2★）

电子信息工程：236/D；翻译：80/C；计算机科学与技术：370/D；假肢矫形工程：2/A+；健康服务与管理：7/B++；经济学：205/D；康复物理治疗：6/D；康复作业治疗：4/A；商务英语：72/C；食品卫生与营养学：11/B；市场营销：241/D；统计学：147/C。

8. 深圳大学

（1）深圳大学综合实力排名

综合排名：2024校友会中国大学排名第86名，全国综合类高校第38名，广东省高校第8名。

星级排名：中国四星级大学（4★），世界知名、中国高水平大学。主管部门：广东省。

（2）深圳大学各本科专业排名（全国排名/档次）

1）世界高水平、中国顶尖专业（6★）

计算机科学与技术：18/A+；建筑学：6/A+；土木工程：8/A+。

2）中国一流专业（5★）

城乡规划：10/A；电子信息工程：8/A+；工程管理：6/A+；光电信息科学与工程：8/A+；软件工程：18/A；通信工程：5/A+；信息管理与信息系统：12/A+。

3）中国高水平专业（4★）

材料科学与工程：45/B++；法学：49/B++；高分子材料与工程：21/B++；工商管理：36/B++；广告学：11/A；化学：87/B++；会计学：43/B++；机械设计制造及其自动化：54/B++；金融学：39/B++；经济学：27/A；临床医学：39/B++；人力资源管理：16/A；生物技术：30/B++；生物科学：36/B++；生物医学工程：21/B++；市场营销：29/A；视觉传达设计：42/B++；网络与新媒体：2/A+；心理学：12/B++；新闻学：30/B++；信息与计算科学：23/A；行政管理：33/B++；英语：57/B++；自动化：41/B++。

4）中国区域一流专业（3★）

测控技术与仪器：103/B+；传播学：27/B+；地理空间信息工程：1/A++；电气工程及其自动化：151/B+；电子科学与技术：69/B+；电子商务：82/B+；风景园林：44/B+；服装设计与工程：14/B+；工业设计：68/B+；光源与照明：2/A+；国际经济与贸易：142/B+；海洋科学：20/B+；汉语言文学：151/B+；护理学：81/B+；环境工程：133/B+；机器人工程：10/A；集成电路设计与集成系统：16/B+；交通

工程：41/B+；教育技术学：38/B+；教育学：50/B+；金融科技：1/A++；口腔医学：47/B+；汽车服务工程：7/B++；日语：72/B+；社会学：56/B+；生物工程：93/B+；食品科学与工程：114/B+；数学与应用数学：168/B+；数字媒体艺术：39/B+；统计学：96/B+；网络工程：68/B+；微电子科学与工程：40/B+；物理学：105/B+；物联网工程：69/B+；物流管理：88/B+；西班牙语：22/B+；新能源科学与工程：27/B+；学前教育：56/B+；药学：85/B+；音乐学：86/B+；应用化学：112/B+；预防医学：56/B+；哲学：40/B+。

5）中国区域高水平专业（2★）

表演：44/B；播音与主持艺术：51/C；德语：48/C；动画：76/C；法语：56/C；服装与服饰设计：66/C；汉语国际教育：96/B；核工程与核技术：25/D；历史学：114/D；美术学：85/C；社会工作：108/C；体育教育：112/D；舞蹈编导：28/C；休闲体育：17/C；艺术教育：16/D；艺术设计学：90/D；音乐表演：62/B；应用物理学：104/C；应用心理学：90/C；运动训练：53/C。

9. 广东工业大学

（1）广东工业大学综合实力排名

综合排名：2024校友会中国大学排名第91名，全国理工类高校第38名，广东省高校第9名。

星级排名：中国四星级大学（4★），世界知名、中国高水平大学。主管部门：广东省。

（2）广东工业大学各本科专业排名（全国排名/档次）

1）世界高水平、中国顶尖专业（6★）

机械设计制造及其自动化：16/A+；自动化：11/A+。

2）中国一流专业（5★）

材料成型及控制工程：7/A+；工商管理：27/A；工业设计：10/A+；化学工程与工艺：14/A；环境工程：8/A+；金属材料工程：6/A；土木工程：19/A；信息工程：9/A。

3）中国高水平专业（4★）

产品设计：10/A；城乡规划：26/B++；电气工程及其自动化：40/B++；法学：111/B++；服装与服饰设计：21/B++；高分子材料与工程：21/B++；给排水科学与工程：30/B++；工程管理：55/B++；国际经济与贸易：43/B++；环境设计：9/A+；环境生态工程：1/A++；机械电子工程：6/A+；计算机科学与技术：60/B++；建筑环境与能源应用工程：10/A；建筑学：24/B++；经济学：83/B++；能源与动力工程：30/B++；软件工程：103/B++；食品科学与工程：72/B++；市场营销：59/B++；数字媒体技术：14/B++；数字媒体艺术：6/A+；通信工程：69/B++；信息管理与信息系统：38/B++；信息与计算科学：23/A；应用化学：35/B++；制药工程：20/B++。

4）中国区域一流专业（3★）

财务管理：100/B+；测控技术与仪器：103/B+；城市地下空间工程：25/B+；道路桥梁与渡河工程：17/B+；电子科学与技术：69/B+；电子信息工程：178/B+；服装设计与工程：22/B+；工业工程：64/B+；交通运输：37/B+；商务英语：34/B+；网络工程：68/B+；微电子科学与工程：40/B+；物联网工程：69/B+。

5）中国区域高水平专业（2★）

安全工程：68/C；包装工程：30/C；测绘工程：58/D；车辆工程：97/C；电子商务：148/D；电子信息科学与技术：87/C；动画：92/C；风景园林：57/C；管理科学：30/C；光电信息科学与工程：121/C；环境科学：132/D；会计学：270/D；机器人工程：18/B++；美术学：99/C；社会工作：112/C；生物工程：159/D；视觉传达设计：156/C；数据科学与大数据技术：54/B++；土地资源管理：53/C；物流管理：139/D；应用统计学：48/B；英语：358/D；智能制造工程：16/B++。

6）中国区域知名专业（1★）

表演：76/D；大数据管理与应用：48/C；翻译：130/D；房地产开发与管理：24/D；公共事业管理：246/D；会展经济与管理：47/D；集成电路设计与集成系统：28/D；金融工程：104/D；旅游管理：225/D；能源化学工程：40/D；人工智能：123/C；人力资源管理：215/D；日语：253/D；生物医学工程：104/D；数学与应用数学：295/D；数字经济：11/C；统计学：208/D；投资学：52/D；新能源材料与器件：54/C；新能源科学与工程：78/D；信息安全：88/D。

10. 广州大学

（1）广州大学综合实力排名

综合排名：2024校友会中国大学排名第117名，全国综合类高校第47名，广东省高校第10名。

星级排名：中国四星级大学（4★），世界知名、中国高水平大学。主管部门：广东省。

（2）广州大学各本科专业排名（全国排名/档次）

1）世界高水平、中国顶尖专业（6★）

土木工程：16/A+。

2）中国一流专业（5★）

给排水科学与工程：9/A；汉语言文学：50/A；化学：34/A；环境工程：24/A；机械设计制造及其自动化：43/A；人文地理与城乡规划：5/A；物理学：23/A。

3）中国高水平专业（4★）

播音与主持艺术：4/A+；城乡规划：26/B++；地理信息科学：16/B++；电子商务：45/B++；电子信息工程：89/B++；电子信息科学与技术：27/B++；法学：111/B++；工程管理：55/B++；工商管理：100/B++；广播电视编导：24/B++；广播电视学：18/B++；化学工程与工艺：84/B++；会计学：112/B++；计算机科学与技术：206/B++；建筑环境与能源应用工程：25/B++；建筑学：52/B++；教育技术学：21/B++；教育学：34/B++；金融学：93/B++；历史学：55/B++；旅游管理：67/B++；美术学：35/B++；软件工程：103/B++；生物工程：47/B++；食品科学与工程：72/B++；数学与应用数学：137/B++；思想政治教育：90/B++；统计学：41/B++；网络与新媒体：5/A+；物流管理：46/B++；信

息安全：31/B++；信息与计算科学：51/B++；行政管理：66/B++；音乐学：39/B++；应用心理学：28/B++；英语：136/B++。

4）中国区域一流专业（3★）

产品设计：66/B+；地理科学：55/B+；电气工程及其自动化：133/B+；工业设计：85/B+；光电信息科学与工程：72/B+；环境科学：61/B+；旅游管理与服务教育：1/A++；社会体育指导与管理：37/B+；体育教育：95/B+；网络工程：25/B++；小学教育：43/B+；学前教育：56/B+。

5）中国区域高水平专业（2★）

动画：76/C；服装与服饰设计：66/C；公共事业管理：124/B；广告学：80/B；国际经济与贸易：221/C；环境设计：141/C；交通工程：56/C；人力资源管理：115/C；日语：118/B；社会工作：112/C；生物科学：141/D；市场营销：176/C；视觉传达设计：156/C；心理学：44/D。

6）中国区域知名专业（1★）

材料科学与工程：150/D；法语：90/D；房地产开发与管理：24/D；风景园林：75/D；汉语国际教育：140/C；会展经济与管理：30/C；绘画：89/D；机器人工程：71/C；金融工程：83/D；经济学：245/D；人工智能：123/C；社会学：89/D；生物技术：217/D；生物制药：45/D；数据科学与大数据技术：152/C；数字媒体艺术：135/D；特殊教育：31/D；通信工程：239/D；土地资源管理：76/D；网络空间安全：42/C；舞蹈编导：33/D；物联网工程：161/D；遥感科学与技术：29/D；智能制造工程：56/B。

11. 广州医科大学

（1）广州医科大学综合实力排名

综合排名：2024 校友会中国大学排名第 121 名，全国医药类高校第 15 名，广东省高校第 11 名。

星级排名：中国四星级大学（4★），世界知名、中国高水平大学。主管部门：广东省。

（2）广州医科大学各本科专业排名（全国排名/档次）

1）世界高水平、中国顶尖专业（6★）

临床医学：8/A+；药学：5/A+。

2）中国一流专业（5★）

医学影像学：2/A+；预防医学：12/A。

3）中国高水平专业（4★）

儿科学：5/A；公共事业管理：30/B++；护理学：29/B++；精神医学：3/A+；康复治疗学：8/A；康复作业治疗：1/A++；口腔医学：17/B++；生物技术：30/B++；生物医学工程：21/B++；医学检验技术：15/B++；应用心理学：28/B++；中西医临床医学：18/B++。

4）中国区域高水平专业（2★）

康复物理治疗：6/D；临床药学：31/C；食品卫生与营养学：11/B；食品质量与安全：91/C；市场营销：176/C；统计学：147/C；信息管理与信息系统：207/C。

5）中国区域知名专业（1★）

法学：327/D；麻醉学：33/D。

12. 广东外语外贸大学

（1）广东外语外贸大学综合实力排名

综合排名：2024 校友会中国大学排名第 132 名，全国语言类高校第 6 名，广东省高校第 12 名。

星级排名：中国四星级大学（4★），世界知名、中国高水平大学。主管部门：广东省。

（2）广东外语外贸大学各本科专业排名（全国排名/档次）

1）世界高水平、中国顶尖专业（6★）

英语：6/A++。

2）中国一流专业（5★）

波兰语：1/A++；财务管理：6/A+；德语：4/A+；翻译：2/A++；国际经济与贸易：18/A+；金融学：13/A+；日语：3/A++；市场营销：7/A+。

3）中国高水平专业（4★）

阿拉伯语：13/B++；保险学：8/B++；波斯语：4/A；播音与主持艺术：4/A+；朝鲜语：10/B++；俄语：11/A；法学：49/B++；法语：11/B++；工商管理：36/B++；国际商务：8/B++；汉语国际教育：18/A；汉语言文学：64/B++；会计学：43/B++；计算机科学与技术：60/B++；经济学：27/A；马来语：2/A+；葡萄牙语：4/A；人力资源管理：16/A；商务英语：4/A+；审计学：11/B++；泰语：5/A；西班牙语：5/A；新闻学：30/B++；行政管理：33/B++；意大利语：3/A+；印地语：2/A+；印度尼西亚语：3/A+；越南语：3/A+。

4）中国区域一流专业（3★）

电子商务：82/B+；国际政治：29/B+；汉语言：27/B+；柬埔寨语：3/A+；教育学：54/B+；金融工程：40/B+；老挝语：3/A+；孟加拉语：3/A+；缅甸语：5/A；软件工程：150/B+；塞尔维亚语：2/A+；数学与应用数学：168/B+；税收学：17/B+；外交学：9/B+；网络与新媒体：15/B++；舞蹈表演：27/B+；物流管理：88/B+。

5）中国区域高水平专业（2★）

财政学：62/D；公共事业管理：198/D；广告学：80/B；捷克语：5/A；社会工作：112/C；视觉传达设计：156/C；统计学：147/C；土耳其语：7/D；乌尔都语：5/A；舞蹈学：55/C；希腊语：3/A+；信息管理与信息系统：207/C；音乐学：117/C；应用心理学：99/C。

6）中国区域知名专业（1★）

公共关系学：11/D；国际组织与全球治理：5/A；克罗地亚语：3/A+；数字媒体艺术：112/D；网络工程：141/D；网络空间安全：42/C；希伯来语：6/D；音乐表演：83/C。

12. 广州中医药大学

（1）广州中医药大学综合实力排名

综合排名：2024 校友会中国大学排名第 132 名，全国医药类高校第 18 名，广东省高校第 12 名。

星级排名：中国五星级大学（5★），世界知名大学、中国一流大学。主管部门：广东省。

（2）广州中医药大学各本科专业排名（全国排名/档次）

1）世界知名高水平、中国顶尖专业（7★）

中医学：2/A++。

2）世界高水平、中国顶尖专业（6★）

针灸推拿学：1/A++；中西医临床医学：1/A++。

3）中国一流专业（5★）

制药工程：15/A；中药学：9/A。

4）中国高水平专业（4★）

康复治疗学：8/A；药学：27/B++；医学检验技术：37/B++；中药资源与开发：4/A。

5）中国区域一流专业（3★）

公共事业管理：57/B+；护理学：81/B+；计算机科学与技术：285/B+；临床医学：102/B+；生物技术：96/B+；生物医学工程：62/B+；体育教育：72/B+；眼视光学：5/A；药物制剂：8/B++；医学信息工程：8/B+；医学影像学：26/B+；应用心理学：50/B+；运动康复：15/B+；中药制药：9/B+；中医养生学：1/A++。

6）中国区域高水平专业（2★）

国际经济与贸易：221/C；假肢矫形工程：2/A+；健康服务与管理：7/B++；英语：318/D。

7）中国区域知名专业（1★）

保险学：66/D；市场营销：311/D。

14. 汕头大学

（1）汕头大学综合实力排名

综合排名：2024校友会中国大学排名第136名，全国综合类高校第53名，广东省高校第14名。

星级排名：中国三星级大学（3★），中国知名、区域一流大学。主管部门：广东省。

（2）汕头大学各本科专业排名（全国排名/档次）

1）世界高水平、中国顶尖专业（6★）

临床医学：19/A+。

2）中国一流专业（5★）

电子信息工程：22/A；法学：17/A+；海洋科学：5/A；汉语言文学：28/A；会计学：16/A+；机械设计制造及其自动化：25/A；视觉传达设计：2/A++；数学与应用数学：20/A；应用化学：8/A+。

3）中国高水平专业（4★）

工商管理：36/B++；广播电视学：18/B++；国际经济与贸易：86/B++；护理学：59/B++；计算机科学与技术：206/B++；生物技术：30/B++；土木工程：47/B++；新闻学：61/B++；艺术设计学：17/B++；英语：136/B++。

4）中国区域一流专业（3★）

产品设计：66/B+；化学工程与工艺：142/B+；口腔医学：54/B+；数字媒体艺术：39/B+；通信工程：104/B+。

5）中国区域高水平专业（2★）

编辑出版学：21/C；工业设计：119/C；公共事业管理：124/B；公共艺术：25/C；广告学：80/B；汉语国际教育：96/B；金融学：191/D；市场营销：176/C；行政管理：148/C；应用物理学：104/C；预防医学：74/D。

6）中国区域知名专业（1★）

材料科学与工程：137/D；城市管理：31/D；电子与计算机工程：4/A；光电信息科学与工程：141/D；国际新闻与传播：5/A；环境工程：238/D；建筑学：167/D；精神医学：18/C；社会工作：145/D；生物医学工程：104/D；生物医学科学：9/D；食品安全与检测：1/A++；数据科学与大数据技术：152/C；统计学：208/D；网络与新媒体：78/D；西班牙语：57/D；眼视光医学：13/C；药学：139/D；智能制造工程：56/B。

15. 东莞理工学院

（1）东莞理工学院综合实力排名

综合排名：2024校友会中国大学排名第139名，全国理工类高校第60名，广东省高校第15名。

星级排名：中国三星级大学（3★），中国知名、区域一流大学。主管部门：广东省。

（2）东莞理工学院各本科专业排名（全国排名/档次）

1）中国一流专业（5★）

电子信息工程：22/A；工商管理：27/A；机械设计制造及其自动化：25/A；计算机科学与技术：50/A；软件工程：39/A；社会工作：5/A+；通信工程：17/A；应用化学：19/A；自动化：36/A。

2）中国高水平专业（4★）

电气工程及其自动化：88/B++；电气工程与智能控制：1/A++；工程管理：20/A；工业工程：28/B++；光电信息科学与工程：54/B++；国际经济与贸易：43/B++；汉语言文学：64/B++；化学工程与工艺：34/B++；环境工程：30/B++；会计学：43/B++；能源与动力工程：30/B++；人力资源管理：34/B++；土木工程：47/B++；小学教育：31/B++；英语：57/B++。

3）中国区域一流专业（3★）

材料成型及控制工程：66/B+；材料科学与工程：98/B+；法学：161/B+；高分子材料与工程：65/B+；工业设计：68/B+；广播电视学：36/B+；环境科学：82/B+；机械电子工程：48/B+；建筑环境与能源应用工程：63/B+；建筑学：95/B+；金属材料工程：33/B+；能源化学工程：17/B+；食品科学与工程：114/B+；投资学：17/B+；网络工程：25/B++；网络空间安全：12/B++；微机电系统工程：4/A；物联网工程：45/B+；物流工程：29/B+；信息与计算科学：122/B+；质量管理工程：3/A+；智能制造工程：3/A+。

4）中国区域高水平专业（2★）

道路桥梁与渡河工程：22/C；翻译：80/C；广播电视编导：68/C；机器人工程：18/B++；经济与金融：6/B+；社会体育指导与管理：64/C；食品营养与健康：2/A+；食品质量与安全：79/C；数据科学与大数据技术：54/B++；微电子科学与工程：55/C；文化产业管理：32/B；舞蹈编导：28/C；行政管理：148/C；音乐学：104/C；知识产权：27/B；智能

医学工程：13/B。

16. 广东财经大学

（1）广东财经大学综合实力排名

综合排名：2024校友会中国大学排名第236名，全国财经类高校第23名，广东省高校第16名。

星级排名：中国三星级大学（3★），中国知名、区域一流大学。主管部门：广东省。

（2）广东财经大学各本科专业排名（全国排名/档次）

1）中国一流专业（5★）

审计学：2/A+。

2）中国高水平专业（4★）

保险学：15/B++；财务管理：17/A；电子商务：17/A；法学：49/B++；工商管理：36/B++；国际经济与贸易：43/B++；国际商务：8/B++；会计学：43/B++；金融学：39/B++；经济学：83/B++；酒店管理：1/A++；旅游管理：22/A；人力资源管理：34/B++；商务英语：15/B++；市场营销：29/A；税收学：7/B++；投资学：2/A+；物流管理：46/B++。

3）中国区域一流专业（3★）

财政学：41/B+；经济统计学：33/B+；软件工程：183/B+；社会工作：87/B+；土地资源管理：33/B+；新闻学：98/B+；资产评估：8/B+；自然地理与资源环境：20/B+。

4）中国区域高水平专业（2★）

播音与主持艺术：63/C；产品设计：100/C；动画：92/C；翻译：80/C；房地产开发与管理：17/C；公共事业管理：124/B；广播电视编导：75/D；汉语言文学：200/D；环境设计：172/C；计算机科学与技术：356/D；教育学：65/D；金融工程：67/C；日语：162/C；社会学：73/D；数学与应用数学：245/D；统计学：147/C；信息管理与信息系统：207/C；行政管理：170/D；应用心理学：99/C；英语：358/D。

5）中国区域知名专业（1★）

编辑出版学：31/D；城市管理：31/D；大数据管理与应用：48/C；供应链管理：14/C；广告学：113/C；会展经济与管理：30/C；劳动与社会保障：79/C；人文地理与城乡规划：65/D；视觉传达设计：202/D；数据科学与大数据技术：152/C；数字经济：11/C；数字媒体艺术：135/D；网络与新媒体：78/D；文化产业管理：50/C；戏剧影视文学：59/D；应用统计学：65/C。

17. 广州美术学院

（1）广州美术学院综合实力排名

综合排名：2024校友会中国大学排名第262名，全国艺术类高校第11名，广东省高校第17名。

星级排名：中国四星级大学（4★），世界知名、中国高水平大学。主管部门：广东省。

（2）广州美术学院各本科专业排名（全国排名/档次）

1）世界高水平、中国顶尖专业（6★）

雕塑：1/A++。

2）中国一流专业（5★）

产品设计：1/A++；工艺美术：2/A+；美术学：7/A+；艺术设计学：10/A。

3）中国高水平专业（4★）

动画：15/A；服装与服饰设计：21/B++；工业设计：17/A；环境设计：9/A+；绘画：7/A；建筑学：52/B++；摄影：7/B++；实验艺术：2/A+；视觉传达设计：13/A+；书法学：3/A+；陶瓷艺术设计：4/A；文物保护与修复：1/A++；戏剧影视美术设计：9/B++；艺术与科技：4/A；中国画：6/B++。

4）中国区域一流专业（3★）

风景园林：35/B+；服装设计与工程：14/B+；公共艺术：16/B+；数字媒体艺术：34/B+；艺术教育：8/B+；影视摄影与制作：6/B+。

5）中国区域高水平专业（2★）

包装设计：2/A+；艺术管理：9/B。

18. 广东技术师范大学

（1）广东技术师范大学综合实力排名

综合排名：2024校友会中国大学排名第311名，全国师范类高校第50名，广东省高校第18名。

星级排名：中国二星级大学（2★），中国区域高水平大学。主管部门：广东省。

（2）广东技术师范大学各本科专业排名（全国排名/档次）

1）中国一流专业（5★）

汉语言文学：50/A；会计学：33/A。

2）中国高水平专业（4★）

工艺美术：12/B++；机械设计制造及其自动化：54/B++；通信工程：45/B++；网络工程：15/A；学前教育：25/B++；应用电子技术教育：2/A+；自动化：112/B++。

3）中国区域一流专业（3★）

车辆工程：58/B+；电气工程及其自动化：133/B+；电子信息工程：178/B+；工商管理：207/B+；环境设计：86/B+；机械电子工程：38/B+；计算机科学与技术：285/B+；教育技术学：44/B+；旅游管理与服务教育：1/A++；软件工程：150/B+；智能电网信息工程：9/B+。

4）中国区域高水平专业（2★）

财务管理：175/D；财务会计教育：3/A+；产品设计：131/D；电子商务：148/D；动画：92/C；服装与服饰设计：66/C；光电信息科学与工程：108/C；光源与照明：7/D；广播电视编导：75/D；国际经济与贸易：266/D；汽车服务工程：23/C；人力资源管理：148/C；日语：162/C；商务英语：52/B；市场营销：241/D；数学与应用数学：245/D；数字媒体技术：57/C；网络与新媒体：27/B+；物联网工程：140/C；物流管理：139/D；信息与计算科学：231/D；英语：358/D。

5）中国区域知名专业（1★）

材料成型及控制工程：118/D；测控技术与仪器：164/D；法学：327/D；机器人工程：71/C；建筑电气与智能化：20/C；交通运输：79/D；金融学：204/D；美术学：116/D；人工智能：123/C；审计学：40/D；视觉传达设计：202/D；数据科学与大数据技术：152/C；税收学：31/D；网络空间安全：42/C；舞蹈学：81/D；物理学：143/D；新能源汽车工程：3/A+；新闻学：146/D；信息管理与信息系统：278/D；行政管理：195/D；音乐学：129/D；应用统计学：91/D；应用心理学：113/D；知识产权：47/D；智能科学与技术：58/C。

19. 佛山科学技术学院

（1）佛山科学技术学院综合实力排名

综合排名：2024 校友会中国大学排名第 328 名，全国理工类高校第 153 名，广东省高校第 19 名。

星级排名：中国二星级大学（2★），中国区域高水平大学。主管部门：广东省。

（2）佛山科学技术学院各本科专业排名（全国排名/档次）

1）中国一流专业（5★）

机械设计制造及其自动化：43/A；数学与应用数学：41/A。

2）中国高水平专业（4★）

动物医学：29/B++；光电信息科学与工程：54/B++；国际经济与贸易：86/B++；计算机科学与技术：206/B++；土木工程：96/B++。

3）中国区域一流专业（3★）

材料化学：37/B+；材料科学与工程：98/B+；电气工程及其自动化：151/B+；动物科学：37/B+；工商管理：180/B+；工业设计：68/B+；光源与照明：3/A+；汉语言文学：176/B+；护理学：93/B+；环境工程：133/B+；口腔医学：54/B+；药学：105/B+；园艺：41/B+。

4）中国区域高水平专业（2★）

产品设计：131/D；机械工程：70/D；建筑学：130/D；农学：46/D；农艺教育：6/D；人文地理与城乡规划：38/B；食品科学与工程：159/D；思想政治教育：143/D；网络工程：119/D。

5）中国区域知名专业（1★）

车辆工程：135/D；电子信息工程：295/D；电子信息科学与技术：148/D；法学：327/D；风景园林：97/D；工业工程：137/D；化学工程与工艺：203/D；环境科学：174/D；会计学：323/D；机械电子工程：123/D；交通工程：87/D；教育技术学：101/D；金融学：235/D；旅游管理：225/D；人力资源管理：215/D；社会工作：170/D；生物工程：182/D；生物医学工程：104/D；食品质量与安全：126/D；市场营销：311/D；视觉传达设计：260/D；数据科学与大数据技术：152/C；数字媒体技术：83/D；物理学：143/D；物联网工程：194/D；小学教育：74/D；新能源材料与器件：54/C；学前教育：99/D；医学检验技术：73/D；英语：426/D；智能科学与技术：58/C；资源循环科学与工程：31/D；自动化：240/D。

19. 岭南师范学院

（1）岭南师范学院综合实力排名

综合排名：2024 校友会中国大学排名第 328 名，全国师范类高校第 62 名，广东省高校第 19 名。

星级排名：中国一星级大学（1★），中国区域知名大学。主管部门：广东省。

（2）岭南师范学院各本科专业排名（全国排名/档次）

1）中国顶尖应用型专业（6★）

法学：13/A+；汉语国际教育：1/A++；汉语言文学：1/A++；化学：13/A+；机电技术教育：1/A++；计算机科学与技术：63/A+；教育技术学：1/A++；教育学：1/A++；历史学：7/A+；社会工作：1/A++；数学与应用数学：23/A+；物理学：9/A+；小学教育：2/A++；心理学：1/A++；学前教育：25/A+。

2）中国一流应用型专业（5★）

财务会计教育：1/A++；工商管理：39/A；广播电视学：9/A；科学教育：5/A；人力资源管理：12/A+；日语：13/A；社会体育指导与管理：10/A；思想政治教育：20/A；特殊教育：6/A；体育教育：19/A；英语：62/A。

3）中国高水平应用型专业（4★）

电气工程及其自动化：91/B++；电子商务：66/B++；服装与服饰设计：32/B++；工业设计：17/B++；国际经济与贸易：109/B++；环境设计：73/B++；烹饪与营养教育：9/B++；市场营销：85/B++；视觉传达设计：72/B++；信息与计算科学：26/B++；音乐表演：21/B++；运动康复：6/B++；制药工程：25/B++。

4）中国区域一流应用型专业（3★）

地理科学：28/B+；高分子材料与工程：28/B+；海洋资源开发技术：2/A+；美术学：82/B+；汽车服务工程：66/B+；生物技术：41/B+；生物科学：54/B+；食品科学与工程：65/B+；统计学：20/B++；舞蹈学：33/B+；物联网工程：139/B+；信息管理与信息系统：71/B+；音乐学：87/B+；应用化学：65/B+；园林：35/B+；运动人体科学：6/B+。

5）中国区域高水平应用型专业（2★）

地理信息科学：42/C；翻译：84/C；公共事业管理：74/C；化学工程与工艺：121/D；机器人工程：97/C；机械设计制造及其自动化：246/D；软件工程：221/C；商务英语：161/C；书法学：32/B；网络与新媒体：100/B；新闻学：81/C。

6）中国区域知名应用型专业（1★）

财务管理：326/C；电子信息工程：314/D；人工智能：86/C；食品质量与安全：104/D；数据科学与大数据技术：272/D；行政管理：105/D；应用物理学：27/D。

21. 广东医科大学

（1）广东医科大学综合实力排名

综合排名：2024 校友会中国大学排名第 351 名，全国医药类高校第 62 名，广东省高校第 21 名。

星级排名：中国二星级大学（2★），中国区域高水平大学。主管部门：广东省。

（2）广东医科大学各本科专业排名（全国排名/档次）

1）中国高水平专业（4★）

护理学：59/B++；临床医学：39/B++；卫生检验与检疫：1/A++；医学检验技术：15/B++；预防医学：40/B++。

2）中国区域一流专业（3★）

工商管理：207/B+；康复治疗学：44/B+；口腔医学：54/B+；麻醉学：22/B+；社会工作：63/B+；生物技术：122/B+；生物医学工程：62/B+；统计学：96/B+；信息管理与信息系统：138/B+；药学：85/B+；医学影像学：26/B+；应用化学：145/B+；应用心理学：65/B+。

3）中国区域高水平专业（2★）

法医学：22/D；公共事业管理：198/D；食品质量与安全：91/C；中药学：58/D。

4）中国区域知名专业（1★）

儿科学：26/D；国际经济与贸易：329/D；健康服务与管理：15/B；口腔医学技术：9/D；劳动与社会保障：113/D；临床药学：34/D；信息资源管理：12/D；眼视光学：16/D；药物分析：12/D；医学实验技术：17/D；英语：398/D；智能医学工程：27/D；中药制药：18/D；助产学：13/B。

21. 惠州学院

（1）惠州学院综合实力排名

综合排名：2024 校友会中国大学排名第 351 名，全国综合类高校第 101 名，广东省高校第 21 名。

星级排名：中国二星级大学（2★），中国区域高水平大学。主管部门：广东省。

（2）惠州学院各本科专业排名（全国排名/档次）

1）中国顶尖应用型专业（6★）

服装设计与工程：5/A+；旅游管理：21/A+；网络工程：1/A++。

2）中国一流应用型专业（5★）

电气工程及其自动化：48/A；电子信息工程：66/A；建筑学：20/A；生物科学：24/A；数学与应用数学：38/A；物流管理：27/A；应用化学：14/A。

3）中国高水平应用型专业（4★）

电子信息科学与技术：27/B++；服装与服饰设计：32/B++；广播电视学：19/B++；汉语国际教育：36/B++；汉语言文学：118/B++；化学工程与工艺：50/B++；计算机科学与技术：168/B++；软件工程：95/B++；商务英语：38/B++；思想政治教育：57/B++；土木工程：97/B++；学前教育：95/B++；音乐学：54/B++。

4）中国区域一流应用型专业（3★）

产品设计：80/B+；法学：82/B+；风景园林：24/B+；功能材料：7/B+；国际经济与贸易：179/B+；机械电子工程：74/B+；审计学：52/B+；生物技术：41/B+；视觉传达设计：140/B+；网络空间安全：6/B+；物理学：66/B+；信息管理与信息系统：71/B+；行政管理：37/B+；英语：198/B+；园林：35/B+。

5）中国区域高水平应用型专业（2★）

表演：48/C；地理科学：46/C；高分子材料与工程：47/D；工程管理：142/C；化学：100/C；环境设计：203/B；历史学：74/C；美术学：124/C；日语：119/C；社会体育指导与管理：61/B；市场营销：231/C；体育教育：111/C；音乐表演：85/C；应用统计学：34/B。

6）中国区域知名应用型专业（1★）

财务管理：326/C；地理信息科学：57/D；社会工作：93/D；数据科学与大数据技术：272/D；网络与新媒体：140/C；小学教育：142/C。

21. 五邑大学

（1）五邑大学综合实力排名

综合排名：2024 校友会中国大学排名第 351 名，全国综合类高校第 101 名，广东省高校第 21 名。

星级排名：中国二星级大学（2★），中国区域高水平大学。主管部门：广东省。

（2）五邑大学各本科专业排名（全国排名/档次）

1）中国一流专业（5★）

机械工程：23/A。

2）中国高水平专业（4★）

电子商务：17/A；电子信息工程：89/B++；纺织工程：10/B++；计算机科学与技术：60/B++；交通工程：23/B++；市场营销：29/A；数学与应用数学：56/B++；通信工程：45/B++；土木工程：96/B++。

3）中国区域一流专业（3★）

法学：208/B+；化学工程与工艺：120/B+；环境设计：86/B+；旅游管理：114/B+；信息与计算科学：122/B+；自动化：150/B+。

4）中国区域高水平专业（2★）

产品设计：131/D；汉语言文学：235/D；建筑学：130/D；能源与动力工程：137/D；软件工程：235/D；商务英语：72/C；网络工程：119/D。

5）中国区域知名专业（1★）

材料科学与工程：150/D；电气工程及其自动化：247/D；服装与服饰设计：93/D；工程管理：185/D；工商管理：311/D；工业设计：181/D；国际经济与贸易：329/D；汉语国际教育：140/C；环境工程：238/D；会计学：297/D；金融学：235/D；精算学：10/D；日语：218/D；社会工作：170/D；食品科学与工程：166/D；视觉传达设计：202/D；数据科学与大数据技术：152/C；舞蹈学：81/D；信息管理与信息系统：278/D；应用化学：213/D；英语：398/D；制药工程：157/D。

21. 星海音乐学院

（1）星海音乐学院综合实力排名

综合排名：2024 校友会中国大学排名第 351 名，全国艺术类高校第 20 名，广东省高校第 21 名。

星级排名：中国四星级大学（4★），世界知名、中国高水平大学。主管部门：广东省。

（2）星海音乐学院各本科专业排名（全国排名/档次）

1）世界高水平、中国顶尖专业（6★）

音乐表演：4/A+；音乐学：2/A++。

2）中国一流专业（5★）

录音艺术：1/A++；作曲与作曲技术理论：6/A。

3）中国高水平专业（4★）

舞蹈编导：6/B++；舞蹈表演：13/B++；舞蹈学：5/A+。

4）中国区域一流专业（3★）

表演：23/B+；艺术管理：3/A+；艺术与科技：17/B+。

25. 广东海洋大学

（1）广东海洋大学综合实力排名

综合排名：2024 校友会中国大学排名第 364 名，全国农林类高校第 36 名，广东省高校第 25 名。

星级排名：中国三星级大学（3★），中国知名、区域一流大学。主管部门：广东省。

（2）广东海洋大学各本科专业排名（全国排名/档次）

1）中国一流专业（5★）

海洋渔业科学与技术：3/A+；食品质量与安全：6/A+。

2）中国高水平专业（4★）

船舶与海洋工程：14/B++；电子信息工程：89/B++；动物科学：16/B++；海洋技术：5/A；海洋科学：7/B++；汉语言文学：114/B++；航海技术：5/A；机械设计制造及其自动化：54/B++；计算机科学与技术：60/B++；食品科学与工程：28/B++；水产养殖学：10/B++；英语：136/B++。

3）中国区域一流专业（3★）

大气科学：12/B+；动物医学：42/B+；工商管理：207/B+；建筑环境与能源应用工程：63/B+；交通运输：37/B+；轮机工程：11/B+；能源与动力工程：98/B+；水生动物医学：2/A+；舞蹈编导：19/B+；园艺：41/B+；制药工程：79/B+。

4）中国区域高水平专业（2★）

财务管理：175/D；电气工程及其自动化：217/D；电子科学与技术：110/D；工程管理：144/D；工业设计：131/C；公共事业管理：198/D；国际经济与贸易：266/D；海洋资源与环境：10/C；经济学：205/D；林学：30/D；秘书学：25/C；农学：46/D；农业资源与环境：35/D；日语：162/C；软件工程：215/D；社会体育指导与管理：64/C；社会学：73/D；生物工程：159/D；生物技术：176/D；生物科学：147/D；物联网工程：140/C；信息与计算科学：231/D；休闲体育：17/C；园林：59/C；植物保护：42/D。

5）中国区域知名专业（1★）

编辑出版学：31/D；表演：76/D；播音与主持艺术：89/D；材料成型及控制工程：132/D；船舶电子电气工程：6/D；法学：327/D；港口航道与海岸工程：25/D；工业工程：137/D；汉语国际教育：140/C；环境科学：158/D；会计学：297/D；机械电子工程：123/D；经济与金融：17/D；旅游管理：207/D；美术学：116/D；数据科学与大数据技术：152/C；通信工程：239/D；土地资源管理：80/D；网络与新媒体：78/D；新闻学：146/D；信息管理与信息系统：278/D；行政管理：195/D；音乐学：129/D；应用化学：213/D；应用气象学：11/D；政治学与行政学：75/D；自动化：240/D。

25. 韶关学院

（1）韶关学院综合实力排名

综合排名：2024 校友会中国大学排名第 364 名，全国综合类高校第 107 名，广东省高校第 25 名。

星级排名：中国一星级大学（1★），中国区域知名大学。主管部门：广东省。

（2）韶关学院各本科专业排名（全国排名/档次）

1）中国顶尖应用型专业（6★）

机械设计制造及其自动化：44/A+；计算机科学与技术：63/A+；食品科学与工程：7/A+。

2）中国一流应用型专业（5★）

工商管理：39/A；化学：23/A；旅游管理：42/A；软件工程：53/A；数学与应用数学：38/A；小学教育：41/A；应用化学：14/A；英语：62/A；园林：9/A；园艺：8/A。

3）中国高水平应用型专业（4★）

电子信息科学与技术：27/B++；工业设计：17/B++；交通运输：19/B++；临床医学：37/B++；人文地理与城乡规划：16/B++；食品质量与安全：8/A；通信工程：74/B++；物联网工程：62/B++；心理学：7/B++；自动化：70/B++。

4）中国区域一流应用型专业（3★）

产品设计：80/B+；服装与服饰设计：60/B+；公共事业管理：37/B+；汉语言文学：180/B+；环境工程：60/B+；会计学：177/B+；机器人工程：36/B+；美术学：82/B+；秘书学：10/B++；商务英语：71/B+；生物技术：41/B+；视觉传达设计：140/B+；数字媒体技术：57/B+；思想政治教育：78/B+；体育教育：85/B+；无机非金属材料工程：14/B+；物理学：66/B+；新闻学：50/B+；信息与计算科学：53/B+；医学检验技术：41/B+；音乐表演：48/B+；音乐学：87/B+。

5）中国区域高水平应用型专业（2★）

车辆工程：88/C；地理科学：46/C；动物科学：18/C；国际经济与贸易：260/C；环境设计：203/B；绘画：44/C；人力资源管理：134/C；日语：119/C；社会体育指导与管理：61/B；生物工程：68/C；生物科学：80/C；统计学：53/B；土地资源管理：15/C；舞蹈学：69/C；信息管理与信息系统：119/C；行政管理：61/C；学前教育：173/C；应用统计学：34/B。

6）中国区域知名应用型专业（1★）

动画：153/D；法学：193/D；国际商务：78/D；护理学：153/D；教育技术学：47/D；教育学：36/D；历史学：

94/D；社会工作：93/D；数据科学与大数据技术：272/D；土木工程：257/D；物流工程：52/D。

27. 广东金融学院

（1）广东金融学院综合实力排名

综合排名：2024校友会中国大学排名第377名，全国财经类高校第38名，广东省高校第27名。

星级排名：中国二星级大学（2★），中国区域高水平大学。主管部门：广东省。

（2）广东金融学院各本科专业排名（全国排名/档次）

1）世界知名、中国顶尖应用型专业（7★）

金融学：1/A++。

2）中国顶尖应用型专业（6★）

保险学：1/A++；国际经济与贸易：23/A+；会计学：23/A+；金融工程：2/A++；经济学：1/A++；商务英语：1/A++；信息管理与信息系统：1/A++。

3）中国一流应用型专业（5★）

财务管理：40/A；互联网金融：3/A+；金融数学：1/A++；经济统计学：6/A；劳动与社会保障：1/A++；人力资源管理：12/A+；市场营销：38/A；统计学：4/A+；投资学：5/A+；信用管理：1/A++；资产评估：1/A++。

4）中国高水平应用型专业（4★）

财政学：9/B++；电子商务：66/B++；公共事业管理：14/B++；经济与金融：13/B++；精算学：1/A++；酒店管理：27/B++；劳动关系：2/A+；审计学：20/B++；数据科学与大数据技术：23/A；物流管理：56/B++；信息与计算科学：26/B++；行政管理：14/B++；应用统计学：6/A；知识产权：6/B++。

5）中国区域一流应用型专业（3★）

法学：82/B+；翻译：39/B+；工商管理：106/B+；国际商务：29/B+；计算机科学与技术：253/B+；金融科技：7/B++；社会工作：31/B+；数学与应用数学：109/B+；网络与新媒体：61/B+；文化产业管理：22/B+。

6）中国区域高水平应用型专业（2★）

电子商务及法律：7/C；汉语言文学：253/C；软件工程：221/C；数字媒体艺术：119/C；应用心理学：75/C；英语：318/C。

27. 深圳技术大学

（1）深圳技术大学综合实力排名

综合排名：2024校友会中国大学排名第377名，全国理工类高校第176名，广东省高校第27名。

星级排名：中国二星级大学（2★），中国区域高水平大学。主管部门：广东省。

（2）深圳技术大学各本科专业排名（全国排名/档次）

1）世界知名、中国顶尖应用型专业（7★）

计算机科学与技术：1/A++；生物医学工程：1/A++。

2）中国顶尖应用型专业（6★）

材料科学与工程：1/A++；车辆工程：2/A++；德语：1/A++；电子科学与技术：1/A++；光电信息科学与工程：1/A++；光源与照明：1/A++；环境设计：1/A++；机械设计制造及其自动化：2/A++；交通运输：1/A++；汽车服务工程：1/A++；数据科学与大数据技术：1/A++；微电子科学与工程：1/A++；物联网工程：1/A++；物流管理：1/A++；新能源科学与工程：1/A++；应用物理学：1/A++；英语：1/A++；智能医学工程：1/A++；自动化：1/A++。

3）中国一流应用型专业（5★）

工业设计：6/A+；国际商务：7/A；商务英语：12/A+；药学：16/A；艺术与科技：3/A+。

29. 广州体育学院

（1）广州体育学院综合实力排名

综合排名：2024校友会中国大学排名第387名，全国体育类高校第10名，广东省高校第29名。

星级排名：中国三星级大学（3★），中国知名、区域一流大学。主管部门：广东省。

（2）广州体育学院各本科专业排名（全国排名/档次）

1）世界高水平、中国顶尖专业（6★）

体育教育：3/A+。

2）中国一流专业（5★）

休闲体育：1/A++；运动人体科学：2/A+；运动训练：8/A。

3）中国高水平专业（4★）

社会体育指导与管理：12/A；运动康复：8/B++。

4）中国区域一流专业（3★）

广播电视编导：42/B+；康复治疗学：44/B+；特殊教育：15/B+；武术与民族传统体育：20/B+；舞蹈学：30/B+；新闻学：109/B+。

5）中国区域高水平专业（2★）

表演：44/B；播音与主持艺术：63/C；公共事业管理：198/D；经济学：205/D；体育经济与管理：13/C；学前教育：90/D。

30. 广东第二师范学院

（1）广东第二师范学院综合实力排名

综合排名：2024校友会中国大学排名第407名，全国师范类高校第81名，广东省高校第30名。

星级排名：中国一星级大学（1★），中国区域知名大学。主管部门：广东省。

（2）广东第二师范学院各本科专业排名（全国排名/档次）

1）中国顶尖应用型专业（6★）

体育教育：1/A++；学前教育：25/A+。

2）中国一流应用型专业（5★）

美术学：9/A+；生物科学：24/A；数学与应用数学：38/A；物理学：17/A；应用化学：14/A。

3）中国高水平应用型专业（4★）

汉语国际教育：36/B++；环境生态工程：2/A+；教育技术学：19/B++；科学教育：9/B++；历史学：32/B++；特殊教育：14/B++；英语：129/B++。

4）中国区域一流应用型专业（3★）

产品设计：80/B+；公共事业管理：37/B+；化学：73/B+；环境设计：113/B+；计算机科学与技术：253/B+；烹饪与营养教育：10/B+；商务英语：71/B+；社会体育指导与管理：34/B+。

5）中国区域高水平应用型专业（2★）

材料化学：33/D；电子商务：159/B；翻译：84/C；金融数学：22/C；酒店管理：81/B；旅游管理与服务教育：18/C；软件工程：221/C；社会工作：62/C；食品质量与安全：57/B；视觉传达设计：235/C；数字媒体艺术：119/C；思想政治教育：112/C；网络工程：137/C；信息与计算科学：78/C；行政管理：61/C；音乐学：150/C。

6）中国区域知名应用型专业（1★）

电子信息工程：314/D；广播电视编导：135/D；汉语言文学：298/D；数据科学与大数据技术：272/D；统计学：81/D；应用心理学：112/D。

30. 广东石油化工学院

（1）广东石油化工学院综合实力排名

综合排名：2024 校友会中国大学排名第 407 名，全国理工类高校第 188 名，广东省高校第 30 名。

星级排名：中国一星级大学（1★），中国区域知名大学。主管部门：广东省。

（2）广东石油化工学院各本科专业排名（全国排名/档次）

1）中国顶尖应用型专业（6★）

电气工程及其自动化：6/A+；电子信息工程：9/A+；高分子材料与工程：1/A++；过程装备与控制工程：1/A++；化学工程与工艺：1/A++；环境工程：1/A++；机械设计制造及其自动化：44/A+；能源与动力工程：5/A+；生物工程：2/A+；石油工程：2/A+。

2）中国一流应用型专业（5★）

材料成型及控制工程：16/A；电子信息科学与技术：10/A；给排水科学与工程：7/A；海洋油气工程：1/A++；计算机科学与技术：101/A；数学与应用数学：38/A；思想政治教育：20/A；土木工程：49/A；网络工程：16/A；油气储运工程：2/A+。

3）中国高水平应用型专业（4★）

测控技术与仪器：18/B++；汉语言文学：118/B++；建筑学：36/B++；人工智能：20/B++；食品科学与工程：37/B++；物联网工程：62/B++；英语：129/B++；智能科学与技术：10/B++；自动化：70/B++。

4）中国区域一流应用型专业（3★）

工业工程：12/B+；工业设计：48/B+；功能材料：7/B+；焊接技术与工程：12/B+；环保设备工程：3/A+；精细化工：1/A++；能源化学工程：6/B+；生物技术：41/B+；数据科学与大数据技术：60/B++；物理学：66/B+；新能源科学与工程：23/B+；信息与计算科学：53/B+；音乐学：87/B+；应用化学：65/B+。

5）中国区域高水平应用型专业（2★）

安全工程：39/C；地理科学：46/C；法学：138/C；国际经济与贸易：260/C；环境设计：203/B；会计学：223/C；教育技术学：41/C；历史学：74/C；社会体育指导与管理：61/B；市场营销：231/C；体育教育：111/C；物流工程：40/C；学前教育：173/C；音乐表演：85/C；资源勘查工程：13/D。

30. 嘉应学院

（1）嘉应学院综合实力排名

综合排名：2024 校友会中国大学排名第 407 名，全国综合类高校第 129 名，广东省高校第 30 名。

星级排名：中国一星级大学（1★），中国区域知名大学。主管部门：广东省。

（2）嘉应学院各本科专业排名（全国排名/档次）

1）中国顶尖应用型专业（6★）

地理信息科学：1/A++；化学：1/A++。

2）中国一流应用型专业（5★）

光电信息科学与工程：12/A；汉语言文学：63/A；体育教育：19/A。

3）中国高水平应用型专业（4★）

临床医学：37/B++；软件工程：95/B++；商务英语：38/B++；生物工程：26/B++；数学与应用数学：78/B++；思想政治教育：57/B++；通信工程：74/B++；物理学：39/B++；小学教育：75/B++；自动化：70/B++。

4）中国区域一流应用型专业（3★）

测控技术与仪器：34/B+；电子信息工程：186/B+；环境工程：60/B+；环境科学：21/B+；计算机科学与技术：253/B+；建筑学：67/B+；美术学：82/B+；生物科学：54/B+；土木工程：160/B+；网络工程：82/B+；舞蹈学：33/B+；物联网工程：139/B+；信息与计算科学：53/B+；医学检验技术：41/B+；园林：35/B+；运动训练：11/B+；资产评估：16/B+。

5）中国区域高水平应用型专业（2★）

地理科学：46/C；工商管理：170/C；公共事业管理：74/C；国际经济与贸易：260/C；汉语言：8/B；护理学：129/D；环境设计：203/B；历史学：74/C；旅游管理：180/C；日语：119/C；食品科学与工程：96/D；市场营销：231/C；视觉传达设计：235/C；统计学：53/B；新闻学：81/C；学前教育：173/C；药学：68/C；音乐学：150/C；应用化学：96/C；应用统计学：34/B；英语：318/C。

6）中国区域知名应用型专业（1★）

财务管理：326/C；法学：193/D；房地产开发与管理：31/D；工程管理：174/C；教育技术学：47/D；社会工作：93/D；心理学：28/D。

33. 广东药科大学

（1）广东药科大学综合实力排名

综合排名：2024 校友会中国大学排名第 422 名，全国医药类高校第 71 名，广东省高校第 33 名。

星级排名：中国二星级大学（2★），中国区域高水平大学。主管部门：广东省。

（2）广东药科大学各本科专业排名（全国排名/档次）

1）中国高水平专业（4★）

临床药学：14/B++；临床医学：39/B++；生物制药：5/A；药物制剂：3/A+；药学：27/B++；制药工程：45/B++；中药学：19/B++。

2）中国区域一流专业（3★）

工商管理：207/B+；海洋药学：2/A+；护理学：81/B+；生物技术：96/B+；生物医学工程：55/B+；食品质量与安全：36/B+；卫生检验与检疫：13/B+；信息管理与信息系统：138/B+；应用化学：112/B+；预防医学：56/B+；中药制药：6/B+。

3）中国区域高水平专业（2★）

公共事业管理：198/D；计算机科学与技术：370/D；健康服务与管理：7/B++；人力资源管理：148/C；食品科学与工程：146/D；市场营销：241/D；数字媒体技术：57/C；物流管理：139/D；药事管理：6/D；药物分析：9/C；药物化学：6/D；中草药栽培与鉴定：9/C；中药资源与开发：22/D；中医学：44/D。

4）中国区域知名专业（1★）

保险学：45/C；电子商务：184/D；电子信息工程：271/D；高分子材料与工程：131/D；国际经济与贸易：329/D；化学工程与工艺：184/D；化妆品科学与技术：1/A++；经济学：245/D；康复治疗学：66/D；口腔医学：76/D；社会工作：170/D；生物工程：182/D；生物科学：162/D；生物信息学：33/D；医学检验技术：73/D；英语：398/D；智能医学工程：27/D；中西医临床医学：37/D。

33. 仲恺农业工程学院

（1）仲恺农业工程学院综合实力排名

综合排名：2024 校友会中国大学排名第 422 名，全国农林类高校第 38 名，广东省高校第 33 名。

星级排名：中国二星级大学（2★），中国区域高水平大学。主管部门：广东省。

（2）仲恺农业工程学院各本科专业排名（全国排名/档次）

1）中国高水平专业（4★）

计算机科学与技术：206/B++；食品科学与工程：28/B++；园艺：28/B++；植物保护：24/B++。

2）中国区域一流专业（3★）

草业科学：17/B+；产品设计：86/B+；电气工程及其自动化：151/B+；电子信息工程：178/B+；环境工程：133/B+；机械设计制造及其自动化：190/B+；能源与动力工程：80/B+；农林经济管理：38/B+；生物技术：122/B+；食品质量与安全：45/B+；市场营销：130/B+；应用化学：145/B+；园林：28/B+；自动化：150/B+。

3）中国区域高水平专业（2★）

财务管理：175/D；国际经济与贸易：266/D；会计学：270/D；机械电子工程：69/C；农学：46/D；农业工程：8/D；商务英语：72/C；生物工程：159/D；水产养殖学：37/D；土木工程：208/D；网络工程：81/B；物联网工程：104/B；信息管理与信息系统：207/C；信息与计算科学：231/D；艺术设计学：104/D；英语：358/D。

4）中国区域知名专业（1★）

包装工程：50/D；材料化学：113/D；城乡规划：131/D；动物科学：58/D；动物医学：53/D；高分子材料与工程：131/D；给排水科学与工程：103/D；工商管理：311/D；工业设计：193/D；化学工程与工艺：184/D；环境科学：174/D；会展经济与管理：47/D；机器人工程：71/C；林学：35/D；人力资源管理：201/D；日语：218/D；社会工作：170/D；生物科学：162/D；视觉传达设计：202/D；数据科学与大数据技术：152/C；水生动物医学：5/A；通信工程：239/D；统计学：177/D；投资学：52/D；文化产业管理：77/D；行政管理：195/D；中草药栽培与鉴定：12/D；种子科学与工程：31/D；资源环境科学：14/D。

35. 韩山师范学院

（1）韩山师范学院综合实力排名

综合排名：2024 校友会中国大学排名第 436 名，全国师范类高校第 92 名，广东省高校第 35 名。

星级排名：中国一星级大学（1★），中国区域知名大学。主管部门：广东省。

（2）韩山师范学院各本科专业排名（全国排名/档次）

1）中国顶尖应用型专业（6★）

化学：13/A+；历史学：7/A+；生物科学：9/A+。

2）中国一流应用型专业（5★）

汉语言文学：63/A；计算机科学与技术：101/A；教育技术学：5/A；数学与应用数学：38/A；思想政治教育：20/A；体育教育：19/A；网络与新媒体：12/A+。

3）中国高水平应用型专业（4★）

电气工程及其自动化：91/B++；电子信息科学与技术：27/B++；环境科学：9/B++；环境设计：73/B++；软件工程：95/B++；物理学：39/B++；信息与计算科学：26/B++；英语：129/B++。

4）中国区域一流应用型专业（3★）

产品设计：80/B+；电子信息工程：186/B+；广播电视学：40/B+；汉语国际教育：79/B+；旅游管理：129/B+；旅游管理与服务教育：10/B+；美术学：82/B+；烹饪与营养教育：10/B+；商务英语：71/B+；审计学：52/B+；生物技术：41/B+；食品科学与工程：65/B+；食品质量与安全：34/B+；视觉传达设计：140/B+；书法学：16/B+；数据科学与大数据技术：60/B++；投资学：24/B+；物联网工程：139/B+；小学教育：106/B+；信息管理与信息系统：71/B+；学前教育：130/B+；音乐学：87/B+。

5）中国区域高水平应用型专业（2★）

档案学：3/A+；地理科学：46/C；高分子材料与工程：47/D；环境工程：86/C；经济学：80/C；日语：119/C；社会

体育指导与管理：61/B；统计学：53/B；无机非金属材料工程：21/D；心理学：20/C；音乐表演：85/C；应用心理学：75/C；运动康复：21/C。

6）中国区域知名应用型专业（1★）

材料科学与工程：62/D；财务管理：326/C；法学：193/D；酒店管理：124/C；秘书学：73/D；人力资源管理：202/D；社会工作：93/D；应用化学：150/D。

36. 广东警官学院

（1）广东警官学院综合实力排名

综合排名：2024 校友会中国大学排名第 453 名，全国政法类高校第 17 名，广东省高校第 36 名。

星级排名：中国三星级大学（3★），中国知名、区域一流大学。主管部门：广东省。

（2）广东警官学院各本科专业排名（全国排名/档次）

1）中国顶尖应用型专业（6★）

经济犯罪侦查：1/A++；刑事科学技术：1/A++；侦查学：1/A++；治安学：1/A++。

2）中国一流应用型专业（5★）

法学：28/A；交通管理工程：5/A；警务指挥与战术：4/A；行政管理：5/A+。

3）中国高水平应用型专业（4★）

犯罪学：1/A++；网络安全与执法：14/B++。

4）中国区域一流应用型专业（3★）

禁毒学：8/B+；社会工作：31/B+；应用心理学：47/B+。

5）中国区域高水平应用型专业（2★）

计算机科学与技术：379/D。

36. 广州航海学院

（1）广州航海学院综合实力排名

综合排名：2024 校友会中国大学排名第 453 名，全国理工类高校第 203 名，广东省高校第 36 名。

星级排名：中国一星级大学（1★），中国区域知名大学。主管部门：广东省。

（2）广州航海学院各本科专业排名（全国排名/档次）

1）中国顶尖应用型专业（6★）

港口航道与海岸工程：1/A++；航海技术：1/A++。

2）中国一流应用型专业（5★）

船舶电子电气工程：1/A++；船舶与海洋工程：4/A；海事管理：1/A++；交通管理：2/A+；交通运输：10/A；轮机工程：2/A+。

3）中国高水平应用型专业（4★）

道路桥梁与渡河工程：10/B++；能源与动力工程：19/B++；商务英语：38/B++；通信工程：74/B++；邮轮工程与管理：1/A++。

4）中国区域一流应用型专业（3★）

电子信息工程：186/B+；工程管理：96/B+；机器人工程：36/B+；机械工程：35/B+；计算机科学与技术：253/B+；跨境电子商务：7/B++；软件工程：156/B+；物流管理：127/B+。

5）中国区域高水平应用型专业（2★）

车辆工程：88/C；电气工程及其自动化：231/D；电子商务：159/B；法学：138/C；国际商务：57/C；金融学：107/C；旅游管理：180/C；物联网工程：232/C；物流工程：40/C；意大利语：7/C。

6）中国区域知名应用型专业（1★）

财务管理：326/C；环境设计：311/D；数字媒体艺术：155/C；土木工程：257/D。

36. 肇庆学院

（1）肇庆学院综合实力排名

综合排名：2024 校友会中国大学排名第 453 名，全国综合类高校第 155 名，广东省高校第 36 名。

星级排名：中国一星级大学（1★），中国区域知名大学。主管部门：广东省。

（2）肇庆学院各本科专业排名（全国排名/档次）

1）中国顶尖应用型专业（6★）

汉语言文学：1/A++；环境工程：1/A++；会计学：2/A++；制药工程：1/A++。

2）中国一流应用型专业（5★）

计算机科学与技术：101/A；市场营销：38/A；数学与应用数学：38/A；体育教育：19/A。

3）中国高水平应用型专业（4★）

电气工程及其自动化：91/B++；工业设计：17/B++；汉语国际教育：36/B++；化学：48/B++；机械设计制造及其自动化：128/B++；旅游管理：76/B++；网络工程：47/B++；物联网工程：62/B++；音乐学：54/B++。

4）中国区域一流应用型专业（3★）

车辆工程：56/B+；电子科学与技术：42/B+；电子信息科学与技术：53/B+；动画：82/B+；风景园林：24/B+；广播电视学：40/B+；化妆品技术与工程：2/A+；美术学：82/B+；软件工程：156/B+；生物技术：41/B+；食品科学与工程：65/B+；视觉传达设计：140/B+；数据科学与大数据技术：60/B++；数字媒体技术：57/B+；思想政治教育：78/B+；通信工程：130/B+；信息与计算科学：53/B+；音乐表演：48/B+；应用心理学：47/B+；园林：35/B+。

5）中国区域高水平应用型专业（2★）

产品设计：130/C；地理科学：46/C；国际经济与贸易：260/C；环境设计：203/B；精细化工：2/A+；酒店管理：81/B；历史学：74/C；人力资源管理：134/C；日语：119/C；商务英语：161/C；生物科学：80/C；食品营养与健康：3/A+；食品质量与安全：57/B；书法学：32/B；投资学：51/B；舞蹈学：69/C；物理学：99/C；行政管理：61/C；英语：318/C；资源环境科学：5/A。

6）中国区域知名应用型专业（1★）

电子商务：219/C；法学：193/D；工艺美术：43/C；教育技术学：47/D；金融数学：30/D；秘书学：73/D；社会体育指导与管理：104/C；特殊教育：28/D；统计学：81/D；

网络与新媒体：140/C；小学教育：142/C；休闲体育：45/C；学前教育：215/C；应用统计学：59/C；知识产权：32/D。

三、广东省民办大学专业排名详情

1. 广州南方学院

（1）广州南方学院综合实力排名

综合排名：2024 校友会中国民办大学排名第 2 名，全国综合类民办高校第 2 名，广东省民办高校第 1 名。

星级排名：中国六星级应用型大学（6★），中国顶尖应用型大学。

（2）广州南方学院各本科专业排名（全国排名/档次）

1）中国顶尖应用型专业（6★）

财务管理：1/A++；电气工程及其自动化：6/A+；电子商务：1/A++；电子信息科学与技术：1/A++；工商管理：5/A+；国际经济与贸易：2/A++；汉语国际教育：1/A++；汉语言文学：1/A++；护理学：1/A++；会计学：2/A++；计算机科学与技术：2/A++；金融工程：2/A++；经济学：1/A++；人力资源管理：1/A++；市场营销：3/A++；网络与新媒体：1/A++；物流管理：1/A++；行政管理：1/A++；医学检验技术：1/A++；艺术设计学：1/A++；英语：3/A++。

2）中国一流应用型专业（5★）

法语：6/A；公共关系学：1/A++；公共艺术：1/A++；金融学：26/A；旅游管理：42/A；日语：13/A；软件工程：53/A；审计学：7/A+；数据科学与大数据技术：4/A++；数字媒体技术：9/A+；数字媒体艺术：8/A+；新闻学：17/A；音乐学：17/A。

3）中国高水平应用型专业（4★）

大数据管理与应用：9/B++；互联网金融：6/B++；健康服务与管理：7/A；康复治疗学：17/B++；数字经济：3/A+；通信工程：74/B++；文化产业管理：11/B++；智能科学与技术：10/B++；中药学：12/B++；中药制药：2/A+。

2. 广州城市理工学院

（1）广州城市理工学院综合实力排名

综合排名：2024 校友会中国民办大学排名第 7 名，全国理工类民办高校第 7 名，广东省民办高校第 2 名。

星级排名：中国六星级应用型大学（6★），中国顶尖应用型大学。

（2）广州城市理工学院各本科专业排名（全国排名/档次）

1）中国顶尖应用型专业（6★）

宝石及材料工艺学：1/A++；车辆工程：2/A++；电气工程及其自动化：6/A+；电子信息工程：9/A+；工商管理：5/A+；国际经济与贸易：23/A+；会计学：23/A+；机械电子工程：14/A+；机械工程：1/A++；机械设计制造及其自动化：14/A+；计算机科学与技术：2/A++；交通工程：1/A++；汽车服务工程：1/A++；软件工程：1/A++；市场营销：3/A++；通信工程：1/A++；网络工程：1/A++；自动化：1/A++。

2）中国一流应用型专业（5★）

财务管理：40/A；产品设计：12/A+；大数据管理与应用：2/A+；电子商务：37/A；服装与服饰设计：13/A；工业设计：6/A+；建筑学：20/A；金融工程：13/A；日语：13/A；商务英语：12/A+；视觉传达设计：33/A；土木工程：49/A；物流工程：8/A；英语：62/A。

3）中国高水平应用型专业（4★）

供应链管理：5/A；机器人工程：14/A；经济统计学：15/B++；经济学：24/B++；人力资源管理：32/B++；数据科学与大数据技术：23/A；税收学：14/B++；投资学：11/B++；新能源科学与工程：12/B++；新能源汽车工程：2/A+；信息与计算科学：26/B++；智能建造：4/A。

3. 广东科技学院

（1）广东科技学院综合实力排名

综合排名：2024 校友会中国民办大学排名第 8 名，全国综合类民办高校第 9 名，广东省民办高校第 3 名。

星级排名：中国六星级应用型大学（6★），中国顶尖应用型大学。

（2）广东科技学院各本科专业排名（全国排名/档次）

1）中国顶尖应用型专业（6★）

财务管理：18/A+；电子商务：6/A+；电子信息工程：9/A+；服装设计与工程：5/A+；工商管理：5/A+；国际经济与贸易：2/A++；会计学：23/A+；机械电子工程：1/A++；机械设计制造及其自动化：14/A+；金融工程：2/A++；跨境电子商务：1/A++；汽车服务工程：1/A++；软件工程：1/A++；市场营销：3/A++；通信工程：1/A++；网络工程：1/A++；物联网工程：1/A++；物流管理：12/A+；英语：3/A++；自动化：1/A++。

2）中国一流应用型专业（5★）

大数据管理与应用：2/A+；电气工程及其自动化：48/A；翻译：8/A+；环境设计：34/A；机器人工程：3/A+；经济与金融：7/A；日语：13/A；商务英语：12/A+；视觉传达设计：33/A；数字媒体艺术：8/A+；投资学：5/A+；信息管理与信息系统：17/A。

3）中国高水平应用型专业（4★）

材料成型及控制工程：36/B++；产品设计：43/B++；服装与服饰设计：32/B++；供应链管理：5/A；互联网金融：6/B++；数据科学与大数据技术：23/A；数字媒体技术：25/B++；网络空间安全：4/A；新能源汽车工程：2/A+；艺术与科技：8/B++；智能科学与技术：10/B++。

4）中国区域一流应用型专业（3★）

智能制造工程：12/B++；资产评估：16/B+。

4. 广州商学院

（1）广州商学院综合实力排名

综合排名：2024 校友会中国民办大学排名第 9 名，全国财经类民办高校第 6 名，广东省民办高校第 4 名。

星级排名：中国六星级应用型大学（6★），中国顶尖应用型大学。

（2）广州商学院各本科专业排名（全国排名/档次）

1）中国顶尖应用型专业（6★）

财务管理：18/A+；产品设计：8/A+；电子商务：6/A+；法学：1/A++；国际经济与贸易：2/A++；国际商务：1/A++；互联网金融：1/A++；会计学：2/A++；计算机科学与技术：2/A++；金融学：2/A++；旅游管理：1/A++；审计学：1/A++；市场营销：3/A++；视觉传达设计：1/A++；数据科学与大数据技术：1/A++；投资学：1/A++；物流管理：1/A++；信息管理与信息系统：1/A++。

2）中国一流应用型专业（5★）

德语：5/A；环境设计：34/A；酒店管理：14/A；日语：13/A；软件工程：53/A；商务英语：12/A+；数字媒体艺术：8/A+；网络空间安全：1/A++；物联网工程：19/A；信用风险管理与法律防控：1/A++；英语：62/A；智能科学与技术：4/A+。

3）中国高水平应用型专业（4★）

大数据管理与应用：9/B++；公共艺术：4/A；供应链管理：5/A；国际经贸规则：1/A++；金融科技：5/A；人工智能：20/B++；西班牙语：8/B++；运动训练：7/B++。

5. 北京理工大学珠海学院

（1）北京理工大学珠海学院综合实力排名

综合排名：2024 校友会中国民办大学排名第 19 名，全国理工类民办高校第 19 名，广东省民办高校第 5 名。

星级排名：中国五星级应用型大学（5★），中国一流应用型大学。

（2）北京理工大学珠海学院各本科专业排名（全国排名/档次）

1）中国顶尖应用型专业（6★）

电子科学与技术：1/A++；化学工程与工艺：13/A+；机械工程：1/A++；软件工程：36/A+。

2）中国一流应用型专业（5★）

车辆工程：19/A；法学：28/A；飞行器制造工程：4/A；工程管理：27/A；计算机科学与技术：101/A；自动化：35/A。

3）中国高水平应用型专业（4★）

材料科学与工程：23/B++；财务管理：80/B++；测控技术与仪器：18/B++；电气工程及其自动化：91/B++；环境工程：32/B++；会计学：105/B++；机械电子工程：42/B++；交通工程：13/B++；能源与动力工程：19/B++；生物工程：26/B++；市场营销：85/B++；视觉传达设计：72/B++；数字媒体技术：25/B++；通信工程：74/B++；统计学：9/A；网络工程：47/B++；信息管理与信息系统：35/B++；应用化学：45/B++；应用物理学：6/B++。

4）中国区域一流应用型专业（3★）

安全工程：31/B+；产品设计：80/B+；翻译：39/B+；飞行技术：9/B+；服装设计与工程：31/B+；工艺美术：14/B+；公共事业管理：37/B+；国际经济与贸易：179/B+；国际商务：29/B+；汉语国际教育：79/B+；环境设计：113/B+；机械设计制造及其自动化：207/B+；交通运输：33/B+；金融工程：39/B+；金融数学：11/B+；人力资源管理：75/B+；日语：69/B+；商务英语：71/B+；审计学：52/B+；食品科学与工程：65/B+；数据科学与大数据技术：60/B++；数字媒体艺术：63/B+；土木工程：160/B+；无人驾驶航空器系统工程：4/A；物流管理：127/B+；信息工程：14/B+；信用管理：6/B+；应用统计学：18/B++；英语：198/B+；智能科学与技术：17/B++。

5）中国区域高水平应用型专业（2★）

服装与服饰设计：90/C；工业工程：27/B；机器人工程：97/C。

6. 珠海科技学院

（1）珠海科技学院综合实力排名

综合排名：2024 校友会中国民办大学排名第 21 名，全国综合类民办高校第 22 名，广东省民办高校第 6 名。

星级排名：中国五星级应用型大学（5★），中国一流应用型大学。

（2）珠海科技学院各本科专业排名（全国排名/档次）

1）中国顶尖应用型专业（6★）

计算机科学与技术：48/A+；旅游管理：21/A+；应用化学：4/A+；制药工程：1/A++。

2）中国一流应用型专业（5★）

电子商务：37/A；电子信息科学与技术：10/A；动画：17/A；工商管理：39/A；国际经济与贸易：62/A；机械设计制造及其自动化：68/A；金融学：26/A；软件工程：53/A；通信工程：43/A；网络工程：16/A；信息管理与信息系统：17/A；英语：62/A；自动化：35/A。

3）中国高水平应用型专业（4★）

车辆工程：34/B++；城乡规划：21/B++；会计学：105/B++；建筑学：36/B++；汽车服务工程：38/B++；日语：36/B++；市场营销：85/B++；视觉传达设计：72/B++；投资学：11/B++；物流管理：56/B++；药物制剂：6/B++；音乐表演：21/B++。

4）中国区域一流应用型专业（3★）

材料科学与工程：37/B+；财务管理：137/B+；测控技术与仪器：34/B+；朝鲜语：19/B+；飞行器设计与工程：6/B+；工业工程：12/B+；广告学：43/B+；汉语国际教育：79/B+；汉语言文学：180/B+；化学工程与工艺：92/B+；会展经济与管理：21/B+；机械电子工程：74/B+；健康服务与管理：15/B++；酒店管理：47/B+；劳动与社会保障：7/B++；人力资源管理：75/B+；社会工作：31/B+；食品质量与安全：34/B+；数据科学与大数据技术：60/B++；微电子科学与工程：15/B+；无人驾驶航空器系统工程：4/A；舞蹈编导：16/B+；物流工程：23/B+；行政管理：37/B+；音乐学：87/B+；中药学：28/B+。

5）中国区域高水平应用型专业（2★）

护理学：129/D；金融工程：80/B；体育教育：111/C；新能源材料与器件：21/C；休闲体育：32/B；药物分析：4/A；应用统计学：34/B；智能科学与技术：47/C。

7. 广东白云学院

（1）广东白云学院综合实力排名

综合排名：2024校友会中国民办大学排名第22名，全国理工类民办高校第22名，广东省民办高校第7名。

星级排名：中国五星级应用型大学（5★），中国一流应用型大学。

（2）广东白云学院各本科专业排名（全国排名/档次）

1）中国一流应用型专业（5★）

机械设计制造及其自动化：68/A。

2）中国高水平应用型专业（4★）

产品设计：43/B++；车辆工程：34/B++；电子信息工程：116/B++；土木工程：97/B++；艺术设计学：27/B++。

3）中国区域一流应用型专业（3★）

城市地下空间工程：10/B+；服装设计与工程：31/B+；工程造价：58/B+；工商管理：106/B+；工业设计：48/B+；广播电视编导：72/B+；会计学：177/B+；机械电子工程：74/B+；计算机科学与技术：253/B+；建筑学：67/B+；经济统计学：20/B+；汽车服务工程：66/B+；审计学：52/B+；通信工程：130/B+；统计学：20/B++；物联网工程：139/B+；自动化：120/B+。

4）中国区域高水平应用型专业（2★）

材料成型及控制工程：76/C；财务管理：251/C；朝鲜语：32/C；电气工程及其自动化：231/D；国际经济与贸易：260/C；机器人工程：97/C；金融学：107/C；跨境电子商务：13/B+；社会工作：62/C；市场营销：231/C；数据科学与大数据技术：199/C；物流管理：182/C。

5）中国区域知名应用型专业（1★）

表演：70/D；播音与主持艺术：132/D；城乡规划：78/D；德语：38/D；动画：153/D；服装与服饰设计：111/D；工程管理：174/C；人工智能：86/C；人力资源管理：202/D；日语：173/D；软件工程：288/D；商务英语：230/D；数字媒体艺术：155/C；信息管理与信息系统：161/D；休闲体育：45/C；学前教育：215/C；应用心理学：112/D；英语：412/D；智能制造工程：70/C。

8. 广州理工学院

（1）广州理工学院综合实力排名

综合排名：2024校友会中国民办大学排名第28名，全国理工类民办高校第28名，广东省民办高校第8名。

星级排名：中国五星级应用型大学（5★），中国一流应用型大学。

（2）广州理工学院各本科专业排名（全国排名/档次）

1）中国顶尖应用型专业（6★）

电气工程及其自动化：6/A+；计算机科学与技术：63/A+；人力资源管理：1/A++。

2）中国一流应用型专业（5★）

工程管理：27/A；会计学：63/A。

3）中国高水平应用型专业（4★）

财务管理：80/B++；电子信息工程：116/B++；机械设计制造及其自动化：128/B++；艺术设计学：27/B++。

4）中国区域一流应用型专业（3★）

产品设计：80/B+；车辆工程：56/B+；电子商务：109/B+；工程造价：58/B+；国际经济与贸易：179/B+；机器人工程：36/B+；机械电子工程：74/B+；建筑环境与能源应用工程：33/B+；经济学：52/B+；汽车服务工程：66/B+；市场营销：144/B+；数据科学与大数据技术：60/B++；数字媒体艺术：63/B+；土木工程：160/B+；网络工程：82/B+；物流管理：127/B+。

5）中国区域高水平应用型专业（2★）

翻译：84/C；工业设计：74/C；互联网金融：27/B；旅游管理：180/C；日语：119/C；软件工程：221/C；商务英语：161/C；视觉传达设计：235/C；数字媒体技术：100/C；通信工程：205/D；物联网工程：232/C；音乐表演：85/C；英语：318/C。

9. 广东培正学院

（1）广东培正学院综合实力排名

综合排名：2024校友会中国民办大学排名第37名，全国财经类民办高校第19名，广东省民办高校第9名。

星级排名：中国四星级应用型大学（4★），中国高水平应用型大学。

（2）广东培正学院各本科专业排名（全国排名/档次）

1）中国一流应用型专业（5★）

商务英语：12/A+。

2）中国高水平应用型专业（4★）

财务管理：80/B++；绘画：12/B++；应用心理学：20/B++；英语：129/B++。

3）中国区域一流应用型专业（3★）

法学：82/B+；工商管理：106/B+；经济学：52/B+；劳动与社会保障：7/B++；日语：69/B+；审计学：52/B+；市场营销：144/B+；投资学：24/B+；应用统计学：18/B++。

4）中国区域高水平应用型专业（2★）

电子商务：159/B；国际经济与贸易：260/C；会计学：223/C；计算机科学与技术：379/D；经济统计学：31/B；酒店管理：81/B；秘书学：35/B；人力资源管理：134/C；网络工程：137/C；物流管理：182/C；西班牙语：23/C；行政管理：61/C。

5）中国区域知名应用型专业（1★）

大数据管理与应用：51/D；翻译：116/D；服装与服饰设计：111/D；工艺美术：43/C；广告学：123/D；汉语国际教育：153/D；环境设计：311/D；金融工程：115/C；旅游管理：234/D；软件工程：288/D；视觉传达设计：299/D；数据科学与大数据技术：272/D；数字媒体技术：136/D；文化产业管理：71/D；物联网工程：299/D；学前教育：215/C。

10. 东莞城市学院

（1）东莞城市学院综合实力排名

综合排名：2024 校友会中国民办大学排名第 39 名，全国综合类民办高校第 40 名，广东省民办高校第 10 名。

星级排名：中国四星级应用型大学（4★），中国高水平应用型大学。

（2）东莞城市学院各本科专业排名（全国排名/档次）

1）中国顶尖应用型专业（6★）

会计学：23/A+。

2）中国一流应用型专业（5★）

保险学：9/A；财务管理：40/A；软件工程：53/A；数字媒体艺术：8/A+；物流管理：27/A。

3）中国高水平应用型专业（4★）

安全工程：14/B++；电子信息工程：116/B++；法学：55/B++；工商管理：64/B++；机械设计制造及其自动化：128/B++；计算机科学与技术：168/B++；金融学：45/B++；印刷工程：2/A+。

4）中国区域一流应用型专业（3★）

表演：34/B+；国际经济与贸易：179/B+；机械电子工程：74/B+；人力资源管理：75/B+；商务英语：71/B+；社会工作：31/B+；英语：198/B+。

5）中国区域高水平应用型专业（2★）

材料成型及控制工程：76/C；电子商务：159/B；工程管理：142/C；工业设计：74/C；汉语言文学：253/C；环境工程：86/C；建筑电气与智能化：38/C；人文地理与城乡规划：32/C；市场营销：231/C；土木工程：219/C；物联网工程：232/C；行政管理：61/C；音乐表演：85/C。

6）中国区域知名应用型专业（1★）

工程造价：136/C；互联网金融：32/C；环境设计：311/D；机器人工程：127/D；视觉传达设计：299/D；数据科学与大数据技术：272/D；投资学：84/D；网络与新媒体：140/C；舞蹈编导：37/D。

11. 广州华立学院

（1）广州华立学院综合实力排名

综合排名：2024 校友会中国民办大学排名第 43 名，全国理工类民办高校第 43 名，广东省民办高校第 11 名。

星级排名：中国四星级应用型大学（4★），中国高水平应用型大学。

（2）广州华立学院各本科专业排名（全国排名/档次）

1）中国高水平应用型专业（4★）

电气工程及其自动化：91/B++；工程管理：59/B++；国际经济与贸易：109/B++；机械设计制造及其自动化：128/B++；经济学：24/B++；物流管理：56/B++；自动化：70/B++。

2）中国区域一流应用型专业（3★）

材料成型及控制工程：49/B+；风景园林：24/B+；工商管理：106/B+；会计学：177/B+；机械电子工程：74/B+；计算机科学与技术：253/B+；建筑学：67/B+；经济与金融：20/B+；人力资源管理：75/B+；市场营销：144/B+；土地资源管理：7/B+；土木工程：160/B+；网络工程：82/B+；信息管理与信息系统：71/B+。

3）中国区域高水平应用型专业（2★）

财务管理：251/C；动画：117/C；给排水科学与工程：54/C；工程造价：88/B；广播电视编导：105/C；广播电视学：57/C；环境设计：203/B；机器人工程：97/C；视觉传达设计：235/C；新闻学：81/C；信息工程：27/D；英语：318/C。

4）中国区域知名应用型专业（1★）

互联网金融：32/C；金融工程：115/C；数据科学与大数据技术：272/D；网络与新媒体：140/C；学前教育：215/C。

12. 电子科技大学中山学院

（1）电子科技大学中山学院综合实力排名

综合排名：2024 校友会中国民办大学排名第 50 名，全国综合类民办高校第 51 名，广东省民办高校第 12 名。

星级排名：中国四星级应用型大学（4★），中国高水平应用型大学。

（2）电子科技大学中山学院各本科专业排名（全国排名/档次）

1）中国顶尖应用型专业（6★）

电子科学与技术：1/A++。

2）中国一流应用型专业（5★）

机械设计制造及其自动化：68/A；计算机科学与技术：101/A；教育学：8/A；通信工程：43/A。

3）中国高水平应用型专业（4★）

测控技术与仪器：18/B++；产品设计：43/B++；电子商务：66/B++；电子信息工程：116/B++；国际经济与贸易：109/B++；环境工程：32/B++；软件工程：95/B++；物流管理：56/B++。

4）中国区域一流应用型专业（3★）

财务管理：137/B+；动画：82/B+；法学：82/B+；工商管理：106/B+；工业设计：48/B+；人力资源管理：75/B+；生物制药：13/B+；市场营销：144/B+；视觉传达设计：140/B+；网络工程：82/B+；应用化学：65/B+；英语：198/B+；自动化：120/B+。

5）中国区域高水平应用型专业（2★）

环境设计：203/B；会展经济与管理：35/B；金融学：107/C；日语：119/C；商务英语：161/C；食品质量与安全：57/B；数字媒体技术：100/C；新闻学：81/C；行政管理：61/C。

6）中国区域知名应用型专业（1★）

材料科学与工程：62/D；电气工程及其自动化：293/D；翻译：116/D；光电信息科学与工程：73/D；机械电子工程：187/D；旅游管理：234/D。

13. 华南农业大学珠江学院

（1）华南农业大学珠江学院综合实力排名

综合排名：2024 校友会中国民办大学排名第 52 名，全

国农林类民办高校第1名，广东省民办高校第13名。

星级排名：中国四星级应用型大学（4★），中国高水平应用型大学。

（2）华南农业大学珠江学院各本科专业排名（全国排名/档次）

1）中国一流应用型专业（5★）

艺术设计学：11/A；英语：62/A。

2）中国高水平应用型专业（4★）

电气工程及其自动化：91/B++。

3）中国区域一流应用型专业（3★）

风景园林：24/B+；服装设计与工程：31/B+；国际经济与贸易：179/B+；国际商务：29/B+；汉语言文学：180/B+；环境设计：113/B+；会计学：177/B+；计算机科学与技术：253/B+；金融工程：39/B+；商务英语：71/B+；市场营销：144/B+；视觉传达设计：140/B+；网络工程：82/B+；自动化：120/B+。

4）中国区域高水平应用型专业（2★）

财务管理：251/C；产品设计：130/C；电子信息工程：242/C；翻译：84/C；服装与服饰设计：90/C；广播电视编导：105/C；人力资源管理：134/C；日语：119/C；物流管理：182/C。

5）中国区域知名应用型专业（1★）

表演：70/D；播音与主持艺术：132/D；传播学：21/D；电子商务：219/C；摄影：47/D；书法学：54/D；数字媒体艺术：155/C；税收学：41/D；戏剧影视导演：18/D；戏剧影视美术设计：20/C。

13. 湛江科技学院

（1）湛江科技学院综合实力排名

综合排名：2024校友会中国民办大学排名第52名，全国综合类民办高校第53名，广东省民办高校第13名。

星级排名：中国四星级应用型大学（4★），中国高水平应用型大学。

（2）湛江科技学院各本科专业排名（全国排名/档次）

1）中国高水平应用型专业（4★）

动画：37/B++；会计学：105/B++；旅游管理：76/B++。

2）中国区域一流应用型专业（3★）

财务管理：137/B+；电气工程及其自动化：157/B+；酒店管理：47/B+；摄影：19/B+；审计学：52/B+；舞蹈编导：16/B+；物联网工程：139/B+；英语：198/B+；园林：35/B+。

3）中国区域高水平应用型专业（2★）

产品设计：130/C；电子信息工程：242/C；翻译：84/C；工业设计：74/C；环境设计：203/B；日语：119/C；商务英语：161/C；数字媒体技术：100/C；土木工程：219/C。

4）中国区域知名应用型专业（1★）

安全工程：62/D；城乡规划：78/D；电子商务：219/C；法语：43/D；服装设计与工程：54/D；服装与服饰设计：111/D；工程管理：174/C；工商管理：205/D；公共事业管理：96/D；国际经济与贸易：325/D；国际商务：78/D；汉语国际教育：153/D；机械设计制造及其自动化：297/D；计算机科学与技术：469/D；金融工程：115/C；经济学：111/D；汽车服务工程：134/D；市场营销：321/D；视觉传达设计：299/D；小学教育：142/C；信息管理与信息系统：161/D；音乐学：213/D。

15. 广州华商学院

（1）广州华商学院综合实力排名

综合排名：2024校友会中国民办大学排名第60名，全国财经类民办高校第31名，广东省民办高校第15名。

星级排名：中国四星级应用型大学（4★），中国高水平应用型大学。

（2）广州华商学院各本科专业排名（全国排名/档次）

1）中国顶尖应用型专业（6★）

会计学：23/A+。

2）中国一流应用型专业（5★）

财务管理：40/A；国际商务：7/A；市场营销：38/A；新闻学：17/A。

3）中国高水平应用型专业（4★）

广告学：21/B++；汉语国际教育：36/B++；金融工程：22/B++；人力资源管理：32/B++；审计学：20/B++；信息管理与信息系统：35/B++；行政管理：14/B++。

4）中国区域一流应用型专业（3★）

电子商务：109/B+；公共事业管理：37/B+；国际经济与贸易：179/B+；汉语言文学：180/B+；计算机科学与技术：253/B+；经济统计学：20/B+；旅游管理：129/B+；日语：69/B+；软件工程：156/B+；数据科学与大数据技术：60/B++；数字媒体艺术：63/B+；物流管理：127/B+；学前教育：130/B+。

5）中国区域高水平应用型专业（2★）

产品设计：130/C；动画：117/C；护理学：129/D；化妆品科学与技术：2/A+；环境设计：203/B；经济与金融：27/B；视觉传达设计：235/C；统计学：53/B；英语：318/C。

6）中国区域知名应用型专业（1★）

工商管理：205/D；健康服务与管理：49/C；金融科技：17/B；税收学：41/D；网络与新媒体：140/C；小学教育：142/C；中药学：51/D。

16. 广州新华学院

（1）广州新华学院综合实力排名

综合排名：2024校友会中国民办大学排名第62名，全国综合类民办高校第63名，广东省民办高校第16名。

星级排名：中国四星级应用型大学（4★），中国高水平应用型大学。

（2）广州新华学院各本科专业排名（全国排名/档次）

1）中国顶尖应用型专业（6★）

汉语言文学：30/A+；护理学：15/A+；会计学：23/A+。

2）中国一流应用型专业（5★）

电子商务：37/A；工商管理：39/A；国际经济与贸易：62/A；旅游管理：42/A；人文地理与城乡规划：8/A。

3）中国高水平应用型专业（4★）

公共关系学：3/A+；计算机科学与技术：168/B++；金融工程：22/B++；统计学：9/A；投资学：11/B++；行政管理：14/B++；医学影像技术：13/B++；艺术设计学：27/B++；自然地理与资源环境：7/B++。

4）中国区域一流应用型专业（3★）

财务管理：137/B+；传播学：12/B+；电子信息科学与技术：53/B+；法学：82/B+；服装与服饰设计：60/B+；经济学：52/B+；康复治疗学：38/B+；葡萄牙语：5/A；社会工作：31/B+；生物医学工程：18/B+；市场营销：144/B+；税收学：23/B+；网络与新媒体：61/B+；信息资源管理：3/A+；药学：38/B+；音乐学：87/B+；英语：198/B+。

5）中国区域高水平应用型专业（2★）

电气工程及其自动化：231/D；健康服务与管理：33/B；经济统计学：31/B；人力资源管理：134/C；软件工程：221/C；商务英语：161/C；审计学：96/C；数字媒体技术：100/C；听力与言语康复学：4/A；物流管理：182/C；西班牙语：23/C。

6）中国区域知名应用型专业（1★）

风景园林：84/D；互联网金融：32/C；金融科技：17/B；社会体育指导与管理：104/C；书法学：54/D；眼视光学：15/D；智能制造工程：70/C。

17. 广东外语外贸大学南国商学院

（1）广东外语外贸大学南国商学院综合实力排名

综合排名：2024校友会中国民办大学排名第65名，全国财经类民办高校第33名，广东省民办高校第17名。

星级排名：中国三星级应用型大学（3★），中国知名、区域一流应用型大学。

（2）广东外语外贸大学南国商学院各本科专业排名（全国排名/档次）

1）中国顶尖应用型专业（6★）

会计学：2/A++；日语：1/A++。

2）中国一流应用型专业（5★）

翻译：8/A+；国际经济与贸易：62/A；旅游管理：42/A；商务英语：12/A+。

3）中国高水平应用型专业（4★）

法语：10/B++；国际商务：20/B++；汉语国际教育：36/B++；金融学：45/B++；税收学：14/B++。

4）中国区域一流应用型专业（3★）

阿拉伯语：6/B+；朝鲜语：19/B+；电子商务：109/B+；汉语言文学：180/B+；计算机科学与技术：253/B+；金融工程：39/B+；酒店管理：47/B+；商务经济学：7/B+；市场营销：144/B+；泰语：12/B+；网络工程：82/B+；物流管理：127/B+；西班牙语：14/B+；学前教育：130/B+；英语：198/B+。

5）中国区域高水平应用型专业（2★）

德语：24/C；俄语：32/C；会展经济与管理：35/B；葡萄牙语：9/D。

6）中国区域知名应用型专业（1★）

财务管理：326/C；经济统计学：42/C；经济学：111/D；人力资源管理：202/D；软件工程：288/D；审计学：126/D；数字媒体技术：136/D；投资学：84/D；网络与新媒体：140/C；物联网工程：299/D；小学教育：142/C；应用心理学：112/D；智能科学与技术：63/C。

18. 广东东软学院

（1）广东东软学院综合实力排名

综合排名：2024校友会中国民办大学排名第66名，全国理工类民办高校第66名，广东省民办高校第18名。

星级排名：中国三星级应用型大学（3★），中国知名、区域一流应用型大学。

（2）广东东软学院各本科专业排名（全国排名/档次）

1）中国一流应用型专业（5★）

软件工程：53/A。

2）中国高水平应用型专业（4★）

电子商务：66/B++；网络工程：47/B++。

3）中国区域一流应用型专业（3★）

财务管理：137/B+；电子信息工程：186/B+；数字媒体技术：57/B+；信息管理与信息系统：71/B+。

4）中国区域高水平应用型专业（2★）

大数据管理与应用：26/B。

5）中国区域知名应用型专业（1★）

动画：153/D；工商管理：205/D；工业设计：121/D；环境设计：311/D；计算机科学与技术：469/D；健康服务与管理：49/C；人工智能：86/C；日语：173/D；商务英语：230/D；市场营销：321/D；视觉传达设计：299/D；数字媒体艺术：155/C；物流管理：251/D。

19. 广东理工学院

（1）广东理工学院综合实力排名

综合排名：2024校友会中国民办大学排名第67名，全国理工类民办高校第67名，广东省民办高校第19名。

星级排名：中国三星级应用型大学（3★），中国知名、区域一流应用型大学。

（2）广东理工学院各本科专业排名（全国排名/档次）

1）中国一流应用型专业（5★）

机械电子工程：23/A。

2）中国区域一流应用型专业（3★）

标准化工程：1/A++；电气工程及其自动化：157/B+；翻译：39/B+；工程管理：96/B+；工业工程：12/B+；机械设计制造及其自动化：207/B+；计算机科学与技术：253/B+；交通运输：33/B+；通信工程：130/B+。

3）中国区域高水平应用型专业（2★）

金融工程：80/B；汽车服务工程：103/C；商务英语：161/C。

4）中国区域知名应用型专业（1★）

财务管理：326/C；车辆工程：117/D；电子商务：219/C；电子信息工程：314/D；风景园林：84/D；服装设计与工程：54/D；服装与服饰设计：111/D；工程造价：136/C；国际经济与贸易：325/D；互联网金融：32/C；环境设计：311/D；会计学：280/D；日语：173/D；软件工程：288/D；社会体育指导与管理：104/C；土木工程：257/D；网络工程：191/D；物流管理：251/D；艺术设计学：100/D；自动化：211/D。

20. 广州工商学院

（1）广州工商学院综合实力排名

综合排名：2024 校友会中国民办大学排名第 68 名，全国财经类民办高校第 36 名，广东省民办高校第 20 名。

星级排名：中国三星级应用型大学（3★），中国知名、区域一流应用型大学。

（2）广州工商学院各本科专业排名（全国排名/档次）

1）中国顶尖应用型专业（6★）

物流管理：12/A+。

2）中国一流应用型专业（5★）

国际经济与贸易：62/A。

3）中国高水平应用型专业（4★）

劳动关系：2/A+；市场营销：85/B++。

4）中国区域一流应用型专业（3★）

工商管理：106/B+；公共艺术：11/B+；会计学：177/B+；软件工程：156/B+；商务英语：71/B+；舞蹈编导：16/B+。

5）中国区域高水平应用型专业（2★）

采购管理：2/A+；食品营养与检验教育：10/D。

6）中国区域知名应用型专业（1★）

财务管理：326/C；电子商务：219/C；电子信息工程：314/D；环境设计：311/D；人力资源管理：202/D；日语：173/D；食品质量与安全：104/D；视觉传达设计：299/D；数据科学与大数据技术：272/D；数字媒体技术：136/D；通信工程：247/D；投资学：84/D；网络工程：191/D；音乐表演：123/D。

21. 广州软件学院

（1）广州软件学院综合实力排名

综合排名：2024 校友会中国民办大学排名第 95 名，全国理工类民办高校第 97 名，广东省民办高校第 21 名。

星级排名：中国二星级应用型大学（2★），中国区域高水平应用型大学。

（2）广州软件学院各本科专业排名（全国排名/档次）

1）中国一流应用型专业（5★）

软件工程：53/A；网络工程：16/A；物联网工程：19/A。

2）中国高水平应用型专业（4★）

数字媒体技术：25/B++；数字媒体艺术：30/B++；通信工程：74/B++；物流管理：56/B++；行政管理：14/B++。

3）中国区域一流应用型专业（3★）

电子商务：109/B+；电子信息工程：186/B+；电子与计算机工程：3/A+；风景园林：24/B+；工商管理：106/B+；国际经济与贸易：179/B+；计算机科学与技术：253/B+；市场营销：144/B+；视觉传达设计：140/B+；数据科学与大数据技术：60/B++；信息工程：14/B+；信息管理与信息系统：71/B+；智能科学与技术：17/B++；自动化：120/B+。

4）中国区域高水平应用型专业（2★）

财务管理：251/C；动画：117/C；环境设计：203/B；会计学：223/C；网络与新媒体：100/B；英语：318/C。

5）中国区域知名应用型专业（1★）

产品设计：180/D；人力资源管理：202/D；日语：173/D。

22. 广州应用科技学院

（1）广州应用科技学院综合实力排名

综合排名：2024 校友会中国民办大学排名第 111 名，全国综合类民办高校第 112 名，广东省民办高校第 22 名。

星级排名：中国二星级应用型大学（2★），中国区域高水平应用型大学。

（2）广州应用科技学院各本科专业排名（全国排名/档次）

1）中国一流应用型专业（5★）

社会体育指导与管理：10/A。

2）中国高水平应用型专业（4★）

电子信息工程：116/B++；法学：55/B++；金融学：45/B++；汽车服务工程：38/B++。

3）中国区域一流应用型专业（3★）

财务管理：137/B+；产品设计：80/B+；动画：82/B+；环境设计：113/B+；美术学：82/B+；日语：69/B+；软件工程：156/B+；商务英语：71/B+；视觉传达设计：140/B+；物联网工程：139/B+；行政管理：37/B+；休闲体育：19/B+；英语：198/B+；运动康复：13/B+；自动化：120/B+。

4）中国区域高水平应用型专业（2★）

电气工程及其自动化：231/D；国际经济与贸易：260/C；会计学：223/C；计算机科学与技术：379/D；人力资源管理：134/C；市场营销：231/C；网络工程：137/C。

5）中国区域知名应用型专业（1★）

车辆工程：117/D；电子商务：219/C；广告学：123/D；社会工作：93/D；通信工程：247/D；新闻学：125/D。

三、广东省合作办学大学专业排名详情

1. 北京师范大学-香港浸会大学联合国际学院

（1）北京师范大学-香港浸会大学联合国际学院综合实力排名

综合排名：2024 校友会中国合作办学大学排名第 1 名，

全国综合类合作办学大学第 1 名，广东省合作办学大学第 1 名。

星级排名：中国六星级大学（6★），中国顶尖合作办学大学。

（2）北京师范大学-香港浸会大学联合国际学院各本科专业排名（全国排名/档次）

1）世界高水平、中国顶尖专业（6★）

计算机科学与技术：18/A+；经济学：13/A+。

2）中国一流专业（5★）

传播学：9/A；翻译：5/A+；工商管理：27/A；国际政治：10/A；心理学：9/A；新闻学：23/A；英语：42/A。

3）中国高水平专业（4★）

财务管理：46/B++；公共关系学：1/A++；环境科学：31/B++；会计学：112/B++；金融数学：3/A+；人力资源管理：34/B++；社会学：40/B++；食品科学与工程：72/B++；市场营销：59/B++；统计学：41/B++；应用心理学：28/B++。

4）中国区域一流专业（3★）

电子商务：101/B+；数据科学与大数据技术：20/A；文化产业管理：22/B+。

5）中国区域高水平专业（2★）

广告学：80/B；音乐表演：71/C。

2. 香港中文大学（深圳）

（1）香港中文大学（深圳）综合实力排名

综合排名：2024 校友会中国合作办学大学排名第 4 名，全国综合类合作办学大学第 4 名，广东省合作办学大学第 2 名。

星级排名：中国六星级大学（6★），中国顶尖合作办学大学。

（2）香港中文大学（深圳）各本科专业排名（全国排名/档次）

1）世界高水平、中国顶尖专业（6★）

计算机科学与技术：18/A+；金融学：12/A+。

2）中国一流专业（5★）

电子信息工程：22/A；国际商务：4/A；经济学：24/A；生物信息学：2/A+。

3）中国高水平专业（4★）

翻译：23/B++；会计学：112/B++；市场营销：59/B++；统计学：41/B++；新能源科学与工程：15/B++。

4）中国区域一流专业（3★）

数学与应用数学：190/B+。

5）中国区域高水平专业（2★）

金融工程：67/C；临床医学：111/D；生物医学工程：88/D；数据科学与大数据技术：54/B++；药学：118/D；应用心理学：99/C；英语：358/D。

3. 深圳北理莫斯科大学

（1）深圳北理莫斯科大学综合实力排名

综合排名：2024 校友会中国合作办学大学排名第 5 名，全国理工类合作办学大学第 1 名，广东省合作办学大学第 3 名。

星级排名：中国六星级大学（6★），中国顶尖合作办学大学。

（2）深圳北理莫斯科大学各本科专业排名（全国排名/档次）

1）中国一流专业（5★）

材料科学与工程：36/A；俄语：8/A。

2）中国高水平专业（4★）

国际经济与贸易：86/B++。

3）中国区域一流专业（3★）

数学与应用数学：190/B+。

4）中国区域高水平专业（2★）

测控技术与仪器：143/D；电子与计算机工程：3/A+；工业工程：93/C；机械工程：70/D；经济学：205/D；能源与动力工程：137/D；生物科学：147/D。

4. 广东以色列理工学院

（1）广东以色列理工学院综合实力排名

综合排名：2024 校友会中国合作办学大学排名第 7 名，全国理工类合作办学大学第 2 名，广东省合作办学大学第 4 名。

星级排名：中国五星级大学（5★），中国一流合作办学大学。

（2）广东以色列理工学院各本科专业排名（全国排名/档次）

1）中国一流专业（5★）

生物技术：19/A。

2）中国高水平专业（4★）

化学工程与工艺：84/B++。

3）中国区域一流专业（3★）

材料科学与工程：98/B+。

4）中国区域高水平专业（2★）

数学与应用数学：245/D。

5. 香港科技大学（广州）

（1）香港科技大学（广州）综合实力排名

综合排名：2024 校友会中国合作办学大学排名第 10 名，全国理工类合作办学大学第 3 名，广东省合作办学大学第 5 名。

星级排名：中国四星级大学（4★），中国高水平合作办学大学。

（2）香港科技大学（广州）各本科专业排名（全国排名/档次）

1）中国区域一流专业（3★）

人工智能：15/A；数据科学与大数据技术：20/A；智能制造工程：3/A+。

第二节　广西壮族自治区

一、广西壮族自治区大学综合实力排名

1. 广西壮族自治区大学排名

表 7-6　2024 校友会广西壮族自治区大学排名

全国排名	学校名称	所在城市	星级排名	办学层次	星级专业数/个								
					专业类型	8★	7★	6★	5★	4★	3★	2★	1★
117	广西大学	南宁市	4★	中国高水平大学	研究型	0	0	0	10	28	40	23	9
155	广西师范大学	桂林市	4★	中国高水平大学	研究型	0	0	0	2	21	9	27	15
162	桂林理工大学	桂林市	3★	区域一流大学	研究型	0	0	0	9	20	22	24	1
181	广西医科大学	南宁市	3★	区域一流大学	研究型	0	0	0	1	5	4	9	11
221	桂林电子科技大学	桂林市	3★	区域一流大学	研究型	0	0	0	5	18	13	13	22
227	广西民族大学	南宁市	3★	区域一流大学	研究型	0	0	0	1	17	18	34	13
249	南宁师范大学	南宁市	2★	区域高水平大学	研究型	0	0	0	0	13	17	20	20
251	广西中医药大学	南宁市	3★	区域一流大学	研究型	0	0	0	2	6	3	5	14
289	广西艺术学院	南宁市	3★	区域一流大学	研究型	0	0	0	1	14	15	6	2
315	广西科技大学	柳州市	2★	区域高水平大学	研究型	0	0	0	0	5	25	10	29
339	桂林医学院	桂林市	1★	区域知名大学	应用型	0	0	7	4	7	4	3	0
347	广西财经学院	南宁市	2★	区域高水平大学	应用型	0	1	13	13	12	9	7	0
351	右江民族医学院	百色市	1★	区域知名大学	应用型	0	0	1	4	6	3	4	2
364	北部湾大学	钦州市	1★	区域知名大学	应用型	0	0	3	11	6	13	11	9
407	百色学院	百色市	1★	区域知名大学	应用型	0	0	2	8	8	11	15	12
407	贺州学院	贺州市	1★	区域知名大学	应用型	0	0	6	2	9	5	20	12
422	桂林航天工业学院	桂林市	1★	区域知名大学	应用型	0	0	4	6	7	7	8	1
422	玉林师范学院	玉林市	1★	区域知名大学	应用型	0	0	7	4	6	20	20	9
436	广西民族师范学院	崇左市	1★	区域知名大学	应用型	0	0	2	4	7	12	7	12
436	河池学院	河池市	1★	区域知名大学	应用型	0	0	1	9	8	15	11	5
436	梧州学院	梧州市	1★	区域知名大学	应用型	0	0	2	5	5	12	15	12
472	桂林旅游学院	桂林市	1★	区域知名大学	应用型	0	0	5	3	7	4	6	3
509	广西科技师范学院	来宾市	1★	区域知名大学	应用型	0	0	1	3	3	6	6	10
509	广西职业师范学院	南宁市	1★	区域知名大学	应用型	0	0	0	0	4	5	7	0
510	广西警察学院	南宁市	2★	区域高水平大学	应用型	0	0	1	2	5	9	6	1

2. 广西壮族自治区民办大学排名

表 7-7　2024 校友会广西壮族自治区民办大学排名（含独立学院）

全国排名	学校名称	所在城市	星级排名	办学层次	星级专业数/个								
					专业类型	8★	7★	6★	5★	4★	3★	2★	1★
73	桂林信息科技学院	桂林市	4★	中国高水平应用型大学	应用型	0	0	0	2	7	3	5	11
75	桂林学院	桂林市	3★	区域一流应用型大学	应用型	0	0	0	1	2	20	13	12
82	广西外国语学院	南宁市	3★	区域一流应用型大学	应用型	0	0	0	2	6	5	13	10
97	广西民族大学相思湖学院	南宁市	2★	区域高水平应用型大学	应用型	0	0	0	1	5	11	6	12

续表

全国排名	学校名称	所在城市	星级排名	办学层次	星级专业数/个								
					专业类型	8★	7★	6★	5★	4★	3★	2★	1★
100	南宁师范大学师园学院	南宁市	2★	区域高水平应用型大学	应用型	0	0	0	0	3	5	10	10
109	南宁学院	南宁市	2★	区域高水平应用型大学	应用型	0	0	0	1	4	6	3	18
110	北海艺术设计学院	北海市	2★	区域高水平应用型大学	应用型	0	0	0	0	2	5	2	9
110	南宁理工学院	南宁市	2★	区域高水平应用型大学	应用型	0	0	0	1	6	10	3	20
112	柳州工学院	柳州市	2★	区域高水平应用型大学	应用型	0	0	0	2	5	8	11	17
115	广西中医药大学赛恩斯新医药学院	南宁市	2★	区域高水平应用型大学	应用型	0	0	0	0	3	4	3	2

3. 广西壮族自治区高职院校排名

表7-8　2024校友会广西壮族自治区高职院校排名

全国排名	学校名称	所在城市	办学类型	星级排名	办学层次
14	广西职业技术学院	南宁市	职业技能型	6★	中国顶尖高职院校
26	广西理工职业技术学院	崇左市	职业技能型	5★	中国一流高职院校
40	广西机电职业技术学院	南宁市	职业技能型	4★	中国高水平高职院校
40	南宁职业技术学院	南宁市	职业技能型	4★	中国高水平高职院校
42	北海职业学院	北海市	职业技能型	4★	中国高水平高职院校
51	广西工业职业技术学院	南宁市	职业技能型	4★	中国高水平高职院校
52	桂林师范高等专科学校	桂林市	职业技能型	4★	中国高水平高职院校
58	梧州医学高等专科学校	梧州市	职业技能型	4★	中国高水平高职院校
65	柳州职业技术学院	柳州市	职业技能型	3★	区域一流高职院校
69	广西英华国际职业学院	钦州市	职业技能型	4★	中国高水平高职院校
84	广西生态工程职业技术学院	柳州市	职业技能型	3★	区域一流高职院校
108	广西演艺职业学院	南宁市	职业技能型	3★	区域一流高职院校
110	广西国际商务职业技术学院	南宁市	职业技能型	3★	区域一流高职院校
117	广西建设职业技术学院	南宁市	职业技能型	3★	区域一流高职院校
130	梧州职业学院	梧州市	职业技能型	3★	区域一流高职院校
139	柳州铁道职业技术学院	柳州市	职业技能型	3★	区域一流高职院校
141	广西电力职业技术学院	南宁市	职业技能型	3★	区域一流高职院校
145	广西交通职业技术学院	南宁市	职业技能型	3★	区域一流高职院校
148	广西水利电力职业技术学院	南宁市	职业技能型	2★	区域高水平高职院校
150	广西工商职业技术学院	南宁市	职业技能型	3★	区域一流高职院校
162	柳州城市职业学院	柳州市	职业技能型	2★	区域高水平高职院校
164	广西物流职业技术学院	贵港市	职业技能型	2★	区域高水平高职院校
183	广西现代职业技术学院	河池市	职业技能型	2★	区域高水平高职院校
186	广西金融职业技术学院	南宁市	职业技能型	2★	区域高水平高职院校
195	钦州幼儿师范高等专科学校	钦州市	职业技能型	2★	区域高水平高职院校
212	广西幼儿师范高等专科学校	南宁市	职业技能型	1★	区域知名高职院校
220	广西自然资源职业技术学院	崇左市	职业技能型	2★	区域高水平高职院校
223	广西培贤国际职业学院	百色市	职业技能型	2★	区域高水平高职院校
245	广西经贸职业技术学院	南宁市	职业技能型	2★	区域高水平高职院校
249	广西工程职业学院	百色市	职业技能型	2★	区域高水平高职院校
315	广西制造工程职业技术学院	南宁市	职业技能型	1★	区域知名高职院校

4. 广西壮族自治区职业技术大学排名

表 7-9　2024 校友会广西壮族自治区职业技术大学排名

全国排名	学校名称	所在城市	办学类型	星级排名	办学层次
11	广西城市职业大学	崇左市	职业技能型	5★	中国一流职业技术大学
25	广西农业职业技术大学	南宁市	职业技能型	4★	中国高水平职业技术大学

二、广西壮族自治区大学专业排名详情

1. 广西大学

（1）广西大学综合实力排名

综合排名：2024 校友会中国大学排名第 117 名，全国综合类高校第 47 名，广西壮族自治区高校第 1 名。

星级排名：中国四星级大学（4★），世界知名、中国高水平大学。“211 工程”大学。主管部门：广西壮族自治区。

（2）广西大学各本科专业排名（全国排名/档次）

1）中国一流专业（5★）

动物科学：11/A；动物医学：10/A；矿物资源工程：2/A+；农学：17/A；农业资源与环境：9/A；轻化工程：13/A；生物技术：19/A；土木工程：35/A；新闻学：23/A；英语：42/A。

2）中国高水平专业（4★）

播音与主持艺术：4/A+；电气工程及其自动化：88/B++；电子信息工程：89/B++；法学：111/B++；翻译：23/B++；工商管理：100/B++；公共事业管理：30/B++；国际经济与贸易：86/B++；汉语言文学：114/B++；化学：87/B++；化学工程与工艺：84/B++；环境工程：82/B++；会计学：112/B++；机械设计制造及其自动化：131/B++；计算机科学与技术：206/B++；金融学：93/B++；旅游管理：67/B++；美术学：35/B++；木材科学与工程：11/B++；能源与动力工程：54/B++；水利水电工程：25/B++；泰语：5/A；物理学：79/B++；音乐学：39/B++；应用化学：69/B++；园艺：28/B++；植物保护：24/B++；自动化：112/B++。

3）中国区域一流专业（3★）

安全工程：53/B+；包装工程：19/B+；材料成型及控制工程：80/B+；材料科学与工程：98/B+；财政学：48/B+；蚕学：5/A；城乡规划：58/B+；电子科学与技术：69/B+；管理科学：19/B+；广播电视学：36/B+；广告学：50/B+；过程装备与控制工程：48/B+；汉语国际教育：58/B+；机械工程：59/B+；建筑学：95/B+；林产化工：9/B+；林学：26/B+；农林经济管理：38/B+；农业电气化：12/B+；农业机械化及其自动化：35/B+；农艺教育：1/A++；汽车维修工程教育：1/A++；日语：96/B+；社会体育指导与管理：37/B+；生态学：36/B+；生物工程：93/B+；食品科学与工程：114/B+；市场营销：130/B+；数学与应用数学：168/B+；水产养殖学：27/B+；土地资源管理：33/B+；戏剧影视文学：42/B+；信息安全：56/B+；信息与计算科学：122/B+；冶金工程：23/B+；应用气象学：6/B+；园林：34/B+；越南语：10/B+；哲学：52/B+；制药工程：113/B+。

4）中国区域高水平专业（2★）

财务管理：175/D；车辆工程：97/C；给排水科学与工程：66/C；环境设计：172/C；交通运输：71/D；教育技术学：83/D；金属材料工程：58/D；经济学：205/D；社会工作：112/C；生物科学：147/D；生物医学工程：88/D；食品质量与安全：91/C；视觉传达设计：156/C；思想政治教育：143/D；通信工程：219/D；网络工程：119/D；无机非金属材料工程：61/D；舞蹈学：55/C；物流工程：40/C；信息管理与信息系统：207/C；药学：118/D；艺术设计学：104/D；应用心理学：90/C。

5）中国区域知名专业（1★）

风景园林：97/D；海洋科学：28/D；汉语言：73/D；机械电子工程：123/D；集成电路设计与集成系统：28/D；金融数学：46/D；能源化学工程：40/D；生物制药：45/D；运动训练：85/D。

2. 广西师范大学

（1）广西师范大学综合实力排名

综合排名：2024 校友会中国大学排名第 155 名，全国师范类高校第 24 名，广西壮族自治区高校第 2 名。

星级排名：中国四星级大学（4★），世界知名、中国高水平大学。主管部门：广西壮族自治区。

（2）广西师范大学各本科专业排名（全国排名/档次）

1）中国一流专业（5★）

汉语言文学：28/A；思想政治教育：22/A。

2）中国高水平专业（4★）

法学：49/B++；工商管理：100/B++；化学：39/B++；环境设计：43/B++；教育技术学：21/B++；经济学：27/A；科学教育：3/A+；历史学：55/B++；软件工程：103/B++；社会工作：19/A；生物科学：36/B++；数学与应用数学：56/B++；体育教育：23/B++；统计学：41/B++；物理学：33/B++；小学教育：16/B++；行政管理：66/B++；学前教育：25/B++；音乐学：39/B++；应用心理学：28/B++；英语：57/B++。

3）中国区域一流专业（3★）

产品设计：66/B+；电子信息工程：141/B+；广播电视学：36/B+；绘画：40/B+；计算机科学与技术：327/B+；教育学：54/B+；秘书学：7/B++；社会体育指导与管理：37/B+；网络与新媒体：15/B++。

4）中国区域高水平专业（2★）

朝鲜语：31/B；地理科学：65/D；地理信息科学：94/D；电子商务：148/D；动画：76/C；服装与服饰设计：66/C；汉语国际教育：96/B；环境工程：196/D；环境科学：114/C；会计学：247/D；旅游管理：146/C；马克思主义理论：19/C；美术学：85/C；人工智能：38/B++；人力资源管理：115/C；日语：118/B；商务英语：72/C；生物技术：162/D；视觉传达设计：156/C；数据科学与大数据技术：54/B++；通信工程：202/D；文化产业管理：32/B；舞蹈学：44/B；信息与计算科学：164/C；应用化学：187/D；运动训练：53/C；制药工程：139/D。

5）中国区域知名专业（1★）

测控技术与仪器：164/D；电子科学与技术：116/D；翻译：98/C；工艺美术：35/D；汉语言：60/D；金融学：204/D；酒店管理：43/C；劳动与社会保障：79/C；生态学：58/D；书法学：42/C；特殊教育：31/D；武术与民族传统体育：34/D；新闻学：146/D；信息安全：82/D；政治学与行政学：70/D。

3. 桂林理工大学

（1）桂林理工大学综合实力排名

综合排名：2024 校友会中国大学排名第 162 名，全国理工类高校第 72 名，广西壮族自治区高校第 3 名。

星级排名：中国三星级大学（3★），中国知名、区域一流大学。主管部门：广西壮族自治区。

（2）桂林理工大学各本科专业排名（全国排名/档次）

1）中国一流专业（5★）

宝石及材料工艺学：3/A+；测绘工程：13/A；环境工程：8/A+；勘查技术与工程：7/A；旅游管理：14/A；土木工程：35/A；无机非金属材料工程：3/A+；应用化学：19/A；资源勘查工程：5/A。

2）中国高水平专业（4★）

城乡规划：26/B++；地球化学：6/B++；地质工程：21/B++；电子信息工程：89/B++；风景园林：22/B++；高分子材料与工程：43/B++；给排水科学与工程：15/B++；工商管理：100/B++；化学工程与工艺：34/B++；环境设计：9/A+；机械设计制造及其自动化：131/B++；计算机科学与技术：206/B++；软件工程：103/B++；生物工程：47/B++；通信工程：69/B++；行政管理：66/B++；冶金工程：14/B++；应用物理学：43/B++；英语：136/B++；珠宝首饰设计与工艺：1/A++。

3）中国区域一流专业（3★）

材料科学与工程：98/B+；地理信息科学：61/B+；地下水科学与工程：9/B+；电子商务：101/B+；动画：62/B+；服装与服饰设计：44/B+；工程管理：93/B+；广告学：50/B+；国际经济与贸易：176/B+；会计学：208/B+；建筑学：95/B+；金属材料工程：46/B+；酒店管理：16/B+；市场营销：130/B+；水文与水资源工程：21/B+；土木、水利与交通工程：2/A+；物联网工程：69/B+；信息与计算科学：122/B+；遥感科学与技术：12/B+；应用统计学：22/B+；智能建造：2/A+；自动化：180/B+。

4）中国区域高水平专业（2★）

财务管理：175/D；产品设计：100/C；传播学：34/C；地理空间信息工程：4/A；房地产开发与管理：17/C；工艺美术：25/C；光电信息科学与工程：108/C；会展经济与管理：21/B；机器人工程：18/B++；机械电子工程：69/C；建筑电气与智能化：17/C；人工智能：38/B++；人力资源管理：115/C；日语：118/B；社会工作：108/C；视觉传达设计：147/C；数据科学与大数据技术：54/B++；数字媒体艺术：79/C；网络工程：81/B；物流管理：109/C；新媒体艺术：2/A+；智能制造工程：16/B++；资源循环科学与工程：17/C；自然地理与资源环境：34/B。

5）中国区域知名专业（1★）

能源化学工程：40/D。

4. 广西医科大学

（1）广西医科大学综合实力排名

综合排名：2024 校友会中国大学排名第 181 名，全国医药类高校第 22 名，广西壮族自治区高校第 4 名。

星级排名：中国三星级大学（3★），中国知名、区域一流大学。主管部门：广西壮族自治区。

（2）广西医科大学各本科专业排名（全国排名/档次）

1）中国一流专业（5★）

临床医学：23/A。

2）中国高水平专业（4★）

护理学：29/B++；口腔医学：17/B++；药学：27/B++；医学检验技术：15/B++；预防医学：23/B++。

3）中国区域一流专业（3★）

公共事业管理：57/B+；社会工作：87/B+；生物医学工程：55/B+；中药资源与开发：15/B+。

4）中国区域高水平专业（2★）

法医学：22/D；翻译：80/C；康复治疗学：58/D；临床药学：31/C；生物技术：176/D；信息管理与信息系统：207/C；医学影像学：49/D；英语：318/D；运动康复：23/B。

5）中国区域知名专业（1★）

儿科学：26/D；妇幼保健医学：4/A；健康服务与管理：15/B；精神医学：18/C；麻醉学：33/D；卫生检验与检疫：26/D；养老服务管理：1/A++；医疗保险：3/A+；医学实验技术：17/D；医学信息工程：24/D；助产学：13/B。

5. 桂林电子科技大学

（1）桂林电子科技大学综合实力排名

综合排名：2024 校友会中国大学排名第 221 名，全国理工类高校第 101 名，广西壮族自治区高校第 5 名。

星级排名：中国三星级大学（3★），中国知名、区域一流大学。主管部门：广西壮族自治区。

（2）桂林电子科技大学各本科专业排名（全国排名/档次）

1）中国一流专业（5★）

测控技术与仪器：12/A；电子科学与技术：10/A；电子信息工程：8/A+；机械设计制造及其自动化：25/A；通信工程：5/A+。

2）中国高水平专业（4★）

材料科学与工程：45/B++；产品设计：10/A；电子封装技术：2/A+；工业工程：14/A；光电信息科学与工程：25/B++；环境工程：30/B++；会计学：112/B++；机械电子工程：6/A+；计算机科学与技术：60/B++；交通工程：13/B++；软件工程：44/B++；生物医学工程：21/B++；微电子科学与工程：21/B++；物联网工程：10/A+；信息安全：16/B++；信息管理与信息系统：73/B++；信息与计算科学：23/A；自动化：41/B++。

3）中国区域一流专业（3★）

导航工程：3/A+；电气工程及其自动化：151/B+；电子信息科学与技术：50/B+；法学：208/B+；高分子材料与工程：81/B+；工业设计：85/B+；市场营销：130/B+；数字媒体技术：33/B+；土木工程：164/B+；信息对抗技术：14/B+；艺术设计学：57/B+；应用统计学：30/B+；智能科学与技术：17/B++。

4）中国区域高水平专业（2★）

材料成型及控制工程：103/D；财务管理：135/C；电子商务：118/C；动画：92/C；汉语国际教育：121/C；建筑环境与能源应用工程：84/C；人力资源管理：148/C；生物工程：159/D；视觉传达设计：156/C；数学与应用数学：224/D；网络工程：81/B；物流管理：109/C；英语：318/D。

5）中国区域知名专业（1★）

表演：76/D；车辆工程：109/D；船舶电子电气工程：6/D；大数据管理与应用：48/C；电信工程及管理：3/A+；工艺美术：35/D；公共艺术：36/D；机器人工程：71/C；机械工程：84/D；建筑电气与智能化：24/D；金融工程：83/D；人工智能：123/C；日语：218/D；数据科学与大数据技术：152/C；数字经济：11/C；数字媒体艺术：112/D；网络空间安全：42/C；新能源材料与器件：54/C；知识产权：38/C；智能感知工程：12/D；智能制造工程：56/B；智能装备与系统：4/A。

6. 广西民族大学

（1）广西民族大学综合实力排名

综合排名：2024校友会中国大学排名第227名，全国民族类高校第9名，广西壮族自治区高校第6名。

星级排名：中国三星级大学（3★），中国知名、区域一流大学。主管部门：广西壮族自治区。

（2）广西民族大学各本科专业排名（全国排名/档次）

1）中国一流专业（5★）

民族学：5/A。

2）中国高水平专业（4★）

档案学：12/B++；电子信息工程：38/B++；法学：49/B++；翻译：7/A+；国际经济与贸易：43/B++；汉语国际教育：8/A+；汉语言文学：114/B++；化学工程与工艺：34/B++；数学与应用数学：56/B++；泰语：5/A；行政管理：33/B++；应用化学：69/B++；英语：57/B++；越南语：3/A+；政治学与行政学：21/B++；中国共产党历史：5/A；中国少数民族语言文学：11/B++。

3）中国区域一流专业（3★）

播音与主持艺术：26/B+；法语：35/B+；会计学：186/B+；计算机科学与技术：285/B+；柬埔寨语：3/A+；金融学：143/B+；老挝语：3/A+；历史学：98/B+；马来语：4/A；缅甸语：5/A；人类学：4/A；软件工程：183/B+；体育教育：72/B+；通信工程：141/B+；物理学：95/B+；信息与计算科学：122/B+；印度尼西亚语：6/B+；应用心理学：50/B+。

4）中国区域高水平专业（2★）

产品设计：100/C；电子商务：118/C；高分子材料与工程：108/D；工程管理：144/D；工商管理：245/D；公共事业管理：124/B；广播电视编导：75/D；化学：149/D；环境工程：212/D；环境设计：172/C；建筑学：130/D；经济学：205/D；旅游管理：168/D；美术学：99/C；人工智能：38/B++；人力资源管理：148/C；社会工作：112/C；社会体育指导与管理：64/C；社会学：73/D；生物技术：176/D；市场营销：176/C；视觉传达设计：156/C；数理基础科学：5/A；土木工程：216/D；网络工程：81/B；文化产业管理：44/C；舞蹈学：55/C；物流管理：109/C；信息安全：71/C；音乐学：117/C；制药工程：139/D；智能科学与技术：29/B+；智能制造工程：16/B++；自动化：221/D。

5）中国区域知名专业（1★）

城市管理：25/C；传播学：42/D；光电信息科学与工程：141/D；国际事务与国际关系：11/D；海洋科学：28/D；教育学：79/D；金属材料工程：66/D；税收学：31/D；物联网工程：161/D；新闻学：146/D；音乐表演：83/C；知识产权：38/C；中药制药：18/D。

7. 南宁师范大学

（1）南宁师范大学综合实力排名

综合排名：2024校友会中国大学排名第249名，全国师范类高校第37名，广西壮族自治区高校第7名。

星级排名：中国二星级大学（2★），中国区域高水平大学。主管部门：广西壮族自治区。

（2）南宁师范大学各本科专业排名（全国排名/档次）

1）中国高水平专业（4★）

地理科学：17/B++；地理信息科学：16/B++；电子信息工程：38/B++；化学：39/B++；计算机科学与技术：60/B++；教育学：34/B++；旅游管理：67/B++；数学与应用数学：56/B++；思想政治教育：73/B++；土地资源管理：18/B++；物流管理：15/A；新闻学：61/B++；英语：57/B++。

2）中国区域一流专业（3★）

播音与主持艺术：26/B+；测绘工程：46/B+；汉语国际

教育：58/B+；汉语言文学：176/B+；环境科学：82/B+；教育技术学：44/B+；人文地理与城乡规划：26/B+；社会工作：63/B+；生物科学：122/B+；体育教育：95/B+；文化产业管理：22/B+；物理学：105/B+；小学教育：52/B+；音乐学：86/B+；应用电子技术教育：6/B+；应用统计学：30/B+；越南语：10/B+。

3）中国区域高水平专业（2★）

动画：92/C；翻译：80/C；服装与服饰设计：66/C；公共事业管理：198/D；广播电视学：77/D；国际经济与贸易：266/D；科学教育：16/C；历史学：114/D；秘书学：16/B；人力资源管理：148/C；日语：162/C；软件工程：235/D；商务英语：52/B；社会体育指导与管理：64/C；市场营销：241/D；书法学：23/B；泰语：16/D；特殊教育：21/C；戏剧影视文学：49/D；学前教育：70/C。

4）中国区域知名专业（1★）

法学：327/D；房地产开发与管理：24/D；高分子材料与工程：119/D；广告学：113/C；航空服务艺术与管理：11/B；环境工程：238/D；环境设计：215/D；金融数学：32/C；美术学：116/D；视觉传达设计：202/D；数据科学与大数据技术：152/C；数字媒体技术：83/D；通信工程：239/D；舞蹈学：74/D；物流工程：58/D；信息管理与信息系统：278/D；应用化学：213/D；应用心理学：113/D；自动化：231/D；自然地理与资源环境：65/D。

8. 广西中医药大学

（1）广西中医药大学综合实力排名

综合排名：2024 校友会中国大学排名第 251 名，全国医药类高校第 36 名，广西壮族自治区高校第 8 名。

星级排名：中国三星级大学（3★），中国知名、区域一流大学。主管部门：广西壮族自治区。

（2）广西中医药大学各本科专业排名（全国排名/档次）

1）中国一流专业（5★）

中医学：10/A；壮医学：1/A++。

2）中国高水平专业（4★）

护理学：29/B++；临床医学：39/B++；针灸推拿学：16/B++；制药工程：45/B++；中西医临床医学：18/B++；中药学：19/B++。

3）中国区域一流专业（3★）

康复治疗学：31/B+；食品科学与工程：114/B+；药学：85/B+。

4）中国区域高水平专业（2★）

公共事业管理：198/D；口腔医学：70/D；食品卫生与营养学：11/B；食品质量与安全：91/C；市场营销：241/D。

5）中国区域知名专业（1★）

健康服务与管理：15/B；临床药学：34/D；信息管理与信息系统：278/D；医学检验技术：73/D；医学信息工程：24/D；医学影像技术：30/C；应用心理学：113/D；预防医学：79/D；运动康复：30/C；中医儿科学：6/C；中医骨伤科学：11/C；中医康复学：7/B；中医养生学：6/B；助产学：13/B。

9. 广西艺术学院

（1）广西艺术学院综合实力排名

综合排名：2024 校友会中国大学排名第 289 名，全国艺术类高校第 13 名，广西壮族自治区高校第 9 名。

星级排名：中国三星级大学（3★），中国知名、区域一流大学。主管部门：广西壮族自治区。

（2）广西艺术学院各本科专业排名（全国排名/档次）

1）中国一流专业（5★）

音乐表演：6/A+。

2）中国高水平专业（4★）

表演：16/B++；产品设计：33/B++；雕塑：10/B++；广告学：11/A；环境设计：43/B++；绘画：7/A；美术学：35/B++；视觉传达设计：13/A+；舞蹈编导：6/B++；舞蹈表演：6/A；舞蹈学：11/B++；艺术设计学：17/B++；音乐学：39/B++；中国画：6/B++。

3）中国区域一流专业（3★）

动画：47/B+；服装与服饰设计：44/B+；工艺美术：19/B+；公共艺术：16/B+；广播电视编导：42/B+；录音艺术：11/B+；摄影：13/B+；数字媒体艺术：39/B+；文化产业管理：22/B+；戏剧影视美术设计：13/B+；戏剧影视文学：36/B+；艺术教育：8/B+；艺术史论：9/B+；影视摄影与制作：6/B+；作曲与作曲技术理论：17/B+。

4）中国区域高水平专业（2★）

播音与主持艺术：51/C；风景园林：57/C；广播电视学：69/C；建筑学：130/D；书法学：23/B；艺术与科技：20/C。

5）中国区域知名专业（1★）

流行音乐：2/A+；艺术管理：19/D。

10. 广西科技大学

（1）广西科技大学综合实力排名

综合排名：2024 校友会中国大学排名第 315 名，全国理工类高校第 145 名，广西壮族自治区高校第 10 名。

星级排名：中国二星级大学（2★），中国区域高水平大学。主管部门：广西壮族自治区。

（2）广西科技大学各本科专业排名（全国排名/档次）

1）中国高水平专业（4★）

车辆工程：25/B++；工程管理：55/B++；机械工程：26/B++；土木工程：47/B++；自动化：41/B++。

2）中国区域一流专业（3★）

财务管理：84/B+；测控技术与仪器：77/B+；电气工程及其自动化：151/B+；电子科学与技术：69/B+；纺织工程：19/B+；工程力学：56/B+；工商管理：207/B+；工业工程：64/B+；汉语国际教育：58/B+；护理学：93/B+；化学工程与工艺：120/B+；环境设计：86/B+；建筑学：95/B+；经济学：122/B+；汽车服务工程：12/B+；轻化工程：29/B+；软件工程：150/B+；社会体育指导与管理：37/B+；生物工程：93/B+；食品科学与工程：102/B+；通信工程：

104/B+；物流管理：83/B+；信息与计算科学：122/B+；应用统计学：22/B+；英语：253/B+。

3）中国区域高水平专业（2★）

服装与服饰设计：66/C；工业设计：131/C；机械电子工程：69/C；计算机科学与技术：370/D；交通运输：59/C；食品质量与安全：91/C；市场营销：241/D；数字媒体技术：49/C；物联网工程：104/B；制药工程：131/D。

4）中国区域知名专业（1★）

材料科学与工程：150/D；电子信息工程：271/D；俄语：100/D；工程造价：50/D；轨道交通信号与控制：20/D；国际经济与贸易：329/D；会计学：297/D；机器人工程：71/C；金融学：204/D；康复治疗学：66/D；临床医学：117/D；人力资源管理：201/D；社会工作：145/D；视觉传达设计：202/D；数据科学与大数据技术：152/C；数学与应用数学：284/D；网络空间安全：42/C；微电子科学与工程：68/D；物流工程：53/D；新媒体技术：3/A+；信息管理与信息系统：278/D；药学：139/D；医学检验技术：73/D；音乐学：162/D；应用化学：213/D；预防医学：79/D；运动康复：30/C；智能科学与技术：58/C；智能制造工程：56/B。

11. 桂林医学院

（1）桂林医学院综合实力排名

综合排名：2024 校友会中国大学排名第 339 名，全国医药类高校第 57 名，广西壮族自治区高校第 11 名。

星级排名：中国一星级大学（1★），中国区域知名大学。主管部门：广西壮族自治区。

（2）桂林医学院各本科专业排名（全国排名/档次）

1）中国顶尖应用型专业（6★）

公共事业管理：1/A++；护理学：15/A+；口腔医学：2/A+；临床医学：3/A+；生物技术：2/A+；药学：1/A++；预防医学：1/A++。

2）中国一流应用型专业（5★）

生物医学工程：5/A；市场营销：38/A；医学检验技术：10/A；中药学：4/A。

3）中国高水平应用型专业（4★）

儿科学：1/A++；康复治疗学：17/B++；劳动与社会保障：4/A；临床药学：2/A+；社会工作：21/B++；卫生检验与检疫：3/A+；信息管理与信息系统：35/B++。

4）中国区域一流应用型专业（3★）

食品卫生与营养学：4/A；养老服务管理：5/A；智能医学工程：3/A+；助产学：5/A。

5）中国区域高水平应用型专业（2★）

健康服务与管理：33/B；药物制剂：24/D；医学影像学：25/D。

12. 广西财经学院

（1）广西财经学院综合实力排名

综合排名：2024 校友会中国大学排名第 347 名，全国财经类高校第 36 名，广西壮族自治区高校第 12 名。

星级排名：中国二星级大学（2★），中国区域高水平大学。主管部门：广西壮族自治区。

（2）广西财经学院各本科专业排名（全国排名/档次）

1）世界知名、中国顶尖应用型专业（7★）

国际经济与贸易：1/A++。

2）中国顶尖应用型专业（6★）

财政学：1/A++；法学：1/A++；工程造价：1/A++；工商管理：1/A++；会计学：2/A++；金融学：2/A++；经济统计学：1/A++；经济学：1/A++；商务英语：1/A++；市场营销：3/A++；税收学：1/A++；统计学：1/A++；物流管理：12/A+。

3）中国一流应用型专业（5★）

保险学：9/A；电子商务：37/A；房地产开发与管理：3/A+；广告学：9/A；国际商务：7/A；金融工程：13/A；酒店管理：14/A；秘书学：1/A++；人文地理与城乡规划：8/A；投资学：5/A+；信息管理与信息系统：17/A；应用统计学：3/A+；资产评估：1/A++。

4）中国高水平应用型专业（4★）

财务管理：80/B++；工程管理：59/B++；公共事业管理：14/B++；会展经济与管理：11/B++；计算机科学与技术：168/B++；金融数学：4/A；劳动与社会保障：4/A；农林经济管理：3/A+；商务经济学：3/A+；审计学：20/B++；数据科学与大数据技术：23/A；数字媒体技术：25/B++。

5）中国区域一流应用型专业（3★）

财务会计教育：6/B+；环境设计：113/B+；旅游管理：129/B+；农村区域发展：3/A+；人力资源管理：75/B+；视觉传达设计：140/B+；数学与应用数学：109/B+；土地资源管理：7/B+；文化产业管理：22/B+。

6）中国区域高水平应用型专业（2★）

法语：32/C；公共关系学：8/D；体育经济与管理：9/C；网络与新媒体：100/B；新闻学：81/C；信息与计算科学：78/C；英语：318/C。

13. 右江民族医学院

（1）右江民族医学院综合实力排名

综合排名：2024 校友会中国大学排名第 351 名，全国医药类高校第 62 名，广西壮族自治区高校第 13 名。

星级排名：中国一星级大学（1★），中国区域知名大学。主管部门：广西壮族自治区。

（2）右江民族医学院各本科专业排名（全国排名/档次）

1）中国顶尖应用型专业（6★）

临床医学：3/A+。

2）中国一流应用型专业（5★）

护理学：32/A；康复治疗学：8/A；医学影像学：2/A+；中药学：4/A。

3）中国高水平应用型专业（4★）

公共事业管理：14/B++；口腔医学：13/B++；卫生检验与检疫：3/A+；药学：29/B++；医学检验技术：22/B++；预防医学：11/B++。

4）中国区域一流应用型专业（3★）

康复物理治疗：1/A++；医学实验技术：2/A+；助产学：5/A。

5）中国区域高水平应用型专业（2★）

健康服务与管理：33/B；劳动与社会保障：21/B；医学影像技术：42/D；英语：318/C。

6）中国区域知名应用型专业（1★）

翻译：116/D；生物技术：95/D。

14. 北部湾大学

（1）北部湾大学综合实力排名

综合排名：2024 校友会中国大学排名第 364 名，全国综合类高校第 107 名，广西壮族自治区高校第 14 名。

星级排名：中国一星级大学（1★），中国区域知名大学。主管部门：广西壮族自治区。

（2）北部湾大学各本科专业排名（全国排名/档次）

1）中国顶尖应用型专业（6★）

地理信息科学：1/A++；机械工程：1/A++；数学与应用数学：1/A++。

2）中国一流应用型专业（5★）

产品设计：12/A+；船舶与海洋工程：4/A；港口航道与海岸工程：3/A+；海洋科学：1/A++；汉语言文学：63/A；航海技术：3/A+；化学工程与工艺：25/A；计算机科学与技术：101/A；食品科学与工程：17/A；物流管理：27/A；小学教育：41/A。

3）中国高水平应用型专业（4★）

电子信息工程：116/B++；国际经济与贸易：109/B++；海洋工程与技术：1/A++；轮机工程：3/A+；水产养殖学：4/A；自动化：70/B++。

4）中国区域一流应用型专业（3★）

车辆工程：56/B+；船舶电子电气工程：4/A；高分子材料与工程：28/B+；工程造价：58/B+；能源化学工程：6/B+；人工智能：36/B+；生物制药：13/B+；视觉传达设计：140/B+；泰语：12/B+；通信工程：130/B+；物联网工程：139/B+；音乐学：87/B+；油气储运工程：9/B+。

5）中国区域高水平应用型专业（2★）

测绘工程：58/D；城市管理：17/C；汉语国际教育：110/C；环境设计：203/B；机械设计制造及其自动化：246/D；金融工程：80/B；旅游管理：180/C；美术学：124/C；食品质量与安全：57/B；音乐表演：85/C；越南语：9/D。

6）中国区域知名应用型专业（1★）

财务管理：326/C；地理科学：69/D；市场营销：321/D；土木工程：257/D；舞蹈表演：66/D；物理学：123/D；新闻学：125/D；学前教育：215/C；英语：412/D。

15. 百色学院

（1）百色学院综合实力排名

综合排名：2024 校友会中国大学排名第 407 名，全国综合类高校第 129 名，广西壮族自治区高校第 15 名。

星级排名：中国一星级大学（1★），中国区域知名大学。主管部门：广西壮族自治区。

（2）百色学院各本科专业排名（全国排名/档次）

1）中国顶尖应用型专业（6★）

金属材料工程：1/A++；数学与应用数学：1/A++。

2）中国一流应用型专业（5★）

电子信息工程：66/A；工程管理：27/A；国际经济与贸易：62/A；旅游管理：42/A；设施农业科学与工程：1/A++；思想政治教育：20/A；泰语：3/A+；小学教育：41/A。

3）中国高水平应用型专业（4★）

工程造价：34/B++；化学：48/B++；化学工程与工艺：50/B++；生物技术：23/B++；市场营销：85/B++；体育教育：56/B++；物联网工程：62/B++；应用统计学：6/A。

4）中国区域一流应用型专业（3★）

材料化学：19/B+；财务管理：137/B+；环境科学与工程：12/B+；民族学：9/B+；审计学：52/B+；视觉传达设计：140/B+；通信工程：130/B+；新闻学：50/B+；学前教育：130/B+；音乐表演：48/B+；音乐学：87/B+。

5）中国区域高水平应用型专业（2★）

产品设计：130/C；城市管理：17/C；地理科学：46/C；电气工程及其自动化：231/D；汉语国际教育：110/C；环境设计：203/B；计算机科学与技术：379/D；历史学：74/C；美术学：124/C；人文地理与城乡规划：32/C；人文教育：6/B；社会体育指导与管理：61/B；食品科学与工程：96/D；网络工程：137/C；越南语：9/D。

6）中国区域知名应用型专业（1★）

材料成型及控制工程：109/D；电子商务：219/C；汉语言文学：298/D；酒店管理：124/C；跨境电子商务：22/B；农林经济管理：11/D；农业资源与环境：10/D；数据科学与大数据技术：272/D；土木工程：257/D；舞蹈学：102/D；物理学：123/D；英语：412/D。

15. 贺州学院

（1）贺州学院综合实力排名

综合排名：2024 校友会中国大学排名第 407 名，全国综合类高校第 129 名，广西壮族自治区高校第 15 名。

星级排名：中国一星级大学（1★），中国区域知名大学。主管部门：广西壮族自治区。

（2）贺州学院各本科专业排名（全国排名/档次）

1）中国顶尖应用型专业（6★）

广播电视编导：10/A+；环境设计：1/A++；旅游管理：1/A++；食品科学与工程：1/A++；通信工程：27/A+；信息工程：1/A++。

2）中国一流应用型专业（5★）

工程管理：27/A；小学教育：41/A。

3）中国高水平应用型专业（4★）

粉体材料科学与工程：2/A+；汉语言文学：118/B++；化学：48/B++；机械设计制造及其自动化：128/B++；社会

体育指导与管理：20/B++；食品质量与安全：8/A；土木工程：97/B++；物联网工程：62/B++；应用化学：45/B++。

4）中国区域一流应用型专业（3★）

电气工程及其自动化：157/B+；人工智能：36/B+；生物工程：53/B+；视觉传达设计：140/B+；英语：198/B+。

5）中国区域高水平应用型专业（2★）

茶学：10/D；电子信息工程：242/C；服装设计与工程：48/D；服装与服饰设计：90/C；高分子材料与工程：47/D；金融科技：11/B；秘书学：35/B；软件工程：221/C；商务英语：161/C；审计学：96/C；数据科学与大数据技术：199/C；数字媒体艺术：119/C；思想政治教育：112/C；网络工程：137/C；网络与新媒体：100/B；舞蹈学：69/C；音乐学：150/C；应用心理学：75/C；运动康复：21/C；智能制造工程：34/B。

6）中国区域知名应用型专业（1★）

播音与主持艺术：132/D；财务管理：326/C；产品设计：180/D；工程造价：136/C；公共事业管理：96/D；国际经济与贸易：325/D；酒店管理：124/C；历史学：94/D；美术学：163/D；数学与应用数学：197/D；体育教育：138/D；学前教育：215/C。

17. 桂林航天工业学院

（1）桂林航天工业学院综合实力排名

综合排名：2024 校友会中国大学排名第 422 名，全国理工类高校第 193 名，广西壮族自治区高校第 17 名。

星级排名：中国一星级大学（1★），中国区域知名大学。主管部门：广西壮族自治区。

（2）桂林航天工业学院各本科专业排名（全国排名/档次）

1）中国顶尖应用型专业（6★）

测控技术与仪器：1/A++；市场营销：3/A++；通信工程：27/A+；物流工程：1/A++。

2）中国一流应用型专业（5★）

飞行器制造工程：4/A；机械设计制造及其自动化：68/A；能源与动力工程：10/A；汽车服务工程：18/A；人力资源管理：12/A+；自动化：35/A。

3）中国高水平应用型专业（4★）

车辆工程：34/B++；飞行器动力工程：4/A；飞行器质量与可靠性：1/A++；工业工程：7/B++；航空服务艺术与管理：2/A+；软件工程：95/B++；物联网工程：62/B++。

4）中国区域一流应用型专业（3★）

播音与主持艺术：54/B+；电子信息工程：186/B+；工程管理：96/B+；机械电子工程：74/B+；计算机科学与技术：253/B+；数据科学与大数据技术：60/B++；新能源汽车工程：4/A。

5）中国区域高水平应用型专业（2★）

材料成型及控制工程：76/C；财务管理：251/C；国际商务：57/C；建筑环境与能源应用工程：50/C；酒店管理：81/B；商务英语：161/C；数字媒体技术：100/C；物流管理：182/C。

6）中国区域知名应用型专业（1★）

视觉传达设计：299/D。

17. 玉林师范学院

（1）玉林师范学院综合实力排名

综合排名：2024 校友会中国大学排名第 422 名，全国师范类高校第 86 名，广西壮族自治区高校第 17 名。

星级排名：中国一星级大学（1★），中国区域知名大学。主管部门：广西壮族自治区。

（2）玉林师范学院各本科专业排名（全国排名/档次）

1）中国顶尖应用型专业（6★）

材料化学：1/A++；汉语言文学：1/A++；历史学：7/A+；体育教育：6/A+；信息与计算科学：1/A++；英语：3/A++；园林：1/A++。

2）中国一流应用型专业（5★）

电子商务：37/A；软件工程：53/A；生物制药：2/A+；小学教育：41/A。

3）中国高水平应用型专业（4★）

环境设计：73/B++；教育学：15/B++；学前教育：95/B++；应用化学：45/B++；应用物理学：6/B++；制药工程：25/B++。

4）中国区域一流应用型专业（3★）

财务管理：137/B+；电子信息科学与技术：53/B+；法学：82/B+；工程管理：96/B+；光电信息科学与工程：36/B+；广播电视学：40/B+；化学：73/B+；计算机科学与技术：253/B+；商务英语：71/B+；数据科学与大数据技术：60/B++；数学与应用数学：109/B+；思想政治教育：78/B+；通信工程：130/B+；舞蹈学：33/B+；物理学：66/B+；系统科学与工程：1/A++；艺术设计学：51/B+；音乐学：87/B+；应用心理学：47/B+；越南语：4/A。

5）中国区域高水平应用型专业（2★）

广告学：74/B；汉语国际教育：110/C；互联网金融：27/B；化学工程与工艺：121/D；绘画：44/C；机械电子工程：132/C；经济学：80/C；美术学：124/C；农林经济管理：8/C；日语：119/C；生物技术：71/C；生物科学：80/C；食品科学与工程：96/D；泰语：22/D；物联网工程：232/C；信息安全：23/D；行政管理：61/C；应用统计学：34/B；运动康复：21/C；智能制造工程：34/B。

6）中国区域知名应用型专业（1★）

工艺美术：43/C；酒店管理：124/C；旅游管理：234/D；社会体育指导与管理：104/C；市场营销：321/D；土木工程：257/D；心理学：28/D；新闻学：125/D；园艺：45/D。

19. 广西民族师范学院

（1）广西民族师范学院综合实力排名

综合排名：2024 校友会中国大学排名第 436 名，全国师范类高校第 92 名，广西壮族自治区高校第 19 名。

星级排名：中国一星级大学（1★），中国区域知名大学。主管部门：广西壮族自治区。

（2）广西民族师范学院各本科专业排名（全国排名/档次）

1）中国顶尖应用型专业（6★）

汉语言文学：30/A+；旅游管理：21/A+。

2）中国一流应用型专业（5★）

国际经济与贸易：62/A；思想政治教育：20/A；物理学：17/A；制药工程：9/A。

3）中国高水平应用型专业（4★）

电子信息工程：116/B++；汉语言：2/A+；化学：48/B++；数学与应用数学：78/B++；体育教育：56/B++；小学教育：75/B++；艺术设计学：27/B++。

4）中国区域一流应用型专业（3★）

财务管理：137/B+；城市管理：8/B+；化学工程与工艺：92/B+；历史学：55/B+；生物科学：54/B+；通信工程：130/B+；舞蹈表演：25/B+；物联网工程：139/B+；药物分析：2/A+；音乐学：87/B+；英语：198/B+；越南语：4/A。

5）中国区域高水平应用型专业（2★）

地理科学：46/C；计算机科学与技术：379/D；食品科学与工程：96/D；泰语：22/D；网络工程：137/C；物流管理：182/C；行政管理：61/C。

6）中国区域知名应用型专业（1★）

翻译：116/D；跨境电子商务：22/B；美术学：163/D；秘书学：73/D；人力资源管理：202/D；商务英语：230/D；市场营销：321/D；视觉传达设计：299/D；舞蹈学：102/D；新闻学：125/D；信息与计算科学：105/D；学前教育：215/C。

19. 河池学院

（1）河池学院综合实力排名

综合排名：2024 校友会中国大学排名第 436 名，全国综合类高校第 143 名，广西壮族自治区高校第 19 名。

星级排名：中国一星级大学（1★），中国区域知名大学。主管部门：广西壮族自治区。

（2）河池学院各本科专业排名（全国排名/档次）

1）中国顶尖应用型专业（6★）

汉语言文学：30/A+。

2）中国一流应用型专业（5★）

电气工程及其自动化：48/A；电子信息工程：66/A；计算机科学与技术：101/A；生物科学：24/A；思想政治教育：20/A；体育教育：19/A；小学教育：41/A；行政管理：5/A+；应用化学：14/A。

3）中国高水平应用型专业（4★）

汉语国际教育：36/B++；化学：48/B++；机械设计制造及其自动化：128/B++；数学与应用数学：78/B++；物理学：39/B++；新闻学：30/B++；学前教育：95/B++；英语：129/B++。

4）中国区域一流应用型专业（3★）

服装与服饰设计：60/B+；建筑电气与智能化：20/B+；贸易经济：9/B+；美术学：82/B+；秘书学：10/B++；软件工程：156/B+；商务英语：71/B+；社会体育指导与管理：34/B+；视觉传达设计：140/B+；数据科学与大数据技术：60/B++；网络工程：82/B+；物联网工程：139/B+；音乐表演：48/B+；音乐学：87/B+；制药工程：54/B+。

5）中国区域高水平应用型专业（2★）

表演：48/C；财务管理：251/C；产品设计：130/C；环境工程：86/C；环境设计：203/B；历史学：74/C；旅游管理：180/C；生物工程：68/C；市场营销：231/C；泰语：22/D；信息与计算科学：78/C。

6）中国区域知名应用型专业（1★）

经济统计学：42/C；人力资源管理：202/D；社会工作：93/D；舞蹈学：102/D；应用统计学：59/C。

19. 梧州学院

（1）梧州学院综合实力排名

综合排名：2024 校友会中国大学排名第 436 名，全国综合类高校第 143 名，广西壮族自治区高校第 19 名。

星级排名：中国一星级大学（1★），中国区域知名大学。主管部门：广西壮族自治区。

（2）梧州学院各本科专业排名（全国排名/档次）

1）中国顶尖应用型专业（6★）

电子信息工程：1/A++；国际经济与贸易：45/A+。

2）中国一流应用型专业（5★）

产品设计：12/A+；机械设计制造及其自动化：68/A；软件工程：53/A；艺术设计学：11/A；制药工程：9/A。

3）中国高水平应用型专业（4★）

旅游管理：76/B++；数字媒体技术：25/B++；通信工程：74/B++；物联网工程：62/B++；小学教育：75/B++。

4）中国区域一流应用型专业（3★）

翻译：39/B+；服装与服饰设计：60/B+；工商管理：106/B+；工业设计：48/B+；光电信息科学与工程：36/B+；汉语言文学：180/B+；机器人工程：36/B+；机械电子工程：74/B+；人力资源管理：75/B+；数字媒体艺术：63/B+；物流管理：127/B+；资源循环科学与工程：3/A+。

5）中国区域高水平应用型专业（2★）

茶学：10/D；电子商务：159/B；环境设计：203/B；计算机科学与技术：379/D；金融工程：80/B；商务英语：161/C；数据科学与大数据技术：199/C；数学与应用数学：166/D；思想政治教育：112/C；微电子科学与工程：23/D；行政管理：61/C；音乐学：150/C；英语：318/C；哲学：4/A；自动化：176/D。

6）中国区域知名应用型专业（1★）

材料成型及控制工程：109/D；财务管理：326/C；法学：193/D；汉语国际教育：153/D；酒店管理：124/C；人工智能：86/C；食品科学与工程：121/D；市场营销：321/D；视觉传达设计：299/D；舞蹈学：102/D；新闻学：125/D；学前教育：215/C。

22. 桂林旅游学院

（1）桂林旅游学院综合实力排名

综合排名：2024 校友会中国大学排名第 472 名，全国财经类高校第 47 名，广西壮族自治区高校第 22 名。

星级排名：中国一星级大学（1★），中国区域知名大学。主管部门：广西壮族自治区。

（2）桂林旅游学院各本科专业排名（全国排名/档次）

1）中国顶尖应用型专业（6★）

经济与金融：1/A++；酒店管理：1/A++；旅游管理：1/A++；烹饪与营养教育：1/A++；人文地理与城乡规划：1/A++。

2）中国一流应用型专业（5★）

工艺美术：3/A+；会展经济与管理：6/A；旅游管理与服务教育：2/A+。

3）中国高水平应用型专业（4★）

电子商务：66/B++；法语：10/B++；汉语国际教育：36/B++；会计学：105/B++；交通管理：3/A+；日语：36/B++；网络与新媒体：32/B++。

4）中国区域一流应用型专业（3★）

财务管理：137/B+；风景园林：24/B+；录音艺术：10/B+；食品质量与安全：34/B+。

5）中国区域高水平应用型专业（2★）

环境设计：203/B；葡萄与葡萄酒工程：4/A；视觉传达设计：235/C；数据科学与大数据技术：199/C；休闲体育：32/B；音乐表演：85/C。

6）中国区域知名应用型专业（1★）

传播学：21/D；人工智能：86/C；数字媒体艺术：155/C。

23. 广西科技师范学院

（1）广西科技师范学院综合实力排名

综合排名：2024 校友会中国大学排名第 509 名，全国师范类高校第 121 名，广西壮族自治区高校第 23 名。

星级排名：中国一星级大学（1★），中国区域知名大学。主管部门：广西壮族自治区。

（2）广西科技师范学院各本科专业排名（全国排名/档次）

1）中国顶尖应用型专业（6★）

学前教育：25/A+。

2）中国一流应用型专业（5★）

汽车服务工程：18/A；食品科学与工程：17/A；物联网工程：19/A。

3）中国高水平应用型专业（4★）

电气工程及其自动化：91/B++；体育教育：56/B++；小学教育：75/B++。

4）中国区域一流应用型专业（3★）

电子信息工程：186/B+；机器人工程：36/B+；美术学：82/B+；秘书学：10/B++；数学与应用数学：109/B+；英语：198/B+。

5）中国区域高水平应用型专业（2★）

化学：100/C；计算机科学与技术：379/D；软件工程：221/C；思想政治教育：112/C；物理学：99/C；艺术设计学：77/C。

6）中国区域知名应用型专业（1★）

财务管理：326/C；汉语言文学：298/D；商务英语：230/D；社会体育指导与管理：104/C；食品质量与安全：104/D；数据科学与大数据技术：272/D；网络与新媒体：140/C；物流管理：251/D；音乐学：213/D；应用心理学：112/D。

23. 广西职业师范学院

（1）广西职业师范学院综合实力排名

综合排名：2024 校友会中国大学排名第 509 名，全国师范类高校第 121 名，广西壮族自治区高校第 23 名。

星级排名：中国一星级大学（1★），中国区域知名大学。主管部门：广西壮族自治区。

（2）广西职业师范学院各本科专业排名（全国排名/档次）

1）中国高水平应用型专业（4★）

财务会计教育：3/A+；旅游管理与服务教育：5/A；市场营销教育：1/A++；应用电子技术教育：1/A++。

2）中国区域一流应用型专业（3★）

电子商务：109/B+；工程造价：58/B+；审计学：52/B+；土木工程：160/B+；物流管理：127/B+。

3）中国区域高水平应用型专业（2★）

金融科技：11/B；人工智能：59/B；商务英语：161/C；视觉传达设计：235/C；网络与新媒体：100/B；物联网工程：232/C；信息管理与信息系统：119/C。

25. 广西警察学院

（1）广西警察学院综合实力排名

综合排名：2024 校友会中国大学排名第 510 名，全国政法类高校第 34 名，广西壮族自治区高校第 25 名。

星级排名：中国二星级大学（2★），中国区域高水平大学。主管部门：广西壮族自治区。

（2）广西警察学院各本科专业排名（全国排名/档次）

1）中国顶尖应用型专业（6★）

刑事科学技术：1/A++。

2）中国一流应用型专业（5★）

禁毒学：2/A+；侦查学：10/A。

3）中国高水平应用型专业（4★）

公安管理学：7/B++；司法警察学：1/A++；行政管理：14/B++；应急管理：2/A+；治安学：20/B++。

4）中国区域一流应用型专业（3★）

法学：82/B+；犯罪学：2/A+；监狱学：7/B+；交通管理工程：15/B+；经济犯罪侦查：9/B+；警务指挥与战术：12/B+；社会工作：31/B+；网络安全与执法：21/B+；知识产权：12/B+。

5）中国区域高水平应用型专业（2★）

城市管理：17/C；国际经贸规则：3/A+；航空服务艺术与管理：10/B+；交通管理：5/A；交通运输：48/D；信息安全：23/D。

6）中国区域知名应用型专业（1★）

数据科学与大数据技术：272/D。

三、广西壮族自治区民办大学专业排名详情

1. 桂林信息科技学院

（1）桂林信息科技学院综合实力排名

综合排名：2024 校友会中国民办大学排名第 73 名，全国理工类民办高校第 74 名，广西壮族自治区民办高校第 1 名。

星级排名：中国四星级应用型大学（4★），中国高水平应用型大学。

（2）桂林信息科技学院各本科专业排名（全国排名/档次）

1）中国一流应用型专业（5★）

材料成型及控制工程：16/A；电子信息工程：66/A。

2）中国高水平应用型专业（4★）

机械电子工程：42/B++；机械设计制造及其自动化：128/B++；计算机科学与技术：168/B++；市场营销：85/B++；通信工程：74/B++；网络工程：47/B++；物联网工程：62/B++。

3）中国区域一流应用型专业（3★）

财务管理：137/B+；测控技术与仪器：34/B+；商务英语：71/B+。

4）中国区域高水平应用型专业（2★）

动画：117/C；工业工程：27/B；工业设计：74/C；软件工程：221/C；智能制造工程：34/B。

5）中国区域知名应用型专业（1★）

电气工程及其自动化：293/D；电子商务：219/C；国际经济与贸易：325/D；国际商务：78/D；酒店管理：124/C；人力资源管理：202/D；数据科学与大数据技术：272/D；数字媒体艺术：155/C；艺术设计学：100/D；英语：412/D；自动化：211/D。

2. 桂林学院

（1）桂林学院综合实力排名

综合排名：2024 校友会中国民办大学排名第 75 名，全国综合类民办高校第 76 名，广西壮族自治区民办高校第 2 名。

星级排名：中国三星级应用型大学（3★），中国知名、区域一流应用型大学。

（2）桂林学院各本科专业排名（全国排名/档次）

1）中国一流应用型专业（5★）

英语：62/A。

2）中国高水平应用型专业（4★）

汉语国际教育：36/B++；环境设计：73/B++。

3）中国区域一流应用型专业（3★）

保险学：20/B+；播音与主持艺术：54/B+；财务管理：137/B+；翻译：39/B+；国际经济与贸易：179/B+；汉语言文学：180/B+；会计学：177/B+；会展经济与管理：21/B+；金融学：79/B+；商务英语：71/B+；数学与应用数学：109/B+；数字出版：4/A；思想政治教育：78/B+；泰语：12/B+；体育教育：85/B+；舞蹈学：33/B+；小学教育：106/B+；学前教育：130/B+；音乐学：87/B+；越南语：4/A。

4）中国区域高水平应用型专业（2★）

电子商务：159/B；电子信息工程：242/C；法学：138/C；工商管理：170/C；广播电视编导：105/C；广播电视学：57/C；计算机科学与技术：379/D；经济学：80/C；旅游管理：180/C；社会体育指导与管理：61/B；数据科学与大数据技术：199/C；新闻学：81/C；应用化学：96/C。

5）中国区域知名应用型专业（1★）

工艺美术：43/C；互联网金融：32/C；环境科学：41/D；酒店管理：124/C；软件工程：288/D；审计学：126/D；数字媒体艺术：155/C；投资学：84/D；物业管理：25/D；运动康复：34/D；制药工程：109/D；资产评估：42/D。

3. 广西外国语学院

（1）广西外国语学院综合实力排名

综合排名：2024 校友会中国民办大学排名第 82 名，全国语言类民办高校第 13 名，广西壮族自治区民办高校第 3 名。

星级排名：中国三星级应用型大学（3★），中国知名、区域一流应用型大学。

（2）广西外国语学院各本科专业排名（全国排名/档次）

1）中国一流应用型专业（5★）

泰语：3/A+；越南语：2/A+。

2）中国高水平应用型专业（4★）

翻译：19/B++；国际经济与贸易：109/B++；柬埔寨语：1/A++；人力资源管理：32/B++；日语：36/B++；行政管理：14/B++。

3）中国区域一流应用型专业（3★）

播音与主持艺术：54/B+；财务管理：137/B+；金融工程：39/B+；舞蹈表演：25/B+；西班牙语：14/B+。

4）中国区域高水平应用型专业（2★）

德语：24/C；法语：32/C；汉语国际教育：110/C；汉语言文学：253/C；缅甸语：6/D；软件工程：221/C；商务英语：161/C；审计学：96/C；网络工程：137/C；新闻学：81/C；学前教育：173/C；印度尼西亚语：5/A；英语：318/C。

5）中国区域知名应用型专业（1★）

公共事业管理：96/D；环境设计：311/D；经济与金融：47/D；酒店管理：124/C；跨境电子商务：22/B；人工智能：86/C；市场营销：321/D；税收学：41/D；艺术设计

学：100/D；音乐表演：123/D。

4. 广西民族大学相思湖学院

（1）广西民族大学相思湖学院综合实力排名

综合排名：2024 校友会中国民办大学排名第 97 名，全国综合类民办高校第 98 名，广西壮族自治区民办高校第 4 名。

星级排名：中国二星级应用型大学（2★），中国区域高水平应用型大学。

（2）广西民族大学相思湖学院各本科专业排名（全国排名/档次）

1）中国一流应用型专业（5★）

社会体育指导与管理：10/A。

2）中国高水平应用型专业（4★）

汉语国际教育：36/B++；旅游管理：76/B++；税收学：14/B++；泰语：7/B++；印度尼西亚语：1/A++。

3）中国区域一流应用型专业（3★）

安全工程：31/B+；播音与主持艺术：54/B+；财务管理：137/B+；动画：82/B+；国际经济与贸易：179/B+；计算机科学与技术：253/B+；烹饪与营养教育：10/B+；物流管理：127/B+；信息管理与信息系统：71/B+；英语：198/B+；越南语：4/A。

4）中国区域高水平应用型专业（2★）

广播电视编导：105/C；化学工程与工艺：121/D；数字媒体技术：100/C；数字媒体艺术：119/C；文化产业管理：49/B；艺术教育：17/C。

5）中国区域知名应用型专业（1★）

法学：193/D；汉语言文学：298/D；金融工程：115/C；跨境电子商务：22/B；软件工程：288/D；商务英语：230/D；审计学：126/D；市场营销：321/D；数据科学与大数据技术：272/D；体育教育：138/D；网络工程：191/D；网络与新媒体：140/C。

5. 南宁师范大学师园学院

（1）南宁师范大学师园学院综合实力排名

综合排名：2024 校友会中国民办大学排名第 100 名，全国综合类民办高校第 101 名，广西壮族自治区民办高校第 5 名。

星级排名：中国二星级应用型大学（2★），中国区域高水平应用型大学。

（2）南宁师范大学师园学院各本科专业排名（全国排名/档次）

1）中国高水平应用型专业（4★）

国际经济与贸易：109/B++；视觉传达设计：72/B++；学前教育：95/B++。

2）中国区域一流应用型专业（3★）

电子信息工程：186/B+；汉语言文学：180/B+；日语：69/B+；小学教育：106/B+；信息管理与信息系统：71/B+。

3）中国区域高水平应用型专业（2★）

地理科学：46/C；广告学：74/B；化学：100/C；社会体育指导与管理：61/B；体育教育：111/C；舞蹈学：69/C；新闻学：81/C；艺术设计学：77/C；音乐学：150/C；应用心理学：75/C。

4）中国区域知名应用型专业（1★）

财务管理：326/C；计算机科学与技术：469/D；金融工程：115/C；美术学：163/D；商务英语：230/D；市场营销：321/D；数据科学与大数据技术：272/D；数学与应用数学：197/D；信息与计算科学：105/D；英语：412/D。

6. 南宁学院

（1）南宁学院综合实力排名

综合排名：2024 校友会中国民办大学排名第 109 名，全国综合类民办高校第 110 名，广西壮族自治区民办高校第 6 名。

星级排名：中国二星级应用型大学（2★），中国区域高水平应用型大学。

（2）南宁学院各本科专业排名（全国排名/档次）

1）中国一流应用型专业（5★）

计算机科学与技术：101/A。

2）中国高水平应用型专业（4★）

电气工程及其自动化：91/B++；交通运输：19/B++；汽车服务工程：38/B++；通信工程：74/B++。

3）中国区域一流应用型专业（3★）

工程审计：3/A+；会计学：177/B+；视觉传达设计：140/B+；数据科学与大数据技术：60/B++；质量管理工程：4/A；智能制造工程：12/B++。

4）中国区域高水平应用型专业（2★）

工商管理：170/C；经济与金融：27/B；物联网工程：232/C。

5）中国区域知名应用型专业（1★）

财务管理：326/C；工程造价：136/C；工艺美术：43/C；环境设计：311/D；机器人工程：127/D；机械设计制造及其自动化：297/D；建筑学：124/D；金融科技：17/B；人工智能：86/C；软件工程：288/D；食品质量与安全：104/D；市场营销：321/D；数字经济：8/B；数字媒体技术：136/D；土木工程：257/D；物流工程：52/D；新媒体艺术：6/B；智能科学与技术：63/C。

7. 北海艺术设计学院

（1）北海艺术设计学院综合实力排名

综合排名：2024 校友会中国民办大学排名第 110 名，全国艺术类民办高校第 14 名，广西壮族自治区民办高校第 7 名。

星级排名：中国二星级应用型大学（2★），中国区域高水平应用型大学。

（2）北海艺术设计学院各本科专业排名（全国排名/档次）

1）中国高水平应用型专业（4★）

动画：37/B++；服装设计与工程：18/B++。

2）中国区域一流应用型专业（3★）

环境设计：113/B+；摄影：19/B+；视觉传达设计：140/B+；数字媒体艺术：63/B+；艺术教育：1/A++。

3）中国区域高水平应用型专业（2★）

服装与服饰设计：90/C；哲学：4/A。

4）中国区域知名应用型专业（1★）

播音与主持艺术：132/D；产品设计：180/D；雕塑：18/D；汉语言文学：298/D；绘画：59/D；建筑学：124/D；土木工程：257/D；舞蹈表演：66/D；学前教育：215/C。

7. 南宁理工学院

（1）南宁理工学院综合实力排名

综合排名：2024 校友会中国民办大学排名第 110 名，全国理工类民办高校第 112 名，广西壮族自治区民办高校第 7 名。

星级排名：中国二星级应用型大学（2★），中国区域高水平应用型大学。

（2）南宁理工学院各本科专业排名（全国排名/档次）

1）中国一流应用型专业（5★）

土木工程：49/A。

2）中国高水平应用型专业（4★）

测绘工程：18/B++；电子商务：66/B++；工程造价：34/B++；国际经济与贸易：109/B++；计算机科学与技术：168/B++；建筑学：36/B++。

3）中国区域一流应用型专业（3★）

电气工程及其自动化：157/B+；环境设计：113/B+；勘查技术与工程：14/B+；商务英语：71/B+；视觉传达设计：140/B+；数字媒体艺术：63/B+；通信工程：130/B+；信息管理与信息系统：71/B+；英语：198/B+；自动化：120/B+。

4）中国区域高水平应用型专业（2★）

宝石及材料工艺学：14/D；城乡规划：58/C；电子信息工程：242/C。

5）中国区域知名应用型专业（1★）

表演：70/D；播音与主持艺术：132/D；财务管理：326/C；产品设计：180/D；道路桥梁与渡河工程：42/D；地理信息科学：57/D；工程管理：174/C；工商管理：205/D；广播电视编导：135/D；广告学：123/D；汉语言文学：298/D；会计学：280/D；旅游管理：234/D；社会体育指导与管理：104/C；摄影：47/D；市场营销：321/D；网络工程：191/D；网络与新媒体：140/C；学前教育：215/C；艺术设计学：100/D。

9. 柳州工学院

（1）柳州工学院综合实力排名

综合排名：2024 校友会中国民办大学排名第 112 名，全国理工类民办高校第 114 名，广西壮族自治区民办高校第 9 名。

星级排名：中国二星级应用型大学（2★），中国区域高水平应用型大学。

（2）柳州工学院各本科专业排名（全国排名/档次）

1）中国一流应用型专业（5★）

纺织工程：3/A+；机械设计制造及其自动化：68/A。

2）中国高水平应用型专业（4★）

车辆工程：34/B++；服装设计与工程：18/B++；建筑学：36/B++；物流管理：56/B++；自动化：70/B++。

3）中国区域一流应用型专业（3★）

电气工程及其自动化：157/B+；翻译：39/B+；房地产开发与管理：15/B+；交通运输：33/B+；汽车服务工程：66/B+；食品质量与安全：34/B+；土木工程：160/B+；物联网工程：139/B+。

4）中国区域高水平应用型专业（2★）

产品设计：130/C；服装与服饰设计：90/C；工程造价：88/B；工业工程：27/B；工业设计：74/C；化妆品技术与工程：4/A；环境设计：203/B；机械工程：50/D；食品科学与工程：96/D；视觉传达设计：235/C；投资学：51/B。

5）中国区域知名应用型专业（1★）

材料成型及控制工程：109/D；财务管理：326/C；测绘工程：72/D；道路桥梁与渡河工程：42/D；电子信息工程：314/D；动画：153/D；工程管理：174/C；工商管理：205/D；公共事业管理：96/D；化学工程与工艺：156/D；计算机科学与技术：469/D；人力资源管理：202/D；软件工程：288/D；商务英语：230/D；市场营销：321/D；英语：412/D；资产评估：42/D。

10. 广西中医药大学赛恩斯新医药学院

（1）广西中医药大学赛恩斯新医药学院综合实力排名

综合排名：2024 校友会中国民办大学排名第 115 名，全国医药类民办高校第 18 名，广西壮族自治区民办高校第 10 名。

星级排名：中国二星级应用型大学（2★），中国区域高水平应用型大学。

（2）广西中医药大学赛恩斯新医药学院各本科专业排名（全国排名/档次）

1）中国高水平应用型专业（4★）

药物制剂：6/B++；针灸推拿学：4/A；中药学：12/B++。

2）中国区域一流应用型专业（3★）

护理学：90/B+；药学：38/B+；医学影像技术：25/B+；中医学：13/B+。

3）中国区域高水平应用型专业（2★）

康复治疗学：59/C；食品质量与安全：57/B；医学检验技术：58/D。

4）中国区域知名应用型专业（1★）

口腔医学技术：18/D；市场营销：321/D。

第二节　海南省

一、海南省大学综合实力排名

1. 海南省大学排名

表 7-10　2024 校友会海南省大学排名

全国排名	学校名称	所在城市	星级排名	办学层次	星级专业数/个								
					专业类型	8★	7★	6★	5★	4★	3★	2★	1★
148	海南大学	海口市	3★	区域一流大学	研究型	0	0	0	2	43	21	17	22
191	海南师范大学	海口市	3★	区域一流大学	研究型	0	0	0	1	17	5	27	16
251	海南医学院	海口市	2★	区域高水平大学	研究型	0	0	0	0	5	8	3	13
364	海南热带海洋学院	三亚市	2★	区域高水平大学	应用型	0	0	5	8	10	12	14	3
501	琼台师范学院	海口市	1★	区域知名大学	应用型	0	0	1	1	5	7	7	4

2. 海南省民办大学排名

表 7-11　2024 校友会海南省民办大学排名（含独立学院）

全国排名	学校名称	所在城市	星级排名	办学层次	星级专业数/个								
					专业类型	8★	7★	6★	5★	4★	3★	2★	1★
1	三亚学院	三亚市	6★	中国顶尖应用型大学	应用型	0	0	22	12	14	9	0	0
15	海口经济学院	海口市	5★	中国一流应用型大学	应用型	0	0	2	7	3	15	17	7

3. 海南省高职院校排名

表 7-12　2024 校友会海南省高职院校排名

全国排名	学校名称	所在城市	办学类型	星级排名	办学层次
19	海南经贸职业技术学院	海口市	职业技能型	6★	中国顶尖高职院校
58	海南职业技术学院	海口市	职业技能型	4★	中国高水平高职院校
73	三亚理工职业学院	三亚市	职业技能型	4★	中国高水平高职院校
204	海南外国语职业学院	文昌市	职业技能型	2★	区域高水平高职院校
217	海南工商职业学院	海口市	职业技能型	2★	区域高水平高职院校
251	三亚航空旅游职业学院	三亚市	职业技能型	2★	区域高水平高职院校
274	海南软件职业技术学院	琼海市	职业技能型	2★	区域高水平高职院校
285	海南政法职业学院	海口市	职业技能型	1★	区域知名高职院校

4. 海南省职业技术大学排名

表 7-13　2024 校友会海南省职业技术大学排名

全国排名	学校名称	所在城市	办学类型	星级排名	办学层次
2	海南科技职业大学	海口市	职业技能型	6★	中国顶尖职业技术大学

二、海南省大学专业排名详情

1. 海南大学

（1）海南大学综合实力排名

综合排名：2024 校友会中国大学排名第 148 名，全国综合类高校第 56 名，海南省高校第 1 名。

星级排名：中国三星级大学（3★），中国知名、区域一流大学。“211 工程”大学。主管部门：海南省。

（2）海南大学各本科专业排名（全国排名/档次）

1）中国一流专业（5★）

农学：17/A；水产养殖学：7/A。

2）中国高水平专业（4★）

材料科学与工程：68/B++；车辆工程：44/B++；电子信息工程：89/B++；动物医学：29/B++；法学：111/B++；风景园林：22/B++；工商管理：100/B++；国际经济与贸易：86/B++；海洋科学：15/B++；汉语言文学：114/B++；化学工程与工艺：84/B++；环境科学：31/B++；会计学：112/B++；绘画：16/B++；机械设计制造及其自动化：131/B++；计算机科学与技术：206/B++；金融学：93/B++；酒店管理：1/A++；旅游管理：67/B++；农林经济管理：26/B++；农业资源与环境：17/B++；日语：33/B++；生物技术：64/B++；生物科学：83/B++；生物医学工程：40/B++；食品科学与工程：72/B++；视觉传达设计：42/B++；数学与应用数学：137/B++；思想政治教育：90/B++；通信工程：69/B++；土木工程：96/B++；物流管理：46/B++；戏剧影视文学：14/B++；信息安全：31/B++；行政管理：66/B++；药学：61/B++；音乐表演：18/B++；应用化学：69/B++；英语：136/B++；园林：16/B++；园艺：28/B++；植物保护：24/B++；自动化：112/B++。

3）中国区域一流专业（3★）

财务管理：100/B+；传播学：27/B+；动物科学：46/B+；俄语：55/B+；服装与服饰设计：44/B+；高分子材料与工程：81/B+；公共关系学：3/A+；汉语国际教育：58/B+；会展经济与管理：10/B++；农业机械化及其自动化：35/B+；森林保护：10/B+；商务英语：34/B+；设施农业科学与工程：6/B++；审计学：25/B+；食品质量与安全：45/B+；土地资源管理：33/B+；舞蹈编导：19/B+；物联网工程：69/B+；信息与计算科学：122/B+；野生动物与自然保护区管理：4/A；制药工程：113/B+。

4）中国区域高水平专业（2★）

草业科学：23/D；电气工程及其自动化：199/D；电子科学与技术：98/D；工程管理：120/C；广告学：80/B；环境设计：141/C；建筑学：120/D；交通运输：59/C；经济统计学：59/D；美术学：85/C；人力资源管理：115/C；人文地理与城乡规划：38/B；生物工程：127/C；市场营销：176/C；网络工程：81/B；物流工程：35/C；信息管理与信息系统：168/C。

5）中国区域知名专业（1★）

表演：76/D；电子商务：184/D；国际组织与全球治理：5/A；海洋工程与技术：10/D；海洋资源与环境：13/D；汉语言：60/D；机械电子工程：97/D；林学：35/D；密码科学与技术：6/D；农艺教育：7/D；人工智能：123/C；软件工程：271/D；商务经济学：6/D；生态学：65/D；数据科学与大数据技术：152/C；统计学：177/D；休闲体育：25/D；音乐学：162/D；应用物理学：151/D；园艺教育：4/A；智能科学与技术：58/C；种子科学与工程：31/D。

2. 海南师范大学

（1）海南师范大学综合实力排名

综合排名：2024 校友会中国大学排名第 191 名，全国师范类高校第 29 名，海南省高校第 2 名。

星级排名：中国三星级大学（3★），中国知名、区域一流大学。主管部门：海南省。

（2）海南师范大学各本科专业排名（全国排名/档次）

1）中国一流专业（5★）

小学教育：11/A。

2）中国高水平专业（4★）

地理科学：17/B++；翻译：23/B++；汉语言文学：64/B++；化学：39/B++；环境设计：9/A+；计算机科学与技术：60/B++；教育学：20/B++；历史学：34/B++；旅游管理：67/B++；生物科学：36/B++；数学与应用数学：56/B++；思想政治教育：73/B++；体育教育：23/B++；物理学：33/B++；新闻学：30/B++；音乐学：39/B++；英语：57/B++。

3）中国区域一流专业（3★）

美术学：69/B+；艺术设计学：40/B+；应用化学：145/B+；应用心理学：65/B+；制药工程：79/B+。

4）中国区域高水平专业（2★）

产品设计：100/C；电子商务：148/D；电子信息科学与技术：87/C；法学：271/D；服装与服饰设计：66/C；公共事业管理：124/B；广播电视学：77/D；国际经济与贸易：266/D；汉语国际教育：121/C；会计学：270/D；教育技术学：67/C；经济学：205/D；酒店管理：25/B；人力资源管理：148/C；日语：162/C；软件工程：235/D；社会体育指导与管理：64/C；生物技术：176/D；特殊教育：21/C；统计学：147/C；舞蹈表演：35/C；舞蹈学：55/C；信息与计算科学：164/C；学前教育：70/C；园林：59/C；运动训练：60/C；自动化：221/D。

5）中国区域知名专业（1★）

表演：76/D；地理信息科学：119/D；光电信息科学与工程：141/D；广播电视编导：91/D；绘画：101/D；金融学：204/D；人文地理与城乡规划：65/D；生态学：58/D；视觉传达设计：202/D；书法学：51/D；数据科学与大数据技术：152/C；税收学：31/D；武术与民族传统体育：34/D；物联网工程：161/D；音乐表演：83/C；自然地理与资源环境：51/D。

3. 海南医学院

（1）海南医学院综合实力排名

综合排名：2024校友会中国大学排名第251名，全国医药类高校第36名，海南省高校第3名。

星级排名：中国二星级大学（2★），中国区域高水平大学。主管部门：海南省。

（2）海南医学院各本科专业排名（全国排名/档次）

1）中国高水平专业（4★）

护理学：29/B++；临床医学：39/B++；药学：27/B++；医学检验技术：15/B++；预防医学：40/B++。

2）中国区域一流专业（3★）

环境科学：82/B+；口腔医学：54/B+；生物技术：122/B+；医学影像学：26/B+；针灸推拿学：28/B+；中西医临床医学：31/B+；中药学：46/B+；中医学：39/B+。

3）中国区域高水平专业（2★）

儿科学：20/C；公共事业管理：198/D；市场营销：241/D。

4）中国区域知名专业（1★）

海洋药学：3/A+；健康服务与管理：15/B；精神医学：18/C；康复治疗学：66/D；劳动与社会保障：113/D；临床药学：34/D；麻醉学：33/D；生物信息学：33/D；统计学：177/D；卫生检验与检疫：26/D；信息管理与信息系统：278/D；应用心理学：113/D；助产学：13/B。

4. 海南热带海洋学院

（1）海南热带海洋学院综合实力排名

综合排名：2024校友会中国大学排名第364名，全国综合类高校第107名，海南省高校第4名。

星级排名：中国二星级大学（2★），中国区域高水平大学。主管部门：海南省。

（2）海南热带海洋学院各本科专业排名（全国排名/档次）

1）中国顶尖应用型专业（6★）

海洋技术：1/A++；旅游管理：1/A++；社会工作：1/A++；生态学：1/A++；食品科学与工程：7/A+。

2）中国一流应用型专业（5★）

电子信息科学与技术：10/A；海事管理：1/A++；海洋渔业科学与技术：1/A++；汉语言文学：63/A；环境工程：18/A；历史学：16/A；水产养殖学：1/A++；思想政治教育：20/A。

3）中国高水平应用型专业（4★）

船舶电子电气工程：3/A+；海洋科学：2/A+；海洋资源与环境：1/A++；市场营销：85/B++；视觉传达设计：72/B++；数字媒体技术：25/B++；网络工程：47/B++；小学教育：75/B++；英语：129/B++；园艺：16/B++。

4）中国区域一流应用型专业（3★）

电子商务：109/B+；汉语国际教育：79/B+；环境设计：113/B+；酒店管理：47/B+；软件工程：156/B+；生物科学：54/B+；数学与应用数学：109/B+；通信工程：130/B+；舞蹈编导：16/B+；物流管理：127/B+；学前教育：130/B+；音乐表演：48/B+。

5）中国区域高水平应用型专业（2★）

财务管理：251/C；俄语：32/C；国际事务与国际关系：2/A+；化学：100/C；会展经济与管理：35/B；秘书学：35/B；社会体育指导与管理：61/B；体育教育：111/C；文物与博物馆学：10/C；物理学：99/C；新闻学：81/C；休闲体育：32/B；音乐学：150/C；应用心理学：75/C。

6）中国区域知名应用型专业（1★）

生物技术：95/D；食品质量与安全：104/D；泰语：29/D。

5. 琼台师范学院

（1）琼台师范学院综合实力排名

综合排名：2024校友会中国大学排名第501名，全国师范类高校第116名，海南省高校第5名。

星级排名：中国一星级大学（1★），中国区域知名大学。主管部门：海南省。

（2）琼台师范学院各本科专业排名（全国排名/档次）

1）中国顶尖应用型专业（6★）

科学教育：1/A++。

2）中国一流应用型专业（5★）

学前教育：46/A。

3）中国高水平应用型专业（4★）

汉语言文学：118/B++；教育技术学：19/B++；思想政治教育：57/B++；特殊教育：14/B++；小学教育：75/B++。

4）中国区域一流应用型专业（3★）

财务管理：137/B+；工艺美术：14/B+；汉语国际教育：79/B+；软件工程：156/B+；书法学：16/B+；体育教育：85/B+；音乐表演：48/B+。

5）中国区域高水平应用型专业（2★）

计算机科学与技术：379/D；美术学：124/C；生物科学：80/C；数据科学与大数据技术：199/C；数学与应用数学：166/D；艺术设计学：77/C；音乐学：150/C。

6）中国区域知名应用型专业（1★）

酒店管理：124/C；网络与新媒体：140/C；休闲体育：45/C；英语：412/D。

三、海南省民办大学专业排名详情

1. 三亚学院

（1）三亚学院综合实力排名

综合排名：2024校友会中国民办大学排名第1名，全国综合类民办高校第1名，海南省民办高校第1名。

星级排名：中国六星级应用型大学（6★），中国顶尖应用型大学。

（2）三亚学院各本科专业排名（全国排名/档次）

1）中国顶尖应用型专业（6★）

播音与主持艺术：1/A++；测控技术与仪器：1/A++；车

辆工程：2/A++；城乡规划：1/A++；俄语：1/A++；风景园林：1/A++；工程管理：3/A++；工商管理：1/A++；广告学：1/A++；国际经济与贸易：2/A++；汉语国际教育：1/A++；计算机科学与技术：2/A++；健康服务与管理：1/A++；金融科技：1/A++；酒店管理：1/A++；旅游管理：1/A++；软件工程：1/A++；社会工作：1/A++；社会学：1/A++；市场营销：3/A++；通信工程：1/A++；新能源科学与工程：1/A++。

2）中国一流应用型专业（5★）

财务管理：40/A；产品设计：12/A+；电子信息工程：66/A；法学：28/A；服装与服饰设计：13/A；汉语言文学：63/A；环境设计：34/A；会计学：63/A；人力资源管理：12/A+；视觉传达设计：33/A；音乐表演：9/A；英语：62/A。

3）中国高水平应用型专业（4★）

动画：37/B++；护理学：59/B++；会展经济与管理：11/B++；经济与金融：13/B++；康复治疗学：17/B++；数据科学与大数据技术：23/A；网络与新媒体：32/B++；武术与民族传统体育：4/A；舞蹈编导：8/B++；物流管理：56/B++；行政管理：14/B++；休闲体育：5/A；应用心理学：20/B++；智能科学与技术：10/B++。

4）中国区域一流应用型专业（3★）

保险学：20/B+；翻译：39/B+；跨境电子商务：7/B++；区块链工程：3/A+；数字媒体艺术：63/B+；思想政治教育：78/B+；投资学：24/B+；虚拟现实技术：2/A+；医学检验技术：41/B+。

2. 海口经济学院

（1）海口经济学院综合实力排名

综合排名：2024校友会中国民办大学排名第15名，全国财经类民办高校第9名，海南省民办高校第2名。

星级排名：中国五星级应用型大学（5★），中国一流应用型大学。

（2）海口经济学院各本科专业排名（全国排名/档次）

1）中国顶尖应用型专业（6★）

工程造价：1/A++；经济学：1/A++。

2）中国一流应用型专业（5★）

财务管理：40/A；电子信息工程：66/A；国际经济与贸易：62/A；会展经济与管理：6/A；计算机科学与技术：101/A；旅游管理：42/A；人力资源管理：12/A+。

3）中国高水平应用型专业（4★）

交通运输：19/B++；酒店管理：27/B++；社会体育指导与管理：20/B++。

4）中国区域一流应用型专业（3★）

播音与主持艺术：54/B+；朝鲜语：19/B+；城乡规划：38/B+；电子商务：109/B+；工程管理：96/B+；工业设计：48/B+；环境设计：113/B+；建筑学：67/B+；视觉传达设计：140/B+；数据科学与大数据技术：60/B++；通信工程：130/B+；土木工程：160/B+；新闻学：50/B+；休闲体育：19/B+；质量管理工程：4/A。

5）中国区域高水平应用型专业（2★）

产品设计：130/C；给排水科学与工程：54/C；广播电视编导：105/C；健康服务与管理：33/B；日语：119/C；摄影：38/C；审计学：96/C；市场营销：231/C；泰语：22/D；舞蹈学：69/C；物联网工程：232/C；物流管理：182/C；艺术与科技：27/C；音乐表演：85/C；英语：318/C；影视技术：3/A+；智能科学与技术：47/C。

6）中国区域知名应用型专业（1★）

表演：70/D；电气工程及其自动化：293/D；动画：153/D；风景园林：84/D；会计学：280/D；金融工程：115/C；数字媒体艺术：155/C。

第八章　2024 校友会华中地区大学综合实力、本科专业排名

第一节　河南省

一、河南省大学综合实力排名

1. 河南省大学排名

表 8-1　2024 校友会河南省大学排名

全国排名	学校名称	所在城市	星级排名	办学层次	星级专业数/个								
					专业类型	8★	7★	6★	5★	4★	3★	2★	1★
58	郑州大学	郑州市	5★	中国一流大学	研究型	0	0	3	15	53	26	14	7
89	河南大学	开封市	4★	中国高水平大学	研究型	0	0	3	15	33	22	18	10
91	河南科技大学	洛阳市	4★	中国高水平大学	研究型	0	0	3	11	25	33	34	0
114	河南师范大学	新乡市	4★	中国高水平大学	研究型	0	0	1	5	28	16	34	0
150	河南理工大学	焦作市	3★	区域一流大学	研究型	0	0	0	4	21	12	17	23
158	河南农业大学	郑州市	4★	中国高水平大学	研究型	0	0	0	5	15	19	35	6
185	河南工业大学	郑州市	3★	区域一流大学	研究型	0	0	1	2	21	17	13	18
203	河南中医药大学	郑州市	3★	区域一流大学	研究型	0	0	0	3	9	12	0	9
214	华北水利水电大学	郑州市	3★	区域一流大学	研究型	0	0	1	1	23	14	15	16
235	郑州轻工业大学	郑州市	3★	区域一流大学	研究型	0	0	0	4	21	12	15	17
240	河南财经政法大学	郑州市	3★	区域一流大学	研究型	0	0	0	0	13	22	17	13
251	河南科技学院	新乡市	2★	区域高水平大学	研究型	0	0	0	0	7	14	19	32
269	郑州航空工业管理学院	郑州市	3★	区域一流大学	研究型	0	0	0	0	14	17	2	28
286	中原工学院	郑州市	2★	区域高水平大学	研究型	0	0	0	1	11	12	16	25
296	信阳师范大学	信阳市	2★	区域高水平大学	研究型	0	0	0	0	11	14	23	27
298	新乡医学院	新乡市	2★	区域高水平大学	研究型	0	0	0	0	11	10	4	8
320	洛阳师范学院	洛阳市	1★	区域知名大学	应用型	0	0	17	16	16	19	7	0
322	南阳师范学院	南阳市	1★	区域知名大学	应用型	0	0	7	11	13	27	8	2
328	河南牧业经济学院	郑州市	2★	区域高水平大学	应用型	0	0	4	9	7	15	11	4
339	安阳师范学院	安阳市	1★	区域知名大学	应用型	0	0	8	12	9	26	10	0
351	洛阳理工学院	洛阳市	1★	区域知名大学	应用型	0	0	6	4	4	20	7	11
351	商丘师范学院	商丘市	1★	区域知名大学	应用型	0	0	4	5	17	20	15	11
377	黄淮学院	驻马店市	1★	区域知名大学	应用型	0	0	3	4	10	13	16	10
377	许昌学院	许昌市	1★	区域知名大学	应用型	0	0	5	7	14	22	26	3
377	周口师范学院	周口市	1★	区域知名大学	应用型	0	0	3	8	5	16	16	14
387	郑州师范学院	郑州市	1★	区域知名大学	应用型	0	0	1	3	2	13	16	16
393	南阳理工学院	南阳市	1★	区域知名大学	应用型	0	0	3	10	14	12	11	5
422	河南工程学院	郑州市	1★	区域知名大学	应用型	0	0	4	7	8	13	20	8

续表

全国排名	学校名称	所在城市	星级排名	办学层次	星级专业数/个								
					专业类型	8★	7★	6★	5★	4★	3★	2★	1★
422	新乡学院	新乡市	1★	区域知名大学	应用型	0	0	2	7	4	20	16	24
436	安阳工学院	安阳市	1★	区域知名大学	应用型	0	0	2	4	14	9	21	7
436	平顶山学院	平顶山市	1★	区域知名大学	应用型	0	0	7	6	8	11	18	15
472	河南城建学院	平顶山市	1★	区域知名大学	应用型	0	0	7	5	5	18	15	7
472	河南警察学院	郑州市	3★	区域一流大学	应用型	0	0	5	1	3	2	0	0
472	信阳农林学院	信阳市	1★	区域知名大学	应用型	0	0	0	2	4	15	9	10
499	郑州警察学院	郑州市	2★	区域高水平大学	应用型	0	0	4	1	0	0	0	0
501	河南工学院	新乡市	1★	区域知名大学	应用型	0	0	0	3	4	12	9	8
501	郑州工程技术学院	郑州市	1★	区域知名大学	应用型	0	0	1	2	2	10	4	13
503	河南财政金融学院	郑州市	1★	区域知名大学	应用型	0	0	3	5	5	13	7	4

2. 河南省民办大学排名

表 8-2 2024 校友会河南省民办大学排名（含独立学院）

全国排名	学校名称	所在城市	星级排名	办学层次	星级专业数/个								
					专业类型	8★	7★	6★	5★	4★	3★	2★	1★
7	商丘学院	商丘市	6★	中国顶尖应用型大学	应用型	0	0	20	12	15	2	0	0
14	郑州工商学院	郑州市	6★	中国顶尖应用型大学	应用型	0	0	4	8	20	13	10	2
16	安阳学院	安阳市	5★	中国一流应用型大学	应用型	0	0	8	17	17	2	0	0
21	黄河科技学院	郑州市	6★	中国顶尖应用型大学	应用型	0	0	6	11	10	25	14	1
33	郑州工业应用技术学院	郑州市	4★	中国高水平应用型大学	应用型	0	0	0	3	3	11	8	23
41	郑州西亚斯学院	郑州市	4★	中国高水平应用型大学	应用型	0	0	2	2	5	8	15	10
44	中原科技学院	郑州市	4★	中国高水平应用型大学	应用型	0	0	1	3	16	13	11	12
50	郑州升达经贸管理学院	郑州市	4★	中国高水平应用型大学	应用型	0	0	0	3	2	3	18	22
55	郑州商学院	郑州市	3★	区域一流应用型大学	应用型	0	0	0	3	4	10	10	14
64	郑州经贸学院	郑州市	3★	区域一流应用型大学	应用型	0	0	0	0	7	13	13	9
79	郑州财经学院	郑州市	2★	区域高水平应用型大学	应用型	0	0	0	0	3	9	2	20
84	黄河交通学院	焦作市	3★	区域一流应用型大学	应用型	0	0	0	1	2	9	4	17
99	商丘工学院	商丘市	2★	区域高水平应用型大学	应用型	0	0	0	1	3	8	8	15
104	新乡医学院三全学院	新乡市	2★	区域高水平应用型大学	应用型	0	0	0	0	2	7	13	4
108	河南开封科技传媒学院	开封市	2★	区域高水平应用型大学	应用型	0	0	1	2	12	20	6	12
108	郑州科技学院	郑州市	2★	区域高水平应用型大学	应用型	0	0	1	3	5	7	13	18
109	信阳学院	信阳市	2★	区域高水平应用型大学	应用型	0	0	0	0	3	12	17	23
113	新乡工程学院	新乡市	2★	区域高水平应用型大学	应用型	0	0	0	0	2	7	10	16

3. 河南省高职院校排名

表 8-3 2024 校友会河南省高职院校排名

全国排名	学校名称	所在城市	办学类型	星级排名	办学层次
2	黄河水利职业技术学院	开封市	职业技能型	6★	中国顶尖高职院校
3	商丘职业技术学院	商丘市	职业技能型	6★	中国顶尖高职院校
15	南阳医学高等专科学校	南阳市	职业技能型	6★	中国顶尖高职院校
16	河南农业职业学院	郑州市	职业技能型	6★	中国顶尖高职院校

续表

全国排名	学校名称	所在城市	办学类型	星级排名	办学层次
20	平顶山工业职业技术学院	平顶山市	职业技能型	6★	中国顶尖高职院校
25	漯河医学高等专科学校	漯河市	职业技能型	5★	中国一流高职院校
26	河南职业技术学院	郑州市	职业技能型	5★	中国一流高职院校
27	洛阳科技职业学院	洛阳市	职业技能型	5★	中国一流高职院校
28	郑州旅游职业学院	郑州市	职业技能型	5★	中国一流高职院校
29	三门峡职业技术学院	三门峡市	职业技能型	5★	中国一流高职院校
30	河南工业职业技术学院	南阳市	职业技能型	5★	中国一流高职院校
30	河南医学高等专科学校	郑州市	职业技能型	5★	中国一流高职院校
31	南阳农业职业学院	南阳市	职业技能型	5★	中国一流高职院校
36	信阳职业技术学院	信阳市	职业技能型	5★	中国一流高职院校
51	商丘医学高等专科学校	商丘市	职业技能型	4★	中国高水平高职院校
55	郑州铁路职业技术学院	郑州市	职业技能型	4★	中国高水平高职院校
56	鹤壁职业技术学院	鹤壁市	职业技能型	4★	中国高水平高职院校
59	河南经贸职业学院	郑州市	职业技能型	4★	中国高水平高职院校
59	开封大学	开封市	职业技能型	4★	中国高水平高职院校
62	濮阳职业技术学院	濮阳市	职业技能型	4★	中国高水平高职院校
63	郑州澍青医学高等专科学校	郑州市	职业技能型	4★	中国高水平高职院校
78	郑州城市职业学院	郑州市	职业技能型	4★	中国高水平高职院校
79	洛阳职业技术学院	洛阳市	职业技能型	3★	区域一流高职院校
89	河南艺术职业学院	郑州市	职业技能型	3★	区域一流高职院校
93	许昌电气职业学院	许昌市	职业技能型	3★	区域一流高职院校
95	济源职业技术学院	济源市	职业技能型	3★	区域一流高职院校
116	新乡职业技术学院	新乡市	职业技能型	3★	区域一流高职院校
128	郑州理工职业学院	郑州市	职业技能型	3★	区域一流高职院校
133	开封文化艺术职业学院	开封市	职业技能型	3★	区域一流高职院校
139	焦作师范高等专科学校	焦作市	职业技能型	3★	区域一流高职院校
139	驻马店职业技术学院	驻马店市	职业技能型	3★	区域一流高职院校
153	河南建筑职业技术学院	郑州市	职业技能型	3★	区域一流高职院校
153	濮阳医学高等专科学校	濮阳市	职业技能型	2★	区域高水平高职院校
167	郑州职业技术学院	郑州市	职业技能型	2★	区域高水平高职院校
169	安阳职业技术学院	安阳市	职业技能型	2★	区域高水平高职院校
173	漯河食品职业学院	漯河市	职业技能型	2★	区域高水平高职院校
176	周口职业技术学院	周口市	职业技能型	2★	区域高水平高职院校
178	郑州体育职业学院	郑州市	职业技能型	2★	区域高水平高职院校
180	漯河职业技术学院	漯河市	职业技能型	2★	区域高水平高职院校
184	河南机电职业学院	郑州市	职业技能型	2★	区域高水平高职院校
188	河南交通职业技术学院	郑州市	职业技能型	2★	区域高水平高职院校
192	河南应用技术职业学院	郑州市	职业技能型	2★	区域高水平高职院校
202	永城职业学院	商丘市	职业技能型	2★	区域高水平高职院校
206	南阳职业学院	南阳市	职业技能型	2★	区域高水平高职院校
207	河南工业贸易职业学院	郑州市	职业技能型	2★	区域高水平高职院校
207	许昌职业技术学院	许昌市	职业技能型	1★	区域知名高职院校
212	焦作大学	焦作市	职业技能型	2★	区域高水平高职院校

续表

全国排名	学校名称	所在城市	办学类型	星级排名	办学层次
213	驻马店幼儿师范高等专科学校	驻马店市	职业技能型	2★	区域高水平高职院校
216	安阳幼儿师范高等专科学校	安阳市	职业技能型	2★	区域高水平高职院校
217	平顶山职业技术学院	平顶山市	职业技能型	2★	区域高水平高职院校
222	河南工业和信息化职业学院	焦作市	职业技能型	2★	区域高水平高职院校
222	嵩山少林武术职业学院	郑州市	职业技能型	2★	区域高水平高职院校
228	郑州电力职业技术学院	郑州市	职业技能型	2★	区域高水平高职院校
232	河南检察职业学院	郑州市	职业技能型	2★	区域高水平高职院校
242	郑州信息科技职业学院	郑州市	职业技能型	2★	区域高水平高职院校
248	河南司法警官职业学院	郑州市	职业技能型	2★	区域高水平高职院校
267	郑州亚欧交通职业学院	郑州市	职业技能型	2★	区域高水平高职院校
269	郑州幼儿师范高等专科学校	郑州市	职业技能型	2★	区域高水平高职院校
278	信阳涉外职业技术学院	信阳市	职业技能型	1★	区域知名高职院校
289	河南对外经济贸易职业学院	开封市	职业技能型	2★	区域高水平高职院校
294	郑州卫生健康职业学院	郑州市	职业技能型	1★	区域知名高职院校
300	河南水利与环境职业学院	郑州市	职业技能型	1★	区域知名高职院校
301	河南林业职业学院	洛阳市	职业技能型	1★	区域知名高职院校
303	郑州黄河护理职业学院	郑州市	职业技能型	1★	区域知名高职院校
313	焦作工贸职业学院	焦作市	职业技能型	1★	区域知名高职院校
316	河南质量工程职业学院	平顶山市	职业技能型	1★	区域知名高职院校
321	郑州轨道工程职业学院	郑州市	职业技能型	1★	区域知名高职院校
323	河南轻工职业学院	郑州市	职业技能型	1★	区域知名高职院校
332	郑州信息工程职业学院	郑州市	职业技能型	1★	区域知名高职院校
360	河南信息统计职业学院	郑州市	职业技能型	1★	区域知名高职院校

4. 河南省职业技术大学排名

表 8-4　2024 校友会河南省职业技术大学排名

全国排名	学校名称	所在城市	办学类型	星级排名	办学层次
19	河南科技职业大学	周口市	职业技能型	4★	中国高水平职业技术大学

二、河南省大学专业排名详情

1. 郑州大学

（1）郑州大学综合实力排名

综合排名：2024 校友会中国大学排名第 58 名，全国综合类高校第 29 名，河南省高校第 1 名。

星级排名：中国五星级大学（5★），世界知名大学、中国一流大学。“211 工程”大学。主管部门：河南省。

（2）郑州大学各本科专业排名（全国排名/档次）

1）世界高水平、中国顶尖专业（6★）

化学：14/A+；考古学：5/A+；水利水电工程：4/A+。

2）中国一流专业（5★）

材料科学与工程：20/A；工程力学：11/A；护理学：11/A；化学工程与工艺：14/A；旅游管理：6/A+；数学与应用数学：20/A；思想政治教育：22/A；体育教育：9/A；通信工程：17/A；物理学：16/A；行政管理：7/A+；药学：13/A；冶金工程：12/A；应用化学：19/A；预防医学：12/A。

3）中国高水平专业（4★）

安全工程：31/B++；材料化学：19/B++；城乡规划：26/B++；德语：20/B++；电气工程及其自动化：40/B++；电子科学与技术：39/B++；电子商务：17/A；电子信息工程：38/B++；雕塑：10/B++；俄语：29/B++；法学：49/B++；高分子材料与工程：43/B++；工商管理：36/B++；工业工程：28/B++；公共事业管理：30/B++；广告学：11/A；国际经济与贸易：86/B++；过程装备与控制工程：11/B++；汉语国际教育：18/A；汉语言文学：64/B++；环境工程：82/B++；会计学：112/B++；机械工程：48/B++；计算机科学与技术：

60/B++；建筑环境与能源应用工程：25/B++；建筑学：24/B++；金融学：39/B++；经济学：27/A；口腔医学：34/B++；历史学：34/B++；临床医学：39/B++；能源与动力工程：30/B++；日语：16/A；软件工程：44/B++；社会工作：19/A；社会体育指导与管理：12/A；生物医学工程：40/B++；世界史：7/B++；视觉传达设计：42/B++；水文与水资源工程：8/B++；图书馆学：8/B++；土木工程：47/B++；武术与民族传统体育：8/B++；物流管理：46/B++；新闻学：30/B++；信息管理与信息系统：38/B++；信息与计算科学：51/B++；医学检验技术：15/B++；医学影像学：15/B++；音乐表演：18/B++；英语：57/B++；制药工程：20/B++；自动化：41/B++。

4）中国区域一流专业（3★）

包装工程：19/B+；财务管理：100/B+；城市地下空间工程：16/B+；道路桥梁与渡河工程：14/B+；地理信息科学：43/B+；给排水科学与工程：55/B+；工业设计：85/B+；国际政治：29/B+；绘画：40/B+；基础医学：19/B+；交通工程：37/B+；教育学：50/B+；金融数学：5/A；康复治疗学：31/B+；人力资源管理：69/B+；生物技术：96/B+；市场营销：110/B+；统计学：84/B+；物联网工程：45/B+；药物制剂：22/B+；艺术设计学：40/B+；音乐学：78/B+；应用物理学：68/B+；应用心理学：50/B+；运动训练：31/B+；哲学：40/B+。

5）中国区域高水平专业（2★）

测控技术与仪器：143/D；档案学：23/D；工程管理：144/D；广播电视学：69/C；汉语言：42/C；环境科学：114/C；麻醉学：31/D；马克思主义理论：19/C；生物工程：127/C；舞蹈学：55/C；遥感科学与技术：20/B；医学影像技术：20/B；知识产权：27/B；植物科学与技术：10/C。

6）中国区域知名专业（1★）

儿科学：26/D；风景园林：75/D；酒店管理：43/C；生物信息学：33/D；书法学：42/C；网络与新媒体：66/D；信息安全：82/D。

2. 河南大学

（1）河南大学综合实力排名

综合排名：2024校友会中国大学排名第89名，全国综合类高校第41名，河南省高校第2名。

星级排名：中国四星级大学（4★），世界知名、中国高水平大学。主管部门：河南省。

（2）河南大学各本科专业排名（全国排名/档次）

1）世界高水平、中国顶尖专业（6★）

地理科学：3/A+；汉语言文学：10/A+；教育学：6/A+。

2）中国一流专业（5★）

编辑出版学：6/A；表演：5/A+；法学：35/A；护理学：23/A；化学：34/A；金融数学：1/A++；历史学：32/A；生物科学：29/A；数学与应用数学：41/A；思想政治教育：51/A；体育教育：18/A；文物与博物馆学：4/A；物理学：23/A；行政管理：26/A；英语：42/A。

3）中国高水平专业（4★）

财政学：21/B++；电子商务：45/B++；电子信息科学与技术：27/B++；动画：27/B++；俄语：29/B++；翻译：7/A+；工商管理：36/B++；广告学：11/A；汉语国际教育：8/A+；会计学：43/B++；计算机科学与技术：60/B++；建筑学：52/B++；教育技术学：12/B++；金融学：39/B++；经济学：27/A；劳动与社会保障：16/B++；临床医学：39/B++；旅游管理：22/A；美术学：19/B++；人文地理与城乡规划：13/B++；软件工程：44/B++；生物工程：47/B++；视觉传达设计：42/B++；统计学：20/A；土木工程：96/B++；武术与民族传统体育：5/A；舞蹈编导：6/B++；学前教育：9/A；药学：27/B++；音乐表演：18/B++；音乐学：18/B++；应用心理学：16/B++；植物科学与技术：4/A。

4）中国区域一流专业（3★）

财务管理：100/B+；地理信息科学：43/B+；雕塑：19/B+；化学工程与工艺：120/B+；环境科学：61/B+；环境设计：105/B+；绘画：52/B+；口腔医学：47/B+；纳米材料与技术：7/B+；摄影：13/B+；世界史：12/B+；市场营销：130/B+；数据科学与大数据技术：20/A；通信工程：104/B+；网络工程：25/B++；新闻学：98/B+；信息安全：51/B+；信息与计算科学：86/B+；应用化学：112/B+；运动训练：31/B+；哲学：40/B+；中药学：38/B+。

5）中国区域高水平专业（2★）

播音与主持艺术：51/C；材料化学：74/C；测控技术与仪器：126/D；国际经济与贸易：221/C；经济统计学：52/C；考古学：20/D；人工智能：38/B++；人力资源管理：115/C；日语：118/B；生物技术：162/D；网络与新媒体：27/B+；戏剧影视文学：49/D；信息管理与信息系统：168/C；眼视光医学：9/B；药物制剂：46/D；自动化：207/D；自然地理与资源环境：34/B；作曲与作曲技术理论：27/D。

6）中国区域知名专业（1★）

保险学：45/C；城乡规划：103/D；德语：73/D；法语：90/D；广播电视编导：91/D；临床药学：34/D；社会工作：145/D；书法学：51/D；文化产业管理：50/C；物流管理：170/D。

3. 河南科技大学

（1）河南科技大学综合实力排名

综合排名：2024校友会中国大学排名第91名，全国综合类高校第42名，河南省高校第3名。

星级排名：中国四星级大学（4★），世界知名、中国高水平大学。主管部门：河南省。

（2）河南科技大学各本科专业排名（全国排名/档次）

1）世界高水平、中国顶尖专业（6★）

材料成型及控制工程：2/A++；机械设计制造及其自动化：16/A+；金属材料工程：5/A+。

2）中国一流专业（5★）

车辆工程：17/A；电气工程及其自动化：29/A；电子信息工程：22/A；工程力学：19/A；计算机科学与技术：27/A；能源与动力工程：21/A；农业机械化及其自动化：9/A；食品科学与工程：8/A+；数学与应用数学：20/A；冶金工程：8/A；自动化：21/A。

3）中国高水平专业（4★）

材料物理：18/B++；测控技术与仪器：53/B++；电子商务：17/A；动物科学：25/B++；动物医学：29/B++；法学：49/B++；工商管理：36/B++；工业设计：17/A；护理学：59/B++；化学工程与工艺：84/B++；机械电子工程：20/B++；建筑环境与能源应用工程：10/A；交通运输：26/B++；旅游管理：67/B++；农学：34/B++；农业电气化：3/A+；生物医学工程：21/B++；食品质量与安全：8/A；市场营销：59/B++；体育教育：48/B++；无机非金属材料工程：13/B++；物联网工程：23/B++；应用物理学：43/B++；英语：57/B++；制药工程：20/B++。

4）中国区域一流专业（3★）

材料化学：48/B+；电子信息科学与技术：50/B+；动物药学：7/B+；法医学：18/B+；工程管理：82/B+；工业工程：54/B+；功能材料：10/B+；光电信息科学与工程：84/B+；汉语言文学：151/B+；环境工程：133/B+；环境设计：86/B+；建筑学：82/B+；经济学：122/B+；历史学：98/B+；临床医学：90/B+；日语：72/B+；乳品工程：2/A+；软件工程：183/B+；商务英语：34/B+；生物技术：96/B+；生物科学：122/B+；思想政治教育：134/B+；统计学：84/B+；土木工程：137/B+；网络工程：68/B+；信息与计算科学：122/B+；药学：85/B+；医学检验技术：54/B+；医学影像技术：14/B+；预防医学：61/B+；植物保护：35/B+；智能车辆工程：1/A++；智能建造：2/A+。

5）中国区域高水平专业（2★）

包装工程：30/C；产品设计：100/C；城乡规划：78/C；电子科学与技术：98/D；动画：76/C；动植物检疫：11/C；风景园林：57/C；国际经济与贸易：221/C；汉语国际教育：96/B；会计学：247/D；机器人工程：18/B++；金融学：183/D；考古学：20/D；林学：30/D；美术学：85/C；农业水利工程：31/D；社会工作：108/C；生物工程：127/C；生物制药：23/B；视觉传达设计：147/C；数据科学与大数据技术：54/B++；水产养殖学：37/D；水族科学与技术：7/C；通信工程：202/D；新能源材料与器件：26/B；信息工程：38/C；信息管理与信息系统：168/C；音乐学：104/C；园林：49/C；园艺：57/D；知识产权：23/B；智慧农业：1/A++；种子科学与工程：24/C；资源环境科学：10/C。

4. 河南师范大学

（1）河南师范大学综合实力排名

综合排名：2024 校友会中国大学排名第 114 名，全国师范类高校第 13 名，河南省高校第 4 名。

星级排名：中国四星级大学（4★），世界知名、中国高水平大学。主管部门：河南省。

（2）河南师范大学各本科专业排名（全国排名/档次）

1）世界高水平、中国顶尖专业（6★）

物理学：12/A+。

2）中国一流专业（5★）

汉语言文学：28/A；教育学：8/A；社会学：18/A；数学与应用数学：20/A；音乐学：7/A+。

3）中国高水平专业（4★）

财务管理：46/B++；电子信息工程：38/B++；法学：111/B++；光电信息科学与工程：54/B++；广播电视学：18/B++；国际经济与贸易：86/B++；国际政治：17/B++；汉语国际教育：18/A；化学：39/B++；环境工程：30/B++；计算机科学与技术：60/B++；教育技术学：21/B++；经济学：83/B++；历史学：55/B++；旅游管理：67/B++；美术学：35/B++；日语：33/B++；生物技术：64/B++；生物科学：36/B++；水产养殖学：10/B++；思想政治教育：90/B++；体育教育：48/B++；投资学：9/B++；心理学：22/B++；行政管理：66/B++；学前教育：25/B++；英语：136/B++；政治学与行政学：25/B++。

4）中国区域一流专业（3★）

电气工程及其自动化：133/B+；翻译：46/B+；功能材料：10/B+；化学工程与工艺：120/B+；环境科学：61/B+；社会工作：63/B+；生态学：36/B+；世界史：11/B+；物联网工程：45/B+；戏剧影视文学：36/B+；信息与计算科学：86/B+；应用统计学：30/B+；运动人体科学：11/B+；运动训练：36/B+；知识产权：13/B+；制药工程：79/B+。

5）中国区域高水平专业（2★）

产品设计：100/C；城市管理：15/B；电子商务：118/C；法语：56/C；给排水科学与工程：66/C；工商管理：245/D；公共事业管理：124/B；环境设计：141/C；会计学：247/D；绘画：65/C；酒店管理：25/B；考古学：20/D；劳动与社会保障：55/B；马克思主义理论：19/C；人工智能：38/B++；人力资源管理：115/C；人文地理与城乡规划：38/B；生物工程：127/C；食品质量与安全：91/C；市场营销：176/C；视觉传达设计：147/C；水族科学与技术：7/C；通信工程：202/D；网络工程：81/B；微电子科学与工程：55/C；文化产业管理：32/B；舞蹈编导：27/C；物流管理：109/C；小学教育：63/D；新能源材料与器件：26/B；信息管理与信息系统：168/C；音乐表演：62/B；哲学：64/D；中国共产党历史：6/D。

5. 河南理工大学

（1）河南理工大学综合实力排名

综合排名：2024 校友会中国大学排名第 150 名，全国理工类高校第 66 名，河南省高校第 5 名。

星级排名：中国三星级大学（3★），中国知名、区域一流大学。主管部门：河南省。

（2）河南理工大学各本科专业排名（全国排名/档次）

1）中国一流专业（5★）

安全工程：8/A；采矿工程：8/A；测绘工程：5/A；矿物加工工程：10/A。

2）中国高水平专业（4★）

财务管理：46/B++；测控技术与仪器：53/B++；车辆工程：44/B++；城市地下空间工程：8/B++；地质工程：21/B++；电气工程及其自动化：88/B++；工程力学：39/B++；工商管理：100/B++；公共事业管理：30/B++；会计学：112/B++；机械设计制造及其自动化：131/B++；计算机科学与技术：206/B++；能源与动力工程：54/B++；人力资源管理：34/B++；软件工程：103/B++；通信工程：69/B++；土木工程：47/B++；消防工程：5/A；英语：57/B++；资源勘查工程：27/B++；自动化：41/B++。

3）中国区域一流专业（3★）

材料科学与工程：90/B+；地理信息科学：43/B+；地球信息科学与技术：5/A；工程管理：82/B+；轨道交通信号与控制：8/B+；护理学：93/B+；环境工程：167/B+；建筑学：82/B+；水文与水资源工程：36/B+；武术与民族传统体育：16/B+；遥感科学与技术：12/B+；应用化学：112/B+。

4）中国区域高水平专业（2★）

材料成型及控制工程：103/D；城乡规划：89/C；电子信息工程：214/D；法学：271/D；工业工程：77/C；工业设计：131/C；国际经济与贸易：221/C；环境设计：141/C；建筑环境与能源应用工程：84/C；交通工程：73/D；视觉传达设计：156/C；数学与应用数学：224/D；信息与计算科学：164/C；医学检验技术：62/C；应用物理学：112/C；针灸推拿学：37/D；自然地理与资源环境：34/B。

5）中国区域知名专业（1★）

管理科学：40/D；汉语言文学：255/D；化学工程与工艺：203/D；机器人工程：71/C；机械电子工程：123/D；金融学：235/D；口腔医学技术：9/D；临床医学：117/D；旅游管理：225/D；人文地理与城乡规划：83/D；日语：253/D；社会体育指导与管理：117/D；市场营销：311/D；数据科学与大数据技术：152/C；土地资源管理：80/D；微电子科学与工程：68/D；舞蹈编导：38/D；物联网工程：194/D；新能源材料与器件：54/C；新能源科学与工程：78/D；药学：139/D；音乐表演：119/D；应急技术与管理：5/A。

6. 河南农业大学

（1）河南农业大学综合实力排名

综合排名：2024 校友会中国大学排名第 158 名，全国农林类高校第 17 名，河南省高校第 6 名。

星级排名：中国四星级大学（4★），世界知名、中国高水平大学。主管部门：河南省。

（2）河南农业大学各本科专业排名（全国排名/档次）

1）中国一流专业（5★）

动物医学：6/A；林学：6/A；农学：12/A；农业建筑环境与能源工程：1/A++；烟草：1/A++。

2）中国高水平专业（4★）

电子信息科学与技术：13/A；动物科学：25/B++；风景园林：22/B++；管理科学：9/B++；计算机科学与技术：60/B++；农林经济管理：13/B++；农业机械化及其自动化：22/B++；农业资源与环境：17/B++；生物工程：21/B++；食品科学与工程：28/B++；应用化学：35/B++；园林：11/B++；园艺：14/B++；植物保护：13/B++；种子科学与工程：7/B++。

3）中国区域一流专业（3★）

财务管理：100/B+；茶学：10/B+；动植物检疫：3/A+；环境工程：167/B+；机械设计制造及其自动化：190/B+；交通运输：37/B+；能源与动力工程：98/B+；商务英语：34/B+；社会体育指导与管理：37/B+；生物技术：122/B+；食品营养与检验教育：1/A++；食品质量与安全：45/B+；水产养殖学：27/B+；土地资源管理：33/B+；新能源科学与工程：27/B+；药物制剂：22/B+；英语：253/B+；中药学：46/B+；资源循环科学与工程：11/B+。

4）中国区域高水平专业（2★）

草业科学：23/D；城乡规划：78/C；电子信息工程：214/D；动物药学：13/C；法学：251/D；工商管理：245/D；国际经济与贸易：221/C；化学生物学：14/C；环境科学：114/C；环境设计：141/C；环境生态工程：20/B；经济动物学：1/A++；经济林：2/A+；经济学：190/D；经济与金融：6/B+；旅游管理：146/C；农业智能装备工程：2/A+；人工智能：38/B++；人文地理与城乡规划：38/B；日语：118/B；设施农业科学与工程：16/C；社会工作：112/C；生态学：50/C；生物科学：141/D；食品营养与健康：2/A+；数据科学与大数据技术：54/B++；土地整治工程：3/A+；舞蹈表演：35/C；香料香精技术与工程：2/A+；信息与计算科学：164/C；行政管理：148/C；应用生物科学：7/C；植物科学与技术：10/C；制药工程：139/D；智慧农业：1/A++。

5）中国区域知名专业（1★）

翻译：98/C；汉语国际教育：140/C；建筑学：149/D；汽车服务工程：37/D；市场营销：299/D；物联网工程：161/D。

7. 河南工业大学

（1）河南工业大学综合实力排名

综合排名：2024 校友会中国大学排名第 185 名，全国理工类高校第 82 名，河南省高校第 7 名。

星级排名：中国三星级大学（3★），中国知名、区域一流大学。主管部门：河南省。

（2）河南工业大学各本科专业排名（全国排名/档次）

1）世界高水平、中国顶尖专业（6★）

食品科学与工程：3/A+。

2）中国一流专业（5★）

电子商务：4/A+；粮食工程：1/A++。

3）中国高水平专业（4★）

材料科学与工程：45/B++；测控技术与仪器：23/B++；

产品设计：10/A；电子信息工程：38/B++；工程管理：55/B++；国际经济与贸易：43/B++；过程装备与控制工程：11/B++；化学工程与工艺：34/B++；环境工程：30/B++；会计学：112/B++；机械设计制造及其自动化：54/B++；计算机科学与技术：60/B++；建筑学：52/B++；金融学：39/B++；软件工程：44/B++；生物技术：64/B++；视觉传达设计：42/B++；土木工程：47/B++；物流管理：15/A；应用化学：35/B++；英语：57/B++。

4）中国区域一流专业（3★）

材料成型及控制工程：66/B+；电气工程及其自动化：133/B+；动物科学：37/B+；法学：161/B+；高分子材料与工程：65/B+；广播电视学：36/B+；广告学：44/B+；经济学：122/B+；生物工程：93/B+；食品营养与检验教育：1/A++；食品质量与安全：36/B+；数学与应用数学：168/B+；数字媒体艺术：39/B+；物联网工程：45/B+；艺术设计学：57/B+；应用物理学：68/B+；自动化：150/B+。

5）中国区域高水平专业（2★）

包装工程：30/C；播音与主持艺术：51/C；财政学：62/D；车辆工程：97/C；电子信息科学与技术：87/C；动画：92/C；工商管理：245/D；工业设计：131/C；化学：149/D；建筑环境与能源应用工程：84/C；人力资源管理：115/C；市场营销：176/C；无机非金属材料工程：52/C。

6）中国区域知名专业（1★）

财务管理：210/D；道路桥梁与渡河工程：30/D；翻译：98/C；复合材料与工程：21/D；供应链管理：14/C；轨道交通信号与控制：20/D；机器人工程：71/C；交通工程：78/D；空间信息与数字技术：12/D；人工智能：123/C；数据科学与大数据技术：152/C；饲料工程：2/A+；通信工程：239/D；网络与新媒体：66/D；新闻学：160/D；应用统计学：65/C；制药工程：151/D；智能制造工程：56/B。

8. 河南中医药大学

（1）河南中医药大学综合实力排名

综合排名：2024 校友会中国大学排名第 203 名，全国医药类高校第 27 名，河南省高校第 8 名。

星级排名：中国三星级大学（3★），中国知名、区域一流大学。主管部门：河南省。

（2）河南中医药大学各本科专业排名（全国排名/档次）

1）中国一流专业（5★）

康复治疗学：1/A++；针灸推拿学：10/A；中药学：9/A。

2）中国高水平专业（4★）

公共事业管理：30/B++；护理学：59/B++；药学：61/B++；医学检验技术：37/B++；制药工程：45/B++；中西医临床医学：9/B++；中药资源与开发：7/B++；中医骨伤科学：1/A++；中医学：18/B++。

3）中国区域一流专业（3★）

汉语国际教育：58/B+；计算机科学与技术：327/B+；生物工程：93/B+；市场营销：130/B+；信息管理与信息系统：138/B+；药物制剂：22/B+；医学影像技术：14/B+；应用心理学：65/B+；英语：253/B+；预防医学：61/B+；中药制药：9/B+；中医儿科学：1/A++。

4）中国区域知名专业（1★）

健康服务与管理：15/B；临床医学：117/D；软件工程：253/D；食品卫生与营养学：20/D；文化产业管理：50/C；医学信息工程：24/D；运动康复：30/C；中医康复学：7/B；中医养生学：6/B。

9. 华北水利水电大学

（1）华北水利水电大学综合实力排名

综合排名：2024 校友会中国大学排名第 214 名，全国理工类高校第 97 名，河南省高校第 9 名。

星级排名：中国三星级大学（3★），中国知名、区域一流大学。主管部门：河南省。

（2）华北水利水电大学各本科专业排名（全国排名/档次）

1）世界高水平、中国顶尖专业（6★）

水利水电工程：4/A+。

2）中国一流专业（5★）

农业水利工程：2/A+。

3）中国高水平专业（4★）

测绘工程：17/B++；地质工程：14/B++；电子科学与技术：39/B++；港口航道与海岸工程：11/B++；给排水科学与工程：15/B++；工程管理：20/A；工程造价：4/A；国际经济与贸易：43/B++；环境工程：82/B++；会计学：43/B++；机械设计制造及其自动化：54/B++；计算机科学与技术：60/B++；建筑学：52/B++；交通工程：13/B++；劳动与社会保障：16/B++；能源与动力工程：30/B++；市场营销：59/B++；数学与应用数学：56/B++；水文与水资源工程：13/B++；土木工程：47/B++；行政管理：33/B++；应用化学：69/B++；英语：57/B++。

4）中国区域一流专业（3★）

材料成型及控制工程：66/B+；测控技术与仪器：77/B+；城市地下空间工程：16/B+；电气工程及其自动化：151/B+；电子信息工程：141/B+；工程力学：49/B+；环境设计：86/B+；人文地理与城乡规划：19/B+；无机非金属材料工程：34/B+；物流管理：83/B+；消防工程：8/B+；艺术设计学：57/B+；资源循环科学与工程：11/B+；自动化：150/B+。

5）中国区域高水平专业（2★）

城乡规划：78/C；地理信息科学：94/D；工业工程：93/C；核工程与核技术：26/D；建筑环境与能源应用工程：84/C；交通运输：59/C；经济学：205/D；软件工程：235/D；水土保持与荒漠化防治：14/C；水务工程：6/D；通信工程：219/D；统计学：147/C；网络工程：119/D；信息管理与信息系统：207/C；信息与计算科学：231/D。

6）中国区域知名专业（1★）

车辆工程：135/D；道路桥梁与渡河工程：30/D；电子

信息科学与技术：117/D；俄语：100/D；法学：327/D；风景园林：75/D；公共艺术：36/D；光电信息科学与工程：167/D；汉语国际教育：140/C；绘画：101/D；金融数学：32/C；人工智能：123/C；视觉传达设计：202/D；数据科学与大数据技术：152/C；智能制造工程：56/B；自然地理与资源环境：51/D。

10. 郑州轻工业大学

（1）郑州轻工业大学综合实力排名

综合排名：2024 校友会中国大学排名第 235 名，全国理工类高校第 107 名，河南省高校第 10 名。

星级排名：中国三星级大学（3★），中国知名、区域一流大学。主管部门：河南省。

（2）郑州轻工业大学各本科专业排名（全国排名/档次）

1）中国一流专业（5★）

电气工程及其自动化：29/A；高分子材料与工程：15/A；能源与动力工程：21/A；食品科学与工程：8/A+。

2）中国高水平专业（4★）

产品设计：10/A；电子科学与技术：39/B++；电子信息工程：38/B++；动画：15/A；工商管理：100/B++；过程装备与控制工程：11/B++；化学工程与工艺：84/B++；环境设计：43/B++；会计学：43/B++；机械设计制造及其自动化：54/B++；计算机科学与技术：60/B++；建筑电气与智能化：1/A++；软件工程：44/B++；社会工作：19/A；生物工程：21/B++；视觉传达设计：13/A+；数字媒体艺术：13/A；物流管理：15/A；应用化学：35/B++；英语：136/B++；自动化：41/B++。

3）中国区域一流专业（3★）

测控技术与仪器：77/B+；朝鲜语：25/B+；服装与服饰设计：44/B+；公共事业管理：57/B+；环境工程：133/B+；食品质量与安全：36/B+；市场营销：110/B+；通信工程：141/B+；网络工程：25/B++；物联网工程：45/B+；信息与计算科学：86/B+；艺术设计学：57/B+。

4）中国区域高水平专业（2★）

财务管理：175/D；电子商务：148/D；雕塑：36/D；工艺美术：25/C；轨道交通信号与控制：16/C；国际经济与贸易：266/D；化学：149/D；建筑环境与能源应用工程：84/C；经济学：205/D；社会体育指导与管理：64/C；生物技术：176/D；数学与应用数学：245/D；新能源材料与器件：26/B；信息工程：38/C；智能电网信息工程：15/D。

5）中国区域知名专业（1★）

安全工程：83/D；材料物理：64/D；车辆工程：109/D；电子信息科学与技术：117/D；法学：308/D；国际商务：40/C；汉语国际教育：140/C；绘画：89/D；机器人工程：71/C；劳动与社会保障：79/C；人工智能：123/C；数据科学与大数据技术：152/C；数字媒体技术：83/D；网络空间安全：42/C；新能源科学与工程：78/D；烟草：8/D；智能制造工程：56/B。

11. 河南财经政法大学

（1）河南财经政法大学综合实力排名

综合排名：2024 校友会中国大学排名第 240 名，全国财经类高校第 25 名，河南省高校第 11 名。

星级排名：中国三星级大学（3★），中国知名、区域一流大学。主管部门：河南省。

（2）河南财经政法大学各本科专业排名（全国排名/档次）

1）中国高水平专业（4★）

财务管理：17/A；电子商务：45/B++；法学：49/B++；工商管理：36/B++；国际经济与贸易：43/B++；会计学：43/B++；金融学：39/B++；经济统计学：19/B++；旅游管理：67/B++；人力资源管理：34/B++；人文地理与城乡规划：13/B++；市场营销：29/A；统计学：41/B++。

2）中国区域一流专业（3★）

财政学：41/B+；工程造价：13/B+；管理科学：19/B+；广播电视学：36/B+；国际商务：30/B+；汉语言文学：176/B+；计算机科学与技术：327/B+；金融工程：46/B+；金融数学：10/B++；经济学：152/B+；贸易经济：15/B+；软件工程：183/B+；社会工作：63/B+；审计学：25/B+；数据科学与大数据技术：20/A；税收学：23/B+；投资学：17/B+；物流管理：88/B+；信息管理与信息系统：119/B+；信用管理：10/B+；英语：253/B+；资产评估：8/B+。

3）中国区域高水平专业（2★）

地理信息科学：94/D；房地产开发与管理：17/C；工程管理：144/D；公共事业管理：124/B；环境设计：172/C；秘书学：16/B；农林经济管理：48/D；商务英语：52/B；数学与应用数学：245/D；体育经济与管理：13/C；网络与新媒体：27/B+；物联网工程：104/B；物业管理：4/A；新闻学：125/D；信息与计算科学：231/D；行政管理：170/D；知识产权：27/B。

4）中国区域知名专业（1★）

保险学：45/C；城乡规划：131/D；电子商务及法律：4/A；俄语：90/D；广告学：113/C；会展经济与管理：30/C；绘画：101/D；劳动与社会保障：79/C；能源经济：10/D；社会学：89/D；视觉传达设计：202/D；音乐学：129/D；应用统计学：65/C。

12. 河南科技学院

（1）河南科技学院综合实力排名

综合排名：2024 校友会中国大学排名第 251 名，全国理工类高校第 112 名，河南省高校第 12 名。

星级排名：中国二星级大学（2★），中国区域高水平大学。主管部门：河南省。

（2）河南科技学院各本科专业排名（全国排名/档次）

1）中国高水平专业（4★）

计算机科学与技术：206/B++；农学：34/B++；烹饪与营养教育：2/A+；生物工程：47/B++；食品科学与工程：

28/B++；应用电子技术教育：2/A+；园艺：28/B++。

2）中国区域一流专业（3★）

动物科学：37/B+；动物医学：45/B+；国际经济与贸易：176/B+；机电技术教育：2/A+；机械设计制造及其自动化：190/B+；美术学：57/B+；商务英语：29/B+；石油工程：12/B+；食品质量与安全：45/B+；市场营销：130/B+；园林：28/B+；植物保护：35/B+；制药工程：79/B+；种子科学与工程：13/B+。

3）中国区域高水平专业（2★）

产品设计：131/D；电气工程及其自动化：217/D；动画：92/C；服装设计与工艺教育：3/A+；工艺美术：25/C；汉语言文学：200/D；教育技术学：83/D；教育学：65/D；农业资源与环境：35/D；汽车服务工程：31/D；人力资源管理：148/C；社会体育指导与管理：64/C；生物技术：176/D；数学与应用数学：245/D；体育教育：126/D；物联网工程：104/B；物流管理：139/D；信息与计算科学：231/D；学前教育：70/C。

4）中国区域知名专业（1★）

材料化学：94/D；草业科学：29/D；城乡规划：103/D；电子科学与技术：116/D；动物药学：19/D；动植物检疫：16/D；法学：327/D；风景园林：75/D；服装设计与工程：42/D；服装与服饰设计：93/D；汉语国际教育：140/C；化学工程与工艺：184/D；环境科学：158/D；环境设计：215/D；会计学：297/D；机器人工程：71/C；金融科技：16/C；旅游管理：207/D；人工智能：123/C；生物科学：162/D；视觉传达设计：202/D；书法学：51/D；数据科学与大数据技术：152/C；通信工程：239/D；舞蹈学：81/D；信息工程：50/D；信息管理与信息系统：278/D；音乐学：129/D；应用化学：213/D；应用统计学：65/C；英语：398/D；智能制造工程：56/B。

13. 郑州航空工业管理学院

（1）郑州航空工业管理学院综合实力排名

综合排名：2024 校友会中国大学排名第 269 名，全国财经类高校第 30 名，河南省高校第 13 名。

星级排名：中国三星级大学（3★），中国知名、区域一流大学。主管部门：河南省。

（2）郑州航空工业管理学院各本科专业排名（全国排名/档次）

1）中国高水平专业（4★）

财务管理：17/A；档案学：9/B++；飞行器动力工程：11/B++；飞行器设计与工程：8/B++；飞行器质量与可靠性：2/A+；工业工程：14/A；会计学：43/B++；机械设计制造及其自动化：54/B++；计算机科学与技术：206/B++；金融学：93/B++；贸易经济：11/B++；人力资源管理：16/A；审计学：4/A；物流管理：46/B++。

2）中国区域一流专业（3★）

材料成型及控制工程：66/B+；产品设计：86/B+；电气工程及其自动化：151/B+；电子信息工程：178/B+；法学：208/B+；飞行技术：7/B+；工程管理：93/B+；工商管理：207/B+；航空服务艺术与管理：1/A++；市场营销：130/B+；数学与应用数学：190/B+；通信工程：141/B+；统计学：96/B+；土木工程：164/B+；网络工程：25/B++；物流工程：25/B+；信息管理与信息系统：138/B+。

3）中国区域高水平专业（2★）

工业设计：131/C；汉语言文学：235/D。

4）中国区域知名专业（1★）

安全工程：97/D；材料科学与工程：150/D；车辆工程：109/D；城乡规划：103/D；动画：142/D；法语：97/D；翻译：98/C；飞行器适航技术：5/A；给排水科学与工程：103/D；功能材料：27/D；广告学：150/D；国际经济与贸易：329/D；汉语国际教育：140/C；环境工程：238/D；环境设计：244/D；交通运输：85/D；金融工程：83/D；经济统计学：70/D；经济学：245/D；旅游管理：207/D；软件工程：271/D；视觉传达设计：202/D；图书馆学：23/D；无人驾驶航空器系统工程：3/A+；行政管理：195/D；英语：398/D；质量管理工程：11/D；自动化：240/D。

14. 中原工学院

（1）中原工学院综合实力排名

综合排名：2024 校友会中国大学排名第 286 名，全国理工类高校第 130 名，河南省高校第 14 名。

星级排名：中国二星级大学（2★），中国区域高水平大学。主管部门：河南省。

（2）中原工学院各本科专业排名（全国排名/档次）

1）中国一流专业（5★）

纺织工程：5/A。

2）中国高水平专业（4★）

电子信息工程：38/B++；工业设计：38/B++；广播电视编导：24/B++；环境设计：43/B++；机械设计制造及其自动化：54/B++；计算机科学与技术：60/B++；建筑环境与能源应用工程：10/A；轻化工程：23/B++；软件工程：44/B++；知识产权：10/B++；自动化：41/B++。

3）中国区域一流专业（3★）

电气工程及其自动化：151/B+；服装设计与工程：14/B+；环境工程：167/B+；会计学：208/B+；机械电子工程：48/B+；能源与动力工程：98/B+；市场营销：130/B+；通信工程：141/B+；土木工程：137/B+；网络工程：25/B++；艺术设计学：57/B+；英语：253/B+。

4）中国区域高水平专业（2★）

产品设计：131/D；动画：92/C；非织造材料与工程：9/D；服装与服饰设计：66/C；工程管理：144/D；工程造价：24/B；工商管理：282/D；工业工程：93/C；广播电视学：77/D；国际经济与贸易：266/D；建筑学：130/D；日语：162/C；数学与应用数学：245/D；网络与新媒体：27/B+；物流工程：40/C；信息与计算科学：231/D。

5）中国区域知名专业（1★）

安全工程：83/D；表演：76/D；播音与主持艺术：89/D；材料成型及控制工程：118/D；材料科学与工程：137/D；测控技术与仪器：164/D；车辆工程：109/D；城市地下空间工程：38/D；法学：308/D；飞行器控制与信息工程：6/D；高分子材料与工程：119/D；给排水科学与工程：79/D；汉语国际教育：140/C；航空服务艺术与管理：11/B；会展经济与管理：30/C；金融学：204/D；人工智能：123/C；社会工作：170/D；摄影：34/D；视觉传达设计：202/D；数据科学与大数据技术：152/C；无人驾驶航空器系统工程：3/A+；信息安全：88/D；应用化学：213/D；应用物理学：132/D。

15. 信阳师范大学

（1）信阳师范大学综合实力排名

综合排名：2024 校友会中国大学排名第 296 名，全国师范类高校第 43 名，河南省高校第 15 名。

星级排名：中国二星级大学（2★），中国区域高水平大学。主管部门：河南省。

（2）信阳师范大学各本科专业排名（全国排名/档次）

1）中国高水平专业（4★）

地理科学：17/B++；汉语言文学：64/B++；化学：87/B++；计算机科学与技术：206/B++；教育学：20/B++；生物科学：36/B++；数学与应用数学：56/B++；思想政治教育：90/B++；物理学：33/B++；音乐学：39/B++；英语：136/B++。

2）中国区域一流专业（3★）

电子信息工程：178/B+；工商管理：207/B+；汉语国际教育：58/B+；化学工程与工艺：142/B+；经济学：122/B+；历史学：84/B+；旅游管理：114/B+；美术学：57/B+；体育教育：72/B+；土木工程：164/B+；文化产业管理：22/B+；戏剧影视文学：42/B+；心理学：31/B+；应用化学：145/B+。

3）中国区域高水平专业（2★）

播音与主持艺术：63/C；测绘工程：58/D；茶学：14/D；动画：92/C；翻译：80/C；工程管理：144/D；广播电视编导：75/D；国际经济与贸易：266/D；教育技术学：83/D；金融工程：67/C；秘书学：25/C；人文教育：4/A；日语：162/C；软件工程：235/D；商务英语：52/B；社会体育指导与管理：64/C；生物技术：176/D；生物制药：23/B；市场营销：241/D；物联网工程：104/B；信息管理与信息系统：207/C；信息与计算科学：231/D；学前教育：70/C。

4）中国区域知名专业（1★）

材料化学：94/D；材料物理：73/D；道路桥梁与渡河工程：30/D；地理信息科学：119/D；电子科学与技术：116/D；法学：308/D；护理学：118/D；环境科学与工程：23/D；会计学：297/D；会展经济与管理：47/D；绘画：101/D；酒店管理：64/D；人工智能：123/C；人文地理与城乡规划：65/D；社会工作：170/D；社会学：89/D；食品科学与工程：166/D；数据科学与大数据技术：152/C；统计学：177/D；投资学：36/C；小学教育：74/D；新能源科学与工程：78/D；音乐表演：83/C；应用统计学：65/C；应用物理学：132/D；应用心理学：113/D；自然地理与资源环境：51/D。

16. 新乡医学院

（1）新乡医学院综合实力排名

综合排名：2024 校友会中国大学排名第 298 名，全国医药类高校第 44 名，河南省高校第 16 名。

星级排名：中国二星级大学（2★），中国区域高水平大学。主管部门：河南省。

（2）新乡医学院各本科专业排名（全国排名/档次）

1）中国高水平专业（4★）

法医学：14/B++；护理学：29/B++；临床医学：39/B++；麻醉学：15/B++；生物技术：64/B++；生物医学工程：40/B++；药学：27/B++；医学检验技术：15/B++；应用心理学：28/B++；英语：136/B++；预防医学：40/B++。

2）中国区域一流专业（3★）

儿科学：12/B+；公共事业管理：57/B+；精神医学：13/B+；康复治疗学：44/B+；口腔医学：47/B+；生物工程：81/B+；卫生检验与检疫：17/B+；心理学：31/B+；信息管理与信息系统：138/B+；医学影像学：26/B+。

3）中国区域高水平专业（2★）

翻译：80/C；人力资源管理：148/C；市场营销：241/D；药物制剂：46/D。

4）中国区域知名专业（1★）

临床药学：34/D；生物制药：45/D；眼视光医学：13/C；医学实验技术：17/D；医学信息工程：24/D；医学影像技术：30/C；智能医学工程：27/D；助产学：13/B。

17. 洛阳师范学院

（1）洛阳师范学院综合实力排名

综合排名：2024 校友会中国大学排名第 320 名，全国师范类高校第 53 名，河南省高校第 17 名。

星级排名：中国一星级大学（1★），中国区域知名大学。主管部门：河南省。

（2）洛阳师范学院各本科专业排名（全国排名/档次）

1）中国顶尖应用型专业（6★）

电气工程及其自动化：6/A+；电子商务：6/A+；法学：13/A+；工商管理：5/A+；汉语言文学：30/A+；化学：13/A+；计算机科学与技术：63/A+；旅游管理：1/A++；数学与应用数学：1/A++；体育教育：6/A+；物理学：1/A++；小学教育：21/A+；新闻学：1/A++；学前教育：1/A++；音乐表演：1/A++；音乐学：4/A+；英语：3/A++。

2）中国一流应用型专业（5★）

汉语国际教育：12/A；化学工程与工艺：25/A；绘画：5/A；教育学：8/A；历史学：16/A；美术学：9/A+；秘书学：1/A++；软件工程：53/A；生物科学：24/A；思想政治教育：20/A；统计学：4/A+；舞蹈学：4/A+；戏剧影视文

学：3/A+；信息与计算科学：8/A；应用化学：14/A；应用心理学：7/A+。

3）中国高水平应用型专业（4★）

播音与主持艺术：31/B++；电子信息科学与技术：27/B++；动画：37/B++；光电信息科学与工程：22/B++；广播电视编导：31/B++；金融数学：4/A；酒店管理：27/B++；商务英语：38/B++；市场营销：85/B++；视觉传达设计：72/B++；文化产业管理：11/B++；物联网工程：62/B++；物流管理：56/B++；行政管理：14/B++；艺术设计学：27/B++；运动训练：7/B++。

4）中国区域一流应用型专业（3★）

地理信息科学：25/B+；电子信息工程：186/B+；翻译：39/B+；国际经济与贸易：179/B+；会计学：177/B+；人工智能：36/B+；日语：69/B+；社会工作：31/B+；社会体育指导与管理：34/B+；生物技术：41/B+；数据科学与大数据技术：60/B++；水产养殖学：6/B+；土地资源管理：7/B+；网络工程：82/B+；文物与博物馆学：6/B+；武术与民族传统体育：7/B+；药物化学：1/A++；应用统计学：18/B++；自动化：120/B+。

5）中国区域高水平应用型专业（2★）

地理科学：46/C；化妆品技术与工程：4/A；食品科学与工程：96/D；书法学：32/B；通信工程：205/D；应用生物科学：3/A+；制药工程：85/C。

18. 南阳师范学院

（1）南阳师范学院综合实力排名

综合排名：2024校友会中国大学排名第322名，全国师范类高校第56名，河南省高校第18名。

星级排名：中国一星级大学（1★），中国区域知名大学。主管部门：河南省。

（2）南阳师范学院各本科专业排名（全国排名/档次）

1）中国顶尖应用型专业（6★）

地理科学：1/A++；汉语言文学：30/A+；化学：1/A++；教育学：1/A++；生物科学：1/A++；音乐学：4/A+；英语：3/A++。

2）中国一流应用型专业（5★）

宝石及材料工艺学：4/A；播音与主持艺术：14/A；财务管理：40/A；法学：28/A；国际经济与贸易：62/A；旅游管理：42/A；生物工程：16/A；数学与应用数学：38/A；思想政治教育：20/A；物流管理：27/A；应用化学：14/A。

3）中国高水平应用型专业（4★）

地理信息科学：17/B++；雕塑：2/A+；动画：37/B++；广播电视编导：31/B++；建筑学：36/B++；历史学：32/B++；美术学：38/B++；数据科学与大数据技术：23/A；数字媒体艺术：30/B++；通信工程：74/B++；物理学：39/B++；音乐表演：21/B++；制药工程：25/B++。

4）中国区域一流应用型专业（3★）

测绘工程：42/B+；电子信息工程：186/B+；电子信息科学与技术：53/B+；给排水科学与工程：36/B+；工商管理：106/B+；工艺美术：14/B+；汉语国际教育：79/B+；机械电子工程：74/B+；计算机科学与技术：253/B+；金融工程：39/B+；农学：16/B+；汽车服务工程：66/B+；日语：69/B+；软件工程：156/B+；商务英语：71/B+；水质科学与技术：2/A+；统计学：20/B++；土木工程：160/B+；舞蹈编导：16/B+；舞蹈学：33/B+；物联网工程：139/B+；艺术设计学：51/B+；应用心理学：47/B+；园林：35/B+；运动训练：11/B+；智能科学与技术：17/B++；自动化：120/B+。

5）中国区域高水平应用型专业（2★）

材料化学：33/D；电气工程及其自动化：231/D；服装设计与工程：48/D；工程管理：142/C；体育教育：111/C；网络工程：137/C；新闻学：81/C；学前教育：173/C。

6）中国区域知名应用型专业（1★）

翻译：116/D；小学教育：142/C。

19. 河南牧业经济学院

（1）河南牧业经济学院综合实力排名

综合排名：2024校友会中国大学排名第328名，全国财经类高校第34名，河南省高校第19名。

星级排名：中国二星级大学（2★），中国区域高水平大学。主管部门：河南省。

（2）河南牧业经济学院各本科专业排名（全国排名/档次）

1）中国顶尖应用型专业（6★）

动物科学：1/A++；动物医学：3/A+；农林经济管理：1/A++；食品科学与工程：7/A+。

2）中国一流应用型专业（5★）

财务管理：40/A；动物药学：1/A++；国际经济与贸易：62/A；会计学：63/A；酿酒工程：2/A+；农业机械化及其自动化：1/A++；食品质量与安全：4/A+；市场营销：38/A；物流管理：27/A。

3）中国高水平应用型专业（4★）

包装工程：3/A+；会展经济与管理：11/B++；金融学：45/B++；生物工程：26/B++；水产养殖学：4/A；物业管理：9/B++；中兽医学：1/A++。

4）中国区域一流应用型专业（3★）

保险学：20/B+；电子商务：109/B+；工程造价：58/B+；工商管理：106/B+；机器人工程：36/B+；酒店管理：47/B+；能源与动力工程：33/B+；审计学：52/B+；视觉传达设计：140/B+；数据科学与大数据技术：60/B++；投资学：24/B+；网络与新媒体：61/B+；物联网工程：139/B+；物流工程：23/B+；知识产权：12/B+。

5）中国区域高水平应用型专业（2★）

动植物检疫：2/A+；国际商务：57/C；家政学：6/B；建筑环境与能源应用工程：50/C；旅游管理：180/C；商务经济学：9/C；数字媒体技术：100/C；统计学：53/B；园林：55/C；智慧牧业科学与工程：1/A++；自动化：176/D。

6）中国区域知名应用型专业（1★）

环境设计：311/D；软件工程：288/D；商务英语：

230/D；制药工程：109/D。

20. 安阳师范学院

（1）安阳师范学院综合实力排名

综合排名：2024校友会中国大学排名第339名，全国师范类高校第64名，河南省高校第20名。

星级排名：中国一星级大学（1★），中国区域知名大学。主管部门：河南省。

（2）安阳师范学院各本科专业排名（全国排名/档次）

1）中国顶尖应用型专业（6★）

材料化学：1/A++；广播电视编导：1/A++；汉语国际教育：1/A++；计算机科学与技术：48/A+；教育技术学：1/A++；教育学：1/A++；历史学：7/A+；软件工程：1/A++。

2）中国一流应用型专业（5★）

地理科学：13/A；电子商务及法律：1/A++；电子信息工程：66/A；动画：17/A；汉语言文学：63/A；化学：23/A；思想政治教育：20/A；物理学：17/A；信息与计算科学：8/A；音乐学：17/A；应用心理学：7/A+；自然地理与资源环境：2/A+。

3）中国高水平应用型专业（4★）

电气工程及其自动化：91/B++；建筑学：36/B++；美术学：38/B++；视觉传达设计：72/B++；体育教育：56/B++；物联网工程：62/B++；物流管理：56/B++；音乐表演：21/B++；影视摄影与制作：8/B++。

4）中国区域一流应用型专业（3★）

播音与主持艺术：54/B+；电子商务：109/B+；法学：82/B+；工程管理：96/B+；公共事业管理：37/B+；国际经济与贸易：179/B+；化学生物学：2/A+；环境设计：113/B+；会计学：177/B+；绘画：30/B+；考古学：2/A+；旅游管理：129/B+；人力资源管理：75/B+；社会学：4/A；摄影：19/B+；市场营销：144/B+；数据科学与大数据技术：60/B++；数学与应用数学：109/B+；统计学：20/B++；土木工程：160/B+；舞蹈学：33/B+；新能源材料与器件：6/B++；信息管理与信息系统：71/B+；行政管理：37/B+；应用统计学：18/B++；制药工程：54/B+。

5）中国区域高水平应用型专业（2★）

财务管理：251/C；金融学：107/C；日语：119/C；社会工作：62/C；社会体育指导与管理：61/B；书法学：32/B；小学教育：128/C；学前教育：173/C；应用化学：96/C；英语：318/C。

21. 洛阳理工学院

（1）洛阳理工学院综合实力排名

综合排名：2024校友会中国大学排名第351名，全国理工类高校第166名，河南省高校第21名。

星级排名：中国一星级大学（1★），中国区域知名大学。主管部门：河南省。

（2）洛阳理工学院各本科专业排名（全国排名/档次）

1）中国顶尖应用型专业（6★）

电气工程及其自动化：6/A+；工商管理：5/A+；国际经济与贸易：45/A+；机械设计制造及其自动化：44/A+；无机非金属材料工程：1/A++；自动化：1/A++。

2）中国一流应用型专业（5★）

车辆工程：19/A；计算机科学与技术：101/A；土木工程：49/A；应用化学：14/A。

3）中国高水平应用型专业（4★）

材料成型及控制工程：36/B++；材料物理：3/A+；环境工程：32/B++；物联网工程：62/B++。

4）中国区域一流应用型专业（3★）

产品设计：80/B+；电子科学与技术：42/B+；翻译：39/B+；高分子材料与工程：28/B+；给排水科学与工程：36/B+；汉语言文学：180/B+；焊接技术与工程：12/B+；机器人工程：36/B+；机械电子工程：74/B+；建筑环境与能源应用工程：33/B+；金属材料工程：17/B+；汽车服务工程：66/B+；审计学：52/B+；生物技术：41/B+；视觉传达设计：140/B+；数据科学与大数据技术：60/B++；通信工程：130/B+；信息与计算科学：53/B+；智能科学与技术：17/B++；资源循环科学与工程：3/A+。

5）中国区域高水平应用型专业（2★）

电子商务：159/B；工程管理：142/C；广播电视编导：105/C；软件工程：221/C；商务英语：161/C；音乐表演：85/C；英语：318/C。

6）中国区域知名应用型专业（1★）

财务管理：326/C；俄语：46/D；工程造价：136/C；环境设计：311/D；会计学：280/D；美术学：163/D；社会工作：93/D；市场营销：321/D；数字媒体艺术：155/C；新闻学：125/D；学前教育：215/C。

21. 商丘师范学院

（1）商丘师范学院综合实力排名

综合排名：2024校友会中国大学排名第351名，全国师范类高校第69名，河南省高校第21名。

星级排名：中国一星级大学（1★），中国区域知名大学。主管部门：河南省。

（2）商丘师范学院各本科专业排名（全国排名/档次）

1）中国顶尖应用型专业（6★）

化学：1/A++；历史学：1/A++；数学与应用数学：1/A++；物理学：9/A+。

2）中国一流应用型专业（5★）

电子信息工程：66/A；广播电视编导：17/A；计算机科学与技术：101/A；美术学：9/A+；社会工作：15/A。

3）中国高水平应用型专业（4★）

播音与主持艺术：31/B++；测绘工程：18/B++；地理科学：19/B++；动画：37/B++；广播电视学：19/B++；汉语言文学：118/B++；绘画：12/B++；建筑学：36/B++；教育学：15/B++；经济学：24/B++；摄影：5/A；生物工程：26/B++；物流管理：56/B++；小学教育：75/B++；音乐表演：21/B++；音乐学：54/B++；英语：129/B++。

4）中国区域一流应用型专业（3★）

地理信息科学：25/B+；电气工程及其自动化：157/B+；雕塑：7/B+；翻译：39/B+；建筑电气与智能化：20/B+；市场营销：144/B+；视觉传达设计：140/B+；数据科学与大数据技术：60/B++；思想政治教育：78/B+；体育教育：85/B+；通信工程：130/B+；统计学：20/B++；投资学：24/B+；土木工程：160/B+；文化产业管理：22/B+；舞蹈编导：16/B+；物联网工程：139/B+；学前教育：130/B+；应用心理学：47/B+；自动化：120/B+。

5）中国区域高水平应用型专业（2★）

材料科学与工程：50/C；城乡规划：58/C；电子商务：159/B；动物科学：18/C；法学：138/C；国际经济与贸易：260/C；环境设计：203/B；汽车服务工程：103/C；日语：119/C；软件工程：221/C；社会体育指导与管理：61/B；生物科学：80/C；新能源科学与工程：33/C；园林：55/C；制药工程：85/C。

6）中国区域知名应用型专业（1★）

财务管理：326/C；广告学：123/D；金融数学：30/D；秘书学：73/D；人工智能：86/C；商务英语：230/D；食品科学与工程：121/D；书法学：54/D；网络与新媒体：140/C；武术与民族传统体育：10/C；心理学：28/D。

23. 黄淮学院

（1）黄淮学院综合实力排名

综合排名：2024 校友会中国大学排名第 377 名，全国综合类高校第 116 名，河南省高校第 23 名。

星级排名：中国一星级大学（1★），中国区域知名大学。主管部门：河南省。

（2）黄淮学院各本科专业排名（全国排名/档次）

1）中国顶尖应用型专业（6★）

动画：1/A++；计算机科学与技术：48/A+；新能源科学与工程：1/A++。

2）中国一流应用型专业（5★）

化学工程与工艺：25/A；会计学：63/A；建筑学：20/A；音乐表演：9/A。

3）中国高水平应用型专业（4★）

电子科学与技术：22/B++；电子信息工程：116/B++；翻译：19/B++；广播电视编导：31/B++；软件工程：95/B++；社会体育指导与管理：20/B++；生物工程：26/B++；通信工程：74/B++；土木工程：97/B++；制药工程：25/B++。

4）中国区域一流应用型专业（3★）

城乡规划：38/B+；护理学：90/B+；机械电子工程：74/B+；旅游管理：129/B+；人工智能：36/B+；商务英语：71/B+；市场营销：144/B+；视觉传达设计：140/B+；数学与应用数学：109/B+；思想政治教育：78/B+；网络与新媒体：61/B+；信息与计算科学：53/B+；英语：198/B+。

5）中国区域高水平应用型专业（2★）

播音与主持艺术：98/C；电子商务：159/B；汉语言文学：253/C；环境设计：203/B；机器人工程：97/C；食品科学与工程：96/D；数据科学与大数据技术：199/C；体育教育：111/C；网络工程：137/C；物联网工程：232/C；新能源汽车工程：8/B；音乐学：150/C；应用化学：96/C；园林：55/C；智能制造工程：34/B；自动化：176/D。

6）中国区域知名应用型专业（1★）

工程管理：174/C；工程造价：136/C；公共事业管理：96/D；健康服务与管理：49/C；金融工程：115/C；美术学：163/D；食品质量与安全：104/D；数字媒体艺术：155/C；统计学：81/D；物理学：123/D。

23. 许昌学院

（1）许昌学院综合实力排名

综合排名：2024 校友会中国大学排名第 377 名，全国理工类高校第 176 名，河南省高校第 23 名。

星级排名：中国一星级大学（1★），中国区域知名大学。主管部门：河南省。

（2）许昌学院各本科专业排名（全国排名/档次）

1）中国顶尖应用型专业（6★）

电气工程及其自动化：6/A+；食品质量与安全：1/A++；数学与应用数学：23/A+；思想政治教育：1/A++；英语：3/A++。

2）中国一流应用型专业（5★）

电子商务：37/A；电子信息工程：66/A；计算机科学与技术：101/A；旅游管理：42/A；美术学：9/A+；纳米材料与技术：1/A++；应用化学：14/A。

3）中国高水平应用型专业（4★）

测绘工程：18/B++；道路桥梁与渡河工程：10/B++；地理信息科学：17/B++；汉语言文学：118/B++；化学工程与工艺：50/B++；机械电子工程：42/B++；机械设计制造及其自动化：128/B++；食品科学与工程：37/B++；数字媒体技术：25/B++；体育教育：56/B++；通信工程：74/B++；土木工程：97/B++；物联网工程：62/B++；学前教育：95/B++。

4）中国区域一流应用型专业（3★）

播音与主持艺术：54/B+；材料科学与工程：37/B+；财务管理：137/B+；产品设计：80/B+；地理科学：28/B+；翻译：39/B+；风景园林：24/B+；会计学：177/B+；绘画：30/B+；交通工程：24/B+；交通设备与控制工程：3/A+；人力资源管理：75/B+；商务英语：71/B+；社会体育指导与管理：34/B+；数据科学与大数据技术：60/B++；网络工程：82/B+；卫生监督：1/A++；舞蹈学：33/B+；戏剧影视文学：17/B+；新能源材料与器件：6/B++；医学检验技术：41/B+；艺术设计学：51/B+。

5）中国区域高水平应用型专业（2★）

城乡规划：58/C；法学：138/C；工商管理：170/C；汉语国际教育：110/C；护理学：129/D；化学：100/C；经济学：80/C；酒店管理：81/B；科学教育：19/C；历史学：74/C；汽车服务工程：103/C；人文教育：6/B；日语：119/C；市场营销：231/C；视觉传达设计：235/C；统计学：

53/B；物理学：99/C；小学教育：128/C；信息安全：23/D；行政管理：61/C；音乐表演：85/C；音乐学：150/C；应用心理学：75/C；政治学与行政学：14/C；制药工程：85/C；智能电网信息工程：10/C。

6）中国区域知名应用型专业（1★）

工程造价：136/C；生物制药：43/D；知识产权：32/D。

23. 周口师范学院

（1）周口师范学院综合实力排名

综合排名：2024 校友会中国大学排名第 377 名，全国师范类高校第 71 名，河南省高校第 23 名。

星级排名：中国一星级大学（1★），中国区域知名大学。主管部门：河南省。

（2）周口师范学院各本科专业排名（全国排名/档次）

1）中国顶尖应用型专业（6★）

汉语言文学：30/A+；生物科学：9/A+；音乐学：3/A++。

2）中国一流应用型专业（5★）

播音与主持艺术：14/A；计算机科学与技术：101/A；体育教育：19/A；网络工程：16/A；小学教育：41/A；艺术设计学：11/A；音乐表演：9/A；自动化：35/A。

3）中国高水平应用型专业（4★）

广播电视编导：31/B++；绘画：12/B++；人力资源管理：32/B++；思想政治教育：57/B++；物理学：39/B++。

4）中国区域一流应用型专业（3★）

材料化学：19/B+；光电信息科学与工程：36/B+；化学：73/B+；化学工程与工艺：92/B+；机器人工程：36/B+；建筑电气与智能化：20/B+；历史学：55/B+；软件工程：156/B+；生物工程：53/B+；数据科学与大数据技术：60/B++；数学与应用数学：109/B+；统计学：20/B++；舞蹈编导：16/B+；物联网工程：139/B+；英语：198/B+；智能科学与技术：17/B++。

5）中国区域高水平应用型专业（2★）

电气工程及其自动化：231/D；电子信息工程：242/C；动画：117/C；服装与服饰设计：90/C；环境工程：86/C；环境设计：203/B；机械电子工程：132/C；机械设计制造及其自动化：246/D；美术学：124/C；生物制药：30/C；食品质量与安全：57/B；市场营销：231/C；戏剧影视文学：30/C；心理学：20/C；信息与计算科学：78/C；应用化学：96/C。

6）中国区域知名应用型专业（1★）

财务管理：326/C；电子商务：219/C；法学：193/D；国际经济与贸易：325/D；经济学：111/D；日语：173/D；社会体育指导与管理：104/C；生物技术：95/D；视觉传达设计：299/D；书法学：54/D；网络与新媒体：140/C；物流管理：251/D；学前教育：215/C；应用统计学：59/C。

26. 郑州师范学院

（1）郑州师范学院综合实力排名

综合排名：2024 校友会中国大学排名第 387 名，全国师范类高校第 75 名，河南省高校第 26 名。

星级排名：中国一星级大学（1★），中国区域知名大学。主管部门：河南省。

（2）郑州师范学院各本科专业排名（全国排名/档次）

1）中国顶尖应用型专业（6★）

特殊教育：1/A++。

2）中国一流应用型专业（5★）

广播电视学：9/A；小学教育：41/A；学前教育：46/A。

3）中国高水平应用型专业（4★）

汉语言文学：118/B++；教育技术学：19/B++。

4）中国区域一流应用型专业（3★）

俄语：26/B+；风景园林：24/B+；汉语言：3/A+；化学：73/B+；商务英语：71/B+；生物科学：54/B+；数学与应用数学：109/B+；数字媒体技术：57/B+；数字媒体艺术：63/B+；音乐学：87/B+；英语：198/B+；中药资源与开发：4/A；自然地理与资源环境：10/B+。

5）中国区域高水平应用型专业（2★）

材料物理：11/C；地理信息科学：42/C；管理科学：5/A；光电信息科学与工程：58/D；计算机科学与技术：379/D；家政学：6/B；教育学：30/D；科学教育：19/C；软件工程：221/C；社会工作：62/C；思想政治教育：112/C；投资学：51/B；网络与新媒体：100/B；文化产业管理：49/B；物理学：99/C；信息安全：23/D。

6）中国区域知名应用型专业（1★）

播音与主持艺术：132/D；地理科学：69/D；汉语国际教育：153/D；绘画：59/D；历史学：94/D；美术学：163/D；市场营销：321/D；视觉传达设计：299/D；体育教育：138/D；统计学：81/D；文物与博物馆学：15/D；舞蹈学：102/D；休闲体育：45/C；音乐表演：123/D；应用化学：150/D；应用心理学：112/D。

27. 南阳理工学院

（1）南阳理工学院综合实力排名

综合排名：2024 校友会中国大学排名第 393 名，全国理工类高校第 181 名，河南省高校第 27 名。

星级排名：中国一星级大学（1★），中国区域知名大学。主管部门：河南省。

（2）南阳理工学院各本科专业排名（全国排名/档次）

1）中国顶尖应用型专业（6★）

材料成型及控制工程：1/A++；建筑学：11/A+；市场营销：3/A++。

2）中国一流应用型专业（5★）

播音与主持艺术：14/A；财务管理：40/A；城乡规划：8/A；道路桥梁与渡河工程：5/A；电子信息工程：66/A；汽车服务工程：18/A；土木工程：49/A；物联网工程：19/A；中医学：2/A+；自动化：35/A。

3）中国高水平应用型专业（4★）

电子科学与技术：22/B++；给排水科学与工程：

16/B++；工程管理：59/B++；化学工程与工艺：50/B++；机械设计制造及其自动化：128/B++；计算机科学与技术：168/B++；软件工程：95/B++；生物工程：26/B++；食品科学与工程：37/B++；数字媒体技术：25/B++；通信工程：74/B++；网络工程：47/B++；艺术设计学：27/B++；音乐表演：21/B++。

4）中国区域一流应用型专业（3★）

电气工程及其自动化：157/B+；动画：82/B+；工商管理：106/B+；光电信息科学与工程：36/B+；广播电视编导：72/B+；国际商务：29/B+；护理学：90/B+；历史建筑保护工程：1/A++；数据科学与大数据技术：60/B++；数学与应用数学：109/B+；英语：198/B+；中药学：28/B+。

5）中国区域高水平应用型专业（2★）

测控技术与仪器：57/D；电子商务：159/B；法学：138/C；国际经济与贸易：260/C；汉语言文学：253/C；机器人工程：97/C；人工智能：59/B；日语：119/C；商务英语：161/C；音乐学：150/C；应用化学：96/C。

6）中国区域知名应用型专业（1★）

表演：70/D；统计学：81/D；小学教育：142/C；学前教育：215/C；应用统计学：59/C。

28. 河南工程学院

（1）河南工程学院综合实力排名

综合排名：2024 校友会中国大学排名第 422 名，全国理工类高校第 193 名，河南省高校第 28 名。

星级排名：中国一星级大学（1★），中国区域知名大学。主管部门：河南省。

（2）河南工程学院各本科专业排名（全国排名/档次）

1）中国顶尖应用型专业（6★）

安全工程：1/A++；服装与服饰设计：3/A+；工业工程：1/A++；会计学：23/A+。

2）中国一流应用型专业（5★）

电子科学与技术：12/A；纺织工程：3/A+；高分子材料与工程：4/A；机械设计制造及其自动化：68/A；勘查技术与工程：4/A；艺术设计学：11/A；质量管理工程：2/A+。

3）中国高水平应用型专业（4★）

测绘工程：18/B++；车辆工程：34/B++；电气工程及其自动化：91/B++；环境工程：32/B++；机器人工程：14/A；建筑环境与能源应用工程：17/B++；轻化工程：3/A+；软件工程：95/B++。

4）中国区域一流应用型专业（3★）

采矿工程：17/B+；翻译：39/B+；非织造材料与工程：2/A+；服装设计与工程：31/B+；汉语国际教育：79/B+；审计学：52/B+；数据科学与大数据技术：60/B++；通信工程：130/B+；土木工程：160/B+；物联网工程：139/B+；物流管理：127/B+；新能源材料与器件：6/B++；印刷工程：3/A+。

5）中国区域高水平应用型专业（2★）

表演：48/C；材料成型及控制工程：76/C；城市地下空间工程：23/D；工程造价：88/B；功能材料：10/D；化学工程与工艺：121/D；计算机科学与技术：379/D；金融工程：80/B；人工智能：59/B；人力资源管理：134/C；商务英语：161/C；视觉传达设计：235/C；数学与应用数学：166/D；数字媒体艺术：119/C；信息与计算科学：78/C；行政管理：61/C；遥感科学与技术：9/C；英语：318/C；资源环境科学：5/A；资源勘查工程：13/D。

6）中国区域知名应用型专业（1★）

财务管理：326/C；电子商务：219/C；法学：193/D；工商管理：205/D；国际经济与贸易：325/D；酒店管理：124/C；应用物理学：27/D；知识产权：32/D。

28. 新乡学院

（1）新乡学院综合实力排名

综合排名：2024 校友会中国大学排名第 422 名，全国综合类高校第 136 名，河南省高校第 28 名。

星级排名：中国一星级大学（1★），中国区域知名大学。主管部门：河南省。

（2）新乡学院各本科专业排名（全国排名/档次）

1）中国顶尖应用型专业（6★）

广播电视编导：1/A++；制药工程：1/A++。

2）中国一流应用型专业（5★）

化学工程与工艺：25/A；会计学：63/A；机械设计制造及其自动化：68/A；生物技术：7/A；物理学：17/A；心理学：3/A+；英语：62/A。

3）中国高水平应用型专业（4★）

汉语言文学：118/B++；视觉传达设计：72/B++；土木工程：97/B++；艺术史论：1/A++。

4）中国区域一流应用型专业（3★）

车辆工程：56/B+；风景园林：24/B+；轨道交通信号与控制：11/B+；国际经济与贸易：179/B+；化学：73/B+；机器人工程：36/B+；计算机科学与技术：253/B+；建筑环境与能源应用工程：33/B+；交通工程：24/B+；康复工程：1/A++；历史学：55/B+；美术学：82/B+；酿酒工程：6/B+；商务经济学：7/B+；商务英语：71/B+；生物医学工程：18/B+；数据科学与大数据技术：60/B++；新能源材料与器件：6/B++；音乐学：87/B+；增材制造工程：2/A+。

5）中国区域高水平应用型专业（2★）

材料成型及控制工程：76/C；材料科学与工程：50/C；城乡规划：58/C；电子信息科学与技术：71/C；翻译：84/C；光电信息科学与工程：58/D；汉语国际教育：110/C；秘书学：35/B；软件工程：221/C；食品科学与工程：96/D；投资学：51/B；物联网工程：232/C；物流管理：182/C；物业管理：20/C；养老服务管理：6/C；园林：55/C。

6）中国区域知名应用型专业（1★）

电气工程及其自动化：293/D；电子商务：219/C；动画：153/D；俄语：46/D；法学：193/D；环境设计：311/D；健康服务与管理：49/C；教育学：36/D；经济学：

111/D；酒店管理：124/C；人工智能：86/C；人力资源管理：202/D；社会工作：93/D；生物制药：43/D；数学与应用数学：197/D；体育教育：138/D；网络与新媒体：140/C；文化产业管理：71/D；舞蹈学：102/D；小学教育：142/C；新闻学：125/D；信息与计算科学：105/D；学前教育：215/C；应用统计学：59/C。

30. 安阳工学院

（1）安阳工学院综合实力排名

综合排名：2024 校友会中国大学排名第 436 名，全国理工类高校第 199 名，河南省高校第 30 名。

星级排名：中国一星级大学（1★），中国区域知名大学。主管部门：河南省。

（2）安阳工学院各本科专业排名（全国排名/档次）

1）中国顶尖应用型专业（6★）

机械设计制造及其自动化：14/A+；汽车服务工程：1/A++。

2）中国一流应用型专业（5★）

飞行技术：4/A；化学工程与工艺：25/A；土木工程：49/A；自动化：35/A。

3）中国高水平应用型专业（4★）

电气工程及其自动化：91/B++；电子信息工程：116/B++；飞行器适航技术：2/A+；工商管理：64/B++；广播电视编导：31/B++；环境工程：32/B++；会计学：105/B++；机械电子工程：42/B++；计算机科学与技术：168/B++；软件工程：95/B++；生物工程：26/B++；食品质量与安全：8/A；网络工程：47/B++；物联网工程：62/B++。

4）中国区域一流应用型专业（3★）

动画：82/B+；飞行器质量与可靠性：2/A+；工业设计：48/B+；国际经济与贸易：179/B+；绘画：30/B+；食品科学与工程：65/B+；市场营销：144/B+；应用化学：65/B+；英语：198/B+。

5）中国区域高水平应用型专业（2★）

安全工程：39/C；播音与主持艺术：98/C；材料成型及控制工程：76/C；城乡规划：58/C；电子商务：159/B；动物医学：21/D；飞行器制造工程：20/D；高分子材料与工程：47/D；给排水科学与工程：54/C；机器人工程：97/C；建筑学：104/D；交通运输：48/D；人工智能：59/B；商务英语：161/C；生物技术：71/C；数据科学与大数据技术：199/C；通信工程：205/D；物流管理：182/C；新能源材料与器件：21/C；信息管理与信息系统：119/C；应用物理学：17/C。

6）中国区域知名应用型专业（1★）

财务管理：326/C；工程管理：174/C；汉语国际教育：153/D；社会工作：93/D；信息与计算科学：105/D；知识产权：32/D；制药工程：109/D。

30. 平顶山学院

（1）平顶山学院综合实力排名

综合排名：2024 校友会中国大学排名第 436 名，全国综合类高校第 143 名，河南省高校第 30 名。

星级排名：中国一星级大学（1★），中国区域知名大学。主管部门：河南省。

（2）平顶山学院各本科专业排名（全国排名/档次）

1）中国顶尖应用型专业（6★）

播音与主持艺术：7/A+；产品设计：1/A++；地理科学：1/A++；护理学：15/A+；化学工程与工艺：13/A+；计算机科学与技术：63/A+；小学教育：21/A+。

2）中国一流应用型专业（5★）

电气工程及其自动化：48/A；广播电视编导：17/A；汉语言文学：63/A；会计学：63/A；软件工程：53/A；自然地理与资源环境：2/A+。

3）中国高水平应用型专业（4★）

包装工程：3/A+；汉语国际教育：36/B++；环境生态工程：2/A+；生态学：3/A+；物联网工程：62/B++；戏剧影视文学：10/B++；行政管理：14/B++；学前教育：95/B++。

4）中国区域一流应用型专业（3★）

城乡规划：38/B+；电子信息工程：186/B+；飞行器控制与信息工程：4/A；广告学：43/B+；机械电子工程：74/B+；历史学：55/B+；临床医学：50/B+；数学与应用数学：109/B+；陶瓷艺术设计：1/A++；医学检验技术：41/B+；音乐学：87/B+。

5）中国区域高水平应用型专业（2★）

翻译：84/C；广播电视学：57/C；国际经济与贸易：260/C；化学：100/C；环境设计：203/B；金融工程：80/B；旅游管理：180/C；美术学：124/C；人文地理与城乡规划：32/C；社会体育指导与管理：61/B；市场营销：231/C；体育教育：111/C；通信工程：205/D；统计学：53/B；网络与新媒体：100/B；艺术设计学：77/C；音乐表演：85/C；应用心理学：75/C。

6）中国区域知名应用型专业（1★）

保险学：46/D；材料科学与工程：62/D；测控技术与仪器：69/D；动画：153/D；法学：193/D；工商管理：205/D；商务英语：230/D；视觉传达设计：299/D；数据科学与大数据技术：272/D；文化产业管理：71/D；物理学：123/D；西班牙语：30/D；药学：81/D；应用统计学：59/C；英语：412/D。

32. 河南城建学院

（1）河南城建学院综合实力排名

综合排名：2024 校友会中国大学排名第 472 名，全国理工类高校第 208 名，河南省高校第 32 名。

星级排名：中国一星级大学（1★），中国区域知名大学。主管部门：河南省。

（2）河南城建学院各本科专业排名（全国排名/档次）

1）中国顶尖应用型专业（6★）

道路桥梁与渡河工程：1/A++；电气工程及其自动化：6/A+；给排水科学与工程：1/A++；工程管理：3/A++；交通工程：1/A++；数字媒体技术：1/A++；土木工程：2/A++。

2）中国一流应用型专业（5★）

测绘工程：9/A；城乡规划：8/A；地理信息科学：10/A；建筑环境与能源应用工程：8/A；建筑学：20/A。

3）中国高水平应用型专业（4★）

工程造价：34/B++；环境工程：32/B++；勘查技术与工程：7/B++；水文与水资源工程：5/A；无机非金属材料工程：11/B++。

4）中国区域一流应用型专业（3★）

安全工程：31/B+；材料化学：19/B+；采矿工程：17/B+；动画：82/B+；风景园林：24/B+；高分子材料与工程：28/B+；化学工程与工艺：92/B+；环境科学：21/B+；环境设计：113/B+；机械设计制造及其自动化：207/B+；计算机科学与技术：253/B+；能源与动力工程：33/B+；软件工程：156/B+；生物工程：53/B+；生物制药：13/B+；数据科学与大数据技术：60/B++；物联网工程：139/B+；新能源科学与工程：23/B+。

5）中国区域高水平应用型专业（2★）

产品设计：130/C；城市地下空间工程：23/D；城市管理：17/C；电子信息工程：242/C；翻译：84/C；房地产开发与管理：21/C；建筑电气与智能化：38/C；金融数学：22/C；旅游管理：180/C；市场营销：231/C；数学与应用数学：166/D；土地资源管理：15/C；遥感科学与技术：9/C；园林：55/C；自动化：176/D。

6）中国区域知名应用型专业（1★）

财务管理：326/C；法学：193/D；劳动与社会保障：28/C；生物技术：95/D；视觉传达设计：299/D；应用物理学：27/D；英语：412/D。

32. 河南警察学院

（1）河南警察学院综合实力排名

综合排名：2024 校友会中国大学排名第 472 名，全国政法类高校第 21 名，河南省高校第 32 名。

星级排名：中国三星级大学（3★），中国知名、区域一流大学。主管部门：河南省。

（2）河南警察学院各本科专业排名（全国排名/档次）

1）中国顶尖应用型专业（6★）

法学：13/A+；网络安全与执法：1/A++；刑事科学技术：1/A++；侦查学：1/A++；治安学：1/A++。

2）中国一流应用型专业（5★）

交通管理工程：5/A。

3）中国高水平应用型专业（4★）

公安管理学：7/B++；警务指挥与战术：7/B++；涉外警务：3/A+。

4）中国区域一流应用型专业（3★）

经济犯罪侦查：9/B+；应用心理学：47/B+。

32. 信阳农林学院

（1）信阳农林学院综合实力排名

综合排名：2024 校友会中国大学排名第 472 名，全国农林类高校第 39 名，河南省高校第 32 名。

星级排名：中国一星级大学（1★），中国区域知名大学。主管部门：河南省。

（2）信阳农林学院各本科专业排名（全国排名/档次）

1）中国一流应用型专业（5★）

茶学：2/A+；植物保护：1/A++。

2）中国高水平应用型专业（4★）

林学：3/A+；食品科学与工程：37/B++；园林：15/B++；园艺：16/B++。

3）中国区域一流应用型专业（3★）

动物科学：12/B+；动物医学：14/B+；翻译：39/B+；环境设计：113/B+；旅游管理：129/B+；设施农业科学与工程：6/B+；市场营销：144/B+；数字媒体技术：57/B+；水产养殖学：6/B+；水族科学与技术：1/A++；网络工程：82/B+；物业管理：14/B+；中草药栽培与鉴定：3/A+；中药资源与开发：4/A；种子科学与工程：4/A。

4）中国区域高水平应用型专业（2★）

城乡规划：58/C；风景园林：62/C；农学：23/D；烹饪与营养教育：17/D；审计学：96/C；数据科学与大数据技术：199/C；物联网工程：232/C；物流管理：182/C；制药工程：85/C。

5）中国区域知名应用型专业（1★）

财务管理：326/C；电子商务：219/C；会计学：280/D；会展经济与管理：49/C；酒店管理：124/C；商务英语：230/D；生物制药：43/D；食品质量与安全：104/D；视觉传达设计：299/D；网络与新媒体：140/C。

35. 郑州警察学院

（1）郑州警察学院综合实力排名

综合排名：2024 校友会中国大学排名第 499 名，全国政法类高校第 26 名，河南省高校第 35 名。

星级排名：中国二星级大学（2★），中国区域高水平大学。主管部门：公安部。

（2）郑州警察学院各本科专业排名（全国排名/档次）

1）中国顶尖应用型专业（6★）

公安管理学：1/A++；网络安全与执法：1/A++；刑事科学技术：1/A++；治安学：1/A++。

2）中国一流应用型专业（5★）

侦查学：10/A。

36. 河南工学院

（1）河南工学院综合实力排名

综合排名：2024 校友会中国大学排名第 501 名，全国理工类高校第 213 名，河南省高校第 36 名。

星级排名：中国一星级大学（1★），中国区域知名大学。主管部门：河南省。

（2）河南工学院各本科专业排名（全国排名/档次）

1）中国一流应用型专业（5★）

材料成型及控制工程：16/A；电缆工程：1/A++；机械设计制造及其自动化：68/A。

2）中国高水平应用型专业（4★）

材料科学与工程：23/B++；电气工程及其自动化：91/B++；电子信息工程：116/B++；软件工程：95/B++。

3）中国区域一流应用型专业（3★）

测控技术与仪器：34/B+；环境设计：113/B+；机器人工程：36/B+；汽车服务工程：66/B+；数据科学与大数据技术：60/B++；通信工程：130/B+；物联网工程：139/B+；新能源材料与器件：6/B++；新能源汽车工程：4/A；智能电网信息工程：8/B+；智能制造工程：12/B++；自动化：120/B+。

4）中国区域高水平应用型专业（2★）

车辆工程：88/C；工业工程：27/B；光电信息科学与工程：58/D；环境工程：86/C；机械电子工程：132/C；金融数学：22/C；跨境电子商务：13/B+；人工智能：59/B；数字媒体技术：100/C。

5）中国区域知名应用型专业（1★）

财务管理：326/C；产品设计：180/D；酒店管理：124/C；商务经济学：12/D；商务英语：230/D；数字媒体艺术：155/C；物流管理：251/D；医学信息工程：16/D。

36. 郑州工程技术学院

（1）郑州工程技术学院综合实力排名

综合排名：2024校友会中国大学排名第501名，全国理工类高校第213名，河南省高校第36名。

星级排名：中国一星级大学（1★），中国区域知名大学。主管部门：河南省。

（2）郑州工程技术学院各本科专业排名（全国排名/档次）

1）中国顶尖应用型专业（6★）

智能科学与技术：1/A++。

2）中国一流应用型专业（5★）

电子信息工程：66/A；特殊教育：6/A。

3）中国高水平应用型专业（4★）

机械设计制造及其自动化：128/B++；智能建造：4/A。

4）中国区域一流应用型专业（3★）

车辆工程：56/B+；城市地下空间工程：10/B+；电气工程与智能控制：11/B+；高分子材料与工程：28/B+；广告学：43/B+；酒店管理：47/B+；商务英语：71/B+；土木工程：160/B+；物联网工程：139/B+；物流工程：23/B+。

5）中国区域高水平应用型专业（2★）

化学工程与工艺：121/D；机械电子工程：132/C；食品科学与工程：96/D；应用化学：96/C。

6）中国区域知名应用型专业（1★）

播音与主持艺术：132/D；财务管理：326/C；产品设计：180/D；工程管理：174/C；国际经济与贸易：325/D；环境设计：311/D；软件工程：288/D；食品质量与安全：104/D；数字媒体艺术：155/C；投资学：84/D；网络与新媒体：140/C；物流管理：251/D；音乐学：213/D。

38. 河南财政金融学院

（1）河南财政金融学院综合实力排名

综合排名：2024校友会中国大学排名第503名，全国财经类高校第52名，河南省高校第38名。

星级排名：中国一星级大学（1★），中国区域知名大学。主管部门：河南省。

（2）河南财政金融学院各本科专业排名（全国排名/档次）

1）中国顶尖应用型专业（6★）

保险学：1/A++；会计学：23/A+；税收学：1/A++。

2）中国一流应用型专业（5★）

财政学：5/A；电子商务：37/A；工程造价：19/A；计算机科学与技术：101/A；信用风险管理与法律防控：1/A++。

3）中国高水平应用型专业（4★）

房地产开发与管理：7/B++；工程管理：59/B++；国际商务：20/B++；金融学：45/B++；审计学：20/B++。

4）中国区域一流应用型专业（3★）

财务管理：137/B+；国际经济与贸易：179/B+；汉语言文学：180/B+；会展经济与管理：21/B+；金融数学：11/B+；酒店管理：47/B+；人力资源管理：75/B+；软件工程：156/B+；商务英语：71/B+；社会工作：31/B+；投资学：24/B+；学前教育：130/B+；智能科学与技术：17/B++。

5）中国区域高水平应用型专业（2★）

公共艺术：19/C；环境科学：32/D；健康服务与管理：33/B；数据科学与大数据技术：199/C；数学与应用数学：166/D；应用心理学：75/C；资产评估：35/C。

6）中国区域知名应用型专业（1★）

社会体育指导与管理：104/C；视觉传达设计：299/D；物流管理：251/D；音乐学：213/D。

三、河南省民办大学专业排名详情

1. 商丘学院

（1）商丘学院综合实力排名

综合排名：2024校友会中国民办大学排名第7名，全国综合类民办高校第8名，河南省民办高校第1名。

星级排名：中国六星级应用型大学（6★），中国顶尖应用型大学。

（2）商丘学院各本科专业排名（全国排名/档次）

1）中国顶尖应用型专业（6★）

财务管理：1/A++；电气工程及其自动化：6/A+；电子信息工程：9/A+；工程造价：1/A++；国际经济与贸易：23/A+；汉语言文学：30/A+；环境设计：19/A+；会计学：23/A+；机械设计制造及其自动化：14/A+；计算机科学与技术：2/A++；软件工程：1/A++；食品科学与工程：1/A++；市场营销：3/A++；视觉传达设计：18/A+；通信工程：1/A++；土木工程：2/A++；小学教育：2/A++；学前教育：9/A+；英语：3/A++；园林：1/A++。

2）中国一流应用型专业（5★）

播音与主持艺术：14/A；产品设计：12/A+；城乡规划：8/A；服装与服饰设计：13/A；美术学：9/A+；社会体育指导与管理：10/A；数据科学与大数据技术：4/A++；物流管理：27/A；信息与计算科学：8/A；音乐表演：9/A；音乐学：17/A；园艺：8/A。

3）中国高水平应用型专业（4★）

车辆工程：34/B++；电子商务：66/B++；动画：37/B++；广播电视编导：31/B++；机器人工程：14/A；建筑学：36/B++；经济学：24/B++；汽车服务工程：38/B++；人力资源管理：32/B++；商务英语：38/B++；数字媒体艺术：30/B++；网络工程：47/B++；网络与新媒体：32/B++；物联网工程：62/B++；养老服务管理：2/A+。

4）中国区域一流应用型专业（3★）

道路桥梁与渡河工程：18/B+；审计学：52/B+。

2. 郑州工商学院

（1）郑州工商学院综合实力排名

综合排名：2024 校友会中国民办大学排名第 14 名，全国理工类民办高校第 14 名，河南省民办高校第 2 名。

星级排名：中国六星级应用型大学（6★），中国顶尖应用型大学。

（2）郑州工商学院各本科专业排名（全国排名/档次）

1）中国顶尖应用型专业（6★）

电气工程及其自动化：6/A+；电子信息工程：9/A+；国际经济与贸易：45/A+；音乐表演：6/A+。

2）中国一流应用型专业（5★）

安全工程：6/A；测绘工程：9/A；地质工程：5/A；能源与动力工程：10/A；市场营销：38/A；网络工程：16/A；英语：62/A；自动化：35/A。

3）中国高水平应用型专业（4★）

宝石及材料工艺学：7/B++；材料科学与工程：23/B++；车辆工程：34/B++；电子科学与技术：22/B++；电子商务：66/B++；法学：55/B++；服装与服饰设计：32/B++；工商管理：64/B++；工业设计：17/B++；会计学：105/B++；机械设计制造及其自动化：128/B++；计算机科学与技术：168/B++；建筑电气与智能化：10/B++；交通工程：13/B++；旅游管理：76/B++；视觉传达设计：72/B++；通信工程：74/B++；土木工程：97/B++；物联网工程：62/B++；物流管理：56/B++。

4）中国区域一流应用型专业（3★）

播音与主持艺术：54/B+；财务管理：137/B+；地理信息科学：25/B+；广告学：43/B+；环境设计：113/B+；人力资源管理：75/B+；人文地理与城乡规划：23/B+；软件工程：156/B+；商务英语：71/B+；社会体育指导与管理：34/B+；学前教育：130/B+；运动康复：13/B+；自然地理与资源环境：10/B+。

5）中国区域高水平应用型专业（2★）

表演：48/C；给排水科学与工程：54/C；工程造价：88/B；互联网金融：27/B；建筑环境与能源应用工程：50/C；审计学：96/C；数据科学与大数据技术：199/C；投资学：51/B；舞蹈表演：43/B；小学教育：128/C。

6）中国区域知名应用型专业（1★）

广播电视编导：135/D；机械电子工程：187/D。

3. 安阳学院

（1）安阳学院综合实力排名

综合排名：2024 校友会中国民办大学排名第 16 名，全国综合类民办高校第 17 名，河南省民办高校第 3 名。

星级排名：中国五星级应用型大学（5★），中国一流应用型大学。

（2）安阳学院各本科专业排名（全国排名/档次）

1）中国顶尖应用型专业（6★）

法学：13/A+；会计学：23/A+；机械电子工程：14/A+；计算机科学与技术：63/A+；美术学：1/A++；数学与应用数学：23/A+；信息管理与信息系统：1/A++；英语：47/A+。

2）中国一流应用型专业（5★）

财务管理：40/A；电子信息工程：66/A；翻译：8/A+；飞行器制造工程：4/A；工程管理：27/A；国际经济与贸易：62/A；汉语言文学：63/A；环境设计：34/A；机械设计制造及其自动化：68/A；金融学：26/A；软件工程：53/A；商务英语：12/A+；土木工程：49/A；物联网工程：19/A；物流管理：27/A；学前教育：46/A；音乐学：17/A。

3）中国高水平应用型专业（4★）

播音与主持艺术：31/B++；产品设计：43/B++；城乡规划：21/B++；飞行器设计与工程：4/A；工程造价：34/B++；广播电视编导：31/B++；汉语国际教育：36/B++；健康服务与管理：7/A；旅游管理：76/B++；人力资源管理：32/B++；市场营销：85/B++；视觉传达设计：72/B++；书法学：4/A+；统计学：9/A；网络工程：47/B++；行政管理：14/B++；音乐表演：21/B++。

4）中国区域一流应用型专业（3★）

税收学：23/B+；文物保护与修复：2/A+。

4. 黄河科技学院

（1）黄河科技学院综合实力排名

综合排名：2024 校友会中国民办大学排名第 21 名，全国理工类民办高校第 21 名，河南省民办高校第 4 名。

星级排名：中国六星级应用型大学（6★），中国顶尖应用型大学。

（2）黄河科技学院各本科专业排名（全国排名/档次）

1）中国顶尖应用型专业（6★）

广播电视编导：10/A+；环境设计：19/A+；机械设计制造及其自动化：44/A+；体育教育：6/A+；药学：11/A+；音乐表演：6/A+。

2）中国一流应用型专业（5★）

材料成型及控制工程：16/A；城乡规划：8/A；电子信息工程：66/A；工商管理：39/A；护理学：32/A；计算机科学与技术：101/A；金属材料工程：4/A；社会工作：15/A；

通信工程：43/A；土木工程：49/A；英语：62/A。

3）中国高水平应用型专业（4★）

财务管理：80/B++；法学：55/B++；服装与服饰设计：32/B++；工程管理：59/B++；广播电视学：19/B++；国际经济与贸易：109/B++；经济学：24/B++；软件工程：95/B++；视觉传达设计：72/B++；音乐学：54/B++。

4）中国区域一流应用型专业（3★）

播音与主持艺术：54/B+；测控技术与仪器：34/B+；电气工程及其自动化：157/B+；翻译：39/B+；光电信息科学与工程：36/B+；建筑学：67/B+；临床医学：50/B+；纳米材料与技术：2/A+；农业工程：2/A+；人力资源管理：75/B+；日语：69/B+；摄影：19/B+；审计学：52/B+；市场营销：144/B+；投资学：24/B+；网络工程：82/B+；武术与民族传统体育：7/B+；舞蹈编导：16/B+；物流管理：127/B+；戏剧影视文学：17/B+；药物制剂：15/B+；医学检验技术：41/B+；医学影像技术：25/B+；运动康复：13/B+；运动训练：11/B+。

5）中国区域高水平应用型专业（2★）

表演：48/C；车辆工程：88/C；道路桥梁与渡河工程：33/C；动画：117/C；工程造价：88/B；会计学：223/C；机械电子工程：132/C；金融学：107/C；汽车服务工程：103/C；商务英语：161/C；数据科学与大数据技术：199/C；物联网工程：232/C；学前教育：173/C；智能科学与技术：47/C。

6）中国区域知名应用型专业（1★）

生物信息学：6/C。

5. 郑州工业应用技术学院

（1）郑州工业应用技术学院综合实力排名

综合排名：2024 校友会中国民办大学排名第 33 名，全国理工类民办高校第 33 名，河南省民办高校第 5 名。

星级排名：中国四星级应用型大学（4★），中国高水平应用型大学。

（2）郑州工业应用技术学院各本科专业排名（全国排名/档次）

1）中国一流应用型专业（5★）

康复治疗学：8/A；土木工程：49/A；药学：16/A。

2）中国高水平应用型专业（4★）

电气工程及其自动化：91/B++；机械设计制造及其自动化：128/B++；交通运输：19/B++。

3）中国区域一流应用型专业（3★）

道路桥梁与渡河工程：18/B+；护理学：90/B+；机械电子工程：74/B+；计算机科学与技术：253/B+；社会体育指导与管理：34/B+；视觉传达设计：140/B+；数据科学与大数据技术：60/B++；通信工程：130/B+；药物制剂：15/B+；音乐学：87/B+；资源循环科学与工程：3/A+。

4）中国区域高水平应用型专业（2★）

材料成型及控制工程：76/C；财务管理：251/C；车辆工程：88/C；环境设计：203/B；建筑学：104/D；金融工程：80/B；人力资源管理：134/C；智能制造工程：34/B。

5）中国区域知名应用型专业（1★）

产品设计：180/D；城乡规划：78/D；电子商务：219/C；电子信息工程：314/D；动画：153/D；服装与服饰设计：111/D；工程管理：174/C；工程造价：136/C；工业设计：121/D；国际经济与贸易：325/D；会计学：280/D；机器人工程：127/D；经济学：111/D；旅游管理：234/D；人工智能：86/C；商务英语：230/D；市场营销：321/D；舞蹈编导：37/D；物联网工程：299/D；物流管理：251/D；学前教育：215/C；音乐表演：123/D；英语：412/D。

6. 郑州西亚斯学院

（1）郑州西亚斯学院综合实力排名

综合排名：2024 校友会中国民办大学排名第 41 名，全国综合类民办高校第 42 名，河南省民办高校第 6 名。

星级排名：中国四星级应用型大学（4★），中国高水平应用型大学。

（2）郑州西亚斯学院各本科专业排名（全国排名/档次）

1）中国顶尖应用型专业（6★）

国际经济与贸易：45/A+；英语：47/A+。

2）中国一流应用型专业（5★）

体育教育：19/A；音乐表演：9/A。

3）中国高水平应用型专业（4★）

电子信息工程：116/B++；护理学：59/B++；会计学：105/B++；视觉传达设计：72/B++；自动化：70/B++。

4）中国区域一流应用型专业（3★）

法学：82/B+；工商管理：106/B+；汉语言文学：180/B+；金融学：79/B+；康复治疗学：38/B+；旅游管理：129/B+；市场营销：144/B+；信息管理与信息系统：71/B+。

5）中国区域高水平应用型专业（2★）

财务管理：251/C；测控技术与仪器：57/D；电子商务：159/B；广告学：74/B；计算机科学与技术：379/D；建筑学：104/D；经济统计学：31/B；经济学：80/C；日语：119/C；软件工程：221/C；摄影：38/C；通信工程：205/D；物流管理：182/C；新闻学：81/C；学前教育：173/C。

6）中国区域知名应用型专业（1★）

表演：70/D；产品设计：180/D；大数据管理与应用：51/D；工程管理：174/C；环境设计：311/D；健康服务与管理：49/C；人工智能：86/C；人力资源管理：202/D；社会体育指导与管理：104/C；数据科学与大数据技术：272/D。

7. 中原科技学院

（1）中原科技学院综合实力排名

综合排名：2024 校友会中国民办大学排名第 44 名，全国理工类民办高校第 44 名，河南省民办高校第 7 名。

星级排名：中国四星级应用型大学（4★），中国高水平应用型大学。

（2）中原科技学院各本科专业排名（全国排名/档次）

1）中国顶尖应用型专业（6★）

学前教育：25/A+。

2）中国一流应用型专业（5★）

国际经济与贸易：62/A；机械设计制造及其自动化：68/A；旅游管理：42/A。

3）中国高水平应用型专业（4★）

材料成型及控制工程：36/B++；电子信息工程：116/B++；工程管理：59/B++；工商管理：64/B++；汉语国际教育：36/B++；会计学：105/B++；计算机科学与技术：168/B++；酒店管理：27/B++；美术学：38/B++；市场营销：85/B++；视觉传达设计：72/B++；数学与应用数学：78/B++；物联网工程：62/B++；小学教育：75/B++；心理学：7/B++；行政管理：14/B++。

4）中国区域一流应用型专业（3★）

财务会计教育：6/B+；法学：82/B+；广播电视学：40/B+；汉语言文学：180/B+；人力资源管理：75/B+；生物技术：41/B+；思想政治教育：78/B+；土木工程：160/B+；网络与新媒体：61/B+；物流管理：127/B+；音乐学：87/B+；英语：198/B+；知识产权：12/B+。

5）中国区域高水平应用型专业（2★）

安全工程：39/C；财务管理：251/C；城市地下空间工程：23/D；工业设计：74/C；广播电视编导：105/C；汉语言：8/B；化学：100/C；教育技术学：41/C；日语：119/C；商务英语：161/C；物理学：99/C。

6）中国区域知名应用型专业（1★）

产品设计：180/D；城市管理：26/D；道路桥梁与渡河工程：42/D；工程造价：136/C；环境工程：115/D；机械电子工程：187/D；建筑学：124/D；金融工程：115/C；劳动与社会保障：28/C；文化产业管理：71/D；西班牙语：30/D；智能制造工程：70/C。

8. 郑州升达经贸管理学院

（1）郑州升达经贸管理学院综合实力排名

综合排名：2024 校友会中国民办大学排名第 50 名，全国财经类民办高校第 24 名，河南省民办高校第 8 名。

星级排名：中国四星级应用型大学（4★），中国高水平应用型大学。

（2）郑州升达经贸管理学院各本科专业排名（全国排名/档次）

1）中国一流应用型专业（5★）

财务管理：40/A；会计学：63/A；金融学：26/A。

2）中国高水平应用型专业（4★）

国际经济与贸易：109/B++；市场营销：85/B++。

3）中国区域一流应用型专业（3★）

数据科学与大数据技术：60/B++；税收学：23/B+；物联网工程：139/B+。

4）中国区域高水平应用型专业（2★）

电子信息工程：242/C；服装与服饰设计：90/C；工商管理：170/C；广告学：74/B；环境设计：203/B；计算机科学与技术：379/D；经济学：80/C；人力资源管理：134/C；日语：119/C；软件工程：221/C；社会体育指导与管理：61/B；审计学：96/C；视觉传达设计：235/C；土木工程：219/C；物流管理：182/C；新闻学：81/C；音乐表演：85/C；自动化：176/D。

5）中国区域知名应用型专业（1★）

电气工程及其自动化：293/D；电子商务：219/C；法学：193/D；翻译：116/D；工程管理：174/C；工程造价：136/C；汉语言文学：298/D；机械设计制造及其自动化：297/D；建筑学：124/D；金融工程：115/C；酒店管理：124/C；跨境电子商务：22/B；旅游管理：234/D；汽车服务工程：134/D；商务英语：230/D；数字媒体艺术：155/C；通信工程：247/D；网络与新媒体：140/C；舞蹈表演：66/D；学前教育：215/C；英语：412/D；智能科学与技术：63/C。

9. 郑州商学院

（1）郑州商学院综合实力排名

综合排名：2024 校友会中国民办大学排名第 55 名，全国财经类民办高校第 28 名，河南省民办高校第 9 名。

星级排名：中国三星级应用型大学（3★），中国知名、区域一流应用型大学。

（2）郑州商学院各本科专业排名（全国排名/档次）

1）中国一流应用型专业（5★）

工商管理：39/A；会计学：63/A；商务英语：12/A+。

2）中国高水平应用型专业（4★）

动画：37/B++；汉语国际教育：36/B++；汉语言文学：118/B++；市场营销：85/B++。

3）中国区域一流应用型专业（3★）

财务管理：137/B+；工程管理：96/B+；工程造价：58/B+；国际经济与贸易：179/B+；国际商务：29/B+；审计学：52/B+；投资学：24/B+；运动康复：13/B+；知识产权：12/B+；资产评估：16/B+。

4）中国区域高水平应用型专业（2★）

德语：24/C；电气工程及其自动化：231/D；翻译：84/C；计算机科学与技术：379/D；新闻学：81/C；休闲体育：32/B；学前教育：173/C；艺术设计学：77/C；英语：318/C；自动化：176/D。

5）中国区域知名应用型专业（1★）

保险学：46/D；道路桥梁与渡河工程：42/D；电子信息工程：314/D；广告学：123/D；机械设计制造及其自动化：297/D；跨境电子商务：22/B；旅游管理：234/D；日语：173/D；视觉传达设计：299/D；体能训练：4/A；通信工程：247/D；土木工程：257/D；网络工程：191/D；物流管理：251/D。

10. 郑州经贸学院

（1）郑州经贸学院综合实力排名

综合排名：2024 校友会中国民办大学排名第 64 名，全国财经类民办高校第 32 名，河南省民办高校第 10 名。

星级排名：中国三星级应用型大学（3★），中国知名、区域一流应用型大学。

（2）郑州经贸学院各本科专业排名（全国排名/档次）

1）中国高水平应用型专业（4★）

财务管理：80/B++；服装与服饰设计：32/B++；会计学：105/B++；机械设计制造及其自动化：128/B++；计算机科学与技术：168/B++；市场营销：85/B++；信息管理与信息系统：35/B++。

2）中国区域一流应用型专业（3★）

电气工程及其自动化：157/B+；法学：82/B+；服装设计与工程：31/B+；工商管理：106/B+；工业设计：48/B+；广播电视编导：72/B+；轨道交通信号与控制：11/B+；国际经济与贸易：179/B+；建筑环境与能源应用工程：33/B+；经济统计学：20/B+；网络工程：82/B+；网络与新媒体：61/B+；自动化：120/B+。

3）中国区域高水平应用型专业（2★）

电子商务：159/B；工程造价：88/B；工业工程：27/B；广播电视学：57/C；建筑电气与智能化：38/C；建筑学：104/D；商务英语：161/C；数据科学与大数据技术：199/C；数字媒体技术：100/C；投资学：51/B；土木工程：219/C；信用管理：8/C；英语：318/C。

4）中国区域知名应用型专业（1★）

播音与主持艺术：132/D；广告学：123/D；航空服务艺术与管理：22/C；机械电子工程：187/D；金融工程：115/C；审计学：126/D；数字媒体艺术：155/C；物流管理：251/D；智能电网信息工程：14/D。

11. 郑州财经学院

（1）郑州财经学院综合实力排名

综合排名：2024校友会中国民办大学排名第79名，全国财经类民办高校第43名，河南省民办高校第11名。

星级排名：中国二星级应用型大学（2★），中国区域高水平应用型大学。

（2）郑州财经学院各本科专业排名（全国排名/档次）

1）中国高水平应用型专业（4★）

会计学：105/B++；投资学：11/B++；物流管理：56/B++。

2）中国区域一流应用型专业（3★）

车辆工程：56/B+；电子商务：109/B+；工程造价：58/B+；酒店管理：47/B+；审计学：52/B+；市场营销：144/B+；视觉传达设计：140/B+；数据科学与大数据技术：60/B++；英语：198/B+。

3）中国区域高水平应用型专业（2★）

国际经济与贸易：260/C；金融学：107/C。

4）中国区域知名应用型专业（1★）

财务管理：326/C；大数据管理与应用：51/D；工商管理：205/D；广告学：123/D；互联网金融：32/C；环境设计：311/D；计算机科学与技术：469/D；教育技术学：47/D；金融科技：17/B；经济统计学：42/C；汽车服务工程：134/D；软件工程：288/D；商务英语：230/D；数字媒体艺术：155/C；土木工程：257/D；网络工程：191/D；网络与新媒体：140/C；小学教育：142/C；学前教育：215/C；智能制造工程：70/C。

12. 黄河交通学院

（1）黄河交通学院综合实力排名

综合排名：2024校友会中国民办大学排名第84名，全国理工类民办高校第86名，河南省民办高校第12名。

星级排名：中国三星级应用型大学（3★），中国知名、区域一流应用型大学。

（2）黄河交通学院各本科专业排名（全国排名/档次）

1）中国一流应用型专业（5★）

交通运输：10/A。

2）中国高水平应用型专业（4★）

车辆工程：34/B++；机械设计制造及其自动化：128/B++。

3）中国区域一流应用型专业（3★）

城市地下空间工程：10/B+；飞行器制造工程：15/B+；机械工程：35/B+；交通工程：24/B+；交通管理：4/A；汽车服务工程：66/B+；汽车维修工程教育：2/A+；数据科学与大数据技术：60/B++；物流工程：23/B+。

4）中国区域高水平应用型专业（2★）

道路桥梁与渡河工程：33/C；机械电子工程：132/C；农业机械化及其自动化：5/A；思想政治教育：112/C。

5）中国区域知名应用型专业（1★）

财务管理：326/C；测绘工程：72/D；电气工程及其自动化：293/D；电子商务：219/C；工程管理：174/C；工程造价：136/C；环境设计：311/D；机器人工程：127/D；计算机科学与技术：469/D；金融工程：115/C；能源与动力工程：56/D；审计学：126/D；数字媒体艺术：155/C；土木工程：257/D；物联网工程：299/D；物流管理：251/D；智能科学与技术：63/C。

13. 商丘工学院

（1）商丘工学院综合实力排名

综合排名：2024校友会中国民办大学排名第99名，全国理工类民办高校第101名，河南省民办高校第13名。

星级排名：中国二星级应用型大学（2★），中国区域高水平应用型大学。

（2）商丘工学院各本科专业排名（全国排名/档次）

1）中国一流应用型专业（5★）

建筑电气与智能化：2/A+。

2）中国高水平应用型专业（4★）

电子信息工程：116/B++；机械设计制造及其自动化：128/B++；学前教育：95/B++。

3）中国区域一流应用型专业（3★）

车辆工程：56/B+；道路桥梁与渡河工程：18/B+；风景园林：24/B+；护理学：90/B+；机器人工程：36/B+；机械电子工程：74/B+；计算机科学与技术：253/B+；助产学：5/A。

4）中国区域高水平应用型专业（2★）

材料成型及控制工程：76/C；产品设计：130/C；城市地下空间工程：23/D；工程造价：88/B；会计学：223/C；能源与动力工程：48/D；土木工程：219/C；物联网工程：232/C。

5）中国区域知名应用型专业（1★）

测绘工程：72/D；测控技术与仪器：69/D；电气工程及其自动化：293/D；电子商务：219/C；工程管理：174/C；环境设计：311/D；金融学：133/D；经济统计学：42/C；汽车服务工程：134/D；软件工程：288/D；市场营销：321/D；数据科学与大数据技术：272/D；通信工程：247/D；物流工程：52/D；小学教育：142/C。

14. 新乡医学院三全学院

（1）新乡医学院三全学院综合实力排名

综合排名：2024 校友会中国民办大学排名第 104 名，全国医药类民办高校第 14 名，河南省民办高校第 14 名。

星级排名：中国二星级应用型大学（2★），中国区域高水平应用型大学。

（2）新乡医学院三全学院各本科专业排名（全国排名/档次）

1）中国高水平应用型专业（4★）

护理学：59/B++；医学影像学：11/B++。

2）中国区域一流应用型专业（3★）

健康服务与管理：15/B++；康复治疗学：38/B+；临床医学：50/B+；生物制药：13/B+；药学：38/B+；英语：198/B+；助产学：5/A。

3）中国区域高水平应用型专业（2★）

电子科学与技术：57/D；公共事业管理：74/C；假肢矫形工程：4/A；康复工程：2/A+；口腔医学技术：13/C；生物工程：68/C；生物技术：71/C；生物医学工程：30/D；市场营销：231/C；数据科学与大数据技术：199/C；卫生检验与检疫：17/D；医疗产品管理：2/A+；医学检验技术：58/D。

4）中国区域知名应用型专业（1★）

眼视光学：15/D；药物制剂：32/D；医学影像技术：48/D；智能医学工程：11/D。

15. 河南开封科技传媒学院

（1）河南开封科技传媒学院综合实力排名

综合排名：2024 校友会中国民办大学排名第 108 名，全国综合类民办高校第 109 名，河南省民办高校第 15 名。

星级排名：中国二星级应用型大学（2★），中国区域高水平应用型大学。

（2）河南开封科技传媒学院各本科专业排名（全国排名/档次）

1）中国顶尖应用型专业（6★）

视觉传达设计：18/A+。

2）中国一流应用型专业（5★）

会计学：63/A；英语：62/A。

3）中国高水平应用型专业（4★）

播音与主持艺术：31/B++；广播电视编导：31/B++；护理学：59/B++；金融学：45/B++；经济学：24/B++；美术学：38/B++；生物技术：23/B++；行政管理：14/B++；学前教育：95/B++；药物制剂：6/B++；应用化学：45/B++；应用心理学：20/B++。

4）中国区域一流应用型专业（3★）

测控技术与仪器：34/B+；法学：82/B+；工商管理：106/B+；广告学：43/B+；国际经济与贸易：179/B+；汉语言文学：180/B+；环境设计：113/B+；旅游管理：129/B+；人力资源管理：75/B+；人文地理与城乡规划：23/B+；生物工程：53/B+；食品质量与安全：34/B+；书法学：16/B+；数学与应用数学：109/B+；通信工程：130/B+；统计学：20/B++；土木工程：160/B+；新闻学：50/B+；药学：38/B+；自动化：120/B+。

5）中国区域高水平应用型专业（2★）

材料科学与工程：50/C；电子信息科学与技术：71/C；环境工程：86/C；劳动与社会保障：21/B；日语：119/C；数据科学与大数据技术：199/C。

6）中国区域知名应用型专业（1★）

财务管理：326/C；动画：153/D；俄语：46/D；环境科学：41/D；经济统计学：42/C；软件工程：288/D；商务英语：230/D；审计学：126/D；网络工程：191/D；网络与新媒体：140/C；文化产业管理：71/D；物流管理：251/D。

15. 郑州科技学院

（1）郑州科技学院综合实力排名

综合排名：2024 校友会中国民办大学排名第 108 名，全国理工类民办高校第 110 名，河南省民办高校第 15 名。

星级排名：中国二星级应用型大学（2★），中国区域高水平应用型大学。

（2）郑州科技学院各本科专业排名（全国排名/档次）

1）中国顶尖应用型专业（6★）

机械设计制造及其自动化：44/A+。

2）中国一流应用型专业（5★）

电子科学与技术：12/A；计算机科学与技术：101/A；食品科学与工程：17/A。

3）中国高水平应用型专业（4★）

建筑电气与智能化：10/B++；交通运输：19/B++；视觉传达设计：72/B++；体育教育：56/B++；自动化：70/B++。

4）中国区域一流应用型专业（3★）

播音与主持艺术：54/B+；国际经济与贸易：179/B+；经济学：52/B+；社会体育指导与管理：34/B+；数据科学与大数据技术：60/B++；投资学：24/B+；物联网工程：139/B+。

5）中国区域高水平应用型专业（2★）

材料成型及控制工程：76/C；财务管理：251/C；车辆工程：88/C；电气工程及其自动化：231/D；电子商务：159/B；环境设计：203/B；机械电子工程：132/C；建筑环境

与能源应用工程：50/C；旅游管理：180/C；食品质量与安全：57/B；通信工程：205/D；土木工程：219/C；音乐学：150/C。

6）中国区域知名应用型专业（1★）

产品设计：180/D；电子信息工程：314/D；动画：153/D；翻译：116/D；工程造价：136/C；机器人工程：127/D；交通工程：42/D；金融科技：17/B；汽车服务工程：134/D；软件工程：288/D；市场营销：321/D；数字媒体技术：136/D；数字媒体艺术：155/C；舞蹈编导：37/D；物流管理：251/D；小学教育：142/C；学前教育：215/C；英语：412/D。

17. 信阳学院

（1）信阳学院综合实力排名

综合排名：2024 校友会中国民办大学排名第 109 名，全国综合类民办高校第 110 名，河南省民办高校第 17 名。

星级排名：中国二星级应用型大学（2★），中国区域高水平应用型大学。

（2）信阳学院各本科专业排名（全国排名/档次）

1）中国高水平应用型专业（4★）

教育学：15/B++；历史学：32/B++；英语：129/B++。

2）中国区域一流应用型专业（3★）

测绘工程：42/B+；地理科学：28/B+；汉语言文学：180/B+；化学：73/B+；会计学：177/B+；机械电子工程：74/B+；生物技术：41/B+；数字媒体艺术：63/B+；物理学：66/B+；心理学：13/B+；学前教育：130/B+；音乐表演：48/B+。

3）中国区域高水平应用型专业（2★）

财务管理：251/C；地理信息科学：42/C；给排水科学与工程：54/C；汉语国际教育：110/C；环境设计：203/B；教育技术学：41/C；酒店管理：81/B；旅游管理：180/C；美术学：124/C；秘书学：35/B；汽车服务工程：103/C；商务英语：161/C；社会工作：62/C；生物科学：80/C；统计学：53/B；文化产业管理：49/B；音乐学：150/C。

4）中国区域知名应用型专业（1★）

车辆工程：117/D；电子商务：219/C；法学：193/D；翻译：116/D；房地产开发与管理：31/D；工程管理：174/C；工程造价：136/C；广播电视编导：135/D；广播电视学：75/D；计算机科学与技术：469/D；金融工程：115/C；经济学：111/D；人工智能：86/C；日语：173/D；市场营销：321/D；视觉传达设计：299/D；数据科学与大数据技术：272/D；数学与应用数学：197/D；土木工程：257/D；物联网工程：299/D；物业管理：25/D；小学教育：142/C；应用化学：150/D。

18. 新乡工程学院

（1）新乡工程学院综合实力排名

综合排名：2024 校友会中国民办大学排名第 113 名，全国理工类民办高校第 115 名，河南省民办高校第 18 名。

星级排名：中国二星级应用型大学（2★），中国区域高水平应用型大学。

（2）新乡工程学院各本科专业排名（全国排名/档次）

1）中国高水平应用型专业（4★）

生物工程：26/B++；信息管理与信息系统：35/B++。

2）中国区域一流应用型专业（3★）

电气工程及其自动化：157/B+；化学工程与工艺：92/B+；社会体育指导与管理：34/B+；食品科学与工程：65/B+；食品质量与安全：34/B+；视觉传达设计：140/B+；信息工程：14/B+。

3）中国区域高水平应用型专业（2★）

环境设计：203/B；机械设计制造及其自动化：246/D；酒店管理：81/B；农林经济管理：8/C；烹饪与营养教育：17/D；汽车服务工程：103/C；人力资源管理：134/C；商务英语：161/C；物流管理：182/C；制药工程：85/C。

4）中国区域知名应用型专业（1★）

城乡规划：78/D；电子信息工程：314/D；法学：193/D；翻译：116/D；国际经济与贸易：325/D；国际商务：78/D；汉语国际教育：153/D；汉语言文学：298/D；环境科学：41/D；计算机科学与技术：469/D；生物技术：95/D；市场营销：321/D；通信工程：247/D；新闻学：125/D；英语：412/D；园林：70/D。

第二节　湖北省

一、湖北省大学综合实力排名

1. 湖北省大学排名

表 8-5　2024 校友会湖北省大学排名

全国排名	学校名称	所在城市	星级排名	办学层次	星级专业数/个								
					专业类型	8★	7★	6★	5★	4★	3★	2★	1★
7	华中科技大学	武汉市	8★	世界一流大学	研究型	1	7	14	36	40	13	0	0
10	武汉大学	武汉市	8★	世界一流大学	研究型	1	7	15	32	53	13	0	0

续表

全国排名	学校名称	所在城市	星级排名	办学层次	星级专业数/个								
					专业类型	8★	7★	6★	5★	4★	3★	2★	1★
35	武汉理工大学	武汉市	6★	世界高水平大学	研究型	0	2	5	12	48	18	14	0
42	华中农业大学	武汉市	5★	中国一流大学	研究型	0	2	4	8	18	17	10	2
47	华中师范大学	武汉市	5★	中国一流大学	研究型	0	2	2	8	39	11	20	0
51	中南财经政法大学	武汉市	6★	世界高水平大学	研究型	0	1	5	8	24	24	1	0
75	中国地质大学（武汉）	武汉市	6★	世界高水平大学	研究型	1	2	2	6	29	21	9	1
84	武汉科技大学	武汉市	4★	中国高水平大学	研究型	0	1	2	19	17	31	0	0
127	长江大学	荆州市	4★	中国高水平大学	研究型	0	0	3	10	20	34	30	0
128	湖北工业大学	武汉市	4★	中国高水平大学	研究型	0	0	3	10	24	13	20	5
128	三峡大学	宜昌市	4★	中国高水平大学	研究型	0	0	3	10	12	27	23	10
132	中南民族大学	武汉市	5★	中国一流大学	研究型	0	1	1	13	21	31	12	0
137	武汉纺织大学	武汉市	4★	中国高水平大学	研究型	0	0	2	8	11	16	22	2
140	湖北大学	武汉市	4★	中国高水平大学	研究型	0	0	1	6	26	6	29	16
148	武汉轻工大学	武汉市	3★	区域一流大学	研究型	0	0	2	7	19	5	11	12
185	武汉工程大学	武汉市	3★	区域一流大学	研究型	0	0	0	2	17	2	35	16
190	湖北医药学院	十堰市	3★	区域一流大学	研究型	0	0	0	5	8	10	0	0
198	湖北经济学院	武汉市	3★	区域一流大学	研究型	0	0	0	6	17	10	18	9
218	黄冈师范学院	黄冈市	3★	区域一流大学	研究型	0	0	0	6	14	19	24	6
225	江汉大学	武汉市	2★	区域高水平大学	研究型	0	0	0	2	6	26	11	31
278	湖北文理学院	襄阳市	3★	区域一流大学	研究型	0	0	0	1	10	9	23	13
294	武汉体育学院	武汉市	4★	中国高水平大学	研究型	0	0	0	2	8	7	12	0
300	湖北师范大学	黄石市	2★	区域高水平大学	研究型	0	0	0	0	8	23	9	25
324	湖北民族大学	恩施土家族苗族自治州	2★	区域高水平大学	研究型	0	0	0	0	11	11	17	31
324	湖北中医药大学	武汉市	3★	区域一流大学	研究型	0	0	0	2	8	8	8	9
328	湖北汽车工业学院	十堰市	2★	区域高水平大学	研究型	0	0	0	2	7	11	6	12
351	武汉音乐学院	武汉市	4★	中国高水平大学	研究型	0	0	1	3	2	0	2	0
393	湖北工程学院	孝感市	1★	区域知名大学	应用型	0	0	19	15	12	17	0	0
393	湖北科技学院	咸宁市	1★	区域知名大学	应用型	0	0	23	9	14	17	0	0
422	湖北理工学院	黄石市	1★	区域知名大学	应用型	0	0	7	12	8	14	14	0
436	湖北第二师范学院	武汉市	1★	区域知名大学	应用型	0	0	5	7	7	9	15	12
436	湖北美术学院	武汉市	3★	区域一流大学	研究型	0	0	0	3	12	8	3	3
453	荆楚理工学院	荆门市	1★	区域知名大学	应用型	0	0	2	4	7	12	12	6
472	武汉商学院	武汉市	1★	区域知名大学	应用型	0	0	4	4	7	9	4	5
484	湖北警官学院	武汉市	3★	区域一流大学	应用型	0	0	2	1	4	7	0	0
509	汉江师范学院	十堰市	1★	区域知名大学	应用型	0	0	0	3	3	6	9	16

2. 湖北省民办大学排名

表 8-6　2024 校友会湖北省民办大学排名（含独立学院）

全国排名	学校名称	所在城市	星级排名	办学层次	星级专业数/个								
					专业类型	8★	7★	6★	5★	4★	3★	2★	1★
1	武昌首义学院	武汉市	6★	中国顶尖应用型大学	应用型	0	0	23	12	1	0	0	0
2	文华学院	武汉市	6★	中国顶尖应用型大学	应用型	0	0	19	15	12	1	0	0

续表

全国排名	学校名称	所在城市	星级排名	办学层次	星级专业数/个								
					专业类型	8★	7★	6★	5★	4★	3★	2★	1★
5	武汉工商学院	武汉市	6★	中国顶尖应用型大学	应用型	0	0	19	14	7	0	0	0
6	武汉城市学院	武汉市	6★	中国顶尖应用型大学	应用型	0	0	20	12	5	0	0	0
9	武汉华夏理工学院	武汉市	6★	中国顶尖应用型大学	应用型	0	0	19	13	9	0	0	0
13	湖北商贸学院	武汉市	6★	中国顶尖应用型大学	应用型	0	0	13	11	9	0	0	0
14	武汉学院	武汉市	6★	中国顶尖应用型大学	应用型	0	0	3	8	12	11	0	0
16	武汉东湖学院	武汉市	6★	中国顶尖应用型大学	应用型	0	0	6	5	11	11	12	4
18	湖北师范大学文理学院	黄石市	5★	中国一流应用型大学	应用型	0	0	10	11	6	0	0	0
19	荆州学院	荆州市	5★	中国一流应用型大学	应用型	0	0	10	10	7	11	0	0
21	湖北经济学院法商学院	武汉市	5★	中国一流应用型大学	应用型	0	0	10	9	7	2	0	0
22	武汉传媒学院	武汉市	5★	中国一流应用型大学	应用型	0	0	2	3	6	5	8	6
25	武汉工程科技学院	武汉市	5★	中国一流应用型大学	应用型	0	0	0	2	9	10	8	20
26	汉口学院	武汉市	5★	中国一流应用型大学	应用型	0	0	3	7	15	11	3	5
26	武昌理工学院	武汉市	5★	中国一流应用型大学	应用型	0	0	2	8	15	19	12	2
30	武汉晴川学院	武汉市	5★	中国一流应用型大学	应用型	0	0	2	3	8	9	10	4
32	武昌工学院	武汉市	4★	中国高水平应用型大学	应用型	0	0	0	1	6	10	13	16
36	湖北恩施学院	恩施土家族苗族自治州	4★	中国高水平应用型大学	应用型	0	0	7	11	12	3	0	0
46	武汉生物工程学院	武汉市	4★	中国高水平应用型大学	应用型	0	0	1	3	10	6	13	13
48	三峡大学科技学院	宜昌市	4★	中国高水平应用型大学	应用型	0	0	0	2	3	2	23	9
48	武汉设计工程学院	武汉市	4★	中国高水平应用型大学	应用型	0	0	0	2	6	7	6	11
49	武汉文理学院	武汉市	3★	区域一流应用型大学	应用型	0	0	0	1	1	9	18	13
56	长江大学文理学院	荆州市	3★	区域一流应用型大学	应用型	0	0	0	0	3	6	3	23
60	湖北工业大学工程技术学院	武汉市	3★	区域一流应用型大学	应用型	0	0	0	0	3	5	7	19
63	湖北医药学院药护学院	十堰市	3★	区域一流应用型大学	应用型	0	0	0	0	3	2	2	5
67	武汉纺织大学外经贸学院	武汉市	3★	区域一流应用型大学	应用型	0	0	0	2	1	1	2	11
87	武汉体育学院体育科技学院	武汉市	3★	区域一流应用型大学	应用型	0	0	0	1	3	2	5	6
96	湖北大学知行学院	武汉市	2★	区域高水平应用型大学	应用型	0	0	0	0	6	7	19	10
106	湖北文理学院理工学院	襄阳市	1★	区域知名应用型大学	应用型	0	0	0	0	0	3	9	16
117	武汉工程大学邮电与信息工程学院	武汉市	1★	区域知名应用型大学	应用型	0	0	0	2	4	4	1	21
123	湖北工程学院新技术学院	孝感市	1★	区域知名应用型大学	应用型	0	0	0	0	1	4	7	22
127	湖北汽车工业学院科技学院	十堰市	1★	区域知名应用型大学	应用型	0	0	0	1	2	3	5	11

3. 湖北省高职院校排名

表 8-7　2024 校友会湖北省高职院校排名

全国排名	学校名称	所在城市	办学类型	星级排名	办学层次
1	武汉职业技术学院	武汉市	职业技能型	6★	中国顶尖高职院校
4	襄阳职业技术学院	襄阳市	职业技能型	6★	中国顶尖高职院校
22	湖北职业技术学院	孝感市	职业技能型	5★	中国一流高职院校
22	黄冈职业技术学院	黄冈市	职业技能型	5★	中国一流高职院校
27	湖北生态工程职业技术学院	武汉市	职业技能型	5★	中国一流高职院校
32	长江职业学院	武汉市	职业技能型	5★	中国一流高职院校
33	武汉城市职业学院	武汉市	职业技能型	5★	中国一流高职院校

续表

全国排名	学校名称	所在城市	办学类型	星级排名	办学层次
41	武汉船舶职业技术学院	武汉市	职业技能型	5★	中国一流高职院校
47	武汉商贸职业学院	武汉市	职业技能型	4★	中国高水平高职院校
62	鄂州职业大学	鄂州市	职业技能型	3★	区域一流高职院校
85	湖北交通职业技术学院	武汉市	职业技能型	3★	区域一流高职院校
102	武汉铁路职业技术学院	武汉市	职业技能型	3★	区域一流高职院校
114	湖北三峡职业技术学院	宜昌市	职业技能型	3★	区域一流高职院校
116	咸宁职业技术学院	咸宁市	职业技能型	3★	区域一流高职院校
139	湖北黄冈应急管理职业技术学院	黄冈市	职业技能型	3★	区域一流高职院校
143	仙桃职业学院	仙桃市	职业技能型	3★	区域一流高职院校
144	武汉软件工程职业学院	武汉市	职业技能型	3★	区域一流高职院校
146	荆州职业技术学院	荆州市	职业技能型	3★	区域一流高职院校
152	湖北中医药高等专科学校	荆州市	职业技能型	3★	区域一流高职院校
154	江汉艺术职业学院	潜江市	职业技能型	2★	区域高水平高职院校
169	长江艺术工程职业学院	荆州市	职业技能型	2★	区域高水平高职院校
182	武汉电力职业技术学院	武汉市	职业技能型	2★	区域高水平高职院校
195	武昌职业学院	武汉市	职业技能型	2★	区域高水平高职院校
199	武汉交通职业学院	武汉市	职业技能型	2★	区域高水平高职院校
251	武汉外语外事职业学院	武汉市	职业技能型	2★	区域高水平高职院校
260	长江工程职业技术学院	武汉市	职业技能型	2★	区域高水平高职院校
267	武汉警官职业学院	武汉市	职业技能型	2★	区域高水平高职院校
268	湖北幼儿师范高等专科学校	武汉市	职业技能型	2★	区域高水平高职院校
268	黄冈科技职业学院	黄冈市	职业技能型	2★	区域高水平高职院校
269	武汉科技职业学院	武汉市	职业技能型	2★	区域高水平高职院校
270	天门职业学院	天门市	职业技能型	2★	区域高水平高职院校
276	湖北青年职业学院	武汉市	职业技能型	2★	区域高水平高职院校
278	湖北生物科技职业学院	武汉市	职业技能型	2★	区域高水平高职院校
279	荆门职业学院	荆门市	职业技能型	2★	区域高水平高职院校
279	随州职业技术学院	随州市	职业技能型	2★	区域高水平高职院校
280	武汉工程职业技术学院	武汉市	职业技能型	2★	区域高水平高职院校
284	三峡旅游职业技术学院	宜昌市	职业技能型	1★	区域知名高职院校
286	湖北工业职业技术学院	十堰市	职业技能型	2★	区域高水平高职院校
292	湖北城市建设职业技术学院	武汉市	职业技能型	1★	区域知名高职院校
295	湖北开放职业学院	武汉市	职业技能型	1★	区域知名高职院校
296	恩施职业技术学院	恩施土家族苗族自治州	职业技能型	1★	区域知名高职院校
310	武汉信息传播职业技术学院	武汉市	职业技能型	1★	区域知名高职院校
326	湖北水利水电职业技术学院	武汉市	职业技能型	1★	区域知名高职院校
328	湖北工程职业学院	黄石市	职业技能型	1★	区域知名高职院校
335	三峡电力职业学院	宜昌市	职业技能型	1★	区域知名高职院校
345	湖北科技职业学院	武汉市	职业技能型	1★	区域知名高职院校
353	襄阳汽车职业技术学院	襄阳市	职业技能型	1★	区域知名高职院校
366	荆州理工职业学院	荆州市	职业技能型	1★	区域知名高职院校

二、湖北省大学专业排名详情

1. 华中科技大学

（1）华中科技大学综合实力排名

综合排名：2024 校友会中国大学排名第 7 名，全国综合类高校第 7 名，湖北省高校第 1 名。

星级排名：中国八星级大学（8★），世界一流大学、中国顶尖大学。“985 工程”大学，“211 工程”大学。主管部门：教育部。

（2）华中科技大学各本科专业排名（全国排名/档次）

1）世界一流专业（8★）

机械设计制造及其自动化：1/A++。

2）世界知名高水平、中国顶尖专业（7★）

电气工程及其自动化：3/A++；光电信息科学与工程：1/A++；计算机科学与技术：3/A++；临床医学：3/A++；能源与动力工程：2/A++；生物医学工程：3/A++；自动化：4/A++。

3）世界高水平、中国顶尖专业（6★）

材料成型及控制工程：1/A++；材料科学与工程：13/A+；城乡规划：4/A+；电子信息工程：4/A++；给排水科学与工程：1/A++；公共事业管理：2/A++；护理学：4/A+；经济学：7/A+；生物技术：3/A++；数学与应用数学：11/A+；土木工程：8/A+；新闻学：9/A+；药学：5/A+；预防医学：3/A+。

4）中国一流专业（5★）

播音与主持艺术：2/A+；测控技术与仪器：15/A；传播学：9/A；船舶与海洋工程：6/A；电子科学与技术：15/A；法学：35/A；工程管理：10/A+；工程力学：19/A；工商管理：27/A；工业工程：3/A+；广播电视学：6/A；国际经济与贸易：35/A；汉语言文学：50/A；集成电路设计与集成系统：4/A；建筑学：20/A；金融学：31/A；口腔医学：10/A；人工智能：3/A++；软件工程：39/A；社会工作：12/A；生物科学：29/A；市场营销：19/A；水利水电工程：13/A；通信工程：17/A；统计学：16/A；物理学：23/A；物联网工程：6/A+；物流管理：7/A+；新能源科学与工程：2/A+；信息安全：7/A；信息管理与信息系统：24/A；信息与计算科学：9/A+；医学检验技术：8/A；医学影像学：6/A；英语：42/A；哲学：15/A。

5）中国高水平专业（4★）

财务管理：46/B++；财政学：32/B++；产品设计：33/B++；储能科学与工程：2/A+；德语：20/B++；电磁场与无线技术：7/B++；电子封装技术：3/A+；法医学：14/B++；翻译：23/B++；飞行器设计与工程：12/B++；风景园林：22/B++；工业设计：38/B++；功能材料：5/A；汉语国际教育：18/A；核工程与核技术：16/B++；化学：87/B++；化学工程与工艺：84/B++；环境工程：82/B++；环境设计：43/B++；会计学：43/B++；基础医学：13/B++；建筑环境与能源应用工程：25/B++；交通工程：23/B++；交通运输：26/B++；金融工程：11/A；轮机工程：7/B++；日语：33/B++；社会学：40/B++；生物制药：5/A；数字媒体技术：14/B++；数字媒体艺术：13/A；网络空间安全：6/A；微电子科学与工程：21/B++；行政管理：66/B++；医学实验技术：5/A；应用化学：69/B++；应用物理学：43/B++；中西医临床医学：18/B++；中药学：31/B++；中医学：23/B++。

6）中国区域一流专业（3★）

道路桥梁与渡河工程：17/B+；儿科学：12/B+；法语：35/B+；广告学：50/B+；国际商务：30/B+；经济统计学：44/B+；密码科学与技术：2/A+；生物信息学：17/B+；数据科学与大数据技术：20/A；音乐表演：45/B+；运动训练：36/B+；政治学与行政学：41/B+；智能建造：2/A+。

2. 武汉大学

（1）武汉大学综合实力排名

综合排名：2024 校友会中国大学排名第 10 名，全国综合类高校第 9 名，湖北省高校第 2 名。

星级排名：中国八星级大学（8★），世界一流大学、中国顶尖大学。“985 工程”大学，“211 工程”大学。主管部门：教育部。

（2）武汉大学各本科专业排名（全国排名/档次）

1）世界一流专业（8★）

测绘工程：1/A++。

2）世界知名高水平、中国顶尖专业（7★）

法学：4/A++；经济学：3/A++；水利水电工程：2/A++；思想政治教育：1/A++；图书馆学：1/A++；新闻学：4/A++；哲学：3/A++。

3）世界高水平、中国顶尖专业（6★）

编辑出版学：1/A++；地理信息科学：1/A++；地球物理学：3/A+；法语：1/A++；汉语言文学：10/A+；化学：10/A+；计算机科学与技术：8/A+；口腔医学：4/A+；历史学：8/A+；临床医学：8/A+；生物科学：7/A+；市场营销：1/A++；信息安全：2/A+；遥感科学与技术：1/A++；印刷工程：1/A++。

4）中国一流专业（5★）

导航工程：1/A++；地理科学：6/A；电气工程及其自动化：15/A；电子商务：4/A+；港口航道与海岸工程：4/A；公共事业管理：7/A+；国际经济与贸易：18/A+；环境工程：8/A+；会计学：16/A+；机械设计制造及其自动化：25/A；建筑学：12/A；金融学：13/A+；马克思主义理论：2/A+；能源与动力工程：11/A；农业水利工程：2/A+；人力资源管理：1/A++；软件工程：18/A；社会学：10/A；生物技术：7/A+；世界史：5/A；数学与应用数学：20/A；土地资源管理：2/A+；土木工程：19/A；物理学：16/A；信息管理与信息系统：12/A+；信息与计算科学：9/A+；行政管理：7/A+；药学：13/A；应用化学：8/A+；英语：19/A+；预防医学：12/A；政治学与行政学：12/A。

5）中国高水平专业（4★）

包装工程：12/B++；保险学：8/B++；表演：16/B++；材料成型及控制工程：33/B++；财务管理：46/B++；测控技术与仪器：23/B++；产品设计：33/B++；城乡规划：19/B++；传播学：13/B++；档案学：12/B++；德语：20/B++；地理国情监测：1/A++；电波传播与天线：2/A+；电子信息工程：38/B++；电子信息科学与技术：27/B++；翻译：7/A+；给排水科学与工程：15/B++；工程管理：20/A；工程力学：25/B++；工商管理：36/B++；工业设计：38/B++；光电信息科学与工程：54/B++；广播电视学：11/A；广告学：11/A；汉语国际教育：8/A+；汉语言：11/B++；护理学：29/B++；环境科学：17/A；环境设计：43/B++；金融工程：11/A；考古学：13/B++；空间信息与数字技术：4/A；劳动与社会保障：4/A+；能源化学工程：3/A+；人文地理与城乡规划：8/A；日语：33/B++；社会工作：41/B++；生态学：22/B++；生物制药：2/A+；水文与水资源工程：8/B++；水务工程：1/A++；通信工程：45/B++；统计学：20/A；外交学：5/A；微电子科学与工程：11/B++；物流管理：46/B++；戏剧影视文学：14/B++；心理学：12/B++；医学检验技术：37/B++；应用物理学：43/B++；自动化：41/B++；自然地理与资源环境：11/B++；宗教学：5/A。

6）中国区域一流专业（3★）

播音与主持艺术：26/B+；材料物理：31/B+；财政学：48/B+；地理空间信息工程：1/A++；俄语：48/B+；管理科学：19/B+；核工程与核技术：22/B+；金属材料工程：33/B+；全球健康学：1/A++；人工智能：15/A；数据科学与大数据技术：20/A；网络空间安全：12/B++；西班牙语：22/B+。

3. 武汉理工大学

（1）武汉理工大学综合实力排名

综合排名：2024 校友会中国大学排名第 35 名，全国理工类高校第 12 名，湖北省高校第 3 名。

星级排名：中国六星级大学（6★），世界高水平大学、中国顶尖大学。“211 工程”大学。主管部门：教育部。

（2）武汉理工大学各本科专业排名（全国排名/档次）

1）世界知名高水平、中国顶尖专业（7★）

材料科学与工程：2/A++；船舶与海洋工程：3/A++。

2）世界高水平、中国顶尖专业（6★）

车辆工程：3/A+；动画：2/A++；机械设计制造及其自动化：6/A+；轮机工程：1/A++；思想政治教育：7/A+。

3）中国一流专业（5★）

包装工程：10/A；复合材料与工程：4/A；工程力学：19/A；工业设计：4/A+；航海技术：3/A+；交通运输：11/A；通信工程：17/A；无机非金属材料工程：3/A+；物流工程：1/A++；新能源材料与器件：1/A++；信息管理与信息系统：24/A；艺术设计学：4/A+。

4）中国高水平专业（4★）

安全工程：18/B++；材料成型及控制工程：48/B++；材料化学：19/B++；材料物理：13/B++；采矿工程：19/B++；测控技术与仪器：23/B++；产品设计：10/A；城乡规划：26/B++；道路桥梁与渡河工程：8/B++；电气工程及其自动化：40/B++；电子科学与技术：39/B++；电子商务：17/A；电子信息工程：38/B++；电子信息科学与技术：27/B++；法学：49/B++；港口航道与海岸工程：13/B++；高分子材料与工程：21/B++；给排水科学与工程：30/B++；工程管理：55/B++；工商管理：36/B++；工业工程：28/B++；光电信息科学与工程：25/B++；国际经济与贸易：86/B++；海事管理：1/A++；环境工程：82/B++；环境设计：9/A+；会计学：43/B++；机械工程：26/B++；计算机科学与技术：60/B++；建筑环境与能源应用工程：25/B++；建筑学：52/B++；交通工程：23/B++；金融学：93/B++；矿物加工工程：14/B++；矿物资源工程：4/A；能源与动力工程：30/B++；汽车服务工程：4/A；人力资源管理：34/B++；视觉传达设计：13/A+；土木工程：47/B++；物流管理：46/B++；信息工程：16/B++；信息与计算科学：23/A；应用化学：69/B++；英语：57/B++；油气储运工程：8/B++；制药工程：20/B++；自动化：41/B++。

5）中国区域一流专业（3★）

财务管理：84/B+；地理信息科学：43/B+；法语：35/B+；广告学：50/B+；过程装备与控制工程：48/B+；海洋科学：24/B+；化学工程与工艺：142/B+；环境科学：61/B+；经济学：152/B+；人文地理与城乡规划：26/B+；日语：96/B+；软件工程：150/B+；社会工作：87/B+；生物技术：96/B+；市场营销：130/B+；统计学：96/B+；物联网工程：45/B+；自然地理与资源环境：20/B+。

6）中国区域高水平专业（2★）

编辑出版学：21/C；储能科学与工程：7/B+；大数据管理与应用：11/B++；导航工程：4/A；公共事业管理：124/B；汉语国际教育：96/B；机器人工程：18/B++；教育技术学：67/C；人工智能：38/B++；生物制药：23/B；数据科学与大数据技术：54/B++；网络与新媒体：27/B+；应急管理：3/A+；智能制造工程：16/B++。

4. 华中农业大学

（1）华中农业大学综合实力排名

综合排名：2024 校友会中国大学排名第 42 名，全国农林类高校第 2 名，湖北省高校第 4 名。

星级排名：中国五星级大学（5★），世界知名大学、中国一流大学。“211 工程”大学。主管部门：教育部。

（2）华中农业大学各本科专业排名（全国排名/档次）

1）世界知名高水平、中国顶尖专业（7★）

农林经济管理：3/A++；园艺：1/A++。

2）世界高水平、中国顶尖专业（6★）

动物科学：3/A+；动物医学：3/A+；农业资源与环境：3/A+；水产养殖学：4/A+。

3）中国一流专业（5★）

机械电子工程：2/A+；农学：12/A；农业机械化及其自

动化：3/A+；社会工作：5/A+；水族科学与技术：1/A++；土地资源管理：2/A+；园林：3/A+；植物科学与技术：1/A++。

4）中国高水平专业（4★）

地理信息科学：16/B++；风景园林：11/B++；工程管理：20/A；国际经济与贸易：86/B++；环境科学：31/B++；会计学：112/B++；机械设计制造及其自动化：131/B++；农村区域发展：4/A；社会学：19/B++；生物工程：21/B++；生物技术：30/B++；生物科学：36/B++；食品科学与工程：28/B++；食品质量与安全：8/A；市场营销：29/A；信息管理与信息系统：38/B++；英语：136/B++；植物保护：13/B++。

5）中国区域一流专业（3★）

茶学：10/B+；法学：161/B+；工商管理：207/B+；环境工程：133/B+；计算机科学与技术：285/B+；经济学：122/B+；林学：26/B+；能源与动力工程：80/B+；人力资源管理：97/B+；商务英语：29/B+；设施农业科学与工程：6/B++；生态学：36/B+；生物信息学：17/B+；视觉传达设计：83/B+；信息与计算科学：86/B+；应用化学：112/B+；种子科学与工程：13/B+。

6）中国区域高水平专业（2★）

光电信息科学与工程：121/C；广告学：80/B；机器人工程：18/B++；人工智能：38/B++；数据科学与大数据技术：54/B++；数字媒体艺术：79/C；行政管理：170/D；应用生物科学：7/C；智慧农业：1/A++；自动化：221/D。

7）中国区域知名专业（1★）

财务管理：232/D；经济统计学：79/D。

5. 华中师范大学

（1）华中师范大学综合实力排名

综合排名：2024校友会中国大学排名第47名，全国师范类高校第3名，湖北省高校第5名。

星级排名：中国五星级大学（5★），世界知名大学、中国一流大学。“211工程”大学。主管部门：教育部。

（2）华中师范大学各本科专业排名（全国排名/档次）

1）世界知名高水平、中国顶尖专业（7★）

教育学：2/A++；历史学：4/A++。

2）世界高水平、中国顶尖专业（6★）

国际政治：7/A+；汉语言文学：10/A+。

3）中国一流专业（5★）

电子商务：4/A+；化学：19/A；教育技术学：5/A+；思想政治教育：22/A；体育教育：9/A；心理学：7/A；英语：19/A+；政治学与行政学：17/A。

4）中国高水平专业（4★）

朝鲜语：17/B++；地理科学：17/B++；地理信息科学：16/B++；俄语：11/A；法学：49/B++；翻译：23/B++；房地产开发与管理：4/A；工商管理：100/B++；广播电视学：18/B++；汉语国际教育：18/A；汉语言：11/B++；绘画：16/B++；计算机科学与技术：60/B++；经济学：83/B++；旅游管理：22/A；美术学：19/B++；日语：16/A；软件工程：103/B++；社会工作：19/A；社会学：19/B++；生物科学：36/B++；视觉传达设计：42/B++；数学与应用数学：56/B++；数字媒体技术：7/A；特殊教育：7/B++；统计学：20/A；舞蹈学：11/B++；物理学：33/B++；小学教育：31/B++；新闻学：30/B++；信息资源管理：2/A+；行政管理：33/B++；学前教育：9/A；音乐表演：18/B++；音乐学：18/B++；应用化学：69/B++；应用心理学：28/B++；运动训练：20/B++；自然地理与资源环境：11/B++。

5）中国区域一流专业（3★）

电子信息工程：178/B+；法语：32/B+；工艺美术：19/B+；国际经济与贸易：142/B+；环境设计：86/B+；人力资源管理：69/B+；人文地理与城乡规划：26/B+；生物技术：96/B+；通信工程：104/B+；信息管理与信息系统：119/B+；哲学：52/B+。

6）中国区域高水平专业（2★）

播音与主持艺术：51/C；财务会计教育：3/A+；大数据管理与应用：11/B++；电子信息科学与技术：75/B；核物理：7/D；金融工程：61/C；科学教育：16/C；劳动与社会保障：55/B；马克思主义理论：19/C；人工智能：38/B++；融合教育：1/A++；数据科学与大数据技术：54/B++；数字媒体艺术：79/C；土地资源管理：53/C；网络与新媒体：27/B+；物联网工程：104/B；西班牙语：34/C；信息安全：71/C；信息与计算科学：164/C；知识产权：23/B。

6. 中南财经政法大学

（1）中南财经政法大学综合实力排名

综合排名：2024校友会中国大学排名第51名，全国财经类高校第1名，湖北省高校第6名。

星级排名：中国六星级大学（6★），世界高水平大学、中国顶尖大学。“211工程”大学。主管部门：教育部。

（2）中南财经政法大学各本科专业排名（全国排名/档次）

1）世界知名高水平、中国顶尖专业（7★）

财政学：1/A++。

2）世界高水平、中国顶尖专业（6★）

法学：7/A+；国际经济与贸易：6/A+；金融学：7/A+；经济学：7/A+；市场营销：1/A++。

3）中国一流专业（5★）

财务管理：6/A+；会计学：16/A+；金融工程：2/A+；经济统计学：1/A++；劳动与社会保障：2/A+；农林经济管理：8/A；投资学：1/A++；侦查学：3/A+。

4）中国高水平专业（4★）

保险学：15/B++；边防管理：3/A+；城市管理：4/A；电子商务：45/B++；工程管理：55/B++；工程造价：4/A；工商管理：36/B++；国际商务：14/B++；国民经济管理：2/A+；计算机科学与技术：60/B++；劳动关系：2/A+；旅游管理：22/A；贸易经济：11/B++；人力资源管理：34/B++；商务英语：4/A+；税收学：7/B++；统计学：20/A；物流管

理：46/B++；新闻学：61/B++；信息管理与信息系统：73/B++；行政管理：33/B++；应用统计学：7/A；英语：136/B++；治安学：3/A+。

5）中国区域一流专业（3★）

安全工程：53/B+；产品设计：86/B+；大数据管理与应用：4/A+；电影学：3/A+；俄语：55/B+；法语：35/B+；房地产开发与管理：9/B+；公共事业管理：81/B+；管理科学：19/B+；广播电视学：36/B+；国际政治：29/B+；汉语言文学：151/B+；金融数学：10/B++；经济与金融：4/A；日语：72/B+；社会学：56/B+；视觉传达设计：83/B+；数据科学与大数据技术：20/A；数字媒体艺术：39/B+；网络与新媒体：15/B++；信息安全：56/B+；信息与计算科学：86/B+；哲学：40/B+；知识产权：14/B+。

6）中国区域高水平专业（2★）

环境工程：196/D。

7. 中国地质大学（武汉）

（1）中国地质大学（武汉）综合实力排名

综合排名：2024 校友会中国大学排名第 75 名，全国理工类高校第 31 名，湖北省高校第 7 名。

星级排名：中国六星级大学（6★），世界高水平大学、中国顶尖大学。“211 工程”大学。主管部门：教育部。

（2）中国地质大学（武汉）各本科专业排名（全国排名/档次）

1）世界一流专业（8★）

地质学：1/A++。

2）世界知名高水平、中国顶尖专业（7★）

地质工程：1/A++；资源勘查工程：1/A++。

3）世界高水平、中国顶尖专业（6★）

宝石及材料工艺学：1/A++；地球物理学：3/A+。

4）中国一流专业（5★）

测绘工程：5/A；地球化学：2/A+；勘查技术与工程：2/A+；空间信息与数字技术：2/A+；水文与水资源工程：2/A+；思想政治教育：51/A。

5）中国高水平专业（4★）

安全工程：18/B++；产品设计：10/A；地理科学：41/B++；地理信息科学：8/A；地球信息科学与技术：1/A++；地下水科学与工程：3/A+；电气工程及其自动化：88/B++；电子信息工程：89/B++；工商管理：100/B++；广播电视学：18/B++；国际经济与贸易：86/B++；海洋科学：7/B++；环境工程：30/B++；机械设计制造及其自动化：54/B++；计算机科学与技术：60/B++；经济学：27/A；旅游管理：22/A；软件工程：103/B++；社会体育指导与管理：12/A；石油工程：6/B++；数学与应用数学：56/B++；土地资源管理：8/A；土木工程：47/B++；信息管理与信息系统：73/B++；行政管理：33/B++；遥感科学与技术：6/B++；应用化学：35/B++；自动化：41/B++；自然地理与资源环境：11/B++。

6）中国区域一流专业（3★）

材料化学：48/B+；材料科学与工程：90/B+；测控技术与仪器：77/B+；大气科学：12/B+；地理空间信息工程：1/A++；法学：208/B+；港口航道与海岸工程：18/B+；工程管理：93/B+；工业设计：85/B+；环境设计：105/B+；会计学：208/B+；生物科学：122/B+；市场营销：130/B+；视觉传达设计：83/B+；通信工程：141/B+；统计学：96/B+；网络工程：25/B++；物理学：105/B+；信息安全：51/B+；信息与计算科学：122/B+；英语：231/B+。

7）中国区域高水平专业（2★）

城市地下空间工程：30/C；公共事业管理：198/D；海洋工程与技术：4/A；数据科学与大数据技术：54/B++；土地整治工程：3/A+；音乐学：117/C；应急管理：3/A+；应急技术与管理：1/A++；智能科学与技术：29/B+。

8）中国区域知名专业（1★）

数字媒体艺术：112/D。

8. 武汉科技大学

（1）武汉科技大学综合实力排名

综合排名：2024 校友会中国大学排名第 84 名，全国理工类高校第 36 名，湖北省高校第 8 名。

星级排名：中国四星级大学（4★），世界知名、中国高水平大学。主管部门：湖北省。

（2）武汉科技大学各本科专业排名（全国排名/档次）

1）世界知名高水平、中国顶尖专业（7★）

冶金工程：3/A++。

2）世界高水平、中国顶尖专业（6★）

机械工程：6/A+；无机非金属材料工程：1/A++。

3）中国一流专业（5★）

安全工程：14/A；材料物理：11/A；采矿工程：17/A；车辆工程：17/A；电气工程及其自动化：29/A；电子信息工程：8/A+；工商管理：27/A；化学工程与工艺：24/A；计算机科学与技术：27/A；金属材料工程：8/A；矿物加工工程：8/A；临床医学：23/A；软件工程：39/A；土木工程：35/A；信息管理与信息系统：24/A；信息与计算科学：18/A；行政管理：7/A+；英语：42/A；自动化：21/A。

4）中国高水平专业（4★）

材料成型及控制工程：48/B++；给排水科学与工程：30/B++；工程力学：39/B++；工业工程：14/A；工业设计：38/B++；环境工程：82/B++；环境设计：43/B++；机械电子工程：20/B++；建筑环境与能源应用工程：25/B++；生物工程：47/B++；市场营销：29/A；通信工程：69/B++；卫生检验与检疫：7/B++；物流工程：12/B++；物流管理：46/B++；信息安全：31/B++；预防医学：40/B++。

5）中国区域一流专业（3★）

材料化学：48/B+；测控技术与仪器：77/B+；产品设计：86/B+；城乡规划：58/B+；德语：36/B+；地理信息科学：61/B+；电子科学与技术：69/B+；法学：161/B+；翻译：54/B+；工程管理：93/B+；公共艺术：16/B+；光电信息科学与工程：84/B+；国际经济与贸易：142/B+；护理

学：93/B+；会计学：208/B+；机器人工程：10/A；机械设计制造及其自动化：190/B+；建筑学：95/B+；交通工程：41/B+；交通运输：37/B+；马克思主义理论：14/B+；能源与动力工程：80/B+；社会工作：87/B+；生物技术：122/B+；视觉传达设计：83/B+；体育教育：95/B+；统计学：96/B+；投资学：17/B+；药学：85/B+；应用化学：145/B+；智能制造工程：3/A+。

9. 长江大学

（1）长江大学综合实力排名

综合排名：2024 校友会中国大学排名第 127 名，全国综合类高校第 50 名，湖北省高校第 9 名。

星级排名：中国四星级大学（4★），世界知名、中国高水平大学。主管部门：湖北省。

（2）长江大学各本科专业排名（全国排名/档次）

1）世界高水平、中国顶尖专业（6★）

机械设计制造及其自动化：16/A+；农学：10/A+；石油工程：4/A+。

2）中国一流专业（5★）

电子信息工程：22/A；给排水科学与工程：9/A；海洋油气工程：3/A+；汉语言文学：50/A；勘查技术与工程：2/A+；数学与应用数学：41/A；水文与水资源工程：7/A；应用化学：19/A；园艺：13/A；资源勘查工程：5/A。

3）中国高水平专业（4★）

材料成型及控制工程：48/B++；地球物理学：14/B++；地质学：10/B++；护理学：59/B++；化学工程与工艺：84/B++；会计学：112/B++；教育学：34/B++；金融学：93/B++；临床医学：70/B++；商务英语：15/B++；生物工程：47/B++；生物技术：30/B++；水产养殖学：17/B++；土木工程：47/B++；网络工程：15/A；物理学：33/B++；物流管理：15/A；园林：16/B++；植物保护：13/B++；自动化：112/B++。

4）中国区域一流专业（3★）

测控技术与仪器：103/B+；产品设计：86/B+；城乡规划：58/B+；地理信息科学：43/B+；地球化学：10/B+；地球信息科学与技术：5/A；动物科学：46/B+；动物药学：7/B+；动物医学：45/B+；法学：161/B+；风景园林：44/B+；工程管理：93/B+；光电信息科学与工程：72/B+；化学：124/B+；环境生态工程：6/B++；计算机科学与技术：285/B+；建筑学：82/B+；历史学：84/B+；农林经济管理：38/B+；农业资源与环境：28/B+；人工智能：15/A；软件工程：183/B+；社会工作：87/B+；食品科学与工程：114/B+；视觉传达设计：116/B+；数据科学与大数据技术：20/A；思想政治教育：116/B+；体育教育：95/B+；通信工程：141/B+；舞蹈学：30/B+；新能源科学与工程：27/B+；医学影像技术：14/B+；英语：231/B+；油气储运工程：15/B+。

5）中国区域高水平专业（2★）

播音与主持艺术：63/C；财务管理：175/D；电气工程及其自动化：199/D；高分子材料与工程：102/D；工业设计：131/C；光源与照明：7/D；广播电视编导：75/D；广播电视学：77/D；国际经济与贸易：266/D；环境工程：196/D；环境设计：141/C；机器人工程：18/B++；经济学：190/D；美术学：99/C；人力资源管理：115/C；日语：118/B；社会体育指导与管理：99/D；食品质量与安全：91/C；市场营销：176/C；数字媒体艺术：79/C；网络与新媒体：27/B+；信息安全：71/C；学前教育：90/D；医学检验技术：62/C；音乐表演：71/C；音乐学：117/C；应用心理学：99/C；智能建造：8/B；中西医临床医学：35/D；种子科学与工程：24/C。

10. 湖北工业大学

（1）湖北工业大学综合实力排名

综合排名：2024 校友会中国大学排名第 128 名，全国理工类高校第 54 名，湖北省高校第 10 名。

星级排名：中国四星级大学（4★），世界知名、中国高水平大学。主管部门：湖北省。

（2）湖北工业大学各本科专业排名（全国排名/档次）

1）世界高水平、中国顶尖专业（6★）

测控技术与仪器：11/A+；机械设计制造及其自动化：16/A+；生物工程：3/A+。

2）中国一流专业（5★）

产品设计：7/A+；电气工程及其自动化：29/A；电子信息工程：22/A；高分子材料与工程：10/A；化学工程与工艺：24/A；环境设计：2/A++；人力资源管理：8/A+；食品科学与工程：25/A；视觉传达设计：6/A+；制药工程：5/A+。

3）中国高水平专业（4★）

材料成型及控制工程：33/B++；电子商务：17/A；工程管理：55/B++；工业工程：28/B++；国际经济与贸易：86/B++；环境工程：30/B++；会计学：43/B++；计算机科学与技术：60/B++；建筑学：52/B++；金融学：93/B++；能源经济：3/A+；农业机械化及其自动化：22/B++；轻化工程：23/B++；软件工程：44/B++；生物技术：64/B++；市场营销：29/A；数字媒体艺术：13/A；水务工程：3/A+；土木工程：47/B++；微电子科学与工程：11/B++；行政管理：66/B++；艺术设计学：17/B++；英语：136/B++；自动化：112/B++。

4）中国区域一流专业（3★）

材料科学与工程：98/B+；财务管理：100/B+；电子科学与技术：69/B+；电子信息科学与技术：50/B+；风景园林：44/B+；工业设计：85/B+；公共艺术：16/B+；光电信息科学与工程：84/B+；汉语国际教育：58/B+；环境生态工程：6/B++；交通工程：41/B+；通信工程：141/B+；网络工程：68/B+。

5）中国区域高水平专业（2★）

包装工程：30/C；城市地下空间工程：30/C；城乡规划：89/C；大数据管理与应用：11/B++；德语：56/D；机器

人工程：18/B++；集成电路设计与集成系统：21/C；教育学：64/D；酿酒工程：9/C；商务英语：72/C；生物科学：147/D；生物制药：23/B；食品质量与安全：79/C；数字媒体技术：57/C；统计学：133/C；物联网工程：140/C；物流管理：109/C；信息安全：69/C；信息管理与信息系统：168/C；信息与计算科学：164/C。

6）中国区域知名专业（1★）

数据科学与大数据技术：152/C；新能源材料与器件：54/C；智能建造：17/C；智能科学与技术：58/C；智能制造工程：56/B。

10. 三峡大学

（1）三峡大学综合实力排名

综合排名：2024校友会中国大学排名第128名，全国综合类高校第51名，湖北省高校第10名。

星级排名：中国四星级大学（4★），世界知名、中国高水平大学。主管部门：湖北省。

（2）三峡大学各本科专业排名（全国排名/档次）

1）世界高水平、中国顶尖专业（6★）

电气工程及其自动化：10/A+；机械设计制造及其自动化：16/A+；水利水电工程：4/A+。

2）中国一流专业（5★）

港口航道与海岸工程：9/A；工程管理：10/A+；汉语言文学：50/A；旅游管理：14/A；农业水利工程：8/A；生物工程：12/A；水文与水资源工程：2/A+；土木工程：19/A；英语：42/A；自动化：36/A。

3）中国高水平专业（4★）

财务管理：46/B++；广播电视学：18/B++；计算机科学与技术：60/B++；金融学：39/B++；临床医学：39/B++；社会体育指导与管理：12/A；数学与应用数学：56/B++；通信工程：45/B++；新能源材料与器件：12/B++；药学：27/B++；医学影像学：15/B++；制药工程：45/B++。

4）中国区域一流专业（3★）

播音与主持艺术：26/B+；材料成型及控制工程：66/B+；地质工程：32/B+；法学：161/B+；工程造价：13/B+；工商管理：207/B+；公共事业管理：81/B+；光电信息科学与工程：72/B+；国际经济与贸易：176/B+；汉语国际教育：58/B+；核工程与核技术：23/B+；护理学：93/B+；化学：124/B+；化学工程与工艺：120/B+；环境工程：133/B+；机械电子工程：48/B+；建筑学：95/B+；金属材料工程：46/B+；能源与动力工程：98/B+；市场营销：130/B+；数字媒体技术：33/B+；体育教育：95/B+；舞蹈学：30/B+；物理学：105/B+；物流管理：88/B+；信息与计算科学：122/B+；中医学：39/B+。

5）中国区域高水平专业（2★）

城乡规划：89/C；电子信息工程：236/D；电子信息科学与技术：75/B；法语：64/C；工业工程：77/C；环境设计：141/C；教育技术学：67/C；美术学：99/C；能源化学工程：29/C；人力资源管理：115/C；日语：118/B；生态学：49/C；生物科学：147/D；视觉传达设计：156/C；统计学：133/C；物联网工程：104/B；小学教育：63/D；信息管理与信息系统：168/C；行政管理：148/C；音乐表演：62/B；音乐学：104/C；预防医学：73/D；智能电网信息工程：13/C。

6）中国区域知名专业（1★）

储能科学与工程：21/D；供应链管理：14/C；化学生物学：19/D；建筑电气与智能化：24/D；社会工作：170/D；数据科学与大数据技术：152/C；投资学：52/D；运动训练：85/D；智慧水利：1/A++；智能制造工程：56/B。

12. 中南民族大学

（1）中南民族大学综合实力排名

综合排名：2024校友会中国大学排名第132名，全国民族类高校第3名，湖北省高校第12名。

星级排名：中国五星级大学（5★），世界知名大学、中国一流大学。主管部门：国家民委。

（2）中南民族大学各本科专业排名（全国排名/档次）

1）世界知名高水平、中国顶尖专业（7★）

民族学：2/A++。

2）世界高水平、中国顶尖专业（6★）

思想政治教育：7/A+。

3）中国一流专业（5★）

法学：35/A；汉语言文学：28/A；环境设计：2/A++；会计学：33/A；计算机科学与技术：50/A；教育学：8/A；旅游管理：6/A+；生物技术：19/A；通信工程：17/A；新闻学：23/A；行政管理：26/A；药学：23/A；应用化学：8/A+。

4）中国高水平专业（4★）

材料化学：13/B++；电子信息工程：38/B++；高分子材料与工程：43/B++；广告学：22/B++；化学工程与工艺：84/B++；环境工程：30/B++；经济学：27/A；美术学：35/B++；社会体育指导与管理：12/A；生物工程：47/B++；生物医学工程：21/B++；食品质量与安全：19/B++；视觉传达设计：42/B++；舞蹈表演：13/B++；信息管理与信息系统：73/B++；信息与计算科学：51/B++；药物分析：3/A+；药物制剂：4/A；音乐学：39/B++；英语：136/B++；自动化：112/B++。

5）中国区域一流专业（3★）

财务管理：100/B+；电子商务：101/B+；动画：62/B+；翻译：54/B+；服装与服饰设计：44/B+；工商管理：207/B+；光电信息科学与工程：84/B+；广播电视学：36/B+；国际经济与贸易：176/B+；汉语国际教育：58/B+；化学生物学：7/B+；环境科学：82/B+；建筑学：95/B+；教育技术学：44/B+；金融工程：46/B+；金融学：159/B+；经济统计学：44/B+；日语：96/B+；软件工程：183/B+；商务英语：34/B+；社会工作：87/B+；社会学：56/B+；生物制药：12/B++；数学与应用数学：190/B+；水文与水资源工程：36/B+；网络工程：25/B++；文物与博物馆学：14/B+；

医学信息工程：8/B+；应用统计学：30/B+；应用心理学：65/B+；政治学与行政学：41/B+。

6）中国区域高水平专业（2★）

轨道交通信号与控制：16/C；机械设计制造及其自动化：214/D；集成电路设计与集成系统：21/C；劳动与社会保障：55/B；历史学：114/D；人工智能：38/B++；人力资源管理：115/C；数据科学与大数据技术：54/B++；数字经济：2/A+；土地资源管理：53/C；舞蹈学：44/B；资源循环科学与工程：17/C。

13. 武汉纺织大学

（1）武汉纺织大学综合实力排名

综合排名：2024 校友会中国大学排名第 137 名，全国理工类高校第 58 名，湖北省高校第 13 名。

星级排名：中国四星级大学（4★），世界知名、中国高水平大学。主管部门：湖北省。

（2）武汉纺织大学各本科专业排名（全国排名/档次）

1）世界高水平、中国顶尖专业（6★）

纺织工程：3/A+；服装与服饰设计：3/A+。

2）中国一流专业（5★）

电气工程及其自动化：29/A；非织造材料与工程：1/A++；服装设计与工程：2/A+；高分子材料与工程：15/A；环境设计：2/A++；会计学：33/A；计算机科学与技术：50/A；轻化工程：13/A。

3）中国高水平专业（4★）

财务管理：46/B++；电子信息工程：89/B++；工业设计：38/B++；工艺美术：12/B++；环境工程：30/B++；机械设计制造及其自动化：54/B++；金融学：39/B++；信息管理与信息系统：73/B++；应用化学：35/B++；英语：136/B++；资源循环科学与工程：2/A+。

4）中国区域一流专业（3★）

表演：23/B+；财政学：41/B+；复合材料与工程：10/B+；工商管理：207/B+；公共艺术：16/B+；广告学：44/B+；国际经济与贸易：176/B+；环境科学：82/B+；建筑环境与能源应用工程：63/B+；软件工程：150/B+；视觉传达设计：83/B+；数字媒体艺术：34/B+；物联网工程：69/B+；物流管理：83/B+；信息与计算科学：86/B+；自动化：150/B+。

5）中国区域高水平专业（2★）

材料科学与工程：121/D；产品设计：131/D；大数据管理与应用：11/B++；电子商务：148/D；动画：92/C；给排水科学与工程：66/C；工程造价：24/B；工业工程：93/C；光电信息科学与工程：121/C；广播电视学：77/D；化学工程与工艺：162/D；机器人工程：18/B++；人工智能：38/B++；商务英语：72/C；生物工程：127/C；市场营销：176/C；数据科学与大数据技术：54/B++；数学与应用数学：245/D；通信工程：219/D；网络与新媒体：27/B+；微电子科学与工程：55/C；智能制造工程：16/B++。

6）中国区域知名专业（1★）

化妆品技术与工程：3/A+；税收学：38/D。

14. 湖北大学

（1）湖北大学综合实力排名

综合排名：2024 校友会中国大学排名第 140 名，全国综合类高校第 54 名，湖北省高校第 14 名。

星级排名：中国四星级大学（4★），世界知名、中国高水平大学。主管部门：湖北省。

（2）湖北大学各本科专业排名（全国排名/档次）

1）世界高水平、中国顶尖专业（6★）

汉语言文学：26/A+。

2）中国一流专业（5★）

档案学：8/A；广告学：5/A+；生物科学：29/A；数学与应用数学：41/A；思想政治教育：51/A；哲学：15/A。

3）中国高水平专业（4★）

材料化学：19/B++；地理科学：41/B++；电子科学与技术：39/B++；法学：111/B++；高分子材料与工程：43/B++；国际经济与贸易：86/B++；化学：87/B++；环境工程：82/B++；环境设计：43/B++；计算机科学与技术：206/B++；教育学：34/B++；金融学：93/B++；历史学：55/B++；旅游管理：67/B++；美术学：35/B++；人力资源管理：34/B++；软件工程：103/B++；社会体育指导与管理：12/A；生物工程：47/B++；市场营销：59/B++；数字媒体艺术：13/A；通信工程：45/B++；物理学：79/B++；新闻学：61/B++；行政管理：66/B++；英语：136/B++。

4）中国区域一流专业（3★）

材料科学与工程：98/B+；翻译：54/B+；汉语国际教育：58/B+；化学生物学：7/B+；体育教育：95/B+；药学：105/B+。

5）中国区域高水平专业（2★）

播音与主持艺术：51/C；材料物理：54/D；产品设计：100/C；地理信息科学：84/C；电子商务：118/C；电子信息工程：214/D；动画：76/C；法语：64/C；工程管理：120/C；工商管理：245/D；公共事业管理：124/B；广播电视学：69/C；国际事务与国际关系：10/D；化学工程与工艺：162/D；会计学：247/D；教育技术学：67/C；经济学：190/D；人文地理与城乡规划：38/B；日语：118/B；生物技术：162/D；视觉传达设计：147/C；微电子科学与工程：55/C；无机非金属材料工程：61/D；心理学：44/D；信息管理与信息系统：168/C；信息与计算科学：164/C；休闲体育：17/C；应用化学：187/D；运动人体科学：14/D。

6）中国区域知名专业（1★）

编辑出版学：36/D；传播学：42/D；大数据管理与应用：48/C；电子商务及法律：4/A；光电信息科学与工程：167/D；葡萄牙语：22/D；生态学：65/D；生物信息学：33/D；数据科学与大数据技术：152/C；文物与博物馆学：25/C；物联网工程：194/D；小学教育：74/D；新能源材料与器件：45/C；信息安全：82/D；应用统计学：91/D；制药工程：157/D。

15. 武汉轻工大学

（1）武汉轻工大学综合实力排名

综合排名：2024 校友会中国大学排名第 148 名，全国理工类高校第 65 名，湖北省高校第 15 名。

星级排名：中国三星级大学（3★），中国知名、区域一流大学。主管部门：湖北省。

（2）武汉轻工大学各本科专业排名（全国排名/档次）

1）世界高水平、中国顶尖专业（6★）

动物科学：3/A+；食品科学与工程：6/A+。

2）中国一流专业（5★）

包装工程：2/A+；电子信息科学与技术：11/A；翻译：5/A+；机械设计制造及其自动化：43/A；视觉传达设计：6/A+；水产养殖学：7/A；信息与计算科学：18/A。

3）中国高水平专业（4★）

材料成型及控制工程：48/B++；产品设计：33/B++；电气工程及其自动化：88/B++；动物药学：1/A++；工商管理：100/B++；化学工程与工艺：34/B++；环境工程：82/B++；环境设计：43/B++；会计学：112/B++；计算机科学与技术：206/B++；建筑学：52/B++；康复治疗学：17/B++；旅游管理：67/B++；软件工程：103/B++；生物技术：64/B++；食品质量与安全：19/B++；土木工程：96/B++；物流管理：46/B++；制药工程：45/B++。

4）中国区域一流专业（3★）

工程管理：82/B+；国际经济与贸易：176/B+；粮食工程：5/A；生物工程：81/B+；饲料工程：1/A++。

5）中国区域高水平专业（2★）

材料化学：74/C；给排水科学与工程：66/C；广告学：80/B；汉语言文学：200/D；护理学：109/D；生物制药：23/B；通信工程：202/D；行政管理：148/C；应用化学：187/D；英语：318/D；自动化：207/D。

6）中国区域知名专业（1★）

大数据管理与应用：48/C；健康服务与管理：15/B；金融学：204/D；人工智能：123/C；生物信息学：33/D；食品营养与健康：9/D；数据科学与大数据技术：152/C；数字经济：11/C；网络与新媒体：78/D；文化产业管理：50/C；药学：139/D；智能制造工程：56/B。

16. 武汉工程大学

（1）武汉工程大学综合实力排名

综合排名：2024 校友会中国大学排名第 185 名，全国理工类高校第 82 名，湖北省高校第 16 名。

星级排名：中国三星级大学（3★），中国知名、区域一流大学。主管部门：湖北省。

（2）武汉工程大学各本科专业排名（全国排名/档次）

1）中国一流专业（5★）

化学工程与工艺：14/A；制药工程：5/A+。

2）中国高水平专业（4★）

电气工程及其自动化：88/B++；电子商务：17/A；法学：111/B++；高分子材料与工程：21/B++；光电信息科学与工程：54/B++；过程装备与控制工程：11/B++；环境工程：82/B++；会计学：112/B++；矿物加工工程：20/B++；能源化学工程：9/B++；软件工程：103/B++；生物工程：47/B++；土木工程：96/B++；无机非金属材料工程：13/B++；应用化学：35/B++；智能科学与技术：9/A；自动化：112/B++。

3）中国区域一流专业（3★）

计算机科学与技术：285/B+；英语：231/B+。

4）中国区域高水平专业（2★）

安全工程：67/C；材料成型及控制工程：103/D；材料化学：72/C；材料物理：53/D；采矿工程：31/D；测控技术与仪器：126/D；城乡规划：78/C；电子信息工程：214/D；动画：76/C；工程管理：120/C；工商管理：245/D；工业设计：119/C；公共事业管理：124/B；国际经济与贸易：221/C；环境科学与工程：18/C；环境设计：141/C；机械电子工程：69/C；机械工程：70/D；机械设计制造及其自动化：214/D；建筑学：120/D；经济学：190/D；理论与应用力学：14/D；能源与动力工程：124/D；生物技术：162/D；食品科学与工程：146/D；市场营销：176/C；通信工程：202/D；网络工程：81/B；物联网工程：104/B；信息工程：38/C；信息与计算科学：164/C；行政管理：148/C；药物制剂：44/C；艺术设计学：90/D；资源勘查工程：35/D。

5）中国区域知名专业（1★）

财务管理：210/D；城市地下空间工程：38/D；道路桥梁与渡河工程：30/D；工程力学：80/D；广告学：113/C；汉语国际教育：140/C；环境科学：158/D；机器人工程：71/C；人工智能：123/C；数据科学与大数据技术：144/B；数字媒体技术：69/D；网络空间安全：42/C；新能源材料与器件：45/C；信息管理与信息系统：278/D；知识产权：38/C；资源循环科学与工程：25/D。

17. 湖北医药学院

（1）湖北医药学院综合实力排名

综合排名：2024 校友会中国大学排名第 190 名，全国医药类高校第 26 名，湖北省高校第 17 名。

星级排名：中国三星级大学（3★），中国知名、区域一流大学。主管部门：湖北省。

（2）湖北医药学院各本科专业排名（全国排名/档次）

1）中国一流专业（5★）

护理学：11/A；口腔医学：10/A；临床医学：23/A；麻醉学：5/A；药学：23/A。

2）中国高水平专业（4★）

儿科学：5/A；精神医学：7/B++；康复治疗学：17/B++；信息管理与信息系统：73/B++；信息资源管理：3/A+；医学检验技术：37/B++；医学影像学：15/B++；预防医学：40/B++。

3）中国区域一流专业（3★）

公共事业管理：81/B+；健康服务与管理：2/A+；生物技术：122/B+；生物科学：122/B+；生物医学科学：4/A；

应用心理学：65/B+；制药工程：113/B+；智能医学工程：6/B++；中药学：46/B+；中药制药：9/B+。

18. 湖北经济学院

（1）湖北经济学院综合实力排名

综合排名：2024 校友会中国大学排名第 198 名，全国财经类高校第 16 名，湖北省高校第 18 名。

星级排名：中国三星级大学（3★），中国知名、区域一流大学。主管部门：湖北省。

（2）湖北经济学院各本科专业排名（全国排名/档次）

1）中国一流专业（5★）

财政学：15/A；法学：35/A；会计学：16/A+；金融学：13/A+；旅游管理：14/A；市场营销：19/A。

2）中国高水平专业（4★）

保险学：15/B++；财务管理：17/A；电子商务：45/B++；动画：27/B++；工商管理：100/B++；国际经济与贸易：86/B++；计算机科学与技术：206/B++；经济学：27/A；软件工程：44/B++；商务经济学：2/A+；商务英语：4/A+；审计学：11/B++；税收学：13/B++；统计学：41/B++；物流管理：15/A；新闻学：30/B++；休闲体育：3/A+。

3）中国区域一流专业（3★）

电子信息工程：141/B+；翻译：46/B+；会展经济与管理：10/B++；酒店管理：16/B+；烹饪与营养教育：4/A；投资学：17/B+；物联网工程：69/B+；应用统计学：30/B+；英语：253/B+；资源与环境经济学：4/A。

4）中国区域高水平专业（2★）

产品设计：131/D；工程管理：144/D；工程造价：24/B；广告学：80/B；国际商务：33/C；金融工程：67/C；金融科技：5/A；金融数学：28/C；劳动与社会保障：66/C；人力资源管理：148/C；视觉传达设计：156/C；体育经济与管理：13/C；网络与新媒体：27/B+；物流工程：40/C；信息管理与信息系统：207/C；信用管理：11/D；行政管理：170/D；资产评估：18/D。

5）中国区域知名专业（1★）

大数据管理与应用：48/C；供应链管理：14/C；人工智能：123/C；社会工作：145/D；数据科学与大数据技术：144/B；数字媒体技术：69/D；数字媒体艺术：112/D；医疗保险：3/A+；艺术设计学：120/D。

19. 黄冈师范学院

（1）黄冈师范学院综合实力排名

综合排名：2024 校友会中国大学排名第 218 名，全国师范类高校第 34 名，湖北省高校第 19 名。

星级排名：中国三星级大学（3★），中国知名、区域一流大学。主管部门：湖北省。

（2）黄冈师范学院各本科专业排名（全国排名/档次）

1）中国一流专业（5★）

电子信息工程：22/A；汉语言文学：50/A；教育技术学：10/A；生物科学：16/A；数学与应用数学：20/A；英语：42/A。

2）中国高水平专业（4★）

地理科学：41/B++；广播电视编导：8/A；国际经济与贸易：43/B++；会计学：43/B++；机械设计制造及其自动化：131/B++；美术学：19/B++；软件工程：44/B++；思想政治教育：73/B++；体育教育：48/B++；土木工程：96/B++；物理学：79/B++；学前教育：25/B++；音乐学：39/B++；政治学与行政学：25/B++。

3）中国区域一流专业（3★）

播音与主持艺术：26/B+；动画：62/B+；翻译：54/B+；广播电视学：36/B+；汉语国际教育：58/B+；化学：124/B+；机器人工程：10/A；计算机科学与技术：327/B+；经济与金融：4/A；秘书学：7/B++；日语：96/B+；商务英语：34/B+；社会体育指导与管理：37/B+；食品科学与工程：102/B+；数据科学与大数据技术：20/A；网络工程：68/B+；音乐表演：45/B+；应用化学：145/B+；制药工程：79/B+。

4）中国区域高水平专业（2★）

表演：44/B；车辆工程：97/C；电气工程及其自动化：217/D；电子商务：148/D；电子信息科学与技术：87/C；法学：271/D；飞行器制造工程：12/D；工程造价：24/B；工商管理：245/D；航空服务艺术与管理：3/A+；化学工程与工艺：179/D；历史学：114/D；旅游管理：168/D；汽车服务工程：31/D；人工智能：38/B++；生物工程：127/C；市场营销：241/D；土地资源管理：53/C；舞蹈表演：35/C；物联网工程：140/C；小学教育：66/D；信息管理与信息系统：207/C；信息与计算科学：164/C；植物科学与技术：10/C。

5）中国区域知名专业（1★）

材料成型及控制工程：118/D；光电信息科学与工程：141/D；环境设计：215/D；酒店管理：43/C；社会工作：145/D；视觉传达设计：202/D。

20. 江汉大学

（1）江汉大学综合实力排名

综合排名：2024 校友会中国大学排名第 225 名，全国综合类高校第 70 名，湖北省高校第 20 名。

星级排名：中国二星级大学（2★），中国区域高水平大学。主管部门：湖北省。

（2）江汉大学各本科专业排名（全国排名/档次）

1）中国一流专业（5★）

材料成型及控制工程：22/A；美术学：16/A。

2）中国高水平专业（4★）

汉语言文学：114/B++；化学工程与工艺：84/B++；环境工程：82/B++；生物技术：64/B++；音乐学：39/B++；英语：136/B++。

3）中国区域一流专业（3★）

城乡规划：58/B+；电子信息工程：141/B+；法学：208/B+；法语：35/B+；服装与服饰设计：44/B+；高分子材

料与工程：65/B+；工商管理：207/B+；公共艺术：16/B+；广告学：50/B+；国际经济与贸易：176/B+；会计学：186/B+；机械设计制造及其自动化：170/B+；计算机科学与技术：327/B+；教育学：54/B+；金融学：143/B+；历史学：98/B+；临床医学：90/B+；旅游管理：114/B+；汽车服务工程：7/B++；社会工作：63/B+；社会体育指导与管理：37/B+；视觉传达设计：83/B+；数字媒体艺术：39/B+；应用心理学：50/B+；园艺：41/B+；自动化：150/B+。

4）中国区域高水平专业（2★）

产品设计：131/D；工业设计：131/C；过程装备与控制工程：67/D；食品质量与安全：91/C；市场营销：241/D；数字媒体技术：57/C；思想政治教育：143/D；体育教育：126/D；网络工程：119/D；物流管理：139/D；针灸推拿学：37/D。

5）中国区域知名专业（1★）

表演：76/D；播音与主持艺术：89/D；财务管理：210/D；测控技术与仪器：164/D；城市地下空间工程：44/D；大数据管理与应用：48/C；翻译：98/C；光电信息科学与工程：141/D；汉语国际教育：140/C；护理学：118/D；环境设计：215/D；绘画：101/D；酒店管理：43/C；口腔医学：76/D；人工智能：123/C；日语：218/D；数据科学与大数据技术：152/C；数学与应用数学：284/D；通信工程：239/D；文化产业管理：50/C；舞蹈表演：65/D；物理学：143/D；心理学：52/D；新能源材料与器件：54/C；新能源汽车工程：3/A+；行政管理：195/D；药学：139/D；医学影像技术：30/C；音乐表演：119/D；运动训练：80/D；智能制造工程：56/B。

21. 湖北文理学院

（1）湖北文理学院综合实力排名

综合排名：2024 校友会中国大学排名第 278 名，全国综合类高校第 81 名，湖北省高校第 21 名。

星级排名：中国三星级大学（3★），中国知名、区域一流大学。主管部门：湖北省。

（2）湖北文理学院各本科专业排名（全国排名/档次）

1）中国一流专业（5★）

物理学：23/A。

2）中国高水平专业（4★）

车辆工程：25/B++；地理科学：17/B++；电子信息科学与技术：13/A；广播电视学：18/B++；机械设计制造及其自动化：54/B++；计算机科学与技术：60/B++；社会工作：41/B++；食品科学与工程：28/B++；思想政治教育：90/B++；学前教育：9/A。

3）中国区域一流专业（3★）

广播电视编导：42/B+；汉语言文学：151/B+；化学工程与工艺：120/B+；临床医学：102/B+；市场营销：130/B+；数学与应用数学：190/B+；体育教育：72/B+；土木工程：137/B+；自动化：150/B+。

4）中国区域高水平专业（2★）

道路桥梁与渡河工程：22/C；电子信息工程：214/D；法学：251/D；工程管理：120/C；国际经济与贸易：221/C；护理学：108/D；化学：149/D；交通设备与控制工程：10/D；教育技术学：67/C；科学教育：16/C；美术学：85/C；汽车服务工程：23/C；软件工程：215/D；通信工程：202/D；舞蹈表演：35/C；物联网工程：104/B；物流管理：109/C；信息与计算科学：164/C；医学检验技术：62/C；艺术设计学：90/D；音乐表演：62/B；音乐学：104/C；英语：318/D。

5）中国区域知名专业（1★）

财务管理：210/D；动画：134/D；工程造价：43/D；工业工程：131/D；绘画：89/D；建筑学：149/D；旅游管理：207/D；日语：218/D；社会体育指导与管理：109/D；生物科学：162/D；食品质量与安全：117/D；数据计算及应用：6/B；智能制造工程：56/B。

22. 武汉体育学院

（1）武汉体育学院综合实力排名

综合排名：2024 校友会中国大学排名第 294 名，全国体育类高校第 4 名，湖北省高校第 22 名。

星级排名：中国四星级大学（4★），世界知名、中国高水平大学。主管部门：湖北省。

（2）武汉体育学院各本科专业排名（全国排名/档次）

1）中国一流专业（5★）

公共事业管理：11/A+；体育教育：9/A。

2）中国高水平专业（4★）

康复治疗学：17/B++；社会体育指导与管理：12/A；体育经济与管理：5/A；武术与民族传统体育：5/A；新闻学：30/B++；休闲体育：3/A+；运动康复：4/A；运动训练：20/B++。

3）中国区域一流专业（3★）

播音与主持艺术：26/B+；教育技术学：44/B+；视觉传达设计：83/B+；舞蹈表演：27/B+；应用心理学：50/B+；英语：253/B+；运动人体科学：11/B+。

4）中国区域高水平专业（2★）

表演：44/B；广播电视编导：75/D；汉语国际教育：121/C；机械电子工程：84/C；机械设计制造及其自动化：222/D；经济学：205/D；数据科学与大数据技术：54/B++；特殊教育：21/C；体能训练：3/A+；舞蹈学：55/C；信息管理与信息系统：207/C；信息与计算科学：231/D。

23. 湖北师范大学

（1）湖北师范大学综合实力排名

综合排名：2024 校友会中国大学排名第 300 名，全国师范类高校第 47 名，湖北省高校第 23 名。

星级排名：中国二星级大学（2★），中国区域高水平大学。主管部门：湖北省。

（2）湖北师范大学各本科专业排名（全国排名/档次）

1）中国高水平专业（4★）

汉语言文学：114/B++；化学：39/B++；生物技术：

64/B++；生物科学：36/B++；数学与应用数学：137/B++；思想政治教育：73/B++；小学教育：16/B++；英语：136/B++。

2）中国区域一流专业（3★）

地理科学：55/B+；电气工程及其自动化：133/B+；电子信息工程：141/B+；法学：161/B+；汉语国际教育：58/B+；环境工程：133/B+；环境设计：86/B+；计算机科学与技术：285/B+；教育技术学：38/B+；教育学：54/B+；经济学：122/B+；历史学：84/B+；旅游管理与服务教育：1/A++；美术学：57/B+；商务英语：29/B+；食品科学与工程：114/B+；体育教育：72/B+；通信工程：141/B+；统计学：96/B+；物理学：95/B+；音乐学：78/B+；应用化学：112/B+；自动化：150/B+。

3）中国区域高水平专业（2★）

广播电视学：77/D；社会体育指导与管理：99/D；数字媒体技术：57/C；特殊教育：21/C；舞蹈表演：35/C；舞蹈学：55/C；物联网工程：140/C；信息与计算科学：231/D；学前教育：90/D。

4）中国区域知名专业（1★）

播音与主持艺术：89/D；财务管理：232/D；城市管理：31/D；地理信息科学：128/D；电子信息科学与技术：148/D；动画：142/D；法语：97/D；光电信息科学与工程：167/D；广告学：150/D；轨道交通信号与控制：20/D；国际经济与贸易：347/D；化学工程与工艺：203/D；人工智能：123/C；人文地理与城乡规划：83/D；日语：253/D；软件工程：271/D；社会工作：170/D；书法学：51/D；物流工程：58/D；信息工程：50/D；行政管理：214/D；音乐表演：119/D；应用统计学：91/D；应用心理学：147/D；自然地理与资源环境：65/D。

24. 湖北民族大学

（1）湖北民族大学综合实力排名

综合排名：2024 校友会中国大学排名第 324 名，全国民族类高校第 12 名，湖北省高校第 24 名。

星级排名：中国二星级大学（2★），中国区域高水平大学。主管部门：湖北省。

（2）湖北民族大学各本科专业排名（全国排名/档次）

1）中国高水平专业（4★）

法学：111/B++；汉语言文学：114/B++；会计学：112/B++；计算机科学与技术：206/B++；林学：13/B++；生物工程：47/B++；食品科学与工程：72/B++；数学与应用数学：56/B++；思想政治教育：90/B++；英语：57/B++；园艺：28/B++。

2）中国区域一流专业（3★）

电气工程及其自动化：133/B+；化学：113/B+；化学工程与工艺：142/B+；临床医学：90/B+；旅游管理：105/B+；美术学：69/B+；体育教育：72/B+；统计学：96/B+；物理学：105/B+；新闻学：98/B+；中医学：32/B+。

3）中国区域高水平专业（2★）

城乡规划：78/C；公共事业管理：198/D；广播电视编导：75/D；广播电视学：77/D；机械电子工程：69/C；经济与金融：6/B+；商务英语：72/C；社会体育指导与管理：99/D；社会学：73/D；市场营销：241/D；书法学：23/B；数字媒体技术：49/C；舞蹈学：55/C；信息与计算科学：231/D；制药工程：139/D；中国画：23/D；中药学：58/D。

4）中国区域知名专业（1★）

编辑出版学：36/D；财务管理：210/D；电子信息工程：295/D；电子信息科学与技术：117/D；翻译：98/C；光电信息科学与工程：141/D；国际经济与贸易：329/D；航空服务艺术与管理：11/B；护理学：118/D；环境科学：174/D；环境设计：244/D；绘画：101/D；康复治疗学：66/D；人文地理与城乡规划：65/D；日语：218/D；社会工作：170/D；生物科学：162/D；生物制药：36/C；视觉传达设计：202/D；数据科学与大数据技术：152/C；小学教育：74/D；信息安全：88/D；行政管理：214/D；医学影像技术：30/C；医学影像学：56/D；音乐学：129/D；应用化学：213/D；园林：79/D；政治学与行政学：75/D；智能制造工程：56/B；自然地理与资源环境：65/D。

24. 湖北中医药大学

（1）湖北中医药大学综合实力排名

综合排名：2024 校友会中国大学排名第 324 名，全国医药类高校第 51 名，湖北省高校第 24 名。

星级排名：中国三星级大学（3★），中国知名、区域一流大学。主管部门：湖北省。

（2）湖北中医药大学各本科专业排名（全国排名/档次）

1）中国一流专业（5★）

针灸推拿学：10/A；中医学：10/A。

2）中国高水平专业（4★）

公共事业管理：30/B++；护理学：29/B++；市场营销：59/B++；药学：61/B++；医学信息工程：6/B++；制药工程：45/B++；中西医临床医学：18/B++；中药学：31/B++。

3）中国区域一流专业（3★）

卫生检验与检疫：17/B+；信息管理与信息系统：119/B+；药物制剂：22/B+；医学检验技术：50/B+；应用心理学：65/B+；英语：253/B+；运动康复：15/B+；中药资源与开发：10/B+。

4）中国区域高水平专业（2★）

国际经济与贸易：266/D；康复治疗学：58/D；商务英语：52/B；生物技术：176/D；食品质量与安全：91/C；物流管理：139/D；医学实验技术：15/D；中药制药：16/C。

5）中国区域知名专业（1★）

保险学：45/C；国际商务：59/D；汉语国际教育：140/C；健康服务与管理：15/B；物联网工程：161/D；心理学：52/D；医学影像技术：30/C；中医骨伤科学：11/C；助产学：13/B。

26. 湖北汽车工业学院

（1）湖北汽车工业学院综合实力排名

综合排名：2024校友会中国大学排名第328名，全国理工类高校第153名，湖北省高校第26名。

星级排名：中国二星级大学（2★），中国区域高水平大学。主管部门：湖北省。

（2）湖北汽车工业学院各本科专业排名（全国排名/档次）

1）中国一流专业（5★）

车辆工程：17/A；机械设计制造及其自动化：25/A。

2）中国高水平专业（4★）

材料成型及控制工程：33/B++；材料科学与工程：68/B++；测控技术与仪器：53/B++；电子信息工程：89/B++；工业工程：28/B++；物流管理：46/B++；自动化：41/B++。

3）中国区域一流专业（3★）

材料物理：31/B+；财务管理：100/B+；产品设计：66/B+；电气工程及其自动化：151/B+；高分子材料与工程：65/B+；国际经济与贸易：142/B+；焊接技术与工程：12/B+；计算机科学与技术：285/B+；市场营销：110/B+；信息管理与信息系统：119/B+；英语：253/B+。

4）中国区域高水平专业（2★）

翻译：71/B；工业设计：119/C；能源与动力工程：124/D；汽车服务工程：23/C；软件工程：215/D；新能源汽车工程：2/A+。

5）中国区域知名专业（1★）

大数据管理与应用：48/C；电子信息科学与技术：117/D；法学：308/D；光电信息科学与工程：141/D；旅游管理：207/D；视觉传达设计：202/D；数学与应用数学：284/D；物联网工程：161/D；新能源材料与器件：45/C；信息资源管理：12/D；智能科学与技术：58/C；智能制造工程：56/B。

27. 武汉音乐学院

（1）武汉音乐学院综合实力排名

综合排名：2024校友会中国大学排名第351名，全国艺术类高校第20名，湖北省高校第27名。

星级排名：中国四星级大学（4★），世界知名、中国高水平大学。主管部门：湖北省。

（2）武汉音乐学院各本科专业排名（全国排名/档次）

1）世界高水平、中国顶尖专业（6★）

音乐学：2/A++。

2）中国一流专业（5★）

录音艺术：1/A++；音乐表演：6/A+；作曲与作曲技术理论：6/A。

3）中国高水平专业（4★）

舞蹈编导：6/B++；舞蹈表演：13/B++。

4）中国区域高水平专业（2★）

表演：44/B；舞蹈学：55/C。

28. 湖北工程学院

（1）湖北工程学院综合实力排名

综合排名：2024校友会中国大学排名第393名，全国理工类高校第181名，湖北省高校第28名。

星级排名：中国一星级大学（1★），中国区域知名大学。主管部门：湖北省。

（2）湖北工程学院各本科专业排名（全国排名/档次）

1）中国顶尖应用型专业（6★）

材料化学：1/A++；城乡规划：6/A+；电子信息科学与技术：1/A++；高分子材料与工程：1/A++；光电信息科学与工程：1/A++；汉语言文学：30/A+；化学：13/A+；计算机科学与技术：48/A+；建筑学：11/A+；经济学：1/A++；农学：2/A+；农业资源与环境：1/A++；生物科学：9/A+；食品科学与工程：7/A+；思想政治教育：1/A++；小学教育：21/A+；应用心理学：3/A+；园艺：1/A++；自动化：25/A+。

2）中国一流应用型专业（5★）

材料科学与工程：16/A；电气工程及其自动化：48/A；电子信息工程：66/A；服装与服饰设计：13/A；给排水科学与工程：7/A；工程造价：19/A；环境科学：2/A+；机械电子工程：23/A；机械设计制造及其自动化：68/A；美术学：9/A+；软件工程：53/A；生物工程：16/A；数学与应用数学：38/A；土木工程：49/A；物理学：17/A。

3）中国高水平应用型专业（4★）

产品设计：43/B++；电子商务：66/B++；翻译：19/B++；风景园林：12/B++；光源与照明：3/A+；轨道交通信号与控制：5/A；汉语国际教育：36/B++；体育教育：56/B++；网络与新媒体：32/B++；学前教育：95/B++；音乐学：54/B++；英语：129/B++。

4）中国区域一流应用型专业（3★）

播音与主持艺术：54/B+；法学：82/B+；法语：16/B+；广告学：43/B+；环境设计：113/B+；金融工程：39/B+；经济统计学：20/B+；人工智能：36/B+；社会工作：31/B+；市场营销：144/B+；视觉传达设计：140/B+；数据科学与大数据技术：60/B++；数字媒体艺术：63/B+；网络空间安全：6/B+；舞蹈学：33/B+；物联网工程：139/B+；药学：38/B+。

28. 湖北科技学院

（1）湖北科技学院综合实力排名

综合排名：2024校友会中国大学排名第393名，全国理工类高校第181名，湖北省高校第28名。

星级排名：中国一星级大学（1★），中国区域知名大学。主管部门：湖北省。

（2）湖北科技学院各本科专业排名（全国排名/档次）

1）中国顶尖应用型专业（6★）

产品设计：8/A+；地理科学：1/A++；地理信息科学：1/A++；电气工程及其自动化：6/A+；光电信息科学与工程：1/A++；汉语言文学：30/A+；核工程与核技术：

1/A++；计算机科学与技术：63/A+；经济学：1/A++；口腔医学：5/A+；临床药学：1/A++；临床医学：10/A+；生物医学工程：2/A+；视觉传达设计：18/A+；数学与应用数学：23/A+；体育教育：6/A+；网络与新媒体：1/A++；小学教育：21/A+；学前教育：25/A+；眼视光学：3/A+；药学：1/A++；音乐学：4/A+；英语：47/A+。

2）中国一流应用型专业（5★）

财务管理：40/A；电子商务：37/A；电子信息科学与技术：10/A；工程管理：27/A；工商管理：39/A；护理学：32/A；数据科学与大数据技术：4/A++；网络工程：16/A；物联网工程：19/A。

3）中国高水平应用型专业（4★）

翻译：19/B++；化学：48/B++；环境设计：73/B++；机械设计制造及其自动化：128/B++；酒店管理：27/B++；美术学：38/B++；商务英语：38/B++；土地资源管理：4/A；物理学：39/B++；医学信息工程：2/A+；医学影像学：11/B++；应用化学：45/B++；应用统计学：6/A；园林：15/B++。

4）中国区域一流应用型专业（3★）

表演：34/B+；测绘工程：42/B+；公共事业管理：37/B+；广播电视编导：72/B+；汉语国际教育：79/B+；化妆品科学与技术：1/A++；历史学：55/B+；社会体育指导与管理：34/B+；生物科学：54/B+；统计学：20/B++；舞蹈表演：25/B+；眼视光医学：3/A+；药物制剂：15/B+；医学影像技术：25/B+；应用心理学：47/B+；预防医学：19/B+；助产学：5/A。

30. 湖北理工学院

（1）湖北理工学院综合实力排名

综合排名：2024 校友会中国大学排名第 422 名，全国理工类高校第 193 名，湖北省高校第 30 名。

星级排名：中国一星级大学（1★），中国区域知名大学。主管部门：湖北省。

（2）湖北理工学院各本科专业排名（全国排名/档次）

1）中国顶尖应用型专业（6★）

车辆工程：13/A+；电气工程及其自动化：6/A+；电子信息工程：9/A+；工程管理：3/A++；环境工程：1/A++；机械电子工程：14/A+；计算机科学与技术：63/A+。

2）中国一流应用型专业（5★）

道路桥梁与渡河工程：5/A；服装与服饰设计：13/A；给排水科学与工程：7/A；工商管理：39/A；国际经济与贸易：62/A；化学工程与工艺：25/A；环境设计：34/A；土木工程：49/A；网络工程：16/A；无机非金属材料工程：8/A；药学：16/A；自动化：35/A。

3）中国高水平应用型专业（4★）

安全工程：14/B++；机械设计制造及其自动化：128/B++；能源与环境系统工程：2/A+；舞蹈表演：8/A；小学教育：75/B++；冶金工程：6/B++；音乐学：54/B++；英语：129/B++。

4）中国区域一流应用型专业（3★）

服装设计与工程：31/B+；复合材料与工程：6/B+；环境科学：21/B+；机器人工程：36/B+；软件工程：156/B+；商务英语：71/B+；市场营销：144/B+；数据科学与大数据技术：60/B++；通信工程：130/B+；物联网工程：139/B+；物流管理：127/B+；信息与计算科学：53/B+；虚拟现实技术：2/A+；智能建造：10/B+。

5）中国区域高水平应用型专业（2★）

财务管理：251/C；动画：117/C；汉语言文学：253/C；护理学：129/D；临床医学：64/D；人工智能：59/B；生物制药：30/C；视觉传达设计：235/C；网络与新媒体：100/B；学前教育：173/C；遥感科学与技术：9/C；医学检验技术：58/D；应用化学：96/C；应用物理学：17/C。

31. 湖北第二师范学院

（1）湖北第二师范学院综合实力排名

综合排名：2024 校友会中国大学排名第 436 名，全国师范类高校第 92 名，湖北省高校第 31 名。

星级排名：中国一星级大学（1★），中国区域知名大学。主管部门：湖北省。

（2）湖北第二师范学院各本科专业排名（全国排名/档次）

1）中国顶尖应用型专业（6★）

汉语言文学：1/A++；计算机科学与技术：63/A+；物理学：1/A++；小学教育：2/A++；新闻学：1/A++。

2）中国一流应用型专业（5★）

电子信息科学与技术：10/A；工程管理：27/A；数学与应用数学：38/A；思想政治教育：20/A；物流管理：27/A；学前教育：46/A；音乐学：17/A。

3）中国高水平应用型专业（4★）

财务管理：80/B++；国际经济与贸易：109/B++；汉语国际教育：36/B++；软件工程：95/B++；生物科学：41/B++；视觉传达设计：72/B++；体育教育：56/B++。

4）中国区域一流应用型专业（3★）

翻译：39/B+；公共事业管理：37/B+；机械电子工程：74/B+；汽车服务工程：66/B+；商务英语：71/B+；生物制药：13/B+；统计学：20/B++；物联网工程：139/B+；物流工程：23/B+。

5）中国区域高水平应用型专业（2★）

编辑出版学：14/D；材料物理：11/C；动画：117/C；光电信息科学与工程：58/D；广告学：74/B；化学：100/C；环境设计：203/B；教育学：30/D；金融数学：22/C；数据科学与大数据技术：199/C；信息与计算科学：78/C；音乐表演：85/C；应用化学：96/C；应用心理学：75/C；英语：318/C。

6）中国区域知名应用型专业（1★）

材料科学与工程：62/D；电子商务：219/C；工程造价：136/C；会计学：280/D；酒店管理：124/C；美术学：163/D；日语：173/D；市场营销：321/D；土木工程：

257/D；舞蹈学：102/D；休闲体育：45/C；应用统计学：59/C。

31. 湖北美术学院

（1）湖北美术学院综合实力排名

综合排名：2024校友会中国大学排名第436名，全国艺术类高校第27名，湖北省高校第31名。

星级排名：中国三星级大学（3★），中国知名、区域一流大学。主管部门：湖北省。

（2）湖北美术学院各本科专业排名（全国排名/档次）

1）中国一流专业（5★）

雕塑：5/A；美术学：16/A；艺术设计学：10/A。

2）中国高水平专业（4★）

产品设计：10/A；动画：27/B++；服装与服饰设计：11/B++；工艺美术：8/B++；公共艺术：4/A；环境设计：9/A+；绘画：7/A；摄影：7/B++；视觉传达设计：13/A+；书法学：5/A；陶瓷艺术设计：4/A；中国画：6/B++。

3）中国区域一流专业（3★）

风景园林：44/B+；服装设计与工程：14/B+；工业设计：85/B+；数字媒体艺术：39/B+；文化产业管理：22/B+；艺术教育：8/B+；艺术史论：9/B+；影视摄影与制作：6/B+。

4）中国区域高水平专业（2★）

表演：44/B；教育学：65/D；戏剧影视美术设计：20/C。

5）中国区域知名专业（1★）

跨媒体艺术：4/A；艺术管理：19/D；艺术与科技：32/D。

33. 荆楚理工学院

（1）荆楚理工学院综合实力排名

综合排名：2024校友会中国大学排名第453名，全国理工类高校第203名，湖北省高校第33名。

星级排名：中国一星级大学（1★），中国区域知名大学。主管部门：湖北省。

（2）荆楚理工学院各本科专业排名（全国排名/档次）

1）中国顶尖应用型专业（6★）

广播电视编导：1/A++；化学工程与工艺：13/A+。

2）中国一流应用型专业（5★）

机械设计制造及其自动化：68/A；计算机科学与技术：101/A；食品科学与工程：17/A；印刷工程：1/A++。

3）中国高水平应用型专业（4★）

电气工程及其自动化：91/B++；工业设计：17/B++；物联网工程：62/B++；小学教育：75/B++；音乐表演：21/B++；英语：129/B++；制药工程：25/B++。

4）中国区域一流应用型专业（3★）

材料成型及控制工程：49/B+；产品设计：80/B+；飞行器制造工程：15/B+；复合材料与工程：6/B+；过程装备与控制工程：10/B+；汉语言文学：180/B+；护理学：90/B+；机械电子工程：74/B+；临床医学：50/B+；数据计算及应用：1/A++；数学与应用数学：109/B+；数字媒体技术：57/B+。

5）中国区域高水平应用型专业（2★）

环境设计：203/B；机器人工程：97/C；口腔医学：30/D；商务英语：161/C；生物工程：68/C；市场营销：231/C；视觉传达设计：235/C；网络与新媒体：100/B；学前教育：173/C；应用物理学：17/C；植物科学与技术：6/C；智能科学与技术：47/C。

6）中国区域知名应用型专业（1★）

财务管理：326/C；康复治疗学：90/D；舞蹈学：102/D；物流管理：251/D；信息管理与信息系统：161/D；智能制造工程：70/C。

34. 武汉商学院

（1）武汉商学院综合实力排名

综合排名：2024校友会中国大学排名第472名，全国财经类高校第47名，湖北省高校第34名。

星级排名：中国一星级大学（1★），中国区域知名大学。主管部门：湖北省。

（2）武汉商学院各本科专业排名（全国排名/档次）

1）中国顶尖应用型专业（6★）

经济与金融：1/A++；酒店管理：1/A++；烹饪与营养教育：1/A++；休闲体育：1/A++。

2）中国一流应用型专业（5★）

建筑环境与能源应用工程：8/A；经济统计学：6/A；软件工程：53/A；体育经济与管理：2/A+。

3）中国高水平应用型专业（4★）

会展经济与管理：11/B++；机器人工程：14/A；零售业管理：1/A++；汽车服务工程：38/B++；商务经济学：3/A+；商务英语：38/B++；物流管理：56/B++。

4）中国区域一流应用型专业（3★）

财务管理：137/B+；电子商务：109/B+；动画：82/B+；国际商务：29/B+；旅游管理与服务教育：10/B+；马业科学：1/A++；人力资源管理：75/B+；审计学：52/B+；运动康复：13/B+。

5）中国区域高水平应用型专业（2★）

车辆工程：88/C；服装与服饰设计：90/C；数据科学与大数据技术：199/C；物联网工程：232/C。

6）中国区域知名应用型专业（1★）

翻译：116/D；航空服务艺术与管理：22/C；食品科学与工程：121/D；食品质量与安全：104/D；数字媒体艺术：155/C。

35. 湖北警官学院

（1）湖北警官学院综合实力排名

综合排名：2024校友会中国大学排名第484名，全国政法类高校第23名，湖北省高校第35名。

星级排名：中国三星级大学（3★），中国知名、区域一流大学。主管部门：湖北省。

（2）湖北警官学院各本科专业排名（全国排名/档次）

1）中国顶尖应用型专业（6★）

刑事科学技术：1/A++；侦查学：1/A++。

2）中国一流应用型专业（5★）

网络安全与执法：7/A。

3）中国高水平应用型专业（4★）

警务指挥与战术：7/B++；涉外警务：3/A+；消防工程：4/A；治安学：20/B++。

4）中国区域一流应用型专业（3★）

法学：82/B+；公共事业管理：37/B+；计算机科学与技术：253/B+；交通管理工程：15/B+；经济犯罪侦查：9/B+；信息安全：8/B+；英语：198/B+。

36. 汉江师范学院

（1）汉江师范学院综合实力排名

综合排名：2024校友会中国大学排名第509名，全国师范类高校第121名，湖北省高校第36名。

星级排名：中国一星级大学（1★），中国区域知名大学。主管部门：湖北省。

（2）汉江师范学院各本科专业排名（全国排名/档次）

1）中国一流应用型专业（5★）

汉语言文学：63/A；小学教育：41/A；学前教育：46/A。

2）中国高水平应用型专业（4★）

旅游管理：76/B++；物理学：39/B++；英语：129/B++。

3）中国区域一流应用型专业（3★）

电气工程及其自动化：157/B+；广播电视编导：72/B+；环境工程：60/B+；软件工程：156/B+；审计学：52/B+；音乐学：87/B+。

4）中国区域高水平应用型专业（2★）

化学：100/C；绘画：44/C；生物科学：80/C；书法学：32/B；数学与应用数学：166/D；思想政治教育：112/C；统计学：53/B；网络工程：137/C；信息工程：27/D。

5）中国区域知名应用型专业（1★）

财务管理：326/C；电子商务：219/C；经济与金融：47/D；科学教育：30/D；历史学：94/D；美术学：163/D；日语：173/D；商务英语：230/D；社会体育指导与管理：104/C；数据科学与大数据技术：272/D；数字媒体艺术：155/C；体育教育：138/D；网络与新媒体：140/C；物流管理：251/D；行政管理：105/D；应用化学：150/D。

三、湖北省民办大学专业排名详情

1. 武昌首义学院

（1）武昌首义学院综合实力排名

综合排名：2024校友会中国民办大学排名第1名，全国理工类民办高校第1名，湖北省民办高校第1名。

星级排名：中国六星级应用型大学（6★），中国顶尖应用型大学。

（2）武昌首义学院各本科专业排名（全国排名/档次）

1）中国顶尖应用型专业（6★）

电气工程及其自动化：6/A+；电子信息工程：9/A+；法学：1/A++；工程造价：1/A++；广播电视学：4/A+；国际经济与贸易：2/A++；环境设计：1/A++；会计学：2/A++；机器人工程：1/A++；机械电子工程：1/A++；机械设计制造及其自动化：14/A+；计算机科学与技术：2/A++；金融学：2/A++；软件工程：1/A++；生物工程：2/A+；市场营销：3/A++；视觉传达设计：1/A++；通信工程：1/A++；土木工程：2/A++；网络与新媒体：1/A++；新闻学：1/A++；英语：3/A++；自动化：1/A++。

2）中国一流应用型专业（5★）

财务管理：40/A；产品设计：12/A+；动画：17/A；给排水科学与工程：7/A；广播电视编导：17/A；汉语言文学：63/A；环境工程：18/A；金融科技：2/A+；人工智能：9/A；数据科学与大数据技术：4/A++；物联网工程：19/A；智能建造：2/A+。

3）中国高水平应用型专业（4★）

翻译：19/B++。

2. 文华学院

（1）文华学院综合实力排名

综合排名：2024校友会中国民办大学排名第2名，全国理工类民办高校第2名，湖北省民办高校第2名。

星级排名：中国六星级应用型大学（6★），中国顶尖应用型大学。

（2）文华学院各本科专业排名（全国排名/档次）

1）中国顶尖应用型专业（6★）

财务管理：1/A++；电气工程及其自动化：6/A+；电子科学与技术：1/A++；电子商务：6/A+；电子信息工程：9/A+；工程管理：3/A++；工商管理：5/A+；光电信息科学与工程：1/A++；国际经济与贸易：2/A++；环境工程：1/A++；机械设计制造及其自动化：14/A+；计算机科学与技术：2/A++；建筑学：11/A+；软件工程：1/A++；通信工程：1/A++；土木工程：2/A++；新闻学：1/A++；英语：3/A++；自动化：1/A++。

2）中国一流应用型专业（5★）

材料成型及控制工程：16/A；产品设计：12/A+；城乡规划：8/A；船舶与海洋工程：4/A；法学：28/A；翻译：8/A+；汉语国际教育：12/A；汉语言文学：63/A；环境设计：34/A；会计学：63/A；金融学：26/A；能源与动力工程：10/A；视觉传达设计：33/A；数字媒体艺术：8/A+；网络与新媒体：12/A+。

3）中国高水平应用型专业（4★）

给排水科学与工程：16/B++；公共事业管理：14/B++；广告学：21/B++；机器人工程：14/A；建筑环境与能源应用工程：17/B++；日语：36/B++；舞蹈表演：8/A；物联网工程：62/B++；增材制造工程：1/A++；智能电网信息工程：

2/A+；智能制造工程：2/A+；资产评估：10/B++。

4）中国区域一流应用型专业（3★）

工程造价：58/B+。

3. 武汉工商学院

（1）武汉工商学院综合实力排名

综合排名：2024 校友会中国民办大学排名第 5 名，全国财经类民办高校第 3 名，湖北省民办高校第 3 名。

星级排名：中国六星级应用型大学（6★），中国顶尖应用型大学。

（2）武汉工商学院各本科专业排名（全国排名/档次）

1）中国顶尖应用型专业（6★）

电子商务：6/A+；法学：1/A++；工商管理：1/A++；广告学：1/A++；国际经济与贸易：2/A++；环境工程：1/A++；环境设计：1/A++；会计学：2/A++；计算机科学与技术：2/A++；金融学：2/A++；软件工程：1/A++；市场营销：3/A++；视觉传达设计：1/A++；通信工程：1/A++；网络与新媒体：1/A++；物联网工程：1/A++；物流工程：1/A++；物流管理：1/A++；新闻学：1/A++。

2）中国一流应用型专业（5★）

财务管理：40/A；产品设计：12/A+；大数据管理与应用：2/A+；电子信息工程：66/A；国际商务：7/A；绘画：5/A；机械电子工程：23/A；人工智能：9/A；人力资源管理：12/A+；生物制药：2/A+；数据科学与大数据技术：4/A++；微电子科学与工程：6/A；信息管理与信息系统：17/A；英语：62/A。

3）中国高水平应用型专业（4★）

创业管理：1/A++；机器人工程：14/A；审计学：20/B++；数字经济：3/A+；数字媒体艺术：30/B++；舞蹈表演：8/A；艺术与科技：8/B++。

4. 武汉城市学院

（1）武汉城市学院综合实力排名

综合排名：2024 校友会中国民办大学排名第 6 名，全国理工类民办高校第 6 名，湖北省民办高校第 4 名。

星级排名：中国六星级应用型大学（6★），中国顶尖应用型大学。

（2）武汉城市学院各本科专业排名（全国排名/档次）

1）中国顶尖应用型专业（6★）

城乡规划：1/A++；电气工程及其自动化：6/A+；电子商务：6/A+；工程管理：3/A++；工商管理：5/A+；国际经济与贸易：23/A+；护理学：1/A++；环境工程：1/A++；机械电子工程：1/A++；机械设计制造及其自动化：14/A+；计算机科学与技术：2/A++；建筑学：1/A++；汽车服务工程：1/A++；软件工程：1/A++；视觉传达设计：1/A++；土木工程：2/A++；物流管理：12/A+；信息与计算科学：1/A++；英语：3/A++；自动化：1/A++。

2）中国一流应用型专业（5★）

财务管理：40/A；动画：17/A；服装与服饰设计：13/A；给排水科学与工程：7/A；环境设计：34/A；会计学：63/A；日语：13/A；商务英语：12/A+；市场营销：38/A；信息管理与信息系统：17/A；药学：16/A；应用化学：14/A。

3）中国高水平应用型专业（4★）

工程造价：34/B++；机器人工程：14/A；人力资源管理：32/B++；药物制剂：6/B++；智能车辆工程：1/A++。

5. 武汉华夏理工学院

（1）武汉华夏理工学院综合实力排名

综合排名：2024 校友会中国民办大学排名第 9 名，全国理工类民办高校第 9 名，湖北省民办高校第 5 名。

星级排名：中国六星级应用型大学（6★），中国顶尖应用型大学。

（2）武汉华夏理工学院各本科专业排名（全国排名/档次）

1）中国顶尖应用型专业（6★）

材料成型及控制工程：1/A++；车辆工程：2/A++；城乡规划：1/A++；电子商务：6/A+；电子信息工程：9/A+；工程管理：3/A++；工程造价：1/A++；工商管理：5/A+；国际经济与贸易：2/A++；机械电子工程：1/A++；机械设计制造及其自动化：14/A+；计算机科学与技术：2/A++；软件工程：1/A++；商务英语：1/A++；视觉传达设计：1/A++；通信工程：1/A++；土木工程：2/A++；制药工程：1/A++；自动化：1/A++。

2）中国一流应用型专业（5★）

产品设计：12/A+；大数据管理与应用：2/A+；广告学：9/A；环境设计：34/A；会计学：63/A；汽车服务工程：18/A；生物制药：2/A+；市场营销：38/A；数据科学与大数据技术：4/A++；数字媒体艺术：8/A+；网络与新媒体：12/A+；医学检验技术：10/A；英语：62/A。

3）中国高水平应用型专业（4★）

财务管理：80/B++；测控技术与仪器：18/B++；金融科技：5/A；经济与金融：13/B++；体育教育：56/B++；物联网工程：62/B++；物流管理：56/B++；休闲体育：5/A；智能制造工程：2/A+。

6. 湖北商贸学院

（1）湖北商贸学院综合实力排名

综合排名：2024 校友会中国民办大学排名第 13 名，全国财经类民办高校第 8 名，湖北省民办高校第 6 名。

星级排名：中国六星级应用型大学（6★），中国顶尖应用型大学。

（2）湖北商贸学院各本科专业排名（全国排名/档次）

1）中国顶尖应用型专业（6★）

财务管理：18/A+；电子商务：6/A+；电子信息工程：9/A+；工程管理：3/A++；工程造价：1/A++；国际经济与贸易：23/A+；计算机科学与技术：2/A++；金融学：2/A++；视觉传达设计：18/A+；通信工程：1/A++；土木工程：2/A++；艺术设计学：1/A++；英语：3/A++。

2）中国一流应用型专业（5★）

产品设计：12/A+；环境设计：34/A；会计学：63/A；机械设计制造及其自动化：68/A；酒店管理：14/A；旅游管理：42/A；审计学：7/A+；市场营销：38/A；物流管理：27/A；行政管理：5/A+；学前教育：46/A。

3）中国高水平应用型专业（4★）

电气工程及其自动化：91/B++；经济统计学：15/B++；人力资源管理：32/B++；社会体育指导与管理：20/B++；摄影：5/A；数据科学与大数据技术：23/A；数字媒体艺术：30/B++；物联网工程：62/B++；影视摄影与制作：8/B++。

7. 武汉学院

（1）武汉学院综合实力排名

综合排名：2024校友会中国民办大学排名第14名，全国综合类民办高校第15名，湖北省民办高校第7名。

星级排名：中国六星级应用型大学（6★），中国顶尖应用型大学。

（2）武汉学院各本科专业排名（全国排名/档次）

1）中国顶尖应用型专业（6★）

法学：13/A+；供应链管理：1/A++；软件工程：36/A+。

2）中国一流应用型专业（5★）

财政学：5/A；国际经济与贸易：62/A；会计学：63/A；金融学：26/A；商务英语：12/A+；网络工程：16/A；网络与新媒体：12/A+；物联网工程：19/A。

3）中国高水平应用型专业（4★）

财务管理：80/B++；电子商务：66/B++；工商管理：64/B++；环境设计：73/B++；人力资源管理：32/B++；视觉传达设计：72/B++；数据科学与大数据技术：23/A；税收学：14/B++；投资学：11/B++；物流管理：56/B++；新闻学：30/B++；英语：129/B++。

4）中国区域一流应用型专业（3★）

产品设计：80/B+；工程管理：96/B+；工艺美术：14/B+；酒店管理：47/B+；康复治疗学：38/B+；跨境电子商务：7/B++；旅游管理：129/B+；社会体育指导与管理：34/B+；数字媒体艺术：63/B+；影视摄影与制作：15/B+；智能科学与技术：17/B++。

8. 武汉东湖学院

（1）武汉东湖学院综合实力排名

综合排名：2024校友会中国民办大学排名第16名，全国综合类民办高校第17名，湖北省民办高校第8名。

星级排名：中国六星级应用型大学（6★），中国顶尖应用型大学。

（2）武汉东湖学院各本科专业排名（全国排名/档次）

1）中国顶尖应用型专业（6★）

电子商务：6/A+；软件工程：36/A+；生物技术：2/A+；新闻学：1/A++；应用化学：4/A+；知识产权：1/A++。

2）中国一流应用型专业（5★）

电气工程及其自动化：48/A；法学：28/A；房地产开发与管理：3/A+；国际经济与贸易：62/A；通信工程：43/A。

3）中国高水平应用型专业（4★）

电子信息工程：116/B++；电子与计算机工程：2/A+；光电信息科学与工程：22/B++；化学工程与工艺：50/B++；环境设计：73/B++；机械设计制造及其自动化：128/B++；计算机科学与技术：168/B++；旅游管理：76/B++；生物制药：8/B++；视觉传达设计：72/B++；自动化：70/B++。

4）中国区域一流应用型专业（3★）

播音与主持艺术：54/B+；财务管理：137/B+；产品设计：80/B+；法语：16/B+；公共艺术：11/B+；机械电子工程：74/B+；金融学：79/B+；税收学：23/B+；网络空间安全：6/B+；物联网工程：139/B+；物流管理：127/B+。

5）中国区域高水平应用型专业（2★）

德语：24/C；翻译：84/C；工程管理：142/C；广告学：74/B；护理学：129/D；人力资源管理：134/C；数字媒体艺术：119/C；土木工程：219/C；学前教育：173/C；英语：318/C；影视摄影与制作：24/B；智能科学与技术：47/C。

6）中国区域知名应用型专业（1★）

人工智能：86/C；数据科学与大数据技术：272/D；网络与新媒体：140/C；智能制造工程：70/C。

9. 湖北师范大学文理学院

（1）湖北师范大学文理学院综合实力排名

综合排名：2024校友会中国民办大学排名第18名，全国综合类民办高校第19名，湖北省民办高校第9名。

星级排名：中国五星级应用型大学（5★），中国一流应用型大学。

（2）湖北师范大学文理学院各本科专业排名（全国排名/档次）

1）中国顶尖应用型专业（6★）

地理科学：1/A++；电子信息工程：9/A+；汉语言文学：1/A++；计算机科学与技术：48/A+；经济学：1/A++；商务英语：1/A++；数学与应用数学：23/A+；小学教育：2/A++；学前教育：9/A+；英语：3/A++。

2）中国一流应用型专业（5★）

财务管理：40/A；电气工程及其自动化：48/A；法学：28/A；工程造价：19/A；历史学：16/A；旅游管理与服务教育：2/A+；软件工程：53/A；通信工程：43/A；土木工程：49/A；物流管理：27/A；音乐学：17/A。

3）中国高水平应用型专业（4★）

互联网金融：6/B++；环境工程：32/B++；健康服务与管理：7/A；酒店管理：27/B++；美术学：38/B++；生物技术：23/B++。

10. 荆州学院

（1）荆州学院综合实力排名

综合排名：2024校友会中国民办大学排名第19名，全国理工类民办高校第19名，湖北省民办高校第10名。

星级排名：中国五星级应用型大学（5★），中国一流应用型大学。

（2）荆州学院各本科专业排名（全国排名/档次）

1）中国顶尖应用型专业（6★）

电子商务：6/A+；电子信息工程：9/A+；机械设计制造及其自动化：44/A+；计算机科学与技术：48/A+；软件工程：36/A+；商务英语：1/A++；石油工程：2/A+；通信工程：1/A++；土木工程：2/A++；英语：47/A+。

2）中国一流应用型专业（5★）

车辆工程：19/A；地理信息科学：10/A；工程管理：27/A；工程造价：19/A；工商管理：39/A；护理学：32/A；化学工程与工艺：25/A；康复治疗学：8/A；学前教育：46/A；自动化：35/A。

3）中国高水平应用型专业（4★）

测控技术与仪器：18/B++；高分子材料与工程：14/B++；口腔医学技术：3/A+；数学与应用数学：78/B++；物联网工程：62/B++；小学教育：75/B++；新能源科学与工程：12/B++。

4）中国区域一流应用型专业（3★）

材料成型及控制工程：49/B+；财务管理：137/B+；城乡规划：38/B+；环境设计：113/B+；机器人工程：36/B+；勘查技术与工程：14/B+；市场营销：144/B+；体育教育：85/B+；音乐学：87/B+；应用化学：65/B+；资源勘查工程：9/B+。

11. 湖北经济学院法商学院

（1）湖北经济学院法商学院综合实力排名

综合排名：2024 校友会中国民办大学排名第 21 名，全国财经类民办高校第 11 名，湖北省民办高校第 11 名。

星级排名：中国五星级应用型大学（5★），中国一流应用型大学。

（2）湖北经济学院法商学院各本科专业排名（全国排名/档次）

1）中国顶尖应用型专业（6★）

财务管理：1/A++；电子商务：6/A+；工程造价：1/A++；工商管理：5/A+；国际经济与贸易：23/A+；会计学：23/A+；计算机科学与技术：2/A++；金融学：2/A++；市场营销：3/A++；投资学：1/A++。

2）中国一流应用型专业（5★）

动画：17/A；工程管理：27/A；管理科学：1/A++；酒店管理：14/A；人力资源管理：12/A+；审计学：7/A+；视觉传达设计：33/A；税收学：11/A；英语：62/A。

3）中国高水平应用型专业（4★）

播音与主持艺术：31/B++；产品设计：43/B++；法学：55/B++；翻译：19/B++；商务英语：38/B++；物联网工程：62/B++；物流管理：56/B++。

4）中国区域一流应用型专业（3★）

环境设计：113/B+；烹饪与营养教育：10/B+。

12. 武汉传媒学院

（1）武汉传媒学院综合实力排名

综合排名：2024 校友会中国民办大学排名第 22 名，全国艺术类民办高校第 4 名，湖北省民办高校第 12 名。

星级排名：中国五星级应用型大学（5★），中国一流应用型大学。

（2）武汉传媒学院各本科专业排名（全国排名/档次）

1）中国顶尖应用型专业（6★）

播音与主持艺术：12/A+；文化产业管理：1/A++。

2）中国一流应用型专业（5★）

广播电视编导：17/A；广播电视学：9/A；音乐表演：9/A。

3）中国高水平应用型专业（4★）

表演：18/B++；传播学：8/B++；动画：37/B++；数字媒体艺术：30/B++；音乐学：54/B++；影视摄影与制作：8/B++。

4）中国区域一流应用型专业（3★）

广播电视工程：8/B+；摄影：19/B+；网络与新媒体：61/B+；戏剧影视文学：17/B+；新闻学：50/B+。

5）中国区域高水平应用型专业（2★）

电子信息工程：242/C；汉语言文学：253/C；会展经济与管理：35/B；软件工程：221/C；视觉传达设计：235/C；戏剧影视导演：14/D；戏剧影视美术设计：15/B；信息管理与信息系统：119/C。

6）中国区域知名应用型专业（1★）

电子商务：219/C；广告学：123/D；环境设计：311/D；商务英语：230/D；舞蹈学：102/D；英语：412/D。

13. 武汉工程科技学院

（1）武汉工程科技学院综合实力排名

综合排名：2024 校友会中国民办大学排名第 25 名，全国理工类民办高校第 25 名，湖北省民办高校第 13 名。

星级排名：中国五星级应用型大学（5★），中国一流应用型大学。

（2）武汉工程科技学院各本科专业排名（全国排名/档次）

1）中国一流应用型专业（5★）

宝石及材料工艺学：4/A；勘查技术与工程：4/A。

2）中国高水平应用型专业（4★）

测绘工程：18/B++；地理信息科学：17/B++；地质学：4/A；电子信息工程：116/B++；会计学：105/B++；汽车服务工程：38/B++；通信工程：74/B++；英语：129/B++；资源勘查工程：3/A+。

3）中国区域一流应用型专业（3★）

测控技术与仪器：34/B+；地理空间信息工程：2/A+；工商管理：106/B+；机械设计制造及其自动化：207/B+；软件工程：156/B+；摄影：19/B+；视觉传达设计：140/B+；数据科学与大数据技术：60/B++；学前教育：130/B+；艺术设计学：51/B+。

4）中国区域高水平应用型专业（2★）

财务管理：251/C；国际经济与贸易：260/C；计算机科学与技术：379/D；旅游管理：180/C；市场营销：231/C；

土木工程：219/C；物流管理：182/C；行政管理：61/C。

5）中国区域知名应用型专业（1★）

表演：70/D；播音与主持艺术：132/D；产品设计：180/D；电子商务：219/C；服装与服饰设计：111/D；工程管理：174/C；工程造价：136/C；广播电视编导：135/D；汉语言文学：298/D；环境设计：311/D；绘画：59/D；机器人工程：127/D；交通运输：59/D；金融学：133/D；商务英语：230/D；社会体育指导与管理：104/C；数字媒体艺术：155/C；网络与新媒体：140/C；小学教育：142/C；影视摄影与制作：35/D。

14. 汉口学院

（1）汉口学院综合实力排名

综合排名：2024校友会中国民办大学排名第26名，全国综合类民办高校第27名，湖北省民办高校第14名。

星级排名：中国五星级应用型大学（5★），中国一流应用型大学。

（2）汉口学院各本科专业排名（全国排名/档次）

1）中国顶尖应用型专业（6★）

电子信息工程：9/A+；人力资源管理：1/A++；英语：47/A+。

2）中国一流应用型专业（5★）

财务会计教育：1/A++；光电信息科学与工程：12/A；国际经济与贸易：62/A；汉语言文学：63/A；计算机科学与技术：101/A；旅游管理：42/A；网络与新媒体：12/A+。

3）中国高水平应用型专业（4★）

播音与主持艺术：31/B++；电气工程及其自动化：91/B++；电气工程与智能控制：6/B++；电子商务：66/B++；法学：55/B++；工商管理：64/B++；工业设计：17/B++；广播电视编导：31/B++；环境设计：73/B++；机械电子工程：42/B++；视觉传达设计：72/B++；通信工程：74/B++；投资学：11/B++；物联网工程：62/B++；艺术设计学：27/B++。

4）中国区域一流应用型专业（3★）

产品设计：80/B+；工程管理：96/B+；工艺美术：14/B+；经济与金融：20/B+；市场营销：144/B+；数字媒体技术：57/B+；物流管理：127/B+；新能源材料与器件：6/B++；学前教育：130/B+；音乐学：87/B+；影视摄影与制作：15/B+。

5）中国区域高水平应用型专业（2★）

德语：24/C；艺术与科技：27/C；智能制造工程：34/B。

6）中国区域知名应用型专业（1★）

表演：70/D；飞行器设计与工程：8/D；书法学：54/D；无人驾驶航空器系统工程：11/D；信用管理：11/D。

14. 武昌理工学院

（1）武昌理工学院综合实力排名

综合排名：2024校友会中国民办大学排名第26名，全国理工类民办高校第26名，湖北省民办高校第14名。

星级排名：中国五星级应用型大学（5★），中国一流应用型大学。

（2）武昌理工学院各本科专业排名（全国排名/档次）

1）中国顶尖应用型专业（6★）

舞蹈表演：2/A+；艺术设计学：1/A++。

2）中国一流应用型专业（5★）

工程造价：19/A；工商管理：39/A；公共事业管理：7/A+；生物工程：16/A；行政管理：5/A+；政治学与行政学：1/A++；制药工程：9/A；智能科学与技术：4/A+。

3）中国高水平应用型专业（4★）

电子商务：66/B++；电子信息工程：116/B++；动画：37/B++；工艺美术：5/A；国际经济与贸易：109/B++；护理学：59/B++；建筑学：36/B++；软件工程：95/B++；市场营销：85/B++；投资学：11/B++；土木工程：97/B++；网络工程：47/B++；舞蹈学：11/A；物流管理：56/B++；音乐学：54/B++。

4）中国区域一流应用型专业（3★）

表演：34/B+；产品设计：80/B+；法学：82/B+；给排水科学与工程：36/B+；工程管理：96/B+；环境工程：60/B+；会计学：177/B+；计算机科学与技术：253/B+；酒店管理：47/B+；旅游管理：129/B+；人力资源管理：75/B+；视觉传达设计：140/B+；数据科学与大数据技术：60/B++；通信工程：130/B+；遥感科学与技术：3/A+；药学：38/B+；英语：198/B+；助产学：5/A；自动化：120/B+。

5）中国区域高水平应用型专业（2★）

播音与主持艺术：98/C；电气工程及其自动化：231/D；广播电视编导：105/C；汉语言文学：253/C；环境设计：203/B；机械电子工程：132/C；日语：119/C；食品科学与工程：96/D；物联网工程：232/C；音乐表演：85/C；影视摄影与制作：24/B；智能建造：13/C。

6）中国区域知名应用型专业（1★）

机器人工程：127/D；学前教育：215/C。

16. 武汉晴川学院

（1）武汉晴川学院综合实力排名

综合排名：2024校友会中国民办大学排名第30名，全国综合类民办高校第31名，湖北省民办高校第16名。

星级排名：中国五星级应用型大学（5★），中国一流应用型大学。

（2）武汉晴川学院各本科专业排名（全国排名/档次）

1）中国顶尖应用型专业（6★）

电气工程与智能控制：1/A++；通信工程：27/A+。

2）中国一流应用型专业（5★）

财务管理：40/A；会计学：63/A；新闻学：17/A。

3）中国高水平应用型专业（4★）

播音与主持艺术：31/B++；电气工程及其自动化：91/B++；工程管理：59/B++；广播电视编导：31/B++；计算机科学与技术：168/B++；软件工程：95/B++；市场营销：

85/B++；英语：129/B++。

4）中国区域一流应用型专业（3★）

产品设计：80/B+；工程造价：58/B+；工业设计：48/B+；旅游管理：129/B+；数据科学与大数据技术：60/B++；数字媒体艺术：63/B+；物流管理：127/B+；信息管理与信息系统：71/B+；学前教育：130/B+。

5）中国区域高水平应用型专业（2★）

电子商务：159/B；电子信息工程：242/C；翻译：84/C；国际经济与贸易：260/C；机械电子工程：132/C；机械设计制造及其自动化：246/D；酒店管理：81/B；商务英语：161/C；物联网工程：232/C；智能电网信息工程：10/C。

6）中国区域知名应用型专业（1★）

会展经济与管理：49/C；金融科技：17/B；网络与新媒体：140/C；影视摄影与制作：35/D。

17. 武昌工学院

（1）武昌工学院综合实力排名

综合排名：2024 校友会中国民办大学排名第 32 名，全国理工类民办高校第 32 名，湖北省民办高校第 17 名。

星级排名：中国四星级应用型大学（4★），中国高水平应用型大学。

（2）武昌工学院各本科专业排名（全国排名/档次）

1）中国一流应用型专业（5★）

机械设计制造及其自动化：68/A。

2）中国高水平应用型专业（4★）

电气工程及其自动化：91/B++；工商管理：64/B++；会计学：105/B++；计算机科学与技术：168/B++；通信工程：74/B++；土木工程：97/B++。

3）中国区域一流应用型专业（3★）

材料成型及控制工程：49/B+；财务管理：137/B+；电子商务：109/B+；翻译：39/B+；化学工程与工艺：92/B+；环境工程：60/B+；食品科学与工程：65/B+；市场营销：144/B+；投资学：24/B+；学前教育：130/B+。

4）中国区域高水平应用型专业（2★）

电子信息工程：242/C；工程管理：142/C；工业设计：74/C；广告学：74/B；国际经济与贸易：260/C；国际商务：57/C；人力资源管理：134/C；摄影：38/C；食品质量与安全：57/B；视觉传达设计：235/C；物联网工程：232/C；信息管理与信息系统：119/C；英语：318/C。

5）中国区域知名应用型专业（1★）

产品设计：180/D；大数据管理与应用：51/D；工程造价：136/C；汉语国际教育：153/D；环境设计：311/D；机器人工程：127/D；机械工程：52/D；酒店管理：124/C；软件工程：288/D；审计学：126/D；书法学：54/D；数据科学与大数据技术：272/D；数字媒体艺术：155/C；体育教育：138/D；智能建造：16/C；智能制造工程：70/C。

18. 湖北恩施学院

（1）湖北恩施学院综合实力排名

综合排名：2024 校友会中国民办大学排名第 36 名，全国理工类民办高校第 36 名，湖北省民办高校第 18 名。

星级排名：中国四星级应用型大学（4★），中国高水平应用型大学。

（2）湖北恩施学院各本科专业排名（全国排名/档次）

1）中国顶尖应用型专业（6★）

财务管理：18/A+；电气工程及其自动化：6/A+；汉语言文学：30/A+；护理学：1/A++；会计学：23/A+；机械电子工程：14/A+；英语：47/A+。

2）中国一流应用型专业（5★）

电子商务：37/A；法学：28/A；环境设计：34/A；经济与金融：7/A；临床医学：24/A；旅游管理：42/A；美术学：9/A+；软件工程：53/A；视觉传达设计：33/A；学前教育：46/A；音乐学：17/A。

3）中国高水平应用型专业（4★）

茶学：5/A；工程造价：34/B++；康复治疗学：17/B++；人工智能：20/B++；数据科学与大数据技术：23/A；体育教育：56/B++；通信工程：74/B++；土木工程：97/B++；舞蹈学：11/A；医学检验技术：22/B++；中西医临床医学：4/A；中药学：12/B++。

4）中国区域一流应用型专业（3★）

大数据管理与应用：16/B+；风景园林：24/B+；网络与新媒体：61/B+。

19. 武汉生物工程学院

（1）武汉生物工程学院综合实力排名

综合排名：2024 校友会中国民办大学排名第 46 名，全国理工类民办高校第 46 名，湖北省民办高校第 19 名。

星级排名：中国四星级应用型大学（4★），中国高水平应用型大学。

（2）武汉生物工程学院各本科专业排名（全国排名/档次）

1）中国顶尖应用型专业（6★）

生物工程：2/A+。

2）中国一流应用型专业（5★）

生物技术：7/A；应用化学：14/A；制药工程：9/A。

3）中国高水平应用型专业（4★）

财务管理：80/B++；环境工程：32/B++；机械设计制造及其自动化：128/B++；计算机科学与技术：168/B++；食品科学与工程：37/B++；食品质量与安全：8/A；土木工程：97/B++；英语：129/B++；园林：15/B++；中药学：12/B++。

4）中国区域一流应用型专业（3★）

城市管理：8/B+；机械电子工程：74/B+；建筑电气与智能化：20/B+；健康服务与管理：15/B++；烹饪与营养教育：10/B+；园艺：25/B+。

5）中国区域高水平应用型专业（2★）

大数据管理与应用：26/B；动画：117/C；飞行器制造工程：20/D；护理学：129/D；康复治疗学：59/C；汽车服务工程：103/C；社会体育指导与管理：61/B；市场营销：

231/C；网络工程：137/C；物流管理：182/C；信息管理与信息系统：119/C；医学检验技术：58/D；艺术设计学：77/C。

6）中国区域知名应用型专业（1★）

城市地下空间工程：32/D；工程造价：136/C；汉语言文学：298/D；机器人工程：127/D；金融工程：115/C；酒店管理：124/C；商务英语：230/D；生物制药：43/D；数字媒体技术：136/D；文化产业管理：71/D；物联网工程：299/D；药学：81/D；运动康复：34/D。

20. 三峡大学科技学院

（1）三峡大学科技学院综合实力排名

综合排名：2024校友会中国民办大学排名第48名，全国理工类民办高校第48名，湖北省民办高校第20名。

星级排名：中国四星级应用型大学（4★），中国高水平应用型大学。

（2）三峡大学科技学院各本科专业排名（全国排名/档次）

1）中国一流应用型专业（5★）

电气工程及其自动化：48/A；水利水电工程：7/A。

2）中国高水平应用型专业（4★）

工程造价：34/B++；土木工程：97/B++；自动化：70/B++。

3）中国区域一流应用型专业（3★）

道路桥梁与渡河工程：18/B+；物流管理：127/B+。

4）中国区域高水平应用型专业（2★）

财务管理：251/C；电子信息工程：242/C；法学：138/C；工程管理：142/C；工业工程：27/B；广播电视学：57/C；国际经济与贸易：260/C；护理学：129/D；化学工程与工艺：121/D；环境设计：203/B；机械设计制造及其自动化：246/D；计算机科学与技术：379/D；金融学：107/C；旅游管理：180/C；人力资源管理：134/C；生物工程：68/C；市场营销：231/C；视觉传达设计：235/C；通信工程：205/D；新能源材料与器件：21/C；音乐学：150/C；英语：318/C；制药工程：85/C。

5）中国区域知名应用型专业（1★）

播音与主持艺术：132/D；风景园林：84/D；会计学：280/D；酒店管理：124/C；临床医学：70/D；网络与新媒体：140/C；物联网工程：299/D；休闲体育：45/C；医学影像技术：48/D。

20. 武汉设计工程学院

（1）武汉设计工程学院综合实力排名

综合排名：2024校友会中国民办大学排名第48名，全国综合类民办高校第49名，湖北省民办高校第20名。

星级排名：中国四星级应用型大学（4★），中国高水平应用型大学。

（2）武汉设计工程学院各本科专业排名（全国排名/档次）

1）中国一流应用型专业（5★）

食品科学与工程：17/A；数字媒体艺术：8/A+。

2）中国高水平应用型专业（4★）

服装与服饰设计：32/B++；工业设计：17/B++；工艺美术：5/A；环境设计：73/B++；视觉传达设计：72/B++；园林：15/B++。

3）中国区域一流应用型专业（3★）

风景园林：24/B+；服装设计与工程：31/B+；食品质量与安全：34/B+；市场营销：144/B+；文化产业管理：22/B+；舞蹈表演：25/B+；物流管理：127/B+。

4）中国区域高水平应用型专业（2★）

表演：48/C；广告学：74/B；国际经济与贸易：260/C；人力资源管理：134/C；软件工程：221/C；生物工程：68/C。

5）中国区域知名应用型专业（1★）

播音与主持艺术：132/D；产品设计：180/D；动画：153/D；工程管理：174/C；公共艺术：27/D；计算机科学与技术：469/D；商务英语：230/D；数字媒体技术：136/D；戏剧影视美术设计：20/C；戏剧影视文学：42/D；影视摄影与制作：35/D。

22. 武汉文理学院

（1）武汉文理学院综合实力排名

综合排名：2024校友会中国民办大学排名第49名，全国综合类民办高校第50名，湖北省民办高校第22名。

星级排名：中国三星级应用型大学（3★），中国知名、区域一流应用型大学。

（2）武汉文理学院各本科专业排名（全国排名/档次）

1）中国一流应用型专业（5★）

英语：62/A。

2）中国高水平应用型专业（4★）

金融学：45/B++。

3）中国区域一流应用型专业（3★）

财务管理：137/B+；电子信息工程：186/B+；法语：16/B+；翻译：39/B+；机械设计制造及其自动化：207/B+；商务英语：71/B+；心理学：13/B+；药学：38/B+；医学影像技术：25/B+。

4）中国区域高水平应用型专业（2★）

材料成型及控制工程：76/C；传播学：16/C；法学：138/C；工商管理：170/C；工业设计：74/C；公共事业管理：74/C；广告学：74/B；国际经济与贸易：260/C；汉语言文学：253/C；计算机科学与技术：379/D；旅游管理：180/C；汽车服务工程：103/C；社会体育指导与管理：61/B；生物技术：71/C；市场营销：231/C；网络与新媒体：100/B；新闻学：81/C；信息管理与信息系统：119/C。

5）中国区域知名应用型专业（1★）

城乡规划：78/D；电子商务：219/C；动画：153/D；互联网金融：32/C；护理学：153/D；机械电子工程：187/D；酒店管理：124/C；美术学：163/D；数据科学与大数据技术：272/D；土木工程：257/D；物流管理：251/D；小学教育：142/C；学前教育：215/C。

23. 长江大学文理学院

（1）长江大学文理学院综合实力排名

综合排名：2024 校友会中国民办大学排名第 56 名，全国综合类民办高校第 57 名，湖北省民办高校第 23 名。

星级排名：中国三星级应用型大学（3★），中国知名、区域一流应用型大学。

（2）长江大学文理学院各本科专业排名（全国排名/档次）

1）中国高水平应用型专业（4★）

商务英语：38/B++；市场营销：85/B++；园林：15/B++。

2）中国区域一流应用型专业（3★）

电子信息工程：186/B+；动物医学：14/B+；机械设计制造及其自动化：207/B+；数学与应用数学：109/B+；英语：198/B+；资产评估：16/B+。

3）中国区域高水平应用型专业（2★）

机械电子工程：132/C；学前教育：173/C；应用心理学：75/C。

4）中国区域知名应用型专业（1★）

朝鲜语：46/D；城乡规划：78/D；法学：193/D；风景园林：84/D；工商管理：205/D；广播电视编导：135/D；广播电视学：75/D；国际经济与贸易：325/D；汉语言文学：298/D；护理学：153/D；环境设计：311/D；会计学：280/D；计算机科学与技术：469/D；建筑学：124/D；金融学：133/D；临床医学：70/D；人力资源管理：202/D；视觉传达设计：299/D；数据科学与大数据技术：272/D；土木工程：257/D；网络与新媒体：140/C；物理学：123/D；物联网工程：299/D。

24. 湖北工业大学工程技术学院

（1）湖北工业大学工程技术学院综合实力排名

综合排名：2024 校友会中国民办大学排名第 60 名，全国理工类民办高校第 60 名，湖北省民办高校第 24 名。

星级排名：中国三星级应用型大学（3★），中国知名、区域一流应用型大学。

（2）湖北工业大学工程技术学院各本科专业排名（全国排名/档次）

1）中国高水平应用型专业（4★）

电子信息工程：116/B++；软件工程：95/B++；通信工程：74/B++。

2）中国区域一流应用型专业（3★）

高分子材料与工程：28/B+；机器人工程：36/B+；机械设计制造及其自动化：207/B+；物联网工程：139/B+；行政管理：37/B+。

3）中国区域高水平应用型专业（2★）

道路桥梁与渡河工程：33/C；动画：117/C；工业工程：27/B；工业设计：74/C；机械电子工程：132/C；物流管理：182/C；新能源汽车工程：8/B。

4）中国区域知名应用型专业（1★）

财务管理：326/C；产品设计：180/D；大数据管理与应用：51/D；电气工程及其自动化：293/D；电子商务：219/C；风景园林：84/D；工程管理：174/C；国际经济与贸易：325/D；环境设计：311/D；计算机科学与技术：469/D；金融学：133/D；商务英语：230/D；生物工程：90/D；市场营销：321/D；视觉传达设计：299/D；数字媒体艺术：155/C；土木工程：257/D；英语：412/D；智能制造工程：70/C。

25. 湖北医药学院药护学院

（1）湖北医药学院药护学院综合实力排名

综合排名：2024 校友会中国民办大学排名第 63 名，全国医药类民办高校第 7 名，湖北省民办高校第 25 名。

星级排名：中国三星级应用型大学（3★），中国知名、区域一流应用型大学。

（2）湖北医药学院药护学院各本科专业排名（全国排名/档次）

1）中国高水平应用型专业（4★）

护理学：59/B++；临床医学：37/B++；信息资源管理：2/A+。

2）中国区域一流应用型专业（3★）

药学：38/B+；预防医学：19/B+。

3）中国区域高水平应用型专业（2★）

康复治疗学：59/C；麻醉学：16/C。

4）中国区域知名应用型专业（1★）

公共事业管理：96/D；软件工程：288/D；医学检验技术：73/D；医学影像技术：48/D；制药工程：109/D。

26. 武汉纺织大学外经贸学院

（1）武汉纺织大学外经贸学院综合实力排名

综合排名：2024 校友会中国民办大学排名第 67 名，全国财经类民办高校第 35 名，湖北省民办高校第 26 名。

星级排名：中国三星级应用型大学（3★），中国知名、区域一流应用型大学。

（2）武汉纺织大学外经贸学院各本科专业排名（全国排名/档次）

1）中国一流应用型专业（5★）

纺织工程：3/A+；服装与服饰设计：13/A。

2）中国高水平应用型专业（4★）

国际经济与贸易：109/B++。

3）中国区域一流应用型专业（3★）

环境设计：113/B+。

4）中国区域高水平应用型专业（2★）

电气工程及其自动化：231/D；会计学：223/C。

5）中国区域知名应用型专业（1★）

动画：153/D；工商管理：205/D；工业工程：53/D；机械设计制造及其自动化：297/D；计算机科学与技术：469/D；软件工程：288/D；市场营销：321/D；视觉传达设计：299/D；数字媒体技术：136/D；物流管理：251/D；英语：412/D。

27. 武汉体育学院体育科技学院

（1）武汉体育学院体育科技学院综合实力排名

综合排名：2024 校友会中国民办大学排名第 87 名，全国体育类民办高校第 1 名，湖北省民办高校第 27 名。

星级排名：中国三星级应用型大学（3★），中国知名、区域一流应用型大学。

（2）武汉体育学院体育科技学院各本科专业排名（全国排名/档次）

1）中国一流应用型专业（5★）

体育教育：19/A。

2）中国高水平应用型专业（4★）

新闻学：30/B++；休闲体育：5/A；运动康复：6/B++。

3）中国区域一流应用型专业（3★）

表演：34/B+；运动训练：11/B+。

4）中国区域高水平应用型专业（2★）

经济学：80/C；体育经济与管理：9/C；网络与新媒体：100/B；文化产业管理：49/B；学前教育：173/C。

5）中国区域知名应用型专业（1★）

播音与主持艺术：132/D；广播电视编导：135/D；武术与民族传统体育：10/C；舞蹈表演：66/D；舞蹈学：102/D；英语：412/D。

28. 湖北大学知行学院

（1）湖北大学知行学院综合实力排名

综合排名：2024 校友会中国民办大学排名第 96 名，全国理工类民办高校第 98 名，湖北省民办高校第 28 名。

星级排名：中国二星级应用型大学（2★），中国区域高水平应用型大学。

（2）湖北大学知行学院各本科专业排名（全国排名/档次）

1）中国高水平应用型专业（4★）

汉语言文学：118/B++；会计学：105/B++；计算机科学与技术：168/B++；美术学：38/B++；生物工程：26/B++；食品科学与工程：37/B++。

2）中国区域一流应用型专业（3★）

法学：82/B+；风景园林：24/B+；国际经济与贸易：179/B+；机械设计制造及其自动化：207/B+；集成电路设计与集成系统：6/B+；新闻学：50/B+；英语：198/B+。

3）中国区域高水平应用型专业（2★）

产品设计：130/C；电子科学与技术：57/D；电子信息工程：242/C；工程管理：142/C；工商管理：170/C；广播电视编导：105/C；广告学：74/B；化学工程与工艺：121/D；环境设计：203/B；金融学：107/C；粮食工程：5/A；旅游管理：180/C；酿酒工程：11/D；人力资源管理：134/C；食品质量与安全：57/B；市场营销：231/C；视觉传达设计：235/C；信息管理与信息系统：119/C；应用化学：96/C。

4）中国区域知名应用型专业（1★）

财务管理：326/C；法语：43/D；工程造价：136/C；机器人工程：127/D；机械电子工程：187/D；商务英语：230/D；审计学：126/D；数字媒体艺术：155/C；物联网工程：299/D；物流管理：251/D。

29. 湖北文理学院理工学院

（1）湖北文理学院理工学院综合实力排名

综合排名：2024 校友会中国民办大学排名第 106 名，全国理工类民办高校第 108 名，湖北省民办高校第 29 名。

星级排名：中国一星级应用型大学（1★），中国区域知名应用型大学。

（2）湖北文理学院理工学院各本科专业排名（全国排名/档次）

1）中国区域一流应用型专业（3★）

汉语言文学：180/B+；计算机科学与技术：253/B+；旅游管理：129/B+。

2）中国区域高水平应用型专业（2★）

翻译：84/C；服装与服饰设计：90/C；广播电视编导：105/C；机械电子工程：132/C；汽车服务工程：103/C；人力资源管理：134/C；通信工程：205/D；投资学：51/B；土木工程：219/C。

3）中国区域知名应用型专业（1★）

产品设计：180/D；电子信息工程：314/D；电子信息科学与技术：88/D；法学：193/D；工程管理：174/C；工程造价：136/C；广播电视学：75/D；国际经济与贸易：325/D；化学工程与工艺：156/D；环境设计：311/D；机械设计制造及其自动化：297/D；软件工程：288/D；视觉传达设计：299/D；学前教育：215/C；英语：412/D；自动化：211/D。

30. 武汉工程大学邮电与信息工程学院

（1）武汉工程大学邮电与信息工程学院综合实力排名

综合排名：2024 校友会中国民办大学排名第 117 名，全国理工类民办高校第 119 名，湖北省民办高校第 30 名。

星级排名：中国一星级应用型大学（1★），中国区域知名应用型大学。

（2）武汉工程大学邮电与信息工程学院各本科专业排名（全国排名/档次）

1）中国一流应用型专业（5★）

化学工程与工艺：25/A；通信工程：43/A。

2）中国高水平应用型专业（4★）

过程装备与控制工程：6/B++；环境科学与工程：7/B++；软件工程：95/B++；自动化：70/B++。

3）中国区域一流应用型专业（3★）

材料物理：7/B+；光电信息科学与工程：36/B+；网络工程：82/B+；无机非金属材料工程：14/B+。

4）中国区域高水平应用型专业（2★）

动画：117/C。

5）中国区域知名应用型专业（1★）

材料成型及控制工程：109/D；产品设计：180/D；电气工程及其自动化：293/D；电子信息工程：314/D；法学：193/D；高分子材料与工程：58/D；工程管理：174/C；工程造价：136/C；工商管理：205/D；国际经济与贸易：

325/D；环境设计：311/D；会计学：280/D；机械设计制造及其自动化：297/D；计算机科学与技术：469/D；商务英语：230/D；市场营销：321/D；视觉传达设计：299/D；数字媒体艺术：155/C；土木工程：257/D；英语：412/D；制药工程：109/D。

31. 湖北工程学院新技术学院

（1）湖北工程学院新技术学院综合实力排名

综合排名：2024 校友会中国民办大学排名第 123 名，全国理工类民办高校第 126 名，湖北省民办高校第 31 名。

星级排名：中国一星级应用型大学（1★），中国区域知名应用型大学。

（2）湖北工程学院新技术学院各本科专业排名（全国排名/档次）

1）中国高水平应用型专业（4★）

生物工程：26/B++。

2）中国区域一流应用型专业（3★）

电子信息工程：186/B+；工程管理：96/B+；光电信息科学与工程：36/B+；计算机科学与技术：253/B+。

3）中国区域高水平应用型专业（2★）

播音与主持艺术：98/C；工程造价：88/B；环境科学：32/D；环境设计：203/B；经济学：80/C；软件工程：221/C；视觉传达设计：235/C。

4）中国区域知名应用型专业（1★）

财务管理：326/C；城乡规划：78/D；道路桥梁与渡河工程：42/D；电子信息科学与技术：88/D；法学：193/D；高分子材料与工程：58/D；广告学：123/D；汉语言文学：298/D；机械电子工程：187/D；机械设计制造及其自动化：297/D；建筑学：124/D；商务英语：230/D；市场营销：321/D；数据科学与大数据技术：272/D；通信工程：247/D；土木工程：257/D；网络与新媒体：140/C；物联网工程：299/D；学前教育：215/C；应用化学：150/D；英语：412/D；自动化：211/D。

32. 湖北汽车工业学院科技学院

（1）湖北汽车工业学院科技学院综合实力排名

综合排名：2024 校友会中国民办大学排名第 127 名，全国理工类民办高校第 130 名，湖北省民办高校第 32 名。

星级排名：中国一星级应用型大学（1★），中国区域知名应用型大学。

（2）湖北汽车工业学院科技学院各本科专业排名（全国排名/档次）

1）中国一流应用型专业（5★）

车辆工程：19/A。

2）中国高水平应用型专业（4★）

电气工程及其自动化：91/B++；信息管理与信息系统：35/B++。

3）中国区域一流应用型专业（3★）

财务管理：137/B+；国际经济与贸易：179/B+；机械设计制造及其自动化：207/B+。

4）中国区域高水平应用型专业（2★）

材料科学与工程：50/C；工业设计：74/C；光电信息科学与工程：58/D；汽车服务工程：103/C；物流管理：182/C。

5）中国区域知名应用型专业（1★）

材料成型及控制工程：109/D；电子信息工程：314/D；电子信息科学与技术：88/D；工商管理：205/D；计算机科学与技术：469/D；旅游管理：234/D；软件工程：288/D；通信工程：247/D；土木工程：257/D；英语：412/D；自动化：211/D。

第三节 湖南省

一、湖南省大学综合实力排名

1. 湖南省大学排名

表 8-8 2024 校友会湖南省大学排名

全国排名	学校名称	所在城市	星级排名	办学层次	星级专业数/个								
					专业类型	8★	7★	6★	5★	4★	3★	2★	1★
27	中南大学	长沙市	7★	世界知名高水平大学	研究型	1	2	13	21	49	14	0	0
31	湖南大学	长沙市	6★	世界高水平大学	研究型	0	2	5	17	32	10	7	0
55	湖南师范大学	长沙市	5★	中国一流大学	研究型	0	1	3	11	39	18	17	4
104	湘潭大学	湘潭市	4★	中国高水平大学	研究型	0	0	3	7	37	22	16	4
106	湖南农业大学	长沙市	4★	中国高水平大学	研究型	0	0	1	3	22	21	26	5
120	长沙理工大学	长沙市	4★	中国高水平大学	研究型	0	0	1	3	40	13	19	1
155	中南林业科技大学	长沙市	3★	区域一流大学	研究型	0	0	0	4	21	15	18	22

续表

全国排名	学校名称	所在城市	星级排名	办学层次	星级专业数/个								
					专业类型	8★	7★	6★	5★	4★	3★	2★	1★
179	南华大学	衡阳市	3★	区域一流大学	研究型	0	0	2	7	14	27	9	13
231	湖南工商大学	长沙市	3★	区域一流大学	研究型	0	0	0	4	15	14	6	18
231	吉首大学	湘西土家族苗族自治州	3★	区域一流大学	研究型	0	0	0	0	16	21	2	33
236	湖南科技大学	湘潭市	3★	区域一流大学	研究型	0	0	0	1	23	16	35	20
256	湖南工业大学	株洲市	2★	区域高水平大学	研究型	0	0	0	2	21	22	11	23
300	湖南理工学院	岳阳市	2★	区域高水平大学	应用型	0	0	21	15	8	7	0	0
300	湖南文理学院	常德市	2★	区域高水平大学	应用型	0	0	14	20	12	17	0	0
300	长沙学院	长沙市	2★	区域高水平大学	应用型	0	0	15	17	8	8	0	0
315	湖南第一师范学院	长沙市	1★	区域知名大学	应用型	0	0	9	6	4	2	2	4
320	湖南工程学院	湘潭市	1★	区域知名大学	应用型	0	0	17	11	11	18	0	0
320	湖南中医药大学	长沙市	2★	区域高水平大学	研究型	0	0	0	1	7	12	3	5
322	衡阳师范学院	衡阳市	2★	区域高水平大学	应用型	0	0	7	15	11	13	5	0
339	怀化学院	怀化市	1★	区域知名大学	应用型	0	0	13	10	8	10	11	3
339	邵阳学院	邵阳市	1★	区域知名大学	应用型	0	0	6	7	15	10	15	0
347	湖南城市学院	益阳市	1★	区域知名大学	应用型	0	0	8	14	10	11	8	3
364	湖南科技学院	永州市	1★	区域知名大学	应用型	0	0	7	14	9	9	4	5
407	湖南财政经济学院	长沙市	1★	区域知名大学	应用型	0	0	9	6	10	6	7	3
407	湖南人文科技学院	娄底市	1★	区域知名大学	应用型	0	0	6	10	9	13	10	3
422	湖南工学院	衡阳市	1★	区域知名大学	应用型	0	0	7	3	7	10	12	5
436	湘南学院	郴州市	1★	区域知名大学	应用型	0	0	8	7	9	8	10	8
453	湖南女子学院	长沙市	3★	区域一流大学	应用型	0	0	2	8	5	3	4	8
453	长沙师范学院	长沙市	1★	区域知名大学	应用型	0	0	2	5	3	5	5	5
465	湖南警察学院	长沙市	3★	区域一流大学	应用型	0	0	5	3	3	3	0	0
465	湖南医药学院	怀化市	1★	区域知名大学	应用型	0	0	2	5	1	5	3	1

2. 湖南省民办大学排名

表 8-9　2024 校友会湖南省民办大学排名（含独立学院）

全国排名	学校名称	所在城市	星级排名	办学层次	星级专业数/个								
					专业类型	8★	7★	6★	5★	4★	3★	2★	1★
9	湖南信息学院	长沙市	6★	中国顶尖应用型大学	应用型	0	0	18	6	2	0	0	0
17	长沙医学院	长沙市	5★	中国一流应用型大学	应用型	0	0	2	3	6	6	6	9
20	湖南涉外经济学院	长沙市	5★	中国一流应用型大学	应用型	0	0	8	8	14	14	5	0
83	湘潭理工学院	长沙市	3★	区域一流应用型大学	应用型	0	0	0	1	6	6	13	5
97	湖南交通工程学院	衡阳市	2★	区域高水平应用型大学	应用型	0	0	0	2	2	7	3	16
102	湖南应用技术学院	常德市	2★	区域高水平应用型大学	应用型	0	0	0	1	0	8	1	12
103	中南林业科技大学涉外学院	长沙市	2★	区域高水平应用型大学	应用型	0	0	0	0	2	7	22	7
105	湘潭大学兴湘学院	湘潭市	2★	区域高水平应用型大学	应用型	0	0	0	2	3	9	17	5
107	长沙理工大学城南学院	长沙市	2★	区域高水平应用型大学	应用型	0	0	0	2	2	4	14	0
108	湖南师范大学树达学院	长沙市	2★	区域高水平应用型大学	应用型	0	0	0	0	4	14	9	16
111	湖南农业大学东方科技学院	长沙市	1★	区域知名应用型大学	应用型	0	0	0	2	3	6	11	16
111	南华大学船山学院	衡阳市	1★	区域知名应用型大学	应用型	0	0	0	0	5	10	9	10

续表

全国排名	学校名称	所在城市	星级排名	办学层次	星级专业数/个								
					专业类型	8★	7★	6★	5★	4★	3★	2★	1★
112	湖南科技大学潇湘学院	湘潭市	1★	区域知名应用型大学	应用型	0	0	0	0	3	7	6	15
114	吉首大学张家界学院	张家界市	1★	区域知名应用型大学	应用型	0	0	0	0	1	4	5	20
117	湖南文理学院芙蓉学院	常德市	1★	区域知名应用型大学	应用型	0	0	0	0	0	4	7	20
125	湖南中医药大学湘杏学院	长沙市	1★	区域知名应用型大学	应用型	0	0	0	1	3	4	1	4
127	衡阳师范学院南岳学院	衡阳市	1★	区域知名应用型大学	应用型	0	0	0	1	2	6	5	13
132	湖南理工学院南湖学院	岳阳市	1★	区域知名应用型大学	应用型	0	0	0	0	3	2	3	13
133	湖南工业大学科技学院	株洲市	1★	区域知名应用型大学	应用型	0	0	0	0	2	7	10	9
134	湖南工程学院应用技术学院	湘潭市	1★	区域知名应用型大学	应用型	0	0	0	0	0	1	0	18

3. 湖南省高职院校排名

表 8-10　2024 校友会湖南省高职院校排名

全国排名	学校名称	所在城市	办学类型	星级排名	办学层次
4	长沙民政职业技术学院	长沙市	职业技能型	6★	中国顶尖高职院校
17	湖南环境生物职业技术学院	衡阳市	职业技能型	6★	中国顶尖高职院校
23	湖南民族职业学院	岳阳市	职业技能型	5★	中国一流高职院校
24	娄底职业技术学院	娄底市	职业技能型	5★	中国一流高职院校
34	永州职业技术学院	永州市	职业技能型	5★	中国一流高职院校
37	湘西民族职业技术学院	湘西土家族苗族自治州	职业技能型	4★	中国高水平高职院校
37	岳阳职业技术学院	岳阳市	职业技能型	4★	中国高水平高职院校
39	湖南外国语职业学院	长沙市	职业技能型	5★	中国一流高职院校
44	湖南汽车工程职业学院	株洲市	职业技能型	4★	中国高水平高职院校
44	长沙商贸旅游职业技术学院	长沙市	职业技能型	4★	中国高水平高职院校
45	湖南铁道职业技术学院	株洲市	职业技能型	4★	中国高水平高职院校
51	湖南生物机电职业技术学院	长沙市	职业技能型	4★	中国高水平高职院校
54	湖南吉利汽车职业技术学院	湘潭市	职业技能型	4★	中国高水平高职院校
56	湖南工艺美术职业学院	益阳市	职业技能型	4★	中国高水平高职院校
70	湖南都市职业学院	长沙市	职业技能型	4★	中国高水平高职院校
74	湖南商务职业技术学院	长沙市	职业技能型	4★	中国高水平高职院校
75	湖南工业职业技术学院	长沙市	职业技能型	3★	区域一流高职院校
102	常德职业技术学院	常德市	职业技能型	3★	区域一流高职院校
114	湖南中医药高等专科学校	株洲市	职业技能型	3★	区域一流高职院校
116	益阳医学高等专科学校	益阳市	职业技能型	3★	区域一流高职院校
122	湖南科技职业学院	长沙市	职业技能型	3★	区域一流高职院校
124	湖南财经工业职业技术学院	衡阳市	职业技能型	3★	区域一流高职院校
157	湖南大众传媒职业技术学院	长沙市	职业技能型	2★	区域高水平高职院校
158	长沙职业技术学院	长沙市	职业技能型	2★	区域高水平高职院校
159	湖南化工职业技术学院	株洲市	职业技能型	3★	区域一流高职院校
168	长沙南方职业学院	长沙市	职业技能型	2★	区域高水平高职院校
176	湖南电子科技职业学院	长沙市	职业技能型	2★	区域高水平高职院校
178	湖南交通职业技术学院	长沙市	职业技能型	2★	区域高水平高职院校
178	益阳职业技术学院	益阳市	职业技能型	2★	区域高水平高职院校

续表

全国排名	学校名称	所在城市	办学类型	星级排名	办学层次
180	湖南外贸职业学院	长沙市	职业技能型	2★	区域高水平高职院校
184	湘中幼儿师范高等专科学校	邵阳市	职业技能型	2★	区域高水平高职院校
189	湖南工商职业学院	衡阳市	职业技能型	2★	区域高水平高职院校
198	湖南幼儿师范高等专科学校	常德市	职业技能型	2★	区域高水平高职院校
199	怀化职业技术学院	怀化市	职业技能型	2★	区域高水平高职院校
200	郴州职业技术学院	郴州市	职业技能型	2★	区域高水平高职院校
206	湖南食品药品职业学院	长沙市	职业技能型	2★	区域高水平高职院校
214	邵阳职业技术学院	邵阳市	职业技能型	2★	区域高水平高职院校
216	潇湘职业学院	娄底市	职业技能型	2★	区域高水平高职院校
218	湖南现代物流职业技术学院	长沙市	职业技能型	2★	区域高水平高职院校
219	湘潭医卫职业技术学院	湘潭市	职业技能型	2★	区域高水平高职院校
226	湖南幼儿师范高等专科学校	郴州市	职业技能型	2★	区域高水平高职院校
229	衡阳幼儿师范高等专科学校	衡阳市	职业技能型	2★	区域高水平高职院校
235	湖南高尔夫旅游职业学院	常德市	职业技能型	2★	区域高水平高职院校
241	张家界航空工业职业技术学院	张家界市	职业技能型	2★	区域高水平高职院校
244	永州师范高等专科学校	永州市	职业技能型	2★	区域高水平高职院校
246	株洲师范高等专科学校	株洲市	职业技能型	2★	区域高水平高职院校
248	湖南工程职业技术学院	长沙市	职业技能型	2★	区域高水平高职院校
249	湖南艺术职业学院	长沙市	职业技能型	2★	区域高水平高职院校
250	长沙航空职业技术学院	长沙市	职业技能型	2★	区域高水平高职院校
257	湖南司法警官职业学院	长沙市	职业技能型	2★	区域高水平高职院校
274	湖南九嶷职业技术学院	永州市	职业技能型	2★	区域高水平高职院校
276	湖南信息职业技术学院	长沙市	职业技能型	2★	区域高水平高职院校
284	湖南网络工程职业学院	长沙市	职业技能型	1★	区域知名高职院校
311	湖南铁路科技职业技术学院	株洲市	职业技能型	1★	区域知名高职院校
313	湖南高速铁路职业技术学院	衡阳市	职业技能型	1★	区域知名高职院校
320	湖南城建职业技术学院	湘潭市	职业技能型	1★	区域知名高职院校
330	湖南三一工业职业技术学院	长沙市	职业技能型	1★	区域知名高职院校
336	湖南机电职业技术学院	长沙市	职业技能型	1★	区域知名高职院校
363	长沙环境保护职业技术学院	长沙市	职业技能型	1★	区域知名高职院校
373	湖南有色金属职业技术学院	株洲市	职业技能型	1★	区域知名高职院校

4. 湖南省职业技术大学排名

表 8-11　2024 校友会湖南省职业技术大学排名

全国排名	学校名称	所在城市	办学类型	星级排名	办学层次
17	湖南软件职业技术大学	湘潭市	职业技能型	4★	中国高水平职业技术大学

二、湖南省大学专业排名详情

1. 中南大学

（1）中南大学综合实力排名

综合排名：2024 校友会中国大学排名第 27 名，全国综合类高校第 19 名，湖南省高校第 1 名。

星级排名：中国七星级大学（7★），世界知名高水平大学、中国顶尖大学。“985 工程”大学，“211 工程”大学。

主管部门：教育部。

（2）中南大学各本科专业排名（全国排名/档次）

1）世界一流专业（8★）

冶金工程：1/A++。

2）世界知名高水平、中国顶尖专业（7★）

材料科学与工程：2/A++；矿物加工工程：1/A++。

3）世界高水平、中国顶尖专业（6★）

采矿工程：4/A+；地质工程：6/A+；粉体材料科学与工程：1/A++；护理学：4/A+；机械设计制造及其自动化：6/A+；计算机科学与技术：8/A+；交通运输：3/A+；临床医学：8/A+；软件工程：6/A+；数学与应用数学：18/A+；土木工程：16/A+；信息管理与信息系统：5/A+；自动化：11/A+。

4）中国一流专业（5★）

安全工程：8/A；测绘工程：5/A；法学：17/A+；工程管理：6/A+；工商管理：16/A+；国际经济与贸易：18/A+；汉语言文学：28/A；化学工程与工艺：14/A；环境工程：8/A+；会计学：16/A+；金融学：13/A+；社会学：10/A；数据科学与大数据技术：3/A++；思想政治教育：22/A；消防工程：2/A+；遥感科学与技术：2/A+；应用化学：8/A+；应用物理学：9/A；英语：19/A+；智能科学与技术：2/A+；资源勘查工程：5/A。

5）中国高水平专业（4★）

材料化学：19/B++；财务管理：46/B++；产品设计：33/B++；车辆工程：25/B++；城市地下空间工程：8/B++；城乡规划：26/B++；地理信息科学：16/B++；地球物理学：12/B++；电气工程及其自动化：40/B++；电子信息工程：38/B++；电子信息科学与技术：13/A；法医学：8/B++；法语：11/B++；工程力学：25/B++；光电信息科学与工程：25/B++；航空航天工程：5/A；基础医学：13/B++；建筑环境与能源应用工程：25/B++；建筑学：24/B++；交通设备与控制工程：1/A++；精神医学：3/A+；口腔医学：17/B++；麻醉学：11/B++；能源与动力工程：30/B++；人工智能：7/A+；生物工程：47/B++；生物技术：30/B++；生物科学：36/B++；生物信息学：5/A；市场营销：59/B++；数字出版：2/A+；探测制导与控制技术：8/B++；铁道工程：5/A；通信工程：45/B++；统计学：41/B++；微电子科学与工程：11/B++；无机非金属材料工程：13/B++；物联网工程：10/A+；物流工程：4/A；新能源材料与器件：7/A；新能源科学与工程：3/A+；信息安全：16/B++；信息与计算科学：23/A；行政管理：33/B++；药学：27/B++；医学检验技术：15/B++；音乐表演：18/B++；预防医学：23/B++；制药工程：20/B++。

6）中国区域一流专业（3★）

测控技术与仪器：77/B+；电子商务：82/B+；高分子材料与工程：81/B+；广播电视学：36/B+；轨道交通信号与控制：8/B+；劳动与社会保障：37/B+；临床药学：21/B+；日语：72/B+；生物医学工程：55/B+；舞蹈表演：27/B+；西班牙语：22/B+；艺术设计学：40/B+；运动训练：31/B+；哲学：52/B+。

2. 湖南大学

（1）湖南大学综合实力排名

综合排名：2024 校友会中国大学排名第 31 名，全国综合类高校第 20 名，湖南省高校第 2 名。

星级排名：中国六星级大学（6★），世界高水平大学、中国顶尖大学。“985 工程”大学，“211 工程”大学。主管部门：教育部。

（2）湖南大学各本科专业排名（全国排名/档次）

1）世界知名高水平、中国顶尖专业（7★）

化学：7/A++；土木工程：4/A++。

2）世界高水平、中国顶尖专业（6★）

车辆工程：3/A+；工商管理：8/A+；工业设计：1/A++；机械设计制造及其自动化：6/A+；自动化：11/A+。

3）中国一流专业（5★）

材料成型及控制工程：22/A；材料科学与工程：20/A；电气工程及其自动化：15/A；电子商务：4/A+；法学：17/A+；国际经济与贸易：18/A+；化学工程与工艺：14/A；环境工程：8/A+；计算机科学与技术：27/A；建筑环境与能源应用工程：2/A+；建筑学：12/A；金融学：13/A+；软件工程：18/A；新闻学：14/A；信息管理与信息系统：24/A；应用化学：19/A；英语：19/A+。

4）中国高水平专业（4★）

保险学：8/B++；财务管理：46/B++；财政学：32/B++；测控技术与仪器：23/B++；城乡规划：19/B++；电子科学与技术：24/B++；电子信息工程：89/B++；给排水科学与工程：15/B++；工程管理：55/B++；工程力学：25/B++；工业工程：28/B++；广播电视编导：24/B++；广告学：22/B++；汉语言文学：114/B++；环境科学：31/B++；会计学：43/B++；经济统计学：19/B++；经济学：27/A；历史学：34/B++；日语：16/A；生物技术：30/B++；生物医学工程：40/B++；市场营销：29/A；数学与应用数学：56/B++；数字媒体技术：14/B++；通信工程：69/B++；统计学：41/B++；信息安全：31/B++；信息与计算科学：51/B++；行政管理：33/B++；应用物理学：43/B++；智能科学与技术：11/B++。

5）中国区域一流专业（3★）

播音与主持艺术：26/B+；飞行器动力工程：13/B+；飞行器设计与工程：18/B+；风景园林：44/B+；机器人工程：10/A；能源与动力工程：80/B+；物联网工程：45/B+；艺术设计学：40/B+；运动训练：36/B+；政治学与行政学：41/B+。

6）中国区域高水平专业（2★）

保密技术：3/A+；化学生物学：14/C；精算学：6/C；马克思主义理论：19/C；人工智能：38/B++；数据科学与大数据技术：54/B++；智能制造工程：16/B++。

3. 湖南师范大学

（1）湖南师范大学综合实力排名

综合排名：2024 校友会中国大学排名第 55 名，全国师范类高校第 5 名，湖南省高校第 3 名。

星级排名：中国五星级大学（5★），世界知名大学、中国一流大学。“211 工程”大学。主管部门：湖南省。

（2）湖南师范大学各本科专业排名（全国排名/档次）

1）世界知名高水平、中国顶尖专业（7★）

生物科学：4/A++。

2）世界高水平、中国顶尖专业（6★）

汉语言文学：10/A+；化学：10/A+；教育学：3/A+。

3）中国一流专业（5★）

法学：17/A+；历史学：20/A；美术学：7/A+；数学与应用数学：20/A；思想政治教育：22/A；体育教育：9/A；新闻学：14/A；艺术设计学：4/A+；音乐学：7/A+；应用电子技术教育：1/A++；英语：19/A+。

4）中国高水平专业（4★）

编辑出版学：7/B++；播音与主持艺术：4/A+；朝鲜语：10/B++；地理科学：17/B++；电子信息工程：38/B++；电子信息科学与技术：13/A；俄语：11/A；法语：11/B++；工商管理：100/B++；化学工程与工艺：34/B++；会计学：43/B++；绘画：7/A；计算机科学与技术：206/B++；教育技术学：21/B++；金融学：39/B++；经济学：27/A；临床医学：70/B++；旅游管理：22/A；人文地理与城乡规划：13/B++；日语：33/B++；软件工程：44/B++；生物技术：30/B++；统计学：20/A；土地资源管理：18/B++；网络与新媒体：2/A+；舞蹈学：11/B++；物理学：33/B++；戏剧影视文学：14/B++；心理学：12/B++；信息与计算科学：23/A；学前教育：9/A；药学：61/B++；医学检验技术：37/B++；音乐表演：12/A；运动人体科学：8/B++；运动训练：20/B++；哲学：20/B++；政治学与行政学：21/B++；自然地理与资源环境：11/B++。

5）中国区域一流专业（3★）

地理信息科学：61/B+；服装与服饰设计：38/B+；工艺美术：19/B+；广播电视编导：42/B+；汉语国际教育：49/B+；护理学：81/B+；机械工艺技术：2/A+；机械设计制造及其自动化：190/B+；酒店管理：13/B++；社会体育指导与管理：28/B+；社会学：50/B+；通信工程：104/B+；文化产业管理：14/B++；行政管理：126/B+；应用化学：145/B+；应用心理学：50/B+；预防医学：56/B+；制药工程：79/B+。

6）中国区域高水平专业（2★）

阿拉伯语：21/C；表演：44/B；德语：56/D；国际经济与贸易：221/C；汉语言：42/C；会展经济与管理：21/B；劳动与社会保障：55/B；葡萄牙语：14/C；人工智能：38/B++；数据科学与大数据技术：54/B++；数字媒体艺术：79/C；特殊教育：21/C；物联网工程：104/B；西班牙语：34/C；应用物理学：112/C；知识产权：23/B；资源循环科学与工程：17/C。

7）中国区域知名专业（1★）

翻译：98/C；环境设计：215/D；视觉传达设计：202/D；武术与民族传统体育：34/D。

4. 湘潭大学

（1）湘潭大学综合实力排名

综合排名：2024校友会中国大学排名第104名，全国综合类高校第45名，湖南省高校第4名。

星级排名：中国四星级大学（4★），世界知名、中国高水平大学。主管部门：湖南省。

（2）湘潭大学各本科专业排名（全国排名/档次）

1）世界高水平、中国顶尖专业（6★）

思想政治教育：18/A+；信息与计算科学：3/A++；中国共产党历史：2/A+。

2）中国一流专业（5★）

材料科学与工程：20/A；档案学：4/A；法学：17/A+；数学与应用数学：20/A；通信工程：5/A+；图书馆学：6/A；英语：19/A+。

3）中国高水平专业（4★）

材料物理：18/B++；采矿工程：24/B++；德语：20/B++；电子商务：45/B++；电子信息工程：38/B++；动画：27/B++；法语：11/B++；高分子材料与工程：43/B++；工商管理：100/B++；广告学：22/B++；国际经济与贸易：43/B++；过程装备与控制工程：11/B++；汉语言文学：64/B++；化学：39/B++；化学工程与工艺：34/B++；环境工程：30/B++；环境科学：31/B++；机械设计制造及其自动化：54/B++；计算机科学与技术：60/B++；金融学：39/B++；经济学：27/A；历史学：34/B++；旅游管理：22/A；人力资源管理：34/B++；软件工程：44/B++；食品科学与工程：72/B++；统计学：41/B++；土木工程：96/B++；微电子科学与工程：11/B++；物理学：33/B++；新闻学：61/B++；信息管理与信息系统：38/B++；行政管理：33/B++；哲学：26/B++；知识产权：4/A；制药工程：20/B++；自动化：41/B++。

4）中国区域一流专业（3★）

材料成型及控制工程：80/B+；材料化学：37/B+；财务管理：84/B+；测控技术与仪器：77/B+；翻译：54/B+；工程力学：49/B+；工业设计：85/B+；公共事业管理：81/B+；光电信息科学与工程：84/B+；广播电视学：36/B+；环保设备工程：2/A+；会计学：186/B+；金属材料工程：33/B+；能源与动力工程：80/B+；社会学：56/B+；市场营销：130/B+；视觉传达设计：116/B+；网络工程：25/B++；新能源材料与器件：15/B++；艺术设计学：40/B+；应用化学：112/B+；政治学与行政学：41/B+。

5）中国区域高水平专业（2★）

安全工程：68/C；测绘工程：58/D；电子信息科学与技术：75/B；汉语国际教育：96/B；焊接技术与工程：19/C；建筑电气与智能化：17/C；建筑环境与能源应用工程：84/C；人工智能：38/B++；日语：118/B；审计学：37/D；生物工程：127/C；数据科学与大数据技术：54/B++；网络空间安全：26/B；文化产业管理：32/B；信用风险管理与法律防控：1/A++；药学：118/D。

6）中国区域知名专业（1★）

国际事务与国际关系：11/D；酒店管理：43/C；数字出版：6/D；西班牙语：51/D。

5. 湖南农业大学

（1）湖南农业大学综合实力排名

综合排名：2024 校友会中国大学排名第 106 名，全国农林类高校第 12 名，湖南省高校第 5 名。

星级排名：中国四星级大学（4★），世界知名、中国高水平大学。主管部门：湖南省。

（2）湖南农业大学各本科专业排名（全国排名/档次）

1）世界高水平、中国顶尖专业（6★）

农学：4/A+。

2）中国一流专业（5★）

茶学：3/A+；生物技术：19/A；园艺：5/A。

3）中国高水平专业（4★）

动物科学：16/B++；动物药学：1/A++；动物医学：13/B++；动植物检疫：1/A++；环境工程：82/B++；会计学：43/B++；计算机科学与技术：206/B++；教育学：20/B++；劳动与社会保障：4/A+；农林经济管理：13/B++；农业机械化及其自动化：12/B++；农业资源与环境：17/B++；社会体育指导与管理：12/A；生物科学：36/B++；食品科学与工程：28/B++；市场营销：29/A；水产养殖学：17/B++；水族科学与技术：4/A；行政管理：33/B++；英语：136/B++；植物保护：13/B++；种子科学与工程：7/B++。

4）中国区域一流专业（3★）

材料化学：37/B+；电子信息工程：141/B+；风景园林：35/B+；环境设计：105/B+；机械设计制造及其自动化：170/B+；教育技术学：44/B+；金融学：159/B+；经济学：122/B+；农村区域发展：10/B+；汽车服务工程：12/B+；生态学：29/B+；生物工程：81/B+；生物信息学：17/B+；食品质量与安全：45/B+；水利水电工程：32/B+；体育教育：95/B+；土木工程：164/B+；信息工程：27/B+；烟草：4/A；应用化学：145/B+；中药资源与开发：10/B+。

5）中国区域高水平专业（2★）

安全工程：68/C；草业科学：23/D；产品设计：100/C；电子商务：118/C；法学：251/D；工程管理：120/C；工商管理：245/D；公共事业管理：124/B；国际经济与贸易：221/C；环境科学：114/C；机器人工程：18/B++；机械电子工程：69/C；酿酒工程：9/C；人文地理与城乡规划：38/B；日语：118/B；设施农业科学与工程：16/C；社会工作：112/C；视觉传达设计：156/C；数据科学与大数据技术：54/B++；思想政治教育：143/D；土地资源管理：53/C；舞蹈表演：35/C；信息与计算科学：164/C；园林：49/C；智慧农业：1/A++；智能科学与技术：29/B+。

6）中国区域知名专业（1★）

车辆工程：109/D；统计学：177/D；投资学：36/C；物联网工程：161/D；应用心理学：113/D。

6. 长沙理工大学

（1）长沙理工大学综合实力排名

综合排名：2024 校友会中国大学排名第 120 名，全国理工类高校第 49 名，湖南省高校第 6 名。

星级排名：中国四星级大学（4★），世界知名、中国高水平大学。主管部门：湖南省。

（2）长沙理工大学各本科专业排名（全国排名/档次）

1）世界高水平、中国顶尖专业（6★）

交通运输：3/A+。

2）中国一流专业（5★）

港口航道与海岸工程：4/A；汽车服务工程：1/A++；土木工程：19/A。

3）中国高水平专业（4★）

财务管理：46/B++；测绘工程：17/B++；测控技术与仪器：23/B++；车辆工程：25/B++；道路桥梁与渡河工程：8/B++；电气工程及其自动化：40/B++；电子信息工程：38/B++；电子信息科学与技术：13/A；法学：49/B++；给排水科学与工程：30/B++；工程管理：20/A；工程力学：25/B++；国际经济与贸易：43/B++；汉语言文学：114/B++；环境工程：82/B++；会计学：43/B++；机械设计制造及其自动化：54/B++；计算机科学与技术：60/B++；建筑环境与能源应用工程：25/B++；建筑学：24/B++；交通工程：13/B++；金融学：39/B++；能源与动力工程：30/B++；人力资源管理：34/B++；软件工程：44/B++；食品科学与工程：28/B++；市场营销：29/A；视觉传达设计：13/A+；数学与应用数学：56/B++；数字媒体艺术：6/A+；水利水电工程：17/B++；物理学：33/B++；物流工程：4/A；新能源科学与工程：3/A+；新闻学：61/B++；艺术设计学：17/B++；应用化学：35/B++；应用统计学：15/B++；英语：57/B++；自动化：112/B++。

4）中国区域一流专业（3★）

城乡规划：58/B+；船舶与海洋工程：23/B+；电子科学与技术：62/B+；翻译：46/B+；轨道交通信号与控制：8/B+；化学工程与工艺：142/B+；轻化工程：29/B+；生物工程：93/B+；水文与水资源工程：21/B+；通信工程：104/B+；网络工程：25/B++；无机非金属材料工程：34/B+；信息与计算科学：86/B+。

5）中国区域高水平专业（2★）

材料成型及控制工程：103/D；城市地下空间工程：30/C；储能科学与工程：7/B+；地理信息科学：94/D；风景园林：57/C；工商管理：245/D；工艺美术：25/C；光电信息科学与工程：108/C；机器人工程：18/B++；人工智能：38/B++；数据科学与大数据技术：54/B++；数字经济：2/A+；网络与新媒体：27/B+；新能源材料与器件：32/B；信息管理与信息系统：168/C；影视摄影与制作：15/C；智能电网信息工程：15/D；智能建造：8/B；智能制造工程：16/B++。

6）中国区域知名专业（1★）

统计学：177/D。

7. 中南林业科技大学

（1）中南林业科技大学综合实力排名

综合排名：2024校友会中国大学排名第155名，全国农林类高校第16名，湖南省高校第7名。

星级排名：中国三星级大学（3★），中国知名、区域一流大学。主管部门：湖南省。

（2）中南林业科技大学各本科专业排名（全国排名/档次）

1）中国一流专业（5★）

工业设计：10/A+；林学：6/A；食品科学与工程：8/A+；自然地理与资源环境：6/A。

2）中国高水平专业（4★）

产品设计：33/B++；风景园林：22/B++；环境科学：17/A；环境设计：9/A+；机械设计制造及其自动化：131/B++；计算机科学与技术：206/B++；林产化工：4/A；旅游管理：22/A；木材科学与工程：7/B++；森林保护：4/A；森林工程：4/A；生态学：14/B++；生物技术：64/B++；市场营销：59/B++；土地资源管理：18/B++；土木工程：47/B++；物流工程：4/A；物流管理：15/A；音乐表演：18/B++；英语：136/B++；园林：16/B++。

3）中国区域一流专业（3★）

材料化学：48/B+；法学：161/B+；翻译：46/B+；高分子材料与工程：65/B+；国际经济与贸易：142/B+；环境工程：133/B+；会计学：186/B+；金融学：143/B+；粮食工程：5/A；农林经济管理：33/B+；汽车服务工程：12/B+；软件工程：150/B+；生物工程：81/B+；应用物理学：83/B+；园艺：41/B+。

4）中国区域高水平专业（2★）

材料成型及控制工程：103/D；材料科学与工程：121/D；测绘工程：58/D；城乡规划：89/C；地理信息科学：94/D；电子信息工程：236/D；工程管理：120/C；工程力学：71/D；交通运输：59/C；能源与动力工程：124/D；人力资源管理：148/C；日语：118/B；食品质量与安全：79/C；视觉传达设计：156/C；通信工程：219/D；信息与计算科学：164/C；行政管理：148/C；自动化：221/D。

5）中国区域知名专业（1★）

保险学：45/C；朝鲜语：48/D；车辆工程：135/D；城市地下空间工程：38/D；电子科学与技术：116/D；俄语：90/D；法语：90/D；供应链管理：14/C；国际商务：40/C；化学工程与工艺：184/D；环境生态工程：32/D；会展经济与管理：30/C；家具设计与工程：4/A；建筑环境与能源应用工程：117/D；建筑学：149/D；经济林：4/A；酒店管理：43/C；社会体育指导与管理：109/D；生物科学：173/D；水土保持与荒漠化防治：19/D；舞蹈学：81/D；新能源科学与工程：71/D。

8. 南华大学

（1）南华大学综合实力排名

综合排名：2024校友会中国大学排名第179名，全国综合类高校第62名，湖南省高校第8名。

星级排名：中国三星级大学（3★），中国知名、区域一流大学。主管部门：湖南省。

（2）南华大学各本科专业排名（全国排名/档次）

1）世界高水平、中国顶尖专业（6★）

核工程与核技术：4/A+；矿物资源工程：1/A++。

2）中国一流专业（5★）

安全工程：14/A；辐射防护与核安全：2/A+；核化工与核燃料工程：1/A++；核物理：1/A++；护理学：11/A；临床医学：23/A；预防医学：19/A。

3）中国高水平专业（4★）

电子信息工程：89/B++；给排水科学与工程：15/B++；工商管理：100/B++；化学工程与工艺：84/B++；会计学：112/B++；机械设计制造及其自动化：54/B++；建筑环境与能源应用工程：10/A；软件工程：44/B++；生物技术：30/B++；卫生检验与检疫：1/A++；药学：27/B++；医学检验技术：37/B++；英语：57/B++；资源勘查工程：21/B++。

4）中国区域一流专业（3★）

材料成型及控制工程：66/B+；车辆工程：58/B+；城市地下空间工程：16/B+；电气工程及其自动化：151/B+；法学：208/B+；翻译：46/B+；风景园林：35/B+；高分子材料与工程：65/B+；国际经济与贸易：142/B+；过程装备与控制工程：48/B+；环境工程：133/B+；环境设计：86/B+；建筑电气与智能化：12/B+；建筑学：82/B+；经济学：122/B+；口腔医学：54/B+；矿物加工工程：22/B+；麻醉学：22/B+；能源与动力工程：80/B+；生物医学工程：62/B+；通信工程：104/B+；土木工程：137/B+；物联网工程：45/B+；信息与计算科学：86/B+；医学影像学：26/B+；制药工程：79/B+；自动化：150/B+。

5）中国区域高水平专业（2★）

测控技术与仪器：143/D；产品设计：100/C；工业设计：131/C；汉语言文学：200/D；环保设备工程：5/A；数字媒体技术：49/C；网络工程：81/B；物流工程：40/C；药物制剂：46/D。

6）中国区域知名专业（1★）

城乡规划：103/D；道路桥梁与渡河工程：30/D；电子商务：184/D；儿科学：26/D；机器人工程：71/C；人工智能：123/C；日语：218/D；视觉传达设计：202/D；数据科学与大数据技术：152/C；数字媒体艺术：112/D；无机非金属材料工程：69/D；医学信息工程：24/D；智能制造工程：56/B。

9. 湖南工商大学

（1）湖南工商大学综合实力排名

综合排名：2024校友会中国大学排名第231名，全国财经类高校第21名，湖南省高校第9名。

星级排名：中国三星级大学（3★），中国知名、区域一流大学。主管部门：湖南省。

（2）湖南工商大学各本科专业排名（全国排名/档次）

1）中国一流专业（5★）

工商管理：16/A+；金融学：31/A；物流管理：7/A+；信息管理与信息系统：24/A。

2）中国高水平专业（4★）

保险学：15/B++；财务管理：46/B++；法学：111/B++；工程管理：20/A；会计学：43/B++；计算机科学与技术：60/B++；经济学：27/A；酒店管理：1/A++；贸易经济：4/A；软件工程：44/B++；商务英语：15/B++；审计学：11/B++；市场营销：59/B++；视觉传达设计：42/B++；行政管理：66/B++。

3）中国区域一流专业（3★）

财政学：41/B+；电子商务：82/B+；电子信息工程：178/B+；国际经济与贸易：142/B+；汉语言文学：151/B+；环境设计：105/B+；经济统计学：33/B+；旅游管理：105/B+；人力资源管理：69/B+；社会工作：63/B+；数学与应用数学：168/B+；新闻学：98/B+；信息与计算科学：86/B+；英语：231/B+。

4）中国区域高水平专业（2★）

城市管理：15/B；动画：92/C；法语：64/C；秘书学：25/C；物联网工程：140/C；艺术设计学：104/D。

5）中国区域知名专业（1★）

服装与服饰设计：93/D；供应链管理：14/C；广告学：113/C；国际商务：40/C；会展经济与管理：30/C；建筑环境与能源应用工程：117/D；金融科技：16/C；金融数学：32/C；人工智能：123/C；人文地理与城乡规划：83/D；数据科学与大数据技术：152/C；税收学：31/D；统计学：177/D；投资学：36/C；音乐表演：83/C；应用物理学：151/D；智能科学与技术：58/C；资源环境科学：14/D。

9. 吉首大学

（1）吉首大学综合实力排名

综合排名：2024 校友会中国大学排名第 231 名，全国综合类高校第 72 名，湖南省高校第 9 名。

星级排名：中国三星级大学（3★），中国知名、区域一流大学。主管部门：湖南省。

（2）吉首大学各本科专业排名（全国排名/档次）

1）中国高水平专业（4★）

工商管理：100/B++；汉语言文学：64/B++；化学：39/B++；计算机科学与技术：60/B++；经济学：83/B++；旅游管理：22/A；软件工程：44/B++；生物科学：83/B++；食品科学与工程：72/B++；数学与应用数学：137/B++；体育教育：23/B++；网络与新媒体：5/A+；武术与民族传统体育：5/A；物理学：33/B++；音乐学：39/B++；英语：136/B++。

2）中国区域一流专业（3★）

城乡规划：51/B+；电子信息工程：178/B+；法学：161/B+；护理学：81/B+；环境工程：133/B+；环境设计：86/B+；会计学：186/B+；机械设计制造及其自动化：170/B+；历史学：84/B+；临床医学：90/B+；商务英语：29/B+；数字媒体艺术：34/B+；思想政治教育：116/B+；通信工程：104/B+；土木工程：137/B+；舞蹈学：26/B+；小学教育：52/B+；新闻学：98/B+；药学：85/B+；园林：34/B+；针灸推拿学：22/B+。

3）中国区域高水平专业（2★）

舞蹈表演：35/C；医学影像技术：20/B。

4）中国区域知名专业（1★）

材料科学与工程：137/D；电气工程及其自动化：247/D；电子商务：184/D；电子信息科学与技术：117/D；翻译：98/C；风景园林：97/D；公共事业管理：238/D；广告学：113/C；国际经济与贸易：329/D；航空服务艺术与管理：11/B；化学工程与工艺：184/D；机械电子工程：97/D；建筑学：149/D；金融工程：83/D；金融数学：32/C；经济统计学：70/D；酒店管理：43/C；康复治疗学：66/D；美术学：116/D；人力资源管理：201/D；日语：218/D；生物工程：173/D；食品质量与安全：117/D；视觉传达设计：202/D；数据科学与大数据技术：152/C；统计学：177/D；文化产业管理：50/C；学前教育：99/D；医学检验技术：73/D；医学影像学：56/D；应用化学：213/D；制药工程：151/D；自然地理与资源环境：51/D。

11. 湖南科技大学

（1）湖南科技大学综合实力排名

综合排名：2024 校友会中国大学排名第 236 名，全国综合类高校第 73 名，湖南省高校第 11 名。

星级排名：中国三星级大学（3★），中国知名、区域一流大学。主管部门：湖南省。

（2）湖南科技大学各本科专业排名（全国排名/档次）

1）中国一流专业（5★）

采矿工程：8/A。

2）中国高水平专业（4★）

安全工程：18/B++；材料成型及控制工程：33/B++；产品设计：10/A；车辆工程：44/B++；电气工程及其自动化：88/B++；电子信息科学与技术：13/A；国际经济与贸易：86/B++；汉语言文学：114/B++；化学：87/B++；化学工程与工艺：34/B++；会计学：112/B++；机械设计制造及其自动化：54/B++；计算机科学与技术：60/B++；建筑环境与能源应用工程：25/B++；建筑学：52/B++；教育学：34/B++；经济学：27/A；思想政治教育：90/B++；体育教育：23/B++；土木工程：47/B++；信息与计算科学：23/A；英语：57/B++；自动化：41/B++。

3）中国区域一流专业（3★）

测控技术与仪器：77/B+；城乡规划：51/B+；电子信息工程：141/B+；给排水科学与工程：48/B+；工程力学：49/B+；工业工程：54/B+；勘查技术与工程：19/B+；历史学：84/B+；生物工程：81/B+；生物科学：114/B+；数学与应用数学：168/B+；通信工程：104/B+；物理学：95/B+；物联网工程：45/B+；音乐学：78/B+；制药工程：79/B+。

4）中国区域高水平专业（2★）

材料化学：72/C；财务管理：135/C；测绘工程：58/D；地理科学：65/D；地理信息科学：84/C；电子商务：118/C；雕塑：29/C；法学：251/D；翻译：71/B；工商管理：245/D；工业设计：131/C；公共事业管理：124/B；光电信息科学与工程：121/C；广告学：80/B；汉语国际教育：96/B；环境工程：196/D；环境设计：141/C；教育技术学：67/C；金属材料工程：57/D；旅游管理：146/C；美术学：85/C；能源化学工程：29/C；人力资源管理：115/C；软件工程：215/D；生物技术：162/D；市场营销：176/C；视觉传达设计：156/C；网络工程：81/B；无机非金属材料工程：52/C；小学教育：63/D；信息安全：69/C；应用化学：187/D；应用心理学：90/C；资源勘查工程：35/D；自然地理与资源环境：34/B。

5）中国区域知名专业（1★）

材料科学与工程：150/D；风景园林：97/D；工程管理：185/D；绘画：89/D；机器人工程：71/C；机械电子工程：97/D；集成电路设计与集成系统：28/D；金融工程：104/D；日语：218/D；社会体育指导与管理：109/D；数据科学与大数据技术：152/C；舞蹈表演：56/D；物流管理：170/D；新闻学：146/D；应急技术与管理：5/A；应用统计学：65/C；园林：79/D；运动训练：85/D；智能材料与结构：2/A+；智能制造工程：56/B。

12. 湖南工业大学

（1）湖南工业大学综合实力排名

综合排名：2024 校友会中国大学排名第 256 名，全国理工类高校第 115 名，湖南省高校第 12 名。

星级排名：中国二星级大学（2★），中国区域高水平大学。主管部门：湖南省。

（2）湖南工业大学各本科专业排名（全国排名/档次）

1）中国一流专业（5★）

包装工程：2/A+；印刷工程：4/A。

2）中国高水平专业（4★）

包装设计：1/A++；测控技术与仪器：53/B++；产品设计：10/A；电气工程及其自动化：40/B++；法学：111/B++；翻译：7/A+；高分子材料与工程：43/B++；工商管理：100/B++；广告学：22/B++；会计学：112/B++；机械设计制造及其自动化：131/B++；计算机科学与技术：60/B++；社会体育指导与管理：6/A+；市场营销：29/A；视觉传达设计：13/A+；数学与应用数学：56/B++；数字媒体艺术：6/A+；体育教育：23/B++；艺术设计学：17/B++；音乐学：39/B++；自动化：41/B++。

3）中国区域一流专业（3★）

材料成型及控制工程：80/B+；财务管理：84/B+；城乡规划：58/B+；电子科学与技术：62/B+；电子信息工程：141/B+；工业设计：85/B+；汉语言文学：151/B+；环境设计：86/B+；环境生态工程：6/B++；机械工程：59/B+；建筑环境与能源应用工程：51/B+；金融工程：40/B+；金属材料工程：46/B+；生物技术：96/B+；通信工程：104/B+；土木工程：137/B+；网络工程：25/B++；信息工程：27/B+；信息与计算科学：86/B+；冶金工程：23/B+；应用化学：112/B+；英语：231/B+。

4）中国区域高水平专业（2★）

动画：92/C；国际经济与贸易：266/D；建筑学：130/D；人力资源管理：148/C；日语：162/C；软件工程：215/D；物联网工程：104/B；戏剧影视文学：49/D；新闻学：125/D；信息管理与信息系统：207/C；运动训练：60/C。

5）中国区域知名专业（1★）

播音与主持艺术：89/D；电子商务：196/D；电子信息科学与技术：117/D；粉体材料科学与工程：5/A；服装设计与工程：42/D；给排水科学与工程：79/D；工程造价：50/D；化学工程与工艺：184/D；机器人工程：71/C；交通设备与控制工程：14/D；人工智能：123/C；生物医学工程：104/D；数字媒体技术：83/D；陶瓷艺术设计：6/D；投资学：36/C；无机非金属材料工程：69/D；武术与民族传统体育：34/D；舞蹈表演：56/D；新能源材料与器件：54/C；应用物理学：132/D；知识产权：47/D；智能科学与技术：58/C；自然地理与资源环境：51/D。

13. 长沙学院

（1）长沙学院综合实力排名

综合排名：2024 校友会中国大学排名第 300 名，全国综合类高校第 89 名，湖南省高校第 13 名。

星级排名：中国二星级大学（2★），中国区域高水平大学。主管部门：湖南省。

（2）长沙学院各本科专业排名（全国排名/档次）

1）中国顶尖应用型专业（6★）

材料成型及控制工程：1/A++；动画：9/A+；公共事业管理：1/A++；功能材料：1/A++；广播电视编导：10/A+；汉语言文学：30/A+；计算机科学与技术：63/A+；旅游管理：1/A++；日语：1/A++；软件工程：36/A+；生物工程：2/A+；通信工程：1/A++；物流管理：12/A+；音乐学：4/A+；英语：3/A++。

2）中国一流应用型专业（5★）

播音与主持艺术：14/A；财务管理：40/A；电气工程及其自动化：48/A；法学：28/A；翻译：8/A+；服装与服饰设计：13/A；光电信息科学与工程：12/A；机械设计制造及其自动化：68/A；酒店管理：14/A；汽车服务工程：18/A；人工智能：9/A；市场营销：38/A；视觉传达设计：33/A；数学与应用数学：38/A；土木工程：49/A；新闻学：17/A；应用物理学：4/A。

3）中国高水平应用型专业（4★）

电子信息工程：116/B++；工程造价：34/B++；环境工程：32/B++；机械电子工程：42/B++；舞蹈学：11/A；物联网工程：62/B++；物业管理：9/B++；应用化学：45/B++。

4）中国区域一流应用型专业（3★）

工程管理：96/B+；环境设计：113/B+；机器人工程：36/B+；人文地理与城乡规划：23/B+；生物制药：13/B+；数字媒体技术：57/B+；信息与计算科学：53/B+；影视摄影与制作：15/B+。

13. 湖南理工学院

（1）湖南理工学院综合实力排名

综合排名：2024校友会中国大学排名第300名，全国理工类高校第139名，湖南省高校第13名。

星级排名：中国二星级大学（2★），中国区域高水平大学。主管部门：湖南省。

（2）湖南理工学院各本科专业排名（全国排名/档次）

1）中国顶尖应用型专业（6★）

电子信息工程：9/A+；广告学：1/A++；汉语言文学：1/A++；化学：13/A+；化学工程与工艺：1/A++；环境设计：19/A+；机械电子工程：14/A+；机械设计制造及其自动化：2/A++；计算机科学与技术：2/A++；美术学：1/A++；人力资源管理：1/A++；软件工程：36/A+；视觉传达设计：1/A++；数学与应用数学：1/A++；思想政治教育：1/A++；土木工程：36/A+；物理学：1/A++；艺术设计学：1/A++；音乐学：4/A+；应用化学：1/A++；英语：3/A++。

2）中国一流应用型专业（5★）

材料成型及控制工程：16/A；电气工程及其自动化：48/A；电子科学与技术：12/A；法学：28/A；光电信息科学与工程：12/A；国际经济与贸易：62/A；会计学：63/A；建筑学：20/A；旅游管理：42/A；体育教育：19/A；通信工程：43/A；新闻学：17/A；信息与计算科学：8/A；制药工程：9/A；自动化：35/A。

3）中国高水平应用型专业（4★）

朝鲜语：11/B++；服装与服饰设计：32/B++；化妆品技术与工程：1/A++；商务英语：38/B++；社会体育指导与管理：20/B++；生物工程：26/B++；水利水电工程：11/B++；网络与新媒体：32/B++。

4）中国区域一流应用型专业（3★）

翻译：39/B+；机器人工程：36/B+；金融工程：39/B+；历史建筑保护工程：1/A++；秘书学：10/B++；微电子科学与工程：15/B+；舞蹈学：33/B+。

13. 湖南文理学院

（1）湖南文理学院综合实力排名

综合排名：2024校友会中国大学排名第300名，全国综合类高校第89名，湖南省高校第13名。

星级排名：中国二星级大学（2★），中国区域高水平大学。主管部门：湖南省。

（2）湖南文理学院各本科专业排名（全国排名/档次）

1）中国顶尖应用型专业（6★）

材料科学与工程：6/A+；地理科学：1/A++；国际经济与贸易：2/A++；汉语言文学：1/A++；机械设计制造及其自动化：44/A+；农学：2/A+；生物科学：9/A+；数学与应用数学：23/A+；思想政治教育：1/A++；体育教育：6/A+；学前教育：25/A+；音乐学：4/A+；英语：3/A++；自动化：25/A+。

2）中国一流应用型专业（5★）

城乡规划：8/A；地理信息科学：10/A；电子信息科学与技术：10/A；动画：17/A；动物科学：4/A；法学：28/A；服装与服饰设计：13/A；化学：23/A；机械电子工程：23/A；计算机科学与技术：101/A；旅游管理：42/A；美术学：9/A+；商务英语：12/A+；食品科学与工程：17/A；市场营销：38/A；水产养殖学：1/A++；土木工程：49/A；舞蹈编导：4/A；物理学：17/A；信息与计算科学：8/A。

3）中国高水平应用型专业（4★）

电子商务及法律：3/A+；环境科学：9/B++；会计学：105/B++；集成电路设计与集成系统：3/A+；建筑电气与智能化：10/B++；日语：36/B++；软件工程：95/B++；社会体育指导与管理：20/B++；通信工程：74/B++；网络工程：47/B++；新闻学：30/B++；信息管理与信息系统：35/B++。

4）中国区域一流应用型专业（3★）

财务管理：137/B+；电气工程及其自动化：157/B+；风景园林：24/B+；光电信息科学与工程：36/B+；环境工程：60/B+；环境设计：113/B+；金融工程：39/B+；金融数学：11/B+；酒店管理：47/B+；历史学：55/B+；汽车服务工程：66/B+；视觉传达设计：140/B+；物联网工程：139/B+；小学教育：106/B+；应用化学：65/B+；应用统计学：18/B++；制药工程：54/B+。

16. 湖南第一师范学院

（1）湖南第一师范学院综合实力排名

综合排名：2024校友会中国大学排名第315名，全国师范类高校第51名，湖南省高校第16名。

星级排名：中国一星级大学（1★），中国区域知名大学。主管部门：湖南省。

（2）湖南第一师范学院各本科专业排名（全国排名/档次）

1）中国顶尖应用型专业（6★）

汉语言文学：30/A+；教育技术学：1/A++；科学教育：1/A++；市场营销：3/A++；数学与应用数学：1/A++；思想政治教育：1/A++；通信工程：27/A+；小学教育：2/A++；音乐学：4/A+。

2）中国一流应用型专业（5★）

翻译：8/A+；美术学：9/A+；舞蹈学：4/A+；心理学：3/A+；信息与计算科学：8/A；英语：62/A。

3）中国高水平应用型专业（4★）

书法学：4/A+；体育教育：56/B++；网络与新媒体：32/B++；艺术设计学：27/B++。

4）中国区域一流应用型专业（3★）

电子信息工程：186/B+；计算机科学与技术：253/B+。

5）中国区域高水平应用型专业（2★）

会计学：223/C；旅游管理：180/C。

6）中国区域知名应用型专业（1★）

广播电视学：75/D；国际经济与贸易：325/D；汉语国际教育：153/D；学前教育：215/C。

17. 湖南工程学院

（1）湖南工程学院综合实力排名

综合排名：2024校友会中国大学排名第320名，全国理工类高校第148名，湖南省高校第17名。

星级排名：中国一星级大学（1★），中国区域知名大学。主管部门：湖南省。

（2）湖南工程学院各本科专业排名（全国排名/档次）

1）中国顶尖应用型专业（6★）

材料成型及控制工程：1/A++；电气工程及其自动化：2/A++；纺织工程：1/A++；服装设计与工程：5/A+；服装与服饰设计：3/A+；化学工程与工艺：1/A++；环境设计：19/A+；机械设计制造及其自动化：14/A+；计算机科学与技术：63/A+；轻化工程：1/A++；人力资源管理：1/A++；商务英语：1/A++；视觉传达设计：18/A+；通信工程：27/A+；土木工程：36/A+；信息与计算科学：1/A++；自动化：1/A++。

2）中国一流应用型专业（5★）

产品设计：12/A+；电子科学与技术：12/A；电子信息工程：66/A；工业工程：6/A；机械电子工程：23/A；建筑环境与能源应用工程：8/A；经济学：17/A；汽车服务工程：18/A；软件工程：53/A；统计学：4/A+；新能源科学与工程：6/A。

3）中国高水平应用型专业（4★）

测控技术与仪器：18/B++；高分子材料与工程：14/B++；焊接技术与工程：9/B++；机器人工程：14/A；建筑学：36/B++；人工智能：20/B++；微电子科学与工程：9/B++；物流管理：56/B++；艺术设计学：27/B++；应用化学：45/B++；应用物理学：6/B++。

4）中国区域一流应用型专业（3★）

表演：34/B+；材料化学：19/B+；大数据管理与应用：16/B+；电子商务：109/B+；工程管理：96/B+；工商管理：106/B+；广告学：43/B+；国际经济与贸易：179/B+；会计学：177/B+；金融工程：39/B+；旅游管理：129/B+；生物工程：53/B+；市场营销：144/B+；数据科学与大数据技术：60/B++；数字经济：6/B+；数字媒体艺术：63/B+；网络工程：82/B+；英语：198/B+。

17. 湖南中医药大学

（1）湖南中医药大学综合实力排名

综合排名：2024校友会中国大学排名第320名，全国医药类高校第47名，湖南省高校第17名。

星级排名：中国二星级大学（2★），中国区域高水平大学。主管部门：湖南省。

（2）湖南中医药大学各本科专业排名（全国排名/档次）

1）中国一流专业（5★）

中医学：17/A。

2）中国高水平专业（4★）

护理学：29/B++；计算机科学与技术：206/B++；临床医学：39/B++；药学：61/B++；针灸推拿学：16/B++；中西医临床医学：9/B++；中药学：19/B++。

3）中国区域一流专业（3★）

公共事业管理：57/B+；康复治疗学：31/B+；口腔医学：47/B+；药物制剂：8/B++；医学检验技术：54/B+；医学信息工程：8/B+；医学影像学：26/B+；应用心理学：50/B+；制药工程：79/B+；中药资源与开发：10/B+；中医儿科学：1/A++；中医骨伤科学：5/A。

4）中国区域高水平专业（2★）

生物工程：159/D；食品科学与工程：146/D；运动康复：23/B。

5）中国区域知名专业（1★）

市场营销：299/D；信息管理与信息系统：278/D；英语：398/D；中医康复学：7/B；中医养生学：6/B。

19. 衡阳师范学院

（1）衡阳师范学院综合实力排名

综合排名：2024校友会中国大学排名第322名，全国师范类高校第56名，湖南省高校第19名。

星级排名：中国二星级大学（2★），中国区域高水平大学。主管部门：湖南省。

（2）衡阳师范学院各本科专业排名（全国排名/档次）

1）中国顶尖应用型专业（6★）

地理科学：1/A++；地理信息科学：1/A++；经济学：1/A++；旅游管理：21/A+；生物科学：9/A+；物理学：9/A+；英语：3/A++。

2）中国一流应用型专业（5★）

电子信息科学与技术：10/A；翻译：8/A+；汉语国际教育：12/A；化学：23/A；绘画：5/A；计算机科学与技术：101/A；人文地理与城乡规划：8/A；商务英语：12/A+；数学与应用数学：38/A；思想政治教育：20/A；体育教育：19/A；物联网工程：19/A；音乐学：17/A；应用心理学：7/A+；运动训练：4/A。

3）中国高水平应用型专业（4★）

高分子材料与工程：14/B++；广告学：21/B++；汉语言文学：118/B++；化学生物学：1/A++；美术学：38/B++；视觉传达设计：72/B++；统计学：9/A；新闻学：30/B++；信息与计算科学：26/B++；音乐表演：21/B++；应用化学：45/B++。

4）中国区域一流应用型专业（3★）

编辑出版学：11/B+；电子商务：109/B+；电子信息工程：186/B+；法学：82/B+；风景园林：24/B+；国际经济与贸易：179/B+；环境工程：60/B+；环境设计：113/B+；教育学：23/B+；历史学：55/B+；食品科学与工程：65/B+；网络与新媒体：61/B+；舞蹈学：33/B+。

5）中国区域高水平应用型专业（2★）

财务管理：251/C；软件工程：221/C；小学教育：

128/C；学前教育：173/C；知识产权：20/B。

20. 怀化学院

（1）怀化学院综合实力排名

综合排名：2024 校友会中国大学排名第 339 名，全国综合类高校第 96 名，湖南省高校第 20 名。

星级排名：中国一星级大学（1★），中国区域知名大学。主管部门：湖南省。

（2）怀化学院各本科专业排名（全国排名/档次）

1）中国顶尖应用型专业（6★）

材料化学：1/A++；公共事业管理：1/A++；国际经济与贸易：23/A+；环境设计：19/A+；计算机科学与技术：2/A++；旅游管理：21/A+；美术学：1/A++；软件工程：1/A++；生物工程：2/A+；数学与应用数学：1/A++；通信工程：27/A+；信息与计算科学：1/A++；英语：47/A+。

2）中国一流应用型专业（5★）

电子信息科学与技术：10/A；人文教育：2/A+；商务英语：12/A+；思想政治教育：20/A；体育教育：19/A；物流管理：27/A；小学教育：41/A；音乐学：17/A；园林：9/A；制药工程：9/A。

3）中国高水平应用型专业（4★）

法学：55/B++；风景园林：12/B++；光电信息科学与工程：22/B++；汉语言文学：118/B++；科学教育：9/B++；生物科学：41/B++；网络与新媒体：32/B++；物理学：39/B++。

4）中国区域一流应用型专业（3★）

广播电视学：40/B+；化学：73/B+；机械设计制造及其自动化：207/B+；历史学：55/B+；人工智能：36/B+；生物制药：13/B+；食品科学与工程：65/B+；网络工程：82/B+；舞蹈学：33/B+；学前教育：130/B+。

5）中国区域高水平应用型专业（2★）

产品设计：130/C；电气工程及其自动化：231/D；机器人工程：97/C；酒店管理：81/B；社会工作：62/C；社会体育指导与管理：61/B；食品质量与安全：57/B；视觉传达设计：235/C；数字媒体艺术：119/C；投资学：51/B；土地资源管理：15/C。

6）中国区域知名应用型专业（1★）

材料科学与工程：62/D；财务管理：326/C；数据科学与大数据技术：272/D。

20. 邵阳学院

（1）邵阳学院综合实力排名

综合排名：2024 校友会中国大学排名第 339 名，全国综合类高校第 96 名，湖南省高校第 20 名。

星级排名：中国一星级大学（1★），中国区域知名大学。主管部门：湖南省。

（2）邵阳学院各本科专业排名（全国排名/档次）

1）中国顶尖应用型专业（6★）

电子信息工程：9/A+；法学：13/A+；会计学：2/A++；计算机科学与技术：2/A++；临床医学：10/A+；能源与动力工程：5/A+。

2）中国一流应用型专业（5★）

电气工程及其自动化：48/A；管理科学：1/A++；机械设计制造及其自动化：68/A；历史学：16/A；食品质量与安全：4/A+；体育教育：19/A；土木工程：49/A。

3）中国高水平应用型专业（4★）

国际经济与贸易：109/B++；汉语言文学：118/B++；旅游管理：76/B++；商务英语：38/B++；社会体育指导与管理：20/B++；生物工程：26/B++；视觉传达设计：72/B++；思想政治教育：57/B++；通信工程：74/B++；物理学：39/B++；物联网工程：62/B++；信息与计算科学：26/B++；药学：29/B++；医学检验技术：22/B++；自动化：70/B++。

4）中国区域一流应用型专业（3★）

产品设计：80/B+；地理科学：28/B+；护理学：90/B+；环境设计：113/B+；秘书学：10/B++；食品科学与工程：65/B+；音乐学：87/B+；英语：198/B+；园林：35/B+；智能制造工程：12/B++。

5）中国区域高水平应用型专业（2★）

测绘工程：58/D；城乡规划：58/C；风景园林：62/C；汉语国际教育：110/C；化学：100/C；化学工程与工艺：121/D；金融工程：80/B；康复治疗学：59/C；美术学：124/C；数学与应用数学：166/D；舞蹈学：69/C；新闻学：81/C；医学影像技术：42/D；制药工程：85/C；资产评估：35/C。

22. 湖南城市学院

（1）湖南城市学院综合实力排名

综合排名：2024 校友会中国大学排名第 347 名，全国综合类高校第 99 名，湖南省高校第 22 名。

星级排名：中国一星级大学（1★），中国区域知名大学。主管部门：湖南省。

（2）湖南城市学院各本科专业排名（全国排名/档次）

1）中国顶尖应用型专业（6★）

城乡规划：6/A+；电子信息工程：1/A++；风景园林：1/A++；工程管理：1/A++；建筑学：11/A+；通信工程：27/A+；土木工程：2/A++；网络工程：1/A++。

2）中国一流应用型专业（5★）

城市管理：3/A+；地理信息科学：10/A；房地产开发与管理：3/A+；给排水科学与工程：7/A；汉语国际教育：12/A；化学工程与工艺：25/A；机械设计制造及其自动化：68/A；计算机科学与技术：101/A；社会体育指导与管理：10/A；视觉传达设计：33/A；数学与应用数学：38/A；体育教育：19/A；音乐学：17/A；英语：62/A。

3）中国高水平应用型专业（4★）

测绘工程：18/B++；高分子材料与工程：14/B++；工程造价：34/B++；汉语言文学：118/B++；环境工程：32/B++；机械电子工程：42/B++；建筑环境与能源应用工程：17/B++；交通工程：13/B++；物理学：39/B++；音乐表演：21/B++。

4）中国区域一流应用型专业（3★）

城市地下空间工程：10/B+；电气工程及其自动化：157/B+；复合材料与工程：6/B+；工商管理：106/B+；光电信息科学与工程：36/B+；水利水电工程：23/B+；网络与新媒体：61/B+；物联网工程：139/B+；小学教育：106/B+；信息与计算科学：53/B+；智能制造工程：12/B++。

5）中国区域高水平应用型专业（2★）

安全工程：39/C；环境设计：203/B；经济统计学：31/B；旅游管理：180/C；美术学：124/C；人工智能：59/B；商务英语：161/C；思想政治教育：112/C。

6）中国区域知名应用型专业（1★）

财务管理：326/C；广告学：123/D；舞蹈表演：66/D。

23. 湖南科技学院

（1）湖南科技学院综合实力排名

综合排名：2024 校友会中国大学排名第 364 名，全国理工类高校第 173 名，湖南省高校第 23 名。

星级排名：中国一星级大学（1★），中国区域知名大学。主管部门：湖南省。

（2）湖南科技学院各本科专业排名（全国排名/档次）

1）中国顶尖应用型专业（6★）

电子信息工程：9/A+；国际经济与贸易：45/A+；计算机科学与技术：63/A+；日语：1/A++；生物工程：2/A+；土木工程：36/A+；英语：3/A++。

2）中国一流应用型专业（5★）

材料化学：7/A；电子科学与技术：12/A；法学：28/A；汉语言文学：63/A；化学：23/A；旅游管理：42/A；软件工程：53/A；视觉传达设计：33/A；数学与应用数学：38/A；数字媒体技术：9/A+；思想政治教育：20/A；通信工程：43/A；音乐学：17/A；制药工程：9/A。

3）中国高水平应用型专业（4★）

工程管理：59/B++；广告学：21/B++；环境设计：73/B++；机械设计制造及其自动化：128/B++；建筑学：36/B++；食品质量与安全：8/A；市场营销：85/B++；体育教育：56/B++；信息与计算科学：26/B++。

4）中国区域一流应用型专业（3★）

测绘工程：42/B+；产品设计：80/B+；广播电视学：40/B+；金融工程：39/B+；美术学：82/B+；秘书学：10/B++；摄影：19/B+；生物技术：41/B+；物理学：66/B+。

5）中国区域高水平应用型专业（2★）

广播电视编导：105/C；航空服务艺术与管理：10/B+；数据科学与大数据技术：199/C；舞蹈学：69/C。

6）中国区域知名应用型专业（1★）

财务管理：326/C；教育技术学：47/D；商务英语：230/D；网络与新媒体：140/C；文化产业管理：71/D。

24. 湖南财政经济学院

（1）湖南财政经济学院综合实力排名

综合排名：2024 校友会中国大学排名第 407 名，全国财经类高校第 43 名，湖南省高校第 24 名。

星级排名：中国一星级大学（1★），中国区域知名大学。主管部门：湖南省。

（2）湖南财政经济学院各本科专业排名（全国排名/档次）

1）中国顶尖应用型专业（6★）

财务管理：1/A++；财政学：1/A++；房地产开发与管理：1/A++；国际经济与贸易：2/A++；会计学：2/A++；计算机科学与技术：48/A+；金融学：2/A++；人力资源管理：1/A++；税收学：1/A++。

2）中国一流应用型专业（5★）

电子信息工程：66/A；经济统计学：6/A；市场营销：38/A；土地资源管理：2/A+；行政管理：5/A+；英语：62/A。

3）中国高水平应用型专业（4★）

电子商务：66/B++；翻译：19/B++；工程管理：59/B++；国际商务：20/B++；金融工程：22/B++；金融数学：4/A；商务经济学：3/A+；审计学：20/B++；网络与新媒体：32/B++；信息管理与信息系统：35/B++。

4）中国区域一流应用型专业（3★）

法学：82/B+；经济学：52/B+；人工智能：36/B+；投资学：24/B+；文化产业管理：22/B+；休闲体育：19/B+。

5）中国区域高水平应用型专业（2★）

工程造价：88/B；金融科技：11/B；旅游管理：180/C；商务英语：161/C；数据科学与大数据技术：199/C；体育经济与管理：9/C；物流管理：182/C。

6）中国区域知名应用型专业（1★）

劳动与社会保障：28/C；人文地理与城乡规划：49/D；日语：173/D。

24. 湖南人文科技学院

（1）湖南人文科技学院综合实力排名

综合排名：2024 校友会中国大学排名第 407 名，全国综合类高校第 129 名，湖南省高校第 24 名。

星级排名：中国一星级大学（1★），中国区域知名大学。主管部门：湖南省。

（2）湖南人文科技学院各本科专业排名（全国排名/档次）

1）中国顶尖应用型专业（6★）

材料化学：1/A++；财务管理：1/A++；电子商务：6/A+；能源与动力工程：1/A++；思想政治教育：1/A++；网络工程：1/A++。

2）中国一流应用型专业（5★）

材料成型及控制工程：16/A；电子信息工程：66/A；汉语言文学：63/A；美术学：9/A+；农学：5/A；软件工程：53/A；体育教育：19/A；通信工程：43/A；学前教育：46/A；英语：62/A。

3）中国高水平应用型专业（4★）

材料科学与工程：23/B++；化学：48/B++；书法学：

4/A+；数学与应用数学：78/B++；舞蹈学：11/A；物理学：39/B++；音乐学：54/B++；运动训练：7/B++；自动化：70/B++。

4）中国区域一流应用型专业（3★）

法学：82/B+；环境工程：60/B+；环境设计：113/B+；金融工程：39/B+；旅游管理：129/B+；人力资源管理：75/B+；商务英语：71/B+；食品科学与工程：65/B+；市场营销：144/B+；视觉传达设计：140/B+；网络与新媒体：61/B+；物联网工程：139/B+；物流管理：127/B+。

5）中国区域高水平应用型专业（2★）

机械设计制造及其自动化：246/D；计算机科学与技术：379/D；历史学：74/C；秘书学：35/B；社会工作：62/C；数字媒体艺术：119/C；舞蹈编导：28/C；信息与计算科学：78/C；应用心理学：75/C；植物保护：8/D。

6）中国区域知名应用型专业（1★）

人文教育：10/C；数字经济：8/B；园艺：45/D。

26. 湖南工学院

（1）湖南工学院综合实力排名

综合排名：2024 校友会中国大学排名第 422 名，全国理工类高校第 193 名，湖南省高校第 26 名。

星级排名：中国一星级大学（1★），中国区域知名大学。主管部门：湖南省。

（2）湖南工学院各本科专业排名（全国排名/档次）

1）中国顶尖应用型专业（6★）

安全工程：1/A++；工商管理：5/A+；化学工程与工艺：13/A+；机械设计制造及其自动化：2/A++；无机非金属材料工程：1/A++；物流管理：12/A+；自动化：25/A+。

2）中国一流应用型专业（5★）

高分子材料与工程：4/A；会计学：63/A；物联网工程：19/A。

3）中国高水平应用型专业（4★）

机械电子工程：42/B++；金属材料工程：9/B++；软件工程：95/B++；通信工程：74/B++；土木工程：97/B++；网络工程：47/B++；物流工程：14/B++。

4）中国区域一流应用型专业（3★）

材料物理：7/B+；电气工程及其自动化：157/B+；翻译：39/B+；复合材料与工程：6/B+；环境工程：60/B+；机器人工程：36/B+；建筑学：67/B+；汽车服务工程：66/B+；数据科学与大数据技术：60/B++；应用化学：65/B+。

5）中国区域高水平应用型专业（2★）

材料成型及控制工程：76/C；城市地下空间工程：23/D；电子信息工程：242/C；工业工程：27/B；工业设计：74/C；计算机科学与技术：379/D；金融工程：80/B；商务英语：161/C；信息与计算科学：78/C；应用统计学：34/B；英语：318/C；智能制造工程：34/B。

6）中国区域知名应用型专业（1★）

工程管理：174/C；工程造价：136/C；国际经济与贸易：325/D；酒店管理：124/C；日语：173/D。

27. 湘南学院

（1）湘南学院综合实力排名

综合排名：2024 校友会中国大学排名第 436 名，全国综合类高校第 143 名，湖南省高校第 27 名。

星级排名：中国一星级大学（1★），中国区域知名大学。主管部门：湖南省。

（2）湘南学院各本科专业排名（全国排名/档次）

1）中国顶尖应用型专业（6★）

护理学：15/A+；计算机科学与技术：48/A+；康复治疗学：1/A++；临床医学：10/A+；社会工作：1/A++；数学与应用数学：1/A++；医学影像技术：1/A++；应用化学：1/A++。

2）中国一流应用型专业（5★）

电气工程及其自动化：48/A；电子信息科学与技术：10/A；汉语言文学：63/A；环境设计：34/A；体育教育：19/A；药学：16/A；预防医学：4/A。

3）中国高水平应用型专业（4★）

法学：55/B++；国际经济与贸易：109/B++；旅游管理：76/B++；网络工程：47/B++；新闻学：30/B++；信息与计算科学：26/B++；医学检验技术：22/B++；音乐学：54/B++；英语：129/B++。

4）中国区域一流应用型专业（3★）

翻译：39/B+；光电信息科学与工程：36/B+；环境生态工程：11/B+；通信工程：130/B+；卫生检验与检疫：12/B+；物联网工程：139/B+；音乐表演：48/B+；针灸推拿学：10/B+。

5）中国区域高水平应用型专业（2★）

播音与主持艺术：98/C；产品设计：130/C；化学：100/C；金融工程：80/B；美术学：124/C；人力资源管理：134/C；商务英语：161/C；物理学：99/C；物流管理：182/C；应用心理学：75/C。

6）中国区域知名应用型专业（1★）

财务管理：326/C；社会体育指导与管理：104/C；生物技术：95/D；视觉传达设计：299/D；数字媒体艺术：155/C；舞蹈学：102/D；学前教育：215/C；医学影像学：29/D。

28. 长沙师范学院

（1）长沙师范学院综合实力排名

综合排名：2024 校友会中国大学排名第 453 名，全国师范类高校第 103 名，湖南省高校第 28 名。

星级排名：中国一星级大学（1★），中国区域知名大学。主管部门：湖南省。

（2）长沙师范学院各本科专业排名（全国排名/档次）

1）中国顶尖应用型专业（6★）

体育教育：1/A++；学前教育：1/A++。

2）中国一流应用型专业（5★）

酒店管理：14/A；美术学：9/A+；小学教育：41/A；音

乐学：17/A；英语：62/A。

3）中国高水平应用型专业（4★）

电子信息工程：116/B++；工业设计：17/B++；舞蹈学：11/A。

4）中国区域一流应用型专业（3★）

包装工程：8/B+；服装与服饰设计：60/B+；汉语言文学：180/B+；商务英语：71/B+；艺术与科技：17/B+。

5）中国区域高水平应用型专业（2★）

科学教育：19/C；书法学：32/B；数学与应用数学：166/D；数字媒体艺术：119/C；物联网工程：232/C。

6）中国区域知名应用型专业（1★）

财务管理：326/C；电子商务：219/C；翻译：116/D；工艺美术：43/C；应用心理学：112/D。

28. 湖南女子学院

（1）湖南女子学院综合实力排名

综合排名：2024 校友会中国大学排名第 453 名，全国语言类高校第 15 名，湖南省高校第 28 名。

星级排名：中国三星级大学（3★），中国知名、区域一流大学。主管部门：湖南省。

（2）湖南女子学院各本科专业排名（全国排名/档次）

1）中国顶尖应用型专业（6★）

家政学：1/A++；旅游管理：21/A+。

2）中国一流应用型专业（5★）

服装与服饰设计：13/A；汉语言文学：63/A；女性学：2/A+；人力资源管理：12/A+；视觉传达设计：33/A；舞蹈编导：4/A；物流管理：27/A；学前教育：46/A。

3）中国高水平应用型专业（4★）

播音与主持艺术：31/B++；老年学：1/A++；社会工作：21/B++；市场营销：85/B++；音乐学：54/B++。

4）中国区域一流应用型专业（3★）

国际经济与贸易：179/B+；商务英语：71/B+；数字媒体技术：57/B+。

5）中国区域高水平应用型专业（2★）

会计学：223/C；计算机科学与技术：379/D；酒店管理：81/B；音乐表演：85/C。

6）中国区域知名应用型专业（1★）

财务管理：326/C；产品设计：180/D；电子商务：219/C；汉语国际教育：153/D；航空服务艺术与管理：22/C；美术学：163/D；网络与新媒体：140/C；英语：412/D。

30. 湖南警察学院

（1）湖南警察学院综合实力排名

综合排名：2024 校友会中国大学排名第 465 名，全国政法类高校第 18 名，湖南省高校第 30 名。

星级排名：中国三星级大学（3★），中国知名、区域一流大学。主管部门：湖南省。

（2）湖南警察学院各本科专业排名（全国排名/档次）

1）中国顶尖应用型专业（6★）

法学：13/A+；交通管理工程：1/A++；刑事科学技术：1/A++；侦查学：1/A++；治安学：1/A++。

2）中国一流应用型专业（5★）

禁毒学：2/A+；警务指挥与战术：4/A；信息安全：3/A+。

3）中国高水平应用型专业（4★）

计算机科学与技术：168/B++；网络安全与执法：14/B++；行政管理：14/B++。

4）中国区域一流应用型专业（3★）

经济犯罪侦查：9/B+；数据科学与大数据技术：60/B++；应用心理学：47/B+。

30. 湖南医药学院

（1）湖南医药学院综合实力排名

综合排名：2024 校友会中国大学排名第 465 名，全国医药类高校第 77 名，湖南省高校第 30 名。

星级排名：中国一星级大学（1★），中国区域知名大学。主管部门：湖南省。

（2）湖南医药学院各本科专业排名（全国排名/档次）

1）中国顶尖应用型专业（6★）

护理学：15/A+；药学：1/A++。

2）中国一流应用型专业（5★）

健康服务与管理：3/A+；临床医学：24/A；医学检验技术：10/A；医学影像技术：6/A；中药学：4/A。

3）中国高水平应用型专业（4★）

针灸推拿学：4/A。

4）中国区域一流应用型专业（3★）

康复治疗学：38/B+；口腔医学：23/B+；市场营销：144/B+；卫生检验与检疫：12/B+；助产学：5/A。

5）中国区域高水平应用型专业（2★）

食品卫生与营养学：10/D；医学影像学：25/D；预防医学：24/D。

6）中国区域知名应用型专业（1★）

运动康复：34/D。

三、湖南省大学专业排名详情

1. 湖南信息学院

（1）湖南信息学院综合实力排名

综合排名：2024 校友会中国民办大学排名第 9 名，全国综合类民办高校第 10 名，湖南省民办高校第 1 名。

星级排名：中国六星级应用型大学（6★），中国顶尖应用型大学。

（2）湖南信息学院各本科专业排名（全国排名/档次）

1）中国顶尖应用型专业（6★）

财务管理：18/A+；电子商务：6/A+；电子信息工程：9/A+；工程管理：3/A++；工程造价：1/A++；国际经济与贸易：23/A+；互联网金融：1/A++；环境设计：1/A++；会计学：23/A+；金融工程：2/A++；人工智能：1/A++；软件工

程：1/A++；视觉传达设计：1/A++；数字媒体艺术：1/A++；通信工程：1/A++；网络工程：1/A++；物联网工程：1/A++；自动化：1/A++。

2）中国一流应用型专业（5★）

播音与主持艺术：14/A；旅游管理：42/A；区块链工程：1/A++；商务英语：12/A+；数据科学与大数据技术：4/A++；物流管理：27/A。

3）中国高水平应用型专业（4★）

舞蹈表演：8/A；音乐表演：21/B++。

2. 长沙医学院

（1）长沙医学院综合实力排名

综合排名：2024 校友会中国民办大学排名第 17 名，全国医药类民办高校第 2 名，湖南省民办高校第 2 名。

星级排名：中国五星级应用型大学（5★），中国一流应用型大学。

（2）长沙医学院各本科专业排名（全国排名/档次）

1）中国顶尖应用型专业（6★）

临床医学：10/A+；药学：11/A+。

2）中国一流应用型专业（5★）

护理学：32/A；康复治疗学：8/A；医学检验技术：10/A。

3）中国高水平应用型专业（4★）

妇幼保健医学：1/A++；口腔医学：13/B++；卫生检验与检疫：3/A+；药物制剂：6/B++；针灸推拿学：4/A；中医学：9/B++。

4）中国区域一流应用型专业（3★）

工商管理：106/B+；计算机科学与技术：253/B+；生物技术：41/B+；医学影像技术：25/B+；医学影像学：20/B+；中药学：28/B+。

5）中国区域高水平应用型专业（2★）

市场营销：231/C；眼视光学：11/C；药物分析：4/A；医学信息工程：10/B；预防医学：24/D；运动康复：21/C。

6）中国区域知名应用型专业（1★）

财务管理：326/C；国际经济与贸易：325/D；汉语国际教育：153/D；汉语言文学：298/D；生物医学工程：33/D；数据科学与大数据技术：272/D；体育教育：138/D；英语：412/D；助产学：39/D。

3. 湖南涉外经济学院

（1）湖南涉外经济学院综合实力排名

综合排名：2024 校友会中国民办大学排名第 20 名，全国综合类民办高校第 21 名，湖南省民办高校第 3 名。

星级排名：中国五星级应用型大学（5★），中国一流应用型大学。

（2）湖南涉外经济学院各本科专业排名（全国排名/档次）

1）中国顶尖应用型专业（6★）

电子信息工程：9/A+；国际经济与贸易：45/A+；汉语言文学：30/A+；环境设计：19/A+；会计学：23/A+；机械设计制造及其自动化：44/A+；金融学：2/A++；社会体育指导与管理：4/A+。

2）中国一流应用型专业（5★）

车辆工程：19/A；计算机科学与技术：101/A；软件工程：53/A；通信工程：43/A；行政管理：5/A+；艺术设计学：11/A；音乐学：17/A；自动化：35/A。

3）中国高水平应用型专业（4★）

材料成型及控制工程：36/B++；财务管理：80/B++；电子商务：66/B++；电子信息科学与技术：27/B++；工商管理：64/B++；工业设计：17/B++；汽车服务工程：38/B++；市场营销：85/B++；视觉传达设计：72/B++；网络与新媒体：32/B++；物联网工程：62/B++；物流管理：56/B++；西班牙语：8/B++；英语：129/B++。

4）中国区域一流应用型专业（3★）

表演：34/B+；产品设计：80/B+；朝鲜语：19/B+；法学：82/B+；服装与服饰设计：60/B+；国际商务：29/B+；酒店管理：47/B+；旅游管理：129/B+；人力资源管理：75/B+；日语：69/B+；商务英语：71/B+；数字媒体艺术：63/B+；文化产业管理：22/B+；舞蹈学：33/B+。

5）中国区域高水平应用型专业（2★）

工业工程：27/B；数据科学与大数据技术：199/C；投资学：51/B；休闲体育：32/B；学前教育：173/C。

4. 湘潭理工学院

（1）湘潭理工学院综合实力排名

综合排名：2024 校友会中国民办大学排名第 83 名，全国综合类民办高校第 84 名，湖南省民办高校第 4 名。

星级排名：中国三星级应用型大学（3★），中国知名、区域一流应用型大学。

（2）湘潭理工学院各本科专业排名（全国排名/档次）

1）中国一流应用型专业（5★）

财务管理：40/A。

2）中国高水平应用型专业（4★）

工商管理：64/B++；会展经济与管理：11/B++；经济学：24/B++；信息管理与信息系统：35/B++；信息与计算科学：26/B++；英语：129/B++。

3）中国区域一流应用型专业（3★）

公共事业管理：37/B+；旅游管理：129/B+；贸易经济：9/B+；商务英语：71/B+；市场营销：144/B+；艺术设计学：51/B+。

4）中国区域高水平应用型专业（2★）

电子商务：159/B；电子信息工程：242/C；动画：117/C；法学：138/C；广告学：74/B；国际经济与贸易：260/C；汉语言文学：253/C；会计学：223/C；计算机科学与技术：379/D；金融学：107/C；人力资源管理：134/C；物流管理：182/C；行政管理：61/C。

5）中国区域知名应用型专业（1★）

车辆工程：117/D；秘书学：73/D；数据科学与大数据技术：272/D；统计学：81/D；自动化：211/D。

5. 湖南交通工程学院

（1）湖南交通工程学院综合实力排名

综合排名：2024 校友会中国民办大学排名第 97 名，全国理工类民办高校第 99 名，湖南省民办高校第 5 名。

星级排名：中国二星级应用型大学（2★），中国区域高水平应用型大学。

（2）湖南交通工程学院各本科专业排名（全国排名/档次）

1）中国一流应用型专业（5★）

交通工程：8/A；铁道工程：1/A++。

2）中国高水平应用型专业（4★）

电子信息工程：116/B++；机械设计制造及其自动化：128/B++。

3）中国区域一流应用型专业（3★）

财务管理：137/B+；车辆工程：56/B+；护理学：90/B+；康复治疗学：38/B+；商务英语：71/B+；土木工程：160/B+；音乐表演：48/B+。

4）中国区域高水平应用型专业（2★）

电气工程及其自动化：231/D；轨道交通信号与控制：26/D；机械电子工程：132/C。

5）中国区域知名应用型专业（1★）

电子商务：219/C；工程造价：136/C；国际经济与贸易：325/D；机器人工程：127/D；交通运输：59/D；金融工程：115/C；能源与动力工程：56/D；软件工程：288/D；市场营销：321/D；数据科学与大数据技术：272/D；物联网工程：299/D；物流工程：52/D；音乐学：213/D；英语：412/D；智能制造工程：70/C；助产学：39/D。

6. 湖南应用技术学院

（1）湖南应用技术学院综合实力排名

综合排名：2024 校友会中国民办大学排名第 102 名，全国理工类民办高校第 104 名，湖南省民办高校第 6 名。

星级排名：中国二星级应用型大学（2★），中国区域高水平应用型大学。

（2）湖南应用技术学院各本科专业排名（全国排名/档次）

1）中国一流应用型专业（5★）

行政管理：5/A+。

2）中国区域一流应用型专业（3★）

汉语言文学：180/B+；机械设计制造及其自动化：207/B+；林学：5/A；商务英语：71/B+；视觉传达设计：140/B+；数字媒体艺术：63/B+；水产养殖学：6/B+；园林：35/B+。

3）中国区域高水平应用型专业（2★）

机械电子工程：132/C。

4）中国区域知名应用型专业（1★）

财务管理：326/C；电子商务：219/C；环境设计：311/D；酒店管理：124/C；汽车服务工程：134/D；数据科学与大数据技术：272/D；数字媒体技术：136/D；文化产业管理：71/D；物联网工程：299/D；物流管理：251/D；英语：412/D；园艺：45/D。

7. 中南林业科技大学涉外学院

（1）中南林业科技大学涉外学院综合实力排名

综合排名：2024 校友会中国民办大学排名第 103 名，全国农林类民办高校第 3 名，湖南省民办高校第 7 名。

星级排名：中国二星级应用型大学（2★），中国区域高水平应用型大学。

（2）中南林业科技大学涉外学院各本科专业排名（全国排名/档次）

1）中国高水平应用型专业（4★）

园林：15/B++；园艺：16/B++。

2）中国区域一流应用型专业（3★）

播音与主持艺术：54/B+；地理信息科学：25/B+；工程管理：96/B+；广播电视编导：72/B+；计算机科学与技术：253/B+；摄影：19/B+；食品科学与工程：65/B+。

3）中国区域高水平应用型专业（2★）

材料成型及控制工程：76/C；产品设计：130/C；电子科学与技术：57/D；电子信息工程：242/C；法学：138/C；广告学：74/B；国际经济与贸易：260/C；会计学：223/C；交通运输：48/D；金融学：107/C；酒店管理：81/B；旅游管理：180/C；人力资源管理：134/C；软件工程：221/C；市场营销：231/C；视觉传达设计：235/C；通信工程：205/D；土木工程：219/C；物流工程：40/C；艺术设计学：77/C；英语：318/C；自动化：176/D。

4）中国区域知名应用型专业（1★）

财务管理：326/C；测绘工程：72/D；朝鲜语：46/D；电子商务：219/C；风景园林：84/D；汉语言文学：298/D；日语：173/D。

8. 湘潭大学兴湘学院

（1）湘潭大学兴湘学院综合实力排名

综合排名：2024 校友会中国民办大学排名第 105 名，全国综合类民办高校第 106 名，湖南省民办高校第 8 名。

星级排名：中国二星级应用型大学（2★），中国区域高水平应用型大学。

（2）湘潭大学兴湘学院各本科专业排名（全国排名/档次）

1）中国一流应用型专业（5★）

动画：17/A；法语：6/A。

2）中国高水平应用型专业（4★）

财务管理：80/B++；高分子材料与工程：14/B++；金属材料工程：9/B++。

3）中国区域一流应用型专业（3★）

材料成型及控制工程：49/B+；电子商务：109/B+；过程装备与控制工程：10/B+；化学工程与工艺：92/B+；计算机科学与技术：253/B+；建筑环境与能源应用工程：33/B+；审计学：52/B+；食品科学与工程：65/B+；药学：38/B+。

4）中国区域高水平应用型专业（2★）

电子信息工程：242/C；法学：138/C；工商管理：170/C；国际经济与贸易：260/C；环境工程：86/C；会计学：223/C；机械设计制造及其自动化：246/D；金融学：107/C；旅游管理：180/C；人力资源管理：134/C；日语：119/C；市场营销：231/C；通信工程：205/D；土木工程：219/C；行政管理：61/C；英语：318/C；自动化：176/D。

5）中国区域知名应用型专业（1★）

材料化学：38/D；广告学：123/D；汉语言文学：298/D；艺术设计学：100/D；制药工程：109/D。

9. 长沙理工大学城南学院

（1）长沙理工大学城南学院综合实力排名

综合排名：2024 校友会中国民办大学排名第 107 名，全国理工类民办高校第 109 名，湖南省民办高校第 9 名。

星级排名：中国二星级应用型大学（2★），中国区域高水平应用型大学。

（2）长沙理工大学城南学院各本科专业排名（全国排名/档次）

1）中国一流应用型专业（5★）

汽车服务工程：18/A；自动化：35/A。

2）中国高水平应用型专业（4★）

港口航道与海岸工程：5/A；水利水电工程：11/B++。

3）中国区域一流应用型专业（3★）

财务管理：137/B+；电气工程及其自动化：157/B+；土木工程：160/B+；物流工程：23/B+。

4）中国区域高水平应用型专业（2★）

电子信息工程：242/C；法学：138/C；工程管理：142/C；国际经济与贸易：260/C；环境设计：203/B；会计学：223/C；机械设计制造及其自动化：246/D；计算机科学与技术：379/D；金融学：107/C；能源与动力工程：48/D；市场营销：231/C；视觉传达设计：235/C；通信工程：205/D；英语：318/C。

10. 湖南师范大学树达学院

（1）湖南师范大学树达学院综合实力排名

综合排名：2024 校友会中国民办大学排名第 108 名，全国师范类民办高校第 8 名，湖南省民办高校第 10 名。

星级排名：中国二星级应用型大学（2★），中国区域高水平应用型大学。

（2）湖南师范大学树达学院各本科专业排名（全国排名/档次）

1）中国高水平应用型专业（4★）

地理科学：19/B++；汉语言文学：118/B++；机械设计制造及其自动化：128/B++；历史学：32/B++。

2）中国区域一流应用型专业（3★）

播音与主持艺术：54/B+；国际经济与贸易：179/B+；护理学：90/B+；人力资源管理：75/B+；人文地理与城乡规划：23/B+；日语：69/B+；社会体育指导与管理：34/B+；生物技术：41/B+；生物科学：54/B+；土地资源管理：7/B+；文化产业管理：22/B+；行政管理：37/B+；学前教育：130/B+；制药工程：54/B+。

3）中国区域高水平应用型专业（2★）

法学：138/C；广播电视编导：105/C；汉语国际教育：110/C；化学工程与工艺：121/D；经济学：80/C；酒店管理：81/B；临床医学：64/D；思想政治教育：112/C；艺术设计学：77/C。

4）中国区域知名应用型专业（1★）

电子商务：219/C；电子信息科学与技术：88/D；化学：122/D；会计学：280/D；计算机科学与技术：469/D；金融学：133/D；旅游管理：234/D；市场营销：321/D；视觉传达设计：299/D；数学与应用数学：197/D；通信工程：247/D；统计学：81/D；物理学：123/D；药学：81/D；应用心理学：112/D；英语：412/D。

11. 湖南农业大学东方科技学院

（1）湖南农业大学东方科技学院综合实力排名

综合排名：2024 校友会中国民办大学排名第 111 名，全国农林类民办高校第 5 名，湖南省民办高校第 11 名。

星级排名：中国一星级应用型大学（1★），中国区域知名应用型大学。

（2）湖南农业大学东方科技学院各本科专业排名（全国排名/档次）

1）中国一流应用型专业（5★）

园林：9/A；园艺：8/A。

2）中国高水平应用型专业（4★）

动物医学：8/B++；经济学：24/B++；烟草：1/A++。

3）中国区域一流应用型专业（3★）

动物科学：12/B+；汽车服务工程：66/B+；生态学：6/B+；食品科学与工程：65/B+；水利水电工程：23/B+；土地资源管理：7/B+。

4）中国区域高水平应用型专业（2★）

产品设计：130/C；风景园林：62/C；环境工程：86/C；环境设计：203/B；机械设计制造及其自动化：246/D；社会体育指导与管理：61/B；食品质量与安全：57/B；市场营销：231/C；投资学：51/B；土木工程：219/C；应用化学：96/C。

5）中国区域知名应用型专业（1★）

材料化学：38/D；电子商务：219/C；电子信息工程：314/D；法学：193/D；工程管理：174/C；工商管理：205/D；国际经济与贸易：325/D；会计学：280/D；计算机科学与技术：469/D；金融学：133/D；劳动与社会保障：28/C；视觉传达设计：299/D；数据科学与大数据技术：272/D；应用心理学：112/D；英语：412/D；智能科学与技术：63/C。

11. 南华大学船山学院

（1）南华大学船山学院综合实力排名

综合排名：2024 校友会中国民办大学排名第 111 名，全国理工类民办高校第 113 名，湖南省民办高校第 11 名。

星级排名：中国一星级应用型大学（1★），中国区域知名应用型大学。

（2）南华大学船山学院各本科专业排名（全国排名/档次）

1）中国高水平应用型专业（4★）

道路桥梁与渡河工程：10/B++；核工程与核技术：3/A+；护理学：59/B++；环境工程：32/B++；医学检验技术：22/B++。

2）中国区域一流应用型专业（3★）

安全工程：31/B+；过程装备与控制工程：10/B+；机械设计制造及其自动化：207/B+；建筑学：67/B+；矿物资源工程：2/A+；通信工程：130/B+；药学：38/B+；医学影像学：20/B+；制药工程：54/B+；自动化：120/B+。

3）中国区域高水平应用型专业（2★）

材料成型及控制工程：76/C；工业设计：74/C；汉语言：8/B；化学工程与工艺：121/D；环境设计：203/B；建筑环境与能源应用工程：50/C；软件工程：221/C；生物医学工程：30/D；预防医学：24/D。

4）中国区域知名应用型专业（1★）

电气工程及其自动化：293/D；电子信息工程：314/D；法学：193/D；高分子材料与工程：58/D；工商管理：205/D；国际经济与贸易：325/D；会计学：280/D；麻醉学：21/D；土木工程：257/D；英语：412/D。

13. 湖南科技大学潇湘学院

（1）湖南科技大学潇湘学院综合实力排名

综合排名：2024校友会中国民办大学排名第112名，全国综合类民办高校第113名，湖南省民办高校第13名。

星级排名：中国一星级应用型大学（1★），中国区域知名应用型大学。

（2）湖南科技大学潇湘学院各本科专业排名（全国排名/档次）

1）中国高水平应用型专业（4★）

采矿工程：14/B++；测绘工程：18/B++；建筑学：36/B++。

2）中国区域一流应用型专业（3★）

安全工程：31/B+；电气工程及其自动化：157/B+；电子信息工程：186/B+；汉语国际教育：79/B+；计算机科学与技术：253/B+；土木工程：160/B+；自动化：120/B+。

3）中国区域高水平应用型专业（2★）

化学工程与工艺：121/D；金属材料工程：30/D；社会体育指导与管理：61/B；体育教育：111/C；园林：55/C；制药工程：85/C。

4）中国区域知名应用型专业（1★）

财务管理：326/C；产品设计：180/D；法学：193/D；工商管理：205/D；汉语言文学：298/D；环境设计：311/D；会计学：280/D；机械设计制造及其自动化：297/D；旅游管理：234/D；美术学：163/D；人力资源管理：202/D；视觉传达设计：299/D；通信工程：247/D；新闻学：125/D；英语：412/D。

14. 吉首大学张家界学院

（1）吉首大学张家界学院综合实力排名

综合排名：2024校友会中国民办大学排名第114名，全国综合类民办高校第115名，湖南省民办高校第14名。

星级排名：中国一星级应用型大学（1★），中国区域知名应用型大学。

（2）吉首大学张家界学院各本科专业排名（全国排名/档次）

1）中国高水平应用型专业（4★）

土木工程：97/B++。

2）中国区域一流应用型专业（3★）

工商管理：106/B+；护理学：90/B+；化学工程与工艺：92/B+；旅游管理：129/B+。

3）中国区域高水平应用型专业（2★）

城乡规划：58/C；环境工程：86/C；人力资源管理：134/C；日语：119/C；音乐学：150/C。

4）中国区域知名应用型专业（1★）

电子商务：219/C；电子信息科学与技术：88/D；法学：193/D；风景园林：84/D；公共事业管理：96/D；国际经济与贸易：325/D；汉语言文学：298/D；环境设计：311/D；会计学：280/D；计算机科学与技术：469/D；经济学：111/D；美术学：163/D；软件工程：288/D；视觉传达设计：299/D；投资学：84/D；舞蹈学：102/D；物流管理：251/D；英语：412/D；园林：70/D；知识产权：32/D。

15. 湖南文理学院芙蓉学院

（1）湖南文理学院芙蓉学院综合实力排名

综合排名：2024校友会中国民办大学排名第117名，全国综合类民办高校第118名，湖南省民办高校第15名。

星级排名：中国一星级应用型大学（1★），中国区域知名应用型大学。

（2）湖南文理学院芙蓉学院各本科专业排名（全国排名/档次）

1）中国区域一流应用型专业（3★）

国际经济与贸易：179/B+；软件工程：156/B+；舞蹈编导：16/B+；应用化学：65/B+。

2）中国区域高水平应用型专业（2★）

材料科学与工程：50/C；建筑电气与智能化：38/C；食品科学与工程：96/D；思想政治教育：112/C；体育教育：111/C；网络工程：137/C；音乐学：150/C。

3）中国区域知名应用型专业（1★）

财务管理：326/C；城乡规划：78/D；电子商务及法律：9/C；电子信息科学与技术：88/D；法学：193/D；汉语言文学：298/D；环境设计：311/D；机械电子工程：187/D；机械设计制造及其自动化：297/D；计算机科学与技术：469/D；旅游管理：234/D；日语：173/D；生物科学：100/D；市场营销：321/D；视觉传达设计：299/D；数学与应用数学：197/D；通信工程：247/D；土木工程：257/D；

英语：412/D；自动化：211/D。

16. 湖南中医药大学湘杏学院

（1）湖南中医药大学湘杏学院综合实力排名

综合排名：2024 校友会中国民办大学排名第 125 名，全国医药类民办高校第 25 名，湖南省民办高校第 16 名。

星级排名：中国一星级应用型大学（1★），中国区域知名应用型大学。

（2）湖南中医药大学湘杏学院各本科专业排名（全国排名/档次）

1）中国一流应用型专业（5★）

护理学：32/A。

2）中国高水平应用型专业（4★）

药物制剂：6/B++；制药工程：25/B++；中药学：12/B++。

3）中国区域一流应用型专业（3★）

应用心理学：47/B+；针灸推拿学：10/B+；中西医临床医学：9/B+；中医学：13/B+。

4）中国区域高水平应用型专业（2★）

康复治疗学：59/C。

5）中国区域知名应用型专业（1★）

生物工程：90/D；市场营销：321/D；药学：81/D；医学影像学：29/D。

17. 衡阳师范学院南岳学院

（1）衡阳师范学院南岳学院综合实力排名

综合排名：2024 校友会中国民办大学排名第 127 名，全国师范类民办高校第 11 名，湖南省民办高校第 17 名。

星级排名：中国一星级应用型大学（1★），中国区域知名应用型大学。

（2）衡阳师范学院南岳学院各本科专业排名（全国排名/档次）

1）中国一流应用型专业（5★）

美术学：9/A+。

2）中国高水平应用型专业（4★）

动画：37/B++；旅游管理：76/B++。

3）中国区域一流应用型专业（3★）

地理科学：28/B+；广告学：43/B+；化学：73/B+；商务英语：71/B+；生物科学：54/B+；音乐表演：48/B+。

4）中国区域高水平应用型专业（2★）

电子信息工程：242/C；绘画：44/C；体育教育：111/C；学前教育：173/C；音乐学：150/C。

5）中国区域知名应用型专业（1★）

财务管理：326/C；法学：193/D；高分子材料与工程：58/D；广播电视学：75/D；国际经济与贸易：325/D；汉语言文学：298/D；计算机科学与技术：469/D；食品科学与工程：121/D；视觉传达设计：299/D；数学与应用数学：197/D；物理学：123/D；物流管理：251/D；英语：412/D。

18. 湖南理工学院南湖学院

（1）湖南理工学院南湖学院综合实力排名

综合排名：2024 校友会中国民办大学排名第 132 名，全国理工类民办高校第 135 名，湖南省民办高校第 18 名。

星级排名：中国一星级应用型大学（1★），中国区域知名应用型大学。

（2）湖南理工学院南湖学院各本科专业排名（全国排名/档次）

1）中国高水平应用型专业（4★）

材料成型及控制工程：36/B++；机械电子工程：42/B++；舞蹈学：11/A。

2）中国区域一流应用型专业（3★）

土木工程：160/B+；制药工程：54/B+。

3）中国区域高水平应用型专业（2★）

建筑学：104/D；体育教育：111/C；音乐学：150/C。

4）中国区域知名应用型专业（1★）

电子信息工程：314/D；法学：193/D；工程管理：174/C；广告学：123/D；国际经济与贸易：325/D；汉语言文学：298/D；会计学：280/D；机械设计制造及其自动化：297/D；计算机科学与技术：469/D；人力资源管理：202/D；信息工程：31/D；艺术设计学：100/D；英语：412/D。

19. 湖南工业大学科技学院

（1）湖南工业大学科技学院综合实力排名

综合排名：2024 校友会中国民办大学排名第 133 名，全国理工类民办高校第 136 名，湖南省民办高校第 19 名。

星级排名：中国一星级应用型大学（1★），中国区域知名应用型大学。

（2）湖南工业大学科技学院各本科专业排名（全国排名/档次）

1）中国高水平应用型专业（4★）

动画：37/B++；信息管理与信息系统：35/B++。

2）中国区域一流应用型专业（3★）

财务管理：137/B+；电气工程及其自动化：157/B+；国际经济与贸易：179/B+；机械设计制造及其自动化：207/B+；建筑学：67/B+；人力资源管理：75/B+；英语：198/B+。

3）中国区域高水平应用型专业（2★）

包装工程：10/D；测控技术与仪器：57/D；电子信息工程：242/C；服装与服饰设计：90/C；体育教育：111/C；通信工程：205/D；物联网工程：232/C；新闻学：81/C；冶金工程：14/D；印刷工程：6/D。

4）中国区域知名应用型专业（1★）

包装设计：2/A+；产品设计：180/D；工商管理：205/D；环境设计：311/D；会计学：280/D；市场营销：321/D；视觉传达设计：299/D；数字媒体技术：136/D；土木工程：257/D。

20. 湖南工程学院应用技术学院

（1）湖南工程学院应用技术学院综合实力排名

综合排名：2024 校友会中国民办大学排名第 134 名，全国理工类民办高校第 137 名，湖南省民办高校第 20 名。

星级排名：中国一星级应用型大学（1★），中国区域知名应用型大学。

（2）湖南工程学院应用技术学院各本科专业排名（全国排名/档次）

1）中国区域一流应用型专业（3★）

电气工程及其自动化：157/B+。

2）中国区域知名应用型专业（1★）

产品设计：180/D；电子商务：219/C；电子信息工程：314/D；工程管理：174/C；工商管理：205/D；国际经济与贸易：325/D；环境设计：311/D；会计学：280/D；机械设计制造及其自动化：297/D；计算机科学与技术：469/D；金融工程：115/C；经济学：111/D；旅游管理：234/D；人力资源管理：202/D；市场营销：321/D；土木工程：257/D；物流管理：251/D；英语：412/D。

第九章　2024校友会西北地区大学综合实力、本科专业排名

第一节　甘肃省

一、甘肃省大学综合实力排名

1. 甘肃省大学排名

表 9-1　2024 校友会甘肃省大学排名

全国排名	学校名称	所在城市	星级排名	办学层次	星级专业数/个								
					专业类型	8★	7★	6★	5★	4★	3★	2★	1★
33	兰州大学	兰州市	6★	世界高水平大学	研究型	0	2	7	15	43	19	11	0
109	西北师范大学	兰州市	4★	中国高水平大学	研究型	0	0	0	6	24	20	24	6
150	兰州交通大学	兰州市	3★	区域一流大学	研究型	0	0	0	6	21	9	18	13
159	兰州理工大学	兰州市	3★	区域一流大学	研究型	0	0	0	3	18	15	19	19
162	甘肃农业大学	兰州市	3★	区域一流大学	研究型	0	0	1	1	11	17	21	18
211	西北民族大学	兰州市	3★	区域一流大学	研究型	0	0	0	1	15	14	18	23
306	兰州财经大学	兰州市	3★	区域一流大学	研究型	0	0	0	2	8	15	15	21
322	甘肃中医药大学	兰州市	3★	区域一流大学	研究型	0	0	0	1	6	9	3	13
328	甘肃政法大学	兰州市	4★	中国高水平大学	研究型	0	0	0	1	6	9	13	8
347	天水师范学院	天水市	1★	区域知名大学	应用型	0	0	8	16	10	17	16	1
377	河西学院	张掖市	1★	区域知名大学	应用型	0	0	7	9	11	16	15	10
393	陇东学院	庆阳市	1★	区域知名大学	应用型	0	0	5	10	6	7	18	19
422	兰州文理学院	兰州市	1★	区域知名大学	应用型	0	0	5	3	2	7	8	11
436	甘肃民族师范学院	甘南藏族自治州	1★	区域知名大学	应用型	0	0	4	4	2	7	7	16
436	兰州城市学院	兰州市	1★	区域知名大学	应用型	0	0	2	8	7	14	17	10
436	兰州工业学院	兰州市	1★	区域知名大学	应用型	0	0	4	6	4	11	6	4
509	甘肃医学院	平凉市	1★	区域知名大学	应用型	0	0	1	1	3	3	1	0

2. 甘肃省民办大学排名

表 9-2　2024 校友会甘肃省民办大学排名（含独立学院）

全国排名	学校名称	所在城市	星级排名	办学层次	星级专业数/个								
					专业类型	8★	7★	6★	5★	4★	3★	2★	1★
8	兰州工商学院	兰州市	6★	中国顶尖应用型大学	应用型	0	0	17	12	3	0	0	0
27	兰州信息科技学院	兰州市	5★	中国一流应用型大学	应用型	0	0	9	12	16	5	0	0
38	兰州博文科技学院	兰州市	4★	中国高水平应用型大学	应用型	0	0	0	1	2	8	10	20

3. 甘肃省高职院校排名

表 9-3　2024 校友会甘肃省高职院校排名

全国排名	学校名称	所在城市	办学类型	星级排名	办学层次
73	陇南师范高等专科学校	陇南市	职业技能型	3★	区域一流高职院校
87	酒泉职业技术学院	酒泉市	职业技能型	3★	区域一流高职院校
90	甘肃林业职业技术学院	天水市	职业技能型	3★	区域一流高职院校
118	甘肃卫生职业学院	兰州市	职业技能型	3★	区域一流高职院校
133	平凉职业技术学院	平凉市	职业技能型	3★	区域一流高职院校
145	甘肃财贸职业学院	兰州市	职业技能型	3★	区域一流高职院校
198	兰州职业技术学院	兰州市	职业技能型	2★	区域高水平高职院校
204	甘肃畜牧工程职业技术学院	武威市	职业技能型	2★	区域高水平高职院校
205	兰州现代职业学院	兰州市	职业技能型	2★	区域高水平高职院校
211	定西师范高等专科学校	定西市	职业技能型	2★	区域高水平高职院校
233	甘肃警察职业学院	兰州市	职业技能型	2★	区域高水平高职院校
235	甘肃工业职业技术学院	天水市	职业技能型	2★	区域高水平高职院校
247	甘肃农业职业技术学院	兰州市	职业技能型	2★	区域高水平高职院校
258	甘肃建筑职业技术学院	兰州市	职业技能型	2★	区域高水平高职院校
282	兰州外语职业学院	兰州市	职业技能型	1★	区域知名高职院校
317	甘肃交通职业技术学院	兰州市	职业技能型	1★	区域知名高职院校

4. 甘肃省职业技术大学排名

表 9-4　2024 甘校友会肃省职业技术大学排名

全国排名	学校名称	所在城市	办学类型	星级排名	办学层次
5	兰州资源环境职业技术大学	兰州市	职业技能型	6★	中国顶尖职业技术大学
7	兰州石化职业技术大学	兰州市	职业技能型	6★	中国顶尖职业技术大学

二、甘肃省大学专业排名详情

1. 兰州大学

（1）兰州大学综合实力排名

综合排名：2024 校友会中国大学排名第 33 名，全国综合类高校第 22 名，甘肃省高校第 1 名。

星级排名：中国六星级大学（6★），世界高水平大学、中国顶尖大学。“985 工程”大学，“211 工程”大学。主管部门：教育部。

（2）兰州大学各本科专业排名（全国排名/档次）

1）世界知名高水平、中国顶尖专业（7★）

草业科学：1/A++；自然地理与资源环境：1/A++。

2）世界高水平、中国顶尖专业（6★）

大气科学：4/A+；辐射防护与核安全：1/A++；化学：10/A+；历史学：8/A+；生态学：3/A+；生物技术：3/A++；物理学：6/A+。

3）中国一流专业（5★）

材料化学：6/A+；广播电视学：6/A；国际政治：10/A；汉语言文学：28/A；核工程与核技术：10/A；理论与应用力学：5/A；马克思主义理论：2/A+；民族学：5/A；社会学：10/A；生物科学：16/A；思想政治教育：22/A；通信工程：5/A+；图书馆学：6/A；医学检验技术：8/A；应用物理学：17/A。

4）中国高水平专业（4★）

材料物理：18/B++；德语：20/B++；地理信息科学：16/B++；地质工程：14/B++；地质学：10/B++；电子信息科学与技术：13/A；俄语：29/B++；法学：49/B++；工商管理：100/B++；公共事业管理：17/A；功能材料：5/A；核化工与核燃料工程：2/A+；护理学：59/B++；化学工程与工艺：34/B++；环境科学：17/A；会计学：43/B++；计算机科学与技术：60/B++；教育学：34/B++；金融学：39/B++；经济学：27/A；口腔医学：17/B++；临床医学：39/B++；麻醉学：11/B++；人力资源管理：16/A；人文地理与城乡规划：8/A；日语：33/B++；世界史：7/B++；市场营销：59/B++；数学与应用数学：56/B++；微电子科学与工程：11/B++；文物与博物馆学：6/B++；戏剧影视文学：14/B++；新闻学：30/B++；信息安全：31/B++；信息管理与信息系统：38/B++；信息与计算科学：51/B++；行政管理：33/B++；药

学：27/B++；应用化学：69/B++；应用气象学：4/A；英语：57/B++；预防医学：23/B++；哲学：26/B++。

5）中国区域一流专业（3★）

地球化学：10/B+；法语：35/B+；广告学：50/B+；国际经济与贸易：142/B+；汉语言：27/B+；环境工程：133/B+；环境设计：105/B+；农林经济管理：33/B+；视觉传达设计：83/B+；水文与水资源工程：21/B+；统计学：96/B+；土木工程：164/B+；药物制剂：8/B++；医学影像学：26/B+；音乐表演：45/B+；应用心理学：65/B+；政治学与行政学：41/B+；知识产权：14/B+；中药学：46/B+。

6）中国区域高水平专业（2★）

儿科学：20/C；汉语国际教育：121/C；基础医学：27/D；金融工程：67/C；临床药学：31/C；能源化学工程：31/C；人工智能：38/B++；生物信息学：25/C；生物制药：31/C；数据科学与大数据技术：54/B++；数字媒体技术：57/C。

2. 西北师范大学

（1）西北师范大学综合实力排名

综合排名：2024 校友会中国大学排名第 109 名，全国师范类高校第 12 名，甘肃省高校第 2 名。

星级排名：中国四星级大学（4★），世界知名、中国高水平大学。主管部门：甘肃省。

（2）西北师范大学各本科专业排名（全国排名/档次）

1）中国一流专业（5★）

汉语言文学：28/A；教育技术学：5/A+；教育学：8/A；历史学：20/A；思想政治教育：22/A；英语：19/A+。

2）中国高水平专业（4★）

地理科学：17/B++；地理信息科学：16/B++；法学：49/B++；翻译：7/A+；广播电视编导：8/A；汉语国际教育：18/A；化学：39/B++；会计学：112/B++；绘画：16/B++；计算机科学与技术：60/B++；金融学：93/B++；经济学：27/A；旅游管理：22/A；美术学：19/B++；人力资源管理：34/B++；社会工作：19/A；生物科学：36/B++；数学与应用数学：56/B++；特殊教育：7/B++；体育教育：23/B++；物理学：33/B++；新闻学：30/B++；音乐学：39/B++；应用心理学：16/B++。

3）中国区域一流专业（3★）

阿拉伯语：15/B+；材料科学与工程：90/B+；电子信息工程：141/B+；俄语：48/B+；化学工程与工艺：142/B+；科学教育：5/A；秘书学：7/B++；软件工程：150/B+；视觉传达设计：83/B+；数字出版：3/A+；武术与民族传统体育：20/B+；舞蹈表演：27/B+；舞蹈学：26/B+；物流管理：88/B+；心理学：31/B+；信息与计算科学：86/B+；行政管理：111/B+；学前教育：48/B+；哲学：40/B+；制药工程：79/B+。

4）中国区域高水平专业（2★）

播音与主持艺术：51/C；大数据管理与应用：11/B++；动画：76/C；工商管理：245/D；国际经济与贸易：221/C；汉语言：42/C；航空服务艺术与管理：3/A+；环境工程：196/D；环境科学：114/C；环境设计：141/C；经济统计学：59/D；酒店管理：25/B；人文地理与城乡规划：38/B；日语：118/B；社会学：73/D；生物技术：162/D；数据科学与大数据技术：54/B++；数字媒体艺术：69/B；统计学：133/C；舞蹈教育：2/A+；小学教育：66/D；信息管理与信息系统：168/C；音乐表演：71/C；运动训练：53/C。

5）中国区域知名专业（1★）

材料物理：64/D；电气工程及其自动化：247/D；劳动与社会保障：79/C；书法学：42/C；文化产业管理：50/C；物联网工程：161/D。

3. 兰州交通大学

（1）兰州交通大学综合实力排名

综合排名：2024 校友会中国大学排名第 150 名，全国理工类高校第 66 名，甘肃省高校第 3 名。

星级排名：中国三星级大学（3★），中国知名、区域一流大学。主管部门：甘肃省。

（2）兰州交通大学各本科专业排名（全国排名/档次）

1）中国一流专业（5★）

车辆工程：9/A；给排水科学与工程：4/A+；轨道交通信号与控制：2/A+；交通运输：11/A；通信工程：17/A；土木工程：19/A。

2）中国高水平专业（4★）

测绘工程：17/B++；道路桥梁与渡河工程：8/B++；地理信息科学：8/A；电气工程及其自动化：40/B++；电子科学与技术：24/B++；工程管理：20/A；国际经济与贸易：86/B++；化学工程与工艺：84/B++；环境工程：82/B++；环境科学：31/B++；机械设计制造及其自动化：54/B++；计算机科学与技术：60/B++；建筑环境与能源应用工程：10/A；建筑学：52/B++；交通工程：13/B++；软件工程：44/B++；铁道工程：3/A+；物流管理：15/A；应用物理学：43/B++；英语：57/B++；自动化：41/B++。

3）中国区域一流专业（3★）

工程造价：13/B+；汉语言文学：151/B+；会计学：186/B+；能源与动力工程：98/B+；水利水电工程：32/B+；物联网工程：45/B+；新能源科学与工程：27/B+；艺术设计学：57/B+；应用化学：112/B+。

4）中国区域高水平专业（2★）

包装工程：30/C；材料成型及控制工程：103/D；材料科学与工程：121/D；测控技术与仪器：126/D；城乡规划：89/C；电子信息工程：214/D；法语：64/C；工程力学：71/D；工商管理：245/D；工业工程：77/C；工业设计：131/C；广告学：80/B；过程装备与控制工程：67/D；经济学：190/D；生物工程：159/D；市场营销：176/C；信息管理与信息系统：168/C；信息与计算科学：164/C。

5）中国区域知名专业（1★）

阿拉伯语：26/D；财务管理：210/D；动画：134/D；汉语国际教育：140/C；绘画：89/D；机械电子工程：97/D；

建筑电气与智能化：24/D；葡萄牙语：22/D；生物制药：45/D；数据科学与大数据技术：152/C；统计学：177/D；西班牙语：51/D；遥感科学与技术：29/D。

4. 兰州理工大学

（1）兰州理工大学综合实力排名

综合排名：2024校友会中国大学排名第159名，全国理工类高校第70名，甘肃省高校第4名。

星级排名：中国三星级大学（3★），中国知名、区域一流大学。主管部门：甘肃省。

（2）兰州理工大学各本科专业排名（全国排名/档次）

1）中国一流专业（5★）

机械设计制造及其自动化：25/A；能源与动力工程：21/A；土木工程：19/A。

2）中国高水平专业（4★）

材料成型及控制工程：33/B++；电气工程及其自动化：40/B++；电子信息科学与技术：13/A；高分子材料与工程：21/B++；过程装备与控制工程：11/B++；焊接技术与工程：9/B++；化学工程与工艺：34/B++；会计学：43/B++；机械电子工程：6/A+；计算机科学与技术：60/B++；建筑学：24/B++；金属材料工程：13/B++；市场营销：29/A；通信工程：45/B++；新能源科学与工程：3/A+；应用化学：35/B++；应用物理学：22/B++；自动化：41/B++。

3）中国区域一流专业（3★）

财务管理：100/B+；城乡规划：51/B+；道路桥梁与渡河工程：14/B+；工业设计：68/B+；国际经济与贸易：142/B+；环境工程：133/B+；理论与应用力学：12/B+；食品科学与工程：102/B+；视觉传达设计：116/B+；水利水电工程：32/B+；无机非金属材料工程：43/B+；物联网工程：45/B+；冶金工程：23/B+；英语：253/B+；油气储运工程：15/B+。

4）中国区域高水平专业（2★）

安全工程：68/C；包装工程：30/C；材料科学与工程：121/D；测控技术与仪器：126/D；雕塑：36/D；法学：271/D；纺织工程：25/D；给排水科学与工程：66/C；工程管理：120/C；工程力学：71/D；工商管理：245/D；汉语国际教育：96/B；建筑环境与能源应用工程：84/C；旅游管理：168/D；日语：118/B；生物工程：127/C；信息管理与信息系统：168/C；信息与计算科学：164/C；艺术设计学：90/D。

5）中国区域知名专业（1★）

测绘工程：75/D；产品设计：166/D；俄语：100/D；工程造价：43/D；工业工程：131/D；功能材料：27/D；汉语言文学：255/D；环境设计：215/D；机器人工程：71/C；金融学：204/D；人力资源管理：201/D；软件工程：253/D；数据科学与大数据技术：152/C；网络空间安全：42/C；微电子科学与工程：68/D；行政管理：195/D；知识产权：38/C；制药工程：151/D；智能制造工程：56/B。

5. 甘肃农业大学

（1）甘肃农业大学综合实力排名

综合排名：2024校友会中国大学排名第162名，全国农林类高校第18名，甘肃省高校第5名。

星级排名：中国三星级大学（3★），中国知名、区域一流大学。主管部门：甘肃省。

（2）甘肃农业大学各本科专业排名（全国排名/档次）

1）世界高水平、中国顶尖专业（6★）

草业科学：3/A+。

2）中国一流专业（5★）

土地资源管理：7/A。

3）中国高水平专业（4★）

动物科学：16/B++；动物医学：13/B++；林学：13/B++；农学：21/B++；农业工程：3/A+；农业机械化及其自动化：22/B++；农业水利工程：13/B++；食品科学与工程：28/B++；水土保持与荒漠化防治：5/A；园艺：14/B++；植物保护：24/B++。

4）中国区域一流专业（3★）

材料化学：37/B+；地理信息科学：61/B+；机械设计制造及其自动化：190/B+；农林经济管理：38/B+；农业电气化：12/B+；农业建筑环境与能源工程：8/B+；农艺教育：1/A++；葡萄与葡萄酒工程：7/B+；设施农业科学与工程：6/B++；生态学：36/B+；生物工程：93/B+；生物科学：122/B+；食品质量与安全：36/B+；水利水电工程：32/B+；园艺教育：1/A++；中草药栽培与鉴定：4/A；种子科学与工程：13/B+。

5）中国区域高水平专业（2★）

财务管理：135/C；法学：271/D；公共事业管理：124/B；环境工程：212/D；机电技术教育：4/A；计算机科学与技术：356/D；交通运输：71/D；经济学：205/D；秘书学：16/B；农村区域发展：16/C；农业资源与环境：35/D；人文地理与城乡规划：38/B；生物技术：176/D；市场营销：176/C；水产养殖学：37/D；水文与水资源工程：46/D；土木工程：208/D；应用化学：197/D；应用统计学：48/B；英语：318/D；园林：49/C。

6）中国区域知名专业（1★）

草坪科学与工程：1/A++；测绘工程：80/D；车辆工程：109/D；电气工程及其自动化：247/D；电子信息工程：271/D；动物药学：19/D；风景园林：75/D；国际经济与贸易：329/D；汉语言文学：250/D；金融学：204/D；劳动与社会保障：79/C；森林保护：21/D；社会工作：145/D；数据科学与大数据技术：152/C；统计学：177/D；土地整治工程：9/C；信息管理与信息系统：278/D；植物科学与技术：16/D。

6. 西北民族大学

（1）西北民族大学综合实力排名

综合排名：2024校友会中国大学排名第211名，全国民族类高校第6名，甘肃省高校第6名。

星级排名：中国三星级大学（3★），中国知名、区域一流大学。主管部门：国家民委。

（2）西北民族大学各本科专业排名（全国排名/档次）

1）中国一流专业（5★）

中国少数民族语言文学：6/A。

2）中国高水平专业（4★）

阿拉伯语：5/A；动物医学：13/B++；汉语言：15/B++；汉语言文学：114/B++；绘画：16/B++；教育技术学：21/B++；历史学：55/B++；民族学：9/B++；社会学：40/B++；生物工程：47/B++；舞蹈表演：6/A；舞蹈学：5/A+；新闻学：30/B++；音乐表演：18/B++；作曲与作曲技术理论：11/B++。

3）中国区域一流专业（3★）

动物科学：46/B+；广播电视编导：36/B+；化学工程与工艺：120/B+；会计学：186/B+；口腔医学：47/B+；临床医学：90/B+；生物技术：122/B+；食品科学与工程：114/B+；体育教育：72/B+；土木工程：137/B+；文物保护技术：3/A+；物理学：95/B+；英语：231/B+；制药工程：79/B+。

4）中国区域高水平专业（2★）

电气工程及其自动化：217/D；俄语：71/C；法学：271/D；工商管理：245/D；广播电视学：77/D；国际经济与贸易：221/C；航空服务艺术与管理：3/A+；环境工程：212/D；环境设计：172/C；计算机科学与技术：356/D；经济学：205/D；旅游管理：168/D；视觉传达设计：156/C；数据科学与大数据技术：54/B++；数学与应用数学：245/D；数字出版：5/A；文物与博物馆学：19/C；信息与计算科学：164/C。

5）中国区域知名专业（1★）

保险学：45/C；财务管理：210/D；电子信息工程：271/D；高分子材料与工程：119/D；公共事业管理：238/D；广告学：113/C；汉语国际教育：140/C；护理学：118/D；金融学：204/D；软件工程：253/D；社会工作：145/D；社会体育指导与管理：109/D；数字媒体技术：83/D；数字媒体艺术：112/D；通信工程：239/D；无机非金属材料工程：69/D；舞蹈编导：38/D；物联网工程：161/D；医学检验技术：73/D；音乐学：129/D；应用化学：213/D；应用心理学：113/D；自动化：231/D。

7. 兰州财经大学

（1）兰州财经大学综合实力排名

综合排名：2024校友会中国大学排名第306名，全国财经类高校第32名，甘肃省高校第7名。

星级排名：中国三星级大学（3★），中国知名、区域一流大学。主管部门：甘肃省。

（2）兰州财经大学各本科专业排名（全国排名/档次）

1）中国一流专业（5★）

会计学：16/A+；统计学：6/A+。

2）中国高水平专业（4★）

财务管理：17/A；国际经济与贸易：43/B++；金融工程：26/B++；金融学：39/B++；商务英语：15/B++；审计学：11/B++；市场营销：59/B++；视觉传达设计：13/A+。

3）中国区域一流专业（3★）

财政学：48/B+；电子商务：82/B+；法学：208/B+；服装与服饰设计：44/B+；工商管理：180/B+；公共事业管理：57/B+；公共艺术：16/B+；经济统计学：33/B+；经济学：122/B+；贸易经济：15/B+；人力资源管理：69/B+；商务经济学：3/A+；税收学：17/B+；新闻学：98/B+；英语：253/B+。

4）中国区域高水平专业（2★）

管理科学：30/C；汉语言文学：200/D；计算机科学与技术：370/D；劳动与社会保障：66/C；旅游管理：168/D；农林经济管理：48/D；体育经济与管理：13/C；投资学：31/C；网络与新媒体：27/B+；物流管理：139/D；信息管理与信息系统：207/C；信息与计算科学：231/D；应用统计学：48/B；知识产权：27/B；资产评估：18/D。

5）中国区域知名专业（1★）

保险学：45/C；地理信息科学：128/D；电子信息工程：271/D；房地产开发与管理：24/D；广告学：113/C；国际商务：40/C；汉语国际教育：140/C；互联网金融：3/A+；环境设计：215/D；会展经济与管理：30/C；绘画：101/D；跨境电子商务：4/A；人文地理与城乡规划：65/D；社会工作：145/D；数据科学与大数据技术：152/C；数字经济：11/C；土地资源管理：80/D；信用管理：13/D；音乐表演：83/C；智能科学与技术：58/C；自然地理与资源环境：65/D。

8. 甘肃中医药大学

（1）甘肃中医药大学综合实力排名

综合排名：2024校友会中国大学排名第322名，全国医药类高校第50名，甘肃省高校第8名。

星级排名：中国三星级大学（3★），中国知名、区域一流大学。主管部门：甘肃省。

（2）甘肃中医药大学各本科专业排名（全国排名/档次）

1）中国一流专业（5★）

中草药栽培与鉴定：2/A+。

2）中国高水平专业（4★）

藏医学：3/A+；医学信息工程：4/A；针灸推拿学：16/B++；中西医临床医学：9/B++；中药学：19/B++；中医学：18/B++。

3）中国区域一流专业（3★）

藏药学：3/A+；护理学：81/B+；康复治疗学：31/B+；临床医学：90/B+；药物制剂：22/B+；医学检验技术：54/B+；医学影像学：40/B+；预防医学：56/B+；中药资源与开发：15/B+。

4）中国区域高水平专业（2★）

公共事业管理：198/D；药学：118/D；应用心理学：99/C。

5）中国区域知名专业（1★）

国际经济与贸易：329/D；汉语言文学：255/D；健康服务与管理：15/B；软件工程：271/D；食品质量与安全：126/D；卫生检验与检疫：26/D；医疗保险：3/A+；医学影像技术：30/C；应用化学：213/D；运动康复：30/C；中药制药：18/D；中医骨伤科学：11/C；助产学：13/B。

9. 甘肃政法大学

（1）甘肃政法大学综合实力排名

综合排名：2024校友会中国大学排名第328名，全国政法类高校第8名，甘肃省高校第9名。

星级排名：中国四星级大学（4★），世界知名、中国高水平大学。主管部门：甘肃省。

（2）甘肃政法大学各本科专业排名（全国排名/档次）

1）中国一流专业（5★）

边防管理：2/A+。

2）中国高水平专业（4★）

法学：49/B++；监狱学：2/A+；禁毒学：2/A+；信息安全：16/B++；刑事科学技术：3/A+；侦查学：6/B++。

3）中国区域一流专业（3★）

安全防范工程：2/A+；工商管理：180/B+；公安视听技术：3/A+；公共事业管理：57/B+；环境设计：86/B+；社会工作：63/B+；网络安全与执法：4/A；政治学与行政学：41/B+；治安学：6/B+。

4）中国区域高水平专业（2★）

财务管理：175/D；国际经济与贸易：266/D；汉语言文学：235/D；计算机科学与技术：370/D；人力资源管理：148/C；市场营销：241/D；物流管理：139/D；新闻学：125/D；信息管理与信息系统：207/C；行政管理：170/D；艺术设计学：104/D；英语：358/D；知识产权：27/B。

5）中国区域知名专业（1★）

广告学：150/D；会计学：297/D；绘画：101/D；金融学：235/D；劳动与社会保障：113/D；人工智能：123/C；思想政治教育：160/D；网络空间安全：42/C。

10. 天水师范学院

（1）天水师范学院综合实力排名

综合排名：2024校友会中国大学排名第347名，全国师范类高校第66名，甘肃省高校第10名。

星级排名：中国一星级大学（1★），中国区域知名大学。主管部门：甘肃省。

（2）天水师范学院各本科专业排名（全国排名/档次）

1）中国顶尖应用型专业（6★）

地理科学：1/A++；汉语言文学：1/A++；化学：1/A++；历史学：1/A++；社会体育指导与管理：4/A+；思想政治教育：1/A++；体育教育：6/A+；小学教育：2/A++。

2）中国一流应用型专业（5★）

会计学：63/A；机械设计制造及其自动化：68/A；美术学：9/A+；汽车服务工程：18/A；生物技术：7/A；生物科学：24/A；食品质量与安全：4/A+；数学与应用数学：38/A；统计学：4/A+；土木工程：49/A；网络工程：16/A；文物与博物馆学：1/A++；物理学：17/A；戏剧影视文学：3/A+；信息与计算科学：8/A；英语：62/A。

3）中国高水平应用型专业（4★）

财务管理：80/B++；汉语国际教育：36/B++；化学工程与工艺：50/B++；绘画：12/B++；科学教育：9/B++；人工智能：20/B++；人文教育：4/A；市场营销：85/B++；视觉传达设计：72/B++；音乐表演：21/B++。

4）中国区域一流应用型专业（3★）

材料成型及控制工程：49/B+；电子信息工程：186/B+；电子信息科学与技术：53/B+；工程造价：58/B+；工艺美术：14/B+；计算机科学与技术：253/B+；酒店管理：47/B+；农学：16/B+；商务英语：71/B+；数据科学与大数据技术：60/B++；网络与新媒体：61/B+；文物保护技术：3/A+；舞蹈学：33/B+；艺术设计学：51/B+；音乐学：87/B+；应用心理学：47/B+；中药学：28/B+。

5）中国区域高水平应用型专业（2★）

测绘工程：58/D；电气工程及其自动化：231/D；法学：138/C；工程管理：142/C；环境生态工程：21/C；机器人工程：97/C；机械电子工程：132/C；经济学：80/C；生物制药：30/C；通信工程：205/D；文化产业管理：49/B；物联网工程：232/C；学前教育：173/C；应用化学：96/C；运动训练：16/D；智能制造工程：34/B。

6）中国区域知名应用型专业（1★）

数字媒体艺术：155/C。

11. 河西学院

（1）河西学院综合实力排名

综合排名：2024校友会中国大学排名第377名，全国综合类高校第116名，甘肃省高校第11名。

星级排名：中国一星级大学（1★），中国区域知名大学。主管部门：甘肃省。

（2）河西学院各本科专业排名（全国排名/档次）

1）中国顶尖应用型专业（6★）

工商管理：5/A+；化学：13/A+；计算机科学与技术：63/A+；历史学：7/A+；思想政治教育：1/A++；小学教育：21/A+；种子科学与工程：1/A++。

2）中国一流应用型专业（5★）

汉语言文学：63/A；临床医学：24/A；数学与应用数学：38/A；土木工程：49/A；物理学：17/A；医学影像技术：6/A；音乐表演：9/A；英语：62/A；园艺：8/A。

3）中国高水平应用型专业（4★）

电气工程及其自动化：91/B++；电子信息科学与技术：27/B++；汉语国际教育：36/B++；护理学：59/B++；化学工程与工艺：50/B++；绘画：12/B++；旅游管理：76/B++；美术学：38/B++；农学：11/B++；生物工程：26/B++；学前教育：95/B++。

4）中国区域一流应用型专业（3★）

公共艺术：11/B+；广播电视学：40/B+；会计学：

177/B+；经济学：52/B+；菌物科学与工程：1/A++；康复治疗学：38/B+；能源与动力工程：33/B+；农业水利工程：5/A；葡萄与葡萄酒工程：3/A+；人工智能：36/B+；生物科学：54/B+；数字媒体艺术：63/B+；网络与新媒体：61/B+；针灸推拿学：10/B+；助产学：5/A；自动化：120/B+。

5）中国区域高水平应用型专业（2★）

道路桥梁与渡河工程：33/C；机械设计制造及其自动化：246/D；酒店管理：81/B；科学教育：19/C；人文教育：6/B；食品科学与工程：96/D；体育教育：111/C；网络工程：137/C；物联网工程：232/C；信息管理与信息系统：119/C；药学：68/C；艺术设计学：77/C；音乐学：150/C；应用化学：96/C；应用心理学：75/C。

6）中国区域知名应用型专业（1★）

电子商务：219/C；俄语：46/D；法学：193/D；工程管理：174/C；会展经济与管理：49/C；教育技术学：47/D；教育学：36/D；金融数学：30/D；社会工作：93/D；数据科学与大数据技术：272/D。

12. 陇东学院

（1）陇东学院综合实力排名

综合排名：2024 校友会中国大学排名第 393 名，全国综合类高校第 122 名，甘肃省高校第 12 名。

星级排名：中国一星级大学（1★），中国区域知名大学。主管部门：甘肃省。

（2）陇东学院各本科专业排名（全国排名/档次）

1）中国顶尖应用型专业（6★）

汉语言文学：30/A+；历史学：7/A+；生物科学：1/A++；小学教育：21/A+；学前教育：25/A+。

2）中国一流应用型专业（5★）

电子信息工程：66/A；化学工程与工艺：25/A；机械设计制造及其自动化：68/A；计算机科学与技术：101/A；经济学：17/A；农学：5/A；生物技术：7/A；石油工程：5/A；土木工程：49/A；物理学：17/A。

3）中国高水平应用型专业（4★）

安全工程：14/B++；农业资源与环境：4/A；食品科学与工程：37/B++；思想政治教育：57/B++；应用电子技术教育：1/A++；园艺：16/B++。

4）中国区域一流应用型专业（3★）

采矿工程：17/B+；电气工程及其自动化：157/B+；过程装备与控制工程：10/B+；汉语国际教育：79/B+；通信工程：130/B+；应用化学：65/B+；油气储运工程：9/B+。

5）中国区域高水平应用型专业（2★）

地理科学：46/C；地理信息科学：42/C；公共事业管理：74/C；绘画：44/C；机械电子工程：132/C；美术学：124/C；秘书学：35/B；生物制药：30/C；视觉传达设计：235/C；数据科学与大数据技术：199/C；统计学：53/B；网络工程：137/C；舞蹈学：69/C；物联网工程：232/C；信息与计算科学：78/C；音乐学：150/C；英语：318/C；自动化：176/D。

6）中国区域知名应用型专业（1★）

材料成型及控制工程：109/D；财务管理：326/C；测控技术与仪器：69/D；法学：193/D；工程管理：174/C；工程造价：136/C；护理学：153/D；化学：122/D；会计学：280/D；健康服务与管理：49/C；教育技术学：47/D；科学教育：30/D；人文地理与城乡规划：49/D；人文教育：10/C；数学与应用数学：197/D；体育教育：138/D；文化产业管理：71/D；文物与博物馆学：15/D；音乐表演：123/D。

13. 兰州文理学院

（1）兰州文理学院综合实力排名

综合排名：2024 校友会中国大学排名第 422 名，全国综合类高校第 136 名，甘肃省高校第 13 名。

星级排名：中国一星级大学（1★），中国区域知名大学。主管部门：甘肃省。

（2）兰州文理学院各本科专业排名（全国排名/档次）

1）中国顶尖应用型专业（6★）

环境设计：1/A++；旅游管理：21/A+；视觉传达设计：18/A+；数字媒体技术：1/A++；新闻学：1/A++。

2）中国一流应用型专业（5★）

电子信息工程：66/A；音乐表演：9/A；应用化学：14/A。

3）中国高水平应用型专业（4★）

广播电视工程：4/A；汉语言文学：118/B++。

4）中国区域一流应用型专业（3★）

播音与主持艺术：54/B+；社会体育指导与管理：34/B+；数据科学与大数据技术：60/B++；数字出版：4/A；通信工程：130/B+；戏剧影视美术设计：10/B+；资产评估：16/B+。

5）中国区域高水平应用型专业（2★）

材料科学与工程：50/C；航空服务艺术与管理：10/B+；化学工程与工艺：121/D；软件工程：221/C；数学与应用数学：166/D；思想政治教育：112/C；投资学：51/B；戏剧影视文学：30/C。

6）中国区域知名应用型专业（1★）

表演：70/D；财务管理：326/C；翻译：116/D；广播电视学：75/D；绘画：59/D；酒店管理：124/C；数字媒体艺术：155/C；文化产业管理：71/D；舞蹈表演：66/D；学前教育：215/C；英语：412/D。

14. 甘肃民族师范学院

（1）甘肃民族师范学院综合实力排名

综合排名：2024 校友会中国大学排名第 436 名，全国师范类高校第 92 名，甘肃省高校第 14 名。

星级排名：中国一星级大学（1★），中国区域知名大学。主管部门：甘肃省。

（2）甘肃民族师范学院各本科专业排名（全国排名/档次）

1）中国顶尖应用型专业（6★）

数学与应用数学：1/A++；体育教育：1/A++；艺术设计学：1/A++；英语：3/A++。

2）中国一流应用型专业（5★）

汉语言文学：63/A；思想政治教育：20/A；学前教育：46/A；中国少数民族语言文学：3/A+。

3）中国高水平应用型专业（4★）

历史学：32/B++；人文地理与城乡规划：16/B++。

4）中国区域一流应用型专业（3★）

视觉传达设计：140/B+；水利水电工程：23/B+；文化产业管理：22/B+；物理学：66/B+；物联网工程：139/B+；小学教育：106/B+；应用语言学：1/A++。

5）中国区域高水平应用型专业（2★）

地理科学：46/C；法学：138/C；计算机科学与技术：379/D；美术学：124/C；社会工作：62/C；网络工程：137/C；戏剧影视文学：30/C。

6）中国区域知名应用型专业（1★）

财务管理：326/C；电气工程及其自动化：293/D；电子商务：219/C；动物科学：23/D；动植物检疫：5/A；俄语：46/D；化学：122/D；金融数学：30/D；酒店管理：124/C；旅游管理：234/D；生物技术：95/D；生物科学：100/D；书法学：54/D；舞蹈学：102/D；音乐表演：123/D；音乐学：213/D。

14. 兰州城市学院

（1）兰州城市学院综合实力排名

综合排名：2024 校友会中国大学排名第 436 名，全国综合类高校第 143 名，甘肃省高校第 14 名。

星级排名：中国一星级大学（1★），中国区域知名大学。主管部门：甘肃省。

（2）兰州城市学院各本科专业排名（全国排名/档次）

1）中国顶尖应用型专业（6★）

通信工程：27/A+；学前教育：25/A+。

2）中国一流应用型专业（5★）

播音与主持艺术：14/A；工艺美术：3/A+；广播电视编导：17/A；焊接技术与工程：5/A；机械设计制造及其自动化：68/A；旅游管理与服务教育：2/A+；数学与应用数学：38/A；小学教育：41/A。

3）中国高水平应用型专业（4★）

城市管理：4/A；城乡规划：21/B++；汉语言文学：118/B++；审计学：20/B++；石油工程：8/B++；油气储运工程：6/B++；智能科学与技术：10/B++。

4）中国区域一流应用型专业（3★）

财务管理：137/B+；产品设计：80/B+；航空服务艺术与管理：4/A；化学：73/B+；化学工程与工艺：92/B+；环境工程：60/B+；环境科学：21/B+；机器人工程：36/B+；酒店管理：47/B+；软件工程：156/B+；物理学：66/B+；新能源科学与工程：23/B+；音乐学：87/B+；智能制造工程：12/B++。

5）中国区域高水平应用型专业（2★）

地理信息科学：42/C；法语：32/C；工业设计：74/C；汉语国际教育：110/C；环境设计：203/B；计算机科学与技术：379/D；建筑学：104/D；经济学：80/C；汽车服务工程：103/C；社会工作：62/C；数据科学与大数据技术：199/C；思想政治教育：112/C；体育教育：111/C；网络与新媒体：100/B；新闻学：81/C；应用心理学：75/C；资源勘查工程：13/D。

6）中国区域知名应用型专业（1★）

地理科学：69/D；翻译：116/D；会计学：280/D；教育技术学：47/D；历史学：94/D；美术学：163/D；视觉传达设计：299/D；舞蹈表演：66/D；音乐表演：123/D；英语：412/D。

14. 兰州工业学院

（1）兰州工业学院综合实力排名

综合排名：2024 校友会中国大学排名第 436 名，全国理工类高校第 199 名，甘肃省高校第 14 名。

星级排名：中国一星级大学（1★），中国区域知名大学。主管部门：甘肃省。

（2）兰州工业学院各本科专业排名（全国排名/档次）

1）中国顶尖应用型专业（6★）

车辆工程：2/A++；机械设计制造及其自动化：14/A+；网络工程：1/A++；自动化：1/A++。

2）中国一流应用型专业（5★）

材料成型及控制工程：16/A；电气工程及其自动化：48/A；电子信息工程：66/A；经济与金融：7/A；视觉传达设计：33/A；通信工程：43/A。

3）中国高水平应用型专业（4★）

电子商务：66/B++；软件工程：95/B++；土木工程：97/B++；物流管理：56/B++。

4）中国区域一流应用型专业（3★）

测控技术与仪器：34/B+；复合材料与工程：6/B+；轨道交通信号与控制：11/B+；焊接技术与工程：12/B+；机械电子工程：74/B+；旅游管理：129/B+；秘书学：10/B++；汽车服务工程：66/B+；商务英语：71/B+；数据科学与大数据技术：60/B++；智能科学与技术：17/B++。

5）中国区域高水平应用型专业（2★）

给排水科学与工程：54/C；工程造价：88/B；建筑环境与能源应用工程：50/C；数字媒体技术：100/C；物联网工程：232/C；新能源汽车工程：8/B。

6）中国区域知名应用型专业（1★）

财务管理：326/C；环境设计：311/D；日语：173/D；智能制造工程：70/C。

17. 甘肃医学院

（1）甘肃医学院综合实力排名

综合排名：2024 校友会中国大学排名第 509 名，全国医药类高校第 79 名，甘肃省高校第 17 名。

星级排名：中国一星级大学（1★），中国区域知名大学。主管部门：甘肃省。

（2）甘肃医学院各本科专业排名（全国排名/档次）

1）中国顶尖应用型专业（6★）

助产学：1/A++。

2）中国一流应用型专业（5★）

临床医学：24/A。

3）中国高水平应用型专业（4★）

护理学：59/B++；医学检验技术：22/B++；中西医临床医学：4/A。

4）中国区域一流应用型专业（3★）

儿科学：2/A+；康复治疗学：38/B+；药学：38/B+。

5）中国区域高水平应用型专业（2★）

中药学：45/D。

三、甘肃省民办大学专业排名详情

1. 兰州工商学院

（1）兰州工商学院综合实力排名

综合排名：2024校友会中国民办大学排名第8名，全国财经类民办高校第5名，甘肃省民办高校第1名。

星级排名：中国六星级应用型大学（6★），中国顶尖应用型大学。

（2）兰州工商学院各本科专业排名（全国排名/档次）

1）中国顶尖应用型专业（6★）

财务管理：18/A+；财政学：1/A++；电子商务：6/A+；法学：13/A+；风景园林：1/A++；工商管理：5/A+；国际经济与贸易：23/A+；环境设计：19/A+；会计学：23/A+；计算机科学与技术：2/A++；金融学：2/A++；经济统计学：1/A++；旅游管理：1/A++；人力资源管理：1/A++；市场营销：3/A++；视觉传达设计：1/A++；英语：3/A++。

2）中国一流应用型专业（5★）

保险学：9/A；大数据管理与应用：2/A+；工程管理：27/A；工程造价：19/A；金融科技：2/A+；经济与金融：7/A；商务英语：12/A+；审计学：7/A+；土木工程：49/A；网络工程：16/A；信用管理：1/A++；资产评估：1/A++。

3）中国高水平应用型专业（4★）

产品设计：43/B++；物流管理：56/B++；信息管理与信息系统：35/B++。

2. 兰州信息科技学院

（1）兰州信息科技学院综合实力排名

综合排名：2024校友会中国民办大学排名第27名，全国理工类民办高校第27名，甘肃省民办高校第2名。

星级排名：中国五星级应用型大学（5★），中国一流应用型大学。

（2）兰州信息科技学院各本科专业排名（全国排名/档次）

1）中国顶尖应用型专业（6★）

测绘工程：1/A++；电气工程及其自动化：6/A+；电子信息工程：9/A+；机器人工程：1/A++；机械设计制造及其自动化：44/A+；计算机科学与技术：2/A++；金属材料工程：1/A++；食品科学与工程：1/A++；土木工程：36/A+。

2）中国一流应用型专业（5★）

财务管理：40/A；电子商务：37/A；工程管理：27/A；机械电子工程：23/A；能源与动力工程：10/A；软件工程：53/A；数据科学与大数据技术：4/A++；物联网工程：19/A；冶金工程：3/A+；应用化学：14/A；英语：62/A；自动化：35/A。

3）中国高水平应用型专业（4★）

材料科学与工程：23/B++；产品设计：43/B++；大数据管理与应用：9/B++；给排水科学与工程：16/B++；化学工程与工艺：50/B++；汽车服务工程：38/B++；人工智能：20/B++；人力资源管理：32/B++；市场营销：85/B++；水利水电工程：11/B++；通信工程：74/B++；物流管理：56/B++；信息工程：8/B++；制药工程：25/B++；智能电网信息工程：2/A+；智能制造工程：2/A+。

4）中国区域一流应用型专业（3★）

材料成型及控制工程：49/B+；道路桥梁与渡河工程：18/B+；过程装备与控制工程：10/B+；经济统计学：20/B+；食品质量与安全：34/B+。

3. 兰州博文科技学院

（1）兰州博文科技学院综合实力排名

综合排名：2024校友会中国民办大学排名第38名，全国理工类民办高校第38名，甘肃省民办高校第3名。

星级排名：中国四星级应用型大学（4★），中国高水平应用型大学。

（2）兰州博文科技学院各本科专业排名（全国排名/档次）

1）中国一流应用型专业（5★）

交通运输：10/A。

2）中国高水平应用型专业（4★）

给排水科学与工程：16/B++；土木工程：97/B++。

3）中国区域一流应用型专业（3★）

材料成型及控制工程：49/B+；财务管理：137/B+；测绘工程：42/B+；电气工程及其自动化：157/B+；国际经济与贸易：179/B+；机械设计制造及其自动化：207/B+；能源与动力工程：33/B+；网络工程：82/B+。

4）中国区域高水平应用型专业（2★）

城乡规划：58/C；电子信息工程：242/C；工程造价：88/B；工艺美术：34/C；轨道交通信号与控制：26/D；交通工程：34/D；交通设备与控制工程：7/D；金属材料工程：30/D；水利水电工程：32/D；投资学：51/B。

5）中国区域知名应用型专业（1★）

车辆工程：117/D；道路桥梁与渡河工程：42/D；地理信息科学：57/D；电子商务：219/C；工程管理：174/C；广告学：123/D；会计学：280/D；机械电子工程：187/D；机械工程：52/D；计算机科学与技术：469/D；建筑环境与能源应用工程：71/D；建筑学：124/D；酒店管理：124/C；数字媒体技术：136/D；通信工程：247/D；物联网工程：299/D；物流工程：52/D；信息管理与信息系统：161/D；英语：412/D；自动化：211/D。

第二节　宁夏回族自治区

一、宁夏回族自治区大学综合实力排名

1. 宁夏回族自治区大学排名

表 9-5　2024 校友会宁夏回族自治区大学排名

全国排名	学校名称	所在城市	星级排名	办学层次	星级专业数/个								
					专业类型	8★	7★	6★	5★	4★	3★	2★	1★
169	宁夏大学	银川市	3★	区域一流大学	研究型	0	0	0	5	25	18	21	14
194	北方民族大学	银川市	3★	区域一流大学	研究型	0	0	0	5	18	20	27	0
240	宁夏医科大学	银川市	2★	区域高水平大学	研究型	0	0	0	0	8	8	2	2
328	宁夏师范学院	固原市	1★	区域知名大学	应用型	0	0	7	14	11	3	0	0

2. 宁夏回族自治区民办大学排名

表 9-6　2024 校友会宁夏回族自治区民办大学排名（含独立学院）

全国排名	学校名称	所在城市	星级排名	办学层次	星级专业数/个								
					专业类型	8★	7★	6★	5★	4★	3★	2★	1★
82	宁夏理工学院	石嘴山市	3★	区域一流应用型大学	应用型	0	0	2	1	8	14	6	19
107	宁夏大学新华学院	银川市	2★	区域高水平应用型大学	应用型	0	0	0	0	8	13	4	4
116	银川科技学院	银川市	2★	区域高水平应用型大学	应用型	0	0	0	2	8	4	6	10
124	银川能源学院	银川市	1★	区域知名应用型大学	应用型	0	0	0	1	8	6	6	16

3. 宁夏回族自治区高职院校排名

表 9-7　2024 校友会宁夏回族自治区高职院校排名

全国排名	学校名称	所在城市	办学类型	星级排名	办学层次
51	宁夏职业技术学院	银川市	职业技能型	4★	中国高水平高职院校
54	宁夏工商职业技术学院	银川市	职业技能型	4★	中国高水平高职院校
66	宁夏财经职业技术学院	银川市	职业技能型	3★	区域一流高职院校
263	石嘴山工贸职业技术学院	石嘴山市	职业技能型	2★	区域高水平高职院校
276	宁夏民族职业技术学院	吴忠市	职业技能型	2★	区域高水平高职院校
292	宁夏幼儿师范高等专科学校	银川市	职业技能型	1★	区域知名高职院校

二、宁夏回族自治区大学专业排名详情

1. 宁夏大学

（1）宁夏大学综合实力排名

综合排名：2024 校友会中国大学排名第 169 名，全国综合类高校第 59 名，宁夏回族自治区高校第 1 名。

星级排名：中国三星级大学（3★），中国知名、区域一流大学。“211 工程”大学。主管部门：宁夏回族自治区。

（2）宁夏大学各本科专业排名（全国排名/档次）

1）中国一流专业（5★）

草业科学：7/A；地理科学：13/A；动物科学：11/A；汉语言文学：50/A；体育教育：18/A。

2）中国高水平专业（4★）

电气工程及其自动化：88/B++；电子信息工程：89/B++；法学：49/B++；过程装备与控制工程：31/B++；化学：39/B++；化学工程与工艺：34/B++；机械工程：26/B++；计算机科学与技术：60/B++；经济学：27/A；旅游管理：67/B++；民族学：9/B++；农学：34/B++；生物技术：30/B++；生物科学：83/B++；食品科学与工程：28/B++；数学与应用数学：56/B++；水利水电工程：17/B++；思想政治教育：90/B++；土木工程：96/B++；物理学：33/B++；新闻学：30/B++；行政管理：66/B++；应用心

理学：16/B++；英语：57/B++；园艺：14/B++。

3）中国区域一流专业（3★）

地理信息科学：61/B+；动物医学：45/B+；建筑学：95/B+；历史学：98/B+；农业水利工程：27/B+；葡萄与葡萄酒工程：4/A；软件工程：150/B+；社会体育指导与管理：37/B+；市场营销：110/B+；通信工程：141/B+；网络工程：25/B++；小学教育：52/B+；心理学：31/B+；信息与计算科学：122/B+；学前教育：56/B+；应用化学：145/B+；植物保护：35/B+；制药工程：79/B+。

4）中国区域高水平专业（2★）

采矿工程：33/D；城乡规划：89/C；电子商务：148/D；工程管理：144/D；工商管理：282/D；环境科学：132/D；环境设计：172/C；会计学：270/D；机械设计制造及其自动化：222/D；交通工程：73/D；交通运输：71/D；林学：30/D；美术学：99/C；农林经济管理：48/D；农业资源与环境：35/D；人文地理与城乡规划：38/B；日语：162/C；视觉传达设计：156/C；信息管理与信息系统：207/C；音乐学：117/C；园林：59/C。

5）中国区域知名专业（1★）

阿拉伯语：26/D；播音与主持艺术：89/D；材料化学：113/D；道路桥梁与渡河工程：30/D；俄语：100/D；广告学：150/D；教育技术学：101/D；社会学：89/D；武术与民族传统体育：34/D；舞蹈学：81/D；物流管理：183/D；新能源材料与器件：54/C；应用统计学：91/D；运动训练：85/D。

2. 北方民族大学

（1）北方民族大学综合实力排名

综合排名：2024 校友会中国大学排名第 194 名，全国民族类高校第 5 名，宁夏回族自治区高校第 2 名。

星级排名：中国三星级大学（3★），中国知名、区域一流大学。主管部门：国家民委。

（2）北方民族大学各本科专业排名（全国排名/档次）

1）中国一流专业（5★）

电子信息工程：22/A；国际经济与贸易：35/A；化学工程与工艺：14/A；计算机科学与技术：50/A；旅游管理：14/A。

2）中国高水平专业（4★）

材料科学与工程：45/B++；动画：15/A；法学：49/B++；工商管理：100/B++；工业设计：38/B++；汉语言文学：64/B++；会计学：43/B++；机械设计制造及其自动化：54/B++；经济学：27/A；软件工程：103/B++；生物工程：21/B++；食品科学与工程：72/B++；思想政治教育：73/B++；统计学：20/A；信息与计算科学：51/B++；音乐表演：18/B++；音乐学：18/B++；自动化：41/B++。

3）中国区域一流专业（3★）

材料成型及控制工程：80/B+；电气工程及其自动化：151/B+；电子商务：101/B+；高分子材料与工程：81/B+；公共事业管理：81/B+；金融学：159/B+；历史学：98/B+；民族学：15/B+；人力资源管理：97/B+；生物技术：96/B+；生物科学：122/B+；水利水电工程：32/B+；税收学：23/B+；通信工程：104/B+；网络工程：25/B++；舞蹈学：30/B+；信息管理与信息系统：119/B+；行政管理：126/B+；医学影像技术：14/B+；英语：253/B+。

4）中国区域高水平专业（2★）

阿拉伯语：21/C；财务管理：135/C；测控技术与仪器：126/D；传播学：34/C；道路桥梁与渡河工程：22/C；雕塑：29/C；过程装备与控制工程：67/D；航空服务艺术与管理：3/A+；环境设计：172/C；绘画：65/C；机械电子工程：69/C；金融数学：22/B；日语：118/B；生态学：50/C；视觉传达设计：156/C；数据科学与大数据技术：54/B++；数学与应用数学：224/D；体育教育：112/D；土木工程：208/D；舞蹈表演：35/C；物流管理：109/C；新能源材料与器件：32/B；新闻学：125/D；眼视光学：12/C；制药工程：131/D；智能科学与技术：29/B+；中国画：23/D。

3. 宁夏医科大学

（1）宁夏医科大学综合实力排名

综合排名：2024 校友会中国大学排名第 240 名，全国医药类高校第 32 名，宁夏回族自治区高校第 3 名。

星级排名：中国二星级大学（2★），中国区域高水平大学。主管部门：宁夏回族自治区。

（2）宁夏医科大学各本科专业排名（全国排名/档次）

1）中国高水平专业（4★）

护理学：29/B++；口腔医学：34/B++；临床医学：39/B++；药学：27/B++；医学检验技术：15/B++；预防医学：23/B++；中药学：19/B++；中医学：23/B++。

2）中国区域一流专业（3★）

公共事业管理：81/B+；基础医学：19/B+；康复治疗学：44/B+；临床药学：21/B+；麻醉学：22/B+；生物技术：96/B+；医学影像学：26/B+；针灸推拿学：28/B+。

3）中国区域高水平专业（2★）

儿科学：20/C；中西医临床医学：35/D。

4）中国区域知名专业（1★）

电子信息科学与技术：117/D；眼视光医学：13/C。

4. 宁夏师范学院

（1）宁夏师范学院综合实力排名

综合排名：2024 校友会中国大学排名第 328 名，全国师范类高校第 62 名，宁夏回族自治区高校第 4 名。

星级排名：中国一星级大学（1★），中国区域知名大学。主管部门：宁夏回族自治区。

（2）宁夏师范学院各本科专业排名（全国排名/档次）

1）中国顶尖应用型专业（6★）

电子信息工程：9/A+；汉语言文学：1/A++；化学：1/A++；历史学：1/A++；数学与应用数学：1/A++；小学教育：21/A+；英语：3/A++。

2）中国一流应用型专业（5★）

电气工程及其自动化：48/A；汉语国际教育：12/A；绘

画：5/A；计算机科学与技术：101/A；教育技术学：5/A；美术学：9/A+；人文教育：2/A+；社会体育指导与管理：10/A；思想政治教育：20/A；体育教育：19/A；物理学：17/A；学前教育：46/A；音乐学：17/A；应用化学：14/A。

3）中国高水平应用型专业（4★）

地理科学：19/B++；电子科学与技术：22/B++；公共事业管理：14/B++；护理学：59/B++；环境设计：73/B++；科学教育：9/B++；统计学：9/A；舞蹈学：11/A；信息与计算科学：26/B++；艺术设计学：27/B++；音乐表演：21/B++。

4）中国区域一流应用型专业（3★）

化学工程与工艺：92/B+；秘书学：10/B++；网络工程：82/B+。

三、宁夏回族自治区民办大学专业排名详情

1. 宁夏理工学院

（1）宁夏理工学院综合实力排名

综合排名：2024 校友会中国民办大学排名第 82 名，全国理工类民办高校第 84 名，宁夏回族自治区民办高校第 1 名。

星级排名：中国三星级应用型大学（3★），中国知名、区域一流应用型大学。

（2）宁夏理工学院各本科专业排名（全国排名/档次）

1）中国顶尖应用型专业（6★）

机械设计制造及其自动化：14/A+；物联网工程：1/A++。

2）中国一流应用型专业（5★）

数据科学与大数据技术：4/A++。

3）中国高水平应用型专业（4★）

安全工程：14/B++；电气工程及其自动化：91/B++；电子商务：66/B++；工程管理：59/B++；会计学：105/B++；汽车服务工程：38/B++；网络工程：47/B++；应用化学：45/B++。

4）中国区域一流应用型专业（3★）

播音与主持艺术：54/B+；财务管理：137/B+；动画：82/B+；给排水科学与工程：36/B+；国际经济与贸易：179/B+；计算机科学与技术：253/B+；交通运输：33/B+；金融学：79/B+；能源与动力工程：33/B+；市场营销：144/B+；体育教育：85/B+；土木工程：160/B+；英语：198/B+；自动化：120/B+。

5）中国区域高水平应用型专业（2★）

电子信息工程：242/C；工业设计：74/C；广告学：74/B；数字媒体技术：100/C；智能制造工程：34/B；资源循环科学与工程：10/D。

6）中国区域知名应用型专业（1★）

材料成型及控制工程：109/D；广播电视学：75/D；汉语言文学：298/D；航空服务艺术与管理：22/C；环境工程：115/D；环境设计：311/D；绘画：59/D；机器人工程：127/D；健康服务与管理：49/C；经济与金融：47/D；能源化学工程：20/D；农村区域发展：10/D；日语：173/D；软件工程：288/D；社会工作：93/D；审计学：126/D；学前教育：215/C；音乐学：213/D；制药工程：109/D。

2. 宁夏大学新华学院

（1）宁夏大学新华学院综合实力排名

综合排名：2024 校友会中国民办大学排名第 107 名，全国综合类民办高校第 108 名，宁夏回族自治区民办高校第 2 名。

星级排名：中国二星级应用型大学（2★），中国区域高水平应用型大学。

（2）宁夏大学新华学院各本科专业排名（全国排名/档次）

1）中国高水平应用型专业（4★）

电子商务：66/B++；电子信息工程：116/B++；法学：55/B++；化学工程与工艺：50/B++；机械工程：22/B++；计算机科学与技术：168/B++；物流管理：56/B++；新闻学：30/B++。

2）中国区域一流应用型专业（3★）

财务管理：137/B+；房地产开发与管理：15/B+；工商管理：106/B+；过程装备与控制工程：10/B+；汉语言文学：180/B+；旅游管理：129/B+；数学与应用数学：109/B+；土木工程：160/B+；网络工程：82/B+；舞蹈表演：25/B+；信息管理与信息系统：71/B+；学前教育：130/B+；英语：198/B+。

3）中国区域高水平应用型专业（2★）

电气工程及其自动化：231/D；社会体育指导与管理：61/B；生物技术：71/C；音乐学：150/C。

4）中国区域知名应用型专业（1★）

工程管理：174/C；美术学：163/D；信息安全：29/D；应用心理学：112/D。

3. 银川科技学院

（1）银川科技学院综合实力排名

综合排名：2024 校友会中国民办大学排名第 116 名，全国理工类民办高校第 118 名，宁夏回族自治区民办高校第 3 名。

星级排名：中国二星级应用型大学（2★），中国区域高水平应用型大学。

（2）银川科技学院各本科专业排名（全国排名/档次）

1）中国一流应用型专业（5★）

采矿工程：9/A；艺术设计学：11/A。

2）中国高水平应用型专业（4★）

电气工程及其自动化：91/B++；汉语言文学：118/B++；环境设计：73/B++；机械工程：22/B++；能源与动力工程：19/B++；人力资源管理：32/B++；土木工程：97/B++；网络与新媒体：32/B++。

3）中国区域一流应用型专业（3★）

财务管理：137/B+；地质工程：12/B+；工商管理：

106/B+；英语：198/B+。

4）中国区域高水平应用型专业（2★）

安全工程：39/C；测绘工程：58/D；工程管理：142/C；工程造价：88/B；互联网金融：27/B；化学工程与工艺：121/D。

5）中国区域知名应用型专业（1★）

表演：70/D；播音与主持艺术：132/D；广播电视编导：135/D；会计学：280/D；软件工程：288/D；社会体育指导与管理：104/C；摄影：47/D；数字媒体艺术：155/C；小学教育：142/C；学前教育：215/C。

4. 银川能源学院

（1）银川能源学院综合实力排名

综合排名：2024校友会中国民办大学排名第124名，全国理工类民办高校第127名，宁夏回族自治区民办高校第4名。

星级排名：中国一星级应用型大学（1★），中国区域知名应用型大学。

（2）银川能源学院各本科专业排名（全国排名/档次）

1）中国一流应用型专业（5★）

设施农业科学与工程：1/A++。

2）中国高水平应用型专业（4★）

电气工程及其自动化：91/B++；化学工程与工艺：50/B++；机械设计制造及其自动化：128/B++；能源经济：1/A++；能源与动力工程：19/B++；食品质量与安全：8/A；数字媒体技术：25/B++；土木工程：97/B++。

3）中国区域一流应用型专业（3★）

财务管理：137/B+；风景园林：24/B+；过程装备与控制工程：10/B+；秘书学：10/B++；能源化学工程：6/B+；商务英语：71/B+。

4）中国区域高水平应用型专业（2★）

阿拉伯语：10/D；汽车服务工程：103/C；人力资源管理：134/C；数据科学与大数据技术：199/C；通信工程：205/D；智能电网信息工程：10/C。

5）中国区域知名应用型专业（1★）

翻译：116/D；工程造价：136/C；金融工程：115/C；经济统计学：42/C；社会工作：93/D；审计学：126/D；生物工程：90/D；视觉传达设计：299/D；物联网工程：299/D；物流工程：52/D；新能源汽车工程：13/D；信息管理与信息系统：161/D；学前教育：215/C；智能建造：16/C；智能制造工程：70/C；自动化：211/D。

第三节　青海省

一、青海省大学综合实力排名

1. 青海省大学排名

表9-8　2024校友会青海省大学排名

全国排名	学校名称	所在城市	星级排名	办学层次	星级专业数/个								
					专业类型	8★	7★	6★	5★	4★	3★	2★	1★
209	青海大学	西宁市	3★	区域一流大学	研究型	0	0	0	3	19	17	17	11
221	青海民族大学	西宁市	3★	区域一流大学	研究型	0	0	0	3	7	17	20	13
231	青海师范大学	西宁市	3★	区域一流大学	研究型	0	0	0	1	15	15	17	13

2. 青海省民办大学排名

表9-9　2024校友会青海省民办大学排名（含独立学院）

全国排名	学校名称	所在城市	星级排名	办学层次	星级专业数/个								
					专业类型	8★	7★	6★	5★	4★	3★	2★	1★
118	青海大学昆仑学院	西宁市	1★	区域知名应用型大学	应用型	0	0	0	0	2	4	5	8

3. 青海省高职院校排名

表9-10　2024校友会青海省高职院校排名

全国排名	学校名称	所在城市	办学类型	星级排名	办学层次
68	青海畜牧兽医职业技术学院	西宁市	职业技能型	3★	区域一流高职院校
229	西宁城市职业技术学院	西宁市	职业技能型	2★	区域高水平高职院校

续表

全国排名	学校名称	所在城市	办学类型	星级排名	办学层次
232	青海柴达木职业技术学院	海西蒙古族藏族自治州	职业技能型	2★	区域高水平高职院校
262	青海交通职业技术学院	西宁市	职业技能型	2★	区域高水平高职院校
263	青海高等职业技术学院	海东市	职业技能型	2★	区域高水平高职院校
273	青海建筑职业技术学院	西宁市	职业技能型	2★	区域高水平高职院校

二、青海省大学专业排名详情

1. 青海大学

（1）青海大学综合实力排名

综合排名：2024 校友会中国大学排名第 209 名，全国综合类高校第 66 名，青海省高校第 1 名。

星级排名：中国三星级大学（3★），中国知名、区域一流大学。“211 工程”大学。主管部门：青海省。

（2）青海大学各本科专业排名（全国排名/档次）

1）中国一流专业（5★）

材料成型及控制工程：7/A+；藏医学：1/A++；草业科学：7/A。

2）中国高水平专业（4★）

材料科学与工程：68/B++；测绘工程：31/B++；地质工程：21/B++；电气工程及其自动化：40/B++；动物科学：25/B++；动物医学：13/B++；化学工程与工艺：84/B++；会计学：112/B++；机械设计制造及其自动化：131/B++；计算机科学与技术：60/B++；经济学：83/B++；林学：23/B++；农学：21/B++；生态学：14/B++；食品科学与工程：28/B++；土木工程：96/B++；预防医学：40/B++；中医学：23/B++；资源勘查工程：21/B++。

3）中国区域一流专业（3★）

工程管理：93/B+；工商管理：207/B+；过程装备与控制工程：48/B+；护理学：93/B+；金融学：143/B+；口腔医学：54/B+；临床医学：90/B+；麻醉学：22/B+；生物技术：96/B+；水利水电工程：32/B+；药学：105/B+；冶金工程：23/B+；园艺：49/B+；针灸推拿学：28/B+；制药工程：113/B+；中药学：46/B+；自动化：180/B+。

4）中国区域高水平专业（2★）

财务管理：135/C；城乡规划：78/C；电子商务：148/D；给排水科学与工程：66/C；管理科学：30/C；国际经济与贸易：266/D；环境工程：212/D；环境科学：132/D；农业资源与环境：35/D；人力资源管理：148/C；乳品工程：5/A；统计学：147/C；信息管理与信息系统：207/C；医学检验技术：62/C；医学影像学：49/D；园林：59/C；植物保护：42/D。

5）中国区域知名专业（1★）

藏药学：5/A；储能科学与工程：21/D；工业设计：193/D；环境生态工程：32/D；机械电子工程：123/D；康复治疗学：66/D；旅游管理：225/D；能源化学工程：40/D；生物工程：182/D；新能源材料与器件：54/C；应用化学：250/D。

2. 青海民族大学

（1）青海民族大学综合实力排名

综合排名：2024 校友会中国大学排名第 221 名，全国民族类高校第 8 名，青海省高校第 2 名。

星级排名：中国三星级大学（3★），中国知名、区域一流大学。主管部门：青海省。

（2）青海民族大学各本科专业排名（全国排名/档次）

1）中国一流专业（5★）

社会工作：5/A+；思想政治教育：22/A；通信工程：17/A。

2）中国高水平专业（4★）

法学：49/B++；旅游管理：67/B++；网络工程：15/A；小学教育：16/B++；学前教育：25/B++；艺术设计学：17/B++；中国少数民族语言文学：11/B++。

3）中国区域一流专业（3★）

电子信息科学与技术：50/B+；汉语言文学：176/B+；化学：124/B+；化学工程与工艺：120/B+；会计学：208/B+；计算机科学与技术：327/B+；秘书学：7/B++；数学与应用数学：190/B+；统计学：96/B+；土地资源管理：33/B+；土木工程：164/B+；行政管理：126/B+；药学：85/B+；应用化学：145/B+；应用心理学：65/B+；英语：253/B+；政治学与行政学：41/B+。

4）中国区域高水平专业（2★）

阿拉伯语：21/C；财务管理：175/D；电子商务：148/D；工商管理：282/D；公共事业管理：124/B；广播电视学：77/D；国际经济与贸易：266/D；经济学：205/D；经济与金融：6/B+；能源与动力工程：137/D；日语：162/C；生物科学：147/D；水利水电工程：54/D；体育教育：112/D；物理学：126/D；信息管理与信息系统：207/C；信息与计算科学：231/D；药物制剂：46/D；运动训练：60/C；治安学：9/D。

5）中国区域知名专业（1★）

材料物理：64/D；藏药学：5/A；工艺美术：38/D；交通工程：78/D；交通运输：79/D；劳动与社会保障：79/C；人工智能：123/C；社会学：89/D；生物工程：173/D；视觉传达设计：202/D；武术与民族传统体育：34/D；信息安全：88/D；音乐学：129/D。

3. 青海师范大学

（1）青海师范大学综合实力排名

综合排名：2024 校友会中国大学排名第 231 名，全国师范类高校第 36 名，青海省高校第 3 名。

星级排名：中国三星级大学（3★），中国知名、区域一流大学。主管部门：青海省。

（2）青海师范大学各本科专业排名（全国排名/档次）

1）中国一流专业（5★）

中国少数民族语言文学：9/A。

2）中国高水平专业（4★）

地理科学：17/B++；汉语言文学：64/B++；化学：39/B++；计算机科学与技术：60/B++；教育学：34/B++；历史学：55/B++；社会工作：41/B++；生物技术：64/B++；生物科学：36/B++；数学与应用数学：56/B++；思想政治教育：90/B++；体育教育：23/B++；小学教育：16/B++；学前教育：25/B++；英语：57/B++。

3）中国区域一流专业（3★）

法学：161/B+；经济学：152/B+；旅游管理：114/B+；软件工程：183/B+；视觉传达设计：116/B+；统计学：96/B+；舞蹈学：30/B+；物理学：95/B+；心理学：31/B+；新闻学：109/B+；信息与计算科学：122/B+；音乐表演：45/B+；音乐学：78/B+；应用化学：145/B+；运动训练：36/B+。

4）中国区域高水平专业（2★）

播音与主持艺术：63/C；地理信息科学：94/D；电子信息工程：236/D；翻译：80/C；环境科学：132/D；教育技术学：67/C；酒店管理：25/B；人力资源管理：148/C；日语：162/C；社会学：73/D；网络工程：81/B；物联网工程：104/B；新能源科学与工程：54/C；遥感科学与技术：20/B；艺术设计学：90/D；应用心理学：99/C；资源循环科学与工程：17/C。

5）中国区域知名专业（1★）

电子科学与技术：116/D；汉语言：60/D；航空服务艺术与管理：11/B；金融数学：32/C；金融学：204/D；美术学：116/D；生态学：65/D；食品科学与工程：166/D；数字媒体艺术：112/D；网络与新媒体：78/D；武术与民族传统体育：34/D；应急管理：8/C；自然地理与资源环境：51/D。

三、青海省民办大学专业排名详情

1. 青海大学昆仑学院

（1）青海大学昆仑学院综合实力排名

综合排名：2024 校友会中国民办大学排名第 118 名，全国综合类民办高校第 119 名，青海省民办高校第 1 名。

星级排名：中国一星级应用型大学（1★），中国区域知名应用型大学。

（2）青海大学昆仑学院各本科专业排名（全国排名/档次）

1）中国高水平应用型专业（4★）

经济学：24/B++；人力资源管理：32/B++。

2）中国区域一流应用型专业（3★）

环境科学：21/B+；生物技术：41/B+；信息管理与信息系统：71/B+；自动化：120/B+。

3）中国区域高水平应用型专业（2★）

财务管理：251/C；化学工程与工艺：121/D；水利水电工程：32/D；行政管理：61/C；冶金工程：14/D。

4）中国区域知名应用型专业（1★）

电气工程及其自动化：293/D；工商管理：205/D；公共事业管理：96/D；国际经济与贸易：325/D；会计学：280/D；机械设计制造及其自动化：297/D；食品科学与工程：121/D；土木工程：257/D。

第四节　陕西省

一、陕西省大学综合实力排名

1. 陕西省大学排名

表 9-11　2024 校友会陕西省大学排名

全国排名	学校名称	所在城市	星级排名	办学层次	星级专业数/个								
					专业类型	8★	7★	6★	5★	4★	3★	2★	1★
14	西安交通大学	西安市	7★	世界知名高水平大学	研究型	0	7	10	24	31	19	0	0
22	西北工业大学	西安市	7★	世界知名高水平大学	研究型	0	4	8	11	31	9	8	0
43	西安电子科技大学	西安市	5★	中国一流大学	研究型	0	2	3	15	22	9	18	0
52	西北农林科技大学	咸阳市	5★	中国一流大学	研究型	0	1	3	8	23	16	24	4
64	西北大学	西安市	5★	中国一流大学	研究型	0	2	2	5	35	24	21	0

续表

全国排名	学校名称	所在城市	星级排名	办学层次	星级专业数/个								
					专业类型	8★	7★	6★	5★	4★	3★	2★	1★
79	陕西师范大学	西安市	4★	中国高水平大学	研究型	0	0	2	3	36	15	11	2
101	长安大学	西安市	4★	中国高水平大学	研究型	0	0	3	7	28	17	25	1
107	西安理工大学	西安市	4★	中国高水平大学	研究型	0	0	1	7	25	10	16	11
126	西安建筑科技大学	西安市	4★	中国高水平大学	研究型	0	0	2	5	20	18	15	6
140	陕西科技大学	西安市	4★	中国高水平大学	研究型	0	0	2	8	18	16	22	0
165	西安科技大学	西安市	3★	区域一流大学	研究型	0	0	1	3	18	14	11	9
206	西北政法大学	西安市	4★	中国高水平大学	研究型	0	0	0	3	8	12	7	0
231	西安外国语大学	西安市	4★	中国高水平大学	研究型	0	0	0	4	18	15	16	5
251	西安工程大学	西安市	3★	区域一流大学	研究型	0	0	0	3	10	16	13	15
273	西安工业大学	西安市	3★	区域一流大学	研究型	0	0	0	2	19	5	10	18
273	西安石油大学	西安市	3★	区域一流大学	研究型	0	0	0	1	17	13	14	12
278	延安大学	延安市	3★	区域一流大学	研究型	0	0	1	1	10	14	10	21
296	西安美术学院	西安市	4★	中国高水平大学	研究型	0	1	2	5	10	5	3	0
298	西安邮电大学	西安市	3★	区域一流大学	研究型	0	0	0	2	11	14	8	10
311	西安财经大学	西安市	2★	区域高水平大学	研究型	0	0	0	4	7	12	4	17
328	陕西理工大学	汉中市	2★	区域高水平大学	研究型	0	0	0	0	8	18	7	27
393	宝鸡文理学院	宝鸡市	1★	区域知名大学	应用型	0	0	6	10	17	22	7	2
393	渭南师范学院	渭南市	1★	区域知名大学	应用型	0	0	3	8	6	15	12	14
393	榆林学院	榆林市	1★	区域知名大学	应用型	0	0	0	5	11	6	13	17
407	陕西中医药大学	咸阳市	3★	区域一流大学	研究型	0	0	0	1	1	14	2	8
407	西安医学院	西安市	1★	区域知名大学	应用型	0	0	4	4	3	5	3	1
407	咸阳师范学院	咸阳市	1★	区域知名大学	应用型	0	0	2	11	5	9	14	9
422	西安体育学院	西安市	3★	区域一流大学	应用型	0	0	5	5	6	3	0	0
436	西安航空学院	西安市	1★	区域知名大学	应用型	0	0	1	9	5	8	9	3
453	安康学院	安康市	1★	区域知名大学	应用型	0	0	3	5	5	7	9	13
453	西安文理学院	西安市	1★	区域知名大学	应用型	0	0	3	7	8	9	11	9
453	西安音乐学院	西安市	3★	区域一流大学	研究型	0	0	0	3	4	2	1	1
465	商洛学院	商洛市	1★	区域知名大学	应用型	0	0	1	2	6	7	8	12
472	陕西学前师范学院	西安市	1★	区域知名大学	应用型	0	0	3	3	3	7	5	7

2. 陕西省民办大学排名

表 9-12　2024 校友会陕西省民办大学排名（含独立学院）

全国排名	学校名称	所在城市	星级排名	办学层次	星级专业数/个								
					专业类型	8★	7★	6★	5★	4★	3★	2★	1★
1	西安欧亚学院	西安市	6★	中国顶尖应用型大学	应用型	0	0	22	13	1	0	0	0
4	西安培华学院	西安市	6★	中国顶尖应用型大学	应用型	0	0	20	13	3	0	0	0
11	西安外事学院	西安市	6★	中国顶尖应用型大学	应用型	0	0	7	6	12	9	8	2
14	西安翻译学院	西安市	6★	中国顶尖应用型大学	应用型	0	0	7	8	11	10	0	0
23	西京学院	西安市	5★	中国一流应用型大学	应用型	0	0	4	5	10	8	8	5
24	延安大学西安创新学院	西安市	5★	中国一流应用型大学	应用型	0	0	10	10	11	1	0	0
33	陕西国际商贸学院	咸阳市	4★	中国高水平应用型大学	应用型	0	0	1	0	3	11	9	8

续表

全国排名	学校名称	所在城市	星级排名	办学层次	星级专业数/个								
					专业类型	8★	7★	6★	5★	4★	3★	2★	1★
38	西安思源学院	西安市	4★	中国高水平应用型大学	应用型	0	0	0	1	5	7	6	10
53	西安交通大学城市学院	西安市	4★	中国高水平应用型大学	应用型	0	0	2	3	8	12	8	5
69	西安工商学院	西安市	3★	区域一流应用型大学	应用型	0	0	1	1	4	5	2	11
69	西北大学现代学院	西安市	2★	区域高水平应用型大学	应用型	0	0	0	2	6	3	5	9
77	陕西服装工程学院	咸阳市	2★	区域高水平应用型大学	应用型	0	0	1	1	3	6	7	8
79	陕西科技大学镐京学院	咸阳市	2★	区域高水平应用型大学	应用型	0	0	0	0	4	6	3	10
87	长安大学兴华学院	西安市	2★	区域高水平应用型大学	应用型	0	0	0	0	0	2	3	3
90	西安明德理工学院	西安市	2★	区域高水平应用型大学	应用型	0	0	1	2	7	9	4	5
92	西安建筑科技大学华清学院	西安市	2★	区域高水平应用型大学	应用型	0	0	0	2	7	13	6	3
109	西安财经大学行知学院	西安市	2★	区域高水平应用型大学	应用型	0	0	0	0	5	6	3	9
122	西安科技大学高新学院	西安市	1★	区域知名应用型大学	应用型	0	0	0	1	4	5	5	14
125	西安交通工程学院	西安市	1★	区域知名应用型大学	应用型	0	0	0	0	5	1	4	10
126	西安理工大学高科学院	西安市	1★	区域知名应用型大学	应用型	0	0	0	0	1	2	3	4

3. 陕西省高职院校排名

表 9-13　2024 校友会陕西省高职院校排名

全国排名	学校名称	所在城市	办学类型	星级排名	办学层次
6	陕西工业职业技术学院	咸阳市	职业技能型	6★	中国顶尖高职院校
11	陕西铁路工程职业技术学院	渭南市	职业技能型	6★	中国顶尖高职院校
16	陕西职业技术学院	西安市	职业技能型	6★	中国顶尖高职院校
23	宝鸡职业技术学院	宝鸡市	职业技能型	5★	中国一流高职院校
55	延安职业技术学院	延安市	职业技能型	4★	中国高水平高职院校
56	杨凌职业技术学院	咸阳市	职业技能型	4★	中国高水平高职院校
61	西安航空职业技术学院	西安市	职业技能型	4★	中国高水平高职院校
61	咸阳职业技术学院	咸阳市	职业技能型	4★	中国高水平高职院校
70	陕西国防工业职业技术学院	西安市	职业技能型	3★	区域一流高职院校
70	西安医学高等专科学校	西安市	职业技能型	4★	中国高水平高职院校
88	汉中职业技术学院	汉中市	职业技能型	3★	区域一流高职院校
94	西安城市建设职业学院	西安市	职业技能型	3★	区域一流高职院校
107	西安职业技术学院	西安市	职业技能型	3★	区域一流高职院校
115	陕西能源职业技术学院	咸阳市	职业技能型	3★	区域一流高职院校
118	渭南职业技术学院	渭南市	职业技能型	3★	区域一流高职院校
124	安康职业技术学院	安康市	职业技能型	3★	区域一流高职院校
134	陕西交通职业技术学院	西安市	职业技能型	3★	区域一流高职院校
150	西安铁路职业技术学院	西安市	职业技能型	3★	区域一流高职院校
177	陕西财经职业技术学院	咸阳市	职业技能型	2★	区域高水平高职院校
193	商洛职业技术学院	商洛市	职业技能型	2★	区域高水平高职院校
203	陕西青年职业学院	西安市	职业技能型	2★	区域高水平高职院校
211	西安海棠职业学院	西安市	职业技能型	2★	区域高水平高职院校
221	陕西航空职业技术学院	汉中市	职业技能型	2★	区域高水平高职院校
237	铜川职业技术学院	铜川市	职业技能型	2★	区域高水平高职院校

续表

全国排名	学校名称	所在城市	办学类型	星级排名	办学层次
238	榆林职业技术学院	榆林市	职业技能型	2★	区域高水平高职院校
265	陕西警官职业学院	西安市	职业技能型	2★	区域高水平高职院校
282	宝鸡三和职业学院	宝鸡市	职业技能型	1★	区域知名高职院校
283	陕西艺术职业学院	西安市	职业技能型	1★	区域知名高职院校
287	神木职业技术学院	神木市	职业技能型	1★	区域知名高职院校

4. 陕西省职业技术大学排名

表 9-14 2024校友会陕西省职业技术大学排名

全国排名	学校名称	所在城市	办学类型	星级排名	办学层次
8	西安汽车职业大学	西安市	职业技能型	6★	中国顶尖职业技术大学
23	西安信息职业大学	西安市	职业技能型	4★	中国高水平职业技术大学

二、陕西省大学专业排名详情

1. 西安交通大学

（1）西安交通大学综合实力排名

综合排名：2024校友会中国大学排名第14名，全国综合类高校第12名，陕西省高校第1名。

星级排名：中国七星级大学（7★），世界知名高水平大学、中国顶尖大学。“985工程”大学，“211工程”大学。主管部门：教育部。

（2）西安交通大学各本科专业排名（全国排名/档次）

1）世界知名高水平、中国顶尖专业（7★）

电气工程及其自动化：2/A++；工商管理：2/A++；机械工程：3/A++；能源与动力工程：2/A++；新能源科学与工程：1/A++；信息管理与信息系统：2/A++；自动化：4/A++。

2）世界高水平、中国顶尖专业（6★）

材料物理：1/A++；测控技术与仪器：3/A+；飞行器设计与工程：3/A+；工程力学：5/A+；核工程与核技术：6/A+；化学工程与工艺：7/A+；计算机科学与技术：18/A+；思想政治教育：7/A+；信息工程：4/A+；应用化学：3/A++。

3）中国一流专业（5★）

材料化学：6/A+；材料科学与工程：36/A；财务管理：15/A；电子科学与技术：15/A；电子商务：4/A+；飞行器动力工程：8/A；工程管理：10/A+；工业工程：3/A+；工业设计：4/A+；管理科学：1/A++；国际经济与贸易：18/A+；过程装备与控制工程：4/A+；基础医学：7/A；金融学：13/A+；临床医学：23/A；软件工程：18/A；生物工程：4/A+；生物医学工程：12/A；市场营销：19/A；微电子科学与工程：6/A；物联网工程：1/A++；信息与计算科学：9/A+；行政管理：7/A+；制药工程：5/A+。

4）中国高水平专业（4★）

财政学：21/B++；车辆工程：25/B++；法医学：8/B++；光电信息科学与工程：25/B++；护理学：29/B++；环境工程：30/B++；环境科学：31/B++；环境设计：43/B++；会计学：43/B++；建筑环境与能源应用工程：25/B++；建筑学：24/B++；金融工程：11/A；经济统计学：19/B++；经济学：27/A；口腔医学：17/B++；劳动与社会保障：4/A+；贸易经济：4/A；日语：33/B++；社会学：19/B++；生物科学：83/B++；书法学：5/A；数学与应用数学：56/B++；统计学：20/A；土木工程：96/B++；网络与新媒体：5/A+；药学：27/B++；医学影像学：15/B++；应用物理学：43/B++；英语：57/B++；预防医学：23/B++；哲学：26/B++。

5）中国区域一流专业（3★）

储能科学与工程：3/A+；大数据管理与应用：4/A+；雕塑：19/B+；法学：161/B+；法语：35/B+；汉语言：27/B+；汉语言文学：176/B+；化学：124/B+；临床药学：21/B+；马克思主义理论：14/B+；人工智能：15/A；人居环境科学与技术：1/A++；人力资源管理：97/B+；社会工作：87/B+；生物技术：122/B+；视觉传达设计：116/B+；网络空间安全：12/B++；物理学：105/B+；智能制造工程：3/A+。

2. 西北工业大学

（1）西北工业大学综合实力排名

综合排名：2024校友会中国大学排名第22名，全国理工类高校第5名，陕西省高校第2名。

星级排名：中国七星级大学（7★），世界知名高水平大学、中国顶尖大学。“985工程”大学，“211工程”大学。主管部门：工业和信息化部。

（2）西北工业大学各本科专业排名（全国排名/档次）

1）世界知名高水平、中国顶尖专业（7★）

材料科学与工程：7/A++；飞行器设计与工程：1/A++；飞行器制造工程：1/A++；探测制导与控制技术：1/A++。

2）世界高水平、中国顶尖专业（6★）

材料物理：1/A++；飞行器动力工程：3/A+；复合材料

与工程：1/A++；机械设计制造及其自动化：6/A+；计算机科学与技术：8/A+；软件工程：6/A+；水声工程：1/A++；自动化：11/A+。

3）中国一流专业（5★）

材料成型及控制工程：7/A+；电子科学与技术：10/A；高分子材料与工程：10/A；工业工程：3/A+；工业设计：10/A+；金属材料工程：8/A；思想政治教育：51/A；通信工程：5/A+；微电子科学与工程：10/A；微机电系统工程：2/A+；信息工程：9/A。

4）中国高水平专业（4★）

产品设计：33/B++；船舶与海洋工程：14/B++；德语：20/B++；电磁场与无线技术：7/B++；电气工程及其自动化：40/B++；法学：111/B++；飞行器控制与信息工程：1/A++；飞行器适航技术：2/A+；工程管理：20/A；工程力学：25/B++；工商管理：100/B++；光电信息科学与工程：25/B++；国际经济与贸易：86/B++；航空航天工程：5/A；化学工程与工艺：84/B++；环境科学：31/B++；会计学：112/B++；机器人工程：4/A+；机械电子工程：20/B++；建筑学：52/B++；交通工程：23/B++；能源与动力工程：30/B++；市场营销：59/B++；数学与应用数学：56/B++；土木工程：96/B++；物联网工程：10/A+；信息安全：16/B++；信息管理与信息系统：38/B++；信息与计算科学：51/B++；应用物理学：22/B++；英语：57/B++。

5）中国区域一流专业（3★）

保密管理：4/A；测控技术与仪器：77/B+；电子商务：82/B+；电子信息工程：141/B+；飞行器环境与生命保障工程：3/A+；交通设备与控制工程：7/B+；生物技术：96/B+；生物医学工程：62/B+；统计学：84/B+。

6）中国区域高水平专业（2★）

分子科学与工程：4/A；公共事业管理：124/B；海洋工程与技术：4/A；金融科技：5/A；人工智能：38/B++；柔性电子学：1/A++；数据科学与大数据技术：54/B++；网络空间安全：26/B。

3. 西安电子科技大学

（1）西安电子科技大学综合实力排名

综合排名：2024 校友会中国大学排名第 43 名，全国理工类高校第 16 名，陕西省高校第 3 名。

星级排名：中国五星级大学（5★），世界知名大学、中国一流大学。“211 工程”大学。主管部门：教育部。

（2）西安电子科技大学各本科专业排名（全国排名/档次）

1）世界知名高水平、中国顶尖专业（7★）

通信工程：1/A++；网络工程：1/A++。

2）世界高水平、中国顶尖专业（6★）

集成电路设计与集成系统：2/A+；人工智能：2/A++；软件工程：6/A+。

3）中国一流专业（5★）

导航工程：2/A+；电波传播与天线：1/A++；电子封装技术：1/A++；电子科学与技术：10/A；电子信息工程：8/A+；电子信息科学与技术：5/A+；机械设计制造及其自动化：25/A；计算机科学与技术：27/A；探测制导与控制技术：3/A+；网络空间安全：1/A++；微电子科学与工程：6/A；信息安全：7/A；信息对抗技术：3/A+；信息工程：5/A；智能科学与技术：2/A+。

4）中国高水平专业（4★）

材料科学与工程：68/B++；测控技术与仪器：23/B++；电磁场与无线技术：2/A+；电气工程及其自动化：88/B++；电子商务：17/A；飞行器设计与工程：12/B++；工商管理：36/B++；工业设计：38/B++；光电信息科学与工程：25/B++；金融学：93/B++；空间科学与技术：4/A；空间信息与数字技术：3/A+；生物医学工程：21/B++；数学与应用数学：56/B++；思想政治教育：73/B++；物联网工程：23/B++；信息管理与信息系统：38/B++；信息与计算科学：51/B++；遥感科学与技术：6/B++；应用物理学：22/B++；英语：136/B++；自动化：41/B++。

5）中国区域一流专业（3★）

工程管理：93/B+；工业工程：54/B+；人力资源管理：97/B+；生物技术：122/B+；数据科学与大数据技术：20/A；统计学：84/B+；行政管理：111/B+；应用化学：112/B+；哲学：40/B+。

6）中国区域高水平专业（2★）

大数据管理与应用：11/B++；翻译：80/C；汉语国际教育：121/C；汉语言文学：235/D；护理学：109/D；机器人工程：18/B++；历史学：114/D；录音艺术：18/D；密码科学与技术：5/A；纳米材料与技术：9/C；日语：162/C；市场营销：241/D；数字媒体技术：57/C；心理学：44/D；医学影像技术：20/B；艺术史论：15/D；运动训练：60/C；智能医学工程：13/B。

4. 西北农林科技大学

（1）西北农林科技大学综合实力排名

综合排名：2024 校友会中国大学排名第 52 名，全国农林类高校第 5 名，陕西省高校第 4 名。

星级排名：中国五星级大学（5★），世界知名大学、中国一流大学。“985 工程”大学，“211 工程”大学。主管部门：教育部。

（2）西北农林科技大学各本科专业排名（全国排名/档次）

1）世界知名高水平、中国顶尖专业（7★）

农学：2/A++。

2）世界高水平、中国顶尖专业（6★）

林学：2/A+；农业水利工程：1/A++；水土保持与荒漠化防治：1/A++。

3）中国一流专业（5★）

草业科学：5/A；动物科学：8/A；农林经济管理：8/A；农业机械化及其自动化：3/A+；葡萄与葡萄酒工程：1/A++；园艺：5/A；植物保护：5/A；资源环境科学：

1/A++。

4）中国高水平专业（4★）

动物医学：13/B++；会计学：112/B++；机械设计制造及其自动化：131/B++；金融学：39/B++；林产化工：6/B++；木材科学与工程：7/B++；农业建筑环境与能源工程：6/B++；软件工程：103/B++；森林保护：4/A；设施农业科学与工程：1/A++；社会学：19/B++；生物工程：21/B++；生物技术：30/B++；生物科学：83/B++；食品科学与工程：28/B++；水产养殖学：10/B++；水利水电工程：17/B++；水文与水资源工程：8/B++；土地资源管理：18/B++；土木工程：96/B++；应用化学：35/B++；园林：16/B++；种子科学与工程：5/A。

5）中国区域一流专业（3★）

城乡规划：58/B+；地理信息科学：61/B+；法学：161/B+；公共事业管理：57/B+；环境科学：61/B+；环境设计：86/B+；机械电子工程：48/B+；经济学：122/B+；能源与动力工程：80/B+；农业电气化：5/A；食品质量与安全：36/B+；市场营销：130/B+；艺术设计学：40/B+；植物科学与技术：6/B+；制药工程：79/B+；自然地理与资源环境：20/B+。

6）中国区域高水平专业（2★）

茶学：14/D；电气工程及其自动化：199/D；电子商务：118/C；电子信息工程：214/D；动物药学：13/C；俄语：71/C；风景园林：57/C；工商管理：245/D；光电信息科学与工程：121/C；国际经济与贸易：221/C；汉语国际教育：121/C；化学生物学：14/C；环境工程：196/D；计算机科学与技术：356/D；劳动与社会保障：66/C；旅游管理：146/C；食品营养与健康：2/A+；视觉传达设计：156/C；数据科学与大数据技术：54/B++；信息管理与信息系统：168/C；信息与计算科学：164/C；英语：318/D；智慧牧业科学与工程：1/A++；智慧农业：1/A++。

7）中国区域知名专业（1★）

保险学：45/C；车辆工程：109/D；社会工作：145/D；政治学与行政学：70/D。

5. 西北大学

（1）西北大学综合实力排名

综合排名：2024 校友会中国大学排名第 64 名，全国综合类高校第 30 名，陕西省高校第 5 名。

星级排名：中国五星级大学（5★），世界知名大学、中国一流大学。“211 工程”大学。主管部门：陕西省。

（2）西北大学各本科专业排名（全国排名/档次）

1）世界知名高水平、中国顶尖专业（7★）

地质学：4/A++；考古学：2/A++。

2）世界高水平、中国顶尖专业（6★）

材料化学：1/A++；资源勘查工程：3/A+。

3）中国一流专业（5★）

经济学：16/A；历史学：20/A；人文地理与城乡规划：3/A+；软件工程：18/A；物联网工程：1/A++。

4）中国高水平专业（4★）

城乡规划：19/B++；地质工程：14/B++；电子科学与技术：24/B++；法学：49/B++；工商管理：36/B++；光电信息科学与工程：25/B++；广播电视编导：8/A；国际经济与贸易：86/B++；过程装备与控制工程：31/B++；汉语言：15/B++；汉语言文学：64/B++；化学：39/B++；化学工程与工艺：34/B++；化学生物学：4/A；计算机科学与技术：60/B++；金融学：39/B++；劳动与社会保障：4/A+；能源化学工程：3/A+；生物工程：21/B++；生物科学：36/B++；食品科学与工程：72/B++；数学与应用数学：56/B++；思想政治教育：90/B++；图书馆学：10/B++；文物保护技术：2/A+；物理学：33/B++；戏剧影视文学：14/B++；新闻学：30/B++；行政管理：33/B++；应用化学：35/B++；应用物理学：22/B++；英语：136/B++；制药工程：20/B++；中药学：31/B++；自然地理与资源环境：7/A。

5）中国区域一流专业（3★）

播音与主持艺术：26/B+；材料物理：31/B+；财政学：48/B+；档案学：20/B+；地理信息科学：43/B+；电子信息工程：141/B+；电子信息科学与技术：50/B+；动画：47/B+；管理科学：19/B+；广告学：44/B+；汉语国际教育：58/B+；环境工程：167/B+；环境科学：61/B+；环境设计：105/B+；会计学：208/B+；旅游管理：114/B+；人力资源管理：97/B+；日语：72/B+；社会工作：87/B+；生物技术：96/B+；世界史：12/B+；视觉传达设计：83/B+；应用统计学：22/B+；哲学：40/B+。

6）中国区域高水平专业（2★）

俄语：71/C；金融工程：61/C；金融数学：22/B；经济统计学：52/C；口腔医学：70/D；临床医学：111/D；美术学：85/C；生态学：50/C；生物医学科学：7/D；数字媒体艺术：79/C；通信工程：202/D；统计学：133/C；网络与新媒体：27/B+；微电子科学与工程：55/C；文物与博物馆学：19/C；信息管理与信息系统：168/C；信息与计算科学：164/C；药学：118/D；应急管理：3/A+；知识产权：27/B；智能科学与技术：29/B+。

6. 陕西师范大学

（1）陕西师范大学综合实力排名

综合排名：2024 校友会中国大学排名第 79 名，全国师范类高校第 10 名，陕西省高校第 6 名。

星级排名：中国四星级大学（4★），世界知名、中国高水平大学。“211 工程”大学。主管部门：教育部。

（2）陕西师范大学各本科专业排名（全国排名/档次）

1）世界高水平、中国顶尖专业（6★）

汉语言文学：10/A+；数学与应用数学：11/A+。

2）中国一流专业（5★）

教育学：8/A；历史学：20/A；思想政治教育：22/A。

3）中国高水平专业（4★）

编辑出版学：7/B++；播音与主持艺术：4/A+；材料化学：19/B++；地理科学：17/B++；地理信息科学：16/B++；

电子信息科学与技术：27/B++；俄语：29/B++；翻译：7/A+；广播电视编导：24/B++；化学：39/B++；绘画：16/B++；计算机科学与技术：60/B++；教育技术学：12/B++；经济学：27/A；旅游管理：22/A；美术学：19/B++；秘书学：3/A+；软件工程：103/B++；社会学：19/B++；生物技术：64/B++；生物科学：36/B++；特殊教育：7/B++；体育教育：23/B++；文物与博物馆学：6/B++；舞蹈学：5/A+；物理学：33/B++；心理学：12/B++；新闻学：30/B++；信息与计算科学：51/B++；学前教育：9/A；音乐学：18/B++；应用化学：69/B++；应用心理学：28/B++；英语：57/B++；运动训练：12/B++；哲学：26/B++。

4）中国区域一流专业（3★）

财务管理：84/B+；法学：208/B+；公共事业管理：81/B+；古典文献学：6/B+；汉语国际教育：49/B+；环境科学：82/B+；环境设计：105/B+；金融学：159/B+；人力资源管理：97/B+；日语：72/B+；食品科学与工程：114/B+；市场营销：130/B+；视觉传达设计：83/B+；网络与新媒体：15/B++；行政管理：126/B+。

5）中国区域高水平专业（2★）

大数据管理与应用：11/B++；电子商务：118/C；法语：64/C；人工智能：38/B++；食品质量与安全：79/C；世界史：20/D；书法学：23/B；新能源材料与器件：26/B；信息管理与信息系统：207/C；音乐表演：62/B；政治学与行政学：59/C。

6）中国区域知名专业（1★）

生态学：58/D；统计学：177/D。

7. 长安大学

（1）长安大学综合实力排名

综合排名：2024 校友会中国大学排名第 101 名，全国理工类高校第 39 名，陕西省高校第 7 名。

星级排名：中国四星级大学（4★），世界知名、中国高水平大学。“211 工程”大学。主管部门：教育部。

（2）长安大学各本科专业排名（全国排名/档次）

1）世界高水平、中国顶尖专业（6★）

道路桥梁与渡河工程：1/A++；地质工程：2/A+；交通运输：3/A+。

2）中国一流专业（5★）

车辆工程：17/A；机械设计制造及其自动化：43/A；交通工程：10/A；汽车服务工程：1/A++；土木工程：35/A；遥感科学与技术：2/A+；资源勘查工程：5/A。

3）中国高水平专业（4★）

材料成型及控制工程：48/B++；材料科学与工程：68/B++；测绘工程：31/B++；城乡规划：26/B++；地理信息科学：16/B++；地球物理学：14/B++；地下水科学与工程：5/A；地质学：15/B++；电气工程及其自动化：88/B++；电子信息工程：89/B++；给排水科学与工程：30/B++；工程管理：55/B++；国际经济与贸易：86/B++；化学工程与工艺：84/B++；环境工程：82/B++；会计学：112/B++；计算机科学与技术：206/B++；建筑环境与能源应用工程：25/B++；建筑学：52/B++；勘查技术与工程：12/B++；能源与动力工程：54/B++；数学与应用数学：137/B++；水文与水资源工程：13/B++；物流工程：12/B++；物流管理：46/B++；信息管理与信息系统：73/B++；行政管理：66/B++；自动化：112/B++。

4）中国区域一流专业（3★）

安全工程：53/B+；财务管理：100/B+；高分子材料与工程：81/B+；工程力学：56/B+；工程造价：13/B+；工业设计：85/B+；广播电视编导：42/B+；环境科学：82/B+；机械电子工程：48/B+；机械工程：59/B+；矿物加工工程：22/B+；社会体育指导与管理：37/B+；思想政治教育：116/B+；通信工程：141/B+；土地资源管理：33/B+；无机非金属材料工程：43/B+；信息与计算科学：122/B+。

5）中国区域高水平专业（2★）

城市地下空间工程：30/C；大数据管理与应用：11/B++；电子商务：148/D；法学：271/D；风景园林：57/C；工商管理：282/D；公共事业管理：198/D；广告学：80/B；汉语言文学：235/D；机器人工程：18/B++；交通设备与控制工程：10/D；经济统计学：59/D；旅游管理：168/D；人工智能：38/B++；日语：162/C；软件工程：235/D；市场营销：241/D；水利水电工程：54/D；统计学：147/C；物联网工程：140/C；戏剧影视文学：49/D；新能源材料与器件：32/B；新闻学：125/D；艺术设计学：104/D；英语：358/D。

6）中国区域知名专业（1★）

土地整治工程：9/C。

8. 西安理工大学

（1）西安理工大学综合实力排名

综合排名：2024 校友会中国大学排名第 107 名，全国理工类高校第 43 名，陕西省高校第 8 名。

星级排名：中国四星级大学（4★），世界知名、中国高水平大学。主管部门：陕西省。

（2）西安理工大学各本科专业排名（全国排名/档次）

1）世界高水平、中国顶尖专业（6★）

水利水电工程：4/A+。

2）中国一流专业（5★）

包装工程：2/A+；材料成型及控制工程：7/A+；材料科学与工程：20/A；电子科学与技术：10/A；机械设计制造及其自动化：25/A；能源与动力工程：11/A；印刷工程：3/A+。

3）中国高水平专业（4★）

材料物理：13/B++；测控技术与仪器：23/B++；产品设计：33/B++；城市地下空间工程：5/A；电气工程及其自动化：40/B++；给排水科学与工程：30/B++；工程管理：20/A；工商管理：36/B++；工业工程：28/B++；工业设计：17/A；光电信息科学与工程：54/B++；环境工程：30/B++；

会计学：112/B++；计算机科学与技术：60/B++；理论与应用力学：11/B++；农业水利工程：9/B++；软件工程：44/B++；水文与水资源工程：8/B++；通信工程：45/B++；土木工程：47/B++；信息与计算科学：51/B++；应用化学：69/B++；应用物理学：22/B++；英语：57/B++；自动化：41/B++。

4）中国区域一流专业（3★）

车辆工程：58/B+；电气工程与智能控制：2/A+；汉语言文学：176/B+；数字媒体技术：33/B+；网络工程：25/B++；微电子科学与工程：40/B+；新能源科学与工程：27/B+；艺术设计学：57/B+；制药工程：79/B+；智能电网信息工程：9/B+。

5）中国区域高水平专业（2★）

材料化学：74/C；城乡规划：89/C；大数据管理与应用：11/B++；电子信息工程：214/D；法学：251/D；工程力学：71/D；国际经济与贸易：221/C；机器人工程：18/B++；金融学：191/D；经济学：190/D；人工智能：38/B++；市场营销：176/C；视觉传达设计：156/C；数据科学与大数据技术：54/B++；信息管理与信息系统：168/C；智能制造工程：16/B++。

6）中国区域知名专业（1★）

雕塑：45/D；动画：134/D；集成电路设计与集成系统：28/D；建筑学：149/D；人力资源管理：201/D；日语：218/D；摄影：34/D；物联网工程：161/D；新能源材料与器件：45/C；音乐学：129/D；应用统计学：65/C。

9. 西安建筑科技大学

（1）西安建筑科技大学综合实力排名

综合排名：2024 校友会中国大学排名第 126 名，全国理工类高校第 53 名，陕西省高校第 9 名。

星级排名：中国四星级大学（4★），世界知名、中国高水平大学。主管部门：陕西省。

（2）西安建筑科技大学各本科专业排名（全国排名/档次）

1）世界高水平、中国顶尖专业（6★）

城乡规划：4/A+；土木工程：8/A+。

2）中国一流专业（5★）

城市地下空间工程：1/A++；风景园林：6/A；给排水科学与工程：4/A+；建筑环境与能源应用工程：2/A+；建筑学：12/A。

3）中国高水平专业（4★）

材料成型及控制工程：33/B++；材料科学与工程：45/B++；雕塑：10/B++；工程管理：20/A；工程力学：39/B++；工商管理：100/B++；环境工程：30/B++；环境科学：17/A；环境设计：9/A+；机械设计制造及其自动化：54/B++；计算机科学与技术：60/B++；建筑电气与智能化：1/A++；交通运输：23/B++；历史建筑保护工程：2/A+；社会体育指导与管理：12/A；视觉传达设计：42/B++；文化产业管理：3/A+；信息管理与信息系统：38/B++；冶金工程：14/B++；自动化：112/B++。

4）中国区域一流专业（3★）

采矿工程：28/B+；城市设计：1/A++；工业工程：54/B+；功能材料：9/B+；汉语言文学：176/B+；化学工程与工艺：142/B+；会计学：208/B+；交通工程：37/B+；金属材料工程：46/B+；矿物加工工程：21/B+；矿物资源工程：7/B+；数学与应用数学：168/B+；通信工程：141/B+；戏剧影视文学：42/B+；艺术设计学：40/B+；应用化学：112/B+；英语：253/B+；资源循环科学与工程：6/B++。

5）中国区域高水平专业（2★）

安全工程：68/C；城市管理：15/B；大数据管理与应用：11/B++；电气工程及其自动化：199/D；法学：251/D；工业设计：119/C；公共事业管理：124/B；光电信息科学与工程：121/C；国际经济与贸易：221/C；机械工程：70/D；纳米材料与技术：9/C；人工智能：38/B++；数据科学与大数据技术：54/B++；新能源材料与器件：32/B；艺术与科技：20/C。

6）中国区域知名专业（1★）

车辆工程：109/D；广播电视编导：91/D；汉语国际教育：140/C；绘画：89/D；机械电子工程：97/D；软件工程：253/D。

10. 陕西科技大学

（1）陕西科技大学综合实力排名

综合排名：2024 校友会中国大学排名第 140 名，全国理工类高校第 61 名，陕西省高校第 10 名。

星级排名：中国四星级大学（4★），世界知名、中国高水平大学。主管部门：陕西省。

（2）陕西科技大学各本科专业排名（全国排名/档次）

1）世界高水平、中国顶尖专业（6★）

化学工程与工艺：7/A+；轻化工程：4/A+。

2）中国一流专业（5★）

包装工程：2/A+；材料成型及控制工程：22/A；动画：9/A；工业设计：4/A+；食品科学与工程：8/A+；无机非金属材料工程：3/A+；印刷工程：4/A；应用化学：8/A+。

3）中国高水平专业（4★）

材料化学：19/B++；材料物理：13/B++；电气工程及其自动化：40/B++；电子科学与技术：39/B++；电子信息工程：89/B++；服装设计与工程：10/B++；工商管理：100/B++；国际经济与贸易：86/B++；化学：87/B++；环境工程：30/B++；环境设计：43/B++；机械设计制造及其自动化：54/B++；生物工程：21/B++；食品质量与安全：19/B++；视觉传达设计：13/A+；信息与计算科学：23/A；制药工程：45/B++；自动化：41/B++。

4）中国区域一流专业（3★）

材料科学与工程：98/B+；高分子材料与工程：81/B+；光电信息科学与工程：84/B+；过程装备与控制工程：48/B+；环境科学与工程：10/B+；会计学：208/B+；机械电子工程：48/B+；计算机科学与技术：285/B+；纳米材料与

技术：7/B+；能源与动力工程：98/B+；乳品工程：2/A+；数学与应用数学：190/B+；网络工程：25/B++；物联网工程：45/B+；物流工程：29/B+；英语：253/B+。

5）中国区域高水平专业（2★）

播音与主持艺术：51/C；产品设计：131/D；储能科学与工程：7/B+；服装与服饰设计：66/C；广播电视编导：68/C；环境生态工程：20/B；机器人工程：18/B++；教育技术学：83/D；能源互联网工程：1/A++；能源化学工程：31/C；酿酒工程：9/C；人工智能：38/B++；人力资源管理：115/C；柔性电子学：1/A++；生物质能源与材料：1/A++；市场营销：176/C；数据科学与大数据技术：54/B++；新能源科学与工程：54/C；行政管理：148/C；药学：118/D；应用物理学：104/C；智能制造工程：16/B++。

11. 西安科技大学

（1）西安科技大学综合实力排名

综合排名：2024校友会中国大学排名第165名，全国理工类高校第74名，陕西省高校第11名。

星级排名：中国三星级大学（3★），中国知名、区域一流大学。主管部门：陕西省。

（2）西安科技大学各本科专业排名（全国排名/档次）

1）世界高水平、中国顶尖专业（6★）

安全工程：2/A+。

2）中国一流专业（5★）

采矿工程：8/A；地质工程：8/A；消防工程：2/A+。

3）中国高水平专业（4★）

材料科学与工程：68/B++；测绘工程：17/B++；地理信息科学：16/B++；电气工程及其自动化：40/B++；电子商务：17/A；电子信息工程：38/B++；工程管理：20/A；化学工程与工艺：34/B++；机械电子工程：6/A+；机械设计制造及其自动化：54/B++；计算机科学与技术：60/B++；矿物加工工程：14/B++；软件工程：44/B++；通信工程：45/B++；土木工程：47/B++；智能制造工程：1/A++；资源勘查工程：21/B++；自动化：41/B++。

4）中国区域一流专业（3★）

测控技术与仪器：103/B+；产品设计：86/B+；车辆工程：58/B+；电子科学与技术：69/B+；给排水科学与工程：48/B+；工程力学：49/B+；工业设计：85/B+；环境工程：167/B+；会计学：208/B+；建筑环境与能源应用工程：51/B+；建筑学：95/B+；物联网工程：69/B+；遥感科学与技术：12/B+；英语：253/B+。

5）中国区域高水平专业（2★）

地下水科学与工程：11/D；工商管理：245/D；工业工程：77/C；数学与应用数学：224/D；网络工程：81/B；微电子科学与工程：55/C；无机非金属材料工程：61/D；物流管理：109/C；信息与计算科学：164/C；应用化学：197/D；自然地理与资源环境：34/B。

6）中国区域知名专业（1★）

城市地下空间工程：44/D；城乡规划：103/D；法学：308/D；高分子材料与工程：119/D；汉语言文学：250/D；数据科学与大数据技术：152/C；新能源材料与器件：54/C；应急技术与管理：5/A；智能科学与技术：58/C。

12. 西北政法大学

（1）西北政法大学综合实力排名

综合排名：2024校友会中国大学排名第206名，全国政法类高校第4名，陕西省高校第12名。

星级排名：中国四星级大学（4★），世界知名、中国高水平大学。主管部门：陕西省。

（2）西北政法大学各本科专业排名（全国排名/档次）

1）中国一流专业（5★）

电子商务及法律：1/A++；法学：35/A；政治学与行政学：17/A。

2）中国高水平专业（4★）

财务管理：46/B++；新闻学：30/B++；刑事科学技术：3/A+；行政管理：66/B++；英语：57/B++；哲学：26/B++；侦查学：6/B++；治安学：3/A+。

3）中国区域一流专业（3★）

编辑出版学：18/B+；广播电视编导：36/B+；国际政治：29/B+；金融工程：46/B+；金融学：143/B+；经济学：122/B+；劳动与社会保障：37/B+；人力资源管理：69/B+；社会学：50/B+；审计学：25/B+；市场营销：110/B+；戏剧影视文学：42/B+。

4）中国区域高水平专业（2★）

朝鲜语：31/B；公共事业管理：124/B；广播电视学：77/D；国际经济与贸易：266/D；商务英语：52/B；社会工作：112/C；网络与新媒体：27/B+。

13. 西安外国语大学

（1）西安外国语大学综合实力排名

综合排名：2024校友会中国大学排名第231名，全国语言类高校第10名，陕西省高校第13名。

星级排名：中国四星级大学（4★），世界知名、中国高水平大学。主管部门：陕西省。

（2）西安外国语大学各本科专业排名（全国排名/档次）

1）中国一流专业（5★）

翻译：2/A++；日语：3/A++；商务英语：1/A++；英语：19/A+。

2）中国高水平专业（4★）

阿拉伯语：5/A；波斯语：4/A；朝鲜语：17/B++；德语：11/B++；俄语：11/A；法语：11/B++；工商管理：36/B++；哈萨克语：1/A++；会计学：112/B++；金融学：93/B++；旅游管理：22/A；葡萄牙语：4/A；乌尔都语：2/A+；西班牙语：5/A；戏剧影视文学：14/B++；新闻学：61/B++；意大利语：4/A；印地语：2/A+。

3）中国区域一流专业（3★）

表演：23/B+；波兰语：3/A+；广播电视编导：42/B+；国际经济与贸易：142/B+；国际政治：29/B+；汉语国际教育：49/B+；汉语言文学：151/B+；酒店管理：13/B++；人

文地理与城乡规划：19/B+；视觉传达设计：116/B+；泰语：9/B+；土耳其语：3/A+；外交学：9/B+；乌克兰语：3/A+；印度尼西亚语：6/B+。

4）中国区域高水平专业（2★）

白俄罗斯语：3/A+；播音与主持艺术：63/C；大数据管理与应用：11/B++；动画：76/C；菲律宾语：4/A；广告学：80/B；国际新闻与传播：3/A+；国际组织与全球治理：2/A+；捷克语：5/A；跨境电子商务：2/A+；罗马尼亚语：3/A+；市场营销：241/D；斯瓦希里语：4/A；希腊语：3/A+；匈牙利语：7/D；语言学：1/A++。

5）中国区域知名专业（1★）

国际商务：40/C；经济学：257/D；马来语：8/D；审计学：40/D；网络与新媒体：66/D。

14. 西安工程大学

（1）西安工程大学综合实力排名

综合排名：2024 校友会中国大学排名第 251 名，全国理工类高校第 112 名，陕西省高校第 14 名。

星级排名：中国三星级大学（3★），中国知名、区域一流大学。主管部门：陕西省。

（2）西安工程大学各本科专业排名（全国排名/档次）

1）中国一流专业（5★）

材料成型及控制工程：7/A+；纺织工程：5/A；轻化工程：8/A。

2）中国高水平专业（4★）

表演：16/B++；电气工程及其自动化：40/B++；电子信息工程：89/B++；服装设计与工程：7/B++；服装与服饰设计：11/B++；工商管理：100/B++；机械工程：26/B++；计算机科学与技术：60/B++；应用物理学：22/B++；英语：136/B++。

3）中国区域一流专业（3★）

动画：47/B+；非织造材料与工程：7/B+；广播电视编导：42/B+；环境工程：133/B+；环境设计：105/B+；会计学：186/B+；机械设计制造及其自动化：170/B+；建筑环境与能源应用工程：63/B+；美术学：69/B+；软件工程：150/B+；通信工程：141/B+；统计学：84/B+；微电子科学与工程：36/B+；艺术设计学：40/B+；应用化学：145/B+；自动化：150/B+。

4）中国区域高水平专业（2★）

播音与主持艺术：63/C；材料科学与工程：121/D；工业设计：131/C；国际经济与贸易：266/D；汉语言文学：200/D；金融工程：67/C；人力资源管理：148/C；生物工程：127/C；数学与应用数学：245/D；土木工程：208/D；戏剧影视美术设计：20/C；信息与计算科学：231/D；行政管理：170/D。

5）中国区域知名专业（1★）

大数据管理与应用：48/C；法学：327/D；风景园林：97/D；高分子材料与工程：119/D；给排水科学与工程：79/D；过程装备与控制工程：77/D；汉语国际教育：140/C；化学工程与工艺：184/D；机器人工程：71/C；机械电子工程：97/D；人工智能：123/C；数据科学与大数据技术：152/C；网络空间安全：42/C；智能科学与技术：58/C；智能制造工程：56/B。

15. 西安工业大学

（1）西安工业大学综合实力排名

综合排名：2024 校友会中国大学排名第 273 名，全国理工类高校第 123 名，陕西省高校第 15 名。

星级排名：中国三星级大学（3★），中国知名、区域一流大学。主管部门：陕西省。

（2）西安工业大学各本科专业排名（全国排名/档次）

1）中国一流专业（5★）

人力资源管理：1/A++；信息对抗技术：3/A+。

2）中国高水平专业（4★）

测控技术与仪器：53/B++；产品设计：10/A；电气工程及其自动化：88/B++；电子信息工程：38/B++；高分子材料与工程：21/B++；工业工程：28/B++；光电信息科学与工程：25/B++；汉语言文学：114/B++；会计学：43/B++；机械电子工程：6/A+；机械设计制造及其自动化：54/B++；计算机科学与技术：60/B++；金属材料工程：13/B++；软件工程：44/B++；书法学：5/A；通信工程：69/B++；土木工程：96/B++；物联网工程：10/A+；自动化：41/B++。

3）中国区域一流专业（3★）

材料化学：37/B+；生物医学工程：62/B+；探测制导与控制技术：13/B+；武器系统与工程：3/A+；信息与计算科学：86/B+。

4）中国区域高水平专业（2★）

工业设计：131/C；国际经济与贸易：266/D；环境工程：212/D；经济学：205/D；社会体育指导与管理：64/C；市场营销：241/D；数学与应用数学：245/D；体育教育：112/D；信息管理与信息系统：207/C；英语：358/D。

5）中国区域知名专业（1★）

城市地下空间工程：44/D；城乡规划：131/D；电子科学与技术：126/D；法学：327/D；给排水科学与工程：103/D；汉语国际教育：190/D；环境设计：244/D；机器人工程：71/C；人工智能：123/C；视觉传达设计：260/D；数据科学与大数据技术：152/C；数字媒体艺术：135/D；网络与新媒体：78/D；无机非金属材料工程：77/D；物流管理：183/D；应用物理学：151/D；智能科学与技术：58/C；智能制造工程：56/B。

15. 西安石油大学

（1）西安石油大学综合实力排名

综合排名：2024 校友会中国大学排名第 273 名，全国理工类高校第 123 名，陕西省高校第 15 名。

星级排名：中国三星级大学（3★），中国知名、区域一流大学。主管部门：陕西省。

（2）西安石油大学各本科专业排名（全国排名/档次）

1）中国一流专业（5★）

油气储运工程：2/A+。

2）中国高水平专业（4★）

财务管理：46/B++；测控技术与仪器：53/B++；地质工程：21/B++；过程装备与控制工程：11/B++；焊接技术与工程：5/A；化学工程与工艺：34/B++；会计学：43/B++；机械电子工程：20/B++；机械设计制造及其自动化：54/B++；计算机科学与技术：60/B++；勘查技术与工程：12/B++；能源化学工程：9/B++；人力资源管理：16/A；石油工程：6/B++；应用化学：69/B++；英语：57/B++；资源勘查工程：21/B++。

3）中国区域一流专业（3★）

材料成型及控制工程：80/B+；电气工程及其自动化：133/B+；海洋油气工程：5/A；环境设计：105/B+；金属材料工程：33/B+；软件工程：150/B+；视觉传达设计：83/B+；通信工程：141/B+；土木工程：164/B+；网络工程：25/B++；信息与计算科学：86/B+；应用物理学：83/B+；自动化：150/B+。

4）中国区域高水平专业（2★）

地质学：21/D；电子商务：148/D；电子信息工程：236/D；工程管理：144/D；工业设计：131/C；光电信息科学与工程：121/C；国际经济与贸易：266/D；汉语言文学：200/D；环境工程：212/D；能源与动力工程：137/D；社会体育指导与管理：64/C；市场营销：176/C；新闻学：125/D；信息管理与信息系统：207/C。

5）中国区域知名专业（1★）

安全工程：83/D；材料物理：64/D；地球信息科学与技术：12/D；俄语：90/D；翻译：98/C；金融学：204/D；人工智能：123/C；数据科学与大数据技术：152/C；数字媒体技术：69/D；新能源材料与器件：54/C；新能源科学与工程：78/D；音乐学：129/D。

17. 延安大学

（1）延安大学综合实力排名

综合排名：2024 校友会中国大学排名第 278 名，全国综合类高校第 81 名，陕西省高校第 17 名。

星级排名：中国三星级大学（3★），中国知名、区域一流大学。主管部门：陕西省。

（2）延安大学各本科专业排名（全国排名/档次）

1）世界高水平、中国顶尖专业（6★）

中国共产党历史：2/A+。

2）中国一流专业（5★）

思想政治教育：51/A。

3）中国高水平专业（4★）

电子信息工程：89/B++；汉语言文学：64/B++；化学：39/B++；化学工程与工艺：34/B++；计算机科学与技术：206/B++；临床医学：39/B++；生物科学：36/B++；数学与应用数学：137/B++；新闻学：61/B++；音乐学：39/B++。

4）中国区域一流专业（3★）

工商管理：180/B+；护理学：81/B+；环境工程：133/B+；教育技术学：44/B+；经济学：122/B+；历史学：84/B+；软件工程：183/B+；社会工作：63/B+；石油工程：12/B+；体育教育：72/B+；土木工程：164/B+；物理学：95/B+；医学检验技术：54/B+；英语：231/B+。

5）中国区域高水平专业（2★）

工程管理：144/D；教育学：65/D；旅游管理：168/D；人力资源管理：148/C；日语：162/C；生物技术：176/D；舞蹈学：55/C；信息与计算科学：231/D；学前教育：70/C；园林：59/C。

6）中国区域知名专业（1★）

法学：327/D；给排水科学与工程：103/D；过程装备与控制工程：84/D；汉语国际教育：190/D；会计学：323/D；金融学：235/D；麻醉学：33/D；美术学：143/D；视觉传达设计：260/D；数据科学与大数据技术：152/C；通信工程：265/D；物联网工程：194/D；行政管理：214/D；医学影像学：56/D；应用化学：250/D；应用心理学：147/D；油气储运工程：25/D；运动康复：30/C；政治学与行政学：75/D；智能制造工程：56/B；自动化：240/D。

18. 西安美术学院

（1）西安美术学院综合实力排名

综合排名：2024 校友会中国大学排名第 296 名，全国艺术类高校第 14 名，陕西省高校第 18 名。

星级排名：中国四星级大学（4★），世界知名、中国高水平大学。主管部门：陕西省。

（2）西安美术学院各本科专业排名（全国排名/档次）

1）世界知名高水平、中国顶尖专业（7★）

中国画：2/A++。

2）世界高水平、中国顶尖专业（6★）

绘画：2/A+；美术学：2/A++。

3）中国一流专业（5★）

雕塑：5/A；工艺美术：2/A+；公共艺术：2/A+；摄影：2/A+；艺术设计学：10/A。

4）中国高水平专业（4★）

产品设计：33/B++；动画：15/A；服装与服饰设计：11/B++；工业设计：38/B++；环境设计：9/A+；建筑学：52/B++；实验艺术：2/A+；视觉传达设计：13/A+；戏剧影视美术设计：9/B++；艺术与科技：3/A+。

5）中国区域一流专业（3★）

书法学：11/B++；数字媒体艺术：39/B+；艺术教育：8/B+；艺术史论：11/B+；影视摄影与制作：6/B+。

6）中国区域高水平专业（2★）

学前教育：90/D；艺术管理：9/B；音乐学：117/C。

19. 西安邮电大学

（1）西安邮电大学综合实力排名

综合排名：2024 校友会中国大学排名第 298 名，全国理工类高校第 137 名，陕西省高校第 19 名。

星级排名：中国三星级大学（3★），中国知名、区域一流大学。主管部门：陕西省。

（2）西安邮电大学各本科专业排名（全国排名/档次）

1）中国一流专业（5★）

通信工程：5/A+；智能科学与技术：2/A+。

2）中国高水平专业（4★）

电磁场与无线技术：2/A+；电子科学与技术：39/B++；电子商务：17/A；工商管理：100/B++；广播电视工程：3/A+；会计学：43/B++；集成电路设计与集成系统：8/B++；软件工程：103/B++；数字媒体艺术：13/A；物流管理：15/A；信息安全：16/B++。

3）中国区域一流专业（3★）

电气工程及其自动化：151/B+；电子信息工程：141/B+；工业工程：54/B+；光电信息科学与工程：72/B+；计算机科学与技术：285/B+；金融工程：46/B+；商务英语：34/B+；网络工程：25/B++；微电子科学与工程：40/B+；物联网工程：45/B+；信息对抗技术：14/B+；信息工程：27/B+；信息与计算科学：86/B+；自动化：150/B+。

4）中国区域高水平专业（2★）

财务管理：175/D；测控技术与仪器：143/D；国际经济与贸易：266/D；市场营销：241/D；信息管理与信息系统：207/C；英语：358/D；邮政工程：2/A+；邮政管理：2/A+。

5）中国区域知名专业（1★）

材料物理：73/D；大数据管理与应用：48/C；电信工程及管理：3/A+；机器人工程：71/C；人工智能：123/C；数据科学与大数据技术：152/C；网络空间安全：42/C；网络与新媒体：78/D；行政管理：195/D；应用物理学：132/D。

20. 西安财经大学

（1）西安财经大学综合实力排名

综合排名：2024 校友会中国大学排名第 311 名，全国财经类高校第 33 名，陕西省高校第 20 名。

星级排名：中国二星级大学（2★），中国区域高水平大学。主管部门：陕西省。

（2）西安财经大学各本科专业排名（全国排名/档次）

1）中国一流专业（5★）

电子商务：4/A+；会计学：16/A+；金融学：13/A+；经济统计学：1/A++。

2）中国高水平专业（4★）

财政学：32/B++；法学：111/B++；经济学：83/B++；市场营销：59/B++；统计学：41/B++；信息管理与信息系统：73/B++；应用统计学：15/B++。

3）中国区域一流专业（3★）

保险学：29/B+；工程管理：82/B+；公共事业管理：57/B+；国际经济与贸易：142/B+；汉语言文学：151/B+；计算机科学与技术：285/B+；旅游管理：105/B+；软件工程：183/B+；投资学：17/B+；物流管理：83/B+；新闻学：109/B+；英语：253/B+。

4）中国区域高水平专业（2★）

广播电视学：77/D；网络工程：119/D；戏剧影视文学：49/D；艺术设计学：104/D。

5）中国区域知名专业（1★）

财务管理：210/D；城市管理：31/D；大数据管理与应用：48/C；工程造价：50/D；工商管理：311/D；广播电视编导：96/D；广告学：150/D；金融数学：46/D；贸易经济：22/D；农林经济管理：56/D；人力资源管理：201/D；商务英语：102/D；审计学：40/D；数据科学与大数据技术：152/C；税收学：38/D；土木工程：223/D；行政管理：195/D。

21. 陕西理工大学

（1）陕西理工大学综合实力排名

综合排名：2024 校友会中国大学排名第 328 名，全国理工类高校第 153 名，陕西省高校第 21 名。

星级排名：中国二星级大学（2★），中国区域高水平大学。主管部门：陕西省。

（2）陕西理工大学各本科专业排名（全国排名/档次）

1）中国高水平专业（4★）

材料成型及控制工程：33/B++；电气工程及其自动化：88/B++；汉语言文学：114/B++；机械设计制造及其自动化：54/B++；计算机科学与技术：60/B++；生物科学：83/B++；数学与应用数学：137/B++；物理学：33/B++。

2）中国区域一流专业（3★）

材料科学与工程：90/B+；测控技术与仪器：77/B+；车辆工程：77/B+；电子商务：82/B+；法学：208/B+；高分子材料与工程：81/B+；汉语国际教育：49/B+；化学：113/B+；建筑学：95/B+；经济学：122/B+；食品质量与安全：45/B+；思想政治教育：116/B+；体育教育：72/B+；通信工程：141/B+；土木工程：164/B+；信息与计算科学：86/B+；应用统计学：30/B+；自动化：150/B+。

3）中国区域高水平专业（2★）

广播电视学：77/D；环境科学与工程：18/C；能源与动力工程：124/D；社会体育指导与管理：99/D；生物工程：127/C；网络工程：81/B；学前教育：90/D。

4）中国区域知名专业（1★）

财务管理：210/D；城乡规划：131/D；地理科学：74/D；电子信息工程：271/D；电子信息科学与技术：117/D；工程管理：185/D；工程造价：50/D；工商管理：311/D；国际经济与贸易：329/D；化学工程与工艺：184/D；环境工程：238/D；环境设计：244/D；会计学：297/D；教育技术学：96/D；历史学：130/D；美术学：116/D；人力资源管理：201/D；食品科学与工程：166/D；视觉传达设计：202/D；网络与新媒体：78/D；舞蹈编导：38/D；物流管理：170/D；音乐学：129/D；应用化学：250/D；应用心理学：113/D；英语：398/D；运动训练：80/D。

22. 宝鸡文理学院

（1）宝鸡文理学院综合实力排名

综合排名：2024 校友会中国大学排名第 393 名，全国综合类高校第 122 名，陕西省高校第 22 名。

星级排名：中国一星级大学（1★），中国区域知名大学。主管部门：陕西省。

（2）宝鸡文理学院各本科专业排名（全国排名/档次）

1）中国顶尖应用型专业（6★）

地理科学：1/A++；工商管理：5/A+；汉语言文学：1/A++；教育学：1/A++；数学与应用数学：1/A++；物理学：1/A++。

2）中国一流应用型专业（5★）

材料物理：2/A+；电气工程及其自动化：48/A；广播电视编导：17/A；化学：23/A；机械设计制造及其自动化：68/A；思想政治教育：20/A；物联网工程：19/A；学前教育：46/A；哲学：1/A++；制药工程：9/A。

3）中国高水平应用型专业（4★）

材料成型及控制工程：36/B++；材料化学：14/B++；测绘工程：18/B++；电子科学与技术：22/B++；服装与服饰设计：32/B++；给排水科学与工程：16/B++；工业设计：17/B++；公共事业管理：14/B++；广告学：21/B++；机械电子工程：42/B++；历史学：32/B++；美术学：38/B++；能源化学工程：3/A+；人工智能：20/B++；视觉传达设计：72/B++；舞蹈学：11/A；自动化：70/B++。

4）中国区域一流应用型专业（3★）

播音与主持艺术：54/B+；电子信息工程：186/B+；翻译：39/B+；化学工程与工艺：92/B+；环境工程：60/B+；环境设计：113/B+；会计学：177/B+；计算机科学与技术：253/B+；教育技术学：34/B+；旅游管理：129/B+；人力资源管理：75/B+；人文地理与城乡规划：23/B+；软件工程：156/B+；商务英语：71/B+；市场营销：144/B+；通信工程：130/B+；文化产业管理：22/B+；信息与计算科学：53/B+；行政管理：37/B+；音乐学：87/B+；英语：198/B+；自然地理与资源环境：10/B+。

5）中国区域高水平应用型专业（2★）

测控技术与仪器：57/D；法学：138/C；经济学：80/C；统计学：53/B；新闻学：81/C；应用化学：96/C；应用心理学：75/C。

6）中国区域知名应用型专业（1★）

体育教育：138/D；智能制造工程：70/C。

22. 渭南师范学院

（1）渭南师范学院综合实力排名

综合排名：2024校友会中国大学排名第393名，全国师范类高校第80名，陕西省高校第22名。

星级排名：中国一星级大学（1★），中国区域知名大学。主管部门：陕西省。

（2）渭南师范学院各本科专业排名（全国排名/档次）

1）中国顶尖应用型专业（6★）

汉语言文学：1/A++；教育技术学：1/A++；学前教育：1/A++。

2）中国一流应用型专业（5★）

动画：17/A；计算机科学与技术：101/A；经济学：17/A；数字媒体艺术：8/A+；思想政治教育：20/A；物理学：17/A；音乐学：17/A；英语：62/A。

3）中国高水平应用型专业（4★）

材料化学：14/B++；广播电视编导：31/B++；化学：48/B++；数学与应用数学：78/B++；数字媒体技术：25/B++；中国共产党历史：2/A+。

4）中国区域一流应用型专业（3★）

材料科学与工程：37/B+；电气工程及其自动化：157/B+；高分子材料与工程：28/B+；光电信息科学与工程：36/B+；历史学：55/B+；美术学：82/B+；能源化学工程：6/B+；软件工程：156/B+；生物科学：54/B+；书法学：16/B+；舞蹈学：33/B+；物流管理：127/B+；戏剧影视美术设计：10/B+；信息安全：8/B+；音乐表演：48/B+。

5）中国区域高水平应用型专业（2★）

产品设计：130/C；朝鲜语：32/C；电子商务：159/B；电子信息科学与技术：71/C；环境设计：203/B；教育学：30/D；农业资源与环境：7/C；日语：119/C；市场营销：231/C；心理学：20/C；新闻学：81/C；应用化学：96/C。

6）中国区域知名应用型专业（1★）

财务管理：326/C；地理科学：69/D；俄语：46/D；汉语国际教育：153/D；会计学：280/D；旅游管理：234/D；商务英语：230/D；社会体育指导与管理：104/C；视觉传达设计：299/D；数据科学与大数据技术：272/D；体育教育：138/D；统计学：81/D；网络与新媒体：140/C；小学教育：142/C。

22. 榆林学院

（1）榆林学院综合实力排名

综合排名：2024校友会中国大学排名第393名，全国综合类高校第122名，陕西省高校第22名。

星级排名：中国一星级大学（1★），中国区域知名大学。主管部门：陕西省。

（2）榆林学院各本科专业排名（全国排名/档次）

1）中国一流应用型专业（5★）

动物科学：4/A；机械设计制造及其自动化：68/A；旅游管理：42/A；石油工程：5/A；油气储运工程：2/A+。

2）中国高水平应用型专业（4★）

安全工程：14/B++；电气工程及其自动化：91/B++；给排水科学与工程：16/B++；过程装备与控制工程：6/B++；汉语言文学：118/B++；化学工程与工艺：50/B++；水土保持与荒漠化防治：2/A+；物联网工程：62/B++；学前教育：95/B++；园林：15/B++；植物科学与技术：1/A++。

3）中国区域一流应用型专业（3★）

计算机科学与技术：253/B+；金融工程：39/B+；能源与动力工程：33/B+；思想政治教育：78/B+；土木工程：160/B+；英语：198/B+。

4）中国区域高水平应用型专业（2★）

翻译：84/C；环境设计：203/B；建筑环境与能源应用工程：50/C；历史学：74/C；美术学：124/C；生物科学：

80/C；市场营销：231/C；数学与应用数学：166/D；舞蹈学：69/C；物理学：99/C；新能源科学与工程：33/C；新闻学：81/C；音乐学：150/C。

5）中国区域知名应用型专业（1★）

材料科学与工程：62/D；财务管理：326/C；测控技术与仪器：69/D；法学：193/D；工程管理：174/C；化学：122/D；会计学：280/D；人工智能：86/C；设施农业科学与工程：13/D；社会工作：93/D；社会体育指导与管理：104/C；视觉传达设计：299/D；数据科学与大数据技术：272/D；体育教育：138/D；小学教育：142/C；应用统计学：59/C；智能制造工程：70/C。

25. 陕西中医药大学

（1）陕西中医药大学综合实力排名

综合排名：2024 校友会中国大学排名第 407 名，全国医药类高校第 67 名，陕西省高校第 25 名。

星级排名：中国三星级大学（3★），中国知名、区域一流大学。主管部门：陕西省。

（2）陕西中医药大学各本科专业排名（全国排名/档次）

1）中国一流专业（5★）

中药学：9/A。

2）中国高水平专业（4★）

中医学：18/B++。

3）中国区域一流专业（3★）

护理学：93/B+；康复治疗学：44/B+；临床医学：90/B+；生物技术：122/B+；市场营销：130/B+；药物制剂：22/B+；药学：105/B+；医学检验技术：50/B+；医学影像学：26/B+；预防医学：61/B+；针灸推拿学：22/B+；制药工程：79/B+；中西医临床医学：26/B+；中药制药：9/B+。

4）中国区域高水平专业（2★）

汉语言文学：235/D；中药资源与开发：22/D。

5）中国区域知名专业（1★）

公共事业管理：238/D；健康服务与管理：15/B；食品卫生与营养学：20/D；应用心理学：113/D；中医儿科学：6/C；中医骨伤科学：11/C；中医康复学：7/B；助产学：13/B。

25. 西安医学院

（1）西安医学院综合实力排名

综合排名：2024 校友会中国大学排名第 407 名，全国医药类高校第 67 名，陕西省高校第 25 名。

星级排名：中国一星级大学（1★），中国区域知名大学。主管部门：陕西省。

（2）西安医学院各本科专业排名（全国排名/档次）

1）中国顶尖应用型专业（6★）

护理学：1/A++；临床医学：10/A+；药学：1/A++；医学检验技术：1/A++。

2）中国一流应用型专业（5★）

口腔医学：8/A；麻醉学：4/A；医学影像技术：6/A；中药学：4/A。

3）中国高水平应用型专业（4★）

眼视光学：6/B++；医学影像学：11/B++；预防医学：11/B++。

4）中国区域一流应用型专业（3★）

公共事业管理：37/B+；康复治疗学：38/B+；劳动与社会保障：7/B++；市场营销：144/B+；助产学：5/A。

5）中国区域高水平应用型专业（2★）

精神医学：9/D；食品科学与工程：96/D；英语：318/C。

6）中国区域知名应用型专业（1★）

儿科学：8/D。

25. 咸阳师范学院

（1）咸阳师范学院综合实力排名

综合排名：2024 校友会中国大学排名第 407 名，全国师范类高校第 81 名，陕西省高校第 25 名。

星级排名：中国一星级大学（1★），中国区域知名大学。主管部门：陕西省。

（2）咸阳师范学院各本科专业排名（全国排名/档次）

1）中国顶尖应用型专业（6★）

汉语言文学：30/A+；学前教育：9/A+。

2）中国一流应用型专业（5★）

材料化学：7/A；化学：23/A；计算机科学与技术：101/A；教育技术学：5/A；历史学：16/A；书法学：2/A+；数学与应用数学：38/A；思想政治教育：20/A；物理学：17/A；小学教育：41/A；英语：62/A。

3）中国高水平应用型专业（4★）

地理科学：19/B++；地理信息科学：17/B++；电子信息工程：116/B++；服装与服饰设计：32/B++；旅游管理：76/B++。

4）中国区域一流应用型专业（3★）

产品设计：80/B+；电磁场与无线技术：1/A++；电气工程及其自动化：157/B+；广告学：43/B+；软件工程：156/B+；生物科学：54/B+；舞蹈学：33/B+；物联网工程：139/B+；音乐学：87/B+。

5）中国区域高水平应用型专业（2★）

播音与主持艺术：98/C；测绘工程：58/D；电子信息科学与技术：71/C；汉语国际教育：110/C；化学工程与工艺：121/D；环境设计：203/B；美术学：124/C；特殊教育：24/D；土地资源管理：15/C；舞蹈表演：43/B；新闻学：81/C；信息与计算科学：78/C；应用心理学：75/C；智能科学与技术：47/C。

6）中国区域知名应用型专业（1★）

财务管理：326/C；国际商务：78/D；经济学：111/D；日语：173/D；社会工作：93/D；视觉传达设计：299/D；体育教育：138/D；统计学：81/D；物流管理：251/D。

28. 西安体育学院

（1）西安体育学院综合实力排名

综合排名：2024 校友会中国大学排名第 422 名，全国体育类高校第 13 名，陕西省高校第 28 名。

星级排名：中国三星级大学（3★），中国知名、区域一流大学。主管部门：陕西省。

（2）西安体育学院各本科专业排名（全国排名/档次）

1）中国顶尖应用型专业（6★）

表演：5/A+；社会体育指导与管理：4/A+；体育教育：1/A++；体育经济与管理：1/A++；运动训练：1/A++。

2）中国一流应用型专业（5★）

康复治疗学：8/A；武术与民族传统体育：2/A+；应用心理学：7/A+；运动康复：1/A++；运动人体科学：1/A++。

3）中国高水平应用型专业（4★）

播音与主持艺术：31/B++；公共事业管理：14/B++；经济学：24/B++；市场营销：85/B++；舞蹈表演：8/A；舞蹈学：11/A。

4）中国区域一流应用型专业（3★）

特殊教育：21/B+；新闻学：50/B+；休闲体育：19/B+。

29. 西安航空学院

（1）西安航空学院综合实力排名

综合排名：2024 校友会中国大学排名第 436 名，全国理工类高校第 199 名，陕西省高校第 29 名。

星级排名：中国一星级大学（1★），中国区域知名大学。主管部门：陕西省。

（2）西安航空学院各本科专业排名（全国排名/档次）

1）中国顶尖应用型专业（6★）

机械电子工程：1/A++。

2）中国一流应用型专业（5★）

材料成型及控制工程：16/A；测控技术与仪器：7/A；电子信息工程：66/A；飞行器动力工程：3/A+；飞行器设计与工程：1/A++；飞行器制造工程：4/A；机器人工程：3/A+；机械设计制造及其自动化：68/A；交通运输：10/A。

3）中国高水平应用型专业（4★）

材料科学与工程：23/B++；飞行技术：6/B++；建筑环境与能源应用工程：17/B++；汽车服务工程：38/B++；自动化：70/B++。

4）中国区域一流应用型专业（3★）

车辆工程：56/B+；光电信息科学与工程：36/B+；航空服务艺术与管理：4/A；计算机科学与技术：253/B+；能源与动力工程：33/B+；通信工程：130/B+；物联网工程：139/B+；新能源汽车工程：4/A。

5）中国区域高水平应用型专业（2★）

电气工程及其自动化：231/D；电子商务：159/B；复合材料与工程：14/D；给排水科学与工程：54/C；工程管理：142/C；软件工程：221/C；商务英语：161/C；信息与计算科学：78/C；智能制造工程：34/B。

6）中国区域知名应用型专业（1★）

财务管理：326/C；秘书学：73/D；物流管理：251/D。

30. 安康学院

（1）安康学院综合实力排名

综合排名：2024 校友会中国大学排名第 453 名，全国综合类高校第 155 名，陕西省高校第 30 名。

星级排名：中国一星级大学（1★），中国区域知名大学。主管部门：陕西省。

（2）安康学院各本科专业排名（全国排名/档次）

1）中国顶尖应用型专业（6★）

旅游管理：21/A+；小学教育：21/A+；园林：1/A++。

2）中国一流应用型专业（5★）

财务管理：40/A；美术学：9/A+；农学：5/A；思想政治教育：20/A；体育教育：19/A。

3）中国高水平应用型专业（4★）

汉语言文学：118/B++；环境生态工程：2/A+；计算机科学与技术：168/B++；食品科学与工程：37/B++；数学与应用数学：78/B++。

4）中国区域一流应用型专业（3★）

材料化学：19/B+；茶学：7/B+；化学：73/B+；化学工程与工艺：92/B+；康复治疗学：38/B+；农业资源与环境：6/B+；商务英语：71/B+。

5）中国区域高水平应用型专业（2★）

电子信息工程：242/C；化妆品技术与工程：4/A；会计学：223/C；秘书学：35/B；统计学：53/B；网络与新媒体：100/B；物联网工程：232/C；音乐学：150/C；制药工程：85/C。

6）中国区域知名应用型专业（1★）

地理科学：69/D；电子商务：219/C；工程管理：174/C；工程造价：136/C；护理学：153/D；金融工程：115/C；社会工作：93/D；生物技术：95/D；视觉传达设计：299/D；学前教育：215/C；应用化学：150/D；应用物理学：27/D；英语：412/D。

30. 西安文理学院

（1）西安文理学院综合实力排名

综合排名：2024 校友会中国大学排名第 453 名，全国综合类高校第 155 名，陕西省高校第 30 名。

星级排名：中国一星级大学（1★），中国区域知名大学。主管部门：陕西省。

（2）西安文理学院各本科专业排名（全国排名/档次）

1）中国顶尖应用型专业（6★）

旅游管理：1/A++；软件工程：36/A+；应用化学：4/A+。

2）中国一流应用型专业（5★）

汉语言文学：63/A；机械设计制造及其自动化：68/A；视觉传达设计：33/A；数学与应用数学：38/A；物联网工程：19/A；学前教育：46/A；英语：62/A。

3）中国高水平应用型专业（4★）

公共艺术：4/A；环境生态工程：2/A+；机器人工程：14/A；计算机科学与技术：168/B++；食品安全与检测：1/A++；戏剧影视文学：10/B++；音乐表演：21/B++；自动化：70/B++。

4）中国区域一流应用型专业（3★）

材料科学与工程：37/B+；翻译：39/B+；化学：73/B+；化学工程与工艺：92/B+；数字媒体艺术：63/B+；物理学：66/B+；音乐学：87/B+；应用心理学：47/B+；智能感知工程：1/A++。

5）中国区域高水平应用型专业（2★）

电子商务：159/B；电子信息工程：242/C；光电信息科学与工程：58/D；汉语国际教育：110/C；经济与金融：27/B；历史学：74/C；美术学：124/C；秘书学：35/B；生物科学：80/C；数据科学与大数据技术：199/C；思想政治教育：112/C。

6）中国区域知名应用型专业（1★）

广告学：123/D；会计学：280/D；日语：173/D；生物制药：43/D；市场营销：321/D；书法学：54/D；体育教育：138/D；文物与博物馆学：15/D；小学教育：142/C。

30. 西安音乐学院

（1）西安音乐学院综合实力排名

综合排名：2024校友会中国大学排名第453名，全国艺术类高校第28名，陕西省高校第30名。

星级排名：中国三星级大学（3★），中国知名、区域一流大学。主管部门：陕西省。

（2）西安音乐学院各本科专业排名（全国排名/档次）

1）中国一流专业（5★）

音乐表演：6/A+；音乐学：7/A+；作曲与作曲技术理论：6/A。

2）中国高水平专业（4★）

录音艺术：6/B++；舞蹈编导：6/B++；舞蹈学：11/B++；艺术与科技：4/A。

3）中国区域一流专业（3★）

舞蹈表演：24/B+；艺术管理：3/A+。

4）中国区域高水平专业（2★）

艺术史论：15/D。

5）中国区域知名专业（1★）

非物质文化遗产保护：1/A++。

33. 商洛学院

（1）商洛学院综合实力排名

综合排名：2024校友会中国大学排名第465名，全国综合类高校第162名，陕西省高校第33名。

星级排名：中国一星级大学（1★），中国区域知名大学。主管部门：陕西省。

（2）商洛学院各本科专业排名（全国排名/档次）

1）中国顶尖应用型专业（6★）

应用化学：4/A+。

2）中国一流应用型专业（5★）

计算机科学与技术：101/A；生物技术：7/A。

3）中国高水平应用型专业（4★）

工程管理：59/B++；汉语言文学：118/B++；文化产业管理：11/B++；物理学：39/B++；应用心理学：20/B++；制药工程：25/B++。

4）中国区域一流应用型专业（3★）

城乡规划：38/B+；地理科学：28/B+；金属材料工程：17/B+；美术学：82/B+；人工智能：36/B+；食品科学与工程：65/B+；思想政治教育：78/B+。

5）中国区域高水平应用型专业（2★）

电气工程及其自动化：231/D；康复治疗学：59/C；秘书学：35/B；食品卫生与营养学：10/D；网络工程：137/C；网络与新媒体：100/B；音乐学：150/C；资源循环科学与工程：10/D。

6）中国区域知名应用型专业（1★）

财务管理：326/C；电子商务：219/C；护理学：153/D；化学：122/D；会计学：280/D；数据科学与大数据技术：272/D；数学与应用数学：197/D；土木工程：257/D；信息管理与信息系统：161/D；学前教育：215/C；英语：412/D；园林：70/D。

34. 陕西学前师范学院

（1）陕西学前师范学院综合实力排名

综合排名：2024校友会中国大学排名第472名，全国师范类高校第111名，陕西省高校第34名。

星级排名：中国一星级大学（1★），中国区域知名大学。主管部门：陕西省。

（2）陕西学前师范学院各本科专业排名（全国排名/档次）

1）中国顶尖应用型专业（6★）

体育教育：6/A+；心理学：1/A++；学前教育：1/A++。

2）中国一流应用型专业（5★）

思想政治教育：20/A；小学教育：41/A；英语：62/A。

3）中国高水平应用型专业（4★）

教育学：15/B++；历史学：32/B++；生物科学：41/B++。

4）中国区域一流应用型专业（3★）

翻译：39/B+；汉语言文学：180/B+；绘画：30/B+；数学与应用数学：109/B+；数字媒体技术：57/B+；舞蹈学：33/B+；音乐学：87/B+。

5）中国区域高水平应用型专业（2★）

人文地理与城乡规划：32/C；食品科学与工程：96/D；数据科学与大数据技术：199/C；物联网工程：232/C；运动康复：21/C。

6）中国区域知名应用型专业（1★）

财务管理：326/C；化学：122/D；美术学：163/D；书法学：54/D；文化产业管理：71/D；应用化学：150/D；应用统计学：59/C。

三、陕西省民办大学专业排名详情

1. 西安欧亚学院

（1）西安欧亚学院综合实力排名

综合排名：2024校友会中国民办大学排名第1名，全国财经类民办高校第 1 名，陕西省民办高校第 1 名。

星级排名：中国六星级应用型大学（6★），中国顶尖应用型大学。

（2）西安欧亚学院各本科专业排名（全国排名/档次）

1）中国顶尖应用型专业（6★）

财务管理：1/A++；电子商务：6/A+；电子信息工程：9/A+；工程管理：3/A++；工程造价：1/A++；工商管理：5/A+；国际商务：1/A++；环境设计：19/A+；会计学：2/A++；会展经济与管理：1/A++；金融学：2/A++；经济统计学：1/A++；旅游管理：1/A++；软件工程：1/A++；审计学：1/A++；市场营销：3/A++；视觉传达设计：1/A++；通信工程：1/A++；土木工程：2/A++；小学教育：2/A++；新闻学：1/A++；英语：3/A++。

2）中国一流应用型专业（5★）

房地产开发与管理：3/A+；供应链管理：2/A+；广播电视编导：17/A；教育学：8/A；人力资源管理：12/A+；数据科学与大数据技术：4/A++；数字出版：1/A++；数字媒体艺术：8/A+；体育经济与管理：2/A+；网络与新媒体：12/A+；物联网工程：19/A；学前教育：46/A；应用心理学：7/A+。

3）中国高水平应用型专业（4★）

智能建造：4/A。

2. 西安培华学院

（1）西安培华学院综合实力排名

综合排名：2024 校友会中国民办大学排名第 4 名，全国综合类民办高校第 5 名，陕西省民办高校第 2 名。

星级排名：中国六星级应用型大学（6★），中国顶尖应用型大学。

（2）西安培华学院各本科专业排名（全国排名/档次）

1）中国顶尖应用型专业（6★）

财务管理：1/A++；电子商务：6/A+；电子信息工程：9/A+；法学：1/A++；服装与服饰设计：3/A+；国际经济与贸易：23/A+；汉语言文学：1/A++；护理学：1/A++；会计学：2/A++；计算机科学与技术：2/A++；建筑学：1/A++；人力资源管理：1/A++；软件工程：1/A++；通信工程：1/A++；土木工程：2/A++；戏剧影视文学：1/A++；新闻学：1/A++；学前教育：9/A+；药学：1/A++；英语：3/A++。

2）中国一流应用型专业（5★）

播音与主持艺术：14/A；动画：17/A；工程造价：19/A；广播电视编导：17/A；汉语国际教育：12/A；环境设计：34/A；健康服务与管理：3/A+；金融工程：13/A；日语：13/A；市场营销：38/A；视觉传达设计：33/A；数据科学与大数据技术：4/A++；医学检验技术：10/A。

3）中国高水平应用型专业（4★）

工艺美术：5/A；体育教育：56/B++；网络与新媒体：32/B++。

3. 西安外事学院

（1）西安外事学院综合实力排名

综合排名：2024 校友会中国民办大学排名第 11 名，全国综合类民办高校第 12 名，陕西省民办高校第 3 名。

星级排名：中国六星级应用型大学（6★），中国顶尖应用型大学。

（2）西安外事学院各本科专业排名（全国排名/档次）

1）中国顶尖应用型专业（6★）

表演：5/A+；电子信息工程：9/A+；护理学：15/A+；市场营销：3/A++；物流管理：12/A+；英语：47/A+；园林：1/A++。

2）中国一流应用型专业（5★）

电气工程及其自动化：48/A；工商管理：39/A；国际经济与贸易：62/A；汉语言文学：63/A；会计学：63/A；生物医学工程：5/A。

3）中国高水平应用型专业（4★）

财务管理：80/B++；电子商务：66/B++；法语：10/B++；翻译：19/B++；广播电视编导：31/B++；汉语国际教育：36/B++；环境设计：73/B++；计算机科学与技术：168/B++；旅游管理：76/B++；人力资源管理：32/B++；日语：36/B++；网络与新媒体：32/B++。

4）中国区域一流应用型专业（3★）

会展经济与管理：21/B+；经济与金融：20/B+；口腔医学技术：6/B+；视觉传达设计：140/B+；数据科学与大数据技术：60/B++；物联网工程：139/B+；新闻学：50/B+；学前教育：130/B+；药学：38/B+。

5）中国区域高水平应用型专业（2★）

播音与主持艺术：98/C；朝鲜语：32/C；德语：24/C；俄语：32/C；康复治疗学：59/C；西班牙语：23/C；小学教育：128/C；音乐表演：85/C。

6）中国区域知名应用型专业（1★）

机器人工程：127/D；智能科学与技术：63/C。

4. 西安翻译学院

（1）西安翻译学院综合实力排名

综合排名：2024 校友会中国民办大学排名第 14 名，全国语言类民办高校第 2 名，陕西省民办高校第 4 名。

星级排名：中国六星级应用型大学（6★），中国顶尖应用型大学。

（2）西安翻译学院各本科专业排名（全国排名/档次）

1）中国顶尖应用型专业（6★）

俄语：1/A++；法语：1/A++；翻译：1/A++；国际经济与贸易：45/A+；日语：1/A++；商务英语：1/A++；英语：3/A++。

2）中国一流应用型专业（5★）

财务管理：40/A；朝鲜语：6/A；德语：5/A；电子商务：37/A；汉语国际教育：12/A；汉语言文学：63/A；环境设计：34/A；西班牙语：2/A+。

3）中国高水平应用型专业（4★）

电子信息科学与技术：27/B++；工程造价：34/B++；工业设计：17/B++；旅游管理：76/B++；人力资源管理：32/B++；软件工程：95/B++；审计学：20/B++；戏剧影视文学：10/B++；小学教育：75/B++；休闲体育：5/A；学前教育：95/B++。

4）中国区域一流应用型专业（3★）

表演：34/B+；播音与主持艺术：54/B+；电子科学与技术：42/B+；工程管理：96/B+；航空服务艺术与管理：4/A；护理学：90/B+；康复治疗学：38/B+；数据科学与大数据技术：60/B++；数字媒体艺术：63/B+；艺术设计学：51/B+。

5. 西京学院

（1）西京学院综合实力排名

综合排名：2024校友会中国民办大学排名第23名，全国综合类民办高校第24名，陕西省民办高校第5名。

星级排名：中国五星级应用型大学（5★），中国一流应用型大学。

（2）西京学院各本科专业排名（全国排名/档次）

1）中国顶尖应用型专业（6★）

会计学：23/A+；机械设计制造及其自动化：44/A+；物联网工程：1/A++；自动化：25/A+。

2）中国一流应用型专业（5★）

电子商务：37/A；土木工程：49/A；艺术设计学：11/A；应用化学：14/A；应用物理学：4/A。

3）中国高水平应用型专业（4★）

城市管理：4/A；电子信息工程：116/B++；工程管理：59/B++；工程造价：34/B++；汉语国际教育：36/B++；环境设计：73/B++；交通运输：19/B++；审计学：20/B++；新闻学：30/B++；英语：129/B++。

4）中国区域一流应用型专业（3★）

动画：82/B+；法语：16/B+；国际经济与贸易：179/B+；护理学：90/B+；计算机科学与技术：253/B+；美术学：82/B+；视觉传达设计：140/B+；数据科学与大数据技术：60/B++。

5）中国区域高水平应用型专业（2★）

财务管理：251/C；产品设计：130/C；大数据管理与应用：26/B；工业设计：74/C；旅游管理：180/C；人工智能：59/B；市场营销：231/C；网络与新媒体：100/B。

6）中国区域知名应用型专业（1★）

电气工程及其自动化：293/D；广播电视编导：135/D；机器人工程：127/D；医学影像技术：48/D；智能制造工程：70/C。

6. 延安大学西安创新学院

（1）延安大学西安创新学院综合实力排名

综合排名：2024校友会中国民办大学排名第24名，全国综合类民办高校第25名，陕西省民办高校第6名。

星级排名：中国五星级应用型大学（5★），中国一流应用型大学。

（2）延安大学西安创新学院各本科专业排名（全国排名/档次）

1）中国顶尖应用型专业（6★）

电子信息工程：9/A+；工商管理：5/A+；国际经济与贸易：45/A+；汉语言文学：30/A+；护理学：15/A+；计算机科学与技术：2/A++；建筑学：11/A+；软件工程：1/A++；土木工程：2/A++；英语：47/A+。

2）中国一流应用型专业（5★）

工程造价：19/A；汉语国际教育：12/A；环境设计：34/A；市场营销：38/A；视觉传达设计：33/A；数学与应用数学：38/A；物联网工程：19/A；小学教育：41/A；学前教育：46/A；制药工程：9/A。

3）中国高水平应用型专业（4★）

给排水科学与工程：16/B++；会计学：105/B++；经济与金融：13/B++；康复治疗学：17/B++；旅游管理：76/B++；旅游管理与服务教育：5/A；美术学：38/B++；数字媒体艺术：30/B++；思想政治教育：57/B++；物流管理：56/B++；园林：15/B++。

4）中国区域一流应用型专业（3★）

广播电视学：40/B+。

7. 陕西国际商贸学院

（1）陕西国际商贸学院综合实力排名

综合排名：2024校友会中国民办大学排名第33名，全国财经类民办高校第15名，陕西省民办高校第7名。

星级排名：中国四星级应用型大学（4★），中国高水平应用型大学。

（2）陕西国际商贸学院各本科专业排名（全国排名/档次）

1）中国顶尖应用型专业（6★）

中药学：2/A+。

2）中国高水平应用型专业（4★）

国际经济与贸易：109/B++；药物制剂：6/B++；制药工程：25/B++。

3）中国区域一流应用型专业（3★）

宝石及材料工艺学：9/B+；财务管理：137/B+；电子科学与技术：42/B+；服装设计与工程：31/B+；服装与服饰设计：60/B+；环境设计：113/B+；审计学：52/B+；市场营销：144/B+；物联网工程：139/B+；药学：38/B+；英语：198/B+。

4）中国区域高水平应用型专业（2★）

汉语言文学：253/C；护理学：129/D；计算机科学与技术：379/D；金融工程：80/B；康复治疗学：59/C；人力资源管理：134/C；数据科学与大数据技术：199/C；物流管理：182/C；信息管理与信息系统：119/C。

5）中国区域知名应用型专业（1★）

产品设计：180/D；大数据管理与应用：51/D；电子商务：219/C；动画：153/D；工程造价：136/C；工艺美术：43/C；汉语国际教育：153/D；学前教育：215/C。

8. 西安思源学院

（1）西安思源学院综合实力排名

综合排名：2024 校友会中国民办大学排名第 38 名，全国理工类民办高校第 38 名，陕西省民办高校第 8 名。

星级排名：中国四星级应用型大学（4★），中国高水平应用型大学。

（2）西安思源学院各本科专业排名（全国排名/档次）

1）中国一流应用型专业（5★）

汉语言文学：63/A。

2）中国高水平应用型专业（4★）

财务管理：80/B++；电子信息工程：116/B++；机械设计制造及其自动化：128/B++；计算机科学与技术：168/B++；土木工程：97/B++。

3）中国区域一流应用型专业（3★）

护理学：90/B+；建筑学：67/B+；教育学：23/B+；书法学：16/B+；小学教育：106/B+；英语：198/B+；智能制造工程：12/B++。

4）中国区域高水平应用型专业（2★）

大数据管理与应用：26/B；电气工程及其自动化：231/D；工程造价：88/B；康复治疗学：59/C；人力资源管理：134/C；艺术教育：17/C。

5）中国区域知名应用型专业（1★）

电子商务：219/C；广告学：123/D；国际经济与贸易：325/D；汉语国际教育：153/D；环境设计：311/D；市场营销：321/D；数字媒体艺术：155/C；网络工程：191/D；网络与新媒体：140/C；学前教育：215/C。

9. 西安交通大学城市学院

（1）西安交通大学城市学院综合实力排名

综合排名：2024 校友会中国民办大学排名第 53 名，全国综合类民办高校第 54 名，陕西省民办高校第 9 名。

星级排名：中国四星级应用型大学（4★），中国高水平应用型大学。

（2）西安交通大学城市学院各本科专业排名（全国排名/档次）

1）中国顶尖应用型专业（6★）

会计学：23/A+；机械设计制造及其自动化：44/A+。

2）中国一流应用型专业（5★）

测控技术与仪器：7/A；国际经济与贸易：62/A；商务英语：12/A+。

3）中国高水平应用型专业（4★）

财务管理：80/B++；电气工程及其自动化：91/B++；电子信息工程：116/B++；护理学：59/B++；计算机科学与技术：168/B++；康复治疗学：17/B++；能源与动力工程：19/B++；人力资源管理：32/B++。

4）中国区域一流应用型专业（3★）

财政学：16/B+；传播学：12/B+；工商管理：106/B+；机器人工程：36/B+；金融学：79/B+；日语：69/B+；市场营销：144/B+；统计学：20/B++；土木工程：160/B+；英语：198/B+；中国画：4/A；自动化：120/B+。

5）中国区域高水平应用型专业（2★）

动画：117/C；环境设计：203/B；建筑环境与能源应用工程：50/C；经济统计学：31/B；视觉传达设计：235/C；网络工程：137/C；网络与新媒体：100/B；物联网工程：232/C。

6）中国区域知名应用型专业（1★）

播音与主持艺术：132/D；过程装备与控制工程：34/D；软件工程：288/D；书法学：54/D；通信工程：247/D。

10. 西安工商学院

（1）西安工商学院综合实力排名

综合排名：2024 校友会中国民办大学排名第 69 名，全国财经类民办高校第 37 名，陕西省民办高校第 10 名。

星级排名：中国三星级应用型大学（3★），中国知名、区域一流应用型大学。

（2）西安工商学院各本科专业排名（全国排名/档次）

1）中国顶尖应用型专业（6★）

软件工程：36/A+。

2）中国一流应用型专业（5★）

汉语言文学：63/A。

3）中国高水平应用型专业（4★）

财务管理：80/B++；光电信息科学与工程：22/B++；机械设计制造及其自动化：128/B++；自动化：70/B++。

4）中国区域一流应用型专业（3★）

测控技术与仪器：34/B+；电气工程及其自动化：157/B+；人力资源管理：75/B+；通信工程：130/B+；土木工程：160/B+。

5）中国区域高水平应用型专业（2★）

国际商务：57/C；物联网工程：232/C。

6）中国区域知名应用型专业（1★）

播音与主持艺术：132/D；电子信息工程：314/D；工程造价：136/C；广播电视编导：135/D；广告学：123/D；国际经济与贸易：325/D；会计学：280/D；计算机科学与技术：469/D；金融科技：17/B；网络与新媒体：140/C；影视摄影与制作：35/D。

10. 西北大学现代学院

（1）西北大学现代学院综合实力排名

综合排名：2024 校友会中国民办大学排名第 69 名，全国综合类民办高校第 70 名，陕西省民办高校第 10 名。

星级排名：中国二星级应用型大学（2★），中国区域高水平应用型大学。

（2）西北大学现代学院各本科专业排名（全国排名/档次）

1）中国一流应用型专业（5★）

播音与主持艺术：14/A；艺术设计学：11/A。

2）中国高水平应用型专业（4★）

动画：37/B++；广播电视编导：31/B++；汉语言文学：

118/B++；视觉传达设计：72/B++；数字媒体艺术：30/B++；图书馆学：1/A++。

3）中国区域一流应用型专业（3★）

环境设计：113/B+；劳动与社会保障：7/B++；戏剧影视导演：6/B+。

4）中国区域高水平应用型专业（2★）

表演：48/C；财务管理：251/C；金融工程：80/B；摄影：38/C；资产评估：35/C。

5）中国区域知名应用型专业（1★）

网络与新媒体：140/C；文化产业管理：71/D；舞蹈学：102/D；戏剧影视美术设计：20/C；戏剧影视文学：42/D；新媒体艺术：6/B；艺术与科技：37/D；音乐学：213/D；影视摄影与制作：35/D。

12. 陕西服装工程学院

（1）陕西服装工程学院综合实力排名

综合排名：2024 校友会中国民办大学排名第 77 名，全国理工类民办高校第 79 名，陕西省民办高校第 12 名。

星级排名：中国二星级应用型大学（2★），中国区域高水平应用型大学。

（2）陕西服装工程学院各本科专业排名（全国排名/档次）

1）中国顶尖应用型专业（6★）

服装设计与工程：5/A+。

2）中国一流应用型专业（5★）

视觉传达设计：33/A。

3）中国高水平应用型专业（4★）

产品设计：43/B++；服装与服饰设计：32/B++；会计学：105/B++。

4）中国区域一流应用型专业（3★）

宝石及材料工艺学：9/B+；播音与主持艺术：54/B+；健康服务与管理：15/B++；数据科学与大数据技术：60/B++；制药工程：54/B+；智能科学与技术：17/B++。

5）中国区域高水平应用型专业（2★）

表演：48/C；工程造价：88/B；机械设计制造及其自动化：246/D；交通管理：5/A；生物制药：30/C；物联网工程：232/C；物流管理：182/C。

6）中国区域知名应用型专业（1★）

财务管理：326/C；环境设计：311/D；计算机科学与技术：469/D；金融工程：115/C；市场营销：321/D；数字媒体艺术：155/C；小学教育：142/C；学前教育：215/C。

13. 陕西科技大学镐京学院

（1）陕西科技大学镐京学院综合实力排名

综合排名：2024 校友会中国民办大学排名第 79 名，全国理工类民办高校第 81 名，陕西省民办高校第 13 名。

星级排名：中国二星级应用型大学（2★），中国区域高水平应用型大学。

（2）陕西科技大学镐京学院各本科专业排名（全国排名/档次）

1）中国高水平应用型专业（4★）

电子信息工程：116/B++；服装设计与工程：18/B++；物流工程：14/B++；药物制剂：6/B++。

2）中国区域一流应用型专业（3★）

财务管理：137/B+；电气工程及其自动化：157/B+；电子信息科学与技术：53/B+；国际经济与贸易：179/B+；审计学：52/B+；物联网工程：139/B+。

3）中国区域高水平应用型专业（2★）

人力资源管理：134/C；信息管理与信息系统：119/C；行政管理：61/C。

4）中国区域知名应用型专业（1★）

电子商务：219/C；工商管理：205/D；会计学：280/D；计算机科学与技术：469/D；健康服务与管理：49/C；金融工程：115/C；市场营销：321/D；网络工程：191/D；物流管理：251/D；智能科学与技术：63/C。

14. 长安大学兴华学院

（1）长安大学兴华学院综合实力排名

综合排名：2024 校友会中国民办大学排名第 87 名，全国综合类民办高校第 88 名，陕西省民办高校第 14 名。

星级排名：中国二星级应用型大学（2★），中国区域高水平应用型大学。

（2）长安大学兴华学院各本科专业排名（全国排名/档次）

1）中国区域一流应用型专业（3★）

道路桥梁与渡河工程：18/B+；电气工程及其自动化：157/B+。

2）中国区域高水平应用型专业（2★）

机械设计制造及其自动化：246/D；土木工程：219/C；行政管理：61/C。

3）中国区域知名应用型专业（1★）

会计学：280/D；建筑学：124/D；艺术设计学：100/D。

15. 西安明德理工学院

（1）西安明德理工学院综合实力排名

综合排名：2024 校友会中国民办大学排名第 90 名，全国理工类民办高校第 92 名，陕西省民办高校第 15 名。

星级排名：中国二星级应用型大学（2★），中国区域高水平应用型大学。

（2）西安明德理工学院各本科专业排名（全国排名/档次）

1）中国顶尖应用型专业（6★）

通信工程：27/A+。

2）中国一流应用型专业（5★）

飞行器制造工程：4/A；机械设计制造及其自动化：68/A。

3）中国高水平应用型专业（4★）

电子商务：66/B++；电子信息工程：116/B++；国际经济与贸易：109/B++；会计学：105/B++；计算机科学与技术：168/B++；金融学：45/B++；物联网工程：62/B++。

4）中国区域一流应用型专业（3★）

播音与主持艺术：54/B+；德语：15/B+；能源经济：5/A；日语：69/B+；软件工程：156/B+；市场营销：144/B+；视觉传达设计：140/B+；英语：198/B+；智能制造工程：12/B++。

5）中国区域高水平应用型专业（2★）

翻译：84/C；工业设计：74/C；数据科学与大数据技术：199/C；舞蹈学：69/C。

6）中国区域知名应用型专业（1★）

财务管理：326/C；产品设计：180/D；电气工程及其自动化：293/D；机器人工程：127/D；数字媒体艺术：155/C。

16. 西安建筑科技大学华清学院

（1）西安建筑科技大学华清学院综合实力排名

综合排名：2024 校友会中国民办大学排名第 92 名，全国理工类民办高校第 94 名，陕西省民办高校第 16 名。

星级排名：中国二星级应用型大学（2★），中国区域高水平应用型大学。

（2）西安建筑科技大学华清学院各本科专业排名（全国排名/档次）

1）中国一流应用型专业（5★）

建筑学：20/A；土木工程：49/A。

2）中国高水平应用型专业（4★）

材料科学与工程：23/B++；城乡规划：21/B++；风景园林：12/B++；给排水科学与工程：16/B++；环境设计：73/B++；机械设计制造及其自动化：128/B++；冶金工程：6/B++。

3）中国区域一流应用型专业（3★）

安全工程：31/B+；材料成型及控制工程：49/B+；工程管理：96/B+；会计学：177/B+；计算机科学与技术：253/B+；建筑电气与智能化：20/B+；建筑环境与能源应用工程：33/B+；经济学：52/B+；矿物资源工程：2/A+；市场营销：144/B+；通信工程：130/B+；英语：198/B+；自动化：120/B+。

4）中国区域高水平应用型专业（2★）

绘画：44/C；机械电子工程：132/C；摄影：38/C；视觉传达设计：235/C；舞蹈表演：43/B；舞蹈学：69/C。

5）中国区域知名应用型专业（1★）

汉语言文学：298/D；交通运输：59/D；音乐表演：123/D。

17. 西安财经大学行知学院

（1）西安财经大学行知学院综合实力排名

综合排名：2024 校友会中国民办大学排名第 109 名，全国财经类民办高校第 51 名，陕西省民办高校第 17 名。

星级排名：中国二星级应用型大学（2★），中国区域高水平应用型大学。

（2）西安财经大学行知学院各本科专业排名（全国排名/档次）

1）中国高水平应用型专业（4★）

财政学：9/B++；会计学：105/B++；金融学：45/B++；人力资源管理：32/B++；社会体育指导与管理：20/B++。

2）中国区域一流应用型专业（3★）

财务管理：137/B+；工商管理：106/B+；国际经济与贸易：179/B+；审计学：52/B+；统计学：20/B++；英语：198/B+。

3）中国区域高水平应用型专业（2★）

广播电视学：57/C；广告学：74/B；行政管理：61/C。

4）中国区域知名应用型专业（1★）

产品设计：180/D；经济统计学：42/C；旅游管理：234/D；市场营销：321/D；数据科学与大数据技术：272/D；网络与新媒体：140/C；物流工程：52/D；物流管理：251/D；艺术设计学：100/D。

18. 西安科技大学高新学院

（1）西安科技大学高新学院综合实力排名

综合排名：2024 校友会中国民办大学排名第 122 名，全国理工类民办高校第 125 名，陕西省民办高校第 18 名。

星级排名：中国一星级应用型大学（1★），中国区域知名应用型大学。

（2）西安科技大学高新学院各本科专业排名（全国排名/档次）

1）中国一流应用型专业（5★）

能源与动力工程：10/A。

2）中国高水平应用型专业（4★）

财务管理：80/B++；测绘工程：18/B++；工程造价：34/B++；汉语国际教育：36/B++。

3）中国区域一流应用型专业（3★）

电气工程及其自动化：157/B+；广播电视编导：72/B+；计算机科学与技术：253/B+；软件工程：156/B+；自动化：120/B+。

4）中国区域高水平应用型专业（2★）

安全工程：39/C；大数据管理与应用：26/B；机械设计制造及其自动化：246/D；建筑学：104/D；商务英语：161/C。

5）中国区域知名应用型专业（1★）

播音与主持艺术：132/D；电子商务：219/C；工程管理：174/C；环境设计：311/D；金融工程：115/C；旅游管理：234/D；视觉传达设计：299/D；数字媒体艺术：155/C；土木工程：257/D；网络与新媒体：140/C；物联网工程：299/D；学前教育：215/C；英语：412/D；智能科学与技术：63/C。

19. 西安交通工程学院

（1）西安交通工程学院综合实力排名

综合排名：2024 校友会中国民办大学排名第 125 名，全国理工类民办高校第 128 名，陕西省民办高校第 19 名。

星级排名：中国一星级应用型大学（1★），中国区域知名应用型大学。

（2）西安交通工程学院各本科专业排名（全国排名/档次）

1）中国高水平应用型专业（4★）

车辆工程：34/B++；轨道交通信号与控制：5/A；交通工程：13/B++；交通运输：19/B++；通信工程：74/B++。

2）中国区域一流应用型专业（3★）

财务管理：137/B+。

3）中国区域高水平应用型专业（2★）

大数据管理与应用：26/B；电子信息工程：242/C；轨道交通电气与控制：2/A+；铁道工程：3/A+。

4）中国区域知名应用型专业（1★）

电气工程及其自动化：293/D；电子商务：219/C；工程造价：136/C；机器人工程：127/D；机械设计制造及其自动化：297/D；土木工程：257/D；物联网工程：299/D；物流管理：251/D；学前教育：215/C；音乐学：213/D。

20. 西安理工大学高科学院

（1）西安理工大学高科学院综合实力排名

综合排名：2024 校友会中国民办大学排名第 126 名，全国理工类民办高校第 129 名，陕西省民办高校第 20 名。

星级排名：中国一星级应用型大学（1★），中国区域知名应用型大学。

（2）西安理工大学高科学院各本科专业排名（全国排名/档次）

1）中国高水平应用型专业（4★）

机械设计制造及其自动化：128/B++。

2）中国区域一流应用型专业（3★）

财务管理：137/B+；电气工程及其自动化：157/B+。

3）中国区域高水平应用型专业（2★）

工程管理：142/C；软件工程：221/C；水利水电工程：32/D。

4）中国区域知名应用型专业（1★）

电子信息工程：314/D；计算机科学与技术：469/D；土木工程：257/D；英语：412/D。

第五节　新疆维吾尔自治区

一、新疆维吾尔自治区大学综合实力排名

1. 新疆维吾尔自治区大学排名

表 9-15　2024 校友会新疆维吾尔自治区大学排名

全国排名	学校名称	所在城市	星级排名	办学层次	星级专业数/个								
					专业类型	8★	7★	6★	5★	4★	3★	2★	1★
174	新疆大学	乌鲁木齐市	4★	中国高水平大学	研究型	0	0	2	2	35	38	15	2
221	石河子大学	石河子市	3★	区域一流大学	研究型	0	0	0	1	27	18	28	20
227	新疆医科大学	乌鲁木齐市	3★	区域一流大学	研究型	0	0	1	1	9	8	3	5
236	新疆农业大学	乌鲁木齐市	3★	区域一流大学	研究型	0	0	0	2	15	14	18	12
249	新疆师范大学	乌鲁木齐市	3★	区域一流大学	研究型	0	0	0	2	14	11	18	19
306	塔里木大学	阿拉尔市	2★	区域高水平大学	研究型	0	0	0	0	7	11	21	28
328	新疆财经大学	乌鲁木齐市	3★	区域一流大学	研究型	0	0	0	0	16	3	6	13
351	伊犁师范大学	伊犁哈萨克自治州	1★	区域知名大学	研究型	0	0	0	0	5	11	1	28
407	喀什大学	喀什地区	1★	区域知名大学	应用型	0	0	7	9	13	11	7	3
436	昌吉学院	昌吉回族自治州	1★	区域知名大学	应用型	0	0	1	2	8	16	13	5
453	新疆工程学院	乌鲁木齐市	1★	区域知名大学	应用型	0	0	3	4	7	9	7	4
472	新疆艺术学院	乌鲁木齐市	3★	区域一流大学	应用型	0	0	7	7	4	4	0	0
501	新疆警察学院	乌鲁木齐市	2★	区域高水平大学	应用型	0	0	0	2	5	3	1	0
510	新疆科技学院	库尔勒市	1★	区域知名大学	应用型	0	0	2	1	4	2	7	2
510	新疆理工学院	阿克苏地区	1★	区域知名大学	应用型	0	0	1	2	3	7	10	9
518	新疆政法学院	五家渠市	1★	区域知名大学	应用型	0	0	0	1	2	2	2	5
531	新疆第二医学院	克拉玛依市	1★	区域知名大学	应用型	0	0	0	0	1	3	1	6

2. 新疆维吾尔自治区高职院校排名

表 9-16 2024 校友会新疆维吾尔自治区高职院校排名

全国排名	学校名称	所在城市	办学类型	星级排名	办学层次
37	新疆轻工职业技术学院	乌鲁木齐市	职业技能型	5★	中国一流高职院校
41	新疆农业职业技术学院	昌吉回族自治州	职业技能型	5★	中国一流高职院校
63	新疆石河子职业技术学院	石河子市	职业技能型	4★	中国高水平高职院校
72	喀什职业技术学院	喀什地区	职业技能型	3★	区域一流高职院校
81	乌鲁木齐职业大学	乌鲁木齐市	职业技能型	3★	区域一流高职院校
98	巴音郭楞职业技术学院	巴音郭楞蒙古自治州	职业技能型	3★	区域一流高职院校
145	阿克苏职业技术学院	阿克苏地区	职业技能型	3★	区域一流高职院校
156	新疆师范高等专科学校	乌鲁木齐市	职业技能型	2★	区域高水平高职院校
160	新疆职业大学	乌鲁木齐市	职业技能型	2★	区域高水平高职院校
162	新疆机电职业技术学院	乌鲁木齐市	职业技能型	2★	区域高水平高职院校
181	昌吉职业技术学院	昌吉回族自治州	职业技能型	2★	区域高水平高职院校
193	克拉玛依职业技术学院	克拉玛依市	职业技能型	2★	区域高水平高职院校
228	和田师范专科学校	和田地区	职业技能型	2★	区域高水平高职院校
252	新疆交通职业技术学院	乌鲁木齐市	职业技能型	2★	区域高水平高职院校
256	新疆生产建设兵团兴新职业技术学院	乌鲁木齐市	职业技能型	2★	区域高水平高职院校
291	伊犁职业技术学院	伊犁哈萨克自治州	职业技能型	1★	区域知名高职院校
341	新疆应用职业技术学院	伊犁哈萨克自治州	职业技能型	1★	区域知名高职院校

3. 新疆维吾尔自治区职业技术大学排名

表 9-17 2024 校友会新疆维吾尔自治区职业技术大学排名

全国排名	学校名称	所在城市	办学类型	星级排名	办学层次
29	新疆天山职业技术大学	乌鲁木齐市	职业技能型	3★	区域一流职业技术大学

二、新疆维吾尔自治区大学专业排名详情

1. 新疆大学

（1）新疆大学综合实力排名

综合排名：2024 校友会中国大学排名第 174 名，全国综合类高校第 60 名，新疆维吾尔自治区高校第 1 名。

星级排名：中国四星级大学（4★），世界知名、中国高水平大学。"211 工程"大学。主管部门：新疆维吾尔自治区。

（2）新疆大学各本科专业排名（全国排名/档次）

1）世界高水平、中国顶尖专业（6★）

思想政治教育：7/A+；中国少数民族语言文学：3/A+。

2）中国一流专业（5★）

汉语言文学：28/A；软件工程：18/A。

3）中国高水平专业（4★）

地理信息科学：8/A；电气工程及其自动化：40/B++；电子信息工程：38/B++；俄语：11/A；法学：49/B++；纺织工程：10/B++；服装与服饰设计：21/B++；高分子材料与工程：21/B++；工程管理：55/B++；广告学：11/A；过程装备与控制工程：31/B++；化学：39/B++；化学工程与工艺：34/B++；机械工程：26/B++；计算机科学与技术：60/B++；建筑学：24/B++；经济学：83/B++；历史学：55/B++；旅游管理：22/A；能源与动力工程：30/B++；社会学：40/B++；生物工程：21/B++；生物科学：83/B++；数学与应用数学：56/B++；通信工程：45/B++；统计学：20/A；土木工程：47/B++；物理学：33/B++；新闻学：30/B++；信息安全：16/B++；行政管理：33/B++；英语：57/B++；政治学与行政学：25/B++；中国共产党历史：4/A；自动化：41/B++。

4）中国区域一流专业（3★）

阿拉伯语：15/B+；材料成型及控制工程：80/B+；材料科学与工程：98/B+；采矿工程：28/B+；测绘工程：46/B+；城乡规划：58/B+；地理科学：60/B+；地质工程：32/B+；服装设计与工程：22/B+；给排水科学与工程：55/B+；工商管理：180/B+；广播电视学：36/B+；国际经济与贸易：176/B+；国际政治：29/B+；汉语国际教育：58/B+；环境科学：82/B+；机械设计制造及其自动化：190/B+；建筑环境与能源应用工程：63/B+；交通工程：37/B+；酒店管理：16/B+；勘查技术与工程：21/B+；劳动与社会保障：37/B+；民族学：15/B+；能源化学工程：17/B+；社会工作：87/B+；生态学：29/B+；食品科学与工程：114/B+；图书馆学：14/B+；物流管理：88/B+；戏剧影

视文学：42/B+；新能源科学与工程：27/B+；信息管理与信息系统：138/B+；信息与计算科学：122/B+；遥感科学与技术：12/B+；应用物理学：83/B+；知识产权：14/B+；资源勘查工程：30/B+；自然地理与资源环境：20/B+。

5）中国区域高水平专业（2★）

播音与主持艺术：63/C；材料化学：74/C；工业工程：93/C；工业设计：131/C；汉语言：42/C；机器人工程：18/B++；金融学：191/D；考古学：20/D；人文地理与城乡规划：38/B；生物技术：176/D；市场营销：241/D；数据科学与大数据技术：54/B++；水文与水资源工程：46/D；网络空间安全：26/B；应用化学：197/D。

6）中国区域知名专业（1★）

编辑出版学：36/D；网络工程：155/D。

2. 石河子大学

（1）石河子大学综合实力排名

综合排名：2024 校友会中国大学排名第 221 名，全国综合类高校第 69 名，新疆维吾尔自治区高校第 2 名。

星级排名：中国三星级大学（3★），中国知名、区域一流大学。“211 工程”大学。主管部门：新疆生产建设兵团。

（2）石河子大学各本科专业排名（全国排名/档次）

1）中国一流专业（5★）

农学：17/A。

2）中国高水平专业（4★）

材料科学与工程：68/B++；动物科学：25/B++；动物医学：29/B++；工商管理：100/B++；汉语言文学：114/B++；化学工程与工艺：84/B++；环境工程：82/B++；会计学：112/B++；机械设计制造及其自动化：131/B++；计算机科学与技术：206/B++；教育学：34/B++；金融学：93/B++；经济学：83/B++；临床医学：70/B++；美术学：35/B++；农业机械化及其自动化：22/B++；农业水利工程：13/B++；农业资源与环境：17/B++；生物科学：83/B++；食品科学与工程：72/B++；水利水电工程：25/B++；药学：61/B++；应用化学：69/B++；英语：136/B++；园艺：28/B++；植物保护：24/B++；中药学：19/B++。

3）中国区域一流专业（3★）

阿拉伯语：15/B+；波斯语：9/B+；财务管理：100/B+；广播电视学：36/B+；护理学：93/B+；化学：124/B+；科学教育：5/A；口腔医学：54/B+；农林经济管理：38/B+；葡萄与葡萄酒工程：7/B+；审计学：25/B+；生物技术：122/B+；体育教育：95/B+；土木工程：164/B+；学前教育：56/B+；医学影像学：26/B+；预防医学：61/B+；中国少数民族语言文学：17/B+。

4）中国区域高水平专业（2★）

地理科学：65/D；电气工程及其自动化：217/D；电子商务：148/D；电子信息工程：236/D；俄语：71/C；法学：271/D；给排水科学与工程：66/C；工业工程：93/C；公共事业管理：198/D；国际经济与贸易：266/D；历史学：114/D；林学：30/D；旅游管理：168/D；人力资源管理：148/C；设施农业科学与工程：16/C；食品质量与安全：91/C；市场营销：241/D；数学与应用数学：245/D；统计学：147/C；物理学：126/D；信息管理与信息系统：207/C；医学检验技术：62/C；音乐学：117/C；园林：59/C；运动训练：60/C；政治学与行政学：59/C；种子科学与工程：24/C；自然地理与资源环境：34/B。

5）中国区域知名专业（1★）

汉语言：73/D；环境设计：244/D；建筑学：167/D；教育技术学：101/D；临床药学：34/D；软件工程：271/D；社会工作：170/D；视觉传达设计：260/D；数据科学与大数据技术：152/C；土地资源管理：80/D；网络空间安全：42/C；物流管理：183/D；小学教育：74/D；新闻学：160/D；信息与计算科学：293/D；音乐表演：119/D；应急管理：8/C；应用物理学：151/D；应用心理学：147/D；制药工程：157/D。

3. 新疆医科大学

（1）新疆医科大学综合实力排名

综合排名：2024 校友会中国大学排名第 227 名，全国医药类高校第 29 名，新疆维吾尔自治区高校第 3 名。

星级排名：中国三星级大学（3★），中国知名、区域一流大学。主管部门：新疆维吾尔自治区。

（2）新疆医科大学各本科专业排名（全国排名/档次）

1）世界高水平、中国顶尖专业（6★）

维医学：1/A++。

2）中国一流专业（5★）

哈医学：1/A++。

3）中国高水平专业（4★）

护理学：59/B++；口腔医学：34/B++；临床医学：39/B++；麻醉学：15/B++；药学：27/B++；医学检验技术：37/B++；预防医学：23/B++；中药学：19/B++；中医学：23/B++。

4）中国区域一流专业（3★）

儿科学：12/B+；法医学：18/B+；基础医学：19/B+；康复治疗学：44/B+；生物医学工程：62/B+；医学影像学：26/B+；针灸推拿学：22/B+；中西医临床医学：26/B+。

5）中国区域高水平专业（2★）

公共事业管理：124/B；信息管理与信息系统：207/C；英语：318/D。

6）中国区域知名专业（1★）

健康服务与管理：15/B；精神医学：18/C；临床药学：34/D；生物医药数据科学：1/A++；中医康复学：7/B。

4. 新疆农业大学

（1）新疆农业大学综合实力排名

综合排名：2024 校友会中国大学排名第 236 名，全国农林类高校第 26 名，新疆维吾尔自治区高校第 4 名。

星级排名：中国三星级大学（3★），中国知名、区域一流大学。主管部门：新疆维吾尔自治区。

（2）新疆农业大学各本科专业排名（全国排名/档次）

1）中国一流专业（5★）

农业资源与环境：5/A；种子科学与工程：4/A。

2）中国高水平专业（4★）

草业科学：9/B++；动物科学：25/B++；动物医学：29/B++；机械设计制造及其自动化：131/B++；林学：23/B++；农林经济管理：13/B++；农学：21/B++；农业水利工程：13/B++；设施农业科学与工程：3/A+；食品科学与工程：28/B++；水利水电工程：17/B++；土地资源管理：18/B++；物联网工程：23/B++；园艺：14/B++；植物保护：24/B++。

3）中国区域一流专业（3★）

动物药学：7/B+；国际经济与贸易：176/B+；计算机科学与技术：285/B+；交通工程：41/B+；马业科学：1/A++；农业机械化及其自动化：28/B+；葡萄与葡萄酒工程：7/B+；森林保护：10/B+；生态学：36/B+；生物技术：122/B+；市场营销：130/B+；水文与水资源工程：36/B+；土木工程：164/B+；中国少数民族语言文学：17/B+。

4）中国区域高水平专业（2★）

地理信息科学：94/D；电子信息科学与技术：87/C；动植物检疫：11/C；法学：271/D；工程管理：120/C；公共事业管理：124/B；环境科学：132/D；交通运输：71/D；经济学：205/D；旅游管理：168/D；人力资源管理：115/C；食品质量与安全：79/C；数学与应用数学：224/D；信息管理与信息系统：168/C；药学：118/D；应用化学：197/D；园林：49/C；自然地理与资源环境：34/B。

5）中国区域知名专业（1★）

草坪科学与工程：1/A++；城市管理：31/D；电气工程及其自动化：247/D；房地产开发与管理：24/D；国际商务：40/C；汉语言：60/D；化学工程与工艺：184/D；会计学：297/D；水土保持与荒漠化防治：19/D；物流工程：58/D；新能源科学与工程：71/D；英语：398/D。

5. 新疆师范大学

（1）新疆师范大学综合实力排名

综合排名：2024 校友会中国大学排名第 249 名，全国师范类高校第 37 名，新疆维吾尔自治区高校第 5 名。

星级排名：中国三星级大学（3★），中国知名、区域一流大学。主管部门：新疆维吾尔自治区。

（2）新疆师范大学各本科专业排名（全国排名/档次）

1）中国一流专业（5★）

思想政治教育：22/A；中国少数民族语言文学：9/A。

2）中国高水平专业（4★）

地理科学：41/B++；汉语言文学：64/B++；化学：87/B++；教育技术学：21/B++；旅游管理：22/A；美术学：19/B++；生物科学：36/B++；体育教育：23/B++；舞蹈学：11/B++；小学教育：31/B++；心理学：22/B++；学前教育：9/A；音乐学：18/B++；运动训练：20/B++。

3）中国区域一流专业（3★）

表演：23/B+；地理信息科学：61/B+；汉语国际教育：58/B+；化学工程与工艺：120/B+；计算机科学与技术：327/B+；民族学：15/B+；人力资源管理：97/B+；视觉传达设计：116/B+；特殊教育：13/B+；物理学：95/B+；宗教学：8/B+。

4）中国区域高水平专业（2★）

电子信息科学与技术：87/C；俄语：71/C；法学：271/D；服装设计与工程：34/D；公共事业管理：124/B；环境科学：132/D；绘画：65/C；教育学：65/D；经济学：205/D；历史学：114/D；马克思主义理论：19/C；人文地理与城乡规划：38/B；社会工作：112/C；社会体育指导与管理：64/C；生物技术：176/D；数学与应用数学：245/D；艺术设计学：90/D；英语：318/D。

5）中国区域知名专业（1★）

翻译：130/D；国际经济与贸易：329/D；国际商务：40/C；汉语言：60/D；环境工程：238/D；日语：218/D；软件工程：253/D；生物工程：182/D；书法学：51/D；数据科学与大数据技术：152/C；数字媒体艺术：112/D；网络工程：141/D；文物与博物馆学：25/C；乌尔都语：6/D；信息与计算科学：287/D；音乐表演：83/C；应用统计学：65/C；政治学与行政学：75/D；自然地理与资源环境：51/D。

6. 塔里木大学

（1）塔里木大学综合实力排名

综合排名：2024 校友会中国大学排名第 306 名，全国综合类高校第 91 名，新疆维吾尔自治区高校第 6 名。

星级排名：中国二星级大学（2★），中国区域高水平大学。主管部门：新疆生产建设兵团。

（2）塔里木大学各本科专业排名（全国排名/档次）

1）中国高水平专业（4★）

动物医学：29/B++；汉语言：15/B++；旅游管理：67/B++；农学：34/B++；农业水利工程：13/B++；生物技术：64/B++；园艺：28/B++。

2）中国区域一流专业（3★）

动物科学：46/B+；机械设计制造及其自动化：190/B+；计算机科学与技术：327/B+；农林经济管理：38/B+；农业电气化：12/B+；农业机械化及其自动化：35/B+；农业建筑环境与能源工程：12/B+；食品科学与工程：114/B+；土木工程：164/B+；应用生物科学：4/A；植物保护：35/B+。

3）中国区域高水平专业（2★）

财务管理：175/D；测绘工程：58/D；电气工程及其自动化：217/D；工商管理：282/D；广播电视学：77/D；国际经济与贸易：266/D；汉语言文学：200/D；化学工程与工业生物工程：3/A+；机械电子工程：84/C；历史学：114/D；林学：30/D；农业资源与环境：35/D；人力资源管理：148/C；食品质量与安全：91/C；水产养殖学：37/D；物联网工程：140/C；物流管理：139/D；学前教育：70/C；英

语：358/D；园林：59/C；中国少数民族语言文学：19/D。

4）中国区域知名专业（1★）

草业科学：29/D；车辆工程：135/D；城乡规划：103/D；电子信息工程：295/D；法学：327/D；纺织工程：28/D；服装与服饰设计：93/D；给排水科学与工程：79/D；化学工程与工艺：184/D；环境工程：257/D；临床医学：117/D；酿酒工程：12/D；农药化肥：1/A++；设施农业科学与工程：26/D；生物信息学：33/D；生物制药：45/D；水利水电工程：57/D；通信工程：239/D；投资学：36/C；网络工程：155/D；网络与新媒体：78/D；乌尔都语：6/D；艺术设计学：120/D；应用化学：213/D；应用统计学：65/C；智慧农业：9/C；种子科学与工程：31/D；自动化：240/D。

7. 新疆财经大学

（1）新疆财经大学综合实力排名

综合排名：2024校友会中国大学排名第328名，全国财经类高校第34名，新疆维吾尔自治区高校第7名。

星级排名：中国三星级大学（3★），中国知名、区域一流大学。主管部门：新疆维吾尔自治区。

（2）新疆财经大学各本科专业排名（全国排名/档次）

1）中国高水平专业（4★）

财务管理：46/B++；财政学：21/B++；电子商务：45/B++；法学：111/B++；工商管理：36/B++；国际经济与贸易：43/B++；国际商务：14/B++；会计学：43/B++；金融学：39/B++；经济统计学：19/B++；经济学：27/A；旅游管理：67/B++；审计学：11/B++；市场营销：59/B++；物流管理：46/B++；新闻学：61/B++。

2）中国区域一流专业（3★）

税收学：23/B+；统计学：84/B+；行政管理：126/B+。

3）中国区域高水平专业（2★）

汉语言文学：200/D；计算机科学与技术：370/D；酒店管理：25/B；人力资源管理：148/C；数学与应用数学：245/D；英语：358/D。

4）中国区域知名专业（1★）

保险学：45/C；工程造价：50/D；汉语国际教育：140/C；汉语言：73/D；会展经济与管理：30/C；金融工程：104/D；金融科技：16/C；金融数学：32/C；农村区域发展：20/D；数据科学与大数据技术：152/C；网络空间安全：42/C；信息安全：88/D；信息管理与信息系统：278/D。

8. 伊犁师范大学

（1）伊犁师范大学综合实力排名

综合排名：2024校友会中国大学排名第351名，全国师范类高校第69名，新疆维吾尔自治区高校第8名。

星级排名：中国一星级大学（1★），中国区域知名大学。主管部门：新疆维吾尔自治区。

（2）伊犁师范大学各本科专业排名（全国排名/档次）

1）中国高水平专业（4★）

法学：111/B++；汉语言文学：114/B++；数学与应用数学：137/B++；小学教育：31/B++；中国少数民族语言文学：15/B++。

2）中国区域一流专业（3★）

电气工程及其自动化：151/B+；广播电视学：36/B+；化学：113/B+；环境科学：82/B+；旅游管理：114/B+；生物科学：122/B+；思想政治教育：116/B+；物理学：105/B+；学前教育：48/B+；音乐表演：45/B+；应用物理学：68/B+。

3）中国区域高水平专业（2★）

物联网工程：140/C。

4）中国区域知名专业（1★）

材料化学：113/D；地理科学：74/D；电子信息工程：295/D；电子信息科学与技术：117/D；俄语：100/D；翻译：130/D；汉语国际教育：190/D；环境工程：257/D；会计学：323/D；绘画：101/D；计算机科学与技术：397/D；教育技术学：96/D；跨境电子商务：4/A；历史学：130/D；贸易经济：22/D；美术学：116/D；社会体育指导与管理：109/D；生物工程：182/D；体育教育：138/D；土木工程：223/D；舞蹈学：81/D；新闻学：160/D；信息管理与信息系统：306/D；应用化学：250/D；应用心理学：147/D；英语：398/D；植物保护：45/D；自然地理与资源环境：65/D。

9. 喀什大学

（1）喀什大学综合实力排名

综合排名：2024校友会中国大学排名第407名，全国综合类高校第129名，新疆维吾尔自治区高校第9名。

星级排名：中国一星级大学（1★），中国区域知名大学。主管部门：新疆维吾尔自治区。

（2）喀什大学各本科专业排名（全国排名/档次）

1）中国顶尖应用型专业（6★）

生物科学：1/A++；数学与应用数学：23/A+；思想政治教育：1/A++；物理学：1/A++；学前教育：9/A+；艺术设计学：1/A++；中国少数民族语言文学：1/A++。

2）中国一流应用型专业（5★）

汉语国际教育：12/A；汉语言：1/A++；汉语言文学：63/A；环境科学：2/A+；环境科学与工程：2/A+；教育学：8/A；历史学：16/A；体育教育：19/A；音乐学：17/A。

3）中国高水平应用型专业（4★）

地理科学：19/B++；广播电视学：19/B++；国际经济与贸易：109/B++；化学：48/B++；旅游管理：76/B++；美术学：38/B++；食品科学与工程：37/B++；统计学：9/A；土木工程：97/B++；舞蹈表演：8/A；小学教育：75/B++；信息与计算科学：26/B++；英语：129/B++。

4）中国区域一流应用型专业（3★）

电子信息科学与技术：53/B+；俄语：26/B+；法学：82/B+；广告学：43/B+；计算机科学与技术：253/B+；金融数学：11/B+；生物技术：41/B+；网络工程：82/B+；应用化学：65/B+；应用统计学：18/B++；应用物理学：9/B+。

5）中国区域高水平应用型专业（2★）

财务管理：251/C；电气工程及其自动化：231/D；给排

水科学与工程：54/C；社会工作：62/C；社会体育指导与管理：61/B；数字媒体技术：100/C；通信工程：205/D。

6）中国区域知名应用型专业（1★）

翻译：116/D；食品质量与安全：104/D；心理学：28/D。

10. 昌吉学院

（1）昌吉学院综合实力排名

综合排名：2024 校友会中国大学排名第 436 名，全国师范类高校第 92 名，新疆维吾尔自治区高校第 10 名。

星级排名：中国一星级大学（1★），中国区域知名大学。主管部门：新疆维吾尔自治区。

（2）昌吉学院各本科专业排名（全国排名/档次）

1）中国顶尖应用型专业（6★）

小学教育：2/A++。

2）中国一流应用型专业（5★）

能源与动力工程：10/A；数学与应用数学：38/A。

3）中国高水平应用型专业（4★）

材料物理：3/A+；化学工程与工艺：50/B++；金融数学：4/A；美术学：38/B++；网络与新媒体：32/B++；音乐表演：21/B++；中国少数民族语言文学：5/A；自动化：70/B++。

4）中国区域一流应用型专业（3★）

材料成型及控制工程：49/B+；电子商务：109/B+；工商管理：106/B+；公共事业管理：37/B+；汉语言：3/A+；汉语言文学：180/B+；环境设计：113/B+；计算机科学与技术：253/B+；交通运输：33/B+；教育技术学：34/B+；商务英语：71/B+；视觉传达设计：140/B+；网络工程：82/B+；物理学：66/B+；行政管理：37/B+；音乐学：87/B+。

5）中国区域高水平应用型专业（2★）

财务管理：251/C；化学：100/C；会展经济与管理：35/B；家政学：6/B；旅游管理：180/C；秘书学：35/B；能源化学工程：15/D；思想政治教育：112/C；特殊教育：24/D；通信工程：205/D；应用化学：96/C；应用统计学：34/B；英语：318/C。

6）中国区域知名应用型专业（1★）

科学教育：30/D；社会体育指导与管理：104/C；数据科学与大数据技术：272/D；体育教育：138/D；学前教育：215/C。

11. 新疆工程学院

（1）新疆工程学院综合实力排名

综合排名：2024 校友会中国大学排名第 453 名，全国理工类高校第 203 名，新疆维吾尔自治区高校第 11 名。

星级排名：中国一星级大学（1★），中国区域知名大学。主管部门：新疆维吾尔自治区。

（2）新疆工程学院各本科专业排名（全国排名/档次）

1）中国顶尖应用型专业（6★）

安全工程：1/A++；采矿工程：1/A++；地质工程：1/A++。

2）中国一流应用型专业（5★）

焊接技术与工程：5/A；机械设计制造及其自动化：68/A；能源与动力工程：10/A；自动化：35/A。

3）中国高水平应用型专业（4★）

测绘工程：18/B++；测控技术与仪器：18/B++；化学工程与工艺：50/B++；环境科学与工程：7/B++；勘查技术与工程：7/B++；土木工程：97/B++；资源勘查工程：3/A+。

4）中国区域一流应用型专业（3★）

电气工程与智能控制：11/B+；纺织工程：14/B+；轨道交通信号与控制：11/B+；机器人工程：36/B+；数据科学与大数据技术：60/B++；通信工程：130/B+；物联网工程：139/B+；物流工程：23/B+；消防工程：7/B+。

5）中国区域高水平应用型专业（2★）

材料成型及控制工程：76/C；电气工程及其自动化：231/D；工业设计：74/C；机械电子工程：132/C；建筑环境与能源应用工程：50/C；能源经济：7/D；新能源科学与工程：33/C。

6）中国区域知名应用型专业（1★）

材料科学与工程：62/D；国际商务：78/D；数字媒体艺术：155/C；应急技术与管理：5/A。

12. 新疆艺术学院

（1）新疆艺术学院综合实力排名

综合排名：2024 校友会中国大学排名第 472 名，全国艺术类高校第 30 名，新疆维吾尔自治区高校第 12 名。

星级排名：中国三星级大学（3★），中国知名、区域一流大学。主管部门：新疆维吾尔自治区。

（2）新疆艺术学院各本科专业排名（全国排名/档次）

1）中国顶尖应用型专业（6★）

动画：1/A++；广播电视编导：1/A++；环境设计：19/A+；绘画：1/A++；舞蹈编导：2/A+；舞蹈学：1/A++；音乐表演：1/A++。

2）中国一流应用型专业（5★）

表演：11/A；播音与主持艺术：14/A；雕塑：1/A++；文化产业管理：5/A+；戏剧影视美术设计：1/A++；音乐学：17/A；作曲与作曲技术理论：2/A+。

3）中国高水平应用型专业（4★）

录音艺术：4/A；美术学：38/B++；摄影：5/A；数字媒体艺术：30/B++。

4）中国区域一流应用型专业（3★）

传播学：12/B+；书法学：16/B+；戏剧影视文学：17/B+；艺术管理：1/A++。

13. 新疆警察学院

（1）新疆警察学院综合实力排名

综合排名：2024 校友会中国大学排名第 501 名，全国政法类高校第 29 名，新疆维吾尔自治区高校第 13 名。

星级排名：中国二星级大学（2★），中国区域高水平大学。主管部门：新疆维吾尔自治区。

（2）新疆警察学院各本科专业排名（全国排名/档次）

1）中国一流应用型专业（5★）

网络安全与执法：7/A；治安学：11/A。

2）中国高水平应用型专业（4★）

法学：55/B++；监狱学：4/A；涉外警务：3/A+；刑事科学技术：21/B++；侦查学：18/B++。

3）中国区域一流应用型专业（3★）

禁毒学：8/B+；信息安全：8/B+；中国少数民族语言文学：7/B+。

4）中国区域高水平应用型专业（2★）

警务指挥与战术：15/D。

14. 新疆科技学院

（1）新疆科技学院综合实力排名

综合排名：2024 校友会中国大学排名第 510 名，全国理工类高校第 216 名，新疆维吾尔自治区高校第 14 名。

星级排名：中国一星级大学（1★），中国区域知名大学。主管部门：新疆维吾尔自治区。

（2）新疆科技学院各本科专业排名（全国排名/档次）

1）中国顶尖应用型专业（6★）

财务管理：1/A++；会计学：23/A+。

2）中国一流应用型专业（5★）

国际经济与贸易：62/A。

3）中国高水平应用型专业（4★）

护理学：59/B++；金融学：45/B++；人力资源管理：32/B++；税收学：14/B++。

4）中国区域一流应用型专业（3★）

电子商务：109/B+；轻化工程：6/B+。

5）中国区域高水平应用型专业（2★）

纺织工程：18/D；化学工程与工艺：121/D；计算机科学与技术：379/D；旅游管理：180/C；市场营销：231/C；信息安全：23/D；信息管理与信息系统：119/C。

6）中国区域知名应用型专业（1★）

法学：193/D；新闻学：125/D。

14. 新疆理工学院

（1）新疆理工学院综合实力排名

综合排名：2024 校友会中国大学排名第 510 名，全国理工类高校第 216 名，新疆维吾尔自治区高校第 14 名。

星级排名：中国一星级大学（1★），中国区域知名大学。主管部门：新疆维吾尔自治区。

（2）新疆理工学院各本科专业排名（全国排名/档次）

1）中国顶尖应用型专业（6★）

通信工程：27/A+。

2）中国一流应用型专业（5★）

过程装备与控制工程：3/A+；物流工程：8/A。

3）中国高水平应用型专业（4★）

机械设计制造及其自动化：128/B++；软件工程：95/B++；市场营销：85/B++。

4）中国区域一流应用型专业（3★）

计算机科学与技术：253/B+；能源化学工程：6/B+；社会工作：31/B+；食品安全与检测：2/A+；食品营养与检验教育：4/A；数字媒体技术：57/B+；信息管理与信息系统：71/B+。

5）中国区域高水平应用型专业（2★）

测控技术与仪器：57/D；电气工程及其自动化：231/D；俄语：32/C；法学：138/C；纺织工程：18/D；汉语言：8/B；机械电子工程：132/C；信息与计算科学：78/C；智能科学与技术：47/C；中国少数民族语言文学：13/D。

6）中国区域知名应用型专业（1★）

工程管理：174/C；工商管理：205/D；国际经济与贸易：325/D；会计学：280/D；金融学：133/D；旅游管理：234/D；土木工程：257/D；物流管理：251/D；英语：412/D。

16. 新疆政法学院

（1）新疆政法学院综合实力排名

综合排名：2024 校友会中国大学排名第 518 名，全国政法类高校第 38 名，新疆维吾尔自治区高校第 16 名。

星级排名：中国一星级大学（1★），中国区域知名大学。主管部门：新疆维吾尔自治区。

（2）新疆政法学院各本科专业排名（全国排名/档次）

1）中国一流应用型专业（5★）

工商管理：39/A。

2）中国高水平应用型专业（4★）

护理学：59/B++；土木工程：97/B++。

3）中国区域一流应用型专业（3★）

法学：82/B+；临床医学：50/B+。

4）中国区域高水平应用型专业（2★）

电气工程及其自动化：231/D；计算机科学与技术：379/D。

5）中国区域知名应用型专业（1★）

国际经济与贸易：325/D；汉语言文学：298/D；食品科学与工程：121/D；药学：81/D；英语：412/D。

17. 新疆第二医学院

（1）新疆第二医学院综合实力排名

综合排名：2024 校友会中国大学排名第 531 名，全国医药类高校第 82 名，新疆维吾尔自治区高校第 17 名。

星级排名：中国一星级大学（1★），中国区域知名大学。主管部门：新疆维吾尔自治区。

（2）新疆第二医学院各本科专业排名（全国排名/档次）

1）中国高水平应用型专业（4★）

药学：29/B++。

2）中国区域一流应用型专业（3★）

护理学：90/B+；临床医学：50/B+；医学检验技术：41/B+。

3）中国区域高水平应用型专业（2★）

口腔医学：30/D。

4）中国区域知名应用型专业（1★）

公共事业管理：96/D；汉语言文学：298/D；麻醉学：21/D；卫生检验与检疫：21/D；信息管理与信息系统：161/D；医学影像学：29/D。

第十章　2024校友会西南地区大学综合实力、本科专业排名

第一节　贵州省

一、贵州省大学综合实力排名

1. 贵州省大学排名

表 10-1　2024校友会贵州省大学排名

全国排名	学校名称	所在城市	星级排名	办学层次	星级专业数/个								
					专业类型	8★	7★	6★	5★	4★	3★	2★	1★
84	贵州大学	贵阳市	4★	中国高水平大学	研究型	0	0	6	14	45	39	0	0
214	贵州师范大学	贵阳市	3★	区域一流大学	研究型	0	0	0	2	26	14	24	16
231	贵州医科大学	贵阳市	2★	区域高水平大学	研究型	0	0	0	0	9	8	9	12
240	贵州财经大学	贵阳市	3★	区域一流大学	研究型	0	0	0	0	20	13	14	19
256	遵义医科大学	遵义市	2★	区域高水平大学	研究型	0	0	0	0	8	13	4	5
291	贵州中医药大学	贵阳市	3★	区域一流大学	研究型	0	0	0	0	4	8	6	11
322	贵州师范学院	贵阳市	1★	区域知名大学	应用型	0	0	3	8	9	14	11	5
328	贵州民族大学	贵阳市	2★	区域高水平大学	研究型	0	0	0	2	10	19	23	28
351	贵州理工学院	贵阳市	1★	区域知名大学	应用型	0	0	5	2	6	12	11	4
387	贵阳学院	贵阳市	1★	区域知名大学	应用型	0	0	1	5	6	7	11	17
387	铜仁学院	铜仁市	1★	区域知名大学	应用型	0	0	1	2	8	9	9	10
387	遵义师范学院	遵义市	1★	区域知名大学	应用型	0	0	6	8	8	12	14	3
393	贵州工程应用技术学院	毕节市	1★	区域知名大学	应用型	0	0	0	5	6	17	19	9
407	凯里学院	黔东南苗族侗族自治州	1★	区域知名大学	应用型	0	0	0	3	4	13	10	18
422	黔南民族师范学院	黔南布依族苗族自治州	1★	区域知名大学	应用型	0	0	5	6	13	17	10	3
436	安顺学院	安顺市	1★	区域知名大学	应用型	0	0	0	2	5	6	17	17
472	六盘水师范学院	六盘水市	1★	区域知名大学	应用型	0	0	0	2	5	8	16	13
493	兴义民族师范学院	黔西南布依族苗族自治州	1★	区域知名大学	应用型	0	0	0	2	6	9	7	17
503	贵州商学院	贵阳市	1★	区域知名大学	应用型	0	0	3	2	8	9	3	2
510	贵州警察学院	贵阳市	2★	区域高水平大学	应用型	0	0	0	3	6	3	0	0

2. 贵州省民办大学排名

表 10-2　2024校友会贵州省民办大学排名（含独立学院）

全国排名	学校名称	所在城市	星级排名	办学层次	星级专业数/个								
					专业类型	8★	7★	6★	5★	4★	3★	2★	1★
27	贵州黔南经济学院	贵阳市	5★	中国一流应用型大学	应用型	0	0	0	3	4	5	5	13
34	贵阳信息科技学院	贵阳市	5★	中国一流应用型大学	应用型	0	0	2	9	8	7	7	0

续表

全国排名	学校名称	所在城市	星级排名	办学层次	星级专业数/个								
					专业类型	8★	7★	6★	5★	4★	3★	2★	1★
36	贵州黔南科技学院	贵阳市	4★	中国高水平应用型大学	应用型	0	0	0	4	3	3	4	10
90	贵阳人文科技学院	贵阳市	2★	区域高水平应用型大学	应用型	0	0	0	0	0	7	7	24
100	贵州医科大学神奇民族医药学院	贵阳市	2★	区域高水平应用型大学	应用型	0	0	0	0	1	7	2	9
101	遵义医科大学医学与科技学院	遵义市	1★	区域知名应用型大学	应用型	0	0	0	0	1	2	5	6
102	贵州中医药大学时珍学院	贵阳市	2★	区域高水平应用型大学	应用型	0	0	0	1	3	4	3	4
119	茅台学院	遵义市	1★	区域知名应用型大学	应用型	0	0	0	2	0	5	2	5

3. 贵州省高职院校排名

表10-3 2024校友会贵州省高职院校排名

全国排名	学校名称	所在城市	办学类型	星级排名	办学层次
19	贵州城市职业学院	贵阳市	职业技能型	6★	中国顶尖高职院校
19	铜仁职业技术学院	铜仁市	职业技能型	6★	中国顶尖高职院校
35	铜仁幼儿师范高等专科学校	铜仁市	职业技能型	4★	中国高水平高职院校
43	贵州工商职业学院	贵阳市	职业技能型	5★	中国一流高职院校
57	贵州交通职业技术学院	贵阳市	职业技能型	4★	中国高水平高职院校
79	贵州经贸职业技术学院	黔南布依族苗族自治州	职业技能型	3★	区域一流高职院校
80	贵州轻工职业技术学院	贵阳市	职业技能型	3★	区域一流高职院校
95	贵州装备制造职业学院	贵阳市	职业技能型	3★	区域一流高职院校
96	黔东南民族职业技术学院	黔东南苗族侗族自治州	职业技能型	3★	区域一流高职院校
103	贵州航空职业技术学院	贵阳市	职业技能型	3★	区域一流高职院校
113	安顺职业技术学院	安顺市	职业技能型	3★	区域一流高职院校
127	贵州职业技术学院	贵阳市	职业技能型	3★	区域一流高职院校
130	黔西南民族职业技术学院	黔西南布依族苗族自治州	职业技能型	3★	区域一流高职院校
135	贵州工业职业技术学院	贵阳市	职业技能型	3★	区域一流高职院校
138	毕节职业技术学院	毕节市	职业技能型	3★	区域一流高职院校
147	贵州建设职业技术学院	贵阳市	职业技能型	2★	区域高水平高职院校
159	贵州护理职业技术学院	黔南布依族苗族自治州	职业技能型	2★	区域高水平高职院校
170	遵义医药高等专科学校	遵义市	职业技能型	2★	区域高水平高职院校
182	遵义职业技术学院	遵义市	职业技能型	2★	区域高水平高职院校
191	贵州健康职业学院	铜仁市	职业技能型	2★	区域高水平高职院校
197	贵阳职业技术学院	贵阳市	职业技能型	2★	区域高水平高职院校
219	贵州工程职业学院	铜仁市	职业技能型	2★	区域高水平高职院校
223	黔南民族职业技术学院	黔南布依族苗族自治州	职业技能型	2★	区域高水平高职院校
224	贵州财经职业学院	贵阳市	职业技能型	2★	区域高水平高职院校
231	贵阳幼儿师范高等专科学校	贵阳市	职业技能型	2★	区域高水平高职院校
231	贵州电子信息职业技术学院	黔东南苗族侗族自治州	职业技能型	2★	区域高水平高职院校
235	六盘水职业技术学院	六盘水市	职业技能型	2★	区域高水平高职院校
236	贵州航天职业技术学院	遵义市	职业技能型	2★	区域高水平高职院校
272	贵州盛华职业学院	黔南布依族苗族自治州	职业技能型	2★	区域高水平高职院校
337	贵州电子科技职业学院	贵阳市	职业技能型	1★	区域知名高职院校
339	贵州食品工程职业学院	贵阳市	职业技能型	1★	区域知名高职院校
343	贵州机电职业技术学院	黔南布依族苗族自治州	职业技能型	1★	区域知名高职院校
351	贵州应用技术职业学院	黔南布依族苗族自治州	职业技能型	1★	区域知名高职院校

4. 贵州省职业技术大学排名

表 10-4 2024 校友会贵州省职业技术大学排名

全国排名	学校名称	所在城市	办学类型	星级排名	办学层次
22	贵阳康养职业大学	贵阳市	职业技能型	4★	中国高水平职业技术大学

二、贵州省大学专业排名详情

1. 贵州大学

（1）贵州大学综合实力排名

综合排名：2024 校友会中国大学排名第 84 名，全国综合类高校第 37 名，贵州省高校第 1 名。

星级排名：中国四星级大学（4★），世界知名、中国高水平大学。“211 工程”大学。主管部门：贵州省。

（2）贵州大学各本科专业排名（全国排名/档次）

1）世界高水平、中国顶尖专业（6★）

动物科学：7/A+；汉语言文学：10/A+；机械设计制造及其自动化：6/A+；林学：5/A+；酿酒工程：1/A++；植物保护：2/A+。

2）中国一流专业（5★）

表演：5/A+；材料科学与工程：36/A；采矿工程：17/A；电气工程及其自动化：29/A；电子科学与技术：15/A；法学：17/A+；工程管理：10/A+；化学工程与工艺：24/A；计算机科学与技术：50/A；矿物加工工程：8/A；农林经济管理：12/A；水土保持与荒漠化防治：2/A+；土木工程：35/A；行政管理：26/A。

3）中国高水平专业（4★）

安全工程：31/B++；草业科学：12/B++；测绘工程：31/B++；测控技术与仪器：53/B++；电子信息科学与技术：27/B++；动物医学：29/B++；过程装备与控制工程：31/B++；化学：39/B++；环境工程：82/B++；会计学：112/B++；绘画：16/B++；建筑环境与能源应用工程：25/B++；建筑学：52/B++；金融学：93/B++；旅游管理：22/A；能源与动力工程：54/B++；农学：21/B++；农业机械化及其自动化：22/B++；人力资源管理：34/B++；日语：33/B++；社会工作：19/A；生物科学：36/B++；食品科学与工程：72/B++；食品质量与安全：19/B++；市场营销：59/B++；视觉传达设计：13/A+；数学与应用数学：56/B++；水利水电工程：25/B++；水文与水资源工程：13/B++；体育教育：48/B++；通信工程：45/B++；文化产业管理：5/A；无机非金属材料工程：24/B++；舞蹈表演：13/B++；物理学：79/B++；物联网工程：23/B++；信息安全：31/B++；烟草：3/A+；冶金工程：14/B++；音乐表演：12/A；英语：57/B++；园艺：28/B++；哲学：26/B++；政治学与行政学：25/B++；自动化：41/B++。

4）中国区域一流专业（3★）

播音与主持艺术：26/B+；材料成型及控制工程：80/B+；财务管理：100/B+；财政学：48/B+；茶学：10/B+；城乡规划：58/B+；地质工程：32/B+；电子信息工程：178/B+；雕塑：19/B+；高分子材料与工程：81/B+；工商管理：207/B+；工业设计：85/B+；公共事业管理：81/B+；国际经济与贸易：176/B+；护理学：93/B+；化学生物学：7/B+；环境科学：82/B+；环境设计：105/B+；经济学：152/B+；劳动与社会保障：37/B+；历史学：98/B+；缅甸语：5/A；农业资源与环境：28/B+；人工智能：15/A；软件工程：183/B+；生态学：36/B+；生物技术：122/B+；数据科学与大数据技术：20/A；统计学：96/B+；物流管理：88/B+；戏剧影视导演：11/B+；新能源科学与工程：27/B+；新闻学：109/B+；休闲体育：9/B+；药学：105/B+；应用化学：145/B+；园林：34/B+；制药工程：113/B+；资源勘查工程：30/B+。

2. 贵州师范大学

（1）贵州师范大学综合实力排名

综合排名：2024 校友会中国大学排名第 214 名，全国师范类高校第 33 名，贵州省高校第 2 名。

星级排名：中国三星级大学（3★），中国知名、区域一流大学。主管部门：贵州省。

（2）贵州师范大学各本科专业排名（全国排名/档次）

1）中国一流专业（5★）

思想政治教育：51/A；天文学：5/A。

2）中国高水平专业（4★）

财务管理：46/B++；地理科学：41/B++；电子信息工程：89/B++；法学：111/B++；广播电视学：18/B++；汉语言文学：114/B++；化学：87/B++；环境设计：43/B++；教育学：34/B++；历史学：55/B++；旅游管理：67/B++；人文地理与城乡规划：13/B++；日语：33/B++；生物技术：64/B++；生物科学：83/B++；市场营销：59/B++；数学与应用数学：137/B++；体育教育：48/B++；通信工程：69/B++；文化产业管理：5/A；物理学：79/B++；小学教育：31/B++；音乐学：39/B++；应用心理学：28/B++；英语：136/B++；政治学与行政学：25/B++。

3）中国区域一流专业（3★）

材料成型及控制工程：80/B+；材料科学与工程：98/B+；电气工程及其自动化：151/B+；工程造价：13/B+；公共事业管理：81/B+；环境科学：82/B+；教育技术学：44/B+；社会工作：63/B+；数字媒体技术：33/B+；舞蹈学：30/B+；学前教育：56/B+；园林：34/B+；园艺：49/B+；自然地理与资源环境：20/B+。

4）中国区域高水平专业（2★）

播音与主持艺术：63/C；地理信息科学：94/D；电子商

务：118/C；电子信息科学与技术：87/C；动画：92/C；俄语：71/C；汉语国际教育：121/C；绘画：65/C；机械设计制造及其自动化：214/D；计算机科学与技术：356/D；金属材料工程：58/D；经济学：205/D；科学教育：16/C；马克思主义理论：19/C；美术学：99/C；社会体育指导与管理：64/C；视觉传达设计：156/C；图书馆学：19/D；土木工程：208/D；信息管理与信息系统：168/C；信息与计算科学：164/C；冶金工程：29/D；应用化学：197/D；运动训练：60/C。

5）中国区域知名专业（1★）

材料化学：94/D；传播学：42/D；工程管理：185/D；酒店管理：43/C；人工智能：123/C；生态学：65/D；生物工程：173/D；书法学：42/C；数据科学与大数据技术：144/B；土地资源管理：76/D；武术与民族传统体育：34/D；物联网工程：161/D；新能源材料与器件：54/C；音乐表演：83/C；应急技术与管理：5/A；应用统计学：65/C。

3. 贵州医科大学

（1）贵州医科大学综合实力排名

综合排名：2024校友会中国大学排名第231名，全国医药类高校第31名，贵州省高校第3名。

星级排名：中国二星级大学（2★），中国区域高水平大学。主管部门：贵州省。

（2）贵州医科大学各本科专业排名（全国排名/档次）

1）中国高水平专业（4★）

儿科学：5/A；法医学：14/B++；护理学：29/B++；口腔医学：34/B++；临床医学：70/B++；生物技术：30/B++；药学：61/B++；医学检验技术：15/B++；预防医学：23/B++。

2）中国区域一流专业（3★）

公共事业管理：57/B+；麻醉学：22/B+；生物医学工程：62/B+；食品质量与安全：36/B+；卫生检验与检疫：13/B+；医学实验技术：10/B+；医学影像学：40/B+；中药学：38/B+。

3）中国区域高水平专业（2★）

翻译：80/C；基础医学：27/D；康复治疗学：58/D；社会体育指导与管理：64/C；食品卫生与营养学：11/B；休闲体育：17/C；药事管理：6/D；药物制剂：46/D；英语：358/D。

4）中国区域知名专业（1★）

法学：327/D；化学生物学：19/D；健康服务与管理：15/B；临床药学：34/D；食品科学与工程：166/D；市场营销：311/D；数据科学与大数据技术：152/C；思想政治教育：160/D；眼视光医学：13/C；医学信息工程：24/D；应用心理学：113/D；助产学：13/B。

4. 贵州财经大学

（1）贵州财经大学综合实力排名

综合排名：2024校友会中国大学排名第240名，全国财经类高校第25名，贵州省高校第4名。

星级排名：中国三星级大学（3★），中国知名、区域一流大学。主管部门：贵州省。

（2）贵州财经大学各本科专业排名（全国排名/档次）

1）中国高水平专业（4★）

财务管理：17/A；法学：111/B++；工程管理：55/B++；工商管理：36/B++；国际经济与贸易：43/B++；会计学：43/B++；金融学：39/B++；经济统计学：7/A；经济学：83/B++；劳动与社会保障：4/A+；旅游管理：22/A；农村区域发展：4/A；人力资源管理：16/A；审计学：11/B++；市场营销：29/A；税收学：7/B++；统计学：20/A；物流管理：15/A；信息管理与信息系统：73/B++；行政管理：66/B++。

2）中国区域一流专业（3★）

保险学：29/B+；财政学：41/B+；电子商务：82/B+；广告学：44/B+；计算机科学与技术：285/B+；教育学：50/B+；金融工程：40/B+；酒店管理：13/B++；人文地理与城乡规划：19/B+；软件工程：150/B+；数学与应用数学：168/B+；土地资源管理：33/B+；资源与环境经济学：4/A。

3）中国区域高水平专业（2★）

城市管理：15/B；房地产开发与管理：17/C；工程造价：24/B；公共事业管理：124/B；汉语言文学：200/D；教育技术学：83/D；农林经济管理：48/D；日语：162/C；商务英语：52/B；网络工程：119/D；网络与新媒体：27/B+；舞蹈学：55/C；西班牙语：34/C；英语：358/D。

4）中国区域知名专业（1★）

传播学：42/D；大数据管理与应用：48/C；翻译：130/D；管理科学：40/D；国际商务：40/C；汉语国际教育：140/C；环境设计：215/D；会展经济与管理：30/C；金融科技：16/C；金融数学：46/D；葡萄牙语：22/D；社会工作：170/D；数据科学与大数据技术：152/C；数字媒体技术：83/D；投资学：36/C；艺术管理：19/D；音乐学：129/D；应用心理学：113/D；自然地理与资源环境：51/D。

5. 遵义医科大学

（1）遵义医科大学综合实力排名

综合排名：2024校友会中国大学排名第256名，全国医药类高校第38名，贵州省高校第5名。

星级排名：中国二星级大学（2★），中国区域高水平大学。主管部门：贵州省。

（2）遵义医科大学各本科专业排名（全国排名/档次）

1）中国高水平专业（4★）

护理学：29/B++；口腔医学：17/B++；临床医学：70/B++；麻醉学：11/B++；药学：61/B++；医学检验技术：15/B++；预防医学：40/B++；制药工程：20/B++。

2）中国区域一流专业（3★）

儿科学：12/B+；法医学：18/B+；公共事业管理：81/B+；精神医学：16/B+；康复治疗学：31/B+；临床药学：21/B+；社会体育指导与管理：28/B+；食品质量与安

全：36/B+；药物制剂：22/B+；医学信息工程：8/B+；医学影像学：40/B+；运动康复：15/B+；助产学：4/A。

3）中国区域高水平专业（2★）

口腔医学技术：5/A；商务英语：72/C；生物工程：127/C；信息与计算科学：231/D。

4）中国区域知名专业（1★）

基础医学：30/D；医学影像技术：30/C；应用心理学：113/D；英语：398/D；智能医学工程：27/D。

6. 贵州中医药大学

（1）贵州中医药大学综合实力排名

综合排名：2024 校友会中国大学排名第 291 名，全国医药类高校第 42 名，贵州省高校第 6 名。

星级排名：中国三星级大学（3★），中国知名、区域一流大学。主管部门：贵州省。

（2）贵州中医药大学各本科专业排名（全国排名/档次）

1）中国高水平专业（4★）

护理学：59/B++；中西医临床医学：9/B++；中药学：19/B++；中医学：23/B++。

2）中国区域一流专业（3★）

康复治疗学：31/B+；劳动与社会保障：31/B+；药物制剂：8/B++；应用心理学：50/B+；针灸推拿学：28/B+；制药工程：79/B+；中草药栽培与鉴定：4/A；中药制药：6/B+。

3）中国区域高水平专业（2★）

公共事业管理：124/B；生物制药：23/B；药学：118/D；医学检验技术：62/C；医学信息工程：18/C；中药资源与开发：22/D。

4）中国区域知名专业（1★）

法学：308/D；健康服务与管理：15/B；食品卫生与营养学：20/D；食品质量与安全：126/D；数据科学与大数据技术：152/C；医学实验技术：17/D；运动康复：30/C；中医儿科学：6/C；中医骨伤科学：11/C；中医康复学：7/B；中医养生学：6/B。

7. 贵州师范学院

（1）贵州师范学院综合实力排名

综合排名：2024 校友会中国大学排名第 322 名，全国师范类高校第 56 名，贵州省高校第 7 名。

星级排名：中国一星级大学（1★），中国区域知名大学。主管部门：贵州省。

（2）贵州师范学院各本科专业排名（全国排名/档次）

1）中国顶尖应用型专业（6★）

广播电视学：1/A++；学前教育：1/A++；英语：3/A++。

2）中国一流应用型专业（5★）

地理科学：13/A；历史学：16/A；美术学：9/A+；生物科学：24/A；数学与应用数学：38/A；特殊教育：6/A；文化产业管理：5/A+；物理学：17/A。

3）中国高水平应用型专业（4★）

电子信息科学与技术：27/B++；汉语言文学：118/B++；化学：48/B++；经济学：24/B++；旅游管理：76/B++；农业资源与环境：4/A；物联网工程：62/B++；音乐学：54/B++；自然地理与资源环境：7/B++。

4）中国区域一流应用型专业（3★）

产品设计：80/B+；档案学：2/A+；翻译：39/B+；公共关系学：4/A；光电信息科学与工程：36/B+；广播电视编导：72/B+；人工智能：36/B+；数据科学与大数据技术：60/B++；思想政治教育：78/B+；信息工程：14/B+；艺术教育：1/A++；应用化学：65/B+；应用心理学：47/B+；制药工程：54/B+。

5）中国区域高水平应用型专业（2★）

材料科学与工程：50/C；地理信息科学：42/C；公共艺术：19/C；汉语国际教育：110/C；计算机科学与技术：379/D；数字媒体艺术：119/C；体育教育：111/C；土地资源管理：15/C；舞蹈学：69/C；信用管理：8/C；野生动物与自然保护区管理：3/A+。

6）中国区域知名应用型专业（1★）

会展经济与管理：49/C；统计学：81/D；舞蹈表演：66/D；休闲体育：45/C；应用生物科学：7/C。

8. 贵州民族大学

（1）贵州民族大学综合实力排名

综合排名：2024 校友会中国大学排名第 328 名，全国民族类高校第 13 名，贵州省高校第 8 名。

星级排名：中国二星级大学（2★），中国区域高水平大学。主管部门：贵州省。

（2）贵州民族大学各本科专业排名（全国排名/档次）

1）中国一流专业（5★）

民族学：7/A；社会学：10/A。

2）中国高水平专业（4★）

播音与主持艺术：4/A+；产品设计：33/B++；旅游管理：67/B++；数学与应用数学：56/B++；舞蹈表演：6/A；新闻学：61/B++；行政管理：33/B++；音乐表演：12/A；应用物理学：43/B++；中国少数民族语言文学：11/B++。

3）中国区域一流专业（3★）

测控技术与仪器：77/B+；法学：161/B+；汉语言文学：151/B+；航空服务艺术与管理：1/A++；化学工程与工艺：120/B+；环境工程：133/B+；计算机科学与技术：285/B+；建筑学：82/B+；美术学：57/B+；社会工作：63/B+；思想政治教育：134/B+；体育教育：72/B+；统计学：84/B+；土木工程：137/B+；文物与博物馆学：10/B+；学前教育：48/B+；药学：85/B+；音乐学：86/B+；应用化学：145/B+。

4）中国区域高水平专业（2★）

电子商务：148/D；动画：92/C；工程管理：144/D；工商管理：282/D；公共事业管理：124/B；广播电视编导：75/D；广播电视学：77/D；环境生态工程：20/B；经济学：205/D；历史学：114/D；人力资源管理：148/C；日语：

162/C；商务英语：52/B；社会体育指导与管理：64/C；市场营销：241/D；书法学：23/B；数字媒体艺术：69/B；图书馆学：19/D；网络与新媒体：27/B+；舞蹈学：55/C；物联网工程：104/B；英语：358/D；中药资源与开发：22/D。

5）中国区域知名专业（1★）

材料科学与工程：137/D；城乡规划：103/D；传播学：42/D；电子信息科学与技术：117/D；复合材料与工程：21/D；高分子材料与工程：131/D；广告学：113/C；过程装备与控制工程：84/D；汉语国际教育：140/C；环境设计：215/D；会计学：297/D；会展经济与管理：30/C；机械电子工程：97/D；金融学：204/D；劳动与社会保障：79/C；老挝语：7/D；人工智能：123/C；认知科学与技术：1/A++；软件工程：271/D；视觉传达设计：202/D；数据科学与大数据技术：152/C；泰语：19/D；文化产业管理：50/C；应用心理学：113/D；越南语：16/D；制药工程：157/D；资源环境科学：14/D；自动化：240/D。

9. 贵州理工学院

（1）贵州理工学院综合实力排名

综合排名：2024 校友会中国大学排名第 351 名，全国理工类高校第 166 名，贵州省高校第 9 名。

星级排名：中国一星级大学（1★），中国区域知名大学。主管部门：贵州省。

（2）贵州理工学院各本科专业排名（全国排名/档次）

1）中国顶尖应用型专业（6★）

采矿工程：1/A++；飞行器制造工程：1/A++；焊接技术与工程：1/A++；化学工程与工艺：13/A+；机械设计制造及其自动化：14/A+。

2）中国一流应用型专业（5★）

环境工程：18/A；数据科学与大数据技术：4/A++。

3）中国高水平应用型专业（4★）

安全工程：14/B++；材料科学与工程：23/B++；工程管理：59/B++；机械工程：22/B++；水利水电工程：11/B++；资源环境科学：1/A++。

4）中国区域一流应用型专业（3★）

飞行器动力工程：8/B+；工程造价：58/B+；机械电子工程：74/B+；交通工程：24/B+；酿酒工程：6/B+；生物制药：13/B+；土木工程：160/B+；网络空间安全：6/B+；新能源材料与器件：6/B++；制药工程：54/B+；智能科学与技术：17/B++；资源勘查工程：9/B+。

5）中国区域高水平应用型专业（2★）

道路桥梁与渡河工程：33/C；地质工程：16/D；电气工程及其自动化：231/D；过程装备与控制工程：29/D；建筑学：104/D；交通运输：48/D；人文地理与城乡规划：32/C；网络工程：137/C；新能源科学与工程：33/C；应用统计学：34/B；自动化：176/D。

6）中国区域知名应用型专业（1★）

环境设计：311/D；投资学：84/D；休闲体育：45/C；英语：412/D。

10. 贵阳学院

（1）贵阳学院综合实力排名

综合排名：2024 校友会中国大学排名第 387 名，全国综合类高校第 120 名，贵州省高校第 10 名。

星级排名：中国一星级大学（1★），中国区域知名大学。主管部门：贵州省。

（2）贵阳学院各本科专业排名（全国排名/档次）

1）中国顶尖应用型专业（6★）

科学教育：1/A++。

2）中国一流应用型专业（5★）

材料科学与工程：16/A；电子信息科学与技术：10/A；法学：28/A；汽车服务工程：18/A；生物工程：16/A。

3）中国高水平应用型专业（4★）

电子信息工程：116/B++；国际经济与贸易：109/B++；环境生态工程：2/A+；机械设计制造及其自动化：128/B++；软件工程：95/B++；食品科学与工程：37/B++。

4）中国区域一流应用型专业（3★）

茶学：7/B+；计算机科学与技术：253/B+；建筑学：67/B+；通信工程：130/B+；物流管理：127/B+；园林：35/B+；制药工程：54/B+。

5）中国区域高水平应用型专业（2★）

广播电视学：57/C；汉语言文学：253/C；环境设计：203/B；机械电子工程：132/C；旅游管理：180/C；美术学：124/C；社会工作：62/C；食品质量与安全：57/B；思想政治教育：112/C；音乐表演：85/C；音乐学：150/C。

6）中国区域知名应用型专业（1★）

广播电视编导：135/D；化学：122/D；经济学：111/D；日语：173/D；社会体育指导与管理：104/C；视觉传达设计：299/D；数据科学与大数据技术：272/D；数学与应用数学：197/D；体育教育：138/D；土木工程：257/D；舞蹈学：102/D；小学教育：142/C；信息与计算科学：105/D；学前教育：215/C；药学：81/D；应用心理学：112/D；英语：412/D。

10. 铜仁学院

（1）铜仁学院综合实力排名

综合排名：2024 校友会中国大学排名第 387 名，全国综合类高校第 120 名，贵州省高校第 10 名。

星级排名：中国一星级大学（1★），中国区域知名大学。主管部门：贵州省。

（2）铜仁学院各本科专业排名（全国排名/档次）

1）中国顶尖应用型专业（6★）

园林：1/A++。

2）中国一流应用型专业（5★）

美术学：9/A+；应用物理学：2/A+。

3）中国高水平应用型专业（4★）

历史学：32/B++；林学：3/A+；旅游管理：76/B++；农村区域发展：1/A++；食品科学与工程：37/B++；水利水电工程：11/B++；特殊教育：14/B++；学前教育：95/B++。

4）中国区域一流应用型专业（3★）

会计学：177/B+；计算机科学与技术：253/B+；软件工程：156/B+；视觉传达设计：140/B+；数据科学与大数据技术：60/B++；数学与应用数学：109/B+；信息工程：14/B+；英语：198/B+；制药工程：54/B+。

5）中国区域高水平应用型专业（2★）

材料物理：11/C；风景园林：62/C；化学工程与工艺：121/D；金融工程：80/B；秘书学：35/B；水产养殖学：11/D；思想政治教育：112/C；网络与新媒体：100/B；音乐学：150/C。

6）中国区域知名应用型专业（1★）

材料科学与工程：62/D；地理科学：69/D；汉语言文学：298/D；护理学：153/D；商务英语：230/D；体育教育：138/D；统计学：81/D；土木工程：257/D；物理学：123/D；小学教育：142/C。

10. 遵义师范学院

（1）遵义师范学院综合实力排名

综合排名：2024 校友会中国大学排名第 387 名，全国师范类高校第 75 名，贵州省高校第 10 名。

星级排名：中国一星级大学（1★），中国区域知名大学。主管部门：贵州省。

（2）遵义师范学院各本科专业排名（全国排名/档次）

1）中国顶尖应用型专业（6★）

电子信息科学与技术：1/A++；汉语言文学：1/A++；生物科学：1/A++；数学与应用数学：1/A++；物理学：1/A++；小学教育：21/A+。

2）中国一流应用型专业（5★）

化学：23/A；计算机科学与技术：101/A；教育学：8/A；科学教育：5/A；历史学：16/A；思想政治教育：20/A；体育教育：19/A；应用化学：14/A。

3）中国高水平应用型专业（4★）

旅游管理：76/B++；美术学：38/B++；社会体育指导与管理：20/B++；土木工程：97/B++；物联网工程：62/B++；学前教育：95/B++；应用心理学：20/B++；英语：129/B++。

4）中国区域一流应用型专业（3★）

材料化学：19/B+；翻译：39/B+；化学工程与工艺：92/B+；环境科学与工程：12/B+；环境设计：113/B+；食品营养与检验教育：4/A；数据科学与大数据技术：60/B++；通信工程：130/B+；统计学：20/B++；音乐表演：48/B+；音乐学：87/B+；园艺：25/B+。

5）中国区域高水平应用型专业（2★）

播音与主持艺术：98/C；材料物理：11/C；电气工程及其自动化：231/D；汉语国际教育：110/C；机械设计制造及其自动化：246/D；酒店管理：81/B；秘书学：35/B；农业资源与环境：7/C；社会工作：62/C；网络工程：137/C；舞蹈编导：28/C；物流管理：182/C；信息与计算科学：78/C；植物科学与技术：6/C。

6）中国区域知名应用型专业（1★）

财务管理：326/C；工程造价：136/C；视觉传达设计：299/D。

13. 贵州工程应用技术学院

（1）贵州工程应用技术学院综合实力排名

综合排名：2024 校友会中国大学排名第 393 名，全国理工类高校第 181 名，贵州省高校第 13 名。

星级排名：中国一星级大学（1★），中国区域知名大学。主管部门：贵州省。

（2）贵州工程应用技术学院各本科专业排名（全国排名/档次）

1）中国一流应用型专业（5★）

光电信息科学与工程：12/A；计算机科学与技术：101/A；生态学：2/A+；生物科学：24/A；数学与应用数学：38/A。

2）中国高水平应用型专业（4★）

安全工程：14/B++；机械设计制造及其自动化：128/B++；逻辑学：1/A++；水利水电工程：11/B++；特殊教育：14/B++；应用化学：45/B++。

3）中国区域一流应用型专业（3★）

采矿工程：17/B+；测绘工程：42/B+；车辆工程：56/B+；地理科学：28/B+；地质工程：12/B+；电子科学与技术：42/B+；工艺美术：14/B+；广播电视编导：72/B+；汉语言文学：180/B+；化学：73/B+；环境设计：113/B+；环境生态工程：11/B+；机械电子工程：74/B+；建筑学：67/B+；数据科学与大数据技术：60/B++；通信工程：130/B+；英语：198/B+。

4）中国区域高水平应用型专业（2★）

地理信息科学：42/C；风景园林：62/C；过程装备与控制工程：29/D；化学工程与工艺：121/D；会计学：223/C；经济学：80/C；人力资源管理：134/C；软件工程：221/C；社会体育指导与管理：61/B；思想政治教育：112/C；土木工程：219/C；舞蹈表演：43/B；舞蹈学：69/C；物理学：99/C；小学教育：128/C；信息管理与信息系统：119/C；学前教育：173/C；音乐学：150/C；制药工程：85/C。

5）中国区域知名应用型专业（1★）

财务管理：326/C；工程管理：174/C；广播电视学：75/D；历史学：94/D；美术学：163/D；视觉传达设计：299/D；体育教育：138/D；信息与计算科学：105/D；应用物理学：27/D。

14. 凯里学院

（1）凯里学院综合实力排名

综合排名：2024 校友会中国大学排名第 407 名，全国综合类高校第 129 名，贵州省高校第 14 名。

星级排名：中国一星级大学（1★），中国区域知名大学。主管部门：贵州省。

（2）凯里学院各本科专业排名（全国排名/档次）

1）中国一流应用型专业（5★）

旅游管理：42/A；民族学：2/A+；园艺：8/A。

2）中国高水平应用型专业（4★）

土木工程：97/B++；物理学：39/B++；物联网工程：62/B++；学前教育：95/B++。

3）中国区域一流应用型专业（3★）

材料化学：19/B+；财务管理：137/B+；翻译：39/B+；环境设计：113/B+；计算机科学与技术：253/B+；建筑学：67/B+；农林经济管理：5/A；数据科学与大数据技术：60/B++；数学与应用数学：109/B+；数字媒体技术：57/B+；信息工程：14/B+；药学：38/B+；音乐学：87/B+。

4）中国区域高水平应用型专业（2★）

产品设计：130/C；地理信息科学：42/C；汉语言文学：253/C；环境科学：32/D；机器人工程：97/C；人工智能：59/B；思想政治教育：112/C；微电子科学与工程：23/D；舞蹈学：69/C；音乐表演：85/C。

5）中国区域知名应用型专业（1★）

地理科学：69/D；电子商务：219/C；工程造价：136/C；工商管理：205/D；化学：122/D；经济学：111/D；酒店管理：124/C；历史学：94/D；美术学：163/D；社会工作：93/D；社会体育指导与管理：104/C；生物科学：100/D；食品科学与工程：121/D；视觉传达设计：299/D；体育教育：138/D；小学教育：142/C；英语：412/D；知识产权：32/D。

15. 黔南民族师范学院

（1）黔南民族师范学院综合实力排名

综合排名：2024 校友会中国大学排名第 422 名，全国师范类高校第 86 名，贵州省高校第 15 名。

星级排名：中国一星级大学（1★），中国区域知名大学。主管部门：贵州省。

（2）黔南民族师范学院各本科专业排名（全国排名/档次）

1）中国顶尖应用型专业（6★）

汉语言文学：30/A+；社会工作：1/A++；生物技术：2/A+；学前教育：9/A+；英语：3/A++。

2）中国一流应用型专业（5★）

化学：23/A；民族学：2/A+；农林经济管理：2/A+；数学与应用数学：38/A；体育教育：19/A；小学教育：41/A。

3）中国高水平应用型专业（4★）

茶学：5/A；产品设计：43/B++；广播电视学：19/B++；计算机科学与技术：168/B++；美术学：38/B++；人工智能：20/B++；软件工程：95/B++；视觉传达设计：72/B++；思想政治教育：57/B++；天文学：1/A++；舞蹈学：11/A；信息与计算科学：26/B++；行政管理：14/B++。

4）中国区域一流应用型专业（3★）

播音与主持艺术：54/B+；地理科学：28/B+；地理信息科学：25/B+；电子商务：109/B+；电子信息工程：186/B+；历史学：55/B+；旅游管理：129/B+；商务英语：71/B+；生物科学：54/B+；数字媒体技术：57/B+；文化产业管理：22/B+；物理学：66/B+；物联网工程：139/B+；信息管理与信息系统：71/B+；艺术设计学：51/B+；音乐学：87/B+；智能科学与技术：17/B++。

5）中国区域高水平应用型专业（2★）

化学工程与工艺：121/D；教育学：30/D；经济学：80/C；秘书学：35/B；日语：119/C；社会学：5/A；物流管理：182/C；应用化学：96/C；应用统计学：34/B；植物保护：8/D。

6）中国区域知名应用型专业（1★）

农村区域发展：10/D；社会体育指导与管理：104/C；应用心理学：112/D。

16. 安顺学院

（1）安顺学院综合实力排名

综合排名：2024 校友会中国大学排名第 436 名，全国综合类高校第 143 名，贵州省高校第 16 名。

星级排名：中国一星级大学（1★），中国区域知名大学。主管部门：贵州省。

（2）安顺学院各本科专业排名（全国排名/档次）

1）中国一流应用型专业（5★）

农学：5/A；特殊教育：6/A。

2）中国高水平应用型专业（4★）

地理科学：19/B++；化学：48/B++；数据科学与大数据技术：23/A；思想政治教育：57/B++；中国共产党历史：2/A+。

3）中国区域一流应用型专业（3★）

地理信息科学：25/B+；飞行器制造工程：15/B+；计算机科学与技术：253/B+；旅游管理：129/B+；农村区域发展：3/A+；水土保持与荒漠化防治：3/A+。

4）中国区域高水平应用型专业（2★）

材料物理：11/C；测绘工程：58/D；城市管理：17/C；电子信息工程：242/C；公共事业管理：74/C；汉语言文学：253/C；化学工程与工艺：121/D；环境工程：86/C；教育康复学：4/A；秘书学：35/B；食品质量与安全：57/B；体育教育：111/C；土地资源管理：15/C；艺术设计学：77/C；音乐学：150/C；应用心理学：75/C；植物保护：8/D。

5）中国区域知名应用型专业（1★）

房地产开发与管理：31/D；环境设计：311/D；经济统计学：42/C；酒店管理：124/C；历史学：94/D；美术学：163/D；日语：173/D；设施农业科学与工程：13/D；社会工作：93/D；社会体育指导与管理：104/C；生物科学：100/D；数学与应用数学：197/D；文化产业管理：71/D；物理学：123/D；物流工程：52/D；学前教育：215/C；英语：412/D。

17. 六盘水师范学院

（1）六盘水师范学院综合实力排名

综合排名：2024 校友会中国大学排名第 472 名，全国师范类高校第 111 名，贵州省高校第 17 名。

星级排名：中国一星级大学（1★），中国区域知名大学。主管部门：贵州省。

（2）六盘水师范学院各本科专业排名（全国排名/档次）

1）中国一流应用型专业（5★）

采矿工程：9/A；化学：23/A。

2）中国高水平应用型专业（4★）

电气工程及其自动化：91/B++；化学工程与工艺：50/B++；机械电子工程：42/B++；矿物加工工程：6/B++；冶金工程：6/B++。

3）中国区域一流应用型专业（3★）

汉语言文学：180/B+；酒店管理：47/B+；能源与动力工程：33/B+；生物科学：54/B+；体育教育：85/B+；舞蹈表演：25/B+；学前教育：130/B+；自动化：120/B+。

4）中国区域高水平应用型专业（2★）

安全工程：39/C；城市管理：17/C；城乡规划：58/C；地质工程：16/D；风景园林：62/C；环境工程：86/C；机械设计制造及其自动化：246/D；计算机科学与技术：379/D；旅游管理与服务教育：18/C；秘书学：35/B；软件工程：221/C；数据科学与大数据技术：199/C；数学与应用数学：166/D；思想政治教育：112/C；物联网工程：232/C；应用物理学：17/C。

5）中国区域知名应用型专业（1★）

地理科学：69/D；动物科学：23/D；经济统计学：42/C；经济与金融：47/D；历史学：94/D；美术学：163/D；数字媒体艺术：155/C；土木工程：257/D；小学教育：142/C；新闻学：125/D；音乐学：213/D；英语：412/D；植物科学与技术：8/D。

18. 兴义民族师范学院

（1）兴义民族师范学院综合实力排名

综合排名：2024校友会中国大学排名第493名，全国师范类高校第115名，贵州省高校第18名。

星级排名：中国一星级大学（1★），中国区域知名大学。主管部门：贵州省。

（2）兴义民族师范学院各本科专业排名（全国排名/档次）

1）中国一流应用型专业（5★）

汉语国际教育：12/A；汉语言文学：63/A。

2）中国高水平应用型专业（4★）

化学：48/B++；旅游管理与服务教育：5/A；民族学：6/B++；汽车服务工程：38/B++；物联网工程：62/B++；应用心理学：20/B++。

3）中国区域一流应用型专业（3★）

电子科学与技术：42/B+；数学与应用数学：109/B+；思想政治教育：78/B+；网络工程：82/B+；物理学：66/B+；学前教育：130/B+；应用化学：65/B+；英语：198/B+；运动康复：13/B+。

4）中国区域高水平应用型专业（2★）

安全工程：39/C；翻译：84/C；计算机科学与技术：379/D；人文地理与城乡规划：32/C；数据科学与大数据技术：199/C；体育教育：111/C；应用电子技术教育：4/A。

5）中国区域知名应用型专业（1★）

财务管理：326/C；朝鲜语：46/D；广播电视学：75/D；经济与金融：47/D；历史学：94/D；美术学：163/D；社会体育指导与管理：104/C；生物科学：100/D；视觉传达设计：299/D；统计学：81/D；网络与新媒体：140/C；舞蹈学：102/D；小学教育：142/C；信息与计算科学：105/D；音乐学：213/D；应用生物科学：7/C；政治学与行政学：16/D。

19. 贵州商学院

（1）贵州商学院综合实力排名

综合排名：2024校友会中国大学排名第503名，全国财经类高校第52名，贵州省高校第19名。

星级排名：中国一星级大学（1★），中国区域知名大学。主管部门：贵州省。

（2）贵州商学院各本科专业排名（全国排名/档次）

1）中国顶尖应用型专业（6★）

贸易经济：1/A++；税收学：1/A++；投资学：1/A++。

2）中国一流应用型专业（5★）

会计学：63/A；市场营销：38/A。

3）中国高水平应用型专业（4★）

电子商务：66/B++；国际经济与贸易：109/B++；会展经济与管理：11/B++；金融工程：22/B++；酒店管理：27/B++；数据科学与大数据技术：23/A；物联网工程：62/B++；物流管理：56/B++。

4）中国区域一流应用型专业（3★）

保险学：20/B+；财务管理：137/B+；工商管理：106/B+；管理科学：4/A；国际商务：29/B+；人力资源管理：75/B+；审计学：52/B+；视觉传达设计：140/B+；网络工程：82/B+。

5）中国区域高水平应用型专业（2★）

计算机科学与技术：379/D；旅游管理：180/C；艺术管理：5/A。

6）中国区域知名应用型专业（1★）

公共事业管理：96/D；环境设计：311/D。

20. 贵州警察学院

（1）贵州警察学院综合实力排名

综合排名：2024校友会中国大学排名第510名，全国政法类高校第34名，贵州省高校第20名。

星级排名：中国二星级大学（2★），中国区域高水平大学。主管部门：贵州省。

（2）贵州警察学院各本科专业排名（全国排名/档次）

1）中国一流应用型专业（5★）

安全防范工程：1/A++；公安管理学：4/A；刑事科学技术：14/A。

2）中国高水平应用型专业（4★）

监狱学：4/A；禁毒学：4/A；警务指挥与战术：7/B++；网络安全与执法：14/B++；侦查学：18/B++；治安

学：20/B++。

3）中国区域一流应用型专业（3★）

法学：82/B+；交通管理工程：15/B+；经济犯罪侦查：9/B+。

三、贵州省民办大学专业排名详情

1. 贵州黔南经济学院

（1）贵州黔南经济学院综合实力排名

综合排名：2024 校友会中国民办大学排名第 27 名，全国财经类民办高校第 12 名，贵州省民办高校第 1 名。

星级排名：中国五星级应用型大学（5★），中国一流应用型大学。

（2）贵州黔南经济学院各本科专业排名（全国排名/档次）

1）中国一流应用型专业（5★）

工商管理：39/A；会计学：63/A；金融学：26/A。

2）中国高水平应用型专业（4★）

工程管理：59/B++；国际经济与贸易：109/B++；旅游管理：76/B++；体育教育：56/B++。

3）中国区域一流应用型专业（3★）

保险学：20/B+；汉语言文学：180/B+；商务英语：71/B+；审计学：52/B+；市场营销：144/B+。

4）中国区域高水平应用型专业（2★）

财政学：18/D；统计学：53/B；投资学：51/B；土地资源管理：15/C；行政管理：61/C。

5）中国区域知名应用型专业（1★）

财务管理：326/C；电子商务：219/C；法学：193/D；工程造价：136/C；计算机科学与技术：469/D；家政学：13/D；经济统计学：42/C；劳动与社会保障：28/C；人力资源管理：202/D；日语：173/D；物流管理：251/D；信息管理与信息系统：161/D；资产评估：42/D。

2. 贵阳信息科技学院

（1）贵阳信息科技学院综合实力排名

综合排名：2024 校友会中国民办大学排名第 34 名，全国综合类民办高校第 35 名，贵州省民办高校第 2 名。

星级排名：中国五星级应用型大学（5★），中国一流应用型大学。

（2）贵阳信息科技学院各本科专业排名（全国排名/档次）

1）中国顶尖应用型专业（6★）

电气工程及其自动化：6/A+；工程管理：3/A++。

2）中国一流应用型专业（5★）

财务管理：40/A；电子信息工程：66/A；会计学：63/A；机械设计制造及其自动化：68/A；计算机科学与技术：101/A；市场营销：38/A；通信工程：43/A；土木工程：49/A；网络与新媒体：12/A+。

3）中国高水平应用型专业（4★）

城乡规划：21/B++；工商管理：64/B++；环境工程：32/B++；生物工程：26/B++；视觉传达设计：72/B++；行政管理：14/B++；英语：129/B++；自动化：70/B++。

4）中国区域一流应用型专业（3★）

电子商务：109/B+；建筑学：67/B+；人力资源管理：75/B+；食品营养与检验教育：4/A；数字媒体技术：57/B+；数字媒体艺术：63/B+；网络工程：82/B+。

5）中国区域高水平应用型专业（2★）

工程造价：88/B；机器人工程：97/C；健康服务与管理：33/B；人工智能：59/B；数据科学与大数据技术：199/C；休闲体育：32/B；艺术与科技：27/C。

3. 贵州黔南科技学院

（1）贵州黔南科技学院综合实力排名

综合排名：2024 校友会中国民办大学排名第 36 名，全国综合类民办高校第 37 名，贵州省民办高校第 3 名。

星级排名：中国四星级应用型大学（4★），中国高水平应用型大学。

（2）贵州黔南科技学院各本科专业排名（全国排名/档次）

1）中国一流应用型专业（5★）

汉语言文学：63/A；计算机科学与技术：101/A；通信工程：43/A；英语：62/A。

2）中国高水平应用型专业（4★）

电子信息科学与技术：27/B++；国际经济与贸易：109/B++；新闻学：30/B++。

3）中国区域一流应用型专业（3★）

电子信息工程：186/B+；动画：82/B+；物联网工程：139/B+。

4）中国区域高水平应用型专业（2★）

表演：48/C；绘画：44/C；舞蹈学：69/C；音乐表演：85/C。

5）中国区域知名应用型专业（1★）

财务管理：326/C；法学：193/D；工程管理：174/C；工商管理：205/D；公共事业管理：96/D；金融学：133/D；旅游管理：234/D；食品科学与工程：121/D；行政管理：105/D；艺术设计学：100/D。

4. 贵阳人文科技学院

（1）贵阳人文科技学院综合实力排名

综合排名：2024 校友会中国民办大学排名第 90 名，全国综合类民办高校第 91 名，贵州省民办高校第 4 名。

星级排名：中国二星级应用型大学（2★），中国区域高水平应用型大学。

（2）贵阳人文科技学院各本科专业排名（全国排名/档次）

1）中国区域一流应用型专业（3★）

法学：82/B+；广播电视编导：72/B+；汉语言文学：180/B+；市场营销：144/B+；数据科学与大数据技术：60/B++；体育教育：85/B+；休闲体育：19/B+。

2）中国区域高水平应用型专业（2★）

动画：117/C；房地产开发与管理：21/C；工程造价：88/B；人力资源管理：134/C；行政管理：61/C；音乐学：150/C；中国少数民族语言文学：13/D。

3）中国区域知名应用型专业（1★）

财务管理：326/C；城乡规划：78/D；电子商务：219/C；工程管理：174/C；汉语国际教育：153/D；环境设计：311/D；计算机科学与技术：469/D；建筑电气与智能化：53/D；建筑学：124/D；劳动与社会保障：28/C；旅游管理：234/D；美术学：163/D；农艺教育：2/A+；人工智能：86/C；视觉传达设计：299/D；土木工程：257/D；网络与新媒体：140/C；文化产业管理：71/D；舞蹈表演：66/D；物联网工程：299/D；新闻学：125/D；信息管理与信息系统：161/D；学前教育：215/C；英语：412/D。

5. 贵州医科大学神奇民族医药学院

（1）贵州医科大学神奇民族医药学院综合实力排名

综合排名：2024 校友会中国民办大学排名第 100 名，全国医药类民办高校第 11 名，贵州省民办高校第 5 名。

星级排名：中国二星级应用型大学（2★），中国区域高水平应用型大学。

（2）贵州医科大学神奇民族医药学院各本科专业排名（全国排名/档次）

1）中国高水平应用型专业（4★）

护理学：59/B++。

2）中国区域一流应用型专业（3★）

公共关系学：4/A；金融工程：39/B+；临床医学：50/B+；食品卫生与营养学：4/A；药学：38/B+；医学检验技术：41/B+；医学影像技术：25/B+。

3）中国区域高水平应用型专业（2★）

酒店管理：81/B；口腔医学：30/D。

4）中国区域知名应用型专业（1★）

财务管理：326/C；法学：193/D；公共事业管理：96/D；健康服务与管理：49/C；康复治疗学：90/D；麻醉学：21/D；市场营销：321/D；数据科学与大数据技术：272/D；英语：412/D。

6. 遵义医科大学医学与科技学院

（1）遵义医科大学医学与科技学院综合实力排名

综合排名：2024 校友会中国民办大学排名第 101 名，全国医药类民办高校第 12 名，贵州省民办高校第 6 名。

星级排名：中国一星级应用型大学（1★），中国区域知名应用型大学。

（2）遵义医科大学医学与科技学院各本科专业排名（全国排名/档次）

1）中国高水平应用型专业（4★）

护理学：59/B++。

2）中国区域一流应用型专业（3★）

临床医学：50/B+；医学检验技术：41/B+。

3）中国区域高水平应用型专业（2★）

口腔医学技术：13/C；养老服务管理：6/C；医学信息工程：10/B；运动康复：21/C；制药工程：85/C。

4）中国区域知名应用型专业（1★）

健康服务与管理：49/C；康复治疗学：90/D；口腔医学：38/D；休闲体育：45/C；药物制剂：32/D；药学：81/D。

7. 贵州中医药大学时珍学院

（1）贵州中医药大学时珍学院综合实力排名

综合排名：2024 校友会中国民办大学排名第 102 名，全国医药类民办高校第 13 名，贵州省民办高校第 7 名。

星级排名：中国二星级应用型大学（2★），中国区域高水平应用型大学。

（2）贵州中医药大学时珍学院各本科专业排名（全国排名/档次）

1）中国一流应用型专业（5★）

中西医临床医学：2/A+。

2）中国高水平应用型专业（4★）

护理学：59/B++；制药工程：25/B++；中医学：9/B++。

3）中国区域一流应用型专业（3★）

健康服务与管理：15/B++；药物制剂：15/B+；运动康复：13/B+；中药学：28/B+。

4）中国区域高水平应用型专业（2★）

康复治疗学：59/C；医学检验技术：58/D；针灸推拿学：14/D。

5）中国区域知名应用型专业（1★）

法学：193/D；生物制药：43/D；数据科学与大数据技术：272/D；医学信息工程：16/D。

8. 茅台学院

（1）茅台学院综合实力排名

综合排名：2024 校友会中国民办大学排名第 119 名，全国综合类民办高校第 120 名，贵州省民办高校第 8 名。

星级排名：中国一星级应用型大学（1★），中国区域知名应用型大学。

（2）茅台学院各本科专业排名（全国排名/档次）

1）中国一流应用型专业（5★）

白酒酿造工程：1/A++；酿酒工程：2/A+。

2）中国区域一流应用型专业（3★）

电子商务：109/B+；环境科学与工程：12/B+；酒店管理：47/B+；资源循环科学与工程：3/A+；自动化：120/B+。

3）中国区域高水平应用型专业（2★）

包装工程：10/D；葡萄与葡萄酒工程：4/A。

4）中国区域知名应用型专业（1★）

旅游管理：234/D；食品科学与工程：121/D；食品质量与安全：104/D；市场营销：321/D；物流管理：251/D。

第二节　四川省

一、四川省大学综合实力排名

1. 四川省大学排名

表 10-5　2024 校友会四川省大学排名

全国排名	学校名称	所在城市	星级排名	办学层次	星级专业数/个								
					专业类型	8★	7★	6★	5★	4★	3★	2★	1★
18	四川大学	成都市	7★	世界知名高水平大学	研究型	0	7	15	34	78	14	0	0
29	电子科技大学	成都市	6★	世界高水平大学	研究型	0	3	3	13	22	12	10	0
56	西南交通大学	成都市	5★	中国一流大学	研究型	0	1	6	22	31	27	5	0
73	西南财经大学	成都市	5★	中国一流大学	研究型	0	1	3	7	17	7	8	0
112	四川农业大学	雅安市	4★	中国高水平大学	研究型	0	0	2	2	21	36	21	9
115	西南石油大学	成都市	4★	中国高水平大学	研究型	0	0	1	5	22	17	21	11
139	四川师范大学	成都市	4★	中国高水平大学	研究型	0	0	0	2	31	30	13	12
155	成都理工大学	成都市	4★	中国高水平大学	研究型	0	0	1	4	23	26	31	16
166	西南民族大学	成都市	4★	中国高水平大学	研究型	0	0	0	4	19	13	32	16
201	西南科技大学	绵阳市	3★	区域一流大学	研究型	0	0	0	1	21	26	19	14
229	成都中医药大学	成都市	4★	中国高水平大学	研究型	0	0	1	2	11	11	9	4
249	西华大学	成都市	2★	区域高水平大学	研究型	0	0	0	0	18	21	21	34
251	西华师范大学	南充市	2★	区域高水平大学	研究型	0	0	0	0	12	19	27	23
273	成都信息工程大学	成都市	3★	区域一流大学	研究型	0	0	0	3	16	18	10	16
315	四川轻化工大学	自贡市	2★	区域高水平大学	研究型	0	0	0	1	10	13	9	37
322	成都大学	成都市	2★	区域高水平大学	研究型	0	0	0	0	15	12	9	29
328	成都工业学院	成都市	2★	区域高水平大学	应用型	0	0	6	12	7	6	3	2
339	成都体育学院	成都市	4★	中国高水平大学	研究型	0	0	1	3	8	6	5	0
339	西南医科大学	泸州市	3★	区域一流大学	研究型	0	0	0	2	7	8	4	11
364	西昌学院	凉山彝族自治州	1★	区域知名大学	应用型	0	0	5	9	6	13	21	14
377	乐山师范学院	乐山市	1★	区域知名大学	应用型	0	0	2	2	14	15	20	9
387	成都师范学院	成都市	1★	区域知名大学	应用型	0	0	1	5	7	8	8	6
387	绵阳师范学院	绵阳市	1★	区域知名大学	应用型	0	0	2	5	12	18	12	7
387	四川警察学院	泸州市	3★	区域一流大学	应用型	0	0	5	2	1	1	0	0
407	成都医学院	成都市	1★	区域知名大学	应用型	0	0	4	7	4	8	2	0
407	川北医学院	南充市	1★	区域知名大学	应用型	0	0	8	2	3	9	3	0
407	中国民用航空飞行学院	德阳市	3★	区域一流大学	应用型	0	1	8	8	5	4	0	0
422	内江师范学院	内江市	1★	区域知名大学	应用型	0	0	1	8	10	11	19	14
422	攀枝花学院	攀枝花市	1★	区域知名大学	应用型	0	0	1	6	10	19	16	8
422	四川音乐学院	成都市	4★	中国高水平大学	研究型	0	0	2	3	6	13	5	0
422	宜宾学院	宜宾市	1★	区域知名大学	应用型	0	0	3	3	5	17	26	11
484	四川旅游学院	成都市	1★	区域知名大学	应用型	0	0	3	0	2	7	12	7
484	四川文理学院	达州市	1★	区域知名大学	应用型	0	0	0	3	6	11	15	21
493	四川民族学院	甘孜藏族自治州	2★	区域高水平大学	应用型	0	0	0	3	3	5	7	14
501	阿坝师范学院	阿坝藏族羌族自治州	1★	区域知名大学	应用型	0	0	1	1	2	7	9	5

2. 四川省民办大学排名

表10-6　2024校友会四川省民办大学排名（含独立学院）

全国排名	学校名称	所在城市	星级排名	办学层次	星级专业数/个								
					专业类型	8★	7★	6★	5★	4★	3★	2★	1★
3	四川大学锦江学院	眉山市	6★	中国顶尖应用型大学	应用型	0	0	20	13	15	0	0	0
10	吉利学院	成都市	6★	中国顶尖应用型大学	应用型	0	0	19	11	4	0	0	0
10	电子科技大学成都学院	成都市	6★	中国顶尖应用型大学	应用型	0	0	19	10	8	0	0	0
16	西南财经大学天府学院	绵阳市	5★	中国一流应用型大学	应用型	0	0	1	4	8	9	4	12
28	四川传媒学院	成都市	5★	中国一流应用型大学	应用型	0	0	5	4	12	11	15	3
36	四川工商学院	成都市	4★	中国高水平应用型大学	应用型	0	0	0	1	5	14	9	12
38	四川外国语大学成都学院	成都市	4★	中国高水平应用型大学	应用型	0	0	2	0	6	10	2	10
50	绵阳城市学院	绵阳市	3★	区域一流应用型大学	应用型	0	0	0	1	5	8	3	17
55	西南交通大学希望学院	南充市	3★	区域一流应用型大学	应用型	0	0	1	3	2	2	5	11
58	成都锦城学院	成都市	3★	区域一流应用型大学	应用型	0	0	2	4	14	14	12	5
59	成都文理学院	成都市	3★	区域一流应用型大学	应用型	0	0	0	0	8	6	12	10
69	成都东软学院	成都市	3★	区域一流应用型大学	应用型	0	0	1	1	5	6	4	12
84	四川电影电视学院	成都市	2★	区域高水平应用型大学	应用型	0	0	3	2	2	4	3	7
88	成都理工大学工程技术学院	乐山市	3★	区域一流应用型大学	应用型	0	0	0	1	10	19	15	11
94	四川工业科技学院	德阳市	2★	区域高水平应用型大学	应用型	0	0	0	0	2	3	4	18
97	四川文化艺术学院	绵阳市	3★	区域一流应用型大学	应用型	0	0	0	3	5	12	8	14
122	成都银杏酒店管理学院	成都市	2★	区域高水平应用型大学	应用型	0	0	1	0	4	7	8	8

3. 四川省高职院校排名

表10-7　2024校友会四川省高职院校排名

全国排名	学校名称	所在城市	办学类型	星级排名	办学层次
12	四川工程职业技术学院	德阳市	职业技能型	6★	中国顶尖高职院校
23	四川交通职业技术学院	成都市	职业技能型	5★	中国一流高职院校
26	成都农业科技职业学院	成都市	职业技能型	5★	中国一流高职院校
38	南充职业技术学院	南充市	职业技能型	4★	中国高水平高职院校
43	四川科技职业学院	成都市	职业技能型	4★	中国高水平高职院校
48	四川建筑职业技术学院	德阳市	职业技能型	4★	中国高水平高职院校
49	成都职业技术学院	成都市	职业技能型	4★	中国高水平高职院校
50	四川职业技术学院	遂宁市	职业技能型	4★	中国高水平高职院校
53	四川文轩职业学院	成都市	职业技能型	4★	中国高水平高职院校
68	绵阳职业技术学院	绵阳市	职业技能型	3★	区域一流高职院校
71	乐山职业技术学院	乐山市	职业技能型	3★	区域一流高职院校
92	成都航空职业技术学院	成都市	职业技能型	3★	区域一流高职院校
98	四川中医药高等专科学校	绵阳市	职业技能型	3★	区域一流高职院校
105	雅安职业技术学院	雅安市	职业技能型	3★	区域一流高职院校
106	达州职业技术学院	达州市	职业技能型	3★	区域一流高职院校
106	四川护理职业学院	德阳市	职业技能型	3★	区域一流高职院校
107	四川幼儿师范高等专科学校	绵阳市	职业技能型	3★	区域一流高职院校
111	泸州职业技术学院	泸州市	职业技能型	3★	区域一流高职院校
111	四川托普信息技术职业学院	成都市	职业技能型	3★	区域一流高职院校

续表

全国排名	学校名称	所在城市	办学类型	星级排名	办学层次
117	四川国际标榜职业学院	成都市	职业技能型	3★	区域一流高职院校
120	四川卫生康复职业学院	自贡市	职业技能型	3★	区域一流高职院校
121	四川商务职业学院	成都市	职业技能型	3★	区域一流高职院校
126	内江职业技术学院	内江市	职业技能型	3★	区域一流高职院校
128	民办四川天一学院	成都市	职业技能型	3★	区域一流高职院校
129	四川文化传媒职业学院	成都市	职业技能型	3★	区域一流高职院校
152	四川华新现代职业学院	成都市	职业技能型	3★	区域一流高职院校
155	四川财经职业学院	成都市	职业技能型	2★	区域高水平高职院校
177	广安职业技术学院	广安市	职业技能型	2★	区域高水平高职院校
185	四川航天职业技术学院	成都市	职业技能型	2★	区域高水平高职院校
186	眉山职业技术学院	眉山市	职业技能型	2★	区域高水平高职院校
188	四川文化产业职业学院	成都市	职业技能型	2★	区域高水平高职院校
197	四川工商职业技术学院	成都市	职业技能型	2★	区域高水平高职院校
205	成都工业职业技术学院	成都市	职业技能型	2★	区域高水平高职院校
210	四川水利职业技术学院	成都市	职业技能型	2★	区域高水平高职院校
210	宜宾职业技术学院	宜宾市	职业技能型	2★	区域高水平高职院校
218	四川现代职业学院	成都市	职业技能型	2★	区域高水平高职院校
227	成都纺织高等专科学校	成都市	职业技能型	2★	区域高水平高职院校
230	四川化工职业技术学院	泸州市	职业技能型	2★	区域高水平高职院校
231	巴中职业技术学院	巴中市	职业技能型	2★	区域高水平高职院校
236	川北幼儿师范高等专科学校	广元市	职业技能型	2★	区域高水平高职院校
239	四川应用技术职业学院	凉山彝族自治州	职业技能型	2★	区域高水平高职院校
240	四川西南航空职业学院	成都市	职业技能型	2★	区域高水平高职院校
256	川南幼儿师范高等专科学校	内江市	职业技能型	2★	区域高水平高职院校
259	四川电力职业技术学院	成都市	职业技能型	2★	区域高水平高职院校
266	四川艺术职业学院	成都市	职业技能型	2★	区域高水平高职院校
284	四川邮电职业技术学院	成都市	职业技能型	2★	区域高水平高职院校
285	四川城市职业学院	成都市	职业技能型	1★	区域知名高职院校
294	阿坝职业学院	阿坝藏族羌族自治州	职业技能型	1★	区域知名高职院校
308	四川信息职业技术学院	广元市	职业技能型	1★	区域知名高职院校

4. 四川省职业技术大学排名

表 10-8　2024 校友会四川省职业技术大学排名

全国排名	学校名称	所在城市	办学类型	星级排名	办学层次
31	成都艺术职业大学	成都市	职业技能型	3★	区域一流职业技术大学

二、四川省大学专业排名详情

1. 四川大学

（1）四川大学综合实力排名

综合排名：2024 校友会中国大学排名第 18 名，全国综合类高校第 15 名，四川省高校第 1 名。

星级排名：中国七星级大学（7★），世界知名高水平大学、中国顶尖大学。“985 工程”大学，“211 工程”大学。主管部门：教育部。

（2）四川大学各本科专业排名（全国排名/档次）

1）世界知名高水平、中国顶尖专业（7★）

护理学：1/A++；化学工程与工艺：3/A++；基础医学：2/A++；口腔医学：1/A++；轻化工程：1/A++；生物医学工程：3/A++；制药工程：1/A++。

2）世界高水平、中国顶尖专业（6★）

档案学：2/A+；法医学：2/A+；高分子材料与工程：2/A++；汉语言文学：10/A+；核工程与核技术：6/A+；计算机科学与技术：8/A+；考古学：7/A+；口腔医学技术：1/A++；历史学：8/A+；临床医学：8/A+；数学与应用数学：11/A+；新闻学：9/A+；信息与计算科学：6/A+；药学：5/A+；医学检验技术：2/A+。

3）中国一流专业（5★）

材料化学：6/A+；材料科学与工程：20/A；动画：9/A；工程管理：10/A+；广播电视编导：4/A+；广播电视学：6/A；国际经济与贸易：18/A+；化学：19/A；会计学：33/A；会展经济与管理：3/A+；机械设计制造及其自动化：25/A；金属材料工程：8/A；经济学：16/A；康复治疗学：1/A++；马克思主义理论：2/A+；美术学：7/A+；人力资源管理：8/A+；软件工程：39/A；生物工程：12/A；生物技术：19/A；生物科学：16/A；食品卫生与营养学：1/A++；市场营销：7/A+；水利水电工程：13/A；水文与水资源工程：2/A+；文物与博物馆学：4/A；新能源材料与器件：3/A+；医学信息工程：1/A++；医学影像技术：3/A+；应用物理学：17/A；英语：19/A+；预防医学：12/A；哲学：15/A；宗教学：4/A。

4）中国高水平专业（4★）

安全工程：31/B++；保险学：15/B++；编辑出版学：7/B++；表演：16/B++；材料成型及控制工程：48/B++；材料物理：18/B++；财务管理：46/B++；财政学：32/B++；测控技术与仪器：53/B++；城乡规划：26/B++；电气工程及其自动化：40/B++；电子商务：45/B++；电子信息工程：38/B++；电子信息科学与技术：27/B++；俄语：11/A；法学：49/B++；法语：11/B++；纺织工程：15/B++；飞行器控制与信息工程：2/A+；风景园林：22/B++；服装与服饰设计：21/B++；给排水科学与工程：30/B++；工程力学：25/B++；工程造价：4/A；工商管理：100/B++；工业工程：28/B++；工业设计：38/B++；公共事业管理：30/B++；管理科学：3/A+；光电信息科学与工程：25/B++；广告学：22/B++；国际政治：22/B++；国民经济管理：2/A+；过程装备与控制工程：31/B++；汉语国际教育：8/A+；汉语言：15/B++；航空航天工程：7/B++；核物理：4/A；环境工程：30/B++；环境科学：31/B++；绘画：16/B++；建筑学：24/B++；金融工程：11/A；金融学：93/B++；劳动与社会保障：16/B++；临床药学：14/B++；旅游管理：22/A；能源与动力工程：54/B++；农业水利工程：13/B++；人工智能：7/A+；日语：16/A；社会工作：19/A；生态学：14/B++；食品科学与工程：28/B++；视觉传达设计：42/B++；统计学：41/B++；土地资源管理：8/A；土木工程：47/B++；网络工程：15/A；网络空间安全：6/A；网络与新媒体：2/A+；微电子科学与工程：21/B++；卫生检验与检疫：1/A++；无机非金属材料工程：24/B++；舞蹈表演：13/B++；物理学：33/B++；物联网工程：10/A+；西班牙语：10/B++；信息安全：31/B++；信息管理与信息系统：73/B++；信息资源管理：3/A+；行政管理：33/B++；眼视光学：2/A+；冶金工程：18/B++；艺术设计学：17/B++；应用化学：69/B++；园林：16/B++；自动化：112/B++。

5）中国区域一流专业（3★）

波兰语：3/A+；城市地下空间工程：25/B+；电子科学与技术：69/B+；妇幼保健医学：2/A+；建筑环境与能源应用工程：63/B+；能源化学工程：17/B+；书法学：11/B++；水利科学与工程：2/A+；体育教育：72/B+；通信工程：104/B+；舞蹈学：30/B+；音乐表演：45/B+；音乐学：86/B+；中国画：17/B+。

2. 电子科技大学

（1）电子科技大学综合实力排名

综合排名：2024 校友会中国大学排名第 29 名，全国理工类高校第 9 名，四川省高校第 2 名。

星级排名：中国六星级大学（6★），世界高水平大学、中国顶尖大学。“985 工程”大学，“211 工程”大学。主管部门：教育部。

（2）电子科技大学各本科专业排名（全国排名/档次）

1）世界知名高水平、中国顶尖专业（7★）

电子科学与技术：2/A++；集成电路设计与集成系统：1/A++；通信工程：3/A++。

2）世界高水平、中国顶尖专业（6★）

测控技术与仪器：3/A+；光电信息科学与工程：3/A+；计算机科学与技术：8/A+。

3）中国一流专业（5★）

电磁场与无线技术：1/A++；电子信息工程：22/A；电子信息科学与技术：5/A+；机械设计制造及其自动化：25/A；人工智能：3/A++；软件工程：18/A；数学与应用数学：20/A；物联网工程：1/A++；新能源材料与器件：3/A+；信息对抗技术：7/A；应用物理学：9/A；智能科学与技术：8/A；自动化：21/A。

4）中国高水平专业（4★）

城市管理：4/A；电波传播与天线：2/A+；电气工程及其自动化：88/B++；电子商务：45/B++；工业工程：28/B++；航空航天工程：7/B++；环境工程：82/B++；金融学：39/B++；空间信息与数字技术：4/A；生物医学工程：21/B++；数据科学与大数据技术：10/A+；思想政治教育：90/B++；网络工程：4/A+；网络空间安全：4/A；微电子科学与工程：11/B++；信息安全：31/B++；信息工程：16/B++；信息管理与信息系统：73/B++；行政管理：33/B++；应用化学：69/B++；英语：57/B++；智能电网信息工程：4/A。

5）中国区域一流专业（3★）

地球信息科学与技术：5/A；法学：161/B+；工商管理：207/B+；光源与照明：3/A+；临床医学：102/B+；日语：96/B+；生物技术：96/B+；数理基础科学：3/A+；数字媒体技术：33/B+；探测制导与控制技术：13/B+；无人驾驶

航空器系统工程：2/A+；信息与计算科学：122/B+。

6）中国区域高水平专业（2★）

材料科学与工程：121/D；法语：64/C；翻译：80/C；飞行器控制与信息工程：4/A；互联网金融：1/A++；护理学：109/D；机器人工程：18/B++；新闻学：125/D；遥感科学与技术：20/B；艺术设计学：104/D。

3. 西南交通大学

（1）西南交通大学综合实力排名

综合排名：2024 校友会中国大学排名第 56 名，全国理工类高校第 21 名，四川省高校第 3 名。

星级排名：中国五星级大学（5★），世界知名大学、中国一流大学。“211 工程”大学。主管部门：教育部。

（2）西南交通大学各本科专业排名（全国排名/档次）

1）世界知名高水平、中国顶尖专业（7★）

交通运输：1/A++。

2）世界高水平、中国顶尖专业（6★）

测绘工程：3/A+；车辆工程：3/A+；轨道交通信号与控制：1/A++；机械设计制造及其自动化：6/A+；交通工程：1/A++；土木工程：8/A+。

3）中国一流专业（5★）

材料成型及控制工程：22/A；材料科学与工程：36/A；产品设计：7/A+；城乡规划：14/A；传播学：9/A；地质工程：12/A；电气工程及其自动化：29/A；工程管理：10/A+；工程力学：19/A；公共事业管理：11/A+；广告学：5/A+；会计学：33/A；计算机科学与技术：50/A；建筑环境与能源应用工程：6/A+；建筑学：20/A；思想政治教育：51/A；通信工程：17/A；物流工程：3/A+；物流管理：7/A+；信息管理与信息系统：24/A；应用心理学：7/A+；英语：42/A。

4）中国高水平专业（4★）

安全工程：31/B++；测控技术与仪器：53/B++；城市地下空间工程：8/B++；道路桥梁与渡河工程：8/B++；德语：20/B++；电子科学与技术：39/B++；电子信息工程：38/B++；电子信息科学与技术：27/B++；翻译：7/A+；风景园林：11/B++；工商管理：100/B++；工业工程：28/B++；汉语言文学：64/B++；环境工程：82/B++；环境设计：43/B++；交通设备与控制工程：3/A+；能源与动力工程：54/B++；软件工程：44/B++；生物工程：47/B++；生物信息学：8/B++；生物医学工程：21/B++；数据科学与大数据技术：10/A+；数学与应用数学：56/B++；铁道工程：3/A+；统计学：41/B++；物联网工程：23/B++；消防工程：5/A；信息安全：31/B++；遥感科学与技术：6/B++；应用物理学：43/B++；制药工程：20/B++。

5）中国区域一流专业（3★）

城市设计：1/A++；地理信息科学：61/B+；电子商务：82/B+；法学：161/B+；法语：35/B+；飞行器设计与工程：18/B+；高分子材料与工程：81/B+；工程造价：13/B+；工业设计：68/B+；国际经济与贸易：142/B+；汉语国际教育：58/B+；绘画：52/B+；金融学：159/B+；经济学：122/B+；旅游管理：114/B+；人工智能：15/A；日语：72/B+；网络工程：25/B++；微电子科学与工程：40/B+；新能源科学与工程：27/B+；信息与计算科学：86/B+；艺术设计学：40/B+；音乐表演：45/B+；智能建造：2/A+；智能制造工程：3/A+；中药学：46/B+；自动化：150/B+。

6）中国区域高水平专业（2★）

电气工程与智能控制：4/A；森林保护：16/D；商务英语：52/B；政治学与行政学：54/C；资源勘查工程：38/D。

4. 西南财经大学

（1）西南财经大学综合实力排名

综合排名：2024 校友会中国大学排名第 73 名，全国财经类高校第 4 名，四川省高校第 4 名。

星级排名：中国五星级大学（5★），世界知名大学、中国一流大学。“211 工程”大学。主管部门：教育部。

（2）西南财经大学各本科专业排名（全国排名/档次）

1）世界知名高水平、中国顶尖专业（7★）

财务管理：1/A++。

2）世界高水平、中国顶尖专业（6★）

国际经济与贸易：6/A+；金融学：7/A+；税收学：1/A++。

3）中国一流专业（5★）

保险学：6/A；工商管理：16/A+；会计学：16/A+；金融工程：8/A；审计学：3/A+；市场营销：7/A+；思想政治教育：51/A。

4）中国高水平专业（4★）

财政学：32/B++；电子商务：45/B++；法学：49/B++；计算机科学与技术：206/B++；经济统计学：19/B++；经济学：83/B++；劳动与社会保障：16/B++；旅游管理：67/B++；人力资源管理：34/B++；商务英语：15/B++；数学与应用数学：137/B++；统计学：41/B++；投资学：9/B++；物流管理：46/B++；信息管理与信息系统：73/B++；行政管理：66/B++；英语：136/B++。

5）中国区域一流专业（3★）

公共事业管理：81/B+；广告学：50/B+；国际商务：25/B+；汉语言文学：151/B+；金融数学：10/B++；新闻学：109/B+；信用管理：4/A。

6）中国区域高水平专业（2★）

大数据管理与应用：11/B++；供应链管理：4/A；计算金融：2/A+；金融科技：5/A；精算学：6/C；人工智能：38/B++；数据科学与大数据技术：54/B++；数字经济：2/A+。

5. 四川农业大学

（1）四川农业大学综合实力排名

综合排名：2024 校友会中国大学排名第 112 名，全国农林类高校第 13 名，四川省高校第 5 名。

星级排名：中国四星级大学（4★），世界知名、中国高水平大学。“211 工程”大学。主管部门：四川省。

（2）四川农业大学各本科专业排名（全国排名/档次）

1）世界高水平、中国顶尖专业（6★）

动物科学：3/A+；农学：4/A+。

2）中国一流专业（5★）

茶学：4/A；动物医学：6/A。

3）中国高水平专业（4★）

财务管理：46/B++；草业科学：9/B++；风景园林：22/B++；工商管理：100/B++；环境工程：30/B++；计算机科学与技术：206/B++；金融学：39/B++；林学：13/B++；旅游管理：22/A；农林经济管理：13/B++；农业机械化及其自动化：12/B++；农业水利工程：13/B++；农业资源与环境：10/B++；生物技术：30/B++；食品科学与工程：28/B++；水产养殖学：17/B++；土地资源管理：8/A；园林：11/B++；园艺：14/B++；植物保护：13/B++；种子科学与工程：7/B++。

4）中国区域一流专业（3★）

城乡规划：51/B+；电子商务：101/B+；动植物检疫：3/A+；法学：161/B+；给排水科学与工程：55/B+；工程造价：13/B+；国际经济与贸易：176/B+；汉语言文学：176/B+；化学生物学：7/B+；环境生态工程：6/B++；会展经济与管理：10/B++；经济学：122/B+；木材科学与工程：14/B+；农村区域发展：7/B+；森林保护：10/B+；社会工作：63/B+；社会体育指导与管理：37/B+；审计学：25/B+；生态学：36/B+；生物科学：122/B+；生物医学工程：62/B+；食品质量与安全：36/B+；视觉传达设计：83/B+；水利水电工程：32/B+；体育教育：95/B+；投资学：17/B+；土木工程：137/B+；物联网工程：69/B+；休闲体育：9/B+；烟草：4/A；药物制剂：22/B+；药学：85/B+；英语：253/B+；中草药栽培与鉴定：4/A；资产评估：8/B+；自然地理与资源环境：20/B+。

5）中国区域高水平专业（2★）

包装工程：30/C；地理信息科学：84/C；电气工程及其自动化：217/D；广告学：80/B；环境科学：114/C；环境设计：141/C；会计学：270/D；能源与动力工程：137/D；人力资源管理：115/C；人文地理与城乡规划：38/B；设施农业科学与工程：16/C；生物工程：127/C；市场营销：176/C；数据科学与大数据技术：54/B++；数字媒体艺术：79/C；水土保持与荒漠化防治：14/C；信息管理与信息系统：168/C；信息与计算科学：164/C；行政管理：170/D；应用化学：187/D；植物科学与技术：10/C。

6）中国区域知名专业（1★）

产品设计：166/D；道路桥梁与渡河工程：30/D；电子科学与技术：116/D；工程管理：185/D；建筑学：149/D；酒店管理：43/C；文化产业管理：50/C；应用物理学：132/D；政治学与行政学：70/D。

6. 西南石油大学

（1）西南石油大学综合实力排名

综合排名：2024 校友会中国大学排名第 115 名，全国理工类高校第 48 名，四川省高校第 6 名。

星级排名：中国四星级大学（4★），世界知名、中国高水平大学。主管部门：四川省。

（2）西南石油大学各本科专业排名（全国排名/档次）

1）世界高水平、中国顶尖专业（6★）

石油工程：3/A+。

2）中国一流专业（5★）

化学工程与工艺：14/A；机械工程：17/A；计算机科学与技术：27/A；应用化学：8/A+；资源勘查工程：5/A。

3）中国高水平专业（4★）

测绘工程：31/B++；测控技术与仪器：23/B++；电气工程及其自动化：88/B++；高分子材料与工程：21/B++；工程管理：55/B++；工商管理：100/B++；工业设计：17/A；过程装备与控制工程：11/B++；海洋油气工程：4/A；环境工程：30/B++；会计学：112/B++；机械设计制造及其自动化：131/B++；勘查技术与工程：9/B++；软件工程：44/B++；社会工作：41/B++；市场营销：59/B++；土木工程：96/B++；新能源材料与器件：7/A；信息与计算科学：23/A；英语：136/B++；油气储运工程：6/B++；自动化：112/B++。

4）中国区域一流专业（3★）

安全工程：45/B+；播音与主持艺术：26/B+；材料成型及控制工程：66/B+；材料科学与工程：98/B+；城市地下空间工程：16/B+；地理信息科学：61/B+；地质学：19/B+；法学：161/B+；广播电视编导：42/B+；国际经济与贸易：176/B+；焊接技术与工程：12/B+；化学：113/B+；建筑环境与能源应用工程：63/B+；体育教育：95/B+；网络工程：25/B++；物联网工程：69/B+；新能源科学与工程：27/B+。

5）中国区域高水平专业（2★）

材料化学：74/C；储能科学与工程：7/B+；电气工程与智能控制：4/A；电子商务：118/C；电子信息工程：214/D；电子信息科学与技术：87/C；俄语：71/C；公共事业管理：124/B；广告学：80/B；机器人工程：18/B++；经济学：190/D；人工智能：38/B++；生物工程：127/C；数据科学与大数据技术：54/B++；数学与应用数学：224/D；思想政治教育：143/D；通信工程：202/D；投资学：31/C；网络空间安全：26/B；信息管理与信息系统：168/C；应用物理学：112/C。

6）中国区域知名专业（1★）

表演：68/D；财务管理：210/D；城乡规划：103/D；电子与计算机工程：4/A；工程造价：43/D；光电信息科学与工程：141/D；汉语国际教育：140/C；机械电子工程：97/D；酒店管理：43/C；能源与环境系统工程：11/D；数字媒体技术：69/D。

7. 四川师范大学

（1）四川师范大学综合实力排名

综合排名：2024 校友会中国大学排名第 139 名，全国师范类高校第 21 名，四川省高校第 7 名。

星级排名：中国四星级大学（4★），世界知名、中国高水平大学。主管部门：四川省。

（2）四川师范大学各本科专业排名（全国排名/档次）

1）中国一流专业（5★）

教育技术学：5/A+；思想政治教育：22/A。

2）中国高水平专业（4★）

播音与主持艺术：4/A+；财务管理：46/B++；地理科学：17/B++；电子信息工程：89/B++；法学：111/B++；服装与服饰设计：21/B++；工商管理：100/B++；广播电视编导：8/A；汉语言文学：64/B++；化学：39/B++；教育学：34/B++；金融工程：26/B++；经济学：27/A；历史学：34/B++；美术学：35/B++；秘书学：5/A；软件工程：103/B++；生物科学：83/B++；视觉传达设计：42/B++；数学与应用数学：56/B++；特殊教育：7/B++；体育教育：48/B++；网络工程：15/A；物理学：33/B++；戏剧影视文学：14/B++；心理学：22/B++；学前教育：9/A；音乐表演：18/B++；音乐学：39/B++；英语：57/B++；自然地理与资源环境：11/B++。

3）中国区域一流专业（3★）

安全工程：45/B+；产品设计：86/B+；地理信息科学：61/B+；电气工程及其自动化：151/B+；电子商务：101/B+；俄语：55/B+；法语：35/B+；工程造价：13/B+；广播电视学：36/B+；汉语国际教育：58/B+；环境工程：167/B+；环境设计：105/B+；会计学：208/B+；绘画：52/B+；计算机科学与技术：327/B+；科学教育：5/A；旅游管理：114/B+；人文地理与城乡规划：26/B+；日语：96/B+；社会体育指导与管理：37/B+；审计学：25/B+；生物技术：122/B+；市场营销：130/B+；通信工程：141/B+；舞蹈表演：27/B+；舞蹈学：30/B+；戏剧影视导演：11/B+；小学教育：52/B+；信息与计算科学：122/B+；资产评估：8/B+。

4）中国区域高水平专业（2★）

表演：44/B；动画：92/C；服装设计与工程：34/D；工业工程：77/C；工业设计：131/C；公共事业管理：124/B；光电信息科学与工程：121/C；广告学：80/B；国际经济与贸易：221/C；统计学：147/C；信息管理与信息系统：168/C；园艺：58/D；自动化：221/D。

5）中国区域知名专业（1★）

材料化学：94/D；大数据管理与应用：48/C；金融数学：32/C；酒店管理：43/C；食品质量与安全：117/D；书法学：51/D；数字媒体技术：69/D；数字媒体艺术：112/D；土木工程：223/D；网络与新媒体：66/D；戏剧影视美术设计：30/D；艺术与科技：32/D。

8. 成都理工大学

（1）成都理工大学综合实力排名

综合排名：2024 校友会中国大学排名第 155 名，全国理工类高校第 69 名，四川省高校第 8 名。

星级排名：中国四星级大学（4★），世界知名、中国高水平大学。主管部门：四川省。

（2）成都理工大学各本科专业排名（全国排名/档次）

1）世界高水平、中国顶尖专业（6★）

地质工程：2/A+。

2）中国一流专业（5★）

地球物理学：6/A；地质学：8/A；勘查技术与工程：7/A；资源勘查工程：16/A。

3）中国高水平专业（4★）

表演：14/B++；材料科学与工程：68/B++；测绘工程：31/B++；地理信息科学：16/B++；地球化学：4/A；地下水科学与工程：5/A；电子商务：45/B++；工商管理：100/B++；广播电视学：18/B++；核工程与核技术：12/B++；化学工程与工艺：34/B++；环境工程：82/B++；会计学：112/B++；机械工程：26/B++；软件工程：44/B++；石油工程：6/B++；市场营销：59/B++；数学与应用数学：56/B++；土木工程：47/B++；信息工程：16/B++；遥感科学与技术：6/B++；应用化学：69/B++；英语：136/B++。

4）中国区域一流专业（3★）

播音与主持艺术：26/B+；财务管理：100/B+；测控技术与仪器：77/B+；地球信息科学与技术：5/A；电气工程及其自动化：151/B+；电子信息工程：178/B+；法学：208/B+；辐射防护与核安全：8/B+；工程力学：56/B+；工业设计：85/B+；广播电视编导：42/B+；核化工与核燃料工程：5/A；计算机科学与技术：327/B+；建筑学：95/B+；经济学：152/B+；空间科学与技术：8/B+；空间信息与数字技术：6/B+；旅游管理：114/B+；人文地理与城乡规划：26/B+；社会体育指导与管理：37/B+；水文与水资源工程：21/B+；思想政治教育：116/B+；网络空间安全：12/B++；新能源材料与器件：15/B++；信息与计算科学：122/B+；应用物理学：83/B+。

5）中国区域高水平专业（2★）

材料成型及控制工程：103/D；产品设计：131/D；城市地下空间工程：30/C；大数据管理与应用：11/B++；地理科学：65/D；电子信息科学与技术：87/C；工程管理：144/D；工程造价：24/B；工业工程：93/C；公共事业管理：198/D；广告学：80/B；国际经济与贸易：266/D；海洋油气工程：8/D；化学：149/D；环境设计：172/C；环境生态工程：20/B；人工智能：38/B++；人力资源管理：148/C；日语：162/C；商务英语：72/C；社会学：73/D；生物工程：159/D；视觉传达设计：156/C；土地资源管理：53/C；戏剧影视文学：49/D；信息管理与信息系统：207/C；休闲体育：17/C；油气储运工程：21/D；园林：59/C；制药工程：139/D；智能科学与技术：29/B+。

6）中国区域知名专业（1★）

城乡规划：103/D；翻译：98/C；风景园林：75/D；环境科学与工程：23/D；会展经济与管理：30/C；劳动与社会保障：79/C；社会工作：145/D；数字媒体技术：69/D；通信工程：239/D；投资学：36/C；物联网工程：161/D；物流

管理：170/D；新能源科学与工程：71/D；音乐表演：83/C；应用统计学：65/C；政治学与行政学：70/D。

9. 西南民族大学

（1）西南民族大学综合实力排名

综合排名：2024 校友会中国大学排名第 166 名，全国民族类高校第 4 名，四川省高校第 9 名。

星级排名：中国四星级大学（4★），世界知名、中国高水平大学。主管部门：国家民委。

（2）西南民族大学各本科专业排名（全国排名/档次）

1）中国一流专业（5★）

汉语言文学：28/A；旅游管理：6/A+；人力资源管理：1/A++；中国少数民族语言文学：6/A。

2）中国高水平专业（4★）

城乡规划：26/B++；电子信息工程：38/B++；动物科学：16/B++；动物医学：13/B++；法学：111/B++；国际经济与贸易：43/B++；绘画：16/B++；计算机科学与技术：206/B++；建筑学：52/B++；金融学：93/B++；民族学：9/B++；日语：33/B++；食品科学与工程：72/B++；思想政治教育：90/B++；舞蹈表演：6/A；新闻学：61/B++；信息与计算科学：51/B++；应用心理学：28/B++；英语：136/B++。

3）中国区域一流专业（3★）

藏药学：3/A+；风景园林：44/B+；化学工程与工艺：142/B+；环境科学：61/B+；会计学：208/B+；经济学：152/B+；软件工程：150/B+；社会工作：87/B+；通信工程：104/B+；舞蹈编导：19/B+；行政管理：126/B+；制药工程：79/B+；中药学：46/B+。

4）中国区域高水平专业（2★）

表演：44/B；财务管理：135/C；财政学：62/D；朝鲜语：31/B；电气工程及其自动化：199/D；雕塑：36/D；动画：92/C；法语：64/C；工商管理：245/D；公共事业管理：124/B；广播电视学：77/D；汉语国际教育：96/B；航空服务艺术与管理：3/A+；化学：149/D；环境设计：141/C；历史学：114/D；人工智能：38/B++；社会体育指导与管理：64/C；社会学：73/D；生物技术：176/D；食品质量与安全：79/C；市场营销：176/C；视觉传达设计：156/C；数学与应用数学：224/D；体育教育：126/D；文物与博物馆学：19/C；信息管理与信息系统：168/C；药物制剂：46/D；应用化学：197/D；应用物理学：112/C；哲学：64/D；自动化：221/D。

5）中国区域知名专业（1★）

保险学：45/C；材料化学：94/D；动物药学：19/D；环境工程：238/D；金融工程：83/D；美术学：116/D；摄影：34/D；投资学：36/C；网络工程：141/D；文化产业管理：50/C；物联网工程：161/D；物流管理：170/D；学前教育：99/D；药学：139/D；音乐表演：83/C；音乐学：129/D。

10. 西南科技大学

（1）西南科技大学综合实力排名

综合排名：2024 校友会中国大学排名第 201 名，全国理工类高校第 91 名，四川省高校第 10 名。

星级排名：中国三星级大学（3★），中国知名、区域一流大学。主管部门：四川省。

（2）西南科技大学各本科专业排名（全国排名/档次）

1）中国一流专业（5★）

材料科学与工程：20/A。

2）中国高水平专业（4★）

采矿工程：19/B++；地质工程：21/B++；电子信息工程：38/B++；辐射防护与核安全：3/A+；工商管理：36/B++；工业工程：28/B++；工业设计：38/B++；光电信息科学与工程：25/B++；环境工程：30/B++；机械设计制造及其自动化：54/B++；计算机科学与技术：60/B++；经济学：27/A；农学：21/B++；软件工程：44/B++；生物技术：64/B++；特种能源技术与工程：3/A+；土木工程：47/B++；物流管理：46/B++；信息对抗技术：10/B++；应用化学：35/B++；自动化：41/B++。

3）中国区域一流专业（3★）

电子商务：82/B+；法学：208/B+；翻译：46/B+；工程管理：93/B+；工程力学：49/B+；功能材料：10/B+；广播电视学：36/B+；过程装备与控制工程：48/B+；汉语国际教育：58/B+；核工程与核技术：23/B+；核化工与核燃料工程：5/A；会计学：208/B+；建筑环境与能源应用工程：51/B+；建筑学：95/B+；矿物加工工程：22/B+；社会体育指导与管理：28/B+；生物工程：93/B+；食品科学与工程：114/B+；通信工程：141/B+；无机非金属材料工程：43/B+；物联网工程：69/B+；西班牙语：31/B+；信息安全：56/B+；医学影像技术：14/B+；应用心理学：65/B+；制药工程：79/B+。

4）中国区域高水平专业（2★）

安全工程：68/C；材料成型及控制工程：103/D；材料物理：54/D；测绘工程：58/D；城乡规划：89/C；地理信息科学：94/D；动物科学：53/D；公共事业管理：198/D；国际经济与贸易：266/D；环境设计：172/C；交通工程：73/D；生物医学工程：88/D；数学与应用数学：245/D；思想政治教育：143/D；信息管理与信息系统：207/C；信息与计算科学：231/D；应用物理学：112/C；英语：358/D；园艺：58/D。

5）中国区域知名专业（1★）

电气工程及其自动化：247/D；工程造价：50/D；汉语言文学：255/D；机器人工程：71/C；能源化学工程：40/D；人工智能：123/C；日语：253/D；商务英语：102/D；市场营销：311/D；数据科学与大数据技术：152/C；音乐表演：119/D；音乐学：162/D；应急技术与管理：5/A；知识产权：38/C。

11. 成都中医药大学

（1）成都中医药大学综合实力排名

综合排名：2024 校友会中国大学排名第 229 名，全国医药类高校第 30 名，四川省高校第 11 名。

星级排名：中国四星级大学（4★），世界知名、中国高水平大学。主管部门：四川省。

（2）成都中医药大学各本科专业排名（全国排名/档次）

1）世界高水平、中国顶尖专业（6★）

中药学：4/A+。

2）中国一流专业（5★）

针灸推拿学：5/A；中医学：10/A。

3）中国高水平专业（4★）

藏药学：2/A+；公共事业管理：17/A；护理学：29/B++；康复治疗学：8/A；临床医学：39/B++；药学：27/B++；医学检验技术：15/B++；预防医学：23/B++；制药工程：20/B++；中西医临床医学：9/B++；中药资源与开发：4/A。

4）中国区域一流专业（3★）

藏医学：5/A；汉语国际教育：58/B+；生物技术：96/B+；食品卫生与营养学：3/A+；食品质量与安全：45/B+；市场营销：110/B+；卫生检验与检疫：13/B+；眼视光学：5/A；医学信息工程：8/B+；应用心理学：65/B+；运动康复：15/B+。

5）中国区域高水平专业（2★）

健康服务与管理：7/B++；生物科学：147/D；药物制剂：46/D；英语：318/D；智能医学工程：13/B；中医儿科学：5/A；中医骨伤科学：7/B；中医康复学：4/A；中医养生学：4/A。

6）中国区域知名专业（1★）

工商管理：311/D；日语：218/D；社会体育指导与管理：109/D；体育教育：138/D。

12. 西华大学

（1）西华大学综合实力排名

综合排名：2024校友会中国大学排名第249名，全国综合类高校第76名，四川省高校第12名。

星级排名：中国二星级大学（2★），中国区域高水平大学。主管部门：四川省。

（2）西华大学各本科专业排名（全国排名/档次）

1）中国高水平专业（4★）

材料成型及控制工程：48/B++；材料科学与工程：68/B++；产品设计：33/B++；车辆工程：44/B++；电气工程及其自动化：40/B++；工程造价：4/A；工商管理：100/B++；汉语言文学：64/B++；化学：39/B++；会计学：43/B++；机械设计制造及其自动化：54/B++；计算机科学与技术：60/B++；交通工程：23/B++；能源与动力工程：54/B++；生物工程：47/B++；食品科学与工程：28/B++；思想政治教育：90/B++；应用物理学：43/B++。

2）中国区域一流专业（3★）

电子商务：82/B+；动画：62/B+；法学：161/B+；翻译：54/B+；工程管理：93/B+；工业设计：85/B+；机械电子工程：38/B+；建筑学：82/B+；农业机械化及其自动化：35/B+；汽车服务工程：7/B++；软件工程：150/B+；食品质量与安全：45/B+；视觉传达设计：116/B+；数学与应用数学：190/B+；水利水电工程：48/B+；土木工程：164/B+；网络与新媒体：15/B++；信息安全：56/B+；信息工程：27/B+；制药工程：113/B+；自动化：180/B+。

3）中国区域高水平专业（2★）

财务管理：135/C；测控技术与仪器：143/D；飞行器动力工程：15/D；工业工程：93/C；轨道交通信号与控制：16/C；国际经济与贸易：266/D；环境工程：212/D；环境设计：172/C；建筑环境与能源应用工程：84/C；交通运输：59/C；经济学：205/D；纳米材料与技术：9/C；人力资源管理：148/C；日语：162/C；市场营销：176/C；体育教育：112/D；舞蹈表演：35/C；物流管理：109/C；信息与计算科学：164/C；学前教育：70/C；英语：318/D。

4）中国区域知名专业（1★）

保险学：45/C；表演：76/D；城乡规划：103/D；飞行器适航技术：5/A；风景园林：75/D；给排水科学与工程：79/D；公共事业管理：246/D；汉语国际教育：140/C；焊接技术与工程：24/D；健康服务与管理：15/B；金融科技：16/C；劳动与社会保障：113/D；美术学：116/D；酿酒工程：12/D；社会工作：170/D；审计学：40/D；数字媒体艺术：135/D；通信工程：239/D；微电子科学与工程：68/D；卫生检验与检疫：26/D；文化产业管理：50/C；无人驾驶航空器系统工程：3/A+；舞蹈学：74/D；物联网工程：161/D；物流工程：53/D；心理学：52/D；新能源汽车工程：3/A+；医学信息工程：24/D；艺术与科技：32/D；音乐学：129/D；应急技术与管理：5/A；知识产权：47/D；智能科学与技术：58/C；资产评估：22/D。

13. 西华师范大学

（1）西华师范大学综合实力排名

综合排名：2024校友会中国大学排名第251名，全国师范类高校第39名，四川省高校第13名。

星级排名：中国二星级大学（2★），中国区域高水平大学。主管部门：四川省。

（2）西华师范大学各本科专业排名（全国排名/档次）

1）中国高水平专业（4★）

地理科学：41/B++；汉语言文学：114/B++；化学：87/B++；历史学：55/B++；生物科学：83/B++；思想政治教育：90/B++；天文学：6/B++；物理学：79/B++；小学教育：31/B++；野生动物与自然保护区管理：3/A+；英语：136/B++；政治学与行政学：25/B++。

2）中国区域一流专业（3★）

汉语国际教育：58/B+；环境工程：167/B+；环境科学：82/B+；计算机科学与技术：327/B+；教育技术学：44/B+；教育学：54/B+；旅游管理：114/B+；秘书学：7/B++；生态学：36/B+；生物技术：122/B+；数学与应用数学：190/B+；体育教育：95/B+；心理学：31/B+；新闻学：109/B+；信息与计算科学：122/B+；学前教育：56/B+；音乐学：86/B+；应用电子技术教育：6/B+；园林：34/B+。

3）中国区域高水平专业（2★）

播音与主持艺术：63/C；地理信息科学：94/D；电子信息工程：236/D；法学：271/D；翻译：80/C；服装与服饰设计：66/C；工商管理：282/D；公共事业管理：124/B；国际经济与贸易：266/D；环境设计：172/C；经济学：205/D；科学教育：16/C；人力资源管理：148/C；日语：162/C；软件工程：215/D；商务英语：52/B；社会体育指导与管理：64/C；市场营销：176/C；通信工程：219/D；统计学：147/C；网络与新媒体：27/B+；舞蹈表演：35/C；舞蹈学：44/B；物联网工程：104/B；信息管理与信息系统：207/C；行政管理：170/D；运动训练：60/C。

4）中国区域知名专业（1★）

材料物理：73/D；测绘工程：75/D；电子信息科学与技术：117/D；飞行器控制与信息工程：6/D；环境生态工程：32/D；会计学：297/D；绘画：101/D；健康服务与管理：15/B；劳动与社会保障：79/C；美术学：116/D；人工智能：123/C；人文地理与城乡规划：65/D；社会工作：145/D；视觉传达设计：202/D；书法学：51/D；网络工程：141/D；网络空间安全：42/C；文物与博物馆学：25/C；武术与民族传统体育：34/D；戏剧影视文学：59/D；音乐表演：83/C；应用化学：213/D；自然地理与资源环境：51/D。

14. 成都信息工程大学

（1）成都信息工程大学综合实力排名

综合排名：2024 校友会中国大学排名第 273 名，全国理工类高校第 123 名，四川省高校第 14 名。

星级排名：中国三星级大学（3★），中国知名、区域一流大学。主管部门：四川省。

（2）成都信息工程大学各本科专业排名（全国排名/档次）

1）中国一流专业（5★）

电子商务：4/A+；电子信息工程：8/A+；通信工程：17/A。

2）中国高水平专业（4★）

大气科学：7/B++；电子科学与技术：24/B++；电子信息科学与技术：27/B++；环境工程：30/B++；环境科学：31/B++；计算机科学与技术：60/B++；经济统计学：19/B++；旅游管理：22/A；软件工程：44/B++；数字媒体技术：14/B++；统计学：41/B++；网络工程：4/A+；微电子科学与工程：21/B++；信息安全：16/B++；信息与计算科学：23/A；遥感科学与技术：6/B++。

3）中国区域一流专业（3★）

测控技术与仪器：103/B+；地理信息科学：43/B+；电气工程及其自动化：151/B+；光电信息科学与工程：72/B+；机械电子工程：48/B+；金融工程：46/B+；空间信息与数字技术：6/B+；人力资源管理：97/B+；社会工作：63/B+；市场营销：130/B+；数学与应用数学：190/B+；物联网工程：69/B+；物流管理：88/B+；信息对抗技术：14/B+；应用气象学：6/B+；应用物理学：83/B+；英语：253/B+；自动化：150/B+。

4）中国区域高水平专业（2★）

财务管理：175/D；测绘工程：58/D；工程管理：144/D；国际经济与贸易：266/D；汉语言文学：200/D；生物医学工程：80/D；土地资源管理：53/C；物流工程：40/C；信息管理与信息系统：207/C；行政管理：170/D。

5）中国区域知名专业（1★）

安全工程：83/D；材料物理：64/D；翻译：130/D；供应链管理：14/C；汉语国际教育：140/C；会计学：297/D；会展经济与管理：30/C；机器人工程：71/C；集成电路设计与集成系统：28/D；劳动与社会保障：79/C；区块链工程：1/A++；人工智能：123/C；视觉传达设计：202/D；数据科学与大数据技术：152/C；网络空间安全：42/C；智能科学与技术：58/C。

15. 四川轻化工大学

（1）四川轻化工大学综合实力排名

综合排名：2024 校友会中国大学排名第 315 名，全国理工类高校第 145 名，四川省高校第 15 名。

星级排名：中国二星级大学（2★），中国区域高水平大学。主管部门：四川省。

（2）四川轻化工大学各本科专业排名（全国排名/档次）

1）中国一流专业（5★）

酿酒工程：3/A+。

2）中国高水平专业（4★）

材料科学与工程：45/B++；过程装备与控制工程：11/B++；化学工程与工艺：34/B++；机械设计制造及其自动化：131/B++；轻化工程：23/B++；生物工程：21/B++；通信工程：69/B++；网络工程：15/A；制药工程：20/B++；自动化：41/B++。

3）中国区域一流专业（3★）

电气工程及其自动化：151/B+；高分子材料与工程：81/B+；工程管理：93/B+；工业设计：85/B+；化学：124/B+；环境工程：167/B+；会计学：186/B+；能源化学工程：17/B+；软件工程：183/B+；食品科学与工程：114/B+；食品质量与安全：45/B+；土木工程：137/B+；学前教育：48/B+。

4）中国区域高水平专业（2★）

服装与服饰设计：66/C；广播电视学：77/D；汉语言文学：235/D；计算机科学与技术：370/D；生物制药：23/B；思想政治教育：143/D；体育教育：126/D；无机非金属材料工程：61/D；信息与计算科学：231/D。

5）中国区域知名专业（1★）

安全工程：97/D；材料成型及控制工程：118/D；车辆工程：109/D；电子商务：184/D；电子信息工程：271/D；法学：308/D；给排水科学与工程：103/D；工程造价：50/D；工商管理：311/D；国际经济与贸易：329/D；核工程与核技术：27/D；环境设计：244/D；机械电子工程：97/D；劳动与社会保障：113/D；历史学：130/D；旅游管

理：207/D；美术学：116/D；农村区域发展：20/D；葡萄牙语：22/D；人力资源管理：201/D；日语：218/D；生物医学工程：100/D；视觉传达设计：202/D；数学与应用数学：284/D；投资学：36/C；物联网工程：161/D；西班牙语：57/D；心理学：52/D；行政管理：195/D；音乐表演：119/D；音乐学：162/D；应用化学：213/D；应用统计学：65/C；应用物理学：151/D；应用心理学：113/D；英语：398/D；智能科学与技术：58/C。

16. 成都大学

（1）成都大学综合实力排名

综合排名：2024 校友会中国大学排名第 322 名，全国综合类高校第 95 名，四川省高校第 16 名。

星级排名：中国二星级大学（2★），中国区域高水平大学。主管部门：四川省。

（2）成都大学各本科专业排名（全国排名/档次）

1）中国高水平专业（4★）

动画：27/B++；法学：111/B++；工商管理：100/B++；广播电视编导：24/B++；汉语言文学：114/B++；会计学：112/B++；机械设计制造及其自动化：131/B++；计算机科学与技术：206/B++；旅游管理：22/A；食品科学与工程：72/B++；视觉传达设计：42/B++；体育教育：48/B++；土木工程：96/B++；学前教育：25/B++；药学：61/B++。

2）中国区域一流专业（3★）

材料成型及控制工程：80/B+；电子信息工程：178/B+；会展经济与管理：10/B++；绘画：52/B+；软件工程：183/B+；社会体育指导与管理：37/B+；生物工程：93/B+；食品质量与安全：45/B+；泰语：9/B+；小学教育：52/B+；制药工程：113/B+；自动化：180/B+。

3）中国区域高水平专业（2★）

产品设计：131/D；广播电视学：77/D；商务英语：72/C；数字媒体技术：57/C；特殊教育：21/C；网络工程：119/D；物联网工程：140/C；信息与计算科学：231/D；休闲体育：17/C。

4）中国区域知名专业（1★）

财务管理：232/D；测绘工程：80/D；测控技术与仪器：174/D；车辆工程：135/D；电气工程及其自动化：247/D；工程管理：194/D；工程造价：50/D；国际经济与贸易：347/D；汉语国际教育：190/D；护理学：118/D；环境工程：257/D；环境设计：244/D；机器人工程：71/C；建筑学：167/D；金融科技：16/C；酒店管理：64/D；口腔医学技术：9/D；临床医学：117/D；社会工作：170/D；审计学：40/D；数据科学与大数据技术：152/C；思想政治教育：160/D；通信工程：239/D；网络与新媒体：66/D；文化产业管理：50/C；舞蹈表演：65/D；音乐表演：83/C；应用心理学：113/D；英语：398/D。

17. 成都工业学院

（1）成都工业学院综合实力排名

综合排名：2024 校友会中国大学排名第 328 名，全国理工类高校第 153 名，四川省高校第 17 名。

星级排名：中国二星级大学（2★），中国区域高水平大学。主管部门：四川省。

（2）成都工业学院各本科专业排名（全国排名/档次）

1）中国顶尖应用型专业（6★）

材料成型及控制工程：1/A++；机械电子工程：1/A++；计算机科学与技术：2/A++；通信工程：27/A+；微电子科学与工程：1/A++；物流管理：1/A++。

2）中国一流应用型专业（5★）

测控技术与仪器：7/A；电气工程及其自动化：48/A；电子信息工程：66/A；飞行器控制与信息工程：1/A++；环境科学与工程：2/A+；机械工程：11/A；机械设计制造及其自动化：68/A；汽车服务工程：18/A；人工智能：9/A；软件工程：53/A；网络工程：16/A；信息工程：2/A+。

3）中国高水平应用型专业（4★）

材料科学与工程：23/B++；电子科学与技术：22/B++；工业设计：17/B++；轨道交通信号与控制：5/A；国际商务：20/B++；物联网工程：62/B++；智能制造工程：2/A+。

4）中国区域一流应用型专业（3★）

车辆工程：56/B+；工程造价：58/B+；互联网金融：14/B+；机器人工程：36/B+；数据科学与大数据技术：60/B++；自动化：120/B+。

5）中国区域高水平应用型专业（2★）

城市地下空间工程：23/D；数字媒体技术：100/C；应用统计学：34/B。

6）中国区域知名应用型专业（1★）

视觉传达设计：299/D；税收学：41/D。

18. 成都体育学院

（1）成都体育学院综合实力排名

综合排名：2024 校友会中国大学排名第 339 名，全国体育类高校第 7 名，四川省高校第 18 名。

星级排名：中国四星级大学（4★），世界知名、中国高水平大学。主管部门：四川省。

（2）成都体育学院各本科专业排名（全国排名/档次）

1）世界高水平、中国顶尖专业（6★）

体育教育：3/A+。

2）中国一流专业（5★）

武术与民族传统体育：3/A+；运动康复：2/A+；运动训练：5/A+。

3）中国高水平专业（4★）

经济学：27/A；康复治疗学：17/B++；旅游管理：22/A；社会体育指导与管理：6/A+；舞蹈表演：6/A；新闻学：61/B++；运动人体科学：6/B++；中医学：23/B++。

4）中国区域一流专业（3★）

广播电视编导：42/B+；体能训练：2/A+；体育经济与管理：10/B+；休闲体育：9/B+；英语：231/B+；中医骨伤科学：5/A。

5）中国区域高水平专业（2★）

表演：44/B；播音与主持艺术：63/C；文物与博物馆学：19/C；舞蹈学：44/B；音乐表演：71/C。

18. 西南医科大学

（1）西南医科大学综合实力排名

综合排名：2024 校友会中国大学排名第 339 名，全国医药类高校第 57 名，四川省高校第 18 名。

星级排名：中国三星级大学（3★），中国知名、区域一流大学。主管部门：四川省。

（2）西南医科大学各本科专业排名（全国排名/档次）

1）中国一流专业（5★）

临床医学：23/A；预防医学：19/A。

2）中国高水平专业（4★）

护理学：29/B++；康复治疗学：8/A；口腔医学：34/B++；麻醉学：11/B++；药学：61/B++；医学检验技术：15/B++；中西医临床医学：9/B++。

3）中国区域一流专业（3★）

法学：161/B+；公共事业管理：81/B+；基础医学：19/B+；临床药学：21/B+；社会体育指导与管理：28/B+；生物医学工程：62/B+；医学影像学：40/B+；中医学：32/B+。

4）中国区域高水平专业（2★）

儿科学：20/C；食品卫生与营养学：11/B；市场营销：241/D；中药学：58/D。

5）中国区域知名专业（1★）

健康服务与管理：15/B；精神医学：18/C；劳动与社会保障：79/C；卫生检验与检疫：26/D；信息管理与信息系统：278/D；休闲体育：25/D；眼视光学：16/D；医学影像技术：30/C；应用心理学：113/D；英语：398/D；运动康复：30/C。

20. 西昌学院

（1）西昌学院综合实力排名

综合排名：2024 校友会中国大学排名第 364 名，全国综合类高校第 107 名，四川省高校第 20 名。

星级排名：中国一星级大学（1★），中国区域知名大学。主管部门：四川省。

（2）西昌学院各本科专业排名（全国排名/档次）

1）中国顶尖应用型专业（6★）

电子商务：1/A++；动物科学：1/A++；农学：1/A++；园艺：1/A++；中国少数民族语言文学：1/A++。

2）中国一流应用型专业（5★）

材料科学与工程：16/A；动物医学：4/A；环境科学与工程：2/A+；计算机科学与技术：101/A；汽车服务工程：18/A；食品科学与工程：17/A；水利水电工程：7/A；土木工程：49/A；小学教育：41/A。

3）中国高水平应用型专业（4★）

城乡规划：21/B++；电气工程及其自动化：91/B++；电子科学与技术：22/B++；食品质量与安全：8/A；学前教育：95/B++；烟草：1/A++。

4）中国区域一流应用型专业（3★）

给排水科学与工程：36/B+；工商管理：106/B+；机械电子工程：74/B+；金融工程：39/B+；矿物加工工程：9/B+；民族学：9/B+；轻化工程：6/B+；社会体育指导与管理：34/B+；水产养殖学：6/B+；体育教育：85/B+；网络与新媒体：61/B+；舞蹈学：33/B+；野生动物与自然保护区管理：2/A+。

5）中国区域高水平应用型专业（2★）

播音与主持艺术：98/C；地理科学：46/C；电子信息工程：242/C；动物药学：3/A+；翻译：84/C；风景园林：62/C；工业工程：27/B；广播电视学：57/C；汉语言文学：253/C；美术学：124/C；设施农业科学与工程：10/C；市场营销：231/C；数学与应用数学：166/D；思想政治教育：112/C；土地资源管理：15/C；物理学：99/C；行政管理：61/C；音乐学：150/C；应用心理学：75/C；制药工程：85/C；自然地理与资源环境：15/C。

6）中国区域知名应用型专业（1★）

财务管理：326/C；城市管理：26/D；工程管理：174/C；广告学：123/D；国际经济与贸易：325/D；化学：122/D；环境设计：311/D；酒店管理：124/C；旅游管理：234/D；农村区域发展：10/D；商务英语：230/D；生物科学：100/D；视觉传达设计：299/D；英语：412/D。

21. 乐山师范学院

（1）乐山师范学院综合实力排名

综合排名：2024 校友会中国大学排名第 377 名，全国师范类高校第 71 名，四川省高校第 21 名。

星级排名：中国一星级大学（1★），中国区域知名大学。主管部门：四川省。

（2）乐山师范学院各本科专业排名（全国排名/档次）

1）中国顶尖应用型专业（6★）

旅游管理：21/A+；新闻学：1/A++。

2）中国一流应用型专业（5★）

汉语言文学：63/A；教育技术学：5/A。

3）中国高水平应用型专业（4★）

材料科学与工程：23/B++；电子信息工程：116/B++；翻译：19/B++；服装与服饰设计：32/B++；汉语国际教育：36/B++；化学：48/B++；教育康复学：2/A+；人文地理与城乡规划：16/B++；商务英语：38/B++；生物技术：23/B++；思想政治教育：57/B++；特殊教育：14/B++；小学教育：75/B++；英语：129/B++。

4）中国区域一流应用型专业（3★）

产品设计：80/B+；法语：16/B+；计算机科学与技术：253/B+；教育学：23/B+；林学：5/A；美术学：82/B+；日语：69/B+；社会工作：31/B+；视觉传达设计：140/B+；数学与应用数学：109/B+；数字媒体技术：57/B+；网络工程：82/B+；物理学：66/B+；心理学：13/B+；音乐学：87/B+。

5）中国区域高水平应用型专业（2★）

播音与主持艺术：98/C；工程造价：88/B；环境工程：86/C；环境设计：203/B；会计学：223/C；金融数学：22/C；经济与金融：27/B；科学教育：19/C；汽车服务工程：103/C；社会体育指导与管理：61/B；生物科学：80/C；市场营销：231/C；网络与新媒体：100/B；行政管理：61/C；休闲体育：32/B；学前教育：173/C；养老服务管理：6/C；音乐表演：85/C；应用统计学：34/B；制药工程：85/C。

6）中国区域知名应用型专业（1★）

动植物检疫：5/A；法学：193/D；国际经济与贸易：325/D；酒店管理：124/C；劳动与社会保障：28/C；人工智能：86/C；人力资源管理：202/D；书法学：54/D；体育教育：138/D。

22. 成都师范学院

（1）成都师范学院综合实力排名

综合排名：2024校友会中国大学排名第387名，全国师范类高校第75名，四川省高校第22名。

星级排名：中国一星级大学（1★），中国区域知名大学。主管部门：四川省。

（2）成都师范学院各本科专业排名（全国排名/档次）

1）中国顶尖应用型专业（6★）

计算机科学与技术：48/A+。

2）中国一流应用型专业（5★）

汉语言文学：63/A；贸易经济：4/A；汽车服务工程：18/A；学前教育：46/A；英语：62/A。

3）中国高水平应用型专业（4★）

电子科学与技术：22/B++；金融数学：4/A；人文地理与城乡规划：16/B++；数学与应用数学：78/B++；小学教育：75/B++；心理学：7/B++；音乐学：54/B++。

4）中国区域一流应用型专业（3★）

化学：73/B+；美术学：82/B+；思想政治教育：78/B+；文化产业管理：22/B+；休闲体育：19/B+；艺术设计学：51/B+；园艺教育：1/A++；资产评估：16/B+。

5）中国区域高水平应用型专业（2★）

地理科学：46/C；翻译：84/C；食品质量与安全：57/B；书法学：32/B；数字媒体技术：100/C；物理学：99/C；物流管理：182/C；智能科学与技术：47/C。

6）中国区域知名应用型专业（1★）

工程造价：136/C；历史学：94/D；生物科学：100/D；体育教育：138/D；新闻学：125/D；音乐表演：123/D。

22. 绵阳师范学院

（1）绵阳师范学院综合实力排名

综合排名：2024校友会中国大学排名第387名，全国师范类高校第75名，四川省高校第22名。

星级排名：中国一星级大学（1★），中国区域知名大学。主管部门：四川省。

（2）绵阳师范学院各本科专业排名（全国排名/档次）

1）中国顶尖应用型专业（6★）

生物科学：9/A+；小学教育：21/A+。

2）中国一流应用型专业（5★）

化学：23/A；生物制药：2/A+；学前教育：46/A；音乐学：17/A；应用心理学：7/A+。

3）中国高水平应用型专业（4★）

城乡规划：21/B++；广播电视学：19/B++；汉语言文学：118/B++；环境科学与工程：7/B++；经济学：24/B++；历史学：32/B++；美术学：38/B++；生态学：3/A+；心理学：7/B++；药学：29/B++；应用化学：45/B++；资源环境科学：1/A++。

4）中国区域一流应用型专业（3★）

播音与主持艺术：54/B+；电气工程及其自动化：157/B+；服装与服饰设计：60/B+；环境设计：113/B+；计算机科学与技术：253/B+；旅游管理：129/B+；汽车服务工程：66/B+；审计学：52/B+；视觉传达设计：140/B+；数学与应用数学：109/B+；数字媒体技术：57/B+；思想政治教育：78/B+；物联网工程：139/B+；信息安全：8/B+；信息管理与信息系统：71/B+；艺术教育：1/A++；园林：35/B+；自然地理与资源环境：10/B+。

5）中国区域高水平应用型专业（2★）

德语：24/C；电子信息科学与技术：71/C；风景园林：62/C；汉语国际教育：110/C；机械电子工程：132/C；秘书学：35/B；社会工作：62/C；生物技术：71/C；舞蹈表演：43/B；物理学：99/C；物流管理：182/C；信息与计算科学：78/C。

6）中国区域知名应用型专业（1★）

材料科学与工程：62/D；地理科学：69/D；人文教育：10/C；社会体育指导与管理：104/C；体育教育：138/D；遥感科学与技术：14/D；英语：412/D。

22. 四川警察学院

（1）四川警察学院综合实力排名

综合排名：2024校友会中国大学排名第387名，全国政法类高校第11名，四川省高校第22名。

星级排名：中国三星级大学（3★），中国知名、区域一流大学。主管部门：四川省。

（2）四川警察学院各本科专业排名（全国排名/档次）

1）中国顶尖应用型专业（6★）

公安管理学：1/A++；交通管理工程：1/A++；刑事科学技术：1/A++；侦查学：1/A++；治安学：1/A++。

2）中国一流应用型专业（5★）

网络安全与执法：7/A；消防指挥：2/A+。

3）中国高水平应用型专业（4★）

禁毒学：4/A。

4）中国区域一流应用型专业（3★）

法学：82/B+。

25. 成都医学院

（1）成都医学院综合实力排名

综合排名：2024校友会中国大学排名第407名，全国医药类高校第67名，四川省高校第25名。

星级排名：中国一星级大学（1★），中国区域知名大学。主管部门：四川省。

（2）成都医学院各本科专业排名（全国排名/档次）

1）中国顶尖应用型专业（6★）

护理学：15/A+；临床医学：3/A+；信息管理与信息系统：1/A++；医学检验技术：1/A++。

2）中国一流应用型专业（5★）

健康服务与管理：3/A+；生物技术：7/A；生物制药：2/A+；药物制剂：1/A++；药学：16/A；医学影像学：2/A+；预防医学：4/A。

3）中国高水平应用型专业（4★）

基础医学：2/A+；康复治疗学：17/B++；卫生检验与检疫：3/A+；应用心理学：20/B++。

4）中国区域一流应用型专业（3★）

公共事业管理：37/B+；麻醉学：12/B+；生物医学工程：18/B+；食品卫生与营养学：4/A；食品营养与健康：2/A+；智能医学工程：3/A+；中药学：28/B+；中医学：13/B+。

5）中国区域高水平应用型专业（2★）

儿科学：5/A；食品质量与安全：57/B。

25. 川北医学院

（1）川北医学院综合实力排名

综合排名：2024校友会中国大学排名第407名，全国医药类高校第67名，四川省高校第25名。

星级排名：中国一星级大学（1★），中国区域知名大学。主管部门：四川省。

（2）川北医学院各本科专业排名（全国排名/档次）

1）中国顶尖应用型专业（6★）

护理学：15/A+；口腔医学：2/A+；临床医学：10/A+；麻醉学：1/A++；生物医学工程：2/A+；眼视光学：1/A++；医学检验技术：1/A++；医学影像技术：1/A++。

2）中国一流应用型专业（5★）

精神医学：3/A+；医学影像学：2/A+。

3）中国高水平应用型专业（4★）

眼视光医学：1/A++；运动康复：6/B++；中西医临床医学：4/A。

4）中国区域一流应用型专业（3★）

法医学：5/A；公共事业管理：37/B+；康复物理治疗：1/A++；临床药学：6/B+；信息管理与信息系统：71/B+；药学：38/B+；英语：198/B+；智能医学工程：3/A+；助产学：5/A。

5）中国区域高水平应用型专业（2★）

财务管理：251/C；社会工作：62/C；预防医学：24/D。

25. 中国民用航空飞行学院

（1）中国民用航空飞行学院综合实力排名

综合排名：2024校友会中国大学排名第407名，全国理工类高校第188名，四川省高校第25名。

星级排名：中国三星级大学（3★），中国知名、区域一流大学。主管部门：交通运输部。

（2）中国民用航空飞行学院各本科专业排名（全国排名/档次）

1）世界知名、中国顶尖应用型专业（7★）

飞行技术：1/A++。

2）中国顶尖应用型专业（6★）

电子信息工程：9/A+；飞行器动力工程：1/A++；飞行器适航技术：1/A++；飞行器制造工程：2/A+；计算机科学与技术：2/A++；交通工程：1/A++；交通运输：1/A++；信息与计算科学：1/A++。

3）中国一流应用型专业（5★）

安全工程：6/A；导航工程：1/A++；航空服务艺术与管理：1/A++；思想政治教育：20/A；无人驾驶航空器系统工程：1/A++；物流工程：8/A；应用气象学：1/A++；英语：62/A。

4）中国高水平应用型专业（4★）

电气工程及其自动化：91/B++；工商管理：64/B++；航空航天工程：1/A++；消防工程：4/A；治安学：20/B++。

5）中国区域一流应用型专业（3★）

公共事业管理：37/B+；市场营销：144/B+；物联网工程：139/B+；应用心理学：47/B+。

28. 内江师范学院

（1）内江师范学院综合实力排名

综合排名：2024校友会中国大学排名第422名，全国师范类高校第86名，四川省高校第28名。

星级排名：中国一星级大学（1★），中国区域知名大学。主管部门：四川省。

（2）内江师范学院各本科专业排名（全国排名/档次）

1）中国顶尖应用型专业（6★）

数学与应用数学：23/A+。

2）中国一流应用型专业（5★）

广播电视学：9/A；汉语言文学：63/A；化学：23/A；美术学：9/A+；软件工程：53/A；水产养殖学：1/A++；思想政治教育：20/A；小学教育：41/A。

3）中国高水平应用型专业（4★）

翻译：19/B++；环境科学：9/B++；教育技术学：19/B++；教育学：15/B++；食品科学与工程：37/B++；体育教育：56/B++；物联网工程：62/B++；学前教育：95/B++；应用心理学：20/B++；资源循环科学与工程：1/A++。

4）中国区域一流应用型专业（3★）

播音与主持艺术：54/B+；电子信息工程：186/B+；服装与服饰设计：60/B+；计算机科学与技术：253/B+；历史学：55/B+；社会体育指导与管理：34/B+；通信工程：130/B+；舞蹈表演：25/B+；物理学：66/B+；信息与计算科学：53/B+；音乐学：87/B+。

5）中国区域高水平应用型专业（2★）

测绘工程：58/D；产品设计：130/C；地理科学：46/C；动画：117/C；工商管理：170/C；环境设计：203/B；机械电子工程：132/C；金融数学：22/C；人文地理与城乡规划：32/C；商务英语：161/C；生物科学：80/C；市场营销：231/C；网络工程：137/C；新闻学：81/C；行政管理：61/C；音乐表演：85/C；应用化学：96/C；英语：318/C；智能科学与技术：47/C。

6）中国区域知名应用型专业（1★）

城市管理：26/D；电子商务：219/C；法学：193/D；工程造价：136/C；经济学：111/D；经济与金融：47/D；秘书学：73/D；生物技术：95/D；视觉传达设计：299/D；书法学：54/D；泰语：29/D；土木工程：257/D；网络与新媒体：140/C；物流工程：52/D。

28. 攀枝花学院

（1）攀枝花学院综合实力排名

综合排名：2024 校友会中国大学排名第 422 名，全国综合类高校第 136 名，四川省高校第 28 名。

星级排名：中国一星级大学（1★），中国区域知名大学。主管部门：四川省。

（2）攀枝花学院各本科专业排名（全国排名/档次）

1）中国顶尖应用型专业（6★）

材料科学与工程：6/A+。

2）中国一流应用型专业（5★）

化学工程与工艺：25/A；会计学：63/A；矿物加工工程：3/A+；软件工程：53/A；土木工程：49/A；冶金工程：3/A+。

3）中国高水平应用型专业（4★）

电气工程及其自动化：91/B++；服装与服饰设计：32/B++；工程管理：59/B++；环境工程：32/B++；机械设计制造及其自动化：128/B++；建筑学：36/B++；临床医学：37/B++；汽车服务工程：38/B++；生物工程：26/B++；自动化：70/B++。

4）中国区域一流应用型专业（3★）

采矿工程：17/B+；测绘工程：42/B+；车辆工程：56/B+；城乡规划：38/B+；大数据管理与应用：16/B+；电子信息工程：186/B+；工商管理：106/B+；机器人工程：36/B+；机械电子工程：74/B+；计算机科学与技术：253/B+；交通设备与控制工程：3/A+；金属材料工程：17/B+；视觉传达设计：140/B+；数字媒体艺术：63/B+；网络工程：82/B+；新能源材料与器件：6/B++；新能源科学与工程：23/B+；信息与计算科学：53/B+；园艺：25/B+。

5）中国区域高水平应用型专业（2★）

材料成型及控制工程：76/C；测控技术与仪器：57/D；产品设计：130/C；翻译：84/C；工业工程：27/B；工业设计：74/C；国际经济与贸易：260/C；汉语言文学：253/C；环境设计：203/B；商务英语：161/C；市场营销：231/C；数据科学与大数据技术：199/C；物流管理：182/C；行政管理：61/C；应用化学：96/C；英语：318/C。

6）中国区域知名应用型专业（1★）

财务管理：326/C；法学：193/D；工艺美术：43/C；护理学：153/D；家政学：13/D；健康服务与管理：49/C；旅游管理：234/D；秘书学：73/D。

28. 四川音乐学院

（1）四川音乐学院综合实力排名

综合排名：2024 校友会中国大学排名第 422 名，全国艺术类高校第 26 名，四川省高校第 28 名。

星级排名：中国四星级大学（4★），世界知名、中国高水平大学。主管部门：四川省。

（2）四川音乐学院各本科专业排名（全国排名/档次）

1）世界高水平、中国顶尖专业（6★）

音乐表演：4/A+；作曲与作曲技术理论：3/A+。

2）中国一流专业（5★）

录音艺术：1/A++；戏剧影视美术设计：4/A；音乐学：14/A。

3）中国高水平专业（4★）

数字媒体艺术：13/A；舞蹈编导：6/B++；舞蹈学：5/A+；戏剧学：4/A；戏剧影视文学：14/B++；艺术史论：4/A。

4）中国区域一流专业（3★）

表演：23/B+；播音与主持艺术：26/B+；产品设计：66/B+；雕塑：19/B+；动画：47/B+；工业设计：85/B+；公共艺术：16/B+；广播电视编导：42/B+；环境设计：105/B+；绘画：40/B+；摄影：13/B+；视觉传达设计：83/B+；文化产业管理：22/B+。

5）中国区域高水平专业（2★）

公共事业管理：198/D；戏剧影视导演：15/D；新媒体艺术：2/A+；艺术管理：9/B；艺术与科技：20/C。

28. 宜宾学院

（1）宜宾学院综合实力排名

综合排名：2024 校友会中国大学排名第 422 名，全国综合类高校第 136 名，四川省高校第 28 名。

星级排名：中国一星级大学（1★），中国区域知名大学。主管部门：四川省。

（2）宜宾学院各本科专业排名（全国排名/档次）

1）中国顶尖应用型专业（6★）

电子信息科学与技术：1/A++；工商管理：5/A+；软件工程：36/A+。

2）中国一流应用型专业（5★）

电子信息工程：66/A；广播电视学：9/A；社会工作：15/A。

3）中国高水平应用型专业（4★）

机械电子工程：42/B++；生物工程：26/B++；生物科学：41/B++；数字媒体技术：25/B++；制药工程：25/B++。

4）中国区域一流应用型专业（3★）

法学：82/B+；工业工程：12/B+；广播电视编导：72/B+；汉语言文学：180/B+；护理学：90/B+；计算机科学

与技术：253/B+；建筑电气与智能化：20/B+；林学：5/A；汽车服务工程：66/B+；食品科学与工程：65/B+；视觉传达设计：140/B+；思想政治教育：78/B+；体育教育：85/B+；舞蹈学：33/B+；物理学：66/B+；学前教育：130/B+；哲学：3/A+。

5）中国区域高水平应用型专业（2★）

茶学：10/D；产品设计：130/C；公共关系学：8/D；公共事业管理：74/C；国际经济与贸易：260/C；汉语国际教育：110/C；化学：100/C；环境工程：86/C；环境设计：203/B；康复治疗学：59/C；美术学：124/C；食品质量与安全：57/B；数据科学与大数据技术：199/C；数学与应用数学：166/D；舞蹈表演：43/B；物流管理：182/C；信息与计算科学：78/C；行政管理：61/C；音乐表演：85/C；音乐学：150/C；应用化学：96/C；应用生物科学：3/A+；应用心理学：75/C；英语：318/C；知识产权：20/B；质量管理工程：9/D。

6）中国区域知名应用型专业（1★）

安全工程：62/D；材料化学：38/D；财务管理：326/C；动植物检疫：5/A；工程管理：174/C；劳动与社会保障：28/C；旅游管理：234/D；农学：27/D；日语：173/D；社会体育指导与管理：104/C；小学教育：142/C。

32. 四川旅游学院

（1）四川旅游学院综合实力排名

综合排名：2024 校友会中国大学排名第 484 名，全国综合类高校第 173 名，四川省高校第 32 名。

星级排名：中国一星级大学（1★），中国区域知名大学。主管部门：四川省。

（2）四川旅游学院各本科专业排名（全国排名/档次）

1）中国顶尖应用型专业（6★）

酒店管理：8/A+；贸易经济：1/A++；烹饪与营养教育：1/A++。

2）中国高水平应用型专业（4★）

食品科学与工程：37/B++；休闲体育：5/A。

3）中国区域一流应用型专业（3★）

工艺美术：14/B+；会展经济与管理：21/B+；建筑电气与智能化：20/B+；旅游管理：129/B+；酿酒工程：6/B+；人工智能：36/B+；数字媒体技术：57/B+。

4）中国区域高水平应用型专业（2★）

电子商务：159/B；风景园林：62/C；工商管理：170/C；工业设计：74/C；环境设计：203/B；健康服务与管理：33/B；交通运输：48/D；人力资源管理：134/C；商务英语：161/C；食品质量与安全：57/B；文化产业管理：49/B；应用统计学：34/B。

5）中国区域知名应用型专业（1★）

法语：43/D；会计学：280/D；日语：173/D；物流工程：52/D；物流管理：251/D；信息管理与信息系统：161/D；英语：412/D。

32. 四川文理学院

（1）四川文理学院综合实力排名

综合排名：2024 校友会中国大学排名第 484 名，全国综合类高校第 173 名，四川省高校第 32 名。

星级排名：中国一星级大学（1★），中国区域知名大学。主管部门：四川省。

（2）四川文理学院各本科专业排名（全国排名/档次）

1）中国一流应用型专业（5★）

翻译：8/A+；机械工程：11/A；数字媒体技术：9/A+。

2）中国高水平应用型专业（4★）

电子科学与技术：22/B++；广播电视编导：31/B++；化学工程与工艺：50/B++；数学与应用数学：78/B++；物联网工程：62/B++；物业管理：9/B++。

3）中国区域一流应用型专业（3★）

城乡规划：38/B+；汉语言文学：180/B+；健康服务与管理：15/B++；康复治疗学：38/B+；美术学：82/B+；审计学：52/B+；水质科学与技术：2/A+；舞蹈学：33/B+；音乐学：87/B+；知识产权：12/B+；制药工程：54/B+。

4）中国区域高水平应用型专业（2★）

播音与主持艺术：98/C；广播电视学：57/C；化学：100/C；环境设计：203/B；机械电子工程：132/C；机械设计制造及其自动化：246/D；计算机科学与技术：379/D；酒店管理：81/B；商务英语：161/C；思想政治教育：112/C；文化产业管理：49/B；物流管理：182/C；行政管理：61/C；养老服务管理：6/C；应用心理学：75/C。

5）中国区域知名应用型专业（1★）

财务管理：326/C；工程管理：174/C；工程造价：136/C；汉语国际教育：153/D；金融数学：30/D；历史学：94/D；人工智能：86/C；人力资源管理：202/D；社会体育指导与管理：104/C；视觉传达设计：299/D；书法学：54/D；特殊教育：28/D；体育教育：138/D；土木工程：257/D；网络与新媒体：140/C；物理学：123/D；小学教育：142/C；学前教育：215/C；应用化学：150/D；应用统计学：59/C；英语：412/D。

34. 四川民族学院

（1）四川民族学院综合实力排名

综合排名：2024 校友会中国大学排名第 493 名，全国民族类高校第 15 名，四川省高校第 34 名。

星级排名：中国二星级大学（2★），中国区域高水平大学。主管部门：四川省。

（2）四川民族学院各本科专业排名（全国排名/档次）

1）中国一流应用型专业（5★）

法学：28/A；旅游管理：42/A；中国少数民族语言文学：3/A+。

2）中国高水平应用型专业（4★）

思想政治教育：57/B++；网络与新媒体：32/B++；音乐学：54/B++。

3）中国区域一流应用型专业（3★）

会计学：177/B+；经济学：52/B+；秘书学：10/B++；人力资源管理：75/B+；行政管理：37/B+。

4）中国区域高水平应用型专业（2★）

财务管理：251/C；动物医学：21/D；计算机科学与技术：379/D；历史学：74/C；数学与应用数学：166/D；舞蹈学：69/C；园艺：40/D。

5）中国区域知名应用型专业（1★）

汉语言文学：298/D；航空服务艺术与管理：22/C；环境设计：311/D；美术学：163/D；社会体育指导与管理：104/C；视觉传达设计：299/D；书法学：54/D；数据科学与大数据技术：272/D；体育教育：138/D；物理学：123/D；小学教育：142/C；学前教育：215/C；英语：412/D；政治学与行政学：16/D。

35. 阿坝师范学院

（1）阿坝师范学院综合实力排名

综合排名：2024校友会中国大学排名第501名，全国师范类高校第116名，四川省高校第35名。

星级排名：中国一星级大学（1★），中国区域知名大学。主管部门：四川省。

（2）阿坝师范学院各本科专业排名（全国排名/档次）

1）中国顶尖应用型专业（6★）

学前教育：25/A+。

2）中国一流应用型专业（5★）

思想政治教育：20/A。

3）中国高水平应用型专业（4★）

物理学：39/B++；音乐学：54/B++。

4）中国区域一流应用型专业（3★）

财务会计教育：6/B+；地理科学：28/B+；环境设计：113/B+；计算机科学与技术：253/B+；社会体育指导与管理：34/B+；舞蹈学：33/B+；小学教育：106/B+。

5）中国区域高水平应用型专业（2★）

电子信息工程：242/C；公共艺术：19/C；汉语言文学：253/C；旅游管理与服务教育：18/C；美术学：124/C；数学与应用数学：166/D；体育教育：111/C；网络与新媒体：100/B；英语：318/C。

6）中国区域知名应用型专业（1★）

电气工程及其自动化：293/D；化学：122/D；历史学：94/D；生物科学：100/D；音乐表演：123/D。

三、四川省民办大学专业排名详情

1. 四川大学锦江学院

（1）四川大学锦江学院综合实力排名

综合排名：2024校友会中国民办大学排名第3名，全国综合类民办高校第4名，四川省民办高校第1名。

星级排名：中国六星级应用型大学（6★），中国顶尖应用型大学。

（2）四川大学锦江学院各本科专业排名（全国排名/档次）

1）中国顶尖应用型专业（6★）

财务管理：18/A+；电气工程及其自动化：6/A+；电子信息工程：9/A+；工程造价：1/A++；国际经济与贸易：2/A++；汉语言文学：1/A++；环境设计：1/A++；会计学：23/A+；机械设计制造及其自动化：14/A+；计算机科学与技术：2/A++；经济学：1/A++；酿酒工程：1/A++；人工智能：1/A++；软件工程：1/A++；视觉传达设计：1/A++；通信工程：1/A++；土木工程：36/A+；网络与新媒体：1/A++；英语：3/A++；自动化：1/A++。

2）中国一流应用型专业（5★）

播音与主持艺术：14/A；德语：5/A；电子商务：37/A；工程管理：26/A；汉语国际教育：12/A；机器人工程：3/A+；人力资源管理：12/A+；日语：13/A；审计学：7/A+；体育教育：19/A；物联网工程：19/A；新闻学：17/A；智能科学与技术：4/A+。

3）中国高水平应用型专业（4★）

产品设计：43/B++；大数据管理与应用：9/B++；动画：37/B++；广播电视编导：31/B++；经济与金融：13/B++；漫画：1/A++；食品质量与安全：8/A；市场营销：85/B++；数据科学与大数据技术：23/A；数字媒体技术：25/B++；数字媒体艺术：30/B++；舞蹈表演：8/A；戏剧影视导演：3/A+；行政管理：14/B++；休闲体育：5/A。

2. 吉利学院

（1）吉利学院综合实力排名

综合排名：2024校友会中国民办大学排名第10名，全国理工类民办高校第10名，四川省民办高校第2名。

星级排名：中国六星级应用型大学（6★），中国顶尖应用型大学。

（2）吉利学院各本科专业排名（全国排名/档次）

1）中国顶尖应用型专业（6★）

产品设计：1/A++；车辆工程：2/A++；电子商务：6/A+；电子信息工程：9/A+；国际经济与贸易：23/A+；机械设计制造及其自动化：14/A+；计算机科学与技术：2/A++；经济与金融：1/A++；汽车服务工程：1/A++；人工智能：1/A++；市场营销：3/A++；网络工程：1/A++；网络与新媒体：1/A++；物联网工程：1/A++；物流管理：1/A++；小学教育：2/A++；新能源汽车工程：1/A++；学前教育：9/A+；英语：3/A++。

2）中国一流应用型专业（5★）

财务管理：40/A；大数据管理与应用：2/A+；管理科学：1/A++；环境设计：34/A；机器人工程：3/A+；金融科技：2/A+；人力资源管理：12/A+；数据科学与大数据技术：4/A++；艺术设计学：11/A；运动康复：1/A++；知识产权：3/A+。

3）中国高水平应用型专业（4★）

表演：18/B++；广播电视编导：31/B++；审计学：20/B++；数字媒体艺术：30/B++。

2. 电子科技大学成都学院

（1）电子科技大学成都学院综合实力排名

综合排名：2024 校友会中国民办大学排名第 10 名，全国理工类民办高校第 10 名，四川省民办高校第 2 名。

星级排名：中国六星级应用型大学（6★），中国顶尖应用型大学。

（2）电子科技大学成都学院各本科专业排名（全国排名/档次）

1）中国顶尖应用型专业（6★）

财务管理：18/A+；电气工程及其自动化：6/A+；电子科学与技术：1/A++；电子商务：6/A+；电子信息工程：9/A+；动画：1/A++；飞行器动力工程：1/A++；国际经济与贸易：23/A+；机械设计制造及其自动化：14/A+；集成电路设计与集成系统：1/A++；计算机科学与技术：2/A++；软件工程：1/A++；数据科学与大数据技术：1/A++；通信工程：1/A++；网络工程：1/A++；微电子科学与工程：1/A++；物联网工程：1/A++；信息安全：1/A++；智能科学与技术：1/A++。

2）中国一流应用型专业（5★）

电子与计算机工程：1/A++；翻译：8/A+；机器人工程：3/A+；人工智能：9/A；人力资源管理：12/A+；审计学：7/A+；数字媒体技术：9/A+；网络与新媒体：12/A+；信息管理与信息系统：17/A；英语：62/A。

3）中国高水平应用型专业（4★）

飞行器制造工程：12/B++；光电信息科学与工程：22/B++；投资学：11/B++；文化产业管理：11/B++；信息与计算科学：26/B++；休闲体育：5/A；艺术与科技：8/B++；应用统计学：6/A。

4. 西南财经大学天府学院

（1）西南财经大学天府学院综合实力排名

综合排名：2024 校友会中国民办大学排名第 16 名，全国财经类民办高校第 10 名，四川省民办高校第 4 名。

星级排名：中国五星级应用型大学（5★），中国一流应用型大学。

（2）西南财经大学天府学院各本科专业排名（全国排名/档次）

1）中国顶尖应用型专业（6★）

财务管理：18/A+。

2）中国一流应用型专业（5★）

国际经济与贸易：62/A；环境设计：34/A；会计学：63/A；市场营销：38/A。

3）中国高水平应用型专业（4★）

工程管理：59/B++；工程造价：34/B++；计算机科学与技术：168/B++；金融学：45/B++；社会工作：21/B++；审计学：20/B++；物流管理：56/B++；资产评估：10/B++。

4）中国区域一流应用型专业（3★）

健康服务与管理：15/B++；旅游管理：129/B+；农村区域发展：3/A+；人力资源管理：75/B+；网络与新媒体：61/B+；信息管理与信息系统：71/B+；艺术教育：1/A++；英语：198/B+；智能科学与技术：17/B++。

5）中国区域高水平应用型专业（2★）

工程审计：4/A；工业设计：74/C；护理学：129/D；视觉传达设计：235/C。

6）中国区域知名应用型专业（1★）

产品设计：180/D；大数据管理与应用：51/D；法语：43/D；建筑电气与智能化：53/D；建筑学：124/D；金融工程：115/C；数字媒体技术：136/D；数字媒体艺术：155/C；物联网工程：299/D；西班牙语：30/D；小学教育：142/C；学前教育：215/C。

5. 四川传媒学院

（1）四川传媒学院综合实力排名

综合排名：2024 校友会中国民办大学排名第 28 名，全国艺术类民办高校第 9 名，四川省民办高校第 5 名。

星级排名：中国五星级应用型大学（5★），中国一流应用型大学。

（2）四川传媒学院各本科专业排名（全国排名/档次）

1）中国顶尖应用型专业（6★）

播音与主持艺术：7/A+；动画：9/A+；广播电视编导：10/A+；环境设计：1/A++；数字媒体艺术：4/A+。

2）中国一流应用型专业（5★）

电影制作：2/A+；广播电视学：9/A；广告学：9/A；摄影：3/A+。

3）中国高水平应用型专业（4★）

表演：18/B++；产品设计：43/B++；传播学：8/B++；电影学：1/A++；广播电视工程：4/A；录音艺术：4/A；视觉传达设计：72/B++；数字媒体技术：25/B++；舞蹈编导：8/B++；艺术设计学：27/B++；音乐表演：21/B++；影视摄影与制作：8/B++。

4）中国区域一流应用型专业（3★）

服装与服饰设计：60/B+；漫画：3/A+；秘书学：10/B++；网络与新媒体：61/B+；戏剧影视导演：6/B+；戏剧影视美术设计：10/B+；戏剧影视文学：17/B+；新媒体艺术：1/A++；新闻学：50/B+；艺术管理：1/A++；艺术教育：1/A++。

5）中国区域高水平应用型专业（2★）

财务管理：251/C；电子商务：159/B；雕塑：14/C；公共艺术：19/C；国际经济与贸易：260/C；计算机科学与技术：379/D；流行舞蹈：3/A+；数字出版：7/C；网络工程：137/C；文化产业管理：49/B；舞蹈表演：43/B；舞蹈教育：1/A++；艺术与科技：27/C；音乐学：150/C；影视技术：3/A+。

6）中国区域知名应用型专业（1★）

工艺美术：43/C；市场营销：321/D；戏剧学：2/A+。

6. 四川工商学院

（1）四川工商学院综合实力排名

综合排名：2024 校友会中国民办大学排名第 36 名，全

国财经类民办高校第 18 名，四川省民办高校第 6 名。

星级排名：中国四星级应用型大学（4★），中国高水平应用型大学。

（2）四川工商学院各本科专业排名（全国排名/档次）

1）中国一流应用型专业（5★）

电子信息工程：66/A。

2）中国高水平应用型专业（4★）

产品设计：43/B++；电子商务：66/B++；广告学：21/B++；金融工程：22/B++；市场营销：85/B++。

3）中国区域一流应用型专业（3★）

财务管理：137/B+；会计学：177/B+；计算机科学与技术：253/B+；酒店管理：47/B+；汽车服务工程：66/B+；社会工作：31/B+；社会体育指导与管理：34/B+；视觉传达设计：140/B+；通信工程：130/B+；投资学：24/B+；舞蹈表演：25/B+；信息管理与信息系统：71/B+；学前教育：130/B+；自动化：120/B+。

4）中国区域高水平应用型专业（2★）

工程造价：88/B；建筑电气与智能化：38/C；经济与金融：27/B；日语：119/C；审计学：96/C；数字媒体技术：100/C；舞蹈学：69/C；音乐学：150/C；英语：318/C。

5）中国区域知名应用型专业（1★）

工商管理：205/D；汉语言文学：298/D；环境设计：311/D；人力资源管理：202/D；软件工程：288/D；体育教育：138/D；土木工程：257/D；物联网工程：299/D；物流管理：251/D；小学教育：142/C；休闲体育：45/C；资产评估：42/D。

7. 四川外国语大学成都学院

（1）四川外国语大学成都学院综合实力排名

综合排名：2024 校友会中国民办大学排名第 38 名，全国语言类民办高校第 5 名，四川省民办高校第 7 名。

星级排名：中国四星级应用型大学（4★），中国高水平应用型大学。

（2）四川外国语大学成都学院各本科专业排名（全国排名/档次）

1）中国顶尖应用型专业（6★）

法语：1/A++；英语：47/A+。

2）中国高水平应用型专业（4★）

波兰语：2/A+；俄语：15/B++；汉语国际教育：36/B++；日语：36/B++；西班牙语：8/B++；意大利语：4/A。

3）中国区域一流应用型专业（3★）

德语：15/B+；翻译：39/B+；国际经济与贸易：179/B+；捷克语：2/A+；葡萄牙语：5/A；商务英语：71/B+；泰语：12/B+；新闻学：50/B+；匈牙利语：1/A++；越南语：4/A。

4）中国区域高水平应用型专业（2★）

阿拉伯语：10/D；朝鲜语：32/C。

5）中国区域知名应用型专业（1★）

播音与主持艺术：132/D；财务管理：326/C；电子商务：219/C；国际商务：78/D；汉语言文学：298/D；会展经济与管理：49/C；马来语：1/A++；网络与新媒体：140/C；休闲体育：45/C；学前教育：215/C。

8. 绵阳城市学院

（1）绵阳城市学院综合实力排名

综合排名：2024 校友会中国民办大学排名第 50 名，全国理工类民办高校第 50 名，四川省民办高校第 8 名。

星级排名：中国三星级应用型大学（3★），中国知名、区域一流应用型大学。

（2）绵阳城市学院各本科专业排名（全国排名/档次）

1）中国一流应用型专业（5★）

财务管理：40/A。

2）中国高水平应用型专业（4★）

测绘工程：18/B++；产品设计：43/B++；机械设计制造及其自动化：128/B++；金融工程：22/B++；土木工程：97/B++。

3）中国区域一流应用型专业（3★）

地理信息科学：25/B+；电子信息工程：186/B+；翻译：39/B+；工商管理：106/B+；过程装备与控制工程：10/B+；能源与环境系统工程：3/A+；商务英语：71/B+；艺术设计学：51/B+。

4）中国区域高水平应用型专业（2★）

工程造价：88/B；工业工程：27/B；数字媒体技术：100/C。

5）中国区域知名应用型专业（1★）

城乡规划：78/D；电气工程及其自动化：293/D；电子商务：219/C；风景园林：84/D；工程管理：174/C；工业设计：121/D；计算机科学与技术：469/D；建筑环境与能源应用工程：71/D；交通工程：42/D；通信工程：247/D；物联网工程：299/D；物流工程：52/D；休闲体育：45/C；学前教育：215/C；英语：412/D；智能制造工程：70/C；自动化：211/D。

9. 西南交通大学希望学院

（1）西南交通大学希望学院综合实力排名

综合排名：2024 校友会中国民办大学排名第 55 名，全国综合类民办高校第 56 名，四川省民办高校第 9 名。

星级排名：中国三星级应用型大学（3★），中国知名、区域一流应用型大学。

（2）西南交通大学希望学院各本科专业排名（全国排名/档次）

1）中国顶尖应用型专业（6★）

交通运输：6/A+。

2）中国一流应用型专业（5★）

工程管理：27/A；会计学：63/A；土木工程：49/A。

3）中国高水平应用型专业（4★）

建筑电气与智能化：10/B++；物流工程：14/B++。

4）中国区域一流应用型专业（3★）

轨道交通信号与控制：11/B+；铁道工程：2/A+。

5）中国区域高水平应用型专业（2★）

电气工程及其自动化：231/D；工程造价：88/B；工业设计：74/C；护理学：129/D；应用心理学：75/C。

6）中国区域知名应用型专业（1★）

财务管理：326/C；车辆工程：117/D；机械设计制造及其自动化：297/D；计算机科学与技术：469/D；建筑环境与能源应用工程：71/D；建筑学：124/D；人力资源管理：202/D；审计学：126/D；市场营销：321/D；学前教育：215/C；英语：412/D。

10. 成都锦城学院

（1）成都锦城学院综合实力排名

综合排名：2024 校友会中国民办大学排名第 58 名，全国综合类民办高校第 59 名，四川省民办高校第 10 名。

星级排名：中国三星级应用型大学（3★），中国知名、区域一流应用型大学。

（2）成都锦城学院各本科专业排名（全国排名/档次）

1）中国顶尖应用型专业（6★）

表演：5/A+；汉语言文学：30/A+。

2）中国一流应用型专业（5★）

工程管理：27/A；汉语国际教育：12/A；环境设计：34/A；网络与新媒体：12/A+。

3）中国高水平应用型专业（4★）

播音与主持艺术：31/B++；财务管理：80/B++；电子商务：66/B++；电子信息工程：116/B++；电子信息科学与技术：27/B++；广播电视编导：31/B++；机械设计制造及其自动化：128/B++；建筑学：36/B++；金融学：45/B++；旅游管理：76/B++；审计学：20/B++；市场营销：85/B++；通信工程：74/B++；英语：129/B++。

4）中国区域一流应用型专业（3★）

法语：16/B+；工程造价：58/B+；广告学：43/B+；国际经济与贸易：179/B+；会计学：177/B+；机器人工程：36/B+；汽车服务工程：66/B+；人力资源管理：75/B+；数据科学与大数据技术：60/B++；土木工程：160/B+；物联网工程：139/B+；新闻学：50/B+；信息管理与信息系统：71/B+；行政管理：37/B+。

5）中国区域高水平应用型专业（2★）

保险学：35/C；产品设计：130/C；城乡规划：58/C；大数据管理与应用：26/B；服装与服饰设计：90/C；给排水科学与工程：54/C；国际商务：57/C；机械电子工程：132/C；日语：119/C；视觉传达设计：235/C；投资学：51/B；物流管理：182/C。

6）中国区域知名应用型专业（1★）

互联网金融：32/C；经济统计学：42/C；人工智能：86/C；数字媒体技术：136/D；智能科学与技术：63/C。

11. 成都文理学院

（1）成都文理学院综合实力排名

综合排名：2024 校友会中国民办大学排名第 59 名，全国综合类民办高校第 60 名，四川省民办高校第 11 名。

星级排名：中国三星级应用型大学（3★），中国知名、区域一流应用型大学。

（2）成都文理学院各本科专业排名（全国排名/档次）

1）中国高水平应用型专业（4★）

广播电视学：19/B++；会计学：105/B++；绘画：12/B++；计算机科学与技术：168/B++；旅游管理：76/B++；休闲体育：5/A；学前教育：95/B++；应用心理学：20/B++。

2）中国区域一流应用型专业（3★）

产品设计：80/B+；电子商务：109/B+；工商管理：106/B+；广播电视编导：72/B+；物业管理：14/B+；应用统计学：18/B++。

3）中国区域高水平应用型专业（2★）

表演：48/C；法学：138/C；国际经济与贸易：260/C；汉语言文学：253/C；环境设计：203/B；审计学：96/C；市场营销：231/C；视觉传达设计：235/C；书法学：32/B；思想政治教育：112/C；网络工程：137/C；物联网工程：232/C。

4）中国区域知名应用型专业（1★）

播音与主持艺术：132/D；风景园林：84/D；工程造价：136/C；建筑学：124/D；经济学：111/D；酒店管理：124/C；摄影：47/D；数字媒体艺术：155/C；英语：412/D；运动康复：34/D。

12. 成都东软学院

（1）成都东软学院综合实力排名

综合排名：2024 校友会中国民办大学排名第 69 名，全国理工类民办高校第 69 名，四川省民办高校第 12 名。

星级排名：中国三星级应用型大学（3★），中国知名、区域一流应用型大学。

（2）成都东软学院各本科专业排名（全国排名/档次）

1）中国顶尖应用型专业（6★）

软件工程：36/A+。

2）中国一流应用型专业（5★）

网络工程：16/A。

3）中国高水平应用型专业（4★）

电子商务：66/B++；动画：37/B++；数字媒体技术：25/B++；物联网工程：62/B++；信息管理与信息系统：35/B++。

4）中国区域一流应用型专业（3★）

计算机科学与技术：253/B+；市场营销：144/B+；网络空间安全：6/B+；信息工程：14/B+；艺术与科技：17/B+；资产评估：16/B+。

5）中国区域高水平应用型专业（2★）

财务管理：251/C；商务英语：161/C；数据科学与大数据技术：199/C；医学影像技术：42/D。

6）中国区域知名应用型专业（1★）

大数据管理与应用：51/D；工业设计：121/D；健康服

务与管理：49/C；人工智能：86/C；人力资源管理：202/D；日语：173/D；数字媒体艺术：155/C；物流管理：251/D；医学信息工程：16/D；英语：412/D；智能科学与技术：63/C；智能医学工程：11/D。

13. 四川电影电视学院

（1）四川电影电视学院综合实力排名

综合排名：2024 校友会中国民办大学排名第 84 名，全国艺术类民办高校第 12 名，四川省民办高校第 13 名。

星级排名：中国二星级应用型大学（2★），中国区域高水平应用型大学。

（2）四川电影电视学院各本科专业排名（全国排名/档次）

1）中国顶尖应用型专业（6★）

播音与主持艺术：1/A++；广播电视编导：1/A++；影视摄影与制作：4/A+。

2）中国一流应用型专业（5★）

表演：11/A；戏剧影视文学：3/A+。

3）中国高水平应用型专业（4★）

戏剧影视导演：3/A+；戏剧影视美术设计：6/B++。

4）中国区域一流应用型专业（3★）

会展经济与管理：21/B+；数字媒体技术：57/B+；网络与新媒体：61/B+；影视技术：2/A+。

5）中国区域高水平应用型专业（2★）

数字媒体艺术：119/C；舞蹈表演：43/B；艺术教育：17/C。

6）中国区域知名应用型专业（1★）

动画：153/D；公共艺术：27/D；视觉传达设计：299/D；文化产业管理：71/D；舞蹈编导：37/D；艺术管理：7/D；音乐表演：123/D。

14. 成都理工大学工程技术学院

（1）成都理工大学工程技术学院综合实力排名

综合排名：2024 校友会中国民办大学排名第 88 名，全国理工类民办高校第 90 名，四川省民办高校第 14 名。

星级排名：中国三星级应用型大学（3★），中国知名、区域一流应用型大学。

（2）成都理工大学工程技术学院各本科专业排名（全国排名/档次）

1）中国一流应用型专业（5★）

安全工程：6/A。

2）中国高水平应用型专业（4★）

测绘工程：18/B++；地理信息科学：17/B++；地质学：4/A；电子科学与技术：22/B++；核工程与核技术：3/A+；勘查技术与工程：7/B++；软件工程：95/B++；视觉传达设计：72/B++；物流管理：56/B++；信息管理与信息系统：35/B++。

3）中国区域一流应用型专业（3★）

财务管理：137/B+；测控技术与仪器：34/B+；产品设计：80/B+；地质工程：12/B+；电气工程及其自动化：157/B+；电子商务：109/B+；工商管理：106/B+；工业设计：48/B+；环境工程：60/B+；会计学：177/B+；机器人工程：36/B+；计算机科学与技术：253/B+；日语：69/B+；数据科学与大数据技术：60/B++；通信工程：130/B+；土木工程：160/B+；信息工程：14/B+；应用物理学：9/B+；自动化：120/B+。

4）中国区域高水平应用型专业（2★）

电子信息工程：242/C；给排水科学与工程：54/C；工程管理：142/C；环境设计：203/B；机械工程：50/D；建筑电气与智能化：38/C；旅游管理：180/C；能源与动力工程：48/D；汽车服务工程：103/C；审计学：96/C；水利水电工程：32/D；税收学：34/C；物联网工程：232/C；英语：318/C；智能制造工程：34/B。

5）中国区域知名应用型专业（1★）

城乡规划：78/D；工程造价：136/C；广告学：123/D；机械电子工程：187/D；建筑环境与能源应用工程：71/D；数字媒体技术：136/D；数字媒体艺术：155/C；网络与新媒体：140/C；休闲体育：45/C；智能科学与技术：63/C；资产评估：42/D。

15. 四川工业科技学院

（1）四川工业科技学院综合实力排名

综合排名：2024 校友会中国民办大学排名第 94 名，全国理工类民办高校第 96 名，四川省民办高校第 15 名。

星级排名：中国二星级应用型大学（2★），中国区域高水平应用型大学。

（2）四川工业科技学院各本科专业排名（全国排名/档次）

1）中国高水平应用型专业（4★）

车辆工程：34/B++；物流管理：56/B++。

2）中国区域一流应用型专业（3★）

酿酒工程：6/B+；软件工程：156/B+；休闲体育：19/B+。

3）中国区域高水平应用型专业（2★）

电气工程与智能控制：20/D；护理学：129/D；酒店管理：81/B；汽车服务工程：103/C。

4）中国区域知名应用型专业（1★）

财务管理：326/C；道路桥梁与渡河工程：42/D；电子商务：219/C；电子信息工程：314/D；工程造价：136/C；国际经济与贸易：325/D；机器人工程：127/D；机械电子工程：187/D；金融工程：115/C；旅游管理：234/D；人工智能：86/C；社会体育指导与管理：104/C；食品质量与安全：104/D；数据科学与大数据技术：272/D；土木工程：257/D；小学教育：142/C；学前教育：215/C；艺术设计学：100/D。

16. 四川文化艺术学院

（1）四川文化艺术学院综合实力排名

综合排名：2024 校友会中国民办大学排名第 97 名，全国艺术类民办高校第 13 名，四川省民办高校第 16 名。

星级排名：中国三星级应用型大学（3★），中国知名、区域一流应用型大学。

（2）四川文化艺术学院各本科专业排名（全国排名/档次）

1）中国一流应用型专业（5★）

绘画：5/A；视觉传达设计：33/A；文化产业管理：5/A+。

2）中国高水平应用型专业（4★）

表演：18/B++；雕塑：2/A+；美术学：38/B++；文物与博物馆学：2/A+；舞蹈学：11/A。

3）中国区域一流应用型专业（3★）

播音与主持艺术：54/B+；产品设计：80/B+；动画：82/B+；广播电视编导：72/B+；广播电视工程：8/B+；民族学：9/B+；摄影：19/B+；市场营销：144/B+；戏剧学：1/A++；戏剧影视美术设计：10/B+；音乐表演：48/B+；音乐学：87/B+。

4）中国区域高水平应用型专业（2★）

服装与服饰设计：90/C；环境设计：203/B；录音艺术：12/D；数字媒体艺术：119/C；舞蹈表演：43/B；戏剧影视文学：30/C；艺术教育：17/C；影视摄影与制作：24/B。

5）中国区域知名应用型专业（1★）

宝石及材料工艺学：15/D；风景园林：84/D；公共事业管理：96/D；公共艺术：27/D；汉语国际教育：153/D；会展经济与管理：49/C；金融工程：115/C；书法学：54/D；舞蹈编导：37/D；物流管理：251/D；艺术设计学：100/D；艺术与科技：37/D；应用心理学：112/D；英语：412/D。

17. 成都银杏酒店管理学院

（1）成都银杏酒店管理学院综合实力排名

综合排名：2024校友会中国民办大学排名第122名，全国财经类民办高校第53名，四川省民办高校第17名。

星级排名：中国二星级应用型大学（2★），中国区域高水平应用型大学。

（2）成都银杏酒店管理学院各本科专业排名（全国排名/档次）

1）中国顶尖应用型专业（6★）

酒店管理：1/A++。

2）中国高水平应用型专业（4★）

旅游管理：76/B++；物流管理：56/B++；物业管理：9/B++；休闲体育：5/A。

3）中国区域一流应用型专业（3★）

财务管理：137/B+；产品设计：80/B+；服装与服饰设计：60/B+；视觉传达设计：140/B+；数字媒体艺术：63/B+；税收学：23/B+；信息管理与信息系统：71/B+。

4）中国区域高水平应用型专业（2★）

工程造价：88/B；环境设计：203/B；会计学：223/C；人力资源管理：134/C；商务英语：161/C；数字媒体技术：100/C；文化产业管理：49/B；物流工程：40/C。

5）中国区域知名应用型专业（1★）

电子商务：219/C；会展经济与管理：49/C；旅游管理与服务教育：25/D；审计学：126/D；市场营销：321/D；体能训练：4/A；网络与新媒体：140/C；英语：412/D。

第三节　西藏自治区

一、西藏自治区大学综合实力排名

1. 西藏自治区大学排名

表10-9　2024校友会西藏自治区大学排名

全国排名	学校名称	所在城市	星级排名	办学层次	星级专业数/个								
					专业类型	8★	7★	6★	5★	4★	3★	2★	1★
227	西藏大学	拉萨市	3★	区域一流大学	研究型	0	0	1	2	20	11	27	4
251	西藏民族大学	咸阳市	3★	区域一流大学	研究型	0	0	0	0	9	14	15	19
324	西藏农牧学院	林芝市	3★	区域一流大学	研究型	0	0	0	0	6	15	15	1
339	西藏藏医药大学	拉萨市	3★	区域一流大学	研究型	0	0	0	2	0	0	0	4

2. 西藏自治区高职院校排名

表10-10　2024校友会西藏自治区高职院校排名

全国排名	学校名称	所在城市	办学类型	星级排名	办学层次
215	西藏职业技术学院	拉萨市	职业技能型	2★	区域高水平高职院校

二、西藏自治区大学专业排名详情

1. 西藏大学

（1）西藏大学综合实力排名

综合排名：2024 校友会中国大学排名第 227 名，全国综合类高校第 71 名，西藏自治区高校第 1 名。

星级排名：中国三星级大学（3★），中国知名、区域一流大学。“211 工程”大学。主管部门：西藏自治区。

（2）西藏大学各本科专业排名（全国排名/档次）

1）世界高水平、中国顶尖专业（6★）

中国少数民族语言文学：3/A+。

2）中国一流专业（5★）

生态学：12/A；思想政治教育：51/A。

3）中国高水平专业（4★）

地理科学：41/B++；法学：111/B++；工商管理：100/B++；汉语言文学：114/B++；环境科学：17/A；计算机科学与技术：206/B++；经济学：27/A；历史学：55/B++；临床医学：70/B++；旅游管理：67/B++；美术学：35/B++；生物科学：83/B++；市场营销：59/B++；数学与应用数学：137/B++；通信工程：69/B++；物理学：33/B++；音乐学：39/B++；英语：136/B++；政治学与行政学：25/B++；资源勘查工程：27/B++。

4）中国区域一流专业（3★）

会计学：186/B+；建筑学：82/B+；交通运输：37/B+；金融学：159/B+；口腔医学：54/B+；农业水利工程：27/B+；食品科学与工程：114/B+；水利水电工程：48/B+；土木工程：164/B+；信息工程：27/B+；行政管理：126/B+。

5）中国区域高水平专业（2★）

表演：44/B；财务管理：135/C；财政学：62/D；城乡规划：89/C；地理信息科学：94/D；电气工程及其自动化：199/D；电子信息工程：236/D；电子信息科学与技术：87/C；服装设计与工程：34/D；工程管理：120/C；公共事业管理：124/B；护理学：109/D；化学：149/D；环境工程：212/D；绘画：65/C；能源与动力工程：124/D；农林经济管理：48/D；生物工程：127/C；生物技术：176/D；舞蹈表演：35/C；舞蹈学：55/C；新闻学：125/D；学前教育：70/C；药学：118/D；应用物理学：112/C；预防医学：74/D；作曲与作曲技术理论：27/D。

6）中国区域知名专业（1★）

翻译：130/D；给排水科学与工程：79/D；税收学：38/D；音乐表演：83/C。

2. 西藏民族大学

（1）西藏民族大学综合实力排名

综合排名：2024 校友会中国大学排名第 251 名，全国民族类高校第 10 名，西藏自治区高校第 2 名。

星级排名：中国三星级大学（3★），中国知名、区域一流大学。主管部门：西藏自治区。

（2）西藏民族大学各本科专业排名（全国排名/档次）

1）中国高水平专业（4★）

法学：111/B++；汉语言文学：114/B++；会计学：43/B++；民族学：9/B++；思想政治教育：90/B++；体育教育：23/B++；新闻学：61/B++；学前教育：25/B++；英语：136/B++。

2）中国区域一流专业（3★）

播音与主持艺术：26/B+；财政学：48/B+；档案学：20/B+；护理学：93/B+；计算机科学与技术：327/B+；历史学：98/B+；临床医学：102/B+；旅游管理：114/B+；社会工作：63/B+；数字媒体技术：33/B+；统计学：96/B+；土木工程：164/B+；小学教育：52/B+；行政管理：111/B+。

3）中国区域高水平专业（2★）

财务管理：175/D；工商管理：282/D；工业工程：93/C；公共事业管理：124/B；广播电视学：77/D；国际经济与贸易：266/D；教育技术学：83/D；教育学：65/D；秘书学：16/B；人力资源管理：148/C；通信工程：219/D；网络工程：119/D；信息管理与信息系统：207/C；运动训练：60/C；哲学：64/D。

4）中国区域知名专业（1★）

电子信息科学与技术：117/D；广告学：113/C；环境生态工程：32/D；金融学：204/D；经济统计学：70/D；康复治疗学：66/D；劳动与社会保障：79/C；尼泊尔语：5/A；审计学：51/D；数据科学与大数据技术：152/C；数学与应用数学：295/D；网络空间安全：42/C；文化产业管理：50/C；文物与博物馆学：25/C；休闲体育：25/D；医学检验技术：73/D；艺术教育：19/D；印地语：11/D；应用心理学：113/D。

3. 西藏农牧学院

（1）西藏农牧学院综合实力排名

综合排名：2024 校友会中国大学排名第 324 名，全国农林类高校第 35 名，西藏自治区高校第 3 名。

星级排名：中国三星级大学（3★），中国知名、区域一流大学。主管部门：西藏自治区。

（2）西藏农牧学院各本科专业排名（全国排名/档次）

1）中国高水平专业（4★）

电气工程及其自动化：88/B++；动物科学：25/B++；动物医学：29/B++；林学：23/B++；农学：34/B++；生态学：22/B++。

2）中国区域一流专业（3★）

草业科学：17/B+；动植物检疫：3/A+；农村区域发展：10/B+；农业电气化：12/B+；农业建筑环境与能源工程：12/B+；农业水利工程：27/B+；农业资源与环境：28/B+；生物技术：122/B+；食品科学与工程：114/B+；水利水电工程：48/B+；水土保持与荒漠化防治：10/B+；水文与水资源工程：36/B+；土木工程：164/B+；园林：34/B+；植物保护：35/B+。

3）中国区域高水平专业（2★）

工程管理：120/C；环境工程：212/D；环境科学：132/D；旅游管理：168/D；能源与动力工程：124/D；农林经济管理：48/D；人文地理与城乡规划：38/B；森林保护：16/D；设施农业科学与工程：16/C；生物工程：127/C；食品质量与安全：79/C；野生动物与自然保护区管理：6/D；应用化学：197/D；园艺：58/D；自然地理与资源环境：34/B。

4）中国区域知名专业（1★）

给排水科学与工程：79/D。

4. 西藏藏医药大学

（1）西藏藏医药大学综合实力排名

综合排名：2024 校友会中国大学排名第 339 名，全国医药类高校第 57 名，西藏自治区高校第 4 名。

星级排名：中国三星级大学（3★），中国知名、区域一流大学。主管部门：西藏自治区。

（2）西藏藏医药大学各本科专业排名（全国排名/档次）

1）中国一流专业（5★）

藏药学：1/A++；藏医学：2/A+。

2）中国区域知名专业（1★）

护理学：118/D；市场营销：311/D；中西医临床医学：37/D；中药制药：18/D。

第四节　云南省

一、云南省大学综合实力排名

1. 云南省大学排名

表 10-11　2024 校友会云南省大学排名

全国排名	学校名称	所在城市	星级排名	办学层次	星级专业数/个								
					专业类型	8★	7★	6★	5★	4★	3★	2★	1★
88	云南大学	昆明市	5★	中国一流大学	研究型	0	0	3	11	33	21	20	2
102	昆明理工大学	昆明市	4★	中国高水平大学	研究型	0	0	3	10	30	38	22	0
128	云南民族大学	昆明市	5★	中国一流大学	研究型	0	0	3	10	23	20	19	0
174	云南师范大学	昆明市	3★	区域一流大学	研究型	0	0	0	4	22	33	11	8
240	昆明医科大学	昆明市	3★	区域一流大学	研究型	0	0	0	1	7	8	7	8
247	云南农业大学	昆明市	3★	区域一流大学	研究型	0	0	0	1	12	24	18	14
265	云南财经大学	昆明市	3★	区域一流大学	研究型	0	0	0	1	19	18	9	15
294	西南林业大学	昆明市	3★	区域一流大学	研究型	0	0	1	3	6	23	14	34
315	大理大学	大理白族自治州	2★	区域高水平大学	研究型	0	0	0	0	8	17	8	39
315	云南艺术学院	昆明市	3★	区域一流大学	研究型	0	0	0	4	16	10	5	0
324	云南中医药大学	昆明市	3★	区域一流大学	研究型	0	0	0	2	4	8	1	9
393	昭通学院	昭通市	1★	区域知名大学	应用型	0	0	0	1	3	13	13	10
407	玉溪师范学院	玉溪市	1★	区域知名大学	应用型	0	0	0	1	4	17	14	18
407	云南警官学院	昆明市	3★	区域一流大学	应用型	0	1	3	5	6	4	0	0
422	楚雄师范学院	楚雄彝族自治州	1★	区域知名大学	应用型	0	0	4	8	7	14	13	8
422	曲靖师范学院	曲靖市	1★	区域知名大学	应用型	0	0	5	9	16	14	7	8
436	红河学院	红河哈尼族彝族自治州	1★	区域知名大学	应用型	0	0	1	2	8	12	16	19
472	文山学院	文山壮族苗族自治州	1★	区域知名大学	应用型	0	0	0	1	3	6	11	26
493	昆明学院	昆明市	1★	区域知名大学	应用型	0	0	14	13	14	8	15	0
503	保山学院	保山市	1★	区域知名大学	应用型	0	0	1	4	4	16	7	14
503	滇西科技师范学院	临沧市	1★	区域知名大学	应用型	0	0	0	2	2	14	5	10
503	普洱学院	普洱市	1★	区域知名大学	应用型	0	0	1	2	5	12	5	17
518	滇西应用技术大学	大理白族自治州	1★	区域知名大学	应用型	0	0	0	2	2	12	9	4

2. 云南省民办大学排名

表 10-12　2024 校友会云南省民办大学排名（含独立学院）

全国排名	学校名称	所在城市	星级排名	办学层次	星级专业数/个								
					专业类型	8★	7★	6★	5★	4★	3★	2★	1★
2	昆明城市学院	昆明市	6★	中国顶尖应用型大学	应用型	0	0	21	12	18	0	0	0
10	云南工商学院	昆明市	6★	中国顶尖应用型大学	应用型	0	0	14	8	2	0	0	0
15	昆明文理学院	昆明市	5★	中国一流应用型大学	应用型	0	0	13	10	15	0	0	0
42	云南经济管理学院	昆明市	4★	中国高水平应用型大学	应用型	0	0	0	1	6	8	8	26
45	丽江文化旅游学院	丽江市	4★	中国高水平应用型大学	应用型	0	0	2	1	2	12	10	9
47	云南大学滇池学院	昆明市	4★	中国高水平应用型大学	应用型	0	0	1	8	13	13	6	8
96	昆明医科大学海源学院	昆明市	2★	区域高水平应用型大学	应用型	0	0	0	1	5	4	6	10
102	昆明理工大学津桥学院	昆明市	3★	区域一流应用型大学	应用型	0	0	0	2	7	7	17	7
113	云南艺术学院文华学院	昆明市	2★	区域高水平应用型大学	应用型	0	0	0	1	8	12	5	9

3. 云南省高职院校排名

表 10-13　2024 校友会云南省高职院校排名

全国排名	学校名称	所在城市	办学类型	星级排名	办学层次
21	昆明冶金高等专科学校	昆明市	职业技能型	6★	中国顶尖高职院校
57	云南经贸外事职业学院	昆明市	职业技能型	4★	中国高水平高职院校
57	云南林业职业技术学院	昆明市	职业技能型	4★	中国高水平高职院校
78	云南工程职业学院	昆明市	职业技能型	3★	区域一流高职院校
81	云南机电职业技术学院	昆明市	职业技能型	3★	区域一流高职院校
84	云南三鑫职业技术学院	文山壮族苗族自治州	职业技能型	3★	区域一流高职院校
93	云南农业职业技术学院	昆明市	职业技能型	3★	区域一流高职院校
100	昆明卫生职业学院	昆明市	职业技能型	3★	区域一流高职院校
104	云南交通职业技术学院	昆明市	职业技能型	3★	区域一流高职院校
106	昆明工业职业技术学院	昆明市	职业技能型	3★	区域一流高职院校
117	云南新兴职业学院	昆明市	职业技能型	3★	区域一流高职院校
121	德宏职业学院	德宏傣族景颇族自治州	职业技能型	3★	区域一流高职院校
123	云南现代职业技术学院	楚雄彝族自治州	职业技能型	3★	区域一流高职院校
132	云南旅游职业学院	昆明市	职业技能型	3★	区域一流高职院校
147	红河卫生职业学院	红河哈尼族彝族自治州	职业技能型	3★	区域一流高职院校
155	云南国防工业职业技术学院	昆明市	职业技能型	2★	区域高水平高职院校
165	云南外事外语职业学院	昆明市	职业技能型	2★	区域高水平高职院校
211	西双版纳职业技术学院	西双版纳傣族自治州	职业技能型	2★	区域高水平高职院校
223	德宏师范高等专科学校	德宏傣族景颇族自治州	职业技能型	2★	区域高水平高职院校
229	丽江师范高等专科学校	丽江市	职业技能型	2★	区域高水平高职院校
234	昆明艺术职业学院	昆明市	职业技能型	2★	区域高水平高职院校
242	云南锡业职业技术学院	红河哈尼族彝族自治州	职业技能型	2★	区域高水平高职院校
250	昭通卫生职业学院	昭通市	职业技能型	2★	区域高水平高职院校
254	保山中医药高等专科学校	保山市	职业技能型	2★	区域高水平高职院校
259	曲靖医学高等专科学校	曲靖市	职业技能型	2★	区域高水平高职院校
266	云南商务职业学院	昆明市	职业技能型	2★	区域高水平高职院校
272	云南国土资源职业学院	昆明市	职业技能型	2★	区域高水平高职院校

续表

全国排名	学校名称	所在城市	办学类型	星级排名	办学层次
284	曲靖职业技术学院	曲靖市	职业技能型	1★	区域知名高职院校
312	云南城市建设职业学院	昆明市	职业技能型	1★	区域知名高职院校
348	云南能源职业技术学院	曲靖市	职业技能型	1★	区域知名高职院校
364	云南交通运输职业学院	昆明市	职业技能型	1★	区域知名高职院校

二、云南省大学专业排名详情

1. 云南大学

（1）云南大学综合实力排名

综合排名：2024 校友会中国大学排名第 88 名，全国综合类高校第 40 名，云南省高校第 1 名。

星级排名：中国五星级大学（5★），世界知名大学、中国一流大学。“211 工程”大学。主管部门：云南省。

（2）云南大学各本科专业排名（全国排名/档次）

1）世界高水平、中国顶尖专业（6★）

旅游管理：1/A++；民族学：4/A+；生态学：3/A+。

2）中国一流专业（5★）

档案学：4/A；法学：17/A+；汉语言文学：28/A；化学：19/A；历史学：20/A；缅甸语：1/A++；软件工程：18/A；通信工程：17/A；统计学：6/A+；新闻学：14/A；政治学与行政学：12/A。

3）中国高水平专业（4★）

材料科学与工程：68/B++；城乡规划：26/B++；大气科学：6/B++；地理科学：17/B++；电子信息工程：89/B++；工商管理：36/B++；公共事业管理：17/A；广播电视学：11/A；国际经济与贸易：43/B++；环境科学与工程：3/A+；环境设计：43/B++；会计学：43/B++；绘画：16/B++；计算机科学与技术：60/B++；金融学：93/B++；经济学：27/A；人力资源管理：34/B++；日语：33/B++；社会工作：41/B++；生物技术：64/B++；生物科学：36/B++；视觉传达设计：13/A+；数学与应用数学：56/B++；体育教育：48/B++；天文学：6/B++；网络空间安全：6/A；物理学：33/B++；物联网工程：23/B++；物流管理：46/B++；行政管理：33/B++；印地语：7/B++；英语：57/B++；制药工程：45/B++。

4）中国区域一流专业（3★）

财务管理：84/B+；财政学：48/B+；地理信息科学：61/B+；地球物理学：16/B+；地质学：18/B+；法语：35/B+；高分子材料与工程：81/B+；光电信息科学与工程：84/B+；化学工程与工艺：120/B+；美术学：57/B+；社会学：56/B+；数据科学与大数据技术：20/A；数理基础科学：3/A+；数字媒体技术：33/B+；泰语：9/B+；土木工程：164/B+；信息与计算科学：86/B+；音乐学：86/B+；哲学：40/B+；植物科学与技术：9/B+；智能科学与技术：17/B++。

5）中国区域高水平专业（2★）

阿拉伯语：20/C；广告学：79/B；柬埔寨语：7/D；交通工程：56/C；教育学：65/D；劳动与社会保障：55/B；老挝语：5/A；临床医学：111/D；马来语：6/C；孟加拉语：6/D；尼泊尔语：4/A；人工智能：38/B++；僧伽罗语：3/A+；社会体育指导与管理：64/C；世界史：19/D；思想政治教育：142/D；图书馆学：18/D；舞蹈学：55/C；信息资源管理：8/C；越南语：15/D。

6）中国区域知名专业（1★）

汉语言：60/D；建筑学：149/D。

2. 昆明理工大学

（1）昆明理工大学综合实力排名

综合排名：2024 校友会中国大学排名第 102 名，全国理工类高校第 40 名，云南省高校第 2 名。

星级排名：中国四星级大学（4★），世界知名、中国高水平大学。主管部门：云南省。

（2）昆明理工大学各本科专业排名（全国排名/档次）

1）世界高水平、中国顶尖专业（6★）

采矿工程：6/A+；矿物加工工程：3/A+；冶金工程：7/A+。

2）中国一流专业（5★）

安全工程：8/A；材料科学与工程：20/A；测绘工程：13/A；给排水科学与工程：9/A；工程力学：19/A；化学工程与工艺：24/A；环境工程：8/A+；食品科学与工程：8/A+；制药工程：5/A+；资源勘查工程：5/A。

3）中国高水平专业（4★）

材料成型及控制工程：33/B++；测控技术与仪器：23/B++；车辆工程：25/B++；城乡规划：19/B++；电气工程及其自动化：40/B++；法学：49/B++；工程管理：20/A；工商管理：36/B++；工业工程：28/B++；功能材料：5/A；光电信息科学与工程：54/B++；国际经济与贸易：43/B++；环境设计：9/A+；机械工程：26/B++；计算机科学与技术：60/B++；建筑学：24/B++；交通工程：13/B++；交通运输：26/B++；能源与动力工程：30/B++；轻化工程：16/B++；水利水电工程：25/B++；通信工程：45/B++；土木工程：47/B++；物流工程：4/A；新能源材料与器件：7/A；新能源科学与工程：3/A+；信息管理与信息系统：38/B++；应用化学：69/B++；资源环境科学：4/A；自动化：41/B++。

4）中国区域一流专业（3★）

宝石及材料工艺学：6/B+；产品设计：66/B+；城市地

下空间工程：16/B+；地理信息科学：43/B+；地质工程：30/B+；电子信息工程：141/B+；电子信息科学与技术：50/B+；翻译：54/B+；风景园林：44/B+；服装与服饰设计：44/B+；工程造价：12/B++；工业设计：68/B+；广告学：50/B+；轨道交通信号与控制：8/B+；过程装备与控制工程：48/B+；汉语国际教育：49/B+；焊接技术与工程：12/B+；环境科学：61/B+；会计学：208/B+；建筑环境与能源应用工程：51/B+；金融学：143/B+；酒店管理：16/B+；临床医学：90/B+；农业水利工程：26/B+；汽车服务工程：7/B++；人工智能：15/A；软件工程：150/B+；生物工程：81/B+；食品质量与安全：45/B+；市场营销：110/B+；视觉传达设计：83/B+；数据科学与大数据技术：19/A；水文与水资源工程：36/B+；土地资源管理：33/B+；物联网工程：45/B+；信息与计算科学：86/B+；英语：231/B+；质量管理工程：3/A+。

5）中国区域高水平专业（2★）

播音与主持艺术：51/C；财务管理：135/C；城市管理：15/B；传播学：33/C；动画：76/C；飞行技术：10/D；护理学：109/D；绘画：64/C；机器人工程：18/B++；机械工艺技术：4/A；农业机械化及其自动化：40/D；汽车维修工程教育：5/A；生物医学工程：80/D；数字媒体艺术：69/B；泰语：16/D；油气储运工程：21/D；园林：49/C；运动康复：23/B；运动训练：53/C；智能电网信息工程：13/C；智能科学与技术：29/B+；智能制造工程：16/B++。

3. 云南民族大学

（1）云南民族大学综合实力排名

综合排名：2024校友会中国大学排名第128名，全国民族类高校第2名，云南省高校第3名。

星级排名：中国五星级大学（5★），世界知名大学、中国一流大学。主管部门：云南省。

（2）云南民族大学各本科专业排名（全国排名/档次）

1）世界高水平、中国顶尖专业（6★）

民族学：3/A+；社会学：5/A+；中国少数民族语言文学：2/A+。

2）中国一流专业（5★）

工艺美术：2/A+；汉语言文学：50/A；化学：19/A；柬埔寨语：2/A+；老挝语：1/A++；缅甸语：1/A++；思想政治教育：51/A；泰语：1/A++；应用化学：19/A；越南语：2/A+。

3）中国高水平专业（4★）

电气工程及其自动化：40/B++；电子信息工程：38/B++；法学：49/B++；广告学：11/A；会计学：112/B++；计算机科学与技术：206/B++；经济学：83/B++；历史学：34/B++；旅游管理：67/B++；马来语：3/A+；秘书学：3/A+；社会工作：41/B++；社会体育指导与管理：12/A；视觉传达设计：13/A+；体育教育：48/B++；信息管理与信息系统：73/B++；行政管理：33/B++；药物分析：2/A+；音乐表演：18/B++；印地语：2/A+；印度尼西亚语：4/A；英语：57/B++；政治学与行政学：25/B++。

4）中国区域一流专业（3★）

财务管理：100/B+；翻译：46/B+；菲律宾语：2/A+；工商管理：180/B+；广播电视学：36/B+；国际经济与贸易：176/B+；教育技术学：44/B+；孟加拉语：3/A+；尼泊尔语：1/A++；普什图语：1/A++；僧伽罗语：2/A+；社区矫正：1/A++；生物技术：122/B+；数据科学与大数据技术：20/A；土木工程：164/B+；网络与新媒体：15/B++；乌尔都语：4/A；舞蹈学：26/B+；学前教育：56/B+；制药工程：79/B+。

5）中国区域高水平专业（2★）

编辑出版学：21/C；服装与服饰设计：66/C；环境科学：114/C；经济统计学：52/C；经济与金融：6/B+；劳动与社会保障：55/B；美术学：85/C；人类学：6/D；人力资源管理：115/C；日语：118/B；数学与应用数学：224/D；泰米尔语：3/A+；通信工程：202/D；武术与民族传统体育：29/C；物理学：126/D；物联网工程：104/B；信息安全：71/C；音乐学：104/C；应用心理学：90/C。

4. 云南师范大学

（1）云南师范大学综合实力排名

综合排名：2024校友会中国大学排名第174名，全国师范类高校第25名，云南省高校第4名。

星级排名：中国三星级大学（3★），中国知名、区域一流大学。主管部门：云南省。

（2）云南师范大学各本科专业排名（全国排名/档次）

1）中国一流专业（5★）

地理科学：6/A；教育学：8/A；数学与应用数学：20/A；思想政治教育：22/A。

2）中国高水平专业（4★）

地理信息科学：16/B++；广播电视学：18/B++；国际经济与贸易：86/B++；汉语国际教育：8/A+；汉语言文学：64/B++；化学：39/B++；计算机科学与技术：60/B++；教育技术学：21/B++；历史学：34/B++；农业建筑环境与能源工程：4/A；社会学：19/B++；生物科学：36/B++；体育教育：23/B++；物理学：33/B++；新闻学：61/B++；学前教育：9/A；艺术教育：2/A+；音乐学：39/B++；应用心理学：28/B++；英语：57/B++；越南语：3/A+；运动训练：20/B++。

3）中国区域一流专业（3★）

阿拉伯语：15/B+；播音与主持艺术：26/B+；财政学：41/B+；法学：208/B+；光电信息科学与工程：72/B+；广播电视编导：36/B+；华文教育：3/A+；环境设计：105/B+；柬埔寨语：3/A+；经济学：152/B+；空间信息与数字技术：6/B+；旅游管理：114/B+；美术学：57/B+；秘书学：7/B++；缅甸语：5/A；人文地理与城乡规划：26/B+；日语：72/B+；社会体育指导与管理：37/B+；审计学：25/B+；生物技术：122/B+；市场营销教育：1/A++；书法学：11/B++；数据科学与大数据技术：20/A；泰语：9/B+；

特殊教育：15/B+；统计学：96/B+；武术与民族传统体育：20/B+；小学教育：43/B+；新能源科学与工程：27/B+；艺术设计学：57/B+；应用化学：145/B+；哲学：52/B+；自然地理与资源环境：20/B+。

4）中国区域高水平专业（2★）

电子信息科学与技术：87/C；动画：92/C；工商管理：282/D；会计学：270/D；金融学：191/D；老挝语：5/A；舞蹈学：55/C；西班牙语：34/C；行政管理：170/D；园林：59/C；制药工程：139/D。

5）中国区域知名专业（1★）

航空服务艺术与管理：11/B；劳动与社会保障：113/D；人工智能：123/C；社会工作：170/D；通信工程：265/D；文化产业管理：77/D；文物与博物馆学：25/C；新能源材料与器件：54/C。

5. 昆明医科大学

（1）昆明医科大学综合实力排名

综合排名：2024 校友会中国大学排名第 240 名，全国医药类高校第 32 名，云南省高校第 5 名。

星级排名：中国三星级大学（3★），中国知名、区域一流大学。主管部门：云南省。

（2）昆明医科大学各本科专业排名（全国排名/档次）

1）中国一流专业（5★）

法医学：5/A。

2）中国高水平专业（4★）

护理学：59/B++；康复物理治疗：2/A+；口腔医学：34/B++；临床药学：14/B++；临床医学：39/B++；麻醉学：15/B++；预防医学：40/B++。

3）中国区域一流专业（3★）

劳动与社会保障：37/B+；听力与言语康复学：2/A+；卫生检验与检疫：17/B+；药物制剂：22/B+；药学：85/B+；医学检验技术：54/B+；医学实验技术：12/B+；医学影像学：40/B+。

4）中国区域高水平专业（2★）

法学：271/D；公共事业管理：124/B；康复治疗学：58/D；食品卫生与营养学：11/B；市场营销：176/C；信息管理与信息系统：207/C；眼视光学：12/C。

5）中国区域知名专业（1★）

儿科学：26/D；假肢矫形工程：5/A；精神医学：18/C；康复作业治疗：5/A；社会工作：145/D；眼视光医学：13/C；运动康复：30/C；助产学：13/B。

6. 云南农业大学

（1）云南农业大学综合实力排名

综合排名：2024 校友会中国大学排名第 247 名，全国农林类高校第 27 名，云南省高校第 6 名。

星级排名：中国三星级大学（3★），中国知名、区域一流大学。主管部门：云南省。

（2）云南农业大学各本科专业排名（全国排名/档次）

1）中国一流专业（5★）

植物保护：5/A。

2）中国高水平专业（4★）

草业科学：12/B++；茶学：6/B++；动物科学：16/B++；动物医学：29/B++；农学：34/B++；农业水利工程：9/B++；农业资源与环境：17/B++；生物技术：30/B++；食品科学与工程：72/B++；食品质量与安全：8/A；烟草：2/A+；英语：136/B++。

3）中国区域一流专业（3★）

电气工程及其自动化：151/B+；电子商务：82/B+；电子信息工程：178/B+；动植物检疫：2/A+；蜂学：2/A+；给排水科学与工程：48/B+；工程造价：13/B+；机械设计制造及其自动化：170/B+；计算机科学与技术：285/B+；建筑学：95/B+；能源与动力工程：98/B+；农林经济管理：38/B+；农业机械化及其自动化：28/B+；葡萄与葡萄酒工程：7/B+；社会体育指导与管理：37/B+；生态学：36/B+；数据科学与大数据技术：20/A；水利水电工程：32/B+；土地资源管理：33/B+；土木工程：137/B+；园林：34/B+；园艺：41/B+；中草药栽培与鉴定：3/A+；种子科学与工程：13/B+。

4）中国区域高水平专业（2★）

车辆工程：97/C；风景园林：57/C；建筑环境与能源应用工程：84/C；经济学：205/D；旅游管理：168/D；秘书学：25/C；农村区域发展：15/C；设施农业科学与工程：16/C；社会工作：112/C；数学与应用数学：245/D；水产养殖学：37/D；水土保持与荒漠化防治：14/C；水文与水资源工程：45/D；泰语：15/D；体育教育：126/D；信息管理与信息系统：207/C；应用化学：197/D；越南语：14/D。

5）中国区域知名专业（1★）

城乡规划：103/D；翻译：130/D；工程管理：185/D；汉语国际教育：140/C；化学生物学：19/D；环境科学与工程：23/D；环境设计：215/D；林学：35/D；人工智能：123/C；生物工程：182/D；兽医公共卫生：3/A+；水务工程：8/D；土地整治工程：9/C；香料香精技术与工程：4/A。

7. 云南财经大学

（1）云南财经大学综合实力排名

综合排名：2024 校友会中国大学排名第 265 名，全国财经类高校第 29 名，云南省高校第 7 名。

星级排名：中国三星级大学（3★），中国知名、区域一流大学。主管部门：云南省。

（2）云南财经大学各本科专业排名（全国排名/档次）

1）中国一流专业（5★）

会展经济与管理：1/A++。

2）中国高水平专业（4★）

财务管理：17/A；财政学：21/B++；电子商务：17/A；法学：49/B++；工商管理：36/B++；管理科学：9/B++；国际经济与贸易：43/B++；国际商务：14/B++；会计学：43/B++；金融工程：26/B++；金融学：39/B++；经济统计

学：7/A；经济学：27/A；劳动与社会保障：16/B++；审计学：4/A；市场营销：29/A；数学与应用数学：56/B++；物流管理：15/A；应用统计学：7/A。

3）中国区域一流专业（3★）

保险学：29/B+；公共事业管理：81/B+；计算机科学与技术：327/B+；金融数学：10/B++；酒店管理：16/B+；旅游管理：105/B+；人力资源管理：69/B+；商务英语：34/B+；税收学：17/B+；统计学：96/B+；投资学：16/B+；物联网工程：69/B+；物流工程：25/B+；信息管理与信息系统：138/B+；行政管理：111/B+；英语：253/B+；越南语：10/B+；资产评估：8/B+。

4）中国区域高水平专业（2★）

动画：92/C；房地产开发与管理：17/C；工程管理：144/D；贸易经济：20/D；缅甸语：11/D；泰语：16/D；新闻学：125/D；信息与计算科学：164/C；艺术设计学：90/D。

5）中国区域知名专业（1★）

城乡规划：103/D；供应链管理：14/C；广告学：113/C；国际经贸规则：1/A++；国际事务与国际关系：11/D；汉语言：60/D；互联网金融：3/A+；精算学：10/D；秘书学：32/D；数据科学与大数据技术：144/B；数字媒体艺术：135/D；文化产业管理：77/D；信息安全：88/D；政治学与行政学：75/D；自然地理与资源环境：51/D。

8. 西南林业大学

（1）西南林业大学综合实力排名

综合排名：2024校友会中国大学排名第294名，全国农林类高校第31名，云南省高校第8名。

星级排名：中国三星级大学（3★），中国知名、区域一流大学。主管部门：云南省。

（2）西南林业大学各本科专业排名（全国排名/档次）

1）世界高水平、中国顶尖专业（6★）

木材科学与工程：3/A+。

2）中国一流专业（5★）

林学：6/A；森林工程：2/A+；园林：6/A。

3）中国高水平专业（4★）

环境工程：82/B++；环境设计：43/B++；林产化工：6/B++；森林保护：4/A；水土保持与荒漠化防治：7/B++；园艺：28/B++。

4）中国区域一流专业（3★）

材料科学与工程：98/B+；产品设计：86/B+；车辆工程：58/B+；地理科学：55/B+；动物科学：46/B+；环境科学：61/B+；会计学：186/B+；机械设计制造及其自动化：170/B+；计算机科学与技术：285/B+；交通运输：37/B+；经济学：152/B+；农林经济管理：33/B+；农学：42/B+；农业资源与环境：28/B+；生物技术：96/B+；食品科学与工程：102/B+；泰语：9/B+；体育教育：95/B+；通信工程：141/B+；土木工程：137/B+；消防工程：8/B+；越南语：10/B+；植物保护：35/B+。

5）中国区域高水平专业（2★）

财务管理：175/D；测绘工程：58/D；动画：92/C；工商管理：282/D；公共事业管理：198/D；汉语言文学：200/D；机械电子工程：84/C；旅游管理：168/D；汽车服务工程：23/C；商务英语：52/B；信息与计算科学：231/D；野生动物与自然保护区管理：6/D；应用生物科学：7/C；英语：358/D。

6）中国区域知名专业（1★）

城乡规划：103/D；地理信息科学：119/D；电子科学与技术：116/D；电子商务：196/D；电子信息工程：271/D；法学：308/D；法语：97/D；风景园林：97/D；高分子材料与工程：119/D；给排水科学与工程：79/D；工业设计：181/D；轨道交通信号与控制：20/D；汉语国际教育：140/C；汉语言：60/D；化学工程与工艺：184/D；环境生态工程：32/D；绘画：101/D；建筑学：149/D；经济与金融：17/D；农村区域发展：20/D；人文地理与城乡规划：65/D；软件工程：271/D；生态学：65/D；食品质量与安全：126/D；视觉传达设计：202/D；数据科学与大数据技术：152/C；数字媒体艺术：135/D；土地资源管理：80/D；信息工程：50/D；信息管理与信息系统：278/D；音乐学：129/D；应用化学：213/D；应用统计学：91/D；自然地理与资源环境：51/D。

9. 大理大学

（1）大理大学综合实力排名

综合排名：2024校友会中国大学排名第315名，全国综合类高校第94名，云南省高校第9名。

星级排名：中国二星级大学（2★），中国区域高水平大学。主管部门：云南省。

（2）大理大学各本科专业排名（全国排名/档次）

1）中国高水平专业（4★）

汉语言文学：114/B++；护理学：59/B++；临床医学：70/B++；旅游管理：22/A；思想政治教育：90/B++；泰语：5/A；小学教育：16/B++；药学：27/B++。

2）中国区域一流专业（3★）

电气工程及其自动化：133/B+；汉语国际教育：49/B+；绘画：40/B+；计算机科学与技术：327/B+；建筑学：82/B+；经济学：122/B+；康复治疗学：44/B+；生物科学：114/B+；生物医学工程：62/B+；数学与应用数学：190/B+；体育教育：72/B+；通信工程：104/B+；卫生检验与检疫：17/B+；学前教育：48/B+；医学检验技术：54/B+；音乐学：78/B+；预防医学：56/B+。

3）中国区域高水平专业（2★）

公共事业管理：198/D；酒店管理：25/B；缅甸语：11/D；商务英语：72/C；社会体育指导与管理：99/D；食品质量与安全：91/C；信息与计算科学：231/D；药物制剂：46/D。

4）中国区域知名专业（1★）

财务管理：210/D；储能科学与工程：21/D；电子信息

工程：295/D；电子信息科学与技术：117/D；动画：142/D；动物科学：58/D；儿科学：26/D；法学：327/D；翻译：98/C；工商管理：321/D；公共关系学：11/D；广告学：150/D；汉语言：73/D；化学：166/D；环境科学：158/D；环境设计：244/D；交通工程：87/D；口腔医学：76/D；临床药学：34/D；生物技术：217/D；视觉传达设计：202/D；书法学：51/D；统计学：177/D；舞蹈学：81/D；物理学：143/D；新闻学：146/D；信息安全：88/D；眼视光医学：13/C；医学影像技术：30/C；医学影像学：56/D；音乐表演：119/D；应用化学：250/D；应用心理学：113/D；英语：398/D；园林：79/D；园艺：64/D；知识产权：47/D；智能科学与技术：58/C；智能医学工程：27/D。

9. 云南艺术学院

（1）云南艺术学院综合实力排名

综合排名：2024 校友会中国大学排名第 315 名，全国艺术类高校第 15 名，云南省高校第 9 名。

星级排名：中国三星级大学（3★），中国知名、区域一流大学。主管部门：云南省。

（2）云南艺术学院各本科专业排名（全国排名/档次）

1）中国一流专业（5★）

表演：10/A；戏剧学：2/A+；戏剧影视文学：8/A；作曲与作曲技术理论：6/A。

2）中国高水平专业（4★）

产品设计：10/A；雕塑：10/B++；服装与服饰设计：21/B++；广播电视编导：8/A；环境设计：9/A+；绘画：7/A；美术学：19/B++；视觉传达设计：13/A+；数字媒体艺术：13/A；舞蹈编导：6/B++；舞蹈表演：6/A；舞蹈学：11/B++；戏剧影视导演：7/B++；音乐表演：18/B++；音乐学：39/B++；中国画：12/B++。

3）中国区域一流专业（3★）

播音与主持艺术：26/B+；动画：47/B+；公共艺术：16/B+；录音艺术：11/B+；摄影：13/B+；戏剧影视美术设计：13/B+；艺术管理：3/A+；艺术教育：8/B+；艺术设计学：57/B+；影视摄影与制作：6/B+。

4）中国区域高水平专业（2★）

电影学：4/A；工艺美术：25/C；书法学：23/B；艺术史论：15/D；艺术与科技：20/C。

11. 云南中医药大学

（1）云南中医药大学综合实力排名

综合排名：2024 校友会中国大学排名第 324 名，全国医药类高校第 51 名，云南省高校第 11 名。

星级排名：中国三星级大学（3★），中国知名、区域一流大学。主管部门：云南省。

（2）云南中医药大学各本科专业排名（全国排名/档次）

1）中国一流专业（5★）

傣医学：1/A++；中药资源与开发：3/A+。

2）中国高水平专业（4★）

护理学：29/B++；药学：61/B++；中药学：19/B++；中医学：23/B++。

3）中国区域一流专业（3★）

公共事业管理：81/B+；康复治疗学：44/B+；食品科学与工程：114/B+；食品质量与安全：45/B+；医学信息工程：8/B+；针灸推拿学：22/B+；制药工程：113/B+；中西医临床医学：26/B+。

4）中国区域高水平专业（2★）

中草药栽培与鉴定：9/C。

5）中国区域知名专业（1★）

计算机科学与技术：397/D；健康服务与管理：15/B；市场营销：299/D；药物制剂：61/D；应用心理学：113/D；中医儿科学：6/C；中医骨伤科学：11/C；中医康复学：7/B；中医养生学：6/B。

12. 昭通学院

（1）昭通学院综合实力排名

综合排名：2024 校友会中国大学排名第 393 名，全国综合类高校第 122 名，云南省高校第 12 名。

星级排名：中国一星级大学（1★），中国区域知名大学。主管部门：云南省。

（2）昭通学院各本科专业排名（全国排名/档次）

1）中国一流应用型专业（5★）

汉语言文学：63/A。

2）中国高水平应用型专业（4★）

化学：48/B++；计算机科学与技术：168/B++；物理学：39/B++。

3）中国区域一流应用型专业（3★）

地理科学：28/B+；动植物检疫：1/A++；汉语国际教育：79/B+；金融数学：11/B+；旅游管理：129/B+；美术学：82/B+；人力资源管理：75/B+；社会工作：31/B+；数学与应用数学：109/B+；数字媒体技术：57/B+；物联网工程：139/B+；英语：198/B+；植物保护：3/A+。

4）中国区域高水平应用型专业（2★）

环境科学与工程：22/D；历史学：74/C；生物科学：80/C；数据科学与大数据技术：199/C；思想政治教育：112/C；体育教育：111/C；土地资源管理：15/C；小学教育：128/C；新闻学：81/C；学前教育：173/C；艺术教育：17/C；应用化学：96/C；应用统计学：34/B。

5）中国区域知名应用型专业（1★）

电气工程及其自动化：293/D；工艺美术：43/C；会计学：280/D；秘书学：73/D；食品质量与安全：104/D；书法学：54/D；数字媒体艺术：155/C；行政管理：105/D；音乐学：213/D；植物科学与技术：8/D。

13. 玉溪师范学院

（1）玉溪师范学院综合实力排名

综合排名：2024 校友会中国大学排名第 407 名，全国师范类高校第 81 名，云南省高校第 13 名。

星级排名：中国一星级大学（1★），中国区域知名大学。主管部门：云南省。

（2）玉溪师范学院各本科专业排名（全国排名/档次）

1）中国一流应用型专业（5★）

泰语：3/A+。

2）中国高水平应用型专业（4★）

环境科学：9/B++；教育技术学：19/B++；美术学：38/B++；生物科学：41/B++。

3）中国区域一流应用型专业（3★）

电气工程及其自动化：157/B+；汉语言文学：180/B+；化学：73/B+；环境生态工程：11/B+；计算机科学与技术：253/B+；老年学：2/A+；缅甸语：1/A++；农学：16/B+；汽车服务工程：66/B+；人工智能：36/B+；数学与应用数学：109/B+；数字媒体艺术：63/B+；思想政治教育：78/B+；通信工程：130/B+；舞蹈学：33/B+；物理学：66/B+；音乐学：87/B+。

4）中国区域高水平应用型专业（2★）

测绘工程：58/D；地理科学：46/C；地理信息科学：42/C；工商管理：170/C；汉语国际教育：110/C；航空服务艺术与管理：10/B+；旅游管理与服务教育：18/C；人文地理与城乡规划：32/C；市场营销：231/C；土地资源管理：15/C；信息管理与信息系统：119/C；信息与计算科学：78/C；英语：318/C；自动化：176/D。

5）中国区域知名应用型专业（1★）

财务管理：326/C；电子商务：219/C；电子信息工程：314/D；法学：193/D；国际经济与贸易：325/D；会计学：280/D；经济与金融：47/D；旅游管理：234/D；社会工作：93/D；社会体育指导与管理：104/C；体育教育：138/D；小学教育：142/C；新闻学：125/D；学前教育：215/C；应用化学：150/D；应用生物科学：7/C；应用统计学：59/C；运动康复：34/D。

13. 云南警官学院

（1）云南警官学院综合实力排名

综合排名：2024 校友会中国大学排名第 407 名，全国政法类高校第 14 名，云南省高校第 13 名。

星级排名：中国三星级大学（3★），中国知名、区域一流大学。主管部门：云南省。

（2）云南警官学院各本科专业排名（全国排名/档次）

1）世界知名、中国顶尖应用型专业（7★）

禁毒学：1/A++。

2）中国顶尖应用型专业（6★）

边防管理：1/A++；刑事科学技术：1/A++；治安学：1/A++。

3）中国一流应用型专业（5★）

法学：28/A；交通管理工程：5/A；经济犯罪侦查：4/A；警犬技术：1/A++；侦查学：10/A。

4）中国高水平应用型专业（4★）

公安情报学：2/A+；公共事业管理：14/B++；国内安全保卫：1/A++；网络安全与执法：14/B++；无人驾驶航空器系统工程：2/A+；信息安全：6/B++。

5）中国区域一流应用型专业（3★）

计算机科学与技术：253/B+；社会工作：31/B+；体育教育：85/B+；网络空间安全：6/B+。

15. 楚雄师范学院

（1）楚雄师范学院综合实力排名

综合排名：2024 校友会中国大学排名第 422 名，全国师范类高校第 86 名，云南省高校第 15 名。

星级排名：中国一星级大学（1★），中国区域知名大学。主管部门：云南省。

（2）楚雄师范学院各本科专业排名（全国排名/档次）

1）中国顶尖应用型专业（6★）

人文教育：1/A++；数学与应用数学：23/A+；物理学：9/A+；小学教育：21/A+。

2）中国一流应用型专业（5★）

地理科学：13/A；汉语言文学：63/A；计算机科学与技术：101/A；教育技术学：5/A；葡萄与葡萄酒工程：1/A++；人文地理与城乡规划：8/A；学前教育：46/A；自然地理与资源环境：2/A+。

3）中国高水平应用型专业（4★）

化学：48/B++；社会体育指导与管理：20/B++；数字媒体技术：25/B++；泰语：7/B++；网络工程：47/B++；新能源科学与工程：12/B++；应用统计学：6/A。

4）中国区域一流应用型专业（3★）

翻译：39/B+；工艺美术：14/B+；公共事业管理：37/B+；汉语国际教育：79/B+；华文教育：1/A++；旅游管理与服务教育：10/B+；贸易经济：9/B+；美术学：82/B+；人工智能：36/B+；市场营销：144/B+；数据科学与大数据技术：60/B++；思想政治教育：78/B+；音乐学：87/B+；中国少数民族语言文学：7/B+。

5）中国区域高水平应用型专业（2★）

城乡规划：58/C；电气工程及其自动化：231/D；电子信息科学与技术：71/C；工商管理：170/C；环境设计：203/B；会计学：223/C；金融学：107/C；科学教育：19/C；书法学：32/B；信息管理与信息系统：119/C；信息与计算科学：78/C；音乐表演：85/C；英语：318/C。

6）中国区域知名应用型专业（1★）

财务管理：326/C；酒店管理：124/C；社会工作：93/D；生物技术：95/D；视觉传达设计：299/D；体育教育：138/D；应用心理学：112/D；园艺：45/D。

15. 曲靖师范学院

（1）曲靖师范学院综合实力排名

综合排名：2024 校友会中国大学排名第 422 名，全国师范类高校第 86 名，云南省高校第 15 名。

星级排名：中国一星级大学（1★），中国区域知名大学。主管部门：云南省。

（2）曲靖师范学院各本科专业排名（全国排名/档次）

1）中国顶尖应用型专业（6★）

汉语言文学：30/A+；历史学：1/A++；数学与应用数

学：23/A+；思想政治教育：1/A++；物理学：9/A+。

2）中国一流应用型专业（5★）

汉语国际教育：12/A；化学：23/A；教育技术学：5/A；秘书学：1/A++；社会体育指导与管理：10/A；体育教育：19/A；小学教育：41/A；休闲体育：3/A+；学前教育：46/A。

3）中国高水平应用型专业（4★）

财务会计教育：3/A+；地理科学：19/B++；电子信息工程：116/B++；法学：55/B++；工商管理：64/B++；广告学：21/B++；化学工程与工艺：50/B++；美术学：38/B++；软件工程：95/B++；食品科学与工程：37/B++；市场营销：85/B++；书法学：4/A+；泰语：7/B++；信息管理与信息系统：35/B++；应用化学：45/B++；英语：129/B++。

4）中国区域一流应用型专业（3★）

播音与主持艺术：54/B+；电子信息科学与技术：53/B+；经济学：52/B+；人文地理与城乡规划：23/B+；社会工作：31/B+；审计学：52/B+；生物技术：41/B+；生物科学：54/B+；视觉传达设计：140/B+；舞蹈学：33/B+；物联网工程：139/B+；信息与计算科学：53/B+；音乐学：87/B+；印度尼西亚语：3/A+。

5）中国区域高水平应用型专业（2★）

房地产开发与管理：21/C；环境设计：203/B；计算机科学与技术：379/D；经济统计学：31/B；酒店管理：81/B；商务英语：161/C；制药工程：85/C。

6）中国区域知名应用型专业（1★）

工程管理：174/C；工程造价：136/C；国际商务：78/D；会计学：280/D；金融工程：115/C；食品质量与安全：104/D；数据科学与大数据技术：272/D；物流管理：251/D。

17. 红河学院

（1）红河学院综合实力排名

综合排名：2024 校友会中国大学排名第 436 名，全国综合类高校第 143 名，云南省高校第 17 名。

星级排名：中国一星级大学（1★），中国区域知名大学。主管部门：云南省。

（2）红河学院各本科专业排名（全国排名/档次）

1）中国顶尖应用型专业（6★）

越南语：1/A++。

2）中国一流应用型专业（5★）

国际经济与贸易：62/A；机械工程：11/A。

3）中国高水平应用型专业（4★）

环境生态工程：2/A+；绘画：12/B++；柬埔寨语：1/A++；老挝语：1/A++；食品质量与安全：8/A；泰语：7/B++；冶金工程：6/B++；艺术设计学：27/B++。

4）中国区域一流应用型专业（3★）

广播电视学：40/B+；化学：73/B+；缅甸语：1/A++；设施农业科学与工程：6/B+；数学与应用数学：109/B+；数字媒体技术：57/B+；通信工程：130/B+；网络与新媒体：61/B+；信息安全：8/B+；音乐表演：48/B+；政治学与行政学：11/B+；植物保护：3/A+。

5）中国区域高水平应用型专业（2★）

产品设计：130/C；工艺美术：34/C；广告学：74/B；汉语国际教育：110/C；汉语言：8/B；酒店管理：81/B；历史学：74/C；农学：23/D；商务英语：161/C；生物科学：80/C；思想政治教育：112/C；舞蹈学：69/C；物流管理：182/C；音乐学：150/C；中国少数民族语言文学：13/D；自动化：176/D。

6）中国区域知名应用型专业（1★）

财务管理：326/C；工商管理：205/D；汉语言文学：298/D；教育技术学：47/D；经济统计学：42/C；经济学：111/D；秘书学：73/D；社会工作：93/D；社会体育指导与管理：104/C；视觉传达设计：299/D；体育教育：138/D；统计学：81/D；物理学：123/D；小学教育：142/C；信息与计算科学：105/D；学前教育：215/C；应用统计学：59/C；应用心理学：112/D；英语：412/D。

18. 文山学院

（1）文山学院综合实力排名

综合排名：2024 校友会中国大学排名第 472 名，全国综合类高校第 168 名，云南省高校第 18 名。

星级排名：中国一星级大学（1★），中国区域知名大学。主管部门：云南省。

（2）文山学院各本科专业排名（全国排名/档次）

1）中国一流应用型专业（5★）

学前教育：46/A。

2）中国高水平应用型专业（4★）

生物科学：41/B++；食品科学与工程：37/B++；植物科学与技术：1/A++。

3）中国区域一流应用型专业（3★）

地理信息科学：25/B+；环境科学与工程：12/B+；矿物加工工程：9/B+；数学与应用数学：109/B+；泰语：12/B+；土木工程：160/B+。

4）中国区域高水平应用型专业（2★）

测绘工程：58/D；电气工程及其自动化：231/D；计算机科学与技术：379/D；历史学：74/C；生物工程：68/C；思想政治教育：112/C；物流管理：182/C；冶金工程：14/D；艺术教育：17/C；越南语：9/D；制药工程：85/C。

5）中国区域知名应用型专业（1★）

安全工程：62/D；财务管理：326/C；地理科学：69/D；电子商务：219/C；工程管理：174/C；工艺美术：43/C；汉语言文学：298/D；化学：122/D；环境设计：311/D；教育技术学：47/D；酒店管理：124/C；旅游管理：234/D；美术学：163/D；人工智能：86/C；设施农业科学与工程：13/D；社会体育指导与管理：104/C；食品质量与安全：104/D；视觉传达设计：299/D；体育教育：138/D；舞蹈学：102/D；物理学：123/D；小学教育：142/C；新闻学：125/D；音乐学：213/D；英语：412/D；中药学：

51/D。

19. 昆明学院

（1）昆明学院综合实力排名

综合排名：2024校友会中国大学排名第493名，全国综合类高校第179名，云南省高校第19名。

星级排名：中国一星级大学（1★），中国区域知名大学。主管部门：云南省。

（2）昆明学院各本科专业排名（全国排名/档次）

1）中国顶尖应用型专业（6★）

财务管理：18/A+；汉语言文学：30/A+；化学：1/A++；环境设计：19/A+；酒店管理：1/A++；旅游管理：21/A+；烹饪与营养教育：1/A++；数学与应用数学：23/A+；思想政治教育：1/A++；特殊教育：1/A++；物理学：1/A++；学前教育：1/A++；音乐学：4/A+；园艺：1/A++。

2）中国一流应用型专业（5★）

产品设计：12/A+；服装与服饰设计：13/A；工程造价：19/A；国际经济与贸易：62/A；护理学：32/A；机械设计制造及其自动化：68/A；教育技术学：5/A；视觉传达设计：33/A；水利水电工程：7/A；泰语：3/A+；体育教育：19/A；土木工程：49/A；舞蹈学：4/A+。

3）中国高水平应用型专业（4★）

电气工程及其自动化：91/B++；工商管理：64/B++；广播电视学：19/B++；化学工程与工艺：50/B++；计算机科学与技术：168/B++；建筑学：36/B++；交通运输：19/B++；金融数学：4/A；美术学：38/B++；人力资源管理：32/B++；通信工程：74/B++；物联网工程：62/B++；小学教育：75/B++；应用统计学：6/A。

4）中国区域一流应用型专业（3★）

康复治疗学：38/B+；历史学：55/B+；临床医学：50/B+；软件工程：156/B+；商务英语：71/B+；生物制药：13/B+；药学：38/B+；医学检验技术：41/B+。

5）中国区域高水平应用型专业（2★）

安全工程：39/C；城市管理：17/C；动物医学：21/D；会计学：223/C；会展经济与管理：35/B；秘书学：35/B；生物技术：71/C；生物科学：80/C；数据科学与大数据技术：199/C；物流管理：182/C；医学信息工程：10/B；英语：318/C；园林：55/C；植物保护：8/D；智能制造工程：34/B。

20. 保山学院

（1）保山学院综合实力排名

综合排名：2024校友会中国大学排名第503名，全国综合类高校第183名，云南省高校第20名。

星级排名：中国一星级大学（1★），中国区域知名大学。主管部门：云南省。

（2）保山学院各本科专业排名（全国排名/档次）

1）中国顶尖应用型专业（6★）

学前教育：25/A+。

2）中国一流应用型专业（5★）

产品设计：12/A+；社会工作：15/A；生物科学：24/A；政治学与行政学：1/A++。

3）中国高水平应用型专业（4★）

财务管理：80/B++；计算机科学与技术：168/B++；艺术设计学：27/B++；音乐学：54/B++。

4）中国区域一流应用型专业（3★）

宝石及材料工艺学：9/B+；城乡规划：38/B+；工艺美术：14/B+；秘书学：10/B++；缅甸语：1/A++；商务英语：71/B+；水利水电工程：23/B+；思想政治教育：78/B+；体育教育：85/B+；舞蹈学：33/B+；物流管理：127/B+；小学教育：106/B+；新媒体艺术：1/A++；行政管理：37/B+；艺术教育：1/A++；应用统计学：18/B++。

5）中国区域高水平应用型专业（2★）

美术学：124/C；汽车服务工程：103/C；食品质量与安全：57/B；数据科学与大数据技术：199/C；数字媒体技术：100/C；土木工程：219/C；网络工程：137/C。

6）中国区域知名应用型专业（1★）

地理科学：69/D；汉语言文学：298/D；化学：122/D；健康服务与管理：49/C；酒店管理：124/C；历史学：94/D；旅游管理：234/D；农学：27/D；数学与应用数学：197/D；物理学：123/D；新闻学：125/D；信息与计算科学：105/D；休闲体育：45/C；英语：412/D。

20. 滇西科技师范学院

（1）滇西科技师范学院综合实力排名

综合排名：2024校友会中国大学排名第503名，全国师范类高校第119名，云南省高校第20名。

星级排名：中国一星级大学（1★），中国区域知名大学。主管部门：云南省。

（2）滇西科技师范学院各本科专业排名（全国排名/档次）

1）中国一流应用型专业（5★）

能源与动力工程：10/A；审计学：7/A+。

2）中国高水平应用型专业（4★）

数字媒体技术：25/B++；物联网工程：62/B++。

3）中国区域一流应用型专业（3★）

茶学：7/B+；轨道交通信号与控制：11/B+；汉语言文学：180/B+；互联网金融：14/B+；机器人工程：36/B+；美术学：82/B+；缅甸语：1/A++；数据科学与大数据技术：60/B++；特殊教育：21/B+；体育教育：85/B+；无人驾驶航空器系统工程：4/A；新媒体艺术：1/A++；应用生物科学：1/A++；智能科学与技术：17/B++。

4）中国区域高水平应用型专业（2★）

会计学：223/C；食品质量与安全：57/B；数学与应用数学：166/D；思想政治教育：112/C；网络与新媒体：100/B。

5）中国区域知名应用型专业（1★）

财务管理：326/C；国际商务：78/D；航空服务艺术与

管理：22/C；金融数学：30/D；物流管理：251/D；小学教育：142/C；学前教育：215/C；音乐学：213/D；英语：412/D；政治学与行政学：16/D。

20. 普洱学院

（1）普洱学院综合实力排名

综合排名：2024 校友会中国大学排名第 503 名，全国综合类高校第 183 名，云南省高校第 20 名。

星级排名：中国一星级大学（1★），中国区域知名大学。主管部门：云南省。

（2）普洱学院各本科专业排名（全国排名/档次）

1）中国顶尖应用型专业（6★）

美术学：1/A++。

2）中国一流应用型专业（5★）

茶学：2/A+；烹饪与营养教育：5/A。

3）中国高水平应用型专业（4★）

汉语国际教育：36/B++；历史学：32/B++；民族学：6/B++；英语：129/B++；园林：15/B++。

4）中国区域一流应用型专业（3★）

工艺美术：14/B+；建筑环境与能源应用工程：33/B+；老挝语：2/A+；缅甸语：1/A++；农学：16/B+；生态学：6/B+；思想政治教育：78/B+；特殊教育：21/B+；物联网工程：139/B+；信息与计算科学：53/B+；音乐学：87/B+；中药资源与开发：4/A。

5）中国区域高水平应用型专业（2★）

食品质量与安全：57/B；数据科学与大数据技术：199/C；数字媒体技术：100/C；泰语：22/D；应用统计学：34/B。

6）中国区域知名应用型专业（1★）

法学：193/D；汉语言文学：298/D；化学：122/D；会计学：280/D；绘画：59/D；酒店管理：124/C；商务英语：230/D；社会体育指导与管理：104/C；生物科学：100/D；数学与应用数学：197/D；体育教育：138/D；物理学：123/D；小学教育：142/C；信息管理与信息系统：161/D；行政管理：105/D；学前教育：215/C；园艺：45/D。

23. 滇西应用技术大学

（1）滇西应用技术大学综合实力排名

综合排名：2024 校友会中国大学排名第 518 名，全国综合类高校第 190 名，云南省高校第 23 名。

星级排名：中国一星级大学（1★），中国区域知名大学。主管部门：云南省。

（2）滇西应用技术大学各本科专业排名（全国排名/档次）

1）中国一流应用型专业（5★）

茶学：2/A+；傣医学：1/A++。

2）中国高水平应用型专业（4★）

地理空间信息工程：1/A++；中药学：12/B++。

3）中国区域一流应用型专业（3★）

宝石及材料工艺学：9/B+；工艺美术：14/B+；护理学：90/B+；健康服务与管理：15/B++；康复治疗学：38/B+；食品科学与工程：65/B+；市场营销：144/B+；物流管理：127/B+；休闲体育：19/B+；植物科学与技术：4/A；中药资源与开发：4/A；资源循环科学与工程：3/A+。

4）中国区域高水平应用型专业（2★）

测绘工程：58/D；产品设计：130/C；城乡规划：58/C；给排水科学与工程：54/C；计算机科学与技术：379/D；跨境电子商务：13/B+；汽车服务工程：103/C；食品营养与健康：3/A+；数据科学与大数据技术：199/C。

5）中国区域知名应用型专业（1★）

酒店管理：124/C；食品质量与安全：104/D；土木工程：257/D；学前教育：215/C。

三、云南省民办大学专业排名详情

1. 昆明城市学院

（1）昆明城市学院综合实力排名

综合排名：2024 校友会中国民办大学排名第 2 名，全国综合类民办高校第 2 名，云南省民办高校第 1 名。

星级排名：中国六星级应用型大学（6★），中国顶尖应用型大学。

（2）昆明城市学院各本科专业排名（全国排名/档次）

1）中国顶尖应用型专业（6★）

财务管理：1/A++；电子商务：6/A+；电子信息科学与技术：1/A++；法学：1/A++；工程管理：3/A++；工商管理：5/A+；国际经济与贸易：2/A++；汉语言文学：1/A++；会计学：2/A++；计算机科学与技术：2/A++；金融学：2/A++；经济学：1/A++；旅游管理：1/A++；美术学：1/A++；社会体育指导与管理：4/A+；市场营销：3/A++；视觉传达设计：18/A+；数字媒体艺术：1/A++；泰语：1/A++；学前教育：9/A+；英语：3/A++。

2）中国一流应用型专业（5★）

产品设计：12/A+；城乡规划：8/A；工程造价：19/A；广告学：9/A；国际商务：7/A；环境设计：34/A；数字媒体技术：9/A+；物联网工程：19/A；物流管理：27/A；小学教育：41/A；心理学：3/A+；音乐学：17/A。

3）中国高水平应用型专业（4★）

编辑出版学：4/A；表演：18/B++；播音与主持艺术：31/B++；朝鲜语：11/B++；广播电视编导：31/B++；汉语国际教育：36/B++；经济与金融：13/B++；跨境电子商务：5/A；商务英语：38/B++；摄影：5/A；数据科学与大数据技术：23/A；体育教育：56/B++；网络与新媒体：32/B++；舞蹈表演：8/A；舞蹈学：11/A；应用心理学：20/B++；越南语：3/A+；运动康复：6/B++。

2. 云南工商学院

（1）云南工商学院综合实力排名

综合排名：2024 校友会中国民办大学排名第 10 名，全国财经类民办高校第 7 名，云南省民办高校第 2 名。

星级排名：中国六星级应用型大学（6★），中国顶尖应用型大学。

（2）云南工商学院各本科专业排名（全国排名/档次）

1）中国顶尖应用型专业（6★）

财务管理：18/A+；车辆工程：2/A++；电气工程及其自动化：6/A+；工程造价：1/A++；工商管理：5/A+；会计学：23/A+；计算机科学与技术：2/A++；软件工程：1/A++；审计学：1/A++；市场营销：3/A++；视觉传达设计：18/A+；土木工程：2/A++；小学教育：2/A++；学前教育：9/A+。

2）中国一流应用型专业（5★）

汉语言文学：63/A；护理学：32/A；机械电子工程：23/A；经济学：17/A；数据科学与大数据技术：4/A++；数字媒体技术：9/A+；体育教育：19/A；英语：62/A。

3）中国高水平应用型专业（4★）

机械设计制造及其自动化：128/B++；助产学：4/A。

3. 昆明文理学院

（1）昆明文理学院综合实力排名

综合排名：2024 校友会中国民办大学排名第 15 名，全国综合类民办高校第 16 名，云南省民办高校第 3 名。

星级排名：中国五星级应用型大学（5★），中国一流应用型大学。

（2）昆明文理学院各本科专业排名（全国排名/档次）

1）中国顶尖应用型专业（6★）

电子信息工程：9/A+；国际经济与贸易：23/A+；汉语国际教育：1/A++；汉语言文学：1/A++；计算机科学与技术：2/A++；建筑学：1/A++；经济学：1/A++；视觉传达设计：18/A+；泰语：1/A++；体育教育：6/A+；土木工程：2/A++；小学教育：2/A++；英语：3/A++。

2）中国一流应用型专业（5★）

播音与主持艺术：14/A；财务管理：40/A；广播电视编导：17/A；环境设计：34/A；网络与新媒体：12/A+；舞蹈学：4/A+；物流管理：27/A；学前教育：46/A；音乐学：17/A；智能科学与技术：4/A+。

3）中国高水平应用型专业（4★）

城乡规划：21/B++；法语：10/B++；翻译：19/B++；风景园林：12/B++；工程造价：34/B++；工商管理：64/B++；互联网金融：6/B++；经济统计学：15/B++；旅游管理：76/B++；人力资源管理：32/B++；日语：36/B++；审计学：20/B++；数据科学与大数据技术：23/A；数学与应用数学：78/B++；西班牙语：8/B++。

4. 云南经济管理学院

（1）云南经济管理学院综合实力排名

综合排名：2024 校友会中国民办大学排名第 42 名，全国财经类民办高校第 21 名，云南省民办高校第 4 名。

星级排名：中国四星级应用型大学（4★），中国高水平应用型大学。

（2）云南经济管理学院各本科专业排名（全国排名/档次）

1）中国一流应用型专业（5★）

工程管理：27/A。

2）中国高水平应用型专业（4★）

财务管理：80/B++；贸易经济：5/A；市场营销：85/B++；土木工程：97/B++；物联网工程：62/B++；学前教育：95/B++。

3）中国区域一流应用型专业（3★）

车辆工程：56/B+；机械电子工程：74/B+；数字媒体艺术：63/B+；体育教育：85/B+；网络与新媒体：61/B+；物流管理：127/B+；医学影像技术：25/B+；中药学：28/B+。

4）中国区域高水平应用型专业（2★）

大数据管理与应用：26/B；护理学：129/D；口腔医学技术：13/C；水利水电工程：32/D；艺术教育：17/C；应急管理：6/D；智能制造工程：34/B；助产学：28/C。

5）中国区域知名应用型专业（1★）

测绘工程：72/D；电气工程及其自动化：293/D；电子商务：219/C；法学：193/D；工程造价：136/C；汉语言文学：298/D；环境设计：311/D；会计学：280/D；建筑学：124/D；酒店管理：124/C；康复治疗学：90/D；美术学：163/D；人工智能：86/C；软件工程：288/D；商务英语：230/D；审计学：126/D；视觉传达设计：299/D；数学与应用数学：197/D；通信工程：247/D；舞蹈学：102/D；小学教育：142/C；虚拟现实技术：8/D；药学：81/D；医学检验技术：73/D；音乐学：213/D；英语：412/D。

5. 丽江文化旅游学院

（1）丽江文化旅游学院综合实力排名

综合排名：2024 校友会中国民办大学排名第 45 名，全国综合类民办高校第 46 名，云南省民办高校第 5 名。

星级排名：中国四星级应用型大学（4★），中国高水平应用型大学。

（2）丽江文化旅游学院各本科专业排名（全国排名/档次）

1）中国顶尖应用型专业（6★）

酒店管理：8/A+；旅游管理：21/A+。

2）中国一流应用型专业（5★）

英语：62/A。

3）中国高水平应用型专业（4★）

动画：37/B++；艺术设计学：27/B++。

4）中国区域一流应用型专业（3★）

产品设计：80/B+；工商管理：106/B+；国际经济与贸易：179/B+；护理学：90/B+；环境设计：113/B+；会计学：177/B+；日语：69/B+；软件工程：156/B+；市场营销：144/B+；视觉传达设计：140/B+；数据科学与大数据技术：60/B++；物联网工程：139/B+。

5）中国区域高水平应用型专业（2★）

财务管理：251/C；电子信息工程：242/C；汉语国际教

育：110/C；汉语言文学：253/C；计算机科学与技术：379/D；金融学：107/C；新闻学：81/C；信息管理与信息系统：119/C；药学：68/C；助产学：28/C。

6）中国区域知名应用型专业（1★）

电子商务：219/C；经济学：111/D；秘书学：73/D；人力资源管理：202/D；审计学：126/D；数字媒体艺术：155/C；小学教育：142/C；学前教育：215/C；资产评估：42/D。

6. 云南大学滇池学院

（1）云南大学滇池学院综合实力排名

综合排名：2024 校友会中国民办大学排名第 47 名，全国综合类民办高校第 48 名，云南省民办高校第 6 名。

星级排名：中国四星级应用型大学（4★），中国高水平应用型大学。

（2）云南大学滇池学院各本科专业排名（全国排名/档次）

1）中国顶尖应用型专业（6★）

法学：13/A+。

2）中国一流应用型专业（5★）

服装与服饰设计：13/A；工程造价：19/A；广播电视学：9/A；广告学：9/A；汉语言文学：63/A；社会工作：15/A；新闻学：17/A；英语：62/A。

3）中国高水平应用型专业（4★）

城乡规划：21/B++；工程管理：59/B++；工商管理：64/B++；国际经济与贸易：109/B++；汉语国际教育：36/B++；会计学：105/B++；计算机科学与技术：168/B++；日语：36/B++；市场营销：85/B++；数学与应用数学：78/B++；物联网工程：62/B++；行政管理：14/B++；休闲体育：5/A。

4）中国区域一流应用型专业（3★）

财务管理：137/B+；电子信息工程：186/B+；环境设计：113/B+；绘画：30/B+；金融学：79/B+；经济学：52/B+；人力资源管理：75/B+；软件工程：156/B+；社会体育指导与管理：34/B+；数据科学与大数据技术：60/B++；泰语：12/B+；土木工程：160/B+；信息安全：8/B+。

5）中国区域高水平应用型专业（2★）

产品设计：130/C；动画：117/C；建筑学：104/D；商务英语：161/C；视觉传达设计：235/C；物流管理：182/C。

6）中国区域知名应用型专业（1★）

播音与主持艺术：132/D；电子商务：219/C；人工智能：86/C；数字媒体技术：136/D；数字媒体艺术：155/C；通信工程：247/D；舞蹈学：102/D；音乐表演：123/D。

7. 昆明医科大学海源学院

（1）昆明医科大学海源学院综合实力排名

综合排名：2024 校友会中国民办大学排名第 96 名，全国医药类民办高校第 10 名，云南省民办高校第 7 名。

星级排名：中国二星级应用型大学（2★），中国区域高水平应用型大学。

（2）昆明医科大学海源学院各本科专业排名（全国排名/档次）

1）中国一流应用型专业（5★）

药学：16/A。

2）中国高水平应用型专业（4★）

康复治疗学：17/B++；口腔医学：13/B++；医学检验技术：22/B++；医学影像学：11/B++；运动人体科学：4/A。

3）中国区域一流应用型专业（3★）

护理学：90/B+；健康服务与管理：15/B++；医学实验技术：2/A+；中药学：28/B+。

4）中国区域高水平应用型专业（2★）

环境科学：32/D；临床医学：64/D；书法学：32/B；泰语：22/D；眼视光学：11/C；运动康复：21/C。

5）中国区域知名应用型专业（1★）

财务管理：326/C；工程管理：174/C；工程造价：136/C；公共事业管理：96/D；劳动与社会保障：28/C；信息管理与信息系统：161/D；应用心理学：112/D；英语：412/D；制药工程：109/D；助产学：39/D。

8. 昆明理工大学津桥学院

（1）昆明理工大学津桥学院综合实力排名

综合排名：2024 校友会中国民办大学排名第 102 名，全国综合类民办高校第 103 名，云南省民办高校第 8 名。

星级排名：中国三星级应用型大学（3★），中国知名、区域一流应用型大学。

（2）昆明理工大学津桥学院各本科专业排名（全国排名/档次）

1）中国一流应用型专业（5★）

测绘工程：9/A；电子信息科学与技术：10/A。

2）中国高水平应用型专业（4★）

城乡规划：21/B++；国际经济与贸易：109/B++；建筑学：36/B++；水利水电工程：11/B++；物流管理：56/B++；信息管理与信息系统：35/B++；自动化：70/B++。

3）中国区域一流应用型专业（3★）

地理信息科学：25/B+；法学：82/B+；工商管理：106/B+；汽车维修工程教育：2/A+；水务工程：2/A+；通信工程：130/B+；物业管理：14/B+。

4）中国区域高水平应用型专业（2★）

电气工程及其自动化：231/D；给排水科学与工程：54/C；工程造价：88/B；汉语国际教育：110/C；会计学：223/C；计算机科学与技术：379/D；监狱学：8/D；建筑电气与智能化：38/C；酒店管理：81/B；汽车服务工程：103/C；软件工程：221/C；食品质量与安全：57/B；市场营销：231/C；泰语：22/D；土木工程：219/C；文化产业管理：49/B；英语：318/C。

5）中国区域知名应用型专业（1★）

保险学：46/D；工程管理：174/C；交通运输：59/D；数字媒体技术：136/D；物联网工程：299/D；学前教育：215/C；知识产权：32/D。

9. 云南艺术学院文华学院

（1）云南艺术学院文华学院综合实力排名

综合排名：2024 校友会中国民办大学排名第 113 名，全国艺术类民办高校第 15 名，云南省民办高校第 9 名。

星级排名：中国二星级应用型大学（2★），中国区域高水平应用型大学。

（2）云南艺术学院文华学院各本科专业排名（全国排名/档次）

1）中国一流应用型专业（5★）

艺术设计学：11/A。

2）中国高水平应用型专业（4★）

播音与主持艺术：31/B++；动画：37/B++；广播电视编导：31/B++；绘画：12/B++；录音艺术：4/A；美术学：38/B++；数字媒体艺术：30/B++；音乐学：54/B++。

3）中国区域一流应用型专业（3★）

雕塑：7/B+；服装与服饰设计：60/B+；广告学：43/B+；环境设计：113/B+；社会体育指导与管理：34/B+；舞蹈表演：25/B+；舞蹈学：33/B+；戏剧影视文学：17/B+；学前教育：130/B+；艺术教育：1/A++；音乐表演：48/B+；影视摄影与制作：15/B+。

4）中国区域高水平应用型专业（2★）

表演：48/C；产品设计：130/C；公共事业管理：74/C；舞蹈编导：28/C；戏剧影视美术设计：15/B。

5）中国区域知名应用型专业（1★）

工艺美术：43/C；公共艺术：27/D；广播电视学：75/D；汉语国际教育：153/D；汉语言文学：298/D；视觉传达设计：299/D；文化产业管理：71/D；小学教育：142/C；艺术管理：7/D。

第五节　重庆市

一、重庆市大学综合实力排名

1. 重庆市大学排名

表 10-14　2024 校友会重庆市大学排名

全国排名	学校名称	所在城市	星级排名	办学层次	星级专业数/个								
					专业类型	8★	7★	6★	5★	4★	3★	2★	1★
32	重庆大学	重庆市	6★	世界高水平大学	研究型	0	2	8	17	35	29	11	0
36	西南大学	重庆市	6★	世界高水平大学	研究型	0	1	4	26	44	23	16	0
112	重庆医科大学	重庆市	4★	中国高水平大学	研究型	0	0	0	3	17	7	7	0
137	西南政法大学	重庆市	5★	中国一流大学	研究型	0	0	2	6	8	11	0	0
146	重庆邮电大学	重庆市	4★	中国高水平大学	研究型	0	0	0	4	18	9	14	16
175	重庆师范大学	重庆市	3★	区域一流大学	研究型	0	0	0	1	15	14	15	27
194	重庆工商大学	重庆市	3★	区域一流大学	研究型	0	0	0	3	19	8	22	25
198	重庆交通大学	重庆市	3★	区域一流大学	研究型	0	0	0	4	17	11	22	9
221	重庆理工大学	重庆市	3★	区域一流大学	研究型	0	0	0	1	14	10	21	21
249	四川美术学院	重庆市	4★	中国高水平大学	研究型	0	0	4	3	13	7	0	0
273	重庆科技大学	重庆市	3★	区域一流大学	应用型	0	1	23	16	15	12	0	0
289	重庆文理学院	重庆市	2★	区域高水平大学	应用型	0	0	16	16	18	7	9	0
324	长江师范学院	重庆市	2★	区域高水平大学	应用型	0	0	10	8	9	12	17	8
328	四川外国语大学	重庆市	3★	区域一流大学	研究型	0	0	1	4	15	10	4	15
364	重庆三峡学院	重庆市	1★	区域知名大学	应用型	0	0	3	11	15	20	8	3
436	重庆第二师范学院	重庆市	1★	区域知名大学	应用型	0	0	3	1	7	6	7	13
499	重庆警察学院	重庆市	2★	区域高水平大学	应用型	0	0	1	3	3	1	0	0

2. 重庆市民办大学排名

表 10-15　2024 校友会重庆市民办大学排名（含独立学院）

全国排名	学校名称	所在城市	星级排名	办学层次	星级专业数/个								
					专业类型	8★	7★	6★	5★	4★	3★	2★	1★
38	重庆外语外事学院	重庆市	4★	中国高水平应用型大学	应用型	0	0	0	1	5	10	9	10
43	重庆城市科技学院	重庆市	4★	中国高水平应用型大学	应用型	0	0	2	4	9	9	5	9
53	重庆对外经贸学院	重庆市	3★	区域一流应用型大学	应用型	0	0	0	1	4	7	16	17
83	重庆财经学院	重庆市	3★	区域一流应用型大学	应用型	0	0	2	2	7	10	5	12
83	重庆工程学院	重庆市	3★	区域一流应用型大学	应用型	0	0	0	0	3	6	2	13
84	重庆人文科技学院	重庆市	3★	区域一流应用型大学	应用型	0	0	0	1	9	6	18	10
89	重庆移通学院	重庆市	2★	区域高水平应用型大学	应用型	0	0	0	1	6	14	6	8
112	重庆工商大学派斯学院	重庆市	2★	区域高水平应用型大学	应用型	0	0	0	0	2	5	6	19

3. 重庆市高职院校排名

表 10-16　2024 校友会重庆市高职院校排名

全国排名	学校名称	所在城市	办学类型	星级排名	办学层次
13	重庆电子工程职业学院	重庆市	职业技能型	6★	中国顶尖高职院校
18	重庆工商职业学院	重庆市	职业技能型	6★	中国顶尖高职院校
18	重庆三峡医药高等专科学校	重庆市	职业技能型	6★	中国顶尖高职院校
31	重庆交通职业学院	重庆市	职业技能型	5★	中国一流高职院校
34	重庆医药高等专科学校	重庆市	职业技能型	5★	中国一流高职院校
43	重庆商务职业学院	重庆市	职业技能型	4★	中国高水平高职院校
46	重庆工业职业技术学院	重庆市	职业技能型	4★	中国高水平高职院校
60	重庆城市管理职业学院	重庆市	职业技能型	4★	中国高水平高职院校
82	重庆科创职业学院	重庆市	职业技能型	3★	区域一流高职院校
97	重庆三峡职业学院	重庆市	职业技能型	3★	区域一流高职院校
108	重庆工程职业技术学院	重庆市	职业技能型	3★	区域一流高职院校
131	重庆能源职业学院	重庆市	职业技能型	3★	区域一流高职院校
134	重庆财经职业学院	重庆市	职业技能型	3★	区域一流高职院校
140	重庆幼儿师范高等专科学校	重庆市	职业技能型	3★	区域一流高职院校
152	重庆航天职业技术学院	重庆市	职业技能型	2★	区域高水平高职院校
163	重庆电讯职业学院	重庆市	职业技能型	3★	区域一流高职院校
175	重庆青年职业技术学院	重庆市	职业技能型	2★	区域高水平高职院校
183	重庆化工职业学院	重庆市	职业技能型	2★	区域高水平高职院校
204	重庆信息技术职业学院	重庆市	职业技能型	2★	区域高水平高职院校
215	重庆工贸职业技术学院	重庆市	职业技能型	2★	区域高水平高职院校
233	重庆电力高等专科学校	重庆市	职业技能型	2★	区域高水平高职院校
236	重庆城市职业学院	重庆市	职业技能型	2★	区域高水平高职院校
243	重庆旅游职业学院	重庆市	职业技能型	2★	区域高水平高职院校
277	重庆护理职业学院	重庆市	职业技能型	1★	区域知名高职院校
281	重庆传媒职业学院	重庆市	职业技能型	1★	区域知名高职院校
289	重庆应用技术职业学院	重庆市	职业技能型	1★	区域知名高职院校
305	重庆建筑科技职业学院	重庆市	职业技能型	1★	区域知名高职院校
340	重庆水利电力职业技术学院	重庆市	职业技能型	1★	区域知名高职院校

续表

全国排名	学校名称	所在城市	办学类型	星级排名	办学层次
368	重庆建筑工程职业学院	重庆市	职业技能型	1★	区域知名高职院校
372	重庆公共运输职业学院	重庆市	职业技能型	1★	区域知名高职院校
374	重庆电信职业学院	重庆市	职业技能型	1★	区域知名高职院校

4. 重庆市职业技术大学排名

表 10-17　2024 校友会重庆市职业技术大学排名

全国排名	学校名称	所在城市	办学类型	星级排名	办学层次
30	重庆机电职业技术大学	重庆市	职业技能型	3★	区域一流职业技术大学

二、重庆市大学专业排名详情

1. 重庆大学

（1）重庆大学综合实力排名

综合排名：2024 校友会中国大学排名第 32 名，全国综合类高校第 21 名，重庆市高校第 1 名。

星级排名：中国六星级大学（6★），世界高水平大学、中国顶尖大学。“985 工程”大学，“211 工程”大学。主管部门：教育部。

（2）重庆大学各本科专业排名（全国排名/档次）

1）世界知名高水平、中国顶尖专业（7★）

采矿工程：2/A++；电气工程及其自动化：5/A++。

2）世界高水平、中国顶尖专业（6★）

材料科学与工程：17/A+；测控技术与仪器：3/A+；车辆工程：7/A+；建筑学：9/A+；软件工程：17/A+；市场营销：3/A++；土木工程：8/A+；冶金工程：5/A+。

3）中国一流专业（5★）

城乡规划：14/A；电子信息工程：8/A+；风景园林：10/A；给排水科学与工程：9/A；工程管理：10/A+；工程力学：19/A；工商管理：27/A；工业工程：12/A；化学工程与工艺：24/A；环境工程：24/A；计算机科学与技术：27/A；建筑环境与能源应用工程：6/A+；能源与动力工程：21/A；生物工程：12/A；物流管理：7/A+；信息管理与信息系统：24/A；自动化：36/A。

4）中国高水平专业（4★）

安全工程：18/B++；播音与主持艺术：4/A+；材料成型及控制工程：33/B++；财务管理：17/A；城市地下空间工程：8/B++；电子科学与技术：39/B++；法学：49/B++；房地产开发与管理：1/A++；工程造价：4/A；光电信息科学与工程：25/B++；广播电视学：18/B++；航空航天工程：7/B++；核工程与核技术：16/B++；环境生态工程：1/A++；会计学：43/B++；绘画：16/B++；机械电子工程：6/A+；机械设计制造及其自动化：54/B++；集成电路设计与集成系统：11/B++；金融学：39/B++；经济学：27/A；能源经济：3/A+；生物科学：83/B++；生物医学工程：21/B++；数学与应用数学：56/B++；体育教育：48/B++；通信工程：45/B++；统计学：41/B++；物理学：33/B++；物流工程：12/B++；新能源科学与工程：15/B++；新闻学：30/B++；信息安全：16/B++；行政管理：66/B++；英语：57/B++。

5）中国区域一流专业（3★）

表演：23/B+；材料化学：48/B+；测绘工程：46/B+；产品设计：66/B+；城市管理：10/B+；德语：36/B+；电子商务：82/B+；电子信息科学与技术：50/B+；工业设计：68/B+；广播电视编导：42/B+；国际经济与贸易：142/B+；汉语国际教育：58/B+；汉语言文学：151/B+；环境科学：61/B+；金融数学：10/B++；历史学：98/B+；日语：72/B+；摄影：13/B+；物联网工程：45/B+；戏剧影视导演：11/B+；戏剧影视文学：36/B+；信息与计算科学：86/B+；药学：85/B+；艺术设计学：40/B+；音乐表演：45/B+；应用化学：112/B+；应用物理学：68/B+；哲学：52/B+；制药工程：79/B+。

6）中国区域高水平专业（2★）

储能科学与工程：7/B+；化学：149/D；机器人工程：18/B++；人工智能：38/B++；数据科学与大数据技术：54/B++；舞蹈学：44/B；戏剧影视美术设计：20/C；知识产权：27/B；智能感知工程：7/B；智能建造：8/B；智能医学工程：13/B。

2. 西南大学

（1）西南大学综合实力排名

综合排名：2024 校友会中国大学排名第 36 名，全国综合类高校第 23 名，重庆市高校第 2 名。

星级排名：中国六星级大学（6★），世界高水平大学、中国顶尖大学。“211 工程”大学。主管部门：教育部。

（2）西南大学各本科专业排名（全国排名/档次）

1）世界知名高水平、中国顶尖专业（7★）

农学：2/A++。

2）世界高水平、中国顶尖专业（6★）

蚕学：1/A++；教育学：3/A+；农业资源与环境：3/A+；心理学：5/A+。

3）中国一流专业（5★）

地理科学：13/A；动物科学：11/A；广播电视编导：2/A+；汉语言文学：50/A；化学：34/A；历史学：20/A；民

族学：7/A；农林经济管理：8/A；农业机械化及其自动化：9/A；农业建筑环境与能源工程：3/A+；人文地理与城乡规划：5/A；生物科学：29/A；食品科学与工程：8/A+；数学与应用数学：41/A；水产养殖学：7/A；思想政治教育：22/A；体育教育：18/A；物理学：23/A；新闻学：23/A；学前教育：7/A；音乐学：14/A；应用心理学：7/A+；英语：42/A；园林：6/A；园艺：5/A；植物保护：5/A。

4）中国高水平专业（4★）

包装工程：12/B++；播音与主持艺术：4/A+；茶学：6/B++；德语：20/B++；电气工程及其自动化：88/B++；动物药学：1/A++；动物医学：13/B++；俄语：29/B++；法学：111/B++；纺织工程：15/B++；工商管理：36/B++；公共事业管理：30/B++；环境科学：31/B++；环境科学与工程：5/A；会计学：112/B++；绘画：16/B++；机械设计制造及其自动化：131/B++；计算机科学与技术：206/B++；教育技术学：21/B++；金融学：39/B++；经济学：83/B++；美术学：19/B++；农村区域发展：4/A；日语：33/B++；软件工程：44/B++；社会工作：41/B++；食品质量与安全：8/A；市场营销：59/B++；视觉传达设计：42/B++；水土保持与荒漠化防治：7/B++；特殊教育：7/B++；通信工程：45/B++；统计学：41/B++；土地资源管理：18/B++；物流管理：46/B++；戏剧影视文学：14/B++；信息管理与信息系统：38/B++；行政管理：33/B++；药学：27/B++；音乐表演：18/B++；运动训练：12/B++；哲学：26/B++；政治学与行政学：25/B++；制药工程：20/B++。

5）中国区域一流专业（3★）

表演：23/B+；材料化学：48/B+；材料物理：31/B+；草业科学：17/B+；地理信息科学：43/B+；电子商务：82/B+；电子信息工程：178/B+；雕塑：19/B+；风景园林：35/B+；汉语国际教育：58/B+；环境工程：133/B+；林学：26/B+；旅游管理：114/B+；人力资源管理：69/B+；人文教育：3/A+；生物工程：93/B+；生物技术：96/B+；水文与水资源工程：21/B+；水族科学与技术：5/A；土木工程：164/B+；应用化学：112/B+；植物科学与技术：6/B+；自动化：180/B+。

6）中国区域高水平专业（2★）

车辆工程：89/C；电子科学与技术：98/D；服装与服饰设计：66/C；公共关系学：7/C；国际经济与贸易：221/C；化学工程与工艺：162/D；金属材料工程：58/D；马克思主义理论：19/C；轻化工程：37/D；数据科学与大数据技术：54/B++；网络工程：81/B；文化产业管理：32/B；舞蹈学：44/B；信息安全：71/C；智能科学与技术：29/B+；中兽医学：3/A+。

3. 重庆医科大学

（1）重庆医科大学综合实力排名

综合排名：2024 校友会中国大学排名第 112 名，全国医药类高校第 11 名，重庆市高校第 3 名。

星级排名：中国四星级大学（4★），世界知名、中国高水平大学。主管部门：重庆市。

（2）重庆医科大学各本科专业排名（全国排名/档次）

1）中国一流专业（5★）

儿科学：2/A+；麻醉学：5/A；医学实验技术：1/A++。

2）中国高水平专业（4★）

法医学：8/B++；护理学：29/B++；基础医学：9/B++；精神医学：3/A+；口腔医学：17/B++；口腔医学技术：3/A+；临床药学：6/B++；临床医学：39/B++；生物医学工程：21/B++；药学：27/B++；医学检验技术：15/B++；医学影像技术：5/A；医学影像学：10/B++；应用统计学：15/B++；预防医学：23/B++；针灸推拿学：16/B++；中药学：19/B++。

3）中国区域一流专业（3★）

公共事业管理：57/B+；康复治疗学：44/B+；卫生检验与检疫：17/B+；信息管理与信息系统：119/B+；药物制剂：8/B++；中西医临床医学：31/B+；中医学：32/B+。

4）中国区域高水平专业（2★）

生物信息学：25/C；食品卫生与营养学：11/B；听力与言语康复学：5/A；医学信息工程：18/C；英语：318/D；智能医学工程：13/B；中药制药：16/C。

4. 西南政法大学

（1）西南政法大学综合实力排名

综合排名：2024 校友会中国大学排名第 137 名，全国政法类高校第 3 名，重庆市高校第 4 名。

星级排名：中国五星级大学（5★），世界知名大学、中国一流大学。主管部门：重庆市。

（2）西南政法大学各本科专业排名（全国排名/档次）

1）世界高水平、中国顶尖专业（6★）

法学：7/A+；政治学与行政学：4/A+。

2）中国一流专业（5★）

广播电视学：4/A+；思想政治教育：22/A；新闻学：14/A；刑事科学技术：2/A+；行政管理：7/A+；侦查学：4/A。

3）中国高水平专业（4★）

传播学：17/B++；工商管理：100/B++；会计学：112/B++；经济犯罪侦查：2/A+；劳动关系：2/A+；审计学：11/B++；哲学：26/B++；知识产权：4/A。

4）中国区域一流专业（3★）

德语：36/B+；电子商务及法律：2/A+；公共事业管理：81/B+；国际经济与贸易：142/B+；金融工程：46/B+；金融学：143/B+；经济统计学：44/B+；社会工作：87/B+；市场营销：130/B+；网络与新媒体：15/B++；英语：231/B+。

5. 重庆邮电大学

（1）重庆邮电大学综合实力排名

综合排名：2024 校友会中国大学排名第 146 名，全国理工类高校第 63 名，重庆市高校第 5 名。

星级排名：中国四星级大学（4★），世界知名、中国高

水平大学。主管部门：重庆市。

（2）重庆邮电大学各本科专业排名（全国排名/档次）

1）中国一流专业（5★）

电子科学与技术：15/A；通信工程：5/A+；微电子科学与工程：6/A；智能科学与技术：2/A+。

2）中国高水平专业（4★）

测控技术与仪器：23/B++；电磁场与无线技术：7/B++；电气工程及其自动化：40/B++；电子商务：45/B++；电子信息工程：38/B++；电子信息科学与技术：27/B++；光电信息科学与工程：25/B++；广播电视工程：3/A+；机械设计制造及其自动化：54/B++；计算机科学与技术：60/B++；软件工程：44/B++；市场营销：29/A；物联网工程：10/A+；信息安全：16/B++；信息管理与信息系统：38/B++；信息与计算科学：23/A；智能电网信息工程：4/A；自动化：41/B++。

3）中国区域一流专业（3★）

动画：62/B+；法学：161/B+；广播电视编导：36/B+；交通运输：37/B+；空间信息与数字技术：6/B+；社会体育指导与管理：37/B+；生物医学工程：55/B+；信息工程：27/B+；应用物理学：68/B+。

4）中国区域高水平专业（2★）

产品设计：100/C；地理信息科学：84/C；工商管理：245/D；环境设计：141/C；会计学：247/D；经济学：190/D；生物技术：162/D；生物信息学：25/C；视觉传达设计：156/C；数学与应用数学：224/D；数字媒体技术：49/C；网络工程：81/B；英语：318/D；邮政工程：2/A+。

5）中国区域知名专业（1★）

翻译：98/C；工程管理：185/D；工业智能：2/A+；机器人工程：71/C；机械电子工程：97/D；集成电路设计与集成系统：28/D；金融工程：104/D；人工智能：123/C；数据计算及应用：6/B；数据科学与大数据技术：152/C；数字媒体艺术：112/D；网络空间安全：42/C；物流管理：170/D；医学信息工程：24/D；知识产权：38/C；智能制造工程：56/B。

6. 重庆师范大学

（1）重庆师范大学综合实力排名

综合排名：2024 校友会中国大学排名第 175 名，全国师范类高校第 27 名，重庆市高校第 6 名。

星级排名：中国三星级大学（3★），中国知名、区域一流大学。主管部门：重庆市。

（2）重庆师范大学各本科专业排名（全国排名/档次）

1）中国一流专业（5★）

思想政治教育：22/A。

2）中国高水平专业（4★）

地理科学：17/B++；电子商务：45/B++；广播电视编导：8/A；汉语言文学：64/B++；化学：39/B++；经济学：27/A；科学教育：3/A+；旅游管理：22/A；软件工程：44/B++；生物科学：36/B++；数学与应用数学：56/B++；特殊教育：2/A+；物理学：33/B++；学前教育：9/A；英语：57/B++。

3）中国区域一流专业（3★）

电子信息科学与技术：44/B+；工商管理：180/B+；汉语国际教育：49/B+；计算机科学与技术：285/B+；生物技术：122/B+；食品质量与安全：45/B+；文物与博物馆学：10/B+；戏剧影视文学：42/B+；小学教育：43/B+；新闻学：98/B+；信息与计算科学：122/B+；艺术教育：4/A；音乐学：78/B+；应用心理学：50/B+。

4）中国区域高水平专业（2★）

产品设计：100/C；地理信息科学：94/D；绘画：65/C；教育技术学：67/C；教育学：65/D；历史学：114/D；人力资源管理：148/C；社会工作：112/C；摄影：23/C；市场营销：176/C；体育教育：112/D；舞蹈表演：35/C；信息管理与信息系统：168/C；影视摄影与制作：15/C；运动训练：60/C。

5）中国区域知名专业（1★）

材料化学：94/D；财务管理：210/D；城乡规划：103/D；翻译：98/C；服装设计与工程：42/D；高分子材料与工程：119/D；光电信息科学与工程：141/D；航空服务艺术与管理：11/B；教育康复学：3/A+；金融工程：83/D；金融数学：32/C；酒店管理：43/C；美术学：116/D；秘书学：32/D；日语：218/D；森林保护：21/D；僧伽罗语：4/A；书法学：42/C；数据科学与大数据技术：152/C；数字媒体技术：69/D；数字媒体艺术：112/D；统计学：177/D；网络与新媒体：66/D；舞蹈学：74/D；新能源材料与器件：54/C；音乐表演：83/C；智能科学与技术：58/C。

7. 重庆工商大学

（1）重庆工商大学综合实力排名

综合排名：2024 校友会中国大学排名第 194 名，全国财经类高校第 15 名，重庆市高校第 7 名。

星级排名：中国三星级大学（3★），中国知名、区域一流大学。主管部门：重庆市。

（2）重庆工商大学各本科专业排名（全国排名/档次）

1）中国一流专业（5★）

国际经济与贸易：18/A+；贸易经济：1/A++；市场营销：7/A+。

2）中国高水平专业（4★）

财务管理：17/A；电子商务：45/B++；工商管理：36/B++；环境工程：30/B++；会计学：43/B++；机械设计制造及其自动化：54/B++；金融学：39/B++；经济统计学：19/B++；经济学：27/A；社会工作：19/A；审计学：11/B++；食品科学与工程：72/B++；数学与应用数学：137/B++；体育教育：48/B++；投资学：9/B++；土地资源管理：8/A；物流管理：15/A；印刷工程：8/B++；知识产权：10/B++。

3）中国区域一流专业（3★）

服装与服饰设计：44/B+；广播电视学：36/B+；广告

学：50/B+；计算机科学与技术：285/B+；社会学：50/B+；统计学：84/B+；应用化学：145/B+；智能车辆工程：1/A++。

4）中国区域高水平专业（2★）

包装工程：30/C；财政学：62/D；测控技术与仪器：143/D；产品设计：100/C；电子信息工程：236/D；法学：271/D；法语：64/C；工程管理：144/D；公共事业管理：124/B；国际商务：33/C；汉语言文学：200/D；化学工程与工艺：162/D；环境设计：172/C；会展经济与管理：21/B；旅游管理：168/D；人力资源管理：148/C；生物工程：127/C；信息管理与信息系统：207/C；信息与计算科学：164/C；应用统计学：48/B；英语：318/D；自动化：207/D。

5）中国区域知名专业（1★）

保险学：45/C；材料科学与工程：137/D；城市管理：25/C；动画：134/D；广播电视编导：91/D；机械电子工程：97/D；金融工程：83/D；金融数学：32/C；酒店管理：43/C；劳动与社会保障：79/C；汽车服务工程：37/D；人文地理与城乡规划：65/D；商务英语：89/D；摄影：34/D；视觉传达设计：202/D；数据计算及应用：6/B；数据科学与大数据技术：152/C；税收学：31/D；网络与新媒体：66/D；物联网工程：161/D；新闻学：146/D；应用物理学：132/D；制药工程：151/D；智能科学与技术：58/C；资产评估：22/D。

8. 重庆交通大学

（1）重庆交通大学综合实力排名

综合排名：2024 校友会中国大学排名第 198 名，全国理工类高校第 89 名，重庆市高校第 8 名。

星级排名：中国三星级大学（3★），中国知名、区域一流大学。主管部门：重庆市。

（2）重庆交通大学各本科专业排名（全国排名/档次）

1）中国一流专业（5★）

港口航道与海岸工程：4/A；交通工程：6/A；交通运输：11/A；土木工程：19/A。

2）中国高水平专业（4★）

材料科学与工程：45/B++；测绘工程：31/B++；车辆工程：25/B++；船舶与海洋工程：14/B++；工程管理：20/A；工程力学：39/B++；工商管理：100/B++；环境科学与工程：5/A；机械设计制造及其自动化：54/B++；计算机科学与技术：60/B++；建筑学：52/B++；旅游管理：22/A；轮机工程：5/A；数学与应用数学：56/B++；水利水电工程：17/B++；物流管理：15/A；英语：136/B++。

3）中国区域一流专业（3★）

材料物理：31/B+；地质工程：32/B+；电子信息工程：141/B+；给排水科学与工程：48/B+；广播电视学：36/B+；航海技术：8/B+；机械电子工程：38/B+；交通管理：3/A+；经济学：122/B+；汽车服务工程：7/B++；通信工程：104/B+。

4）中国区域高水平专业（2★）

安全工程：68/C；产品设计：131/D；船舶电子电气工程：5/A；道路桥梁与渡河工程：22/C；地理信息科学：94/D；电气工程及其自动化：199/D；飞行器动力工程：14/D；飞行器制造工程：12/D；风景园林：56/C；国际经济与贸易：266/D；环境设计：141/C；会计学：270/D；交通设备与控制工程：8/C；能源与动力工程：137/D；人文地理与城乡规划：38/B；市场营销：241/D；视觉传达设计：156/C；物联网工程：104/B；信息管理与信息系统：207/C；信息与计算科学：231/D；应用化学：187/D；应用统计学：47/B。

5）中国区域知名专业（1★）

材料成型及控制工程：132/D；城乡规划：131/D；翻译：130/D；工程造价：50/D；广告学：150/D；汉语国际教育：190/D；人工智能：123/C；数据科学与大数据技术：152/C；知识产权：47/D。

9. 重庆理工大学

（1）重庆理工大学综合实力排名

综合排名：2024 校友会中国大学排名第 221 名，全国理工类高校第 101 名，重庆市高校第 9 名。

星级排名：中国三星级大学（3★），中国知名、区域一流大学。主管部门：重庆市。

（2）重庆理工大学各本科专业排名（全国排名/档次）

1）中国一流专业（5★）

车辆工程：17/A。

2）中国高水平专业（4★）

材料成型及控制工程：33/B++；财务管理：17/A；测控技术与仪器：53/B++；焊接技术与工程：5/A；会计学：43/B++；机械设计制造及其自动化：54/B++；计算机科学与技术：60/B++；金融学：93/B++；汽车服务工程：4/A；软件工程：103/B++；市场营销：59/B++；知识产权：10/B++；制药工程：20/B++；装甲车辆工程：4/A。

3）中国区域一流专业（3★）

材料科学与工程：90/B+；电气工程及其自动化：133/B+；电子信息工程：141/B+；高分子材料与工程：65/B+；光电信息科学与工程：72/B+；化学工程与工艺：120/B+；机械电子工程：38/B+；人力资源管理：69/B+；生物医学工程：62/B+；石油工程：12/B+。

4）中国区域高水平专业（2★）

电子信息科学与技术：87/C；工商管理：282/D；工业工程：93/C；工业设计：131/C；国际经济与贸易：266/D；经济学：205/D；酒店管理：25/B；旅游管理：168/D；能源与动力工程：124/D；生物工程：159/D；统计学：147/C；土地资源管理：53/C；网络工程：119/D；物联网工程：104/B；物流管理：109/C；新能源科学与工程：54/C；信息管理与信息系统：207/C；信息与计算科学：164/C；行政管理：170/D；英语：318/D；自动化：207/D。

5）中国区域知名专业（1★）

大数据管理与应用：48/C；电子商务及法律：4/A；广告学：113/C；过程装备与控制工程：77/D；汉语国际教育：140/C；机器人工程：71/C；金融工程：83/D；金融数学：32/C；劳动与社会保障：79/C；人工智能：123/C；商务英语：89/D；社会工作：170/D；审计学：40/D；生物制药：45/D；数据科学与大数据技术：144/B；通信工程：239/D；药学：139/D；应用化学：213/D；应用统计学：65/C；应用物理学：132/D；智能科学与技术：58/C。

10. 四川美术学院

（1）四川美术学院综合实力排名

综合排名：2024校友会中国大学排名第249名，全国艺术类高校第10名，重庆市高校第10名。

星级排名：中国四星级大学（4★），世界知名、中国高水平大学。主管部门：重庆市。

（2）四川美术学院各本科专业排名（全国排名/档次）

1）世界高水平、中国顶尖专业（6★）

雕塑：1/A++；动画：2/A++；戏剧影视美术设计：1/A++；艺术设计学：3/A+。

2）中国一流专业（5★）

产品设计：1/A++；美术学：7/A+；艺术教育：1/A++。

3）中国高水平专业（4★）

服装与服饰设计：11/B++；工业设计：17/A；工艺美术：8/B++；公共艺术：8/B++；环境设计：9/A+；绘画：7/A；建筑学：52/B++；摄影：7/B++；实验艺术：4/A；视觉传达设计：13/A+；数字媒体艺术：6/A+；艺术与科技：4/A；中国画：6/B++。

4）中国区域一流专业（3★）

风景园林：35/B+；服装设计与工程：14/B+；广播电视编导：42/B+；广告学：50/B+；教育技术学：44/B+；书法学：11/B++；艺术史论：11/B+。

11. 重庆科技大学

（1）重庆科技大学综合实力排名

综合排名：2024校友会中国大学排名第273名，全国理工类高校第123名，重庆市高校第11名。

星级排名：中国三星级大学（3★），中国知名、区域一流大学。主管部门：重庆市。

（2）重庆科技大学各本科专业排名（全国排名/档次）

1）世界知名、中国顶尖应用型专业（7★）

石油工程：1/A++。

2）中国顶尖应用型专业（6★）

安全工程：1/A++；材料成型及控制工程：1/A++；材料物理：1/A++；测控技术与仪器：1/A++；电气工程及其自动化：6/A+；工程管理：3/A++；功能材料：1/A++；国际经济与贸易：2/A++；焊接技术与工程：1/A++；化学工程与工艺：13/A+；机械电子工程：1/A++；机械设计制造及其自动化：44/A+；计算机科学与技术：63/A+；建筑环境与能源应用工程：1/A++；金属材料工程：1/A++；勘查技术与工程：1/A++；矿物加工工程：1/A++；土木工程：36/A+；无机非金属材料工程：1/A++；冶金工程：1/A++；油气储运工程：1/A++；资源勘查工程：1/A++；自动化：1/A++。

3）中国一流应用型专业（5★）

地球物理学：2/A+；地质学：2/A+；海洋油气工程：1/A++；汉语言文学：63/A；会计学：63/A；酒店管理：14/A；能源化学工程：1/A++；能源与动力工程：10/A；汽车服务工程：18/A；市场营销：38/A；视觉传达设计：33/A；物联网工程：19/A；物流管理：27/A；消防工程：2/A+；英语：62/A；制药工程：9/A。

4）中国高水平应用型专业（4★）

道路桥梁与渡河工程：10/B++；翻译：19/B++；给排水科学与工程：16/B++；工程造价：34/B++；供应链管理：5/A；化学：48/B++；环境工程：32/B++；环境设计：73/B++；建筑学：36/B++；理论与应用力学：1/A++；人力资源管理：32/B++；软件工程：95/B++；数学与应用数学：78/B++；艺术与科技：8/B++；应用统计学：6/A。

5）中国区域一流应用型专业（3★）

复合材料与工程：6/B+；过程装备与控制工程：10/B+；化工安全工程：1/A++；劳动与社会保障：7/B++；社会工作：31/B+；数据科学与大数据技术：60/B++；西班牙语：14/B+；应急技术与管理：2/A+；应用化学：65/B+；智能科学与技术：17/B++；智能制造工程：12/B++；资源与环境经济学：1/A++。

12. 重庆文理学院

（1）重庆文理学院综合实力排名

综合排名：2024校友会中国大学排名第289名，全国综合类高校第86名，重庆市高校第12名。

星级排名：中国二星级大学（2★），中国区域高水平大学。主管部门：重庆市。

（2）重庆文理学院各本科专业排名（全国排名/档次）

1）中国顶尖应用型专业（6★）

材料科学与工程：1/A++；电气工程及其自动化：6/A+；电子信息科学与技术：1/A++；高分子材料与工程：1/A++；广播电视编导：10/A+；环境科学：1/A++；环境设计：1/A++；会展经济与管理：1/A++；机械工程：1/A++；人工智能：1/A++；软件工程：36/A+；思想政治教育：1/A++；体育教育：6/A+；物流工程：1/A++；音乐学：4/A+；园林：1/A++。

2）中国一流应用型专业（5★）

法学：28/A；工程管理：27/A；工商管理：39/A；广播电视学：9/A；汉语言文学：63/A；化学：23/A；计算机科学与技术：101/A；美术学：9/A+；视觉传达设计：33/A；数学与应用数学：38/A；微电子科学与工程：6/A；小学教育：41/A；信息与计算科学：8/A；应用心理学：7/A+；英语：62/A；制药工程：9/A。

3）中国高水平应用型专业（4★）

动画：37/B++；风景园林：12/B++；工程审计：1/A++；化学工程与工艺：50/B++；机器人工程：14/A；金

融数学：4/A；科学教育：9/B++；旅游管理与服务教育：5/A；商务英语：38/B++；生物技术：23/B++；食品科学与工程：37/B++；统计学：9/A；网络工程：47/B++；文化遗产：1/A++；舞蹈学：11/A；信息工程：8/B++；运动康复：6/B++；智能电网信息工程：2/A+。

4）中国区域一流应用型专业（3★）

环境科学与工程：12/B+；机械电子工程：74/B+；金属材料工程：17/B+；数据科学与大数据技术：60/B++；行政管理：37/B+；园艺：25/B+；智能制造工程：12/B++。

5）中国区域高水平应用型专业（2★）

材料成型及控制工程：76/C；财务管理：251/C；服装设计与工程：48/D；工程造价：88/B；社会体育指导与管理：61/B；土木工程：219/C；学前教育：173/C；药学：68/C；运动训练：16/D。

13. 长江师范学院

（1）长江师范学院综合实力排名

综合排名：2024 校友会中国大学排名第 324 名，全国师范类高校第 60 名，重庆市高校第 13 名。

星级排名：中国二星级大学（2★），中国区域高水平大学。主管部门：重庆市。

（2）长江师范学院各本科专业排名（全国排名/档次）

1）中国顶尖应用型专业（6★）

财务管理：18/A+；汉语言文学：30/A+；化学：1/A++；金融工程：2/A++；历史学：7/A+；旅游管理：21/A+；食品科学与工程：7/A+；思想政治教育：1/A++；体育教育：6/A+；小学教育：21/A+。

2）中国一流应用型专业（5★）

计算机科学与技术：101/A；教育技术学：5/A；科学教育：5/A；美术学：9/A+；数学与应用数学：38/A；物理学：17/A；音乐表演：9/A；音乐学：17/A。

3）中国高水平应用型专业（4★）

产品设计：43/B++；电子信息科学与技术：27/B++；国际经济与贸易：109/B++；化学工程与工艺：50/B++；环境科学：9/B++；生物工程：26/B++；数字媒体艺术：30/B++；舞蹈学：11/A；物联网工程：62/B++。

4）中国区域一流应用型专业（3★）

播音与主持艺术：54/B+；材料化学：19/B+；机器人工程：36/B+；机械设计制造及其自动化：207/B+；建筑电气与智能化：20/B+；生物技术：41/B+；生物医学工程：18/B+；视觉传达设计：140/B+；数据科学与大数据技术：60/B++；统计学：20/B++；网络与新媒体：61/B+；物流工程：23/B+。

5）中国区域高水平应用型专业（2★）

雕塑：14/C；服装设计与工程：48/D；工业设计：74/C；公共事业管理：74/C；广播电视学：57/C；环境设计：203/B；环境生态工程：21/C；日语：119/C；生物科学：80/C；市场营销：231/C；通信工程：205/D；新能源材料与器件：21/C；英语：318/C；园林：55/C；园艺：40/D；政治学与行政学：14/C；智能制造工程：34/B。

6）中国区域知名应用型专业（1★）

材料成型及控制工程：109/D；材料科学与工程：62/D；工程造价：136/C；经济统计学：42/C；土木工程：257/D；武术与民族传统体育：10/C；应用统计学：59/C；制药工程：109/D。

14. 四川外国语大学

（1）四川外国语大学综合实力排名

综合排名：2024 校友会中国大学排名第 328 名，全国语言类高校第 13 名，重庆市高校第 14 名。

星级排名：中国三星级大学（3★），中国知名、区域一流大学。主管部门：重庆市。

（2）四川外国语大学各本科专业排名（全国排名/档次）

1）世界高水平、中国顶尖专业（6★）

英语：6/A++。

2）中国一流专业（5★）

朝鲜语：8/A；德语：4/A+；日语：3/A++；外交学：4/A。

3）中国高水平专业（4★）

阿拉伯语：5/A；财务管理：46/B++；俄语：11/A；法语：11/B++；翻译：7/A+；广播电视编导：24/B++；国际经济与贸易：43/B++；汉语国际教育：18/A；汉语言文学：114/B++；商务英语：4/A+；社会学：19/B++；西班牙语：5/A；新闻学：61/B++；意大利语：4/A；越南语：3/A+。

4）中国区域一流专业（3★）

法学：161/B+；广播电视学：36/B+；广告学：44/B+；国际政治：29/B+；金融学：159/B+；缅甸语：5/A；葡萄牙语：11/B+；泰语：9/B+；希伯来语：4/A；匈牙利语：2/A+。

5）中国区域高水平专业（2★）

播音与主持艺术：63/C；旅游管理：168/D；人力资源管理：148/C；印地语：9/D。

6）中国区域知名专业（1★）

波兰语：10/D；大数据管理与应用：48/C；电子商务：184/D；教育学：79/D；捷克语：9/D；金融科技：16/C；罗马尼亚语：7/D；马来语：8/D；社会工作：145/D；审计学：40/D；土耳其语：9/D；网络与新媒体：66/D；乌克兰语：5/A；物流管理：170/D；学前教育：99/D。

15. 重庆三峡学院

（1）重庆三峡学院综合实力排名

综合排名：2024 校友会中国大学排名第 364 名，全国综合类高校第 107 名，重庆市高校第 15 名。

星级排名：中国一星级大学（1★），中国区域知名大学。主管部门：重庆市。

（2）重庆三峡学院各本科专业排名（全国排名/档次）

1）中国顶尖应用型专业（6★）

电子信息工程：1/A++；汉语言文学：1/A++；信息与计算科学：1/A++。

2）中国一流应用型专业（5★）

服装与服饰设计：13/A；化学工程与工艺：25/A；环境科学：2/A+；机械设计制造及其自动化：68/A；经济学：17/A；美术学：9/A+；民族学：2/A+；食品科学与工程：17/A；思想政治教育：20/A；物联网工程：19/A；信息管理与信息系统：17/A。

3）中国高水平应用型专业（4★）

安全工程：14/B++；动画：37/B++；广播电视学：19/B++；国际经济与贸易：109/B++；会计学：105/B++；机械电子工程：42/B++；计算机科学与技术：168/B++；酒店管理：27/B++；旅游管理：76/B++；软件工程：95/B++；视觉传达设计：72/B++；数据科学与大数据技术：23/A；数学与应用数学：78/B++；土木工程：97/B++；文化产业管理：11/B++。

4）中国区域一流应用型专业（3★）

大数据管理与应用：16/B+；道路桥梁与渡河工程：18/B+；法学：82/B+；给排水科学与工程：36/B+；工商管理：106/B+；广告学：43/B+；过程装备与控制工程：10/B+；环保设备工程：3/A+；环境设计：113/B+；经济统计学：20/B+；劳动与社会保障：7/B++；汽车服务工程：66/B+；生物技术：41/B+；生物科学：54/B+；市场营销：144/B+；通信工程：130/B+；网络与新媒体：61/B+；物理学：66/B+；园艺：25/B+；智能科学与技术：17/B++。

5）中国区域高水平应用型专业（2★）

电气工程及其自动化：231/D；风景园林：62/C；化学：100/C；农学：23/D；日语：119/C；食品质量与安全：57/B；统计学：53/B；英语：318/C。

6）中国区域知名应用型专业（1★）

体育教育：138/D；小学教育：142/C；运动人体科学：7/D。

16. 重庆第二师范学院

（1）重庆第二师范学院综合实力排名

综合排名：2024 校友会中国大学排名第 436 名，全国师范类高校第 92 名，重庆市高校第 16 名。

星级排名：中国一星级大学（1★），中国区域知名大学。主管部门：重庆市。

（2）重庆第二师范学院各本科专业排名（全国排名/档次）

1）中国顶尖应用型专业（6★）

计算机科学与技术：48/A+；小学教育：2/A++；学前教育：9/A+。

2）中国一流应用型专业（5★）

商务经济学：1/A++。

3）中国高水平应用型专业（4★）

供应链管理：5/A；汉语言文学：118/B++；经济与金融：13/B++；旅游管理：76/B++；食品质量与安全：8/A；网络与新媒体：32/B++；物联网工程：62/B++。

4）中国区域一流应用型专业（3★）

服装与服饰设计：60/B+；时尚传播：2/A+；数据科学与大数据技术：60/B++；药物分析：2/A+；艺术教育：1/A++；英语：198/B+。

5）中国区域高水平应用型专业（2★）

公共艺术：19/C；美术学：124/C；商务英语：161/C；数学与应用数学：166/D；物流管理：182/C；戏剧教育：1/A++；药学：68/C。

6）中国区域知名应用型专业（1★）

电子商务：219/C；翻译：116/D；房地产开发与管理：31/D；广告学：123/D；会展经济与管理：49/C；酒店管理：124/C；人工智能：86/C；食品科学与工程：121/D；视觉传达设计：299/D；税收学：41/D；体育教育：138/D；信息与计算科学：105/D；应用化学：150/D。

17. 重庆警察学院

（1）重庆警察学院综合实力排名

综合排名：2024 校友会中国大学排名第 499 名，全国政法类高校第 26 名，重庆市高校第 17 名。

星级排名：中国二星级大学（2★），中国区域高水平大学。主管部门：重庆市。

（2）重庆警察学院各本科专业排名（全国排名/档次）

1）中国顶尖应用型专业（6★）

警务指挥与战术：1/A++。

2）中国一流应用型专业（5★）

刑事科学技术：14/A；侦查学：10/A；治安学：11/A。

3）中国高水平应用型专业（4★）

交通管理工程：10/B++；禁毒学：4/A；网络安全与执法：14/B++。

4）中国区域一流应用型专业（3★）

经济犯罪侦查：9/B+。

三、重庆市民办大学专业排名详情

1. 重庆外语外事学院

（1）重庆外语外事学院综合实力排名

综合排名：2024 校友会中国民办大学排名第 38 名，全国语言类民办高校第 5 名，重庆市民办高校第 1 名。

星级排名：中国四星级应用型大学（4★），中国高水平应用型大学。

（2）重庆外语外事学院各本科专业排名（全国排名/档次）

1）中国一流应用型专业（5★）

英语：62/A。

2）中国高水平应用型专业（4★）

俄语：15/B++；翻译：19/B++；汉语国际教育：36/B++；美术学：38/B++；音乐表演：21/B++。

3）中国区域一流应用型专业（3★）

产品设计：80/B+；德语：15/B+；服装与服饰设计：60/B+；工程管理：96/B+；国际经济与贸易：179/B+；国际

商务：29/B+；日语：69/B+；视觉传达设计：140/B+；泰语：12/B+；西班牙语：14/B+。

4）中国区域高水平应用型专业（2★）

阿拉伯语：10/D；朝鲜语：32/C；法语：32/C；环境设计：203/B；绘画：44/C；酒店管理：81/B；新闻学：81/C；意大利语：7/C；音乐学：150/C。

5）中国区域知名应用型专业（1★）

播音与主持艺术：132/D；传播学：21/D；广告学：123/D；汉语言文学：298/D；葡萄牙语：12/D；软件工程：288/D；商务英语：230/D；网络与新媒体：140/C；文化产业管理：71/D；舞蹈表演：66/D。

2. 重庆城市科技学院

（1）重庆城市科技学院综合实力排名

综合排名：2024校友会中国民办大学排名第43名，全国综合类民办高校第44名，重庆市民办高校第2名。

星级排名：中国四星级应用型大学（4★），中国高水平应用型大学。

（2）重庆城市科技学院各本科专业排名（全国排名/档次）

1）中国顶尖应用型专业（6★）

工程造价：1/A++；土木工程：36/A+。

2）中国一流应用型专业（5★）

电气工程及其自动化：48/A；风景园林：5/A+；机械设计制造及其自动化：68/A；建筑学：20/A。

3）中国高水平应用型专业（4★）

电子信息工程：116/B++；给排水科学与工程：16/B++；工程管理：59/B++；工商管理：64/B++；会计学：105/B++；建筑电气与智能化：10/B++；建筑环境与能源应用工程：17/B++；软件工程：95/B++；艺术设计学：27/B++。

4）中国区域一流应用型专业（3★）

法学：82/B+；国际经济与贸易：179/B+；机器人工程：36/B+；机械电子工程：74/B+；摄影：19/B+；市场营销：144/B+；数据科学与大数据技术：60/B++；物联网工程：139/B+；英语：198/B+。

5）中国区域高水平应用型专业（2★）

城乡规划：58/C；区块链工程：7/C；人力资源管理：134/C；网络与新媒体：100/B；资产评估：35/C。

6）中国区域知名应用型专业（1★）

播音与主持艺术：132/D；金融学：133/D；经济与金融：47/D；跨境电子商务：22/B；社会体育指导与管理：104/C；数字媒体艺术：155/C；新媒体艺术：6/B；智能电网信息工程：14/D；智能建造：16/C。

3. 重庆对外经贸学院

（1）重庆对外经贸学院综合实力排名

综合排名：2024校友会中国民办大学排名第53名，全国财经类民办高校第26名，重庆市民办高校第3名。

星级排名：中国三星级应用型大学（3★），中国知名、区域一流应用型大学。

（2）重庆对外经贸学院各本科专业排名（全国排名/档次）

1）中国一流应用型专业（5★）

英语：62/A。

2）中国高水平应用型专业（4★）

国际经济与贸易：109/B++；经济学：24/B++；旅游管理：76/B++；物联网工程：62/B++。

3）中国区域一流应用型专业（3★）

汉语言文学：180/B+；人力资源管理：75/B+；日语：69/B+；商务英语：71/B+；数据科学与大数据技术：60/B++；数学与应用数学：109/B+；休闲体育：19/B+。

4）中国区域高水平应用型专业（2★）

表演：48/C；财务管理：251/C；产品设计：130/C；电子科学与技术：57/D；电子商务：159/B；汉语国际教育：110/C；环境设计：203/B；计算机科学与技术：379/D；金融工程：80/B；贸易经济：17/D；市场营销：231/C；视觉传达设计：235/C；物流管理：182/C；戏剧影视美术设计：15/B；新闻学：81/C；信息管理与信息系统：119/C。

5）中国区域知名应用型专业（1★）

保险学：46/D；播音与主持艺术：132/D；翻译：116/D；广播电视编导：135/D；国际商务：78/D；健康服务与管理：49/C；人工智能：86/C；人文地理与城乡规划：49/D；审计学：126/D；数字经济：8/B；数字媒体技术：136/D；投资学：84/D；网络与新媒体：140/C；舞蹈表演：66/D；学前教育：215/C；音乐表演：123/D；应用统计学：59/C。

4. 重庆财经学院

（1）重庆财经学院综合实力排名

综合排名：2024校友会中国民办大学排名第83名，全国财经类民办高校第44名，重庆市民办高校第4名。

星级排名：中国三星级应用型大学（3★），中国知名、区域一流应用型大学。

（2）重庆财经学院各本科专业排名（全国排名/档次）

1）中国顶尖应用型专业（6★）

会计学：23/A+；金融学：2/A++。

2）中国一流应用型专业（5★）

会展经济与管理：6/A；土地资源管理：2/A+。

3）中国高水平应用型专业（4★）

房地产开发与管理：7/B++；国际经济与贸易：109/B++；经济学：24/B++；软件工程：95/B++；数字经济：3/A+；物流管理：56/B++；信用管理：5/A。

4）中国区域一流应用型专业（3★）

保险学：20/B+；财务管理：137/B+；工业工程：12/B+；国际商务：29/B+；经济与金融：20/B+；空间信息与数字技术：3/A+；贸易经济：9/B+；网络与新媒体：61/B+；物业管理：14/B+；资产评估：16/B+。

5）中国区域高水平应用型专业（2★）

大数据管理与应用：26/B；经济统计学：31/B；审计学：96/C；数字出版：7/C；投资学：51/B。

6）中国区域知名应用型专业（1★）

城市管理：26/D；电子商务：219/C；工程管理：174/C；金融科技：17/B；人工智能：86/C；数据科学与大数据技术：272/D；数字媒体艺术：155/C；税收学：41/D；物联网工程：299/D；物流工程：52/D；信息管理与信息系统：161/D；智能科学与技术：63/C。

4. 重庆工程学院

（1）重庆工程学院综合实力排名

综合排名：2024校友会中国民办大学排名第83名，全国理工类民办高校第85名，重庆市民办高校第4名。

星级排名：中国三星级应用型大学（3★），中国知名、区域一流应用型大学。

（2）重庆工程学院各本科专业排名（全国排名/档次）

1）中国高水平应用型专业（4★）

软件工程：95/B++；数字媒体艺术：30/B++；物联网工程：62/B++。

2）中国区域一流应用型专业（3★）

财务管理：137/B+；机器人工程：36/B+；数据科学与大数据技术：60/B++；数字媒体技术：57/B+；土木工程：160/B+；艺术与科技：17/B+。

3）中国区域高水平应用型专业（2★）

网络工程：137/C；智能科学与技术：47/C。

4）中国区域知名应用型专业（1★）

电子商务：219/C；电子信息工程：314/D；动画：153/D；工程造价：136/C；环境设计：311/D；计算机科学与技术：469/D；人力资源管理：202/D；市场营销：321/D；通信工程：247/D；网络与新媒体：140/C；信息安全：29/D；信息工程：31/D；自动化：211/D。

6. 重庆人文科技学院

（1）重庆人文科技学院综合实力排名

综合排名：2024校友会中国民办大学排名第84名，全国综合类民办高校第85名，重庆市民办高校第6名。

星级排名：中国三星级应用型大学（3★），中国知名、区域一流应用型大学。

（2）重庆人文科技学院各本科专业排名（全国排名/档次）

1）中国一流应用型专业（5★）

学前教育：46/A。

2）中国高水平应用型专业（4★）

广播电视编导：31/B++；汉语言文学：118/B++；机械设计制造及其自动化：128/B++；教育技术学：19/B++；软件工程：95/B++；视觉传达设计：72/B++；数学与应用数学：78/B++；思想政治教育：57/B++；园林：15/B++。

3）中国区域一流应用型专业（3★）

车辆工程：56/B+；电子信息工程：186/B+；公共事业管理：37/B+；汉语国际教育：79/B+；金融工程：39/B+；汽车服务工程：66/B+。

4）中国区域高水平应用型专业（2★）

播音与主持艺术：98/C；风景园林：62/C；供应链管理：14/D；护理学：129/D；会计学：223/C；机械电子工程：132/C；计算机科学与技术：379/D；酒店管理：81/B；旅游管理：180/C；美术学：124/C；人力资源管理：134/C；数据科学与大数据技术：199/C；物流管理：182/C；新能源科学与工程：33/C；新闻学：81/C；音乐表演：85/C；音乐学：150/C；英语：318/C。

5）中国区域知名应用型专业（1★）

表演：70/D；法学：193/D；工程管理：174/C；建筑学：124/D；经济学：111/D；社会体育指导与管理：104/C；通信工程：247/D；网络工程：191/D；舞蹈学：102/D；物联网工程：299/D。

7. 重庆移通学院

（1）重庆移通学院综合实力排名

综合排名：2024校友会中国民办大学排名第89名，全国理工类民办高校第91名，重庆市民办高校第7名。

星级排名：中国二星级应用型大学（2★），中国区域高水平应用型大学。

（2）重庆移通学院各本科专业排名（全国排名/档次）

1）中国一流应用型专业（5★）

通信工程：43/A。

2）中国高水平应用型专业（4★）

电信工程及管理：1/A++；电子信息工程：116/B++；电子信息科学与技术：27/B++；网络工程：47/B++；物联网工程：62/B++；信息管理与信息系统：35/B++。

3）中国区域一流应用型专业（3★）

电气工程及其自动化：157/B+；工程管理：96/B+；工商管理：106/B+；广播电视工程：8/B+；轨道交通信号与控制：11/B+；机器人工程：36/B+；计算机科学与技术：253/B+；软件工程：156/B+；市场营销：144/B+；数据科学与大数据技术：60/B++；数字媒体技术：57/B+；数字媒体艺术：63/B+；英语：198/B+；自动化：120/B+。

4）中国区域高水平应用型专业（2★）

财务管理：251/C；大数据管理与应用：26/B；电气工程与智能控制：20/D；供应链管理：14/D；广播电视编导：105/C；机械设计制造及其自动化：246/D。

5）中国区域知名应用型专业（1★）

车辆工程：117/D；德语：38/D；动画：153/D；轨道交通电气与控制：3/A+；建筑电气与智能化：53/D；人工智能：86/C；数字经济：8/B；资产评估：42/D。

8. 重庆工商大学派斯学院

（1）重庆工商大学派斯学院综合实力排名

综合排名：2024校友会中国民办大学排名第112名，全国财经类民办高校第52名，重庆市民办高校第8名。

星级排名：中国二星级应用型大学（2★），中国区域高水平应用型大学。

（2）重庆工商大学派斯学院各本科专业排名（全国排名/档次）

1）中国高水平应用型专业（4★）

工商管理：64/B++；金融学：45/B++。

2）中国区域一流应用型专业（3★）

保险学：20/B+；财务管理：137/B+；汉语言文学：180/B+；商务英语：71/B+；网络与新媒体：61/B+。

3）中国区域高水平应用型专业（2★）

大数据管理与应用：26/B；国际商务：57/C；会计学：223/C；审计学：96/C；投资学：51/B；物联网工程：232/C。

4）中国区域知名应用型专业（1★）

房地产开发与管理：31/D；广播电视学：75/D；广告学：123/D；互联网金融：32/C；计算机科学与技术：469/D；健康服务与管理：49/C；金融工程：115/C；旅游管理：234/D；汽车服务工程：134/D；商务经济学：12/D；市场营销：321/D；数据科学与大数据技术：272/D；税收学：41/D；物流工程：52/D；新闻学：125/D；信用管理：11/D；休闲体育：45/C；英语：412/D；资产评估：42/D。

第十一章　2024 校友会中国港澳台大学排名

第一节　香港特别行政区

表 11-1　2024 校友会香港特别行政区大学排名

名次	学校名称	类型	办学类型	星级排名	办学层次
1	香港大学	综合	研究型	8★	世界一流大学
2	香港中文大学	综合	研究型	7★	世界知名高水平大学
3	香港科技大学	理工	研究型	7★	世界知名高水平大学
4	香港城市大学	综合	区域特色研究型	5★	中国一流大学
4	香港理工大学	理工	区域特色研究型	5★	中国一流大学
6	香港演艺学院	艺术	特色研究型	5★	中国一流大学
6	香港影视传媒学院	艺术	特色研究型	5★	中国一流大学
8	香港浸会大学	综合	应用型	3★	区域一流大学
8	香港树仁大学	综合	应用型	3★	区域一流大学
8	香港教育学院	师范	应用型	3★	区域一流大学
11	香港艺术学院	艺术	应用型	3★	区域一流大学

第二节　澳门特别行政区

表 11-2　2024 校友会澳门特别行政区大学排名

名次	学校名称	类型	办学类型	星级排名	办学层次
1	澳门大学	综合	区域研究型	5★	中国一流大学
2	澳门理工学院	理工	应用型	4★	中国高水平大学
2	澳门科技大学	综合	应用型	4★	中国高水平大学
4	澳门旅游学院	财经	应用型	3★	区域一流大学

第三节　台湾地区

表 11-3　2024 校友会中国台湾地区大学排名

名次	学校名称	类型	办学类型	星级排名	办学层次
1	台湾大学	综合	研究型	8★	世界一流大学
2	台湾清华大学	综合	研究型	7★	世界知名高水平大学
3	台湾成功大学	综合	研究型	6★	世界高水平大学
3	台湾交通大学	综合	研究型	6★	世界高水平大学
5	台湾艺术大学	艺术	特色研究型	6★	世界高水平大学

续表

名次	学校名称	类型	办学类型	星级排名	办学层次
6	台湾政治大学	综合	研究型	5★	中国一流大学
6	台湾长庚大学	理工	研究型	5★	中国一流大学
6	台湾辅仁大学	综合	研究型	5★	中国一流大学
6	“台湾中央大学”	综合	研究型	5★	中国一流大学
10	台北艺术大学	艺术	特色研究型	5★	中国一流大学
11	台湾淡江大学	综合	区域研究型	4★	中国高水平大学
11	台湾东海大学	综合	区域研究型	4★	中国高水平大学
11	台湾东吴大学	综合	区域研究型	4★	中国高水平大学
11	台湾元智大学	综合	区域研究型	4★	中国高水平大学
11	台湾科技大学	理工	区域研究型	4★	中国高水平大学
11	台湾中山大学	综合	区域研究型	4★	中国高水平大学
11	台湾中兴大学	综合	区域研究型	4★	中国高水平大学
11	台湾中正大学	综合	区域研究型	4★	中国高水平大学
11	台湾海洋大学	理工	特色研究型	4★	中国高水平大学
11	台湾师范大学	师范	特色研究型	4★	中国高水平大学
11	台湾逢甲大学	综合	特色研究型	4★	中国高水平大学
11	台湾东华大学	综合	特色研究型	4★	中国高水平大学
23	台湾阳明大学	医药	区域研究型	4★	中国高水平大学
23	高雄医学大学	医药	区域特色研究型	4★	中国高水平大学
23	中山医学大学	医药	特色研究型	4★	中国高水平大学
26	台南艺术大学	艺术	区域特色研究型	4★	中国高水平大学
26	台湾体育运动大学	体育	区域特色研究型	4★	中国高水平大学
26	台湾戏曲学院	艺术	区域特色研究型	4★	中国高水平大学
26	体育大学（桃园）	体育	区域特色研究型	4★	中国高水平大学
30	台北教育大学	师范	应用型	3★	区域一流大学
30	台北科技大学	理工	应用型	3★	区域一流大学
30	台北实践大学	综合	应用型	3★	区域一流大学
30	台湾长荣大学	综合	应用型	3★	区域一流大学
30	台湾慈济大学	综合	应用型	3★	区域一流大学
30	台湾大同大学	理工	应用型	3★	区域一流大学
30	台湾大叶大学	综合	应用型	3★	区域一流大学
30	台湾高雄大学	综合	应用型	3★	区域一流大学
30	台湾佛光大学	综合	应用型	3★	区域一流大学
30	台湾暨南国际大学	综合	应用型	3★	区域一流大学
30	台湾嘉义大学	综合	应用型	3★	区域一流大学
30	台湾华梵大学	综合	应用型	3★	区域一流大学
30	台湾联合大学	综合	应用型	3★	区域一流大学
30	台湾静宜大学	综合	应用型	3★	区域一流大学
30	台湾铭传大学	综合	应用型	3★	区域一流大学
30	台湾南华大学	综合	应用型	3★	区域一流大学
30	台湾世新大学	综合	应用型	3★	区域一流大学
30	台湾台北大学	综合	应用型	3★	区域一流大学
30	台湾首府大学	综合	应用型	3★	区域一流大学

续表

名次	学校名称	类型	办学类型	星级排名	办学层次
30	台湾宜兰大学	综合	应用型	3★	区域一流大学
30	台湾亚洲大学	综合	应用型	3★	区域一流大学
30	台湾义守大学	综合	应用型	3★	区域一流大学
30	“台湾中国科技大学”	理工	应用型	3★	区域一流大学
30	“台湾中国文化大学”	综合	应用型	3★	区域一流大学
30	“台湾中华大学”	综合	应用型	3★	区域一流大学
30	台湾中原大学	综合	应用型	3★	区域一流大学
30	彰化师范大学	师范	应用型	3★	区域一流大学
57	台北医学大学	医药	应用型	3★	区域一流大学
57	“台湾中国医药大学”	医药	应用型	3★	区域一流大学
59	高雄餐旅大学	财经	应用型	3★	区域一流大学